HISTOIRE
DE
LA PARTICIPATION DE LA FRANCE
À L'ÉTABLISSEMENT
DES ÉTATS-UNIS D'AMÉRIQUE

CONCLUSION DE LA CAMPAGNE DE 1781 EN VIRGINIE

To his Excellency General Washington this Likeness of his friend, the Marquess de la Fayette, is humbly dedicated. By le Mir.

HISTOIRE

DE

LA PARTICIPATION DE LA FRANCE

À L'ÉTABLISSEMENT

DES ÉTATS-UNIS D'AMÉRIQUE

CORRESPONDANCE DIPLOMATIQUE ET DOCUMENTS

PAR

HENRI DONIOL

CORRESPONDANT DE L'INSTITUT, DIRECTEUR DE L'IMPRIMERIE NATIONALE

TOME DEUXIÈME

PARIS

IMPRIMERIE NATIONALE

—

M DCCC LXXXVI

IMPRIMÉ POUR L'EXPOSITION UNIVERSELLE DE 1889.

Décision de M. le Garde des Sceaux Martin-Feuillée,
Ministre de la Justice et des Cultes,
approuvant les propositions du Directeur de l'Imprimerie nationale
en date du 8 juin 1884.

Le premier volume de cet ouvrage et celui-ci retracent la politique de la France entre la fin de 1774 et le milieu de mars 1778. Cet intervalle de temps constitue une phase de nos annales. Phase non sans grandeur, étant donné le moment; trois années pleines qui commandent à vrai dire toute la période heureuse du règne de Louis XVI : elles la préparent et la produisent. Nous avons, croyons-nous, restitué à l'histoire, dont elle semblait comme ignorée, cette première partie de ce règne, restitué dans ses documents mêmes et par eux seuls. Le volume qui s'ouvre ici montrera les ministres et le roi reprenant le travail, un moment enrayé, d'engager l'Espagne dans une commune alliance avec les États-Unis. Ils s'y attachent bientôt avec insistance. A la fin, ils consacrent formellement dans un traité particulier les vues et l'intérêt qui les y ont portés, allant ainsi au-devant de la guerre contre la Grande-Bretagne, au risque de n'être pas suivis par notre alliée.

La pensée de M. de Vergennes, son impulsion, son esprit planent sur ces commencements; c'est pourquoi nous avons mis en tête du tome premier la figure de ce ministre, telle que nous l'ont transmise le peintre A. Callet et le graveur Vangelisti, posée, parée, avec tout le goût de l'époque, pour le plus grand effet de la physionomie et pour l'expression du caractère. Comme on a cru généralement que le marquis de la Fayette avait déterminé les circonstances relatées dans le présent volume, il convenait d'y placer les objets rappelant sa personne. D'abord une reproduction héliographique du portrait en pied dû à Le Paon, ayant pour fond la bataille de Yorktown et que Noël Le Mire s'empressa de graver afin de répondre au sentiment public; la comparaison avec des miniatures plus jeunes laisse penser que ce portrait, exécuté à une date assez rapprochée des évènements, était près de la ressemblance[1]. A cette planche principale est ajoutée l'héliogravure d'un projet de tapisserie encadré dans une riche bordure et orné, au-dessous, d'une marine que l'on peut croire sortie du pinceau de Casanova. Le Paon, sans doute, fit aussi ou se vit emprunter le dessin de ce projet; il représente le jeune lieutenant de Washington dans l'uniforme bleu de l'armée américaine et à cheval, mais les autres détails sont à peu près ceux du premier portrait[2]. Avec la vue des ruines de Vissac, qui a été insérée dans le volume précédent, un des aspects du manoir de Chavaniac et les armoiries que le marquis se composa en partant pour l'Amérique complètent les souvenirs figurés que nous avons cru devoir donner de lui.

Paris, octobre 1886.

[1] Ce portrait se vendait avec une notice imprimée à part, qui le décrivait : « Au premier plan, La Fayette, prêt à monter à cheval et désignant l'attaque; au deuxième, des troupes légères allant soutenir l'infanterie; sur le front, la ville d'York; derrière la ville, la rivière de Chesapeak et le mouillage des vaisseaux; plus loin, la petite ville de Glocester. » La notice se terminait par la traduction en français de la dédicace. (*Noël Le Mire et son œuvre*, par Jules Hidou, Paris, 1875.)

[2] La maquette appartient au Mobilier national. Il y en a cinq autres de même facture. Elles paraissent avoir été préparées, après la paix de 1783, pour des commandes devant rappeler les batailles des règnes de Louis XVI et de Louis XV favorables aux armes françaises. Celle qui concerne La Fayette le montre sur un cheval blanc et porte en frontispice YORKTONN. Les autres figurent la Grenade, Brimston-Hill, Pensacola, puis Fontenoy et Lawfeld.

HISTOIRE
DE
LA PARTICIPATION DE LA FRANCE
À L'ÉTABLISSEMENT
DES ÉTATS-UNIS D'AMÉRIQUE.

CHAPITRE PREMIER.
LA FRANCE ET L'ANGLETERRE S'EFFORCENT DE S'ABUSER.

1776.

Rôle incommode de notre nouvel ambassadeur à Londres; divergence de ses idées avec celles du ministre en ce moment; intérêt qui en résulte pour l'histoire. — Fond que l'on faisait sur le marquis de Noailles; instructions pacifiques qu'il avait; sous quel jour le ministre lui présente les propositions envoyées à Madrid le 31 août; raisons d'être de «l'expectative vigi-«lante». — Les ministres anglais font des prévenances, blâment M. de Pombal et excusent leurs armements par ceux de la France et de l'Espagne; M. de Vergennes est d'autant plus convaincu que l'Angleterre n'a pas d'intentions hostiles; son admiration pour la facilité qu'elle trouve à s'armer. — Habileté du cabinet britannique à justifier ses préparatifs et à nous intimider des nôtres; assurances de M. de Vergennes à lord Stormont; ce ministre et M. de Maurepas engagent chacun M. de Noailles à moins suspecter l'Angleterre; même note donnée au marquis d'Ossun; retraite de M. de Grimaldi. — Comment la réponse du cabinet de Versailles aux propositions de Madrid avait déjà rendu difficile la position de ce ministre; le refus de satisfaction définitivement opposé par le Portugal la rend intenable; le comte de Floridablanca est nommé pour continuer la même politique; danger que cette politique ne fût différente; justes regrets de M. de Vergennes à la retraite de M. de Grimaldi. — Les efforts de l'Angleterre pour nous abuser avoués par lord Stormont à lord Grantham; on dévoile en même temps à Ossun les armements qu'a faits le roi; dispositions confiantes manifestées néanmoins à Londres; moindre importance attachée maintenant aux défaites de Washington.

Du moment que nous ralentissions l'allure avec l'Espagne, notre langage à Londres, notre manière d'être même devaient un peu changer. Ce n'était pas un rôle commode qui attendait le successeur en titre

1776. du comte de Guines, lorsqu'il vint prendre son poste à l'ambassade. Les disparates n'y seraient pas moins obligés qu'auparavant. Il fallait continuer de trouver que l'Angleterre nous donnait beaucoup de motifs de nous plaindre d'elle et avoir toujours le parti pris d'en découvrir de nouveaux. Sonder sans cesse ses dispositions à notre égard et, en même temps, apaiser sans cesse les suspicions que nous lui ferions concevoir allait devenir de plus en plus nécessaire. S'il avait été malaisé jusqu'ici d'accorder ces termes contradictoires, les choses s'y prêteraient encore moins; le prix que l'on mettait, à Versailles, à ne pas laisser voir de crainte à cause des armements de l'Angleterre et de la vigueur qu'elle y apportait serait une complication de plus. Le marquis de Noailles arrivait avec les idées et les propensions du moment précédent; elles cadraient assez mal avec l'obligation de sembler ne point tenir pour un danger que la Grande-Bretagne formât des flottes de guerre, rassemblât partout ses matelots, réunît évidemment les voies et moyens d'une lutte sérieuse. Il allait de soi, dès lors, qu'un peu de désaccord s'établît au début entre le ministre et son représentant; leur correspondance emprunte à ces divergences l'avantage de refléter et les raisons inspirant la conduite que l'on voulait suivre et les circonstances d'où dérivaient ces raisons.

M. de Vergennes ouvre cette correspondance le 26 octobre, l'ambassadeur étant encore à s'installer. Il y attachait « l'intérêt de l'amitié et de la confiance », lui dit-il en commençant, et c'était la vérité. Le marquis de Noailles, outre sa grande situation de famille, avait l'affection personnelle de M. de Maurepas[1]; la considération et la bienveillance du ministre devaient s'ensuivre, n'eussent-elles pas découlé

---

[1] M. de Maurepas lui écrit le 23 novembre : « Ce sera toujours avec grand plaisir, Monsieur le Marquis, que je recevrai des marques de votre amitié et de votre confiance : je ne cesserai d'y répondre avec les sentimens que m'inspirent ceux que j'ai voués depuis tant d'années à tout ce qui vous apartient. » (Angleterre, t. 519, n° 54.) — Pendant les premiers mois de son ambassade, le marquis de Noailles écrit presque chaque semaine à M. de Vergennes privément, outre ses rapports officiels, plusieurs fois à M. de Maurepas sous la même enveloppe, et cette correspondance directe devient plus fréquente en avançant.

d'une autre source. Mais l'ambassadeur était un des hommes nouveaux sur qui les conseillers de Louis XVI comptaient pour servir leur politique avec le dévouement qui résulte de la communauté des sentiments et des principes. Leurs rapports deviennent tout de suite intimes. La dépêche du 26 octobre traçait des instructions générales; le ministre avait pris simplement occasion, pour cela, des affaires déjà engagées par Garnier, notamment d'un conflit né, dans la Gambie, des procédés violents d'un commandant anglais; nos réclamations à ce sujet n'étaient pas encore satisfaites. De l'exercice du chargé d'affaires à celui de l'ambassadeur il n'y avait pas de solution de continuité, comme précédemment du comte de Guines à Garnier; M. de Vergennes traitait en réalité, dans sa lettre, la question de nos relations avec le cabinet de Londres; il écrivait :

..... Il ne sera peut etre pas hors de propos d insinuér que le role de plaignans commence a nous lassér. Ce n est pas le ton naturel d une puissance telle que la France; et l on est bien tenté de se faire justice lors qu on la demande toujours si inutilement. Vous serés tres certainement M. aussi etonné que scandalisé de la liste de nos griefs que le Sr Garnier vous présentera et sur lesquels nous attendons depuis des années que le ministere anglois veuille bien s expliquér. Le Roi a eté également satisfait du compte que M. Garnier a rendu de la partie de la conférence avec le Lord Weymouth ou il a eté question des differens entre l Espagne et le Portugal. Tout ce que le ministre anglois a dit a cette occasion s accorde avec le langage que le Lord Stormond a eu commission de la cour de me tenir, a cela pres qu il ne m'a jamais prononcé l abandon du Portugal ni rien qui en aprocha. J avoue meme quand il m en auroit fait la declaration la plus expresse que je n'y prendrois aucune confiance. Il est des choses plus fortes que les hommes, et les grands interets des nations sont de ce genre et doivent par consequent l emportér sur la façon de penser de quelques particuliers. Je ne m'eloigne pas de croire M. que tant que la querelle se concentrera dans les deserts de l Amerique Meridionale et qu'il né sera question que de se disputér la possession de la grande riviere de St Pedro, les ministres anglois qui ont mieux a faire que de se bataillér pour le Portugal seront assés forts pour empechér leur nation de se meslér de cette querelle, mais ils seroient bien tost sans energie et peut etre meme seroient ils les victimes du ressentiment national si le Portugal envahi dans le centre du Brezil ou dans ses provinces d'Europe etoit menacé d'etre depouillé des possessions d'ou les Anglois tirent leurs principaux benefices de commerce. Il ne faut pas s'y trompér la morale des Etats et par consequent leur justice est de s'occupér avant tout de l'avancement et de l'interest national. Ainsi tout ce qui le froisse quelque juste qu'il soit en lui meme, cesse de l'etre. Le Sr Garnier semble se reprochér de n'avoir pas saisi le jeu que lui a donné le Lord Weymouth pour lui faire articulér s'il auroit déclaré au Portugal que l'Ang^{re} ne le soutiendroit pas si de gaieté de cœur il provoquoit la guerre. Rassurés le M., et dites lui que nous lui savons plus tost gré de s'etre abstenu de cette curiosité qui auroit bien pu attirér quelqu'insinuation a la quelle nous ne devons jamais donnér lieu. Si nous avons l'air de pressér les Anglois d'abandonnér le Portugal ils pourroient s'en faire un titre pour nous demander de restér neutres a l'egard de l'Esp^e. Vous voudrés bien vous rappellér ce que j'ai eu l'honneur de vous dire avant votre depart. Les obligations du pacte de famille sont d'une nature differente de celles des alliances deffensives, elles ne laissent lieu a aucun examen et discussion prealable. La partie requise doit dans un terme convenû donnér les secours qu'elle est tenûe d'administrér, ainsi vous sentés que tout ce qui tendroit a affoiblir ce pacte solennel si interressant a conservér dans toute son integrité doit etre soigneusement ecarté. Peu importe au reste de savoir si l'Ang$\overline{\text{re}}$ aura fait au Portugal la declaration comminatoire dont.il s'agit; tant que nous ne la verrons pas en mesure de lui pretér une assistance effective nous pouvons bien croire quelle ne neglige rien pour flechir la roideur de M. de Pombal et pour le rendre plus conciliant. Si mes dernieres notions de Lisbonne sont exactes, les representations du ministere anglois n'ont pas persuadé ce ministre; il doit avoir repondu a M. Walpole avec sa diffusion ordinaire que le Roi tres fidele ne peut se pretér a restituér aux Espagnols les lieux qui ont été usurpés dans le Paraguay. Si cette declaration n'est pas satisfaisante elle presentera du moins un caractere de franchise plus honorable pour le ministre portugais que les detours et les subterfuges dont il s'etoit envelopé jusqu'a present. Aparament qu'il croit ses mesures asses bien prises en Amerique pour avoir peu a redoutér l armement prodigieux que l Esp^e y fait passér. La decision de la question sera donc soumise desormais au sort des armes, c est un triste expedient, mais l Esp^e n en a plus le choix. Cela n empechera pas M. que nous ne continuions encore a faire tout ce qui dependra de nous pour disposér les esprits a la conciliation, et nous ne doutons pas qu on agira dans la meme vue en Ang^{re}. C est a cet egard que le Lord Weymouth peut dire avec beaucoup de justesse que nous avons un meme sisteme. Celui du Roi est de contribuér au maintien de la paix autant qu il le pourra avec dignité et avec justice.

La lettre de M. Garnier, n° 60, ne renfermant que des nouvelles elle n exige aucune explication de ma part, la seule recommandation que j aie a vous faire, M., est de veillér attentivement sur la destination des vaisseaux de ligne dont on annonce la prochaine expedition, ainsi que sur le progrès des differens armemens qui se font dans les ports. Ils deviennent trop nombreux pour paroitre indifferens.

Un autre objet qui demande bien de l attention est l idée ou l on supose le ministere anglois de prendre des Russes a sa solde. Je sens qu il vous sera difficile de pénétrér avec sureté ce qui en est, mais le peu que vous pourrés decouvrir éclairé par vos conjectures et par les avis qui nous viendront d ailleurs pourra percer le voile tenebreux qui nous derobe les intentions et la marche des ministres anglois. J ai peine a me persuadér s ils veulent avoir des Russes que ce soit pour les envoyér en Amerique ou ils ont deja bien de la peine a faire vivre le monde qu ils y ont rassemblé. Il seroit plus tost tenté de croire qu ils ne s en assureroient que pour les faire passer en Portugal si ce royaume était menacé. Mais il me semble que si l imperatrice de Russie n est pas entrainée par son esprit romanesque, elle doit sentir que l une et l autre querelle lui sont egalem^t etrangeres et indifferentes.

J ai l h^r d etre avec un sincere et parfait att. M. le Mis, etc.

A Fontainebleau le 26 8bre 1776.

Angleterre, t. 518, n° 107[1].

---

[1] Nous continuons à reproduire textuellement les minutes de M. de Vergennes. Indépendamment d'une orthographe souvent fautive, elles se distinguent par une accentuation qui devait être chez le ministre un souvenir du parler local avec lequel il avait été élevé; cette accentuation ne se retrouve pas, en effet, dans la correspondance de ses secrétaires ou d'autres mains contemporaines. On a dû remarquer dans ses lettres l'absence d'apostrophe comme un signe caractéristique de sa manière d'écrire. Le plus souvent il remplace ce signe par un

C'est à ce moment que lord Stormont était venu porter à Versailles les assurances pacifiques dont le gouvernement de George III l'avait chargé et, pour y mieux faire croire, demander quelles conditions pourrait bien mettre l'Espagne à reprendre les négociations relatives au Portugal. Le ministre avait pu ne dire qu'un mot de cela à Ossun, mais il était nécessaire de régler la conduite de notre représentant à Londres d'après l'idée que donnaient ces confidences. Il fallait être d'autant plus explicite que, le 28, le marquis de Noailles avait indiqué une divergence équivoque dans le cabinet britannique sur le désir de la cour de voir le Portugal entendre raison; lord Suffolk critiquait très vivement la conduite de M. de Pombal et lord Weymouth paraissait s'abstenir de s'en expliquer. L'ambassadeur écrivait cependant « qu'à moins d'être trompé par les plus belles apparences, on avait des motifs de présumer la sincérité des démarches de l'Angleterre lorsqu'elles tendaient à entretenir la paix en Europe[1]:

intervalle et met une lettre majuscule au mot suivant, par exemple « beaucoup d Effet ». Nous n'avons pas tenu compte précédemment de cette méthode; mais dorénavant nous prendrons soin, sans multiplier les majuscules comme le font les originaux, ce qui serait contraire à une bonne typographie, de reproduire les intervalles; leur suppression rend la lecture trop peu courante.

[1] *Angleterre*, t. 518, n° 112 : « Les senti-« mens qui paroissent dominer dans le conseil « de Sa Majesté Britannique sembleroient nous « faire désirer qu'il n'arrivât point de change-« mens dans la manière dont il est composé. « Autant il étoit naturel d'avoir des soupçons sur « le jugement que portoit l'Angleterre de la con-« duite du Portugal vis à vis de l'Espagne, autant « les probabilités s'augmentent aujourd hui pour « laisser croire que la cour de Londres souhaite-« roit sincèrement la reconciliation de ces deux « puissances. Voici, Monsieur le Comte, un « trait assés frappant. Milord Suffolk recevant

« à sa dernière audience le secrétaire de l'am-« bassade d'Espagne, M. le prince de Masseran « n'aiant pu s'y rendre lui-même à cause de son « incommodité, il fut question des affaires de « l'Espagne avec le Portugal. Les expressions « les plus fortes furent employées de la part « du secrétaire d'Etat pour peindre le chagrin « qu'on ressentoit ici de n'avoir pu encore faire « entendre raison à M. de Pombal. Milord Wey-« mouth, ajouta-t-il, a du aller chés M. l'am-« bassadeur d'Espagne, et il lui aura dit que « nous étions si peu écoutés de la cour de Lis-« bonne, que notre ministre s'y plaignoit du « défaut d'accès. Mais nous ne souffrirons pas, « reprit Milord Suffolk, que ce jeu dure long-« tems, et il faudra bien qu'on finisse par nous « entendre.

« Ce qu'il y a de très-étrange, est que Milord « Weymouth n'ait porté aucune parole à M. le « prince de Masseran, et qu'il soit encore à « s'acquitter d'un devoir dont l'objet ne sauroit « paroitre indifférent. Au reste ce qui fait tort sa situation présente, ses colonies d'Amérique perdues à jamais pour elle s'il survenait une guerre étrangère, une telle perte la remettant à une place aussi pénible pour son orgueil que malheureuse pour son commerce. » L'ambassadeur avait reçu pour instruction générale de ne faire autre chose qu'observer[1]; encore convenait-il de lui préciser dans quel sens il observerait; le ministre fait donc aussitôt écrire ainsi qu'il suit à son représentant :

A Fontainebleau le 2 9bre 1776.

Sa M. a été très-satisfaite, M., de votre début en Angleterre; elle le regarde comme un heureux augure du succès de la mission qu'elle vous a confiée, et ce qui la confirme dans ce sentiment c'est la confiance qu'elle met dans votre zèle et dans votre activité.

Nous avons apris avec d'autant plus de plaisir, M., les assurances que les ministres anglais vous ont données des dispositions pacifiques du roi de la Grande Bretagne, qu'elle sont parfaitement analogues au langage que M^d Stormont m'a tenu en dernier lieu sur le même objet; cet ambassadeur m'a donné par ordre exprès de sa cour les assurances les plus positives des dispositions où est S. M. B. de maintenir la paix et la bonne harmonie qui subsiste entr'elle et le Roi, et il m'a déclaré en même tems que les travaux qui se faisoient actuellement dans les ports d'Angleterre, n'avoient aucun objet hostile, et, surtout, qu'ils n'avoient absolument aucun raport avec la querelle subsistante entre l'Espagne et le Portugal, que S. M. B^{que} n'avoit d'autre vûe que de mettre sa marine dans un état convenable et de pourvoir à la sûreté de ses ports et de son royaume. Ce langage m'a d'autant plus étonné qu'il n'étoit ni provoqué ni prévû : Ma réponse a été que les dispositions de

---

« dans cette occasion aux sentimens de Milord « Weymouth, tourne à la louange des autres « membres du ministère, et prouve le véri- « table éloignement qu'auroit l'Angleterre à ap- « puier les injustices de son allié. On peut être « trompé par les plus belles apparences. Mais « quand on considère la situation . . . . .

[1] M. de Maurepas mandait peu après au marquis de Noailles : « C'est encore pour vous, « Monsieur le Marquis, un nouveau sujet d'ob-

« servations, vous savés que nous sommes con- « venu que vous n'aviez gueres autre chose à « faire où vous êtes; mais je vois avec plaisir « que vous vous en acquitez avec bien des lu- « mières et bien de l'exactitude. Continuez à « nous éclairer, nous continuerons de notre « côté à nous préparer et toujours avec le dé- « sir de conserver la tranquilité qui, à le bien « examiner, est nécessaire à tout le monde. » . (*Angleterre*, t. 519, n° 54.)

S. M. B$\widetilde{que}$ étoient parfaitement conformes à celles du Roi, que S. M. y mettoit une entière confiance, et qu'elles étoient la baze de sa conduite. Il est possible, M., que les ministres anglais vous mettent sur la voye de la declaration que nous a faite M^d Stormont, et dans ce cas, vous voudrez bien mais sans affectation leur réiterer le langage que j'ai tenu à cet ambassadeur, et y ajouter que le Roi n'a d'autre soin que celuy qu'exige de luy l'administration intérieure de son royaume, et que l'objet chéri de ses vœux est de concourir au maintien de la paix dont l'Europe jouit, et particuliérement de la bonne intelligence qui régne entre la France et la Grande Bretagne. Cette matière devant vous conduire naturellement, M., aux griefs que nous avons successivement déférés au ministère anglais, vous luy ferez observer la multiplicité ainsi que l'inutilité de nos plaintes, et vous lui donnerez à entendre délicatement que la preuve la plus forte de notre penchant pour la paix c'est la longanimité avec laquelle nous luy demandons justice contre les violences de toute espèce qui excitent nos réclamations. Cette conduite de notre part doit être un motif de plus pour la cour de Londres de nous rendre justice, et de ne pas laisser accumuler nos griefs, lesquels faute de redressement, pourroient nous fournir des motifs plus que suffisants pour nous procurer par nous-mêmes les réparations qu'on nous refuse. Ces considérations, employées avec addresse et ménagement, nous paroissent propres à faire envisager nos plaintes sous leur véritable point de vüe, et à pénétrer de plus en plus le ministère anglais de la nécessité d'y donner plus d'attention qu'il n'a fait jusqu'à présent. . . . .

. . . . . Le propos de M^d Marchemont, lorsqu'il a demandé si vous aportiez la guerre ou la paix, pêchoit contre les faits; vous ne pouviez porter la paix en Ang^{re} puisqu'elle subsiste depuis treize ans; quant à la guerre aucun indice ne l'annonce, la conduite seule de l'Ang^{re} peut la provoquer; voilà, M., le sens dans lequel je vous prie de répondre si on se hazarde de vous faire des questions analogues à celle de M^d-Marchemont.

(*P. S.*) Lorsque vous avés, M. le Mis, des choses intéressantes à nous marquer, qui exigent célérité, vous ne devés point vous faire une délicatesse de dépêcher à Calais un courrier extraordinaire. Celui que vous m'aves envoyé le 29 octobre ne tardera pas à vous être renvoyé; je ne le feray repartir cependant qu'après l'arrivée de vos dépêches du 1er de ce mois, la harangue du roi d'Angleterre devant contribuer à fixer vos combinaisons.

Je vous fais tous mes complimens, M., sur votre début.

Personne n'y prend interest plus sincère que je le fais.

Angleterre, t. 519, n° 5.

Lorsque l'on eut arrêté la réponse au mémoire de l'Espagne sur les propositions du 31 août, on ne put manquer d'informer notre représentant à Londres de l'esprit dans lequel elle était conçue. Il y avait lieu de lui rendre commune avec son collègue de Madrid l'opinion du Gouvernement. C'est M. de Vergennes lui-même qui écrivit cette fois au marquis de Noailles. Sa dépêche reproduisait, en l'accommodant au lieu où était celui-ci et en la raisonnant davantage, celle qu'en même temps l'on adressait à Ossun :

A Fontainebleau le 6 nov^{bre} 1776.

Votre courrier, M. le Mis, qui est arrivé le 1er de ce mois m'a remis les lettres n° 2 et 3 que vous m'avez fait l'honneur de m'écrire les 28 et 29 8bre et un 2^d courrier m'a aporté votre lettre particuliere et votre depeche n° 4. A celle ci etoient joints la harangue du roi d'Angre a son Parlement et les 1ers debats qu'elle a excités. Je vous serai obligé, M., de vous occuper a nous en procurer la suite, ils ne manquent pas d'interest et le Roi y donne volontiers attention.

Sa M^{té} est tres satisfaite de celle que vous donnés a tout ce qui se passe autour de vous et de votre exactitude à lui en rendre compte. Elle est bien assurée que vous ne vous desisterés pas de cet etat d'observation, et elle aprouve les expeditions de courriers que vous pourres faire lorsque les occasions vous paroitront le meriter, elle pense cependant qu'a moins d'evenemens tout a fait extraord^{res} il conviendra que vos courriers s'arretent à Calais.

Je partage bien sincerement M. toute la peine que ne peut manquer de vous causer un debut plus orageux que nous ne pouvions le prévoir au moment de votre depart, mais je me flatte que cette crise ne sera que passagere et ne servira qu'a mettre dans le plus grand jour la sagesse de votre conduite et les ressources de votre genie. Nous ne nous dissimulons pas cependant que les demonstrations ou les precautions de l'Ang^re sont d'une nature allarmante; mais malgré le sombre qui regne dans la perspective, nous ne pouvons pas encore considérér les mesures qui viennent d'etre ordonnées ni comme une determination ni meme comme une tendance a la guerre contre nous.

Deux motifs principaux peuvent avoir contribué a precipitér les mesures qui occupent avec tant de raison votre prevoyance et la notre. Le premier est les travaux de nos ports et les armemens asses nombreux de l'Esp^e. Quoique ces preparatifs soient intrinsequement dirigés de notre part a la conservation et a la deffense neantmoins comme ils sont susceptibles d'un effet offensif nous ne devons pas etre surpris que le ministere B^que, peut etre meme contre sa propre conviction, temoigne s'en allarmér, et qu'il defere a l'impression la plus generale parmi sa nation qui peu accoutumée a voir la France agir sur un plan de prevoyance, n'apercoit dans ses precautions actuelles qu'un dessein hostile et imminent. En Ang^re plus qu'ailleurs le Gouvernement doit calculér le sentiment public et meme quelques fois consultér son vœu; rien ne nous indique jusqu'ici que celui de la nation soit pour la guerre contre nous et nous n'apercevons rien qui puisse et qui doive en donner la tentation au ministere. Elle ne denoueroit pas ses embarras avec l'Amerique. Suivant les harangues, tout espoir de conciliation est retranché; les Colonies, ou leurs chefs, ce qui revient au meme, ont rejetté avec dedain les propositions qui leurs ont été faites en vertu de la commission. Dans cet etat de choses la guerre contre nous ne seroit donc qu'un nouvel embarras. Si nous considerons en suite la situation presente de l'Ang^re ne serons nous pas autorisés a dire que cette guerre seroit un acte de demence et de folie. L'Ang^re n'a pas dans son interieur un corps de troupes suffisant a sa deffense; les 36 vaisseaux qu'elle arme par un effort qui pese tout a la fois sur son commerce et sur ses fonds, sont necessaires pour couvrir ses cotes les quelles denüées de cette protection seroient ouvertes a l'invasion la plus subite et la plus facile. Tous ses armemens legers sont emploiés en Amérique et il n'y a rien de trop; si dans cette position elle nous declare la guerre son commerce en Europe est a notre direction; nos corsaires seuls suffiront pour lui faire suportér le mal que ses administrateurs se seront proposés de nous faire. Je ne parle pas ici de l'emploi que nous pourrions faire de nos escadres pour lui faire sentir la foiblesse de son état d'offensive; il ne s'agit pas de combinér un plan de guerre, mais si les données dont je pars sont exactes je crois que vous en conclurés avec moi, M., que les demonstrations presentes de l'Angre manifestent plus de craintes que de mauvaises intentions.

Le 2^d motif qui peut animér la conduite du ministere Bq̃ue est que reconnoissant l'insuffisance de ses mesures contre l'Amerique et sentant indispensablement le besoin d'un plus grand nombre de matelots, il fait ressource d'un pretexte etrangér et assès plausible pour obtenir, sans accusér son defaut de prevoyance, l'augmentation qui lui est nécessaire.

Je ne vous donne que des conjectures, M., vous etes sur les lieux c'est a vous de les eclaircir. Ne craignes pas de nous dire votre sentiment, meme lors que le notre vous paroitra en opposition; ce n'est que par une discussion respectivement confidentielle que nous parviendrons peut etre a saisir le vrai des intentions d'un gouvernement que nous ne pouvons surveillér avec trop de precaution et de defiance.

J'ai eu l'honneur de vous informér, M., par mon expedition du 2 de ce mois des assurances parfaitement amicales que le Lord Stormond avoit eté autorisé a nous donnér; nous ne pouvions pas nous attendre lors qu'il m'a tenû ce langage a voir eclore une mesure aussi equivoque que celle de la presse. Quoi qu'elle ait des nuances hostiles, cependant comme elle n'a pas le caractere d'une hostilité formelle contre nous, le Roi m'a autorisé a repondre a cet ambassadeur de maniere a confirmér le ministere anglois dans ses dispositions pacifiques si elles sont sinceres ou du moins a lui retrancher les pretextes qu'il pourroit empruntér de l'ambiguité des notres. Je lui ai déclaré que le Roi sensible aux assurances du roi de la G^{de} Bretagne m'avoit ordonné de lui renouvellér toutes celles que j'avois eté chargé de lui donnér successivement, et de lui exprimér que Sa M^{te} concourreroit toujours avec plaisir en ce qui dependoit d'Elle a la conservation de la paix, de l'amitié et de la bonne intelligence qui subsistent entre sa Couronne et celle de la G^{de} Bretagne et a maintenir la tranquilité generale. Ce discours nous a conduit a parlér des suppositions etranges du parti de l'opposition et surtout de l'assertion du colonel Barré qui a dit savoir de science certaine et par une voye aussi sure que secrete que nous avions le projet d'attaquér immediatement l'Angre. J'ai

1776. laissé aux evenemens futurs le soin de refuter cette temeraire assertion. Je me suis contenté d observér que le Lord North etoit bien informé lors qu il a affirmé que nous n avions que six vaisseaux de ligne et 4 fregates en armement; en effet nous n'avons rien de plus pour le present; la destination de cet armement n'est meme pas encore determinée, mais j en ai pris a tout evenement l occasion d insinuér que dans l etat de fermentation et de crise ou l on est de partout, il est de la prudence de chaque Etat de veillér a la sureté de son commerce et de ses etablissemens.

Vous voudrés bien, M., formér votre langage a Londres sur celui que nous tenons ici; je ne vous recommanderai pas d'y mettre toute la dignité convenable, elle est dans votre caractere, et je suis bien persuadé qu en vous expliquant sur notre desir de conservér la paix il ne vous echapera rien qui indiqueroit l aprehension de la guerre. Le Roi ne la souhaite pas, ce n est pas qu il la craigne, aucun des avantages qu il pourroit s en promettre dans la circonstance actuelle n echape a sa prevoyance et a ses reflexions, mais Sa M^{té} veut que la justice soit la baze de toutes ses resolutions. Si les ministres anglois sont capables d'apretiér le merite de nos procedés ils doivent trouvér une nouvelle preuve de la sureté de nos sentimens pacifiques dans la longue et genereuse patiance que nous oposons aux griefs multipliés qui se renouvellent trop frequement. Si nous voulions la guerre nous ne trouverions que trop de justes motifs de la leurs faire dans la lenteur affectée a repondre a tant de plaintes que nous leurs avons deferées. C est une consideration que vous ne deves pas perdre l occasion, lors qu elle se presentera, de leurs faire comme de vous même, il sera aussi a propos que vous leurs fassiés sentir que toute chose doit avoir un terme et que si leur silence etoit prolongé vous craindriés qu on ne l envisagea comme un deni de justice.....

J ai bien examiné la harangue du roi d'Angrē, elle parait foible et embarrassée, et ne donne pas encore asses de lumieres pour jugér avec certitude du veritable but du ministere. Nous le connoitrons mieux par la suite des motions qui seront faites en Parlement. Nous n avons encore notion d'aucune convention faite entre l'Angrē et la Russie pour mettre a la solde de la premiere un corps de 30^m Russes. Ce qui vous est revenû a ce sujet peut tres bien avoir raport a l alliance deffensive conclue entre les deux cours en 1755. Elle n eut aucun effet dans le tems, puis que la Russie ne tarda pas apres sa confection a entrér dans des mesures diametralement opposées a celles qu elle avoit concertées avec l'Ang$\widetilde{\text{re}}$. Quoi qu il en soit s il y'a un accord fait ou renouvellé a cet egard, il paroit difficile de suposér qu il auroit l'Amerique pour objet. Aussi avancée que l est la saison les Russes ne pourroient plus etre embarqués pour y etre transportés que dans le mois de mai ce qui les rendroit parfaitement inutiles pour la campagne prochaine, leur veritable destination seroit donc ou pour l Ang$\widetilde{\text{re}}$ ou pour le Portugal, si l une ou l autre de ces puissances etoit menacée, mais elles ne le sont pas, et rien n'annonce encore du coté de l Esp^e qu elle pense a attirér en Europe la guerre qu on lui a suscitée en Amerique. L armement de l Esp^e pour le Rio de la Plata etoit pret suivant nos derniers avis a mettre a la voile, nous attendons d un moment a l autre la nouvelle de son depart. Nous n avons rien de Portugal si ce n est que M. le Mis de Pombal qui etoit allé a sa terre d'ŒEras y étoit resté ou affectoit d y etre malade. Cette ruse lui est asses familiere lors qu il veut eludér les instances des ministres etrangers et se dispensér d y repondre.

Angleterre, t. 519, n° 10.

On voit que M. de Vergennes ne laissait perdre, à cette heure, aucun motif qui pût légitimer le retour à l'expectative vigilante dont sa politique d'avant le 31 août s'était inspirée. Il les exposait minutieusement tous à son représentant en Angleterre, pour qui cela avait surtout du prix. La communication de ces motifs à Madrid le faisait trouver un peu pressé d'abandonner les anciens points de vue. Il avait écrit de nouveau à Ossun, le 28 octobre, que certainement l'Angleterre « n'attisait pas le feu que M. de Pombal s'efforçait d'allumer[1] », sur quoi le roi et M. de Grimaldi répondaient à l'ambassadeur[2] qu'encore faudrait-il connaître si, après le dernier refus de M. de Pombal, qui mettait l'Angleterre au pied du mur, celle-ci resterait sûrement aussi décidée à ne pas soutenir le Portugal. On avait tâché, en effet, de faire préciser par l'Espagne les satisfactions qu'elle exigeait de Lisbonne; elle en avait demandé de très grandes, en aurait accepté

---

[1] Dépêche à Ossun, du 28 octobre. (*Espagne*, t. 582, n° 79.) — [2] Ossun le fait connaître dans son rapport du 11 novembre.

1776. de moindres, mais M. de Pombal avait bientôt déclaré qu'il n'accorderait rien. C'était embarrassant pour l'Angleterre; elle pouvait désapprouver son allié, même en termes très forts, mais non l'abandonner. Or l'Espagne, en ce moment, ne croyait pas perdre à donner cours aux évènements; c'est pourquoi le roi et M. de Grimaldi objectaient avec un peu d'étonnement leur défiance et leurs craintes à la quiétude que le ministère de Versailles manifestait[1]. Ce ministère, au contraire, ne se sentant plus prêt à répondre au signal, souhaitait qu'ils ne le donnassent pas.

Il faut dire qu'en cela le gouvernement de Louis XVI pouvait sembler se conformer à la situation des choses, même sachant qu'à

---

[1] *Espagne*, t. 582, n° 112 : « Le Roi Catho- « lique a aussi observé que lorsque Milord « Weymouth s'est expliqué assez ouvertement « à M. Garnier contre la conduite de la cour « de Lisbonne, qu'il a reconnu la justice de la « cause de l'Espagne et qu'il a donné à entendre « que le roi d'Angleterre étoit peu disposé à « soutenir celle du Portugal, ce Lord ignoroit « encore la resolution où est M. le M{is} de « Pombal de ne pas faire restituer préalablement les postes et les terreins envahis en der- « nier lieu dans le Paraguay par les troupes « portugaises. Le roi d'Espagne a considéré « qu'il faloit voir ce que la cour de Londres « penseroit d'une résolution aussi intolérable, « et comment elle s'expliquera à ce sujet pour « pouvoir juger sainement de ses veritables in- « tentions. » — Précédemment, le 17 octobre, Ossun avait mandé : « Pour ce qui est, M., des « offices conciliatoires de l'Angleterre et de son « influence sur la cour de Lisbonne, il paroit « que le roi d'Espagne n'y compte point, et « qu'il incline même à croire que le ministere « britannique est interieurement à cet egard « dans des dispositions dépendantes des cir- « constances, c'est-a-dire que si la guerre contre « les colonies americaines tourne mal, il desi- « rera le maintien de la paix entre l'Espagne et « le Portugal, mais que dans le cas contraire « il appuiera les prétentions et les entreprises « de son allié. » (*Ibid.*, n° 39.) — Revenant sur ce chapitre le 28 encore, Ossun écrivait : « Il y a ap- « parence M. comme vous avez lieu de le pré- « sumer du langage que tient le Vte de Stormont « et des dernières demarches que M. de Wa- « pole a faite a Lisbonne pour convertir M. de « Pombal que l'Ang{re} souhaite sincèrement la « fin de la discution relative aux limites du « Brezil; malgré cela le Roi Cath{e} et son mi- « nistère conservent beaucoup de méfiance sur « la bonne foi angloise, et ce qu'ils craignent le « plus dans ce moment est que cette puissance « fasse un accomodement avec ses colonies; « L'on considère ici que cet accomodement « mettroit le ministère britanique en état de « former quelqu'entreprise importante en Ame- « rique contre les possessions esp{les} ou fran- « coises, au moyen des subsistances que fourni- « roient les colonies angloises et l on suppose que « sans ce secours le succès en seroit bien dou- « teux pour ne pas dire impossible. Quoiqu'il en « soit, M. le roi d'Esp{e} continue à faire armer « des vaisseaux et il a apris avec beaucoup de « satisfaction que l'on prend en France des pre- « cautions de nature a déconcerter les vües et « les mesures de l'Angleterre. » (*Ibid.*, n° 76.)

cette heure le cabinet anglais n'élaborait pas seulement l'ordre de procéder à la presse des matelots, mais qu'il le publiait (28 octobre). Le prince de Masserano était alors, somme toute, à peu près de l'avis de M. de Vergennes. Le cabinet anglais avait renouvelé ses efforts en vue de dissiper les inquiétudes des deux cours sur l'importance et l'énergie de ses armements. Cette fois les ministres eux-mêmes étaient entrés en scène. Lord Weymouth, jusque-là boutonné, brusque, presque inabordable pour l'ambassadeur d'Espagne comme pour Garnier sur la politique de la Grande-Bretagne, avait, dans une conversation avec le chargé d'affaires français, blâmé ouvertement le Portugal, reconnu la justice des griefs que sa conduite soulevait, donné à entendre que l'Angleterre ne le soutiendrait pas dans ses prétentions excessives, et, avec une attention très inusitée de sa part, il avait répété cela au premier secrétaire Escarano, venu à son audience à la place du prince de Masserano que la goutte clouait au lit. Immédiatement le cabinet avait fait tenir le même langage à Madrid par lord Grantham[1], et, ces démarches ne semblant pas suffire, lord North, en personne, s'était rendu deux fois chez l'ambassadeur espagnol. Il ne traitait jamais ces affaires-là, il venait cependant en parler : on y tenait donc bien expressément. Il en avait parlé pendant deux heures, qui plus est, expliquant les motifs des armements maritimes et de la presse auxquels se livrait son ministère, par la nécessité de faire ce que faisaient la France et l'Espagne : c'étaient de pures mesures de défense éventuelle[2]; si l'on

[1] Ossun en informe M. de Vergennes dans le *post-scriptum* de son rapport du 11 novembre (*Espagne*, t: 582, n° 112) et dans son rapport du 14 (*ibid.*, n° 115).

[2] Il ne faisait là que répéter ce que lord Weymouth mandait de son côté à lord Grantham pour que celui-ci ne parlât pas différemment à Madrid. Dans une dépêche du 29 octobre, le ministre du *Foreign office* écrivait en effet à l'ambassadeur que la cour de France avait bien donné des assurances réitérées de n'attacher d'autre but au mouvement régnant dans ses ports et ses arsenaux sinon celui de remonter sa marine longtemps négligée; que l'on ne doutait pas de la sincérité de cette cour, mais que le degré où les réfections étaient parvenues et l'activité qu'on y apportait mettaient Sa Majesté en demeure de se préparer à la défense contre une attaque, qu'il le fît donc connaître à M. de Grimaldi en l'assurant que Sa Majesté désirait d'ailleurs essentiellement la paix et n'était portée à ces mesures que par les armements

1776. n'avait pas dit au Portugal qu'on l'abandonnait, parce que l'Angleterre avait trop d'intérêt à lui voir conserver son bien au Brésil et en Europe pour l'abandonner vraiment, on avait écrit à M. de Pombal, avec toute la force qu'aurait pu y mettre le roi d'Espagne même, de ne pas s'imaginer que les préparatifs de l'Angleterre pussent servir à l'appuyer dans ses injustices. Le ministre tâchait de faire croire à l'ambassadeur qu'il lui livrait là, par estime personnelle, des confidences qu'il aurait dû garder; d'ailleurs, il ne tarissait pas sur la sagesse, sur la droiture du roi Charles. La semaine suivante lord Weymouth, à son audience, s'exprimait semblablement avec le prince de Masserano qui, cette fois, l'interrogeait. Celui-ci, rendant compte de l'entretien, le raisonne dans le plus grand développement[1] et dit en définitive, comme M. de Vergennes, « qu'à bien considérer la situation de cette Couronne et ses véritables intérêts, il paraît incroyable qu'il lui convienne de s'attirer une nouvelle guerre, laquelle embraserait toute l'Europe ». Il pense que l'ambassadeur de France, à qui il a fait part sur-le-champ de la conférence, s'inquiète à tort, ainsi que M. Garnier, son secrétaire, de l'armement anglais, que cet armement est à coup sûr « très fort », mais ne pourra être en état de sitôt par la disette de matelots; « en dix jours la presse en a fourni tant bons que mauvais trois mille et l'on a besoin de dix-sept mille ». Comme M. de Vergennes, cependant, il veut que l'on se tienne sur ses gardes si l'on ne doit pas avoir de craintes immédiatement. Il se demande si lord North a bien fait cette démarche, qu'il appelle « de prévention », « pour tranquilliser ou pour tromper »; il ajoute que l'Espagne et la France sont dans la nécessité d'armer et d'être attentives à la route que prennent les escadres anglaises, parce qu'il paraît impossible qu'on les ait constituées dans la seule idée de se défendre quand personne ne songe à attaquer. Sa conclusion dernière est celle-ci : « Je le répète donc, nous ne pouvons nous

de la France. (Voir *Grantham's papers, additional mss.*, n°ˢ 24, 162, fol. 130.)

[1] Dépêche de M. de Masserano au marquis de Grimaldi, du 8 novembre 1776 (*Angleterre*, t. 519, n° 14), complétée par une autre dépêche du 15 (*ibid.*, n° 35).

dispenser de nous préparer, sans nous embarrasser que nos préparatifs augmentent les soupçons de cette puissance, car la guerre peut arriver au moment où nous y penserons le moins. »

Le marquis de Noailles, lui, ne se détachait pas sans peine du point de vue dont M. de Vergennes mettait, pour le moment, ses soins à l'éloigner. Malgré ce que lui disait M. de Masserano, notre ambassadeur ne trouvait à l'Angleterre que de mauvaises intentions. Les entretiens de ses ministres, le langage du roi, celui des orateurs au Parlement, les propos en circulation, lui paraissaient indiquer le projet de nous faire prochainement la guerre. Sa correspondance interprétait dans ce sens tout ce qu'il entendait ou voyait. « Duplicité, mensonge, « perfidie, nous n'avons pas autre chose à attendre de ce côté-ci, » écrivait-il le 29 octobre, et, beaucoup plus tard, il pensait encore de même. M. de Vergennes ne se lasse pas de le ramener à la mesure. C'est ce qu'il fait notamment le 15 novembre, en répondant à deux rapports du 5 et du 8, relatifs aux nouvelles d'Amérique et aux débats du Parlement. Le ministre sortait d'un nouvel entretien avec lord Stormont et voulait en préciser à M. de Noailles les termes et le sens. Il avait lu, d'ailleurs, les minutieuses explications du prince de Masserano, et se sentait d'autant plus fort[1]. Après diverses réflexions tendant à diminuer la portée de la prise de New-York, il expliquait donc encore que la cause déterminante des armements de l'Angleterre

[1] En mandant à M. de Grimaldi qu'il a communiqué ces explications au ministre, le comte d'Aranda est tout étonné de n'avoir pu discerner chez M. de Vergennes ni chez M. de Maurepas l'effet qu'elles avaient produit sur leur esprit. Il écrit le 18 novembre : « Je vous ai « mandé dans ma précédente depeche le dessein « que j'avois de voir au plus tot M. le C.te de « Vergennes pour lui communiquer le contenu « des depèches du P.ce de Masseran, et tacher « de scavoir le jugement qu'en porteroit ce ministère.

« Hier en consequence je donnai a lire a ce « ministere la copie entiere que j'en ai gardé; « nous discourumes sur ses détails et principalement sur l'objet de la visite du Lord North, « et les consequences de ses explications vis à « vis du P.ce de Masseran. Mais de vous dire le « jugement intérieur qu'en a porté le comte de « Vergennes, c'est a quoy je ne scaurois me resoudre, etant resté fort incertain à cet egard. « J'ai eu egalement un entretien sur cet objet « avec M. le C.te de Maurepas qui avoit deja été « instruit par M.r de Vergennes et qui m'a tenu à « peu près le même langage que ce dernier. Il « a ajouté seulement qu'il falloit attendre la

était dans les nôtres, dans ceux de l'Espagne, probablement point dans l'idée qu'aurait cette puissance de nous faire en ce moment la guerre; que lord North était trop sage pour aller ainsi, « de gaieté de « cœur, multiplier les embarras de sa position » et offrir aux Colonies ce moyen infaillible de consommer leur indépendance; qu'il y avait de la bonne foi dans ce qu'avait dit ce ministre à M. de Masserano de l'intention où l'on était à Londres de ne pas appuyer le Portugal, car lord North n'ignorait pas moins que nous combien il serait interdit à l'Angleterre d'abandonner absolument cet allié. Dans les débats du Parlement, qu'il n'avait encore pu que parcourir, mais que « le roi « avait lus tout entiers », il trouvait « qu'en général on nous supposait « plutôt des intentions hostiles qu'on n'en annonçait contre nous »; cela ne l'empêchait pourtant pas de dire qu'il fallait être sur ses gardes : « 41 vaisseaux de ligne en commission, 45,000 matelots ou « soldats de marine votés », appelaient la réflexion, et ici le ministre ne pouvait retenir l'expression des regrets que ressentait son patriotisme en voyant l'ardeur et l'aisance de l'Angleterre à réunir ses forces et à se mettre debout. « C'est quel que chose d'admirable », dit-il,

C'est quel que chose d admirable et qui tient en quelque sorte du prodige que la facilité avec la quelle la nation ou plus tost ses representans se portent a des depenses aussi efraiantes. Nous avons assurement des ressources plus reelles que l Angr̃e, mais il s en faut bien que le jeu en soit aussi facile. Cela tient a une opinion qui ne peut pas s'établir dans une monarchie absolue co^e dans une monarchie mixte.

S'établir sur le plus grand pied de guerre et n'en protester que miéux à la France et à l'Espagne des intentions les plus pacifiques, leur imputer même d'être la cause de tout ce mouvement, arriver

« reponse de notre cour a la lettre que je vous « ai envoyée par le dernier courrier extraordi- « naire, qu'elle mettroit a portée de s'arreter à « un objet et de voir ce qui etoit le plus con- « venable qu'au reste dans son premier voyage « à Versailles il instruiroit le Roy et confére- « roit du tout en detail avec M. le Cte de Ver- « gennes. » (*Espagne*, t. 582, n° 121.)

presque à le leur faire croire, ne satisfaisait pas le cabinet britannique; il voulait nous intimider sur ce que nous faisions, nous obliger à en dévoiler le but, l'incriminer pour nous empêcher de faire davantage. « Ils se défient plus de la France que de nous, parce qu'ils savent où nos armements sont destinés et non ceux de cette puissance », écrit M. de Masserano, et les ministres de Saint-James ne tardent pas à le faire voir. Lord Stormont était venu le 13 novembre chez M. de Vergennes. Ils avaient eu ensemble une conversation que le ministre trouva assez importante pour la fixer sur le papier dès que l'ambassadeur fut sorti [1], et lord Stormont assez significative pour en tirer immédiatement des inductions avec lord Grantham, à plus forte raison avec lord Weymouth [2]. M. de Vergennes, le lendemain, la résumait et en marquait la signification comme il suit au marquis de Noailles :

Il me reste a vous parler, M., d une conversation que j ai eue hier avec le Lord Stormond; apres m avoir entretenu des nouvelles de l'Amerique, des heureuses esperances qu on en conçoit, et renouvellé les plus fortes assurances d'amitié et de bonne intelligence, il m observa qu on etoit instruit a sa cour que notre armement de Brest étoit destiné pour la Martinique et pour St Domingue, et qu on craignoit qu il n eut pour objet de favoriser le commerce de contrebande qui s'y fait. Comme je n'ai pas connoissance que le Roi ait encore fixé la destination de cette escadre, je me suis retranché dans mon ignorance et j'ai fait remarquer que son envoi suposé pourroit tout aussi bien avoir pour objet de restraindre ce commerce s il existe que de l encourager. L'ambassad^r

---

[1] Nous reproduisons en partie, à l'annexe du présent chapitre, la dépêche de M. de Vergennes. Nous la faisons suivre de la note écrite par le ministre sur sa conversation avec l'ambassadeur anglais.

[2] Le 18 novembre, lord Stormont écrit de Paris à lord Grantham « qu'il ne faut pas s'attendre à ce que le cabinet français se décide contre l'Amérique; que ses armements n'ont pas de but agressif et que ceux de l'Angleterre ne l'inquiètent point, les sachant motivés par le sien, ainsi qu'à Versailles il a été chargé de le dire; que ce cabinet désire la paix et souhaite qu'elle ne soit point troublée par la querelle entre l'Espagne et le Portugal, qu'il est même léger (*levish*) dans les protestations qu'il fait de son amitié, mais que la masse du public veut la guerre et que tout dépend de la continuation des succès de l'Angleterre en Amérique. » (*Grantham's papers*, p. 143.)

a repris que beaucoup de batimens partent de ces isles, arborent le pavillon françois et se dirigent vers l Amerique ou ils portent des munitions de guerre.... Je n ai point contesté que cela ne peut etre, mais a la mer chacun arbore le pavillon qu il veut, et pour savoir s ils sont françois il faut en avoir arreté. Le Lord Stormond interpellé s il y en avoit eu de saisis n en etoit pas instruit. J ai reparti que suposé qu un abus si contraire aux intentions du Roi regne dans nos isles une force maritime y seroit donc necessaire pour le prevenir; l ambassad^r n en convient pas; il pretend que la vigilance de nos commandans doit y suffire. Cela est de toute impossibilité; leur pouvoir ne peut s etendre au dela du rivage; d ailleurs d autres considerations pourroient nous engagér a veillér sur nos isles, elles peuvent participér de la fermentation generale; nous avons un vaste commerce a protegér; nous pouvons craindre que les Americains ne soient tentés d exercér sur nous les memes depredations qu ils se permettent sur les Anglois; d ailleurs l Ang$\bar{\text{re}}$ est bien en force dans cette partie pour que nous ne devions pas y veillér. Au dire du Lord Stormond leur armement ne doit pas causér de l inquietude, composé co^e il est de 2 vaisseaux seulem^t il ne peut entreprendre rien de considerable; comme si le nombre enorme de fregates qu il reunit ne constituoit pas une force reelle. J ai representé a mon tour a l ambassad^r que six v^x repartis co^e il le disoit lui meme en 2 stations pouvoient faire tout au plus une force conservatrice mais jamais entreprenante. Selon lui et des propos publics sur les quels il s apuie cette force devoit etre jointe par des batimens de Rochfort et d autres endroits. Rien n etant plus vague je l ai assuré sur mon honneur qu il n en est pas question, en effet je n ai pas connoissance qu il se fasse d autre armement que celui de Brest. J abrege des propos qui revenant toujours sur le meme objet ne repandent aucune lumiere sur les intentions. Enfin après des assurances amicales données mutuellement et des temoignages de confiance fondés sur la justice respective de nos maitres j ai conclû que comme nous ne nous laissons pas imposér par les declamations de l opposition, l Ang$\bar{\text{re}}$ ne doit pas aussi se laissér abusér par les detracteurs du ministére. Ils peuvent blamér nos intentions mais ils n ont pas le pouvoir de les altérér. Je vous rens compte de ce dialogue M, pour ne vous laissér rien ignorér de ce qui se passe, vous n avés aucun usage a en faire a moins qu on ne vous mette sur la voie de vous expliquér. Vous serés informé lors que le

Roi aura decidé si son escadre partira et ou elle ira, ce qui est positif est qu'il ne s'agit pas de lui donnér aucune destination allarmante pour qui que ce soit. Je suis tres certain que les Anglois n'auroient pas tardé a prendre toutes les mesures q'une sage prevoyance conseille, si nous etions dans des circonstances pareilles a celles ou ils se trouvent.

A Versailles le 14 9bre.

Angleterre, t. 519, n° 30.

L'échange des divergences entre le ministre et son représentant n'était pas à la fin. Tandis que M. de Vergennes écrivait, l'ambassadeur adressait à Versailles un mémoire sur l'état de la marine anglaise[1]. Il prenait texte du grand accroissement de cette marine pour inquiéter le Gouvernement et conclure qu'il fallait augmenter la nôtre; bien plus, il en entretenait M. de Maurepas dans un pli personnel. M. de Vergennes reprend alors son argumentation précédente, la confirme par un billet privé, outre sa dépêche ministérielle, et M. de Maurepas y joint sa note, tant il leur semble nécessaire à tous les deux de ne pas laisser percer à Londres des impressions qui produiraient l'acrimonie ou tendraient les rapports et précipiteraient les choses[2]. Le 30,

---

[1] *Angleterre*, t. 519, n° 43, joint à son rapport du 15 novembre.

[2] 23 novembre; lettre personnelle du ministre. Il y résumait ainsi ses raisonnements : « Ma depeche de ce jour vous expose, Monsieur « le Marquis, les reflexions que nous ont fait « naitre votre derniere depeche et le memoire « qui l'accompagnoit. Nous avons peine a croire « a la guerre, peut etre parce que nous ne la « desirons pas, mais aussi parce qu'il ne tombe « pas sous le sens que les Anglois deja impliqués « dans une guerre tres dispendieuse puissent « regardér comme moien de soulagement d'en « commencér une autre qui ne seroit surement « pas a bon marché. S'ils la veulent il faudra « bien se resoudre a la faire, et nous aurons du « moins pour nous la justice. Une puissance am« bitieuse eut profité des embarras de ses voi« sins pour essaiér de leurs portér un coup mor« tel, nous les avons respecté; s'ils nous forcent « ils ne nous trouveront pas pusillanimes.

« Avés vous cherché, Monsieur le Marquis, a « vous mettre en liaisons avec Md Mansfield, « il aime la paix et j'ai vû des occasions ou il « s'expliquoit plus franchement qu'aucun autre « membre du conseil, vous n'ignorés pas aussi « quelle est son influence dans le cabinet. » — M. de Maurepas, très bienveillant, parlait de même, tous deux d'ailleurs étant loin de blâmer l'ambassadeur, occupés uniquement de le guider : « J'ai lu avec toute l'attention dont je suis « capable, le mémoire joint à la lettre dont « vous m'avez honoré. Les faits y sont rapro« chés avec la plus grande clarté et l'on ne « peut mieux justifier la contradiction qui se « trouve entre les paroles et les actions. La

1776. le ministre clôt enfin ce « chapitre des conjectures et des probabilités », pour emprunter son expression; il précise comme il suit le sentiment que l'on avait en ce moment à Versailles et ne veut pas que l'ambassadeur n'ait point, dans les avis de M. de Masserano, la confiance que méritent ses vues et son sens politique :

Je conviens avec vous, M., que l ostentation que le gouvernement anglois met dans ses preparatifs est bien propre a enflamér l esprit de sa nation, et a soulevér le cri general pour la guerre que vous aprehendés et qui pourroit menér plus loin le ministere qu il ne se propose peut etre d'allér. Quelques menacantes que soient en effet ses demonstrations il est difficile de croire qu il veuille serieusement allumér une guerre qui n est ni dans le gout de Sa M^{té} B$\widetilde{que}$ ni dans les interets de ceux qui ont le plus de part a sa confiance. On peut croire sans l affirmér cependant que dans le dessein de sortir avec reputation de l engagement dans lequel on s est embarqué un peu legerement faute d en aprofondir suffisament les difficultés on veut ecarter les obstacles etrangers qui pourroient intervenir, et que c est le but des armemens considerables que nous voions faire. Dans la situation ou est cette puissance, elle n avoit pas de milieu entre faire beaucoup ou rien du tout; un demi effort loin de la contenancer convenablement n auroit developé que de l impuissance ou de la foiblesse.

Il est probable, M., que nous jugerons mieux a la session du commencement de l année prochaine du veritable objet de ces preparatifs. En attendant il est un juste milieu entre une securité profonde et des allarmes excessives que nous tacherons de tenir. Le Roi ne veut pas la guerre, il ne la fera point

« conclusion que vous en tirez n'est pas moins
« juste. Il faut nous préparer a tout événement,
« nous en tirerons du moins le fruit de relever
« notre marine sans essuyer de la part de l'An-
« gleterre, de contradictions qu'en tout autre
« tems, elle n'auroit pas manquer de nous opo-
« ser. Quant à ce qui arrivera par la suite, il
« est bien difficile et vous le sentez vous même
« de faire des conjectures sur les quelles on
« puisse tabler; je suis persuadé que les Anglois
« même, n'ont point de plan formé et que les
« evenemens seuls pourront les déterminer. Il
« me semble que le parti de la cour, à en juger
« par le discours de Milord North, dans la der-
« niere séance, ne nous craint pas autant que
« celui de l'oposition semble le faire croire;
« mais la pierre de touche qui fera connoitre
« leur vraie intention, c'est la façon dont ils
« traiteront l'affaire du Portugal. » (*Angleterre*,
t. 519, n°s 54 *bis* et 54 *ter*.)

par ambition, ni dans les vûes d'augmenter les embarras de son voisin; mais Sa M^té saura la recevoir et la soutenir avec vigeur lorsqu on la lui fera ou que sa fidelité a remplir ses engagemens exigera qu elle y prenne part..........
....

Je penserois avec vous, M., qu il peut y avoir de l affectation ou de la finesse dans la securité que M. le prince de Masseran vous temoigne au sujet des armemens des Anglois, si je n avois la certitude par la communication que M. le comte d'Aranda m'a donnée de plusieurs de ses depeches que son langage avec sa cour ne differe point de celui qu il vous tient. M. le prince de Masseran qui a une longue habitude du pays que vous habités, qui connoit les inclinations, les principes et les interets de ceux qui le gouvernent; qui sait le degré de confiance qu on peut mettre dans leurs assurances et qui enfin peut avoir des liaisons particulieres qui l eclairent, peut avoir plus de moiens que nous n en avons pour apretiér au juste le veritable objet des preparatifs qui se font en Angr̄e. Au reste, quoique cet ambassadeur ne paroisse pas en prendre l'allarme, il n en recommande pas moins de prendre respectivement toutes les precautions les plus convenables pour notre sureté commune et pour n etre pas pris au depourvû.

A Versailles le 30 9bre.

Angleterre, t. 519, n° 66.

La veille, au reste, M. de Vergennes avait instruit Ossun de l'opinion résultant, pour le cabinet, des conversations avec les lords North et Weymouth, et il en donnait à cet ambassadeur la même interprétation qu'au marquis de Noailles[1]. Mais un fait venait de se produire

---

[1] Dépêche à Ossun du 29 novembre : « Le « langage du Ld Grantham et celuy que les L^ds « North et Weymouth ont tenu au P^ce de Mas- « seran est, à peu de choses près, conforme aux « ouvertures qui avoient été faites au Sr Gar- « nier, et dont vous avez donné communication « au ministere espagnol; et nous voyons que « S. M. C. en a tiré les mêmes conséquences « que nous, savoir, que la cour de Londres tra- « vaille de bonne foi au raprochement de celles « de Madrid et de Lisbonne et qu'elle les ver- « roit avec beaucoup de satisfaction dans des « termes de conciliation; mais que les circon- « stances peuvent changer des dispositions aussi « conformes aux desirs du Roi et du Roi C^que et « qu'il est par conséquent nécessaire que nous « nous tenions en mesure contre tous les évè- « nements possibles; je vous ai déja mandé plu- « sieurs fois, M. que c'étoit là la façon de penser « du Roi et de son conseil, que nous agissions « en consequence, et que nous voyions avec « plaisir que l'Espagne en fait autant de son

1776.

à Madrid par lequel le cours des choses pouvait être si changé qu'à défaut d'autres causes il aurait légitimé la retenue et le recueillement : M. de Grimaldi n'était plus ministre. La réponse du gouvernement de Versailles à celui de Madrid sur ses conquêtes éventuelles en Portugal avait en partie causé la retraite du chef du cabinet espagnol. C'est fort au sérieux que ce cabinet avait fait la proposition d'engager la guerre tout de suite, sous la condition de la garantie de la France pour des entreprises sur Lisbonne. Non pas le roi et son premier ministre, mais la majorité du cabinet et la cour s'étaient livrées à l'illusion que l'heure de ces entreprises sonnait; en venant dissiper cette illusion, le gouvernement de Louis XVI avait porté un coup profond. Le parti du prince des Asturies rendit bruyamment le marquis de Grimaldi responsable de la déception, et la situation de celui-ci ne fut plus tenable. Ç'avait été une mauvaise idée, de sa part, de faire admettre le prince à travailler avec le roi. Le prince n'y avait pris que des occasions de marquer son antipathie au ministre avec le peu de délicatesse de sa nature, et des prétextes pour le décrier[1]. Or, au moment même où la France venait d'arrêter l'Espagne, les ruses diplomatiques de M. de Pombal procuraient à la politique du Pardo l'échec dont nous parlions tout à l'heure. Après deux années de négociations directes, de correspondances entre les ambassades, de médiations laborieuses, Charles III et son ministre avaient espéré voir le Portugal consentir à restituer les points envahis précédemment dans le Paraguay et, par suite, à reprendre la voie des arrangements amiables.

« côté. Je ne veux pas vous laisser ignorer que « le Vte de Stormont m'a marqué en dernier « lieu de l'inquiétude par raport a l'escadre que « nous armons dans le port de Brest; j'ay ré- « pondu à cet ambassadeur que cette escadre « n'avoit d'autre objet que celui de notre sureté « sans m'expliquer sur aucune destination par- « ticulière et que très certainement elle n'avoit « aucun but offensif. Je ne sais si j'ay persuadé « M^d Stormont, la vivacité de ses apréhensions « m'autorise à en douter mais il n'est gueres « possible de les regarder co^e un motif plau- « sible du grand armement de l'Ang^{re}. » (*Espagne*, t. 582, n° 145.)

[1] C'est l'appréciation du comte de Montmorin, successeur à Madrid du marquis d'Ossun, dans une dépêche ultérieure que nous aurons l'occasion de citer.

Au mois de juillet on attendait déjà cette solution à laquelle l'Angleterre semblait s'employer. Bien qu'elle manquât encore à la fin d'octobre, on y comptait toujours quand on apprit que le ministre du Roi Très Fidèle, par une réponse pleine des habiletés audacieuses et du peu de scrupule avec lesquels il savait étayer sa ténacité, avait avisé le *Foreign office* que son souverain ne pouvait condescendre à ce que l'on exigeait de lui. Ce long travail n'aurait donc servi qu'à cacher des agressions successives et successivement plus graves [1].

La première nouvelle de cet insuccès définitif fut portée à Charles III par notre ambassadeur, en suite de la dépêche de M. de Vergennes du 21 octobre. Elle surprit et affecta ce monarque, rapporte Ossun; il exprima le souhait d'être laissé par l'Angleterre libre de vider sa querelle à son gré [2]. Il croyait ses moyens préparés pour cela et il avait confiance en leur efficacité quoique son ministre, lui, redoutant ou

---

[1] M. de Vergennes mande le 21 octobre à Ossun à cet égard : « Ce ministre [M. de Pombal] a enfin repondu par ecrit aux instances reiterées de l'Ang^re, sa reponse dit on est plus volumineuse que toutes celles qu'il a precedemment produites. Il s'y explique clairement et sans detour que le Roi T. F. ne peut condescendre a faire restituer a l'Esp^e les lieux usurpés dans le Paraguai. Se croiroit il asses en forces dans cette partie pour resister a celles que l'Esp^e y envoie. L'ambassadeur d'Ang^re ne m'a point encore parlé de cette reponse. Nous verrons s'il sera autorisé a me communiquer les reponses que la cour de Lisbonne a faites a la sienne. » — Parlant encore de ce fait, dans sa lettre du 7 novembre, le ministre s'exprimait plus sévèrement que nous ne le faisons ici sur la politique de M. de Pombal : « Nous ne pouvons plus etre surpris que les restitutions promises n'aient pas eu lieu a l'epoque du mois de juillet, j'ignore ce que M. de Pombal dira pour justifier ce manque de foi, mais je ne serai pas etonné qu'il soutienne qu'il est dans les termes de la paix de Paris, les sophismes lui sont aussi familiers que la duplicité et la perfidie. »

[2] « J'ay eû l'honneur de dire les mêmes choses au Roy Catholique, écrit Ossun le 4 novembre (il en avait parlé d'abord à Grimaldi). J'ay remarqué qu'il en a eté surpris et affecté. Il desireroit dans le fonds une conciliation amiable, et après avoir réfléchi un moment il m'a dit « Nous savons enfin à quoi nous en tenir de la part du Portugal. Il faut voir ce que pensera l'Angleterre et comment elle s'expliquera ; je souhaite qu'elle me laisse faire sans se mêler de la querelle; peut être qu'elle prendra ce parti. »

« M. le Mis de Grimaldi, Monsieur, a vû avec peine la determination de M. de Pombal; il ne se permet pas d'esperer que l'Angleterre reste neutre dans cette discussion, et il pense que la France et l'Espagne doivent travailler sans relâche à se mettre dans le meilleur etat possible de soutenir la guerre, si elle devient inevitable. » (*Espagne*, t. 582, n° 90.)

affectant de redouter la complicité du gouvernement britannique, pensât surtout à obtenir que la France s'attendît à être attaquée avec l'Espagne et se préparât à se défendre avec elle. Mais les adversaires de M. de Grimaldi lui imputèrent les deux défaites, et la dernière avec une acrimonie nouvelle en montrant la considération politique de l'Espagne jouée et amoindrie. Ils accusaient tout haut le premier ministre, en étranger que n'animait pas le sentiment national, de faire les affaires du Portugal par la peur qu'il avait de lui. Ils le fatiguaient de menaces anonymes; ils allèrent jusqu'à fomenter des démonstrations contre sa demeure pour le persuader de l'antipathie publique et le porter à se retirer[1]. Quoiqu'il ne cessât pas d'être soutenu par le roi, il demanda à résilier sa charge. Ossun écrit le 11 novembre que « Sa Majesté Catholique vient de combler les désirs de M. le marquis de Grimaldi en le nommant à l'ambassade de Rome et qu'Elle

---

[1] Le duc de Villa Hermosa, à qui il tardait d'avoir une ambassade et qui l'eut en effet bientôt, fut le principal acteur de ces menées. Il les poussa jusqu'à faire simuler un incendie de la maison du ministre pour effrayer celui-ci sur le sentiment public à son égard. C'est M. de Montmorin qui le donne comme un bruit public à M. de Vergennes, le 31 août, en annonçant la nomination de ce jeune grand d'Espagne à l'ambassade de Turin. (*Espagne*, t. 590, n° 223.) — Dans un billet privé au prince de Masserano, du 27 février 1777, à propos de l'arrivée de M. de Floridablanca à Madrid le comte d'Aranda se livre avec familiarité à son antipathie d'*Aragonais* pour M. de Grimaldi, qu'il appelle *le Génois* ou par son prénom tout court. On voit dans ce billet quel grief capital ce parti fit en effet au ministre de son insuccès quant au Portugal : « Suivant mes « dernières lettres de Madrid le nouveau ministre « devoit arriver le mardy 18; et le jeudy 20, il « devoit aller en public au Pardo diner avec le « sortant, qui avoit invité le corps diplomatique « à diner pour la presentation reciproque. On « croyait qu'après cela il tarderoit peu de jours à « partir. Vous voyez que tout se fait avec éclat. « L'inclination de paroitre avec la calotte rouge « et les bas de perdrix se decouvre jusque par les « conjonctions. De tous ceux qui sommes employez dans la carrière, vous etiez son apôtre, « et moy son diable. Riez de mes sottises. Pombal est très sérieux; et à l'heure qu'il est notre « flotte sera arrivée à sa destination. Gare qu'ils « ne soient mieux preparez que *Geronimo* ne « croyait, ce seroit le second volume d'Alger. « Je crois que personne n'a été plus faché du « changement de notre ministere que Pombal; « car il avoit vaillamment flairé les chausses du « Genois et il s'etoit apperçu qu'elles n'etoient « pas propres. C'est cette certitude qui me fait « esperer que le superbe ne sera pas tant sur « ses gardes, parce qu'il comptoit que jamais « le cas n'arriveroit, quoiqu'il ait reduit les « choses au point, qu'il a fait sauter le grand « maitre de tant d'ordres. » (*Angleterre*, t. 521, n° 123.)

avait choisi M. le marquis de Floride Blanche pour le remplacer[1] ».
Ce n'était pas la solution attendue chez le prince des Asturies.

Le roi avait prouvé sa gratitude au dévoué serviteur qu'il perdait; il s'était refusé à livrer la politique à ses adversaires lorsqu'ils se la partageaient déjà. A défaut de M. de Galvès, qui se déroba au fardeau, il exclut les candidats de son fils. Le comte de Floridablanca était le grand d'Espagne qui pouvait paraître le plus attaché à la conduite suivie jusque-là, étant particulièrement lié avec M. de Galvès en qui elle avait un partisan avoué. Parlant de ce successeur à l'ambassadeur de France, Charles III s'empressa de lui dire « qu'il était dans les « meilleurs principes par rapport à l'intime union et au plus parfait « concert entre les deux Couronnes. » Ossun ne doute pas que les dispositions ne demeurent ce qu'elles étaient précédemment. Il en assure de nouveau M. de Vergennes dans ses rapports du 14 et du 30 novembre[2]. Une politique produit aisément, toutefois, en changeant de mains, les effets d'une autre, différente sous le semblant de rester la même. Avec M. de Grimaldi avait régné un esprit de déférence envers la France auquel étaient dus pour beaucoup le rapprochement, étroit à tout prendre, des deux cours et le renvoi au second

---

[1] *Espagne*, t. 582, n° 112. Ossun se trompait de titre; Floridablanca était comte et non marquis.

[2] « M. de Galves, Monsieur, devient, par la « retraite de M. de Grimaldi, le ministre qui « aura le plus d'influence sur l'esprit de Sa M^{té} « Cath^e et le plus de part à son estime et à sa « confiance. Il est lié depuis longtems par la « plus intime amitié avec M. le Mis de Floride « Blanche qui est même son eleve dans la car- « rière des bureaux. Je suis persuadé que ces « deux secrétaires d'Etat conduiront toutes les « grandes affaires de la monarchie et je crois « qu'on peut compter sur les principes et sur « les dispositions de M. de Galves pour la plus « intime union et la plus parfaite harmonie « entre les deux Couronnes. » (*Ibid.*, n° 115.)
— « Il y a apparence, M., que cet évenement « ne changera rien au sisteme d'union et de « bonne harmonie qui existe entre les deux « cours. M. de Floride-Blanche est un honnête « Espagnol. Il a de l'esprit des lumieres, de la « fermeté, de la prudence; il est d'ailleurs lié « de la plus étroite amitié avec M. de Galves « dont les principes et les sentimens pour la « France sont tels qu'on peut le desirer. Ces « deux ministres seront vraisemblablement fort « unis, agiront de concert et *gouverneront* « *l'Espagne sous l'autorité du souverain*. Ils « n'auront point contre eux la tache d'être « étrangers; ils ne seront pas aussi tolérans et « aussi timides qu'un étranger, ils ne menage- « ront pas le parti arragonois qui dans le fond « de l'ame est anti françois. » (*Ibid.*, n° 146.)

plan des vues intéressées ou jalouses. Il succombait à cela en grande partie; le courant avait failli le submerger; un nouveau venu, assez jeune pour se croire le temps de s'ouvrir une voie personnelle, ne voudrait-il pas échapper à un héritage qui serait un grief et envisager d'un autre point de vue les obligations du Pacte de famille? Ce nouveau venu ne trouverait pas bon accueil. Le choix du roi, qu'Ossun avait mandé être « le meilleur que S. M. Catholique pût faire », déconcertait la cour : « Il n'est pas approuvé par les grands, dit l'ambassadeur, et le parti Aragonais en est consterné[1] ». L'obstacle se dressait donc déjà, M. de Floridablanca devrait le surmonter; n'y sacrifierait-il pas plus ou moins nos intérêts? M. de Vergennes cède d'abord aux impressions de l'ambassadeur. Le 29 il « augure on ne peut pas mieux » du ministère à venir; il se plaît à énumérer les gages qu'il en trouve dans le passé du titulaire[2]; mais il ne tarde guère à faire des réflexions et à mesurer la perte dont sa politique est menacée. Il pouvait penser avec vérité que l'Angleterre avait les yeux sur ce titulaire. Lord Weymouth écrivait le 26 novembre à lord Grantham que la retraite de M. de Grimaldi, à ce moment, lui semblait « un évènement de très grande conséquence »; c'était la cour de Versailles, à son dire, qui

---

[1] *Espagne*, t. 582, n°ˢ 123 et 146 : « Ce parti « perd ses deux chefs principaux, ajoutait « Ossun, M. le Cᵗᵉ de Fuentes decedé il y a « quelques mois et M. le duc d'Albe mort depuis trois jours d'hidropisie. Ils avoient des « accès et du credit dans l'appartement de M. le « prince et de Madame la princesse des Asturies. Cette princesse qui a de l'esprit et peut « etre une ambition prématurée, a beaucoup « d'empire sur son auguste epoux. Au reste « toutes ses intrigues se dirigeoient principalement contre M. le Mⁱˢ de Grimaldi, qui « quoique sûr de se soutenir autant qu'il le « voudroit, a jugé a propos de se retirer. »

[2] Il écrit notamment au marquis d'Ossun (*ibid.*, n° 145) : « Nous avons apris avec plaisir « M. le choix que le roi d'Espagne a fait de « M. le Cᵗᵉ de Floride-Blanche pour remplacer « M. le Mⁱˢ de Grimaldi; la conduite que ce « nouveau ministre a tenüe à Rome, a fait « connoitre ses talents de la manière la plus « avantageuse, et nous augurons on ne peut « pas mieux de son ministere. Selon ce que « vous me mandez M. de Floride-Blanche partagera avec M. Galvès la confiance de S. M. « Cque nous en avons d'autant plus de satisfaction que l'un et l'autre de ces deux ministres « ont manifesté les dispositions les plus sincères « pour le maintien du système politique qui « unit les cours de Versailles et de Madrid. « Vous voudrez bien M. dire à ce sujet les « choses les plus flatteuses de notre part à « M. Galvès et à M. de Floride-Blanche lorsqu'il sera arrivé. »

avait soutenu celle de Madrid dans son ressentiment contre le Portugal; les raisons personnelles ont souvent de l'écho dans les affaires publiques, ajoutait-il, et les choses auraient été autres avec moins d'hostilité entre M. de Grimaldi et M. de Pombal; si « impraticable » que se soit montré ce dernier, il pourrait le devenir moins; il disait pour conclure : « Il est très désirable qu'il n'existe pas autant d'union « entre la France et l'Espagne [1]. » Cette dépêche, si le ministre français avait pu la lire, ne lui aurait rien appris qu'il ne supposât et qu'il ne craignît de voir arriver. Aussi mande-t-il à Ossun le 8 décembre :

Je ne cesse de regretter le parti que M. le Mis de Grimaldi a pris de se retirer du ministère quoique je lui sois personnellement trop ataché pour lui envier la douceur du repos honorable qu'il s'est procuré. Mais il est facheux qu'il ait dû céder à une cabale qui n'a de reproche plus essentiel à lui faire que celui d être étranger. Assurément il compensoit ce deffaut par le zèle le plus pur et le plus éclairé pour l intérest de ce royaume et par son attachement pour la gloire de son roi. Il a celle d'avoir plus contribué que personne à l union intime des deux branches de la maison de Bourbon et je ne serois pas surpris que plusieurs lui en fissent un grief quoique ce soit l ouvrage le plus politique qui ait été fait depuis longtems.

Espagne, t. 582, n° 159.

M. de Vergennes reviendra un peu sur le compte du marquis de Grimaldi; mais les faits devaient justifier à plus d'un égard ces regrets donnés à sa retraite.

A quel degré les deux cours de Londres et de Versailles, celle-ci secondée à Madrid, se trompaient l'une l'autre de propos délibéré, dans leurs échanges de protestations diplomatiques, on le voit par une lettre de lord Stormont à un Anglais non moins jaloux que lui de la puissance de leur pays. Chacune s'empressait de prétexter les

---

[1] *Grantham's papers*, fol. 153; Saint-James, 26th nov^r 1777.

armements de l'autre pour se mettre en réalité sur le pied de guerre :

Je n'ai que peu de chose à vous dire sur la situation de ce pays-ci et sur les intentions de ses ministres, écrivait l'ambassadeur britannique[1]; mais comme vous le savés déjà, leurs protestations sont aussi pacifiques que jamais, et je les crois parfaitement sinceres. Cependant les préparatifs sur mer continuent. Leur armement, comme vous le savés, a été la seule cause du nôtre; et le nôtre à son tour a occasionné une augmentation dans le leur. Ils arment six ou sept gros vaisseaux à Brest. Nous ne serons certainement jamais les premiers à troubler la tranquillité publique dont la conservation est le seul but du Roi, comme toute sa conduite le démontre; mais s'il survenoit malheureusement quelque évènement qui forçât à faire la guerre, nous sommes maintenant en état de la faire s'il le faut; nous la ferons toujours avec répugnance, mais si elle survient, elle nous trouvera préparés. J'avoue que j'ai été mal à mon aise jusqu'à ce que nous ayons été dans cette position. J'ai maintenant beaucoup de doutes, mais point de craintes. Il faut cependant que je rende aux ministres, et particulièrement ceux avec lesquels je traite, la justice de dire que je les crois pacifiques; mais il y a une fermentation générale dans le peuple, une attente et un désir général de la guerre, qui sont de mauvais signes.

Du 20 décembre 1776.

Angleterre, t. 519, n° 101. (Traduction.)

Mais si les cœurs anglais se félicitaient de nous avoir abusés, nous étions restés sur nos gardes. Le cabinet de Louis XVI avait fait suivre à ses armements une progression parallèle aux assurances pacifiques du cabinet de Londres. Les premiers jours du mois, le comte d'Aranda instruisait M. de Vergennes que M. de Grimaldi avait répondu aux dernières insinuations de lord Grantham avec une fermeté presque véhémente au sujet de nos armements[2]; le ministre

---

[1] Lettre à Murray Keith.

[2] Le premier ministre avait écrit au comte d'Aranda : « L'Escurial le 25 9bre 1776. — L'am-« bassadeur d'Angleterre vint me trouver un de « ces jours et me dit qu'il avoit ordre exprès « de sa cour de me déclarer que l'armement « qu'elle préparoit n'avoit d'autre objet que celui « de sa propre sureté et défense, sans aucune « vue offensive; qu'elle s'étoit crue obligée à « cette précaution par les armemens et prépa-« ratifs qui se faisoient en France, parceque « quoiqu'on en fît de très considérables en Es-« pagne, le motif en étoit connu, vû les grands « démêlés que nous avons avec le Portugal ; et

informait aussitôt Ossun ainsi qu'il suit de la consistance de ces armements et annonçait qu'ils cesseraient d'autant moins à cette heure :

A Versailles le 8 x^{bre} 1776.

Le langage que le Lord Grantham a tenû d ordre de sa cour a M. le Mis de Grimaldi touchant l armement qui se prepare dans les ports d Ang^{re} s accorde avec celui que le Lord Stormond m'a tenû sur le meme sujet, et semble devoir exclurre les inquietudes et les soupcons que l activite qu elle met dans son armement et les moiens extremes qu elle y emploie pouvoient exciter.

Si l Ang^{re} ne veut que se premunir contre les desseins qu elle a pû nous suposér elle doit trouvér dans la maniere franche et nette de s expliquér de M. de Grimaldi de puissans motifs de securité; elle n en a pas moins de notre part; je n ai perdu aucune occasion naturelle de faire connoitre au Lord Stormond l intention persévérante du Roi de maintenir la paix et la bonne intelligence avec sa cour. S il a voulu m entendre avec impartialité il a du se convaincre que ce qu on envisage en Ang^{re} comme des preparatifs ne sont que des precautions calculées sur notre deffense et notre sureté. Nous aurions desiré M. pouvoir les prendre avec moins de bruit et d eclat, mais dans l etat d abandon ou etoit la marine il a fallû pourvoir a tout et a la fois. Je ne repeterai pas ici M. ce que j ai deja eu l honneur de vous mander du produit du travail

« il est à remarquer que dans cette occasion « cet ambassadeur ne m'a porté aucune plainte, « ni temoigné le moindre ressentiment de ce « que la France fournit des secours d'aucune es-« pece aux colonies rebelles. — Je lui reponds « que j'étois assuré que la France n'avoit au-« cune idée ni projet de guerre, mais au con-« traire un grand desir de conserver la paix ; que « l'armement anglois me paroissoit hors de « saison et même dangereux, parce qu'il y avoit « une grande difference entre carèner des vais-« seaux et fournir ses arsenaux, qui est ce qui se « fait en France, et armer rapidement un grand « nombre de ceux qui sont prêts et carènés, « qui est ce que le ministere britannique a or-« donné de faire; qu'à la rigueur c'etoit mettre « les actions en contradiction avec les paroles, « et qu'ainsi la partie n'étant pas égale, je ne « savois quelles suites pourroient en résulter. « — Je m'exprimai avec tant de véhemence « et en même tems avec un air si franc, que « non seulement Milord Grantham s'avoua con-« vaincu, mais qu'il en vint encore à me dire « qu'il étoit très content de notre conversation, « et que même il desiroit expédier un courier « à sa cour pour mieux s'étendre dans ses dé-« pêches et qu'il se flattoit que ses réflexions « suspendroient peut être les armemens rapides « qui se faisoient. — Je fais part à V. E. de ce « qui s'est passé à cette conférence, pour qu'elle « en informe M. le Cte de Vergennes et je dois « ajouter qu'en effet Mylord Grantham expe-« dia son courier deux jours après. » (*Espagne*, t. 582, n° 137.)

1776. de cette année; si nous ne sommes pas interrompûs dans celui qui est projetté pour la prochaine notre marine sans etre tout a fait au point ou il convient de la portér se trouvera cependant sur un pié asses solide pour conjointement avec celle d Espagne obliger l Ang^re a plus de menagemens qu elle n y est naturellement disposée.

Un des principaux sujets des allarmes du ministere Bq̃ue et que le Lord Stormond ne ma pas dissimulé dans nos derniers entretiens est l envoi suposé de l escadre de M. du Chaffault en Amérique. Quoi qu elle ne soit composée que de six vaisseaux et de 4 fregates on s en fait un epouventail a Londres co^e si elle pouvoit faire la loi dans cette region. Rien n'entre assurement moins dans les vûes du Roi. Je ne suis pas convenû avec l'ambassad^r d Ang^re que cette escadre eut cette destination, il n'y avoit en effet rien d'arreté a cet egard lorsqu il m'en a parlé; maintenant il paroit decidé qu elle ne sortira pas a moins que des evenemens ne l exigent.

Quelques satisfaisantes que soient les assurances des Anglois, surtout etant garenties par la continuation de leurs embarras avec leurs Colonies, la masse des forces qu ils preparent en Europe est trop considerable pour se contenter de l observér impassiblement. Il seroit dangereux de rester desarmé vis a vis un voisin trop puissament armé. Le Roi voulant pourvoir a sa sureté sans compromettre cependant la paix, a jugé devoir formér une escadre d'observation à Brest. Celle de M. Duchaffault en sera la motrice. On va lui joindre d'abord 3. v^x de 74. a 70. du meme departement qui seront joints par trois autres de Rochefort et un 4e de Lorient en tout 13 v^x de ligne. On recensera en meme tems les autres vaisseaux de Brest qui sont en etat aux petites reparations près qui ne se font qu au moment d un armement. Le tout pourroit formér dans le besoin une escadre de 26. vaisseaux de ligne si les circonstances exigeoient cet effort dispendieux. Il nest pas question pour le present d'armér les navires de la Mediterranée, cela ne seroit bon que dans le cas de guerre, et il faut espérer qu on n en viendra pas la. Rien ne peut plus contribuer a la faire evitér que de se montrer respectivement en situation de la faire. Vous voudres bien M. communiquer confidement à M. le Mis de Grimaldi et seulement verbalem^t les details que je vous confie, et je vous prie de m instruire si vous le pouvés du nombre de vaisseaux que S. M. Cq̃ue peut avoir presentement armés ou de ceux qu elle se propose d armér d ici au printems, independament de ce qui a eté expedié pour l'Amerique septentrionale et des departemens ou ils sont. Si les allarmes de guerre prenoient plus de consistance, il pourroit etre a propos que la principale escadre espagnole se tint au Ferrol.

Espagne, t. 582, n° 159.

Il fallait, toutefois, donner à Londres une note différente, approvisionner seulement l'esprit de l'ambassadeur de raisons explicatives. Aussi M. de Vergennes avait-il écrit de sa main, la veille même, la dépêche suivante au marquis de Noailles :

A Versailles le 7 x^{bre} 1776.

Après avoir discuté autant que nous l'avons fait jusqu'ici le chapitre des conjectures et des probabilités il faut attendre du tems et des evenemens la lumiere que nous ne pouvons acquerir par le secours seul de la reflexion et de la prevoyance en prenant avec sagesse les precautions q'une circonstance aussi critique et aussi equivoque semble exigér. L armement qu'on prepare en Angre et la vivacité qu'on y met ne peuvent etre envisagés avec indifférence, le Roi y donne l'attention la plus suivie; Sa M^{té} s occupe de toutes les mesures les plus propres a prevenir l embrasement qu on peut aprehendér.

Quoique je ne doute pas, M, que M. le prince de Masseran ne nous fasse part de tout ce qui lui revient de sa cour ou d ailleurs et qui peut servir a fixér votre jugement sur les objets qui sont d un interest commun je ne me dispenserai pas pour cela de vous transmettre un avis que je recois de Madrid et qui doit etre de quelque poids si le ministere Bque n a pas abjuré tout sentiment d honneteté et de pudeur, ce qu on ne doit pas suposér legerement. M. le Mis d'Ossun m'écrit en datte du 21 9bre que M^d Grantham avoit eu une seconde explication par ordre de sa cour avec M. le Mis de Grimaldi relativement aux dispositions amicales et pacifiques de l'Angre pour l'Espagne, et pour tranquilisér le Roi Cque sur l armement extraord^{re} M^d Grantham a assuré le gouvernement espagnol que ce n'etoient pas les armemens de l Esp^e qui avoient attiré l attention du ministere Bque par ce que le motif en étoit connû; mais que les grands preparatifs maritimes de la France sans aucun motif aparent avoient donné une juste inquietude a l'Angre et l avoient determinée a preparér sans delai l'armement dont il s agit, non pas dans la vue de

1776. faire la guerre a la France ou a l Esp⁰ mais pour etre en etat de se deffendre si on l attaquoit. M. de Grimaldi a repondû que Sa M^té C^que desiroit sincerement de maintenir la paix et la bonne harmonie avec l Angr͠e et qu il croioit pouvoir repondre que la cour de France etoit dans les memes dispositions; qu au surplus les mesures qu elle prenoit pour mettre sa marine en etat etoient bien naturelles dans les circonstances presentes; qu elles auroient pû engagér l Angr͠e a en prendre de semblables, mais qu il y avoit bien de la difference entre se mettre en etat d'armér des vaisseaux ou les armér effectivement comme l'Ang^re le faisoit et qu il ne pouvoit prevoir les consequences qui en resulteroient. M^d Grantham a parû fort content de cette reponse et il a depeché tout de suite un courrier pour la communiquér a sa cour.

M. le Mis d'Ossun ajoute, M., une circonstance qui a dû convaincre l'ambassadeur anglois de la sinceritè de M. le Mis de Grimaldi. Ce dernier venoit de terminér sa lettre confidentielle a M. le P^ce de Masseran, il l'a lùe a l'ambassadeur; elle contenoit precisément des reflexions et des conjectures sur les raisons qui avaient pû determinér les ministres Bq͠ues a faire un armement extraord^e, et elle developoit le sisteme pacifique de la France et de l Espagne. Le langage que M. le Mis de Grimaldi a tenù au Lord Grantham est le meme que je tiens moi meme au Lord Stormond lors qu il me donne occasion de m expliquér, je n'ai jamais hesité a lui exposér affirmativement les intentions pacifiques du Roi, par ce quelles le sont reellement, et que les occasions les plus seduisantes pour l ambition n'efleurent pas les principes de justice dont Sa Maj^té fait la baze de son administration. Mais je ne laisse pas ignorér en meme tems qu'aussi eloigné que le Roi l est d entreprendre une guerre qui ne seroit pas parfaitement juste, aussi disposé le trouvera t'on a la recevoir ou a la faire lors qu on la lui declarera ou qu on le provoquera.

Les Anglois s etonneroient moins de ce qu ils appellent la grandeur de nos preparatifs maritimes, si mieux instruits de l etat dans lequel se trouvoit notre marine a l avenement du Roi, ils savoient qu il y avoit tout a y faire. Pas un vaisseau en etat, pas un magazin garni; il a fallû pourvoir a tout et a la fois, et c est ce qui a donné a ces precautions et a ces travaux un etat que nous aurions desiré evitér, mais que la necessité rendoit indispensable. La plus forte partie de la besogne est faite, et si les Anglois sont de bonne foi dans l'assurance qu ils donnent que leurs vûes ne se tournent point a la guerre ils ne tarderont pas a se convaincre par les faits q'une prevoyance de sureté a dirigé seule nos mesures.

Quant a l'escadre de M. du Chaffault qui a parû etre l'objet le plus instant de l'inquietude du ministere Bq͠ue quoi qu'assurement elle ne dut pas en excitér, il n'y a encore rien de decidé pour la pretendue destination qu'on lui suposoit. Elle va etre augmentée; je ne puis pas vous dire au juste dans quelle proportion; mais elle sera probablement relative a l'armement qui se fait en Angr͠e; c est pour votre instruction seulement, M, que je vous previens de cette disposition; vous n'avés aucun usage a en faire; mais si on vous en parloit vous pouvés repondre amicalement, que les memes raisons qui ont pû porter l'Angr͠e a preparér l'armement formidable dont elle s'occupe avec la plus grande activité sont un motif qui invite les puissances voisines a usér de la meme prevoyance, parce qu'elles pensent qu'il n'est point de sureté mieux etablie que celle qu'on se doit a soi meme. Vous pouves encore ajoutér que comme nous sommes tres persuadés que les mesures de l'Ang^{re} ne tendent à l'offense de qui que ce soit, vous etes fondé a assurér que les notres n'ont pour unique objet que l'interest de notre tranquilité et de la conservation de la paix.

. . . .

J'ai quelque regret, M., que vous n'aiés pas saisi le propos que vous a tenû le Lord Weymouth pour l'amenér a une explication, lors qu'il vous a dit, *nous nous donnons des assurances d'amitié et nous agissons d'une maniere contraire.* Ce que vous lui avés repondû etoit tres à propos, mais j'aurois souhaité que vous lui eussiés demandé franchement ce qu'il entendoit dire. La precipitation avec laquelle vous avés changé la conversation peut lui donnér lieu de croire que vous avés fui l'explication et que vous aviés des raisons pour l'evitér. Cependant elle ne pourroit vous embarrassér jusqu'a un certain point, vous avés toujours la ressource d'ignorér les faits sur lesquels vous craindriés de vous expliquér de vous meme et de les prendre *ad referendum.* Ce n'est point par esprit de critique que je vous fais cette observation mais pour vous servir de direction dans le cas ou une pareille occasion se reproduiroit. . . . .

Angleterre, t. 519, n° 73.

On ne vouloit donc point cesser d'armer. Si éloigné de la guerre

1776. qu'il tînt à le paraître depuis la nouvelle de Long-Island, le cabinet de Versailles n'entendait même pas s'abstenir des menées commencées précédemment. Elles n'avaient, on le verra, jamais été plus actives ni aussi près de recevoir leur effet. M. de Vergennes n'avait pas eu l'idée d'aller, en les suspendant, contre cet entraînement général que lord Stormont donnait comme imposé par l'opinion. Dès le milieu d'octobre, on n'attribuait plus qu'une importance minime à la défaite de Washington; on trouvait qu'elle n'obligeait pas moins l'Angleterre à poursuivre ses efforts et que par là elle servait les plans des deux Couronnes. Le secrétariat du ministre en parle ainsi dans une dépêche à Garnier, le 18[1], et le ministre lui-même à Ossun le 19. A propos du cabinet anglais M. de Vergennes écrit ce jour-là à l'ambassadeur :

> Le succès qu'il vient d'avoir sur Longisland et qu'il fait sonner je crois beaucoup plus qu il ne vaut lui donnera de nouveaux moyens de tirer abondament de sa nation tous les subsides necessaires pour soutenir cette guerre contre nature. Ne nous en plaignons pas; ce n est pas un spectacle affligeant pour les deux Couronnes de voir l'Angre se dechirer de ses propres mains. Ce qui nous importe est que cette guerre dure encore quelque tems, et tout semble devoir le faire espérer.
>
> *Espagne*, t. 582, n° 41.

Des informations de Philadelphie, communiquées par Silas Deane[2], légitimaient ce jugement et il était corroboré par un avis du prince de Masserano dont Ossun, le 31, transmettait la copie. La cour était à l'Escurial; ce dernier reflétait probablement avec exactitude l'impression qui y régnait, en mandant :

> M. le prince de Masseran, Monsieur, a informé sa cour de l'avantage que les troupes angloises ont remporté sur les insurgens dans l isle de Longisland; il mande que malgré cet échec considerable, les Colonies s'etoient entièrement refusées d'entendre à de nouvelles propositions d'accomodement, ce qui fait présumer ici que la fermeté des colons, la difficulté des subsistances

---

[1] *Angleterre*, t. 518, n° 93. — [2] *États-Unis*, t. 1, n° 58.

et la rigueur du climat, la saison étant fort avancée, donneront encore bien de la besogne au ministère britannique et prolongeront une guerre dont Sa Majesté Catholique et son ministère redoutent la fin précipitée.

Espagne, t. 582, n° 83.

Notre marine, impatiente de se retrouver en face des vaisseaux anglais pour laver dans de sérieux combats les surprises de 1755, s'était efforcée de s'instruire des faits. De la Martinique, le comte d'Argout avait envoyé la corvette *la Favorite*, du lieutenant de vaisseau comte de Kersaint, porter en Europe ses renseignements sur les opérations de Howe et sur la situation de Washington. Ils étaient faits pour amoindrir l'importance des avantages de l'armée royale. Kersaint avait abordé au premier port d'Espagne, s'était hâté de faire parvenir ses plis au marquis d'Ossun, et celui-ci de les dépêcher à Versailles. Mais, à leur arrivée, M. de Vergennes se trouvait convaincu; il regrettait les frais de la dépêche et il le mandait à l'ambassadeur[1]. En réalité, ni la cour de France ni la cour d'Espagne ne pensaient à revenir sur les appréhensions, les sentiments ou les vues dont elles s'étaient inspirées ensemble pour s'apprêter contre l'Angleterre. Un fait significatif se produisait, à cet égard, au moment même où le cabinet de Versailles donnait à son ambassade de Londres des appréciations ou des conseils en apparence opposés aux propensions si ouvertement dévoilées par lui le lendemain de la déclaration d'indépendance. Le commandant de Bilbao, sur la réquisition du résident anglais, avait saisi un croiseur américain qui venait d'entrer dans

---

[1] Ossun envoie la dépêche de Kersaint avec son rapport du 4 février 1777. (*Espagne*, t. 513, n° 68.) — M. de Kersaint était parti de la Martinique le 24 décembre. Le pli du comte d'Argout faisait ressortir la vigueur de la défense de Washington, les efforts considérables qu'elle avait coûtés aux Anglais, le campement solide où le général américain était maintenant établi. Aux yeux du gouverneur de la Martinique, les succès dont Howe « leurait le peuple » en faisant sonner très haut sa victoire, se bornaient « à être entré dans une ville abandonnée par ses défenseurs pour des positions qui rendaient vains l'art et le courage des meilleures troupes et d'un général habile ». (*Ibid.*, n° 69.) — M. de Kersaint signait : Ksaint.

ce port. Cela pouvait signifier l'abandon des dispositions jusqu'alors manifestées par l'Espagne. Silas Deane et ceux qui travaillaient avec lui furent en émoi. Beaumarchais, prenant feu, exprime aussitôt à M. de Vergennes les craintes qu'ils concevaient tous[1]. Mais le mi-

[1] Ce n'est pas la moins caractéristique des lettres de Beaumarchais au ministre, ni celle où se voit le moins le mélange de sentiment patriotique et d'activité fébrile qu'il mettait à son rôle politico-commercial. Elle est datée de Paris, le 14 octobre 1776. « Monsieur le comte, « il serait de la dernière conséquence qu'on « apprit en Amérique que la cour de Madrid « a maltraité un de leurs armateurs. Alors ils « se croiraient très-assurés qu'ils n'ont rien à « espérer de la France et de l'Espagne, propos « que les Anglais y accrédient de tout leur « pouvoir ; et cela seul serait capable de leur « faire agréer ou trêve ou négociation ouverte, « et peut-être un raccomodement total avec « l'Angleterre qui profitant d'une faute aussi « grossière de la part de l'Espagne ne manque-« rait pas d'en grossir les conséquences et de « faire un pont d'or aux Américains pour les « réunir à la métropole. Le remède à ce mal est « d'envoyer promptement un courrier à Madrid « et d'y reccomander que, sans avoir égard au « motif inique ou juste qui a pu faire arreter ce « vaisseau la cour ou le délivre, ou du moins « ne donne aucune décision contraire, jusqu'à « ce qu'un plein succès des Américains à New-« York apprenne à cette cour qu'elle peut sans « risque offrir ses secours à une brave nation « qui n'en aura plus besoin; ou que le malheur « de leurs armes lui fasse faire de cet armateur « un lache trophée à la cour d'Angleterre, « comme la faible Cleopâtre offrit à César vain-« queur la teste de Pompée qui s'était remis « en ses mains. Passe encore de tergiverser, « de les abandonner à leur propre courage et « de ne pas les aider à écraser notre seul en-« nemi. L'on peut croire que nous nous y pré-« parons, et cela sauve en partie l'honneur de « notre jugement. Mais arretter un brave ar-« mateur! déchirer le voile qui rendait l'in-« tention des Espagnols au moins équivoque! « En honneur, il y a de quoi perdre l'esprit de « douleur ou de fureur. Pardon, M. le Comte, « si je cède au chagrin que cela me cause. « Pauvre France! Mille ans ne te rendront pas « le moment que tu perds! Et ce moment « perdu tu seras la fable et la risée de tous les « gens sensés qui prendront la plume en Eu-« rope pour raconter cet événement à nos en-« fans! Ecrivés, je vous en conjure, Monsieur « le Comte, à ces cruels Espagnols! Eh! Grands « Dieux! s'ils ne veulent pas y servir, qu'ils n'y « nuisent pas au moins. Est ce trop exiger « d'eux?

« Toutes les fois que je réfléchis que nous « tenons dans nos mains le destin du monde, « qu'il ne tient qu'à nous d'en changer tout « le système, et que je vois tant de biens, de « gloire, et d'avantages prêts à nous échapper, « je regrette bien de n'avoir pas plus d'influence « sur les résolutions du conseil des deux cours « et de ne pouvoir me multiplier pour empé-« cher le mal d'un côté et concourir au bien « de l'autre. Je connais trop votre patriotisme « pour craindre de vous offenser en exhalant ici « mes vives inquiétudes.

« Je compte etre à Fontainebleau jeudi au « plus tard. D'ici la, je ne dormirai point que « je n'aye achevé le travail de finances que j'ai « promis à Mr de Maurepas. Point de banque-« route, elle serait infâme en pleine paix. Un « meilleur ordre seul dans la perception doit « donner avant peu le moyen de faire une « guerre que les événemens rendent indispen-

nistre n'avait pas été moins impressionné et il s'était hâté de mettre
Ossun en mouvement. « On voit », dit-il à celui-ci le 18, dans une
dépêche de sa main,

> On voit dans les nouvelles publiques qu'on a arreté a Bilbao a la requisition de la factorerie angloise un corsaire americain; j espere que le ministere espagnol lui aura fait rendre la liberté; les memes raisons qui militent pour ne pas refuser l entrée a leur navires de commerce plaident pour ceux armés en course et en guerre. Ces gens là, si nous les indisposons, peuvent nous faire beaucoup de mal sans que nous puissions nous en ressentir, il y auroit de la duperie a risquer notre commerce pour complaire aux Anglois qui ne nous le rendroient pas dans l occasion. Si cette detention subsistoit elle imprimeroit certainement plus de terreur en Amerique que la defaite de Longisland.
>
> *Espagne*, t. 582, n° 41.

Or, le gouvernement espagnol s'était empressé de désavouer l'acte de son subordonné. Au prix même d'observations de la part de lord Grantham, le cabinet de Madrid avait donné une satisfaction immédiate. L'ambassadeur pouvait mander le 4 novembre :

> Le roi d'Espagne a désapprouvé cette demarche, et ordonné que la liberté fut immédiatement rendue à ce batiment, et que ceux de course ou de commerce qui entreroient à l'avenir dans ses ports y fussent traités comme amis, et qu'on leur administrat les secours dont ils pourroient avoir besoin; M. le marquis de Grimaldi s'est expliqué dans ce sens avec Mylord Grantham, qui a fait des insinuations à ce sujet, comme venant de lui même; le ministre lui a répondu, que Sa Majesté Catholique ne vouloit pas exposer les batimens du commerce espagnol au ressentiment et aux déprédations des corsaires américains, et l'ambassadeur n'a scu qu'opposer à un motif aussi juste. Il a prétendu ensuite avoir des indices qu'un Espagnol etoit en société pour

---

« sables, et que nous ne fuyons peut-être que
« par la frayeur de n'avoir pas de quoi la sou-
« tenir.

« Agréés mon respect et mon dévouement.

« (*P. S.*) En me relisant je me trouve em-
« porté par un sentiment si vif que j'invoque
« votre indulgence en écrivant à vous seul. »
(*Angleterre*, t. 518, n° 80.)

l'armement du corsaire retenu à Bilbao; M. le marquis de Grimaldi l'a assuré qu'il feroit prendre des informations exactes sur ce fait, et que s'il étoit vrai l'Espagnol seroit sévèrement puni; mais il paroit par les recherches qu'on a faites que la prétendue association dont il s'agit n'a jamais existé.

Espagne, t. 582, n° 90.

Avec une joie vive Silas Deane signale tout de suite au comité de Philadelphie cette résolution du gouvernement de Madrid. Il lui trouvait non à tort une portée notable[1].

[1] Lettres au *Comité de correspondance secrète*, des 27 novembre et 1" décembre. (*Diplomatic correspondence*, p. 66 et 86.)

ANNEXE DU CHAPITRE PREMIER.

APPRÉCIATIONS DE L'AMBASSADEUR ET DU MINISTRE SUR LES INTENTIONS DE L'ANGLETERRE.

1. LE COMTE DE VERGENNES AU MARQUIS DE NOAILLES.

A Fontainebleau le 14 9bre 1776.

J'ai recu M. le Mis les deux lettres que vous m avés fait l honneur de m ecrire les 5 et 8 de ce mois et toutes les pieces qui y etoient jointes. La 1re n aiant raport qu'a l evacuation de la ville de New Yorck n exige de ma part que des remercimens de votre exactitude a nous faire part des evenemens qui interressent le pays ou vous residés. On ne peut regardér cette conqueste que comme tres importante, mais elle ne sera reellement decisive pour assurér a l armée angloise avec la possession de toute l isle du meme nom des quartiers d hiver commodes et tranquilles que lors qu elle aura reussi a depostér les insurgens du camp qu ils ont pris au pont du Roi; c est ce dont il paroit qu on ne doute pas a Londres. En effet le general Howe est si superieur par ses connoissances militaires et par la science des manœuvres a ses adversaires qu on ne peut que bien augurér de ses operations ulterieures. Le succes en seroit des plus complets si le general Burgoyne reussissant a passér les Lacs avant la fin de la saison se rendoit maitre d'Albany et du cours de la riviere d Hudson. La communication entre les Colonies du Nord et du Sud se trouvant absolument interrompue, il y a toute aparance que l esprit de conciliation prendroit immancablem^t la place de celui de resistance qui a dirigé jusqu ici les Americains. Un propos que le Lord Stormond m'a tenû hier peut faire augurér, M., qu on n est pas sans esperance a cet egard a St James. Cependant j observe que tant que les Americains ne seront pas reduits aux plus dures extremités la proclamation de Mrs Howe semble peu propre a accelerér cette heureuse evolution; elle caracterise trop l intention de divisér les Colonies, ce qui est manifestér le dessein de les subjuguér en detail; d'ailleurs la rejection par le parti de la cour de la motion pour revoir dès a present et reformér les statuts parlementaires qui peuvent lezér les droits constitutionels de ces Colonies ne semble pas devoir excitér leur confiance dans les propositions qu on leurs fait. Le ministere en retardant cette revision se reserve evidement le moien de l eludér, et l on peut croire avec d autant plus de fondement que c est son dessein, qu il ne peut reconnoitre et avoüér l illegalité des actes dont les Americains se sont plaints sans condamnér lui meme les mesures ruineuses dans lesquelles il a engagé sa nation pour les soutenir.

Le Roi a aprouvé, M, la maniere dont vous avés presenté au ministere anglois les plaintes que vous avés eté chargé de portér contre le s^r Makemara, vous y aves mis la force et la dignité q une conduite aussi irreguliere que celle de cet officier exigeoit sans blessér l opinion que les ministres anglois peuvent desirér que nous conservions de leur bonne foi et de leur justice. Nous serons contens de la reponse du Lord Weymouth et des assurances de satisfaction qu il vous a données si les faits justifient les paroles. C est ce dont nous ne tarderons pas a etre convaincûs s il est exact a vous communiquér les ordres qu il vous a promis d envoyér. Pour ce qui est de l exclamation que vous aves remarquée si a propos, M., *tant qu il n'y aura que cela la bonne harmonie entre les deux cours ne sauroit etre troublée.* Elle prouve a mon avis que ce ministre s est trouvé fort soulagé de n avoir a repondre qu a un grief si facile a redressér. Il est probable que jugeant par vos instances pour accelerér le moment de la conference que vous lui aviés demandée de la gravité du sujet qui devoit en etre l objet, il s attendoit a une discussion beaucoup plus serieuse et plus epineuse.

Je conviens avec vous, M., que les affaires du pays que vous habités prennent une tournure bien compliquée, mais nous devons reconnoitre aussi que les Anglois peuvent se croire egalement fondés a jugér de meme de notre marche et de celle de l Esp^e. Si nos armemens sont peu de chose, nos travaux sont considerables; a la verité ils n ont raport qu a notre sureté; mais ce qui sert a la deffense se tourne facilem^t a l offense, et c est ce qui tient les etats voisins dans une observation respective qui aproche beaucoup de la defiance. Nous ne pouvons gueres nous dissimulér, M., que tout ce qui se fait en Esp^e quoique necessaire ne puisse allarmér. La flotte destinée pour le Paraguay est bien propre a operér cet effet; sa destination il est vrai est connûe, mais elle peut etre changée, et cette possibilité quoi que peu probable ne serviroit pas d excuse au ministere B$\widetilde{q}$ue s il se laissoit surprendre. D'une autre part l Esp^e arme encore une nombreuse escadre. C est une mesure conservatoire, mais si elle la prend malgré les assurances de paix et d amitié qu elle reçoit c est une preuve qu elle n'y met que la confiance que l on doit avoir dans toute assurance de cette espece. Il n est de sureté reelle pour un Etat que celle qu il emprunte de sa propre tenûe. Au reste en vous exposant ces reflexions, je ne pretens point formér une opinion decisive. J attendrai le memoire raisonné et relatif aux

ANNEXE DU CHAPITRE I.

circonstances que vous m annoncés pour discutér cette matière plus a fond que je ne pourrois le faire dans ce moment ou je ne vois qu'obscurité.

Suivant des avis indirects dans les quels on m invite a prendre confiance le ministere anglois n'a precipité ses armemens que pour en imposér a l opposition qui se preparoit a l attaquér sur son incurie. Si c est la le veritable motif de ce grand mouvement, nous pouvons, semble-t-il recevoir avec moins de defiance les protestations amicales qu on ne nous prodigue pas moins ici qu'à Londres. Il passe pour asses constant que le Lord North n est pas guerroiant par caractere, et il n est gueres concevable q'un homme aussi sage veuille de gaieté de cœur multipliér les embarras de sa position. Ce seroit un etrange paradoxe de presumér que la guerre contre la France et l Esp^e donneroit des moiens de finir avec les Colonies. Celles ci enorgueillies par cette diversion en deviendroient moins conciliantes et moins traitables, et qui nous empecheroit pour lors de formér avec elles des liaisons qui les separeroient pour jamais de leur metropole. Je ne conclurrai pas de la, M., que ce projet que vous soupconnés soit impossible, je sais qu on ne peut repondre de rien avec des hommes que des passions violentes remuent, mais je vous propose mes doutes pour que vous voulies bien les examiner et les resoudre. Je trouve de la bonne foi, M., dans ce que Milord North a dit a M. le P^{ce} de Masseran qu en meme tems qu on avoit prevenu M. de Pombal qu il ne s avisât pas de presumér que les armemens qui se font en Angr̃e auroient raport aux affaires du Portugal, et qu on n avoit rien negligé pour amenér la cour de Lisbonne a faire satisfaction et restitution a l Esp^e on ne lui avoit pas articulé qu on ne la soutiendroit pas. En effet quand bien meme cette declaration seroit faite de la manière la plus expresse ni M. de Pombal n en seroit la dupe ni nous y trouverions plus de sureté. Le ministre portugais ne peut connoitre moins bien que nous l interest de l Angr̃e qui ne lui permettra jamais d'abandonnér absolument le Portugal. Je crois bien tant que la querelle se maintiendra dans les deserts du Paraguay que les ministres anglois ne se presseront pas d'y prendre part ; la possession du Rio grande de St Pedro leurs doit paroitre tres indifferente, mais si l Espagne vouloit reduire sous ses loix le Brezil ou endomagér le Portugal dans ses domaines d Europe, quel que put etre l inclination et la volonté des ministres Bq̃ues, ils auroient la main forcée, et l interest de leur conservation les entraineroit dans la guerre. Nous ignorons M., jusqu ou le Roi Cq̃ue pourra portér son ressentiment, et si content de recuperér ce que les Portugais lui ont trop outrageusement usurpé il bornera la ses entreprises. Il est facheux que l orgueil ou l entetement de M. de Pombal ait reduit les choses aux extremités ou nous les voyons et que les principales puissances de l'Europe se voient menacées d une guerre pour un different aussi peu interressant que la possession de quelques deserts de l'Amerique Meridionale. Je suis bien convaincû que le Roi d'Esp^e se pretera autant que sa dignité le lui permettra a tout ce qui pourra arretér le progrès de l'incendie, mais les choses ne sont plus entieres, des reparations peuvent etre maintenant insuffisantes, et ce prince peut tres bien pretendre des indemnités des depenses enormes dans lesquelles la mauvaise foi de M. de Pombal l'a necessairement constitué.

Je n'ai pû encore que parcourir, M., l'extrait des debats de la Chambre des Pairs que vous m'avés envoyé. Le roi l'a lû tout entier. Je donnerai une attention principale aux deux discours que vous me recommandés. Ce que j'observe en general est qu'on nous supose plus tost des intentions hostiles qu'on en annonce contre nous. Cependant il faut etre sur ses gardes quand on voit 41 vaisseaux de ligne mis en commission et 45000. matelots ou soldats de marine votés.

Angleterre, t. 519, n° 30.

2. RELATION DE L'ENTRETIEN AVEC LORD STORMONT.

Extrait de ma conference avec le Lord Stormond le 13 9bre 1776.

Le Lord Stormond confirme les avantages remportés à New York et en annonce de plus considérables. Le general Burgoyne ayant fait toutes ses dispositions a du s'embarquér le 2 8bre avec dix mille hommes sur le lac Champlain; le colonel Jonsthon avec un corps de troupes legeres et de Canadiens doit entrer par le lac Ontario dans la riviere de Mohacas pour arrivér sur Albany en meme tems que le general Burgoyne et prendre les Rebelles a revers a moins qu'un accomodement ne previenne le danger qui les menace. Lord Stormond pretend avoir des avis particuliers qu'il y a des dispositions a une pacification. L'ambassadeur d'Angre a rendu compte a sa cour de la maniere satisfaisante dont on a reçu ici les assurances amicales qu'il a eu ordre de donnér en annonçant les dispositions que sa cour ne pouvoit se dispensér de prendre, il est chargé de les renouveller et de les confirmer. Il doit observér en meme tems qu'on est instruit a sa cour que l'armement qui se prepare a Brest est destiné pour la Martinique et pour St-Domingue et qu'on craint qu'il n'ait pour objet de favorisér le commerce de contrebande qui se fait dans ces deux isles.

J'ignore, ai-je repondu, si cette escadre est destinée pour les isles, je n'ai pas de connoissance que le Roi en ait encore fixé la destination, mais si elle y etoit envoyée ce seroit bien moins dans la vûe d'encouragér ce commerce que de le restraindre s'il existe, ce que nous ignorons . . . . . — mais bien des batimens portans pavillon

ANNEXE DU CHAPITRE I.

francois en partent et se dirigent vers l Amerique ou ils portent des munitions de guerre..... — a la mer chacun arbore le pavillon qu il veut, et pour decidér si ce sont veritablem.^t des Francois il faudroit en avoir arreté. L intention du Roi n est point que ses sujets naviguent a l'Amerique septentrionale. En a t on pris quel qu'un qui justifie la plainte..... — pas que je sache..... — comment donc empechér l abus du pavillon s il n'y a pas une force maritime pour y veillér..... — vos commandans sont si actifs qu ils peuvent y tenir la main. — Fort bien a terre, mais hors de la ils sont sans autorité, d ailleurs nous pouvons avoir des raisons de veillér sur nous meme; il peut y avoir de la fermentation dans nos isles; vous n ignorés pas leur etat de soufrance : notre commerce peut aussi exigér des precautions. Il est soumis a passér le long des cotes de l'Amerique, les Americains apres avoir pris sur les Anglois peuvent etre tentés de prendre sur nous; comment s'en preservér si nous n'avons pas des moiens de les contenir. D ailleurs vous etes bien puissament armés dans cette region..... — Cet armement ne peut causér de l inquietude, nous n avons que deux v.^x de ligne, le reste qui consiste en fregates ne peut rien entreprendre de considerable..... — Mais le nombre en est si prodigieux qu il fait une force reelle sur tout lors qu il n'y a point d'obstacles; et qu es ce aussi que 6 v.^x repartis co.^e vous le dites vous meme en deux stations. Ce peut bien etre une force conservatoire mais jamais inquietante..... — Mais cette escadre doit etre renforcée par des v.^x sortans de Rochefort et d'autres endroits..... — J ignore si cette escadre doit sortir et ou elle ira, mais sur mon honneur il ne se prepare ni a Rochefort ni a Toulon ni ailleurs aucun armement pour la joindre..... — Nouvelles assurances de vœu sincere du roi d'Angre͂ pour la paix et que si elle ne doit etre troublée que par lui, on en jouira long tems..... — Reciprocité d'assurances de mon coté fondées sur l amour de l ordre et de la justice qui est dans le caractere et les principes du Roi. Confiance dans la connoissance que nous avons des sentimens honnetes et vertueux du roi de la G.^de Bretagne. Nous ne nous laissons pas imposér par les declamations de l opposition; l Angre͂ ne doit pas se laisser aussi abusér par les detracteurs du ministere. On blame la conduite presente, mais ce blame ne change pas les principes de direction. Encore quelques mots de contrebande..... elle est impossible a empechér, le commerce veut gagnér, et peut etre s en fait il plus par l Angre͂ que par la France.

Rien de nouveau du Portugal.

Angleterre, t. 519, n° 28. (Minute de M. de Vergennes.)

ANNEXE DU CHAPITRE I.

3. LE COMTE DE VERGENNES AU MARQUIS DE NOAILLES.

A Versailles le 23 9bre 1776.

J ai recû M. le Marquis la lettre n° 7 que vous m avés fait l honneur de m ecrire le 15 de ce mois et le memoire sur l armement actuel de l Angr̃e qui y etoit joint. J ai mis le tout sous les yeux du Roi et c est avec bien du plaisir que je vous transmets l aprobation que le Roi et son conseil ont donnée aux fruits de votre aplication et de votre zele. Ce n est pas cependant que nous pensions uniformement avec vous sur tous les points, mais il s agit moins entre nous d un conflit d opinions que de nous aidér mutuellement a trouvér la lumiere et a decouvrir le veritable but auquel les Anglois peuvent tendre par leur marche compliquée. Vous nous ouvrés toutes les voyes qui peuvent nous conduire à cette decouverte, mais les ministres Bq̃ues n'aiant pas moins d interest a couvrir leurs intentions que nous a les devoilér l incertitude est toujours la meme sans que de votre part comme de la notre il soit possible de la fixér. Il ne l est gueres plus de se persuadér que le ministere anglois embarrassé co° il l est des affaires des Colonies veuille s embarquér de gaieté de cœur dans une nouvelle guerre dont il ne peut se dissimulér ni les dangers ni les depenses. Et croiés vous, M., que la nation malgré l entousiasme dont vous la jugés susceptible aplaudiroit a une resolution aussi hazardeuse et dont rien ne justifieroit la nécessité urgente. A parlér hipotetiquement on pourroit croire que les demonstrations de l Angr̃e peuvent avoir autant pour objet d en imposér q une determination prise de nous attaquér. Quoi qu elle n ait aucune raison instante de se défiér de nos dispositions pacifiques, elle peut craindre cependant quelles ne soient pas perseverantes; en rendant meme justice aux motifs qui ont determiné nos travaux de marine, elle ne doit pas se dissimulér qu ils sont susceptibles d etre emploiés a l'offensive comme a la deffensive. Elle sent d une autre part que l occasion peut etre seduisante et que notre interest peut nous conviér a en profitér; en effet, que pourroit-il nous arrivér de plus avantageux que d'assurér d une maniere irrevocable la separation de ses Colonies? Si l on reflechit d une autre part sur la situation presente des affaires entre l Esp° et le Portugal, la premiere evidement provoquée par l autre et pouvant donnér a son ressentiment et a sa vangeance une extension qui froisseroit essentiellement les interest de l Angr̃e, on est moins surpris de voir celle ci se mettre en posture malgré les embarras qui la circonviennent de se maintenir dans la possession de l arbitrage que ses succes et nos revers ne l ont que trop accoutumée a exercér. Cette vue ne semble nullement equivoque en se rapellant les propos du Lord North à M. le P^{ce} de Masseran. M. le

Cte d'Aranda m'a confié la relation que cet ambassadeur en a fait a sa cour, elle ne sauroit etre plus interressante. Le ministre anglois ne cherche point à deguisér ses sentimens et par consequent ceux du conseil dont il est membre. Il trouve juste que le roi d'Esp^e se ressaisisse par tous les moiens possibles de ce qu on a pû lui usurper dans le Paraguai si on ne le lui restitue pas de bon gré; mais il ne pourroit voir avec indifference que S. M^te C^que s en fit un titre pour attaquér le Brezil ou pour envahir le Portugal en Europe. Un langage aussi franc et si propre a exclurre tout soupcon d artifice peut donnér en partie la clef de demonstrations presentes de l Angr̃e, mais il seroit superflû de donnér plus d etendue a cette discussion, car quel que soit l objet des armemens de l Angr̃e il faut necessairement se reunir a la conclusion qui termine votre memoire et c est la seule qu on puisse raisonablem^t former; aussi a-t-elle été adoptée sans difficulté dans le conseil, et je suis bien persuadé qu on ne la perdra pas de vue dans tout ce qui reste à faire pour l entier retablissement de notre marine.

Je viens maintenant, M. aux articles de votre depeche qui exigent explication de notre part.

Nous ne pouvons qu'aplaudir a la suite que vous vous proposés de mettre a vos representations aupres du Lord Weymouth pour l amenér a nous procurér la juste satisfaction de tant de griefs cumulés dont nous nous plaignons et nomément de celui occasionné par l inconduite et la mauvaise volonté du Sr Macnemara. Nous ne sommes pas inquiets que vous ne fassiés une juste difference entre ceux de nos griefs qui ont une certaine gravité et ceux dont on ne porte plainte que pour ne rien taire, tels par exemple que les coups de canon tirés a boulet par des frégates pour faire venir des marchands a l obeissance; d'ailleurs nous ne doutons pas que vous n'adaptiés votre langage avec le ministre anglois a l observation que je vous ai faite dans mes precedentes depeches que rien ne pourroit mieux constatér notre inclination pacifique que notre attention a deferér jusqu aux plus legeres plaintes au lieu de les reservér pour nous en faire dans l occasion des motifs de rupture. Il est facheux que vous aiés a traitér avec un ministre qui naturellement peu porté a la conciliation ne paroit gueres susceptible de delicatesse et de bons procedés.

Ce que le ministre de Portugal a dit a celui de Suede que *si la guerre tenoit a la restitution la guerre etoit sure*. Ce propos se conforme avec ce qui m etoit revenû de Lisbonne de la reponse de M. de Pombal aux instances de l Angr̃e. Cette reponse si peu favorable semble excusér la reticence des ministres anglois envers nous; ils peuvent craindre que la cour d'Esp^e ne voiant plus de possibilités a une negociation amiable s empresse de ne donner le plus grand essor a sa vangeance. Peut etre ne desesperent ils pas encore de flechir la roideur de M. de Pombal, le langage du

Lord North a M. le prince de Masseran peut le faire suposér, mais comme il seroit fort interressant, M., de penetrér ce que les ministres B$\widetilde{\text{que}}$s peuvent pensér et faire dans cette occasion je ne verrois aucun inconvenient a ce que vous entamassiés le Lord Weymouth ou tout autre ministre avec lequel vous confereriés sur ce qu ils esperent encore de la docilité de M. de Pombal et des moiens qu ils prennent pour s en assurér. Cette demarche me sembleroit meme d'autant plus convenable, qu'independament qu il est de la dignité et de la justice du Roi de s interressér a l affermissement de la paix en general, sa Maj^{té} ne peut marquér du zele pour apaisér la querelle qui s allume entre l Esp^e et le Portugal sans donnér une nouvelle preuve de ses dispositions pacifiques et par consequent sans combattre d une maniere decente les defiances que les Anglois peuvent avoir conçûes de ses veritables intentions. J'ajouterai encore que le Roi aiant partagé jusqu ici avec l Ang$\widetilde{\text{re}}$ la mediation entre les deux puissances, elle ne pourroit s'y montrér tout a fait indifferente et paroitre l abandonner sans donnér lieu de lui suposér des vûes differentes de celles qui ont jusqu ici dirigé ses conseils et ses resolutions.

Il est assés naturel, M., que les Anglois prennent plus facilement l allarme de nos demonstrations que de celles des Espagnols; voisins comme nous le sommes de leurs cotes nous pourrions etre dans leur ile avant qu ils ne fussent en etat de nous en disputér le chemin s ils ne s'y etoient pas preparés a l avance. Quant a l impression que paroissent faire les armemens actuels de l Esp^e comparée avec le peu de sensation que fit celui de l année derniere quoique assés considerable vous n aurés pas oublié sans doute, M., comment les Anglois parvinrent a acquerir la connoissance de la destination de celui-ci en faisant violér le bureau de la marine; cette destination n etoit pas d une nature allarmante pour eux; elle ne menaçoit aucun de leurs alliés, et l Ang$\widetilde{\text{re}}$ loin d'avoir aucun interest a detournér l'Esp^e de son entreprise sur Alger, avoit plus tost raison de se felicitér de lui voir si mal emploiér ses forces. L aspect des choses n est plus le même aujourd hui, le Portugal est menacé et en plus d un endroit; quoique l Esp^e ne paroisse pas encore determinée a l attaquér en Europe elle n en fait pas moins la demonstration; d'ailleurs ses armemens maritimes independament de la flotte destinée pour la riviere de la Plata sont bien superieurs a ceux de l année precedente. Je ne puis pas jugér comme vous, M., du discours du Lord North dans la seance ou les communes ont voté la taxe de 4 schellings par livre sur les terres. Il me paroit tres fort de choses et puissant en raisonnemens. Il s exprime d un ton tranchant sur la necessité de la continuation de la guerre en Amerique : il n en dissimule pas la longeur et les difficultés; il omet de flattér la Chambre des memes esperances de reconciliation dont il l avoit entretenu a l ouverture; il promet des économies qui sont dans la nature meme des choses,

ANNEXE DU CHAPITRE I.

en effet la guerre d'Amerique n'exige plus les frais de premiere mise qu'elle a occasionnés la campagne derniere. Enfin il s'attache a rejetter et a detruire l'idée que l'Angr̃e seroit menacée d'une attaque etrangere. Les fondemens sur lesquels il etablit sa confiance sont ceux d'un grand homme d'Etat qui a pesé et calculé les moiens des puissances qui l'environnent. Si le Lord North est aussi exact dans le tableau brillant qu'il fait de la situation florissante de l'Angr̃e que dans celui qu'il craionne de la position financiere des autres Etats, on ne peut qualifier de temerité la confiance avec laquelle il assure que la paix n'est pas menacée d'etre troublée. C'est a votre sagesse, M., que je livre cet aveu qui est pour vous seul sans aucune espece d'exception.

Le Lord North se rendant en quelque sorte caution envers sa nation qu'elle n'est menacée de la part d'aucun de ses voisins, lui annoncant des diminutions de depenses, des vûes d'economie, comment se persuader q'un langage aussi affirmatif n'est qu'une ruse d'agioteurs et voile le dessein pris et arreté d'entrainer cette meme nation qu'on prend tant de soin de rassurér, dans une guerre dont elle ne temoigne point le desir et qui ne pourroit etre que contraire a ses interets. Nous n'oublions pas la surprise qui nous fut faite en 1755. Mais elle avoit été precedée par des explications sur des objets contentieux, et meme par des hostilités de notre part dans le continent d'Amérique. Il y avoit alors un pretexte, mais dans le moment present il n'y a pas meme sujet a une explication tant soit peu serieuse.

Je vous livre mes doutes, M., sans autre dessein que de vous engagér a les eclaircir; serviteurs d'un meme maitre, nos efforts communs tendent a un meme but, portons nous y avec courage, et ne craignés pas que les evenemens vous soient imputés. Le Roi est trop equitable pour vous rendre responsable des resolutions de la cour ou vous etes; Sa M^{té} connoit trop votre attachement a son service pour douter que vous ne cherchiés a lui en donnér de nouvelles preuves dans la circonstance critique et importante ou vous vous trouvés.

Receves tous mes remercimens, M., des nouvelles que vous nous donnés et ne doutés pas du sincere et inviolable attachement avec lequel j'ai l'h^r d'etre, M.. etc.

DE VERGENNES.

Angleterre, t. 519, n° 54. (Minute de M. de Vergennes.)

CHAPITRE II.

TRAVAIL EN FAVEUR DE L'AMÉRIQUE. — LE STATHOUDÉRAT DU COMTE DE BROGLIE.

Rapports quotidiens du gouvernement de Louis XVI avec l'envoyé de l'Amérique et activité des opérations de celui-ci, dans l'automne de 1776; instructions écrites par le roi pour le commandant de la petite escadre de Brest : elle fera respecter le pavillon de Sa Majesté, même par les armes. — Continuation de nos bons offices à l'Espagne à l'égard des Barbaresques et de Constantinople; on entame avec le comte d'Aranda les négociations de la paix avec Alger. — Beaumarchais est remis en mouvement par la prise de New-York; ses instances pour expédier des artilleurs en Amérique; trop peu de secret de ses mouvements; connaissance qu'on en avait à Londres; retards qui y étaient apportés pour tromper l'ambassade anglaise; son rôle dans les menées politiques. — Du Coudray; antécédents de cet officier; ses manœuvres afin de paraître un personnage principal; elles dévoilent les départs préparés au Havre; il prend enfin la mer sur *l'Amphitrite;* ordre qui cloue les autres vaisseaux au port. — Projet plus sérieux que cet ordre fait échouer; Deane et le baron de Kalb; mission réelle de ce dernier; il fait engager le vicomte de Mauroy et lui comme majors généraux dans l'armée des États-Unis, avec quinze officiers du comte de Broglie. — Kalb savait-il pourquoi il agissait et pour qui? Comment il en est instruit par Boismartin, secrétaire du comte; Deane en accueille la confidence; départ pour le Havre où *la Seine* attendait les enrôlés. — Effet de l'arrivée de Franklin; Kalb envoie à son intention un exposé à Deane, tendant à faire demander au roi, comme généralissime des États-Unis, un personnage qui était le comte de Broglie. — Comment, de sa terre de Ruffec, le comte suivait ces combinaisons; à quelle heure il voulait donner à Kalb les instructions nécessaires; mémoire de celui-ci paraphrasant à Franklin par avance les instructions du comte. — Le comte de Broglie avait-il l'assentiment du gouvernement du roi? peu d'attention que Franklin paraît avoir accordé à ses démarches; efforts inutiles de Kalb pour prendre la mer; dispersion de ses officiers. — L'Angleterre travaille à affaiblir le lien des deux Couronnes; lord Suffolk et, peu après, lord Mansfield parlent au prince de Masserano du désir qu'elle a de la paix; « les folies » de M. de Pombal sont ouvertement sacrifiées; démarches analogues de lord Grantham à Madrid et de lord Stormont à Versailles. — Réserve de M. de Vergennes; sincérité qu'il se montre porté à reconnaître à l'Angleterre; son désir, en même temps, de rouvrir avec la cour d'Espagne le concert interrompu; dépêche à Ossun sur l'intention, manifestée par les Anglais, d'autoriser la course contre les navires américains. — Comment le ministre fait savoir à Madrid et à Londres l'arrivée de Franklin en France; dispositions dans lesquelles se trouvait, au fond, le gouvernement du roi.

1776. Les relations et les entretiens du gouvernement de Louis XVI avec l'envoyé américain étaient presque de chaque jour, durant l'automne de 1776. Dans les opérations de Deane avec Beaumarchais ou avec d'autres traitants régnait la plus grande animation. La prise de New-York, qui suivit de près l'échec de Long-Island, ne ralentit pas du tout les menées; on s'était attendu au second évènement comme à la conséquence de l'autre. Le 15 novembre, en conseil chez le roi, on arrêtait pour le comte du Chaffault, à qui avait été donné le commandement de la petite escadre de Brest[1], de minutieuses instructions particulières lui prescrivant de faire respecter, même par les armes, le pavillon et les possessions de la France. Il se dirigerait sur la Martinique, établirait des croisières pour protéger le commerce des îles du Vent et sous le Vent, défendrait les vaisseaux des Américains ou ceux qui auraient été chargés pour eux par d'autres nations d'Europe, garantirait Saint-Domingue si les Anglais l'attaquaient. C'était le complément des résolutions du 22 avril. Différées par les circonstances politiques, on commençait maintenant à leur donner cours, tout en tâchant d'en sembler éloigné. Le roi n'avait pas mis seulement son *approuvé* au pied de ces instructions; il les avait transcrites de sa main, soigneusement, y prenant sans doute la même satisfaction intime qu'il éprouvait à écrire ses réflexions morales. Il pourra, douze années après, être trouvé impropre, opposé, bien plus, aux réformes sociales et politiques; le temps était passé où les rois allaient d'eux-mêmes au-devant de ces besoins de leur peuple; mais la dignité et le rang de leur maison, dans laquelle la nation se confondait, demeuraient leur affaire; on reprocherait injustement à Louis XVI d'y avoir manqué, dans ces premières années de son règne, étant données les circonstances et étant donnée sa nature.

Les instructions du comte du Chaffault attestent que l'on était déterminé à ne subir nulle part la loi du gouvernement anglais sur la mer contrairement au droit des gens, et à ne pas la laisser subir. Cela équivalait à assurer contre les croisières britanniques les

---

[1] Du Chaffault de Besné, lieutenant général des armées navales.

1776. chargements d'armes et de munitions qu'avaient faits en France et autre part les agents américains. Le roi parlait notamment comme il suit[1] :

> Sa Majesté ayant ordonné l'armement au port de Brest, d'une escadre de six vaisseaux et quatre frégates dont elle a confié le commandement au s^r Cte Duchaffault, elle va lui expliquer ses intentions sur la conduite qu'il aura à tenir dans le cours de la mission dont Elle l'a chargé.
>
> Le s^r Du Chaffault appareillera, de la rade de Brest au premier vent favorable, aussitôt qu'il aura reçu la présente instruction et il fera route pour la Martinique ou il se rendra le plutôt que les circonstances de temps le lui permettront.
>
> Pendant sa navigation, il aura attention de faire faire fréquemment branlebas, de jour et même de nuit, aux vaisseaux et autres batimens de son escadre; il recommandera aux capitaines et autres officiers qui les commandent de tenir la main à ce que ces branlebas soient faits avec le même soin et la même exactitude que s'il s'agissoit de livrer un combat.
>
> . . . .
>
> A l'égard des croisières que le s^r Duchaffault doit établir sur les îles du Vent, avec les autres vaisseaux et frégates de son escadre, Sa Majesté s'en repose entièrement sur ses lumières, sa prudence et son expérience pour le choix des stations et la distribution des bâtimens sous ses ordres; il suffit qu'il soit prévenu que l'objet de sa mission est de protéger le commerce de ces îles; de contribuer de tout son pouvoir à leur tranquilité et a leur sureté; d'empêcher qu'il ne soit fait aucune insulte ou violence soit aux bâtimens de la Nouvelle Angleterre, soit à tous autres, qui viendroient, ou y commercer ou s'y réfugier; et de faire en toute occasion respecter le pavillon de Sa Majesté.

---

[1] La minute du roi est aux archives de la Marine, datée du 15 mai 1776, et la copie délibérée en conseil, du 15 novembre, porte au bas l'*approuvé* de Louis XVI. Nous donnons le texte de cette copie à l'annexe I du présent chapitre. Elle a pour intitulé : *Mémoire du roi pour servir d'instruction particulière au s^r c^{te} Duchaffault chef d'escadre des armées navales.* Les instructions techniques avaient été dressées dès le mois de mai. Elles furent retranscrites, simplement, à cette date de novembre. La seconde expédition porte l'intitulé de *Projet*, qui était sans doute dans l'original; en sous-titre il y a : *Mémoire du roi pour servir d'instruction à M. Duchaffault, chef d'escadre des armées navales.*

Il sera en conséquence moins occupé de poursuivre le commerce interlope que les Ameriquains peuvent continuer, qu'à tenir ses croisières à d'assez grandes distances des îles pour en écarter les fregates angloises et empecher qu'elles n'osent s'approcher de la côte en deça des limites fixées, et encore moins en fouiller les ports et les différents mouillages comme elles ont entrepris de le faire et il concertera avec les commandants généraux des Colonies, la conduite qu'il aura a tenir a l'égard des dites frégates.

Le s^r Du Chaffault doit être prévenu que les Anglois ont actuellement aux îles du Vent, sous le commandement du vice amiral Young deux vaisseaux de 50 canons, et plusieurs frégates ou corvettes.

Il ne recherchera point la rencontre des vaisseaux de S. M. Britan^e; mais lorsqu'il ne pourra les éviter, il en usera avec beaucoup de politesse envers eux, suivant la bonne intelligence qui règne entre les deux Couronnes; mais toutefois, s'il est dans le cas de les approcher, ce ne sera qu'avec la plus grande réserve. Sa Majesté lui recommande très expressement de diriger toute sa conduite de manière à ne point donner lieu a des réclamations de la part de la Grande Bretagne, d'eviter toute hostilité et d'en user en toute occasion avec beaucoup de circonspection, sans toute fois permettre que, dans aucun cas, il soit manqué au respect de son pavillon.

. . . .

Dans le cas ou un bâtiment de la Nouvelle Angleterre, appartenant aux Insurgens seroit poursuivi par un vaisseau anglois et reclameroit la protection du pavillon de France, le s^r Duchaffault la lui accordera; et si nonobstant la déclaration qu'il en aura faite, le vaisseau anglois s'obstinoit à la poursuite de l'insurgent, et vouloit s'en emparer, le s^r Du Chaffault emploira pour s'y opposer, les forces que Sa Majesté lui a confiées mais il n'en viendra à cette extremité qu'apres avoir hellé le vaisseau anglois et lui avoir déclaré à la voix que les ordres du Roi lui prescrivent d'accorder l'azile de son pavillon à tous les bâtimens qui pourront le réclamer, et de s'opposer par la force a ce qu'il soit fait aucune violence sous son pavillon.

Quand serait donné le signal de faire usage de ces instructions, autrement dit l'ordre de mettre à la voile? on n'aurait pu le prévoir. Les intentions d'agir allaient plus vite que les déterminations. Au sujet

1776. de l'escadre de Brest, les déterminations devaient dépendre encore de bien des considérations et de plus d'une circonstance. En attendant, on continuait en faveur de l'Espagne les bons offices déjà commencés quant aux Barbaresques et à Constantinople. M. de Vergennes ne cessait pas d'être préoccupé par les buts lointains de la négociation avec ces puissances. C'était le sujet principal de sa dépêche du 18 octobre, tout à l'heure citée. Le comte d'Aranda ayant été mis par son gouvernement à même de s'en expliquer avec le ministre, l'affaire fut entamée peu après. Celui-ci en parlait comme il suit à Ossun, ce même 18 octobre, puis le mois suivant :

> Je ne tarderai pas a m entendre avec cet ambassadeur sur ce qui concerne la negociation a introduire a Alger et a Const^{ple}; ce sera un ouvrage de longue haleine; il faut s attendre a y rencontrér bien des difficultés; elles ne nous rebuterons pas; je vous prie d en assurer M. le Mis de Grimaldi et que nous y mettrons le zele le plus infatigable sans nous relaschér des menagemens que la delicatesse et la dignité du Roi C$\tilde{\text{que}}$ exigent.
>
> Independamment des considerations que je vous ai exposées M. dans une de mes precedentes depeches pour justifier notre repugnance a nous liér dans ce moment ci avec la Porte ottomane par une alliance defensive, je ne vous dissimulerai pas que j en aurois une bien plus invincible a entendre a un traité de subsides qui me paroitroit tout a fait contraire a la dignité des deux Couronnes. Elles ont un si grand interest a ne pas soufrir la subversion de ce grand empire que lorsque leurs circonstances leurs permettront de s occupér a en prevenir ou a empechér la conqueste, elles y aproprieront sans doute tous leurs efforts sans qu il soit besoin pour cela de prendre des engagemens eventuels qu on n'a pas toujours la possibilité de remplir. Nous voyons avec satisfaction M. que S. M. C$\tilde{\text{que}}$ et son conseil ont bien voulu se reunir a cette facon de pensér et c est sur cette base que nous dirigerons nos insinuations a Const^{ple}.
>
> *Espagne*, t. 582, n° 41.

> M. le Cte d'Aranda a reçu les instructions de sa cour relativement à la paix qu'il s'agit de négocier avec les Turcs et les Régences barbaresques ; j'ai même conféré sur ces deux objets avec cet ambassadeur, et les ordres du

En échangeant avec Londres tant de protestations pacifiques, il aurait fallu du moins que les faits ne les infirmassent pas. Le cabinet de Saint-James ne cachait point qu'il savait à quoi s'en tenir. Le 15 novembre, lord Weymouth, sans grands détours on l'a vu, parlait de nos armements à l'ambassadeur d'Espagne comme d'une menace. Quelques jours après, le 22, à un dîner de ministres, il s'exprimait plus fortement encore, opposant aux réponses très serrées du représentant de Charles III l'assurance non moins ferme que nous armions contre l'Angleterre; que, de concert avec l'Espagne, nous assistions l'Amérique; que le ministère de Versailles y envoyait des munitions, de l'artillerie, des officiers pour soutenir la révolte[1]. Par d'autres voies, M. de Vergennes avait reçu l'avis que nos menées étaient presque exactement connues[2]. Quelque chose de plus que des assurances verbales était donc nécessaire pour faire croire à la parole de la France. Alors on entravait l'action de Beaumarchais. C'est ainsi que du Coudray, mis en mouvement dès le mois d'août et à qui la Guerre avait donné, le 14 septembre, un ordre écrit précédé d'un autre du 11 l'accréditant dans les arsenaux, recevait le 20 le commandement de suspendre et, quelques jours après, était invité à recommencer[3]. Ou bien on recourait à de fausses manœuvres, comme d'envoyer à Brest, port militaire, les munitions destinées en fait au Havre, port de commerce dans lequel

---

[1] Traduction des dépêches du prince de Masserano, du 15 et du 22 novembre 1776. (*Angleterre*, t. 519, n°ˢ 35 et 53.)

[2] C'est ce dont témoigne la note suivante, du 8 novembre, en marge de laquelle sont écrites de la main du ministre, comme il suit, la provenance et la date : «*Note. — D'Angleterre samedi à midi.* — Le s' Langlois, actuellement « à Paris, mande ici à son frère, qui a été se-« crétaire d'ambassade à Vienne du tems du « L⁴ Stormont, que M. du Coudray doit par-« tir pour l'Amérique avec dix ingénieurs et « 200 pièces de canon qu'on envoye aux Amé-« ricains; que la brigade irlandaise a ordre de « se tenir prête à s'embarquer; qu'elle est des-« tinée pour S' Domingue et ultérieurement « pour prêter secours aux Américains; que « M. le duc de Fitzjames, colonel d'un de ces « régiments voulant éviter cette destination « est parti pour Fontainebleau afin de solli-« citer une autre destination. M' Langlois a trans-« mis cet avis au Lord Mansfield qui l'a fait « passer mardy dernier au L⁴ North.» (*Ibid.*, n° 12.)

[3] Nous précisons ces dates d'après l'indication donnée par du Coudray lui-même, dans un mémoire au congrès des États-Unis dont il sera ultérieurement question.

LE STATHOUDÉRAT DU COMTE DE BROGLIE. 55

Roi, conformes aux desirs du Roi son oncle, ont deja été expediés pour 1776.
Constantinople; ceux pour les trois régences d'Afrique ne tarderont pas à
l'être, et vous pouvez assurer le ministère espagnol, que nous ne negligerons
rien pour amener les deux objets dont il s'agit à une heureuse conclusion.

Espagne, t. 582, n° 116.

On suivait activement aussi, quoique avec des intermittences et des changements fréquents dans les ordres, les opérations de Silas Deane. Le marquis de Noailles et Beaumarchais avaient à la fois informé le ministre de la chute de New-York. Ce fut pour celui-ci l'occasion d'écrire que les Américains avaient le dessous faute d'artilleurs, et de presser une fois de plus M. de Vergennes de le mettre à même de faire partir ceux que du Coudray devait emmener[1]. Les retards provenaient bien un peu des rouages à travers lesquels les opérations avaient à passer, des bureaux de la Guerre et de la Marine, qui devaient et imprimer et dissimuler le mouvement; c'est pourquoi le ministre y pouvait peut-être quelque chose. Mais, en présence des indiscrétions inévitables et des incidents qu'elles faisaient naître, de l'obligation où l'on se trouvait d'abuser cependant l'Angleterre puisque l'on se croyait trop peu prêt à la braver, ces retards n'étaient pas sans dériver aussi des enchevêtrements nécessités par le fonctionnement de la maison Hortalès et Cie tel qu'il avait été conçu et qu'il s'effectuait. La multiplicité des préparatifs; les allées et venues de Deane, de Beaumarchais, de leurs intermédiaires; le manque de retenue qu'autorisaient soit le courant de l'opinion, soit la confiance donnée à tous les agents employés par l'idée qu'ils avaient l'appui du Gouvernement et qu'ils lui rendaient des services, tout cela divulguait les actes.

---

[1] « ..... Il me parait que ce qui les fait « ainsi reculer est le peu de parti qu'ils savent « tirer de leur artillerie. Ils ont du courage et « point de sience. Il me parait de toute importance que rien n'arrete davantage notre « comp^{ie} d'artilleurs et d'ingenieurs qui fera « bientot prendre une autre couleur a leur maniere de se retrancher et de se deffendre.
« N'etes vous pas de mon avis, Monsieur le « Comte ? — Paris 9 9bre. » (*Angleterre*, t. 519, n° 19.) — La lettre entière se trouve à l'annexe I du présent chapitre.

elles étaient suspectes, sauf à les ramener plus tard au premier point d'embarquement, pensant dépister par là lord Stormont; on déchargeait l'artillerie des navires où elle se trouvait déjà, pour que, malgré l'ambassadeur, ils pussent prendre la mer avec le reste de l'armement.

Beaumarchais, qui voyait contrarier ses combinaisons par ces changements, atteindre ses intérêts par les contre-ordres, quoiqu'il eût accepté d'avance de les subir moyennant des indemnités ultérieures, en tirait le droit de se montrer plus pressant encore, d'arguer avec plus de poids du but où l'on tendait. Il n'avait garde de n'en pas user. A ces dates, il était vraiment en pied dans les agissements politiques. Il attendait les derniers compléments de matériel et de poudre pour le vaisseau de du Coudray; il avait indiqué à M. de Maurepas un plan de finances qui ferait trouver, dans des économies de dépense, des ressources pour armer sans augmenter l'impôt, et la mission lui avait été donnée d'étudier l'exécution de ce plan, d'en conférer chez M. Necker, qui venait d'être appelé à l'intendance du Trésor; il avait conçu avec Silas Deane, peut-être un peu avec M. de Vergennes, la création d'une banque en vue d'émettre un emprunt des États-Unis gagé sur des terres en Amérique[1]. Deane venait de notifier au gouvernement du roi la déclaration d'indépendance des Colonies et d'aviser ce gouvernement de l'intention où était le Congrès de nouer avec lui une alliance dont il s'occupait de délibérer les bases[2]; il allait en faire autant à l'égard du gouvernement de Madrid dans la personne de son ambassadeur; la manière dont s'effectuerait cette première entrée en rapports des Américains avec la cour d'Espagne, les

---

[1] Deane rend compte de ce plan à Philadelphie le 1er décembre. (*Diplomatic correspondence*, p. 77.)

[2] La lettre de notification est en anglais. (*États-Unis*, t. I, n° 36.) Elle assure que « le Congrès a pris en grande considération les principaux points d'un traité à proposer à la France, qu'il a à sa solde près de 80,000 hommes armés dans les différentes colonies, qu'il veut que son indépendance soit solennellement déclarée en Europe, et d'abord à la France avec qui il désire une alliance dont il rédige les propositions telles qu'elles puissent satisfaire les deux parties ».

1776. indiscrétions possibles du comte d'Aranda ne donneraient-elles pas naissance à plus d'un embarras? Beaumarchais se hâte encore d'intervenir pour conjurer les inconvénients. Tout cela autorisait beaucoup le « Barbier de Séville », comme on l'appelait couramment; c'est pourquoi il s'adressait avec insistance au ministre, lui demandant d'être mis en situation de mener à fin ce qu'on l'avait encouragé à entreprendre, ce qu'on lui avait fait commencer, et ses lettres témoignent bien du mélange de gêne et de désir d'agir, de crainte de le laisser aller et d'intention de rendre ses services effectifs, qui a caractérisé cette politique occulte. Il pensait que les hésitations, les retours venaient de M. de Maurepas; il ne trouvait plus chez lui le même accueil; il insistait auprès de M. de Vergennes, afin que celui-ci ramenât à ses bonnes dispositions précédentes ce conseiller prépondérant du roi. Il écrit le 12 novembre, un mardi :

Monsieur le Comte.
Je serai vendredi à huit heures chéz Votre Excelence.
Si je n'etais pas certain que j'entre dans vos vues en désirant que vous leviés autant qu'il est en vous les obstacles qui retardent ma course, je n'aurais pas l'indiscretion d'observer, lorsqu'il semble que je ne doive que me soumettre. Mais je sais que vous etes aussi contrarié que moi de tout ce qui nuit a mon objet : cette idée me console et me fait prendre en patience les mortels dégouts d'un travail sans dédomagement, s'il n'avait pas l'avantage de vous etre agréable. Car il y a encore bien loin du point d ou je pars, avec les faibles secours que j'ai recus, au but que je me suis proposé, de raprocher par toutes les voies possibles les A.... de nous, de les lier par l'attrait d'un commerce avantageux, et de leur faire trouver en France tous les agrémens aux quels ils ont renoncé de la part des Anglais en se séparant d'eux. Ce grand objet m'enflame a la vérité, mais qu'il y a loin! Mon Dieu qu'il y a loin! de ce que je fais avec ce qu'il faudrait faire pour cela! L'ambassadeur d'Espagne dirait bien ici : *Dieu il est Bourbon* etc.....
Ne regardés donc pas, Monsieur le Comte, mes impatiences, mes chagrins comme de l'insubordination; ce n'est autre chose que du zèle; et faites moi la grace d'observer que si je dois aller a St Domingue, il etait fort peu utile

qu'on transportat l'artillerie de Dunkerque a Brest, lors que le vaisseau qui l'attend est en panne au Havre. Est elle moins en France a ce port, qu'a celui de Brest; et n'est ce pas de l'argent et du tems perdu gratuitement, que de me laisser sur le corps un vaisseau fretté exprès, qui ne va plus savoir que faire, a moins qu'avant de sortir de Fontainebleau vous n'ayés la bonté de faire expédier par M. de St Germain l'ordre de me livrer au Havre et a Nantes deux mille quintaux de poudre avec quoi je partirai sous la garde de Dieu et de votre flotine? Tous les magasins sont garnis a crever, et le ministre de la guerre est encore bien loin d'avoir pris aux régisseurs la quantité de poudre qui lui revient. Autant a Marseilles, et me voila un peu consolé; parce qu'au moins je ne suis pas tout a fait inutile, et que mes navires auront en charge de quoi payer les frais de leurs armemens.

Suppliant après cela le ministre de lever les obstacles, Beaumarchais expliquait le tort causé aux opérations, « le cœur bien serré, disait-il, « de voir comme tout allait ou plutôt comme tout n'allait pas [1] ». En fait il n'était pas étranger à ce que « tout n'allait pas », et moins encore les gens qu'il employait : lui, pris d'une sorte d'ivresse d'activité et de confiance en lui-même qui le détournait parfois des précautions; les autres, officiers enrôlés ou ceux, trop nombreux, qui demandaient à l'être [2], répandus dans les lieux publics de Paris ou des ports et y dépensant leur oisiveté en forfanteries ou en exigences que les retards d'embarquement, en les faisant durer, rendaient tous les jours plus embarrassantes. On n'avait pas eu la main heureuse en laissant du Coudray devenir le personnage principal de ces recrues, infatuées pour la plupart autant que besoigneuses. Se voyant la cheville ouvrière des préparations que l'on faisait, un peu comme à la tête du personnel qu'on mettait les *insurgents* à même de former, l'idée lui était vite venue de se ménager en Amérique, grâce à son grade en France, tout le bénéfice de sa mission. Du Coudray, qui avait

---

[1] Cette lettre se trouve à l'annexe II, n° 1, du présent chapitre.

[2] A la fin de novembre (le 28) Silas Deane écrit à Philadelphie qu'il est «fatigué à en mourir (*well nigh harassed to death*) par les demandes». (*Diplom. corresp.*, t. I, p. 71.)

été précepteur militaire du comte d'Artois, puis du duc de Chartres, se trouvait en garnison à Metz en 1774. Il fut alors détaché à l'administration centrale pour l'inventaire du matériel des places et des arsenaux. Quand M. de Vergennes commença à utiliser Barbeu Dubourg, du Coudray était encore dans les bureaux du commandant de l'artillerie, M. de Gribeauval. Il avait, paraît-il, capté les bonnes dispositions de ce dernier. Son emploi le désignait naturellement pour aller procéder au triage et à la mise en état de l'armement qu'on voulait céder aux Américains; c'est comme cela qu'il avait été connu de Dubourg, qu'à la fin de juillet 1776 celui-ci l'avait mis en rapport avec Silas Deane et que, peu après, Beaumarchais, officieusement commissionné par les Affaires étrangères auprès de la Guerre et de la Marine pour les opérations de la maison Hortalès et Cie, avait fait pivoter sur lui, qu'il trouvait si bien en pied, ses expéditions et ses enrôlements. Mais l'officier, certainement capable, était de ceux qui, dans les emplois que l'on fait de leurs services, envisagent avant tout le parti personnel qu'ils peuvent en tirer. Peut-être sa nature pesait-elle aux chefs qui l'avaient sous leurs ordres et étaient-ils bien aises de lui faciliter les occasions propres à le faire rechercher loin d'eux. Aussi, ayant fasciné Deane après Beaumarchais, avait-il obtenu de l'Américain l'engagement d'un état-major complet d'artillerie, de poudriers, puis entrepris d'échapper à Hortalès et de partir sur *l'Amphitrite* non plus comme envoyé par celui-ci, mais pour recevoir et prendre, par destination convenue, la direction supérieure de l'artillerie du Congrès.

Du Coudray, après avoir essayé de réaliser ce roman, l'a écrit au moment même où il lui échappait[1]. Dans l'ignorance où il était et où l'on était comme lui des conventions sur lesquelles la maison Hortalès était fondée, il trouvait pour le composer des facilités particulières. Beaumarchais, malgré son entrain imprudent, avait parfaitement gardé le secret sur ces conventions; on pouvait d'autant plus

---

[1] Nous revenons là-dessus dans un chapitre ultérieur et dans l'annexe qui le suit.

aisément montrer que ses combinaisons étaient inspirées par le lucre seul ou l'esprit de négoce et l'officier espérait y faire croire l'assemblée des États-Unis. Pour accommoder les choses à son but, en attendant, il multipliait les intrigues. Tous ses ressorts n'étant pas prêts, il s'efforçait de reculer le moment de partir; il fomentait le mécontentement des enrôlés, écartait ceux dont il craignait le contrôle pour faire admettre ceux qu'il s'était attachés, encourageait les plaintes en se plaignant lui-même, confiait à des indiscrets le lieu où il devait aller et rejetait sur Beaumarchais les bruits dont le premier il était l'auteur. Les informations que l'on avait à Londres découlaient ainsi de bonne source. En novembre, Deane et Beaumarchais, pas encore éclairés, avaient en lui une foi complète : « le pauvre Ducoudray », mande Beaumarchais à M. de Vergennes, « tout découragé par les lenteurs[1] ». Le 25, Deane en écrit les plus grands éloges à Philadelphie; l'activité déployée par lui pour les États-Unis, la reconnaissance qu'ils lui devraient remplissent les lettres de l'Américain[2]. Pendant ce temps, il ourdissait ses trames. Il venait, à cette date, de passer, sans que l'on sût pourquoi, une semaine à Versailles, étonnant un peu ses mandants par une prolongation d'absence qui risquait de tout faire manquer[3]. Il faut bien dire que des légèretés se commettaient, outre ce que brassait du Coudray. En décembre,

---

[1] Lettre à M. de Vergennes, du samedi 9 novembre (*Angleterre*, t. 519, n° 19) : « ... Je « vis hier au soir le pauvre du Coudrai. Il était « tout découragé et faisait un mémoire pour « proposer de tout detruire et de le laisser en « France. Il parait que c'est M' le duc de Lorges « qui lui vaut l'algarade qui l'afflige tant. Si cela « est ce n'est qu'une confusion d'idées qui cause « tout ce désordre. On etait convenu de dire « qu'il allait a S' Domingue avec tout le bagage. Il l'a dit a M' de Lorges qui aura tout « confondu en me parlant. »

[2] *Diplomatic correspondence*, t. I, p. 73 notamment.

[3] « Je ne sais ce que fait M' Ducoudrai a « Versailles depuis vendredi, » écrit là-dessus Beaumarchais à M. de Vergennes dans sa lettre relative à la notification de l'indépendance américaine à l'ambassadeur d'Espagne. « Il n'attendait que deux ou trois expéditions « de M' de Sartines, et voila trois jours que je « n'ai vent ni nouvelles de lui. Tout est parti, « tout attend. Moi mesme, je suis sur les épines. « Qui peut donc le retenir ? Le vaisseau est à « l'anchre en rade. Pourquoi ne puis je tout dé« libérer, et tout faire ? rien ne serait retardé, « et mon vaisseau serait deja dans l'Amérique. » (2 décembre 1777.)

l'Amphitrite, *la Seine* et *le Romain* étaient prêts à prendre la mer. Beaumarchais s'était rendu le 7 au Havre sous le nom de Durand pour les derniers apprêts; il ne put s'empêcher d'y faire jouer ses pièces, d'en surveiller les répétitions en personne, de se dévoiler par là à tout le monde[1] : prétexte de plus pour l'autre de s'agiter davantage et de rendre les enrôlés plus remuants. Le 14, pourtant, après avoir perdu encore tout le temps qu'il put, il quitta le port, non toutefois sans se réserver d'y revenir. Mais le cabinet de Londres était tenu aux écoutes par tout cela. N'y restant peut être point étranger, il était d'autant plus exigeant. Afin de dégager par des apparences la responsabilité compromise du Gouvernement, des ordres formels furent donnés au lieutenant de police. Le 16 parvint au Havre une défense de mettre à la voile qui cloua à leurs ancres les autres navires sur le point de se mettre en mer; deux jours plus tard *l'Amphitrite* aurait été empêchée de partir.

Cette interdiction de sortir du port fit échouer un plan d'expédition autrement sérieux, qu'en dehors de Beaumarchais Silas Deane s'était prêté à concerter avec les serviteurs du comte de Broglie, après l'éclat des gentilshommes de la maison de Noailles. Le baron de Kalb était entré tout de suite en étroite liaison avec l'envoyé de l'Amérique. Indépendamment de ses références, son expérience militaire, la connaissance qu'il possédait des Colonies et de leur langue avaient eu naturellement beaucoup de prix pour ce dernier. L'Allemand s'était donc trouvé bien à même de remplir sa mission véritable, celle

---

[1] Dans sa lettre du 18, que nous citons au chapitre précédent, Kalb disait à Deane à ce sujet : « Je crois que le voyage de M. de Beaumarchais « ici a été inutile, et qu'il a fait plus de mal « que de bien. Il est connu de beaucoup de « monde, et il s'est fait connoître de toute la « ville par la représentation de ses comédies, « où il a été faire répéter les acteurs pour qu'ils « jouassent mieux. Tout cela a rendu inutile la « précaution qu'il avoit prise de se cacher sous « le nom de Durant. » (*États-Unis*, t. 1, n° 98.) — Nous reproduisons à l'annexe du présent chapitre diverses lettres de Beaumarchais relatives aux circonstances qui viennent d'être exposées. — A partir de novembre, Beaumarchais ne signa plus qu'assez rarement ses lettres au ministre. Tantôt il les marquait simplement d'un B, en tête, tantôt il laissait à sa plume seule ou à leur objet le soin d'en révéler la provenance.

qu'avait momentanément masquée la présentation de La Fayette et de ses deux alliés. L'objet de cette mission serait défini par ses suites, s'il ne l'était pas par des documents certains. Le 20 novembre, Kalb avait déjà obtenu de Silas Deane l'enrôlement pour l'Amérique de six officiers de choix dans des grades élevés; celui de neuf autres eut lieu les jours d'après. Le 1ᵉʳ décembre fut signé un traité qui les engageait, lui et le vicomte de Mauroy, comme majors généraux à dater du premier moment, 7 novembre, puis à compter des 20, 26 novembre et du jour même 1ᵉʳ décembre, quatre comme majors, quatre comme lieutenants-colonels, deux comme capitaines, quatre comme lieutenants[1]. C'était un cadre complet, des officiers pour toute l'échelle des grades. Presque tous appartenaient à l'entourage du comte de Broglie ou aux corps de son commandement; Mauroy, même, était très particulièrement estimé du comte.

En voyant ce que son chef lui avait donné à faire, l'Allemand ne douta probablement guère de l'intérêt porté aux Colonies dans les hautes régions de l'État. S'était-il demandé si ce chef n'avait pas un but personnel? il paraît que non. Il ne devait être instruit, même, que le plus tard possible. Le soin de l'informer était remis au confident intime du comte de Broglie, son secrétaire à cette date, M. du Boismartin[2]. Mais trouvant Kalb si vite en intimité chez Silas Deane, Boismartin n'avait pas tardé à lui confier le secret. L'envoyé du

---

[1] *Diplomatic correspondence*, p. 97. — Majors généraux : de Kalb, vicomte de Mauroy; majors : de Senneville, le chevalier du Buyssons, du Boismartin, Amariton; lieutenants-colonels : le chevalier de Fayolles, de Holtzendorff, le chevalier de Failly; capitaines : de Roth, de Gérard, de Vrigny; lieutenants : Philis de Roseval, de Montis, Siquet de Grangez, Candon. — Voir aussi Kapp, *Vie de Kalb*, chap. v et vi.

[2] Ou bien Dubois Martin et Duboismartin; le nom est écrit de ces manières différentes dans les documents du temps. « Du Boismartin » se trouve dans une lettre de 1772, du comte de Broglie à Hennin, lettre que le comte a seulement signée, mais qui, datée de sa terre de Ruffec, dut être expédiée par quelqu'un à qui la manière habituelle d'écrire ce nom était connue. Cette lettre est à la bibliothèque de l'Institut avec d'autres de Hennin. — Il y avait un frère, officier à l'armée des Iles; celui-ci signait « Du Boismartin ». Cependant le comte de Broglie les appelle aussi tout simplement : « Dubois » l'un et l'autre.

Congrès saisissait alors avidement tout ce qui avait l'air de servir sa cause; Kalb s'était donc hasardé à lui faire entrevoir les combinaisons que ces enrôlements cachaient, et elles avaient assez frappé l'Américain pour que le baron pût écrire à Boismartin, le 5 décembre, de faire savoir à Ruffec que ses démarches allaient à souhait.

L'heure pressait déjà lorsque Deane signa définitivement l'acte qui mettait au service des États-Unis le cadre d'officiers de Kalb; les demandes de grades affluaient chez ce dernier[1] et le triage avait pris du temps. Le navire *la Seine* devait recevoir à son bord ces engagés d'élite; il allait faire voile pour Saint-Domingue, autrement dit pour l'Amérique; tous prirent aussitôt la route du Havre, où le vaisseau les attendait. Le baron y arrivait pour l'embarquement le 10. A ce moment même, Deane venait d'être avisé par Franklin de son débarquement en France, l'apprenait à Kalb et la nouvelle s'en répandait partout. Cette nouvelle fit à distance le même effet sur ce dernier et sur Boismartin. L'un et l'autre ne doutaient plus qu'ils ne fussent d'accord avec l'Américain sur le but caché auquel ils étaient chargés d'atteindre; ils ne croyaient plus avoir à l'y attirer, mais ils furent convaincus tous deux ensemble qu'il importait de prévenir aussitôt l'esprit du nouvel arrivé. Boismartin, le 14, écrit à Kalb de venir à Paris pour cela, et celui-ci, s'attendant à partir à tout instant, rédigeait à la même heure, en anglais, l'exposé développé du plan qui leur était confié; le 17, il envoyait à Silas Deane cet exposé pour Franklin. Boismartin avait alors à faire passer à Kalb un pli du comte de Broglie qui va tout à l'heure trouver sa place; il lui écrivait comme il suit :

J'ai l'honneur de vous envoyer ci-inclus une lettre que j'ai reçue pour vous du comte de Broglie; la vôtre, du 14 de ce mois, ne m'est parvenue qu'hier.

Je souhaite du bonheur à M. du Coudray et à ses compagnons et désire qu'ils échappent, contre l'attente générale, à la vigilance de nos voisins.

Je serais enchanté si vous pouviez venir encore une fois à Paris pour voir

---

[1] Kapp en a produit plusieurs dans l'appendice de sa Vie de Kalb.

M. Franklin. Cette entrevue serait très utile pour la négociation dont vous êtes chargé, car il est possible que d'autres personnes, avec les mêmes intentions que nous, essayent de s'approcher de ce membre du Congrès. Je désire tout au moins, si vous ne pouvez venir, que vous écriviez à M. Deane, pour lui demander si l'arrivée de M. Franklin ne change rien à la teneur et à l'esprit des dépêches, ainsi qu'aux plans que vous lui avez soumis pour le choix d'un commandant supérieur militaire.

En tout cas, vous pouvez le prévenir contre le danger et les propositions que, sans aucun doute, lui soumettront des personnes peu aptes à entreprendre une pareille mission, car je suis certain d'être d'accord avec vous en assurant que dans toute l'Europe il n'y a pas un seul homme qui soit, à tous les points de vue, aussi apte à une pareille position que le nôtre. Je suis sous ce rapport sans aucune prévention. Je vous serais infiniment obligé de me communiquer vos vues et vos plans sur ce point.

Kapp, *Vie de Kalb*, chap. v.

Kalb, lui, mandait à Silas Deane :

Je vous serai très obligé de présenter mes respects au docteur Franklin. Je soumets à ses lumières et aux vôtres le mémoire cy-joint, contenant mon opinion sur ce que je vous ai insinué un jour à Paris.

L'Américain fit-il part de ce mémoire au chef désormais incontestable de la légation des États-Unis? on pourrait en douter; mais, si ce dernier le connut, il dut, sur l'intitulé seul, le prendre pour l'exposé d'un mode d'être utile à son pays, conçu par le gouvernement de Versailles. *Projet dont l'exécution déciderait peut-être le succès de la cause de la liberté des États-Unis de l'Amérique septentrionale, sans que la cour de France parût y avoir, pour le présent, la moindre part,* c'est sous cet énoncé que le baron de Kalb présentait ce qu'il appelait « son opinion » sur les insinuations par lui jetées un jour dans l'esprit de Deane. Cette « opinion » consistait à faire demander au roi de France, par le Congrès, quelqu'un dépeint sous des traits qui ne laissaient guère à se tromper, pour devenir le chef militaire et civil, le généralissime temporaire de la nouvelle République. La situation et le renom personnel de celui dont il s'agissait, la valeur des auxiliaires par lesquels il se ferait suivre, l'influence immédiate qu'aurait sur les évènements le choix qu'on ferait de lui, l'action qu'il exercerait à Versailles, jusqu'à porter bientôt le roi et la nation à la guerre, étaient mis en vue de la manière qui pouvait faire désirer le plus de l'appeler. Ce chef précieux avait une ambition, un but dernier que le mémoire avouait ouvertement et légitimait par les raisons les plus convaincantes; il démontrait la nécessité de les satisfaire, autrement dit de payer le concours de ce personnage au moyen d'un grand pouvoir qu'il demandait, celle de la rémunération qui devait en former le corollaire, celle de l'assurer d'avance, lors de son retour en France, des dignités auxquelles il aspirait. C'est un document curieux de ce que pouvait alors suggérer, à côté du Gouvernement ou sous son égide, le désir de profiter du mouvement de l'Amérique pour tirer la France de son inertie politique et la relever devant l'Europe :

> En assimilant les Etats-Unis aux Etats de Hollande, lorsqu'ils gémissaient encore sous les actes de tyrannie de leurs souverains, je pense que la même conduite qui fut si avantageuse à l'établissement républicain des Pays-Bas produirait le même effet dans le cas présent.
> Le commencement de la révolution de l'Amérique septentrionale est un événement des plus importants et des plus intéressants pour la plupart des puissances de l'Europe et principalement pour la France, qui prendrait volontiers toutes les mesures propres à opérer une séparation formelle entre les Colonies et l'Angleterre, si cela pouvait se faire, sans déclarer la guerre à la Grande-Bretagne, si cela n'était pas absolument nécessaire.
> Cela est à présumer d'après les permissions données sous main par le Gouvernement à une quantité d'officiers distingués de différents grades, d'entrer au service des Américains et d'acheter des provisions dans ce royaume pour les faire passer sur des vaisseaux français. Mais, pour revenir à mon plan, je dis qu'il serait nécessaire à ces Etats encore enfants, de leur fournir quelques troupes étrangères et surtout un chef de grande réputation en Europe, dont

la capacité militaire le mît en état d'être *oposé* à la teste d'une armée au prince
Ferdinand de Brunswick ou au roi de Prusse lui-même, qui joignît un nom
illustré par beaucoup de héros de sa famille, à une grande expérience dans la
guerre et à toutes les qualités requises pour conduire une pareille entreprise
avec prudence, intégrité et économie, sous l'autorité des Estats considérés
comme puissances légitimes et souveraines.

Les Colonies unies peuvent mettre sous les armes peut-être cent mille
hommes braves et pour la plupart intéressés à la defense d'une juste cause,
leur liberté et leurs propriétés.

Mais les armées nombreuses et le courage ne suffisent pas pour obtenir des
succès, s'ils ne sont soutenus par l'habileté et l'expérience (en parlant ainsi
mon intention n'est pas de déprimer la gloire, la conduite et les actions des
officiers qui commandent actuellement; au contraire, je pense qu'ils se sont
très bien et bravement conduits, surtout le général Washington, dans toutes
les occasions; mais mon projet n'est que d'avoir un homme dont le nom et la
réputation seuls puissent décourager l'ennemi).

Il me paraît que mes réflexions sur l'avantage qui résulterait pour les États-
Unis de leur liaison avec la France, ont été pressenties, au moins en partie,
par le Congrès, puisqu'il a envoyé ici un de ses membres les plus capables
pour en obtenir des officiers, des munitions, etc. Tout ce qui a été fait jusqu'à présent est devenu public avant son exécution, pour avoir passé par les
mains de beaucoup de personnes indiscrètes ou maladroites.

Parmi les officiers qui s'engagent pour la cause et la deffense de la liberté,
les gens de mérite forment le plus petit nombre; les grands et les autres protecteurs n'étant pas toujours assez francs pour ne recommander que des sujets
braves et capables; de sorte que la plupart de ces officiers sont peut-être fort
médiocres pour la conduite, les talents, la raison, les mœurs et l'expérience
et ne changent de climat que par intérêt ou pour échapper à leurs créanciers;
tous ces inconvénients n'auraient plus lieu si les Etats choisissaient un chef tel
que je le propose, avec pouvoir de choisir lui-même les officiers et les coopérateurs qu'ils jugeraient nécessaires. Il choisirait certainement les meilleurs en
tout genre (car personne dans le royaume ne connaît mieux tous les militaires
que lui, je veux dire ce général en chef). Il serait capable, je le dis, de procurer les meilleurs officiers et de placer chaque individu à la place qui lui

serait propre, pour sa gloire qui se trouverait si intimement unie au succès des Provinces Unies : il demanderait seul au ministre leur approbation et toutes les choses nécessaires à l'entreprise; personne autre que lui ne serait dans le secret, et je suis sûr qu'il est si généralement respecté par sa qualité, son intégrité et sa capacité comme général, que sans savoir où l'on irait ni comment, chacun le suivrait et le laisserait le maître des conditions. Beaucoup de jeunes gentilshommes le suivraient comme volontaires, seulement pour servir et se distinguer sous ses yeux. Cette noblesse, par son intérêt à la cour, par son propre crédit ou le manège de ses amis et de ses relations pourrait déterminer le roi à une guerre avec l'Angleterre. Le général serait en état d'obtenir au commencement, pour de l'argent ou des billets, et peut-être même comme un secours fourni par un allié à ses alliés, tout ce dont les États-Unis auraient besoin. Il y réussirait mieux qu'aucun autre ministre, toute la nation française serait intéressée dans la querelle et on pourrait persuader le roi de se déclarer ouvertement. Il en résulterait un traité d'alliance, de commerce et de navigation, à la fin ou avant la fin de la guerre.

Il se verrait obligé par là à pousser la guerre avec honneur pour lui-même, pour son pays, et conséquemment à l'avantage des États, parce qu'il doit regarder la perte de sa réputation comme la plus grande de toutes les pertes, et l'honneur d'être le principal instrument de la deffense et du rétablissement de la liberté d'une république comme le plus flatteur de tous les honneurs.

Un pareil homme avec les coopérateurs qu'il aurait choisis vaudrait à lui seul vingt mille hommes et doublerait la valeur des troupes américaines.

Un pareil changement dans l'armée encouragerait sans doute les amis et produirait un effet contraire sur les ennemis.

Toutes les dépenses militaires seraient administrées par son intelligence et son intégrité au plus grand avantage des États : il n'y aurait sous son administration ni friponneries ni faux emploi d'argent et lui-même en rendrait compte à la première sommation à la législation suprême des États.

On peut trouver cet homme et je crois que je l'ai trouvé et je suis sûr que quand une fois il sera connu, il réunira les suffrages du public de tous les gens sensés de tous les militaires, et j'ose dire de toute l'Europe. La question est de le déterminer, ce qui ne peut se faire, à ce que je pense, qu'en accumulant sur lui assez d'honneurs pour satisfaire son ambition, comme de le nommer felt-maréchal généralissime et en lui donnant une somme considérable d'argent comptant pour ses nombreux enfants dont il devrait abandonner le soin pour quelque temps pendant son séjour au delà des mers, pour leur être un équivalent en cas de perte de leur père, et en lui donnant tous les pouvoirs nécessaires au bien du service.

Je vais répondre d'avance aux objections qu'on pourrait faire, parce qu'elles se présenteraient naturellement à l'esprit d'un peuple libre; savoir qu'un pareil homme revêtu d'un pouvoir aussi étendu dans l'armée, ayant à sa dévotion les principaux officiers pourrait non seulement empiéter sur les libertés du pays qu'il serait chargé de défendre, mais même s'en rendre le maître et le tyran.

Primo. Je répondrai que son pouvoir quelqu'etendu qu'il fut, serait toujours subordonné aux Etats; qu'aucun chef, officier ou soldat ne lui serait soumis que pour les manœuvres militaires et le service réel du pays; que d'ailleurs il n'est pas probable qu'aucun sujet américain se prêtât à une entreprise aussi illégale.

Secundo. Je suis sûr et j'engagerai ma tête qu'une pareille pensée n'entrera jamais dans son cœur noble et généreux.

3° Il a du bien au soleil dans sa patrie, des honneurs, et une famille si respectée à laquelle il est si tendrement attaché que pour toutes les souverainetés du monde, il ne voudrait point s'en séparer surtout étant sur le point d'être fait maréchal de France.

4° Pour assurer son retour et sa résidence en Europe d'une manière plus précise, les Etats pourraient faire un des points capitaux de leurs traités ou transactions avec la cour de Versailles de l'élévation de leur généralissime à la dignité de Duc et Pair de France.

Ces idées me sont suggérées par le zèle pour la cause que j'ai embrassée. Je remets à MM. Franklin et Deane de les étendre, de les changer ou de les proposer. La seule chose que je leur demande est de ne faire mention de ma proposition à âme qui vive, à cause du secret qui est absolument nécessaire, soit que le projet soit accepté soit qu'il soit rejeté. Je le répète encore une fois, le choix de la personne quand je la nommerai sera agréable et généralement applaudi.

Etats-Unis, t. I, n°° 96 et 97.

1776.

L'envoyé de Philadelphie n'était plus assez étranger en France, assurément, pour ne pas reconnaître le comte de Broglie dans ce personnage, si bien placé qu'il est « sur le point d'être fait maréchal de France » et qui veut avoir « la dignité de duc et pair ». C'est bien du comte qu'il s'agissait. Depuis son entrevue avec Silas Deane, il se tenait dans sa terre, à Ruffec, ayant Boismartin à Paris pour l'instruire de ce qui se passait entre Versailles et le représentant du Congrès et pour transmettre ses instructions à Kalb. Son premier soin avait été d'expédier un état-major en Amérique; c'était là le secret des enrôlements auxquels avait été employé le baron. Sur le reste, il ne voulait instruire celui-ci qu'à la dernière heure, presque en mer, afin de mieux tenir cachés des plans que tout commandait de ne pas laisser voir. Il lui écrivait donc sur cela le 11 décembre seulement, date vers laquelle il savait que *la Seine* devait quitter le port, et il faisait passer sa lettre par Paris, d'où Boismartin l'adresserait. C'est elle que celui-ci envoyait le 17, en écrivant à Kalb de venir voir Franklin.

Les déductions avaient été si bien suggérées au baron de Kalb ou par lui si bien trouvées que, lorsque le comte développe ses vues lui-même, le mémoire de son mandataire ne paraît plus être qu'une paraphrase. Il avait fait la promesse de ne pas négliger les intérêts d'avenir pour lesquels ce dernier entreprenait cette expédition compliquée, il la lui renouvelle d'abord; après quoi il vient à ce qui le concerne personnellement, précisant et raisonnant comme il suit les moyens de faire converger sur lui ce qu'il appelle le « travail » que l'on suivait en faveur de l'Amérique[1] :

J'ai vu avec plaisir dans les rapports de M. Dubois Martin, ainsi que dans votre dernière lettre du 5 de ce mois, la bonne marche de votre affaire, et j'espère que tout s'arrangera selon vos désirs. Vous pouvez être assuré que, de mon côté, je ne négligerai pas vos intérêts et que je les servirai avec d'autant

---

[1] Les documents que nous citons ici ont été traduits du texte de Kapp. L'auteur allemand a eu le tort de ne pas reproduire les minutes françaises; la version qu'il en a donnée dans sa langue en a quelquefois rendu le sens assez obscur pour le lecteur.

plus de plaisir, que je suis convaincu que la faveur du roi ne peut être assurée à un homme plus méritant que vous.

Je suis persuadé que vous donnerez votre complète approbation au plan que M. Dubois vous a communiqué. Ce plan seul, j'en suis certain, peut donner de la consistance à tout ce travail. Il faut un directeur militaire et politique, un homme qui sache s'imposer à la colonie française et la réunir, qui assigne à chacun son poste, un homme, enfin, qui puisse attirer à lui un nombre considérable de personnes de toutes les classes et qui soit de nature à les entraîner, non pas des courtisans, mais des officiers capables, vaillants, instruits, qui aient confiance en leur chef et lui soient dévoués sans réserve. Il faut peu de grades supérieurs; mais on en a besoin parce que le corps et le pays sont séparés l'un de l'autre[1]. Il y a, du reste, de la place pour un assez grand nombre de personnes, parmi lesquelles on peut faire un choix. Le point essentiel de la mission dont vous êtes chargé consiste donc à faire clairement sentir non seulement l'utilité, mais surtout la nécessité du choix d'un homme auquel on puisse concéder le pouvoir d'amener ses collaborateurs et de désigner à chacun d'eux la place qui lui convient. Le rang de l'élu devrait être très élevé, comme par exemple, celui du prince de Nassau; son activité ne devrait s'étendre que sur l'armée, non pas sur le service civil, à la seule exception qu'il aurait à conduire les négociations politiques avec les puissances étrangères. Quand vous proposerez cet homme, vous devrez naturellement agir comme si vous ignoriez qu'il désire surtout une telle position; en même temps vous ferez comprendre qu'il ne consentirait à faire les sacrifices supposés que si on lui accorde des conditions extraordinaires. De plus, vous stipulerez la condition que trois années seraient le plus grand laps de temps pour lequel il s'engagerait, mais que, même après ce temps, il aurait droit à un traitement fixe, et que, pour aucun prix, il ne voudrait s'expatrier. Je vous prie d'insister particulièrement sur ce dernier point, car, sachant que cet homme auquel on accorderait la puissance suprême devrait retourner en France au plus tard dans trois ans, on écarterait par là même toute crainte et jusqu'à l'ombre du soupçon qu'il pût avoir l'ambition de devenir le souverain de la nouvelle république.

[1] Cette phrase a dû être un peu défigurée par le traducteur allemand; il a bien écrit Corps; on traduirait ce mot par *armée* sans que le sens fût plus clair.

Bornez-vous donc à demander pour l'homme désigné la suprématie militaire; il pourrait réunir ainsi en même temps que la qualité de général et de président du conseil de guerre, le titre de généralissime, de maréchal, etc.

Naturellement, il faut stipuler de grands avantages pécuniaires pour les préparatifs du voyage, pour le voyage même, et un traitement important pour le temps qui suivrait son retour; il faut faire à peu près comme il a été fait pour le prince Ferdinand. Vous pouvez donner l'assurance qu'une pareille mesure mettrait l'ordre et l'économie dans les dépenses, qu'elle rapporterait dans une campagne cent fois ce que cette dernière coûterait et que choisir des officiers qui obéissent aveuglément à leur chef et le suivent par dévouement, vaut plus que si l'on augmentait l'armée de quinze ou vingt mille hommes. Vous connaissez très bien les personnes et le nombre infini d'officiers subalternes capables qui sont dévoués à ce chef; ce ne sont pas des courtisans, mais des soldats éprouvés et distingués. Vous connaissez mieux que tout autre la grande différence qui existe entre un homme et un autre et vous appuierez particulièrement sur ce point. Vous ferez sentir également l'effet que provoquera une telle nomination quand elle sera connue en Europe. Même dans une bonne armée européenne, c'est le choix du général en chef qui décide de tout; combien donc est plus important ce choix quand il s'agit d'une affaire dans laquelle tout est à créer et à organiser. Il n'est pas facile de trouver un homme qui comprenne une telle tâche, qui l'entreprenne et qui sache l'exécuter. Si là-bas les choses se tournent du bon côté, il y aurait lieu que vous engagiez le Congrès à envoyer immédiatement le petit Dubois-Martin avec des ordres et des pouvoirs à M. Deane. Ces pouvoirs ne devraient être limités que sur ce point, qu'ils écarteraient tout d'abord le danger qui pourrait surgir de l'exercice de pouvoirs civils trop étendus, ou de l'ambition qui voudrait obtenir la puissance suprême sur la République. On veut bien servir celle-ci au point de vue militaire et politique, mais avec tous les honneurs, dignités et un pouvoir absolu sur les employés subalternes, et surtout un pouvoir bien ordonné.

Quand vous me renverrez le petit Dubois, vous me manderez la véritable situation des affaires et la disposition des esprits, et vous m'indiquerez en même temps la possibilité de bien faire. Informez-moi aussi sur les pouvoirs envoyés à l'agent des insurgés. Adieu! Je vous souhaite un bon voyage, ainsi

LE STATHOUDÉRAT DU COMTE DE BROGLIE.

qu'à votre caravane. Je me charge de vos commissions, et dès mon arrivée à Paris, j'en parlerai à M. de Sartines.

Accusez-moi réception de cette lettre, indiquez-moi le jour de votre départ, et écrivez-moi sous le couvert de M. l'abbé Saint-Évrard, au Bureau de M. de Saint-Julien, trésorier général du clergé. Je ne signe pas, vous savez bien qui je suis.

F. Kapp, *ubi supra*, p. 88 à 91.

Le comte eût-il attribué au choix de sa personne des conséquences qui engageaient à ce point le gouvernement du roi, s'il ne se fût pas cru à peu près autorisé à le faire? A défaut de preuves positives on a des présomptions qu'en effet il s'y supposait fondé. Cette certitude de disposer absolument de l'appui de la France en est une; une autre vient du témoignage de Deane, écrivant à Philadelphie que tous ceux qu'il engage lui sont désignés par le cabinet[1]; la persuasion où étaient les officiers de l'entourage du comte, compris dans le traité de Kalb, qu'en réalité leur chef avait les ordres des ministres, en est une troisième[2]. L'historien Bancroft a parlé le premier de ces menées d'après Kapp[3]. Il dit même que le comte « démentant l'intention qu'on lui prêtait de se faire roi des Etats-Unis, demanda seulement à en être

---

[1] *Diplomatic correspondence*, t. I, p. 92.

[2] M. de Holzendorff, entre autres, qui n'était pas le premier venu, que Deane, dans une lettre du 6 février 1777, signale à Philadelphie comme « recommandé par des personnes de premier ordre » et que le comte de Broglie estimait particulièrement. Partant seul pour les États-Unis, peu après, il écrit de Nantes au comte, le 22 février, dans des termes qui montrent à quel degré les officiers devaient croire que le comte agissait d'accord avec le Gouvernement : « Je crois devoir vous rendre compte « que j'ai trouvé dans cette ville une occa- « sion de passer en Amérique sur le vaisseau « appelé le Mq⁵ de la Chalotais allant à la « Caroline, d'où je me rendrai à l'armée du « général Washington, et je compte que nous « mettrons à la voile demain ou lundi. J'ose « vous demander la permission, mon général, « de vous instruire de tems en tems des opéra- « tions du général américain.

« M^de de Holtzendorff aura l'honneur de vous « présenter le livre dont vous avez daigné agréer « l'hommage de ma part.

« Il me reste à vous supplier, mon général, « d'engager à la première occasion le ministre « de la marine à faire expédier le brevet de « major d'infanterie pour lequel le Bon de Kall « m'avoit compris dans l'état des officiers pour « qui il demandoit des commissions, et qu'il « vous a remis. » (*États-Unis*, t. 2, n° 54.)

[3] Il a vu, affirme-t-il, l'original de la lettre du comte de Broglie : « communicated to me « in MS ». (*History of United States*, t. IX, p. 284.)

le Guillaume d'Orange »; cette indication permettrait de penser que le projet d'aller revêtir un grand pouvoir en Amérique n'était pas tout à fait ignoré. Deane en occupa-t-il Franklin? Envoyèrent-ils au Congrès le mémoire de Kalb? on n'en a pas de trace. Nul document n'en parle et la *Diplomatic correspondence* n'en fait aucune mention. Bancroft ajoute bien que « la pauvreté avérée de la nouvelle république fit évanouir « ce rêve éphémère de devenir grand homme »; mais il ne cite pas de source constatant qu'un examen quelconque en aurait été fait. On peut penser aussi bien que l'antipathie de l'Amérique pour un commandement étranger détourna Silas Deane d'ouvrir la bouche des propositions de Kalb, ou que, du premier mot, il fut d'accord avec Franklin pour les tenir comme non avenues et qu'il remit à Gérard, ainsi qu'il le faisait de presque tout, le mémoire de l'agent du comte[1].

Nous venons de dire que l'interdiction de partir riva l'ancre de *la Seine* aux bassins du Havre. L'exécution du plan subit ainsi, à peine commencée, une grave atteinte. De cette ville, Kalb, en rapports quotidiens avec Deane[2], lui mande, quand il lui écrit pour prévenir Franklin :

Il est arrivé cette nuit un courrier de la cour avec ordre de suspendre le départ de *l'Amphitrite*. Je suis fort aise qu'il soit arrivé trop tard, mais j'ai peur que ce ne soit un obstacle au départ du second vaisseau et, par conséquent, au mien et à celui des officiers.

Au Havre 17 x^{bre} 1776.

États-Unis, t. 1, n° 95.

Dans une lettre du lendemain, il ajoute qu'un ordre postérieur est venu prescrire de retenir jusqu'à nouvel avis ce « second vaisseau »

---

[1] C'est probablement ce qui explique que la pièce se trouve dans les cartons des Affaires étrangères.

[2] « J'espère que vous aurez reçu mes lettres « des 12, 13 et 14 décembre, que j'ai eu l'hon- « neur de vous adresser de même que celle-ci « sous le couvert de MM. Germain et Girar- « dot, » lit-on dans sa lettre du 17; le 18, il en commence une autre en accusant réception à Deane des siennes des 14 et 16, qui lui sont arrivées aussi par un intermédiaire, un M. Limozin.

LE STATHOUDÉRAT DU COMTE DE BROGLIE.

et tous les autres. Il donne même, sans le savoir, un témoignage défavorable pour la conduite de du Coudray :

> Je vous ai mandé le départ de l'Amphitrite le samedi 14 à midi. Elle auroit pu partir plutôt si M. Du Coudrai n'avoit pas eu beaucoup de lettres à écrire, ce qui l'a retenu depuis 10 heures du soir qu'il s'est embarqué, et lui a fait perdre plusieurs heures de bon vent.

Kalb s'ingénie alors pour se faire mettre en mer, pressentant bien que les retards vont tout dissoudre : « Si M. de Beaumarchais ne fait « pas révoquer ces ordres, nous pouvons rester encore longtemps ici, » mande-t-il. Il offre d'aller s'embarquer à Nantes, pensant que l'agent d'Hortalès et Cie va proposer à l'Américain cette manœuvre :

> Je suppose que M. Monthieu vous proposera, dans le cas où ces difficultés continueroient, de fréter ici pour 8 ou 10 louis une barque pour transporter à Nantes les officiers qui attendent, afin de les y embarquer sur le vaisseau qui y est prêt et qui ne peut pas être sujet au même contre ordre, n'ayant point à bord d'artillerie qui puisse empêcher son départ. Si vous m'ordonnés de m'embarquer à Nantes, j'y ferai passer mes équipages, et je m'y rendrai en poste par Paris; mais tout comme il vous plaira.
>
> États-Unis, t. I, n° 98.

Zèle inutile; dans les conditions où il avait été combiné, le projet était perdu. Les officiers du baron de Kalb se dispersèrent, plusieurs définitivement guéris de le reprendre. Disons, d'ailleurs, qu'au moment où les visées de stathoudérat du comte de Broglie se nouaient et se dénouaient ainsi, des efforts suivis étaient tentés par l'Angleterre pour jeter l'incertitude dans les rapports des cours de France et d'Espagne. Le lien de ces cours était trop sensible, maintenant; le cabinet de Saint-James devait chercher à se prémunir contre les effets qui pouvaient en résulter. Par-dessus tout, ce cabinet armait. Il armait avec une extrême activité, en prétextant que les deux cours armaient l'une et l'autre. Mais les jours passant sans qu'elles fissent rien de décisif, il essayait une manœuvre pour affaiblir, s'il ne pouvait la rompre, l'intimité qui le menaçait. A la fin de septembre, l'ambassadeur d'Espagne à Londres avait reçu mission de porter à lord Suffolk les plaintes de son souverain au sujet d'un coup de canon, tiré à boulet par une frégate anglaise sur un brigantin qui refusait de se laisser visiter. Le prince de Masserano, nous l'avons fait voir, se sentait alors peu disposé à être dupe de l'Angleterre. Sa correspondance passait par M. d'Aranda, pour qu'on pût la lire à Versailles; elle respirait la loyauté même, le sens politique le plus sûr, un sincère attachement à l'union de son pays avec le nôtre. Fort de la grande autorité morale acquise à son caractère, il fermait par sa franchise les issues aux faux-fuyants. Il pressa lord Suffolk sans précautions de langage, s'étonnant qu'on tînt si peu compte des dispositions pacifiques de son maître. Mais il s'adressait à quelqu'un qui ne perdait pas l'occasion. Comme s'il attendait justement celle-là, le lord, après une faible défense sur le fait dont il s'agissait, s'empressa de dire que le gouvernement britannique savait beaucoup de gré de la bonne foi montrée par le roi d'Espagne dans tout ce qui touchait aux rebelles américains, et soudain fit cette insinuation (nous en empruntons le texte à l'ambassadeur lui-même) :

> Je lui dis que je ne faisois qu'exécuter les ordres du Roi dont je connoissois bien le désir d'entretenir la bonne harmonie avec l'Angleterre. Il me répondit en ces termes : « Avec vous qui êtes mon ami je m'explique différemment
> « qu'avec tout autre; V. E. voit notre situation, et que nous ne désirons la
> « guerre avec personne; mais si nos succès en Amérique étoient tels que nous
> « le souhaitons, avec l'expérience que nous avons à présent, nous nous trouve-
> « rions dans le cas de faire une paix générale plus ferme et plus solide qu'elle
> « ne l'est aujourd'hui, pour le bien de toutes les Monarchies. » •

Que voulait dire cette « espèce d'ouverture » (c'est le mot dont M. de Masserano se sert)? la suite devait le faire connaître. Cherchant quelle valeur elle méritait, si elle signifiait la crainte qu'inspirait l'Espagne armée, le désir, par suite, « de retirer à celle-ci toute inquiétude pour ses possessions d'outre-mer, ou bien de lui retirer l'inquiétude que l'Angleterre soutînt le Portugal après avoir eu raison des colonies », l'ambassadeur y découvrait les deux motifs sans savoir auquel s'arrêter; il concluait finalement à la méfiance : « Je crois toujours « que nous devons nous tenir armés et attendre les évènements[1]. » Peu de jours après, le 4 octobre, le cabinet anglais lui faisait dire plus catégoriquement encore, par quelqu'un qu'il ne nomme pas mais qui était lord Mansfield, avec qui il avait des rapports suivis[2], qu'on était bien pénétré des torts de M. de Pombal, qu'on ne le soutiendrait pas, que, quand même les succès sur les Colonies seraient pleinement heureux, l'Angleterre désirait la paix avec toutes les puissances (« je crois qu'il pensa dire l'Espagne, » ajoute M. de Masserano qui en rend compte aussitôt); Pombal était « un fou », aux yeux de l'interlocuteur, et « l'Angleterre ne devait pas payer ses folies[3] ».

Le moment était bien trouvé pour jeter ces insinuations dans l'oreille de l'Espagne. Le Roi Catholique se montrait alors persuadé que la conduite du Portugal indiquait la secrète certitude d'être appuyé par l'Angleterre[4]; le cabinet britannique pouvait donc supposer

1776.

---

[1] Dépêche du 27 septembre. (*Angleterre*, t. 518, n° 63.)

[2] Le traducteur des dépêches de M. de Masserano a mis lui même ce nom entre parenthèses dans l'interligne de l'une d'elles.

[3] Dépêche du 4 octobre. (*Ibid.*, n° 74.) On la trouvera à l'annexe I du présent chapitre.

[4] Ossun mandait le 3 octobre : « Le roy « d'Espagne Monsieur, a apris avec beaucoup « de satisfaction que le Roy avoit ordonné qu'on « armat a Brest six vaisseaux de ligne et quatre « fregates pour tout ce qui pourroit survenir. « Ce monarque voit avec inquietude l'augmen- « tation des armemens maritimes de l'Angle- « terre; d'un autre côté la conduite de M. de « Pombal fait craindre que ce ministre ne soit « assuré secretement d'etre apuyé et soûtenu « par son allié. Le roy d'Espagne Monsieur, « m'a fait l'honneur de me dire à cette occasion « qu'il prenoit toutes les mesures possibles en « Europe et en Amerique pour n'etre pas pris « au depourvu, et que comme rien n'etoit plus « essentiel que de ne pas manquer de l'argent « nécessaire, il avoit ordonné pour prevenir cet « inconvenient qu'on suspendit tous les ou- « vrages de pur agrement ou de commodité, « qu'on retranchât toutes les depenses super- « flues et même qu'on reformât celles de sa « maison. » (*Espagne*, t. 582, n° 9.) — Le 14 il écrivait encore : « Il est certain, Monsieur, « que la conduite insultante de M. de Pombal « a extremement irrité le Roy Catholique et

que l'on se refroidirait à Madrid quand on ne se sentirait plus aussi menacé. Désavouer la pensée de donner appui au Portugal était indiqué comme un expédient topique. Aussi le cabinet du roi George ne s'arrête pas dans les tentatives. Il les dirige sur Versailles comme sur Madrid. Lord Grantham demande à Ossun, et en même temps lord Stormont à M. de Vergennes, si l'Espagne consentirait encore à terminer amiablement avec M. de Pombal et à quelles conditions. Par-dessus tout, l'Angleterre souhaitait de ne pas voir prendre la mer aux forces préparées pour le Brésil; le cabinet de Versailles aimait tout autant que l'Espagne n'ouvrît pas, à cette heure, l'ère des conflits armés : le piège était ainsi dressé à point, et tout en restant fort réservé avec le représentant anglais, M. de Vergennes ne laisse pas que de s'y prendre. Il ne fait point difficulté d'admettre que les Anglais peuvent, en effet, souhaiter d'être éclairés sur les véritables intentions de l'Espagne afin de mieux peser sur le Portugal. Qui plus est, « il a peine à se persuader que l'Angleterre fomente la résistance à Lisbonne ». Il écrivait à Ossun dans sa dépêche du 28 :

Je ne veux pas vous laisser ignorer que dans une conference que le Sr Garnier a eue dernierement avec le Ld Weymouth, ce secrétaire d'Etat a ouvertement blâmé la conduite de M. le Mis de Pombal, qu'il a reconnu la justice de la cause de l'Espagne, et qu'il a donné à entendre assez clairement que S. M. B^{que} etoit peu disposée a soutenir celle du Portugal; la conséquence que nous pouvons tirer de là est que la cour de Londres n'attise pas le feu

« encore plus son ministere, que la situation « critique où se trouvent les Anglois qu'on « regarde peut etre ici comme plus facheuse « qu'elle ne l'est en effet, diminue beaucoup « la crainte d'allumer une guerre generale et « des consequences sinistres qui en pouvoient « resulter. L'expedition completement assortie « qui va passer à Buenos Aires, un nombre « considerable de vaisseaux de guerre armés, « un corps de troupes respectable prêt à agir « dans le continent, tout cela rehausse le cou-

« rage inspiré par la confiance et même par la « fierté; » et il ajoutait ceci, qui marque bien le point sensible : « Cependant je ne serois « pas surpris que si les Portugais commencoient « par restituer de bonne foi tout ce qu'ils ont « envahi, qu'ils offrissent de reparer les dom- « mages causés là bas, les insinuations de la « France ne fussent d'un grand poids auprès « de Sa Majesté Catholique pour l'incliner a « un accommodement amiable et raisonable. » (*Espagne*, t. 582, n° 27.)

que M. de Pombal s'efforce d'allumer et qu'elle est de bonne foi dans les assurances qu'elle nous donne à cet égard. Mais d'autres circonstances peuvent amener d'autres dispositions : c'est là une vérité que nous ne devrons jamais perdre de vue.

Espagne, t. 582, n°^s 41 et 79.

Ni ces appréciations, toutefois, ni les défenses d'embarquer qui avaient failli retenir *l'Amphitrite* et fait évanouir l'entreprise du baron de Kalb, n'étaient l'expression vraie des dispositions de Versailles. A l'heure même, le ministre adressait à notre ambassadeur à Madrid un pli qui marquait le courant d'une manière plus exacte. Il avait paru bon d'enrayer, mais on ne perdait point de vue le but qui avait uni les deux cours et les menaces qu'ensemble elles s'étaient accordées à trouver dans les actes de l'Angleterre. Le cabinet du roi George ne se bornait pas à mener ses armements avec l'énergie qui frappait si justement M. de Vergennes; l'amirauté allait demander au Parlement d'autoriser la course sur les mers contre les navires de l'Amérique. La mesure toucherait évidemment les transports préparés en France. Elle les visait sans doute et pouvait produire très vite des hostilités véritables. Il paraissait donc urgent au ministre que les deux Couronnes avisassent et reprissent entre elles le concert interrompu. Aussi le ministre mande-t-il à Ossun le 13 décembre :

..... Les regrets que nous donnons a la retraite de M. le Mis de Grimaldi ne nous empechent pas d'aplaudir au choix de sa M^{té} Cq̃ue qui lui a donné dans M. le Mis de Floride Blanche un successeur honnete, eclaire et zèlé pour le sisteme de l union des deux cours. Si jamais la representation de son intimité fut respectivement utile et necessaire c est dans ce moment de crise ou nous voyons un orage se former sans prévoir ou et quand se fera son explosion. Si les Anglois comme ils cherchent a nous le faire entendre n'ont eté determinés aux mesures vraiment extraordinaires que nous leurs avons vû prendre que par aprehension pour les vûes qu'ils pouvoient nous suposer, le langage parfaitement analogue des deux cours quoiqu il ne fut pas combiné doit les rassurér; cependant nous ne voions jusqu'a present aucun ralentissement dans leurs preparatifs ils les pressent plus tot avec une nouvelle ardeur sans qu ils puissent alleguér que ni de la part de la France ni de celle de l Esp^e il se fasse aucune disposition qui puisse les menacér directement ou indirectement.

Une nouvelle mesure qui me paroit plus allarmante que l armement de la nombreuse flotte que les Anglois preparent dans leurs ports est le bill qu ils se proposent de faire passer en Parlement pour autoriser l amirauté a donner des lettres de marque aux particuliers qui voudront courir sur les Ameriquains. C est en vouloir au commerce de toutes les nations, car dans la supposition qu il ne seroit effectivement question que de courrir sur les Americains, il est sensible que des corsaires qui ne sont gueriers que pour assouvir leur cupidité ne trouvant pas à se refaire de leurs avances ni a satisfaire leur avarice aux depens d un peuple pauvre seront ingenieux a se créer des pretextes pour inquietér le commerce etranger et ne manqueront jamais de motifs pour pillér et detenir les batimens dont la richesse les tentera.

Cette consideration qui ne presente pas un avenir d une longue tranquilité n est peut etre pas la plus allarmante qui doive fixér notre attention. Ne peut on pas craindre que l Ang^{re} en excitant ses sujets a la course ne se prépare les moiens d infester la navigation et le commerce respectif des deux monarchies au moment ou elle jugera a propos de demasquér ses funestes intentions, un raisonnement fort simple semble autorisér cette apréhension. Aussi longtems que l Ang^{re} a parû vouloir sincerement la paix elle s est refusée à l empressement de ses sujets qui demandoient a etre autorisés a courrir sur les Americains, elle prevoyait que leurs depredations pourroient occasionnér des discussions capables de troubler la bonne intelligence qu elle paroissoit soigneuse d entretenir; elle aura donc changé de principes et de sisteme si elle permet et encourage ce qu elle avoit jugé pouvoir y etre le plus contraire.

Je sens M. qu il doit paroitre inconcevable que cette nation deja circonvenüe d embarras auxquels elle peut a peine suffire veuille les acroitre en provoquant a la guerre deux puissances qui lors qu elles agiront dans un parfait concert sont tres en etat de resistér a tous ses efforts, mais il est dans le caractere des Anglois de ne pas voir avec indifference la prosperité des autres nations; s ils se perdent ils voudront en entrainer d autres dans le precipice, d'ailleurs nous touchons peut etre a l epoque fatale que nous avons souvent prevûe ou le ministere B^que ne pouvant plus prendre conseil que de son desespoir, risquera tout, hazardera tout pour denaturér l objet de ses erreurs, pour faire prendre le change a sa nation et pour se derobér a son ressentiment. Quelques pompeuses qu aient,eté les relations des evenemens de l Amerique il ne paroit pas que les succès compensent jusqu'a present les depenses enormes qu ils ont occasionnées.

Quoiqu il soit d une saine politique de prevenir plus tost que d etre prevenù je suis bien eloigné de conclurre de ce que je viens d exposér qu il ne reste plus d autre parti à prendre aux deux Couronnes que d'aller au devant de la guerre; je pense au contraire que rien ne pourroit etre plus dangereux; ce seroit donnér a l Ang^re des alliés et allumer un feu dont il pourroit n etre pas facile de circonscrire l etendue, mais s il ne nous convient pas de nous rendre les auteurs de la guerre, il est tres important de nous mettre de toute part en etat de la recevoir et de la soutenir avec la plus grande vigeur.

Espagne, t. 582, n° 170.

L'annonce de la présence attendue de Franklin donnait une autre raison importante de rouvrir les conférences communes. Le gouvernement du roi ne serait plus en entretiens interlopes, en face de véritables envoyés du Congrès, comme avec un agent désavouable. A coup sûr il se verrait vivement pressé par eux; il importerait donc d'examiner d'accord les offres, les propositions, les manœuvres, et de les suivre ou d'y répondre ensemble. Le ministre voulut instruire Madrid, dès ce moment, de cette présence prochaine. A la fin de sa dépêche, il ajoute « que l'on avait appris par des lettres l'arrivée à Nantes du docteur Franklin, l'un des membres les plus accrédités du Congrès; il doit se rendre incessamment ici, dit-il; je ne suis pas encore instruit de l'objet de son voyage et s'il est chargé de quelque commission ». Ce n'était pas l'heure d'en dévoiler davantage; aussi M. de Vergennes ne parlait-il pas du traité de commerce et d'amitié qu'il n'ignorait point être l'objet de la légation, puisque Silas Deane l'en avait averti le 8; il feignait de n'en pas savoir davantage.

1776. Il n'avait d'ailleurs jamais ouvert la bouche à Ossun de l'existence de l'émissaire.

Le même esprit d'apparente indifférence inspire le langage tenu au marquis de Noailles. L'ambassadeur avait parlé récemment de conjectures qui couraient, à Londres, sur l'état des choses aux États-Unis, de l'inquiétude que nous pouvions concevoir d'un arrangement soudain du Congrès avec lord Howe, supposé muni de pleins pouvoirs pour rendre par là l'Angleterre libre de se jeter sur les deux Couronnes. En réponse, M. de Vergennes faisait développer tout uniment par Gérard des raisons contraires et rien d'autre, indiquant que l'arrivée de Franklin ne donnait que plus de force à ces raisons. La dépêche roulait en même temps sur la question des lettres de marque; il la revoyait, la complétait de sa main et parlait de façon à ne pas sembler préoccupé d'autre chose que de l'intention de nous tenir en garde :

La relation de la conférence du Ld Howe avec les députés du Congrès vous aura fait juger comme à nous que les Colonies sont bien éloignées encore de toute idée d'accommodement avec leur mère-patrie; elles posent pour fondement le point précisément pour l'anéantissement duquel la Grande Bretagne employe toutes ses forces et toutes ses ressources, je veux dire leur indépendance; ainsi tant que les deux parties persisteront dans leurs prétentions respectives, leur raprochement paroit impossible, à moins d'évenements extraord^{res} que rien encore ne paroit annoncer. Dans le cas contraire il est à présumer que le Congrès veroit le danger auquel l'exposeroit sa résistance ultérieure, et il se hateroit en conséquence d'entrer en négociation avec les commissaires de S. M. B$\widetilde{que}$.

Mais ce qui nous prouve que le Congrès est fort éloigné de cette idée, c'est l'arrivée du docteur Franklin à Nantes : ce membre distingué du Congrès n'auroit probablement pas quitté cette assemblée dans le moment ou la paix et le calme devoient être rendus aux Americains.

Au surplus, M., nous ignorons encore les causes qui ont amené M. Franklin en France; mais il ne faut pas douter qu'en Ang^{re} on ne le supose chargé de quelque commission secrete. Si les ministres vous en parlent, vous n'hésiterez pas d'avoüer son arrivée, vous les assûrerez en même tems que vous n'êtes pas instruit des motifs de son voyage, et s'ils vous paroissent désirer qu'il demeure en France sans aucune qualité ni caractère vous leur répondrez, mais par manière de plaisanterie que ce dernier objet dépend entièrement d'eux.

Le bill pour autoriser l'amirauté à donner des lettres de marque aux particuliers qui voudront courre sus aux Américains, nous a présenté les mêmes reflexions qu'à vous; le Roi et son conseil le regardent comme un moyen désespéré, qui troublera immanquablement le commerce des autres nations, et exposera la tranquilité générale aux plus grands dangers. Je m'en expliquerai dans ce sens avec M^d Stormont dans la première conférence que j'aurai avec luy, et je ne dissimulerai pas à cet ambassadeur que si le bill en question étoit adopté par le Parlement, il pourroit nous mettre dans le cas de prendre des mesures pour garantir notre commerce de la rapacité des armateurs anglois. Si les ministres britanniques vous fournissent l'occasion de les entretenir sur cet objet, vous ne leur dissimulerez pas notre façon de penser, et vous leur repeterez les reflexions et les craintes que je me propose de communiquer au Lord Stormont.

Vous aurés cependant attention, M., de vous exprimér avec assés de menagement pour que vos propos ne puissent etre pris pour des menaces, ou comme le resultat d'un parti pris ici en consequence : d'ailleurs les Anglois pourroient modifiér leur bill de maniere a exclure toute inquietude de la part des autres nations. Par exemple s'ils restraignoient leurs corsaires a courrir sur les Americains en leur interdisant la faculté de visiter et molester aucun batiment d'un autre pavillon lorsqu'ils se seroient assurés par l'inspection de ses papiers qu'il apartient au pavillon dont il se couvre.

A Versailles le 24 x^{bre} 1776.

Angleterre, t. 519, n° 94.

Mais cette manière de n'attacher que peu de conséquence à la prochaine présence de Franklin à Paris était le contraire de la vérité. Si l'on n'était pas porté à s'occuper de la guerre comme trois mois auparavant, si les motifs qui avaient modifié si vite les vues des conseillers du roi à l'annonce des échecs du général Washington

1776. continuaient d'exister dans leur esprit et de les rendre désireux que la paix ne vînt pas encore à se rompre, le célèbre Américain rentrait sur la scène de l'Europe dans un moment où les actes de l'Angleterre faisaient regarder comme opportun de l'entendre et de s'expliquer avec lui. Son arrivée en France tenait M. de Vergennes très occupé de la mettre à profit. C'est à cause de cela en majeure partie que le ministre cherchait à recommencer avec le cabinet de Charles III les préparations interrompues et abandonnées, semblait-il, pendant toute cette fin de l'année 1776.

ANNEXES DU CHAPITRE II.

I
MÉMOIRE DU ROI POUR SERVIR D'INSTRUCTION PARTICULIÈRE AU SIEUR COMTE DUCHAFFAULT, CHEF D'ESCADRE DES ARMÉES NAVALES.

[Nous reproduisons ici les parties seulement de cette pièce qui n'ont pas été transcrites aux pages 52 et 53 du présent chapitre.]
....
....
....

Le Sr Duchaffault étant arrivé à la Martinique, communiquera la présente instruction au S^r d'Argout commandant général de la dite île; et il le previendra des endroits ou il devra etablir ses croisières afin que le dit S^r d'Argout puisse lui faire parvenir promptement les différens avis qu'il pourroit recevoir.

Il assemblera ensuite tous les capitaines des vaisseaux et frégates de son escadre pour leur faire lecture de la presente instruction, afin que dans le cas de separation, ils puissent être instruits des intentions de Sa Majesté et il leur récommandera le secret le plus absolu sur le contenu de la dite instruction.

De la Martinique le Sr Duchaffault se rendra a la Guadeloupe ou il communiquera pareillement ses instructions au S^r Cte d'Arbaud commandant général de la dite île, et lui fera connoître les croisières qu'il se propose de tenir.

Il prendra sous son commandement toutes les frégates et autres bâtimens que Sa Majesté entretient armées aux îles du Vent : et quoique Sa Majesté ait donné aux commandants des dits bâtimens des instructions particulières dont copie est ci-jointe et leur ait prescrit les croisières qu'ils doivent tenir; Elle autorise toutefois le Sr Duchaffault à changer leurs dites instructions et à leur assigner telles croisières qu'il jugera convenables relativement à celles qu'il voudra occuper lui même avec les vaisseaux et frégates de son escadre, tant sur la Martinique que sur la Guadeloupe.

Le Sr Duchaffault aura soin d'établir une frégate ou corvette en croisière sur le Fort Royal de la Martinique, une autre à proximité de la basse terre de la Guadeloupe, afin que si les commandants des dites îles ont quelque avis pressé à lui faire passer, ils puissent lui dépecher la frégate ou corvette qui sera en station devant les dits ports.

Ces premières dispositions étant faites, si après s'être concerté avec les commandants généraux des îles du Vent, le Sr Duchaffault estime que l'escadre peut être divisée sans compromettre les vaisseaux de Sa Majesté, il formera un détachement de deux vaisseaux et deux frégates sous le commandement du Sr Cte de Cherisey : savoir; le Prothée, de 64 canons, commandé par le dit Sr de Cherisey; l'Eveillé de 64 par le Sr Cte Dumaitz de Guimpy; le Zéphir de 26, par le S^r Le Grain, et l'Oiseau de 26 par le Sr Baron de Bombelles. Il enverra ce détachement à Porto-prince de l'île de St Domingue, et il prescrira au Sr Cte de Cherisey de ne se rendre dans ce port avec ses deux vaisseaux et ses deux frégates, qu'après avoir parcouru toute la partie du vent de cette île, afin de rapporter au S^r Cte d'Ennery commandant général des îles sous le Vent, les différens avis qu'il aura pû recevoir soit des vaisseaux ou frégates espagnoles qui sont en station dans ces parages, soit des frégates et corvettes de Sa Majesté. Le Sr de Cherisey communiquera au S^r Cte d'Ennery la copie qu'il aura prise de la presente instruction, et concertera avec lui les croisières qu'il se proposera d'établir sur Saint Domingue, avec les deux vaisseaux et les deux frégates qui composent son détachement.

. . . .
. . . .

Si l'Angleterre envoyoit de nouvelles forces aux îles du Vent le Sr Duchaffault tâcheroit d'être instruit de leur nombre mais il n'abandonneroit pas ses croisières, excepté dans le cas d'hostilités déclarées, et où il verroit le risque de compromettre les vaisseaux de Sa Majesté. Dans ce cas, il se retireroit au fort Roïal de la Martinique où il attendroit de nouveaux ordres et s'il étoit forcé de prendre ce parti, il expedieroit sur le champ une des frégates ou corvettes sous ses ordres pour en informer Sa Majesté, en ayant attention de choisir une de celles qui sont depuis plusieurs mois en station dans les colonies, et de garder avec lui celles qui font partie de son escadre.

Pour ce qui concerne la visite et la détention des bâtimens anglois, il ne s'écartera point de l'usage général et qui a été observé jusqu'à présent; c'est-à-dire qu'il paroîtra vouloir empecher la contrebande sur les côtes des isles appartenantes à Sa Majesté; mais toutes les fois que, pour ce juste motif, il pourra retenir quelque bâtiment, il tachera d'acquérir des lumières sur la destination, les mouvemens et l'occupation, tant des forces que les Anglois ont aux îles du Vent que de celles qu'ils ont a l'Amérique septentrionale.

....

Il en usera de même pour les bâtimens neutres partis des ports d'Europe, ou de ceux de l'Amérique, et chargés de munitions ou autres secours pour les Insurgens; et dans le cas ou quelqu'un des dits bâtimens, poursuivi par un vaisseau anglois, viendroit à réclamer la protection du pavillon du Roi, le Sr Duchaffault ne souffrira pas qu'il soit visité.

Mais dans les deux cas précédens, il n'ira point au devant des dits bâtimens, il attendra que les circonstances les aient mis à proximité de pouvoir réclamer la protection du pavillon du Roi, et il ne paroîtra point vouloir favoriser par ses propres manœuvres, celles que les dits bâtimens pourront faire pour s'approcher des vaisseaux de Sa Majesté.

S'il arrivoit qu'après qu'un bâtiment insurgent, ou chargé pour le compte des Insurgens, aura réclamé la protection du pavillon, quelqu'un des vaisseaux de l'escadre du Roi se trouvât obligé d'employer la force et de combattre un vaisseau anglois, pour le contraindre a abandonner la poursuite du dit bâtiment, et qu'à la suite du combat, le vaisseau anglois amenat son pavillon et se rendît; le vaisseau du Roi ne l'amarinera point; mais le Sr Duchaffault ou le capitaine du vaisseau qui aura combattu, s'il n'est pas à vue du général, se fera donner une déclaration signée du capitaine et des officiers du vaisseau anglois, comme quoi il a été obligé d'employer la force pour le contraindre à abandonner son entreprise, et à respecter l'asile du pavillon du Roi. Il relachera ensuite le bâtiment qui se sera rendu, et le S^r Du Chaffault depêchera aussitôt une corvette en France, pour apporter à Sa Majesté l'attestation originale du capitaine anglois.

Si pendant que le Sr Duchaffault tiendra ses croisières sur les îles du Vent, il recevoit avis de Saint-Domingue, que cette colonie est menacée, il s'y porteroit avec toutes ses forces, et expedieroit en même tems une des corvettes en France, pour en donner avis à Sa Majesté. Il ne laisseroit aux îles du Vent, que le nombre de frégates qu'il jugeroit nécessaire d'y tenir pour les croisières d'observation; et arrivé à Saint-Domingue, il concerteroit avec le S^r Cte d'Ennery les moyens d'employer le plus utilement possible, pour la protection du commerce et la sûreté de la colonie les six vaisseaux et les quatre frégates qui composent son escadre, ainsi que les frégates qui sont en station à St Domingue, et qu'il prendroit sous son commandement.

S'il ne recoit aucun avis qui le decide à se porter sur Saint Domingue, il n'abbandonnera pas le parage des îles du Vent; mais il n'y prolongera pas son séjour au de

ANNEXES DU CHAPITRE II.

là du terme de ses vivres, excepté dans le cas d'hostilités déclarées; et il en partira lorsqu'il ne lui restera plus que la quantité de vivres nécessaires pour faire son retour en France en passant par Saint Domingue, ou il reprendra les deux vaisseaux du Sr de Cherisey.

A l'égard des frégates et corvettes, il laissera aux îles du Vent, en quittant ces îles, Les frégates l'Indiscrete, commandée par le S^r L'Archantel, et l'Inconstante par le Sr de Botdérue, et les corvettes le Rossignol commandées par le Sr Duffault, et la Favorite par le Sr de Kersen; et il ramenera avec lui l'Aigrette commandée par le Sr Thomas Dorves et la Licorne par le Sr de Peynier. Il laissera à St Domingue les frégates le Zéphir, commandé par le S^r Le Grain et l'Oiseau par le Sr Bon de Bombelles, et en ramenera avec lui la Renommée commandée par le Sr Ch^{er} de Monteil et la Tourterelle par le Sr Beaussier de Chateauvert. Les frégates qui faisoient partie de l'escadre du S^r Du Chaffault prendront les croisières qui étoient occupées par les premières, savoir : aux îles du Vent, l'Indiscrette celle de l'Aigrette, l'Inconstante celle de la Licorne; et à Saint Domingue, le Zéphir, la croisière de la Renommée et l'Oiseau celle de la Tourterelle. Les capitaines des anciennes fregates remettront aux capitaines de celles qui les relevent, une copie des instructions qui leur avoient eté adressées et leur donneront au surplus tous les renseignemens qui pourront leur être utiles dans les croisières qu'ils auront a tenir.

Dans le cas où les circonstances exigeroient que la station de l'escadre du S^r Du Chaffault à l'Amérique fut prolongée; il sera pourvu aux vivres, effets et munitions dont cette escadre aura besoin pour la prolongation de sa campagne, et pour l'exécution des nouveaux ordres qui lui seront envoyés; ainsi qu'il sera pourvu aux vivres des frégates que le S^r Du Chaffault doit laisser en station dans les Colonies.

Le Sr Duchaffaut sera très exact a communiquer aux gouverneurs des Colonies francoises tous les avis qui pourront lui parvenir, et les découvertes qu'il fera dans ses croisières, mais particulièrement à celui des gouverneurs que ces avis intéresseront plus que les autres pour la sûreté de la Colonie dont la défense lui est confiée.

Il donnera les mêmes avis aux gouverneurs des principales colonies espagnoles, suivant les parages qu'il occupera et pour la partie qui pourra les concerner. L'intérêt des deux nations est le même et les sujets de Sa Majesté Catholique tâcheront de se procurer de leur côté d'autres éclaircissemens et avis qu'ils auront soin de faire passer au S^r Du Chaffault et aux gouverneurs françois.

S'il rencontre des vaisseaux de guerre ou frégates de S. M. C. il en usera à l'égard des commandans de ces vaisseaux avec toute la politesse et la confiance convenables en se communiquant mutuellement les lumières qu'ils auront acquises et qui pourront être utiles au service des deux monarques.

Il ne négligera dans aucune des occasions qui pourront se présenter de s'approcher des bâtimens qui reviendront en France, et de ceux qui arriveront dans les mers de l'Amérique pour instruire Sa Majesté par la voye des premiers, et les gouverneurs des Colonies françoises par la voye des seconds, de tout ce qu'il aura pu découvrir ou apprendre d'intéressant dans le cours de ses croisières; et il recommandera aux capitaines de ces bâtimens de jetter à la mer, en cas d'évènement et avec toutes les précautions usitées, les paquets qu'il leur aura remis.

Sa Majesté recommande au S^r Cte Du Chaffault de tenir la mer le plus longtems qu'il pourra, et de ne relâcher que lorsqu'il y sera forcé par le besoin de son escadre, ou dans les circonstances qui sont prévues par la présente instruction. Il n'ignore pas combien les séjours dans les ports et rades de l'Amérique sont pernicieux pour les equipages des vaisseaux, et que le moyen le plus sûr de prévenir les maladies est de tenir l'escadre en mer.

Quoique Sa Majesté ait laissé au Sr Duchaffault le choix des croisières qu'il croira devoir établir, elle attend de son zèle pour le service qu'il concertera toutes ses dispositions avec les commandans généraux des Colonies; et Elle est persuadée qu'il sera très attentif à maintenir entr'eux et lui l'harmonie et la bonne intelligence si nécessaires pour le succès de toutes les opérations.

Fait à Versailles le
Approuvé.

II

LES INTERVENTIONS DE BEAUMARCHAIS.

1. BEAUMARCHAIS AU COMTE DE VERGENNES.

Paris, ce mardi 12 9bre 1776.

[Le commencement de cette lettre a été transcrit aux pages 58 et 59.]

. . . .

Ne pouriés vous pas aussi dans une conversation avec Mr de M..... découvrir, ou mesme savoir franchement si je puis aujourd hui sans risque aller faire mon travail avec Mr N..... K..... Monsieur le Comte, on y regarde a deux fois avant de mettre entre les mains d'un préposé, un travail qui fera très certainement le salut de l'Etat quand tout le reste sera epuisé! Mr de M..... seul peut décider la question. S il est assés content de la netteté des vues, du zèle de Mr Nek..... Enfin s il croit que je puis sans danger me livrer a lui, je le ferai avec efficacité. Car toutes leurs incredulités ne font rien a une vérité prouvée; et le sophisme du peu de fortune apparent des financiers d'aujourd ui, comparé avec ce que je pretens qui se lève sur le peuple ne peut arrêter un raisonneur qui s'est convaincu. Car dequoi s agit il? n'est ce pas de savoir s il se leve une telle somme ou non sur le peuple, quand il n'en revient qu'une telle autre au Roi. Quand j'aurai prouvé la majeure et démontré sans replique que cette somme se prélève; que me fera le raisonement négatif de la fortune des financiers? Celui qui le fait écorche l'anguille par la queue; et ce n'est pas a un bon logicien tel que je crois etre a se laisser arrêter par une objection de si peu de valeur. Prouvons qu il se leve 630 millions et au dela; et quand cela sera bien etabli, le reste etant forcé de se déduire de ce premier fait, alors nous chercherons comment les moindres des 25 mille places ou pompes aspirantes qui suçent le peuple rapportent 60, 100, jusqu a 300 pour cent du prix de l'emploi. Alors nous vous prouverons qu il n y a de bien gras et sanguin en France que ce malheureux vampire qu'on nomme finance etc. etc. etc. et nous aurons bien raisonné. Pourquoi donc un peu plus de confiance ne m'est il pas accordé? Quelqu un veut il plus sincèrement le bien que moi? N'ai je pas acquis la réputation d'un homme de sens que pour la voir s'eteindre au 1er objet intéressant que je cherche a etablir?

Croyés, Monsieur le Comte, que j'ai souvent le cœur bien serré de voir comme tout va, ou plutôt comme tout ne va pas.

DE BEAUMARCHAIS.

Angleterre, t. 519, n° 23.

2. BEAUMARCHAIS AU COMTE DE VERGENNES.

Paris le 21 9bre 1776.

Monsieur le Comte.

Je ne suis pas heureux dans tout ce qui sort de votre département. Depuis la réponse de M^r de St Germain que vous m'avés montrée, j'ai pris les plus exactes informations sur l'etat de la poudre existante aux magazins du Roi et j ai trouvé qu il y en a 19 millions 200 et tant de mille livres pesant. Vous avouerés qu'il faut qu'un démon bien mal faisant se mèle de mes affaires, pour que le modique excédent des 19 millions me soit durement refusé! Quand j'ai fait mon calcul de la quantité de tonneaux marins que je voulais embarquer, j'avais alors, outre les effets commercables, toute l'artillerie convenue et ses agrèts etc. La masse totale exigeait 6 vaisseaux. Je me suis reduit à 5 dont 2 au Havre un a Nantes et les 2 autres a Marseilles. D'après les incertitudes et les contr-ordres, j'ai présumé qu'en place de l'artillerie que la prudence retient, on ne me refuserait pas au moins de la poudre. Vous savés quelle considération m'empêche de m'adresser a la regie elle mêsme. Si le ministre de la guerre manquait réellement de poudre, il vaudrait encore mieux qu'il demandat un suplément a la régie que de m'exposer a voir trop de personnes et me laisser pénétrer par tous les fournisseurs. Mais avec 19 et près de 20 millions de poudre y a t il le plus léger motif de me laisser des vaisseaux sans cargaison languir, et me couter des frais énormes de séjour?

Le roi de notre affaire n'est il donc pas le roi de l'artillerie? et toutes ces difficultés d'un département a l'autre ne sont elles pas propres a dezoler celui qui est obligé de faire, de se cacher, d'aller en avant et de ne recevoir d'aide de personne? Si je demandais une grace personelle je prendrais patience. Mais je la perdrai, si vous ne venés pas a mon secours. Croyés que vous n'entendrés jamais parler de moi dans les choses ou votre concours ne me sera pas absolument nécessaire.

J'ai l'honneur de vous envoyer une lettre de Nantes qui me parait certaine. J'y joins la traduction française, en vous priant de me renvoyer l'une et l'autre, après que vous aurés pris lecture du français et M. de M..... de l'anglais.

Nous ne sommes donc pas si mal qu'on le dit à Londres, puisque nous nous battons bien et que nous causons de grandes pertes à nos ennemis, qu'ils sont obligés de dissimuler. Tout leur art est de donner le change a la France et de l'engourdir sur ses vrais intérèts par de fausses nouvelles.

Je vous suplie Monsieur le Comte de conférer sur cette poudre, efficacement avec M^r de St Germain.

Angleterre, t. 519, n° 49.

Lettre de Monsieur Deane à Monsieur d'Aranda.

Paris 2 x^{bre} 1776.

Puisse cette lettre être agréable
à Votre Excellence.   Monsieur l'Ambassadeur.

Conséquemment aux ordres de l'honorable Congrès des Etats Unis de l'Amérique Septentrionale j'ai l'honneur de présenter à Votre Excellence la déclaration de leur indépendance que je joins à cette lettre. Cette déclaration m'avait été dépêchée immédiatement après que l'indépendance eût été déterminée; mais elle a été interceptée par un de ces accidens communs à la guerre, sans cela elle aurait été présentée beaucoup plutot à Votre Excellence. Pendant ce retard accidentel les Etats Unis ont eu, dans le traitement qui a été fait à leurs vaisseaux dans les ports d'Espagne, un exemple bien frappant de la générosité, de la justice et de l'impartialité qui animent Sa Majesté Catholique; cela exige de leur part les actions de grâce les plus vives et les plus sincères, et comme leur agent je supplie humblement Votre Excellence de vouloir bien assurer Sa Majesté dans les termes les plus expressifs que leur reconnaissance est infinie et qu'ils conserveront dans tous les tems un souvenir bien doux de sa justice impartial.

La connaissance imparfaite des autres langues d'Europe m'a forcé d'écrire à Votre Excellence en anglais, je me flatte qu'elle voudra bien m'excuser et me croire avec le plus profond respect de Votre Excellence, le très humble et très obéissant serviteur.

Signé : SILAS DEANE,

Agent pour les Etats Unis de l'Amérique Septentrionale.

Angleterre, t. 519, n° 68.

3. BEAUMARCHAIS AU COMTE DE VERGENNES.

Paris ce 2 x^{bre} 1776.

Monsieur le Comte.

Je vis avant hier M^r l'ambassadeur d'Espagne et je le prévins que le député des Colonies unies se disposait a lui remettre la déclaration d'indépendance des Colonies, et desirait savoir si S. E. trouverait bon qu'il eut cet honneur lui mesme. Il me parut qu'il désirait s'en entendre avec vous. Je l'assurai que cette remise de la part de M. Deane n'exigerait aucune réponse; qu'elle ne contiendrait que la déclaration et des remercimens pour la sauve garde accordée aux vaisseaux américains dans les ports d'Espagne. Je vous envoye la traduction littérale de la lettre de Mr Deane. Mon intention est d'envoyer en particulier cette traduction à Mr Daranda, afin qu'il n'ait besoin de s'adresser a personne pour savoir ce que contient l'original qu'il enverra certainement à Madrid. Je prens la liberté de joindre ici une lettre pour Mr de Maurepas. Tout ce qui l'entoure me poursuit de propos et voudrait bien me nuire. Mais en quoi, Monsieur le Comte? Au travers des dégouts je marche a la besogne avec assurance; et a moins d'un coup de pistolet qui m'arrète ceux qui se présenteront trouveront a qui parler.

Mon zèle et mon désinteressement seront les points d'apui de mes defenses. D'ailleurs je suis en règle comme le président Jeanin. Je n'ai aucun papier important chéz moi, tout est en sureté : Mais ce n'est pas pour les soustraire que je les cache, c'est au contraire pour qu'ils puissent servir publiquement a justifier ma conduite lorsqu'elle sera attaquée.

Je suis faché pour la chose de n'avoir pas été à Londres, j'en suis charmé pour moi.

Le mal fait aux Américains sur les Lacs dont les Anglais font tant de bruit, ne consiste qu'en la prise de quelques batteaux allant a la découverte de la flotte anglaise. Est ce qu'il n'y aura pas quelque bonne âme qui montre un beau jour a toute l'Europe toute la forfanterie de cette nation ? Je le ferais bien si l'on ne retenait ma plume. Au reste ils sont plus adroits que je ne le dis; car ils ont l'art de nous engourdir dans le seul instant ou il nous importat d'agir...............
..... Les nouvelles que j'envoye a Mr de Maurepas sont extraites des lettres particulieres de Lord Germaines. Ce mot est pour vous seul. C'est là mon secret.

Après tous les succès de Carleton le voilà retourné a Québec. La belle campagne!

DE BEAUMARCHAIS.

Angleterre, t. 519, n° 67.

4. BEAUMARCHAIS AU COMTE DE VERGENNES.

Versailles ce samedi 9 x^{bre} 1776.

Monsieur le Comte,

Mr de Sartines remettra mon mémoire au Roi dans la journée. Il craint, malgré la maniere pressante dont l'objet est traité, il ne determine point M. de M.**** (Donc ce ministre est du secret.) Et moi aussi je le crains. Non que je croye qu'il refusera la chose a cause de la chose, mais certainement à cause de l'homme. Recœuillés vos idées la dessus.

J'ai prévenu Mr de Sartines de l'utilité de faire lire au Roi ce travail et de tacher de le lui faire gouter, avant que le moment des objections arrive : Et dans le cas ou elles arriveront de me faire envoyer droit a Mr de Maurepas, avec injonction a moi de rendre compte au Roi de la maniere dont j'aurai discuté la chose et ramené ou manqué ce ministre : mais je crois avoir un moyen de m'en faire écouter, car c'est une cruelle malédiction en affaire d'Etat qu'une personalité. Quoiqu il en puisse arriver, Monsieur le Comte, le seul nom de *la mobile*, que vous avés prononcé, vient de me faire naitre une grande idée que je me hâte de vous communiquer.

L'Espagne n'est, sans doute, pas plus étrangère que nous a l'extrême utilité que nous devons retirer de cette belle et simple machine. Mais comment s'assurer d'elle? Comment la convaincre? Comment conserver le secrèt avec tant de gens en pouvoir de la répandre? Enfin comment négotier avec la chaleur et la rapidité que l'affaire exige? le voici : Déterminés le Roi, je me charge de l'Espagne et de l'Angleterre. Déterminés le Roi, et je pars pour Londres. Je n'y reste que quinze jours, je reviens ici. Je ne fais qu'un sault à Aix ou le prétexte de mon procès me rapproche déjà beaucoup de mon but. Je le plaide, je le gagne et sur le champ je m'embarque en secrèt pour Barcelone d'où je me rends à Madrid. J'y fais mon affaire en 15 jours, car je n'y suis étranger a personne et je viens enfin me reposer a Paris. Cette idée a cela de bon : 1° que vous saurés bien juste par moi a mon retour a quoi vous devés vous en tenir sur les vraies dispositions et les réèles facultés de ce païs la. 2° que vous pouves opposer vous mesme ce plan aux objections du Roi ou plutôt de M. de M.****.

Qu'aura-t-on a dire si l'Espagne adopte le plan qui n'eut jamais seulement du faire une question a Versailles, et si elle entre mesme dans les frais de cette peu couteuse entreprise.

Voila tout mon secret, Monsieur le Comte, le votre est d'en user habilement en faveur du projet, ce dont je ne doute point du tout s'il vous agrée.

Mais comme je m'explique avec vous dans cette lettre d'un ton de franchise que je ne dois pas a tout le monde je ne vous prie pas de bruler ma lettre, mais de vouloir bien me la renvoyer avec votre réponse. La brulure peut s'oublier. Je vous ai promis non de faire de mon mieux en politique mais du mieux des choses. C'est a vous a juger si j'ai dessein de tenir parole.

Vous connaissés mon respectueux attachement, il durera autant que moi.

Angleterre, t. 519, n° 79.

5. LE COMTE DE VERGENNES À M. LENOIR.

A Versailles le 10 décembre 1776.

Il revient de toutes parts M' que plusieurs particuliers se disant officiers repandent dans les caffés, aux spectacles et autres lieux publics qu'ils sont envoyés par le Gouvernement aux Insurgens, et qu'ils reçoivent des encouragemens à cet effet. Ces propos meritant une attention principale, il seroit interessant, Monsieur, que vous voulussiés bien recommander aux officiers de police d'y donner une attention particulière, et ou ils rencontreroient des gens qui se diroient destinés pour passer en Amerique de les arreter. Vous voudrez bien m'en informer ainsi que le ministre du département duquel ils dependroient immediatement. Il seroit tres convenable que les recherches se fissent avec assés de publicité et de severité pour desabuser le public que le Gouvernement auroit aucune part a ces manœuvres dont le bruit est souverainement desagreable.

J'ai l'h^r etc.

États-Unis, t. 1, n° 91. (Copie de son fils.)

6. M. LE NOIR À M. DE VERGENNES.

12 D^{bre} 1776.

Je viens de donner aux officiers de police, les ordres capables de faire cesser les discours que plusieurs particuliers se disant officiers repandent dans les caffés et lieux publics, et je fais prévenir les maitres de caffés, académies, d'avertir qu'il y a ordre d'arreter ceux qui se disent envoiés par le Gouvernement aux Insurgens au moyen d'encouragemen qu'ils reçoivent a cet effet. Cette publicité et les recherches qui seront faites par les officiers de police, que l'on verra frequemment dans les caffés, pouront remplir les ordres que vous me donnés par la lettre que vous m'aves fait l'honneur de m'ecrire.

Ibid., n° 93.

7. BEAUMARCHAIS AU COMTE DE VERGENNES.

Paris ce lundi 16 x^{bre} à 6 heures du soir (1776).

Monsieur le Comte.

En mettant le pied hors de ma chaise, j'ai l'honneur de vous rendre un compte succint de ma conduite depuis ma dernière lettre.

Parti de Paris le 6 de ce mois, et forcé de me rendre au Havre, ou les difficultés d'embarquement se multipliaient à l'infini, je suis parvenu en 7 jours d'un travail forcé de tout arranger, hommes et choses. Samedi a midi par le meilleur vent possible le vaisseau l'Amphitrite a mis a la voile. La certitude ou chacun s'est vu à la fin d'aller à St Domingues, après s'etre bercé d'esperances contraires, a fait crier tout le monde après l'argent, un officier mesme a remis sa commission et a fait route pour Paris. Tout le reste a demandé qu'outre 6 mois de gratification que je leurs avais payé, leurs appointemens jusqu'au 1er janvier prochain fussent soldés en lettres de change sur St Domingues. La demande n'étant pas très injuste, et mon plus vif desir étant pour le silence et la paix je leur ai remis a tous ce qui leur revenait jusqu'a cette époque en lettres sur St Domingues. Vous n'avés pas d'idée du travail de ce nouveau décompte, mais il fallait en finir. Toute mon attention a porté ensuite sur ce que personne n'eut dans ses malles ou poches un seul papier suspect. Et après la visite de terre ferme j'ai accompagné le navire en rade a deux lieues, et là, j'ai recommandé de nouveau au capitaine de redoubler de soins pour que cet article important fut bien en règle. Une cachette pratiquée pendant la nuit dans le vaisseau pour les papiers indispensables et dont le capitaine et Mr du Coudrai ont seuls connaissance a pourvu au reste.

Pendant ce tems j'avais fait parvenir à Londres le désir que j'avais de conferer en secret, le danger de m'y rendre et la nécessité de m'envoyer promptement quelqu'un de sur au Havre.

A l'instant un petit batteau chargé de charbon y a été dépêché, avec un homme déguisé en matelot sur lequel on dit que je puis compter. Mais, pendant qu'il y arrivait, j'ai reçu de Nantes la nouvelle que Mr Franklin y était débarqué. Connaissant, comme je le sais, ce maudit pays de bavardage et d'oisiveté, j'ai tremblé qu'à l'arrivée de cet homme celèbre a Paris il ne se vit tellement entouré qu'il n'y eut quelqu'indiscrétion de commise. Je me suis haté d'écrire à Mr Deane d'aller au devant de son ami, de le tenir sous clef jusqu'a mon retour et de ne laisser parler n y remettre de lettres a personne que je n'eusse eu l'honneur de vous prévenir, Monsieur le Comte, et de prendre vos ordres sur cet évenement. Et samedi au soir aussitôt que je suis rentré de la rade au Havre, je n'ai fait autre chose que m'aboucher avec mon Anglais, lui dire de me suivre a Paris le plutot possible et je suis revenu nuit et jour pour ne pas tenir trop longtems Mr Franklin en prison. J'ai fait tant de diligence que je suis arrivé avant lui, on ne l'attend que demain. Tranquile de ce coté la, je prens sur le someil qui me gagne malgré moi pour vous faire ce peu de détail. Mon vaisseau est parti il y a 130 hommes à bord. Les Anglais qui ont un vaisseau du Roi de 60 canons dans la Manche et qui visitent tout a notre barbe peuvent examiner celui-cy. Nul n'est plus en règle, comme expedié a Mr Denneri par le ministre de la marine. Pour y toucher il faut casser les vitres et déclarer la guerre, je ne crois pas qu'ils s'y jouent.

Si je n'eusse pas été moi mesme au Havre, il ne serait pas parti de 15 jours encore ce malheureux vaisseau! J'ai laissé dans ce port mon sécretaire après moi, pour faire expédier le second de 250 tonneaux nommé le Romain. Car quoique l'Amphitrite soit de 480, il a tant de passagers et les affuts y font un tel encombrement que tout mon chargement n'a pas pu y trouver place; celui cy partira de samedi à lundi prochain. Celui de Nantes dans 12 jours etc.....

Pendant ce tems mon envoyé secret de Londres chemine après moi et n'arrivera pas mesme jusqu'a Paris. Il restera à St Germain d'ou il m'ecrira. D'aujourd'hui a

ANNEXES DU CHAPITRE II.

ce moment Mr Franklin sera arrivé j'aurai pris vos ordres et je serai libre de faire une course ou deux pour conférer avec l'Anglais et vous en rendre compte.

Comme c'est demain jour d'ambassadeur, je remets l'honneur de vous voir a mercredi matin. Soyés tranquille, Monsieur le Comte, j'ai l'œil à tout, et a l'exception des vains propos de Paris, que vous, ni moi, ni le Roi, ni le Ciel, ne peut empecher de trotter, je reponds de tout le reste.

Le bruit que fait l'arrivée de Mr Franklin est inconcevable. Cependant ce vieillard courageux a permis en route que son vaisseau fit deux prises, malgré le risque personel qu'il courait; et nous Français nous aurions peur! Soyons prudens, c'est à dire qu'on ne puisse nous prendre la main au sac ai-je dit à mon capitaine. Mais ne vous laissés pas insulter et faites signer vos procès verbaux de tout votre équipage. Pardon, Monsieur le Comte de mon griffonage, il y a 40 heures que je suis en chaise par des chemins diaboliques et je tombe de someil; mais j'ai cru cette lettre indispensable a mon arrivée. Mon courrier attendra votre réponse et vos ordres. Je vais me jetter dans mon lit jusqu'a son retour.

Angleterre, t. 519, n° 96.

CHAPITRE III.

FRANKLIN À PARIS.

Tableau de l'Europe fait par Silas Deane à ses commettants; le « docteur Franklin », Deane et Jefferson sont nommés par suite commissaires près la cour de Versailles; Arthur Lee remplace ce dernier, qui n'accepte pas. — Franklin débarque à Auray, le 4 décembre; prises amenées par son navire; il s'annonce à Barbeu Dubourg, à Deane, et charge celui-ci d'appeler Lee à Paris. — Effet produit sur les esprits par l'arrivée du « docteur »; rapprochée du départ de Beaumarchais pour le Havre, elle suscite une foule de conjectures; inquiétudes de l'ambassadeur et du cabinet britanniques; elles sont d'autant plus justifiées que Deane, de son seul mouvement, venait de remettre à Versailles le projet de la reconnaissance des États-Unis par la France et d'un traité de commerce avec eux. — Mauvais propos répandus pour amoindrir Franklin; crainte que lord Stormont éprouve néanmoins de son influence; propension générale à la guerre contre l'Angleterre, en même temps qu'un langage rassurant dans la bouche des ministres constatés par cet ambassadeur. — Le cabinet de Londres se prépare à voir cesser la paix ou à la rompre; méfiance du prince de Masserano; l'ambassadeur engage le marquis de Noailles à nous recommander la prévoyance; bruits de résolutions hostiles à notre égard et de pleins pouvoirs confiés à Howe pour traiter à cette fin avec les Colonies. — Soins de M. de Vergennes pour écarter les prétextes; motif de plus que leur donne l'enthousiasme des Anglais à l'annonce des succès de leurs troupes. — Persistance du sentiment de M. de Noailles sur l'Angleterre; n'avait-il pas la mission confidentielle de grossir le péril? il fait connaître directement ses appréciations au roi; intérêt qu'y prennent MM. de Maurepas et de Vergennes; réponse qu'ils y font. — Assurances conçues par Franklin sur les dispositions de la France; ses collègues et lui, se disant « plénipotentiaires du Congrès », demandent à voir M. de Vergennes; le ministre les reçoit en secret à Paris après en avoir avisé le comte d'Aranda. — Dans quelle vue cet ambassadeur était ainsi mis en tiers; dépêche informant Ossun; incommodité du moment pour avouer à l'Espagne les relations que nous entretenions avec l'Amérique. — Les commissaires sollicitent une audience officielle; comment M. de Vergennes l'élude; lettre et mémoire à l'appui de leurs demandes. — Alternative que présentaient les affaires de l'Amérique; plan arrêté pour répondre aux commissaires; Gérard chargé de le faire verbalement; précautions avec lesquelles on en informe le gouvernement de Madrid; remerciements de Franklin et de ses collègues. — Prudence commandée par les insinuations de désarmement, par la fin probable du roi de Portugal et du pouvoir de M. de Pombal, par l'inconnu politique que présentait le changement de premier ministre en Espagne; conseils de M. de Grimaldi à Charles III et que ce monarque accueille. — Tension de nos rapports avec l'Angleterre; procédés de ses officiers de mer pour la visite des navires; ses projets d'autoriser la course et de délivrer des lettres de marque; première assise posée déjà par M. de Vergennes d'une ligue de l'Europe contre la domination de l'Océan par la Grande-Bretagne. — Circonstances compliquées dans lesquelles se voyait le cabinet de Versailles.

A peine Silas Deane était-il en France depuis un mois, qu'il se croyait fondé à dépeindre au comité de Philadelphie la situation de l'Europe comme absolument défavorable à l'Angleterre. Les ferments de toute guerre se trouvaient du côté de l'Allemagne depuis si longtemps que l'on ne semblait pas pouvoir en découvrir ailleurs en Europe; Deane avait donc regardé de ce côté et s'était fait pour son pays l'idée la plus avantageuse des évènements prochains. Il voyait déjà le roi de Prusse d'accord avec la France et l'Espagne par rancune contre la Grande-Bretagne, la Russie attirée dans le même sens par ses attaches avec lui et retenue par les rivalités de la Norvège avec la Suède, l'alliance de la France avec l'Autriche enchaînant d'ailleurs celle-ci à Versailles. Dans son idée, l'Espagne allait envahir le Portugal, sûre de l'appui du roi Louis XVI, le Hanovre et les autres électorats se trouveraient soumis grâce à l'accord commun, Frédéric II s'empresserait de rechercher le commerce de l'Amérique afin de se faire une marine; la paix, en un mot, était près de cesser sous l'empire de conditions dont le Congrès devait aviser tout de suite à tirer profit[1].

L'avis était bien celui que pouvait souhaiter le *Comité de correspondance secrète*. Aussi ce comité avait-il trouvé le moment venu de faire représenter le Congrès, sur le continent, par des mandataires à qui le vote formel de l'assemblée des États-Unis donnerait une autorité dont il ne paraissait pas qu'un simple émissaire pût avoir ou acquérir jamais le bénéfice. Le 26 septembre, peu abattu, évidemment, par l'échec de Long-Island, il nommait « le docteur Franklin », Silas Deane et Th. Jefferson *commissaires près la cour de France*[2]. Jefferson se trouvait alors en Virginie. Déjà plus ambitieux que cela et plus porté à choisir un rôle qu'à le recevoir, probablement désireux de le

[1] Voir le premier rapport de Deane, du 18 août 1776. (*Diplomatic correspondence*, t. I, p. 9 et suiv.) — [2] « Commissioners at the court of France. »

1776. choisir sur un terrain politique moins distant ou moins incertain, il déclina la nomination. Franklin fit alors élire l'agent qu'il avait laissé à Londres. C'était le 22 octobre; le 4 décembre, Franklin débarquait sur la côte de Bretagne. Le célèbre Américain touchait terre en France avec deux prises anglaises, faites en route par le navire armé qu'il montait. Il était probablement bien aise d'arriver avec ce signe de guerre, qui pourrait donner prétexte à nous faire attaquer avant peu. Aussitôt, il s'était annoncé par une lettre très affectueuse à son « bien cher bon ami » Barbeu Dubourg; elle en contenait une pour Deane et une pour l'Américain Thomas Morris, qu'il croyait à Paris[1]. Il chargeait Deane de prévenir Lee de son nouveau rôle, de le mander, et, au besoin, d'user pour cela de l'intermédiaire des Affaires étrangères, se montrant ainsi tout assuré déjà de leur concours pour les intérêts de son pays. Il se bornait d'ailleurs à dire à son collègue:

Le Congrès vous a nommé en septembre et Mr Jefferson et moi, pour négocier un traité de commerce et d'amitié avec la cour de France. Mr Jefferson alors en Virginie refusa, sur quoi Mr Arthur Lée, actuellement à Londres, fut nommé à sa place.

États-Unis, t. 1, n° 88.

Une fois sur le continent, Franklin devenait naturellement le chef de la légation. Silas Deane ne devait pas voir avec plaisir Arthur Lee associé aux opérations qu'ils allaient ouvrir, car trois mois auparavant, pour empêcher que l'agent de Londres ne vînt se mêler de ce qui se concertait avec le ministre, il mettait en garde M. de Vergennes contre l'arrivée de celui-ci, espérant écarter sa présence[2]. Il ne s'était

---

[1] Voir l'annexe I du présent chapitre.
[2] C'est par une lettre à Gérard, du 22 août. Il redoutait l'arrivée d'Arthur Lee au point de vue surtout du secret qu'il fallait garder. A cette date, il croyait aux informations de Dubourg sur l'extrême surveillance dont il était l'objet de la part de l'ambassade anglaise. Il dit à Gérard qu'il s'abstenait d'aller le voir à cause de cela; sur la même ligne relativement aux indiscrétions possibles, il mettait Lee et un autre Américain, le colonel Mercer, Virginien comme Lee, qu'il savait envoyé à Paris par le *Foreign office* pour l'espionner, aux appointements de 400 livres sterling. (*États-Unis*, t. 1, n° 49.)

pas moins empressé de l'appeler[1] et Franklin en aura bientôt aussi peu de satisfaction que lui. Le débarquement du célèbre « docteur » faisait évènement. Deane écrit au *Comité de correspondance* que « depuis longtemps rien n'avait autant occupé les esprits[2] »; en quoi il était pleinement confirmé par le lieutenant de police. Ce suppléant de Sartine, répondant à M. de Vergennes, le 18, sur les prescriptions relatives aux officiers enrôlés ou cherchant à l'être, disait que « l'arrivée du docteur Franklin à Nantes faisait beaucoup de sen-« sation. » Il ajoutait : « Le départ de M. de Beaumarchais, que l'on « dit partout s'être rendu au Havre, n'en fait pas moins. » Le public, en effet, rattachait l'une à l'autre les deux circonstances. La première donnait la preuve parlante que les *insurgents* n'avaient pas envie de s'entendre avec l'Angleterre, comme déjà celle-ci s'ingéniait à le faire croire, et cela rendait aux amis de l'Amérique le grand service de raviver l'autorité de la politique fondée sur elle; Deane le constate positivement[3]. La seconde offrait aux désirs et aux espérances de l'opinion un aliment qu'elle se sentait heureuse de saisir. Franklin était encore à Nantes qu'on le croyait déjà à la cour. Lord Stormont écrivait à Grantham : « Plusieurs sont prêts à jurer qu'ils l'y ont vu », et il savait que l'Américain n'y avait pas paru encore[4]. Le 18, Silas Deane annonçait à Gérard sa présence certaine pour ce jour-là ou le lendemain, disant que son voyage donnait lieu à mille suppositions politiques (*a thousand conjectures*); et l'envoyé de Philadelphie se croyait obligé de prier le premier commis d'assurer M. de Vergennes que, de sa part à lui, pas une parole n'avait pu autoriser le moindre de

1770.

---

[1] « I sent instantly an express to Mʳ Lee to « join us here without delay, » écrit-il à Philadelphie le 12. (*Diplom. corresp.*, t. I, p. 101.)

[2] « Nothing has, for a long time, occasionned « greater speculation than this event. » (*Ibid.*)

[3] *Ibid.*

[4] Cette préoccupation de l'opinion est attestée de même par Mᵐᵉ du Deffant : « C'est en-« core un problème, mande-t-elle à H. Wal-« pole le 18 décembre, pourquoi M. Franklin « vient ici; et ce qui est plus singulier, c'en est « un aussi de savoir s'il est à Paris; depuis trois « ou quatre jours on dit le matin qu'il est arrivé « et le soir qu'il ne l'est pas. » Le 22, elle écrit : « Le Franklin arriva hier à deux heures après « midi; il avait couché la veille à Versailles. »

ces bruits sans réalité[1]. C'était parfaitement vrai. L'avidité des esprits faisait inventer ces rumeurs, et l'ambassadeur britannique, le cabinet de Londres à la fois, en concevaient d'autant plus d'inquiétude que le public attachait tant de prix à l'arrivée de Franklin. L'agent Bancroft était venu récemment à Paris, avait eu de l'envoyé du Congrès la confidence d'un projet de reconnaissance des États-Unis et d'un traité de commerce soumis par ce dernier aux Affaires étrangères. En l'absence de communications de Philadelphie, en effet, Silas Deane avait trouvé à propos de rédiger et de présenter ces projets de lui-même; il les avait remis le 23 novembre à M. de Vergennes[2]. Pour le *Foreign office,* c'était une raison naturelle de ne pas voir avec tranquillité débarquer en France cet Anglais d'hier, dont le peu de cas montré pour les revendications de son pays et pour les instances dépensées par lui à les défendre avait fait un ennemi décidé. Pensant amoindrir son autorité, le gouvernement anglais répandait le bruit qu'il fuyait devant l'indignation des partisans du roi[3]. Mais lord Stormont, dans ses correspondances, tout en donnant cours de son côté à cette ani-

---

[1] « Paris december 18th 1776. — Sir, I re-« ceived last evening a letter from my friend at « Nants, which place he was to leave last sunday « morning (having been detained on acc^t of his « baggage), so that I expect him in Paris this « day, or early to morrow, meantime I have, and « shall carefully attend to the invit. giv'n me, « and am confident he will do the same. His « arrival is the common topic of conversation, « and had giv'n birth to a thousand conjectures, « and reports, not one of which I have giv'n « ground for, having constantly declar'd, that « I am ignorant of the motives of his voyage, « or his business. I wish you to inform his ex-« cellency of this, and that I shall at all times « attend his directions, when he shall honor « me with them. » (*États-Unis*, t. 1, n° 99.)

[2] C'est encore une indication de Deane lui-même. (*Diplom. corr.*, p. 94.) — L'Américain ne pouvait assez vanter les services qu'il croyait devoir à Bancroft. Celui-ci était-il payé cher au *Foreign office?* nous l'ignorons; en tout cas, il se faisait payer aussi par Deane : « Cela coûte « quelque chose » (*It costs something*), écrit ce dernier au Comité dans le même pli, en parlant de l'entremise de Bancroft.

[3] Le marquis de Noailles écrit le 17 décembre : « Le courrier du Lord Stormont ap-« porta avant hier ici la nouvelle de l'arrivée du « docteur Franklin en France. Elle a causé au-« jourd'hui quelque rumeur dans le public. Les « uns pretendent qu'il vient pour tacher d'en-« gager la France à prendre parti pour l'Amé-« rique; d'autres qu'il a fui un pays où il n'y « avoit plus de sureté pour lui. Chacun raisonne « selon ses passions ou ses craintes. Les plus « raisonables sont sans doute ceux qui se con-« tentent de supposer en général qu'il a fallu

mosité patriotique contre l'ancien représentant des Colonies, laissait bien voir l'appréhension que lui inspirait sa présence. Il disait à Murray Keith, dans la lettre du 20 décembre que nous citions plus haut :

Il ne faut pas une grande sagacité pour deviner l'objet de son voyage et le rôle qu'il jouera. Il mentira, il promettra et flattera avec toute cette insinuation et cette subtilité qui lui sont naturelles. Il a trompé tant de gens sages parmi nous, que pour notre honneur il faut le regarder comme un maître en fait de tromperie.

Si ce que l'on m'a rapporté est vrai, il a déjà abusé de l'ignorance et de la crédulité des Français et de leur partialité pour les Américains, au point d'assurer rondement dans ses conversations à Nantes que les affaires des rebelles sont dans une situation florissante, et les nôtres désespérées. Lorsque j'entends tenir de pareils propos, je n'y fais aucune réponse; je laisse au Gal Howe à la faire, et je suis sûr que tôt ou tard elle sera aussi bonne que jamais réponse l'ait été.

Angleterre, t. 519, n° 101.

Le 27, il écrit avec empressement à lord Grantham, à Madrid, que Franklin est allé à Versailles, que cependant M. de Vergennes a assuré à plusieurs de ses collègues ne l'avoir pas vu et que cela lui paraît certain. Il ajoute bien, à propos de ce plénipotentiaire du Congrès, « qu'étant l'objet de la vindicte publique en Amérique, son caractère et sa réputation de duplicité si légitime lui créeront beaucoup de difficultés »; il ne s'empresse pas moins d'exprimer la crainte que l'entraînement général de la nation en faveur des Américains ne rende « dangereuses les offres tentantes que, sans doute, il est autorisé à faire[1]. ». Les intentions de Versailles, en ce moment, ne semblaient

---

« des motifs bien essentiels pour le déterminer « à quitter l'Amérique dans un moment où l'on « y juge sa présence si nécessaire. » (*Angleterre*, « t. 519, n° 98.)

[1] *Grantham papers*, f° 177 : « It is very ge-« nerally believed here that he comes in the « double capacity of a negociator and a fugi-« tive; this suspicion joined to the knowledge « of his former character and to that reputation « of duplicity which he has so justly acquired, « will, I hope, throw many difficulties in his « way, yet there is certainly some danger to be

pas du tout claires à lord Stormont. Nos armements, l'assistance secrète qu'il voit donner aux rebelles, la manière ouverte avec laquelle, en général, on parle de la guerre paraissent à ses yeux « des symptômes fort défavorables ». Il lui faut les succès de Howe en Amérique, « que l'on sait apprécier ici », dit-il, et la détresse des finances, l'infériorité de la flotte française, le langage des ministres, « plus pacifique que jamais », pour espérer que la France se retiendra d'entreprendre « une guerre si peu nécessaire ». Il venait bien d'avoir une assez longue et familière conversation avec M. de Maurepas; elle l'avait satisfait; il se plaisait à supposer que, « sage et expérimenté comme il était, le premier ministre appréciait trop la paix pour ne pas désirer de placer le lustre de son ministère à la maintenir[1] »; mais ce n'était pas assez pour changer sérieusement les dispositions de l'ambassadeur et celles de son gouvernement. Le cabinet de George III agissait comme s'il était certain de voir cesser avant peu cette paix, jugée si précieuse, ou de trouver opportun de la rompre. Les deux représentants de l'Espagne et de la France, qui avaient des motifs de craindre que ce dernier but ne fût en effet le vrai, se croyaient d'autant plus tenus à la vigilance. Le prince de Masserano engageait vivement le marquis de Noailles à recommander les préparatifs. Le danger de la France était pour lui celui de l'Espagne elle-même[2]. A la fin de décembre il signalait la naissance du péril

« apprehended from the general partiality of « the people of this country to the American « cause and from the tempting offers which he « is probably authorized to make... At Paris « 27 dec. 1776. » — Frédéric II, dans une lettre à M. de Goltz du 18 janvier, confirme ainsi ces appréhensions des Anglais : « Je vois par mes « lettres de Londres qu'on y est inquiet du sé- « jour du docteur Franklin à Paris, le minis- « tère britannique étant persuadé que ce dé- « puté du Congrès remue le vert et le sec pour « engager la France dans la cause des Colonies. » (Voir Circourt, *ubi supra*.)

[1] *Grantham's papers*, loc. cit.
[2] Le marquis de Noailles rend cette justice à l'ambassadeur, dans son pli du 10 décembre, après un entretien avec lui. (*Angleterre*, t. 519, n° 84.) Il venait de parler à ce dernier de la certitude récemment acquise par le gouvernement anglais que ses propres armateurs fournissaient de la poudre et des armes aux Américains. « Cela nous engagea, dit-il, dans une « plus longue conversation. Nous ne manquons « jamais de sujets dont nous puissions nous « entretenir. Il ne s'en présente pas sur lesquels « je ne sois fort aise de l'entendre, et où je ne

commun; il écrivait à sa cour par le courrier du comte d'Aranda, afin que son pli fût lu par celle de Louis XVI :

Je commence à avoir de l'inquiétude en voyant qu'en même tems qu'on continue avec vivacité à armer le nombre énoncé de vaisseaux, et que ces ministres m'assurent que ce n'est pas nous qui y donnons lieu, mais la France, ils ne disent mot à l'ambassadeur de cette puissance, ni Mylord Stormont ne s'explique pas avec le ministère de Versailles, et qu'ils se contentent de m'en parler, pour que par ricochet l'on sache en France ce qu'on pense à Londres. Craignant donc que les intentions de cette cour cy ne soyent pas bien pures, je ne cesse dans mes conversations confidentielles de représenter au Mis de Noailles la nécessité qu'il y a, qu'il expose à sa cour, qu'elle doit se préparer, comme nous faisons, pour tout évenement, et je sais que pensant comme moi à cet égard, il l'a fait et le fait encore.

Je m'imagine que l'arrivée à Paris du docteur Franklin, dont aucun de ces ministres ne s'est donné pour informé, cause des inquiétudes à ce cabinet ci, soupçonnant qu'il entame quelque négociation en faveur des Américains, à qui l'on croit fermement, que la France fournit des officiers, des munitions de guerre et de l'argent.

Londres le 31 x^{bre} 1776.

Angleterre, t. 519, n° 126.

Avec sa grande autorité, ses relations, son expérience, l'ambassadeur espagnol ressentait chaque jour un peu plus la défiance. Les motifs, faciles à reconnaître, qu'avait l'Angleterre d'être attachée à

« trouve infiniment à profiter avec lui. Si sa
« manière de voir et de juger les affaires de ce
« pays ci mérite toute confiance, il y a encore
« un autre éloge à faire de ses sentimens. J'ai
« plaisir à avouer que lorsqu'il me parle des inte-
« rêts de ma cour, c'est avec autant de chaleur
« qu'il pourroit en mettre pour la sienne. » —
A quoi M. de Vergennes fait répondre (minute corrigée par lui [*Angleterre*, t. 519, n° 104]) en marquant combien il se sentait reconnaissant des avis du représentant de l'Espagne :

« Nous trouvons M., dans les réflexions de M. le
« P^{ce} de Masseran, la justesse d'esprit et le zèle
« que nous lui avons reconnus de tous tems, et
« nous voyons avec beaucoup de satisfaction la
« confiance qui s'est établie entre vous et cet
« ambassadeur. Ce qu'il vous a dit au sujet de
« nos pêcheurs est de la plus grande vérité,
« et nous ne perdrons certainement pas de vüe
« un objet aussi intéressant : ce sera aux cir-
« constances à déterminer nos mesures à cet
« égard. »

la paix, ne le rassuraient pas. Il tenait l'état de notre marine pour faible ; il aurait souhaité que nous ne laissions pas, au printemps, nos pêcheurs aller à Terre-Neuve. A son avis, la sûreté que l'on y trouverait compenserait bien la perte imposée par là au commerce. Du reste, si la pensée qu'on allait attaquer l'Angleterre et qu'on le devait était générale à Paris, celle que la guerre allait s'ouvrir avec la France ne l'était pas moins à Londres. Le bruit y avait couru que le ministère anglais, dans un conseil de cabinet, s'était entendu proposer par lord Weymouth et lord Sandwich de prendre les devants sur la France, bruit faux, conseil de ministres imaginaire[1] ; mais ces rumeurs étaient celles qui plaisaient aux esprits. Notre ambassadeur écrivait le 17 que, « d'après l'affirmation de bien des gens, l'on était disposé à promettre aux Américains tous les avantages propres à les calmer pour être en liberté de nous atteindre[2] ». Les papiers publics envenimaient cette situation par les prétendues nouvelles qu'ils publiaient ou par leurs appréciations passionnées. On voit M. de Vergennes, afin de ne pas aigrir les relations, faire prescrire à M. de Noailles de rectifier l'assertion, émise dans le *London Chronicle,* que Silas Deane aurait obtenu la permission d'armer des vaisseaux dans nos ports

---

[1] Le marquis de Noailles écrit de Londres le 3 janvier. « Quoique je ne donne pas, Monsieur le Comte, beaucoup de créance aux rapports de la Cité de Londres qui n'ont souvent de fondement que dans l'intérêt particulier des agioteurs, je crois qu'il n'est pas inutile de les recueillir. J'ai eu l'honneur de vous mander le bruit qui s'y étoit répandu samedi dernier sur le Lord Weymouth. On ajoute que dans le prétendu conseil où le secretaire d'Etat opina pour la guerre, il produisit, pour soutenir son avis, une copie d'ordres envoyés par la cour de France à ses gouverneurs aux Indes et dans toutes ses possessions lointaines pour se tenir prêts à la guerre qu'on regardoit comme sûre en Europe pour le mois de mai de cette année. Un conseil de cette importance ne pouvant se passer sans débats, on fait porter ceux auxquels cette proposition a donné lieu sur l'etat actuel de la flotte, et comme il en a résulté qu'elle n'étoit pas encore prête, la majorité des opinions se réunit à continuer les préparatifs avec vigueur avant de prendre aucune autre détermination.

« Tel est, Monsieur le Comte, le roman politique d'un conseil qui, ainsi que je vous l'ai observé, n'a du moins pû avoir lieu le jour auquel on prétendoit qu'il s'étoit tenu. L'ancien bruit de négociation pour un corps de troupes russes est aussi revenu sur le tapis. » (*Angleterre,* t. 521, n° 3.)

[2] *Ibid.,* t. 519, n° 98.

pour courir sur les bâtiments anglais[1]. Répondant à la communication officielle des succès du général Howe, il ajoute à l'expression des banalités dont la diplomatie use dans les cas pareils tout ce que la préoccupation de ne pas découvrir la France pouvait dicter de protestations cherchées[2]. La nouvelle de la reddition du fort Washington, qui parvenait sur ces entrefaites, excitait de l'autre côté du détroit une ivresse générale. « Il n'en a pas fallu davantage pour répandre ici que le général Howe marchait avec son armée à Philadelphie et que tout était fini, écrivait le marquis de Noailles le 31 ; vous auriez peine à croire quelle fut à cette occasion l'ivresse générale ni comment dans toutes les classes, car, à cet égard ici presque tout est peuple, on commençait à défier presque toutes les puissances du monde[3]. » Néanmoins, notre ambassadeur ne revenait pas de ses premiers sentiments envers l'Angleterre. Il s'efforçait de ramener au juste point l'appréciation des succès annoncés. Il ne trouvait pas que

1776.

---

[1] *Angleterre*, t. 519, n° 104 : « Dans toute « autre circonstance nous aurions méprisé une « pareille imposture, mais dans les conjonc- « tures où nous nous trouvons à l'égard de « l'Ang^{re} et la méfiance où elle paroit etre par « raport à nos dispositions, nous ne saurions la « laisser subsister. Ainsi, M., vous voudrez bien « envoyer à l'auteur du London Chronicle ou « à tel autre gazetier anglais que vous jugerez à « propos, même à celui de la cour, s'il reçoit « des avis particuliers, un article non signé par « lequel vous démentirez formellement et dans « les termes les plus forts la prétendue nouvelle « dont il s'agit : vous ne devez pas même hé- « siter de la qualifier de mensonge impudent « et grossier. Cependant vous ne ferez pas in- « sérer un article en votre nom, et vous aurez « soin qu'on ne le donne pas comme un dés- « aveu fait de notre part : il nous sufira que le « public soit détrompé, et que la nation an- « glaise n'ait pas à notre égard des soupçons « qui pourroient produire un mauvais effet dans « les circonstances actuelles. » (Dépêche du 21 décembre.)

[2] « A M^d Stormont. — Versailles le 21 x^{bre} « 1776. — M. — Je suis bien touché de l'at- « tention de V. E. qui a bien voulu m'admettre « a partager la joie que lui causent les nouvelles « satisfaisantes des succes des armes B^{ques} dans « le Conneticut et dans la Nouvelle Yorck. Je « prie V. E. d'agréer tous mes remercimens du « temoignage de son amitié et mes sinseres fe- « licitations sur un evenement si propre a con- « tribuér au retablissement de la tranquilité « dans cette partie du globe. Je ferai part au « Roi de la communication de V. E. a bien « voulu me faire et je puis prendre sur moi « de l assurer que Sa M^{té} recevra toujours avec « plaisir l avis de tout ce qui peut contribuér a « la satisfaction et a la gloire du Roi v^{tre} maitre. « — J'ai l'honneur d etre etc. — DE VERGENNES. » (*Ibid.*, n° 106.) Cette lettre est de la main du ministre.

[3] *Ibid.*, n° 123.

les Américains fussent si battus. « Ces accès de délire n'ont rien de remarquable, mandait-il, que la facilité avec laquelle cette nation s'aveugle et s'enflamme »..

Le sentier par lequel le gouvernement du roi avait à conduire sa politique restait ainsi fort étroit. Entre le besoin de ne pas laisser l'Espagne échapper au concert commun et l'obligation de ne point tendre plus qu'ils ne l'étaient les rapports avec Londres, on s'explique l'attitude étudiée du ministre avec chacun des deux ambassadeurs. Peut-être se compliquait-elle d'un mouvement d'indécision survenu dans l'esprit de Louis XVI et, dès lors, dans celui du principal conseiller du roi. On serait tenté de se demander si M. de Noailles, en allant à Londres, n'avait pas reçu des chefs du cabinet la mission confidentielle de colorer ses informations, afin de grossir aux yeux du souverain ou de lui rendre plus reconnaissable un péril qu'il ne voyait pas assez. Le 27 décembre, l'ambassadeur prend occasion des hommages qu'autorisait l'approche de l'année nouvelle pour écrire au roi; les armements de l'Angleterre sont l'objet de sa lettre et il. les montre bien au monarque comme un danger :

Sire,

Un des avantages attachés à la place que j'ai l'honneur d'occuper, est de pouvoir offrir à Votre Majesté l'hommage de mon respect au commencement de l'année. J'oserai donc lui dire que si mes vœux se renouvellent sans cesse pour la gloire et la prospérité de son règne, Elle n'a point en même tems de sujet qui soit animé d'un zèle plus sincere et plus ardent que le mien pour tout ce qui tient à son service. Mais autant je suis pénétré du désir de bien connoitre mes devoirs pour les remplir, autant il me paroit difficile de prévoir jusqu'où peuvent aller les divers mouvemens dont l'Angleterre est agitée dans ce moment-ci.

S'il y avoit de l'analogie entre ce que fait actuellement la puissance angloise, et ce qu'on sait des affaires de ses colonies en Amérique, tout s'expliqueroit facilement. Il n'y auroit rien que de très-naturel aux efforts qu'on lui verroit faire pour remettre sous sa domination des provinces qui paroissent aujourd'hui s'en être séparées pour jamais. Mais il se présente un ordre de choses tout à fait différent.

Depuis le mois de juin dernier, l'Angleterre méditoit d'autres armemens que ceux qu'il lui falloit pour soutenir ses intérêts en Amérique. Ces armemens commencés dans le silence, ne faisant pas des progrès assés rapides au gré du ministère anglois, on a eu recours à la fin d'octobre aux moiens extrêmes des enrolemens forcés, et ce coup une fois porté avec tout l'éclat qu'il devoit produire, on ne s'est plus rallenti sur aucune espèce de préparatifs de guerre. Qu'en a-t-il résulté au moment où nous sommes? L'armement de quarante trois vaisseaux de ligne, qui sera complet sous peu de mois. Voilà des forces d'autant plus considérables, que leur destination ne peut avoir rien de commun avec une flotte de plus de 80 frégates employée présentement dans les mers d'Amérique.

Il seroit au moins à souhaiter que le gouvernement britannique eut une conduite plus conséquente, et que tandis que ses discours semblent annoncer la plus grande confiance dans les assurances pacifiques qu'il reçoit de Votre Majesté, il ne parut pas se disposer réellement à la guerre. Mais on doit espérer que les mesures qu'une sage fermeté a fait adopter à Votre Majesté maintiendront le repos de ses sujets, et contribueront à remettre l'état politique de l'Europe dans une situation plus avantageuse pour la durée de la paix.

Je suis avec le plus profond respect, Sire, de Votre Majesté le très-humble et très-obéissant serviteur.

Le Mis DE NOAILLES.

Londres le 27 décembre 1776.

Angleterre, t. 519, n° 114. (Copie.)

Il n'est guère à supposer que, simplement dans la pensée de se faire valoir, l'ambassadeur mît ainsi le doigt sur les éventualités à craindre, lorsqu'on voit M. de Maurepas s'efforcer d'obtenir pour lui une réponse du roi et M. de Vergennes s'y intéresser de même[1]. M. de Noailles

---

[1] Le marquis de Noailles recherchait alors un supplément de traitement dont son prédécesseur avait joui. La cherté d'un grand train à Londres, ou l'état de ses propres affaires, le lui rendait, parait-il, indispensable. M. de Vergennes et M. de Maurepas, à qui il avait écrit en même temps qu'au roi, lui en parlent tous les deux. Le dernier lui écrit : « Je ne désire

1777. avait écrit en même temps aux deux ministres. Leurs réponses sont parmi les pièces officielles; c'est donc qu'une certaine importance leur fut reconnue. L'une et l'autre elles précisent l'état des choses d'autant plus exactement qu'elles étaient privées. On lit dans celle de M. Maurepas, datée du 11 janvier :

> Je reçois avec grand plaisir, Monsieur le Marquis, les assurances de la continuation de votre amitié en ce renouvellement d'année. Vous devez etre bien sur de la sincerité des souhaits que je fais pour qu'elle vous soit heureuse et un peu plus tranquile que ne le sont les commencemens; il est certain que de part et d'autre nous nous epuisons en complimens et en assurances de bonne volonté et de dispositions pacifiques et nous nous ruinons en preparatifs de guerre. C'est une situation forcée dont cependant il n'est pas aisé de prevoir la fin, la rentrée du Parlement vous donnera peut être des lumieres un peu plus sures que celles que nous avons pû avoir jusques à présent.
>
> J'ai pris la liberté de faire des instances au Roy pour qu'il eut la bonté de répondre à vôtre lettre je lui ai representé combien cela étoit convenable dans la circonstance et par raport à vous personnellement; Sa Majesté m'a paru y faire attention, mais je ne puis repondre que ce soit encore pour cet ordinaire. Je suivrai cette affaire et serai fort aise si je puis vous procurer cette satisfaction.
>
> *Angleterre*, t. 521, f° 53. (Pièce non numérotée.)

Moins haut placé, M. de Vergennes était naturellement plus ex-

« pas moins de réussir auprès M. le Cte de Ver-
« gennes qui, malgré son gout pour l'écono-
« mie, sera surement bien disposé en votre fa-
« veur. Il est bien sur que la cherté de toutes
« choses dans le lieu où vous êtes porte très
« haut les depenses; un rhume que nous avons
« chacun de notre côté, nous tient séparés, c'est
« ce qui fait que je n'ai pû lui parler. » M. de
Vergennes lui mande de son côté : « M. de
« Maurepas ne m'a point encore parlé au sujet
« de votre gratification annuelle, mais quoique
« j aie la plus grande deference pour lui je suis
« un peu mortifié que vous croies avoir be-
« soin d un entremetteur auprès de moi; vous
« serves trop bien le Roi pour que je ne sois
« pas votre solliciteur, daignes joindre a ce
« motif l interest le plus veritable que je vous
« ai voüé et l attachement le plus sinsere et
« le plus inviolable avec lequel j ai l hon-
« neur d etre, Monsieur le Marquis, votre tres
« humble et tres obeissant serviteur. — DE
« VERGENNES. »

plicite. Aussi donnait-il à l'ambassadeur des indications qui ne sont pas sans jeter du jour sur cette situation :

A Versailles le 10 janvier 1777.

Je n'ai reçû que hier Monsieur le Marquis, vos expeditions des 27 et 31 du mois dernier et la lettre particulière dont vous m'avés honoré. Je sens tout le prix des vœux dont vous m'assurés et j'y suis d'autant plus sensible que je trouve le garant de leur sincerité dans la vivacité de ceux que je forme a mon tour pour la gloire de votre ambassade et pour votre satisfaction personnelle. Je partage toute la peine de votre position, mais je connois votre sagesse, vos lumieres et votre fermeté. Le Roi qui vous rend toute la justice que vous merités est aussi convaincû que moi que s'il mesarrive il n'y aura rien a vous imputer. Je suis enchanté que vous aiés pris le parti d'ecrire au Roi et a M. le comte de Maurepas, ce n'est pas que vos depeches ne soient exactement portées et lues au conseil, je puis ajoutér et aplaudies. C'est une justice qu'on rend a votre prevoyance et moi plus que personne.

Soies sur que nous ne negligeons pas vos avertissemens, nous ne voulons point etre menacans, ni rien faire qui puisse provoquér, nous n'avons pour le present que 13 v^x armés ou en armemens, mais s'il faut allér plus loin, tout est pret meme les vivres pour 42 v^x de ligne, l'Espagne peut en montrer autant, il y auroit j'espere de quoi faire repentir les Anglois de leur precipitation.

Je ne vous dis rien Monsieur le Marquis, du docteur Franklin il se conduit fort modestement a Paris, il y trouve quelques amis et plus de curieux. Il m'a fait une visite que j'ai recûe, sa conversation est douce et honnete, il paroit homme de beaucoup d'esprit, le Lord Stormond pretend qu'il nous trompera comme il a trompé trois ministeres anglois, je ne sais s'il en a le projet, mais il ne s'est pas encore mis en frais pour l'executér, d'ailleurs nous marchons ici sur des principes.

Angleterre, t. 521, n° 31.

Franklin, une fois à terre, s'était dirigé de la baie de Quiberon sur Nantes, par Auray, et avait attendu là d'être informé si « des ministres « des Etats-Unis » seraient reçus par la cour[1]. Il était bien arrivé à

---

[1] *États-Unis*, t. 1, n° 99.

Paris le 18 décembre, selon l'annonce que Deane en avait faite, et la cause de son retour en Europe avait été cachée par lui avec soin. Le comte de Vergennes pouvait dire aux ambassadeurs, le 27, ne l'avoir pas encore vu, ainsi que lord Stormont le rapportait, mais il se savait près de le voir. Le ministre, en effet, avait donné jour pour le lendemain à la légation américaine, empressée à demander de l'entretenir. Lui-même n'éprouvait pas moins le désir de l'entendre, car tout de suite il avait mis au courant de cette audience le comte d'Aranda. Franklin, en apprenant le traitement que trouvaient en France les intérêts de l'Amérique, n'avait pu qu'augurer fort bien de sa mission. Parti de Philadelphie lorsque les premiers rapports de Deane seulement y étaient parvenus, il n'avait été un peu renseigné sur les choses qu'à Nantes, où des navires chargés d'armes étaient prêts à prendre la mer. Aussitôt, il avait rassuré ses amis, troublés sensiblement par les récits des gazettes sur les avantages acquis aux troupes britanniques; il avait écrit pour cela au président du Congrès[1]. Quand il sut par son collègue, à Paris, les détails successivement envoyés au *Comité de correspondance secrète*, il se hâta d'entrer en opérations. Cinq jours après son arrivée, le 23 décembre, les trois délégués, se donnant la qualité de « plénipotentiaires », demandaient ensemble à M. de Vergennes de les recevoir; ils désiraient « présenter leurs lettres de créance et proposer à la France un traité d'amitié et de commerce que l'assemblée des Colonies offrait avant tout à cette puissance, à cause de la faveur avec laquelle celle-ci traitait leurs vaisseaux[2] ».

C'est en secret, à Paris, le 28 décembre, que M. de Vergennes avait écouté les envoyés. La surveillance de l'ambassade anglaise rendait

---

[1] Lettre de Franklin au président du Congrès (Nantes, le 8 décembre). (*The Works of Franklin*, t. VIII, p. 191.)

[2] « Paris Dec. 23 (1776). — Sir, We beg « leave to acquaint your excellency, that we are « appointed and fully improved by the Con- « gress of the United states of America, to pro- « pose and negotiate a treaty of amity and com- « merce between France and the said states. « The just and generous treatment their trading « ships have received, by a free admission into « the ports of this kingdom, with other consi- « derations of respect, has induced the Con- « gress to make this offer first to France. We

nécessaire ce mystère, qui n'avait pas paru obligé six mois auparavant. Seulement, la copie des propositions laissées par Franklin était, deux jours après, envoyée à l'ambassadeur d'Espagne, et l'on en faisait faire une traduction qu'il pût expédier à son gouvernement. Pour amener le cabinet du Pardo à reprendre les projets dont la préparation avait été commencée l'année précédente, c'était en effet le cas de se servir de l'inclination qui portait le comte d'Aranda à la guerre. Aussi le ministre venait-il d'entretenir ce dernier de mesures qu'il aurait voulu faire concerter par les deux Couronnes. Il lui en avait même donné à lire la minute écrite. L'informer de son rendez-vous avait donc été un soin tout indiqué et l'empressement de l'ambassadeur répondait parfaitement à ces prévenances[1]. Le ministre, en même temps, instruisait le marquis d'Ossun de ces faits, tout nouveaux pour celui-ci, qui ne pouvait point n'être pas au courant lorsque le gouvernement de Madrid le serait. La dépêche que M. de Vergennes lui adressa s'expliquait comme il suit :

A Versailles le 4 janvier 1777.

J'ai eu l'honneur de vous informer M. de l'arrivée du docteur Franklin

---

"request an audience of your Excell' wherein "we may have an opportunity of presenting "our credentials; and we flatter ourselves, that "the propositions we are instructed to make, "are such as will not be found unacceptable.
"With the greatest regard, we have the "honour to be your Excellency's most obedient "and most humble servants. — B. Franklin, "Silas Deane, Arthur Lee." — *His Excellen' the Count de Vergennes*. (*États-Unis*, t. I, n° 104.)

[1] Le lendemain même de l'entretien du 28, le comte d'Aranda en demande des nouvelles afin de les transmettre à Madrid : "Je ne scai "pas si vous auriez encore quelque chose a me "dire touchant M. Franklin; car dans ce cas "la je me transporterai demain a Versailles, et "a vos ordres : autrement je comptois me pre- "senter a V. E. le mardi au soir, veille du jour "du nouvel an, puisque les ambassadeurs re- "metent le mardi au mercredi pour faire leur "cour a Sa Majesté; et profiter ce soir la de "quelque moment d'entretien avec vous, sur "l'article dont vous me fites le plaisir de me "confier la lecture de votre sage prevoyance. "Dans les premiers jours du mois prochain je "devrois expedier mon courier a Madrid et il "seroit important a ma cour d'etre instruite "des idées des Insurgens, dont Franklin doit "être chargé. J'espere que vous jugerez de "meme, et que vous voudrez bien me don- "ner des eclaircissements sur cette matière." (*Espagne*, t. 582, n° 195. — Original.) Dans un billet du 4 janvier, le comte d'Aranda remercie M. de Vergennes. (*Ibid.*, t. 583, n° 4.)

1777. dans ce pays ci; et je me suis reservé de vous faire part de la commission dont il pouvoit etre chargé. C est le 28. du mois dernier que je l'ai vû il etoit accompagné du s^r Dean dont les gazettes ont dejà fait tant de bruit et d un 3e deputé venû a cet effet de Londres.

Je ne sais si M. Francklin m'a tout dit, mais ce qu'il m'a dit n est pas fort interressant eu egard aux circonstances de sa patrie. L objet ostensible de sa mission, le seul qu il m ait fait entrevoir est un traité de commerce qu il desire de conclurre avec nous, il m en a meme remis le projet, je le joins ici afin que vous voulies bien le communiquér dans le secret de notre intimité au ministere espagnol. Le parti du Roi a cet egard n est point arreté, et il ne se decidera probablement qu'après avoir entendu l avis du Roi son oncle, Sa Ma$\widetilde{j}$té ne voulant rien faire que dans le concert le plus intime avec lui. Les deputés Americains en sont meme prevenûs; je ne leurs ai pas laissé ignorér et de la maniere la plus explicite, que la plus parfaite identité de sentimens, de principes et de vues existe entre Leurs Majestés tres Chretienne et C$\widetilde{q}$ue. Pour revenir a la proposition des Americains, sa modicité a lieu de surprendre, car ils ne demandent rien dont ils ne jouissent deja par le fait au moins de notre part. Si c est modestie, si c est crainte d etre a charge aux puissances sur l interest desquelles ils croient pouvoir comptér, ces sentimens sont fort louables; mais ne seroit il pas possible que cette reserve soit le resultat d une vue plus politique. Les Americains ont trop eprouvé les effets de la jalousie de commerce qui anime les Anglois pour ne pas prévoir les consequences qu elle peut et doit encore entrainér. Bien convaincus que l Ang^{re} ne verroit pas tranquillement les deux Couronnes se substituér au commerce important qu elle a fait jusqu ici exclusivem^t avec ses Colonies, peut etre considerent ils ce motif comme suffisant pour opérér une rupture entre les 3. puissances laquelle changeant le theme de la guerre ameneroit tout naturellement les Anglois a reconnoitre l independance qu ils leurs disputent sans que les Colonies se trouvassent chargées d'aucun engagement eventuel de deffensive qu un peuple nouveau qui ne peut se formér et prosperér qu a la faveur d une longue paix doit desirér d evitér. Ce qui importeroit a envisagér cette façon de pensér co^e assez fondamentale est qu en meme tems qu on nous demande de renoncér a toute idée de recuperation ou de conqueste des portions de l Amerique septentrionale et des isles adjacentes qui nous ont ci devant apartenues on ne nous offre qu'une exacte neutralité si nous etions attaqués en haine de ce traité. Les Colonies peuvent encore comptér sur la force de l'interest des deux Couronnes qui permettroit difficilement qu'il les laissa subjuguér par leur mere patrie, elles peuvent aussi se reposer sur les griefs sans cesse renaissans de la part de l'Ang^{re} et qui ne peuvent que se multipliér avec un excès intolerable dans le cours de cette guerre.

Je raisonne avec vous M. d'après ce que les députés americains m'ont communiqué, et non pas d'après ce qu'ils peuvent tenir caché dans leurs poches, j'evite meme d'autant plus soigneusement d'y fouillér que les deux Couronnes paroissant d'accord a ne vouloir ni provoquér la guerre ni etre les premiers a la commencer je ne dois pas en attirér des insinuations qu'il seroit consequent a notre politique de repoussér.

S'il ne s'agissoit que de gagnér du tems et d'amuser le tapis on pourroit faire entendre aux Americains que le commerce existant par le fait puis qu'ils trouvent dans nos ports co^e dans ceux d'Esp^e les memes facilites, avantages et sureté dont y jouissent les nations les plus favorisées, il suffiroit qu'ils nous fissent une declaration de reciprocité pour en jouir a notre tour lors que les circonstances nous permettront de frequenter leurs cotes. Mais cette reponse qui en elle meme sembleroit très raisonable et analogue a la position des choses pourroit etre interpretée par eux comme une maniere honnete de les econduire, les afaiblir et precipitér leur reconciliation avec l'Ang^{re}. Cet eceuil est peut etre de tous celui que nous avons le plus a craindre et qui demande les plus serieuses et les plus mures reflexions de la part des deux ministeres. Car les Anglois aussi puissamment armés qu'ils se trouvent ne voudroient ils pas prendre l'indemnité des cessions qu'ils feroient a leurs Colonies, aux depens des deux Couronnes; cette prevoyance a souvent ete mise en avant; la justice des deux monarques a constament resisté aux avantages qu'ils pourroient se promettre de la diversion de l'Amerique; leurs forces resisteroient elles a celles de l'Ang^{re}? Nous pouvons les egalér par le nombre, mais nous ne pouvons nous dissimuler que les Anglois l'emportent aussi eminement sur nous par l'experience de la mer et la science des manœuvres que nous l'emportons sur eux par la noblesse et le desinteressement de nos vues.

Le batiment qui a conduit en France le docteur Francklin aiant fait deux prises angloises sur la route qu'il a amenées dans une de nos rades, j'ai du

1777. faire connoitre a ce deputé que suivant notre traité de navigation et de commerce avec la G^{de} Bretagne nous ne pouvons lui permettre la vente de ses prises, et qu il doit les faire conduire dans un port de sa nation pour en disposér. Cette insinuation n a pas parû le surprendre; il m'a meme dit qu il l avait prévenue et que le capitaine capteur s arrangeoit en consequence.

Precedement a cela le Lord Stormont avoit reclamé l art^e de ce meme traité relatif aux prises. Je l ai prié de constatér sa reclamation par un office. J ignore ce que sa cour lui permettra de faire; il nous importe de tirér d elle l aveu de l existence d un traité qu elle enfraint sans difficulté a notre egard toutes les fois qu elle y trouve quelqu'avantage et dont les stipulations qui nous sont favorables n ont jamais recû d execution. D'ailleurs il ne peut etre indifferent de s assurér de quelle maniere les Anglois considerent les Colonies, s ils reclament contre elles les traités ils les regardent donc co^e une nation qui est sous le benefice du droit des gens.

Espagne, t. 583, n° 6.

Quoique l'ambassadeur dût parler « dans le secret de l'intimité », il recevait là, en réalité, la mission de faire à l'Espagne l'aveu, jusqu'alors retenu, des rapports suivis depuis six mois avec le congrès de Philadelphie. Le cours des choses amenait cet aveu dans un moment incommode; aussi le ministre proportionnait-il soigneusement les détails de son audience et les impressions qu'elle lui avait laissées aux dispositions dont il devait supposer la cour d'Espagne animée, après les divergences nées des propositions du 31 août. Il tâchait de rattacher tacitement cette cour aux opérations qu'on lui avait cachées, de les lui faire considérer comme communes par elles-mêmes. On voit d'ailleurs qu'il ne l'engageait que faiblement et qu'il ne voilait pas, au contraire, le côté périlleux des offres de l'Amérique.

Ni Franklin, ni M. de Vergennes probablement, ne comptaient rester sur un entretien secret. L'Américain, lui, croyait trop à sa considération propre pour ne pas affirmer tout de suite le mandat de sa légation par une démarche plus officielle. Le dimanche 5 janvier, il emmena ses collègues à Versailles, et là ils écrivirent ensemble au

ministre un billet pour demander à être admis le lendemain[1]. M. de
Vergennes avait pu ouvrir sa porte à l'improviste à Deane, émissaire
interlope; à l'égard de mandataires en titre, espionnés de près par
l'Angleterre et qu'elle n'ignorerait point avoir parlé, il fallait le temps
de se concerter et de peser la réponse. Le pli décacheté, le ministre
écrivit à Gérard qu'il ne serait libre à Versailles ni le lendemain ni le
mardi, mais qu'il verrait les envoyés à Paris ce même mardi, en tel
lieu que son premier commis voudrait. Pour que celui-ci fût d'ailleurs
à l'aise, il ajoutait : « A défaut, remettez à leur promettre une réponse
« quand j'aurai pris des ordres[2]. » Mais Franklin aimait à protester
contre la mode européenne. Il l'avait fait par cette manière de s'y
prendre comme il le faisait depuis longtemps par son costume; il
n'allait pas s'y plier quand il s'agissait de sa personne. Sans désemparer, il fit écrire leurs demandes, les déposa comme on laisse un mot
à quelqu'un que l'on n'a pas rencontré et ne douta probablement
point que cela ne dût suffire. Deane avait tenu la plume; c'est sous la
forme d'une lettre collective à M. de Vergennes qu'ils introduisirent
les propositions du Congrès. A ce pli était joint un mémoire exposant
les ressources commerciales et financières des États-Unis[3].

Les conseillers du roi n'en étaient pas à examiner pour la première
fois les déterminations que l'arrivée du pontife américain allait leur

---

[1] « 1777 janvier 5. — D' Franklin, M' Deane, « and M' Lee, present their most respectful « complim" to the Count de Vergennes; and « request an audience of his Excellency, to « morrow morning, at such hour as he shall « be pleased to appoint. — Versailles jan' 5th « 1777. 6. O'clock in the evening. » (États-Unis, t. 2, n° 8.)

[2] « 5 janvier 1777. — J ai l honneur de vous « envoyer, Monsieur, un billet que je recois de « MM. Franklin et Deane qui me demandent a « me voir demain matin. Je vous prie de re- « pondre a leur messager que la chose n est pos- « sible ni demain ni après demain, mais si vous « n'y voiès pas une difficulté insurmontable je « desirerois que vous leur ofrissiés, Monsieur, « un rendes vous a Paris, mardi dans tel lieu « qui vous conviendroit pour entendre ce qu ils « peuvent a voir a me dire. Voies si ce parti vous « convient, a deffaut remettés a leurs promettre « une reponse quand j aurai pris des ordres.
« Je vous renouvelle, Monsieur, tous mes « sentimens. — D. V. — Dimanche soir 5 jan- « vier 1777. » (Ibid., n° 9.)

[3] *Memoir concerning the present state of the late British colonies in North America*, en date du 31 décembre 1776. (Ibid., n° 11. — Il y a une traduction sous le numéro 106 du tome I.)

1777. faire une loi de prendre. La conduite à suivre leur était un objet constant d'étude. On en a entre autres un indice dans un mémoire écrit suivant toute apparence pour le Conseil. Il est d'une main à qui les considérations politiques du moment étaient sensiblement familières[1]. Les choses apparaissaient sous un double point de vue : d'une part l'inévitable nécessité politique d'aider les États-Unis afin de relever la situation de la France par l'abaissement de l'Angleterre, de l'autre le danger qu'ils ne s'arrangeassent avec leur mère patrie en lui procurant ainsi la liberté d'accabler les deux Couronnes. Termes contradictoires qui rendront souvent le cabinet perplexe; ils donneront aux Américains beaucoup de facilité pour abuser de l'alternative. M. de Vergennes porta aussitôt à M. de Maurepas les propositions de ces derniers, et le chef du cabinet prit à leur sujet les ordres du roi. Le 9 janvier, les deux ministres présentaient au monarque, pour fixer leur réponse, une note qu'il approuva de sa main. La constatation de ces circonstances se trouve en tête ou en marge des deux pièces; elle est de la plume de M. de Vergennes sur la dernière. Voici la lettre des représentants du Congrès; elle reproduisait les propositions apportées par Silas Deane, en y ajoutant quelques points et des commentaires :

A SON EXCELLENCE MONSIEUR LE Cte DE VERGENNES, L'UN DES P̃PAUX SECRETAIRES D'ÉTAT DE S. M. T. C. ET MINISTRE DES AFFAIRES ÉTRANGÈRES.

Rapporté au roi; M. le Cte de Maurepas; Suresne le 8 janvier.

Le Congrès cherchant les moyens de protéger plus efficacement ses côtes, de protéger son commerce et de chasser l'ennemi, nous a chargés de demander à la France huit vaisseaux de ligne complètement armés dont il supportera les dépenses. Comme d'autres princes de l'Europe prêtent ou louent leurs troupes à l'Angleterre contre l'Amérique, on pense que la France peut, si elle le juge à propos, accorder aux

---

[1] *États-Unis*, t. 2, n° 16. (Pièce sans intitulé et sans indication de destinataire.)

États-Unis et indépendants le même genre de secours sans donner à l'Angleterre de justes sujets de plaintes. Si cette puissance se portait néanmoins à déclarer la guerre pour cette raison, nous sommes dans la persuasion que des forces unies de la France, de l'Espagne et de l'Amérique lui enlèveroient toutes ses possessions dans les Indes occidentales, ainsi que la partie la plus considérable du commerce qui l'a rendue si opulente, et la rendroient à cet état de foiblesse et d'humiliation qu'elle a si justement mérité par ses perfidies, son insolence et ses cruautés dans les deux hémisphères. Nous sommes également chargés de solliciter auprès de la cour de France un secours immédiat de 20 ou 30 mille fusils et bayonnettes et d'une armée dans les différentes parties de l'immense étendue de nos côtes, nous ne pouvons nous opposer à leurs entreprises que par des marches, lesquelles, à moins que nous ne recevions quelques puissants secours ou qu'on ne fasse une forte diversion en notre faveur, pourront nous harasser et épuiser nos finances au point que notre pays sera réduit à la nécessité de terminer la guerre par un accommodement. Les cours de France et d'Espagne peuvent se confier avec assurance que toute stipulation qui pourrait être consentie avec nous, dans le cas ou un tel secours serait accordé, sera ponctuellement remplie par le Congrès qui est résolu à établir sa considération future quant à la justice et à la fidélité sur l'entière et parfaite observation des engagements dont il s'agit. L'Amérique septentrionale offre maintenant à la France et à l'Espagne son amitié et son commerce. Elle est d'ailleurs prête à garantir de la manière la plus positive à ces deux nations toutes leurs possessions actuelles dans les Indes occidentales, ainsi que les conquêtes qu'elles pourraient y faire sur l'ennemi, dans la guerre qui résulterait de l'assistance que les États-Unis sollicitent. L'intérêt des trois nations est le même. L'opportunité de cimenter leur union et de leur assurer l'avantage de ce commerce, qui deviendra immense, se manifeste aujourd'hui de soi. Si on la néglige elle ne reviendra probablement jamais. Et nous ne pouvons écarter l'idée qu'un delai considérable pourrait être suivi de fatales consequences.

Versailles 5 janv. 1777.

B. FRANKLIN, SILAS DEANE, ARTH. LEE,

Plénipotentiaires du Congrès des États-Unis de l'Amérique du Nord.

États-Unis, t. 2, n° 11. (Traduction.)

1777. La note approuvée par le roi, en vue de la réponse à faire, était formulée comme il suit :

Présenté au Roi en présence de M. le Cte de Maurepas le 9 janvier 1777, Sa Majesté l'a approuvé de sa main.

Il a été rendu compte au Roi du mémoire de M^rs les Députés des provinces unies de l'Amérique et de différentes demandes qui y sont énoncées. Sa Ma͠jté desireroit que les circonstances fussent de nature à lui permettre d'avoir égard à l'insinuation qui lui est faite pour un certain nombre de vaisseaux qu'on lui propose de préter; elle se feroit un plaisir de les donner sans en exiger aucune rétribution, ce qui seroit conforme a sa dignité. Mais l'interest de son Etat, et celui de la sureté de ses possessions éloignées exigent que bien loin de pouvoir rien retrancher de la masse de ses forces maritimes, elle songe plustôt à les fortifier et à les accroitre. Sa Ma͠jté considère d'ailleurs que ce ne seroit pas l'envoi d'un petit nombre de vaisseaux de force sur les parages de l'Amérique sous quelque pavillon qu'on les y fit arriver qui changeroit la face des affaires dans ce pays là; on ne peut se dissimuler qu'ils seroient immédiatement suivis par une escadre anglaise bien supérieure en nombre, laquelle de ce moment contraindroit l'autre à s'enfermer dans les ports, ce qui la rendant entièrement inutile aux vues qu'on se seroit proposé par le renvoi, ne serviroit qu'a compromettre la puissance qui se seroit déterminée à le faire. Ce seroit une erreur de penser qu'une mesure aussi ostensiblement offensive ne seroit pas un motif légitime de guerre. Assurément les provinces unies n'épargneroient ni la Hesse ni le pays de Brunswick si elles étoient à portée de leur faire éprouver tout leur ressentiment. C'est une maxime généralement reçue en politique que rien n'est plus juste que de rendre la guerre à qui nous la fait.

Les mêmes raisons qui ne conseillent pas à Sa Majté d'affoiblir la flotte ne peuvent lui permettre aussi de destiner des convois exprès pour escorter les bâtimens américains. Une partialité aussi caractérisée ne seroit pas un motif de guerre moins légitime que celui de l'envoi d'une escadre masquée. Ce n'est pas par des moiens aussi détournés et aussi peu analogues à la dignité d'une grande puissance qu'elle peut se porter à la guerre. C'est le sentiment de ses grands interests, c'est leur nécessité qui peuvent seuls et qui doivent l'y conduire. Ce qui paroit éloigné dans le moment peut se rapprocher, mais on ne peut aller au devant du temps et des événements. Il faut savoir les attendre et se tenir en mesure d'en profiter. Ce sera alors qu'on pourra se parler et s'entendre sur la manière de cimenter sur les fondements d'un interest immuable les liaisons et l'amitié qui doivent unir des nations qui auroient un ennemi commun à combattre. Les provinces unies peuvent être bien assurées que ni de la part de la France ni de celle de l'Espagne il ne leur sera fait aucune ouverture qui froisseroit leurs interests essentiels et que les vues des deux Couronnes tres independantes de tout désir de conquestes jalouses et nuisibles aux Provinces unies tendront toujours uniquement à mettre l'ennemi commun hors d'état de nuire aux puissances unies.

Les facilités que les Américains ont trouvées dans les ports de France et d'Espagne pour leur commerce autant qu'elles sont compatibles avec l'exécution des traités dont les deux monarques sont exacts observateurs; la diversion quoique tacite des deux puissances qui par des armements dispendieux obligent l'Ang^{re} à un partage de ses efforts, ce sont là des indices bien manifestes de l'interest que les deux Couronnes prennent au sort et au succès des affaires de l'Amérique. Que pourroit on exiger de plus d'elles! Nul raport n'a encore rapproché les peuples divers : et prétendre qu'une guerre hasardée devienne le point de leur réunion ce seroit écarter l'objet qu'on doit se proposer respectivement et qui peut résulter du cours naturel des évenements.

Le Roi ne veut point génér les Américains dans l'extraction des ressources qu'ils peuvent trouver dans le commerce de son royaume, bien persuadé qu'ils se conformeront de leur part aux règles prescrites sur le sens précis et rigoureux des traités. Sa Majté ne pouvant entrer dans le détail des diverses fournitures dont les Américains peuvent avoir besoin, leur marquera sa bienveillance et sa bonne volonté en leur destinant des secours secrets qui assureront et étendront leur crédit et leurs achats.

États-Unis, t. 2, n° 13. (Copie.)

On n'avait pas moins concerté la suite immédiate dont la démarche deviendrait l'objet que le sens dans lequel elle serait accueillie. Le comte d'Aranda recevrait aussitôt communication ou copie de tout; on avait d'ailleurs dès le premier jour engagé les Américains à voir l'ambassadeur[1]. On ne dirait à ces derniers rien que de verbal, afin de ne pas les munir de pièces écrites; Gérard leur lirait les résolutions du Gouvernement. M. de Vergennes, d'un autre côté, en adresserait le texte à Ossun et lui en expliquerait les raisons, pour que Charles III et M. de Grimaldi les connussent. Le 12, tout cela était fait; le comte d'Aranda, très impatient que les deux cours n'agissent, réclamait à M. de Vergennes les traductions promises au moment même où on les lui envoyait[2]. L'Espagne était donc au courant sans restriction; le ministre précisait même à Ossun le chiffre des secours que l'on se proposait d'allouer et dont le roi n'avait pris l'engagement avec les commissaires que d'une manière encore vague :

A Versailles le 12 janvier 1777.

Ma depeche n° 2 du 4. de ce mois vous a informé M. des premieres ouvertures des députés americains et du jugement que nous en avons porté. Elles n'ont pas tardé a etre suivies d'autres beaucoup plus specifiques quoique moins seduisantes, et ce ne seront probablement pas les dernieres que nous

---

[1] Franklin l'écrit au *Comité* le 4 janvier. (*The Works of Franklin*, t. VIII, p. 194.)

[2] « Vous me pardonnerez M' le Comte, si « j'ose vous rapeller la traduction des papiers « du docteur Franklin que je devois envoyer a « ma cour a l'ocasion du courier pret a partir « demain au soir, car ne les ayant pas il me « faudra le retarder, jusqu'a ce que je puisse « ecrire en consequence de leur contenu. V. E. « aura la bonte de me dire a peu pres quand « c'est qu'elle pourra me la remettre avec son « original, et je me reglerai sur ça pour le dé- « part du courier. — Je saisis l'ocasion de vous « assurer du sincere attachement avec lequel « j'ai l'honneur d'etre, de V. E. très humble et « tres obeis' serv'. — ARANDA. — Paris ce di- « manche 12 janvier 1777 a cinq heures du « soir. » (*Espagne*, t. 583, n° 19.)

recevrons. Du train qu ils y vont je ne serai pas surpris que M. Francklin ne soit venu en France dans l esperance de nous porter a la guerre. Vous jugerés M. du merite de ses propositions. Je les joins ici sous le n° 1er. Je doute qu elles soient trouvées plus acceptables en Espagne qu elles nous l ont parû. Independament qu il seroit contraire a la dignité des deux grandes Couronnes de prétér des secours a titre de mercenaires, il est sensible que ce seroit agir contre leur interest le plus direct et blessér les regles de la prudence de se dégarnir de la moindre partie de leurs forces maritimes dans un moment ou l Ang^{re} prepare un armement asses considerable en Europe pour devoir fixér toute leur attention et exciter toute leur defiance.

J'irai encore plus loin M., je suposerai si l on veut une tendance aussi decidée a la guerre de la part des deux Couronnes qu'elle en est certainement eloignée et je demanderai s il y auroit de la sureté a deférér a la demande des Americains?

Je ne doute pas M. que le vœu du Congrès et de ceux qui nous parlent en son nom ne soit de se liér a nous, qu ils ne soient de bonne foi dans les offres qu ils nous font et meme qu ils ne fussent disposés a etendre aussi loin que nous le voudrions la garentie qu ils proposent de nos possessions dans l'Amérique septentrionale et enfin a s engagér a ne point faire de paix que d un commun accord. Mais ces stipulations quoi que tres explicites pourroient bien n etre qu illusoires. On sait que les republiques moins sensibles que les monarchies au point d'honneur ne comptent la fidelité a leurs engagemens que comme moien de servir leur interest, que c est celui là seul qui les determine sans etre arretées par aucune autre consideration. Les Americains se battent aujourd hui pour leur independance, si nous epousons leur cause a decouvert si l'Ang^{re} ne se croit pas suffisante pour resistér a tant de forces unies n'est il pas vraisemblable qu elle se déterminera a ecartér celle qu elle jugera la plus facile a gagner? Si elle consent a relaschér l independance qu elle croira ne pouvoir plus disputér ou est la sureté que les Americains pousseroient la delicatesse jusqu à la refusér plus tost que de trahir les engagemens qu ils auroient pris avec nous? Le Congrès quelque bien disposé qu on puisse le suposér n'a pas une autorité propre qui puisse nous l'assurér. C est du peuple qu'il tient celle qu'il exerce et comment se flattér que le peuple qui ne nous a encore connûs que par des raports hostiles voudroit nous faire le sacrifice du plus grand bien qui pourroit jamais lui arrivér. Il ne pourroit etre retenû par la crainte de notre ressentiment, l eloignement l en garentit, tout ce que nous pourrions esperér de lui seroit la neutralité dans la suite de la guerre, encore celle ci seroit elle asses suspecte, son affinité avec les Anglois leurs assureroit des facilités et des faveurs qui tourneroient necessairem^t a notre prejudice.

Je ne vois qu un seul cas M. qui pourroit nous conviér a entrér dans des engagemens aussi intimes avec les provinces unies de l Amerique, ce seroit celui ou l Ang^{re} declareroit la guerre a l une ou a l autre des deux Couronnes; comme nous n'avons aucune certitude que ce cas ne puisse arrivér, le Roi m'a ordonné de diriger la reponse a rendre aux députés des Americains de maniere a ne pas leurs retranchér toute esperance que les circonstances ne puissent conduire au but qu'ils proposent. Vous trouverés cette reponse sous le n° 2. Co^e elle est mon ouvrage je ne dois pas prevenir le jugement que la Cour d'Esp^e en portera. Le Roi auroit desiré la concerter prealablem^t avec le Roi son oncle, mais Sa M^{té} a pensé que si elle differoit a s'expliquér ce seroit nourrir les esperances actuelles des Americains et leurs rendre le refus plus sensible. Vous observerès M. que nous voulons l adoucir par des secours secrets. Le Roi a destiné a cet effet une somme de deux millions de livres que je leurs ferai payer par quartier. Vous voudres bien en faire la confidence au roi d'Esp^e et a ceux de ses ministres auxquels vous jugeres necessaire de vous en ouvrir, mais vous voudrés bien n en point faire mention par ecrit. M. le Cte d'Aranda en est instruit et je lui ai remis copie des deux pieces que je vous envoye; comme il les fera passér a sa cour vous n aves point de communication a en faire. Il suffira que vous vous en entretenies verbalement avec M. le Mis de Grimaldi.

Je dois vous prevenir M. que notre reponse aux Americains ne leurs sera faite que verbalement, ne voulant mettre entre leurs mains aucun ecrit dont ils pourroient abuser.

Espagne, t. 583, n° 20.

Que les « plénipotentiaires » sussent d'avance à quoi s'attendre et qu'ils voulussent s'en montrer satisfaits, on est à peu près autorisé à le penser par le pli suivant, qu'ils adressèrent le lendemain à Gérard :

Nous remercions M. Gérard de la manière polie éclairee et précise dont il nous a communiqué le message de S. M.

Nous le prions de se charger de témoigner notre reconnaissance infinie pour nos États et d'assurer S. M. que nous conserverons à jamais la gratitude la plus vive pour les preuves essentielles d'intérêt qu'elle nous a données, et que nous nous efforcerons dans le temps convenable, d'imprimer les mêmes sentiments à nos commettants.

Nous sentons la force des raisons qu'il a plu à S. M. d'assigner relativement à la conduite qu'elle se propose de tenir et la magnanimité de ses motifs. Nous la supplions de nous permettre de l'assurer que nous nous conformerons dans tous les temps et en toutes choses aux vues qu'Elle a bien voulu nous faire connaître, rien n'étant si loin de notre intention que de l'entraîner dans des mesures que la sagesse royale et la justice désaprouvent, et s'il arrivoit que nous contrevinssions en quoi que ce soit à ces résolutions, nous serions toujours heureux et prompts à nous redresser conformément aux avis et à la direction du gouvernement.

A Paris le 14 janvier 1777.

B. FRANKLIN, SILAS DEANE, ARTHUR LEE,
Plénipotentiaires du Congrès des États-Unis de l'Amérique du Nord.

États-Unis, t. 2, n° 23. (Traduction [1].)

Le marquis d'Ossun, la dépêche du 12 janvier le rend visible, devait apporter dans le commentaire de la réponse du roi les mêmes précautions que l'on avait déjà prises à cause des dispositions probables de l'Espagne. On venait de voir passer des rapports très circonstanciés du prince de Masserano à sa cour. Ils montraient l'Angleterre s'efforçant de jeter un peu plus d'hésitation encore dans le gouvernement espagnol par ses insinuations de désarmement. Le 3 janvier, le prince avait eu avec lord Suffolk un entretien presque intime, fort long et conduit par ce dernier, malgré la liberté des objections de son interlocuteur, avec l'art le plus propre à laisser

---

[1] Les traductions de pièces anglaises sont de Gérard, frère du premier commis. Les signatures ne se trouvent pas au bas de celle-ci, mais elles existent dans le texte de la *Diplomatic correspondence*.

une impression dangereuse. De nouveau, lord Suffolk justifiait les armements du cabinet de Londres et sacrifiait M. de Pombal, qu'il sentait bien être la source la plus vive des défiances de la cour espagnole. On pouvait presque supposer qu'à force d'apparente bonne foi il aurait ébranlé l'ambassadeur, si peu crédule, pourtant, sur les intentions et les protestations britanniques[1], et que celui-ci était près de ne plus conseiller autant à son gouvernement d'éloigner les ouvertures anglaises. Indépendamment de la pensée d'un froissement plus ou moins profond de l'Espagne à cause du Portugal, c'étaient là, pour M. de Vergennes, des considérations à ne point négliger en cherchant à attirer plus nettement le gouvernement du Pardo vers l'Amérique. Il y en avait une autre importante. Obligé d'introduire les négociations avec les Américains dans les préoccupations communes, le cabinet de Versailles devait grandement considérer le changement de mains prochain de la politique de Madrid. « Il faudra voir du côté de l'Espagne, avait ajouté M. de Maurepas dans sa lettre au marquis de Noailles, il faudra voir si le changement de ministère n'en apportera pas aux mesures et aux discours de cette cour. » Cette nécessité s'imposait surtout en raison d'un fait qui pouvait avoir de notables conséquences. Le roi de Portugal, près de mourir, avait remis la régence à la reine, qui était sœur de Charles III[2]. L'ascendant du marquis de Pombal cesserait peut-être, son pouvoir même par suite, au moins sa politique à Buenos-Ayres et, dès lors, l'intérêt qui avait excité l'Espagne à suivre l'impulsion de la France. La cour de Madrid serait-elle, après cela, aussi disposée à céder à cette impulsion qu'auparavant? Ces questions se posaient d'elles-mêmes.

A l'heure où le ministre écrivait sa dépêche, il avait déjà, sans doute, pressenti le recul. Un rapport du marquis d'Ossun, du 26 décembre, l'avait fait entrevoir d'une manière assez claire. Venu d'Italie

---

[1] Les rapports du prince de Masserano sont reproduits en partie à l'annexe I du chapitre IV.
[2] Ossun le mande à Versailles dans un pli du 9 décembre, après un précédent du 5 qui faisait prévoir l'évènement. (*Espagne*, t. 582, n°⁸ 156 et 163.)

avec Charles III, le marquis de Grimaldi aidait ce monarque depuis trop longtemps à conduire son règne, il avait traversé avec lui de trop mauvaises fortunes, pour ne pas exercer sur lui beaucoup d'empire. Il quittait les affaires au seuil d'une année nouvelle; tout présageait que le printemps verrait se produire les évènements qui tenaient les deux cours attentives depuis une année; il savait qu'à moins de retomber dans l'effacement dont elles souhaitaient de sortir ensemble elles auraient, alors, à prendre aux choses une part décisive et il avait la mesure du concours de Versailles pour les vues de son souverain. Ayant donc pesé avec le roi les intérêts de la Couronne, il avait donné des conseils au moment de remettre les rênes, et vu accueillir ces conseils avec empressement; en écrivant au prince de Masserano dans l'intimité, il pouvait lui dire, comme le marquis de Noailles l'avait fait connaître, qu'il « croyait avoir bien établi son opinion dans l'esprit du roi son maître[1] ». La cour d'Espagne se

---

[1] Rapport du 10 décembre. (*Angleterre*, t. 519, n° 84.) « M. l'ambassadeur d'Espagne « qui veut bien payer de retour la confiance « que je ne ne cesserai de lui témoigner, puisque « nous servons en quelque sorte le même maître, « m'a parlé à son tour de la marine d'Espagne, « et d'une lettre particulière qu'il avoit reçue « de M. le Mis de Grimaldi, son intime ami. « Si ma mémoire me sert bien, voici à peu « près ce que j'ai retenu de cette lettre :

« 1° M. le Mis de Grimaldi marquait que Milord Grantham ambassadeur d'Angleterre à Madrid avoit eu avec lui un entretien semblable à celui dans lequel le Lord North étant venu chercher M. le prince de Masseran, lui avoit assuré que les armemens actuels de l'Angleterre n'avoient pour objet de soutenir le Portugal, et qu'ils n'avoient qu'un but de sureté personnelle. Le ministre espagnol aiant répliqué à Milord Grantham que les inquiétudes de l'Angleterre ne lui paroïssoient pas fondées, l'ambassadeur avoit son thème fait

« dès lors, et parla dans le sens qui étoit nécessaire pour découvrir par la cour de Madrid quelles étoient nos véritables intentions. « Mais il lui fut confirmé que nos intentions « étoient pacifiques, autant que l'Angleterre ne « nous forcerait pas elle-même à la guerre.

« 2° Il étoit fait un détail des forces maritimes de l'Espagne portées à 112 vaisseaux « prêts à mettre à la voile, sur lesquels on « comptait trente vaisseaux de ligne.

« Le troisième article de la lettre n'est pas le « moins intéressant. M. le marquis de Grimaldi « jouissant d'avance de la tranquillité qui l'attend à Rome, disant qu'il reste dans le minis- « tère jusqu'à l'arrivée de son successeur, avoue « confidentiellement à son ami qu'il espère avoir « bien établi son opinion sur les affaires actuelles, dans l'esprit du Roi son maitre.

« Je serois fâché, Monsieur le Comte, que « ce récit eut un autre usage que celui de « vous transmettre tout ce qui vient à ma con- « noissance. »

1777. recueillait donc et se faisait une conception propre de son rôle, lorsque M. de Vergennes vint la rappeler à l'étude d'un plan commun et introduire les demandes du congrès de Philadelphie dans le domaine des préoccupations mutuelles. Cette situation caractérise les derniers mois du ministère du marquis de Grimaldi. Il devient évident très vite que l'opinion « établie dans l'esprit du roi » par son fidèle serviteur consiste à se réserver avec ténacité, quand la participation aux vues de la France devra devenir effective. M. de Grimaldi avait forgé là un trait de Parthe dont le coup allait porter tout de suite et se ferait sentir encore davantage après. L'expression des sentiments restera la même qu'auparavant. En recevant le marquis d'Ossun, Charles III et son ministre approuveront à peu près en tout les prévisions, les paroles, les actes de Versailles. L'ambassadeur, peu enclin, il est vrai, à s'interroger sur la sincérité de ce qu'on lui témoignait, transmettra de nouveau d'Aranjuez les attestations les plus explicites[1]. On continuera à se concerter pour une action commune à la veille, en apparence, de devenir prochaine. A Madrid, toutefois, on sera singulièrement plus enclin à se retirer si on le peut, tout au moins à ne pas trouver venu le moment de s'engager.

Il faut dire que nos rapports avec l'Angleterre se tendaient d'une manière sensible. Le cabinet de Londres était trop bien éclairé sur

---

[1] Ainsi le 12 décembre (*Espagne*, t. 582, n° 168) : « L'on pense ici comme à Versailles, « M., sur le desir qu'auroit la cour de Londres « de voir dans ce moment l'Espagne et le Por- « tugal dans des termes de conciliation, mais « Sa M^té Cath^e et son ministere jugent comme « vous que les dispositions pacifiques des An- « glois peuvent changer selon les circonstances, « et qu'il est par conséquent nécessaire que les « deux Couronnes se tiennent en mesure pour « être en état de faire face à tous les évènemens « qui pourroient arriver.

« J'ai eu l'honneur, M^r, de répéter au roi « d'Espagne ce que contient votre lettre à cet « égard; je l'ai aussi informe de l'inquiétude « que My^d Stormont vous avoit témoignée par « raport à l'escadre qu'on arme à Brest, et « de la réponse que vous aviés faite à cet am- « bassadeur; Sa M^té Cath^e l'a fort approuvée « ainsi que les préparatifs de prévoyance que la « France fait et pourra faire, surtout pour le « rétablissement de sa marine. Ce monarque a « observé que le moyen le plus propre de con- « tenir les Anglois et de les incliner au main- « tien de la paix, étoit de se mettre en état « de leur faire craindre les conséquences d'une « rupture; il a ajouté que je savois qu'il n'y « negligeoit rien de son côté. »

les opérations de Silas Deane et de Beaumarchais, il suivait de trop près les manifestations de l'opinion en faveur d'une lutte nouvelle de la France contre son pays[1], pour ne pas imprimer à ses précautions l'énergie, voire la rudesse propre à les rendre efficaces. Les navires anglais se livraient sur l'Océan à la visite des bâtiments français et de ceux de l'Espagne avec la brutalité de la guerre elle-même, tirant à boulet sur eux pour les faire venir à l'obédience; ce cabinet n'avait pas éludé pour rien les demandes réitérées qui lui avaient été faites de préciser de concert les instructions aux officiers de mer. Le prince de Masserano et le marquis de Noailles dénonçaient en vain à lord Suffolk et à lord Weymouth, presque à chaque audience, les incidents de cette nature relevés par leurs Gouvernements. M. de Vergennes en était venu à prescrire à l'ambassadeur de se borner à les signaler, à les constater simplement comme des griefs que l'on pourrait reprendre, mais dont on ne se plaindrait plus[2]. Ces procédés de l'Angleterre devenaient

1777.

[1] Lord Mansfield le disait très ouvertement au prince de Masserano; on verra celui-ci le faire connaître à Madrid le 31 janvier, et le marquis de Noailles en informer Versailles dans son rapport du 24 d'après ce que lui a dit l'ambassadeur.

[2] Il lui fait écrire le 11 janvier : « Il semble, « M, que le ministère anglais laisse dormir tous « nos griefs; mais comme il nous importe de « les voir redressés, je vous prie de les rapel-« ler à son souvenir, et de les prier de vouloir « bien s'en occuper; mais vous voudrez bien « éviter le ton de la plainte et du reproche, et « ne prendre pour baze de vos nouvelles repre-« sentations que l'amitié qui règne entre les « deux cours, et la confiance que nous mettons « dans la justice de S. M. B^que. »

On peut voir à ce sujet les rapports du prince de Masserano des 10 et 24 janvier, celui du marquis de Noailles du 17. M. de Vergennes ne croyait guère, d'ailleurs, à l'efficacité de nos réclamations. Il écrivait le 23 à l'ambassadeur, en commençant une dépêche dont nous reparlerons : « Sa M^té a donné son aprobation « M. a la maniere dont vous avés déféré nos « nouveaux griefs au Lord Weymouth. Il n est « pas possible en effet de les exposer avec plus « de prudence et de noblesse. Quoique la re-« ponse de ce ministre ait ete honnete, je crois « cependant que si nous ne devons en attendre « de satisfaction que de sa bonne volonté, les « plaintes resteront comme tant d'autres dans « le silence et dans l oubli. J observe en general « que le ministere B^que prete une attention « tres legere aux griefs qui ne menacent pas de « suites serieuses ; cela peut etre bon tant qu ils « sont vûs separement, mais si on les laisse se « reunir en masse ils peuvent former un en-« semble propre a produire les consequences « que je me plais à penser qu on ne desire pas « moins en Ang^re qu en France d eviter. D'ail-« leurs si on ne reprime pas les 1ers excès des « subalternes, l impunité les invitera a s en per-« mettre de plus graves. »

1777. encore plus à craindre par les mesures qu'elle préparait. En novembre, déjà, on parlait à Londres d'autoriser la course contre les navires américains ; le marquis de Noailles annonçait que, d'après les bruits publics, le Gouvernement engageait le corps des marchands à la demander. M. de Vergennes, qui lui répondait à cet égard le 7 décembre, souhaitait vivement que le projet restât sans suite : « Notre commerce, écrivait-il, aurait trop à souffrir ; ce serait nous mettre dans la nécessité de tenir des forces suffisantes aux îles pour contenir ou réprimer les corsaires qui bientôt ne distingueraient plus l'ami de l'ennemi[1]. » Le 21 encore, il essayait de ne pas nous croire vraiment menacés de cette mesure extrême ; son secrétariat mandait à l'ambassadeur que, « d'après les réponses du gouvernement britannique, celui-ci cherchait là en partie le moyen de refréner le commerce de guerre auquel ses propres nationaux se livraient avec les Américains » ; le ministre en avait entretenu lord Stormont sans tirer de lui des explications suffisantes et faisait mander au marquis de Noailles de saisir une occasion pour en parler, espérant que « la justesse et la nécessité » de ses observations précédentes porteraient la cour de Londres à changer de détermination[2]. En effet il fut conféré à ce sujet. M. de Vergennes fait connaître à Ossun, le 11 janvier, que le ministère anglais avouait vouloir présenter un bill pour autoriser l'amirauté à délivrer des lettres de marque contre les Américains, mais que, d'après les explications de lord Stormont, confirmées au marquis de Noailles par lord Sandwich, « on ne se proposait pas d'armer des corsaires proprement dits, qu'on autoriserait simplement les navires marchands à arrêter et prendre pour leur compte les bâtiments américains dont ils pourraient se rendre maîtres, tandis que ces prises se partageaient auparavant entre le roi et l'amirauté ». Le ministre de Versailles trouvait néanmoins que, bien que ce ne fût pas aussi dangereux, c'était fort « alarmant », que les pavillons neutres

---

[1] Dépêche citée plus haut. (*Angleterre*, t. 519, n° 73.) — [2] Dépêche du 21 décembre. (*Ibid.*, n° 104.)

ou masqués en pourraient être singulièrement molestés[1], et, sans compter beaucoup sur une bonne réponse, il envoyait au marquis de Noailles des instructions en vue de faire expliquer le cabinet pendant qu'il interrogerait, lui, l'ambassadeur d'Angleterre[2]. Sa dépêche posait déjà les fondements d'une ligue de toute l'Europe contre la domination des mers que voulait s'arroger l'Angleterre :

A la question que je viens de vous indiquer, M, vous pourrés ajoutér une reflexion qui me semble meriter quelqu'attention. Si l on donne des lettres de marque a des batimens chargés en marchandise, ce seroit allér contre les vûes du commerce et nuire essentiellement aux cargaisons qui leurs sont confiées de les autoriser a établir des croisieres et a jouér le role des v^x de guerre. Leur devoir etant de se rendre par la ligne la plus droite a leur destination, il ne doit donc pas leurs etre permis d'arrêtér les batimens neutres quils decouvriroient a la mer, la seule precaution qu on pourroit tolérer en cas de doute q un navire americain auroit arboré et assuré un pavillon neutre, seroit de lui demander l exibition de son passeport, sans que cette formalité remplie il put etre permis sous aucun pretexte de poussér plus loin ses recherches. Je ne dis pas ceci M. dans la vue de favorisér les batimens qui pourroient faire la contrebande, s il en est qui se livrent a ce commerce, on peut suposér qu ils sauront faire leurs armemens de maniere a ne pas craindre la rencontre des marchands armés en guerre. Le Roi qui desire sinserement que rien ne puisse troublér la bonne harmonie qui subsiste entre les deux

---

[1] C'était aussi l'avis du roi de Prusse, que la mesure était propre à amener rapidement une rupture. Soucieux de prévoir les évènements, il écrivait le mois suivant au comte de Goltz : « Une circonstance en particulier qui peut donner à penser, ce sont les lettres de marque qui viennent d'etre expèdiées pour des armateurs destinés à courir sur les Americains. Ces pirates de mer, toujours avides de gain, pourraient bien donner lieu à des discussions désagréables, en tombant, par malentendu, ou volontairement, puisqu'ils ne sauraient que désirer la guerre, sur des vaisseaux marchands espagnols ou français, sous prétexte qu'ils les ont crus americains. On assure même que l'ambassadeur de France à Londres regarde une rupture comme inévitable. » (24 février; Circourt, *ubi supra.*)

[2] « Je souhaite plus que je n'espere que les reponses soient satisfaisantes, les Anglois voient avec trop de jalousie et de depit une partie du commerce qui leurs echape passér dans nos mains pour qu ils ne rafinent pas sur les moiens de le troubler. — A Versailles le 11 janvier 1777. » (*Espagne*, t. 583, n° 17.)

nations, vous autorise M. a faire usage de ces reflexions vis a vis des ministres anglois. Sa M^te qui connoit toute votre prudence s en raporte a vous de la maniere dont vous jugeres convenable de les presentér, elle est bien persuadée que vous y mettres toutes les nuances necessaires pour les faire envisager comme une suite de la confiance et de l amitié que nous desirons de perpetuér.

L'explication dans laquelle le Lord Sandwich est entrée avec vous sur la nature et l'objet des lettres de marque qu'il est question d'accorder aux négociants anglois, est entiérement conforme à ce que m'a dit sur le même objet M. le Vte de Stormont. Nous concevons aisément qu'il est infiniment plus commode au gouvernement B^que d'autoriser les neg^ts a se protéger eux-mêmes, que de se charger de ce soin dispendieux; mais il paroit s'etre laissé entrainer par l'intérêt du moment sans faire le moindre retour sur les consèquences que sa détermination peut entraîner. Se dissimuleroit il les inquietudes qu'elle doit repandre parmi le commerce des autres nations, et la necessité ou elle les mettra de le garantir des atteintes aux quelles il seroit exposé. Cet objet nous intéresse directement et trés essentiellement, et comme le Roi desire d'écarter et de prévenir tout ce qui pourroit troubler la bonne intelligence qui règne entre les deux cours, S. M. aprouvera M que vous profitiés des occasions qui se présenteront pour bien eclaircir si les armateurs particuliers, ou pour mieux dire les batiments marchands armés pour leur défense devront se bornér seulem^t a repoussér ceux des Américains qui les attaqueroient et meme a s emparér a leur profit de ceux des vaisseaux de cette nation qu ils rencontreroient sans que sous pretexte de chassér des Americains ils puissent appeller à obéidence les batiments des autres nations, et les contraindre a leurs faire l exhibition de leurs papiers de mer, et même à faire la visite de leurs chargements. Les ministres anglais sentiront d'eux-même la portée de cette question, et nous aimons à nous flatter qu'ils y répondront convenablement et d'une manière satisfaisante; en tout cas, M, s'ils vous paroissent tergiverser, vous ne negligerez aucun des moyens que la nature même de la chose vous suggerera pour leur démontrer les inconvénients qui resulteroient de la liberté indéfinie accordée aux négociants anglais, et pour les engager à la restreindre de manière qu'ils puissent pourvoir à la sûreté de leur navigation sans gêner et inquiéter celle des autres nations.

A Versailles le 11 janvier 1777. *Angleterre*, t. 521, n° 24.

Les partisans d'une réconciliation avec les Colonies au prix de concessions très larges ne manquaient pas dans le monde politique de Londres[1]. Il y en avait beaucoup, même, qui allaient jusqu'à l'indépendance. L'idée était très répandue que Howe avait tous pouvoirs pour satisfaire les Colonies; le marquis de Noailles l'avait mandé le 17 décembre[2], et bien qu'il fût persuadé que l'Angleterre était en mauvaise situation en Amérique, que la campagne de 1776 avait été « finie glorieusement », somme toute, pour le général Washington, que la continuation de la guerre restait dès lors forcée dans des conditions défavorables pour la Grande-Bretagne, il n'écoutait pas moins et ne transmettait point sans quelque inquiétude les dires qui circulaient. Il redoutait qu'après avoir gêné nos préparatifs comme elle le faisait elle n'eût subitement recours, sur les mers, aux plus audacieuses vexations contre notre commerce[3]. On était donc préoccupé de voir l'Angleterre chercher les moyens de se rendre libre des affaires d'Amérique pour s'indemniser aux dépens des possessions des deux Couronnes. Le secrétariat de M. de Vergennes répondait bien à l'ambassadeur que Howe ne pouvait pas avoir de pleins pouvoirs, que le Parlement seul était compétent pour faire un accord avec l'Amérique; il n'ajoutait pas moins :

Malgré ces réflexions, je pense, M, que vous ferez très-bien de suivre les notions dont il s'agit : la situation de l'Ang^{re} est telle dans ce moment-cy, que les choses les plus invraisemblables peuvent avoir quelque fondement : la cour de Londres peut se trouver dans le cas de dire qu'à de grands maux il faut de grands remèdes.

A Versailles le 28 décembre 1776.

Angleterre, t. 519, n° 116.

Le ministre marquait plus exactement les pronostics tirés de cet

---

[1] Un écrit dans ce sens fut attribué à lord North. Le marquis de Noailles en envoie à M. de Vergennes la traduction le 24 janvier.

[2] *Angleterre*, t. 519, n° 98.

[3] Le Rapport du duc de Noailles, du 3 janvier 1777, est là-dessus très développé.

état de choses, en écrivant au marquis de Noailles, le 11, dans la dépêche visée tout à l'heure à propos des lettres de marque :

> Le P^ce de Masseran, accoutumé aux marques de confiance de L^d. Mansfield, a dû être étonné de la reserve qu'il a éprouvée de sa part en dernier lieu; mais la situation des trois cours est telle que nous ne pouvons plus guères compter sur les assûrances pacifiques que celle de Londres pourroit nous donner, et que nous ne devons plus nous attacher qu'à deviner ses intentions par ses dispositions; c'est là, M, l'objet dont le Roi desire que vous continuiez à vous occuper avec le zéle et l'activité que vous y avez mis jusqu'à present. Une observation que je ne dois pas omettre et dont je vous prie de faire part a M. le P^ce de Masseran. A Madrid l ambass^dr d'Angre pretexte les grands armemens de sa nation sur ceux de la France : ici ce sont ceux de l Esp^e qui y donnent lieu. Le Lord Stormond m en parloit dans ce sens mardi dernier : je lui fis remarquer que ceux de l Esp^e co^e les notres etoient necessités par les leurs sans que nos dispositions communes pour le maintien de la tranquilité eprouvassent du changem^t. J aprens de Madrid qu'on a dit a M. le m^is de Grimaldi et a M le P^ce de Masseran qu'on desarmeroit si la France vouloit desarmér. Il doit paroitre etrange que cette insinuation ne nous ait jamais eté faite. Ne cherches pas M. a vous l attirér car je craindrois que le desarmement ne fut un piege qu on chercheroit a nous tendre.

Angleterre, t. 521, n° 24.

C'est donc dans des circonstances très compliquées que le gouvernement de Louis XVI introduisait les « plénipotentiaires » du Congrès et leurs propositions auprès de Charles III, pour essayer de commencer avec eux des négociations communes.

ANNEXES DU CHAPITRE III.

I

ARRIVÉE DE FRANKLIN.

1. B. FRANKLIN À BARBEU DUBOURG.

Auray en Bretagne le 4 x^{bre} 1776.

Mon cher bon ami sera bien surpris de recevoir une lettre de moi datée de France, quand ni lui, ni moi ne nous y attendions. Je suis parti de Philadelphie le 26 8bre d^{er} sur un vaisseau de guerre appartenant au Congrès, et en trente jours nous sommes venus jetter l'ancre dans la baye de Quiberon. Nous avons pris chemin faisant deux vaisseaux anglois que nous avons amenés avec nous. Le vaisseau est destiné pour Nantes, mais les vents étant contraires pour entrer dans la Loire, nous avons attendu quelques jours dans la baye, jusqu'à ce qu'impatient de mettre pied à terre, j'ai profité de l'occasion d'un bateau pour venir ici, d'où je me rendrai par terre à Nantes, où probablement je resterai peu de jours. Apprenant que la poste part d'ici ce soir, je saisis cette occasion pour vous saluer, ainsi que ma chère Mad^e Dubourg, Mesd^{lles} Pribeson et Basseport, que j'espère avoir bientôt le plaisir de trouver en bonne santé.

Je suppose que Mr Deane et Morris ont l'honneur d'être connus de vous, et comme je ne sais pas leur adresse, je prends la liberté de leur adresser à chacun un mot sous votre couvert, et je vous prie de le leur faire remettre. J'aurai soin de vous rembourser de toutes vos dépenses. Je vois que vous avés eu de mauvaises nouvelles de nos affaires en Amérique; mais elles ne sont pas vraies. Les Anglois à l'aide de leurs vaisseaux ont gagné un pied à terre dans deux îles, mais ils ne sont pas étendus dans le continent où nous les tenons en respect. Notre armée étoit à un mille ou deux de la leur, lorsque je suis parti, et retranchées l'une et l'autre. Dans différentes escarmouches qu'il y a eu dernierement entre des partis de 300 et de 1000 hommes de chaque côté, nous avons toujours eu l'avantage et les avons chassés du champ de bataille avec perte, notre feu faisant plus de ravage que le leur. Sur mer, nous avons extrêmement molesté leur commerce en prenant un nombre de leurs vaisseaux des Indes Occidentales qui entrent journellement dans nos ports. Mais je ne veux pas m'arrêter sur cet objet jusqu'au moment où j'aurai le plaisir de vous voir.

États-Unis, t. 1, n° 87. (Traduction.)

2. B. FRANKLIN À SILAS DEANE.

Auray en Bretagne le 4 x^{bre} 1776.

Je viens d'arriver à bord du Reprisal, cap^{toe} Wickes, petit vaisseau de guerre appartenant au Congres; nous sommes dans la baye de Quiberon attendant un vent favorable pour aller à Nantes. Nous quittâmes le Cap le 29 d'8bre et nous n'avons mis que 30 jours de terre à terre. Je restai à bord trois jours après avoir mis à l'ancre, espérant pouvoir aller jusqu'à Nantes avec le vaisseau, mais le vent continuant d'etre contraire, je suis venu icy pour aller par terre à Nantes.

Le Congrès vous a nommé en septembre et Mr Jefferson et moy, pour négocier un traité de commerce et d'amitié avec la cour de France. Mr Jefferson, alors en Virginie, refusa; sur quoy Mr Arthur Lee, actuellement a Londres, fut nommé à sa place.

Notre vaisseau a apporté de l'indigo pour le compte du Congrès pour la valeur d'environ 3000 £ sterling, qui doit être à nos ordres pour payer nos dépenses; le Congrès nous a de plus assigné 7000 £ sterling pour le même objet, et que le Comité nous fera passer le plutôt possible. Je me trouve ici aussi près de Paris que je le serai à Nantes, mais je suis obligé de m'y rendre pour m'y pourvoir d'argent pour mon voyage, et pour prendre mon bagage qui est resté à bord du vaisseau. Mais je tâcherai de vous rejoindre le plutôt que je pourrai. Je me propose de garder l'incognito sur mon caractère jusqu'à ce moment, et jusqu'à ce que je sache si la cour voudra recevoir des ministres des Etats-Unis. J'ai plusieurs lettres du Comité pour vous, que je ne vous envoye point, parce que je sais qu'elles contiennent des affaires de conséquence, et que je suis incertain de la sureté de cette voye. D'ailleurs comme je compte prendre la poste à Nantes, j'imagine que cela ne fera pas trois ou quatre jours de différence. Nous avons rencontré à la mer deux brigantins, l'un irlandois l'autre anglois, que nous avons pris et que nous amenons à Nantes. Je ne sais si le cap^{ne} obtiendra la permission de les y vendre, parce que cela pourroit être contraire aux traités qui subsistent actuellement entre les deux Couronnes. Ils sont de la valeur d'environ 4000 £ sterling. Nous avons eu un passage difficile, et je m'en suis affoibli; mais j'espère que le bon air que je respire à terre me rétablira bientôt, et que je pourrai voyager avec célérité, de vous joindre à Paris, et de vous y trouver en bonne santé.

(*P. S.*) Si vous pouviés par quelque voye sure apprendre à M. Lee sa nomination, cela feroit très bien. Peut être la meilleure voye seroit-elle celle du departement des Affaires étrangères et de l'ambassadeur de France; celle de la poste ordinaire ne seroit pas sure.

Je vous prie de me procurer un logement.

États-Unis, t. 1, n° 88. (Traduction.)

3. B. FRANKLIN À THOMAS MORRIS.

Aurai en Bretagne le 4 x^{bre} 1776.

Je suis arrivé ici à bord du Reprisal, cap^{ne} Wickes, qui est maintenant à l'ancre à la baye de Quiberon, où il attend le vent pour remonter à Nantes. J'ai apporté beaucoup de lettres et de gros paquets pour vous, et comme je compte partir de Nantes en poste, j'espere avoir le plaisir de vous les remettre. J'en joins seulement une ici, étant douteux que les autres ne fussent pas ouvertes à la poste; et d'ailleurs elles couteroient fort cher. Si nos amis de Nantes le jugent nécessaire, je dépêcherai un exprès pour vous porter vos paquets et ceux de M. Deane, de manière que vous les aurés peut être aussi promptement que si je vous les envoyois par la poste. Lorsque je suis parti, les armées étoient très près l'une de l'autre à environ 18 milles de la Nouvelle York; mais il n'y avoit point eu d'action générale, quoiqu'on en attendît une tous les jours. Dans différentes escarmouches nos partis ont battu des partis ennemis de force égale et même supérieure, et notre armée est pleine de courage. Il arrive journellement dans nos ports un grand nombre de prises faites sur l'ennemi. Nous en avons fait deux dans notre traversée qui a été de trente jours.

Ibid., n° 89. (Traduction.)

II

DEMANDES DES « PLÉNIPOTENTIAIRES » DU CONGRÈS.

MÉMOIRE SUR LA SITUATION DES COLONIES ANGLAISES.

1776 x^{bre} 31.

Le gouvernement britannique, sans y avoir été provoqué, ni offensé, a fait une guerre ouverte aux colonies américaines unies; et dans la poursuite de cette guerre, il a violé tous les principes de la justice et de l'humanité. Il a épuisé indignement tout son crédit auprès des divers états de l'Europe pour priver les Colonistes d'armes et de munitions pour se deffendre, et en même tems il a representé honteusement ces mêmes Colonistes comme les plus vils poltrons. Non content d'employer contre eux les forces nationales de la Grande Bretagne, il a soudoyé près de 24 mille hommes de troupes allemandes pour lui aider à les reduire, et outre cela il s'est inhumainement efforcé d'exciter les sauvages de l'Amérique à exercer les actes les plus barbares d'hostilité sur les habitans de ses colonies; et enfin il a publié une proclamation pour offrir la liberté et des récompenses à tous leurs esclaves qui voudroient se revolter et prendre les armes contre eux. D'ailleurs les ordres donnés aux commandans anglois en Amérique ont été des plus cruels et des plus barbares, si l'on juge de ces ordres (comme il est naturel de le faire) par les effets qu'ils ont produits, dont la plus part ont été tout à fait odieux et inhumains, et particulièrement ceux en consequence desquels nos villes sans deffense et sans reproche, ont été détruites de gaieté de cœur, et dans la seule vüe de détruire. Par ces causes et beaucoup d'autres semblables, l'affection du peuple de l'Amérique est aujourd'huy alliénée sans retour de la Grande Bretagne, et il s'est réuni tant d'obstacles divers et insurmontables à une reconcilliation, que les Colonies n'ont pas seulement résolu de rejetter pour jamais la souveraineté de la Couronne britannique, mais qu'elles se sont vraisemblablement déjà déclarées état indépendant. Cette revolution, quoi qu'elle ne puisse que facher et ruiner la Grande Bretagne, ne sauroit manquer d'être agreable et avantageuse aux autres puissances de l'Europe, et particulierement a la France, dont elle s'est toujours montrée l'ennemie naturelle et la rivale. Par cet evenement la France aura naturellement la preference dans le commerce des Colonies unies, comme étant de toutes les nations la plus en état de leur fournir tous les effets commerçables dont elles ont besoin et de leur offrir un débouché pour leurs bleds, leurs tabacs, leurs matieres brutes de toute espece. Une telle correspondance entre eux occasionneroit à la Grande Bretagne la perte entiere de plus d'un tiers de son commerce, et cette perte bénificieroit à la France en deux manières, savoir en diminuant positivement la puissance de la Grande Bretagne et en augmentant positivement la sienne. Avec tels des Etats de l'Europe que les Colonies unies contractent des liaisons de commerce, il ne peut manquer de leur être extremement lucratif et avantageux, attendu que ce commerce consistera principalement en un échange de denrées trés prétieuses et des matieres premieres non ouvrées pour des marchandises tirées des manufactures. Les Colonies donc, offrant leur commerce à la France, lui offrent réellement ce qui a été la principale source de la richesse et de la puissance de la Grande Bretagne, et la France retirera tous les avantages qu'elle pourroit attendre de la souveraineté même de ces Colonies, sans aucunes des charges qui seroient inseparables de cette souveraineté. Aucune puissance en Europe n'a rien à appréhender de l'indépendance des Colonies. Attachées à la Grande Bretagne, elles la mettroient à portée de conquérir les possessions des autres Etats en Amerique; mais séparées d'elle, leur interêt et leur inclination s'accorderont à leur faire tenir une conduite juste et pacifique envers le reste de l'univers pendant une longue suite de générations, s'estimant heureuses d'avoir pu revendiquer leurs droits, et d'en jouir, elles ne songeront point à envahir ceux des autres nations; et leur situation locale, les circonstances où elles se trouvent de toutes parts, leurs mœurs, leurs intérêts, leurs dispositions, et par dessus tout l'immense etendue du territoire qui leur reste à défricher, tout enfin concourt à diriger leur attention d'icy à plusieurs siecles sur l'agriculture, la plus naturelle, la plus interressante et la plus innocente de toutes les professions humaines. Par ce moyen, elles produiront constamment des quantités abondantes de denrées et de matières appropriées à la consommation et aux manufactures de l'Europe; et afin d'obtenir des entrepôts favorables pour leurs productions, et des fournitures convenables des manufactures et marchandises de l'Europe qui leur sont nécessaires, il sera constamment de leur interest d'entretenir une paix inaltérable avec les Etats Européens et particulièrement avec la France. Elles ne formeront jamais le projet, quand même elles auroient acquis des forces suffisantes, de se brouiller avec les Etats Européens qui ont des possessions en Amérique, en cherchant à envahir leurs possessions. Elles ont en effet une grande répugnance à tout établissement dans les contrées meridionales; elles ont autrefois resisté aux plus fortes sollicitations de Cromwell pour se transporter à la Jamaique; et, depuis ce temps, quoique les habitans des Colonies unies aient été aux Indes occidentales pour des operations de commerce, à peine en a t'on jamais vu un que des vues d'interet ayent engagé à s'y établir. Et effectivement, s'il est permis aux Colonies unies de fournir aux établissemens des Indes occidentales les denrées et les provisions qu'elles sont dans l'usage de leur fournir, et qu'ils ne pourroient tirer de nulle autre part avec autant d'avantage, n'est ce pas tout ce qu'elles peuvent jamais désirer de la part des autres establissemens européens en Amerique?

A l'égard des colonies françoises des Indes Occidentales, il faudra toujours qu'elles dépendent de quelque Etat européen, tant pour la protection que pour le debit de leurs productions; elles ne sauroient donc avoir ni le pouvoir ni l'envie de se separer du Gouvernement à qui elles sont naturellement soumises.

Résister pendant un temps considerable non seulement aux forces nationales de la Grande Bretagne mais encore à celles de ses alliés d'Allemagne, ce seroit peut être une tâche trop forte pour les Colonies unies, privées comme elles le sont en partie des moyens de deffense, et particulièrement d'artillerie, de petites armes, de poudre à canon, d'habillement etc., et les puissances d'Europe continuant à se montrer indifferentes sur leur sort; or, si les Colonies etoient definitivement forcées à retomber sous la domination de la Grande Bretagne, les consequences de cette soumission seroient de nature à devoir allarmer l'Europe en général, et specialement la France. Car, dès que la Grande Bretagne aura subjugué les Colonies unies, ce succès l'enhardira à les gouverner d'une maniere qui tende plus immédiatement à son interêt et à sa grandeur propre qu'elle n'avoit jamais tenté jusqu'icy. Le commerce que les Colonies unies faisoient avec les colonies françoises, hollandoises, et autres aux Indes Occidentales, et dont les planteurs des Indes Occidentales se plaignoient depuis longtemps, sans raison, sera sans doute prohibé, et toutes les autres branches de négoce des Colonies unies seront de plus en plus restraintes, et leur commerce entièrement renfermé dans les limites que lui prescrira l'intérêt partial de la Grande Bretagne.

On trouvera aussi des moyens de tirer des Colonies des secours considerables d'argent pour grossir le tresor de la Grande Bretagne, et comme elle ne manquera jamais de pretexte pour la guerre, c'est un objet bien digne de consideration que de savoir si les armées nombreuses qu'elle pourra lever alors dans les Colonies unies, disciplinées comme elles seront, ne pourroient pas par leur voisinage, et leurs autres avantages, mettre en grand danger les etablissemens françois et espagnols de l'Amérique? et si les Colonies unies, remises sous le joug de la Grande Bretagne, ne lui fourniroient pas une telle augmentation de pouvoir dans cette quatrieme partie du globe terrestre, qu'il deviendroit incompatible avec la paix et la sureté des nations qui y ont quelques possessions?

L'interest général de l'Europe et particulièrement de la France et de l'Espagne semblent demander qu'on ne laisse pas la Grande Bretagne recouvrer sa domination sur les Colonies unies; mais comment obvier à cela? C'est une question que je laisse à d'autres à déterminer. Les Colonies unies, quoique disposées à contracter leur première et principale alliance avec la France, n'ont pas la présomption de lui demander, ni d'espérer qu'elle entre en guerre avec la Grande Bretagne en leur seule consideration, mais il n'est pas hors de propos de faire observer icy que si la France avoit de son chef des raisons et des motifs pour s'y engager, il n'y eut certainement jamais un temps aussi favorable que celuy-cy pour le faire avec avantage. Ou si la France jugeoit que le commerce, et le trafic des Colonies unies meritât non seulement quelque tolerance de sa part, mais encore une protection ouverte et avouée, elle auroit bien peu de chose à appréhender de la part de la Grande Bretagne dont

ANNEXES DU CHAPITRE III.

presque toutes les forces nationales sont en Amérique. Il y a maintenant sur ce continent quarante deux régimens, et deux bataillons de troupes angloises, outre les mercenaires d'Allemagne. Du restant des troupes britanniques, il y a quatre bataillons dans les isles des Indes Occidentales, et six régimens tant à Minorque qu'à Gibraltar. Il n'y a en Irlande que neuf regimens, et on en a tiré tant d'hommes qu'ils ne sont pas composés aujourd'huy de deux cent cinquante hommes chacun. On peut en dire autant des dix regimens qui avec un d'invalides, sont tout ce qui reste dans la Grande Bretagne.

Quant à la marine britannique, il y en a près de soixante et dix voiles de différentes grandeur employés en Amérique; et, les vaisseaux de guerre qui restent dans les ports d'Angleterre n'ont ni ne sauroient avoir leur équipage complet en matelôts. Les vaisseaux même qui ont été envoyés en Amérique ont été en partie montés par des hommes tirés des vaisseaux gardes côtes, et malgré cette ressource, ils ont été obligés de mettre à la voile n'ayant gueres que la moitié du nombre d'hommes accoutumé; et cependant on a laissé le reste des vaisseaux dans une situation beaucoup plus deffectueuse encore. Et quant aux finances de la Grande Bretagne, on peut dire avec vérité qu'elles ne sont certainement pas en un état qui lui permette de soutenir la guerre avec la France seulement pendant six mois. Depuis le commencement de la dernière paix, la Grande Bretagne n'a aquité que 7 millions de ses dettes nationales; et sur cette somme, il n'y a pas plus de trois millions qui ayent été payés avec les revenus ordinaires de l'Etat; les quatre autres millions ayant été fourni par des moyens accidentels et passagers, qui étoient ou des productions, ou des reliquas de la dernière guerre, et qui sont maintenant épuisés, savoir : premièrement deux millions reçus dans le courant de cinq années, de la compagnie des Indes Orientales, par des contributions de quatre cent mille livres par an, qui ne doivent pas continuer plus longtems. — Secondement l'argent provenant de la vente des prises françoises. — Troisièment le produit de la vente des terres dans les isles nouvellement cedées aux Indes Occidentales. — Quatriemement le surplus des fonds accordés par le Parlement durant la dernière guerre, dont il n'avoit pas été fait employ. — Cinquiemement la prime donnée par la banque d'Angleterre pour le renouvellement de sa chartre. 6° Les sommes reçues de la France, suivant la convention, pour l'entretien des prisoniers françois pendant la dernière guerre; à quoy il faut ajouter plusieurs autres ressources extraordinaires, et payées sans retour. Cependant la depense de la presente guerre fera probablement remonter la dette nationale britannique au dela de la somme enorme à quoi elle etoit montée à la fin de la dernière guerre, et mettra consequemment la Grande Bretagne dans une situation très embarrassante.

Il paroit par des évaluations exactes que les épargnes du fond d'amortissement, ou ce qui est la même chose en d'autres termes, tout le produit des taxes et revenus de la nation après avoir acquité les interêts de la dette publique et les depenses ordinaires du Gouvernement, ne laisse pas un surplus de plus de trois cent mille livres. Voila donc le seul fond avec lequel la Grande Bretagne peut payer l'interêt des sommes immenses qu'elle est obligée d'emprunter pour soutenir la dépense de sa guerre presente avec l'Amerique, et voila l'unique sureté qu'elle peut offrir pour les sommes qu'il lui faut emprunter ainsi. Mais ce chetif revenu est encore imaginaire, et sans réalité; car, quoiqu'il existât tant que la Grande Bretagne a joui sans interruption du commerce de l'Amerique, cependant il est hors de doute que la perte entière de ce commerce diminuera le produit des taxes et revenus publics bien plus que des trois cent mille livres en question; et consequemment qu'elle ne laissera pas à la Grande Bretagne les moyens d'emprunter un shelling. — La seule taxe sur les tabacs d'Amérique montoit annuellement aux environs de quatre cent mille livres, qui toutes, jusqu'au dernier shelling, sont perdues maintenant pour l'Angleterre. Une grande partie de la depense de l'année courante a été artificieusement soustraite des yeux du public par le gouvernement britannique sous pretexte d'un vote de credit; il n'a procédé qu'à l'emprunt de deux millions (qui ne font pas la troisième partie de la dette qu'il se trouve obligé de contracter) et afin de faire fonds même pour ces deux millions il a été réduit à imposer des taxes additionelles sur des parties qui en supportoient déjà de très fortes; ce qui prouve une chose qui étoit déjà bien connue, c'est qu'il n'a point de nouveaux objets à taxer ulterieurement, et il est plus que probable que ces taxes additionelles diminueront la consommation des articles ainsi taxés, et partant frustreront le Gouvernement des secours qu'il attendoit de ces taxes; au quel cas il ne lui restera rien pour payer l'intérêt des deux millions en question. Mais comment en tout évenement le ministère britannique pourra t'il pourvoir aux autres millions nécessaires à la dépense de l'année courante, ou comment lui sera-t'il possible d'emprunter d'autres millions pour les frais de la guerre dans les années suivantes? Il en sent bien lui-même l'impossibilité; il l'a reconnu, puisqu'il en a fait son principal argument pour deployer les derniers efforts de la nation et de ses alliés, afin de terminer la guerre en une campagne; et s'il ne lui étoit pas possible d'effectuer la reduction des Colonies par les armes, il seroit obligé de la determiner par une negociation, et en accordant aux Colonies ce qu'elles demandent. De quelque façon que la chose arrive, soit que la Grande Bretagne recouvre la suprematie sur les Colonies par conquête, ou par compromis, il en resultera inevitablement des consequences les plus allarmantes pour les puissances de l'Europe interressées à l'Amérique, et singulièrement pour la France et l'Espagne. — Il en est des Etats et des Royaumes comme des individus qui sont d'autant plus à craindre que leur position est plus désespérée : il est evident que la Grande Bretagne avec une dette de cent cinquante millions dont elle se trouvera inevitablement chargée à la fin de cette année sera dans une situation désespérée; attendu surtout qu'il y aura plusieurs millions pour lesquels il ne restera point de fonds, à moins qu'on ne puisse se procurer quelque ressource étrangère. — En même temps se voyant avec une armée de 40 mille hommes aguerris et bien disciplinés, et une puissante flotte en Amérique dans le voisinage des Indes Occidentales, et des riches contrées de l'Amérique Méridionale, et ayant de nouveau les Colonies du Nord à sa disposition, il ne tiendra qu'à elle de se rembourser des frais de cette guerre par une voye qui veritablement ne sauroit être justifiée, mais qui est la seule praticable. Le ministère britannique se feroit-il des scrupules dans une telle conjoncture? Ce qu'il a fait dernièrement dans les Indes Orientales, et ce qu'il fait actuellement en Amérique demontre clairement qu'il sacrifiera toute autre considération à son objet, qui est d'envahir les propriétés des autres, pour augmenter son opulence et ses revenus.

États-Unis, t. 1, n° 106. (Traduction.)

CHAPITRE IV.

LE TESTAMENT POLITIQUE DU MARQUIS DE GRIMALDI.

Lord Grantham présente à Madrid l'offre de désarmer de concert avec la France; M. de Grimaldi essaye d'en prendre occasion pour nous laisser seuls en face de l'Angleterre; il fait faire cette ouverture par le marquis d'Ossun. — Réponse du gouvernement du roi; dépêche à notre ambassadeur pour en appeler de nouveau aux données de la politique commune. — Lord Suffolk porte la même proposition au prince de Masserano; appréciation qu'en fait celui-ci; comment d'avance M. de Vergennes avait percé à jour cette manœuvre; nouvelles raisons de défiance qu'en tirent les représentants de la France et de l'Espagne à Londres. — M. de Grimaldi laisse tomber l'affaire; l'intérêt qu'ont les deux cours à affaiblir l'Angleterre est d'autant plus affirmé par M. de Vergennes; Ossun informe le ministre que ses considérations ont ramené le Roi Catholique. — M. de Vergennes fait remettre à Madrid le plan, déjà communiqué au comte d'Aranda, d'un nouveau concert entre les deux cours en vue d'une action commune; erreur du marquis d'Ossun en prévoyant des délais pour la réponse; il peut mander cinq jours après qu'on pense à Madrid comme à Versailles; pourquoi l'on différera d'envoyer cette réponse par l'ambassadeur. — Exaltation du comte d'Aranda à l'arrivée de Franklin; ses relations avec Arthur Lee; persuasion dans laquelle il jette ce dernier d'aller plus vite avec l'Espagne que ses collègues avec la France; réfutation caustique qu'il envoie des raisons de rester en paix données par M. de Vergennes; il est d'avis de traiter immédiatement avec les Américains. — Effet que cet avis devait produire autour du Roi Catholique; crainte qu'inspirait l'ambassadeur à ce monarque; trouble où ses assertions jetaient son gouvernement; désir de ne pas lui répondre, cependant, de façon à lui faire quitter l'ambassade; M. de Grimaldi expose à Ossun la manière de voir du cabinet; il n'en instruira pas encore son représentant à Versailles. — Accord apparent avec l'Espagne et divergences réelles; dangers allégués par elle pour demander à la France d'avoir une escadre plus forte à Brest, une moindre à Toulon et une demi-escadre avec 12,000 hommes à Saint-Domingue. — Esprit qui préside à la réponse de Versailles; moyen terme inacceptable indiqué par Ossun; raisons que M. de Vergennes emprunte aux ambitions supposées de l'impératrice Catherine pour ne pas adhérer à dégarnir Toulon. — Pourquoi il était plus facile de s'entendre sur la conduite à suivre avec les Américains; fermeté de M. de Grimaldi à cet égard dans sa dépêche au comte d'Aranda et identité de ses vues avec celles de la cour de France; confidences d'Ossun; M. de Vergennes approuve la dépêche; sentiment de ce ministre sur l'idée que l'on pourrait songer à faire disparaître l'Angleterre. — Arthur Lee est mis par le comte d'Aranda sur la route de Madrid; comment les instructions des « plénipotentiaires » paraissaient indiquer ce voyage et comment il ne pouvait pas déplaire à Versailles; vive contrariété qu'il excite à la cour d'Espagne; on envoie à Lee l'ordre d'attendre Grimaldi à la frontière. — M. de Floridablanca débarque à Antibes; nouveaux pronostics favorables d'Ossun à son sujet; M. de Grimaldi, qui l'a désigné, lui remettra un mémoire

LE TESTAMENT POLITIQUE DU MARQUIS DE GRIMALDI. 145

sur les affaires et sur la cour. — Adversaires qu'allait trouver le nouveau ministre; circonstances dont il serait forcé de tenir compte; comment les rapports entre Madrid et Versailles pouvaient en être un peu dérangés.

Le successeur de M. de Grimaldi mit beaucoup de temps à venir prendre sa charge. Il échut par suite au ministre sortant de commencer lui-même l'exécution de son testament politique. Bien que n'ayant guère brillé par la justesse des conceptions, depuis deux ans, il cherchait une occasion nouvelle et crut la trouver dans les manœuvres que faisait le cabinet anglais pour affaiblir les liens de Charles III avec la cour de Versailles. Ce cabinet s'était appliqué d'abord à masquer ses préparatifs en protestant que les armements des deux cours décidaient seuls les siens, puis à ébranler leur union en s'en prenant particulièrement à ceux du gouvernement de Louis XVI; il joua à cette heure une troisième carte. Réalisant le propos que lord Suffolk avait un jour hasardé en s'entretenant avec le prince de Masserano, il fit offrir à Madrid par lord Grantham de désarmer si nous voulions en faire autant nous-mêmes. M. de Grimaldi, sans attendre d'avoir du représentant de l'Espagne à Londres l'assurance que la proposition était sérieuse, se sert aussitôt de cette ruse diplomatique pour essayer de changer l'attitude de sa cour et de nous laisser en chemin. Le jour où Ossun lui fait part des conversations de M. de Vergennes avec les commissaires du Congrès, le conseiller du Pardo répond en lui présentant une perspective très différente. La France se serait vue placée seule en face de l'Angleterre, et l'Espagne désintéressée ou à l'abri.

On pouvait facilement indiquer cette manière d'être nouvelle dans un entretien; il était délicat de l'introduire par la voie diplomatique et surtout très incommode d'en charger le comte d'Aranda. Les opinions de l'ambassadeur s'en seraient fort émues et il en aurait pu faire aussitôt l'objet de propos ou d'avis embarrassants. Le premier ministre eut recours à Ossun pour engager l'affaire. La facilité de notre représentant à accueillir ses idées et à les reproduire étant sans

1777.

égale, il la mit à profit. Ossun, en effet, s'empresse d'écrire au ministre des affaires étrangères :

A Madrid le 26 x^{bre} 1776.

Monsieur,

Je dois avoir l'honneur de vous rendre compte d'une conversation que j'ai eüe avec M. le marquis de Grimaldi, après lui avoir communiqué par écrit ou verbalement ce que je devais lui confier du contenu de vos dépêches des 8. et 13. de ce mois n° 60. et 61.

Ce ministre, Monsieur, est parti du principe que la volonté de la France et le desir de l'Espagne étoient d'éviter la guerre avec l'Angleterre autant qu'il seroit possible; il a observé que trois points paroissoient avoir fixé l'attention de la France; l'un les motifs que la conduite des Anglois, soit par raport à l'armement considérable qu'ils faisoient avec chaleur et en y employant des moyens extrèmes, soit relativement au bill que le ministère britannique se disposoit à faire passer au Parlement pour autoriser la course contre les batimens américains; que cette conduite, dis-je, devoit inspirer de la méfiance sur la sincérité des assurances que la cour de Londres donnoit de vouloir éviter la guerre contre les deux Couronnes. Le second point est que la France croit ne devoir pas provoquer la guerre. Le troisième qu'il est d'une prévoyance sage et indispensable qu'elle ne néglige rien pour se mettre en état de la recevoir et de la soutenir avec la plus grande vigueur.

M. le marquis de Grimaldi a ensuite considéré que le plan qu'avoit adopté la France pour remplir ces differents objets, sembloit être de tenir des vaisseaux armés dans ses ports et des troupes prêtes à s'embarquer pour pouvoir, au premier avis ou indice certain, porter du secours à celle de ses colonies d'Amérique qui seroit attaquée; ce ministre partant de cette hypothèse a parlé des ouvertures que le ministère de Londres a faites à M. le prince de Masseran et qu'il lui a répétées, selon les dernières lettres de cet ambassadeur; elles ont consisté à lui faire entendre que l'Angleterre n'étoit pas surprise des armemens de l'Espagne parcequ'elle en connoissoit le motif; mais qu'elle étoit allarmée de ceux de la France et que si cette puissance vouloit désarmer l'Angleterre désarmeroit aussi.

Dans cet état, M. le marquis de Grimaldi m'a témoigné qu'il regarderoit comme prudent et convenable que la France s'expliquat franchement avec le ministère britannique sur la disposition ou elle seroit de désarmer si l'Angleterre le faisoit de son côté, et si on n'accordoit pas la permission d'armer des corsaires contre les vaisseaux américains, sans éxiger néanmoins une entière égalité sur le nombre des vaisseaux armés; mais en consentant, par exemple, que tandis que nous tiendrons douze vaisseaux armés, l'Angleterre en eut jusqu'à dix-huit ou vingt; enfin que la France fit sentir aux Anglois qu'il étoit fort naturel que dans le tems ou ils armoient quarante trois vaisseaux de ligne, elle armat de son côté tous ceux qu'elle pourroit. M. le marquis de Grimaldi sent qu'il est possible que le ministère britannique n'acquiesce pas à ces propositions; mais il pense que sa réponse tranquiliseroit, si elle est favorable, et developeroit clairement ses mauvaises intentions, si elle est négative. Ce ministre a fini par la reflexion qu'un des principaux objets de la France étant d'être en état de porter un prompt secours à ses colonies, en cas d'attaque, il étoit inévitable qu'elle eut une forte escadre armée, et que si elle faisoit passer sans délai quatre ou cinq mille hommes à St Domingue, elle auroit pourvu à ce besoin contingent, ce qui la dispenseroit de tenir cette escadre armée; et il a calculé qu'il y auroit à cet arrangement de l'épargne du côté de la dépense, et que pour ce qui concernoit la perte des hommes que l'intemperie du climat pourroit occasionner, cette perte ne sauroit être considerable, parceque l'incertitude sur la paix ou sur la guerre avec l'Angleterre seroit naturellement levée d'ici à un an.

Telles sont, Monsieur, les réfléxions que M. le Mis de Grimaldi m'a prié de vous communiquer; il vouloit d'abord le faire directement ou par l'entremise de M. le Cte d'Aranda; mais il a considéré qu'il alloit quitter le ministère, et il a jugé a propos de m'en charger.

Mylord Grantham, Monsieur, a parlé hier à M. le marquis de Grimaldi de la crainte que nos armemens inspiroit à Londres; le ministre espagnol lui a reiteré l'assurance que la France et l'Espagne n'avoient en aucune façon pensé à attaquer l'Angleterre; qu'il étoit évident que si elles avoient eu des projets à cet égard, elles n'auroient pas attendu pour les éxécuter que l'Angleterre fut armée et eut remporté des avantages sur ses colonies rebelles; que cette conduite de la part des deux Couronnes devroit tranquiliser la cour britannique, à moins qu'elle ne regardat les ministères françois et espagnols comme entièrement dépourvus du sens commun; qu'il étoit fort simple que

1777.   l'Angleterre faisant un armement immense, et se disposant à faire passer le bill pour la course contre les Américains, la France armat dans ses ports autant qu'elle le pourroit, et que l'Espagne fit de même, d'autant plus que rien au monde ne pourroit altérer le système d'union et d'amitié qui existoit entre les deux monarchies. Mylord Grantham n'a eu rien de solide a repliquer, et il s'est borné a dire qu'il alloit en écrire de nouveau à sa cour.

Espagne, t. 582, n° 193.

Ces ouvertures, malgré l'apparence de défendre à nouveau les actes de la cour de France, ne pouvaient guère laisser douter qu'il y aurait beaucoup à faire pour ramener au point d'autrefois les dispositions de Madrid. Mais à Versailles il ne vint pas à l'idée d'en marquer de la surprise, encore moins de l'humeur; on ne pensa qu'à faire appel à l'esprit politique. M. de Vergennes reprit la tâche, qu'il avait su maintes fois si bien remplir, de faire revenir le gouvernement de Charles III à l'appréciation des choses dont l'expérience aurait dû l'empêcher de s'écarter. Presque aussitôt le cachet rompu, le 8 janvier[1], il avait entretenu le roi du pli du marquis d'Ossun et il profitait du courrier de M. d'Aranda, le 11, pour répondre :

J'ai mis sous les yeux du Roi M, les reflexions de M. le Mis de Grimaldi dont vous rendés compte dans votre depeche n° 117. Nous ne differons point de l'opinion de ce ministre sur les objets de prevoiance qu il vous a chargé de nous exposér et mon expedition du 4. de ce mois fait la preuve que nous nous en occupons avec suite. Mais quelque confiance que nous aions dans ses lumieres et dans ses avis nous ne pouvons pas penser qu il *seroit prudent et convenable que nous nous explicassions franchement avec le ministere B^{que} sur la disposition ou nous serions de desarmér si l'Ang^{re} le faisoit de son coté et si on n'accordoit pas la permission d armér des corsaires, sans exiger neanmoins une entiere egalité sur le nombre des vaisseaux armés, etc.*

Je remarquerai en 1er lieu M, que la France peut d'autant moins faire la proposition du desarmement a l Ang^{re} que quoique nous nous soions toujours

---

[1] Il est constaté en marge de ce pli que l'ambassadeur l'avait reçu le 8.

expliqués avec cette puissance de la maniere la plus franche, elle s est enveloppée dans la reserve avec nous, et n'a jamais dit un mot qui put nous invitér a articulér une offre de cette consequence. Comme c est a l Esp^e qu elle a fait la confidence de la disposition ou elle seroit a cet égard, il sembleroit plus naturel que la cour de Madrid affectant de lui donnér plus de valeur qu elle n en a vraisemblablement se chargeàt de la suivre. Elle pourroit le faire avec d autant moins d inconvenient qu elle joueroit le role d un ami commun qui veut ecartér toute semence de mesintelligence entre deux puissances voisines ses amies. Vous sentes M. et M. le Mis de Grimaldi en conviendra jespere que si nous sommes les premiers a parlér de desarmement ce sera annoncér de la foiblesse ou de l'impuissance, deux prejugés facheux dont les Anglois abuseroient infailliblement et qui ne laisseroient plus de proportions dans les armemens que les deux puissances pourroient conservér.

Je dois observér en 2e lieu M. que tandis que l Ang^re paroit a Madrid n etre allarmée que des armemens de la France elle ne nous parle ici que de l inquietude que lui causent ceux de l Esp^e. Pas plus loin que mardi dernier le Lord Stormond s en est expliqué avec moi, il ne concevoit pas l objet de leur augmentation progressive. Je lui ai reparti que les armemens si considerables de l Ang^re legitimoient les precautions des deux puissances, au reste que leur voeu commun etoit constamment pour la paix et toute leur attention se portoit a prevenir qu elle ne put etre troublée.

Cette contrariété dans le langage des Anglois ne peut pas recommander leur sinceritè et disposér a les prevenir par des ouvertures de confiance qu ils ne se borneroient peut etre pas a rejettér, mais dont il est tres probable qu ils chercheroient a abusér.

J ajouterai en 3e lieu M. que si l Ang^re qui avoit 20 v^x de garde dans ses ports n a pù etre rassurée contre un armement de six v^x que nous preparions a Brest qu en y ajoutant 23; quelle proportion voudroit elle donc admettre pour que nous pussions conservér 12 v^x armés? Ne nous abusons pas. Ce ne sont point nos armemens qui chagrinent les Anglois, ce sont les travaux que nous avons fait et que nous continuons pour le retablissement de notre marine.

S ils ont craint que nous voulussions les attaquér ils doivent en etre bien désabusés mais ils voient les deux Couronnes en etat de leur disputer le

1777.

sceptre de la mer, et ils se reprochent de leurs avoir fourni l'occasion de s y mettre. Les ministres B{q}ues aprehendent sans doute que leur nation ne leurs demandent compte de leur meprise.

Ces considerations que je vous prie de faire à M. le Mis de Grimaldi ne doivent pas empechér l Esp^e de donner suite aux ouvertures qui peuvent lui avoir eté faites par l Ang^re. Ce seroit meme un moien de reconnoitre avec plus de certitude le fond des dispositions de cette puissance. Le Roi qui ne desire ainsi que le Roi son oncle que le maintien de la tranquillité publique se pretera volontiers a tout ce qui pourra contribuer a l affermir avec dignite et surete deux conditions essentielles sur lesquelles Sa M^té s en raportera toujours avec confiance a. Sa M^té C{q}ue.

Espagne, t. 583, n° 17.

On n'aurait pu mieux démontrer l'impraticabilité de l'avis que M. de Grimaldi s'était plu à se laisser fournir, ni prendre plus doucement celui-ci à son piège. Que l'Espagne allât de l'avant puisqu'elle croyait l'insinuation des Anglais sincère! Le ministère britannique avait eu des raisons pour faire agir d'abord lord Grantham, car c'est le 2 janvier seulement qu'il aborda le prince de Masserano. Lord Suffolk encore, nous l'avons dit, se chargea de la démarche et employa la séduction de ses témoignages de grande et d'affectueuse estime sur le représentant du roi Charles. Mais l'ambassadeur n'était pas un politique de l'école italienne. Il n'avait pas hâte de saisir ce qui pouvait entraver. Ses vues cadraient trop bien avec celles dont les deux Couronnes s'étaient inspirées jusqu'alors pour ne pas se tenir en garde. En rapportant à sa cour le langage de lord Suffolk, il donne les meilleures raisons de s'en défier et envoie sa lettre par le courrier du comte d'Aranda pour que l'on en ait connaissance à Versailles[1]. On a vu qu'avant d'avoir lu cette dépêche M. de Vergennes perçait déjà de part en part cette fantasmagorie du désarmement, rien qu'en écrivant au marquis de Noailles qu'à Madrid l'ambassadeur d'Angleterre expliquait l'arme-

---

[1] Rapport du 3 janvier. (*Angleterre*, t. 521, n° 5.) — Nous reproduisons cette pièce à l'annexe I du présent chapitre.

ment si précipité de sa nation par l'armement de la France et qu'à Versailles c'était par celui de l'Espagne[1]. Le prince de Masserano transmet à Madrid ce passage, que M. de Noailles lui a montré, et croit n'avoir besoin d'ajouter rien de plus sinon de rappeler au premier ministre « l'étonnement qu'il lui a souvent témoigné de voir les ministres lui donner toujours pour motif de leur armement celui de la France et ne tenir jamais ce langage à l'ambassadeur de Versailles avec lequel ils devraient s'expliquer ». « Je suis convaincu, ajoutait-il, que cette façon d'agir, d'après ce que mande M. de Vergennes, doit nous donner de l'inquiétude et prouve qu'ils ont quelque projet qu'ils cachent à la France et à l'Espagne, qui doivent pour cela même prendre leurs mesures afin de n'être point surprises dans leurs vastes et lointaines possessions. » Il signalait d'ailleurs que la presse continuait dans les ports anglais avec une activité extrême. Les conversations de lord Weymouth ramenaient comme instinctivement l'ambassadeur en arrière, si celles de lord Suffolk et de son ami lord Mansfield avaient pu le porter à la confiance. Empêché d'aller à l'audience de ce ministre le 9 janvier, il y avait envoyé Escarano, avec qui le lord avait été très laconique; mais il rendait compte de la conversation qu'avait eue ensuite le marquis de Noailles et montrait ainsi qu'il suit combien la manière d'être du secrétaire d'État du *Foreign office* commandait aux deux cours de se méfier :

L'ambassadeur lui fit ensuite la même ouverture que je vous ai mandé par le dernier courier qu'il avoit faite au Lord Suffolk relativement au bien qui résulteroit de l'éclaircissement des soupçons qu'il pourroit y avoir entre les cours de Versailles et de Londres, en lui faisant entendre que cette ouverture étoit absolument de lui, et qu'il ne la faisoit point par ordre de son maitre. Mylord lui répondit que comme l'Angleterre ne doutoit point des bonnes intentions de S. M. T. C. il espéroit que ce monarque ne douteroit pas non plus de celles du roi de la Grande Bretagne; et il n'en dit pas davantage. Cela

---

[1] Dépêche du 11 janvier 1777 (*Angleterre*, n° 24) plus haut citée.

est d'autant plus etrange que ces ministres disent toujours que leur armement n'a d'autre cause que celui de la France, et qu'ils n'en disent pas un mot aux ministres de cette puissance. Cela me fait craindre que ce ministere ne soit pas de bonne foi avec la France et avec nous, parcequ'il me paroit impossible que dans les trames et les perfidies du Mis de Pombal l'Angleterre n'y soit pas pour quelque chose.

Londres le 10 j^{er} 1777.

Angleterre, t. 521, n° 18.

L'insinuation que M. de Grimaldi avait saisie avec tant d'empressement était donc loin de réussir à Londres. Le prince de Masserano avait eu, le 16, avec lord Mansfield, une conversation dont il faisait l'analyse le lendemain; il en concluait sans hésiter que les véritables dispositions de l'Angleterre se manifestaient dans la véhémence avec laquelle la presse s'effectuait, dans quarante-trois vaisseaux de ligne prêts à prendre la mer en outre de cent trente bâtiments secondaires sur les côtes d'Amérique, dans tous les préparatifs de guerre possibles, lorsque aucune puissance ne menaçait d'attaquer[1]. Pas plus qu'auparavant, du reste, le moindre mot de ce désarmement illusoire n'était touché par les ministres britanniques à l'ambassadeur de France. Celui-ci en jugeait très exactement la portée en écrivant au comte de Vergennes le 17, n'ayant pas encore reçu sa dépêche du 11 :

Il y a beaucoup d'analogie, Monsieur le Comte, entre le langage qu'on nous tient ici à M. le prince de Masseran et à moi, et la conduite que paroissent suivre les ambassadeurs d'Angleterre à Versailles et à Madrid. Le Lord Stormont vous parle, Monsieur le Comte, des armemens de l'Espagne, tandis que le Lord Grantham fait grand bruit des notres à Madrid, et veut les faire envisager comme l'objet qui provoque tous les préparatifs militaires de l'Angleterre. Qu'arrive-t-il à M. le prince de Masseran et à moi, lors que nous allons chés les secrétaires d'Etat. Ordinairement le lieu de la scene est pour moi en Espagne, et il est porté en France pour M. le prince de Masseran.

[1] *Angleterre*, t. 521, n° 30. — Cette pièce est reproduite à l'annexe I du présent chapitre.

Je n'ai point eu l'honneur de vous informer, Monsieur le Comte, de ce qui avoit été dit ici à M. l'ambassadeur d'Espagne, relativement à la question du désarmement. J'ai pensé que c'étoient des paroles jettées au hazard, et qui ne pouvoient avoir que du danger pour nous. Aussi quand j'ai proposé successivement aux Lords Weymouth et Suffolk, de me demander des explications sur ce qui pourroit faire nuage de notre côté, j'étois prêt à repondre, si l'on m'avoit interpellé sur nos armemens, ou qu'on m'eut dit qu'on désarmeroit ici, si la France vouloit désarmer. J'aurois commencé par demander qu'on voulut bien définir les termes, et déterminer le sens qu'il falloit attacher au mot de désarmement. Il se seroit trouvé à la fin du compte, que nous aurions été seuls chargés de faire tous les frais de ce à quoi chacun devoit contribuer pour le maintien et la tranquillité générale. L'Angleterre croiroit-elle désarmer, lorsqu'elle auroit quelques vaisseaux de ligne de moins, et qu'elle continueroit d'avoir plus de cent frégates en Amérique, entre trente et quarante mille hommes de troupes dans le voisinage de nos Colonies, et qu'en même tems il y auroit constamment dans les ports de la Grande Bretagne vingt vaisseaux de ligne? un désarmement réel est donc une chose chimérique à attendre de l'Angleterre, à ne considérer même que la crise de ses affaires intérieures.

Si nous passons ensuite à l'Espagne tout ce qui tendroit à un désarmement ne sauroit lui être proposé sérieusement, lorsque nous savons qu'il faut qu'à main armée elle se fasse justice du Portugal, au moins dans les contrées de l'Amérique méridionale.

Lorsqu'il est démontré que l'Espagne et l'Angleterre sont nécessairement armés, nous devons donc nous seuls nous exécuter par complaisance pour la cour de Londres, et nous mettre hors de toute défense? Le désarmement ne pouvant en conséquence avoir lieu d'aucun côté, c'est une dérision seulement d'en parler. Une pareille proposition ne pourroit nous être faite qu'à deux fins : celle de nous endormir dans un moment qui demande toute notre vigilance ou celle de faire soupçonner à l'Espagne, que nous négligeons de nous tenir prêts à lui donner les secours qu'elle peut être dans le cas de reclamer d'un instant à l'autre. Sous ce dernier rapport l'Angleterre obtiendroit le double avantage de pouvoir nous prendre au dépourvu, et de porter atteinte autant qu'il lui seroit possible à l'alliance que le sang et la raison ont

1777. également cimentée pour la gloire, la prospérité, et la puissance des deux premières monarchies de l'Europe.

Angleterre, t. 521, n° 35.

M. de Grimaldi était bien obligé de répondre aux observations de Versailles. Il s'y décida le 27 janvier en cachant une retraite sous beaucoup de développements. La dépêche qu'il écrivit pour cela au comte d'Aranda prescrivait à ce dernier de parler des propositions de lord Grantham avec M. de Vergennes et, au cas où ce ministre penserait que l'Espagne pouvait utilement faire les avances indiquées par le pli de Versailles, d'envoyer copie de ce pli à M. de Masserano qui en entretiendrait lord Suffolk si celui-ci venait à remettre le sujet en conversation. En d'autres termes, il laissait tomber l'affaire[1], ni l'une ni l'autre de ces conditions n'ayant probabilité de se produire. Il ne

[1] « Je vous ai raporté tous ces antecedents, « portait la fin de sa dépêche, pour vous faire « connoitre que le ministre du Roi incline a ce « que le prince de Masseran profitant de l'ou- « verture du Lord Suffolck lui reponde (verba- « lement et seulement quand ledit ministre lui « en reparlera) dans des termes à lui faire en- « tendre que Sa Majesté se chargeroit volon- « tiers de sonder et de persuader la France a « cet egard, toutes fois que la proposition du « cabinet britannique sera sincere et d'une exe- « cution possible. Quoique le comte de Ver- « gennes fasse entendre dans sa depeche qu'il « ne trouve pas d'inconvenient dans cette de- « marche si elle est faite par nous autres, la « volonté de Sa Majesté est que vous en traitiés « de nouveau avec ce ministere, et si a la suite « d'un mur examen, on convenoit qu'elle peut « se faire, vous pourrés envoyer au prince de « Masseran une copie de cette lettre, laquelle « peut servir substentiellement de reponse a « la sienne, et d'instructions sur les reflexions « qu'il doit avoir presentes lorsqu'il s'expliquera « avec les ministres britaniques pour se ren- « fermer dans les termes convenables et eviter « les inconveniens qui pourroient naitre d'une « franchise trop affectée. Vous observerés finale- « ment que j'indique que le P^{ce} de Masseran « doit s'expliquer seulement de paroles, et « quand on lui reparlera de cet objet; car s'il « le faisoit par ecrit et de son propre mouve- « ment, cela paroitroit l'effet d'un ordre exprès « de sa cour et consequemment d'une conven- « tion entre leurs M^{tés} Tres Chret^e et Cath^e, cir- « constance qui terniroit le caractere que nous « voulons prendre de mediateurs pour le bien « de la paix et de l'humanité, sans que la « France se montre comme acteur. Mais si mal- « gré ce que je viens de dire, la cour de France « jugeoit que notre amb^r a Londres doit s'ex- « pliquer directement et par ecrit, ou dans des « termes differens, Votre Ex^{ce} pourra l'en in- « struire, la volonté du Roi est de se conformer « a ce que disposera Sa M^{té} Tres Chret^e, et « comme le prince de Masseran aura la co- « pie de cette lettre, il la regardera comme « un ordre immédiat de Sa M^{té}. Au Pardo le « 27 janvier 1777. » (*Espagne*, t. 583, n° 47.)

resta guère de la tentative que l'écho. Le 12 février, M. de Vergennes, après avoir pris les ordres du roi[1], répond de sa main au comte d'Aranda, qui lui a communiqué la dépêche précédente. Il ne se contente pas de renouveler une fois de plus avec son grand sens les raisons contraires; il ajoute ces considérations, bien caractéristiques du but politique d'abaisser l'Angleterre, où par-dessus tout il visait, et que des propositions de désarmer auraient éloigné sinon fait disparaître :

> Quoique les deux Couronnes desirent sincerement la paix et qu elles se soient refusées a tout ce que la faveur des circonstances leurs presentoit de seduisant pour abaisser l orgeuil de l Ang^{re} voudroient elles porter le desinteressement jusqu'a negliger l interest qu elles ont a laissér prolongér une guerre qui qu elle qu en soit l issue contribuera a l epuisement de la G^{de} Bretagne; si nous nous accordons a desarmér nous epargnons sans doute une grande depense mais lo'conomie sera plus grande pour l Ang^{re} puisque non seulement elle mettra en epargne tout ce qu elle retranchera de son armement extraord^e, mais meme que les bons matelots qu elle ne peut avoir qu'au moien de fortes primes ou de salaires extraord^{es} se donneront a des conditions moins onereuses. Nous rendrons par la au commerce de l Ang^{re} l activité et l aisance dont il est privé soit par les rigeurs de la presse soit par le prix excessif auquel se louent les matelots qui lui echapent; enfin le desarmement ne pourroit que decouragér les insurgens et les precipitér vers la conciliation; ne pouvant plus compter sur un interest meme tacite de la part de la France et de l'Esp^e ils se laisseroient sans doute aller aux tentatives que l Ang^{re} ne se lasse pas de reiterér pour les rapeller a la soumission.
>
> *Espagne*, t. 583, n° 84.

Le ministre pouvait s'exprimer plus librement en envoyant à Ossun la copie de cette réponse. Aussi lui dit-il que « nous perdrions la sûreté dont nous devons nous occuper de préférence à tout », à donner une suite quelconque « à une idée qui n'a été mise en avant, sans doute, que pour nous amuser[2] ». Le 28 encore, il reprendra fort

---

[1] Il le dit à Ossun dans un pli du 7. (*Espagne*, t. 583, n° 77.) — [2] *Ibid.*, n° 89.

au long l'affaire en vue d'édifier sur elle M. de Floridablanca, alors arrivé au Pardo. Mais, prudemment, M. de Grimaldi avait abandonné cette « idée », car Ossun mandait déjà le 13 que, dans une autre conversation avec milord Grantham, le premier ministre était rentré sur le terrain des protestations pacifiques et des reproches, imputant comme auparavant à l'Angleterre de troubler seule l'accord par ses apprêts maritimes[1]. Au pli de M. de Vergennes, du 28, l'ambassadeur pourra répondre, le 3 mars, que les considérations du ministre français « ont ramené le Roi Catholique et son ministère ».

M. de Grimaldi, toutefois, avait tendu d'autres fils plus propres que ceux-là à embarrasser la France. M. de Vergennes s'était enquis minutieusement de la situation des forces de l'Espagne. Des rapports

[1] « M^d Grantham, mande l'ambassadeur, s'est « expliqué, Monsieur, au nom de sa cour avec « M. le Mis de Grimaldi dans les termes les « plus positifs sur ce qu'elle ne pensoit en « aucune maniere à entrer en guerre avec la « France et l'Espagne, au contraire sur le désir « sincere qu'elle avoit de conserver la paix « avec ces deux puissances; le ministre espa- « gnol l'a assuré que les deux monarques pen- « soient de meme, et il lui a demandé pour- « quoi l'Angleterre faisoit un armement aussi « considerable; l'ambassadeur a repondu que « c'étoit à cause de ceux de la France; M. le « Mis de Grimaldi lui a fait observer que l'An- « gleterre avait armé extraordinairement la pre- « miere et qu'une escadre de six vaisseaux de « ligne postérieurement armée dans le port de « Brest, n'auroit pas dû causer de l'inquiétude « au ministère britannique. L'ambassadeur a « persisté soit sur le motif des armements de « l'Angleterre soit par raport au desir sincere « qu'elle avoit de maintenir la paix avec la « France et l'Espagne, alors M. le Mis de Gri- « maldi lui a dit qu'il étoit si sûr des disposi- « tions pacifiques de la France et de l'Espagne « qu'il lui offroit d'être mediateur entre les « deux cours de Versailles et de Londres pour « les mettre a portée de s'expliquer amicale- « ment sans compromettre leur dignité ou leur « délicatesse, et de convenir de desarmer reci- « proquement; ce ministre a ajouté qu'il ne lui « cacheroit pas que les préparatifs de l'Angle- « terre allarmoient infiniment la France et « l'Espagne. Que cette derniere tenoit en con- « sequence douze à treize vaisseaux de ligne « armés à Cadix, qu'elle en faisoit armer dans « ce moment deux de plus, et qu'elle en feroit « armer plusieurs autres successivement; qu'il « croyoit que la France en agissoit de même, « parce que les deux puissances ne vouloient pas « s'exposer à des surprises, et qu'elles vouloient « au contraire se mettre en etat de soutenir et « de pousser la guerre avec vigueur, si on les « attaquoit. Milord Grantham s'est montré très « satisfait de cette explication; il y a apparence « qu'il en rendra compte à sa cour, à qui, « comme vous savez, M. le prince de Masseran « a été autorisé de tenir à peu près le même « langage. A Madrid le 13 fevrier 1777. » (*Espagne*, t. 583, n° 85.)

réitérés d'Ossun l'avaient renseigné sur l'armée et sur la marine[1]. Son attention s'était aussi portée sur la correspondance de l'époque où le duc de Choiseul, pour éviter la malheureuse paix de 1763, s'efforçait de combiner une action plus forte des deux cours; il avait même demandé à l'ambassadeur, à ce sujet, des copies d'expéditions dont la minute lui manquait[2]. Muni de ces documents, il avait dressé le plan du nouveau concert que les circonstances lui paraissaient appeler à cette heure. Le 4 janvier, entre le jour où il reçut Franklin à Paris et celui où la légation vint à Versailles, il remit au comte d'Aranda pour le soumettre au Pardo, et il envoya à Ossun, le projet qu'il avait donné à lire à l'ambassadeur espagnol les derniers jours de 1776. Les termes dans lesquels il adressait à Madrid ce document montrent qu'avant toute délibération du cabinet il avait personnellement conçu ce moyen de rouvrir avec le gouvernement de Charles III le champ des projets intimes. Les bases, les chances, les détails du plan étaient établis dans un exposé étendu, tout entier de la main du ministre. « Il est temps, disait-il, que les deux Couronnes prévoient la guerre et avisent aux moyens de la soutenir avec le moins de pertes qu'elles pourront, » et il empruntait à un projet dressé par le cabinet de Madrid en 1766, accepté à peu près tout entier par le duc de Choiseul, le cadre des opérations proposées. C'était sous la réserve essentielle, cependant, que si le duc de Choiseul avait admis les données sur lesquelles les forces de la France étaient alors calculées,

1777.

---

[1] Par une lettre confidentielle du 7 novembre à laquelle Ossun répond le 18 (*Espagne*, t. 582, n° 126), M. de Vergennes en remercie l'ambassadeur. Il le questionne de nouveau le 8 décembre. (*Ibid.*, n° 159.)

[2] Dépêche du 28 octobre : « On n'a pas conservé de copie dans mes bureaux de la correspondance particulière que M. le D. de Choiseul a suivie avec vous relativement à la dʳᵉ paix depuis l'époque du 17 avril 1762 jusqu'au 15 fevʳ 1763. Je vous prie d'y suppléer

« en m'envoyant une copie de cette correspondᶜᵉ à l'exception des dépêches que vous « m'avez fait passer en dernier lieu ; mais comme « je présume qu'elle est volumineuse vous pour- « rez me l'addresser successivement par des « occasions sûres. » (*Ibid.*, n° 79 ; voir aussi n° 145.) Ossun répond le 11 novembre, d'Aranjuez, qu'il enverra cette correspondance dès sa rentrée à Madrid avec la cour. (*Ibid.*, n° 112.) Il en parle de nouveau le 23 et le 30 décembre. (*Ibid.*, nᵒˢ 190 et 201.)

ces données n'existaient plus maintenant, car « Sa Majesté n'avait point trouvé de marine à son avènement au trône, très peu d'approvisionnements pour sa restauration, et tout ce qu'elle avait pu faire depuis, y compris les travaux à effectuer en 1777, ne lui assurait qu'un nombre inférieur de vaisseaux ou de frégates ». M. de Vergennes n'était pas sans craindre qu'à Madrid l'on ne fît froid accueil à son projet; aussi mettait-il un soin particulier à motiver sa démarche et à en préciser le caractère. Il écrit à l'ambassadeur de sa main, tenant à le bien pénétrer de ses raisons et de ses vues :

> Toutes vos dépèches nous annoncent, M. que la cour de Madrid n'est pas moins attentive que nous le sommes aux préparatifs et aux mouvements de l'Ang^{re}, elle nous invite si souvent à ne les pas perdre de vue et à nous tenir prêts à tout évènement que nous ne devons pas douter qu'elle ne prenne de son côté les mesures les plus propres à oposer la résistance la plus forte si elle devient nécessaire. Mais ce n'est pas assez d'armer respectivement si les deux Couronnes n'ont un plan combiné qui fasse concourir leurs efforts communs à un seul et même but. C'est pour en approcher que j'ai formé l'ébauche que j'ai l'honneur de vous adresser; le roi, qui l'a vue, a paru la gouter; mais Sa Majesté n'a pas voulu se décider avant de savoir ce que le Roi C$\widetilde{\text{que}}$ et son ministère peuvent en penser. Vous voudrez donc bien la communiquer confidentiellement et inviter les ministres espagnols, après avoir pris les ordres du roi leur maître, d'y faire les corrections et les changements dont le plan pourra leur paroitre susceptible. Le plus tost sera le mieux, car la saison avance, et il est de la plus haute importance, si nous ne voulons pas être surpris, que toutes les dispositions soient arrêtées avant l'ouverture du printemps.

Projet uniquement « défensif », continue le ministre en résumant les explications de son mémoire. Non qu'il ne reconnaisse pas l'avantage de prévenir les Anglais et de « tomber dessus avant qu'ils aient « le temps de donner plus de consistance à leurs mesures offensives »; mais « la parfaite équité des deux monarques répugnerait à porter les premiers coups, et il faut restreindre l'action sur la mer afin qu'elle ne s'étende pas au continent; il faut la recevoir et non l'engager ». Il n'est pas militaire; sans aucun amour-propre il appelle donc la libre critique du cabinet de Madrid sur ce qu'il propose; il ne marque qu'un seul parti arrêté, c'est que les forces des deux pays « aient une « destination séparée » et que, hormis des cas rares, on ne forme pas des escadres devant agir ensemble, car « la jalousie du commandement fait naître des divisions entre les chefs qui se répandent parmi les subalternes et fait échouer les opérations les mieux concertées[1] ». L'exposé ne porte que cet intitulé : *Mémoire*. C'était simplement, en effet, un projet à discuter. Le ministre déterminait d'abord ce que les deux cours auraient à attendre des États du continent si la guerre venait à naître; il précisait ensuite les données du plan arrêté en 1766, puis, appliquant ces données aux circonstances et à la situation présentes, il indiquait ce qu'il fallait en rabattre et ce qu'il concevait que l'on fît. C'est un document important de notre histoire politique.

MÉMOIRE

ou plan des mesures à concerter avec l'Espagne contre les entreprises qu'on peut supposer à l'Angleterre[2].

Les armemens que l'Angleterre présse depuis quelques mois avec une activité presque incroyable, peuvent paroitre d'autant plus suspects et même allarmans, que malgré tous les motifs de confiance et de sécurité que la France et l'Espagne se sont empressées à lui présenter, elle semble plustot redoubler de méfiance et de mauvaise volonté.

Il est donc tems que les deux Couronnes prévoyant le cas ou il ne sera plus à leur choix de conserver la paix, avisent aux moyens de soutenir la guerre avec le moins de désavantages qu'il sera possible.

De tous les plans qu'on pourra faire, celui qui mettra les Anglois dans la

---

[1] A Versailles, le 4 janvier 1777.
[2] Ce sous-titre a été ajouté postérieurement à la date de la pièce, laquelle porte en marge la mention suivante, de la main de M. de Vergennes : « Décembre 1776, *remis à M. le comte d'Aranda le 4 j^{er} 1777*. »

nécessité de morceler leurs forces, sera sans contredit le plus salutaire. Obligés de veiller partout, ils ne se trouveront aucune part assez en force pour former des entreprises de quelque considération. C'est par la lassitude et par l'épuisement qu'il faut aspirèr a les vaincre plus tot que par des combats où ils auroient sur nous l'avantage que donne la science et l'expérience.

L'objet éssentiel pour les deux Couronnes est de prévenir autant qu'il dépend d'elles, que le feu de la guerre qui menace de s'allumer sur la mer, ne puisse embraser le continent. Dans cette vue, elles doivent s'abstenir soigneusement de faire intervenir leurs alliés dans la querelle qui peut s'élever. Le seul qui pourroit y prendre une part active seroit la Suede; mais circonvenue comme elle l'est par la Russie, la Prusse et le Dannemarck, ses démonstrations ne pourroient que la compromettre, nous occasionner des dépenses en pure perte, et peut être former sur le continent l'engagement que nous voulons éviter, lequel ne pourroit que nuire à l'intérêt principal des deux Couronnes.

Leur politique doit donc se concentrer à disposer l'Europe à rester neutre dans la guerre qui paroit prête à s'élever entre elles et l'Angleterre, et c'est par cette raison que quelque imminent que semble l'orage, il convient d'attendre qu'il éclate de la part de la Grande Bretagne. Si elle se porte pour agrésseur, elle ne peut plus réclamer à titre de devoir, les secours de ses alliés, et principalement ceux des États généraux, et il y a lieu de croire que ces derniers trop contents de pouvoir attirer à eux la principale partie des benéfices de commerce que les puissances belligérentes devront abandonner, ne voudront pas sacrifier cet avantage à l'enthousiasme d'une partialité, qui n'est pas plus dans le caractère d'une nation marchande, que dans ses intérêts.

Les deux Couronnes travaillant sur ce plan, peuvent espérer de maintenir la république de Hollande dans les termes de la neutralité. Le même apât ne peut avoir d'effet sur la Russie laquelle n'ayant pas de marine marchande, ne peut être séduite par les avantages du commerce étranger. Sa situation intérieure, le sentiment encore subsistant des playes profondes que la guerre de Turquie, les tracasseries de la Pologne, la révolte et la peste ont faites dans sa population et dans ses finances, sembleroient devoir la détourner d'entrer dans une guerre étrangère à ses intérêts et qui paroit ne pouvoir jamais lui procurer aucune utilité réelle. Mais le genie romanesque de Catherine seconde, sa passion pour toute espèce de célébrité, et un reste de ressentiment, peut être toujours actif contre la France, peuvent la rendre plus susceptible de preter l'oreille aux suggestions de l'Angleterre, surtout si cette puissance veut la défrayer de ses dépenses.

Dans la position où la France se trouve vis à vis de l'impératrice de Russie, elle ne peut par ses insinuations ni l'éclairer sur ses vrais intérêts, ni détruire le préstige que les Anglois peuvent chercher à lui faire. Cette tâche regarde plus naturellement la cour de Madrid, qui s'étant toujours maintenue dans un sistème de ménagement et d'égards respectifs avec celle de Russie, n'a ni les mêmes préventions à combattre, ni les mêmes difficultés à vaincre.

On ne fait que nommer ici le Dannemarck, incapable de mouvement par lui-même, il paroit bien décidé à ne prendre que celui que la Russie voudra lui imprimer. Il n'est pas d'ailleurs dans des termes avec l'Angleterre, à lui faire facilement le sacrifice d'une tranquilité qui paroit également nécessaire à son existence phisique et morale.

Avant de proposer ces idées sur la meilleure disposition qu'on estime que la France et l'Espagne pourroient faire de leurs forces, si la guerre est inévitable, il est indispensable de jetter un coup d'œil rapide sur ce qui a pu être projetté anterieurement.

Un mémoire bien raisonné de la cour de Madrid de l'année 1766 renfermoit un plan d'opérations qu'on va résumer.

L'Espagne y évaluoit les forces navales de l'Angleterre à 140 vaisseaux de ligne et 100 frégates, dont elle croyoit qu'elle pouvoit mettre en action 120 vaisseaux et 80 frégates, ce qui est fort exagéré. L'Espagne établissoit que les deux Couronnes pouvoient y oposer 116 vaisseaux de ligne et 70 frégates. Il convient d'observer que la cour de Madrid calculoit sur les données de la France qui portoit sa marine à 66 vaisseaux de ligne et 14 d'augmentation, au total 80 et 40 frégates. L'Espagne n'annonçoit de sa part que 58 vaisseaux de ligne et 30 frégates, avec promesse d'une augmentation annuelle de 6 vaisseaux et quelques frégates. Suivant cet état les deux flottes formoient un ensemble de 138. vaisseaux et 70. frégates, de manière qu'il seroit resté 22. vaisseaux, sans les augmentations ultérieures pour les rechanges. L'Espagne proposoit d'avoir pour sa rade au Ferol 34. vaisseaux, dont 30. toujours armés et 12. frégates et 20. mille hommes de troupes, infanterie, cavalerie et dragons, munis de tout le nécessaire pour un embarquement et pour former une grande entreprise.

A Cadix 14. vaisseaux dont 12 armés, 8 frégates et un corps de 8 mille hommes.

Sept vaisseaux à Carthagene, dont cinq seulement armés, avec quelques frégates et chébecs et des troupes dans la même proportion.

Les trois vaisseaux restans pour completter le nombre de 58. devoient être expédiés dans la mer du Sud, où ils se seroient joints au Péruvien qui s'y trouvoit.

La seule disposition dont le mémoire fait état pour la défense de l'Amérique occidentale est l'envoi de quelques bataillons à la Havane.

Suivant ce plan l'Espagne devoit avoir 50. vaisseaux armés, et 28. mille hommes sur les côtes de l'Océan. Elle demandoit que la France eut à Brest 40. vaisseaux de ligne et 20. frégates toujours armées et 40 mille hommes sur les côtes de Normandie et de Bretagne. A Toulon 12. vaisseaux 10. frégates et 12. mille hommes, enfin qu'elle fit passer en Amérique une escadre de 16. vaisseaux de ligne, 10. frégates et un corps de troupes de 8. mille hommes.

La cour de Madrid indiquoit Porto Rico comme la station la plus salubre et la plus a portée de veiller sur les mouvemens des Anglois, et elle nous laissoit la liberté de tenter pour nôtre compte la conquête de la Jamaïque.

Les troupes rassemblées en Bretagne et en Galice devoient menacer l'Angleterre et l'Irlande, et celles de Cadix, Carthagène et Toulon, Gibraltar et Port-Mahon.

L'Espagne portant la force de l'Angleterre à 120. vaisseaux, jugeoit que Brest et le Ferol n'en occuperoient pas moins de 80. Elle en comptoit 20. pour Gibraltar et la Meditéranée, et pareil nombre pour l'Amérique; au total 120.

M. le duc de Choiseul repondant en 1767. au mémoire de la cour de Madrid, assure que les 66. vaisseaux françois seront prets dans le courant de l'année 1768. et qu'au lieu de garder en magasin, comme on se l'étoit d'abord proposé, les approvisionnemens rassemblés pour la construction de 14 vaisseaux d'augmentation, on les construira successivement, sans déranger pour cela les approvisionnemens nécessaires pour réparer les pertes de la guerre et du tems.

M. le duc de Choiseul passant ensuite à l'examen des objets défensifs auxquels il sera indispensable de pourvoir au moment de la guerre, annonce que dès que le Roi y sera déterminé, son intention est d'arrêter en entier tout le commerce maritime de la France; de faire rentrer tous les batimens marchands, et de n'accorder que quelques permissions limitées pour le Levant. Il sent toute la rigueur de cette précaution; il s'attend qu'elle excitera des clameurs et des plaintes, mais il la croit nécessaire pour conserver les matelots.

La France enverra 15. bataillons même 20. s'il le faut aux isles du Vent. Ces 20. bataillons placés au centre du golphe, auront pour soutien une escadre de 12. vaisseaux et 6. frégates, avec les batimens pour transporter ces troupes aux différens lieux de l'Amérique où le besoin les apellera. Pour faciliter la subsistance, cette escadre sera relevée tous les ans par une de pareille force, qui sera en station dans la rade de Brest, elle est jugée suffisante pour protéger les côtes de Bretagne jusqu'en Aunis.

Pour ce qui est de St Domingue, on répugne à envoyer des troupes dans ce climat meurtrier; cependant on pourroit y faire passer dans le besoin 6. bataillons. On craint moins la conquête de cette isle que sa dévastation.

Les isles de France et de Bourbon étant intéressantes à conserver on y enverra 6. vaisseaux 4. frégates et 6. bataillons.

M. le duc de Choiseul pense qu'il est éssentiel d'avoir dans le golphe de Gascogne une escadre de 6. vaisseaux et 4. frégates. Il juge cette croisiere nécéssaire et peu dangéreuse, ayant l'azile des ports d'Espagne comme de ceux de France.

Trente bataillons et 6. régimens de cavalerie ou de dragons seront placés en Normandie et en Bretagne. Ce nombre paroit suffisant pour la sureté des côtes et pour donner l'inquiétude d'un débarquement.

Dix bataillons et deux régimens de cavalerie garderont la côte d'Aunis et de Guyenne. Dix autres bataillons celle qui s'étend vers Bayonne, 14. seront repartis en Provence. Enfin il y aura sur la côte depuis Boulogne jusqu'à Dunkerque 30. bataillons et 24. escadrons.

M. le duc de Choiseul résumant, conclut qu'il y aura dans la partie de la marine pour la défense et la seule précaution 12. vaisseaux aux isles du Vent, et 12. à Brest pour les relever ainsi que 12. frégates cy..   24 vaisseaux   12 frégates

Dans l'Inde 6. vaisseaux et autant pour les relever et 4. frégates cy..................................	12	8
Dans le golphe de Gascogne, 6. vaisseaux et 4. frégates cy...	12	8
Dans la Méditéranée 8. vaisseaux et 4. frégates et autant pour les relever cy...........................	16	8
Total...................	64	36

Suivant cet aperçu il devoit rester 16. vaisseaux et 4. frégates employés pour la guerre offensive.

Quant aux forces de terre 118. bataillons et 56. escadrons devoient couvrir nos posséssions éloignées et nos côtes. Si on y ajoute 60. bataillons de milices pour garder l'intérieur du royaume, il restoit à la disposition de l'alliance et pour la guerre 126. bataillons et 173. escadrons indépendament des troupes légères.

M. le duc de Choiseul en donnant cet état des forces de la France, n'entre point dans le détail de celles de l'Angleterre, et ne dit rien de l'usage qu'elle pourroit en faire.

Il ne serviroit de rien d'examiner si ce plan de M. le duc de Choiseul étoit exactement calculé sur les forces réelles du royaume, surtout sur ses forces navales. Ce qui est très certain est qu'à l'époque de la retraite de ce ministre en 1770. on ne comptoit encore que 66. vaisseaux parmi lesquels quelques uns vieux et hors de service.

Mais son calcul, fut il vrai alors, ne l'est plus aujourdhuy. Sa Majesté à son avènement au trone n'a point trouvé de marine, et très peu d'aprovisionnemens pour sa restauration. Tout ce qu'elle a pu faire dans le court intervalle qui s'est écoulé depuis qu'elle a pris les rênes du gouvernement a été de recréer 40. vaisseaux qui sont aujourdhuy en bon état. Les travaux de 1777. en donneront au moins dix autres. C'est donc sur ce nombre de 50. vaisseaux, et 30. frégates environ, sans parler des corvettes et autres petits batimens de guerre qu'il faut bâtir le plan de la guerre.

L'Espagne étant infiniment mieux pour sa marine que la France, pourroit mettre quelque chose de plus au jeu, si la circonstance où elle se trouve vis à vis du Portugal partageoit sa prévoyance et ses efforts. Cependant comme c'est de l'Angleterre que la cour de Lisbonne peut emprunter ses principales forces, toutes les mesures qui pourront tendre à occuper celles des Anglois semblent conduire au but que Sa Majesté Catholique peut se proposer.

La France n'ayant dans le moment présent que 40. vaisseaux à mettre en action, et dix de suplément pour le courant de 1777. tout ce qu'elle pourroit faire seroit d'en disposer de la manière suivante :

	vaisseaux	frégates
Aux isles du Vent	8	4
A l'Isle de France	4	3
Dans la Méditeranée	8	6
Brest et le golphe de Gascogne si cette croisière étoit jugée nécéssaire	18	10
TOTAL des vaisseaux et frégates employées	38	23

Resteroit 12. vaisseaux et sept frégates non compris ce qu'on pourroit construire annuéllement pour relever celles des escadres qui devroient l'être, et réparer les pertes de la guerre.

Il convient d'observer qu'il existe dans les ports quelques autres vaisseaux qui quoiqu'incapables de soutenir une campagne de long cours pourroient cependant encore figurer dans un armement de rade.

Quant aux forces de terre, on ne pense pas qu'on puisse destiner à la défense de nos isles de l'Amérique moins de huit nouveaux bataillons. M. le duc de Choiseul en proposoit vingt. Mais l'Angleterre étoit alors maitresse de l'Amérique septentrionale; elle pouvoit y puiser d'abondantes ressources pour ses projets offensifs en hommes, batimens et subsistances. Aujourd'huy elle est en guerre avec ces mêmes colonies et réduite à employer contre elles une partie de ses propres forces. Si la France ou l'Espagne étoient attaquées par l'Angleterre, il sembleroit qu'une de leurs premieres démarches devroit être de s'assûrer de ces mêmes colonies, et d'obvier à ce qu'elles ne pûssent faire une paix séparée.

On ne peut proposer moins de six bataillons pour la défense des isles de France, de Bourbon et pour l'Inde, quoiqu'on ne se dissimule pas que ce nombre seroit fort inférieur au besoin. En éffet les Anglois ont dix mille Européens, plus de 5o. mille Cipayes dans l'Inde, et tous les moyens qui nous manquent pour combiner une expédition.

Aussi dépourvuë que l'Angleterre l'est de troupes, il y a peu d'apparence que nos côtes et les isles qui leur sont adjacentes fussent menacées d'etre infestées par des descentes.

Cependant il seroit très politique d'y tenir assez de troupes pour inspirer à cette puissance la crainte d'une invasion. Dans cette hipothèse, on n'estime pas pouvoir proposer une meilleure disposition que celle qui est détaillée dans le projet de M. le duc de Choiseul, savoir :

Trente bataillons et 24. escadrons de Dunkerque à Boulogne, autant en Normandie et en Bretagne, 10. bataillons sur les côtes d'Aunis et de Guyenne, et pareil nombre jusqu'à Bayonne. La Provence étant trop dégarnie de vaisseaux pour pouvoir en imposer par l'apparence d'une diversion, il suffiroit d'y tenir le nombre de troupes nécessaires pour la défense de cette province.

Quant à l'Espagne ses discussions avec le Portugal l'obligeant à assigner une partie de ses forces maritimes pour couvrir ses posséssions dans le Paraguay, on estime qu'elle pourroit répartir ses forces de la maniere suivante; en les évaluant sur le pied de soixante vaisseaux de ligne et 3o. frégates.

	vaisseaux	frégates
A Buenos Ayres	8	4
A la mer du Sud	3	"
Au Ferol	15	6
A Cadix	12	5
A Carthagene	4	2
Total	42	17

L'Espagne auroit donc en armement 42. vaisseaux de ligne et 17. frégates dont 34. vaisseaux et 13 frégates seroient apropriés à la guerre contre l'Angleterre. Ainsi il lui resteroit 18. vaisseaux et 13. frégates pour les rechanges que le tems et la guerre exigeroient. On a restreint à 17. le nombre des frégates employées à la suite des escadres, dans l'idée que l'Espagne pourroit se proposer d'en avoir de volantes en Amérique.

L'emplacement en Galice d'un corps de 20. mille hommes composé de toutes armes paroitroit d'autant mieux adapté aux circonstances présentes, qu'il rempliroit le double objet de menacer la frontière de Portugal dans cette partie et l'Irlande d'un débarquement. Il en seroit a peu près de même de toute disposition pareille que l'Espagne pourroit faire en Andalousie et dans la partie des Algarves qui lui appartient. On ne propose rien pour la Méditéranée, parcequ'on concoit que l'Espagne peut avoir un emploi plus nécéssaire à faire du reste de ses forces de terre le long des autres frontieres de Portugal.

Suivant l'état de distribution qu'on vient de former la France auroit en action ou prets a y entrer.................... 38 vaisseaux 23 frégates

Et l'Espagne.................................. 34 13

TOTAL des forces navales employées des deux Couronnes....................... 72 36

Après avoir exposé le tableau de leurs forces mobiles, il est à propos de jetter un coup d'œil rapide sur celles que l'Angleterre est en état d'oposer. Son premier armement, celui qu'elle prépare, est de 43. vaisseaux de ligne. La difficulté avec laquelle il s'exécute malgré la rigueur de la présse, annonce celle bien plus grande qu'elle rencontreroit, si elle vouloit l'augmenter dans la proportion ou il conviendroit de le porter, pour primer les deux Couronnes. Cette difficulté ne surprendra pas si on réfléchit que l'Angleterre ne peut plus compter sur le même nombre de matelots dont elle disposoit dans la précédente guerre.

Si la révolution de ses colonies d'Amérique lui en enleve un quart, elle ne doit pas moins en aproprier qu'un autre quart et même plus à les contenir et à les soumettre. C'est donc dans moins de la moitié de son ancien fonds seulement, qu'elle doit trouver, les gens de mer qui lui sont nécessaires pour lutter avec supériorité contre les deux Couronnes.

L'Angleterre annonce et prépare éffectivement un armement de 43. vaisseaux de ligne. Cet effort n'est pas le dévelopement de toute sa puissance. Nous savons par des recherches suivies et par des relevés assez exacts, qu'elle pourroit mettre en commission jusqu'à 82. vaisseaux de ligne en mettant au jeu tout ce. qu'elle a de bons vaisseaux. Les matelots n'etant pas classés en Angleterre comme en France et en Espagne, on ne peut être instruit, même par aperçû du nombre sur lequel elle peut compter. Mais on ne croit pas s'écarter du vrai, en suposant qu'elle ne pourroit armer tout à la fois ce grand nombre de vaisseaux, sans intercepter tout le mouvement de son commerce, et par conséquent sans nuire à l'intérêt essentiel de sa nation.

Ne pouvant pas mesurer avec précision tout l'effort que l'Angleterre pourroit faire dans le début d'une guerre, nous nous bornerons à indiquer celui que nous croyons qu'elle ne pourroit se dispenser de faire, pour maintenir la guerre dans une sorte d'égalité.

Nous établissons qu'elle ne pourroit pas avoir dans le golfe de Gascogne moins de 30. vaisseaux de ligne dont partie de la premiere force pour veiller sur les mouvemens des escadres de Brest et du Ferol, cy . . . . . . 30 vaisseaux

Les côtes de France depuis Dunkerque étant garnies de troupes, tandis que l'Angleterre en est dénuée, la crainte d'un débarquement exige dans le canal une force navale quelconque que nous n'estimons pas à moins de. 8

L'Espagne tenant à Cadix 12. vaisseaux armés, quatre à Carthagene, et la France 8. à Toulon, l'Angleterre ne peut pas employer pour Gibraltar et la Méditéranée moins de vingt quatre vaisseaux, cy. 24

La France ayant une escadre de huit vaisseaux en Amérique; l'Angleterre obligée d'avoir une station à Antigoa et une autre à la Jamaïque, ne pourroit remplir cet objet à moins de 12. vaisseaux, cy. 12

Donnons en encore six pour l'Inde, cy. 6

TOTAL des forces préjugées nécessaires de la part de l'Angleterre pour le simple état défensif seulement 80. vaisseaux, cy. 80

Mais la guerre une fois déclarée, elle devra donner des convois de force à ses transports de recrües, vivres, munitions et autres atirails, que sa guerre d'Amerique exigera. Il ne lui resteroit pour y pourvoir que deux vaisseaux, ainsi que pour les rechanges, que le tems, les hazards de mer, et le service rendroient nécéssaires.

Il y auroit peut être un moyen assez simple de forcer l'Angleterre à une plus grande consommation de ses forces, ce seroit si la France et l'Espagne apellant à Cadix celles qu'elles destinent pour la Méditéranée, y rassembloient une escadre assez nombreuse pour obliger les Anglois à y en tenir une infiniment supérieure. Gibraltar ne peut se soutenir qu'au moyen de la superiorité sur la mer, puisque c'est par elle qu'il s'aprovisionne. Sa conservation ne permettra jamais aux Anglois d'envisager cet intérêt avec indifférence et de la compromettre. Les deux Couronnes rassemblant à Cadix 24 vaisseaux de ligne avec le nombre de frégates compétant, nul doute que les Anglois n'y portent s'ils le peuvent une force bien supérieure, d'autant que de cette station, il seroit possible de leur donner l'allarme de quelque entreprise sur l'Amérique. Peut etre craindra-t-on que la Méditeranée se trouvant depourvue d'une force navale, les Anglois pourroient y prendre un ascendant funeste au commerce des deux Couronnes dans cette mer. Mais si les Anglois ont des apréhensions pour Gibraltar ou pour l'Amérique, ils se garderont bien de perdre de vue l'escadre combinée, et d'entrer dans la Méditeranée, dont on ne sort que très dificilement, le vent d'ouest étant le dominant. Dès lors, des frégates, des chébecs et d'autres armemens légers suffiroient pour couvrir et protèger le commerce des sujets des deux Couronnes, et pour désoler celui que les Anglois font avec l'Italie et le Levant.

Ces idées n'étant point le résultat d'une expérience acquise dans le militaire on les soumet aux lumieres de Sa Majesté et de son conseil, pour les réformer ou les adopter, suivant le jugement qu'elle en portera. On croira avoir sufisament rempli le devoir auquel on est tenu si la production de ce plan, vraisemblablement informe et défectueux, invite à en former un mieux entendu et plus parfait. Ce qu'on ne peut trop recommander est de n'y pas perdre de tems. Si la guerre est un mal, c'en seroit un infiniment plus grand et peut etre irréparable de la recevoir sans s'y etre préparé. Nous armons il est vrai, mais nos armemens seront inutiles si leur destination n'étant pas déterminée, l'ennemi peut boucler nos ports avant que nous ayons pourvu à rien. C'est au ministre chargé du département de la Marine à disposer ses forces de maniere à en avoir l'usage le plus libre et le plus facile.

Si la guerre se déclare, les deux Couronnes n'ayant plus rien à ménager avec l'Angleterre seront en liberté de prendre tel engagement qu'il leur conviendra avec les Colonies de l'Amérique. Il seroit important de savoir ce que l'Espagne pense à cet égard, et si elle est d'avis qu'il conviendroit alors de se lier avec elles par un traité d'alliance d'abord offensive, et qui se réduiroit à la deffensive, lorsqu'à la faveur du rétablissement de la paix leur indépendance seroit reconnue et assurée.

Une derniere observation. Quelque rigoureux qu'il puisse paroitre d'arrêter tout le commerce d'une nation, on ne peut s'empêcher cependant d'aprouver le parti que M. le duc de Choiseul proposoit à cet égard. La conservation de nos matelots est d'un si grand intérêt qu'elle mérite des sacrifices. Il ne suffit pas en effet de réfléchir seulement sur la perte que nous ferions d'hommes utiles et précieux, mais encore sur l'avantage que l'ennemi en tireroit. On sait les moyens odieux qu'il a mis en œuvre dans la derniere guerre, pour forcer nos matelots à prendre service contre leur patrie. Ses besoins bien plus urgents le rendroient encore moins scrupuleux dans l'exercice de cette même tyrannie.

Il ne faut pas se persuader que cette suspension de commerce feroit perdre au royaume les vrais bénéfices de son commerce. Nous perdrions effectivement les avantages du fret; mais ceux-cy pourroient être compensés par les profits qu'offriroit la course. Les gens de mer ne pouvant pas s'employer au service des marchands, formeroient des associations pour courir sur l'ennemi. Cette arme est peut-être de toutes celles dont la France peut faire usage contre l'Angleterre, celle qui lui seroit la plus incommode, parcequ'elle attaque la fortune des individus. Pour ce qui est du commerce de la France, comme il consiste principalement en denrées de son sol, et en produits de son industrie, qui sont recherchés par les nations étrangères, dont plusieurs ne peuvent pas se passer en grande partie, elles viendroient elles mêmes chercher dans nos ports ce que nous discontinuerions de leur porter, et cet avantage momentané que nous leur céderions seroit peut être un moyen de les attacher plus fortement à la neutralité dans laquelle nous devons nous occuper pardessus tout à les maintenir.

Espagne, t. 582, n° 203.

Ossun se trouva à même le 12 janvier de saisir de ce mémoire le Roi Catholique et son premier ministre. Il en remit aussitôt une copie à M. de Grimaldi et il donna verbalement à Charles III une idée du contenu. Non moins préoccupé que son supérieur de l'accueil à attendre, il fait, par précaution, présager des délais. « Ces pièces, mande-t-il, seront mises sous les yeux du monarque et de Mgr le prince des Asturies le lendemain soir, au travail de M. de Grimaldi; il faudra ensuite qu'elles soient examinées dans le comité des ministres, que leur avis soit porté au roi et ce n'est qu'après ces préalables que M. le marquis de Grimaldi sera en état de donner une réponse définitive[1]. » Mais, dans les dispositions que le premier ministre avait inspirées au roi, la réponse ne le gênait pas au degré que supposait l'ambassadeur. Au contraire, elle ramenait l'occasion tout à l'heure manquée de différer les obligations de l'alliance. Dès le 17 janvier M. de Grimaldi dit à Ossun, sans s'expliquer davantage, que la cour de Madrid adopte les données de Versailles; un certain émoi, jeté chez le premier ministre et chez le roi par un pli du comte d'Aranda, devait toutefois retarder un peu l'examen que le conseil en ferait et la réponse qui serait transmise.

L'arrivée de Franklin avait exalté l'ambassadeur d'Espagne. Non seulement M. de Vergennes l'avait instruit de cette arrivée et des entretiens qui l'avaient suivie, mais il avait engagé de plus les « plénipotentiaires » à le voir. Celui-ci les avait reçus et, immédiatement, il s'était plu à leur montrer son gouvernement comme tout à fait disposé dans leur sens[2]. Les rapports entretenus par lui de loin avec Arthur Lee étaient devenus aussitôt fréquents. Maintenant que ce dernier empruntait toute autorité de son association avec un collègue tel que l'ancien représentant des Colonies à Londres, il s'agissait pour son compte. Laissant les deux autres membres de la légation occuper le cabinet de Versailles, il avait conçu l'illusion d'aller plus vite qu'eux et de mettre les deux cours en mouvement par l'ambassadeur

---

[1] Rapport d'Ossun, du 16 janvier 1777. (*Espagne*, t. 583, n° 23.)

[2] « In perfect concert », dit Franklin, qui informait du fait le comité de Philadelphie dans sa lettre du 4 janvier. (Jared Sparks, *Works of Franklin*, t. VIII, p. 194.)

d'Espagne, tandis qu'ils ne trouvaient, à son avis, que des conseils de patience ou des refus auprès de M. de Vergennes. Par là s'étaient rapidement accrus les sentiments ou les espérances qui portaient le comte d'Aranda à tant souhaiter de voir ouvrir les hostilités contre l'Angleterre, et la facilité avec laquelle il oubliait la subordination de son rôle actuel pour écouter les inspirations de son rôle précédent. La pensée d'une alliance immédiate avec l'Amérique avait pris possession de son esprit au point de lui faire croire que sa cour y était prête, mais que l'obstacle venait à présent de Versailles. Il s'était donc empressé d'envoyer à Madrid, en même temps que les documents relatifs aux propositions des Américains, une réfutation des raisonnements par lesquels M. de Vergennes opinait à garder l'expectative ou la réserve, et, sans égards pour l'opinion d'un cabinet allié, il rétorquait ce qu'il appelait tantôt « l'irrésolution » tantôt « la timidité » de la France. Impersonnel par la forme, ce travail posait et débattait, sous cinquante-six chefs successifs, des séries de réflexions tendant à « décider si la cour de France doit prendre ou non parti dans les circonstances actuelles où se trouve l'Angleterre ». Avec l'esprit impérieux autrefois montré dans son ministère, il malmenait les motifs d'attendre que M. de Vergennes avait donnés; il y opposait la résolution de traiter immédiatement avec les Colonies insurgées et la justifiait d'ailleurs par des considérations politiques qui avaient le tort d'être déplacées sous sa plume, demandant une hardiesse d'action trop peu conforme aux circonstances et au caractère des souverains.

Ce document n'aurait pas repris, sur un ton qui approchait parfois de l'ironie, les arguments mêmes développés par le ministère de Versailles cinq mois auparavant[1], que, tombant à Madrid en ce

---

[1] *Espagne*, t. 582, n° 205. — Il faisait la leçon dans le ton que voici : « 32° S'il suffit « de répondre : *je ne veux pas de la guerre, je « n'ai point d'argent pour la faire*, quand les cir- « constances sont telles qu'il ne suffit pas de ne « pas le vouloir et qu'elle aura lieu également? « Un royaume comme la France doit se con- « duire par les vues politiques, par la raison « d'État, par l'intérêt de soutenir son honneur « et sa puissance selon les circonstances, doit « toujours prévoir toutes les possibilités, et un « royaume qui a tant de ressources, n'est pas

moment, il devait faire l'effet d'un manifeste. Autour du prince des Asturies, on continuait à s'agiter pour imposer une autre politique au ministre attendu. Le roi et M. de Grimaldi ne pouvaient donc qu'être fort troublés d'une communication dont les allures, autant que les idées, semblaient correspondre à des partis pris en dehors d'eux. Charles III en était arrivé à craindre le comte d'Aranda; bientôt il l'aura en antipathie, nullement détourné d'ailleurs de ces sentiments par M. de Grimaldi ni par son successeur. A la fin de 1776, déjà, on ne les dissimulait point; on imputait à l'ambassadeur d'exciter par ses correspondances le prince des Asturies, chez qui le tempérament, tout physique, excluait la prudence. Ossun avait reçu cette confidence du ministre lui-même, qui se soulageait à lui en faire tandis qu'il s'apprêtait à s'en aller, et celui-ci l'écrivait le 23 décembre, « comme un secret qu'il ne devait pas laisser ignorer[1] ». Aussi voulait-on éviter de faire revenir le comte à Madrid, où l'on aurait été embarrassé de sa présence, et l'on tenait à ne pas le désavouer de manière à ce qu'il se démît. Ossun écrit le 23 janvier :

Ce n'est pas que les insinuations très véhémentes de M. d'Aranda pour traiter dès ce moment avec les colonies angloises et pour entrer en guerre avec le Portugal et la Grande Bretagne ayent fait impression sur l'esprit de S. M. Catholique et de son ministère, mais M. le Mis de Grimaldi veut mettre

« dans le cas de manquer de moyens, lorsqu'il « y a de si justes raisons pour faire la guerre. » — Nous reproduisons à l'annexe II du présent chapitre ce mémoire du comte d'Aranda, comme faisant particulièrement connaître l'opinion qui, en dehors du Gouvernement, mais dans le domaine de la politique raisonnée et dans celui de l'opinion, tendait alors à l'alliance immédiate avec l'Amérique et à la guerre résolue, vigoureuse, contre l'Angleterre, en tant que revanche de ses procédés de 1755 et de leurs conséquences.

[1] C'est à propos de l'animation que le roi d'Espagne ressentait contre le Portugal et M. de Pombal. Ossun écrivait : « Il y est excité par « l'avis de ses ministres et par le sentiment de « M. le prince des Asturies, qui joint au dé- « faut d'expérience un caractère fougueux, un « sang bouillant et une force de corps peut-être « supérieure à des combinaisons prudentes et « solides et qui est poussé à outrance contre le « Portugal par des mauvais conseils, entr'autres « par les dépêches de M. le comte d'Aranda. « C'est un fait qu'il ne m'est pas permis de « vous laisser ignorer..... » (*Espagne*, t. 582, n° 190.)

une forme modérée a la refutation des projets violents et des raisonnements inconséquents de l'ambassadeur d'Espagne. Au reste je crois pouvoir vous annoncer que le Roi Cath^c adoptera entierement le sentiment de Sa M^{té} et de son conseil sur la conduite à tenir dans les circonstances présentes tant à l'égard des Colonies americaines que des Anglais.

A Madrid le 23 janvier 1777.

Espagne, t. 583, n° 39.

Pour appuyer ses idées, le comte d'Aranda avait mandé que la France « ne les désapprouvait pas dans le fond, mais qu'elle voulait être poussée ». Cette manière de leur donner plus de poids désorientait le Pardo, tout autrement impressionné par les assurances de Versailles. Aussi M. de Grimaldi fut-il plus explicite encore quand il mit Ossun à même de transmettre à sa cour la réponse du cabinet aux propositions américaines et au plan d'action du ministre français. C'est le 27 janvier que l'ambassadeur écrit sur les deux sujets; confirmant son précédent rapport sur la conformité des vues du Roi Catholique avec celles du cabinet de Versailles, il envoie les détails assez curieux qui suivent, pour expliquer que l'on s'abstiendra de faire connaître avant quelques jours cette réponse à l'ambassadeur d'Espagne :

Vous aviez prévu, Monsieur, dans votre première conversation avec le Dr Franklin qu'il ne vous avait pas tout dit; l'on voit en effet par la lettre que vous avez daigné m'écrire le 12 courant n° 5 et par les pièces qui y sont jointes que les Colonies américaines voudroient obtenir de la France des secours considérables en vaisseaux, artillerie et munitions de guerre; qu'elles seroient disposées à faire avec les deux Couronnes un traité d'alliance et de garantie même offensif et défensif; enfin qu'elles tendent à porter la France et l'Espagne à entrer dès à présent en guerre avec l'Angleterre. J'ai fait part, Monsieur, de toutes vos observations à M. le marquis de Grimaldi; il avait reçu par M. le comte d'Aranda la copie du mémoire que le Dr Franklin vous a remis et celle de la réponse que vous y avez faite. Je puis vous assurer d'avance que cette réponse ainsi que les réflexions contenues dans votre lettre n° 5 ont mérité l'entière approbation du Roi Catholique et de son ministère;

cependant, comme M. le comte d'Aranda a écrit avec une vehemence et une chaleur extrêmes pour démontrer la convenance de conclure sans délai un traité de commerce et d'alliance offensive et deffensive avec les Colonies américaines et d'entrer immédiatement en guerre avec l'Angleterre. M. le marquis de Grimaldi se propose de différer quelques jours à donner une réponse par écrit sur ces objets parce qu'il veut qu'elle soit appuyée par l'avis du Comité et par des raisons assez évidemment solides pour que le comte d'Aranda soit forcé de convenir qu'il a adopté un mauvais système; l'on pourroit soupçonner cet ambassadeur d'être offusqué par des vues personnelles et je ne dois pas vous cacher qu'en proposant ses idées il a mandé à sa cour que celle de France ne les désaprouvait pas dans le fond, mais qu'elle voulait être poussée. S. M. Cat. a vu positivement le contraire par les communications que j'ai faites de votre part et elle m'a fait l'honneur de me dire qu'elle désapprouvait le système de son ambassadeur, qu'elle connaissait heureusement qu'il y était induit par un intérêt personnel et qu'elle penserait absolument comme le roi son neveu.

Espagne, t. 583, n° 44.

Toutefois, les relations étaient maintenant parfaites, à Versailles, avec le comte d'Aranda. Celui-ci favorisait, à tout prendre, la politique qu'on y suivait; cela lui valait l'ordre du Saint-Esprit en ce moment même[1], et l'ambition personnelle que Charles III et son ministre lui supposaient n'avait rien qui inquiétât M. de Vergennes[2]. L'essentiel eût été que l'accord entre les deux cours fût au point où Ossun

---

[1] M. de Vergennes l'annonce à Ossun le 14 février, en suite d'une ordonnance de nomination du 2 (*Espagne*, t. 583, n° 89) : « J ai ou-« blié de vous marquér M. que le Roi a nomme « le 2. de ce mois M. le Cte d Aranda chevalier « de ses ordres. Sa M^{té} en donnant ce temoi-« gnage d'estime a cet ambassadeur a voulu « marquer de la maniere la plus distinguée sa « consideration pour les personnes qui sont « chargées auprès d Elle de la confiance du Roi « son oncle. »

[2] M. de Vergennes avait répondu sur ce sujet le 11 janvier 1777 aux indications d'Ossun, dans le même pli où il s'expliquait sur la question du désarmement : « Il seroit bien mal-« heureux M. que Mg^r le prince des Asturies « se permit d'avoir une opinion différente de « celle du Roi son pere dans des affaires aussi « majeures que le peuvent etre la paix ou la « guerre. L animosité entre les Espagnols et les « Portugais est un sentiment si naturel a ces « deux nations que je ne suis pas etonné que « ce prince y adhere. Je ne le suis pas plus que « M. le Cte d'Aranda contribue a l aigrir contre

pensait le faire croire. Or, c'était le contraire. Si l'on voyait de même au sujet des offres américaines, on jugeait un peu autrement sur le plan d'action. Il n'y avait pas de divergence sur les généralités de ce plan, sur l'attitude à garder en face de l'Angleterre, sur la neutralité de l'Europe, sur la suspension du commerce le jour de la guerre, peut-être sur les liens à nouer avec les États-Unis, bien que l'Espagne voulût que l'on se bornât à ne leur prêter que secrètement des moyens de se soutenir, et pas davantage sur la latitude que se réservait la cour de Madrid de poursuivre, le cas échéant, le redressement des agressions du Portugal. Mais il s'en fallait d'une certaine différence quant aux autres points. M. de Grimaldi s'était ménagé là une revanche de son insuccès au sujet du désarmement. Il affectait de ne guère voir de danger que pour les îles espagnoles. A ses yeux, l'Angleterre avait pour but très prochain de jeter sur elles ses forces d'une manière subite. Il voulait donc que nous fussions plus forts en vaisseaux à Brest, ne trouvant nullement nécessaire qu'il y en eût autant à Toulon, et il faisait revivre les exigences qui avaient été presque une occasion de brouille antérieurement, pour l'envoi non seulement d'une petite armée française à Saint-Domingue, mais d'une escadre mi-partie espagnole, mi-partie française. En transmettant la réponse du Pardo, Ossun signale immédiatement l'écart et le précise dans ces termes, qui résument très exactement l'opinion du cabinet de Madrid :

Ce mémoire, Monsieur, ayant été murement examiné par Sa Majesté Catholique et par son ministère, M. le marquis de Grimaldi y a fait la

« le Portugal par la vigueur de ses depeches. « Independament qu il y a beaucoup de chaleur « dans le caractere de cet ambassadeur, je ne re- « pondrois pas qu il n entre de l interest particu- « lier dans ses insinuations pour faire la guerre « aux Portugais; quoique M. le Cte d'Aranda « paroisse content de la consideration meritée « dont il jouit ici, j ai pu pressentir plus d une « fois qu il prefereroit de se trouver a la tete « d une armée. Au reste la chaleur que je re- « marque dans le caractere de cet ambassadeur « n est point un reproche que je veux lui faire. « Je n ai personnellement qu'à me loüer de « l'honneteté de ses procedés et de la confiance « qu il veut bien m'accorder. » (*Espagne*, t. 583, n° 17.)

réponse que je vous remets ci-jointe dont il envoye l'original à M. le comte d'Aranda. Vous y verrés que la cour de Madrid propose de faire quelques changemens assez remarquables au plan communiqué par celle de Versailles, comme, par exemple, que les huit vaisseaux qui doivent être armés à Toulon passent à Brest, que six vaisseaux francois seulement passent aux isles du Vent pour se réunir à six de l'Espagne dans le port de Guarico, d'où il résulteroit que nous aurions vingt huit vaisseaux armés à Brest au lieu de dix huit. L'Espagne insiste aussi sur la convenance que Sa Majesté aît à St Domingue, un corps respectable d'infanterie prêt à être transporté où il est nécessaire, et j'ai pu comprendre qu'on voudroit ici qu'il fut porté jusqu'à douze mille hommes. Les motifs de ces changemens sont déduits dans le contre-projet ci-joint; ainsi le Roi et son conseil seront à portée de les éxaminer et d'en aprecier la juste valeur.

Espagne, t. 583, n° 45.

1777.

Relativement aux vingt bataillons et aux six vaisseaux destinés à Saint-Domingue, le mémoire espagnol était sobre dans ses motifs[1]. Ses explications se réduisaient à ceci, que, grâce à des précautions dans le choix de l'époque et dans la proportion de l'envoi des troupes, on aurait peu de mortalité, puisque l'on n'en constatait point de marquante dans les régimens qu'y avait l'Espagne. M. de Grimaldi avait compté faire insister par notre ambassadeur. Celui-ci y consacrait en effet un pli particulier pour M. de Vergennes, disant qu'il était « prié instamment d'appuyer avec force cet arrangement de prévoyance »; suivant son habitude, il ne laissait pas que de suppléer amplement à la réserve du Pardo[2].

[1] *Espagne*, t. 583, n° 42. — Nous reproduisons ce mémoire à l'annexe III du présent chapitre. Il fait connaître les forces respectives de la France et de l'Espagne à cette date; il tranche en outre sensiblement sur d'autres mémoires ultérieurs de M. de Floridablanca.

[2] Nous citons le commencement de sa dépêche : « J'ajouterai, Monsieur au contenu de « mes lettres de ce jour, écrivait Ossun, que

« Sa Mté Cathe et son ministère regardent la « position d'une escadre de douze vaisseaux de « ligne à Guarico et d'un corps de troupes dé « dix à douze mille hommes prêts à s'embar- « quer comme le moyen le plus seur et pour « ainsi dire infaillible d'empêcher les Anglois « de former avec succès des entreprises con- « siderables dans l'Amerique occidentalle sur « les Espagnols ou les Francois. M. le Mis de

1777. La sagesse commandait à Versailles de prendre tout de suite acte des points acquis, en marquant avec soin la mesure dans laquelle ils pouvaient l'être. M. de Vergennes répond pour cela de sa main à Ossun le 14 février, c'est-à-dire presque aussitôt après avoir lu les plis de l'ambassadeur. Il constate avec empressement qu'il y a seulement de « légères différences » dans l'appréciation des deux souverains « sur les principes de leur conduite »; volontiers, qui plus est, il cède sur quelques détails; mais au sujet de nos forces dans la Méditerranée il avait des préoccupations dont l'importance échappait un peu à l'Espagne, n'étant pas les mêmes pour elle, et il traitera ce sujet dans une dépêche spéciale. Quant à disposer de vingt bataillons et de six vaisseaux pour Saint-Domingue, le parti contraire était pris chez lui trop solidement pour en revenir. Voici les explications qu'il renvoie à Madrid :

A Versailles le 14 février 1777.

..... Sa Majesté ne peut qu'aplaudir à la sagesse des vues qui dirige les conseils et les resolutions du Roi son oncle. Il resulte de l examen du memoire de la cour de Madrid servant de reponse à celui que vous aviés ete chargé de communiquér, que les deux souvrains parfaitem^t d'accord sur les principes de leur conduite politique, le sont également a de legeres differences près sur les moiens de faire face aux vues de l'Ang^re quelques puissent etre les intentions de cette puissance.

« Grimaldi m'a prié instament d'appuyer avec « force cet arrangement de prévoyance; il pré- « tend qu'il y a a St Domingue des districts fort « sains, où l'on pourroit placer nos troupes; « il assure que la partie espagnole, Caracas, « Cumana et Venezuela fourniront abondament « des viandes fraiches et des comestibles de « toute espece et que la disposition des avenuës « du port de Guarico est telle qu'a la faveur « d'une chaîne de rochers qui s'etend assez « loin, les petits batimens peuvent entrer dans « ce port malgré les escadres angloises qui croi- « seroient devant pour l'empêcher.

« Vous savez, Monsieur que la cour de Ma- « drid a toujours insisté sur cet objet, on ne « sauroit disconvenir qu'il pourroit être fort « utile, mais la perte des hommes dans un « climat brulant et infecté est un grand in- « convénient, peut etre seroit il préférable, « afin de ne pas détruire les corps, de former « celui que la France jugeroit à propos d'y en- « voyer par des detachemens de cent cinquante « hommes tirés des bataillons avec des chefs « choisis et un état-major correspondant. — J'ai « l'honneur d'être, etc. — A Madrid le 27 jan- « vier 1777. » (*Espagne*, t. 583, n° 53.)

Avant d entrer dans les explications que le memoire de l Esp̄ᵉ peut exigér 1777.
de notre part, je ne puis me dispensér de vous observér M. qu on n auroit
pas pris a Madrid le nôtre dans son vrai sens si on inferoit de ce qu il n y
est question que de mesures preparatoires et conservatrices que notre dessein
seroit, la guerre arrivant de nous borner a la deffensive la plus absolue sans
nous permettre le plus leger mouvement offensif.

Nous ne sommes pas moins convaincûs ici qu on peut l etre en Espᵉ que
dans le cas de la guerre tout le desavantage seroit pour la puissance qui
se voueroit a ce parti purement passif. L'ennemi encouragé par son inaction
attaqueroit sur tant de points qu il finiroit necessairement par l entamér. Nos
armemens de mer et nos autres dispositions prouvent que les vues du ministere de France ne different point a cet egard de celles de la cour d Espᵉ. Mais
l objet du memoire etant bien plus dirigé a la vue d eloignér la guerre que de
la provoquer on s'y est attaché principalement a exposer les mesures qui ont
paru les plus propres a conduire a ce but que la haute sagesse et l humanité
des deux augustes monarques rend si chers à leurs co'urs. Rien au reste n est
plus facile que de convertir dans une vigoureuse offensive les moiens qu'on a
preparés pour une bonne deffensive.

Mon expedition du 11. janvier a prevenû la remarque tres judicieuse de
l Espᵉ sur l importance majeure dont il est que les Colonies americaines ne
puissent succomber au moins de quelque tems sous le joug de leur metropole. Nous sentons parfaitement tout l'avantage de la durée de cette guerre,
dont la prolongation heureuse ou malheureuse ne peut que contribuér a
l epuisement de l Angʳᵉ.

Nous ne pouvons qu aplaudir M. a la disposition que l Espᵉ estime devoir
faire de ses forces de mer et de terre. Les raisons sur lesquelles elle fonde la
necessité de tenir sa principale escadre a Cadix plus tost qu'au Ferrol ne sont
pas susceptibles d'objections; mais ne pourroit on pas remarquér par raport
a l emplacement qu elle fait de ses troupes que la ligne de frontiere qui courre
depuis la Galice jusqu'en Algarves et qui forme un arc de cercle d une vaste
etendue pourra etre bien imparfaitement deffendue avec deux seuls corps de
six mille hommes chacun. Suivant les avis que nous avons du Portugal, son
armée de terre passe 36ᵐ hoᵉˢ de troupes reglées. Cela suposé ne seroit il pas
plus important de disposér pour la deffense de la frontiere de l'Espᵉ et pour

menacer celle du Portugal du corps de 12^m ho^{es} d infanterie qu on se propose d'assembler en Galice plus tost que de l employer a la demonstration d un debarquement en Irlande qui n en imposera pas la cour de Madrid ne gardant que six vaisseaux armés au Ferrol.

Nous convenons de la verité de la maxime avancée par les marins espagnols sur l avantage de tenir respectivement nos forces reunies en grosses masses. La France ne pourroit meme quand elle le voudroit agir sur un autre principe; elle n'a que deux ports proprement dits de guerre, Brest et Toulon. Rochefort ne sauroit etre compté, puisque les vaisseaux de ligne ne peuvent s'y armér complettement et doivent prendre la partie la plus pesante de leur armement a la rade de l isle d'Aix. Pour se soustraire a cet inconvenient il a eté resolû de faire passer a Brest les v^x du departem^t de Rochefort qui sont en etat de servir; 3. sont actuellement en armement pour cette destination et y seront rendûs avant la fin de ce mois. De ce moment nous aurons a Brest 27. v^x de ligne armés ou en etat de l etre. Le Roi entrant dans l interest que le Roi son oncle attache a ce que notre principale escadre soit toujours a Brest evitera a moins de circonstances forcées de separer les 27 v^x qui y sont rassemblés; Sa M^{té} se reservant de tirér de la Mediterrannée les escadres qu il sera necessaire de faire passér aux Indes occidentales et orientales. Deja les ordres sont envoyés a Toulon pour mettre en commission six v^x de ligne qu on tiendra prets a partir au moment ou on jugera qu'ils deviendront necessaires en Amerique, cependant en meme tems que Sa M^{té} se prete avec plaisir a complaire en ce point au Roi son oncle, elle se reserve de lui faire des observations a ce sujet si des circonstances qui commencent a se manifestér acqueroient une concistance qui devroit attirér l attention et la prevoiance des deux monarques. Je m'en expliquerai M. dans une lettre separée.

Quoique nous ne varions point dans l idée qu il faut evitér autant qu il sera possible de combinér les escadres des deux nations cependant Sa M^{té} ne refusera de faire passér au port de Guarico celle qu elle destinera pour la deffense de l Amerique occidentale lorsque cet envoi sera jugé necessaire; mais les deux escadres reunies devant agir conjointement et n avoir plus qu un objet commun il seroit essentiel de s entendre preliminairement sur les moyens d ecarter tout motif de jalousie entre les commandans respectifs et par consequent de dissension entre les deux escadres et pour cet effet de convenir de la maniere dont le commandement seroit exercé. C est sur quoi nous invitons le ministere espagnol a vouloir bien nous communiquer ses idées.

Nous aurions bien quelques observations a faire M. sur la station de Guarico laquelle quoique tres bien choisie pour protegér et deffendre tout ce qui est sous le vent de St Domingue laissera a decouvert tout ce que nous possedons au dessûs du Vent de cette isle; mais quelqu'audacieux que soient les Anglois il paroit difficile qu ils osent allér insultér nos isles du Vent lorsqu ils sauront une force maritime aussi considerable derriere eux. Cependant son eloignement et la difficulté de remonter au Vent ne pouvant nous permettre de porter un promt secours dans les endroits qui sont susceptibles d etre attaqués la France ne pourra se dispensér d avoir dans cette partie plus de troupes qu elle ne séroit obligée d'y en tenir si son escadre etoit postée a la Martinique.

Il me reste a examinér un point et c est je vous l avoue M. celui qui excite le plus notre perplexité. Je veux parlér de la demande que fait l Espagne de l envoi d un corps de 20 bataillons a St Domingue. Sans s arretér a la dépense enorme que le transport occasionneroit laquelle je ne le dissimule pas excederoit de beaucoup nos facultes pecuniaires en tems de paix comment pourvoir a l entretien d un corps aussi nombreux. Vous n ignores pas sans doute la disette excessive qui a afligé dans ces derniers tems l isle de St Domingue et qui l aflige encore; il y a meme aparance que de longtems elle ne s en remettra. La secheresse extreme qui y a regné ces deux dernieres années a intercepté toute culture des vivres et doit avoir fait languir la nourriture des bestiaux dont on s'occupe dans la partie espagnole, par consequent il y a peu de rafraichissemens et de secours de cette espece a en tirér; ceux qu on pourroit se procurér de Cumana, de la Guyane et des autres endroits ou le Roi C^{quo} a bien voulu permettre le commerce seront bien incertains et bien precaires si la guerre se declarant interceptoit la facilité des communications et nous ne pouvons pas nous dissimulér que nos troupes reduites aux vivres d Europe, la consommation en hommes seroit efraiante. Nous ne l eprouvons deja tres considerable actuellement que par les precautions qu on a prises et les secours qu on a trouvé dedans la partie espagnole les troupes ne manquent pas de viandes fraiches et d autres rafraichissemens; je ne sais si c est une fatalité attachée a la portion de St Domingue que nous possedons mais la mortalité y est considerable, elle n'épargne aucun etat. M. le Cte d'Ennery vient d'en etre la triste victime quoiqu il eut l habitude de ce climat. Nous n eprouvons pas a beaucoup pres les memes pertes a la Martinique et beaucoup moins encore a la Guadeloupe. Je dois encore observer M. que suposant l envoi de ce corps resolu il faudroit plusieurs mois pour en preparer le transport, deux au moins pour la route ce qui le feroit arrivér dans le plus fort des chaleurs.

L'envoi d un corps de troupes a St Domingue ne pouvant etre urgent qu autant que cette isle seroit menacée, il n est pas apparent quelqu'issue que puisse avoir la guerre des Insurgens que les Anglois soient en etat de revenir sur nous s ils en ont l envie avant l eté. Quoiqu ils fassent volontiers litiere d hommes il n est gueres vraisemblable qu ils voulussent donnér pour quartiers de rafraichissement a leurs troupes deja tres fatiguées un sejour qui seroit a coup sur leur cimetiere. Nous verrons d ici a l eté plus distinctement que nous ne pouvons le voir maintenant la tournure que prendront les affaires de l Amerique; si les Insurgens soumis ou reconciliés les Anglois ne prennent pas des mesures pour ramenér leurs troupes en Europe, nous serons a tems d en prendre nous mêmes pour faire arrivér a l epoque des operations les renforts necessaires a la deffense et a la conservation de cette importante possession. Ce qui me porteroit a croire M. que les Anglois ne comptent pas sur une soumission prochaine forcée ou volontaire de leurs colonies americaines est qu ils levent de nouveau en Allemagne des corps de troupes mercenaires. Je recois avis qu ils viennent de prendre a leur solde un corps de 1300 h^{oes} du margrave d Ansbach. Ils negocient pareillement en Hesse pour un corps de 2^m dragons a pié. Ils epargneroient sans doute ces depenses si opressives s ils voioient jour a une prochaine reconciliation.

Je crois M. n avoir omis aucun des points qui pouvoient exigér des explications de notre part; vous voudrés bien vous les aproprier et en faire la baze de vos conversations avec les ministres de Sa M^{té} C^{que}. L interest n etant qu un je pense que nous ne pouvons nous communiquér trop franchement et trop confidement.

Nous admettons sans difficulté la reserve par laquelle le ministere espagnol a conclu son memoire, nous l aurions même prevenù si la mention a en faire ne nous avoit pas paru superflue.

Nous connoissons toute la justice des griefs du Roi Cque contre le Portugal et nous sentons combien ce prince seroit en droit de donner le plus libre cours a son ressentiment contre cette puissance, si sa parfaite moderation et son amour pour la paix generale ne faisoient pas taire son indignation et le cri de sa gloire offensée. Ainsi en proposant de concentrer la guerre si on ne peut levitér sur la mer et contre l'Angre seule, il n'a pù etre question de liér les mains au Roi Cque sur les satisfactions qu'il a lieu d'attendre et droit d'exiger du Portugal.

Espagne, t. 583, n° 86.

Assurément le cabinet de Charles III savait d'avance que l'on n'expédierait pas de monde à Saint-Domingue. Mais les vues dont M. de Grimaldi se félicitait d'avoir convaincu ce monarque consistaient à ne pas laisser imposer un rôle important à l'Espagne par le fait de l'alliance, à moins qu'on ne lui garantît une rémunération positive; il convenait dès lors de retarder l'action commune, afin de stipuler un profit. C'est pourquoi l'on se montrait si net au Pardo. Ossun, au reçu de la dépêche de son gouvernement, ne peut faire autrement que d'en trouver les raisons excellentes. « Les considérations qui suspendent la décision de la France sont si prépondérantes, écrit-il le 27 février [1], qu'elles doivent naturellement faire ici une impression décisive. » Il n'insiste pas moins de nouveau, pensant hâter l'entente, et il essaye de suggérer un moyen terme : « L'Espagne regarde la position à Saint-Domingue d'une escadre et d'un corps de troupes absolument d'observation comme un puissant moyen d'empêcher les Anglais de former des entreprises contre ses principales possessions au-dessous du Vent. Elle se propose néanmoins de faire passer, en cas de guerre, quelques bataillons de plus à la Havane et à la Vera-Cruz et d'augmenter la garnison de Porto-Rico, qui est déjà composée de quatre bataillons européens. Porto-Rico bien fortifié a une garnison suffisante, la Havane de même. La Vera-Cruz et le Mexique seront à

[1] *Espagne*, t. 583, n° 127.

l'abri d'être attaqués par la position d'un corps de troupes et d'une escadre à Saint-Domingue. Dans ces circonstances, pourquoi l'Espagne n'enverrait-elle pas à Saint-Domingue les cinq ou six bataillons qu'elle destine à la défense de ses autres colonies occidentales; alors, si la France jugeait à propos d'y faire passer un pareil nombre de bataillons, l'objet du ministère de Madrid se trouverait rempli. » Le conseiller de Charles III, toutefois, tenait trop à transmettre en legs à son successeur cette exigence quant à Saint-Domingue comme un moyen de résister à M. de Vergennes, pour que le terme intermédiaire d'Ossun lui sourît.

Le ministre de Louis XVI consentirait moins encore à dégarnir Toulon qu'à envoyer aux Antilles douze mille hommes et une demi-escadre. Le désir tant manifesté par l'Espagne faisait peut-être supposer qu'elle n'était pas sans quelque crainte de nous savoir en forces dans la Méditerranée pendant qu'elle serait sur l'Océan. M. de Vergennes prend un biais pour satisfaire notre allié au sujet de Brest, mais en disant que la France doit rester armée à Toulon. A ce dernier égard, d'ailleurs, les circonstances venaient de mettre en lumière des raisons qu'il lui importait d'exposer tout de suite. En s'efforçant d'amener la paix entre l'Espagne, les Barbaresques et le sultan, il visait surtout à prévenir les deux Couronnes contre les ambitions de la Russie; or ces ambitions semblaient près de surgir et il ne pouvait plus être question de faire demander à l'impératrice sa neutralité éventuelle entre les maisons de Bourbon et l'Angleterre. Catherine II et la Turquie se menaçaient. La victoire possible de la czarine, Constantinople devenant « la proie des Russes » seraient pour nous des faits majeurs. M. de Vergennes avait toujours été pour la Turquie contre ces derniers. A cause de cela il avait encouru la disgrâce de Choiseul sans en faire appel. Il tenait les Turcs pour le rempart des puissances méditerranéennes arrêtant les ambitions de Saint-Pétersbourg. Il consacre une dépêche à établir ce point comme un principe pour la politique française. On ne trouve pas sans quelque prix sous sa plume des appréciations restées fondamentales après lui, et qui étaient, à coup sûr, empruntées à l'exacte notion des intérêts de l'Occident, car les politiques de l'empire de Russie en font encore un grief amer au conseiller de Louis XVI[1] :

A Versailles le 14 fev^{er} 1777.

Je satisfais par cette lettre M. aux explications que je vous ai annoncées dans ma precedente n° 10 touchant certaines circonstances qui pourroient exigér que nous ne restassions pas denüés de forces maritimes dans la Mediterranée.

Vous aures apris M. par les nouvelles publiques et la cour de Madrid sera sans doute informée plus directement que celle de Petersbourg mecontente des lenteurs affectées des Turcs et meme de leur refus d executer quelquns des articles principaux de la paix de Cainardgy s est portée a faire occuper la ville de Perecop la clef de la presque isle de Crimée. L imperatrice de Russie s est sans doute flattée que les Ottomans encore etourdis des disgraces de la derniere guerre s empresseroient a la flechir en lui donnant la satisfaction la plus promte sur l exécution reclamée des art^{es} encore en soufrance. Cette maniere de voir et de jugér sembloit la plus naturelle, mais elle n est pas la plus vraie. Les Turcs sans avoir songé seulement a remediér a aucun des vices qui leurs ont rendu la derniere guerre si funeste, semblent resolus a tentér de nouveau le sort des armes plus tost que de consommer leur humiliation en executant a la rigeur differens art^{es} de la derniere paix. Quoi que nous ne soions pas paiés pour nous interresser a la satisfaction de Catherine 2e cependant on ne peut ni aprouvér ni justifiér le parti que prennent les Turcs au mepris d un engagement solemnel. Mais quelque condamnables que soient dans cette occasion leur resistance et leur orgueilleuse presomption, nous ne pouvons nous dissimuler l interest majeur dont il est pour nous qu ils ne succombent pas et que Const^{ple} ne devienne pas la proie des Russes. Verrons nous avec la meme indifference qu en 1770. une flotte russe dans la Mediterranée? Il n en est pas resulté alors tout le mal qu on devoit en aprehender, ne nous y trompons pas, les circonstances sont aujourd hui tout entieres en faveur des Russes. Deja ils ont un etablissement de marine dans la mer Noire

---

[1] Récemment, un écrivain russe, M. Tratchewski, en a donné la preuve dans l'ouvrage intitulé : *La France et l'Allemagne sous Louis XVI*.

1777. qu ils s occupent par toute sorte de supercheries a augmentér. Nous sommes informés de Const.^{ple} qu il y a dans le port 2 fregates de guerre deguisées en marchands qu on veut faire passér dans le Pont Euxin. Les autres plus fortes qui ont mouillé en dernier lieu a Messine ont la meme destination. Ces mesures clandestines prises de loin annoncent des projets et des vues, le succes n en seroit pas incertain si une escadre de cette nation s etablissant dans la Mediterrannée menacoit le Bosphore par le sud tandis q une autre escadre partie des palus l attaqueroit par le nord. On ne peut pas s attendre que les Turcs fussent capables d une resistance soutenue. Nous en chargerons nous pour eux. Voila M. ce qui semble devoir excitér nos reflexions; il seroit prematuré de se determiner avant que la necessité de le faire ne soit mieux constatée; mais la prevoiance semble exigér de ne se pas degarnir des moiens de suffire a un aussi grand interest.

En attendant la Russie occupée avec les Turcs, il n'y a pas d'aparance qu elle veuille entrér dans les idées que l Ang^{re} peut avoir, et il ne seroit peut etre pas sans inconvenient que l Esp^c se pressat de lui faire office pour l engager a la neutralité entre nous et les Anglois si la guerre s allume, ce seroit lui donnér occasion de nous la demandér dans sa querelle avec les Turcs, et il n est pas indifferent que nous restions en liberté de prendre tel parti qui nous conviendra.

Vous voudres bien M. communiquer cet apercu au Roi C^{que} et a son ministere et nous faire part de la maniere dont ils l envisageront.

Espagne, t. 583, n° 87.

On pouvait facilement penser tout à fait à Madrid comme à Versailles au sujet des demandes et des offres américaines, car il ne s'agissait guère, à cet égard, que de ne pas agir, d'encouragér en secret, de donner des espérances. C'est le 4 février seulement que M. de Grimaldi se décida à s'expliquer là-dessus avec son ambassadeur; deux jours auparavant, il avait remis à Ossun une copie de sa dépêche[1], en insistant de nouveau sur l'identité des manières de

---

[1] Le 2, M. de Grimaldi avait annoncé ainsi qu'il suit sa réponse au marquis d'Ossun :

« Au Pardo le 2 février 1777. — Monsieur, « je me propose d'écrire incessamment à M^r le

voir. Ossun adressa cette copie aux Affaires étrangères par le même courrier qui en emportait l'expédition au comte d'Aranda. Le premier ministre espagnol avait pensé faire quelque chose de très résolu, c'est pourquoi il recherchait l'appui de Versailles. Il répondait, en effet, à la politique supposée du prince des Asturies et de son entourage, et il y répondait par le programme d'une politique nettement contraire. Notre représentant informe M. de Vergennes de ces détails intimes, officiellement d'abord, deux jours après privément :

Vous verrez, M, que M. le Mis de Grimaldi s'est borné à m'assurer que le Roi Cat$\overline{\text{que}}$ et son ministère adoptoient entièrement l'avis de S. M^{té} à cet égard, mais je sais que ce ministère discute à fond la matière vis-à-vis M. le Cte d'Aranda en s'appuyant du dictamen de ses collegues et qu'il prouve sans replique que l'opinion de l'ambassadeur d'Espagne sur la convenance et sur la nécessité de faire un traité de commerce avec les insurgents et de se declarer ouvertement pour eux en leur fournissant les secours qu'ils demandent, est absurde, et très-déplacée; M. le Mis de Grimaldi est persuadé que M. le Cte d'Aranda sera piqué, et qu'il ne vous communiquera pas la dépêche qu'on lui addresse sur cet objet, mais il suffira que vous sachiez que la cour de Madrid pense absolument comme celle de Versailles à cet égard.

À Madrid le 4 février.

Espagne, t. 583, n° 68.

Un motif propre à maintenir les vues pacifiques du ministere esp^l est la chaleur avec laquelle M. d'Aranda conseille la guerre; je veux croire qu'il le fait par une suite de combinaisons politiques fausses et deplacées, mais on le soupçonne ici d'y être induit par le desir de commander une armée, de jouer un grand rôle dans sa patrie où l'on redoute sa présence. Au reste, M. S. M^{té} Cath^e et son ministere pensent comme le Roi son neveu et son conseil dans toutes les hypothèses possibles, il est nécessaire et instant que les deux

« Cte d'Aranda par un courier extraordinaire et « de répondre aux propositions qu'ont fait à « Paris les députés du congrès des Provinces « unies de l'Amérique. Comme je suis per- « suadé que V. Ex^{ce} traitera aussi cette matière « dans ses dépêches à son ministère, je peux « d'ors et déja vous assurer que le Roi est sub- « stanciellement d'accord sur cet objet avec le « cabinet de France et adopte ses idées comme « les mieux fondées. » (*Espagne*, t. 583, n° 68.)

1777. monarques continuent à prendre de concert les mesures de prévoyance que la sûrete des deux monarchies peut exiger.

A Madrid le 6 fevrier 1777.

Espagne, t. 583, n° 76.

Mais les termes dans lesquels le comte d'Aranda était maintenant à notre cour lui rendirent aisé de suivre la bonhomie de nature qui était réelle chez lui et dont M. de Vergennes témoigne souvent en sa faveur. Il montra un meilleur caractère que M. de Grimaldi ne le lui croyait. Il apporta « sans une réflexion » la copie de la dépêche; en attendant de la traduire pour la faire lire au roi, le ministre le mande tout de suite à Ossun dans une lettre privée. Du reste M. de Vergennes est visiblement satisfait de cette dépêche; il la trouve « bien faite et fortement raisonnée »; il en prend occasion de revenir à la thèse dont il s'était servi, après l'évènement de Long-Island, pour abandonner l'idée de faire immédiatement la guerre à l'Angleterre, à savoir le danger que l'Europe ne se mît en travers s'il était question de prétendre rayer cette nation de la carte d'Europe. Il raisonne comme il suit la conduite qu'il avait alors tracée à cet égard :

On seroit sujet a de grandes meprises si envisageant des objets graves dans un sens isolé et independamment de leurs raports avec d autres, on se livroit precipitamment a la faveur qu ils semblent presentér. Ce n'est qu'en rapprochant toutes les parties qui forment le grand ensemble de la machine politique, en combinant leur frotement et leur balancement qu'on peut prendre un parti assuré. Bien des gens pensent ici que c est pechér contre toutes les regles de la saine politique de ne pas profiter de l occasion de la guerre des Colonies avec l'Ang^{re} pour tendre la main la plus secourable à celles là et portér un coup mortel à l'autre; cela seroit parfaitement bien si l Europe endormie ne comptoit pour rien le maintien d'une balance, ou si elle pouvoit se persuader qu'elle peut se soutenir en mettant la Grande-Bretagne hors des bassins.

A Versailles le 14 février 1777.

Ibid., n° 90.

M. de Grimaldi, lui, développait l'idée, peu faite pour plaire à son ambassadeur, d'une entière soumission de l'Espagne à la France relativement à toute démarche quelconque concernant l'Amérique. A la vérité, il parlait dans la donnée du concours réclamé de nous pour Saint-Domingue, ce qui pouvait amoindrir un peu la déception du comte d'Aranda. Ce devait être un grief de plus, une fois cette donnée écartée; mais elle ne l'était pas encore, en sorte que pour le moment le ministre pouvait se croire assez assuré de son point de départ :

Traduction de la lettre de M. le M$\widetilde{is}$ de Grimaldi à M. le comte d'Aranda — Pardo 4. fevrier 1777 [1].

M. je vous ai fait connoitre suffisamment par mon expedition anterieure du 27. janvier l idée que le Roi notre maitre et son ministere se formoient de la situation actuelle politique des cours de France et d Esp^e respect^t a l Ang^{re}, me bornant alors a vous instruire des mesures qu'on prennoit ici tant pour se tenir pret a tout evenement que pour secourir efficacement les Colonies avec la dissimulation necessaire : et je remis a entrér une autre fois dans de plus grandes explications sur le contenû de vos lettres des 4. et 13. du mois de janvier. Elles présentent deux points essentiels qui exigent une resolution. Le 1er si nous sommes dans le cas d'entrér dans une guerre ouverte avec l'Ang^{re} avant qu elle nous attaque. Le 2^d s il nous convient de faire un traité formel avec le congrès de l Amerique et dans quels termes il devroit etre conçû.

Ces deux questions sont si unies qu il n est presque pas possible de les traitér separement, puisque la décision de l une renfermera necessairement la solution de l autre. En effet si les deux puissances unies rompent ouvertement avec la G^{de} Bretagne, rien ne doit les empechér de faire alliance avec les Colonies : d une autre coté si les memes puissances se determinent a signer une alliance avec les provinces rebelles, elles doivent comptér sur la guerre soit

---

[1] La pièce entière, y compris sa rubrique, est de la main de Vergennes. Il y a souligné des passages sur lesquels il comptait sans doute revenir et faire porter ses observations.

1777. par ce que le cabinet B$\widetilde{\text{que}}$ ne tardera pas a decouvrir ce traité, ou par ce que les Colonies auront soin de le publiér elles memes, dans la vue d'intimidér leur ennemi, de le portér a se desistér de son entreprise et de leurs accordér tout ce qu elles pourroient demandér.

Si nous regardions la guerre purement co^c deffensive il se presenteroit peu de doutes par ce que meme dans le sein de la plus profonde paix il convient de se tenir en mesure de la soutenir contre un ennemi audacieux et imprudent qui se permettroit de commettre des hostilités. Mais cette sorte de guerre ne peut nous allarmér eu egard aux precautions efficaces et assurées qui se prennent dans les deux royaumes pour prevenir toute insulte soudaine de la part de l Ang^{re} : et l on ne doit pas regardér comme une circonstance indifferente que les Anglois soient a la face de l Europe les agresseurs et se privent par la eux memes des secours que dans un cas different ils reclameroient avec justice de leurs alliés. Mais s agissant d'une guerre veritablement offensive et de profitér de l embarras ou se trouve actuellement l ennemi commun et naturel de la maison de Bourbon pour abattre une bonne fois son orgueil, il reste a examiner si nous devons nous promettre des avantages si brillans d une rupture precipitée, ou si le prejudice qui pourroit nous en resultér n'auroit peut etre pas les consequences les plus graves et les plus fatales. Suposons pour un moment que peu de mois après notre declaration de guerre la G^{de} Bretagne et ses Colonies rebelles viennent a s arranger inopinément, n'importe de quelle maniere; quel en sera dans ce cas le resultat? Non seulement toutes les forces qu'elle a preparées en Europe et en Amerique retomberoient sur nous, mais aussi toutes celles qu elle voudroit tirér de ces memes Colonies, puis que les habitants reconciliés avec leur metropole se feroient un point de vanité dans le moment de joie publique, de l aidér vigoureusement dans toute entreprise contre les possessions espagnoles et francoises.

On dira peut etre que ç est pour evitér la reconciliation que nous aprehendons si fort et pour empechér l'union des forces angloises et americaines qu il convient maintenant plus que jamais de se déclarér, puisque d une part on encouragera les Colonies a persévérér dans leur entreprise, et de l autre on forcera la cour de Londres a partagér son attention et ses forces.

Ces reflexions seroient d un grands poids dans des circonstances differentes de celles que nous voions : c est a dire si l Ang^re n'avoit pas deja en Amerique une armée formidable avec les forces de mer qui y correspondent, ou si les Americains avoient scû faire la guerre disputant leur terrain pas a pas. Mais comme nous avons vû ces memes colons reculér continuellement a la vûe des armes B^ques sans meme faire une resistance asses mediocre pour prolongér la querelle et pour detruire leur ennemi en detail, nous ne pouvons qu'augurér trés mal de la fin de la campagne prochaine. Les generaux anglois maitres de provinces entieres sur le continent, et leur respectable armée se trouvant placée de maniere a couper la communication entre les corps rebelles, il paroit inevitable que les Colonies ne se trouvent dans la dure necessité de subir le joug qu'on voudra leur imposér et dans ce cas qui malheureusement ne paroit pas fort eloigné, les interets de la France et de l Espagne seroient uniquement sacrifiés pour nous etre declarés dans une occasion si peu favorable.

On peut dire encore que si les deux nations entrent des a present dans une guerre ouverte contre la G^de Bretagne, elles obligeront cette puissance a retenir en Europe la plus grande partie de ses forces navales, et consequement qu elles l empecheront d'augmentér celles qui sont emploiées en Amerique contre les insurgens.

Quoi que cette assertion soit bien fondée, nous ne pouvons cependant pas nous promettre d etre jamais asses maitres de la mer pour empechér l Ang^re d envoiér des troupes et des batimens de guerre de differentes grandeurs. Nous courrons bien sur eux, nous leurs prendrons quelques navires marchands; et nos escadres armées dans nos ports | suivant ce qui a eté dit dans mon expedition anterieure | tiendront les leurs dans un mouvement continuel exposées à la rigeur du tems sur les cotes de France et d Esp°, mais les efforts unis ne suffiront pas pour protegér la cause des Colonies et pour decidér la campagne en leur faveur, n etant pas praticable d une autre part d envoyér a leur secours des vaisseaux et des troupes. D'ou il resulte que le plus grand bien que les cours de Bourbon puissent leurs faire est de les fournir d'armes, de munitions, d habillemens et d'officiers experimentés. Secours qui peut s administrér plus surement en conservant la paix et par des voies indirectes, qu'a visage decouvert dans une guerre vive avec la G^de Bretagne; il suit de ces antecedens que tout traité qu'on feroit présentement

1777.

avec le congrès de l'Amerique seroit susceptible de beaucoup d'inconveniens pour les deux nations et ne donneroit aux colons aucun avantage dont ils ne puissent jouir sans qu'il soit besoin de pareilles stipulations. Si le traité devoit demeurér secret et les obligations reciproques n'avoir d'effet que lorsque les Colonies auroient assuré leur independance, le traité seroit inutile et prematuré. S'il renfermoit des obligations actuelles les Americains auroient grand soin de le publiér et de mettre la France et l'Esp^e a decouvert; leur propre interest l'exigeroit ainsi tant pour allarmér l'Ang^{re} que pour maintenir l'union et le courage de leurs propres habitans.

Quoique les reflexions que l'on vient d'indiquér comprennent generalement les deux souverains; le Roi notre maitre qui possede dans les Indes des domaines si vastes et si importans, doit etre tres reservé a faire un traité formel avec des provinces qu'on ne peut encore considerér que co^e rebelles; inconvenient qui n'existeroit plus si les Colonies avoient reussi a secoüér reellement le joug et a se constituer puissance independante. Les droits de tous les souvrains dans leurs territoires respectifs doivent etre extremement sacrés, et l'exemple d'une rebellion est trop dangereux pour que Sa M^{te} veuille l'apuiér ouvertement.

Mais abstraction faite des raisons qui ne permettent pas d'entrér apresent en traité avec le congrès de l'Amerique, on ne peut meconnoitre que les propositions de ses deputés sont par elles memes inadmissibles. Qu'exigent-ils de nous? que nous les aidions de tout : que nous nous declarions en leur faveur par le moien d'un traité solemnel. Que nous offrent ils en echange? De restér neutres si nous entrons en guerre avec la Grande Bretagne: Ils demandent d'une autre part d'etre admis librement dans nos ports co^e les autres nations, et ils nous ofrent l'admission dans les leurs co^e sans doute ils l'accorderont a toute autre puissance; et ils declarent positivement que la France ne doit pas songér a reprendre les pays que les armes B$\widetilde{qu}$es lui ont usurpé dans l'Amerique septentrionale.

Tout ce que dessus fait voir clairement que le congrès de l'Amerique veut déja agir comme s'il etoit déja reconnû une puissance independante en exigeant des autres des obligations fort onereuses, tandis qu'il ne veut se compromettre lui meme sur aucun point essentiel.

Il est hors de doute que la France et l'Esp^e gagneroient beaucoup a abattre la puissance B^(que) au moien de la separation absolue et radicale de ses Colonies, mais on ne peut aussi se dissimulér qu il y auroit de la témérité a se declarér pour elles dans un tems ou la foiblesse avec laquelle elles se deffendent ne laisse pas d esperance qu elles gagnent le point de leur independance, et lorsque pour prix de nos sacrifices elles ne nous ofrent pas d'avance des avantages proportionnés.

Il resulte du plan de preparatifs formé par la cour de France et de celui que la notre a envoyé en reponse qu'a l'aide des dispositions faites par toutes les deux nous nous trouverons au commencement du printems dans un etat de forces suffisant pour ne pas craindre une insulte en Europe et en Amerique de la part des Anglois : cela s entend *si le ministere de France admettant notre persuasion se conforme a nos instances pour envoiér immediatement et avant que les escadres angloises sortent en mer un corps de 12. ou 14. mille hommes a Guarico, lequel joint a l escadre de douze vaisseaux qui doit s'y rencontrér, couvrira en meme tems differens parages, et servira de frein contre toute entreprise que la G^(de) Bretagne pourroit méditér :* Mais comme de ce bon etat de deffense il y a bien loin a celui d'avoir un excedent de forces pour secourir les Colonies en nous declarant ouvertement pour elles, l Ang^(re) sur tout aiant un grand nombre de v^x de guerre du 1^(er) rang prets a mettre en mer; il paroit conforme a toutes les regles de la prudence de gagnér encore quelque tems pour voir si les Americains n'amelioreront par leurs affaires l eté prochain; en attendant nous avons l avantage positif que l Ang^(re) continuant les depenses enormes dans lesquelles elle s'est engagée, s afoiblit en proportion et par les efforts singuliers qu elle fait pour etalér son pouvoir, tandis que nous emploions nous autres ce tems a augmentér nos preparatifs, *et nous ne doutons pas qu on fasse le meme en France.*

La flotte et d'autres navires interressans sont sur le point de revenir. On ignore dans ces parages les objets graves dont nous traitons, et nous pourrions faire dans les 1^(ers) mois de la rupture des pertes de la plus grande consideration sans autre compensation que quelques prises d une bien moindre valeur. C est pour y obvier qu il paroit indispensable lorsque les deux cours seront convenùes du moment precis pour commencér volontairem^t les hostilités, qu elles envoient en Amerique des avis preventifs en donnant un intervalle suffisant pour preservér les batimens du malheur d etre pris, sans ces precautions nous nous exposerions par notre propre choix a des consequences bien fatales.

Il manque encore de savoir si en Espagne et en France on a deja pris les mesures les plus assorties a une economie judicieuse pour se trouvér en etat de soutenir la guerre avec vigueur pendant quelques années. Car c est une chose bien differente d etre preparés a une rupture si l ennemi nous attaque ou d entreprendre nous meme par convenance et par choix une guerre dont la duree n est pas facile a prevenir.

Tout ce qui est exprimé est absolument l avis que chacun des ministres du Roi a formé séparément, ainsi que la resolution que S. M^{te} a trouvé bon de prendre en consequence. D'après cela la volonté de S. M^{te} est que V. Ex^{ce} remette une copie de cette lettre au ministere de France; il y reconnoitra que le cabinet de Madrid se conforme a la maniere de pensér du roi T. C. et de son conseil; bien entendu qu il sera peut etre necessaire de changér d'avis en peu de semaines, les circonstances pouvant changér essentiellement; car si les Colonies portoient un coup sensible aux armes B$\widetilde{qu}$es; si l'Ang^{re} declaroit qu elle ne veut pas desarmér sans fondér son refus sur des raisons plausibles; ou s il survenoit quelqu'autre évenement imprévû, nos souvrains devroient consulter leur propre gloire et se determiner sur ce qui seroit le plus convenable aux deux monarchies en faisant usage des forces qu ils auront a la main sur le bord de la mer.

Je finis en assurant V. E. que S. M^{te} a vù avec la plus grande attention toutes les observations que renferment ses depeches sur les deux points dont il s agit ici, et qu elle les recoit comme un effet du zele connù de V. E.

Pour ce qui est des termes dans lesquels il conviendra de repondre aux deputés du Congrès la volonté de S. M^{te} est que V. Ex^{ce} se concerte avec le ministere de France afin qu ils s apercoivent qu il y a identite de langage dans les reponses; elle aura attention de ne pas prendre d engagement surtout par ecrit qui puisse compromettre les deux monarques, et d entretenir les memes agens dans de bonnes esperances afin que par la suite on puisse prendre des engagemens plus formels que les envois secrets qui se font pour mettre les insurgens en etat de se soutenir.

Je suis etc.

Espagne, t. 583, n° 70.

C'était donc l'opposé des vues emportées de son ambassadeur que le premier ministre d'Espagne donnait à ce dernier pour plan de la conduite à suivre envers les Américains. Avec une fermeté péremptoire, aussi, et avec une modération supérieure, il parlait à ce subordonné, qui semblait maintenant se poser comme si de nouveau il allait être le chef. Mais le comte d'Aranda s'était hâté d'agir dans le sens de ses propensions personnelles et de procurer à M. de Grimaldi une cause de désagrément et d'embarras de plus. Il avait tout simplement mis Arthur Lee sur la route de Madrid. Les commissaires du Congrès avaient pour mission expresse, tout en négociant avec la cour de France, d'entrer en relations avec les ministres ou agents des autres princes de l'Europe, de leur faire agréer la reconnaissance de l'indépendance et de conclure avec eux les traités de commerce qui seraient compatibles avec les convenances de Sa Majesté Très Chrétienne[1]. Il avait été dès lors facile à Arthur Lee de combiner avec l'ambassadeur d'Espagne des projets qui allaient si bien à celui-ci. Ses collègues avaient arrêté par suite qu'il irait à Madrid; Franklin ou Deane devait ultérieurement se rendre en Hollande. Ils le font connaître au *Comité de correspondance secrète* le 6 février[2], ignorant encore qu'une décision du Congrès, du 1ᵉʳ janvier, envoyait au contraire Franklin de l'autre côté des Pyrénées[3]. Dès le 31 janvier, le comte d'Aranda prévenait son gouvernement de l'arrivée de l'Américain; le 6 février, il l'annonçait d'une façon positive[4]. Pour se couvrir, il avait associé en quelque sorte à l'affaire M. de Vergennes et le comte de

---

[1] « Extract from the Instructions to B. F. — « S. D. et A. L. in Congress. Oct. 16 1776.....
« While you are negociating the Affairs you are « charged with at the Court of France, you « will have opportunities of conversing with « the Ministers and Agents of other European « princes and States residing there.
« You shall endeavour, when you find occa-« sion fit and convenient, to obtain from them « a Recognition of our Independency and so-« vereignty, and to *conclude Treaties of* Peace, « *Amity and Commerce* between their Princes or « states and us; provided that the same be not « in consistent with the treaty you shall make « with his most Christian Majesty..... signed « by order of Congress. — John Hancock, « Presid'. » (*États-Unis*, t. 1, n° 75.)

[2] *Diplomatic correspondence*, t. I, p. 263.

[3] *Works of Franklin.* (*Ibid.*, p. 206, en note.)

[4] *Espagne*, t. 583, n°ˢ 56 et 99.

Lacy, qui s'acheminait alors en Russie où il représentait l'Espagne. Notre ministre expliquait avec raison à Ossun, quelques jours après, qu'à cet égard la France n'avait qu'à laisser faire[1]. Mais, à Madrid, l'incident était le plus mal venu possible. M. de Grimaldi écrit immédiatement à l'ambassadeur que « cette nouvelle a été désagréable pour le Roi ». Il ajoute : « Le voyage de ce député n'est pas nécessaire, puisque les cours d'Espagne et de France procèdent d'accord en tout, et qu'elles traitent conjointement avec les trois députés à Paris; S. M. trouve aussi qu'il y a un grand inconvénient que Lee se présente dans une ville comme Madrid; il y sera facilement découvert, quelques précautions qu'on prenne; il pourra en résulter de fortes plaintes de la part de l'ambassadeur d'Angleterre, qui mettront dans un grand embarras; d'un autre côté, pourtant, on ne veut en aucune façon dégoûter ou aigrir les colons[2]. »

Le premier ministre, à la veille de partir, ne voulait pas laisser le roi exposé, de la part de lord Grantham, aux soupçons que la présence des Américains à Paris suscitait chez lord Stormont envers le gouvernement français, et aux récriminations que celui-ci prodiguait à Versailles. Le conseiller de Charles III arrêtera donc Arthur Lee au passage. Il ne marchandera pas les secours pécuniaires, Ossun en informe avec détail M. de Vergennes le 27 février; mais il empêchera

---

[1] « A Versailles le 14 février 1777. — Je ne « dois pas vous laisser ignorer M. que le sʳ Lee « l un des deputes du Congrès d'Amerique qui « sont en France est parti pour l Espᵉ muni « d un passeport que je n ai pas cru devoir lui « refusér. Je ne doute pas qu il n'ait ete autorisé « a cette demarche par M. le Cᵗᵉ d Aranda dont « la facon de pensér n est pas tout a fait con- « forme a la notre et a celle de sa cour au sujet « des insurgens. Le sʳ Lee va aparament renou- « veller a Madrid les propositions qu il a faites « ici; peut etre se flatte t il qu elles y seront « mieux accueillies. Vous voudrez bien ne faire « aucun usage de cet avis, mais seulement vous « tenir a portée d etre instruit de ce qui se pas- « sera.

« Le sʳ Lee compte d etre a Madrid dans « le plus profond incognito, sur le pié d un « marchand qui voiage pour ses affaires. Son « passeport ne porte d autre qualité que celle « d'Anglois. Il seroit a desirér qu il obtint de la « cour d'Espᵉ des secours pecuniaires, c est ce « dont les Americains ont le plus pressant be- « soin, ceux qu ils trouvent par la voie du com- « merce ne leurs suffisent pas a beaucoup près. » (*Espagne*, t. 583, n° 88.)

[2] « Au Pardo le 17 fevrier 1777. » (*Ibid.*, n° 99.)

que l'arrivée d'un représentant du Congrès à la cour ne soumette aux investigations de l'ambassade anglaise les menées que le gouvernement de Charles III lui cachait, sous l'apparence de rapports tenus soigneusement intimes. On envoie un émissaire pour garder Lee à Vittoria. « Sa Majesté Catholique, écrit Ossun, a voulu prévenir l'éclat qu'aurait fait la présence de ce député à Madrid et éloigner par là tout prétexte de plainte de la part de l'Angleterre[1]. »

Le premier ministre accomplissait là le dernier acte de sa longue administration de l'Espagne. Quand il écrivait comme on vient de le voir au comte d'Aranda, le 17, son successeur n'était plus qu'à un ou deux relais du Pardo. Débarqué à Antibes le 23 janvier, le comte de Floridablanca s'était mis en route pour l'Espagne le jour suivant. « Je compte qu'il pourra être à Madrid du 8 au 10 de ce

---

[1] *Espagne*, t. 583, n° 126. — Voici comment le comte d'Aranda avait annoncé de Paris, le 31 janvier, le prochain départ d'Arthur Lee : « Un de ces jours derniers M. Arthur « Lee, un des trois députés des Colonies ame- « ricaines, m'écrivit un billet pour me deman- « der une audience que je lui donnai le même « soir.

« Il s'y rendit, et le Cte de Lacy y assista « parce qu'il sait l'anglois qui est la seule « langue que sache Lée. Celui ci me dit que ses « deux confreres Franklin, Dean, et lui avoient « jugé convenable que l'un des trois passât à « Madrid, et que lui, Lée, étoit prêt à partir, « qu'il venoit me prévenir qu'il le feroit sous « peu de jours, et qu'il me prioit d'en prévenir « ma cour.

« Je lui demandai s'ils avoient jugé que cette « démarche fût indispensable. Il me répondit « qu'oui, parce que quoiqu'il leur suffit pour « l'affaire en général de s'entendre avec cette « cour ci pour toutes les deux, il y avoit cepen- « dant des objets particuliers relatifs à l'Espagne « seule qui exigeoient la présence d'un des « députés.

« Je lui dis que je ne voulois approuver « ni desapprouver son voyage, quoique j'eusse « mieux aimé en prévenir ma cour aupara- « vant, mais que s'il vouloit partir, il convien- « droit qu'il gardât absolument l'incognito, « qu'il se fît passer pour Anglois sur la route, « et qu'il ne se fit connoitre qu'au secrétaire « d'État.

« Il en tomba d'accord et me pria de nou- « veau de vous prévenir de son départ; je lui « promis de le faire et de lui donner une lettre « où je n'annoncerai que son nom.

« J'en ai fait part hier à M. le Cte de Ver- « gennes qui n'y a rien point fait d'objection.

« Lée n'est point revenu jusqu'à ce moment. « Mais dans le cas où il arriveroit à Madrid « avant la lettre par laquelle je vous donnerai « avis de son départ, V. E. se trouve toujours « prévenue qu'il vous présentera une simple « lettre de moi que je ne lui donnerai qu'au « moment de son départ. » (*Ibid.*, n° 56.)

1777. mois, » mandait M. de Vergennes à Ossun le 7 février. Il y arriva huit jours plus tard; mais, le 22, M. de Grimaldi prenait la route de Bayonne. Notre ambassadeur envisageait avec une parfaite quiétude le changement de mains qui venait de s'effectuer. Il avait écrit le 13 que l'élévation de M. de Floridablanca était « l'ouvrage de M. de Grimaldi » et il devait le savoir. Malgré quelques froissements récents, ses vingt-deux années de rapports avec l'ancien ministre, employées, c'est une justice qu'il faut lui rendre, à mettre et à tenir l'une dans l'autre les mains de l'Espagne et de la France, lui faisaient priser beaucoup par avance le successeur que celui-ci s'était assuré. « Il lui donnera des instructions dictées par l'expérience et par l'amitié, continuait-il; je sais qu'il doit lui remettre un mémoire aussi étendu qu'intéressant sur toutes les matières qui appartiennent au département des Affaires étrangères et aux objets d'administration qui sont annexés au caractère des personnes en place et des intrigues de cour[1]. » Il faisait là allusion à des indications d'une de ses lettres précédentes où il parlait ainsi :

Je ne doute pas, M. que M. le Cte de Floride-Blanche qu'on attend ici du 15. au 18. au plutard, ne mérite, et n'obtienne l'estime et la confiance de S. M. C^{que}; j'espère aussi qu'il saura s'attirer la bienveillance de M. le prince et de Mad^e la princesse des Asturies, qui jusqu'apresent ne paroissent pas trop disposés à la lui accorder; le confesseur du Roi n'est rien moins que son ami; cette position est inquiétante pour un ministre qui ne tient à personne, et qui débute à la cour. M. le Cte de Floride-Blanche a de l'esprit, du talent et de la prudence, il faut espérer qu'il saura surmonter les contradictions et les intrigues; je les connois toutes assez bien sans entrer dans aucune, et je crois être en état de lui donner des conseils sages et utiles. Au reste on

---

[1] *Espagne*, t. 583, n° 85. — Ces intrigues étaient en partie ourdies et d'ailleurs exploitées activement par les amis de la Grande-Bretagne. Dans plusieurs dépêches, Ossun constate combien la position devenait pénible pour lui, à la fin de 1776, par suite de l'influence que ces amis-là prenaient à la cour, en opposition à M. de Grimaldi. Le ministre en était rendu, parait-il, très impressionnable et très inégal. L'empressement avec lequel il s'engagea dans les propositions de désarmement provenait un peu des contrariétés que cette situation lui causait.

ne peut pas se dissimuler que la retraite de M. le Mis de Grimaldi ne soit un grand mal dans les circonstances, parce qu'il avoit une influence prepondérante dans les affaires et sur ses collègues, qui concourroit au bien et qui assûroit dans chaque département l'exécution des choses déterminées; or il est impossible que M. Cte de Floride Blanche remplace au moins de longtems M. le Mis de Grimaldi à cet égard.

A Madrid le 4 fevrier 1777.

Espagne, t. 583, n° 68.

Mais c'était de quoi faire réfléchir le nouveau venu, que d'avoir pour adversaires ou pour fauteurs de préventions, pires quelquefois que l'hostilité positive, l'entourage de l'héritier présomptif, d'abord, et, de plus, le confesseur d'un roi déjà âgé, croyant fidèle. « Position inquiétante pour un ministre qui ne tient à personne et qui débute à la cour, » disait Ossun avec beaucoup de raison. Les scrupules de son souverain, les sentiments de celui-ci pour le roi son neveu, les liens formés par suite entre les deux Couronnes, faisaient au comte de Floridablanca l'obligation étroite de ne point penser à sortir des voies qui se trouvaient tracées par la politique précédente. M. de Grimaldi n'avait pas moins succombé, en définitive, à suivre ces voies-là; ceux qui y étaient contraires et le courant d'opinion établi autour d'eux feraient donc échouer un ministre qui essayerait de s'y obstiner. Très probablement c'est un des avis que le fidèle conseiller du roi avait donnés à son héritier. A un parti de cour dont le prince héréditaire quel qu'il fût tenait le drapeau et qui rêvait pour l'Espagne plus d'indépendance d'allure, plus d'éclat, il n'était plus possible de ne point apporter des gages ou de ne pas laisser concevoir des espérances. Il eût été trop rare aussi qu'un successeur ne regardât pas aux choses différemment qu'on ne le faisait avant lui. Il fallait s'attendre, par suite, à voir un peu dérangés les rapports entre le gouvernement de Madrid et le cabinet de Versailles. Pendant trois mois, en effet, on va se livrer des deux parts à des tâtonnements, à des manœuvres, employer beaucoup de temps à déterminer et à discuter la situation respective : du côté de Madrid à la poser à son avantage, du côté de la France à empêcher qu'elle ne dévie. Le fond des dispositions réciproques, les vues respectives véritables, les inspirations qui dirigeront la conduite vont se révéler là en des traits qui laisseront leur marque et qu'il faut relever. Ils donnent à la politique de chacune des deux cours le caractère qui la distinguera dans l'histoire; ils font mesurer la valeur morale des ministres par qui elle a été conduite et aussi le sens d'État dont ils furent inspirés.

ANNEXES DU CHAPITRE IV.

I

SUR LES PROPOSITIONS DE DÉSARMEMENT.

1. LE PRINCE DE MASSERAN[1] AU MARQUIS DE GRIMALDI.

A Londres le 3. janvier 1777.

Hier je commençai ma conference avec le Lord Suffolk par luy faire compliment sur les derniers avantages que les troupes du Roy son maître avoient remportés en Amerique; l'assurant que le mien en seroit bien aise, parce qu'il desiroit que cette guerre se terminat à la satisfaction de l'Angleterre. Il répondit à ce compliment en me disant, qu'il ne desiroit rien tant que de pouvoir me dire que les ordres avoient eté envoyes pour faire revenir icy toutes les forces de terre et de mer qu'ils avoient en Amerique, après avoir terminé leurs differens avec les colons. Je luy temoignai que je m'en rejouirois par plusieurs raisons, et principalement parce que cela feroit cesser les soupçons de toutes les puissances de l'Europe, qui se voyent forcées d'armer pour leur propre sureté, en voyant le grand nombre de vaisseaux de ligne qu'on prepare icy avec tant d'ardeur, tandis qu'ils ne sont en aucune façon utiles pour la guerre d'Amerique, où le nombre considerable de fregates, qui y sont, est plus que suffisant pour garder ces côtes.

Il me dit, qu'ils n'avoient pris la resolution d'armer, qu'après avoir vû que la France armoit; et qu'il ne scavoit pas si on enverroit des vaisseaux de ligne en Amerique; mais qu'il pouvoit m'assurer que le general et l'amiral Howe demandoient qu'on leur en envoyat quelques uns. Quoique je sçache que cela est vrai, je luy repliquai que je ne voyois point de necessité, à moins qu'ils ne voulussent causer de plus grandes inquietudes aux puissances voisines, et les obliger à se mettre dans un meilleur etat de deffense. Il me dit, que moy qui connoissois bien ce pays, je ne pouvois pas douter que la paix ne leur convint; et qu'avec ces grandes depenses

---

[1] Le nom de l'ambassadeur d'Angleterre est toujours francisé dans la correspondance de Versailles et dans celle des ambassadeurs avec le ministre.

que cette guerre leur occasionnoit, ils n'etoient pas en etat d'en entreprendre une autre, qui ne pourroit manquer de leur etre très prejudiciable. Je lui répondis que l'argent ne les empêcheroit jamais de la faire, si ce souverain et les ministres la vouloient, lui ajoutant que leurs préparatifs ne répondoient point aux protestations qu'ils nous faisoient de desirer la paix, sans lui parler des gageures qu'il y avoit dans la ville que dans peu l'Angleterre declareroit la guerre à l'Espagne et à la France, gageures dont je ne faisois point de cas, comme en effet je n'en fais aucun, car je n'ajoute point de foi à ce que je dis à V. E. sur ce sujet dans ma derniere lettre, parce que je n'ai rien pu découvrir de positif sur cela, et je le regarde comme une nouvelle inventée par ceux qui jouent dans les fonds. Il me répondit que sachant que j'étois très bien instruit de ce qui se passoit, il ne doutoit pas que je ne méprisasse les bruits de ceux qui trafiquent dans les actions; sur quoi je lui dis que, quoique je ne donasse croyance qu'aux bonnes intentions de ce ministere, comme il a coutume de changer d'un moment à l'autre, je ne voudrois pas que cela arrivât à présent, parce que les nouveaux ministres se voyant avec un armement aussi considérable pour s'opposer aux idées de leurs prédécesseurs, ils entreroient dans une nouvelle guerre, quoiqu'elle ne leur convînt point. Il convint avec moi que dans ce pays le ministere changeoit facilement, mais qu'aujourdhui il n'y avoit aucune apparence à cela, et que la même chose pourroit arriver en France, où un nouveau ministre (faisant allusion à M. le duc de Choiseul qu'on craint ici de voir rentrer à la tête des affaires) pourroit être plus incliné à la guerre que le ministre actuel qui est porté pour la paix. Je lui dis qu'il n'y avoit non plus aucune apparence à Versailles d'une pareille nouveauté, et qu'il savoit bien que ce cabinet ne desiroit pas la guerre, ni ne pensoit la faire, si l'Angleterre n'attaquoit pas ses possessions dans quelqu'une des quatre parties du monde.

Alors il me dit que cela étant ainsi il voudroit qu'on suivît son projet qui étoit que nous désarmassions tous à la fois d'un commun accord pour dissiper les soupçons réciproques. Je lui répondis que notre armement étoit indispensable, à cause de la conduite irréguliere du Mis de Pombal qui nous forçoit à rester armés jusqu'à ce que nous nous eussions fait justice par nous-mêmes. Il m'interrompit pour me dire que je savois qu'il n'avoit jamais confondu notre armement avec celui de la France, à quoi je lui repliquai que je n'aurois jamais cru que six vaisseaux de ligne qu'on préparoit dans ce royaume pussent leur causer tant d'inquiétude et les obliger à la dépense qu'ils faisoient. Il me dit que cela étoit plutôt une preuve de crainte que de desir de rompre la paix, et que dans toute autre occasion il n'auroit point fait de cas d'un si petit avancement. A cela je lui répondis qu'ils n'avoient rien à craindre, lui faisant la réflexion que dans tous les tems les soupçons que la France secourût les rebelles étoient mal fondés, parce que avec une puissance qui possede des Etats en Amérique ne peut desirer leur indépendance, mais encore moins à présent que les armes de l'Angleterre prospéroient tant. M'ayant répété que si cela était ainsi, on devroit suivre son projet de désarmer tous en même tems, j'insistai de nouveau sur ce que nous ne pouvions pas le faire de notre côté, pendant que le Portugal ne donnoit point au Roi mon maître de satisfaction pour les insultes passées et ne lui restituoit pas ce qu'il lui avoit usurpé si injustement, lui ajoutant que l'Angleterre ne pouvoit pas non plus désarmer en Amérique tant qu'elle n'auroit pas reduit les rebelles, et que la France diroit qu'on ne pouvoit pas donner le nom d'armement à six vaisseaux qu'elle préparoit, que d'ailleurs toutes les puissances qui ont des possessions en Amerique ne peuvent se dispenser de se tenir prêtes à se défendre en voyant que l'Angleterre y a plus de 40 mille hommes de troupes angloises et 130 bâtimens armés. Je lui fis aussi la réflexion que l'Espagne et la France devoient avoir quelques forces dans ces parages pour ôter à leurs sujets respectifs l'idée de suivre le mauvais exemple des colons anglois. Pour la troisieme fois il me répéta qu'il falloit que nous désarmassions tous, à quoi je lui répondis que la partie n'étoit pas égale, mais que s'il le croyoît ainsi, il s'expliquât avec la France, attendu que dans de semblables cas l'unique moyen de dissiper les soupçons réciproques, étoit de parler clair. Il me répondit que n'ayant point armé les premiers, ce n'étoit point à eux à commencer à faire des propositions, qu'ils savoient que l'escadre préparée à Brest n'avoit pas encore reçu ordre de sortir, et que leur armement n'étoit pas aussi grand qu'on le disoit et n'alloit pas avec autant de célérité que quelques-uns le pensoient, parce qu'il leur manquoit des matelots.

Je continuai ma conversation en lui parlant de ce qui nous touche directement, c'est-à-dire des affaires de Portugal, et je lui demandai s'ils avoient eu des nouvelles de Libourne. Il me répondit qu'on en avoit reçu par un vaisseau marchand qui avoit apporté diverses lettres du 6. ou du 7. x^{bre} qui disoient que le 5. on avoit publié un decret de ce monarque qui nommoit la Reine pour régente, et qu'il se flattoit que cela contribueroit à accommoder nos différends. Je lui dis que je ne doutois pas que cette souveraine ne préférât la paix à la guerre, parce que je savois qu'elle pensoit avec beaucoup de jugement, mais que le Mis de Pombal devant intervenir à toutes ses résolutions, je ne croyois pas qu'on fît rien de bon. Je lui ajoutai que j'étois persuadé que l'idée de la régence venoit de ce ministre, pensant éloigner ainsi le danger qui menaçoit cette monarchie, et espérant que le Roi qui a toujours tant aimé sa sœur se livreroit à sa tendresse et oublieroit ses justes plaintes contre ce rusé ministre qui aujourd'hui voudroit continuer ses tromperies en engageant les deux puissances que dans un autre tems le Roi accepta pour mediatrices, lorsqu'il n'avoit pas autant de preuves de sa mauvaise foi, afin qu'elles reviennent aux anciennes propositions, tâchant par ce moyen d'éluder en attendant la restitution de ce qui a été usurpé, et de ne pas nous indemniser des dépenses immenses que son caprice nous a causées. Je continuai mon discours en l'assurant que si on me demandoit mon avis là dessus, je dirois qu'on ne devroit plus écouter le Mis de Pombal, parce qu'il s'étoit moqué de trois grandes Couronnes telles que les nôtres. Je lui dis aussi qu'une preuve pour moi que dans l'affaire de la régence il y avoit quelque trame, c'est qu'en même tems qu'on l'avoit declarée, les ordres avoient été expediés pour continuer avec la plus grande vigueur les préparatifs de la guerre, et je lui fis observer qu'il falloit que ce ministre eut perdu le jugement s'il n'étoit pas soutenu, ainsi que tout le monde le croyoit, par l'Angleterre, n'étant pas possible qu'autrement il eut dit que jamais il ne nous restitueroît ce qu'il nous avoît pris, et que j'en étois bien sûr.

Il me répondit que je pouvois, ainsi que tout le monde, dire tout ce que je voudrois, mais qu'il m'assuroit le contraire; qu'ils avoient pris nos intérets avec la plus grande chaleur, et qu'il étoit certain que la conduite du Mis de Pombal donnoit des motifs de soupçonner, mais qu'il me répétoit qu'ils étoient mal fondés. Je lui dis que peut être ce ministre fondoit ses espérances sur l'armement anglois, et que S. E. et les autres ministres au lieu de m'ôter mes soupçons en me disant qu'il y avait deux ou trois mois que leur ministre M. Walpole ne pouvoit pas parler à Pombal, ils me les avoient augmentés, parce que je ne comprenois pas comment le Portugal qui dépendoit tant de l'Angleterre pouvoit traiter si mal son ministre plenipotentiaire, à moins que ce ne fût un artifice de concert avec cette cour-ci, que je l'assurois que si la même chose m'arrivoit, j'en donnerois part au Roi en lui disant qu'il n'étoit pas de sa dignité que je restasse plus longtems dans un pays où l'on meprisoit mon caractere, et que ne doutant pas que S. M. B. ne pensât de même, j'étois surpris qu'Elle n'eut pas ordonné à M. Walpole de revenir à Londres. Comme il ne me répondit point je continuai en lui disant que tout le monde pensoit que l'Angleterre soutiendroit le Portugal, parce qu'autrement le Mis de Pombal ne se seroît pas hazardé de faire ce qu'il avoit fait et ce qu'il fait. Il me répondit qu'il ne le soutiendroit pas en tout, et qu'il falloit savoir jusqu'où s'étendoient nos projets. Je lui dis que le Roi ne vouloit que ce qui lui avoit toujours appartenu, et qu'on le dédommageat des dépenses qu'on l'avoit obligé de faire par caprice. Il me répondit que les puissances riches ne pensoient jamais aux dédommagemens. Sur quoi je lui dis qu'elles seroient bientôt pauvres si elles pensoient comme il le disoit, et je lui ajoutai que les grands princes avec l'épée à la main trouvoient moyen de s'indemniser, et que je croyois que cela arriveroit à Sa M^{té} si l'Angleterre s'abstenoît de se mêler de notre querelle avec le Portugal, et que comme bon Espagnol je desirois qu'on châtiat l'orgueil des Portugais, et que nous recouvrassions ce qui nous appartient. Il me répondit qu'il étoit juste qu'ils nous rendissent ce qu'ils nous ont pris depuis le moment où l'on commença à traiter d'accommodement. Je lui dis que si cela avoit été fait avant de s'engager dans de si grandes dépenses il auroit pu se faire que le Roi y eut consenti, renvoyant au tems de la négociation à voir comment les Portugais doivent nous rendre ce qu'ils ne nous ont pas restitué depuis le traité de 1760, et ce qu'ils ont usurpé depuis peu à peu. A cela il me dit que l'Angleterre ne desiroit que ce qui est juste, ce qui me confirme dans mon ancienne opinion qu'ils ne se mêleront point de nos disputes tant que nous ne penserons qu'à recouvrer ce qui nous a été pris dernierement, mais je me sers toujours du mot général *usurpation*, comprenant tout ce que les Portugais occupent depuis le traité de 1750, et qu'ils ne nous ont pas restitué depuis.

Il me demanda s'il étoit vrai, comme quelques ministres etrangers le lui avoient dit, que nous armions 17 vaisseaux, à quoi je lui répondis que les gazettes disoient que nous en préparions quelques-uns.

Je lui donnai à entendre le desir que j'avois de savoir si le Cte de Belgiojoso avoît, comme je l'avois entendu dire, fait quelques démarches de la part de la cour de Vienne sur nos différends avec le Portugal, et il me dit qu'il lui avoit témoigné deux ou trois fois le desir que sa cour avoit que le feu de la guerre ne s'allumat pas, et que cette puissance-ci l'empêchât par ses bons offices, parce qu'elle pourroit devenir générale, si nous la commencions avec les Portugais.

Je lui demandai aussi si l'on pouvoit ajouter foi au bruit que l'imp^{ce} de Russie vouloit acheter Tanger et un autre port sur la côte d'Afrique, lui ajoutant que je croyois qu'il ne convenoit ni à l'Angleterre ni à nous de souffrir qu'elle vînt s'établir dans ces mers, ni que ses escadres les fréquentassent. A quoi il me répondit que cela n'étoit pas, ni ne pouvoit être.

Nous parlames ensuite des armemens des puissances du Nord et de la situation du roi de Prusse. Il me dit que le ministre de Suede lui avoit parlé des soupçons que son maitre avoit que le roi de Prusse faisoit marcher ses troupes vers la Poméranie, mais qu'il croyoit que c'étoit une terreur panique de ce monarque.

Nous finimes par des complimens réciproques de politesse et d'amitié, et je le remerciai beaucoup de son ouverture et de sa confiance. En effet j'en éprouve plus de sa part que de celle du Lord Weymouth secrétaire du Sud avec qui je dois traiter directement.

Je sais que dans la conférence que l'ambassadeur de France eut avec lui, après lui avoir renouvellé les plaintes sur les bâtimens du pavillon du R. T. C. insultés, il lui parla aussi d'un autre vaisseau de sa nation à qui non seulement les Anglois n'ont pas permis de pêcher à Terre Neuve dans le parage marqué par les traités, mais ils l'ont coulé à fond à coup de crosse. L'ambassadeur lui dit ensuite qu'il avoit tant de plaisir à traitter d'affaires avec lui, qu'il se réjouiroit si traitant comme du Mis de Noailles au Lord Suffolk on pouvoit parvenir à dissiper les soupçons que l'Angleterre peut avoir, à s'entendre, et à éclaircir les bonnes intentions réciproques. Quoique ce discours ne déplût pas au Lord Suffolk, il n'y répondit pas. J'ai dit à l'ambassadeur de ne pas en être surpris, parce que n'étant pas secrétaire du Sud, il ne se déterminera pas à donner une réponse sans consulter S. M. B. et le Lord Weymouth que naturellement il préviendra de ce qui s'est passé, afin qu'il puisse répondre. Nous saurons si le lord Weymouth donnera quelque réponse jeudi en cas qu'il n'aille pas à sa maison de campagne.

Angleterre, t. 521, n° 5. (Traduction.)

2. LE PRINCE DE MASSERAN AU MARQUIS DE GRIMALDI.

Londres le 17 janvier 1777.

La presse des matelots continue avec autant d'activité qu'au commencement. On a arrêté la semaine derniere jusqu'à ceux qui sont protegés par l'amirauté. Les ministres continuent à ne nous point parler de leur armement. Je fis sentir hier à l'estimable ami que Votre Ex[ce] connoit les mauvaises consequences qui pourroient en resulter. Je lui dis que leurs préparatifs maritimes nous attireroient une guerre générale en Europe, parce que les autres puissances seroient indispensablement forcées d'armer, en voyant l'Angleterre armer 43. vaisseaux de ligne que l'on ne peut pas regarder comme necessaires pour sa guerre contre les Colonies, surtout lorsqu'elle se voit au moment de la terminer, et qu'elle a 130. batimens armés sur ces côtes où ils lui ont eté si utiles. Après m'avoir ecouté avec beaucoup d'attention il me demanda si je pouvois être dans l'erreur de croire que cet armement fut hostile; à quoi je lui repondis sur le champ que je l'imaginois ainsi, ne voyant pas qu'aucune puissance songeat à attaquer celle cy. Il me repliqua que la plus grande partie de la France à l'exception du ministere, mais en y comprenant le D. de Choiseul, étoit d'avis que c'etoit l'occasion la plus favorable pour porter un coup à l'Angleterre soit en l'attaquant, soit en secourant les Americains pour assurer leur independance. Je lui demontrai presque geometriquement combien cette façon de penser seroit contraire aux desirs de la France et par consequent à ceux de l'Espagne de conserver la paix avec l'Angleterre et je lui dis que quand même quelque ministre auroit eu une pareille idée ce n'auroit eté qu'au commencement de la dispute avec les Americains, epoque à laquelle le succés etoit si douteux et si incertain, et non à prèsent que tout alloit avec cette prosperité que nous desirions pour qu'ils pussent terminer heureusement leurs dissensions et faire rentrer dans leurs ports leurs escàdres et leurs armées.

Il m'observa ensuite qu'a mesure que la fin de la guerre civile approcheroit on verroit diminuer la crainte d'une guerre générale. Je lui dis que je ne pouvois comprendre comment les cours ne cherchoient point à éclaircir leurs soupçons et leurs doutes pour faire cesser ces armemens qui pourroient produire de si grans inconveniens. Il me repondit qu'il etoit de mon avis et qu'il ne savoit pourquoi on ne le faisoit pas.

Il me temoigna ensuite son desir de savoir si j'avois quelque nouvelle de la cour de Portugal et du Mq^s de Pombal, objet qui nous touche de plus prés. Je lui repondis que par des lettres de Buenos Ayres, en datte du 1er 8bre, on avoit appris que les Portugais avoient demoli le fort de Ste Etrecle et fortifié les postes de la rive méridionale de Rio-Grande de St Pierre. J'ajoutai que des lettres particulieres d'Espagne, mais non de ma cour portoient que nos troupes avoient chatie dans ces parages deux mille Indiens sauvages qui à l'instigation des Portugais avoient eu la hardiesse de les attaquer, ne lui cachant point que je craignois qu'une pareille conduite de la part du Mq^s de Pombal ne fut l'effet de la protection de l'Angleterre, ainsi que tout le monde le croyoit. Il me repliqua que nul homme de bon sens ne se mettroit dans l'esprit que l'Angleterre hazardat d'entrer en guerre avec quelque puissance de l'Europe pour soutenir une cause aussi injuste que celle du Portugal. Il me dit qu'il m'avoit deja donné plusieurs fois les mêmes assurances et qu'il ignoroit pourquoi je ne voulois pas y ajoûter foi. C'est lui repondis-je que les effets ne repondent nullement aux paroles et que malgré les continuelles protestations d'amitié de l'Angleterre, nous voyons ici 5o. vaisseaux de ligne armés et prèts à fendre les mers. Il m'interrompit pour exagerer les armemens de la France. Je lui dis à mon tour que six vaisseaux seuls etoient la cause des hauts cris qu'on jettoit ici, et sur ce qu'il me repliqua qu'on devoit ajouter d'autres vaisseaux aux 6. en question, je lui dis qu'en consequence le ministere Brit^e commençoit par en armer 5o..........

Rien de plus sage que les precautions prises par le Roi notre maitre pour resister à toute especes de coups de main que l'Angleterre pourroit vouloir tenter contre lui. L'essentiel est d'avoir envoyé de bons officiers pour commander dans les endroits que nous croyons exposés. Je voudrois que la France en fit autant de son côté et que sa marine fut sur l'excellent pied de la notre où je me flatte qu'il n'y a aucune piece d'artillerie qui n'ait eté eprouvé de maniere à ne laisser aucun doute de sa perfection.

Angleterre, t. 521, n° 3o. (Traduction.)

ANNEXES DU CHAPITRE IV.

3. LE COMTE DE VERGENNES AU COMTE D'ARANDA.

M. A Versailles le 12 février 1777.

J'ai rendu compte au Roi de la lettre de M. le Mis de Grimaldi du 27. janvier dernier que V. Ex^{ce} a ete chargée de me communiquér. Sa Maj^{té} a vû dans les reflexions de ce sage ministre l'attention constante du Roi son oncle pour aller au devant de tout ce qui pourroit contribuer a allumér le flambeau d'une guerre que l'humanité et la sagesse des deux augustes monarques les invitent a evitér.

Le Roi parfaitement d'accord sur le but auquel Sa M^{té} C^{que} tend avec la plus grande magnanimité, et ne desirant pas moins sincerement d'y atteindre, ne regarde pas cependant comme un expedient propre a y conduire l idée de faire faire des ouvertures a la cour de Londres sur la convenance d'un desarmement commun. Si l on veut bien pesér la situation des trois cours respectives il est sensible que tout engagement que le ministere B$\overline{q}$ue pourroit prendre à cet egard en le supposant meme aussi zélé pour la conservation de la paix que nous avons de motifs pour en doutér ne seroit q une illusion dont nous pourrions etre les victimes au moment ou le meme ministere viendroit a changér d'avis ou remplacé par des personnes d un genie plus entreprennant elles voudroient donner le cours le plus etendu a leur jalousie contre la France et l'Esp^e.

Dans la situation presente des affaires entre l Ang^{re} et ses Colonies on ne peut pas esperer que la premiere se prete, on ne pourroit meme lui proposér de restraindre les forces maritimes qu elle emploie en Amerique au soutien de ses operations de terre; il paroit meme qu elle va se trouver dans la necessité de les augmentér pour donnér plus d'activité et d'apui aux diversions qu elle se propose de faire tout a la fois sur differens points de ce continent. Si nous joignons a cela les convois qu elle ne peut refusér a toutes les branches de son commerce pour les protégér contre les corsaires americains et les croisières qu elle doit etablir pour le meme motif dans les stations les plus frequentées, il en resultera que l Ang^{re} se reservera là faculté de tenir en action 25 v^x de ligne au moins et toutes ses fregates et autres armemens legers sans que nous puissions faire mention de cette masse dans la proportion a etablir pour un désarmement respectif. Le danger qui en resulteroit pour les deux Couronnes est trop palpable pour devoir m'arretér a le demontrér. Je croiois M. l avoir etabli avec asses d evidence dans ma lettre a M. le Mis d Ossun du 11. janvier dernier. Si je n'ai pas contredit d une maniere plus formelle la proposition du desarmement dont M. le Mis de Grimaldi avoit entretenû notre ambassadeur, c est que je pensois qu il suffisoit de demontrér l impossibilité d en convenir d une maniere equitable pour en faire tombér l'idée, d'ailleurs je ne pouvois pas apretier une ouverture qui ne nous avoit pas été faite. Le ministre espagnol qui l avoit recùe etoit seul en etat de lui donnér sa juste valeur.

Je ne repeterai pas ici M. les objections que M. le Mis de Grimaldi a resumées dans la lettre du 27. janvier contre la possibilité d operer le desarmem^t de maniere a faire la sureté des deux Couronnes, nous ne pouvons que confirmér ici ce que nous avons déja observé a ce sujet; je me permettrai seulement d'y ajoutér quelques reflexions qui semblent meriter attention.

Ces considerations et beaucoup d autres qui n echaperont pas a la sagacité de V. Ex^{ce} font pensér au Roi qu il seroit prematuré d'autorisér M. le P^{ce} de Masseran a entrér en explication avec les ministres B$\widetilde{qu}$es sur l'insinuation d un desarmement si on la lui renouvelloit. Si le gouvernement anglois s en occupe plus serieusement que nous n avons lieu de le croire, il saura bien en faire la proposition d une maniere plus explicite qu il ne l'a encore produite, car comme M. le Mis de Grimaldi l a remarqué tres a propos ce que le Lord Suffolck a dit a ce sujet a M. le P^{ce} de Masseran paroit plus tost l expression de son sentiment particulier que le vo'u accredité du ministere.

Espagne, t. 583, n° 84.

4. LE PRINCE DE MASSERAN AU MARQUIS DE GRIMALDI.

A Londres le 21 fevrier 1777.

Vous me dites dans une de vos depêches du 27 du mois dernier, que le Roy notre maitre ne balanceroit pas sur le parti qu'il auroit à prendre si la proposition que m'a faite a trois reprises differentes le Lord Suffolk de desarmer tous en même tems en cas qu'on desirât la paix etoit aussi facile qu'elle paroit simple à la premiere vûe. Vous m'ajoutés que S. Maj^e a decide qu'on ecriroit a M^r le Cte d'Aranda afin qu'après avoir consulté sur cet objet M^r le Cte de Vergennes, il me communiquât la façon de penser du ministere de Versailles d'après laquelle je reglerai ma conduite, sans m'ouvrir davantage en attendant vis a vis des ministres anglois s'ils ne viennent à la charge sur cet article. D'aprés ces ordres de S. Maj^e j'attendrai les instructions de son ambassadeur à Paris; mais comme je sais d'avance que celui du Roi Très Chretien ici a defense de parler des armemens maritimes que l'on fait en Angleterre, de peur qu'on ne lui fasse la même insinuation qu'à moi de désarmer, attendu que ce seroit un piege qu'on voudroit nous tendre, je crois que M^r le Cte d'Aranda ne s'expliquera pas differemment. Vous aurés vû par mes depeches posterieures qu'aucun des ministres anglois n'a oppiné l'idée du Lord Suffolk, dont dès lors je ne fis aucun cas, ne la regardant que comme un moyen de changer de conversation. Dans la proposition générale que ce ministre m'a faite en diverses occasions au sujet du désarmement en question, il n'entendoit peut-être parler que de nos trois cours. Peut etre entendoit-il egalement parler de la cour de Lisbonne qui ne ferait certainement pas difficulté aujourd'hui d'admettre cet expedient pourvû que nous voulussions l'embrasser; mais tout bien reflechi on voit que cette proposition est d'une execution impossible l'Angleterre dira qu'elle ne peut s'empecher d'avoir un certain nombre de vaisseaux armés à cause de sa guerre avec ses colonies. De son côté l'Espagne exposera que pour venger ses droits et se faire raison des insultes des Portugais elle a besoin d'une puissante escadre tandis que la France dira avec autant de raison qu'elle a besoin d'en entretenir une pour la defense de ses possessions dans des circonstances aussi critiques. Ainsi tout le monde aura raison. Le moyen proposé par le Lord Suffolck etant donc d'une execution impossible, nous sommes obligés de veiller sur les preparatifs de l'Angleterre pour l'empecher d'en abuser et exprimer par notre activité les mauvais desseins que cette cour peut avoir, ou que pourra lui suggerer un jour son propre desespoir, si elle juge impossible de dompter les Americains.

P. S. Je reçois dans l'instant une lettre particuliere de M^r le Cte d'Aranda en datte du 14. de ce mois où il me marque que la cour de France n'est point d'avis d'accepter la proposition du dèsarmement et qu'elle a repondu en termes très solides.

Angleterre, t. 521, n° 116. (Traduction.)

II

MÉMOIRE DU COMTE D'ARANDA POUR L'ALLIANCE IMMÉDIATE AVEC L'AMÉRIQUE.

De M. le Cte d'Aranda
1776.   MÉMOIRE.

1° Pour décider si la cour de France doit prendre ou non parti dans les circonstances actuelles ou se trouve l'Angleterre, il paroit que rien n'est plus convenable que l'examen des questions suivantes.

2° Si la cour de France regarde l'Angleterre comme son ennemie naturelle.

3° Si lorsque l'Angleterre verra son ennemie augmentér et renforcer ses forces navales et chercher à etendre son commerce au detriment de celui des Anglois, la

France croit elle que la cour de Londres y consente, et qu'elle ne rompe d'abord par ces deux motifs, se servant de ses forces maritimes.

4° Si lorsque la France desirera veritablement faire fleurir sa marine et porter son commerce à l'état de prospérité sortable à la richesse de sa nation, elle croit qu'il suffit de le vouloir, et si en cas que l'Angleterre s'y opposât, elle est sûre de pouvoir soutenir ses mesures et de surmonter les obstacles qu'on lui fera naitre.

5° Si la France est convaincue que jamais l'Ang^{re} n'a été ni pourra etre plus embarassée ni moins puissante que dans ce moment cy, tant par sa guerre avec les Colonies dont les depenses sont enormes, comme parce que l'Amerique lui fournissant auparavant un tiers de ses matelots, non seulement celui ci lui manque, mais elle lui en occupe un autre tiers; de sorte qu'il ne lui en reste qu'un seul de son ancienne puissance avec lequel elle doit nourrir le nombre destiné contre ses Colonies et se defendre contre ses nouveaux ennemis.

6° Si dans le cas que l'Angleterre vienne à perdre ses Colonies et soit forcée à se borner en Europe pour se remettre de ses pertes, n'est il pas vrai qu'en lui donnant le tems de se refaire, elle pourra faire usage des deux tiers de ses matelots, quand il est prouvé qu'elle ne peut compter actuellement que sur un seulement?

7° Est il vrai ou non que pour armer les 45 vaisseaux que l'Angleterre fait semblant de vouloir equiper, elle ne trouve pas le monde necessaire, et pour y supleer, elle enleve même les vagabonds et tous gens sans la moindre connoissance de la navigation?

8° Si même en suposant que l'Angleterre puisse armer 60 vaisseaux de ligne, la France ne croit elle pas que c'est passer les bornes de la vraisemblance et de la possibilité?

9° N'est il pas vrai que la France a promis à l'Espagne qu'au printems prochain elle seroit en etat d'armer 40 vaisseaux de guerre avec un nombre proportionné de frégates, et l'Espagne n'a t'elle pas offert égal nombre (ce qu'elle est en etat de remplir) de sorte qu'il est evident que par le nombre egal des deux puissances on trouve 80 contre 60; et il faut observer que jamais les marines d'Espagne et de France n'ont été composées de meilleurs officiers, et de plus excellente qualité de matelots qui desirent de bien faire, et jamais les vaisseaux anglois n'ont eu de plus mauvais équipages, de sorte que l'on trouve le nombre et la qualité en faveur de l'auguste maison de Bourbon.

10° S'il n'est pas vrai que les Isles Britanniques sont depourvües de forces de terre, et par consequent en etat d'etre attaquées sans des difficultés extraordinaires; qu'on pourroit lui porter un coup mortel, puisque si elle vouloit pourvoir à la sureté de ses Isles, elle seroit obligée de ralentir ses armemens maritimes; et si elle portoit son attention de ce coté là, elle ouvriroit d'autant plus la porte pour qu'on put l'attaquer dans l'interieur de son royaume; de sorte que non seulement la realité de l'entreprise, mais seulement le fantôme de la menace la jetteroit dans la plus grande consternation, et opereroit le même but qu'on se propose.

11° Si la publicité avec laquelle la France a disposé les secours donnés aux Insurgens quelque tournure qu'elle veuille y donner en cas de plaintes portées, peut se pallier aux yeux de l'Angleterre ni du reste de l'Europe?

12° Si la France se flatte que l'Angleterre l'oubliera jamais lorsqu'elle trouvera l'occasion de s'en venger, accoutumée surtout a une politique aussi insidieuse que celle de sa rupture en 1755, ce qu'elle peut fort bien recommencer a present si on lui donne le tems de s'armer en profitant de la timidité de la France pour s'emparer de tous ses vaisseaux marchands dès que dans la belle saison ils paroitront en mer, pour ramasser quelques milliers de matelots que la France perdra et dont plusieurs serviront à equiper les escadres angloises.

13° La France peut elle nier que dans le continent de l'Europe il peut arriver une revolution prochaine qui la force à se compromettre, causée par la mort de l'Imp^{ce} Reine, du roi de Prusse ou de l'electeur de Baviere, evenemens qui doivent produire des incidens remarquables, avec une suite de plusieurs autres qu'on ne peut pas prevoir surtout parmi autant de souverains puissants, ce qui ne peut qu'impliquer les autres directement ou indirectement.

14° Si ce cas arrivoit et que la France se trouvat envelopée dans une guerre de continent très indifferente pour la cour britannique, qu'est ce qui empêchera l'Angleterre d'agir par mer, en faisant valoir ses pretendus griefs, ou sans aucun pretexte, et comment la France pourra t'elle alors oberée par les depenses inevitables à une guerre, faire face partout.

15° N'est il pas evident que lorsque l'Ang^{re} pourra faire usage des deux tiers énoncées, s'etant désisté entierement de dompter ses colonies, quand la France sera occupée d'autres objets, dès lors même elle sera plus consistante et redoutable qu'elle ne l'est a present etant reduite a un tiers. Et quels ne sont pas les avantages de la France dans ce moment! Elle est libre, elle a ses forces en entier et est en etat de fondre avec succez sur l'Angleterre qui est dans la crise de la plus grande foiblesse.

16° La France doute t'elle que c'est un avantage très reel d'attaquer au lieu d'etre dans le cas de se deffendre, et de pouvoir executer tous ses plans en causant une diversion a son ennemi d'un coté pour l'attaquer de l'autre; ce qui seroit tout au contraire si elle avoit d'autres engagements, et qu'elle fut obligée de se defendre, car elle auroit assés à faire pour porter son attention partout. Actuellement supérieure des deux tiers, alors inferieure par les circonstances et par le retablissement des Anglois.

17° La France n'ignore pas qu'il y a actuellement une fermentation en Irlande qui pour peu qu'elle fut entretenue conjointement avec l'affaire des Colonies, donneroit furieusement de tablature aux Anglois, et les mettroit dans le plus grand embarras; d'autant plus si on pouvoit inspirer aux Irlandois l'idée de profiter du moment favorable pour les seduire, a etablir leur independance et s'eriger en Etat libre.

18° La France ne doit elle pas convenir de bonne foi que jamais dans les gueres precedentes elle n'a été avec autant d'aisance, et eu egard aux evenemens de l'Europe qui peuvent survenir avec moins de motifs d'inquietude? Sure de la Maison d'Autriche tant par son traité de Vienne que par le penchant décidé de l'Imp^e Reine pour la paix, elle n'a rien a redouter de cette puissance. Le roi de Prusse d'une santé chancellante, cherche à profiter de son agrandissement considerable en Pologne et sera toujours retenu par les ennemis qu'il auroit en Europe, et restera toujours pacifique spectateur des disputes de la France avec l'Angleterre, d'autant plus qu'elles ne regardent en rien ses vues politiques. La Russie bien loin d'etre refaite de sa guerre onereuse contre les Turcs, sans avoir son complet, même sur le pied de paix, épuisée d'argent, cherche a faire prosperer son commerce pour profiter de ses conquêtes. Et quelques secours pecuniaires que puisse lui offrir l'Angleterre, ils ne s'engageront jamais dans une guerre qui la distrairoit de son objet principal de tranquillité et d'administration intérieure.

19° Si au surplus de l'occasion unique qui se presente, la France n'a t'elle pas de justes motifs de plaintes contre l'Ang^{re}, tant a cause des guerres passées que depuis la derniere paix? N'a t'elle pas à se plaindre de ce que l'on ait troublé sa pesche de Terre Neuve ou fait quelque insulte à son pavillon? la honteuse oppression avec laquelle le commissaire anglois etabli a Dunkerque exerce sa residence n'est elle pas un motif suffisant?

20° La France se persuade t'elle que la foiblesse de sa politique ne peut produire qu'un très mauvais effet vis à vis des autres puissances de l'Europe qui observent qu'elle ne profite pas du moment actuel ou elle peut se faire craindre et respecter, et abattre son ennemi naturel. Restera t'elle exposée aux coups de celui-ci lorsqu'il verra la France embarrassée.

21° Si la France est persuadée que lorsqu'il sera question de faire revenir en Europe les forces considerables qu'ont actuellement les Anglois en Amerique, après avoir perdu ou subjugué les Colonies, ils s'en retourneront tranquillement dans les Isles Britanniques sans etre tentés de tant d'objets a la main que possedent l'Espagne et la France?

22° Si les Anglois envoyoient des ordres secrets pour tomber sur S¹ Domingue, la Martinique ou quelque autre établissement, qui est celui qui en seroit averti jusqu'a ce que ce coup fut porté; et qui est ce qui pourroit s'opposer à 15 mille hommes qu'on destineroit à cette expedition, en faisant revenir le reste de leurs troupes en Europe pour renforcer leurs Isles, et reunissant leurs forces maritimes s'opposer aux mesures des Bourbons.

23° Si l'ile de S¹ Domingue ne sera pas le coup le plus facile et important pour les Anglois tant parce qu'elle est degarnie, plus a portée avec de bons ports, sans aucune defense, et en etat par elle même de fournir a la subsistance des forces britanniques avec quantité de farines, comme par la fertilité de son sol, sa population et une grande etendue de terrain a cultiver encore avec d'excellens ports, située entre Porto Rico et l'isle de Cuba, soutenue de la Jamaïque par le derriere, dominant le continent de l'Amerique et la plus convenable enfin pour en faire une veritable colonie avec les fruits, commerce et suretés qui mettront pour toujours les Anglois a couvert d'une catastrophe pareille a celle de leurs colonies septentrionales.

24° Si la France a ses etablissemens en Asie tels que les Isles de France et de Bourbon Pondichery etc. en assés bon etat pour n'avoir rien a craindre des Anglois? Si celui que font les Anglois dans le Bengale peut suffire a compenser leurs pertes d'Amerique en cas qu'ils s'en rendent entièrement les maitres, comme egalement si la France trouveroit de grands avantages a ruiner celui des Anglois en Asie.

25° Si la France croit que l'independance des Colonies executée par elle même suffit pour reduire l'Angleterre a une puissance du second ordre et hors d'etat de se relever.

26° Si la France croit qu'elle remplira son objet en formant un entrepot de commerce dans ses isles d'Amerique, pour etre en etat d'aprovisionner delà les colonies angloises independantes et en leur ouvrant les ports d'Europe. Si la France croît que cet objet soit permanent et preferable a la destruction de l'Angleterre pour toujours.

27° Si elle se contente de rester en bonne intelligence avec les Colonies au hazard de leurs procedés, ou s'il ne seroit pas mieux de les lier par un traité avantageux auquel elles acquiesceroient avec avantage si on leur donne les moyens d'affermir leur indépendance.

28° Si les pesches de Terre Neuve si voisines des Insurgens peuvent subsister des qu'ils auront consolidé leur nouvelle puissance, etant très naturel qu'il veuillent etre maitres d'une branche de commerce aussi essentielle et dans leur territoire. Les traités faits à ce sujet entre la France et l'Angleterre n'etant d'aucune valeur pour retenir les Americains, n'ayant point de ratification de leur part.

29° Si la France prevoit qu'il se forme en Amerique un Etat qui sera une puissance maritime formidable, et qui n'ayant point de traité qui le lie, sera a même dans peu et cherchera au plus tôt a chasser les Européens de leurs isles et y etablir leur independance.

Pendant la derniere guerre la Martinique et la Guadeloupe s'accoutumerent bien a la domination angloise. Avec combien moins de gêne ne suivront elles pas le parti des colonies americaines?

30° Si en suposant l'independance des Colonies, et qu'après quelques années les Anglois se pretent a les reconnoitre comme des Etats libres, n'est il pas a craindre qu'ils se lient avec eux tant par raport au caractere national que par la conformité des loix, coutumes, religion et langue, et que tous les avantages que la France pouvoit retirer actuellement seront alors au profit de leurs anciens concitoyens et parents.

31° Si tous les articles énoncés cy dessus ne sont pas palpables et ne font un objet de la plus grande importance?

32° S'il suffit de repondre : *Je ne veux pas la guerre, je n'ai point d'argent pour la faire*, quand les circonstances sont telles qu'il ne suffit pas de ne pas le vouloir, et qu'elle aura lieu egalement, un royaume comme la France doit se conduire par les vues politiques, par la raison d'Etat, par l'interet de soutenir son honneur et sa puissance selon les circonstances, doit toujours prevoir toutes les possibilités, et un royaume qui a tant de ressources, n'est pas dans le cas de manquer de moyens, lorsqu'il y a de si justes raisons pour faire la guerre.

33° La France peut etre ne voudroit pas discuter serieusement si les raisons indiquées suffisent pour prendre un parti decisif, attendu que par les dernieres nouvelles de la Nouvelle Yorck les progrès des Anglois ont éte importants, et par consequent les mesures des Colonies moins vigoureuses et soutenues, ce qui donneroit lieu de craindre qu'elles ne se ralentissent dans leur défense. Cela seroit il un motif pour pencher a l'irresolution adoptée jusqu'a present, mais on va proposer ces deux cas possibles qui doivent servir de baze.

34. 1° Si les Colonies quoique decouragées de leurs revers mais entêtées de leur independance et enflamées de l'enthousiasme des guerres civiles se decident a soutenir mal ou bien la campagne prochaine.

35. Secundo si les Colonies succombent totalement, et soit parce qu'elles ayent fait leur paix avant d'ouvrir la campagne prochaine ou pendant le cours de la même, ou qu'elles y ayent été forcées, cela laissera les Anglois maitres de retirer leurs troupes.

36. Si le premier evenement a lieu, il occupera les Anglois pour la campagne prochaine et l'on sera toujours le maitre de faire ce que l'on voudra.

37. Si c'est le second, il est presque evident que les Anglois ne desarmeront pas ni ne perdront l'occasion favorable de rester en Amerique avec des forces considerables et les plus grandes dépenses faites; de sorte que la France ne pourra pas eviter les conséquences qui en resulteront ni les risques qui la menacent.

38. Une promte rupture animeroit les Colonies d'autant plus qu'elles verroient par là que leur ennemi non seulement ne pourroit pas se renforcer contre elles, mais qu'il seroit même obligé a ralentir ses mesures. Cette rupture faite d'abord seroit le plus sur preservatif pour detourner les idées des Anglois sur les possessions d'Amerique dont nous avons parlé, puisqu'ils seroient dans le cas de devoir se defendre, et craindre que les Americains s'ils s'etoient reconciliés en apparence ne manquâssent a leur engagement en voyant leur sort si changé, de sorte que la guerre est le seul remede a l'un ou a l'autre de ces evenemens.

39. Si la timidité de la France donne le tems a l'Angleterre d'entreprendre ce que son activité lui suggere, qu'elle ne croye pas que l'autre eh perdra l'occasion, et qu'elle s'attende aux suites causées par la vigueur sur une conduite menée par l'irrésolution.

40. Dans le contraste de l'aversion que temoigne la France pour une guerre et dans la supposition qu'elle ne peut pas l'eviter, il seroit inutile de proposer de grands plans, ainsi nous reduirons la chose à ce qui est possible, et peut etre en meme tems profitable.

41. Le projet commencera par la distribution des forces navales sur lesquelles on a compté, et l'explication du motif pourquoi on les distribue ainsi, donnera le jour necessaire pour tout le reste.

Projet de distribution des forces maritimes des deux Couronnes dont on a supposé l'armement.

	L'ESPAGNE.		LA FRANCE.	
	Vaisseaux.	Frégates.	Vaisseaux.	Frégates.
A Brest....................	//	//	15	6
Au Ferrol.................	15	6	//	//
A Cadix...................	6	2	6	3
A Cartagene...............	3	2	//	//
A Toulon..................	//	//	3	2
Aux isles d'Amerique.......	10	5	10	5
A la rivière de la Plata......	6	5	//	//
Aux Isles de France et de Bourbon......	//	//	6	4
TOTAUX...........	40	20	40	20

ANNEXES DU CHAPITRE IV. 217

42. Cette distribution a pour objet celui d'appliquer aux points essentiels des forces solides qui puissent etre a portée les uns des autres, et meme se joindre, ou secourir les plus éloignés.

43. Entre Brest, Ferrol et Cadix, on y presente d'abord 42 vaisseaux de ligne et 17 fregates dont la jonction seroit facile s'il convenoit ainsi.

44. Dans la Mediteranée il reste 6 vaisseaux et 4 fregates avec la meme proportion; car ce n'est pas là que l'Angleterre appliquera ses forces de preference. Outre que la division de Cadix se rendroit facilement dans la Mediteranée en partie ou dans le tout pour renforcer celle de Cartagene et Toulon.

45. On applique 20 vaisseaux et 10 frégates aux isles d'Amerique, ce qui presente une escadre formidable.

46. Les 6 vaisseaux et 5 fregates du convoi de M. Cevallos contre les Portugais n'admettent pas une destination differente.

47. Les six vaisseaux et quatre fregates pour l'Inde orientale sont suffisants et meme ils peuvent causer dans ces mers là des craintes tres fortes a l'Angleterre.

48. Les deux armemens composés des deux marines tels que sont ceux de Cadix et de l'Amerique seroient très bien aux ordres d'un chef de chaque nation a cause que l'unité du commandement est très interessante pour toute chose.

49. Les deux divisions pour l'Amerique et l'Asie seroient les seules qui se devroient faire a la mer; les autres restants dans leurs ports, quoique toujours en etat d'agir.

50. Eh bien qu'est-ce que feroient les Anglois pour balancer cette distribution devroient ils courir en Amerique pour proteger dans ces contrées là leurs forces inferieures? Devroient ils couvrir les Isles Britanniques menacées par les preparatifs de Cadix, Ferrol et Brest.

51. La bride pour qu'ils n'envoyassent en Amerique des forces superieures seroit sans doute les preparatifs et menace d'une descente en Angleterre, puisque les cotes de la France sont si a portée au moins pour l'apparence, parcequ'un risque pareil qui vrayment ne depend que d'un parti pris et volonté decidée de le faire, soutenu des escadres de Cadix, Ferrol et Brest si considerables ne leur laisserait pas beaucoup de facultés pour se degarnir et se porter ailleurs, pas meme dans l'Inde orientale, avec la totalité des renforts que leur interet exigeroit.

52. Si a toutes ces grandes forces navales on y joignoit les corsaires sans nombre que peuvent produire les côtes de la France et de l'Espagne contre la navigation du commerce, il est evident que celui ci se ruineroit, et sa decadence diminueroit les moyens de fournir aux enormes depenses de l'Angleterre.

53. Si on considere que les armateurs americains augmenteroient le nombre, et eux memes viendroient establir leur croisiere a l'abry des ports d'Espagne et de

France, et aussi qu'il seroit tout simple de regler avec le Congrès que ses batimens de guerre les plus forts, agissent de concert avec les forces combinées de leurs auxiliaires dans ces mers là; on conviendra que sans des depenses et des risques considerables on parviendroit a faire une guerre cruelle a l'Angleterre qui l'affoibliroit et la reduiroit a racheter la paix et son rétablissement a tout prix.

54. On peut observer que ce plan se borne a l'usage des forces maritimes uniquement, et même sans les mettre toutes en mouvement, mais placées de façon que toujours elles seront prêtes aux ordres de leurs cours quand elles trouveront quelque chose convenable, et que les effets de la rupture presenteront les occasions a profiter.

55. Il est naturel que les escadres d'Amerique et d'Asie tacheront d'imposer dans les mers de leur destination, et de profiter des moments et occasions qui se presenteront de battre l'ennemi commun, surtout avec la ressource non seulement aux ports des deux nations, mais aussi a tous ceux des colonies angloises en cas de vouloir refuser un engagement qui ne fut pas avantageux.

56. Quoiqu'on ait exposé des raisons qui engagent la France a prendre un parti dès ce moment cy, pour se garantir de le faire, forcée dans un autre peu convenable et qu'on ait preferé les moyens moins embarassants et dispendieux. On excuse d'autres idées et operations que peut etre elle auroit trouvé trop volumineuses pour le mauvais etat de ses affaires dont elle fonde.

III

MÉMOIRE DE L'ESPAGNE
SERVANT DE RÉPONSE À CELUI REMIS PAR M. LE COMTE DE VERGENNES
À M. LE COMTE D'ARANDA LE 3 JANVIER 1777[1].

Le memoire que le Cte de Vergennes a remis le 3 du courant à M. le Cte d'Aranda relativement à notre situation actuelle et politique avec l'Angleterre manifeste clairement la grande prudence et le discernement avec lesquels le Roi T. C. et les membres de son conseil déliberent sur des circonstances aussi critiques. Le Roi Cath^e et ses ministres l'ayant examiné avec la plus grande maturité y ont applaudi dans les termes les plus convenables.

[1] Cet intitulé est celui de la pièce même.

ANNEXES DU CHAPITRE IV. 219

Comme on traite dans ce mémoire de différentes combinaisons et de divers calculs, le cabinet de Madrid doit exposer de son côté toutes les réflexions qui se présentent sur un sujet aussi délicat, tant pour correspondre à la confiance de celui de Versailles, que pour contribuer à ce que les deux monarques puissent déterminer ce qui sera plus analogue à la gloire et aux avantages des deux royaumes.

Les cours de France et d'Esp^e ne doivent pas regarder avec indifférence l'armement considérable que l'Ang^{re} prépare avec tant d'activité, puisque n'étant en aucune maniere nécessaire pour la guerre actuelle avec ses colonies, il indique un tout autre objet d'une grande conséquence qui ne peut être autre que d'attaquer les deux puissances au moment qu'elle jugera favorable à son intérêt.

Ce principe posé, lequel ne peut être revoqué en doute, le ministere de France etablit pour premiere maxime qu'encore que nous pourrions nous promettre des avantages signalés, si gagnant de vitesse les Anglois nous les attaquions pendant que leur guerre d'Amérique dure; ni la rectitude des d^{ts} souverains ne leur permet pas, ni la bonne politique ne leur conseille pas de prendre ce parti, les deux Couronnes devant aspirer, lorsque la guerre sera indispensable, à ce qu'elle se borne à une guerre de mer et uniquement contre l'Ang^{re}, en sorte que n'etant pas nous mêmes les agresseurs, la Grande Bretagne soit privée du secours et de l'apui de ses alliés.

Le même ministre établit pour 2e maxime, non seulement que les deux royaumes doivent armer avec toute la vigueur possible, mais qu'ils doivent encore se communiquer et concerter sans perte de tems leurs mesures et leurs dispositions respectives pour réduire par ce moyen l'Ang^{re} à se désister de ses vües offensives, ou bien pour s'oposer à tems à toute entreprise qu'elle formeroit; à quel effet la cour de France calcule individuellem^t l'emplacement des forces de terre et de mer que les deux nations peuvent employer dans le cas présent, et aussi celles que la G^{de} Bretagne pourroit destiner de son coté aux desseins et objets qu'on indique.

Le Roi Cath^e aprouve dès à présent les deux maximes ci dessus raportées et pense qu'on pourroit y en ajouter une 3e, savoir : que sans décider dans ce moment la question; si nous devons aller au devant de la guerre en attaquant les Anglois, ou attendre qu'ils nous attaquent eux mêmes quand il leur conviendra; le parti préférable pour le moment est d'encourager et de secourir les Insurgens afin qu'ils puissent soutenir et prolonger leur guerre contre la métropole, tant parcequ'il est encore fort incertain quelle fin pourront prendre ces différends et jusqu'à quel point nous pourrions compter sur les Americains, que parce que tant que la discorde actuelle subsiste la puissance de la G^{de} Bret^e s'affoiblit toujours plus et nous offre de plus grandes espérances de la battre par la suite.

Quant à nous préparer vigoureusement pour tout évènement, les mesures les plus efficaces sont déja prises, ainsi qu'on va l'expliquer en manifestant le véritable état des forces de l'Esp°. On y joindra quelques réflexions qui paroissent adaptées au plan proposé par la France.

Le Roi Cath° a aujourd'hui de vaisseaux de ligne armés complettement, 9. a Buenosaires, 3 à la mer du Sud, 3. a Vera-Cruz, 1 a la Havane, 12 a Cadix et 1. au Ferrol, en tout 29.

Les frégates armées sont 13. à Buenos-Aires, 9. dans l'Amérique Septentrionale, 1. dans la mer du Sud, 2. aux Philippines, 2. à Carthagène des Indes, 1. qui revient de l'Amérique Septentrionale en Esp°, et dans les mers d'Europe 5, au total 33.

Il y a dans la Mediterranée 9. chebecs armés qui sont équivalens à 9. fregattes.

On se propose d'avoir en Esp° au printems prochain, armés et prêts a mettre en mer, 43. vaisseaux de ligne, 33 ou 34 fregattes, 9 chebecs et les petits batimens necessaires comme corvettes et paquebots. Quant à l'emplacement de ces forces navales, les marins les plus experimentés de l'Esp° jugent que celui qu'on projetta en 1766. étoit défectueux et mal calculé, et ils se fondent sur les raisons qu'on exposera ci-après.

Ils établissent également pour un principe infaillible, que ce qui a toujours détruit dans les guerres de ce siècle les marines de France et d'Esp° a été la méthode erronée de diviser leurs forces respectives en petits corps et de les exposer en détail à des combats particuliers, puisque pour l'ordinaire ils avoient affaire à des forces superieures. Consequemment ils sont d'avis que deux fortes escadres bien situées causeroient à l'Ang^{re} plus de dépense et d'embarras que si le même nombre de batimens francois et espagnols étoit reparti en des détachemens séparés et placés sur des parages divers et éloignés.

On adopte pleinement a Madrid la maxime etablie dans le memoire de France que l'on ne doit pas adapter a des opérations combinées, sinon dans le cas d'une extreme necessité, les escadres des deux nations, cependant on observe qu'il peut convenir de les placer sur un même parage, toutefois que chacune sera par son nombre en état d'en imposer et de sortir pour opérer séparement suivant que les circonstances l'exigeront.

Des expériences et des observations continuées ont démontré que le sistème suivi jusqu'à présent de tenir rassemblé au Ferrol le plus grand nombre des vaisseaux est souverainement préjudiciable. Différentes circonstances de ce port, loin de concourir a l'avantage et a la sûreté, produisent au contraire des inconvénients de la plus grande conséquence. On ne peut en sortir que vaisseau à vaisseau, et sans louvoyer, parceque le canal est trop étroit. Conséquemment chaque bâtiment employe à cette operation beaucoup de tems, et le même désavantage continue en raison des navires qui doivent sortir, en sorte qu'une force ennemie, quoiqu'inférieure qui croiseroit à la vûe du port seroit suffisante pour rendre inutile la force superieure qui y seroit renfermée, et pourroit même la battre, attaquant les vaisseaux en détail à mesure qu'ils se présenteroient et avant qu'ils fussent formés en ligne. De plus comme il est bien connu qu'on ne peut sortir de ce port que par un vent déterminé et avec beaucoup de tems, les ennemis peuvent rester en vûe faisant des prises et s'emparant de tous les batimens qui aprocheront de la côte, bien assurés que tant que le vent déterminé ne règnera pas ils n'auront rien à craindre, encore qu'une escadre formidable soit prête a en sortir.

Nos officiers de marine conviennent encore d'un autre principe établi dans le mémoire de France. C'est que suposée la difficulté de débarquer du détroit le peu d'objets de défense et d'attaque que nous avons dans la Méditerranée et le grand avantage que la baye de Gibraltar donne à l'Ang^{re} pour contenir avec une seule escadre deux de force égale, l'une dans un port de la Méditerranée et l'autre à Cadix, il en résulte par une conséquence infaillible que les vaisseaux que les d^{es} deux puissances tiendroient dans la Méditerranée y seroient de peu et même d'aucune utilité. Mais pour sauver cet inconvénient, le ministère espagnol a pensé du moment qu'il a commencé a craindre une rupture, à tirer de Cartagène et à envoyer à Cadix les vaisseaux qu'on y armoit, et l'on continuera cette disposition à mesure que l'occasion s'en présentera, et il suffira pour veiller aux intérêts des deux nations d'y conserver plusieurs fregates, chebecs et autres batimens corsaires pour y faire la petite guerre et ruiner le comerce des Anglois.

En partant de ces principes le ministere d'Esp^e propose l'emplacement suivant de ses propres forces navales et de celles de la France dont le calcul fondé sur les efforts que l'Ang^{re} pourra faire de sa part nous donne lieu de nous promettre qu'il ne restera pas de moyen à cette puissance de rien entreprendre de conséquence contre les possessions esp^{les} ou françoises, mais que nous pourrons même trouver l'occasion d'entreprendre contre elle.

	Vaisseaux.	Frégates ou chebecs.
A Cartagene du Levant	1	9
A Cadix	18	5
Ferrol	6	2
Dans la mer du Sud	3	1
A Buenos-Aires	9	13
Aux Philippines	"	2
Dans l'Amerique Sept^{le}	6	11
Total	43	43

On doit remarquer que le nombre des bâtimens qui se trouvent à Buenos-Aires est trop considérable et qu'on en attend quelques uns à la fin de l'année qu'on incorporera par augmentation à l'escadre de Cadix.

Dispositions qu'on estime en Espᵉ qu'il conviendroit que la France fit de ses forces navales :

	Vaisseaux.	Frégates.
A Brest.	28	10
Aux Isles du Vent.	6	6
Aux Isles de France.	4	6
Dans la Méditerranée.	2	8
Total.	40	30

Cette disposition suposée, nous pensons ici que les Anglois pour se prémunir seulement contre les opérations de nos escadres devront repartir leurs forces de la manière qui suit :

	Vaisseaux.
Pour avoir une supériorité de 3 ou 4 vaisseaux ils placeront à Gibraltar.	22
Ils ne peuvent pas en oposer à Brest moins de	32
Pour veiller sur les deux escadres unies que l'Espᵉ et la France tiendront sur le parage qu'on indiquera plus bas, ils devront y en envoyer une de	14
Pour croiser sur la côte de Galice ils y employeront au moins.	6
Et dans les Indes Orientales.	5
Total.	79

Le mémoire de France supose que les Anglois pourront armer jusqu'à 80. vᶜᵃᵘˣ et il est démontré par la présente distribution qu'il ne leur restera rien pour entreprendre des expéditions; que leurs navires souffriront beaucoup plus que les nôtres, ceux ci restant en sûreté dans leurs ports pendant que les autres tiendront la mer par toute sorte de tems pour ne pas discontinuer de veiller sur nos opérations.

Le ministere espᵒˡ est d'avis que les deux escadres espagnole et francoise destinées pour l'Amérique Septentrionale devroient s'unir; 1° parcequ'elles imprimeroient plus de respect que si elles étoient séparées; 2° par la difficulté de se réunir quand on le jugeroit convenable, et en tout parcequ'elles se trouveroient plus en mesure de faire des entreprises sur les Isles angloises si le cas se présentoit.

Suivant l'avis des marins espᵒˡˢ l'emplacement le plus propre pour les dᵉˢ 2. escadres est le port de Guarico : sa position est la plus avantageuse pour se porter partout; il y a plus de facilité pour les vivres parceque l'isle de Sᵗ Domingue en fournit plus que celle de Portorico; l'air y est également aussi sain que dans les autres isles du Vent, et comme il est indispensable qu'il y ait à cette destination un corps respectable de troupes, il convient qu'on y ait tout à la main pour entreprendre avec les forces de terre et de mer ce qui suivant les circonstances sera jugé plus a propos.

Pour ce qui est de la distribution des troupes d'Esp^e, le Roi Cath^e a pensé et disposé qu'on mettroit en Galice 12. mille hommes prêts a s'embarquer, avec un train d'artillerie correspondant, un depot d'armes, d'habillemens, de tentes et de toutes autres choses nécessaires pour une expédition, soit pour la menace projettée contre l'Irlande, laquelle quand même elle ne s'effectueroit pas, doit faire une diversion à l'Angleterre et lui causer de grandes inquiétudes ou bien pour toute autre entreprise en Amérique. On doit observer que les forces unies à celles de mer qu'on aura également en Galice menaceront en même tems une partie du royaume de Portugal pour la facilité qu'on auroit de les y transporter en cas de besoin.

On ne porte pas ce corps à 20. mille hommes, comme on l'avoit pensé en 1766. parce qu'ayant diminué le nombre des vaisseaux de guerre par les justes raisons qu'on a exposées ci-devant, il n'y correspond pas plus de troupes que les 12 mille hommes. Outre cela il y aura en Galice 8 bataillons destinés à garnir les places de ce royaume, on n'y met point de cavalerie, le pays n'etant pas en état de la nourrir.

On tiendra pareillement en Andalousie, prêts à s'embarquer à Cadix autres 12 mille ho^{es} avec le train d'artillerie respectif et tout l'attirail nécessaire pour quelqu'expédition. On ne fait point entrer dans le calcul onze bataillons qui garniront les places de cette province, et 22 escadrons qu'on distribuera avantageusement.

On placera encore deux autres corps de 6 mille ho^{es} chacun, le 1er en Castille et l'autre en Estramadoure avec la cavalerie correspondante à tous deux. On observe qu'on a préparé à l'avance un train de campagne pour les d^{ts} 12 mille hommes et qu'il y a à Ciutad Rodrigo une artillerie de siège suffisante pour une grande armée.

On raisonne dans la supposition que les deux corps de troupes situés sur le bord de la mer seront en état de s'embarquer au moment ou il conviendra de les employer; car quoique suivant les prudens calculs que l'on a faits, il ne reste pas à l'Ang^{re} assés de forces pour entreprendre rien de conséquence en Amérique, il peut cependant survenir des cas imprévus et des combinaisons nouvelles qui obligent à d'autres mesures; ainsi le ministere d'Esp^e juge indispensable que les troupes se trouvent unies aux forces de mer pour se porter rapidement les unes et les autres ou les circonstances l'exigeront. Avec le restant de l'armée esp^{le} on couvrira les places du continent et de l'Afrique.

Quant à la distribution des forces terrestres de la France, l'Esp⁰ ne doit qu'aprouver le plan qu'on propose dans le mémoire de France et s'en raporter de tout point a ce que disposera le ministere du Roi T. C. mais pour donner un nouveau témoignage de sa franchise le cabinet espagnol exposera deux réflexions, la 1ʳᵉ que tout souverain qui fait la guerre, se bornant à une pure défensive, s'en tire mal et essuye des pertes dans un ou dans un autre endroit; en conséquence de quoi il est nécessaire dans le cas présent de menacer sérieusement l'Angʳᵉ dans ses domaines principaux, et cela ne peut s'effectuer qu'en présentant dans les environs de Brest un corps nombreux de troupes prêt à s'embarquer sur l'escadre destinée à le transporter et a en protéger le débarquement.

La 2ᵉ réflexion est que sans considérer pour le moment comme suffisans les 8 bataillons que la France propose pour la défense de ses isles au lieu de 20. qu'on avoit calculés en 1767; attendu que l'Angʳᵉ n'a plus les secours et le monde que dans un autre tems elle auroit tiré de ses colonies pour attaquer les possessions francoises, on peut craindre d'un autre côté qu'elle ne termine bientôt la guerre avec ses colonies au moyen d'un accomodement raisonnable, ou que le ministere Britᵉ suspendant cette querelle pour un court intervalle se détermine à employer inopinément contre l'Amérique espagnole ou francoise l'armée formidable qu'elle a dans ces parages. Pour prévenir cet accident on pense ici que huit bataillons ne suffisent pas, et par la même raison le ministere espagnol regarde comme une prévoyance nécessaire que la France tienne à Sᵗ Domingue un corps respectable de troupes. Celles ci et les escadres unies composées de 12 vaisseaux de ligne contiendront les forces Britᵉˢ et même pourront attaquer les possessions de l'Angleterre.

On a observé en Espᵉ, et des expériences répétées l'accréditent, que les troupes souffrent peu de mortalité en Amérique, si on dispose leur envoi de manière qu'elles y arrivent quelque temps avant la saison des chaleurs, afin qu'elles s'accoutument peu à peu au climat. La Havane est plus au midi que Sᵗ Domingue, et quoiqu'on y ait envoyé des corps étrangers on n'y a pas éprouvé des pertes notables. Il y a actuellement deux bataillons étrangers à Porto Rico et il ne nous revient pas qu'on y perde du monde.

Ayant aprouvé dans le comencement de cet écrit la maxime politique de réduire la guerre, si elle est jugée indispensable, à la seule Angʳᵉ, il reste de satisfaire au soin dont on charge l'Espᵉ de faire en sorte que la Russie demeure neutre. Le Roi Cathᶜ fera tout ce qui dépend de lui et dès à présent on va donner au Cᵗᵉ de Lasci les ordres qui paroitront les plus adaptés à ce but, en profitant de la circonstance que c'est un sujet bien vu à cette cour. Mais comme l'Espᵉ n'a point d'offres directes à faire à la czarine en compensation de sa neutralité, et qu'elle ne peut en fait de commerce lui accorder plus qu'à d'autres nations, notre négociation ne peut se réduire qu'a des manèges et des raisonnemens pour persuader à cette puissance qu'il n'est pas de son intérêt d'entrer en engagement.

Le ministère esp^l conclut ce mémoire en faisant remarquer que par l'expression *de reduire la guerre à la Grande Bretagne seule isolée de ses alliés*, il entend toujours les puissances du Nord, et non le Portugal, parce que celui ci ayant été le premier aggresseur jusqu'au point d'épuiser la modération du Roi Cath^e, il a provoqué le juste ressentiment de ce monarque et doit éprouver les effets de son indignation.

Au Pardo le 27 janvier 1777.

CHAPITRE V.

LES DÉBUTS DU COMTE DE FLORIDABLANCA.

Bonne impression que le nouveau premier ministre cherche à donner de ses vues et résumé qu'en envoie le marquis d'Ossun; en même temps, M. de Vergennes fait demander au comte de Floridablanca son sentiment sur les propositions de désarmement; jugement du ministre sur l'Angleterre. — D'accord avec nous quant aux précautions militaires contre le Portugal, M. de Floridablanca ne tient pas moins que M. de Grimaldi à nous faire envoyer des forces à Saint-Domingue; nécessité où il était de satisfaire en cela le parti pris du roi; instructions adressées au comte d'Aranda; leur manière dégagée à l'égard de la France. — Inquiétude qu'avait eue cet ambassadeur dans ces entrefaites; comment il avait amené M. de Vergennes à exposer de nouveau son opinion sur la conduite à suivre quant à l'Amérique et sur la question de Saint-Domingue; note du 11 mars à ce sujet; réponse préparée d'avance aux raisonnements de l'Espagne. — Examen fait de nouveau, par M. de Vergennes, des points qui sont essentiels dans la politique des deux cours; celui-ci indique la note du 11 mars comme exprimant la façon de penser du roi; volumineux courrier du 22. — Préoccupations du ministre au sujet des entreprises possibles de la Russie contre les Turcs; utilité dont la Turquie lui paraissait être pour la France; il y voit l'Angleterre intéressée de même; son regret de l'impossibilité pour les deux cours d'en conférer maintenant avec cette puissance. — Sentiments exprimés par le ministre à l'égard du comte de Floridablanca et ferme confirmation qu'il fait confidentiellement à Ossun de la politique du gouvernement du roi. — Notre ambassadeur est abusé par la bonne situation du nouveau premier ministre; désir qu'il a de se voiler les désaccords à lui-même; mobilité de ses appréciations. — M. de Vergennes fait informer dans l'intimité M. de Floridablanca que l'Angleterre a présenté à Versailles des ouvertures de désarmement et que le cabinet se croit obligé d'y réfléchir; était-ce une manœuvre? exposé de la situation de la France; loyal et digne langage du ministre en la dépeignant; son opinion sur le passage de Turgot au contrôle général. — Réponse privée et réponse officielle du ministre espagnol au courrier du 22 mars; cachet sarcastique qu'elle présente; elle est plutôt faite pour le comte d'Aranda et son parti; désir qu'elle indique d'intervenir entre les Colonies et l'Angleterre pour être payé de cette intervention par des territoires; l'ambassadeur devra insister par ordre du roi pour l'envoi de forces françaises à Saint-Domingue. — Démarche de lord Stormont auprès du cabinet de Versailles; ses plaintes sur l'accueil que nous faisons aux délégués de l'Amérique; son éloge de l'Espagne, supposée avoir refusé de recevoir Arthur Lee; ce qui s'était passé au sujet de ce dernier de la part de M. de Grimaldi et de la part du roi. — M. de Vergennes est persuadé que le ministère espagnol s'est vanté de n'avoir pas laissé entrer Lee; lettre particulière à Ossun pour s'en plaindre; mauvaises impressions qui en résultent; prudente réponse faite néanmoins au comte d'Aranda sur les idées du cabinet de Madrid; belle page du ministre touchant la guerre et l'esprit de conquête; moyen de conserver la paix que l'on préfère à Versailles; dépêche non moins saillante indiquant à Ossun les préparatifs et les forces du roi. — Deux rapports de notre ambassadeur éclaircissent enfin les nuages; la dépêche sur les ouvertures de désarmement a ramené le roi d'Espagne et M. de Floridablanca; explications du premier ministre sur l'affaire d'Arthur Lee; satisfaction éprouvée par Charles III des réponses faites à lord Stormont; il enverra plus de vaisseaux et plus de troupes aux Antilles; comment et pourquoi M. de Vergennes essaie de l'en faire détourner maintenant; la cause des dissidences et des aigreurs est imputée de part et d'autre à Aranda. — Ossun et M. de Floridablanca également confus; mauvaises excuses données pour celui-ci; que le comte de Floridablanca avait bien eu la pensée de faire rechercher la médiation des deux Couronnes par l'Angleterre pour en obtenir des avantages. — Blessure faite par M. de Vergennes en écartant ce plan et conséquences que l'on verra s'ensuivre; excellents sentiments témoignés néanmoins par le ministre de Versailles pour son collègue de Madrid.

La première fois que le nouveau chef du cabinet espagnol entretint l'ambassadeur de France, il fit beaucoup pour justifier les bons augures de son arrivée au gouvernement. A la manière dont Ossun rend compte de son audience, il semble que le Pacte de famille va être cimenté plus étroitement et le concert entre les deux cours rendu plus intime. Regarder comme déplacé d'attaquer le Portugal, éviter ainsi une guerre qui deviendrait générale, approuver le plan militaire convenu avec M. de Grimaldi, tout cela allait au nouveau ministre; il projetait d'ouvrir avec M. de Vergennes une correspondance directe et comptait le prévenir à cet égard. L'ambassadeur, enchanté, mande à Versailles :

1777.

A Madrid le 24 février 1777.

Monsieur,

J'ai eu l'honneur de vous informer par ma derniere lettre de l'arrivée de M. le comte de Floride Blanche; j'aurai celui de vous dire aujourd'hui que M. le marquis de Grimaldi est parti le 22 pour la France et que j'ai eu le même jour une longue conference avec son successeur.

Ce ministre, Monsieur, qui connoit à fonds son pays, m'a paru instruit de ce qui concerne les autres, et avoir des principes justes sur les veritables interests de l'Espagne, et sur la conduite qu'elle doit tenir dans les circonstances presentes.

Premierement il regarde le maintien du sisteme etabli par le Pacte de famille, non seulement comme indispensable, mais il pense qu il est a desirer que la sincère amitié, l'intime union, le plus parfait concert s'augmentent s'il est possible entre les deux monarques, les deux ministères et les deux nations.

2^{ment}. Il considère que la France et l'Espagne doivent eviter autant qu'il se poura une guerre generale, nommément avec l'Angleterre, parceque la premiere ne desire point d'acquerir de nouvelles possessions soit en Europe, soit en Amerique, et que la seconde qui a le meme esprit de moderation a beaucoup à perdre en Amerique.

Ces raisons preponderantes le conduisent à regarder le projet d'attaquer le Portugal comme déplacé et prématuré.

3^{ment}. M. le Cte de Floride Blanche sent qu'en meme tems qu'il convient aux deux Couronnes de ne pas provoquer la guerre contre l'Angleterre, elles doivent se mettre en etat avec la plus grande activité de la recevoir, si on les attaque, et de la pousser avec vigueur. Il pense que le projet communiqué en dernier lieu par la cour de Madrid à la notre sur les mesures à prendre à ce sujet, est le plus salutaire qu'on puisse adopter, et il a fort appuyé sur la necessité de placer à St Domingue le plus tôt qu'il seroit possible un corps de dix mille hommes et une escadre de douze vaisseaux de ligne prêts à etre portés où les circonstances l'exigeront.

4^{ment}. Ce ministre m'a témoigné le desir qu'il avoit de lier avec vous Monsieur, une correspondance directe et confidencielle. Il m'a dit qu'il vous previendroit a cet egard. Il m'a promis de s'occuper la semaine prochaine de concert avec moy de la redaction du projet du traité definitif des limites respectives a St Domingue, et nous parlerons ensuite de quelques autres affaires qui restent indécises depuis longtems malgré les demarches pressantes et reiterées que j'ay faites pour les terminer convenablement; telles sont Monsieur, un reglement equitable par raport au privilege du for militaire accordé par les traités aux negocians francois qui resident en Espagne, prohibition d'introduire et de debiter à Valence des etoffes de soye et en dorure fabriquées en France sous pretexte qu'elles ne le sont pas selon les regles etablies pour les manufactures d'Espagne. Enfin nos navigateurs continuent a payer un droit plus fort que les Espagnols pour l'extraction des vins de ce royaume, tandis que suivant le Pacte de famille et la convention de 1768 nous devons etre traités avec egalité. Il y a longtems que je sollicite sans succès l'execution des traités à cet egard, et que le ministre des finances l'elude sous differens pretextes.

Ce sont Monsieur, les trois affaires particulieres les plus essentielles que j'ay à suivre, et celle du for militaire est la plus epineuse et la plus importante de toutes.

M. le Cte de Floride Blanche m'a aussi parlé avec beaucoup de confiance sur sa position actuelle. Il est instruit des préventions qu'on a données contre luy a M. le P^{ce} et a Mad^e la Princesse des Asturies. Il l'est egalement des dispositions sinistres du confesseur du Roy à son egard. J'ay correspondu a sa franchise et a sa confiance en luy donnant des conseils sages et adaptés aux circonstances. Il a de l'esprit, du talent, de l'instruction, de la prudence. Il paroit qu'il se lie etroitement avec M. de Galves son ancien et intime ami, et je presume que ces deux ministres doivent acquerir une grande influence dans les affaires tant interieures qu'exterieures de cette monarchie. Ils ont l'un et l'autre de la probité, du desinteressement, et de la fermeté. Au reste on y verra plus clair dans quelques mois.

Espagne, t. 583, n° 118.

M. de Vergennes écrivait à Ossun dans le moment même où ce rapport partait de Madrid. La proposition de désarmement que M. de Grimaldi avait si maladroitement acceptée semblait être une pierre de touche des dispositions de la cour d'Espagne, de sorte qu'il convenait de pressentir tout d'abord les vues du successeur à ce sujet. Pour y revenir sans tarder, le secrétaire d'État prenait texte d'un péril hypothétique du côté du Portugal. Posant l'éventualité où M. de Pombal, menacé dans son grand pouvoir, brusquerait, afin de s'imposer à la reine régente, une attaque préparée de loin sur la frontière espagnole, il ramenait l'attention sur les défenses prévues par le plan d'action commune tel que l'avait tracé M. de Grimaldi, les montrait comme insuffisantes et était amené ainsi à parler de la conduite qu'il fallait tenir en face de l'Angleterre. La dépêche de M. de Vergennes est écrite, d'ailleurs, dans l'unique dessein apparent de diriger les entretiens de l'ambassadeur avec le nouveau premier ministre. Elle s'inspire des sentiments d'un allié qu'anime la plus entière confiance.

1777. Elle n'est pas la moins intéressante de celles où furent exposés le but et la politique du cabinet.

A Versailles le 28 février 1777.

J ai recù M. les deux lettres n° 17. et 18. que vous m'avés fait l honneur de m ecrire les 10 et 13 de ce mois.

Nos avis de Lisbonne s accordent avec ceux que vous recevés sur la continuation de l etat deplorable de la santé du roi de Portugal et sur le peu d espoir que ce prince en releve. Ce n est pas qu il ne puisse encore vegeter et languir assés et peut etre trop longtems pour le malheur de sa nation. Toute l autorité se trouvant concentrée dans les mains de M. le Mis de Pombal, moins ce ministre est assuré des bonnes graces de la Reine Regente et des princes heritiers et plus il semble a craindre qu il n abuse de sa position presente pour portér les choses a de telles extremités que lui seul puisse ètre jugé capable de debrouillér la fusée qu il aura reussi a enchevetrer. Je ne suis pas tranquille je vous l avoue, M., a la vue de l hopital de campagne dont il vient d'ordonnér la formation; c est de toutes les mesures de prevoiance militaire, celle a laquelle on ne pense communément qu'au moment meme de la guerre. Je sens qu il y auroit de l absurdité de suposér à M. de Pombal le projet arrêté de se portér agresseur contre l Esp^e. Un pareil dessein seroit le comble de la demence; mais la maturité de la sagesse ne fut jamais l'apanage de la nation portugaise, et du caractere dont on connoit le ministre dirigeant, une resolution et meme temeraire n'est pas faite pour l éfraier, il a joué un trop grand role pour se resignér de lui meme a rentrér dans la classe des citoyens. Les choses considerées sous ce point de vue nous pensons M. que le ministere espagnol ne peut avoir les yeux trop ouverts sur les mouvemens des Portugais, et des mesures assez bien prises pour leurs faire face a tout evenement. Suivant la disposition que la cour de Madrid nous a communiquée nous voions la vielle Castille et l Estramadoure bien foiblem^t deffendues. Un corps de six mille hommes d infanterie seulement doit couvrir chacune de ces provinces; cette force n est assurément pas proportionnelle a celle que les Portugais pourroient faire debouchér. Cet objet nous paroit bien plus instant a pourvoir que les demonstrations qu il pourroit etre question de preparér contre l Ang^{re} si elle etoit assez mal conseillée pour commencer la guerre avec les deux Couronnes.

Les assurances contraires que le Lord Grantham a renouvellées en dernier lieu a M. le Mis de Grimaldi combinées avec celles que le Lord Stormond m'a confirmées le 25. de ce mois laissent peu de doutes M. que le ministere B^que eclairé sur ce que son interest personnel exige de lui dans les circonstances presentes ne cherche a faire cessér des defiances respectives dont il sent que l effet si elles venoient a s aigrir seroit fatal a sa sureté particuliere puisqu il entraineroit necessairement la ruine de ses esperances pour la soumission de l Amerique. Mais toute rassurante que soit la position actuelle des choses et des esprits nous ne persistons pas moins a pensér que ce seroit un parti egalement dangereux et humiliant de se preter a l idée d un desarmement. Je crois en avoir demontré les inconveniens dans mes depeches anterieures et meme l impossibilité de convenir sur ce point d une maniere asses equitable pour y trouver la sureté dont nous ne pouvons jamais nous departir. J irai encore plus loin et j avancerai que dans la supposition meme que cette sureté seroit aussi reelle quelle me paroitroit chimerique, la dignité des 2 Couronnes ne leurs permettroit pas plus pour cela d entendre a une pareille convention. L Europe trop accoutumée a voir les volontés de l Ang^re respectées comme des loix se persuaderoit que c est la crainte de ses armes et par consequent notre foiblesse qui auroit operé le desarmement et je prie le ministere espagnol de considerér quel en seroit le resultat pour la consideration des deux Couronnes.

Si l Ang^re observe des menagemens avec nous, si contre son usage son langage jusqu ici arbitraire et hautain est doux et honnete ne nous y trompons pas c est l ouvrage de notre bonne contenance. Ne regrettons donc pas les frais quoi q un peu pesans de nos demonstrations. L Esp^e aiant actuellement 13 v^x armés a Cadix quelle compte augmentér de deux, elle peut borner la ses armemens se contentant de mettre ses autres v^x en etat d etre armés au 1er besoin; c est probablement le parti que nous prendrons de notre coté en nous bornant a conserver armés les 13 v^x qui sont prets de tout point a Brest et 6 a Toulon. Nous aurons independamant de cela 23 v^x dans les deux ports prets a etre mis en commission, sans discontinuer les radoubs et constructions ordonnés ainsi que l amas de tous les materiaux necessaires pour avoir notre marine sur un bon pié.

M. le Cte de Floride Blanche devant etre actuellement installé dans sa charge, dirigés je vous prie toute votre industrie a prevenir qu il n attache pas le meme interest que son predecesseur a la proposition vague et captieuse d un desarmement. Nous desirons qu il adopte les principes de justice, de moderation et d honneteté qui ont dirigé le ministere de M. le Mis de Grimaldi mais nous croyons aussi que sans manquér aux egards que celui ci merite il peut se dispensér de s asservir a des idées qui peuvent avoir été mal combinées ou trop peu reflechies.

Espagne, t. 583, n° 129.

M. de Vergennes avait raison de penser que lord Grantham reviendrait à l'idée du désarmement. Cet ambassadeur avait essayé, en effet, mais sans succès, d'y ramener l'attention. L'idée était définitivement écartée, et du fait de M. de Grimaldi lui-même. Ossun pouvait mander privément au ministre, le 3 mars, avant d'avoir reçu le dernier pli de celui-ci, que « les considérations exposées dans sa réponse avaient fait venir le Roi Catholique et son ministère à son sentiment ». Bien plus, on voit à ce qu'il rapporte que M. de Floridablanca entendait parler à l'Angleterre dans des termes nullement ménagés. Il l'avait fait tout de suite. C'est un ton qu'il soutiendra jusqu'au bout avec elle et qui l'aidera à mettre longtemps de l'ambiguïté dans son attitude avec la France. Ossun écrivait :

M. le Cte de Floride Blanche m'a dit à cette occasion que Milord Grantham lui avoit fait en dernier lieu des ouvertures à cet égard et qu'il lui avoit répondu qu'une inquiétude reciproque paroissoit avoir engagé, d'un coté la France et l'Espagne, et de l'autre l'Angleterre à armer, que c'étoit l'Angleterre qui avoit commencé et que, si cette puissance avoit des vües aussi pacifiques qu'il l'annonçoit, c'étoit à elle à proposer aux deux Couronnes des moyens convenables et propres a dissiper les mefiances respectives : enfin qu il étoit très certain que les deux monarques desiroient sincèrement le maintien de la paix. Milord Grantham a demandé s'il pouvoit communiquer cette réponse à sa cour, et M. de Floride Blanche lui a assuré qu'il le pouvoit. Ce ministre vient de prescrire à M^r le prince de Masseran de tenir le même langage si on lui reparle sur cet objet.

Espagne, t. 583, n° 135.

LES DÉBUTS DU COMTE DE FLORIDABLANCA.

Le premier ministre, nous venons de le dire, s'était rangé dès l'abord à l'avis de Versailles relativement aux précautions militaires à prendre contre le Portugal. Ossun le fait connaître de nouveau dans ce dernier pli, et il y revient quelques jours après dans une lettre particulière. Mais le successeur de M. de Grimaldi avait rapidement mesuré combien était entrée dans l'esprit du roi l'opinion que le poste essentiel, pour la défense des possessions espagnoles en Amérique contre une attaque anglaise ou pour des opérations ultérieures à entreprendre, se trouvait à Saint-Domingue et qu'il fallait exiger de la France qu'elle se chargeât de ce poste. Le monarque y mettait déjà l'entêtement de l'âge. La perspective d'éviter au moins des revers à son royaume, s'il ne lui gagnait pas de possessions, l'attirait sans doute à cette opinion. Le nouveau venu ne pouvait que tirer personnellement grand parti de répondre à cet égard aux sentiments du souverain. A la fois il montrerait par là au prince des Asturies et aux *Aragonais* qu'il ne serait pas un ministre mené par la France. Il s'était donc hâté de poser à son tour, comme condition même de l'entente, l'envoi des forces et des vaisseaux demandés précédemment pour cette île, cherchant du reste à aller au-devant de M. de Vergennes dans les arrangements de détail. Ossun expliquait ces arrangements nouveaux dans un rapport officiel du même jour, 3 mars, qui paraphrasait certainement une note remise par M. de Floridablanca :

A Madrid le 3 mars 1777.

Monsieur,

J'ai communiqué, comme j'ai eu l'honneur de vous le mander par l'ordinaire dernier, votre dépêche du 14. du mois passé n° 10. à M. le comte de Floride Blanche, et il m'a dit, après avoir pris les ordres du Roi son maitre sur son contenu, que M. le comte d'Aranda auroit incessamment l'ordre de vous informer, 1° que Sa Majesté Catholique sensible au conseil relatif à la meilleure defense de la ligne des frontieres, qui court depuis la Galice jusqu'aux Algarves, avoit déterminé d'y tenir un corps de dix huit à vingt mille hommes de pied, et de sept à huit mille chevaux, au moyen de l'augmentation qu'on alloit faire immédiatement dans l'infanterie, et en diminuant le nombre des troupes destinées à être placées en Galice; que ce corps seroit disposé de manière à pouvoir être rassemblé au point le plus convenable dans cinq ou six jours à camper en front de bandiere, avec des subsistances assurées, un train d'artillerie, des hopitaux, enfin tout ce qui est nécessaire à une armée pour opérer deffensivement ou offensivement, et M. le comte de Floride Blanche m'a assuré qu'il suivroit avec autant d'attention que d'activité l'entière et prompte exécution de cet arrangement. 2° Ce ministre m'a dit que le Roi Catholique approuvoit entierement l'intention ou est Sa Majesté de tenir à Brest 27. vaisseaux de ligne armés ou prets à l'être et d'éviter, a moins de circonstances forcées, de separer ces forces, se reservant de tirer de la Méditerranée les escadres qu'il sera necessaire de faire passer aux Indes orientales et occidentales. 3° M. le comte de Floride Blanche m'a témoigné que Sa Majesté Catholique persistoit à desirer et a regarder comme très nécessaire que la France fit passer au Guarico une escadre de six vaisseaux de ligne, et qu'elle venoit d'ordonner qu'on armat sans aucun delai le meme nombre de vaisseaux pour cette destination; que l'Espagne proposeroit de confier le commandement général des deux escadres à un de ses lieutenans généraux de marine, officier d'une capacité et d'une valeur éprouvée, qui avoit un caractère liant et le cœur francois; qu'il croit cependant nécessaire que les deux cours convinsent d'avance des instructions à donner aux commandants des deux escadres, tant sur la maniere dont le commandement seroit éxercé sur les opérations qu'ils devroient exécuter, en partant du principe que l'objet de ces escadres sera de protéger, d'abord les colonies francoises, ensuite les espagnoles dans le cas ou elles seroient attaquées, et aussi de former des entreprises offensives si les circonstances le permettent, et que les deux monarques le determinent. C'est d'après cet aperçu que Sa Majesté Catholique souhaiteroit que le ministre de France voulut bien former et communiquer le projet des instructions à donner aux commandants des deux escadres. Ce monarque, Monsieur, persiste a regarder comme indispensable qu'il y ait à Saint-Domingue un corps de dix mille fantassins prêt à être transporté par les escadres où la défense des colonies françoises ou espagnoles pourra l'exiger; il offre de faire livrer à ce corps des viandes fraiches et des comestibles de toute espèce, soit en les tirant de la partie espagnole de l'isle soit en les faisant venir de la nouvelle Espagne, et de prendre des mesures pour fournir environ le tiers de ce corps; il offre aussi de recevoir et de placer dans la partie de l'isle qui lui appartient les troupes francoises, en choisissant des lieux où la salubrité de l'air est reconnüe. Il voudroit que la France fit passer en détail les forces dont il s'agit à Saint-Domingue, proffitant des occasions naturelles qui se présenteront pour éviter l'éclat et la sensation que pourroit produire l'envoi d'un corps de troupe réuni. Si cet arrangement, Monsieur, avoit lieu vous jugeriés vraisemblablement nécessaire de concerter avec le ministère de Madrid le projet des instructions à donner aux officiers qui commanderoient ce corps et je présume que l'Espagne consentiroit sans peine que le commandant général fut fourni par la France.

Au reste, Monsieur, il demeure entendu et convenu que quoique les mesures que les deux monarques ont résolu de prendre semblent n'annoncer que des vües de défensive et celles d'éloigner la guerre, et non pas de la provoquer, leur intention est néanmoins de former des entreprises offensives lorsque les circonstances les leur feront juger praticables et utiles. Sa Majesté Catholique reste aussi persuadée que le Roi admet sans difficulté la reserve par laquelle le ministère espagnol a conclu son mémoire, et que la France en proposant de concentrer la guerre, si on ne peut l'éviter, sur la mer et contre l'Angleterre seule n'a pas eu l'idée de lier les mains au roi d'Espagne par raport à la satisfaction qu'il a lieu d'attendre et droit d'exiger du Portugal.

Espagne, t. 583, n° 133.

À la même heure, le ministre de Charles III rédigeait, pour l'ambassadeur de l'Espagne à Versailles, ses instructions d'entrée en charge sur les sujets qui venaient d'occuper les deux cours. Le rapport d'Ossun qui précède en donne à vrai dire le sommaire. Ces instructions sont datées du 5 et Aranda les communiqua dès leur arrivée. Elles tranchaient tout à fait, par la manière de raisonner et par le ton, avec celles de M. de Grimaldi. Le ministre aurait particulièrement cherché à satisfaire, dans M. d'Aranda, l'auxiliaire assez lié avec le parti qu'il lui fallait conquérir pour passer comme un des principaux auteurs de la chute du prédécesseur, qu'il ne s'y serait pas pris différemment. Avec une netteté et une précision presque impérieuses, ces instructions affirmaient de nouveau, contre le cabinet de Versailles, la justesse des demandes de l'Espagne. « Le roi ayant pris en considération et pesé les objections, portait-elle, forme le jugement qu'il est de nécessité absolue d'envoyer le plus tôt possible un corps de troupes françaises à Saint-Domingue; s'il n'est pas de vingt bataillons complets qu'il soit au moins de dix mille hommes effectifs. La cour de France pense qu'elle doit laisser à Toulon plus de vaisseaux qu'on ne l'a proposé de ce côté-ci; ses motifs se réduisent aux craintes à concevoir sur les ambitions de la romanesque souveraine de la Russie dans la Méditerranée; Votre Excellence observera que j'écris de l'ordre du roi au comte de Lacy pour qu'il règle son langage à Pétersbourg suivant ce que vous arrêterez ensemble avec M. de Vergennes. » Or le ministre indiquait clairement qu'il ne voyait dans ces craintes qu'un prétexte cherché. Non content de le dire d'une manière détournée, il y consacrait le même jour une dépêche spéciale[1]. Visant d'ailleurs à conquérir l'ambassadeur et voulant le prendre par son faible, après s'y être appliqué par les vues exprimées ou par celles qu'il laissait apercevoir, il terminait en disant que « bien qu'il eût dû informer substantiellement l'ambassadeur français de la détermination du roi pour répondre aux communications qu'il en avait reçues, Son Excellence était l'organe principal par lequel les réflexions faites à Madrid sur les affaires intéressant les deux puissances devaient arriver à la connaissance du Roi Très Chrétien, et qu'à cause de cela il s'était étendu à exposer tout ce qui se présentait sur chaque objet pour servir à sa direction dans ses conférences[2] ».

Dans ces entrefaites, toutefois, il s'était produit ceci de curieux, que l'ambassadeur avait eu peur d'être négligé par le nouveau premier

---

[1] *Espagne*, t. 583, n° 142. (Traduction de M. de Vergennes.)

[2] Nous reproduisons à l'annexe I du présent chapitre cette dépêche au comte d'Aranda, dans la traduction que M. de Vergennes en avait faite de sa main.

ministre et que le même jour, 5 mars, il demandait à M. de Vergennes, comme un service personnel, de profiter de son courrier pour objecter quelque chose aux observations de M. de Grimaldi du mois précédent. Il pensait indiquer par là à Madrid qu'à Versailles du moins on tenait compte de lui[1]. Le secrétaire d'État avait donc écrit de nouvelles réflexions qui condensaient et précisaient encore les raisonnements de sa dépêche du 14 janvier. Mais, le 11, le comte d'Aranda vint porter à sa connaissance la dépêche espagnole. Comme il ne cachait plus grand'chose à Versailles, il allait de soi qu'il ne gardât pas pour lui, après ce moment d'inquiétude sur son importance propre, un pli où ses sentiments trouvaient tant d'écho et qui était si différent de ceux du marquis de Grimaldi. M. de Vergennes put lui montrer déjà le projet d'une nouvelle dépêche en réponse à l'envoi de troupes françaises à Saint-Domingue; la persistance de la cour d'Espagne à cet égard, après des explications répétées qui auraient dû la convaincre, paraissait en effet cacher une inconnue qu'il était essentiel au secrétaire d'Etat de dégager. Mais après avoir lu et avoir fait lire au roi et à M. de Maurepas le pli du comte de Floridablanca, il adressait à Aranda les nouveaux développements demandés par celui-ci. Cela se passait le 15 mars. Sans grande importance d'abord, ces développements se trouvaient maintenant remplis d'à-propos. Aussi, dans le billet d'envoi, étaient-ils donnés pour l'expression de la pensée du

1777.

---

[1] « J'ai oublié hier M^r le Comte de vous proposer quelque reponse à la lettre de ma cour du 4 fevrier, que j'ai eu l'honeur de vous communiquer vers la moitie du mois precedent; qui contenoit ces deux points 1° si nous n'etions dans le cas d'y entrer dans une guerre ouverte avec l'Angleterre avant qu'elle nous attaquat. 2° s'il conviendroit ou non de consommer un traité formel avec le Congres ameriquain, et de quelle façon il devroit etre conçu.

« Comme je compte depecher mon courier vers la moitié du mois, ou quelque jour plus tard s'il vous convenoit; j'ose vous prier de vouloir bien s'il vous etoit possible, de me faire quelque contestation, afin que ma cour ne m'accuse d'avoir oublie la suite de propositions si interessantes.

« V. E. comprendra bien la raison qui me porte a l'importuner, et aura la bonte de pardoner a son sincere et obeis^t serviteur. — « ARANDA. — A Paris ce 5 mars 1777. — « S. E. M^r le Cte de Vergennes. » (*Espagne*, t. 583, n° 146. — Original.)

roi[1]. La date du 11 mars leur était laissée, toutefois, de sorte que le gouvernement de Versailles allait paraître, quoiqu'il ne l'eût pas cherché, avoir opposé d'avance, sans attendre les raisons du nouveau ministère espagnol, le parti bien arrêté de tenir treize vaisseaux de ligne à Brest et six à Toulon, de ne point expédier de forces à Saint-Domingue et de rester attentif aux éventualités que l'ambition de la Russie pouvait faire surgir du côté de Constantinople.

M.   A Versailles le 11° mars 1777.

Le Roi s etant fait rendre compte du contenû de la lettre de M. le Mis de Grimaldi du 4 fevrier de cette année que V. Ex^c a eté chargé de nous communiquér, Sa M^{té} m ordonne de vous priér M. de vouloir bien faire connoitre au Roi son oncle la tendre sensibilité dont le penetre le retour de confiance dont ce prince paie celle que S. M^{té} se fera toujours un devoir de lui marquér. Si ce sentiment n avoit pas sa source dans l etroite et inviolable amitié qui unit les deux monarques; l identité des interets des deux monarchies ne le rendront que plus necessaire.

La lettre de M. le Mis de Grimaldi repondant a une communication antérieure que nous avions faite ne peut exiger d explications de notre part que pour aplaudir a la discussion sage et lumineuse que le ministre a faite des questions principales qui doivent occupér la prévoiance des deux cours.

Ce ministre en demontrant que convenir d un traité avec les Americains et provoquér la guerre contre l'Ang^{re} seroit une seule et meme chose a epuisé tout ce qu il y avoit a dire sur un sujet si capital. Nous ne le suivrons pas dans les moiens qu il emprunte et de l jnterest commun des deux Couronnes et des circonstances propres de l Espagne pour légitimér son opinion dont nous ne differons point; mais nous poserons une autre question qui est interressante a resoudre.

Les deux cours sont elles libres maintenant de prendre dans la querelle de l Ang^{re} avec ses colonies tel parti qu elles estimeroient convenable, et dans

---

[1] « En attendant M. le Comte les explications « que pourront exiger les depeches de S. E. M. le « comte de Floride Blanche que V. E. m'a com- « muniquées, j'ai l'honneur de lui envoyer nos « reflexions sur la lettre de M. le duc de Grimaldi du 4 fevrier dernier. Elles expriment la « veritable facon de penser du Roi sur les con- « jonctures presentes. » (*Espagne*, t. 583, n° 165.)

cette supposition devroient elles préferér l etat de guerre a celui d observation ou elles se sont mises? Je ne m arreterai pas M. a demontrér combien ce dernier etat est genant et incommode pour l Ang^{re} : il l assujetit a des precautions qui en augmentant ses depenses et la rendant moins libre dans la disposition de ses forces operent une diversion quoique tacite en faveur des jnsurgens.

Depuis que nos cours se consultent et deliberent entre elles sur le parti le plus avantageux qu elles peuvent prendre, differentes circonstances ont donné lieu a des explications avec l Ang^{re}. Le langage le plus amical y'a presidé ; on s est donné de part et d'autre les assurances les plus affirmatives de vouloir maintenir respectivement la paix, l amitié et la bonne intelligence. Ces memes assurances ont ete connùes des cours principales. Les deux Couronnes entrainées par des declarations aussi formelles pourroient elles sans compromettre leur gloire se porter a un changement aussi absolu de resolution, surtout lorsqu elles n ont aucun nouveau motif suffisant pour le justifiér. Mais quand elles pourroient colorér cette revolution de sisteme, devroient elles le faire? c'est ce qu il importe d examinér.

L objet de toute guerre offensive est ou de s agrandir ou d'afoiblir la puissance rivale dont on craint la superiorité. La providence a partagé asses richement les deux Couronnes pour que contentes de leur vaste patrimoine elles n'ambitionnent pas de nouvelles acquisitions, ainsi ce motif ne peut les invitér a la guerre. Reste donc celui de côopérér a l afoiblissement de la puissance dont elles pourroient redoutér l acroissement et l abus qu elle seroit tentée d'en faire.

Si nous considerons M. le sisteme dans lequel l'Ang^{re} s est imprudemment engagée, ses mesures ruineuses et ses efforts de tout genre ; que pourrions nous faire de plus contre elle que ce qu elle fait contre elle meme. De quelque maniere que finisse la presente guerre elle ne peut la soldér que par des pertes ; le dessechement peut etre meme l epuisement de ses ressources en sera la consequence, sans que les deux Couronnes eprouvent la plus legere diminution dans leurs forces et dans leurs moiens ; comme tout est relatif dans l'ordre politique elles accroitront necessairement en raison de l'afoiblissement de leur rivale. Cette consideration qui paroit importante nous autorise a pensér que si les deux augustes monarques ne s etoient pas deja determinés par le sentiment de leur humanité et de leur bienfaisance a l adoption d'un sisteme vraiement pacifique, la saine politique le leurs conseilleroit dans ce moment ou un concours d'evenemens inattendûs paroit changér la face des affaires en Amerique et ranimér le courage de ses habitans.

Dans l'état present des choses ou les Anglois renoncant a toute idée de suprematie doivent reconnoitre surement l'independance contre laquelle ils sont armés, ou se resoudre a faire les frais et a courrir les risques d'une seconde campagne.

Le 1ᵉʳ de ces expediens est trop oposé a l'interest des ministres Bq͠ues pour croire qu'ils le préferent. Le 2ᵈ semble plus dans leurs principes et c'est aussi celui que les 2 Couronnes ont le plus de raison de desirér qui soit adopté. Leur grand art doit donc etre de ne rien faire dans ce moment ci qui puisse en detournér le gouvernemᵗ Bq͠ue, toute notre conduite doit etre plus tost dirigée a prevenir ses allarmes et a ecartér les craintes qu'il pourroit concevoir de nos dispositions si nous leurs donnions une trop grande etendue.

Les deux Couronnes ont asses fait jusqu'a present pour leur sureté. Les vaisseaux qu'elles ont armés dans leurs ports, ceux qui sont prets a etre mis en armement au premier ordre, semblent devoir les rassurér contre une surprise; rien ne leurs impose donc la nécessité d'accélérér de nouveaux preparatifs qui paroissant avoir trait a des vues offensives raviseroient les Anglois et les rendroient peut etre moins opiniatres a suivre l'engagement qu'ils ont pris, et dont il est essentiel qu'ils ne se detachent pas au moins de si tost.

D'apres ces refléxions le Roi se propose sans discontinuér les amas de toute espece de munitions navales qu'il a ordonnes dans ses arsenaux de ne pas pressér les armemens ordonnés, Sa Mᵗᵉ se contentant d'avoir pour le present en rade a Brest une escadre de 13. vˣ de ligne et une autre de six a Toulon. Par la meme raison Sa Ma͠jté ne croit pas que le moment fut bien choisi pour faire passér immediatemᵗ a Sᵗ Domingue le corps de troupes que votre cour desireroit que nous y placassions; il est a considerér M. que la saison des chaleurs toujours funeste dans ces contrées a des troupes qui n'ont pas eu le tems de s'y aclimatér et qui est imminente, est celle ou l'on doit le moins craindre une invasion de la part de qui que ce soit. D'ailleurs si nous faisions un mouvement aussi considerable dans ce moment l'Angʳᵉ seroit d'autant plus fondée a en concevoir de l'inquietude, qu'apres les echecs que ses troupes viennent de recevoir en Amerique et la detresse ou elles

LES DÉBUTS DU COMTE DE FLORIDABLANCA. 241

doivent se trouvér, nous n avons semble t il a aprehendér aucune entreprise prochaine de sa part.

L escadre qu il s agit de placér a Guarico devant etre emploiée au soutien du corps de troupes qu il seroit question d'y faire passér, les deux Couronnes seront toujours a tems d en determinér l envoi au moment ou elles le jugeront necessaire; c est sur quoi il peut etre d'autant plus prudent de suspendre leur resolution que des evenemens peut etre plus immediats peuvent exiger l aparail d une grande force navale.

V. Ex^{ce} est informée des demeslés qui se sont reveilles entre la Russie et la Porte, les suites serieuses qui peuvent en resultér n echapent pas a sa penetration; elle a vû dans le traité de Cainardgy les avances que la Russie a prises sur l'empire Ottoman; en s'assurant des etablissemens et des ports dans la mer Noire, elle s est ouverte une porte facile a la conquete de l'empire Ottoman. Peut etre croit elle le moment favorable pour consommér cette grande et etonnante entreprise. Toutes les puissances semblent en prendre l allarme, mais aucune ne paroit jusqu ici vouloir s'y opposér. C est a la France et a l Espagne a pesér murement dans la sagesse et dans le secret de leurs conseils ce que leur propre jnterest, la liberté la tranquilité et la sureté de l Europe semblent exiger d elles dans une circonstance plus importante peut etre qu il ne s en est presente depuis bien des siecles.

J ai l h^r d etre.

Espagne, t. 583, n° 155.

Naturellement, les dispositions auxquelles on pourrait s'attendre de la part de l'Europe, au cas d'un conflit des maisons de Bourbon avec l'Angleterre, étaient une des préoccupations premières du cabinet. Dans le billet qui accompagnait le document du 11 mars, M. de Vergennes, désireux de toucher au comte d'Aranda un mot de leur divergence sur une alliance immédiate avec l'Amérique, disait que « la cour d'Espagne ne saurait improuver le sentiment du roi à ce sujet si elle voulait bien considérer ce qu'exigeait de notre prévoyance la connexité indispensable de la France avec les affaires du continent, étant presque impossible qu'elle n'y fût pas entraînée à raison d'un intérêt plus ou moins direct »; il annonçait même que

1777. le ministère de Versailles allait étudier à nouveau, par suite, les sujets politiques dont il importait incontestablement aux deux cours d'avoir fixé d'avance entre elles les points importants. C'est pourquoi il avait pu montrer à l'ambassadeur la minute d'une autre réponse sur la question de Saint-Domingue. Celui-ci, toutefois, s'était immédiatement persuadé que l'allure de M. de Floridablanca devait changer le cours des choses; il insista pour faire annuler cette minute, obtenir que le cabinet délibérât une seconde fois, et il se débattit avec ténacité contre la résistance de M. de Vergennes[1].

La forme et le fond à la fois des plis de l'Espagne avertissaient assez le gouvernement du roi qu'à Madrid le terrain était un peu modifié. C'est la raison qui faisait reprendre sans retard avec notre ambassadeur l'examen de ces sujets, à vrai dire primordiaux dans le concert des deux Couronnes. Il fallait mettre le marquis d'Ossun bien à même de porter au Pardo l'avis qu'avaient le roi et le conseil, puisqu'on ne semblait plus penser ensemble de même en ce qui les concernait. Le 22 mars, le secrétaire d'État traite donc de sa main, dans un courrier volumineux, ces questions de si grande conséquence. Avant tout, il envoie à Ossun une copie de la dépêche de M. de Grimaldi du 4 février et une de la note remise à Aranda[2]; l'ambassadeur aura à régler ses démarches et son langage sur le contenu de cette note, qui, « ayant eu l'approbation du roi, renferme l'expression positive de sa façon de penser[3] ». Dans trois plis formant chacun

---

[1] Le comte d'Aranda avait donné tout de suite ce détail à sa cour; M. de Floridablanca le rappelle en tête d'une seconde dépêche du 7 avril, qui va trouver plus loin sa place.

[2] C'est constaté en marge de la minute de cette pièce.

[3] « Je joins ici pour votre instruction M. la « traduction d une lettre de M. le Mis de Gri- « maldi du 4 fevrier dernier que M. le comte « d'Aranda m'a communiqué d'office et la copie « de la réponse que le Roi m'a ordonné d'y « faire. Elle repond en grande partie a differens « articles de vos depeches du commencement « de ce mois, et a celle de M. le Cte de Floride « Blanche du 3 mars dont M. l'ambassadeur « d Esp^e m'a passé la copie. Vous voudrez bien « M. regler vos démarches et votre langage sur « le contenu de cette reponse qui aiant eu « l aprobation du Roi renferme l'expression la « plus vraie de sa facon de penser. — A Ver- « sailles le 22 mars 1777. » (*Espagne*, t. 583, n° 174.)

un mémoire complet, le ministre scrute ensuite les faces de chaque affaire. L'un répond au rapport d'Ossun sur sa première audience chez le comte de Floridablanca; un autre reprend la question des troupes demandées pour Saint-Domingue; le troisième expose les préoccupations à concevoir des entreprises possibles de la Russie contre les Turcs. M. de Vergennes, en outre, prend l'initiative d'entrer avec le comte de Floridablanca dans les mêmes rapports d'intimité qu'avec son prédécesseur; il lui écrit personnellement[1], et cet énorme courrier, tout entier minuté par lui, est accompagné d'une lettre confidentielle donnant plus particulièrement le ton à l'ambassadeur sur les exigences du Pardo, sur l'action qu'y exerce peut-être maintenant le comte d'Aranda, sur la nécessité, par suite, de regarder plus attentivement encore qu'auparavant aux intentions véritables.

L'éventualité des entreprises que l'impératrice Catherine pouvait tenter dans la Méditerranée inquiétait les ministres du roi. On a vu M. de Vergennes, au premier indice, revenir sur le désir émis d'abord que le roi d'Espagne obtînt la neutralité de la Russie dans un conflit entre les deux maisons de Bourbon et l'Angleterre. A Ossun, empressé d'annoncer comme un bon présage que la czarine a refusé des troupes à l'Angleterre[2], il répond que c'est uniquement là un acte de prévoyance prouvant que, par le fait de ses démonstrations mêmes, elle n'a plus la liberté de se démunir[3]. Le danger supposé ne paraissait dès lors que plus probable, et les rumeurs des chancelleries auraient à cet égard confirmé les craintes si l'on n'avait pas été exactement averti. Notre ambassadeur mandait en effet le 27 février, d'après des informations du comte de Floridablanca, que l'Autriche s'entendait déjà avec Catherine moyennant la cession de Belgrade et d'une autre place, la Prusse moyennant l'abandon de Dantzick, de Thorn

---

[1] Cette lettre manque dans les registres des Affaires étrangères.

[2] Le marquis d'Ossun lui-même en avait reçu l'assurance de Charles III. Il en informe le ministre dans un rapport du 6 février. (*Espagne*, t. 583, n° 76.)

[3] Dépêche à Ossun, du 21 février. (*Ibid.*, n° 107.)

et d'autres dépendances de la Pologne[1]. Charles III avait fait agir tout de suite à Pétersbourg, nous venons de le dire, et M. de Grimaldi d'abord, son successeur ensuite, avaient prescrit aux comtes d'Aranda et de Lacy de se concerter avec le ministre de Versailles en vue des démarches que ce dernier indiquerait. Mais, quand les deux ambassadeurs étaient venus en conférer, M. de Vergennes les avait retenus d'en rien faire, afin de ne pas placer la Russie dans la situation de demander en échange aux deux Couronnes leur neutralité dans ses querelles avec la cour ottomane. Il trouvait inadmissible que le roi de France abandonnât la Turquie et, par là, s'exposât à faire tomber de nouveau sous la domination des Anglais son commerce dans les Échelles du Levant[2]. Il complétait donc le courrier du 22 mars en fixant Ossun, plus exactement et avec plus de vérité, sur la politique naturellement dictée à la France par ces perspectives de l'ambition de Catherine. Sa dépêche porte qu'il donnait au marquis de Juigné, notre représentant à Pétersbourg, et à M. de Breteuil à Vienne, des indications correspondantes. Il ne s'agissait pas de faire plus que ne le supposait M. de Floridablanca, mais de tenir les choses pour très sérieuses et de telle nature qu'à ce sujet, à Madrid comme à Versailles, « l'état d'une observation vigilante » parût essentiel. Il formulait même très explicitement le regret que l'on ne pût, dans cette vigilance, s'entendre avec l'Angleterre, dont l'intérêt, disait-il, « s'oppose comme celui de la France et de l'Espagne à l'anéantissement de l'empire turc et dont la jalousie ne peut être qu'excitée à voir la Russie acquérir un excédent de puissance qui ne laisserait bientôt plus subsister d'équilibre sur la terre comme sur la mer ». Mais, pour faire valoir en commun ces considérations, il fallait, pensait le ministre, attendre le moment où le ministère britannique, tout à fait engagé en Amérique, attacherait du prix à empêcher la guerre n'importe où en Europe; jusque-là « le principe dirigeant de tout ministère

---

[1] *Espagne*, t. 583, n° 124. — [2] Conférez à cet égard la dépêche du comte de Floridablanca à Aranda, du 5 mars.

britannique était une opposition constante, à tout ce que la France et l'Espagne pouvaient se proposer de plus avantageux et de plus analogue au bonheur général ». Cette dépêche reste une pièce intéressante, aujourd'hui encore, dans cette question, non éteinte bien que très changée, du rôle de la Turquie par rapport aux intérêts de l'Occident[1].

Relativement à M. de Floridablanca, le ministre, avec la haute morale dont s'inspirait sa vie publique, écrivait dans ces termes, faits assurément pour créer des liens solides :

Le Roi a trouvé avec satisfaction dans le compte que vous rendés de votre premiere conference avec M. le Cte de Floride Blanche la justification de l opinion que sa conduite a Rome nous avoit fait prendre de la droiture de ses intentions, de la sagesse de ses vûes et de l etendue de ses lumieres. Il n est pas possible de saisir plus superieurement qu il l a fait le principe et les consequences du Pacte de famille et le plan de conduite qui doit en etre la suite. Aussi convaincus que nous le sommes de l utilité d un acte dont les avantages sont inapreciables pour la consideration et la sureté des deux Couronnes, nous nous flattons que ce ministre judicieux voudra bien etendre sa prevoiance a ecarter les germes de deffiance ou d animosité nationale qui sans alterér essentiellement l union peuvent cependant en compromettre l opinion aux yeux des nations jalouses et envieuses de notre parfaite intimité. Vous voudres bien, M. assurer M. le Cte de Floride Blanche qu il eprouvera de notre part l attention la plus soigneuse a la maintenir dans toute son integrité.

Ce ministre juge sainement lorsqu il regarde le projet d'attaquer le Portugal comme prematuré et deplacé, s il le qualifioit ainsi lorsque Joseph premier vivoit, il est vraisemblable qu il ne changera pas de facon de pensér a la vue du changement qui vient d'arriver dans le gouvernement de ce royaume. Je ne me hate pas de me livrer aux flatteuses esperances que l on peut fondér sur les principes que la nouvelle cour pourra adoptér par raport a l Esp^e. Il faut avant tout que M. le Mis de Pombal soit destitué et depouillé du pouvoir dont il a trop cruellement abusé. Les actes de clemence qui ont signalé

[1] On trouvera cette dépêche à l'annexe II du présent chapitre.

l'avenement de la reine Marie au trône peuvent faire pensér qu'un ministre injuste, vindicatif et brouillon ne peut convenir a l honneteté et a l humanité de son caractère, mais je suspens mon jugement jusqu a l evenement qui ne tardera probablement pas s il doit avoir lieu.

Il est essentiel M. que vous profities de la bonne volonté que vous montre le ministre espagnol pour mettre la derniere main a notre reglement de limites a St Domingue. L ouvrage est fait et bien fait, il ne s'agit plus que de lui donner une forme convenable c est l interest des deux cours. Quant aux autres objets dont vous faites mention et sur lesquels vous sollicités une resolution favorable du Roi Cq̃ue et de son ministere, nous ne pouvons que nous en remettre a votre zele et a votre prudence pour y faire toutes les demarches que vous croires necessaires.

Il est facheux pour M. le Cte de Floride Blanche de savoir le P^{ce} et la Princesse des Asturies prevenûs contre lui, c est l effet des intrigues qui ne sont que trop ordinaires dans les cours. Tout ce qu'un ministre a de mieux a y oposér, c est de la patiance, de la sagesse, et une aplication infatigable aux devoirs de sa place, ce n est qu en se conduisant ainsi qu il peut faire taire la calomnie et forcér l estime publique, recompense bien plus pretieuse que la richesse et les vains honneurs. Malgré cela s il faut succombér, c est avec gloire qu on se retire, on trouve dans la sureté de sa conscience et dans le temoignage qu on est en droit de se rendre plus de veritables consolations que la faveur des rois ne peut en procurér. Je souhaite que M. le Cte de Floride Blanche puisse se penetrér de cette saine philosophie elle lui epargnera bien des inquietudes et des amertumes.

Espagne, t. 583, n° 177.

La pensée que l'esprit de réelle union entre les deux cours animerait le politique préposé désormais aux résolutions de l'Espagne s'exprimait encore mieux dans le pli confidentiel de M. de Vergennes. Il revenait là plus intimement sur le danger de donner des défenseurs à l'Angleterre en parlant de l'accabler, sur l'avantage au contraire de la laisser s'épuiser elle-même, sur la nécessité où était le roi de France de se demander ce que feraient ses voisins s'il entrait en action :

A Versailles le 22 mars 1777.

Ma lettre a M. le Cte d'Aranda du 11. de ce mois repondant M. aux instances anterieures du ministere d'Esp^e, et a celles qu il vient de nous renouvellér par votre canal et par celui de son ambassadeur pour pressér l envoi d un corps de 10 m ho^es de nos troupes dans l'isle de St Domingue, je me dispense dans ce moment de discuter de nouveau cette matiere qui semble en quelque sorte epuisée; je vous dirai seulement pour vous M. et pour votre instruction particuliere sans que vous aies aucun usage a en faire d office que nous concevons d autant moins ce qui peut porter l Espagne a insistér aussi vivement qu elle le fait sur une demonstration qui ne pourroit etre que tres allarmante que bien loin de faire la sureté de la paix que les deux Couronnes se sont proposé de conservér, elle sembleroit plus tost devoir lui portér un coup mortel; lorsque l Espagne a concouru a nous fortifiér dans le sisteme de paix, elle a ajouté a tous les motifs de justice et d'honneteté qui sont dans les principes et dans la conduite des deux monarques, celui de ne pas precipitér une resolution qui pourroit mettre en dangér les gallions a leur retour en Europe. Assurés de la facon de pensér de Sa M^te C^que et voiant peu d'aparance que le ministere anglois malgré son grand armement veuille entrér en guerre avec les deux Couronnes; nous n'avons mis aucun obstacle a nos armemens pour la peche de Terre Neuve; nos armateurs partent journellement; nous ne sommes plus a tems de les retenir; le moment seroit il bien choisi pour effectuer une mesure qui donnant une inquietude assez vive aux Anglois pour les decidér a un coup de force, pourroient nous couter nos meilleurs matelots et en grand nombre, car vous n ignorés pas M., que c est la meilleure espece de cette classe d hommes qui s emploie a la peche.

On dira peut etre que l Ang^re a une force si formidable en Amerique q'un corps de 10. ou 12. m ho^es placés à St Domingue ne doit pas l efraiér · mais lorsqu elle le verra apuié par une force navale considerable, n aura t elle pas lieu de craindre une diversion et qu on ne veuille lui enlevér ses isles pendant qu elle sera aux prises avec les Americains. Considerons encore que cette force d abord si formidable doit etre bien dechûe par les echecs avoües qu'elle a recûs et par les pertes resultantes de la fatigue, du mal etre et de la mauvaise qualité des vivres. Suivant nos avis les secours de l Allemagne ne

1777. compenseront pas les vuides de la derniere campagne, les Anglois se proposent d'y supléer par l envoi de nouvelles troupes Bques, degarniroient ils leur isle et se mettroient ils par la en quelque sorte a notre merci s ils avoient des vües offensives contre l'une ou l autre des deux Couronnes? Cette consideration paroit de quelque poids, et je pense que vous pouvés vous l'apropriér et en faire usage dans vos entretiens familiers avec M. le Cte de Floride Blanche.

Nous rendons ici toute justice a ses talens, a ses lumieres, a sa sagesse et a ses droites et solides intentions; mais il n'est pas possible qu'a peine arrivé en place il ait pu pesér et combinér tous les differens aspects sous lesquels les affaires peuvent être vües, et les raports des partis a prendre. Nous craignons qu il ne puisse etre entrainé par les opinions de M. le Cte d'Aranda dont les sentimens ne sont pas aussi pacifiques que les intentions du Roi son maitre. Cet ambassadeur est trop avisé pour osér les attaquér de front mais il est asses adroit pour presentér sous un jour seduisant des moiens qui forceroient a entrér dans une voie diametralement opposée. Soit conviction, soit interest particulier je ne puis meconnoitre qu'il regarde la guerre comme le seul bon parti; l occasion lui paroit favorable pour humiliér l Ang^{re} et il voit avec chagrin qu on la neglige. Peut etre penserois-je de meme si j etois ministre d'Esp^{e}; plus indifferent sur les raports du continent ma prevoiance se concentreroit peut etre dans l oportunité du moment; mais le ministre d'un royaume aussi exposé que la France par l etendue de ses frontieres aux inquietudes et a la jalousie des puissances du continent peut il se dissimuler que l'Ang^{re} a fait jusqu ici un poids necessaire dans la balance de l'Europe, que vouloir l en separer, qu entreprendre de l ecraser c est lui susciter des deffenseurs et des vangeurs et allumer le feu d une guerre generale dans laquelle nous n'aurions peut etre pas moins a craindre nos amis que ceux qui se declareroient nos ennemis. Laissons les Anglois travailler eux mêmes a leur propre destruction.

Il me reste a vous observer M. qu au dire de ceux qui ont le plus de connoissance de l'Amerique la station de Guarico quand meme l air y seroit sain ne protégeroit effectivement que nos possessions de St Domingue et les etablissemens espagnols dans le golphe du Mexique sans que nos isles du Vent pussent s'attendre a aucun secours en cas d'attaque. Il faudroit donc les munir separement ce qui ne seroit pas un léger surcroit de depense. D après cet aperçù vous sentirés que la proportion n'est pas formée avec la plus scrupu-

LES DÉBUTS DU COMTE DE FLORIDABLANCA. 249

leuse equité. Y en a t il d'avantage a soumettre notre escadre a un comman- 1777.
dant espagnol. Le correctif qu on fera choix d un officier connû pour nous
etre affectionné ne dore pas meme la pilulle. Nous ne suposons pas qu il y en
ait aucun en Espagne comme en France qui osât dans l execution de ses ordres
s écarter des intentions de son maitre, mais je ne repondrois pas que nous
trouvassions des officiers qui fussent disposés a accepter un commandement
subordonné a un chef etranger. S il etoit instant de determiner l envoi respectif d une escadre en Amerique le service sembleroit mieux assuré en les
tenant separées sauf dans le cas ou la reunion sembleroit necessaire a donnér
le commandement au chef de celle qui reclameroit le secours de l'autre. Ceci
est une opinion qui m est particuliere et dont vous ne deves faire mention si
l occasion se presente que consultativement.

Si le ministre d'Esp^e tient invinciblement a l envoi d un corps de troupes
a St Domingue malgré tant de considerations qui doivent en afoiblir l idée,
on pourra penser qu il y a du changement dans ses vües et qu elles ne sont
plus aussi pacifiques que celles qu il a voulu lui meme nous inspirer; c'est ce
que je vous prie d eclaircir sans montrer l ombre de defiance, et avec votre
sagesse ordinaire. Vous sentes M. qu il est de la plus haute importance que
nous connoissions parfaitement les dispositions du Roi C^{que} et de son conseil.

Vous saures faire un usage utile des reflexions contenûes dans cette depeche,
mais ce doit etre de vous meme, et simplement a titre de confiance personnelle.

Espagne, t. 583, n° 176.

Ce volumineux courrier parti, on supposait un peu, à Versailles,
avoir rétabli l'entente pour l'avenir. Le 1er avril, Gérard, faisant la
correspondance ordinaire, considère que l'on est pleinement d'accord et en manifeste les impressions les plus favorables[1]. Cependant,

---

[1] Dépêche au marquis d'Ossun portant la date du 1er avril : « Nous sommes, M. dans « une parfaite conformité de principes avec le « ministere espagnol a l'égard de la Grande « Bretagne; nous pensons comme lui que quelle « que soit l'issüe des affaires de l'Amérique « Septentrionale, cette puissance pourra faire « des tentatives soit contre nos etablissements « soit contre ceux de l'Espagne; et que nous « devons nous préparer dès à present pour etre « en mesure de les repousser. Nous continuons « dans cette vue nos travaux maritimes avec la « plus grande activité sans neanmoins augmen- « ter, dans ce moment cy, nos armements, et « nous voyons avec satisfaction que la cour « de Madrid en fait autant de son coté. Nous

1777. tandis que le ministre passait ainsi en revue les affaires communes et croyait en fixer tout à fait la direction, M. de Floridablanca, justement par l'attitude qu'il avait prise, gagnait les bonnes dispositions de ses adversaires du premier jour. Ossun voyait surtout la surface des choses et elle le rendait très optimiste[1]. Ce n'était pas qu'il méconnût complètement les différences et ne pressentît les désaccords; le 24, informant le ministre des propositions faites par Arthur Lee dans son entrevue à Vittoria avec M. de Grimaldi, il annonçait encore le prochain envoi du mémoire du comte de Floridablanca et mandait ceci, visiblement caractéristique d'un vif désir de laisser M. de Vergennes discuter, à sa place, des vues qu'il sentait être sérieusement divergentes :

Au reste, Monsieur, vous serés a portée de juger de l'etendüe et de la

« ne pouvons qu'aplaudir a la resolution que le « Roi C^que a prise de porter la flotte de Madrid « jusqu'à 18 vaisseaux de ligne.

« Pour ce qui est de l'envoi d'une escadre et « d'un corps de troupes à St Domingue comme « ce n'est pas le moment de l'effectuer nous « pouvons differer de prendre un parti positif « jusqu'a ce que plus eclairés sur les evenemens « possibles, les deux cours puissent se resoudre « avec connoissance de cause.

« Quant à l'article du desarmement, il est « entendu entre les deux cours et il n'exige « aucune explication ultérieure de notre part.

« Nous voyons avec une satisfaction particu-« lière M. que M. le Cte de Floride Blanche « porte son attention sur les differens objets « que vous indiqués dans votre dépêche n° 32. « et nous attendons avec empressement le me-« moire que vous nous annoncez de la part de « ce ministre. Vous pouvez l'assùrer que nous « serons très sensible à la marque de confiance « qu il nous donnera en nous communiquant « ses projets et ses vües, que nous profiterons « avec beaucoup de plaisir de ses lumières et « que nous lui transmettrons sans réserve les « idées que nous pourrons avoir de notre côté « sur les objets qu'il se propose de discuter et « a concourir avec luy à la formation d'un plan « général sur la conduite à tenir par les deux « cours. »

[1] L'ambassadeur écrivait le 30 mars : « Ce « ministre, M^r, prend tres bien auprès du Roi « son maitre et de Mgr le P^ce des Asturies; il « a à ce qu'il me semble toutes les qualités de-« sirables pour bien remplir la place qu'il oc-« cupe : l'instruction, l'aplication, la prudence, « l'activité, la fermeté, de l'ordre et de la « suite dans les idées, des vues qui portent sur « l'avenir; c'est sur quoi je présume que vous « serés dans peu de tems a portée de former « un jugement, car il m'a dit que le mémoire « politique au quel j'ai eu l'honneur de vous « mander qu'il travailloit étoit fort avancé, et « qu'après l'avoir soumis à l'examen de ses col-« lègues et a la décision du Roi son maitre il « se proposoit de vous en communiquer di-« rectement et confidentiellement le précis. » (*Espagne*, t. 583, n° 169 *bis*.)

solidité des vûes du ministre espagnol par la communication qu'il doit vous en faire. Vous le serés aussi de les redresser et de les moderer s'il le faut, par l'opinion avantageuse que le Roy Catholique et son ministere ont de vos lumieres, de votre sagesse et de votre experience, ainsi que des bonnes intentions de Sa Majesté a l'égard de l'Espagne, et de la prudence eclairée de son conseil. S'expliquer clairement et positivement Monsieur, sur ce que l'Espagne poura ou voudra faire est à ce qu'il me semble, un moyen certain d'eviter dans la suite des reproches d'inexactitude à remplir ses engagemens, et d'affermir la confiance entre les deux cabinets à un degré qui n'existoit pas vers la fin du regne precedent.

Espagne, t. 583, n° 184.

Mais, dans cette même journée du 30 mars, notre ambassadeur recevait le courrier du 22 et pouvait juger combien peu sa sérénité était opportune. La cour partait pour Aranjuez deux jours après. Là seulement les questions seraient examinées. Il en entretint néanmoins un moment le roi, le comte de Floridablanca et vit que l'on différerait beaucoup. Sa communication a « alarmé le ministre et peiné visiblement le roi »; il écrit cela à M. de Vergennes personnellement, le 31, tout en tâchant d'excuser par avance, chez le ministre de Charles III, la discordance qui va se produire[1]. Il ne revient cependant pas de ses pronostics premiers. Le 3 avril encore, il appuie sur l'opinion qu'il a conçue de la « droiture des intentions », de la « sagesse des vues », de

---

[1] « J'ai remis, Monsieur, sans aucun délai à « M. le comte de Floride Blanche la lettre que « vous m'avez adressée pour lui. Je lui ai rendu « fidèlement ce que vous avés daigné me mar- « quer à cette occasion, il m'a paru fort sensible « à votre attention et sentir vivement l'utilité « et le prix de la correspondance confidencielle « que vous êtes disposé à entretenir avec lui. « Il m'a dit qu'il auroit l'honneur de vous ré- « pondre, et qu'il ne différeroit pas long tems « à vous donner des preuves du cas qu'il faisoit « de cette correspondance particulière et confi- « dencielle.

« Je l'ai trouvé allarmé et peu satisfait de la « détermination qu'a pris sa Majesté de ne pas « envoyer à présent des troupes et une escadre « à S‍t Domingue. Le Roi Cath⁰ m'a fait l'hon- « neur de me dire qu'il voyoit avec peine que « la France se refusat à cet arrangement, et « qu'il faudroit qu'il changeat son plan sur les « mesures à prendre pour la sureté de ses Indes « occidentales. Comme je n'avois pas encore lû « vos dépêches, je n'ai eu rien a repondre; mais « j'espère que je ferai incessamment usage avec « succès de leur contenu. » (*Espagne*, t. 583, n° 188.)

« l'étendue des lumières » du successeur de M. de Grimaldi [1]. Trouver ce successeur bienvenu de plus en plus à la cour suffisait sans doute aux yeux de notre ambassadeur, inquiété, pour sa tranquillité à l'ambassade, par la perspective d'une situation contraire. Naturellement, il était l'objet des prévenances du ministre espagnol, de ses habiletés; attiré et amusé à la fois par l'assurance des relations intimes que celui-ci disait projeter avec M. de Vergennes, par la promesse du mémoire personnel qu'il préparait sur la politique commune; or la conversation déjà froide de Charles III, les réflexions opposées qu'il recevait de Versailles, lui faisaient au contraire entrevoir l'approche d'une situation fausse pour laquelle il ne devait plus se sentir assez de solidité d'esprit. Aussi, sa correspondance est changeante; elle reflète ses perplexités. Ce même jour 3 avril, il accuse réception du courrier du 22 mars. Devant la supériorité des raisons de sa cour, il cherche à répondre par des détails explicatifs : c'est Charles III qui tient à l'envoi des dix mille hommes et des six vaisseaux français à Saint-Domingue; M. de Grimaldi a persuadé le roi à cet égard; M. de Floridablanca s'y attache uniquement à cause de cela; l'ambassadeur croit avoir un peu détourné celui-ci de cette idée. Il récrit même, le 7, en

---

[1] Dépêche du marquis d'Ossun, en date du 3 avril : « Les differentes conférences que j'ai « eûes avec ce ministre ne peuvent qu'acréditer « cette opinion. Il se montre toujours penetré « de l'avantage du Pacte de famille et persuadé « que le plan de conduite qui en est la suite « naturelle doit procurer des avantages inapre- « ciables pour la sûreté et la consideration des « deux Couronnes. Je n'ai pas omis, Monsieur, « de faire considerer qu'il convenoit qu'il éten- « dit sa prévoyance à ecarter les germes de de- « fiance ou d'animosité nationale qui sans alté- « rer essentiellement l'union peuvent cependant « en compromettre l'opinion aux yeux des na- « tions jalouses et envieuses de la parfaite inti- « mité des deux monarchies; il m'y a paru très « disposé. Déjà nous avons concerté ensemble « les projets des traités relatifs à l'isle de S¹ Do- « mingue et j'ai eu l'honneur de vous les adres- « ser par l'ordinaire précédent.

« Il m'a promis de s'occuper des autres objets « contentieux qu'il importe de regler défini- « vement dès que les affaires plus importantes « dont il est occupé a présent le lui permettront. « Je lui ai fait connoitre l'idée avantageuse et « flatteuse que S. M. et son ministere avoient « concu de lui et je l'ai assuré de l'attention la « plus soigneuse qu'auroit a jamais la France « de maintenir le Pacte de famille dans toute « son integrité. Au reste M. le comte de Flo- « ride Blanche gagne de plus en plus auprès « de Mgr le Pce des Asturies dans l'estime du « Roi Catholique et dans l'opinion publique. » (*Espagne*, t. 584, n° 8.)

indiquant que l'on prend des dispositions en conséquence, que l'on va envoyer sept ou huit bataillons de plus aux Indes occidentales avec six vaisseaux qu'on avait réservés pour Guarico, et que si l'expédition de Cevallos tourne bien on fera passer à Saint-Domingue une partie des troupes de cet amiral et quelques-uns de ses vaisseaux[1]. Dans ce même pli du 3 avril, il dit, pourtant, que M. de Floridablanca et M. de Galvès seraient partisans de faire la guerre à l'Angleterre, une fois cette puissance assez affaiblie par son effort actuel, mais qu'ils trouveraient une sérieuse résistance dans l'esprit pacifique du roi :

J'ai eu l'honneur de vous informer par mes dernieres dépêches que la resistance de la France à l'egard de l'envoi prochain de ses vaisseaux avoit déplu au Roi Catholique et a M. le Cte de Floride Blanche ; je pourrois même ajouter que ce monarque m'en à parlé avec un peu d'humeur et son ministre avec l'aparence d'une espèce de défiance. Ce double envoy de notre part avoit eté projetté par M. le Mis de Grimaldi et il avoit mis la plus grande chaleur a le faire gouter au Roi son maitre et à Messrs ses collègues.

J'ai déja eu, Monsieur, trois conférences à ce sujet avec M. le Cte de Floride Blanche et je crois avoir fait apercevoir que le cabinet de France pense plus juste que celui de Madrid par raport aux envois précipités et prematurés dont il est question. Il s'est au moins fort moderé sur celui des troupes ; il a confessé qu'il ne convenoit ni a la France ni a l'Espagne de faire dans ce moment des démarches assez considerables et assez publiques pour allarmer l'Angleterre, que l'objet essentiel étoit de laisser cette puissance s'engager de plus en plus dans la guerre imprudente et destructive qu'elle fait contre ses colonies ; il m'a dit qu'il croyoit que Sa M^{té} Cath^{e} feroit defiler successivement cinq ou six vaisseaux de plus dans l'Amérique occidentale, mais sous differens pretextes, et que si la France avoit jugé convenable d'envoyer des troupes à St Domingue il auroit fallu les y faire passer peu à peu en profitant des occasions naturelles pour leur transport. Ainsi l on voit que ce ministre a deja adopté les principes de circonspection qui dirigent la détermination de Sa M^{té} et de son ministère. J'ai aussi fait observer à M. le Cte de Floride Blanche

[1] *Espagne*, t. 584, n° 11.

que la France tenoit à Toulon six vaisseaux de ligne prets a mettre à la voile au premier ordre et qu'elle seroit à tems de les envoyer en Amérique, selon le vœu de l'Espagne au moment ou les circonstances pourroient l'exiger.

Le sisteme pacifique du Roi Cath⁰, Monsieur, n'a point changé; il désire par dessus tout le maintien de la paix. J'ai quelque lieu de soupconner que M. de Floride Blanche et M. de Galves inclineroient à tirer parti de l'affoiblissement et de la décadence de l'Angleterre lorsqu'elle aura épuisé ses finances et ses forces par la guerre dans laquelle elle s'est engagée mais je doute fort que ces deux ministres parviennent à y determiner le Roi leur maitre. D ailleurs le projet que je supose ne pourroit jamais s'exécuter, sans l'aveu et le consentement de la France. Au reste le memoire que M. de Floride Blanche se propose de vous communiquer incessamment vous mettra a portée de juger sainement de ses veritables principes à cet égard et de ses vües ultérieures.

Espagne, t. 584, n° 6.

Le 14, Ossun croit pouvoir mander de nouveau au secrétaire d'État que le ministre d'Espagne comprendra bien comme on le fait à Versailles les intérêts et la conduite des deux cours; que M. de Floridablanca lui semble moins attaché à l'affaire de Saint-Domingue, flatté, d'ailleurs, de savoir bien accueillies d'avance à Versailles les communications confidentielles qu'il y enverra[1]. Aussi M. de Vergennes, un moment, ne se montre-t-il pas sans espérer un peu que l'on marchera en effet d'accord. Des vues contraires avaient été émises, mais non, pouvait-il penser, des affirmations positives. Le 7 avril, il répondait aux indications de l'ambassadeur :

Ce que vous nous marqués des succès de M. le Cte de Floride Blanche auprès du Roi son maitre et du prince des Asturies nous fait le plus veritable plaisir, nous nous interressons sincerement a ce que ce ministre dont nous estimons la vertu les lumieres et les talens puisse s'ancrér asses avant dans la confiance de son maitre pour confondre une cabale qui n est pas moins oposée peut etre aux principes de l union qu'a la sureté personnelle des ministres.

[1] *Espagne*, t. 584, n° 26.

Assures je vous prie M. le Cte de Floride Blanche que nous recevrons avec plaisir le memoire politique qu il vous a annoncé que nous le prendrons dans la plus serieuse consideration, que nous le discuterons avec la franchise qui doit regnér entre des alliés qui n'ont q'un meme interest. Que nous ne lui laisserons rien a desirér de nos observations, et pour ce qui est de la formation d'un plan, convaincus comme nous le sommes de la necessité d en avoir un, nous ne ferons d'observation sur celui qu il doit nous proposér que celles que les changemens qui surviennent d'un mom^t a l autre dans les circonstances ou d autres considerations majeures et clairement developées rendront necessaires. Je crois M. qu il pourra etre convenable d'avoir en Amerique une escadre plus forte que nous ne l avions d'abord projetté; independament de l ancien etablissement les Anglois ne tarderont pas a y avoir 15. v^x de ligne de renfort.

1777.

On ne se demanderait peut-être pas sans fondement si les conseillers de Louis XVI n'eurent point alors la pensée de peser sur l'Espagne par la perspective de se voir isolée. Il serait plausible, semble-t-il, de donner cette interprétation à un pli confidentiel très développé par lequel M. de Vergennes chargeait l'ambassadeur d'instruire M. de Floridablanca « dans l'intimité » que des propositions positives d'accord et de désarmement venaient d'être insinuées d'abord par un Anglais ayant position pour les faire, ensuite par lord Stormont lui-même, et que le gouvernement du roi se croyait obligé de les examiner et d'y réfléchir. Avec le grain d'ironie que, parfois, il ne lui déplaisait pas d'employer, le ministre écrivait qu'en écoutant ces insinuations on ne ferait que suivre les conseils antérieurs de l'Espagne, que toute communication préalable était d'ailleurs réservée à notre alliée de manière à la laisser libre de ses propres mesures, mais que l'on obéirait en définitive aux nécessités de la France, à qui il était interdit de se jeter actuellement dans des dépenses de guerre; on n'abordait pas ce sujet avec le comte d'Aranda, à cause du point de vue si opposé où il se tenait au sujet de l'Angleterre, mais au premier ministre d'Espagne on n'hésitait point à découvrir le secret de nos mauvaises conditions financières. M. de Vergennes traçait alors un tableau de ces conditions qui justifiait bien la retenue si instamment préconisée par lui depuis six mois. Ayant donné à sa dépêche le caractère privé, il pouvait parler en toute liberté; aussi s'expliquait-il avec une confiance à laquelle son pli emprunte un prix tout particulier. Le secrétaire d'État présente là pour la première fois les motifs principaux, sinon tous les motifs, du retour politique effectué soudain après Long-Island. C'est une des dépêches le plus à remarquer dans la correspondance du ministre de Louis XVI. A entendre M. de Vergennes s'exprimer sur le mal que les États se font inutilement entre eux pour s'écraser les uns les autres, on dirait un écho de la philosophie du siècle. Le politique, aux prises avec les réalités, juge aussi le passage de Turgot au contrôle général, du moins le passage de l'esprit spéculatif que celui-ci y avait apporté, car il ne nomme pas ce collègue de la première heure; son jugement fait entrevoir sous un jour que l'on pourrait être porté à tenir pour le vrai les causes qui jetèrent si vite hors du Gouvernement cette nature supérieure, égarée dans la résistante et brutale complexité des faits. La minute du ministre, dans ces passages, est sans rature; sa pensée coulait d'elle-même, dans le domaine des choses morales. On verra que ces confidences ne furent pas sans résultat sur l'esprit du roi d'Espagne et sur celui de son ministre, lorsque notre ambassadeur les leur eut apportées. Voici la dépêche; elle expose des détails qu'il est de tout intérêt d'introduire dans l'histoire de cette partie du règne de Louis XVI :

A Versailles le 12 avril 1777.

Nous avons pu dans les derniers tems M, etre dans une asses grande perplexité sur les intentions du gouvernement B^{que}, differentes circonstances pouvoient faire penser que ses dispositions etoient plus tournées a la guerre qu'a la conservation de la paix. Les deputés des insurgens nous donnoient avis qu'ils etoient fortement pressés et sollicités pour devenir les agens de la reconciliation des Colonies avec la mere patrie. Les emissaires qu'on leurs avoit detachés n'etoient pas chargés de propositions formelles et directes. La dignité de la Couronne et du Parlement de la G^de Bretagne s'oposoit a ce qu'on fit les avances, mais on n'attendoit qu'une premiere ouverture pour leurs donnér et a leur nation des temoignages d'une bienveillance peu commune. Enfin le sceau de la reconciliation devoit etre la guerre contre la France et l'Esp^e pour s'indemnisér a leurs depens des pertes respectives que la guerre civile occasionne aux deux peuples.

Voila ce que les insurgens nous disoient; quoi que nous n'y pretassions pas la foi la plus entiere nous avons pensé M. qu'il ne seroit pas prudent de meprisér ces avis; nous avons invité d'une part les deputés a ne pas rompre brusquement le fil de cette negociation et a faire en sorte de s'attirer une proposition bien explicite qui put nous eclairér sur les intentions du ministere d'Ang^re tandis que de notre coté nous mettions sur la voie de decouvrir si les insurgens etoient effectivement dans les pourparlers dont ils nous informoient, et si c'etoit bien serieusement que les Anglois qui ont tant de moiens de faire parvenir leurs insinuations au Congrès general vouloient entamér une negociation par un canal aussi eloigné.

Nous voions si peu de probabilités que les Anglois qui ne pechent pas par deffaut de sens confiassent un secret aussi dangereux dans des mains ennemies, que celui de leurs vûes hostiles contre la France et l'Esp^e; et nous connoissions tant d'interest aux insurgens de nous en faire naitre le soupçon que nous n'aurions peut etre pas hezité a le rejettér bien loin, si independament qu'il ne seroit pas prudent de rien negligér dans des matieres aussi jalouses, nous n'avions recû en meme tems avis d'un nouvel armement ordonné en Ang^re de six vaisseaux de ligne de la premiere et seconde force sans que rien en determinat la necessité.

Pour finir ce qui a trait a la negociation; de l'aveu des Americains elle est rompue, et par les indices que je me suis procuré, s'il est vrai qu'il y ait eu des conferences misterieuses avec des emissaires que les Insurgens disent ne pas connoitre, il est egalement que ceux la aiant indiqué le secretaire de Lord Stormond comme devant etre chargé de suivre desormais la negociation, cet ambassadeur n'a pas tardé a faire fermér sa porte a celui des Americains qui en etoit l'agent.

Une raison asses victorieuse M. pour nous faire croire que les choses n'ont pas eté portées aussi loin que les Americains nous l'ont insinué et que l'Ang^re loin d'avoir le projet extravagant de vouloir faire la guerre aux deux Couronnes, est bien plus occupée a obtenir des suretés qu'elles ne projettent pas de la lui declarér, ce sont les demarches qu'elle vient de faire aupres de nous et dont il me reste a vous informér.

Vous vous rappelerés M. les insinuations vagues faites a M. le p^ce de Masseran touchant un desarmement; les conseils de M. le Mis de Grimaldi; nos observations et enfin un propos tres sage et tres judicieux de M. le Cte de Floride Blanche au Lord Graham sur ce sujet. Ce dernier doit avoir fait impression. Il y a quelque temps q'un Anglois connù par ses relations de parenté et d'amitié avec quelqu'uns des pp^aux ministres de sa nation se fit introduire chez M. le comte de Maurepas. Il s'annonce co^e n'etant chargé d'aucune commission mais il lui dit que n etant pas moins affectionné a la France ou il vit, qu'a l Ang^re ou il a pris naissance, il voioit avec peine les semences de deffiance qui germoient entre les deux nations; qu'elles ne manqueroient pas de les conduire a la guerre ou du moins de les constituer dans un etat de précautions et de dépense qui en auroit tous les inconveniens.

La reponse de M. le Cte de Maurepas fut simple, franche et ferme; la France vouloit la paix; elle n'avoit aucun dessein contre l Ang^re mais elle ne vouloit pas etre dans le cas d etre ni surprise ni prevenùe.

Cet emissaire est revenù a la charge a differentes reprises, chaque fois il a donné plus d etendue a ses insinuations. M. le Cte de Maurepas les a acceuillies, et n a refusé aucune des explications convenables pour constater que nos dispositions sont inoffensives. L Anglois bien convaincù que nos vues ne sont point tournées a la guerre, a demandé la permission de repassér dans sa patrie pour y rendre compte de ce qu il avoit vu et entendu. Son absence n a pas eté longue. Il en est revenù depuis quelques jours avec des lettres des principaux ministres d Etat pour M. le Cte de Maurepas; avec des explications satisfaisantes sur differens doutes que ce ministre avoit laissé entrevoir; le dernier mot de l'emissaire a eté que le Lord Stormond seroit desormais l organe des intentions de sa cour et le garant de leur sincerité.

Cet ambassadeur qui s etoit tenù jusque la derriere le rideau, est venù trouver M. le Cte de Maurepas; il a ratifié tout ce qui lui avoit eté raporté par l emissaire, et en a pris occasion pour se plaindre modestement d une augmentation d'armement de 7. vaisseaux ordonnée dans nos ports. Il lui a

eté repondû qu elle etoit calculée sur celle que l Ang^re faisoit elle meme. Le 1777.
Lord Stormond a entrepris de la justifier tant bien que mal; ce qu il y a de
mieux est qu il a insinué que sa cour seroit tres disposée a bornér le nombre
de ses armemens, meme a le diminuér si la France vouloit faire le même de
son coté.

M. le Cte de Maurepas ne s est pas refusé a cette ouverture et il est convenû
avec l ambassadeur que si sa cour vouloit desarmer huit v^x de ligne nous sus-
pendrions l armement des 7. qui ont eté mis nouvellement en commission a
Brest et a Toulon, sauf a donnér par la suite plus d etendue au desarmement
si les deux cours le trouvent bon. Nous demandons de plus une assurance
ministeriale qui est promise que nos pecheurs dont il avoit eté question de
suspendre le depart jouiront de toute sureté et protection sur le Grand Banc
et a Terre Neuve, et a cette condition nous n enverrons pas d escadre ni de
vaisseaux armes dans ce parage; c est ce que les Anglois paroissent singulierement redoutér et non sans raison eu egard au voisinage des cotes de la
nouvelle Ang^re et a l encouragement que les rebelles en recevroient.

Vous voudres bien M. observér et faire observér deux choses au ministere
du Roi C^que. La 1re qu en entrant dans cette espece d'accord avec le gouvernement anglois nous deferons autant aux conseils du cabinet de Madrid
qu'aux principes de conduite que les deux Couronnes se sont fixés depuis
plusieurs mois de ne rien faire qui puisse nous rendre les agresseurs et d attendre que la guerre si elle doit eclatér vienne du fait de l Ang^re. Ses demandes vis a vis de nous co^e vis a vis de l'Esp^e prouvent qu elle la craint plus
qu elle ne la desire et ce que nous savons de la situation interieure peut et
doit en faire foi, ses depenses sont en effet si enormes et les moiens d'y
pourvoir si couteux, puisque ce n est que par des sacrifices qu elle soutient
une aparance de credit, que dans quelque tems que l Ang^re reussisse a s'arranger avec ses colonies, elle aura plus de besoin de respirer que de songer
a de nouvelles entreprises.

La 2e observation est qu'en meme tems que M. le Cte de Maurepas a reservé la communication la plus entiere a l Esp^e de tout ce qu il pourroit concertér, il n'y a pas un mot qui engage meme indirectement cette puissance,
en sorte qu elle est en pleine liberté de faire ce qui lui conviendra, de conservér, d augmentér et de diminuér le nombre et la force de ses armemens

suivant son bon plaisir. Si le dernier lui agreoit elle pourroit en faire le sujet d une transaction particuliere pour exigér a titre de reciprocité un desarmement de la part de l'Ang^{re}.

Je ne vous ai pas dissimulé dans mes precedentes depeches M. que le Roi sans une necessité evidente ne se porteroit pas a augmenter ses armemens, Sa M^{té} ne voulant point aproprié a des mesures qu on peut dire de pure ostentation des sommes qu elle peut emploier d une maniere plus utile puis qu elles seront destinées a augmentér nos aprovisionnemens.

Le Roi a dans ce moment 42. v^x de ligne en bon etat et tout ce qui est necessaire meme les vivres pour les envoier a la mer. Ce tableau quoi que riant ne forme pas une puissance consolidée; en effet cette escadre après une premiere campagne deviendroit nulle si on n avoit pas des rechanges en vaisseaux et en agrets a y substituér et ce sont la des choses que l argent ne procure pas si on ne s'y est pris a l avance. Il n'a pas été possible de tout faire a la fois et si l on savoit l etat ou etoit notre marine au printems dernier on ne croiroit pas que nous eussions pu la tirér de ses cendres en aussi peu de tems. Nous avons fait une marine extérieure, mais nous ne lui avons pas encore donné cette force stable que le bon emploi que nous faisons du tems lui assurera. Nous avons des marchés faits et tres considerables pour des bois, des chanvres des matures et d autres art^{es} egalement necessaires, mais tout cela rentre lentement et ne peut venir que successivement. Le Roi ne croira avoir mis sa marine sur le pié ou elle doit etre, que lorsqu'independam^t des 52. v^x que nous aurons en automne il y en aura 30. autres en bois dans nos chantiers et des agrets et aparaux au moins pour le service de deux campagnes. Nous ne doutons pas M. que la meme prevoiance affecte l'Espagne et qu elle s occupe serieusement de remplir ses magasins.

Une nouvelle consideration bien essentielle pour la France et qui doit nous portér a reculér l epoque de la guerre autant qu il sera possible, sans compromettre la dignité et la sureté des deux Couronnes, est l etat de nos finances. Nous n avons jamais cherché a faire illusion a l'Esp^e sur le delabrement dans lequel le feu Roi les a laissées. Ce n est pas avec un parent aussi affectionné et avec un allié aussi intime qu on cherche a imposér sur sa situation. On a fait sous le regne actuel plusieurs tentatives qui loin de reussir ont plus tost augmenté le desordre, parce qu elles ont egaré la confiance et le credit. Nous entrons dans une nouvelle carriere qui semble autorisér des esperances plus reelles. M. Necker a debuté par des emprunts considerables qui servans a en acquittér d autres tres onereux et a faire rentrér dans la main du Roi des branches des revenûs qui n etoient pas a leur valeur, donnent des cette année une augmentation de recettes asses importante et en assurent pour la prochaine une superieure aux dépenses, s il n arrive pas des evenemens forcés tels que la guerre qui confonderoit toute prevoiance et absorberoit tous les moiens. La preuve que le plan est bon est la confiance publique qui renait; tous nos effets remontent; l argent commence a devenir plus facile, et a un bien meilleur taux qu il ne l etoit il y a peu de mois. Les choses remises au point que le Roi suffiroit par ses propres revenûs aux depenses de sa Couronne il est des operations d economie qui sans faire la moindre surcharge sur les contribuables produiroient un excedant de moiens qui emploiés a l amortissement rendroient notre dette aussi solidement constituée que l est celle d Ang^{re}; elle n est que charge aujourd hui elle deviendroit richesse en etablissant un nouvel ordre de circulation.

Un but aussi salutaire dont nous ne doutons pas que l Esp^e partage le vo'u avec nous puisqu elle n a pas moins d interest a notre prosperité que nous en avons a la sienne, ce but dis-je est bien fait pour justifiér notre tendance a la conservation de la paix. Si nous pouvions retablir l opinion du bon etat de nos finances, toutes nos possessions seroient bien plus en sureté sous cet abri que sous la protection d escadres nombreuses qui peuvent etre primées ou surpassées. La France et l Esp^e intimement unies ne voulant que la paix et la justice feront toujours respectér des sentimens aussi magnanimes lorsqu on ne pourra pas doutér que le pouvoir est egal a la volonté.

Je dois avoir l honneur de vous prevenir M. que je n ai point encore parlé à M. le Cte d Aranda de tout ce qui fait l objet de cette depeche. Ce n est pas que nous manquions de confiance en lui, il est peu de choses dont nous lui fassions mistere, mais sa façon de pensér ne semble pas toujours analogue aux principes de moderation auxquels les deux cours se sont voüés. Il croit la guerre preferable a la paix; le moment lui semble propice pour ecraser les Anglois. Depuis 40. ans que je me mesle d'affaires j ai vu des ligues pour ecrasér quelque puissance et je n en ai vû ecrasér aucune. J'ai vû qu on s ecrasoit respectivement par des depenses forcées et qu on faisoit des paix a peu près egales par epuisement. Ajoutons que l Ang^re tient une place trop marquée dans la balance generale pour qu on puisse tentér impunement de l ecrasér. Elle pourroit trouvér des deffenseurs meme parmi nos propres alliés, et nous ne devons pas taire qu il nous seroit de toute impossibilité de soutenir a la fois une guerre de mer et une guerre de terre.

Vous voudres bien M. communiquér confidement cette lettre a M. le Cte de Floride Blanche; quand le fond de nos idées ne se concilieroit pas avec les siennes il doit du moins y apercevoir toute la franchise qu il aime, la confiance qu il inspire et la cordialité qui doit regner entre les ministres de princes aussi etroitem^t unis que le sont nos augustes maitres par les liens du sang et de l amitié.

Espagne, t. 584, n° 22.

Si les bonnes impressions du ministre étaient aussi entières que le montraient ces dernières lignes, elles furent vite troublées. Coup sur coup, il recevait par Ossun un pli particulier de M. de Floridablanca, et le comte d'Aranda lui apportait la réponse de sa cour au courrier du 22 mars. Le 18 avril, revoyant la correspondance de Gérard, qui exprimait, au milieu des généralités courantes, les sentiments de satisfaction habituels sur l'accord et l'union des deux gouvernements[1], il

---

[1] A Versailles le 18 avril 1777: « J'ai reçu, « M, toutes les dépêches que vous m'avez fait « l'honneur de m'écrire depuis le n° 37. jus- « qu'au n° 43 inclusivement. Je n entrerai dans « aucun détail sur les principaux objets qu'elles « renferment, parce que quelques uns se trou- « vent eclaircis par mes precedentes dépêches, « et que je me reserve de m'expliquer sous peu « de jours plus particulièrement sur les autres. « En attendant le Roi vous charge, M, d'assûrer « Sa M^té C^que lorsqu'elle vous en fournira l'oc- « casion, qu'il se portera toujours avec le plus « grand zèle à tout ce qui pourra contribuer a « l'avantage des deux Couronnes, et que non « seulement S. M^té continuera comme elle a « fait jusqu'a present de communiquer avec la « plus grande franchise et une entière confiance « ses idées et ses vües au Roi son cousin, mais « aussi qu'elle n'adoptera jamais aucun plan « qu'elle ne l'ait prealablement concerté et ar- « rêté avec lui. Vous assurerez en même tems « ce prince ainsi que ses ministres que notre « politique n'a qu'un objet, celui de maintenir « l'honneur, la consideration et la gloire des « deux monarchies; que c'est à cet objet uni- « quement que se rapportent toutes les solli- « citudes de S. M^té et que si les conjectures « devoient dans la suite en presenter d'autres « son premier soin seroit de les confier sans « réserve à un prince avec lequel elle est dans « la communion la plus étroite de vües et d'in- « terêts. »

insérait de sa main dans la minute, par un renvoi en marge, cette
réserve qui sentait la blessure :

> Je ne puis cependant pas vous dissimulér la sensation que fait sur moi la lettre de M. de Floride Blanche que vous m'aves fait passér, je n'y vois pas des dispositions bien conciliantes, mais plus tost un ton tranchant et decisif qui n eclaircira pas les affaires et ne les rendra pas faciles. Je ne vous dis rien encore de celle qu il a écrite à M. d Aranda et qui tient lieu aparament du memoire qu il vous a annoncé; il faudra bien de la sagesse pour y repondre sans s'echaufer; c'est un plaidoyer amer.
>
> Espagne, t. 584, n° 3o.

Nous n'avons pas la lettre personnelle dont M. de Vergennes s'était ému; mais par sa forme autant que par ses vues la dépêche était défavorable à l'entente. Elle portait aussi cette date du 7 avril où, à Versailles, on trouvait encore, à tout prendre, des raisons de se féliciter de l'accord. Elle semblait plutôt destinée à satisfaire les propensions du comte d'Aranda et de ses amis d'Espagne qu'à entrer dans le domaine officiel; on aurait pu douter qu'il dût en être donné copie. Comme l'ambassadeur à propos des propositions de Silas Deane, le ministre du Pardo reprenait les choses à la question de savoir si l'inaction, dans les circonstances actuelles, ne ferait pas courir à la France et à l'Espagne de très grands risques, là justement où elles avaient le plus d'intérêts à défendre. Pour montrer qu'elles devaient craindre ce résultat, il analysait avec un certain sarcasme les raisons successivement émises par M. de Vergennes au sujet de Saint-Domingue et au sujet des préoccupations à concevoir sur les intentions de Catherine II. Le Roi Catholique, portait cette dépêche, avait déjà modifié ses plans sur la frontière portugaise pour faciliter un arrangement avec la France; il avait offert les moyens d'assurer la santé des troupes à Saint-Domingue dans l'espérance d'avoir ainsi rapproché la date d'une action commune; on aurait donc « perdu le temps et le fruit des réflexions si l'on décidait maintenant de ne rien faire quand la plus grande partie devrait être déjà faite ». Là-dessus, avec un esprit critique que la concision même du langage aggravait, le ministre rétorquait les raisonnements des dépêches françaises. En traduisant, M. de Vergennes n'avait pu s'empêcher de souligner des passages où perçait presque l'aigreur. Tout cela était dit pour aboutir ou pour paraître aboutir à des plans ultérieurs de politique commune. « S'il ne s'agissait que de répondre à un écrit par un autre, marquait le successeur de M. de Grimaldi, ce qui précède suffirait; mais la plus grande franchise et l'union la plus intime régnant entre les deux cours, le roi m'ordonne d'éclaircir davantage la matière; » alors, à l'exemple d'Aranda lorsque celui-ci demandait l'alliance immédiate avec le Congrès, il reprenait les raisons données autrefois par M. de Vergennes pour placer les possessions réciproques à l'abri des insultes; il démontrait ironiquement que de tenir des forces prêtes en Europe ne préviendrait pas les coups frappés ailleurs; que, dans l'incertitude des résolutions possibles de l'Angleterre, l'unique parti consistait à mettre ces possessions dans un état de défense tel qu'il ôtât à celle-ci la tentation de s'y jeter et que les deux Couronnes fussent rendues prêtes à intervenir dans les accords inévitables entre les Colonies et la métropole; elles assureraient par là le commerce de l'une, si visiblement utile à l'autre, et, sans sortir de la modération dont elles étaient notoirement inspirées ensemble, elles profiteraient de quelque opportunité heureuse pour récupérer des territoires qui leur appartiennent, qui leur ont été violemment enlevés; il précisait à cet égard comme il suit : la France dans le Canada (indiquant que le ministre de Versailles en avait laissé entrevoir le désir dans une de ses dépêches) et l'Espagne « si des propositions analogues lui étaient faites ». Arthur Lee, à Burgos, venait d'offrir Pensacola, en Floride, pour prix du concours de l'Espagne; c'est peut-être en raison de cette offre-là que le ministre parlait ainsi. En terminant, il arguait de nouveau de l'inanité des inquiétudes mises en avant au sujet de Catherine II, de la date éloignée, en tout cas, à laquelle elles devaient être renvoyées, semblant presque n'y voir qu'une invention de M. de Vergennes, et il renouvelait à l'ambassadeur, « de l'ordre du roi et pour qu'il en donnât connaissance au cabinet de Versailles », l'avis que Sa Majesté jugeait nécessaire un envoi de troupes et de vaisseaux aux îles de la manière prudente et progressive qu'il avait indiquée; que, loin de penser pour cela à la guerre ou à des conquêtes, elle continuerait ses explications amicales avec l'Angleterre, qu'elle écouterait celles que le cabinet anglais donnerait peut-être pour éviter une rupture, ajoutant, comme une sorte de critique, « conformément au système adopté par le cabinet français et Sa Majesté elle-même »; enfin, que le roi se flattait de voir ces réflexions « faire force en France », de sorte que le ministère de Versailles entrerait dans ses idées [1].

Pendant que cette dépêche s'acheminait, un entretien de lord Stormont avec M. de Vergennes venait disposer les ministres du roi à s'affecter de ses allures et des vues qu'elle donnait à deviner, un peu plus encore que n'y autorisaient ses termes. Attentif à ne pas perdre une occasion de jeter du nuage entre les deux Couronnes, l'ambassadeur anglais était venu apprendre au ministre que l'Espagne avait refusé l'entrée chez elle à des agents américains. Il en avait pris texte pour récriminer une fois de plus, faisant remarquer désobligeamment combien on avait plus à se louer, à Londres, de la cour de Madrid que de la cour de France par qui ces agents étaient accueillis et recherchés; il appuyait ses dires sur de formelles informations de lord Grantham. C'était d'Arthur Lee qu'il s'agissait là. M. de Grimaldi avait conféré à Burgos avec ce commissaire des Colonies. Ossun mandait, le 10 mars, que Lee « venait proposer un traité d'alliance à l'Espagne et l'engager à faire la guerre à l'Angleterre, sur quoi M. de Grimaldi

---

[1] *Espagne*, t. 584, n° 14. — Nous ne reproduisons pas aux annexes cette dépêche du 7 avril, parce qu'elle ne tarda pas à être tenue pour non avenue. Elle n'avait pas été faite pour être communiquée. M. de Vergennes, en la traduisant, y avait marqué par des traits, entre autres les passages relatifs aux avantages territoriaux à poursuivre par les deux cours et aux communications que l'Angleterre pourrait faire en vue de détacher l'Espagne.

1777. lui avait donné pour réponse unique que le système de Sa Majesté Catholique à ce sujet était le même que celui de la France ». Mais ce n'avait pas été sans beaucoup de peine que l'ancien ministre avait dissuadé l'envoyé de pousser jusqu'à Madrid. L'Américain avait alors demandé des secours d'argent, d'armes, de munitions de guerre. Sur le compte qui en avait été rendu, Sa Majesté Catholique avait résolu d'accorder ces secours et Lee était allé attendre la réponse dernière à Vittoria. Ossun ajoutait « qu'on imposerait la condition de traiter et de s'arranger avec des négociants espagnols pour les armes et les munitions de guerre, tant par rapport à la fourniture qu'au transport et que le Gouvernement éviterait de s'en mêler[1] ». Le 13 mars, il annonçait que le roi avait fait compter immédiatement à l'Américain un million de réaux (250,000 livres), prélude d'allocations ultérieures[2]. Plus complètement renseigné peu après, il expliquait que Lee offrait à l'Espagne beaucoup de choses, entre autres la place de Pensacola : les Colonies s'en empareraient et la remettraient à Sa Majesté Catholique; le roi n'avait pas refusé la cession, mais il ne la laisserait réaliser que si les Colonies établissaient leur indépendance; il avait fait, d'ailleurs, connaître qu'il écartait « tout le reste », sans dire en quoi consistait ce « reste »; et l'ambassadeur n'était pas éloigné de croire que M. de Floridablanca penchait à accepter provisoirement la place en dépôt[3].

Le roi d'Espagne avait donc agi avec l'Américain comme on agissait à Versailles. Dès le premier rapport M. de Vergennes le constatait, ne demandant qu'à être tenu au courant de ce qui surviendrait et surtout du chiffre auquel les subventions seraient élevées[4]. D'Aranjuez, où les entretiens, plus intimes, procuraient des informations plus développées, Ossun avait confirmé tout cela le 7 avril[5], et Lee était rentré à Paris, « content des espérances qu'on lui a données », c'est M. de

---

[1] *Espagne*, t. 583, n° 154.
[2] *Ibid.*, n° 163.
[3] Rapport du 24 mars. (*Ibid.*, n° 184.)
[4] Dépêche du 25 mars au marquis d'Ossun. (*Ibid.*, n° 186.)
[5] *Ibid.*, t. 584, n° 12.

Vergennes qui le mande ce même jour, en ajoutant que ce dont les *insurgens* ont le plus pressant besoin est de l'argent; « le commerce, « disait-il, les rançonne plus tôt qu'il ne les sert[1]. » On voit dans la correspondance de Franklin qu'en effet la légation était satisfaite. Elle se montrait telle, au moins, et Franklin indiquait au Congrès que c'était en vertu de ce principe, « qu'à demander appui aux autres on doit, tout en gardant la dignité de caractère d'une nation vierge, s'accommoder à leur tempérament[2] ». Il n'y avait rien eu de plus. Sur ce chapitre les deux cours s'entendaient donc fort bien. Mais l'ambassadeur d'Angleterre à Madrid avait habilement profité de ce qui lui était revenu là-dessus et il avait mis lord Stormont à même de s'en servir à Versailles comme celui-ci savait le faire. M. de Vergennes ne s'était pas trouvé plus embarrassé pour répondre aux confidences de ce dernier qu'il ne l'était maintenant par ses plaintes. Cependant, ces confidences ne lui avaient pas semblé sans quelque fondement. Elles indiquaient dans ce cas une sorte d'infidélité de la part de l'Espagne. Elles donnaient par suite de l'acuité aux blessures qu'il ressentait déjà. Il ne put contenir un froissement qu'à son gré, peut-être, il avait trop de fois réprimé. Il écrivit privément à Ossun :

A Versailles le 12 avril 1777.

La franchise de mon caractere ne me permet pas M. de vous taire un petit reproche que je me crois fondé a faire a M. le Cte de Floride Blanche et sur lequel je vous prie de l entretenir avec tous les menagemens que vous trouverés convenables.

L Esp^e n'a point voulu admettre un deputé insurgent, elle a renvoyé, dit on, un autre Americain qui avoit penetré jusqu'a Madrid, tout est bien jusque la; chacun fait chez soi ce que bon lui semble. Mais il ne suffit pas de bien faire sans recherchér des aplaudissemens qui souvent humilient plus qu ils ne glorifient. Pour quoi faire mention de ce renvoy au Lord Grantham,

---

[1] Dépêche du 7 avril. (*Espagne*, t. 583, n° 16.) — [2] Lettre de Franklin à A. Lee, du 21 mars 1777. (*The Works of Franklin*, t. VIII, p. 209.)

accueillir ses remerciemens et lui en rendre d autres qui ne peuvent qu'enflér l orgeuil des têtes angloises? Je n'etois pas surpris que M. le duc de Grimaldi chargea M. le P^cc de Masseran d'assurér les ministres anglois et assura lui meme l ambassad^r de cette nation que l Espagne ne fourniroit aucun secours aux insurgens tandis qu il nous etoit bien notoire qu elle leurs en faisoit passer par nos mains et cela toujours de maniere a faire sentir une disparité marquée dans la conduite des deux Couronnes; c etoit une touche italiene contre laquelle nous nous serions vainement elevés; mais nous en attendons une plus masle de M. le C. de Floride Blanche. Les petits detours, les finesses italiennes ne doivent pas ternir un caractere aussi elevé que le sien. Que doit il resultér si l Espagne montre une opposition si déclarée aux mesures et aux procedés qu on voit la France adoptér? On prejugera ou que celle la craint asses l Ang^re pour ne pas meme osér admettre et donner l hospitalité a un homme qualifié de rebelle par une nation qui les recoit tous indistinctement dans son sein et n en rejette aucun; ou bien que l union sistematique des deux Couronnes n est pas aussi etroite qu on la suposoit puisqu elles marchent sur des lignes si diametralement opposées. Je vous laisse a jugér M. lequel de ces deux prejugés seroit le plus dangereux.

Le Lord Stormond armé du bon exemple de l Espagne qu il preconise avec raison est venû me trouvér pour me dire assez cruement que sa cour est bien plus contente de la cour de Madrid que de la notre. J ai essuié le recit de tout ce que M. de Floride Blanche a dit et fait; plus une diatribe violente contre le personnel des Americains que nous avons ici et enfin des especes de reproche de l acces que je leurs donne. Vous sentés M. la force que donnoit la comparaison. J'ai felicité froidement l ambassadeur des complaisances et des bons procedés de l Esp^c, je l ai assuré que si les formes sont differentes en France les intentions sont les memes et je lui ai ajouté que mon devoir etant d ecouter tout le monde il lui etoit moins essentiel de savoir si j ecoute les Americains que d etre instruit si je leurs repons. Il m'a donné a entendre qu il faut bien que je leurs reponde puis que dans leurs lettres au Congrès ils promettent notre alliance et qu elle seroit meme deja conclue s ils avoient eté autorisés a promettre de n entendre a aucune proposition et de ne conclurre aucun accord de paix ou de treve qu avec notre consentement.

Ma reponse a eté que je ne garentis point ce que ces gens la peuvent ecrire; que leur fanatisme et l envie d encouragér leurs compatriotes peuvent leurs faire hazardér bien des choses. Pour ce qui est de la clause que nous exigeons, je l ai fort assuré que si nous etions dans le cas de faire alliance avec les Americains tres certainement nous n omettrions pas de la faire enoncér. M. le Cte de Maurepas auquel le Lord Stormond a déféré cette meme plainte lui a repondu aussi a propos que gaiem^t que nous attendions que l Ang^{re} eut signé l independance pour conclurre le meme jour notre traité avec l Amerique.

Ce ne sera jamais par des complaisances gratuites que nous assujetirons l Ang^{re} aux justes egards qu elle doit aux deux Couronnes. Si vegetans dans l incurie et dans la mollesse nous avions negligé l occasion pour remontér nos forces et notre ton elle exigeroit avec hauteur et insolence ce qu elle nous demande maintenant d une maniere convenable. Faisons en sorte de ne pas descendre du degré ou nous sommes remontés; ne nous dejouons pas nous meme. Nous serons dejoüés si elle ne voit pas la plus parfaite uniformité de langage et de mesures entre les deux cours. Soyons honnetes et soutenus l Ang^{re} ne nous fera pas la guerre parce que nous n excederons pas en vains complimens.

Au reste co^e l Esp^e est plus interressée que nous a la tournure que les affaires de l Amerique septentrionale pourront prendre, si elle pense que nous devons nous en isoler entierement et cessér de donner des apui et de l encouragement à cette cause nous attendrons la proposition qu elle nous en fera pour en deliberer et pour lui envoier notre acquiescement ou nos doutes.

Espagne, t. 584, n° 23.

On ressentait ainsi une certaine lassitude, presque du détachement, à l'égard de la cour de Madrid. Les insinuations plus ou moins authentiques de désarmement faites en secret au nom du cabinet de Londres arrivant alors, il ne serait pas impossible qu'on les examinât avec un peu de complaisance au moment où Aranda apporta la dépêche du 5 mars. Cette dépêche devait produire une impression d'autant plus vive. Toutefois, il y allait des rapports des deux cours, et l'objet était trop sérieux pour que l'on cédât tout de suite à ces impressions.

Cette « sagesse » que, non sans raison, M. de Vergennes jugeait difficile, commandait de s'expliquer auparavant, de ne « s'échauffer » que de modération, de justesse, et de tenter de confondre à ses débuts, par la sincérité ou par le sens politique, la façon dont le successeur de M. de Grimaldi paraissait comprendre le concert entre les deux Couronnes. Les critiques de ce successeur visaient le gouvernement du roi; c'était dès lors le roi, non le ministre seul, qui devait répondre. Le monarque et ses conseillers eurent cette opinion ensemble et M. de Vergennes prit de nouveau la plume. Le 26 avril, devant M. de Maurepas, il lisait au roi, qui l'approuva de sa main, le projet d'une réfutation, on pourrait dire solennelle, expédiée le jour même au comte d'Aranda. Cette réfutation n'était pas moins développée que le factum énigmatique du nouveau ministre d'Espagne. Elle rappelait la pensée du gouvernement du roi depuis l'origine, les opinions qu'il avait émises, les conseils qu'il avait donnés, et elle en montrait l'unité, la loyauté parfaite. Rarement la guerre et l'esprit de conquête ont été jugés dans des correspondances diplomatiques sous l'inspiration d'une politique aussi élevée, rarement une conduite à tenir a été examinée avec un esprit plus juste. Le danger d'engager la guerre tout simplement, par le moyen même que le ministre espagnol proposait pour s'en garder, la nécessité où était la France de ne la point laisser commencer sans s'être garantie d'avance contre ses suites, le désintéressement absolu du roi pour une conquête territoriale quelconque, étaient une fois de plus affirmés, rendus palpables. Les idées singulières, inconnues jusqu'alors pour les deux cours, que proposait M. de Floridablanca, les récriminations controuvées ou malveillantes dont il avait voulu, sans doute, être un peu prodigue avec son ambassadeur, étaient redressées par des considérations dont la vérité s'imposait. En annonçant à Ossun, le 2 mai, qu'il lui adressait la copie des deux pièces, celle de la dépêche communiquée par le comte d'Aranda et celle de la réfutation du roi, le ministre n'avait pas tort de lui dire : « Vous observerez avec plaisir que nous n'opposons que sagesse et rai-

« sonnement à la vivacité, à la véhémence et à la causticité du ministre
« espagnol[1]. » M. de Vergennes avait constaté, comme on le voit ici,
l'approbation royale en marge de sa minute; les soulignés rappellent
des passages ou des mots du mémoire espagnol :

Cette lettre a été communiquée au Roi M. le Cte de Maurepas present et a été aprouvée le meme jour 26.

M.

A Versailles le 26 avril 1777.

Le Roi aiant pris en consideration la lettre de M. le comte de Floride Blanche du 7 de ce mois que V. Ex^{cc} a eté autorisée a me communiquér, avant de déterminér la reponse à y faire a voulu revoir par lui meme tout ce qui s est passé de plus essentiel entre les deux cours depuis la naissance des circonstances qui affectent avec raison leur prevoiance. Sa M^{té} a remarqué avec plaisir dans le relevé exact de toute la correspondance qu elle s est fait representér a dattér du mois de mars de l'année derniere, que les deux cours entierement d'accord sur les principes d'une conduite analogue a la justice et a la magnanimité des sentimens de leurs augustes souverains, ont différé d'opinion moins sur l utilité de certaines precautions convenables a prendre dans le tems pour la sureté de leurs possessions respectives, que sur leur quotité et sur l epoque la plus naturelle pour ne pas contrariér le but que Leurs M^{tés} se sont proposé, celui de ne pas provoquér une guerre; qu elles croient de leur justice, de leur interest et de leur dignité d evitér.

V. Ex^{cc} trouvera la preuve irrefragable de l uniformité perseverante de la facon de pensér du Roi

---

[1] *Espagne*, t. 584, n° 48 : « Je profiterai du « retour de ce courrier qui doit partir dans le « courant de la semaine prochaine pour vous « envoiér la copie de la traduction de la lettre « de M. le Cte de Floride Blanche a M. le « Cte d'Aranda du 7. avril qui nous a eté com- « muniquée et la reponse que j'ai faite de « l ordre du Roi a cet ambassadeur. Vous ob- « serverez, » etc. — Cette lettre est reproduite plus loin presque tout entière.

dans l'extrait que Sa M^té m ordonne de lui remettre des instructions adressees successivement à M. le Mis d'Ossun relativement a un envoi de forces de terre et de mer a St Domingue. S'il n'avoit eté question que d une affaire d opinion, le Roi se seroit porté avec empressement a faire le sacrifice de la sienne au Roi son oncle; mais s agissant d une demarche qui peut avoir les suites les plus graves, Sa M^té a pensé ne pouvoir mieux prouvér a Sa M^té C^que la plenitude de sa confiance qu'en ne lui taisant aucune des reflexions et des considerations qui naissent de la nature de la chose et de la position particuliere de la France.

Si nous envoions des forces considerables dans l Amerique occidentale et sur tout une escadre, dans un tems ou les Anglois evitent d'y tenir des vaisseaux de force; ou ils assurent qu ils n'y en enverront point s'ils n'y sont forcés, et ou enfin la franchise avec laquelle ils se degarnissent de troupes dans l interieur de leur isle fait une sureté plus forte que toutes les assurances qu ils peuvent donner, qu ils n'ont aucune vûe offensive et hostile contre les deux Couronnes; si c est dans des circonstances aussi rassurantes que nous temoignons le plus d allarmes et que nous faisons une demonstration aussi propre a la donnér; le moindre effet sera que les Anglois ne devant pas plus de confiance a nos assurances que nous en accordons aux leurs se croiront dans l obligation d envoier immediatement une force maritime superieure dans ces memes contrees. Ces forces pourront avoir respectivement l'ordre de restér en observation, mais l interest public n'est pas toujours celui des particuliers: les officiers ont autant d interest a la guerre que les nations ont de raison de la craindre, et tandis que les cours se flatteront de conservér la paix il pourra arriver que ce qu elles auront emploié a titre de moien auxiliaire a cette vûe sera precisement ce qui confondera leur prevoyance.

Votre cour ne doit pas s etonnér M. que nous insistions iterativement sur ce point; on sait bien ou commence la guerre, mais on ne peut savoir ou, quand et comment elle finira. Si on avoit la sureté qu elle se concentreroit entre nous et l Ang^re et qu elle ne s etendroit point sur le continent, l'occasion pourroit paroitre seduisante et ce seroit un effort sublime de vertû de s'y refusér. Mais l existance de la puissance de l Ang^re interresse l equilibre de la balance de l Europe; il faut donc s attendre qu elle ne sera pas abandonnée.

Cette consideration a deja eté pesée, c est elle qui a fait penser concurrémment a nos augustes maitres que s il n'y avoit pas moien d evitér la guerre il falloit qu elle vint evidement du fait de l Ang^{re} mais si la guerre s allumant l incendie gagnoit le continent, l'Espagne auroit peu a en souffrir, son heureuse position la met a l abri des revolutions politiques et des choses de l Europe. Il n en est pas de meme pour la France. Tout le poids retomberoit sur elle. Ce n est point a votre cour M. ce n est point a V. Ex^{ce} que nous dissimulerons combien un pareil evenement seroit embarassant et ruineux pour nous : le cabinet de Madrid ne doit donc pas etre surpris si ne devant pas perdre de vue une perspective aussi efraiante nous cherchons par notre circonspection a en detournér les sinistres effets.

V. Ex^{ce} connoit l'embarras dans lequel le Roi a trouvé ses affaires ; elle voit ce que Sa M^{té} fait journellement pour les retablir, et elle remarque surement avec satisfaction du progrès dans la renaissance du credit public, mais ce n est qu'a l ombre de la paix qu il peut se consolider ; tout ce qui feroit craindre la guerre l etoufferoit. Le Roi est bien eloigné de penser que ce soit la le but ou le Roi son oncle se propose d'arrivér ; tranquille sur les assurances qu il en a reçu et qu il lui fait renouveller, le Roi est bien persuadé de la perseverance de Sa M^{té} Cat^{que} dans les sentimens de paix et de moderation qu elle l'a invité elle meme a adoptér et a partagér. Mais on peut être l'auteur de la guerre sans etre ostensiblement l agresseur, et ne seroit ce pas là où independant de l effet resultant de quelques demonstrations trop accelerées, pourroit nous conduire l'adoption du point de vue que M. le Cte de Floride Blanche propose lorsqu il s explique *que la France* et l Esp^e *doivent par interest et en bonne politique influér dans les deliberations et accords que feront entre elles les provinces americaines ou avec la metropole.*

Si une pareille influence peut paroitre interressante et desirable, elle ne peut aussi s acquerir sans beaucoup de difficultés et d'inconveniens. Pour avoir le titre de nous immiscér dans les deliberations interieures des Colonies et dans les negociations qu elles pourroient avoir avec la metropole il faudroit se liér asses etroitement avec elles pour que les interets respectifs ne fissent plus qu'un. Ce seroit assurement nous mettre dans l etat d une guerre ouverte avec l Ang^{re} quoi que non declarée, car tres certainement cette puissance a moins de la suposér reduite aux derniers abois ne nous admettroit ni a titre de

1777. mediateurs ni d'amiables compositeurs. C est un egard que les puissances se doivent et qu elles sont fort attentives a remplir les unes envers les autres de ne point se meslér de leurs affaires domestiques. La querelle de l Amerique est jusqu'a present purem^t domestique relativement a l Ang^{re}; elle ne voit dans les insurgens q un peuple revolté qu elle a droit de rapellér a son obeissance par tous les moiens qui sont dans son pouvoir sans que d autres puissances puissent et doivent s'en mesler. Se presentér pour y intervenir ce seroit en quelque sorte avoüér et reconnoitre l independance que les provinces americaines se sont decernées, parce que ce n est qu entre puissances egales q une pareille intervention peut etre decement proposée et admise, celle que nous pourrions offrir ne seroit donc pas un titre paisible dont on pourroit constater la legitimité et l existance sans effusion de sang.

La meme reflexion peut egalement s adaptér a la remarque de M. le Cte de Floride Blanche que *les deux monarques ne s'ecarteront pas de leurs principes de moderation s ils desirent de profitér de quelque heureuse oportunité pour recupérer par la voie de la negociation quelqu'uns des territoires qui leurs apartiennent legitimement ou qui leurs ont eté usurpés par la violence.*

Si les deux Couronnes veulent se contenter de promesses vagues, d esperances eloignées il n'y a pas de doute que les ministres B^{ques} se preteront facilement a donnér cette vaine satisfaction, mais si on en exige une plus reelle, une cession ou une restitution actuelle, on peut doutér que le ministere anglois puisse et veuille y entendre. La perte de ses places ne seroit pas le plus dangereux des sacrifices auxquels il s exposeroit.

Le Roi ne cherchera pas a pressentir quels sont les domaines que le Roi son oncle peut desirér de recouvrér, mais Sa M^{té} n hesite pas a declarér qu elle ne connoit en Amerique co^e en Europe aucun objet asses seduisant d'acquisition pour compensér a ses yeux les hazards, les calamités et l epuisement resultans d une guerre. La France a des colonies dans la proportion qui convient a sa population et a son industrie. Plus seroit une charge plus tost q'un benefice. Si la perte du Canada lui a été sensible elle doit la moins regrettér depuis que l abandon qu elle a eté obligée d en faire est devenu le signal de la revolte des provinces angloises sur le continent. Si nous tentions de nous y reintegrer nous reveillerions les anciennes inquietudes et jalousies qui faisoient le gage de la fidelité et de la soumission de ces memes provinces a l Ang^re leur veritable facon de pensér est a decouvert dans les propositions qu elles nous ont fait parvenir : elles ne s efforcent pas de secoüer le joug de leur mere patrie pour s exposér a subir celui de toute autre puissance.

Lorsque dans l intimité de la confiance avec laquelle nous nous expliquons avec l Espagne nous avons fait entendre qu'indifferens pour de nouvelles colonies a sucre nous inclinerions plus tost a obtenir quelque commodité pour notre peche de Terre Neuve on a donné trop d etendue a ce vo'u si on en a inferé que le Roi auroit quelque dessein arreté. Sa M^té n'en a d autre et c est de son ordre que je le declare ici a V. Ex^ce que de maintenir dans le concert établi avec le Roi son oncle la paix que les deux monarques se sont proposée comme le but le plus honorable de leur prevoyance et de leurs soins. C est en s'attachant fidelement a ce plan que Sa M^té n a pas craint de communiquér franchement au Roi son oncle tout ce qui lui a parû pouvoir en avancér ou en eloignér le succès. Elle ne s est jamais refusée et ne se refusera jamais a partagér toutes les mesures qui pourront tendre a une fin aussi salutaire.

C est dans cette vûe que le Roi a fait passér lors de la naissance des troubles, un renfort asses considerable de troupes dans ses colonies et qu il les entretient en bon etat par des envois successifs de recrûes. Par une suite de la meme prevoyance et toujours dans la vue de porter un secours promt a ces memes colonies, Sa M^té a fait armér plusieurs vaisseaux dans la Mediterrannée et dans l Ocean, et elle tient sur le bord de la mer un certain nombre de bataillons prets a etre embarqués au premier signal; Sa M^té n hesiteroit pas malgré le desavantage de la saison a le donnér, si elle voioit le plus legér dangér au retard; mais le Roi prie Sa M^té C^que de considerér que le moment ou les Anglois vont ouvrir la campagne contre leurs colonies n est pas celui ou nous pouvons craindre qu ils se tournent contre nos possessions; que si nous precipitons nos mesures nous eclairerons l Ang^re sur la necèssite d achetér par des sacrifices l accomodement que nous devons plus tost cherchér a retardér. Que quelque circonspection et quelque mistere que nous aportions dans l envoi de nos forces de terre et de mer en les faisant filér successivement leur depart ne peut etre un secret et sera necessairem^t correspondû par un envoi respectif de forces angloises. M. le Mis de Grimaldi nous a fait observér dans une de ses dernieres depeches a l apui des menagemens qu il recommandoit, que la flotte du Mexique pouvoit courrir quelques risques; cette consideration sembleroit du plus grand poids pour ne rien precipitér quand meme il y auroit des motifs de defiance plus raprochés qu ils ne paroissent. Nous avons de notre coté nos pecheurs a la mer; un grand nombre etoit parti lorsqu'on a pensé a les arretér. Ceux qui avoient eté retenûs dernierement ont eté remis en liberté après le triage des matelots que le Roi a voulû qui fussent reserves pour le service eventuel de sa marine et sur les assurances formelles que l Ang^{re} nous a fait donnér que son intention perseverante etoit de conservér la paix avec les deux Couronnes. Nous ne nous dissimulons pas que ces assurances peuvent etre frauduleuses mais il faudroit renoncer a faire jamais des traités avec une puissance qui ne craindroit pas de se souiller d'une pareille perfidie. Il est probable que l Ang^{re} qui a parû jusqu'ici plus en defiance sur nos intentions que sur celles de l Esp^{e} qu elle nous a souvent proposées co^{e} un objet digne d imitation, il est probable dis-je que l Ang^{re} rassurée a notre egard ne perdra pas de tems a souvrir avec le ministere du Roi C^{que} et a lui tenir un langage assorti a celui qu elle continûe a nous tenir, nous devons d autant moins douter qu elle ne prenne cette marche si elle veut constatér sa sincerité et sa bonne foi, que l on vient de lui faire connoitre que sans vouloir neansmoins derogér aux assurances de paix et d'amitié qu'on s est donné respectivement on ne pourroit continuér les pourparlers pour un desarmement ou pour toute autre mesure tendante a cimentér la bonne intelligence sans la participation et le concours du Roi C^{que}. Le Roi ne croit pas qu il puisse y avoir aucun inconvenient a suspendre une derniere determination jusqu'à ce que l on voie plus clair dans les insinuations que les Anglois pourront faire. Si elles sont satisfaisantes les deux Couronnes pourront epargnér des depenses qui pourroient avoir un emploi plus utile. Si au contraire les ministres B^{ques} biaisent ou se montrent deraisonnables, les deux Couronnes pourront se livrér aux precautions que leur sagesse leurs fera jugér convenable, avec la sureté qu elles n'auront rien omis de tout ce qu on pouvoit attendre de leur humanité pour prevenir toute extremité facheuse. De ce moment le Roi ne balancera pas a faire passér un renfort de 5. bataillons a St Domingue, un detachement d artillerie et de dragons, lesquels joints aux troupes qui y seront deja formeront un corps de plus de dix mille hommes, force superieure a ce que l etat de deffense de cette colonie proposé par le feu Cte d Enneri exige. 3. autres bataillons avec des detachemens d'artillerie seront envoiés a la Martinique et a la Guadeloupe. Suivant ce plan le Roi aura en Amerique 22. bataillons effectifs un plus grand nombre seroit trop difficile a entretenir. Suivant les calculs les plus moderés faits sur le relevé des tabelles la consommation des hommes est annuellem^t d'un 5e et a St Domingue quelquefois d'un quart.

Lorsque cet envoi devra se faire on prendra les mesures les plus circonspectes pour le faire filér sous le simple convoi de fregates, Sa M^{té} suspendant le depart de ses vaisseaux a moins d une necessité urgeante jusqu à ce que ses troupes soient asses avancées dans leur navigation pour ne pas devoir craindre que les Anglois entrainés par leur deffiance et par leur ressentiment ne pussent s en saisir.

Les choses dans cet etat il reste a convenir sur l emplacement des escadres respectives. L Esp^e a proposé Guarico co^e un lieu d observation tres favorable. Nous ignorons si l air y est sain et si les v^x y sont plus a l abri de la piqure des vers que dans nos ports de St Domingue, mais nous avons deja remarqué et nous ne pouvons nous dispenser d observer encore que la station de Guarico très commode en elle meme pour veiller sur la Havane et sur tout ce qui est au dessous du Vent ne couvre rien de ce qui est au dessus c est ce qui fait pensér au Roi que jusqu'a ce qu on put distinguer avec quelque certitude ou les efforts des Anglois devroient se portér son escadre se trouveroit mieux placée a la Martinique parce qu eclairant de la tout ce qui pourroit se passer au dessus du Vent elle seroit a portée de se portér partout ou le besoin l apelleroit et de se joindre a l escadre espagnole si cela devenoit necessaire. Il semble meme que les deux escadres se tenant separées elles obligeroient les Anglois a une division de leurs forces qui leurs laisseroit moins de facilité pour entreprendre. On objectera peut etre qu il sera difficile d etablir une communication asses suivie entre nos escadres respectives pour que bien instruites des mouvemens de l ennemi elles puissent se preter mutuellement secours. Mais a la faveur des bateaux bermudiens qui ont un cabotage etabli entre nos isles et qui montent au vent co^e les Tartanes on fait passér asses promtement des avis de St Domingue a la Martinique.

Il reste une difficulté a resoudre pour savoir a qui echoira le commandement de l escadre reunie. Votre cour a demandé qu il lui fut déféré. Nous aurions autant de raisons pour former la meme demande. Mais les deux escadres ne devant pas etre habituellement ensemble ne seroit il pas plus simple de convenir que le commandement seroit déféré pour les operations exterieures a celle des escadres qui reclameroit le secours de l'autre. Si les deux cours se communiquoient les instructions pour leurs commandans respectifs elles les lieroient a ne pouvoir mendiér des pretextes soit pour s'attirer mutuellement soit pour refuser de se joindre.

M. le comte de Floride Blanche paroit nous reprochér notre indifference de n avoir pas saisi l offre qu il nous a faite de l ordre du Roi son maitre de procurér a nos troupes et a nos vaisseaux tous les rafraichissemens que l on peut tirér de la partie espagnole de St Domingue et de la terre ferme. Si le Roi a differé de s expliquér sur une ofre aussi obligeante, il n en a pas moins senti le prix, mais V. Ex^{cc} observera d elle meme que si la force de nos mesures communes amenoit la guerre, les ressources qu on pourroit se procurér de la terre ferme deviendroient trop precaires pour en faire la baze de la subsistance d un corp nombreux de troupes.

Je ne reprendrai pas ici M. l idée que M. le comte de Floride Blanche se forme par raport aux suites que pourra avoir la querelle qui s est elevée entre les Turcs et les Russes, ainsi que touchant leurs dispositions respectives, et celles de quelques autres puissances. Nous ne pouvons qu'accepter l heureux augure que ce ministre paroit en concevoir quoi que les nouvelles qui reviennent de differens endroits ne semblent pas encore nous y autoriser. Le Roi emploie la voie des insinuations et des offices pour detournér la cour ottomane de se replongér dans les horreurs d une guerre qui ne manqueroit pas de lui etre funeste et par elle a l Europe. Mais les Turcs sont si mauvais calculateurs et il est si difficile de faire un calcul assuré sur eux qu il n est pas plus facile de se tranquilisér sur le parti qu ils pourront prendre que de supposer que ce sera le plus sage qu ils prendront.

L'ambassadeur du Roi a Vienne est chargé d'engager cette cour a faire servir son influence a prevenir une rupture entre les deux puissances, mais elle nous fait entrevoir a cet egard des inquietudes dont M. le baron de Breteuil doit cherchér a aprofondir le motif et l etendue et qui nous donnent lieu de pensér qu elle ne se croit pas elle meme en mesure d'empechér l evenement. Elle paroit portér une attention tres inquiete sur l occupation de

Perecop et sur la revolution que l on croit effectuée en Crimée. J attens un courrier de M. le Bon de Breteuil pour fixer nos notions, et le Roi ne laissera pas ignorér au Roi son oncle tout ce qui pourra interressér leur prevoyance commune.

Je me flatte d'avoir exposé a V. E. la facon de pensér du Roi mon maitre avec autant de clarté que de franchise. Elle connoit trop bien d ailleurs les principes de Sa Maj^té et sa tendre amitié pour le Roi son oncle pour n'avoir pas la sureté la plus entiere que dans toutes les occasions elle ne lui laissera rien a desirér de sa plus intime confiance et de son zele pour les interets qui lui sont particuliers comme pour ceux qui sont communs a leurs monarchies.

J ai l h^r d etre avec un tres parfait attachem^t.

Espagne, t. 584, n° 40.

Il fallait bien faire connaître au marquis d'Ossun les motifs des raisonnements que l'on venait de tenir; c'est l'objet de la lettre d'envoi. Elle est du 2 mai. Elle donne à la dépêche une sorte de commentaire. Le ministre écrit que le sujet est « trop sérieux » pour « prêter matière à complaisance ». La complaisance qui vient de l'étendue de l'esprit lui était facile, toutefois, et c'est pourquoi il en avait tant mis dans la forme. « Il s'agit, disait-il, d'assurer la paix; les deux cours semblent parfaitement d'accord sur le but, il n'y a de divergence que sur la manière la plus sûre d'y arriver. » Il s'attachait donc à indiquer surtout l'opinion que l'on avait, à Versailles, sur la manière « d'assurer la paix ». Il faut voir combien il prenait garde d'éviter des fautes qui auraient eu leur contre-coup sur les intérêts communs. Il mandait à l'ambassadeur :

L Espagne pense que dans cette vûe on ne peut trop multipliér les precautions de sureté; je ne disconviens pas que cette opinion n'ait pour elle des raisons tres fortes mais il ne s en suit pas que celle qui lui est opposée ne puisse etre soutenûe avec un succès au moins egal. Vous en jugerés M. lorsque vous aurés les pieces du procès sous les yeux. Ce que je me suis attaché a justifiér est l espece de variation que M. le Cte de Floride Blanche semble nous reprochér; relisés je vous prie ma correspondance avec vous, elle vous convaincra que nous avons ete parfaitement uniformes touchant l envoi d une escadre et d un renfort de troupes a St Domingue que nous avons toujours considéré co^e tres prudent lorsqu il seroit fait a propos, mais aussi co^e tres dangereux lorsqu'on s y porteroit prematurement.

Si l Esp^e ne desire de nous dans ce moment ci comme vos dernieres lettres semblent l insinuér que de mettre notre marine dans un bon etat, elle doit etre contente et edifiée du soin que nous y aportons. Je ne vous repeterai pas ce que je vous ai marqué a ce sujet dans ma depeche du 12 avril. Je n'y ai rien avancé qui ne soit vrai et qui ne soit effectué a la fin de cette année; toutes les especes possibles d'aprovisionnemens sont ordonnées et rentreront a cette epoque. Il me reste a ajoutér etant reconnu que les fregates sont d un plus grand service en tems de guerre que des v^x de ligne qui ne sortent qu en escadre, nous en avons dix sur les chantiers auxquelles on travaille avec beaucoup d activité.

Je puis vous assurér M. qu on ne neglige rien de ce qui peut contribuér a un bon et solide etat de deffense, et que si nous nous refusons a certaines depenses que nous croyons pouvoir evitér ou retardér c est pour les emploiér plus utilement. Nous desirerions que ce principe fut dominant en Espagne, nous lui voions depuis quelque tems faire de grandes consommations en tout genre sans entendre qu on s occupe beaucoup de remplacemens. Je ne me permettrai pas d inspectér l etat de ses finances, mais je ne vous cacherai pas que nous avons des avis que ses magazins ne sont rien moins qu'abondament fournis, et que la 1re mise dehors faite il ne resteroit rien ou bien peu pour une seconde. Une prevoiance bien etendue ne fut jamais en Espagne la vertu la plus recommendable. Cette nation fiere entreprend courageusement mais ne soutient pas toujours avec la meme constance. Je ne dis pas que cette vieille reflexion soit apliquable au tems present; cepend^t nous ne pouvons nous dispensér de la considérér dans nos calculs. Je crains qu'on ne pese pas asses ou vous etes les inconveniens attachés a une guerre meme heureuse : que seroit ce si elle etoit malheureuse. Vous ne paroisses pas certain vous meme M. que le nouveau ministere soit aussi fixe que l'ancien dans les principes pacifiques; le soupcon en perce de toute part, et l Ang^{re} paroit en avoir de l inquietude. Son ambassadeur ne me l'a pas dissimulé dans notre derniere conference; lui qui me proposoit dernierement la conduite de l Esp^e comme un exemple bon a suivre, n'en parle plus sur le meme ton. M. le Cte de Floride Blanche n est plus dit il aussi affectueux avec le Lord Grantham, il se montre sec et reservé; on sait que le ministre espagnol s est expliqué que des qu il auroit pris connoissance de l etat de l Esp^e, il vouloit prendre un autre ton et humilier l Ang^re. Deja 4 v^x sous le commandement de M. Gaston doivent partir de Cadix pour l Amerique; un pareil nombre s arme au Ferrol dans la meme intention; tout cela sera precedé par un v^au de 74 canons qui doit etre expedié co^e *aviso* pour Buenos Aires mais avec une destination plus raprochée. J'omets M. d autres circonstances plus indifferentes dont cet ambassadeur etaioit sa craintive prevoiance. Je n'ai rien negligé pour le rassurér sur les intentions de S. M. C. et sur celles de M. le Cte de Floride Blanche que je dois croire sincerement pacifiques aussi longtems qu on nous en repete l assurance; j ai revoqué en doute l envoi de M. de Gaston en Amerique, en lui observant cepend^t qu il ne seroit pas etonnant que S. M. C^que qui a de si vastes terrains a proteger en Amerique pensa a y avoir des forces suffisantes pour les garentir de toute invasion. Je ne lui ai pas fait mistere que la cour d Esp^e pourroit etre induite a cette precaution par le soupçon qui se repand de toute part que l Ang^re pourroit vouloir compensér par des acquisitions les sacrifices qu elle pourra etre dans la necessité de faire a ses colonies. Le Lord Stormond rejette bien loin un soupcon aussi injurieux; ce seroit selon lui suposér le ministere anglois dans un etat de demence de lui pretér une vue qui ne blesseroit pas seulement la decence mais outrageroit la raison; puisqu une surprise quelconque ameneroit infailliblement une guerre que l Ang^re n'a pas moins d interest que de desir d'evitér. Je ne vous ferai pas la repetition de tous les faits justificatifs, j'y ai repondu en l'invitant ou plus tost sa cour a ne pas se laisser prevenir par des defiances et a ne pas se departir des termes de confiance qui lui ont si bien reussi jusqu a present vis a vis de l Esp^e.

. . . .

. . . . . . Je vous prie M. de suivre de bien près les changemens qui pourroient arrivér dans les principes jusqu ici dominans du pays que vous habités; le Roi remplira en toute occasion tous ses engagemens avec le Roi son oncle, mais il seroit sensible a Sa M^té de se voir conduite sans sa participation a un but dont toutes les inspirations de son allié ont eté dirigées jusqu a present a la detournér.

Ne vous etonnés pas M. de la secheresse qu on peut vous montrér par raport a cette idée favorite de M. le Mis de Grimaldi qu il avoit fait agreér au Roi son maitre d'exigér l envoi immediat d un corps de troupes et d une escadre francoise a St Domingue. Revoiés toutes les instructions qui vous ont eté adressées a ce sujet, vous y trouveres des moiens de combattre victorieusement cette idée. S il y avoit lieu a cette precaution le roi d Esp^e verroit si nous serions pris au depourvû. Nous ne sommes pas dans le cas de faire etalage de notre opulence, malgré cela nos mouvemens ne seront jamais tardifs lorsqu ils seront necessaires..

Espagne, t. 584, n° 48.

Le marquis d'Ossun était persuadé, le 20 avril encore, que la lettre privée du ministre du Pardo avait dû produire un bon effet sur M. de Vergennes. Il en annonçait de prochains développements. « Le comte de Floridablanca gagne de plus en plus dans l'estime du prince des Asturies, dans la confiance de la cour et du roi, dans l'amitié de ses collègues, » écrivait-il; il lui paraissait se désintéresser par rapport à Saint-Domingue, quoique le roi, au contraire, s'obstinât sur ce point et en parlât avec une humeur visible[1]. C'était beaucoup d'optimisme, à cette date; mais l'évènement lui donna raison. La dépêche du 26 était à peine partie de Versailles que les nuages amoncelés

---

[1] Ossun avait entretenu le monarque d'un avis antérieur de M. de Vergennes, d'après lequel il pourrait être convenable d'avoir en Amérique une escadre plus forte que les deux cours ne l'avaient d'abord projeté, les Anglais ne devant pas tarder à s'y trouver avec quinze vaisseaux de ligne de renfort. Il le fait connaître comme il suit : « J'en ai aussi parlé à « S. M^{té} Cath^e. Elle m'a repondu qu'Elle ne « s'endormoit pas a cet égard et qu'Elle conti-« nueroit à faire filer en détail des forces maritimes en Amérique, mais qu'il étoit à craindre « que lorsque la France voudroit en user de « même, les Anglois n'eussent fermé les pas-« sages ; cette reponse a été proférée avec un « ton sec qui marquoit un peu d'humeur. Ce « prince est encore attaché au projet proposé si « chaudement sous le ministère de M. de Grimaldi par raport à St Domingue. M. le Cte de « Floride Blanche paroit s'en être détaché, et « si les cours de Madrid et de Lisbonne s'accomodent amiablement comme il y a tout lieu « de l'espérer, ce ministre déterminera vraisem-« blablement son maitre à faire passer la plus « grande partie des forces de terre et de mer « employées à present a Buenos Aires, dans « les Indes espagnoles occidentales. » (*Espagne*, t. 584, n° 32.)

entre les deux cours s'éclaircirent sensiblement. Deux plis de l'ambassadeur, du 24, dissipèrent les obscurités. Dans l'intervalle, en effet, il avait communiqué à M. de Floridablanca la dépêche confidentielle de M. de Vergennes sur les ouvertures de désarmement apportées à Versailles et sur les reproches que lord Stormont s'était cru fondé à émettre au sujet d'Arthur Lee. Le ministre d'Espagne avait fait lire à son souverain ce loyal exposé des conditions dans lesquelles son neveu trouvait l'action politique de la France enserrée actuellement et entendait la conduire : le résultat sur tous les deux avait été excellent. Le ministre, d'abord, s'était «justifié[1] », lui, avec une droiture que ses plis au comte d'Aranda pouvaient ne pas laisser supposer : « Il m'a dit que, lorsqu'il arriva ici, écrit Ossun, il avait trouvé le roi décidé à ne pas permettre que le sieur Lee vînt à sa cour, et même qu'il pût y paraître, si par quelque hasard l'exprès qu'on lui avait dépêché pour qu'il attendît M. le marquis de Grimaldi à Burgos ne le rencontrait pas; que, peu de jours après le départ de l'exprès, milord Grantham vint lui communiquer que le sieur Lee était arrivé la veille à Madrid, qu'il s'y tenait caché, que lui ambassadeur était informé que ce député du Congrès américain avait eu deux longues conférences à Burgos avec M. le marquis de Grimaldi, enfin qu'il était surpris que la cour d'Espagne voulût donner audience à un pareil sujet; » sur quoi M. de Floridablanca avait répondu, continuait Ossun, « qu'il était vrai que M. le marquis de Grimaldi avait conféré à Burgos avec Lee, que c'était pour l'engager à ne pas venir à Madrid et pour l'assurer que, s'il y venait, ce serait inutilement parce que

---

[1] C'est l'expression même que l'ambassadeur emploie dans son rapport du 24 avril. Il commence ainsi son pli : « Monsieur, la lettre « que vous m'avez fait l'honneur de m'écrire le « douze de ce mois n° 27. a pour objet le re- « proche que vous vous croyez fondé de faire « à M. le Cᵗᵉ de Floride Blanche, sur la façon « dont il s'est expliqué avec Mylord Grantham « à l'occasion du renvoy d'Espagne du sʳ Lee « député des Insurgents, sans lui permettre de « pénétrer jusques à Madrid. M. de Floride « Blanche à qui j'ai communiqué dans des ter- « mes qui devoient plus tot flatter son amour « propre que le blesser, vos observations sur « cette conduite, s'en est justifié dans les termes « suivants. »

Sa Majesté Catholique ne voulait point traiter d'affaires avec les *insurgents;* mais que si ce député était arrivé à Madrid, comme on le supposait, il le verrait, lui, sans mystère, l'écouterait sans difficulté, et ne croyait pas que la cour de Londres fût autorisée à s'en plaindre, parce qu'elle devait être persuadée que Sa Majesté Catholique n'ignorait point que, tandis que les Anglais se portaient pour médiateurs entre l'Espagne et le Portugal, ils fournissaient à cette dernière puissance des officiers pour leur marine et pour leurs troupes, leur donnaient tous les secours secrets qui pouvaient bien être nécessaires; que Sa Majesté Catholique était également informée de leur entreprise et de leur projet chez les Mosquites et de bien d'autres choses; qu'il ne lui en parlait pas sur le ton de reproche, mais aussi qu'il n'en admettrait point sur ce qui concernait le sieur Lee ». Ossun avait raison d'ajouter que « cette attitude ne ressemblait pas à celle prétendue par lord Stormont, que M. de Floridablanca se flattait de la voir approuver à Versailles et qu'il n'aurait pas pu répondre à milord Grantham avec plus de dignité et de vérité; que, loin de désapprouver les secours secrets donnés par la France aux insurgents, la cour d'Espagne en usait de même de son côté et continuerait à le faire; que M. de Floridablanca n'avait point connaissance d'un autre Américain venu à Madrid négocier; que le bruit en avait couru, mais avec aussi peu de fondement que celui de l'arrivée du sieur Lee dans la capitale[1] ».

Le roi, à son tour, avait beaucoup apprécié le ton du gouvernement de Louis XVI avec l'ambassadeur d'Angleterre, mais particulièrement le soin pris par ce gouvernement de réserver la liberté de l'Espagne; il avait reconnu la promptitude apportée à la restauration de notre marine et la légitimité des motifs qui nous engageaient à nous arrêter momentanément; en son nom, M. de Floridablanca avait assuré à Ossun que ce monarque allait augmenter ses forces dans les Indes

[1] A Aranjuez, le 24 avril 1777. (*Espagne*, t. 584, n° 36.)

espagnoles, que des renforts déjà partis s'y rendaient et que d'autres ne différeraient pas de les suivre[1]. La situation s'était ainsi beaucoup détendue; M. de Vergennes le constate sans attendre, dans une dépêche du 9 mai. La propension de Charles III à envoyer maintenant des vaisseaux et des troupes dans les Antilles motivait cette dépêche. Au point de vue présent, le secrétaire d'État trouvait de l'inconvénient à ce que l'Espagne dépassât en cela une certaine mesure. Après avoir sensiblement poussé cette puissance dans ce sens, il semblait ainsi se montrer opposé à ce qu'elle effectuait. Il faut dire qu'à cet égard il obéissait à un sentiment de prudence, uniquement, et qu'au fond il était satisfait. Bien que l'écho des explications précédentes résonnât encore dans son pli, bien qu'à propos du comte d'Aranda le ministre s'exprimât même assez librement, ce pli signait en quelque sorte la paix. Qui plus est, il ouvrait par un mot, au sujet des envoyés

---

[1] Dépêche de la même date que la précédente, c'est-à-dire du 24 avril : « Le Roi Cath., mandait l'ambassadeur sur ce dernier sujet, s'est montré satisfait des motifs qui engagent la France à ne pas augmenter ses armements sans une nécessité évidente de l'état déjà respectable où elle a mis sa marine en moins d'un an, des vues qu'elle a de la porter a quatre vingt deux vaisseaux de ligne de se mettre en état de les armer, et des mesures qu'elle a prises pour y parvenir aussi promptement qu'il seroit possible. Ce monarque a loué le sistème pacifique du Roi, et l'attention particulière qu'il donne au rétablissement et à l'amélioration de ses finances, enfin le roi d'Espagne a terminé la conversation en observant qu'il falloit de la persévérance, et ne pas se négliger ou se relacher dans l'exécution. M. le C" de Floride Blanche, Monsieur, qui s'est expliqué avec moi dans les mêmes termes sur ces différents objets m'a dit que l'intention du Roi son maitre étoit de faire passer incessamment quelques vaisseaux « et quelques bataillons de plus aux Indes es- « pagnoles, et d'y avoir neuf vaisseaux de ligne « et douze frégattes, que pour ce qui concer- « noit les forces maritimes il y avoit déja dans « ces parages trois vaisseaux de ligne qu'un « quatrième et un cinquième étoient partis « successivement de Cadix pour s'y rendre, l'un « chargé de vivres et l'autre avec des troupes, « qu'un sixième les suivroit portant un bataillon « qu'on envoye à Guatimala, enfin que trois « autres armés au Ferol alloient mettre à la « voile pour s'y rendre. Ce ministre a observé « que l'Espagne independament de l'attention « qu'elle doit donner à la conservation de ses « principales colonies avoit de plus le motif ac- « cidentel d'assûrer le retour des fonds de la « derniere flotte qui formoient un objet d'en- « viron quarante millions de piastres fortes. Je « présume, Monsieur, que malgré des envoys « aussi considérables aux Indes, il y aura à Cadix « une escadre de quatorze à seize vaisseaux de « ligne completement armés. » (*Espagne*, t. 584, n° 37.)

américains, une perspective nouvelle vers laquelle, évidemment, on allait tâcher d'attirer désormais l'attention du gouvernement du Pardo :

A Versailles le 9 may 1777.

J'ai reçu M. les trois lettres n°s 5o. a 52. que vous m'avés fait l honneur de m ecrire le 24. du mois d^{er}.

Vous rendés compte dans le n° 51 de la resolution perseverante de la cour d Espagne d envoiér incessament dans ses Etats d Amerique des forces de terre et de mer asses considerables pour les mettre a l'abri de tout evenement. Nous ne nous permettrons ni representations ni objections a cet egard, nous desirons seulement M. que cette mesure prise en vue d'affermir la paix n'en precipite pas la rupture. Il faut s attendre que les Anglois dont les colonies du Vent et sous le Vent ne sont pas a beaucoup près en etat de deffense ne tarderont pas a y expedier eux memes des forces maritimes dans une proportion asses superieure pour y operér leur sureté. Quoi que l'Ang^{re} soit dans une position a ne devoir pas se pressér de convertir dans un etat de guerre celui d'observation où l'on se met, ne doit on pas craindre que le *qui vive* sur lequel vont etre les deux puissances n'amene les suites qu on s attache a evitér. Nous les envisagerions plus froidement M. si le retour de la flotte du Mexique etoit assuré. Vous vous rapellerés que M. le Mis de Grimaldi nous avoit présenté l incertitude de ce retour et les hazards auxquels il pouvoit etre exposé comme un motif de circonspection et de ménagement. Si les Anglois croient qu'on vise reellement à la guerre; voulant prevenir ne peuvent ils pas etre tentés d'entreprendre sur cette flotte, soit en s en emparant soit co^e il est arrivé dans une autre occasion en la coulant dans les ports de l Amerique. La perte ou le retard des galions seroient des evenemens bien facheux pour l Espagne et pour toute l Europe commerçante. Si vous croiés M. devoir faire usage de ces reflexions et laissér percér quelqu inquietude a cet egard, ce doit etre de vous meme et nullement d'office.

Nous savons que l'ambassad^r d Ang^{re} a Madrid a ordre de sa cour d'y tenir un langage analogue a celui qu on nous a tenû ici et de ne rien negligér pour rassurér le ministere du Roi C^{que} sur les vues ulterieures de l'Ang^{re}; reste a savoir si des declarations rempliront l objet de securité que l Esp^e se propose. Au terme ou en sont les choses, ce que nous avons de mieux a faire est de nous tenir en panne, et de continuér a travaillér comme nous le faisons a 1777. nous tenir prets a tout evenement. Ce soin prevoiant ne devroit pas moins occupér la cour de Madrid que nous meme; nous voions de grandes mises dehors et peu de rentrées; des avis assurent que les magazins sont mediocrement pourvûs; vous saves M. que les Espagnols ne reglent pas toujours leurs entreprises sur un calcul bien aprofondi des moiens. L elevation de leur caractere et la confiance qu ils ont en eux memes leurs font volontiers negligér les details.

Vous recevrés avec cette depeche M. la traduction de celle de M. le Cte de Floride Blanche a M. le Cte d'Aranda du 7 avril et la copie de ma reponse a cet ambassadeur. Je ne crois pas que le stile de la premiere vous edifie, il y regne un ton dogmatique et de sarcasme qui ne previent pas. J ai fait en sorte d'en imposér a ma sensibilité dans ma reponse; elle est modeste et raisonnée. Je m'attens cependant qu elle ne persuadera pas. Deja M. le Cte d'Aranda m'a communiqué des observations qu il a preparées que je nommerois volontiers une diatribe; il croit nous avoir réfuté en etablissant le sisteme inverse. Si nous posons en principes qu il ne peut y avoir de sureté avec l Ang^{re} non seulement il faut armér contre cette puissance, mais se bien promettre de ne jamais desarmér et lui denoncér une guerre eternelle. Ce sisteme n etant pas raisonable, il faut donc revenir a des elemens plus naturels; jugér des intentions et des vûes d une puissance par son interest et par sa situation et se decidér en consequence. C est ce que nous faisons suivant nos lumières; elles peuvent ne pas coincidér avec celles de l Esp^e sans etre absolument erronnées, mais quand elles le seroient c est a nous eclairér, a nous redressér mutuellement que nous devons nous apliquér, sans qu il soit besoin de nous piquér et de nous gourmér. Mais la critique est dans le caractere et dans le gout de M. d'Aranda; ci devant il l'exerçoit contre M. de Grimaldi; je m attens que nous en serons desormais l objet. Cela n empechera pas que nous ne vivions en bonne intelligence, car il a d ailleurs des qualités tres estimables.

A propos de ma reponse, cet ambassadeur pretend que Guarico et le Cap françois ne sont q'un seul et meme lieu; si cela est, son port seroit mal choisi pour l emplacement d'une escadre combinée, il est peu spatieux; l air n'y est point du tout sain. D ailleurs cette station ne protegeroit pas meme la partie orientale de l'isle. J en reviens a notre avis, que dans le cas ou nous enverrions des v^x en Amerique ils ne peuvent etre placés plus avantageusement qu'a la Martinique tandis que l escadre espagnole le seroit tres utilement a Porto Rico. C est matiere a decider lorsqu on sera d'accord sur le reste.

Je ne puis trop vous temoignér notre satisfaction de l explication amicale dans laquelle M. le Cte de Floride Blanche est entré avec vous au sujet des propos que les ministres anglois lui pretoient a l occasion du renvoi du s^r Lee. La maniere dont le ministre espagnol s'est exprimé avec l ambassad^r d Ang^re fait le plus grand honneur a sa franchise et a sa fermeté. J avois peine a reconnoitre les qualités que personne ne conteste a M. de Floride Blanche dans les propos que le Lord Stormond lui pretoit. Il se flattoit aparament que ce raport infidele nous convieroit a expulser les deputés americains que nous tolérons en France et dont le sejour deplait d autant plus au ministere anglois que si d une part il sert a encourager les esperances de leurs commettans, il nous met sous la main des instrumens dont nous pouvons nous servir d'un moment a l autre.

Espagne, t. 584, n° 61.

Le comte d'Aranda était pour quelque chose dans les fausses démarches du nouveau ministre et dans ce croisement de paroles qui avait été près de devenir acerbe. M. de Vergennes ne l'en accuse pas à tort. A partir de ce moment on lui sut peu de gré, à Madrid, de la part qu'il y avait prise. De toute manière, la « causticité » de M. de Floridablanca n'aurait pas plus tenu que la « touche italienne » du marquis de Grimaldi devant la justesse et la portée des vues du gouvernement de Louis XVI, devant la dignité que ce gouvernement avait mise à repasser ses actes, à confesser ses principes, à avouer les raisons qui rendaient sa politique délicate. Les observations du 26 avril, dès qu'elles arrivent à Madrid, jettent notre ambassadeur dans la confusion et achèvent de convertir, au fond, M. de Floridablanca, quoiqu'il doive encore essayer de ne pas se rendre. Ossun, lui, se hâte de se mettre personnellement à couvert : il avait été laissé dans l'ignorance du contenu de la lettre de M. de Floridablanca; immédiatement il s'était entretenu avec ce dernier, qu'il excuse de sa dépêche à Aranda. Il l'excuse, au reste, par des raisons qui ne font honneur à l'esprit politique ni de l'un ni de l'autre : la franchise habituelle de ce ministre avec ceux qu'il estime; les conseils de M. de Grimaldi, qui l'ont égaré; la maladresse du comte d'Aranda, qui a communiqué ce qu'il aurait dû taire; l'entêtement du roi, buté à l'idée que lui a inculquée l'ancien ministre. Tous les deux, évidemment, se sentaient mal engagés. C'est le 1er mai, en tête et à la fin d'un rapport volumineux, qu'Ossun écrit tout cela à Versailles :

M. le Cte de Floride Blanche ne m'a point communiqué la lettre que j'ai eu l'honneur de vous envoyer de sa part.

Je vous ai mandé dans le tems ce qu'on avoit jugé a propos de me dire sur son compte, et j'avoue que ce que vous me marquez a cet egard me surprend. Ce ministre se pique d'une grande franchise vis a vis de ceux qu'il estime et qu'il aime, il assure qu'il ne dissimule qu'avec ceux pour qui il n'a pas ce sentiment. Il se fait gloire d'etre sincerement attaché au systheme d'une intime union et d'une parfaite harmonie entre les deux Couronnes. Il entre dans le ministère, M. de Grimaldi lui a laissé un mémoire instructif auquel il peut avoir donné trop de valeur, il est possible que ses premieres idées ne soient pas combinées avec toutes les lumières que la connoissance de l'ensemble des intérêts, des circonstances mutuelles et l'experience peuvent seules donner, mais je le crois dans le fonds homme de bon sens; peut être aussi qu'il n'a pas prévu que M. d'Aranda vous communiqueroit *in extenso* la lettre qu'il lui a écrite. Enfin je me suis persuadé que vous saurez avec vôtre sagesse ordinaire et par la solidité de vos raisonnements le ramener aux vües pacifiques les plus utiles et les plus convenables aux véritables intérêts des deux Couronnes et a les employer a l'avenir dans sa correspondance confidentielle avec vous..

(*P. S.*) J'ai eu occasion, M., depuis ma lettre ecrite de conférer avec M. de Floride Blanche. Je lui ai dit que vous aviez reçu sa lettre et que vous y repondriez incessament, que vous me parliez aussi d'une dépêche que M. d'Aranda vous avoit communiquée, ce ministre m'a repondu on l'aura peut être trouvée dictée avec trop de chaleur, elle l'a été par·ordre du roi d'Espagne, ce n'est pas mon avis; ce n'est pas a t'il ajouté que vis a vis de ses amis il ne convienne jamais d'employer la critique et qu'on doive uniquement s'attacher a les assister et a les convaincre. Au reste S. M^{té} Cath^e qui avoit regardé une chose arrangée que la France enverroit des vaisseaux et des troupes a St Domingue a tenu longtems a ce plan de précaution, mais la dépêche de M. le Cte de Vergennes du 12 du mois d^{er} n° 26 que vous m'avez communiquée et dont je lui ai fait la lecture a fait penser à ce monarque que la France avoit des motifs sages et solides pour retarder les envoys dont il avoit été question. M. de Floride Blanche a ajouté que M. d'Aranda avoit ordre de vous remettre une copie de la dépêche en question.

A Aranjuez le 1er may 1777.

Espagne, t. 584, n° 47.

L'ambassadeur se trouvait si désorienté dans ce dédale, qu'il mande encore le 15 mai, puis le 22 :

..... J'étois bien persuadé d'avance que vous n'oposeriés que sagesse et raisonnemens solides a la vivacité, la vehemence et la causticité du ministre espagnol. J'avoue que cette conduite de sa part me cause une veritable satisfaction et je présume que vous la partagerés en lisant une de mes précédentes lettres, dans laquelle j'ai eu l'honneur de vous marquer que M. de Floride Blanche m avoit témoigné pour ainsi dire de son propre mouvement qu'il avoit dicté la lettre dont il s'agit contre son sentiment personnel. Au reste, M^r, l'espèce de variation que le ministre espagnol semble vouloir imputer a la France par raport a l'envoi d'un corps de troupes et d'une escadre a St Domingue est un reproche gratuit, puisque votre correspondance avec moi établit avec clarté et précision que la France se tiendra prête a faire ces envois au moment ou ils paroitront indispensablement nécessaires, mais qu'elle pense qu'ils seroient prématurés et plus propres a exciter la guerre avec l'Angleterre qu'à l'évitér. L'attention scrupuleuse que j'ai eue de communiquer littéralement par ecrit au ministre des Affaires etrangeres de Sa M^{té} Cath^e ce que vous m'avés mandé a cet égard, ne permet ni doute ni equivoque. Au reste j'ai tout lieu de croire qu'il n'en sera plus question de la part de l'Espagne.

Je suis également persuadé, Mʳ que le desir dominant du Roi Cathᵉ est d'éviter la guerre et que c'est le vœu principal de ses ministres par leur adhérence naturelle au sistème et a la volonté du Roi leur maitre et par la consideration bien prépondérante que l'Espagne a beaucoup à perdre et rien a gagner dans une guerre avec l Angʳᵉ. Le Roi Cathᶜ daigne souvent me parler avec confiance, et je ne puis pas douter qu'il ne souhaite par dessus tout de finir ses jours tranquillement. M. le Cᵗᵉ de Floride Blanche est homme d'un sens fort droit, reflechissant beaucoup, de peu de paroles, mais qui vont au fait; il est encore nouveau dans la place importante qu'il remplit; il a du nerf et de la fermeté, il se pique d'une grande franchise et Myᵈ Grantham a pu etre frapé de la difference de stile et de façon de s'expliquer qu'il y a entre M. de Grimaldi et M. de Floride Blanche; M. de Galves a plus de feu et plus de hauteur espagnole que son confrère, mais il a aussi de l'etendue et de la solidité dans ses idées et dans ses combinaisons, et il est convaincu que l'Espagne n'est pas en état d'entreprendre la guerre contre les Anglois, et qu'il faut au moins cinq ou six ans bien employés pour la mettre a portée de lutter sans desavantage avec la puissance Britᶜ.

Tel est, Mʳ, la façon de penser actuelle du cabinet espagnol; vous pouvez le tenir pour certain et que je serai très attentif a observer si contre toute aparence il survenoit du changement. Quel est donc le motif qui engage l'Espagne a faire de si grands préparatifs, à multiplier l'envoi de ses vaisseaux de guerre en Amerique, c'est la crainte que les Anglois ne forment dans la suite inopinément quelqu'entreprise de conséquense dans le golphe du Mexique pour se dédommager des fraix immenses de la guerre qu'ils soutiennent et du mauvais succès qu'elle peut avoir, enfin par un coup de desespoir que le ministere Britᶜ regarderoit comme l'unique moyen de se maintenir en place et d'endormir la nation sur les pertes qu'elle auroit faites. C'est aussi l'opinion peut être outrée du peu de sincérité et de bonne foi des Anglois contre lesquels les traités les plus formels ne rassûrent pas; c'est enfin la persuasion qu'en se mettant dans un état respectable en Amérique, on oposera le frein le plus sûr à la cupidité angloise et qu'il en resultera le maintien de la paix.

A Aranjuez le 15 may 1777.

Espagne, t. 584, n° 75.

Monsieur,

J'ai reçu par un exprès de M. le comte d'Aranda la dépêche dont vous m'avés honoré le 9 de ce mois n° 31 et votre lettre particulière de la même datte avec les deux copies qui y étoient jointes, l'une de la lettre que M. l'ambassadeur d'Espagne vous a écrite le 7, l'autre de la réponse que vous lui avés faite le 26 du mois d'avril dernier, celle ci est parvenüe par le même courrier à M. le comte de Floride Blanche, il l'a mise tout de suite sous les yeux du Roi son maitre.

Ce monarque apres avoir murement pesé les raisons et les considérations d'après lesquelles Sa M^{té} pense qu'il ne convient pas que la France envoie a présent des troupes à St Domingue et une escadre en Amérique, ce monarque, dis-je, a ordonné à M. le Cte de Floride Blanche de prescrire au Cte d'Aranda de ne plus insister sur ces envoys et de faire connoitre au ministère de Versailles que le roi d'Espagne ne desirera jamais de la part d'un allié aussi intime aussi sur et aussi sincere que le Roi son neveu que les choses qu'il pourra faire sans blesser et sans compromettre ses propres interets; M. le Cte de Floride Blanche m'a dit qu'il suffisoit que la France se tint prête à effectuer, si les circonstances l'exigeoient, l'envoy des troupes et des vaisseaux énoncés dans vôtre réponse à M. le Cte d'Aranda, et que Sa M^{té} Catholique n'avoit pas marqué d'opposition à ce que dans ce cas là nôtre escadre fût placée à la Martinique avec ordre de se joindre à celle d'Espagne et de se porter ensemble où il seroit necessaire sous la condition que le commandement général des deux seroit déféré a la puissance, qui auroit besoin de secours; ce ministre a ajouté qu'il ne s'agissoit plus que d'être fort attentifs aux mouvements et aux projets des Anglois pour n'être pas pris au dépourvu, et que lorsqu'il en sera tems les deux cours se concerteront positivement sur les objets de position et de combinaison de force en Amérique dont il s'agit. Vous voyez, Monsieur, qu'il ne sera plus question de controverses ni de nouvelles conventions sur cette matiere; M. de Floride Blanche me paroit penser sincèrement qu'il ne doit jamais y en avoir entre deux cours aussi intimement liées que le sont la France et l'Espagne par un intérêt réciproque et par la tendre amitié qui règne entre leurs augustes monarques.

A Aranjuez le 22 may 1777.

Espagne, t. 584, n° 85.

Mais, à Versailles, on était déjà revenu de l'émotion du premier moment. M. de Vergennes fait écrire le 20 mai par Gérard, dans la correspondance ordinaire :

Le portrait que vous faites, M, du caractère de M. le Cte de Floride Blanche confirme l'opinion que nous en avions deja conçüe, et d'après laquelle nous avons vü avec la plus grande satisfaction son entrée dans le ministère. Je me flatte que ce ministre, imbu comme il l'est des principes qui fondent le sistème d'union qui existe entre la France et l'Espagne, y raportera toujours ses déterminations et ses demarches, et qu'il s'établira entre nous une correspondance dont la confiance sera la baze, comme l'avantage du service de nos maitres en sera l'objet. Je me flatte également que le petit nuage qui s'étoit élevé, aura été dissipé par les explications simples et modérées que renferme ma réponse à M. le Cte d'Aranda. Quant a la lettre de M. de Floride-Blanche qui a excité notre étonnement, je vous ai mis a portée de l aprécier par vous même et vous aurez certainement jugé que le stile et la tournure ont dû nous paroitre étranges; mais j'en perdrai d'autant plus volontiers le souvenir pour ne m'occuper que des véritables intérèts des deux Couronnes, que je suis persuadé que M. le Cte de Floride Blanche est animé du mème sentiment.

Espagne, t. 584, n° 82.

Plus ou moins sérieusement, le comte de Floridablanca, ce n'est pas douteux, s'était attaché à l'idée que les deux Couronnes, en montrant leurs forces ensemble dans le golfe du Mexique, feraient rechercher par l'Angleterre leur médiation pour son différend avec ses colonies, et qu'elles pourraient obtenir en retour des avantages respectifs. Qui plus est, il ne renoncera pas à cette conception personnelle sans se débattre encore. Abordé par lui à cet égard, Ossun écrit le 8 mai à Versailles :

M. le comte de Floride Blanche Monsieur, m'a aussi parlé d'une speculation qu'il vous a, je crois, communiquée, sur le parti que la France et l'Espagne pourroient tirer de la situation respective ou se trouvent l'Angleterre et les Colonies rebelles. La premiere doit craindre les secours que les deux

Couronnes peuvent donner aux Insurgens et l'impossibilité de les faire rentrer dans la dependance de la metropole par les moyens de force; les Colonies de perdre courage si elles ne sont pas aidées pendant la guerre et protegées après leur conciliation ou leur separation. Le ministre espagnol en infère que la France et l'Espagne pourroient se rendre tres necessaires aux deux partis et en tirer de grands avantages. Comme il s'est borné à la simple exposition de ces vües qui me paroissent plus specieuses que solides, je n'ai pas cherché à les discuter; je me suis restraint a faire observer 1° que ce qui convenoit principalement aux deux Couronnes étoit la continuation de la guerre civile. 2° que l'Angleterre s'y obstinât et la terminât sans succès. 3° qu'il n'y avoit pas de vraisemblance qu'elle acceptât, et encore moins qu'elle recherchât la médiation des deux Couronnes. 4° qu'il n'étoit pas possible de compter sur la bonne foi de cette puissance. 5° que quand on en suposeroit du côté des Insurgens, l'union des treize provinces revoltées etoit trop recente et trop peu cimentée, pour qu'on pût faire fonds sur les engagements qu'ils prendroient, au moins avant que leur séparation de la metropole et leur independance ne fussent reconnues.

M. de Floride Blanche a repliqué qu'il sentoit les difficultés mais qu il ne pouvoit pas se persuader qu'on ne pût les surmonter avec des demarches sagement combinées et de la dexterité, qu'au surplus il esperoit que le Roi Catholique auroit lors du denouement de cette guerre *18* vaisseaux de ligne et *24* fregates dans le golphe mexiquain, et seroit en conséquence en etat de s'y faire respecter par les Anglois et rechercher par leurs colonies.

A Aranjuez le 8 mai 1777.

Espagne, t. 584, n° 6o.

A quoi M. de Vergennes, tenant à ne pas laisser ces illusions au successeur de M. de Grimaldi, répond de sa main, le 23, en réduisant à néant le plan du nouveau ministre :

Vous aures trouvé M. dans l expedition que le d^{er} courrier de M. le Cte d'Aranda vous a portée le developement de la speculation dont M. le Cte de Floride Blanche vous a entretenû et les reflexions qu'elle nous a donné lieu de faire. Vous y acquerrerés la sureté que nous n'en avons pas jugé differemment de vous. Plus nous retournons cette idée et moins nous voions la possibilité de lui donnér dans l execution une tournure satisfaisante. La question entre les Anglois et les Americains se reduisant a savoir si ceux ci renonceront a leur independance ou si les autres la reconnoitront, il faut d abord convenir lequel des deux partis nous inviteront a cedér. Nous ne convierons pas sans doute les Americains a se remettre sous la domination de leurs anciens maitres, ce seroit aller contre notre but et meme contre notre interest commun qui ne periclite pas par la continuation de cette guerre civile. Conseillerons nous aux Anglois d avouér cette meme independance qui fait l objet de la guerre. Mais ce conseil peu amical pris dans toute sa valeur seroit l equivalent d une declaration que les fondemens de cette independance nous paroissent legitimes et que ce n est que par un reste de bienseance que nous n en faisons pas la reconnoissance autentique. Si les Anglois ne voioient pas dans un pareil conseil une tendance bien prochaine a la guerre, il faudroit qu ils eussent prodigieusement dégenere. Comme nous ne suposons pas que M. le Cte de Floride Blanche vise a l engagér, nous attendons le developement de ses moiens pour apretiér la possibilité de l execution d une idée sur laquelle nous avons besoin d etre eclairés. C est sur quoi je vous prie M. de l engagér a s expliquér lors que vous pourrés le faire sans affectation.

Je concois tres bien que la grande force navale que le conseil d Esp^e se propose d'avoir dans le golphe du Mexique avant le denouement des affaires de l Amerique pourra mettre les etablissemens de cette Couronne a l abri de tout evenement, mais si c est un moien pour se faire rechercher par les Insurgens, qui trouveroient dans cette demonstration un grand motif d'encouragement, il paroit peu probable que c'en soit un pour faire goutér aux Anglois l'idée de la mediation.

A Versailles le 23 may 1777.

Espagne, t. 584, n° 87.

1777.

M. de Floridablanca, à qui tout cela fut lu, sentait bien que c'était juste. On ne voudrait pas affirmer, cependant, qu'il n'en resta point froissé. On le verra faire avec ténacité au cabinet de Versailles par expédient, mais aussi par amour-propre, peut-être, le reproche de n'avoir pas été frappé de la portée de son idée. Il en tirera une raison persistante de se dérober, de tenir l'Espagne hors de l'action de Versailles jusqu'à risquer de rendre funeste la tardiveté de son concours. Pour le moment, toutefois, les bons rapports étaient rétablis. M. de Vergennes écrivait déjà avec une entière sincérité à Ossun, le 9 mai, en lui envoyant une réponse directe pour le ministre espagnol : « Je vous « prie de la lui rendre en l'assurant du prix infini que j'attache a sa « confiance, de mon empressement pour en mériter la continuation « et pour la justifier par le retour le plus entier de la mienne[1]. »

---

[1] *Espagne*, t. 584, n° 82 *bis*.

ANNEXES DU CHAPITRE V.

I

SUR L'ENVÒI DE FORCES FRANÇAISES À SAINT-DOMINGUE.

TRADUCTION DE LA LETTRE DE M. LE Cte DE FLORIDE-BLANCHE À M. LE Cte D'ARANDA.

Pardo le 5 mars 1777.

M. le Mis d'Ossun nous a communiqué la copie d'une depeche de sa cour qui confirme ce que V. E. nous avoit marqué de l'idée que le Roi T. C. et son conseil avoient prises des différents points que nous avions traités dans notre reponse ou contreprojet pour la meilleure disposition des forces de terre et de mer des deux puissances; et comme je me propose de m'expliquér sur chacun d'eux et principalement sur ceux qui ont donné lieu a quelque diversité d'avis, je commencerai par resumér dans cette lettre les observations et les reflexions de la cour de France.

Les deux souverains sont très d'accord sur leurs vues politiques de meme que sur le principe fondamental que, quoiqu'elles desirent la conservation de la paix, et qu'elles ne soient pas dans l'intention de profiter sans un motif bien legitime des embarras presens de l'Ang^re, cependant ils doivent diriger leurs preparatifs et leurs dispositions a la vue de faire vigoureusement la guerre dans le cas où elle deviendroit indispensable, sans se borner a une guerre purement defensive, laquelle dans quelques circonstances pouroit etre fort ruineuse et contraire a l'objet qu'on se propose, qui doit etre d'abbattre une bonne fois l'orgueil de l'Angleterre.

Les deux monarques conviennent egalement de l'importance de soutenir les colonies americaines. Plus cette guerre civile durera, n'importe quel en soit l'evenement, plus les deux partis s'affoibliront et surtout la Grande Bretagne qui est notre ennemi naturel.

La cour de France passe ensûite aux mesures particulieres et expose qu'en aprouvant le nombre de vaisseaux de guerre espagnols que nous pensons de placer à Cadix et au Ferol, elle ne trouve pas que le corps de douze mille hommes qu'on destine pour la Galice puisse y etre d'une grande utilité, tant parce qu'il seroit plus necessaire dans l'interieur du pays pour couvrir notre frontiere qui est si etendue et aussi que parce que la menace contre l'Irlande dont il etoit mention dans le contre-projet seroit invraisemblable avec des forces de mer aussi disproportionnées a l'execution de cette idée.

La meme cour ajoute a l'apuy de son opinion sur ce sujet, que si nous ne prenons pas ce parti, nous pourons nous voir exposés a quelque insulte de la part des Portugais, attendu que les deux corps de 6000 hommes chacun qui sont destinés a couvrir la frontiere interieure ne pourroient resister suffisament.

Avant de passer a un autre objet, je dirai a V^{re} Ex^{ce}, que quoique le plan projetté ici portât sur les difficultés antecedentes de cette meme cour pour faire une irruption en Portugal, le Roy persuadé maintenant par l observation de la France, a resolu et ordonné qu on changeat cette disposition; de sorte qu'au lieu de porter en Galice ce corps entier de 12000 hommes on le placera de maniere qu il y ait plus de troupes qu on ne pensoit sur la frontiere interieure, et elles seront disposées de maniere a pouvoir agir ensemble ou separement selon qu il conviendra.

Le ministère de France, convaincu que nos forces de mer doivent etre en grosses masses et non en petites divisions, eu egard aux risques qu'elles courroient d etre interceptées ou detruites, assure qu il tiendra à Brest 28 a 30 vaisseaux de ligne et qu'il tirera du port de Toulon ceux qui devront passer aux Indes orientales et occidentales, ayant deja ordonné qu'on arme promtement 6 vaisseaux dans ce dernier port pour les faire passer en Amerique aussitot que cela sera jugé necessaire.

Je dirai a V^{re} Ex^{ce} que le Roi est très satisfait des mesures prises par la France, mais qu'il croit que nous sommes au moment d'expedier sans perte de tems pour l Amerique les dits 6 vaisseaux francois auxquels se joindront 6 vaisseaux espagnols. Sa M^{té} ayant deja donné a cet effet des ordres pour former l'escadre d'observation pour contenir les Anglois dans leurs vûes ambitieuses sur ces mers; observant que si nous tardons de prendre cette precaution indispensable, les escadres de la G^{de} Bret^e pourront venir sur nos côtes et nous la rendre impossible.

Le cabinet de France reflechit avec beaucoup de justesse sur les inconveniens que peut produire la diversité des sentimens des commandans des deux escadres quoiqu'elles appartiennent a des puissances amies et avec quel soin nous devons eviter un pareil risque. Le Roi Cath^e l'a egalement senti, et c'est pour y obvier que Sa M^{té} a jetté les yeux sur un officier avancé en grade, doüé d'une grande prudence, ayant beaucoup d'instruction militaire, et fort affectionné a la nation francoise; de maniere que celui ci ayant le commandement en chef des douze vaisseaux, pour les cas ou ils devroient operer ensemble, et chaque escadre ayant ses commandans respectifs d'un grade inferieur, soit pour les occasions ou elles agiroient separement soit pour le service interieur de chacune, il ne pourra survenir ni competence ni degout qui prejudicie essentiellement aux interets des deux souverains. Dans cette supposition, il conviendroit que la cour de France indiquât les points qui lui paroitront convenables pour regler d'un commun accord et sans le moindre delai la conduite et l'instruction des escadres, des commandans et officiers des deux nations.

Ce même ministere fait aussi des observations sur le nombre de troupes que nous desirons qu'il envoye en Amerique et sur leur emplacement dans l'isle de St Domingue. Quant au premier point il s'apuye sur la depense enorme qu'on devroit faire pour embarquer un corps de 20 bataillons de le conduire avec un convoi suffisant dans ces mers; sur la grande difficulté, ou plus tost l'impossibilité d'y faire subsister ce corps; sur la grande mortalité que ces troupes souffriroient, attendu qu'il faudroit trois mois pour preparer leur embarquement et qu'elles ne seroient pas moins de deux mois dans le passage, en sorte qu'elles arriveroient dans la saison la plus cruelle. Quant au second point, le ministère de France s'apuye sur ce que le Goarico doit manquer de toute espece de vivres eû egard a l'extreme secheresse et aux autres calamités qu'on a éprouvées ces années passées; sur ce que la ditte colonie francoise est beaucoup plus malsaine que la partie espagnole, ainsi que le prouve l'experience journaliere; sur ce que la guerre avec l'Angleterre etant declarée, les secours qu'on pouroit tirer de la Guyanne, de Cumana et autres endroits, seroient fort difficiles, et exposés a etre pris par l'ennemi; et enfin sur ce que la position de Guarico defend bien les possessions qui sont au dessous des Vents, mais non celles qui sont au dessus. En sorte que si l'Ang^{re}, attaquoit quelques unes de celles cy, les secours a lui porter de ce point seroient fort lents et difficiles, au lieu que de la Martinique on couvriroit mieux les deux objets en y employant moins de troupes.

Le Roi ayant pris en consideration ces deux objections, et en les comparant avec les avantages qui doivent resulter des mesures proposées, Sa M^{té} forme le jugement suivant. Il est d'une necessité absolue d'envoyer le plus tost possible un corps de troupes francoises, s'il n'est pas de vingt bataillons complets au moins de dix mille hommes effectifs. On envoye de notre part les ordres les plus efficaces de former des depots de vivres de toute espece tant pour la subsistance des troupes que pour le secours des escadres. Les chefs et commandans des possessions espagnoles tant dans l'isle de St Domingue que sur les côtes de Terre Ferme et de la Nouvelle Espagne sont chargés de cette disposition; ces troupes se diviseront par corps, ou comme on le trouvera plus a propos et passeront d'un territoire a l'autre de la meme isle de St Domingue pour changer alternativement d'air, et eviter les maladies du climat. On leur fournira et facilitera dans les dits postes tout ce qui pourra contribuer a leur conservation et au bon etat de santé comme l'exigent l'humanité, la bonne harmonie et l'interet reciproque. Que les vaisseaux des escadres pourront en faire de même pour la santé de leurs equipages, autant que cela sera compatible avec l'objet principal de leurs stations; que les envois de troupes francoises devroient se faire successivement et sans eclat, en gagnant avec prudence le temps qui sera possible. Si nous pouvons nous prevaloir de quelques troupes tirées de nos places d'Amerique, nous le ferons des ce moment pour augmenter les forces d'observation dans cette isle. Avec de telles forces de terre et de mer placees sur ces parages, comme il n'est pas croyable que l'Ang^{re} entreprenne rien de considerable sur les isles et possessions immediates, on peut egalement démontrer qu'on epargneroit de plus grandes depenses qu'occasionneroit une disposition vigoureuse suffisante pour faire echouer les idées ambitieuses de nos ennemis; dans le cas contraire, il faudroit ou leur oposer avec precipitation et des depenses enormes de grandes expeditions, ou recevoir la loi qu ils nous imposeroient: Enfin les dispositions que l'on a indiquées etant prises par les deux puissances, les domaines des deux Couronnes dans ces regions seroient a couvert de toute insulte ce que l'on n'obtiendroit pas sans une pareille precaution.

La cour de France traitant du nombre de vaisseaux qu'elle doit laisser à Toulon, et qui est de quelque chose superieur a ce qui a été proposé de ce coté ci et dont on etoit convenu au commencement, elle expose les motifs survenus nouvellement qui lui font changer sa détermination. Ils se reduisent en substance a la crainte que les demeslés qui subsistent entre la Russie et la Porte prenant plus de corps il pourroit s'en suivre l'envoi d'escadres de cette souveraine ambitieuse et romanesque dans la Mediterranée comme elle l'a fait en dernier lieu; et quoiqu'il ne soit pas facile de prevoir le parti que Leurs M^{tés} Très Chret^e et Cath^e pourront prendre pour l'eviter puisqu'il doit dependre de la combinaison des circonstances qui concourront alors il est evident que la France doit se tenir en etat de presenter quelque force respectable qui impose et apuye les declarations qu'elle trouvera convenable de faire.

V. E. observera d'après ces principes ce que j'ecris de l'ordre du Roi au comte de Lacy touchant la conduite qu'il doit tenir a Petersbourg après que vous en aurés conferé ensemble avec le comte de Vergennes.

Je crois avoir satisfait clairement et distinctement aux points essentiels des depeches du ministere de France a son amb^r et notament a ceux qui exigent quelque explication positive parce qu il est survenu quelque difference relativement à la premiere proposition.

Quoique j aye du informer substentiellement le dit amb^r de la determination du Roi pour correspondre a la communication qu'il m'a faite des depeches de sa cour et aux discours qu'il m'a tenus, cependant comme V^{re} Ex^{ce} est l'organe principal par

ANNEXES DU CHAPITRE V. 301

lequel les reflexions que l'on fait ici sur les affaires qui interessent les deux puissances doivent arriver a la connoissance du Roi Très Chrétien je me suis etendu en vous exposant tout ce qui se presente sur chaque objet pour servir a votre direction dans vos conferences avec le comte de Vergennes. Je vous observe a cet effet qu'il convient de ne pas perdre de tems a effectuer les mesures deja resolues et que les operations des deux cours doivent etre conformes et bien combinées.

Toutes ces explications de nos souverains se dirigent a prendre leur parti avec la plus grande maturité et a assurer l'execution de ce qui a été une fois resolu. Elles servent aussi a rendre plus sensible l'amour que Leurs M^{tés} se professent mutuellement, et la confiance qu'elles desirent de rendre toujours plus etroite entre les deux nations. C'est dans cette supposition que V^{re} Ex^{ce}, qui connoit si a fond l'attachement du Roi a ses idées si utiles, fera connoitre au Roi Très Chretien combien sa Majesté prise les occasions de le lui manifester.

Espagne, t. 583, n° 140. (Minute de M. de Vergennes.)

II

ENTREPRISES POSSIBLES DE LA RUSSIE CONTRE LES TURCS.

LE COMTE DE VERGENNES AU MARQUIS D'OSSUN.

A Versailles le 22 mars 1777.

Vous rendes compte, M. dans vos lettres n° 22 et 26 de l usage que vous avés fait des notions que j avois eu l honneur de vous transmettre par ma depeche du 14. fevrier concernant les demeslés qui renaissent entre les Turcs et les Russes par raport a l execution de la paix de Caynardgy ; de la sensation qu elles ont paru faire sur Sa M^{té} C^{que} et sur son ministere, et enfin des reflexions que vous aves receuillies relativement a cette importante conjoncture.

M^{rs} les comtes d'Aranda et de Lascy que j'ai vûs depuis m'ont communiqué les instructions qu ils ont reçûes a cet égard. Elles sont conçûes avec autant de prevoyance que de sagesse et elles remplissent tout ce qu il est possible de se proposer dans l etat présent des choses ; il faut, en effet qu elles soient mieux eclaircies de toute part pour se fixer respectivement a un parti quelconque.

Suivant les derniers avis de Const^{ple} dont je joins ici l extrait, quoiqu on ne s y negligea pas sur les preparatifs de guerre sur tout du coté de la mer Noire, on ne desesperoit pas encore de pouvoir conservér la paix et il paroit que le vo'eu le plus commun tendoit a ce but. Mais la paix tenant a l adhesion de la Russie a certains temperamens que l on dit admissibles mais que nous ne connoissons pas, il n est pas possible de prononcér sur l evenement. L idée que l on a a Madrid du caractere de Catherine 2$^{\text{me.}}$ et qui est malheureusement vraie, est peu favorable aux esperances que l on voudroit fondér sur son amour pour la paix et sur le besoin qu elle doit en avoir. Il est difficile en effet que son empire ne se ressente des rudes et frequentes secousses qu il a essuiées depuis un petit nombre d'années, mais cette consideration si decisive sur un esprit calme prevaudra t elle sur celui d une princesse que la fortune et ses nombreux sectateurs n'ont que trop gatée; surtout etant excitée par un interest aussi seduisant que celui de se preparér la voie la plus directe pour renversér a son plaisir l empire de Const^{ple} si elle ne peut y reussir dans le moment present.

On sait M., et M. le Cte de Lascy me le confirme que cette princesse plus eclairée maintenant qu elle ne l etoit a la paix sent que les cessions qu elle s est procurée ne remplissent pas ses vûes qui n auront une consistance solide que lorsqu elle se sera assurée un port dans la mer Noire plus propre a un grand etablissement de marine que ceux qu elle s est fait cedér a la paix. Balaklava qui est situé a l extremité la plus meridionale de la Crimée est le seul endroit propre a cet objet, il reunit toutes les convenances qu'on peut recherchér. On ne met pas en doute que la Russie ne pense a l avoir de quelque maniere que ce puisse etre; c est sans doute le prix qu elle attache a l independance des Tartares qui ne le seront que nominalement et par raport aux Turcs seulement, et qui seroient bien tost dans son entiere dependance si elle prenoit poste dans une position qui lui donneroit l avantage non seulement de dominér sur toute la mer Noire mais de tenir Const^{ple} dans un echec et dans des allarmes continuelles. La Russie etablie a Balaklava y auroit bien tost asses de forces maritimes pour surprendre Const^{ple} avant meme qu'on put soupconnér qu elle en formât le dessein.

La cour de Vienne paroit partagér vivement cette inquietude, elle voit toutes les consequences du projet, la facilité de son execution, et elle cherche a excitér toute la chaleur de notre interest pour nous disposér a y faire l opposition la plus directe. Comme il est dans sa nature de tout exigér de ses amis et de mettre au jeu le moins qu'elle peut nous ne nous laissons pas enflâmer d un zele inconsideré. Cependant comme les avances que cette cour nous fait ne donnent pas lieu au soupcon d un concert entre elle et la Russie pour le partage des provinces ottomanes en Europe, et q'une indifference trop marquée pourroit l'y portér, le Roi renvoie a Vienne M. le baron de Breteuil, qui etoit ici par congé. Ses instructions n'afoibliront point l idée de l interest que nous attachons a la conservation de l'Empire Ottoman, mais sans nous decouvrir sur ce que nous pourrions faire si aucune puissance annoncoit le dessein de le subjuguer. M. le baron de Breteuil est autorisé a faire connoitre que nous ne sommes pas eloignés de nous concertér avec la cour imperiale, mais il doit l'engagér a s ouvrir sur ce qu elle est dans l intention de faire elle même le cas arrivant et sur ce qu elle peut desirér que nous fassions nous memes. Nous ne lui dissimulons pas que cette connoissance nous est d autant plus importante que Sa Maj^{té} ne voulant agir que dans le concert le plus intime avec le Roi son oncle il est indispensable qu elle soit en etat de presenter a Sa M^{té} C^{que} des vües fixes sur lesquelles elle puisse asseoir ses resolutions.

Je profite du depart de M. le comte de Lascy pour faire passér a M. le Mis de Juigné des instructions analogues a celles dont le ministre d'Esp^e est muni. Nous ne l autorisons cependant pas a faire les memes questions que M. de Lascy sur le nombre des vaiss^x et sur la destination de l armement si on en prepare un. Ou on n'y repondroit pas ou on y repondroit d une maniere si peu satisfaisante que ce seroit donnér matiere a querelle, mais M. de Juigné a ordre dans le cas ou M. le Cte de Lascy devroit s expliquer de faire connoitre dans l occasion que le ministre n avance rien que de parfaitement conforme a l'intention unie des deux monarques.

L etat d une observation vigilante est comme le remarque tres judicieusement M. le Cte de Floride Blanche ce que les deux cours peuvent faire de mieux dans ce moment, c est aussi le parti auquel le Roi est determiné a se fixér jusqu'a ce que les choses mieux eclaircies les deux monarques arbitrent ce qu ils estimeront de plus convenable a leurs interets. Il seroit prematuré dans les termes ou nous sommes avec la Russie de se decouvrir sur aucun genre d'opposition et de preludér par des declarations menacantes avant qu il n y ait lieu. Nous pensons ici co^e a Madrid M. qu on n en doit venir a cette extremité que lorsque toutes les autres voies auront été epuisées et qu'aussi long tems qu on pourra employer celles de la douceur et de la persuasion elles doivent etre preferées. Si on pouvoit faire un fond solide sur les dispositions de l'Ang^{re} il ne seroit peut etre pas impossible de la disposer a une communauté d'offices tendans a ecarter l envoi d une escadre russe dans la Mediterrannée. Son interest s opose comme celui de la France et de l'Esp^e a l aneantissement de l Empire Turc; elle n en a pas un moindre a voir au moins avec jalousie que la Russie acquiere un excedant de puissance qui la mettroit bien tost en situation de ne laissér plus subsistér d equilibre sur la mer comme sur la terre. Ces considerations bien maniées semblent de nature a devoir faire impression sur les ministres B^{ques}, mais ce n est pas encore le moment de les leurs presentér avec efficacité. On a cependant quelques indices qu ils ne sont pas sans inquietude sur l orage qui se forme a l orient de l'Europe, ils aprehendent surtout une coalition entre les deux cours imperiales, mais pour esperér qu ils se montrent dociles aux vües de prevoiance qu on pourroit vouloir leurs inspirer il faut attendre qu ils soient asses engagés dans les affaires de l Amerique pour qu ils craignent de voir allumer le feu de la guerre dans quelque part que ce soit de l Europe. Nous ne pouvons pas nous dissimulér que le principe dirigeant de tout ministere B^{que} est une opposition constante a tout ce que la France et l'Esp^e peuvent se posér de plus avantageux et de plus analogue au bonheur general.

J ai l h^r d etre avec un tres sincere et fidele att.

Espagne, t. 583, n° 175.

CHAPITRE VI.

DÉMARCHES ET MANŒUVRES DES COMMISSAIRES AMÉRICAINS.

Étonnement du marquis de Noailles au tableau que M. de Vergennes avait fait de l'attitude de Franklin; rôle que le public pensait voir prendre au «docteur»; opinion de ce dernier sur les sentiments de la cour de France; il redonne cours aux opérations interrompues par les contre-ordres. — Perplexité où la fausse situation de Beaumarchais jetait les délégués de l'Amérique : efforts de celui-ci pour la faire cesser et de la légation pour agir sur M. de Vergennes; comment les retards ne venaient pas de Beaumarchais seul, mais des précautions par lesquelles on voulait assurer le secret. — Les navires retenus au Havre et à Nantes; rentrée de l'*Amphitrite* à Lorient; du Coudray et ses menées; Beaumarchais reçoit de nouveau la liberté d'agir; départ de l'artillerie promise, de dix navires d'Hortalès et Cie et même de l'*Amphitrite*. — Recherche dont Franklin était l'objet à Paris; comment il se laisse arracher les moyens de favoriser l'intrigue de du Coudray; sa ferme confiance dans la victoire de son pays ravive celle de ses collègues en l'absence de nouvelles de Philadelphie; ce qu'ils font dès que leurs courriers arrivent. — Habileté de la légation à tirer parti de l'éventualité de la réconciliation de l'Angleterre avec ses colonies et d'une attaque contre les deux Couronnes; mémoire de Deane à M. de Vergennes et de Franklin au comte d'Aranda pour décider les deux cours à conclure une alliance et la cour d'Espagne à recevoir Franklin. — Empressement du comte d'Aranda; Deane demande de nouveau des canons, des vaisseaux, une diversion contre l'Angleterre; M. de Vergennes combat l'idée de faire la guerre pour le compte de l'Amérique. — L'Angleterre instruite de ce qui se passe; rapports tendus des deux cabinets; celui de Saint-James refuse de s'expliquer. — Le bill sur les lettres de marque; plis peu rassurants de M. de Noailles; il est revenu tout à fait à son sentiment de défiance; MM. de Maurepas et de Vergennes sont près de le partager; comment ce dernier précise les idées à cet égard; précautions pour éviter des plaintes qui seraient fondées; la question des prises américaines dans les ports français. — Les commissaires américains et lord Stormont travaillent simultanément à faire croire que la réconciliation entre l'Angleterre et les Colonies est prochaine; utilité que M. de Vergennes tâchait de tirer de ces manœuvres à Versailles et à Madrid; pourparlers sous la statue de la place Vendôme; efforts pour dégoûter les Américains de rien attendre des deux cours et leur laisser tout espérer de l'Angleterre; dépêche préparée, de l'avis du roi et de M. de Maurepas, afin d'influencer l'Espagne. — Pourquoi on n'expédie pas cette dépêche; les journaux de Londres; Garnier obligé de se défendre devant le ministre contre les bruits et les imputations dont il était l'objet. — Poids acquis de jour en jour par la légation du Congrès; relations commencées par elle avec le roi de Prusse; moyens qu'elle avait pris pour assurer sa correspondance avec l'Amérique; appui que Beaumarchais lui prêtait. — Il paraît probable que M. de Vergennes s'était servi de ce dernier pour porter le comte d'Aranda à pousser la cour de Madrid vers l'Amérique; les commissaires sont persuadés que la rupture avec l'Angleterre approche; leurs efforts afin d'y aider; Deane reprend à cette fin le projet du marquis de la Fayette.

1777.   On a vu que M. de Vergennes présentait au marquis de Noailles la manière d'être de Franklin en France comme très effacée. Il aurait voulu, évidemment, y faire croire à Londres. Son secrétariat donnait peu après les mêmes indications. Les Affaires étrangères écrivaient, le 28 décembre, à l'ambassadeur :

Le Roi a fort aprouvé, M., la réponse sage et ferme que vous avez faite par raport au docteur Franklin. Il est certain, ainsi que j'ay déja eu l'honneur de vous le mander, que j'ignore encore le motif du voyage de ce membre du Congrès; mais je sens parfaitement que cette réponse ne satisfaira et ne convertira personne. Si les ministres anglais vous entretiennent sur cet objet, vous voudrez bien vous renfermer dans le sens de la réponse que vous avez déjà faite, et du surplus vous renfermer dans l'ignorance que vous partagez avec nous.

Angleterre, t. 519, n° 116.

Si le célèbre « docteur » s'était réduit en effet au rôle tranquille de causeur scientifique, que le ministre lui attribuait, il aurait bien trompé les espérances que, dans l'entourage du Gouvernement et dans le public, on fondait sur son arrivée. L'étonnement de M. de Noailles en fait juger. C'est avec « une véritable peine », écrit-il dès qu'il a reçu les plis, qu'il voit l'Américain ne pas répondre, à beaucoup près, à l'idée qu'on s'était formée de sa présence en France. Dévoilant cette idée tout aussitôt, il ajoute que « la philosophie spéculative ne devrait point l'occuper dans ce moment-ci; il se trouverait encore plus au-dessous de la réputation qu'il s'est acquise, si ses espérances étaient ailleurs que dans la protection que les ministres du roi voudront bien lui accorder pour les intérêts de son pays[1] ». Le marquis de Noailles témoigne là du sentiment public, à vrai dire, au sujet

[1] Rapport de M. de Noailles, du 28 février.

des affaires d'Amérique et de l'importance que l'on avait compté leur voir prendre. Il s'empresse de dépeindre Franklin d'après ce qu'il a recueilli sur lui à Londres, et c'est sous un jour propre à raviver l'opinion conçue de ce nouvel envoyé, propre aussi à faire prévoir, à court délai, le rôle qu'on avait attendu de lui et, par suite, le parti auquel on souhaitait d'être amené. « Je ne prétends pas », écrit-il :

> Je ne prétends pas être l'apologiste du docteur Franklin, quoique très attaché à sa cause, autant qu'elle pourra contribuer à la gloire du regne de Sa Majesté. Voici, Monsieur le Comte, ce qu'on m'a dit du caractère de cet homme célèbre depuis trop longtems, pour que les erreurs de sa conduite actuelle soient sans remede. Son usage, lorsqu'il arrive dans un pays qu'il ne connoit pas, est de montrer pendant quelque tems la plus grande inactivité. Il parle peu, ou s'il parle c'est sur des sujets indifférens ou qui n'ont rapport qu'aux lettres et aux sciences dans lesquelles il est profondément versé. Par une suite du même sistème, longtems après son arrivée en Amerique, bien des gens le soupçonnoient d'avoir écouté les propositions du ministère britannique, non qu'il ait jamais joué aucun manege de mensonge et de fourberie son extrème réserve donnoit seule naissance aux soupçons qu'on vouloit concevoir. Il a rompu enfin le silence, et personne n'a parlé plus utilement pour la liberté de sa patrie. Sa position est tout-à-fait différente aujourd'hui. Certainement sa sagacité, et ses lumières sont en défaut, s'il croit pouvoir marcher dans une autre route que celle que vous lui aurés frayée.

Angleterre, t. 521, n° 127.

Mais, à la date de cette lettre, Franklin poussait déjà le gouvernement du roi un peu plus vite que celui-ci ne l'aurait voulu. « Quoique tranquille en apparence, mandait M. de Goltz au roi de Prusse, il emploie beaucoup de gens en sous-ordre pour envoyer des munitions à ses compatriotes [1]. » Franklin, en effet, avait jugé tout de suite des dispositions dans lesquelles étaient les ministres de Louis XVI et travaillé à en obtenir des résultats. Il avait entrepris d'abord de redonner

[1] 19 janvier 1777.

1777. aux opérations commencées par Deane l'impulsion que les contre-ordres avaient interrompue. Dans une lettre personnelle du 4 janvier, il écrivait déjà à Philadelphie :

> L'opinion de la nation est pour nous, mais on pense que la cour voit approcher la guerre avec hésitation [1].

En commun avec Silas Deane, il mandait le 17 :

> Les cœurs en France sont universellement pour nous et l'opinion pour une guerre immédiate avec la Grande-Bretagne est très forte, mais la cour a ses raisons pour la différer un peu plus; en attendant on se prépare à la faire [2].

Les apparences, en ce moment-là, donnaient aux « plénipotentiaires » beaucoup de motifs de ne trouver qu'obscurité dans les intentions du Gouvernement et désarroi dans les combinaisons où il avait jeté Silas Deane. La cause des contradictions successives dans les actes, celle des changements soudains dans la direction et les manœuvres, dans la manutention du matériel que devaient charger les navires, leur échappaient forcément. Ils attribuaient tout cela à Beaumarchais, à l'incapacité où il semblait être de tenir à leur égard les engagements qu'il avait pris. Dénoncé par les menées de du Coudray pour ne chercher que du lucre et pour abuser d'eux; obligé à des biais compliqués afin d'éviter au Gouvernement les récriminations de l'Angleterre; contraint même de se défendre contre les défiances soulevées, jusque dans l'esprit de M. de Vergennes, sur l'intempérance prétendue de ses entretiens, sur des indiscrétions parfois inévitables; recourant par suite à des justifications qui pouvaient paraître louches,

---

[1] *The Works of B. Franklin*, by Jared Sparks, t. VIII, p. 194.

[2] « For postponing it a little longer. » (*Diplomatic correspondence*, p. 253.) — Dans leur troisième lettre au Comité, qui est écrite par Deane, le 12 mars, ils disent de nouveau : « Il « a été evident dès notre premier entretien avec « le ministre, depuis l'arrivée de Franklin, que « cette cour redoute de donner de l'ombrage à « l'Angleterre et, tout en nous recevant et nous « aidant de son mieux, est désireuse de retar- « der avant d'entrer en reconnaissances et né- « gociations avec nous en tant que ministres du « Congrès. »

DES COMMISSAIRES AMÉRICAINS.   309

Beaumarchais prêtait au doute, en effet, même au soupçon; la perplexité des Américains était d'autant plus grande. Le dédale s'ouvrit un peu dans le courant de janvier. Le 30, après maints billets[1] pour répondre aux propos, pour fournir des raisons ou des preuves, Beaumarchais adresse au ministre cette lettre, qui est un peu l'historique de ce qui s'était dit et fait à son sujet :

Paris, le 30 j^{er} 1777.

Monsieur le Comte

Lorsqu'on écrit a un ministre qu'on respecte et chérit, on est bien embarassé de trouver des termes pour éclaircir un fait tel que celui qui m'etouffe. Essayons, il le faut. Après que Mr Deane m'a eu montré, pendant un mois, une humeur empestée, en me disant toujours qu'il y avait quelque chose d'obscur et d'inconcevable dans les retards des vaisseaux du Havre, j'ai voulu enfin avant hier m'expliquer avec lui sur ce ton offensant; il m'a répondu que fatigué lui mesme de ne savoir a qui s'en prendre il avait eu l honneur de vous envoyer un mémoire par Mr Lée; et que Votre Excelence avait clairement

---

[1] Des 29 décembre 1776, 13, 18, 23 janvier, 27 février 1777 notamment, et plusieurs autres. (*Angleterre*, t. 519, n° 119; t. 521, n°s 25, 34, 38, 51, etc.) — Billets assez énigmatiques; à défaut de documents plus détaillés, on ne peut guère donner le sens de leurs sous-entendus ou de leurs demi-mots. Celui du 27 fait du moins entrevoir l'enchevêtrement d'intrigues auxquelles le rôle de Beaumarchais donnait occasion, si tant est qu'il n'imaginait pas un peu, de son côté, cet enchevêtrement, en vue de se défendre : « Lundi « 27 j^{er} 1777. — Monsieur le Comte. — Quoi« que je croye m'etre assés justifié de la platte « indiscretion dont on m'avait accusé près de « vous; je n'ai pas eu de repos que je n'apprisse « d'où peut venir tant de mechanceté. Car de « ma part, j'entens conter chaque jour des « choses si impossibles des ministres du Roi, « que je n'ai pu douter que quelque nouveau « diable ne deroullat au travers des affaires, « pour tout brouiller et tout détruire. J'en sais « maintenant plus que je n'en voudrais savoir. « Hélas! Monsieur le Comte, pendant que vous « doutés si un serviteur éprouvé du Roi, de « Mr de Maurepas et de vous, a pu faire une « faute de jeune homme, vous ne voyés pas tout « ce qu ils osent pour vous renverser et mettre « a votre place un de leurs amis. Vous n'enten« dés pas tout ce qu ils disent de vous et de « Mr de Maurepas, quoi qu'on ne s'en cache « guerre. Il faut pourtant que vous sachiés tout « cela l'un et l'autre. Mais depuis trois jours « je suis au lit de chagrin, de fievre et de fa« tigue. Une courbature universelle et les suites « d'un rhume négligé m'ont mis a bas. Je suis « un peu mieux ce matin, mais pas assés pour « écrire plus longuement. Je verrai ce soir M^r de « Sartines, si j puis me transporter, car, pen« dant que le mal galoppe à pas de géant, le « bien se trame à pas de tortue. — Recevés les « assurances de mon respectueux dévoûment. « — M^r le Cte de Vergennes. » (Billet non signé et non marqué du B habituel.)

assuré Mr Lée que *depuis longtems il n'y avait plus aucun obstacle de la part du ministère et que si je lui disais qu'il y en avait encore ce ne pouvait etre qu'une fourberie ou coquinerie de moi et de Mr de Montieu.* Pardon Monsieur le Comte, si, après avoir dévoré tous les autres dégouts sans me plaindre, celui cy me reste a la gorge et m'etrangle au passage.

Votre Excélence voudra bien jetter les yeux sur les 4 lettres cy jointes écrites par moi a Mr de Sartines, les 3, 18, 22 et 29 janvier. Elles vous instruiront du véritable état des choses, s'il est possible que vous l'ignoriés, et vous me dirés ensuite jusqu'a quel point vous ordonnés que je garde le silence et me dévoue.

Ce coup m'attère et me fait desirer que toute ma conduite comme homme vigilant et comme serviteur fidelle soit promptement examinée avec la derniere rigueur. Il m'est impossible de prendre un seul instant de repos jusqu'a ce que cette grace me soit accordée par vous. Lisés je vous supplie mes lettres a Mr de Sartines, et jugés de ma douleur.

En deux mots; le ministére a donné l'ordre de tout arretter au Havre le 14 x^{bre} 1776, et le 30 janvier 1777 cet ordre n'etait pas changé malgré tous mes éfforts pour l'obtenir.

Renvoyés moi mes 4 copies de lettres je vous prie après les avoir lues si vous jugés qu'elles vous soient inutiles a conserver.

Angleterre, t. 521, n° 56.

Mais il fallait renoncer à l'assistance préparée pour les États-Unis, la juger désormais inutile, ou bien on devait lui rendre enfin son cours. Elle avait paru nécessaire avant les succès de l'armée anglaise, elle l'était bien davantage après. A la date de ce dernier billet, le Gouvernement était déjà résolu. M. de Vergennes avait rassuré Beaumarchais tout de suite, car celui-ci lui récrit le lendemain :

B   Paris ce 1er fevrier 1777.
Monsieur le Comte
Je vous rends grace de la bonté que vous avés de me tranquiliser. J'ai

de la force contre tout; je n'en aurais point contre vos mécontentemens. Ne me jugés jamais sans m'entendre; c'est l'unique faveur que je vous demande. Je sais trop qu'on s'adresse a vous, et qu'on vous impute ensuite une irrésolution, bien loin de votre caractere. On m'apporte après, a moi, les reflets du mécontentement, et l'on vous fait parler, pour me les rendre plus sensibles.

Je ne croirai plus rien. J'ai la consçience intime que je fais de mon mieux, et mesme du mieux de la chose; a travers tous les obstacles qui m'environnent, un petit succès me payera de mes grands travaux. Je me sens deja plus léger de moitié, depuis que mes lettres d'hier m'ont appris le depart de trois de mes vaisseaux en trois jours, celui de Lorient, un de Nantes et l'autre du Havre. Mais sans les canons, on ne me sait gré de rien. Mr de Sartines me mande pour ce soir a Versailles. Puisse-t-il enfin me tirer, d'un trait de plume, des reproches perpetuels et insuportables que je recois sans me plaindre.

S'il vous est possible de me faire savoir dans quel bulletin de nouvelles on a fait insérer quelque chose sur l'affaire Deon, vous m'obligerés infiniment? J'en découvrirai bientot les auteurs, et cela n'est pas indiférent aujourdui. Si la légère communication que j'ai faite chez moi, aux importuns amis de cette Deon, d'un de vos billets est une faute; j'avoue que je suis impardonable. Car c'est après y avoir bien réfléchi, que je m'y suis déterminé. J'ai cru tout a fait etouffer par la, des restes de prétentions, qui sont les vraies causes du bruit dont on menace a tout moment : mais il vaut mieux que cela soit arrivé comme cela que si je pouvais craindre qu'on eut eclairé mes papiers dans un cabinet ou je suis inabordable, conservés moi vos bontés c'est le seul encouragement qui puisse me soutenir au milieu de mes peines.

Angleterre, t. 521, n° 67.

Effectivement, les vaisseaux partirent les jours d'après. Voulant rouvrir la mer à ses expéditions, la légation avait tout de suite cherché à éclaircir le trouble apparent et fait remettre par Arthur Lee le mémoire dont parle ici Beaumarchais. Ce mémoire était de Deane, lui seul ayant traité les affaires. Après l'assurance donnée à Lee par M. de Vergennes qu'il n'y avait plus d'obstacles, Deane vit Gérard, eut de lui des paroles qui l'autorisèrent à entretenir le secrétaire d'État lui-même. Il demanda audience alors[1], et, pour laisser la note expresse de ce que ses collègues et lui souhaitaient, il précisa leurs désirs par écrit sous la forme d'une lettre qui, sans détour, fondait ces désirs sur les menées antérieures comme sur des précédents que l'on ne pouvait plus désavouer. Cette note était sans doute le résumé de la pièce dont Lee avait été le porteur[2]. Or les vaisseaux n'étaient pas retenus par la volonté du secrétaire d'État. Évidemment il fallait que le roi consentît à ces départs et que M. de Maurepas le fît savoir. Au bas de la traduction du billet de Deane, on lit en effet ces lignes du premier commis :

---

[1] Gérard était absent en ce moment et M. de Vergennes avait besoin de lui pour cette entrevue. Le ministre lui écrit aussitôt : « 1777 janvier 29. — M. Deane que je fais conduire chez vous, Monsieur, m'a demandé un entretien pour lundi matin, je lui ai assigné l heure de 8ʰ parce que je n en ai pas d'autres ni meme un autre jour a lui donner. Si vous pouviés vous y rencontrer vous me faciliteries beaucoup la chose d'autant que vous saves que je ne parle pas sa langue. M. D. vous remettra un travail qu il a fait et dont vous prendres l intelligence plus facilement que moi. Je suis fâché de vous proposer d interrompre vos courtes vacances, mais il faut bien nous entraider. — Vendredi. » (*États-Unis*, t. 2, n° 35.) — Le lundi était bien le 1ᵉʳ janvier, date de la note de Silas Deane.

[2] « *A Son Excellence le comte de Vergennes secrétaire d'Etat et ministre des Affaires etrangères*, etc. etc.

« En conséquence des encouragemens que V. E. a daigné me donner dans les entrevues qu'elle a bien voulu m'accorder, j'ai contracté par le canal de Mʳ de Beaumarchais pour un nombre de canons de metal, qui ont été transportés dans differens ports du royaume et il y a des vaisseaux retenus pour les envoyer à leur destination. Ayant rempli heureusement mon objet jusques là, j'en ai rendu compte à mes constituans, et je les ai assurés qu'ils pouvoient compter sur ce secours que je leur avois préparé. Je suis maintenant informé que ces effets sont arrêtés par ordre de la cour. C'est le motif qui m'engage à supplier Votre Exᶜᵉ dans le cas ou l'on ne seroit pas résolu d'en empecher entierement le depart, de vouloir bien ne pas l'arreter plus longtems, d'autant que ce retard des navires est très couteux et que l'inconvenient de ne pas les rendre à tems au lieu de leur destination seroit irréparable. J'ai le malheur d'etre confiné dans ma chambre par un léger accès de fièvre, ce qui m'empêche d'aller solliciter moi même cette affaire. Tel est le précis exact des faits en ce qui me concerne. Si l'exportation de ces effets peut être permise, V. E. peut être assuré que je me conformerai avec la plus grande exactitude aux directions qu'il lui plaira de me donner relativement au port du depart et à la maniere d'executer l'envoi. — Je suis etc. — Silas Deane. — « A Paris le 1ᵉʳ janvier 1777. » (*États-Unis*, t. 2, n° 1. — Traduction.)

DES COMMISSAIRES AMÉRICAINS.

1777.

Réponse faite par M{{r}} Gerard d'après une lettre de M. le C. de Maurepas au nom du Roi.

La lettre de M. Deane du premier de ce mois est bien parvenue. On se hâte de lui annoncer qu'il aura incessamment satisfaction sur sa demande et il peut sur le champ faire ses dispositions en conséquence. — Vendredi 3 janvier 1777.

Cette « satisfaction » n'était pas encore donnée le 5; Deane, malade, va le soir à Versailles la demander pour le lendemain [1]. M. de Vergennes avait été mis en mouvement par Beaumarchais le jour même de l'audience qu'avait eue l'Américain [2] et s'était assuré de l'autorisation de nantir celui-ci des permissions attendues; mais, dans l'intérêt du secret, il trouvait opportun de ne les faire tenir que d'une façon détournée. Il envoyait à Gérard, le 7, ce billet de sa main :

Vous deves, Monsieur, avoir une lettre des Américains qui se reclament de l'assurance que vous leurs aves donnée qu'ils pouvoient transporter leurs

---

[1] Il adresse pour cela à Gérard le mot suivant dont la rupture du cachet a emporté quelques lettres : « 1777. Janvier 5. — A M{{r}} Gerard premier commis des Affaires étrangères à Versailles. — M{{r}} Deanes compliments to Monsieur Gerard. He did himself the honor of writing him the 1{{th}} instant and inclosing a letter for the *comte de Vergennes*, stating the case... fth... cannon detained etc., which confinement by..... Ilness, prevented his presenting in person. To this letter, he received a verbal message, by his servant, that he might expect an answer, the next day, — for this, M{{r}} Deane waited untill this morning; when notwithstanding his ill state of health, he ventured to Versailles, having received no answer from his Excellency the comte de Vergennes or Mons : Gerard. — M{{r}} Deane lodges at the *hotel de Jone* and will be much obliged to Mons{{r}} Gerard, for one half hours conversation either this evening or in the morning. — His state of health will not permit his going out in the evening with safety. — Hotel de Jone. — Versailles 5{{th}} jan{{y}} 1777, 7 oclock. » (*États-Unis*, t. 2, n° 7.)

[2] Prévenu par Deane, Beaumarchais avait aussitôt écrit à M. de Vergennes : « Monsieur le Comte — Mes amis, qui n'ont point ici de vaisseaux de leur nation, m'assurent que M{{r}} Gérard *a permis de votre part* qu'ils se servissent des vaisseaux français qu'ils ont loué a frêt pour transporter les diverses cargaisons que le commerce de France s'empresse de leur procurer.

« Ils ecrivent à M{{r}} Gérard par mon postillon, pour me donner la certitude de cette permission. Moi, qui désire la recevoir de vous mesme, je vous prie de vouloir bien me le confirmer en réponse. » (*Angleterre*, t. 522, n° 12.)

effets sur nos vaisseaux c est a dire je pense ceux qui sont au Havre. M. de Beaumarchais m ecrit sur le meme sujet et me marque qu il veut tenir de moi cette permission. Je me garderai bien de la lui enoncér quoique je l aie par ecrit, mais comme tres heureusement M. de Sartine a eté chargé de cette besogne, je vais le renvoyér a lui, je vous prie de vous expliquér de meme dans votre reponse sans cependant designer les masques.

On ne peut vous etre Monsieur plus sincerement acquis que je vous le suis et par des sentimens bien vrais.

Mardi soir.

États-Unis, t. 2, n° 15.

Nous avons dit qu'au Havre *la Seine* et *le Romain* n'avaient pu quitter le port. A Nantes d'autres navires, *le Mercure* notamment, avaient été retenus de même. Qui plus est, du Coudray, dérangé dans ses intrigues par l'obligation de prendre la mer le 14 décembre, s'était empressé de chercher des raisons de revenir; les derniers jours de décembre, il avait tout simplement amené *l'Amphitrite* à Lorient, sous le prétexte que les mauvais temps éprouvés dans la Manche avaient fait reconnaître des conditions défectueuses dans le chargement du navire, dans son approvisionnement, sous le prétexte, également, qu'il manquait de papiers de bord et de papier de banque. Tout le mouvement paraissait donc arrêté. Par le même billet dans lequel il appuyait les réclamations de Silas Deane, Beaumarchais informait M. de Vergennes du retour de du Coudray. Sur le moment, ce retour lui semblait naturel : « *L'Amphitrite*, après seize jours de très gros temps, a été forcée de rentrer un moment à Lorient pour prendre des comestibles vivants, la grosse mer ayant noyé tous les leurs. C'est ce que mande M. du Coudray qui demande le secret et compte partir sous peu de jours. » Mais Beaumarchais s'était vu redonner enfin la liberté d'agir. De nouveaux ordres rouvrent les portes des arsenaux; on en laissera sortir l'artillerie qu'il doit expédier; elle partira, au besoin, sur d'autres navires que des navires français, mais elle partira; le 6 février, les délégués l'annoncent au comité du Congrès, dans un rapport signé par tous les trois. Le 4, Beaumarchais avait écrit au ministre :

B

Monsieur le Comte

Enfin j'ai ma livraison, et ce matin j'envoye un exprès a Amsterdam et Flessingues. C'est bien dommage que les Hollandais soient toujours destinés a faire les 1ers gains de toutes les entreprises, et cela ne peut qu'affliger un homme dont tout le but est de serrer par toutes voies le lien exclusif entre l'Amérique et la France. N'importe; un point plus important encore est de ne pas laisser chomer les Américains faute de bonnes munitions, car si jamais ce peuple reprend la liaison ou la chaine metropolitaine ce sera le dépit et la rage de n'avoir pu nous émouvoir en leur faveur qui leur fera faire cet acte funeste a la France. A la grandeur de nos spéculations a la vivacité de nos envois, je suis bien certain que ce coup ruinerait pour 20 ans le commerce de tous nos ports et ce n'est pas la une petite considération dans la balance politique des résolutions du conseil du Roi. Je fais un travail court à ce sujet pour etre mis sous ses yeux par Mr de Maurepas. Dieu veuille qu'il prospère; les Anglais deviennent terriblement pressans et rien ne parait leur couter pour acheter aujourdui le suffrage des chefs du Congrès. Tachons que l'inertie de la France ne fasse pas faire ce fatal miracle; elle seule est capable de l'opérer.

Angleterre, t. 521, n° 71.

Au commencement de mars, dix des vaisseaux d'Hortalès et Cie flottaient vers l'Amérique[1]. On avait changé les noms de ceux du Havre, trop surveillés sous leur appellation ancienne et, à cette date

---

[1] Beaumarchais écrit le 7 mars à M. de Vergennes : « Le dernier vaisseau que je charge « et qui est prêt a partir, s'appelle *le Comte de* « *Vergennes*. Quoique ce nom la soit fort doux « pour moi, et qu'il semble fait pour porter « bonheur a une cargaison qui est superbe; « comme ce n'est pas de mon bail que ce vais- « seau se nomme ainsi : pour peu que vous crai- « gniés les applications que les Anglais peuvent « faire du nom du navire a son emploi; dites « un mot et je l'en ferai changer; quoi qu'il « me soit un peu dur de le débaptiser. Lui parti « j'aurai en mer *l'Amphitrite*, *l'Amélie*, *le Mer-* « *cure*, *le Marquis de la Chalotais*, *la Seine*, *la* « *Concorde*, deux vaisseaux *Bermudiens* en atten- « dant le reste, et *le Comte de Vergennes* qui ne « s'appelle ainsi que jusqu'a vos ordres.

« Jamais affaire de commerce n'a été poussée

du 6 février, tous avaient pu se mettre en mer, y compris *l'Amphitrite*, emmenée non par du Coudray, à qui l'embarquement fut interdit, mais par un officier irlandais, Conway, qui finit plus tard assez mal, comme du Coudray aurait fini peut-être; mais Conway avait au moins rendu des services. D'autre part, Beaumarchais ne perdait pas l'occasion d'obtenir du ministre le renouvellement des ordres transmis à la ferme générale pour faciliter les opérations des Américains et dès lors celles de sa maison [1]. »

Les « plénipotentiaires », dans leur correspondance avec Philadelphie, écrivent, à peu près comme le faisait Deane quand il était seul : « Quelques bons ingénieurs et quelques officiers de cavalerie arriveront bientôt; nombre d'officiers d'infanterie de tout rang s'offrent à nous; on a de la peine à se défendre d'accepter leurs offres; plusieurs sont partis à leurs risques et munis de lettres, quelques-uns bien recommandés. » Les plus importants personnages de la cour avaient en effet recherché Franklin. La maison qu'il habitait à Passy n'était pas devenue le rendez-vous des politiques et des gazetiers seulement, des militaires du plus haut rang venaient le féliciter des plans suivis par Washington. Les maréchaux de Maillebois et de Broglie s'étaient

« avec plus de vigueur, malgré les obstacles de « toute nature que j'y ai rencontrés. Dieu lui « donne un bon succés.
« Le plus agréable de tous est la certitude « ou je suis d'avoir bien saisi vos idées, et de « les avoir mis en œuvre avec noblesse et viva- « cité.
« Conservés moi vos précieuses bontés. »

[1] On lit ce qui suit, dans la même lettre de Beaumarchais qui fait l'objet de la note précédente : « Malgré les ordres donnés par vous au « sujet des armateurs américains qui amènent « des denrées dans nos ports; la ferme générale « chicane toujours, au point que plusieurs vais- « seaux sont allés depuis peu encore, se deba- « rasser a Bilbao. Ce n'est point la route que « j'ai voulu leur aprendre vous le savés bien. « J'en ai fait mes plaintes a Mr Robin. Mais « depuis la mort de Mr de Cluny cet objet n'a « plus été recomandé par M^r le Controlleur « général et Mr Robin prétend qu'un nouvel « ordre est très important a recevoir ; faites moi « la grace, Monsieur le Comte, de vouloir bien « ecrire a Mr Taboureau de me donner une « audience particuliere ou je lui demanderai « ce qui devient si nécessaire a obtenir a pré- « sent que mes retours sont près d'arriver; et « rendés moi porteur de votre lettre, a moins « que vous ne trouviés l'instant de le prier de- « main ou dimanche de m'accorder un rendé- « vous très prochain a ce sujet. » (*Angleterre*, t. 522, n° 11.)

plu à lui apporter leur approbation formelle. Le premier lui avait même remis des réflexions écrites que les trois plénipotentiaires avaient transmises aussitôt au Congrès[1]. Bien mieux, le duc de la Rochefoucauld et le chevalier de Chatellux, ce dernier tenant aux Noailles, amènent à Franklin du Coudray, resté à Paris pour achever les trames qu'il ourdissait, et du Coudray tire de lui, outre une attestation particulière bientôt annulée, il est vrai, la reconnaissance de l'enrôlement de ses officiers, voire la signature, sur ces pièces, de Silas Deane par qui il avait cependant été positivement répudié déjà[2]. Justement pressé de faire jouir les États-Unis de secours tenus si intempestivement stériles, Franklin paraît là avoir cédé un moment aux intrigues, jusqu'à laisser croire qu'il avait conçu sur Silas Deane les doutes qu'on avait intérêt à lui suggérer et qu'il aimerait à voir le Congrès rappeler ce dernier; il permettait ainsi de supposer que les Anglais auraient plus aisément raison de lui si l'on écartait ce collègue par qui tout, en réalité, avait été engagé[3]. Sans le savoir, il procurait ainsi à du Coudray le moyen de causer à ceux qui avaient combiné ces secours six mois durant, au ministre même qui s'y était employé, tous les ennuis que peuvent faire naître des révélations controuvées, quand leur origine donne à penser qu'elles ne sont pas tout à fait inexactes[4].

---

[1] *Diplomatic correspondence*, t. I, p. 278 et suiv.

[2] *Ibid.*, lettres du 6 février, la première signée par tous les trois, la seconde par Franklin et Deane seulement.

[3] C'est ce qui résulte de plusieurs lettres de Beaumarchais à M. de Vergennes; le 8 mars notamment il écrit : « Le docteur, dans ce « moment, veut éloigner de France M. Deane. « Et mon travail à moi, c'est d'empêcher qu'il « ne parte. La mâle fermeté de ce républicain « peut seule arrêter les insinuations de toute « nature dont on use envers le docteur. » Il revient sur ce sujet dans un pli postérieur, du mois suivant, il semble. (*Angleterre*, t. 522, n°ˢ 21 et 53.)

[4] La personnalité de du Coudray est trop secondaire pour qu'il y ait lieu d'entrer ici dans les détails. Comme ces détails ont tenu une certaine place, cependant, nous en donnons un exposé sommaire à l'annexe I du présent chapitre.
— La Fayette dans ses *Mémoires de ma main*, désigne du Coudray, sans le nommer d'ailleurs, l'appelle « un esprit adroit mais brouillon, bon officier, mais vain jusqu'à la folie », et il regarde sa mort comme ayant été « peut être un heureux accident ». (*Mémoires et Correspondances*, t. I, p. 18, 19.)

Si le célèbre « docteur » s'employait à ces opérations interlopes, absolument comme Silas Deane l'avait fait avant son arrivée, il était loin de laisser le gouvernement du roi oublier les propositions d'alliance offensive qu'il avait apportées de Philadelphie. Sa foi absolument ferme dans la victoire définitive de son pays avait ravivé celle de ses collègues. Avec un zèle égal, sinon toujours également sensé, ils se partageaient les menées ou ils agissaient ensemble. Ils écrivaient, le 6 février, au comité du Congrès :

> Nous espérons que votre union reste solide et le courage de nos concitoyens non abattu; la haine de l'Angleterre travaille à nous détruire et à asservir sous la force militaire ceux de nous qui subsisteront; mais le maître du monde met un frein à la fureur des hommes comme à celle de l'Océan.

Ils s'attachaient, en attendant, à ce que le frein vînt aussi des hommes. Ils ne négligeaient rien pour rendre l'assistance prêtée à l'Amérique par la cour de France si évidente que l'Angleterre éclatât et qu'une rupture s'ensuivît. Au commencement de mars encore, la légation se trouvait sans une ligne d'Amérique depuis l'arrivée de Franklin; le 12 mars, elle se plaint à Philadelphie de l'amoindrissement que lui causent, aux yeux du monde, l'isolement et l'ignorance où le Congrès la laisse[1]. Assez incertaine de ce qu'elle devait faire, elle ressassait aux Affaires étrangères ses premiers entretiens, y envoyait des mémoires à la suite desquels on redonnait les mêmes assurances ou les mêmes promesses; elle hasardait la tentative d'Arthur Lee sur la cour d'Espagne; elle essayait de combiner de grands emprunts[2]; elle recevait, sauf à en éconduire beaucoup, les militaires qui pourchassaient des grades. Plusieurs courriers arrivant enfin, elle engage de nouvelles démarches. Arthur Lee ira se dépenser au dehors, du côté de l'Allemagne, tandis que Franklin et Deane imagineront manœuvres

---

[1] *Diplomatic correspondence*, t. I, p. 270. — [2] Nous reproduisons à cet égard, à l'annexe II du présent chapitre, une lettre de Beaumarchais à M. de Vergennes.

sur manœuvres pour exciter les inquiétudes de Versailles et amener le Gouvernement à signer le traité de commerce et d'amitié.

Ces deux délégués avaient, l'un et l'autre, reconnu l'empire exercé sur les conseillers du roi par l'éventualité d'un accord soudain entre les Colonies et leur métropole comme devant être le prélude d'une guerre nouvelle et vigoureuse contre la maison de Bourbon. Sous leur inspiration, Beaumarchais en rappelait volontiers le danger dans ses lettres. C'est le mobile qu'ils mettront surtout en jeu maintenant. Silas Deane se charge de la France et Franklin agira sur l'Espagne par l'entremise d'Aranda, se conformant d'ailleurs en cela aux récentes prescriptions du Congrès; cette assemblée venait de désigner formellement « le docteur » pour ouvrir les négociations avec le cabinet de Madrid[1]. Le 18 mars, Deane s'adresse à M. de Vergennes; Franklin n'aborde le comte d'Aranda que le 7 avril. La première opération, évidemment, était jugée la principale. Pour obtenir quelque chose du gouvernement du Pardo, il fallait, à leurs yeux, décider d'abord Versailles. Un mémoire est donc remis par Deane au secrétaire d'État. Tout ce que les « plénipotentiaires » estiment de plus propre à séduire les deux cours est ajouté, dans ce mémoire, aux clauses présentées déjà en vue du traité de commerce. La réconciliation avec la métropole est d'ailleurs bien indiquée comme la conséquence probable d'un accueil négatif; toutes les tentatives, toutes les offres se détacheront désormais sur ce fond. Voici la pièce du 18 mars, traduite pour le ministre par le chef de bureau Gérard :

A Son Excellence Monsieur le Comte de Vergennes.

Nous venons de recevoir un exprès dépeché par le Congrès des États-Unis de l'Amérique septentrionale qui nous a apporté de nouvelles instructions dont nous croyons devoir informer V. E^{ce}.

Quoique le Congrès soit fermement resolu de maintenir son independance,

---

[1] Les plénipotentiaires signalent ce fait dans leur accusé de réception au Congrès. (*Diplomatic correspondence*, t. I, p. 279.)

soit que d'autres puissances l'assistent ou non, aussi longtems que cela sera possible, cependant par amour de l'humanité, et désirant la paix universelle, ne se permet pas le vœu de voir, pour seul avantage de l'Amérique septentrionale, éclater en Europe une guerre dont l'extension et la durée ne pourroit point être prevus. C'est par ces motifs aussi bien que par leur respect pour le Roi dont le caractere leur inspire de la veneration, qu'ils n'ont pas la presomption de proposer à la France d'entrer en guerre uniquement pour leurs intérêts; mais si la France peut obtenir satisfaction des injures qu'elles a reçues de la Grande Bretagne pendant la dernière guerre commencée par cette nation, ou pour d'autres motifs légitimes, jugeoit convenable de profiter de l'occasion présente pour déclarer la guerre à cette puissance, nous sommes chargés, afin d'en hater s'il se peut le moment, d'offrir les avantages suivans, en suplément à ceux de commerce qui ont déjà été proposés.

1° Que l'objet de la guerre sera d'obtenir pour la France les satisfactions convenables pour les injures susd^{es} et pour les Etats Unis l'etablissement de leur independance, et l'affoiblissement de la puissance britannique pour la securité commune de la France et de l'Amérique. A cet effet on propose de tenter avec les forces réunies de la France et des Etats Unis la conquête du Canada, de la Nouvelle Ecosse, de Terre Neuve, de St Jean, des Florides, de Bermudes, Bahama, et de toutes les autres îles qui sont maintenant au pouvoir de la Bretagne, et en cas de succès la moitié des pêcheries de Terre Neuve et toutes les îles à sucre appartiendront désormais à la France, et le surplus des conquêtes appartiendra aux Etats Unis et le commerce entre les domaines du Roi et les Etats Unis sera desormais fait exclusivement par les vaisseaux desd^{ts} domaines françois et des Etats americains.

2° Que dans le cas où l'on prendroit le parti d'attaquer les Iles à sucre, les Etats Unis sur l'avertissement qui leur en sera donné à tems, fourniront pour cette expedition des provisions jusqu'à la concurrence de 2 millions de dollars (piastres fortes) et six fregates armées au moins de 24 canons, ainsi que toute autre assistance, qui sera en leur pouvoir, et convenable entre de bons alliés.

3° Que comme l'on sait qu'il subsiste une union etroite entre la France et l'Espagne, et que leurs interêts sont communs, le Congrès propose aussi dans le cas ou l'Espagne prendroit part à la susd[te] guerre, de la faire declarer par les Etats Unis au Portugal, s'ils en étoient requis, d'autant que cette puissance a déja insulté leur commerce, et les Etats Unis continueront la d[to] guerre jusqu'à ce que le royaume de Portugal soit conquis pour faire une portion du domaine de l'Espagne.

4° Que la paix ne sera conclue que du consentement mutuel; mais que si Sa Maj T. C. se détermine à demeurer en paix avec la Grande Bretagne, le Congrès la supplieroit alors d'employer son influence en Europe, afin d'empêcher le transport ulterieur de troupes etrangères en Amérique pour servir contre les Etats Unis et pour obtenir le rappel de celles qui y ont été envoyées, et le Congrès mettant une confiance illimitée dans la sagesse et les bontés du Roi, il la supplie de leur donner ses conseils dans la circonstance actuelle, s'ils doivent s'adresser à quelques autres puissances de l'Europe pour en obtenir des secours auxiliaires, où s'ils doivent offrir la paix à la Grande Bretagne sous la condition de reconnoître leur independance. Le Congrès ne voudroit faire aucune demarche relativement à ces deux objets sans le conseil du ministère du Roi, et il espère en obtenir une réponse favorable.

Nous sommes avec le plus profond respect de V. E. les très humbles serviteurs

SILAS DEANE,

pour lui-même et au nom de B. Franklin commissaires plénipotentiaires des États-Unis de l'Amérique Septentrionale.

A Versailles le 18 mars 1777.

P. S. Le Congrès et les peuples des Etats Unis persistent unanimement dans leur opposition aux pretentions de la Bretagne et sont entierement resolus de deffendre leur independance jusqu'à l'extremité. Il n'est pas douteux que la Grande Bretagne ne la reconnut moyennant certains arrangemens de commerce. Si les Etats Unis ne recoivent pas quelques secours directs de la part de la France, et si on ne les encourage pas par l'espoir d'en recevoir en peu de tems, comme le vœu le plus ardent des Etats Unis est pour la paix et la liberté, ils demandent et desirent savoir si dans les conjonctures actuelles, ils devroient par l'interposition amicale de S. M. T. C. ou par d'autres voyes, proposer à la Grande Bretagne de faire la paix à condition de reconnoître

1777. leur independance, ou s'ils doivent continuer la guerre et courrir le hasard des evenemens.

États-Unis, t. 2, n° 72.

Les États-Unis, on le voit, étaient prodigues de promesses. Ils offraient à la France un concours financier d'abord, puis des forces navales pour rentrer de nouveau au Canada, pour prendre la moitié de Terre-Neuve et les îles à sucre possédées par l'Angleterre, avec le partage exclusif de leur commerce ultérieur; ils offraient à l'Espagne de déclarer la guerre au Portugal et d'aider celle-ci à faire la conquête de ce pays. Ils n'entendraient à aucun arrangement avec l'Angleterre sans les conseils et l'assentiment du Roi Très Chrétien, et, afin de se procurer les dollars, ils joignaient à ces propositions le projet d'une société financière devant émettre un emprunt de 2 millions sterling, gagé sur 300,000 milles carrés des meilleures terres des bords du Mississipi et de l'Ohio[1], en tout cela s'inquiétant peu, du reste, de voir si les promesses ne dépassaient pas singulièrement la possibilité de les tenir, mais les accompagnant des marques les plus cherchées de déférence, d'entière soumission aux avis du gouvernement du roi ou à sa direction, mais montrant d'une manière claire, quoique sous l'apparence de demander un conseil, que l'accord des Colonies avec la Grande-Bretagne serait inévitable si elles n'obtenaient qu'un refus.

M. de Vergennes n'avait aucunement caché au comte d'Aranda les démarches de la légation. L'ambassadeur était disposé, par suite, à recevoir Franklin quand celui-ci l'aborda. Le mémoire que présenta le « docteur » différait de celui de son collègue uniquement par la notification qu'il portait de sa nomination comme ministre plénipotentiaire en Espagne, et par la demande de résider auprès de la cour de Madrid dès que cette cour jugerait sa présence possible[2].

---

[1] Pièce jointe à la lettre de Silas Deane du 18 mars. (*États-Unis*, t. 2, n°⁸ 74 et 75.) —
[2] *The Works of Franklin*, t. VIII, p. 212.

L'ambassadeur était en termes tels avec les Affaires étrangères qu'il priait le ministre de faire traduire pour lui les pièces anglaises; il venait de réclamer ce service pour les lettres de créance des Américains; il en appelle immédiatement à la même complaisance pour le factum de Franklin, expliquant d'ailleurs qu'il importe aux deux cours d'être respectivement au courant des dispositions des Colonies à leur égard et qu'il convient, dès lors, de lui communiquer les ouvertures dont la France a pu être l'objet[1]. La situation devenait par là commune.

Le côté faible de ces offres était trop visible pour ne pas frapper les agents du Congrès. Deane, indépendamment de la participation qu'il y avait prise, menait alors en particulier une affaire que l'on va voir tenir assez de place dans les préoccupations des ministres, dans les choses, et qui en aura beaucoup dans l'opinion. De là des rapports d'autant plus fréquents avec le secrétariat des Affaires étrangères et il s'en faisait des occasions d'appuyer sur des considérations de détail ses propositions, aussi vastes que peu solides. Le 5 avril, dans un pli étendu, il dépeignait à M. de Vergennes les États-Unis comme « très gênés, dans leur détermination de soutenir leur indépendance, par le manque de canons, de munitions de guerre, de vaisseaux de force pouvant défendre leurs côtes et leur flotte contre les croiseurs de l'amiral Howe; ceux-ci tenaient le continent d'un bout à l'autre », tandis que deux vaisseaux de ligne seulement tombant sur lui, disait-il,

---

[1] « Je viens de recevoir ce soir Monsr le Comte le memoire de Mr Franklin, dont je vous avois parlé ce matin; et en consequence de la bonté que V. E. a eu de se charger de la traduction de la creance, j'ose lui passer le memoire, non seulement pour le memme effet, mais aussi pour que S. M. T. C. soit instruite de tout ce qui puisse avoir le moindre raport avec l'Espagne dans les idees des Colonies unies de l'Amerique. — Comme il est probable que la France ait reçu une pareille explication soit par ecrit, ou verbalement, reglée sur les diferents objets qui peuvent l'interesser; je crois qu'il seroit digne de notre reciproque bonne intelligence, que vous eussiez la bonté de me la comuniquer; parce que de l'inspection des ofres faites a nos deux Couronnes, il seroit plus facil d'y penetrer les intentions plus ou moins attrayantes du Congres, et d'en deduire les dispositions qu'il peut avoir reservé pour en faire usage a la suite de ses embarras. — J'ai l'honneur de renouveller a V. E. les assurances de la plus parfait estime, avec laquelle j'ai aussi celui d'etre votre tres humble et obeis^t serv^r. — ARANDA. — A Paris ce 8 avril 1777. » (*Espagne*, t. 584, n° 19.)

il serait défait et ses opérations futures empêchées. Il revenait à la charge, dans une seconde épître, le jour même où Franklin voyait le comte d'Aranda; il cherchait à démontrer au ministre que c'était juste le moment d'effectuer une diversion; que, n'ayant presque pas de forces de terre, l'Angleterre serait contrainte, si elle se voyait menacée soit chez elle, soit en Irlande, de réunir la milice et de cesser d'envoyer des renforts à lord Howe, de suffire dès lors à plus de dépenses; que ces dépenses, qui déprimeraient les fonds publics, retarderaient les emprunts si elles ne les empêchaient pas; qu'il faudrait renoncer par suite à la campagne prochaine, ce qui donnerait immédiatement la supériorité à l'armée du Congrès; que lord Howe rappellerait forcément sa flotte pour assurer la retraite de ses troupes, débloquerait ainsi les côtes et les ports; qu'alors l'Amérique pourrait faire argent de la grande quantité de produits qu'elle possédait en magasins et trouverait là les ressources qui lui étaient actuellement nécessaires. Opérations qu'il jugeait, du reste, faciles : quelques milliers d'hommes embarqués sur la flotte de Brest; celle-ci mettant à la voile, puis rentrant peu après, détachant seulement sur New-York quatre ou cinq vaisseaux de ligne qui s'empareraient sans peine de l'escadre de Howe, de ses trois cents voiles de transports, et l'on aurait frappé la marine anglaise d'un coup qui, faisant cesser la guerre, réduirait la Grande-Bretagne à l'impossibilité d'en entreprendre aucune autre. L'Américain ne méconnaissait pas que ce plan impliquait aussitôt une guerre entre l'Angleterre et la France, et à ce sujet il se réservait de fournir d'autres vues; à ses yeux, toutefois, ces préliminaires ne pouvaient donner à Londres de justes motifs de plainte, il avait la naïveté de le penser et de dire qu'il se proposait de compléter ses raisonnements en conséquence, mais qu'il attendrait pour cela la réponse de M. de Vergennes[1].

Devant des insinuations aussi peu en rapport avec le moment et

---

[1] Lettre du 7 avril. (*Espagne*, t. 584, n° 95.)

qui laissaient entrevoir tant de risques, le ministre n'avait guère à chercher ses arguments. Mais le comte d'Aranda y avait pris feu. M. de Vergennes pensa n'avoir besoin que de refroidir cet ambassadeur; convaincu que celui-ci pourrait ne pas formuler sa manière de voir aux « plénipotentiaires » lorsqu'il la lui aurait fait connaître, il lui écrivit, en lui retournant les traductions demandées :

A Versailles le 10 avril 1777.

J'ai l'honneur de vous renvoyer M. le Comte les originaux que vous m'avés confiés et la traduction que vous avés desiré que j'en fisse faire. La proposition que le docteur vous adresse est franche. Je ne sais si elle est assés interessante pour changer les dispositions que votre cour a montrées jusqu'a present, et qu'elle a scellées en refusant je ne dis pas d'admettre, mais de tolerer la residence d'un député insurgent en Espagne.

J'ai differentes lettres de ces Messieurs dans lesquelles ils nous proposent tout uniment de faire la guerre pour leur compte, nous offrant des provisions et le suport de quelques corsaires si nous voulons entreprendre la conquête des Isles a sucre des Anglois. Comme nous ne sommes point avides de nouveaux territoires, et qu'il a été convenu entre les deux cours que la guerre si elle devoit avoir lieu, devoit venir du fait des Anglois nous n'avons pas cru devoir accueillir de semblables ouvertures. Nous nous sommes bornés a repondre que ce n'etoit pas encore le moment de s'occuper de ces objets. Il y a bien des réflexions a faire sur cette matiere. Je sens qu'il y en a de spécieuses pour faire envisager la guerre comme le parti preferable. Mais dans l'etat de lassitude et de division ou est ce peuple, quelle sureté pourrions nous avoir que notre diversion n'opereroit pas sa defection, surtout si on lui offroit, comme il ne faut pas en douter la reconnoissance de son independance. Le Gouvernement est trop recemment formé, encore trop peu accredité, et trop peu maitre des moyens pour resister a l'enthousiasme d'un peuple qui ne resisteroit pas lui meme a l'appat d'une liberté independante des entraves qu'il redoute.

Je ne fais qu'ebaucher la matiere; la sagacité de V^{re} Ex^{ce} et ses lumières superieures iront fort au delà de ce que je pourrois lui dire.

Espagne, t. 584, n° 21.

On s'efforçait soigneusement, à Versailles, de laisser ignorer en Angleterre ces suites de la présence de Franklin. M. de Vergennes continuait à faire passer le « docteur » pour étranger aux affaires politiques. Le 14 février, Noailles ne l'informe pas moins que M. de Masserano lui ayant succédé la veille chez lord Suffolk, celui-ci s'était montré, à son habitude, pleinement tranquille du côté de l'Espagne « parce qu'il connaissait le motif de ses armements »; il avait prétendu être inquiet uniquement du côté de la France, « parce qu'elle donnait aux Américains toute sorte d'assistance, leur fournissait des officiers de marque, que les faits chez elle contredisaient les déclarations pacifiques du Gouvernement et qu'elle avait à Paris des émissaires travaillant à troubler la bonne harmonie des deux cours ». L'ambassadeur, ajoutait M. de Noailles, avait aussitôt répondu que l'Angleterre devait trouver toute sûreté à savoir le roi et les ministres de la France attachés à la paix; que, chez une nation « aussi vive », il ne fallait pas s'étonner que « partout où il y avait de l'activité on rencontrât des Français et conséquemment qu'il y en eût dans des entreprises avec les Américains [1] ». Mais le cabinet de Versailles était évidemment deviné. Il change alors un peu de ton avec son représentant. Sur ces indications, M. de Vergennes lui écrit :

Rien n'est mieux, M, que le langage que M. le P^ce de Masseran a tenu au Ld. Suffolk, et S. M^té vous charge M, de témoigner à cet ambassadeur combien elle lui en sait gré. Nous concevons aisément que le séjour de M. Franklin en France doit déplaire à la cour de Londres; mais avant de nous en faire le reproche, elle devroit faire un retour sur la conduite qu'elle a tenue en Corse, et se dire quelle a recueilli, qu'elle nourrit Paoli, qui dans ce moment même envoye des emissaires en Corse. Je ne sais pas encore ce que le d^r Franklin est venu faire parmi nous; on pouvoit croire dans son début qu'il avoit de grandes commissions, tout d'un coup il fut renfermé dans le sanctuaire des philosophes, et s'il entretient ici quelque pratique politique,

---

[1] *Angleterre*, t. 521, n° 97.

ce n est pas avec les ministres du Roi, c est plus tost avec ceux qui leurs sont oposés. Aparament que l opposition est son element necessaire.

A Versailles le 22 fevrier 1777.

Angleterre, t. 521, n° 119.

Le ministre trouvait encore bon, cependant, de chercher à dérouter le cabinet anglais. Il envoyait à lord Stormont des félicitations pleines d'empressement apparent, au sujet des succès de l'Angleterre en Amérique, succès annoncés par cet ambassadeur avec une satisfaction où la causticité aurait pu se reconnaître[1]. Au courant de ce qui se passait avec la légation américaine, le cabinet de Saint-James nous en savait naturellement peu de gré. Le 31 janvier, le prince de Masserano rend compte d'une conversation de lord Mansfield; il dit tenir de ce dernier comme de lord Suffolk que « la France fournissait aux insurgents des secours de tous genres; que l'on n'ignorait pas les fréquentes conférences du docteur Franklin et du député Deane avec les ministres de Sa Majesté Très Chrétienne; que Franklin en avait eu même avec le comte d'Aranda et le comte de Lacy[2] ». Un mois après, ce même lord Mansfield par qui, de temps à autre, on

---

[1] «A Paris ce 26. janvier 1777. — Monsieur. « La part que Votre Excellence a bien voulu « prendre à nos succés augmente mon empres-« sement à vous communiquer toutes les nou-« velles que je reçois de nos progres ultérieurs. « Je viens de recevoir par un courrier extraor-« dinaire celle de la reddition entière de *Rhode* « *Island* et des isles voisines; la gazette ci-jointe « en donne les details. Votre Excellence connoit « la tres grande importance de ces isles tant « par rapport a leur situation qu'a cause de la « bonté de leurs ports.

« J'ai l'honneur d'etre avec le plus parfait « attachement Monsieur de V^re Ex^ce tres humble « et tres obéissant serviteur. — Stormont. — «S. Ex^ce M. le Comte de Vergennes. » (*Angleterre*, t. 521, n° 49. — Billet privé, de la main de l'ambassadeur.) — «A Versailles le 26 jan-« vier 1777. — Milord. — Je recois avec une « veritable sensibilité la lettre de ce jour que « V^re Ex^ce m'a fait l'honneur de m'ecrire et la « gazette extraord^re qui rend compte de la con « quete de Rhode-Island. Je ne perdrai pas un « moment à en donner la nouvelle au Roi, et « je ne crains pas de trop prendre sur moi en « vous assurant que Sa Majesté participera a « toute la satisfaction que cet evenement ne « peut manquer de causer au Roi votre maitre.

« Je prie V^re Ex^ce d'en agreer mon compli-« ment personnel et mes sinceres remercimens « de ce temoignage de son attention.

« J'ai l'honneur d'etre..... » (*Ibid.*, n° 48. — Copie du fils de M. de Vergennes.)

[2] Londres 31 janvier 1777. (*Ibid.*, n° 65.)

tâchait de sonder ou de séduire l'ambassadeur d'Espagne, revenait de nouveau sur les intentions de l'Angleterre, montrait qu'elle était exactement instruite, assurait que « trois frégates chargées de munitions, d'habillements et d'argent pour les rebelles étaient parties de nos ports », que ce n'étaient nullement des navires de particuliers qui les auraient affrétés pour leur compte et armés en guerre pour leur défense, mais bien des navires chargés pour le compte de Sa Majesté; que « la cargaison en avait été dirigée par Beaumarchais, soutenu par le ministère, de qui il recevait de l'argent à cet effet »; sur quoi M. de Masserano ayant tâché de persuader son interlocuteur que Beaumarchais, venu plusieurs fois à Londres, avait dû traiter avec les partisans des Américains et que c'était pour eux qu'il avait fait l'entreprise, lord Mansfield était resté incrédule[1]. Les explications demandées à lord Weymouth par le marquis de Noailles, sur le projet des lettres de marque, n'avaient guère abouti qu'à des réponses dilatoires; les plus formelles ne dépassaient pas de vagues assurances que des ordres étaient donnés pour fixer et limiter l'application de la mesure. Le prince de Masserano, malgré l'autorité que les représentations prenaient dans sa bouche, n'obtenait pas une réponse plus claire[2]. Notre ambassadeur, retraçant son audience, le 24 janvier, était vraiment fondé à écrire :

Je reviens très volontiers, Monsieur le Comte, au principe qui est consigné dans vos dépêches, que nous ne devons plus compter que sur les mesures que nous prendrons nous mêmes pour notre propre sureté. Tous les faits, quels que soient les raisonnemens, tendent évidemment à la guerre. Pour se préparer à la soutenir, il ne manquoit à l'Angleterre que de joindre à tous ses grands préparatifs militaires la ressource qu'elle se propose de tirer de ses armateurs particuliers.

A Londres le 24 janvier 1777.

Angleterre, t. 521, n° 41.

[1] Rapport du 7 mars 1777. (*Angleterre*, t. 522, n° 18.) — [2] Rapport du 24 janvier. (*Ibid.*, n° 46.)

Le 31, le bill pour les lettres de marque en était déjà à la troisième lecture, au Parlement, sans une seule objection; l'ambassadeur mandait avec raison qu'il passerait et qu'on « allait voir de véritables corsaires, quoique l'Angleterre assurât que le droit de s'armer en guerre, donné par ce bill aux bâtimens de transport et aux vaisseaux marchands, avait uniquement pour but les approvisionnemens de l'armée et les besoins du commerce[1] ». Ce n'est pas sans satisfaction que le marquis de Noailles se sentait par suite en droit d'avoir, désormais, sur les intentions de nos voisins, les idées qu'il exprimait en arrivant chez eux. Il usait donc de ce droit dans sa correspondance, alors si active et si développée, que l'on se demanderait presque si, de Versailles, il n'était pas encouragé à s'étendre en appréciations politiques peu favorables à la durée des relations pacifiques. Il complétait par des billets privés ce qu'il pensait n'avoir pas assez expliqué dans ses rapports officiels[2]. Du reste, s'il présumait que la Grande-Bretagne

---

[1] 31 janvier. (*Angleterre*, t. 521, n° 63.)

[2] Il fait notamment suivre son rapport du 31 janvier, très explicite pourtant, par le billet suivant au comte de Maurepas, et il en adresse une copie à M. de Vergennes à qui il a aussi écrit personnellement : « A Londres le 31 janvier 1777. — Il n'est que trop vrai, Monsieur « le Comte, que nos préparatifs doivent nous « constituer en frais onéreux pour les finances « du Roi. Nous n'avons cependant point d'au-« tres moiens, soit pour repousser les premiers « coups dont nous sommes menacés, soit enfin « pour éloigner la guerre, s'il en reste encore « quelques espérances. J'avoue que les miennes « s'affoiblissent à mesure que je suis la marche « de ce pays-ci. A travers les différens prétextes « dont se sert le ministère britannique pour « déguiser ses intentions hostiles, on ne peut « s'empêcher de démêler une détermination « tendante à la guerre. Dans toute autre cir-« constance, la moitié de ce qu'ils ont déjà fait « ne nous laisseroit aucun doute sur ce que « nous aurions lieu d'en attendre. Celles où « nous nous trouvons, jointes aux assurances « pacifiques des ministres anglois, sont, à la « verité, très propres à faire illusion, et le « tems qui s'écoule entre les mesures prises de « distance à autre vient à l'appui de tous les « artifices qu'ils mettent en usage pour calmer « nos soupçons. Mais nous ne pouvons pas nous « dissimuler que les faits restent, qu'ils s'accu-« mulent et qu'en séparant le bon alliage du « mauvais, je veux dire ce qui est applicable à « la guerre d'Amérique d'avec ce qui ne peut « être destiné qu'à une guerre étrangère, à ce « dernier égard les forces maritimes de l'An-« gleterre se trouveront incessamment sur un « pied formidable. Si elles ne sont pas suffi-« santes pour porter tout à coup la guerre avec « avantage dans toutes les parties du monde, « elles sont du moins plus considérables que « celles que la Grande Bretagne ait pû rassem-« bler à aucune epoque avant de commencer « les hostilités. » (*Ibid.*, n° 66.)

1777. n'était pas prête à tenir tête aux forces réunies de la France et de l'Espagne, il ne s'illusionnait point sur la vigueur des coups qu'elle pouvait rapidement porter[1]. M. de Vergennes, M. de Maurepas lui-même voyaient-ils bien autrement? On est peu autorisé à le croire. L'un et l'autre répondent privément aux plis peu rassurants de l'ambassadeur, M. de Vergennes le premier, et ils sont loin de le contredire :

A Versailles le 8. février 1777.

J ai recû, Monsieur le Marquis, la lettre particuliere que vous m avés fait l'honneur de m ecrire le 31. du mois dernier et la copie de celle que vous aves adressée a M. le Cte de Maurepas. Je ne doute pas qu'il ne soit sensible a la confiance que vous lui marquez et qu'il ne s empresse de vous en temoignér toute sa satisfaction. Il est bien difficile a la vue des armemens que l Ang^{re} prepare avec une ardeur presque incroiable de se rassurér sur ses vues et d'en tirér un augure favorable pour la durée de la paix; nous ne pouvons pas nous dissimuler qu'ils n'ont pas un raport direct avec la guerre d'Amerique et nous n ignorons pas d'ailleurs que quelquns des ministres poussent a la guerre. Il ne paroit pas a la verité que ce soient les plus accredités, mais leur influence qui n est peut etre pas prépondérante dans ce moment ci peut le devenir dans un autre. L empire du vertige fait communement plus de progrès que celui de la raison. Ne seroit ce pas un vertige si l'Ang^{re} deja fort empetrée de sa guerre contre ses colonies, s embarquoit dans une autre contre deux puissances qui ne sont pas sans forces? Ou l Ang^{re} compteroit elle trouvér du monde pour faire face a tout et partout? La difficulté avec laquelle elle fait ses levées, la mauvaise qualité de gens qu elle prend semble annoncér que l espece n est pas surabondante. On parle d une nouvelle expedition et de dix mille hommes qu elle se propose; j ignore dans quel point de l Amerique. Ce transport demandera un grand nombre de matelots, il lui faudra d'ailleurs de forts convoys. Cela peut il se faire sans afoiblir le grand armement? Dans l obscurité ou nous sommes sur ce qui pourra arrivér nous ne negligeons pas les precautions que la prudence recommande......................

Angleterre, t. 521, n° 84. (En copie et en original.)

[1] Rapport du 4 février 1777. (*Angleterre*, t. 521, n° 74.)

A Vers^{lles} le 10. février 1777.

Les reflexions que vous faites, Monsieur le Marquis, dans votre lettre du 31. du mois dernier, ne sont que trop justes et trop justifiées par une grande partie des faits. Il y en a cependant encore quelques uns qui les combattent, et les propos surtout qui ne varient point et qui sont toujours aussi pacifiques. Un fait plus essentiel encore et dont je veux douter puisque vous n'en parlez point, c'est celui d'une alliance dans le Nord que l'on disoit conclüe dans le mois dernier, celui là seroit bien essentiel a aprofondir, car il pourroit lever tout doute. A tout cela nous ne pouvons faire autre chose que ce que nous faisons, nous préparer quoiqu'il en coute augmenter même nos precautions et tenir nos armemens prêts au besoin. Je crois que les nouvelles d'Amerique plus que toute autre chose influeront sur la décision; mais il est bien difficile de les savoir au juste entre deux partis qui ont également intérêt de déguiser la verité. Je ne puis en attendant que donner des louanges à votre conduite et à votre vigilance, et je serai toujours très flatté d'avoir a en rendre témoignage. Vous connaissez, Monsieur, la sincerité de l'attachement avec lequel j'ai l'honneur d'être votre tres humble et tres obeissant serviteur.

MAUREPAS.

Angleterre, t. 521, f° 226. (L'original et une copie se suivent [n° 74].)

Le prince de Masserano éprouvait le même désir des précautions que le marquis de Noailles. Il envisageait les éventualités à peu près comme ce dernier, ayant, dit notre ambassadeur, « le cœur presque aussi français qu'espagnol ». Il renouvelait ses craintes sur le départ des pêcheurs français pour Terre-Neuve; il insistait pour qu'on retînt leurs expéditions, parce que toute mesure que l'on prendrait pour les faire protéger par des forces de mer pouvait subitement motiver la guerre[1], et l'on trouvait bonnes à signaler au ministre de la marine les observations suggérées à notre représentant par ces avis du représentant de l'Espagne[2]. On ne savait pas encore que M. de Pombal

---

[1] Rapport du marquis de Noailles, du 14 février. (*Angleterre*, t. 521, n° 95.) — [2] Dépêche de M. de Vergennes au marquis de Noailles, du 22 février 1777.

1777. allait ne plus compter. Son attitude restait pour les deux ambassadeurs l'occasion de questions journalières aux ministres de la Grande-Bretagne. Ceux-ci désavouaient assez ouvertement leur collègue de Lisbonne, mais ne donnaient par là que des raisons de plus à leurs interlocuteurs d'attribuer à des projets contre la France et l'Espagne les préparatifs qu'ils voyaient. Noailles était près de croire à la complicité de l'Angleterre dans la levée de boucliers de la Russie contre les Turcs. Un bill passé aux communes pour la suspension de l'*habeas-corpus* lui fut naturellement un argument de plus en faveur des desseins par lui supposés au cabinet anglais[1], et les dénégations des ministres les lui faisaient redouter davantage.

Le ministre s'efforçait bien de ramener à une mesure plus exacte les appréciations de l'ambassadeur; il se préoccupait, cependant, de leur portée. Il lui montrait le gouvernement de George III intéressé à défendre l'empire turc contre Catherine, désireux de détourner du Portugal les représailles de l'Espagne pour ne pas laisser commencer une guerre dans laquelle l'Angleterre serait contrainte de le défendre, « quelqu'embarrassée qu'elle pût être et quelques protestations de dés-« aveu qu'elle nous fît »; il ne se résumait pas moins de cette manière peu rassurante :

> Voilà M. le sens le plus naturel que nous a presenté le discours du Cte de Suffolk; nous ne le regardons pas comme une annonce immédiate de la guerre, mais simplement comme un indice de l'opinion où est ce secretaire d'Etat que les évenements de l'Amérique méridionale pourront l'amener soit contre le gré soit conformement aux vœux des puissances qui pourront y être enveloppées : si les Anglois sont resolus a la guerre c est trop présumer de leur honneteté qu ils se preparent de longue main des justifications, ils ne se sont jamais montrés fort soucieux de se platrer d un vernis moral.

....

Le contraste qui continüe de regner entre le langage que les ministres

---

[1] Rapport du marquis de Noailles, du 21 février.

anglais vous tiennent, M, et celui qu'ils tiennent au P^ce de Masseran, ne doit plus nous étonner; c'est une marche affectée dont nous ne voyons ni le but ni la cause. Mais quoi qu'il en soit, la sécurité que la cour de Londres marque par raport aux armements de l'Espagne, n'est pas plus sincére que la crainte qu'elle s'efforce de manifester par raport aux nôtres. Je conviens que la destination de la flotte, sortie de Cadix, est connüe, et qu'elle ne doit pas allarmer l'Ang^re; mais les préparatifs maritimes que l'on continüe de faire dans les ports d'Espagne, et que le ministere B^que n'ignore probablement pas, doivent naturellement lui donner quelqu'inquiétude. Quant aux apréhensions qu'il dit sans cesse avoir de notre foible armement de Brest, je l'ai déjà combattüe de reste, et nous sommes portés à croire que c'est moins cet armement que les vües secretes que la cour de Londres nous supose, ou celles qu'elle peut bien avoir elle meme qui ont donné lieu à ceux dont elle s'occupe avec tant d'activité.

A Versailles le 22 fevrier 1777.

Angleterre, t. 521, n° 119.

Le 7 mars, c'est-à-dire quelques jours plus tard, M. de Masserano ne voulait pas croire que l'Angleterre n'attaquerait pas tant qu'on ne l'attaquerait point; il écrivait à Madrid que les armements de cette puissance obligeaient à ne pas se fier aux protestations qu'elle faisait. Il commençait ainsi un pli à M. de Grimaldi :

Dans la conference que j'eus hier avec Milord Veymouth, je le trouvai encore plus laconique et plus taciturne que dans les precedentes, ce qui m'a fait remarquer que le silence de ce ministre augmente à mesure que leurs préparatifs maritimes avancent. L'ambassadeur de France a remarqué la même chose, et nous croyons luy et moy qu'ils eludent nos questions afin que nous ne puissions pas penetrer leurs mauvaises intentions.

Le cabinet de Versailles s'était du reste empressé d'aller au-devant des sujets sérieux de plaintes qu'aurait pu saisir l'Angleterre. Lorsque le vaisseau qui avait amené Franklin à Auray était entré à Lorient avec ses prises, on avait aussitôt interdit ouvertement aux Américains

1777. (et le cabinet de Londres y avait été sensible[1]) de les garder plus longtemps dans un port français ou de les y vendre. En écrivant à Versailles confidentiellement sur ce sujet, le marquis de Noailles, dans son ardeur contre la Grande-Bretagne, avait posé des doutes, discuté l'opinion du ministre; M. de Vergennes lui répond péremptoirement le 21, et M. de Maurepas le lendemain, tous les deux par un pli privé, tant il leur paraissait essentiel de ne point laisser les soupçons germer sur une matière offrant en soi tant d'occasions de conflits, et des occasions qu'ils savaient, à coup sûr, devoir bientôt se multiplier davantage :

A Versailles le 21. mars 1777.

Vous trouverés Monsieur le Marquis, dans ma dépeche la solution de vos doutes par raport aux prises que les Americains peuvent amenér dans nos ports. Elle est prise dans le traité d Utrecht et nous en usons avec les insurgens comme nous ferions avec toute nation amie qui seroit en guerre avec l Ang^{re}; si on exigeoit de nous que les regardans co^e des rebelles nous les traitassions en pirates nous n'y accederions pas; nous ne voulons point jugér le procès et ce seroit maladresse de nous rendre parties. Quoique l execution fidele des traités soit strictement recommandée, il arrive cependant des contraventions qui donnent matiere a des plaintes. On pretend que les prises faites par le corsaire la Represaille ont ete vendues et que des negocians francois sont les acquereurs, rien ne seroit plus irrégulier, et je suis convaincû qu il y aura du remede si les premiers proprietaires prennent la voie des tribunaux.

La *Represaille* qui avoit eu ordre de s eloigner et de ne plus amenér ses prises dans nos ports sans une extreme necessité, n est point encore partie. Elle avoit une voie d eau qu il etoit de l humanité de lui permettre d etanchér.

Angleterre, t. 522, n° 51 *bis*.

[1] M. de Masserano l'écrivait à sa cour dans son rapport du 7 mars où il reproduisait son entretien avec lord Mansfield : « Il me con- « fia que cette cour avoit appris avec plaisir la « resolution que la cour de Versailles, de son « propre mouvement et sans la moindre insi- « nuation de l'Angleterre, avoit pris d'envoyer « ordre au port de Lorient, d'en faire sortir, et « de ne permettre d'entrer et de vendre dans « aucun autre port de France, les cinq bati- « mens anglois et le paquebot qui alloit à Lis- « bonne pris par la fregate americaine, qui « avoit conduit le docteur Franklin dans ce « royaume. »

A Vers^lles le 22 mars 1777.

Recevez, Monsieur le Marquis, mes remercimens de la part que vous voulez bien prendre à la perte que nous avons faite de M. le duc de la Vrilliere. Je serai toujours bien flatté des marques d'interêt qui me viendront de votre part.

J'ai lu avec attention votre lettre du 14. de ce mois, M. le Cte de Vergennes vous aura instruit de l'article 15. du traité de navigation conclu à Utrecht avec les Anglois; vous y verrez que nous ne pouvons permettre dans nos ports la vente des prises faites sur eux lorsque nous n'avons pas la guerre. Cela coupe court à tout raisonnement et nous a obligé d'en faire la declaration aux Insurgens que nous traitons en cela comme tout autre nation qui auroit la guerre avec les Anglois. Je ne vous cacherai pas que jusques à présent, ils ont assez trouvé moyen d'eviter de souffrir de cette prohibition par des ventes de marchandises et mascarades de batimens; mais alors c'est à l'amirauté qu'il faudroit se pourvoir pour en avoir la preuve legale et nous ne manquerons pas de les y renvoyer. C'est une methode qu'ils suivent eux mêmes assez volontiers et nous tacherons toujours de vous eviter cette discussion.

J'ai l'honneur d'etre avec l'attachement le plus inviolable, Monsieur le Marquis, votre tres humble et tres obeissant serviteur.

MAUREPAS.

Angleterre, t. 522, n° 55 *bis*.

En réalité, l'esprit des deux ministres était hanté par la crainte de voir la Grande-Bretagne offrir soudain l'indépendance pour tout de bon à ses colonies d'Amérique, afin de se jeter sur la France et l'Espagne avec les forces et les ressources que leur réconciliation lui donnerait. Le gouvernement anglais ne désavouait pas le bruit de ce rapprochement quand il se répandait, et il ne se plaignait point de paraître en faire une menace. Il en était trop souvent question dans la correspondance de l'ambassadeur pour que ce gouvernement ignorât l'inquiétude que Versailles en concevait. Les « plénipotentiaires » devaient, naturellement, s'ingénier à en profiter. A cette fin, les bruits et les intrigues se croisaient dans leur entourage, et lord Stormont, très bien au courant, ne se faisait pas faute d'y associer l'ambassade, tantôt encourageant les tentatives que des officieux essayaient, tantôt en imaginant d'autres pour y engager la légation de Passy et la mieux surveiller. Un jour des amis prétendus de l'Angleterre, un autre jour de la France, venaient faire des offres ou rendre plus séduisantes celles qui avaient été portées avant les leurs. On répandait le bruit d'une entente avec Franklin, on disait qu'il désavouait Deane, dont l'opposition l'empêchait de rien conclure[1]. Ces perspectives d'accommodement soulevaient Beaumarchais. A défaut de ses sentiments de Français, dont la sincère vivacité ne peut être mise en doute, le grand trouble qu'elles auraient jeté dans ses opérations, compliquées et déjà considérables, était une raison suffisante pour qu'il se fît le complice des commissaires américains et tachât de peser sur M. de Vergennes; il donnait donc avec fièvre des avertissements[2] et ajoutait ses

---

[1] Franklin paraît bien s'être lassé de Silas Deane et l'avoir vu sans regret rappeler bientôt; mais il n'y a pas d'indice qu'il ait pris au sérieux aucun de ces essais interlopes de réconciliation avec l'Angleterre, même lorsqu'on les lui fit recommander par des intermédiaires qu'il trouvait dignes de ses réponses. Environ vers ces dates, il écrivait à l'un d'eux, John Ingenhousz : « Ce n'est pas pour faire la « paix que je suis venu en Europe, mais par « ordre du Congrès, pour procurer l'aide des « puissances européennes nous permettant de « défendre notre liberté et notre indépendance « qu'il est certainement de leur interest de ga-« rantir, car le grand et alors croissant com-« merce de l'Amérique leur sera ouvert et « cessera d'etre le monopole de l'Angleterre, « . . . . monopole qui deviendrait, après « notre soumission, le plus formidable ayant ja-« mais été vu dans le monde. . . . . Vous voulez « savoir mon opinion sur la fin de cette guerre « et si nous ne serons pas réduits à l'état de « désert. Pour ma part je ne crois pas que nous « ayons à craindre un tel danger. Je pense que « nous serons capables, avec un peu d'aide, « de défendre nos possessions et notre liberté « si longtemps que l'Angleterre sera ruinée « en persistant à tâcher de les détruire. Je re-« grette cette ruine et voudrais que son injus-« tice ne l'eût pas provoquée. Mais je me flatte « parfois de vivre assez pour voir mon pays « assis dans la paix et la prospérité tandis que « la Grande-Bretagne ne fera plus une aussi « formidable figure parmi les puissances de « l'Europe. »

[2] Il lui écrivait notamment le 8 mars, dans un pli dont nous avons cité déjà une partie : « Paris ce 8 mars 1777. Dimanche matin. — « Monsieur le Comte. — Encore une lettre, « allés vous dire! Il ne finit point. Eh! com-« ment finir, Monsieur le Comte, lorsque de « nouveaux objets excitent sans cesse mon at-« tention et ma vigilance? Il faut bien que vous « sachiés tout. Un secrétaire particulier de Lord « Germaines est arrivé ici par le Havre, en-« voyé secrètement a Mrs Deane et Franklin.

DES COMMISSAIRES AMÉRICAINS.

inquiétudes à celles du secrétaire d'État. Toutefois la sagacité du ministre ne pouvait guère être abusée longtemps. Si l'on s'aidait de ces perspectives pour agir sur son esprit, elles lui procuraient aussi un moyen; il s'en servait à Versailles d'abord, en vue de décider à s'entendre avec le Congrès ceux qu'il trouvait trop hésitants, et à Madrid ensuite, où régnait plus que de l'hésitation. Ce fut notamment ce

« Il est porteur de propositions de paix. La plus « superbe récompense lui est promise s'il réussit « a les gagner. Les offres de l'Angleterre a « l'Amérique sont telles qu'un député peut les « envoyer a Philadelphie avec honneur. »
« Lundi matin.
« Hier, vous ou M⁽ Gérard avés vu M⁽ Deane. « Pendant qu'il était a Versailles quelqu'un était « chez moi qui m'instruisait.
« Les propositions de l'Angleterre sont belles, « acceptables. On a trop flatté en Amérique les « peuples d'une alliance avec la France. S ils « sont trompés sur ce point desiré; si vous ne « répondés pas vite sur la question qui vous « sera bientot faite a cet égard, — la paix est « décidée avec l'Angleterre et sera promptement « conclue. Les succès militaires ne donnent point « tout ce qui manque a une grande nation. Elle « fait aujourdui l'impossible pour se soutenir. « Mais soyés sur qu'elle ne peut aller plus loin « sans vous, ou sans se raccomoder; voila ce « qui m'a bien été prouvé hier. J'ai la dessus « plusieurs propositions a vous faire; a faire a « M⁽ de Maurepas. Vous m'avés ecrit sur la lec- « ture de mon dernier memoire que je vois en « noir. Soyés certain pourtant que si Philadel- « phie eut été prise on n'auroit pas attendu un « moment de plus pour vous parler comme aux « Hollandais. Quitte a répondre comme eux... » (*Angleterre*, t. 522, n° 21.) — Dans une lettre postérieure (*ibid.*, n° 53), il revient sur les démarches de l'Angleterre : « Mais pendant que « je traite avec vous, je vous préviens que « l'on traite ici sourdement d'Angleterre avec

« M⁽ Franklin, ce que vous ignorés sans doute « et ce que je suis bien sur que M⁽ Deane ne « vous a pas dit; persuadé qu'il est que son « collegue ne se laissera pas gagner et parce « qu'il ne veut pas diminuer la bonne opinion « qu'on a de ce collegue : mais moi que l'expé- « rience a rendu défiant, et qui suis habitué a « tirer des conjectures de tout ce qui me frappe, « j'ai jugé, par les lettres de Londres et les « menées du ministére anglais, qu'on regarde « Deane comme un obstacle formidable a tout « projet d'accomodement; et qu'on veut le tirer « de ce paÿs a quelque prix que ce soit.
« Voila le motif qui a engagé le Lord Ger- « maines et Lord *Temple* qui ne tardera pas a « succéder a Lord North, a faire compromettre « Silas Deane dans le procès de Jean le Peintre, « par le moyen de leur mouton; ils veulent le « rendre odieux aux Anglais, désagréable aux « Français, et le dégouter de Paris. Mais nos « nouvelles portent une anonce si positive des « intentions du ministère, que mes conjectures « deviennent des faits. Ils ont le projet de le « faire enlever de France et d'en faire la vic- « time expiatoire de leur folle entreprise sur « l'Amérique. J'ai rassuré Deane et lui ai pro- « mis que l on veillerait a sa sureté de maniere « a dérouter les enleveurs s ils s'y hazardaient « et je lui ai promis les moyens de dormir « tranquile dans ce paÿs de protection et de « neutralité.
« Communiqués je vous prie cette lettre a « M⁽ Le C⁽ᵉ de Maurepas et donnés moi vos « ordres pour Versailles. »

1777.

qu'il fit à propos d'une démarche entourée de l'apparence la plus cherchée du mystère et qu'un Anglais était censé avoir engagée avec le secrétaire de la légation, Carmichaël, à la suite d'une conversation tenue peu auparavant, à Douvres, avec le capitaine d'un navire américain par deux personnes prétendant être des intimes de lord Germain. Plus ou moins édifié, M. de Vergennes avait prescrit de continuer les rencontres. Elles s'effectuaient d'abord la nuit, autour de la statue de la place Vendôme, puis elles eurent lieu chez le secrétaire même de l'ambassade anglaise. Comme on y introduisit bientôt le docteur Bancroft, sur qui Franklin était encore et devait rester pleinement abusé[1], il n'y a guère à douter que la manœuvre ne vînt du *Foreign office* ou que celui-ci n'eût su y entrer. C'est à elle, sans doute, que se rapporte cette indication de Beaumarchais, dans un billet du 3 avril :

Nous croyons maintenant, etre assés surs que Mr Schmitz, secretaire de ce Lord est actuellement a Paris chéz lord Stormont d'ou il exécute les ordres sécréts de son maitre relativement aux idées d'accomodement avec l'Amérique.

Il est déguizé sous la perruque d'un aumonier ou chapelain pendant que le petit Matly véritable chapelain feint de renoncer à l'église, et de céder sa place au nouveau venu, si le séjour de la France ne lui est pas contraire. Je suis sur la voie le reste ne m'echapera pas.

Angleterre, t. 522, n° 84.

Il s'agissait de dégoûter les Américains de l'amitié de la France et de l'Espagne. On leur montrait cette amitié comme ayant été « stérile jusqu'ici et ne devant leur être utile à rien »; on leur disait que « leur avantage était de revenir à l'Angleterre, prête à les satisfaire, impatiente de commencer avec eux une expédition contre l'Amérique espagnole et les îles françaises ». Gérard, chargé de recevoir là-dessus les

---

[1] Il lui écrit encore : « votre très affectionné », en 1778 (16 avril) (*The Works of Franklin*, t. VIII, p. 266).

informations de Silas Deane, en retrace le récit avec détail, ce même 3 avril, et l'on voit celui-ci, qui se donne pour très reconnaissant envers la France et très soucieux de ne pas déranger sa politique, de ne point exciter le roi et son gouvernement plus qu'ils ne le souhaitent en leur présentant dans toute sa vérité l'irritation des esprits aux États-Unis, faire cependant pressentir que la lassitude jettera peut-être les plus résistants dans les bras de l'Angleterre[1]. Le ministre croyait-il à la sincérité de ces démarches? La seule chose certaine, c'est qu'il les utilisait. Il les porte à la connaissance du roi, de M. de Maurepas par suite, et elles ont sur eux assez d'effet pour que l'on décide d'en informer l'Espagne. Par l'ordre du monarque, M. de Vergennes écrit de sa main, le 7 avril, la minute d'une longue dépêche à Ossun, pour instruire le gouvernement de Charles III de la situation où l'on semble arriver. Toutefois, le moment d'après modifiait les impressions du moment d'avant, sur ce terrain mouvant de suppositions, de menées, d'intrigues, et la minute ne fut point expédiée[2]; mais elle précise exactement et l'effet produit par l'éventualité qui y donnait lieu et l'intérêt que l'on trouvait à se concerter enfin efficacement avec la cour de Madrid pour faire face à un péril indubitable :

A Versailles le 7 avril 1777.

Il y a deja quelques mois, Monsieur, que nous avons eu connoissance d'insinuations faites aux deputés americains qui resident ici tendantes a procurer la reconciliation des Colonies avec leur mere patrie. Quoique ces insinuations fussent autorisées par le nom de Lord Germain elles ne portoient pas cependant un caractere asses autentique pour y attachér beaucoup de valeur. Mais elles semblent en acquerir d'avantage.

Depuis une 15ᵉ de jours on est revenû a la charge aupres de ces memes deputés d'une maniere plus pressante. Un de leurs agens les plus intimes a eté invité dernierement a une conference misterieuse. Il s'y est abouché avec un homme tout a fait inconnû mais qui doüé de beaucoup d'esprit et d'energie

---

[1] Nous reproduisons ce rapport à l'annexe IV du présent chapitre. — [2] La minute porte en marge : « Cette lettre est nulle l'expédition n'en aiant pas eu lieu. »

n a rien oublié pour le convaincre. 1° qu'il est honteux pour les Americains de n etre que les vils instrumens de la politique et de l ambition de la France et de l Esp^e, et qu ils ne sont que cela en effet. 2do que les 2 Couronnes ne veulent qu'humilier et afoiblir l'Ang^{re} pour detruire plus aisement l Amerique dont la prosperité leurs seroit trop suspecte. On a allegué a l apui de cette assertion plusieurs expressions des ministres d Esp^e pour prouver qu ils ont cette rebellion en horreur dans la crainte que l'exemple ne soit contagieux, ne gagne et n infecte les domaines espagnols : la modicité des encouragemens et des secours que les deux puissances donnent et la certitude qu elles ne feront pas la guerre pour la cause americaine ont eté relevées avec le plus grand soin. La conclusion a été qu il etoit d un interest commun de n etre pas plus longtems la dupe des artifices des deux Couronnes, qu il falloit se raprochér et se reunir de bonne foi et se vanger sur elles des pertes et des dommages qu on a respectivement éprouvés; enfin qu on seroit bientost d'accord si de la part des Colonies on vouloit faire le premier pas et enoncér une proposition quelleconque; qu il n est pas possible que le ministere anglois fasse les avances, que la dignité de la Couronne et celle du Parlement ne le permettent pas, mais qu on n'attendoit q'une simple ouverture pour leurs faire connoitre toute la bonne volonté dont on est prevenû pour eux.

Je ne dois pas omettre, M. qu'un capitaine americain homme fort attaché a son parti qui avoit recû les premieres insinuations en Ang^{re} s etant presenté chez le Lord Stormond en a eté reçû et traité a merveilles, que cet ambassadeur continue a le carressér, et qu il lui a tenû un langage tres analogue aux insinuations que je viens de raportér sans cependant se decouvrir sur les effets hostiles qui devroient suivre la reconciliation. Sur le compte qui nous a été rendû de ces demarches nous avons pensé qu il pourroit etre utile de ne pas rejetter brusquement ces ouvertures. Nous avons conseillé en consequence aux Americains de les suivre mais sans s'engagér, de s expliquér qu ils sont sans pouvoirs de leurs comettans pour faire des propositions, que d ailleurs celles qu ils pourroient faire se trouvent en quelque maniere deja articulées dans les actes que les Etats Unis de l Amerique ont publiés et plus specialement dans celui de l independance. Que c est donc a l Ang^{re} a faire connoitre ce qu elle peut etre disposée a accordér, ou du moins a suggerér ce qu elle souhaite qu on lui propose. D après ce plan il y a eu une 2e conference misterieuse dans laquelle l'inconnû a repeté et renforcé tout ce qu'il avoit deja dit dans la precedente, et il a fini par dire que ce ne seroit plus lui qui suivroit desormais la negociation, mais bien le secretaire de Lord Stormond. Il y a eu une premiere entrevûe avec ce secretaire qui a confirmé ce que l'inconnû avoit dit; plus reservé que celui ci il n'a pas proposé la guerre contre les deux Couronnes; il s'est borné a relever les avantages de la promte reconciliation pour le bonheur des deux peuples. Depuis il doit y avoir eu une seconde entrevûe dont je n'ai pas encore les details.

Telles sont en abregé M. les notions que nous avons recueillies et dont le Roi m'ordonne de vous faire part pour que vous le communiquiés en toute confiance au Roi C^{que} et a M. le Cte de Floride Blanche. Deux reflexions se presentent naturellement, la 1re : ces raports sont ils bien vrais? ne sont ils pas brodés et exagerés pour enflammer notre ressentiment et nous porter brusquement a la guerre contre la G^{de} Bretagne? Les Americains ont un interest si majeur a nous y decider que tous moiens peuvent leurs paroitre bons pour atteindre a leur but. C'est ce que je m'attache a eclaircir. Une autre reflexion; si nous admettons l'existence de cette negociation (ce dont je ne m'eloigne pas, aiant deja quelques indices qu'il existe en effet quelques relations entre les Americains et les agens de l'ambassadeur d'Ang^{re}) n'avons nous pas lieu de craindre que ceux la efraiés de la grandeur de l'engagement qu'ils soutiennent, et des consequences terribles dont il peut etre suivi, voians peu de dispositions de la part des deux Couronnes a leurs préter toute l'assistance dont ils auroient besoin, enfin a faire de leur cause la leur propre, ne cedent aux amorces de l'Ang^{re}, et ou ne se desistent de l'independance absolue qu'ils ont prononcée, ou ce qui seroit bien plus fatal ne la recoivent en formant avec l'Ang^{re} les no'uds les plus etroits, et en concertant avec elle des mesures funestes a la tranquilité des deux Couronnes et a la sureté de leurs etablissemens d'outre mer? Nous ne pouvons pas nous dissimuler M. que ce que nous avons fait jusqu'a present pour les Colonies unies n'est pas suffisant pour enchainer leur reconnoissance, et que si elles unissoient leurs forces a celles que les Anglois ont deja dans le nouveau monde nous aurions peu de moiens d'y resister.

Je sens tout ce que cette prevoiance a d'allarmant; je ne me permettrai pas M. de le developér ici. J'attendrai le memoire de M. le Cte de Floride

1777. Blanche pour prendre les ordres du Roi sur la formation d un plan que chaque moment doit rendre plus instante. Les deux Couronnes veulent sincèrement la paix, mais il n est que trop vraisemblable qu elles seront portées a la guerre par les mesures memes qu elles ne peuvent se dispensér de prendre pour l evitér ou pour la soutenir si elle devient inevitable. Les Anglois qui avoient deja 5o. v^x de ligne en commission, viennent d'y en ajoutér six. Veulent ils nous imposer par le nombre de leurs armemens, car il ne paroit gueres possible qu ils trouvent au moins de sitost le nombre de matelots necessaires pour une flotte aussi nombreuse. A tout evenement le Roi vient d ordonnér un nouvel armement de 7. vaisseaux 4. a Brest et 3. a Toulon. Sa M^{té} auroit pu donnér plus d extension a cette mesure et y en joindre d autres caractéristiques de l intention ou elle est de ne pas se laissér bravér, mais elle n'a rien voulu precipiter dans un moment surtout ou le commerce n etant point sur ses gardes pourroit essuier de tres grandes pertes; d ailleurs l Esp^e attend le retour de ses gallions, raison peremptoire pour procedér avec la plus grande circonspection et pour ne rien donnér au hazard. Il est encore a considerér que les deux Couronnes seront toujours a tems de commencer la guerre si elle devient indispensable, et que commencée il n'y auroit plus moien de revenir sur ses pas. Nous ne perdons pas le tems de suspension. Les travaux se continuent assidument dans nos ports et l on n oublie rien pour les aprovisionnér.

Ce qui ne peut manquer de faire une forte sensation est la detention de nos pecheurs. C est un parti facheux mais de necessité. La conduite du gouvernement anglois est trop oblique pour courrir le risque d essuier une avanture pareille a celle qui nous arriva en 1755. Nous avions 12. mille de nos meilleurs matelots entre les mains des Anglois avant de nous savoir en guerre avec eux.

J'ai l honneur d etre avec un sincere et fidele attachement, M.

Espagne, t. 584, n° 17.

On en était toujours à attendre les vues si vite annoncées, mais très lentes à se produire, de M. de Floridablanca sur un plan d'action ou sur une attitude commune. Les pourparlers de la statue pouvaient être indiqués comme une occasion pour lui de se décider; c'est, sans doute, pourquoi l'on avait pensé devoir écrire ces réflexions à Ossun et ne plus procéder avec le nouveau premier ministre par demande directe. D'autre part, à mesure que les renseignements arrivaient, les succès de Howe paraissaient n'avoir pas avancé beaucoup les affaires de la Grande-Bretagne; peut-être trouva-t-on, après coup, qu'il était inutile de porter à la cour de Madrid des détails connus par suite de relations avec les « plénipotentiaires » jusque-là dissimulées. A ces détails se mêlaient, d'ailleurs, des incidents incommodes que la vénalité ou la maladresse des intermédiaires procuraient au *Foreign office* le moyen de soulever et de faire aigrir par les gazettes. « Il n'y a que trop de mauvais Français à Londres, » mandait Beaumarchais à M. de Vergennes; et, en effet, les journaux anglais racontaient, au prix d'inexactitudes dans les noms et les choses, mais non sans vérité dans l'ensemble, ce qui se passait entre la légation et le gouvernement du roi[1]. C'est ainsi que les sentiments très décidés de Garnier fatiguant

---

[1] Le 3 avril, Beaumarchais écrit à M. de Vergennes dans la lettre tout à l'heure citée : « Monsieur le comte. — Votre observation sur le « *Westminster gazette* m'en a fait faire une autre « propre à la confirmer ou la détruire, car il n y « a que trop de mauvais Français a Londres : « c'est d'en faire examiner l'anglais par mon « traducteur : mais il m'assure que le style et les « tournures sont bien anglaises et que mesme « quelques articles sont copiés notam' du com-« *muns sens*. En effet il n y a point eu de navire « nommé *le Hazard* ni *le Trudaine*. Et *Panchaut* « le banquier est assés mal indiqué par le ga-« zettier. Je n y suis point nommé; et *Le Rey* « *de St Chaumont* y est cité pour un contrat de « poudre. Tout cela ressemble assés a des idées « prises au hazard et sur des oui-dire fort in-« certains. Voyés tout l'article que je viens de « barrer. Au reste de quelque main qu'il vienne « il est certainement indiqué dans l'envoy comme « ayant été publié par ordre de Lord Germaine.
....

« . . . . . L'éclat, comme vous le dites Mon-« sieur le Comte, n'est bon qu'à tout perdre. « Mais en faisant distraction totale de la peu-« plade qu'on nomme officiers, on peut éviter « ce mal-la et tout peut se concilier. Pourvu que « les Américains ne puissent pas acquérir de « certitude que le ministère contribue, il n y a « point de danger qu'il soit compromis. Retenir « les forces anglaises en Europe par le respect « des notres, détruire leur trop grande sécurité « par quelques mouvemens mistérieux de nos « vaisseaux, s'en tenir à la neutralité, prodiguer « des secours devenus indispensables aux Amé-« ricains pour guéroyer. Préférer pour cela la « voie du commerce, en ce qu'elle fait le double « bien de déplaire aux Anglois et d'apprendre a « nos matelots la route d'Amérique sans com-« promettre le ministère : voila de quoi épuiser « les forces anglaises au moins encore cette cam-« pagne sans enerver les notres. Et telle est la « masse de mes idées. Je me rendrai samedi a « l'indication que je reçois de vous. Je souhaite

le *Foreign office* et lui faisant supposer que, sans lui, M. de Noailles serait plus facile à abuser, on en était venu, par des bruits d'antichambres et de journaux, à obliger ce premier secrétaire à s'effacer un peu et à se défendre auprès du ministre d'avoir jamais laissé soupçonner, à plus forte raison laissé voir, que la correspondance de Deane, celle de Franklin et de ses collègues avec le Congrès ou avec d'autres passaient par l'ambassade[1].

En attendant, la légation américaine acquérait du poids tous les jours. Elle avait eu déjà plus d'une rencontre avec le représentant du roi de Prusse à la cour de France. Le comte de Goltz se tenait au courant des démarches des commissaires, pressé qu'il était par son souverain de le renseigner sur les conséquences qu'elles pouvaient amener dans nos rapports avec l'Angleterre[2]. L'intérêt que des historiens américains d'aujourd'hui supposent avoir été porté alors aux États-Unis par Frédéric II n'allait pas au delà de la vive satisfaction qu'éprouvait ce monarque, et qu'il se promettait plus grande encore, à voir mettre son ancienne alliée en mauvaise passe, à satisfaire ainsi la rancune qu'il avait vouée au pays de lord Bute, à diminuer d'autant plus la liberté d'action de l'empereur d'Allemagne contre la monarchie prussienne ou contre les projets possibles de celle-ci. Les fragments de correspondance minutieusement recherchés par M. Bancroft pour constituer à la Prusse des titres contre-balançant ceux de

« en effet d'avoir échauffé quelque peu l'ame « de Mr de M... Mais je compte encore plus « sur votre sagesse que sur mon éloquence. » (*Angleterre*, t. 522, n° 84.)

[1] La lettre de Garnier mérite d'être transcrite autant à cause des indications qui en ressortent qu'en vue de faire apprécier le caractère de l'homme. Nous la donnons à l'annexe III du présent chapitre.

[2] Circourt, *ubi supra*; fragments de lettres des 11 et 18 janvier 1777. « Il n'est pas douteux, lit-on dans la seconde, que les Américains terminent la campagne avec un très « grand désavantage, mais il est vrai aussi que « la guerre n'est pas finie et qu'il faudra encore « une campagne pour la terminer. Je vois au « reste par mes lettres de Londres qu'on y est « inquiet du séjour du docteur Franklin à Paris, « le ministère britannique étant persuadé que « ce député du Congrès remue le vert et le sec « pour engager la France dans la cause des Co- « lonies. Vous le suivrez donc de près pour dé- « couvrir le véritable objet et le succès, bon ou « mauvais, de sa commission. »

la France à la gratitude de l'Amérique, montrent assez qu'en ce moment Frédéric ne suivait pas des yeux dans une autre intention les opérations militaires en Amérique. Il applaudissait au ton de M. de Vergennes avec lord Stormont, y pressentant notre engagement prochain contre la Grande-Bretagne; il lui semblait déjà qu'on en était à « la grande crise des affaires de l'Europe » et il voulait que ses agents eussent « l'attention la plus soutenue à ce qui méritait d'y occuper la sienne[1] ». Les commissaires des États-Unis ayant le mandat d'entrer en relations effectives avec les gouvernements du continent, Arthur Lee se disposait à aller employer de l'autre côté du Rhin le besoin d'agir, et d'agir seul, qui le poussait. Pendant ce temps, l'Espagne consentirait peut-être à recevoir Franklin, quoique cela ne parût pas près d'arriver. Dès la fin de février, Lee avait remis à M. de Goltz un mémoire pour demander à la Prusse la liberté du commerce dans ses ports en faveur des navires américains; le 12 mars, Frédéric autorisait son ministre de la guerre à répondre sans s'engager, mais sans écarter pourtant la demande, ne voulant, écrivait-il, « ni heurter ni choquer les Colonies par un refus complet ». Mais il montrait peu après, dans des dépêches à son représentant à Londres, combien il était loin d'accepter « de se compromettre pour elles » tant que le maintien de leur indépendance ne serait pas plus assuré[2].

La légation avait alors traité avec des maisons maritimes pour expédier chaque mois un paquebot emportant ses dépêches et rapportant celles du Congrès. Plus rapprochée ainsi de ses mandants, elle se sentait plus en pied. Aux mémoires réitérés qu'elle adressait à la cour de Versailles, celle-ci ne se pressait point de répondre; les commissaires ne cessaient pas moins de s'essayer à la déterminer par la perspective d'une inévitable réconciliation avec la métropole si elle ne se décidait à se lier. « Je commence à voir un peu de découragement dans l'âme de Deane, par le désespoir qu'il a de ne pouvoir empêcher

---

[1] Lettre à M. de Goltz, du 1ᵉʳ mars 1777. (Circourt, *ubi supra*, t. III.) — [2] *Ibid.* Lettres à Maltzan, son ministre à Londres, de juillet notamment.

son pays de faire ce qu'il appelle une grande sottise, s'il ne reçoit aucun des secours qu'il ne cesse de me demander », écrit Beaumarchais à M. de Vergennes, le 3 avril; il revient sur ce sujet quelques jours après, dans un pli d'où il ressort que le ministre l'avait lancé sur le comte d'Aranda afin d'amener celui-ci, sans que cela parût, à attirer enfin la cour de Madrid vers l'Amérique. Hortalès, très officieux toujours, peut-être plus qu'on ne le lui demandait, est ici un témoin qu'il faut laisser parler :

B

Monsieur le Comte

Je quitte M^r l'ambassadeur d'Espagne que je n'avais pas vu depuis longtems. Je lui ai fait le tableau le plus vrai de l'importance d'un secours, éfficace aux Américains; de leur etat pressant et du danger plus pressant encore qu'ils se raccomodassent avec les Anglais a l'arrivée du courrier qu'on doit sous peu de tems leur envoyer de France, s'ils ne recevaient aucuns secours ni encouragement. Je lui ai fait part de mes idées sur la nécéssité d un mouvement mistérieux et combiné des flottes de France et d'Espagne, qui aurait le bon effét, sans commettre ces deux puissances, de retenir les forces d'Angleterre en Europe, d'empecher que le roi d'Angleterre ne complettat son emprunt, par le ressèrement des deniers particuliers, et la chute des effets publics et de faire esperer aux Américains que ces mouvemens se font en leur faveur ce qui centuplerait le courage et les forces de cette nation. Que si pendant ce tems, il leur arrivait des secours rééls je répondais que la campagne angloise serait encore manquée et qu'enfin mon projet etait, s il approuvait ma démarche, d'aller échauffer le ministère espagnol et d'en arracher un secours quelconque, lequel joint a ce que je pourais voler a la France, me donnerait le moyen de soutenir le grand edifice des succès américains jusqu'en décembre prochain et surtout d'empêcher le raccomodement.

Il m'a repondu — *Comme particulier vous savés ce que je pense et desire :* mais comme ambassadeur d'*Espagne je ne puis vous dire ni blanc ni noir* — Eh! pourquoi cela Monsieur? — *parce que le ministére de France ne m'en a rien dit* — Mais M^r le Cte c'est de son agrément que je vous en parle — *Dans une affaire et dans un moment aussi importants M^r, il faut que j'apprenne par le ministre* *qu'il approuve vos vues pour que je puisse répondre quelque chose. M^r le Cte on vous en parlera quand vous voudrés; car je vais écrire a M^r le Cte de Vergenne le précis de notre conversation — M^r j'irai demain mardi à Versailles, quoique ce ne soit pas jour d'ambassadeurs. Vos ministres sont tous mes amis et doivent etre a l'aise avec moi sur tous les points, faites qu'ils m'en parlent, autrement je n'en ouvrirai pas la bouche. Ils savent bien que nous ne demandons pas mieux que de marcher de concert.*

Le reste de la conversation a eté un reccordement général de tout ce qui existe, dont il a mesme eu soin de prendre des nottes relatives à l'Angleterre. Il m'a donné rendez vous a mercredi matin. Le seul point, Monsieur le Comte qu'il importe de fixer quant a présent; c'est ma course légère a Madrid. Je dis légere parce qu'elle sera courte : car son importance bien sentie par vous peut vous assurer des notions très exactes sur ce cabinet et ses vraies dispositions; si je n'en arrache aucun secours pour mes amis, vous saurés au moins une bonne fois jusqu'a quel point vous pouvés compter ou devés vous défier de tout ce qui vous vient de la. Mr de Maurepas dit que je ne crois pas a l'Espagne. En effet j'y crois peu. Mais ma demarche en ce paÿs, deux conversations serieuses avec le nouveau ministre, quelques entretiens avec M^r d'Ossun, deux ou trois diners avec Pini le valet de chambre favori, vous en apprendront a mon retour autant qu'il en faut savoir sur tout cela.

J'ai bien d'autres choses a vous communiquer après une conversation de trois heures hier avec Mr Deane, mais je vous ecris en maison etrangère et je me hâte de vous prévenir de ce que j'ai fait et dit chéz M^r d'Aranda pour que vous en fassiez le *ponctum vitœ* de votre conversation de demain.

Je me recommande toujours a votre bienveillance.

Angleterre, t. 522, n° 96.

M. de Vergennes restant si réservé, le comte d'Aranda demeure soigneux de ne pas s'avancer davantage. On pourrait le croire un peu froissé de n'avoir pas eu les confidences du ministère de Versailles. C'était peut-être, aussi bien, parce qu'il sentait ne plus posséder assez l'oreille de Madrid pour reprendre une initiative jusqu'ici peu encouragée. Beaumarchais récrit le 15, craignant que, sous l'empire de doutes qu'il croyait pourtant assez expliqués, on ne se fie plus à lui; il remet encore devant les yeux du ministre la patience des Américains près d'échapper :

B

Paris le 15 avril 1777.

. Monsieur le Comte

J'appris avant hier avec douleur de M^r le Cte d'Aranda que votre seconde entrevue n'avait pas eu plus de succès que la 1ere, et que l'objet interessant n'était entré dans votre conversation. *Vous sentés bien*, m'a t-il dit *que tant qu on ne m'en parlera pas, je ne puis en toucher un seul mot*. Quoique je ne sente point cela du tout, je me suis vu forcé d'adhérer a de si puissantes raisons. Que Dieu bénisse les Américains et le commerce de France! On n'imaginera jamais qu'une décision sur des points aussi importans ait pu etre aréttée douze jours, par le seul motif que la premiere phraze en a du sortir de telle bouche plutot que de telle autre! — Mais au moins M^r l'Ambassadeur vous pouviés, sans etre compromis, dire a M. le Cte de Vergennes que j'avais eu l'honneur de vous voir, authorisé de son aveu : que je deviens si pressant sur l'affaire de l'Amérique et les secours a lui donner, que vous avés cru devoir en raisonner avec lui. *Néant*. Il faut, dit-il, que Mr de Vergennes lui en parle le premier; et si vous n'avés pas, Monsieur le Comte, la bonté de trancher sur ce puérile obstacle, en disant a M^r d'Aranda que j'ai eu l'honneur de vous en ecrire, nous serons suspendus trois mois au noble fil d'une aussi grave difficulté. Si je fais mon métier, comme eut la bonté de le dire l'autre fois Mr de Maurepas en présentant sans cesse et sous toutes les faces le tableau d'une affaire aussi pressante, perméttés moi de vous représenter Monsieur le Comte, ce que vous savés mieux que moi, la perte du tems, le silence, et l'indécision sont mesme audessous des refus. Le refus est un acte, on agit d'après lui. Mais le néant n'est rien et ne produit rien.

Aussi le ministere anglais qui se vante si haut de connaitre si bien l'esprit de l'administration française ordonne t-il a son ambassadeur de lever ici le ton, de parler fièrement a Paris de la position des Anglais et de leurs succès en Amerique. A l'en croire, il n'est plus tems d'aider cette nation dont l'accomodement avec l'Angleterre est, dit il, resolu, fixé, peu s'en faut qu'il ne dise *signé*. Quelqu un allarmé de ces nouvelles écrit à Mr Deane, pour savoir si ce sont des verités. Il repond en ces mots sur la mesme lettre :

ce n'est *point la vérité : c'est du Stormont tout pur.* Cependant vous le dirai-je 1777. Monsieur le Comte ? Je crains que ce *Stormont tout pur,* n'ait entamé Mr de Maurepas. Il a dit a quelqu'un il y a peu de jours, il *n'est plus tems :* mais s'il voulait se rappeller combien de fois depuis huit mois il a cru qu'il n'etait plus tems, et combien cette erreur a laissé de choses utiles en arriere pour lesquelles il y avait du tems de reste; il changerait d'idée. Et puis, quel effet peut résulter de passer perpetuellement d'une de ces phrases à l'autre; *il n'est pas encore tems; il n'est plus tems?* Ah! Monsieur le Comte! Il est toujours tems : mais plus l'on perd a ne rien faire de ce tems si précieux, et moins il en reste pour réparer le mal d'en avoir tant perdu.

Je ne sais en vérité par quelle magie je soutiens l'œuvre de mes amis et les empêche depuis quinze jours de faire partir un courrier porteur de nouvelles affligeantes. Il faut que ce soit mon courage qui leur en inspire encore. On me suppose des ressources tant qu'on ne me voit pas découragé. Mais tous les matins je recois un billet, et les après midi, l'on arrive renouveller la question du matin. *Avés vous des nouvelles de Versailles? Et croyés vous Mr de B... que je doive amuser plus longtems mes malheureux compatriotes d'un espoir que je n'ai pas moi mesme. — Attendés, est ma réponse banale. — Hélas, je ne puis beaucoup retarder d'ecrire la verité, mes ordres sont si positifs a cet égard qu'ils me font trembler pour les conséquences.*

Voilà Monsieur le Comte, la vie que je mène, outré de voir que les arrogants Anglais ont fait une prophétie sur nous, et que nous l'accomplissons.

Si la crainte d'un eclat, supposé venir de moi, arretait le ministère et l'armait contre la forme des secours que je voudrais donner, s'il me fallait descendre a la justification a cet égard; je lui dirais c'est sur le caractere connu, la marche ferme et constante des hommes qu'il faut les juger, et non sur de vaines ou perfides imputations. Tant que je puis travailler seul, mon secrèt est en sureté. Si l'indiscrétte conduite des officiers de l'Amphitrite et de leur chef encore plus fou qu'eux tous, ébruite dans le tems la destination de ce vaisseau; que pouvais-je a cela plus que vous? Je puis défier tout homme en ce païs, a commencer par les ministres eux mesmes, de me citer seulement quel nom, quel chargement, dans quel port et pour quel endroit j'ai fait partir tous les vaisseaux que j'ai expédiés depuis : et si, malgré l'avide regard de tous les espions qui m'environnent, on n'a la dessus que des notions tres confuses; il y aurait donc bien de l'injustice a m'affubler des torts d'autrui, pour s'en forger un prétexte a des refus qui entrainent des conséquences aussi funestes. Je me suis fait négotiant ouvertement afin qu'on cessat de me croire négotiateur; et si l'on cherche ou j'ai pris les capitaux de mon commerce la part que le ministère a prise a mes opérations est bien marquée par les associations de toute espece que ma maison affecte de contracter avec tous les armateurs qui hazardent des envois en Amérique.

Enfin, Monsieur le Comte, lorsque tout est monté, lorsque les premiers soins et travaux d'un si grand etablissement ont eu leur succès, lorsque mon profond mépris pour les radotages de la societé a mis les jaseurs en déroute et que je puis répondre des suites heureuses d'une entreprise aussi bien combinée; refuserés vous d'y concourir encore? Et ma persévérance active n'en inspirera-t'elle a personne? J'offre de tenter un effort que je crois puissant, sur le ministre espagnol, de me multiplier pour ainsi dire, par la vivacité de cette démarche; elle tient a une conférence entre vous et l'ambassadeur d'Espagne, tous deux y consentent, et douze jours sont écoulés sans qu'elle ait pu s'entamer! Au nom de Dieu, de l'honneur, et de l'intérèt de la France, ne retardés pas plus longtems cette décision, Monsieur le Comte. Conferés en encore avec M. de Maurepas. *Nul objet n'est plus important* et n'est aussi pressant.

A l'instant ou je ferme cette lettre, j'en reçois une de Nantes, par laquelle on me fait part du refus de donner des matelots aux armateurs et voila mon navire le plus riche arretté au moment de partir. On me demande d'obtenir du ministre de la marine une permission sourde et secrete d'employer seulement dix matelots on composera le reste de l'équipage de novices etc. Je vous suplie donc Monsieur le Comte d'arranger promptement avec Mr de Sartines ce qui est nécessaire au départ de ce vaisseau. Qu'il ecrive au commissaire de la marine de Nantes de permettre sourdement a Mrs Pelletier du Doyer de prendre et d'embarquer sur *le Comte de Vergennes* nommé présentem^t *la Thérèze* dix matelots classés, lesquéls avec 4 autres qui sont sur ce batiment et le nombre de novices suffisant, lui donneront la liberté de mettre a la voile, depuis douze jours il est arrèté dans Paimbœuf par cet obstacle. De mon coté j'écrirai a Mrs Pelletier sitot que vous aurés la bonté de me mander que je puis le faire, et ce sera encore une difficulté de levée.

Je joins ici un mot a communiquer a Mr de Sartines, si vous le jugés a propos. Et je compte aller moi mesme prendre vos ordres sur tant d'objets jeudi au soir, si vous ne me les faites pas parvenir auparavant.

Je recommande les Américains à votre souvenir et leur avocat a votre bienveillance.

L'heure de votre courier s'est passée pendant que j'ecrivais, je fais monter un homme a cheval.

Angleterre, t. 522, f° 405. (Pièce non numérotée.)

Au fond, les « plénipotentiaires » étaient pleins de confiance, à tout prendre, dans l'appui prochain, volontaire ou obligé, de la France et de l'Espagne. Ils écrivaient à Philadelphie que la rupture entre la France et la Grande-Bretagne ne tarderait pas à se produire : « l'An-« gleterre commence à être très irritée contre cette cour-ci et, pen-« sons-nous, avec beaucoup de raison », et ils pouvaient se rendre cette justice qu'ils ne ménageaient pas les efforts pour que la raison devînt plus forte ou eût plus d'effet. Nos flottes leur paraissaient être prêtes, celles de l'Espagne se préparer, et ils les trouvaient supérieures ensemble aux flottes de l'Angleterre; ils voyaient là les présages qu'ils souhaitaient, jugeaient les évènements très près d'arriver et s'efforçaient d'en rapprocher l'heure :

Le ton de la cour s'élève en conséquence, mandaient-ils en développant ces idées; on dit que ces jours derniers le lord Stormont signifia au ministre que si les Américains continuaient à recevoir de l'aide et des armes, la paix ne pourrait être maintenue; il fut répondu : « Nous ne désirons pas la guerre « mais nous ne la craignons point. » Quand tout est prêt pour qu'elle arrive il faut peu de chose pour que soudainement elle éclate et l'opinion générale est que cela ne saurait durer encore une année[1].

Diplomatic correspondence, t. I, p. 280 et 281.

Pendant que, aidés par Beaumarchais, Franklin et ses collègues

[1] La réponse attribuée au ministre est à la fois en français et en anglais dans la lettre.

avaient mené à fin l'affaire de *l'Amphitrite* et expédié les autres navires, Silas Deane s'était attaché en particulier à créer une cause sérieuse d'irritation. Probablement, même, il la regarda comme décisive. Il lui avait été proposé de reprendre le projet manqué du marquis de la Fayette, de le reprendre dans des conditions de nature à beaucoup découvrir le gouvernement du roi. C'était une occasion trop favorable pour qu'il ne se fût pas empressé de la saisir.

ANNEXES DU CHAPITRE VI.

I

DU COUDRAY ET SES INTRIGUES.

[La plupart des militaires passés de France en Amérique se plaignirent amèrement, n'étant pas traités comme ils avaient conçu qu'ils devaient l'etre. Quelques-uns firent du bruit en réclamant l'exécution de leur contrat, mais personne autant que du Coudray. Arrivé, à la dérobée, sur un des navires frétés à Nantes, il reprit sans tarder près du Congrès les intrigues qu'il avait commencées en France pour se faire regarder comme un chef désigné par le gouvernement du roi. Aux termes de ses conventions avec Silas Deane il prétendait au grade de major général, et au commandement de l'artillerie et du génie en raison de l'importance que lui avaient reconnuë les ministres du roi. Ce fut l'occasion d'un vif émoi dans l'armée américaine; trois généraux envoyèrent leur démission au Congrès, qui les réprimanda mais se refusa à y donner suite[1]. Pour justifier ce qu'il exigeait, du Coudray avait adressé à cette

---

[1] Kapp (chap. VI) relate ces circonstances, sans doute d'après des notes de Kalb : « Un « grand cri d'indignation s'éleva dans l'armée « contre les prétentions de l'officier étranger. « Le général de brigade Knox, en sa qualité de « commandant de l'artillerie, menacé le pre- « mier dans sa position, fut bien entendu contre « lui. Quoique, sur le témoignage de Steuben, « Knox n'eût à ce moment aucune idée de la « manœuvre des pièces de campagne, et de leur « emploi pour l'attaque et la retraite, il n'avait « cependant aucune envie de céder sa place par « amour pour un étranger. Il gagna à sa cause « les majors généraux Greene et Sullivan et « ceux-ci, sur la foi du simple bruit que la « demande de du Coudray avait été acceptée, « envoyèrent leur démission. Le Congrès les « réprimanda et leur présenta leur menace « comme un empiétement sur ses droits et une « déclaration de méfiance contre sa justice, « puis leur demanda de lui faire des excuses, « tout en les laissant libres de reprendre leur « démission. Mais le 15 juillet 1777, il rejeta « aussi la convention entre du Coudray et Deane, « et, pour être juste envers les deux parties, il « nomma, le 11 août, le premier inspecteur « général de l'artillerie et des munitions avec « le grade de major général. »

assemblée, avec pièces à l'appui, un volumineux mémoire sous le titre de *Compte rendu à Mrs les députés de l'honorable Congrès des États-Unis d'Amérique*. Il y avait alors un mois qu'il avait pris terre. Les pièces produites étaient, disait-il, la copie des expéditions officielles; elles ont malheureusement disparu de son mémoire. Dès la première ligne, il affichait l'idée qu'il voulait donner de son rôle, par cet en-tête du premier paragraphe : *Du nombre et de la nature des munitions de guerre que le gouvernement français lui a confiées pour leur service*. La seconde partie : *De la manière dont ces secours avaient été obtenus, des retards et des embarras survenus et qui pourraient encore se produire*, était l'historique, à sa façon, de ce qui s'était passé depuis la fin de juillet 1776. Les autres parties suivaient sous les rubriques que voici :

3° *De la manière dont il a été traité avec Mr Deane leur envoyé pour ce qui le concerne personnellement.*

4° *De celle dont il l'a fait pour les officiers qui l'accompagnent.*

5° *Des sommes qu'il a reçû tant pour lui que pour ces officiers, et pour des approvisionnements d'instruments, d'outils, de médicaments qu'il ne pouvait tirer des magasins du Roy*[1].

Du Coudray expliquait que, particulièrement apprécié du comte de Saint-Germain, travaillant avec lui et avec le général directeur de l'artillerie, il avait été mis par leur ordre en rapport avec Barbeu Dubourg et par celui-ci avec Silas Deane, en vue de procurer des armes et du matériel de guerre aux Colonies soulevées, et qu'à partir de ce moment lui seul avait tout fait : c'est lui qui avait imaginé, pour tirer des arsenaux et expédier librement à l'Amérique les armements qui lui étaient destinés, de prétexter des demandes du ministre de la marine pour l'armée des colonies françaises; lui qui, grâce à la grande confiance qu'il inspirait, confiance telle qu'on lui avait, en quelque sorte, subordonné pour ces soins ceux-là mêmes qui étaient ses supérieurs en grade, avait donné l'idée de dresser les ordres en conséquence, comme ils furent libellés en effet. « M. Deane a dû le faire savoir au Congrès, écrivait-il; c'est à mon zèle pour vous servir, c'est à mon crédit que vous êtes redevables de l'étendue des secours accordés à votre agent, de la facilité avec laquelle ils l'ont été et ce n'est en rien au sieur de Beaumarchais; tout était achevé quand

[1] *États-Unis, Mémoires et Documents*, n° 15.

celui-ci est intervenu; il est intervenu comme intermédiaire du ministère politique qui, ne voulant pas agir ouvertement, a tenu à mettre en avant un homme qu'il pût aisément désavouer. » Du Coudray développe et détaille longuement ce thème. Rappelant les antécédents de Beaumarchais et leur peu de rapport avec de telles affaires, son *Compte rendu* attribue au caractère exclusivement commercial et tout de gain que celui-ci avait donné à l'assistance politique combinée par lui, du Coudray, et au bruit fait dans les ministères, dans les ports, dans le monde des fabricants et des fournisseurs par la maison Hortalès et Cie, les démarches du gouvernement anglais pour arrêter les expéditions, pour suspendre les livraisons, etc. Il affirme que par son entremise cette suspension avait été levée une première fois en septembre, une seconde en novembre. De retard en retard, suivant lui, le temps perdu avait amené jusqu'en décembre, en janvier même. A ce moment, Beaumarchais, voyant qu'il ne pourrait paraître l'unique auteur de l'assistance de la France, avait mis tout en jeu pour empêcher du Coudray de partir; mais celui-ci avait cédé aux instances de M. Deane, était retourné au Havre le 12 afin de s'embarquer sur *l'Amphitrite*; malheureusement, Beaumarchais, arrivé avant lui, avait jeté le désordre dans le chargement, fait enlever les canons et charger à leur place des toiles ou d'autres marchandises, accru le nombre des passagers; une fois en mer le vaisseau avait manqué de lest et de vivres, tandis qu'il était surchargé de personnes; les fonds et les papiers nécessaires pour les éventualités de la traversée manquaient; après dix-sept jours il avait fallu relâcher à Lorient, où procès-verbal avait été dressé des mauvaises conditions de chargement du navire.

Le procès entre Beaumarchais et du Coudray n'a plus grand intérêt aujourd'hui; nous n'indiquerons donc que les faits généraux. Du Coudray rêvait, comme le comte de Broglie ou à côté de lui, une grande situation militaire en Amérique; il jugeait dès lors avoir besoin de donner à croire que Beaumarchais avait voulu l'empêcher de partir pour tirer, lui, le prix de services qu'il n'avait pas rendus. A cette fin, il se fondait sur l'ordre obtenu du ministre pour le retenir sur le continent, quand il fut rentré à Lorient. Il présentait cet ordre comme étant dans l'intention de Beaumarchais dès l'origine. Ce dernier, au contraire, n'avait pu se plaindre assez des lenteurs et des entraves mises par du Coudray au départ de *l'Amphitrite* : « Je ne sais ce que fait Mr Ducoudrai

« à Versailles, écrivait-il à M. de Vergennes le 2 décembre 1776; il y est de-
« puis vendredi. Il n'attendait que deux ou trois expéditions de M. de Sartines,
« et voila trois jours que je n'ai vent ni nouvelles de lui. Tout est parti, tout
« attend. Moi-même je suis sur les épines. Qui peut donc le retenir? Le vais-
« seau est à l'anchre en rade. Pourquoi ne puis-je tout délibérer, et tout faire?
« Rien ne serait retardé, et mon vaisseau serait déjà dans l'Amérique [1]. » Mais
le *Compte rendu*, continuant son thème, explique qu'une fois à Lorient du
Coudray était allé avec Conway et un autre officier, Roger, qui parlait l'anglais, chercher à Nantes un pilote et les moyens de régulariser le chargement;
qu'il en avait rapporté de l'argent, des cartes marines, des renseignements de
route et aurait repris la mer sans les vents contraires; que ces vents devant
durer une quinzaine, il était venu à Paris prévenir contre les dires de Beaumarchais M. Franklin, qu'il avait appris avoir remplacé Deane, hâter le départ
du matériel resté au Havre et ailleurs, et qu'enfin, retourné rapidement à
Lorient pour déjouer les machinations des agents de Beaumarchais, qui cher-
chaient à le rendre responsable de la relâche du navire, il allait remettre à
la voile le 24 janvier, les vents étant bons, quand le commissaire de marine
lui avait notifié l'ordre de se rendre à Metz. Ces faits étaient matériellement
vrais, mais les raisons données ou l'enchaînement qu'il présentait inexacts.
Il ajoutait cette autre assertion, contraire à la vérité, que ce dernier ordre
avait été obtenu par l'ambassade d'Angleterre, mise en éveil sous main par
Beaumarchais, qui était désireux d'arriver ainsi à l'empêcher de venir en
Amérique déranger le plan de réunir dans ses mains toutes les affaires de
guerre, de politique et de commerce de ce pays, et, dans cette vue, de se
faire tout d'abord un mérite des munitions de guerre accordées par les soins
de du Coudray. C'est pourquoi, disait le *Compte rendu*, l'ordre de ne pas
partir concernait du Coudray seul, visait uniquement sa personne, puisqu'il
mit *l'Amphitrite* en mer le surlendemain; pourquoi à Nantes, où il s'était
rapidement rendu de nouveau pour échapper à la mesure jugée par lui n'être
qu'apparente, il s'était vu refuser le passage sur *le Mercure*, à la fois par les
agents de Beaumarchais qui l'avait armé et par le neveu de Franklin que la
légation avait envoyé pour présider à l'embarquement. Il était alors revenu à

---

[1] *Angleterre*, t. 519, n° 67.

Paris, y avait complété ses certitudes sur les machinations de Beaumarchais, avait appris que, « par argent ou par l'ivresse », le secrétaire de celui-ci avait obtenu du capitaine de *l'Amphitrite* des déclarations contraires à celles des premiers jours; que Deane s'y était laissé prendre, blessé par l'erreur, aussitôt humblement et sincèrement réparée cependant, de l'avoir supposé rappelé et remplacé par M. Franklin; que, s'étant assuré du concours des ministres de la guerre et de la marine, il avait envoyé à Deane le chevalier de Chatellux par qui il avait, au commencement, traité avec ce délégué, envoyé à Franklin le duc de la Rochefoucaud, leur premier intermédiaire, et qu'instruits de tout par ces messieurs, les deux représentants du Congrès lui avaient donné pour le président une lettre de recommandation effaçant tout ce qu'à l'instigation de Beaumarchais Deane avait écrit de contraire; qu'enfin, comptant voir le Gouvernement lever l'embargo mis, en suite des indiscrétions et des imprudences de Beaumarchais, sur les navires destinés à porter en Amérique les munitions que lui, du Coudray, avait rassemblées pour elle, il s'était hâté de prendre la mer et d'échapper aux poursuites auxquelles on porterait l'ambassade anglaise à se livrer si elle apprenait sa présence à Paris; car elle n'avait que trop le désir que l'ordre par elle obtenu de lui faire rejoindre sa brigade à Metz s'exécutât aussitôt.

Ainsi du Coudray, une fois en Amérique, s'empressait d'accuser Beaumarchais de ce qu'il entendait faire, lui, pour son propre compte. Et il accusait non seulement Beaumarchais, mais par voie de conséquence Silas Deane, de complicité, et forcément M. de Vergennes. Il opposait ouvertement à ce ministre MM. de Saint-Germain et de Sartine, ce à quoi d'ailleurs, dans le détail de ses menées, il s'était appliqué à Paris et au Havre. *L'Amphitrite* avait bien, paraît-il, été mal pourvue et son chargement s'était trouvé sans équilibre, une fois l'artillerie retirée pour que l'on pût mettre à la voile de façon à ne plus légitimer l'opposition de l'ambassade anglaise. Mais du Coudray s'était fait un parti des officiers qui la montaient. Ses trames étaient déjà ourdies lorsque les courtiers de Beaumarchais et de Deane voulurent remettre le vaisseau en route. Ces officiers refusèrent de partir sans leur prétendu chef; il fallut des efforts tenaces, le *Compte rendu* même le montre, pour y donner passage à M. de la Rouerie, lieutenant aux gardes d'une valeur réelle, qui gênait sans doute autrement que parce qu'il était un passager de plus. On est autorisé à penser que du Coudray voulait, par-dessus tout, assurer à ses menées la sanction de Franklin, convaincu, en produisant avec cette recommandation-là la copie des pièces administratives qui constataient les offices par lui remplis pour procurer des armes à l'Amérique, de ne pouvoir paraître au Congrès autrement que le représentant véritable du gouvernement du roi à l'armée *insurgente*. L'intérêt qu'il avait à ce plan est très visible, tandis que Beaumarchais, à qui il impute de l'avoir conçu pour lui-même, n'en avait point de pareil, et n'était mû que par un simple intérêt d'affaires, intérêt parfaitement légitime puisque ç'avait été le moyen positivement pris pour créer la maison Hortalès et Cie au profit des Américains.

Ce n'est pas du Coudray, quoi qu'il en dise, qui fit partir *l'Amphitrite,* ce sont les agents de Beaumarchais. « Reprendre la mer sous peu de jours, » ainsi que l'officier mandait à celui-ci compter le faire, en insistant pour qu'on n'ébruitât pas sa présence dans les eaux de Lorient, était si peu son projet qu'il s'était hâté de venir essayer à Paris, sur Franklin et sur Deane, les manœuvres qu'il raconte. Ce dernier, écrivant au comité de Philadelphie le 20 janvier, l'instruit de la rentrée au port du navire dans des termes pleins du regret d'avoir connu du Coudray, et, sur ce chapitre, il n'écrivait probablement pas à l'insu de Franklin :

..... Le capitaine a protesté qu'il retournait sur les ordres positifs de Mons. du Coudray, à qui un pouvoir supérieur aurait été donné.

Je n'ai pas le temps d'éclaircir un point aussi douteux.....; mais les conséquences ont été mauvaises. Je puis dire ceci que ç'a été le rôle d'un homme non sérieux et sans jugement..... Il a ainsi ravivé les alarmes du ministère et occasionné un second contre-ordre. Monsieur du Coudray n'a eu évidemment en vue que ses propres convenances, ses avantages, son bénéfice personnel au lieu de faire partir sur-le-champ le navire et de prévenir ainsi des contestations, il l'a quitté, est retourné à Paris, sans que je puisse trouver un motif expliquant sa conduite; et il s'est mis en tête de passer en Amérique sur un navire sans artillerie, projet inconséquent, absurde, contraire à nos conventions primitives et à notre accord constant, car je ne m'étais engagé avec cet homme que pour l'artillerie; il devait la procurer, l'expédier, la surveiller en personne. Son manquement à cette clause et tout le reste de sa conduite me font désirer qu'il ne puisse pas arriver du tout en Amérique. Je ne me dissimule pas que ma situation difficile vous affectera; c'est pourquoi, s'il est

possible, j'empêcherai son départ. C'est tout ce que je puis vous dire sur ce sujet, laissé à mes soins seuls par mes collègues.
Diplomatic correspondence, t. I.

C'est le 6 février que fut donnée la recommandation arrachée à Franklin et à Deane même, par MM. de Chatellux et de la Rochefoucaud[1]. Pendant ce temps, Beaumarchais suivait les démarches du machinateur que les circonstances l'avaient si mal à propos conduit à introduire dans ses rapports avec les Américains. Dans la soirée du 2 février, il apprenait sa présence à Paris; le lendemain matin il écrivait à M. de Vergennes :

Paris, le 3 f^{er} 1777.

B

Monsieur le Comte

Lorsque le ministère a renvoyé Mr Ducoudrai joindre son corps a Metz, il a voulu sans doute arrester le bruit et punir les indiscrétions de cet officier. Je ne suis entré pour rien dans cet acte d'autorité que je n'ai su que longtems après le depart de l'ordre. J'avais mesme retenu toute plainte personelle et renfermé le vif ressentiment que j'avais de sa conduite. Aujourdui je suis forcé de vous prévenir que cet officier au lieu d'aller droit a Mètz sans passer par Paris ainsi que le portait l'ordre a ce que m'a dit M^r le Cte de Maurepas, cet officier dis je est a Paris où il fait des memoires et prétend justifier ses variantes inouies d'embarquement faire beaucoup de bruit et surtout me faire un peu de mal.

Sitot que j appris hier au soir son arrivée je fus chéz M^r Le Noir a qui je dis qu il importait beaucoup a M^{rs} les comtes de Vergennes et de Maurepas de savoir promptement quel hotel garni habitaït actuellement Mr Ducoudrai arrivé vendredi de Nantes a Paris. Comme il a changé de nom; j'ai prié M^r Le Noir de faire suivre M^r le ch^{er} du Barberin dont je lui ai donné la demeure, parce que cet officier d'artillerie est celui qui fait mouvoir contre moi toute celle de Mr Ducoudrai.

Avant ce soir on saura par ce moyen où loge ce dernier Mr Lenoir m'a promis de vous le mander sur le champ. Vous voyés Monsieur le Comte, tout le mal qui resulterait des mouvemens bruyants de Mr Ducoudray. Déja ses amis sont en l'air et les sociétés prennent parti. Déja M^{rs} de St Germain et Monte Barré ont recu des

---

[1] *Diplomatic correspondence*, t. I, p. 264 : *To the president of congress*. Il y était dit que « des circonstances fortuites avaient empêché qu'il s'en allât avec *l'Amphitrite*, mais que son zèle pour leur cause et son vif désir de le prouver l'engageaient à surmonter tous les obstacles et à se rendre en Amérique à la première occasion; qu'il était propre à rendre beaucoup de services et former des officiers pour cette campagne et les suivantes », etc.

mémoires. M⁽ʳ⁾ de Gribauval se remue; et moi chétif je suis la victime qu'on prétend dévouer a sa colere.

Si cet officier etait d'un genre a pouvoir en parler ouvertement je ne ferais que rire des efforts de cet ambitieux. Mais comment croire que vous laisserés a Paris propager pour lequel seul (*sic*) vous avés delivré les Américains d'un si rude porte-voix que M⁽ʳ⁾ Ducoudrai ? Mon malheur est de l'avoir connu celui des Américains de l'avoir choisi et préféré a M⁽ʳ⁾ de Bellegarde. Celui du ministere serait de le laisser faire a Paris tout le bruit auquel il se prépare. Pour moi je consens d y laisser ma teste si je ne prouve pas que j'ai épuisé toutes les ressources de la prudence et de la moderation en cette affaire. Mais c'est au ministère seul que je dois ce compte et non au public.

Vous voila prévenu Monsieur le Comte. Conferés en je vous prie avec M⁽ʳ⁾ de Maurepas; mais quelque parti que vous preniés il ne serait pas mal que vous fissiés prier par M⁽ʳ⁾ Le Noir M⁽ʳ⁾ du Barberin de se meller de ses affaires.

Je n'ai pas encore les ordres de livraison de M⁽ʳ⁾ de Sartines et je viens d'avoir une scene désagreable avec les Américains sur ces canons. Je me mèts a vos pieds Monsieur le Comte, faites un généreux effort pour moi. Ou les vaisseaux iront droit a S⁽ᵗ⁾ Domingues ou l'artillerie sera enlevée de nos ports sur des batimens etrangers. N'est ce pas obvier a tout ? Mais a quoi peut servir la perte du tems ? Si vous saviés comme les Anglais pressent en secrèt pour la reconciliation, vous vous hateriés bien vite de me livrer mon artillerie afin que je puisse donner a mes amis la satisfaction qui peut seule eloigner leur cœur des sollicitations anglaises !

Angleterre, t. 521, n° 70.

Beaumarchais, à la fin du billet par lequel il remerciait avec effusion M. de Vergennes d'avoir rouvert pour lui les magasins de l'artillerie et par là rendu son action possible, disait au ministre :

Si c'est bien sérieusement que M⁽ʳ⁾ Ducoudrai doit s'en retourner a Mètz; il est a propos Monsieur le Comte que vous me le mandiés au plutot; car ses 15 officiers, dont aucun n'a voulu s'embarquer sans lui ont besoin de recevoir de moi de nouvelles notions sur leur conduite, et rien ne poura les contenir que la certitude pour ou contre du sort de leur insensé conducteur. Ils deviendront bien doux et silencieux dès qu ils seront surs que leur général est redevenu simple membre du corps de l'artillerie de France. J'attends votre réponse pour écrire.

Ibid., n° 71.

ANNEXES DU CHAPITRE VI.

Quand Deane eut mis le Congrès au courant de ce qu'avait fait du Coudray à Paris, il écrivit sans retard à Beaumarchais la lettre suivante; c'était le 8 février :

Monsieur.

Il est vrai qu'à la sollicitation du chevalier de Chatelux et de M⁺ le duc de la Rochefoucault, j'ai signé une lettre qui atteste simplement que M⁺ du Coudray a la reputation d'être un bon officier, et avait été très bien recommandé. J'ai neanmoins refusé de signer jusqu'à ce que ces deux Messieurs m'ayent engagé leur parole d'honneur qu'il n'en serait fait aucun usage en France, et même que personne ne la verrait, et qu'aussitot que du Coudray l'aurait, il partirait comme il pourrait : vous n'ignorez pas ce qui s'en est suivi, sa conduite en cette occasion peut aussi bien que mille témoins confirmer mes premiers soupçons sur lui. La conduite etrange, ingrate et perfide de cet homme me mortifie et m'embarasse etrangement, et comme je voudrais de tout mon cœur ne l'avoir jamais connu, je souhaite egalement qu'il ne voye de sa vie l'Amérique, et si j'en etais le maitre, il ne la verrait certainement jamais. J'espère que le tems viendra bientot, auquel je pourrai m'expliquer clairement sur le tout! en attendant comme il a eu la hardiesse de vous faire demander d'obtenir pour lui la liberté de partir, cette lettre ci vous prouvera combien je desire sincerement le contraire. M⁺ Carmichaël qui est parfaitement instruit de la maniere avec laquelle on en a agi avec moi et de mes sentimens, vous donnera sur tout cela une plus ample explication.

J'ai l'honneur d'être très parfaitement Monsieur votre très humble et très obeissant serviteur

S. DEANE.

Angleterre, t. 521, n° 83. (Traduction de Beaumarchais.)

Mais du Coudray n'avait pas attendu que M. de Vergennes fût avisé. Comme le *Compte rendu* l'explique, il avait rejoint Nantes, fort de l'assentiment qu'il tenait des bureaux de la Guerre, et, pour essayer de jouir aux États-Unis du bénéfice de ses trames, il était monté sur un des navires préparés. Beaumarchais en envoyant à M. de Vergennes la lettre de Silas Deane, lui écrivait :

Paris 10 fevrier 1777.

Monsieur le Comte

C'est après y avoir murement réfléchi; c'est après avoir lu la lettre qui m'est écrite par M⁺ Deane dont je vous envoye la traduction; c'est après avoir recu ce matin par mon secrétaire tous les détails de la conduite de M⁺ Ducoudrai, que je vous supplie de regarder son passage en Amérique comme le plus grand mal qui puisse arriver a cette malheureuse nation.

Les noms de fou, de traitre et de méchant, que M*r* Deane lui donne dans sa lettre sont le fruit d'une profonde affliction d'avoir connu cet officier.

Si ces considérations sont capables de vous émouvoir ainsi que M*r* le comte de Maurepas; apprenés que M*r* Ducoudrai est retourné a Nantes, que mon secrétaire l'a rencontré près d'Angers. Vous avés le tems de prendre un parti, nul vaisseau n'est prêt a le passer.

Le feu qui a pris hier au soir chéz moi, m'a empéché de finir un mémoire relatif a mes dernieres nouvelles et fort important a la cause que j'ai épousée.

Vous y verrés que je mèts au rang des plus grands dangers, pour le secrèt de la part que prend le ministère a mes opérations, le passage de M*r* Ducoudrai en Amérique.

Je ne vous parle point de ses folies dont la plus insigne est son retour a Nantes malgré les ordres de se rendre a Mètz parce qu'il parait que ses amis lui ont fait esperer de tout accomoder a Versailles. Ou sommes nous donc? Grand Dieu! Tout le monde se croit maitre ici!

En attendant mon mémoire que j'espere finir ce soir, je vous prie Monsieur le Comte de vouloir bien communiquer cette lettre a M*r* de Maurepas ainsi que la traduction de celle de M*r* Deane; et prendre le parti prompt qui convient a votre sagesse. Mais j'ai l'honneur de vous prévenir que soit a Paris soit a Métz soit en Amérique votre secrèt sera certainement compromis aussitot que M*r* Ducoudrai aura le pouvoir d'en parler a quelqu'un.

J'ai tout dit, maintenant, je n'en parlerai plus, c est a la sagesse du ministere a prévoir et prévenir le mal quand il est aussi surement indiqué.

Les indiscrétions de cet homme sont bien pires que celles qu'on redoutait dans Hopkins. Et cela est beaucoup plus grave que vous ne sauriés vous l'imaginer tant que vous n'aurés pas lu mon mémoire.

J'ai l'honneur de vous envoyer cette lettre par un exprés.

Angleterre, t. 521, n° 86.

Le ministre savait assurément tout cela, mais ne jugeait point que personnes et choses valussent un conflit avec son collègue de la Guerre. Élever des obstacles à l'embarquement de du Coudray ressortissait à la Marine; il mit Beaumarchais à même d'obtenir là des ordres, se doutant peut-être bien de la réponse que M. de Sartine lui ferait. Beaumarchais n'apprit probablement à M. de Vergennes rien que celui-ci n'eût prévu, en lui récrivant le lendemain :

Paris ce 11 fevrier 1777.

Monsieur le Comte

Je n'ai pas fait difficulté de présenter votre billet a Mr de Sartines, parce qu'ayant l'honneur d'en etre bien connu, je n'ai pas craint qu'il prettat a ma demarche un sens détourné : mais ce ministre n'ayant nulle inspection sur Mr Ducoudrai, m'a conseillé de porter votre billet a Mr de St Germain. Pardon, Monsieur le Comte. Mr de St Germain est l'ami de Mr de Gribauval, ce dernier est le protecteur outré de Ducoudrai. Chacun sait tout le mal que cet officier voudrait me faire. M'etant fait une loi de n'entrer avec personne en explication sur les motifs sages et pressans qui s'opposent au départ de cet officier, et sur la nécessité de prévenir ses indiscrétions, je puis etre taxé de persécuter celui a l'avancement duquel au contraire j'ai concouru de très bonne foi tant que je ne l'ai pas cru préjudiciable au bien du service : Il n'est dans mon caractere ni dans mes principes de me venger de personne. Il faudrait passer sa vie a cet odieux métier. Mais on ne manquerait pas de m'en accuser si Mr de St Germain disait a ses amis que je me suis rendu porteur de vos ordres.

Depuis que les oisifs de la cour et les accademiciens des sciences se croyent en droit d'entrer dans la politique et de la diriger; on ne saurait mettre des formes trop rigoureuses aux choses qui marquent. Encore a t'on bien de la peine a éviter le blame de ceux qui ne sachant ce qu'on fait ni pourquoi on le fait, veulent toujours substituer leur conjecture a leur ignorance.

Veuillés donc Monsieur le Comte, prévenir vous mesme Mr de St Germain de la necessité d'arretter les pas et la langue d'un indiscrèt, puis que l'execution des ordres doit émaner de ce ministre ou plutot, si vous me passés la liberté d'une reflexion hardie n'entrés dans aucun détail en faisant passer vos intentions; c'est le vrai moyen d'eviter tous les bavardages que des communications intimes occasionneront infailliblement.

La route de M. du Coudrai s'est dirigée droit a Nantes.

Angleterre, t. 521, n° 89.

Le biographe allemand de Kalb, dans le passage que nous avons cité en note au commencement des présentes observations, ajoute que du Coudray ne tarda pas à reconnaitre dans la commission d'inspecteur général, dont le Congrès consentit à l'investir, un moyen indirect d'écarter ses services. Cet emploi avait cependant été créé pour lui. La Fayette, dans une lettre écrite à Boismartin postérieurement (du camp de White-Marsh, le 23 octobre 1777), dit que du Coudray avait « tourné la tête » à beaucoup de membres du Congrès[1]. Mais les fonctions dont il s'agit n'étaient nullement définies; du Coudray demanda alors l'autorisation d'entrer dans l'armée comme volontaire, au simple grade de capitaine. Il se noya dans le Shuylkill le 16 septembre, en se rendant à l'armée, et il ne fut plus question de sa personne. Il prenait beaucoup de soin, dans son *Compte rendu*, pour expliquer que certaines parties du matériel fourni sur ses indications n'avaient pas une valeur bien grande : c'était probablement en vue de répondre à des plaintes qui s'étaient produites dans le courant de ses opérations. Le 18 décembre 1776, Kalb mandait en effet du Havre à Silas Deane :

Je n'ai pas pu faire part à M. du Coudray de l'idée défavorable qu'on vous a donnée des fusils, parce qu'il étoit parti. Mais si elle est fondée, comme j'en ai peur, cela prouveroit une friponnerie monstrueuse de quelqu'un, ou peut être de plusieurs personnes. Il est à craindre aussi que quelques-uns des chariots du train d'artillerie ne vaillent pas le fret. M. Monthieu est convenu avec moi, ou plutôt m'a avoué que les pelles et autres ustensiles de cette espèce ne valent pas le fret. Il le dit peut être parce que ce n'est pas lui qui les a fournis, car je n'en ai vu aucun. Je ne vois que beaucoup de jalousie parmi tous les hommes.

États-Unis, t. 1, n° 98.

Du reste, Beaumarchais ne méconnaissait pas la valeur de cet embarrassant personnage. Le 19 juillet, donnant des nouvelles d'Amérique, assez peu vérifiées, d'ailleurs, il écrivait à M. de Vergennes :

On me mande que le Ducoudrai a eté envoyé par Washington a Ticondérago pour deffendre la place. Quoi que cet homme soit fou par la teste et méchant par le cœur; je crois qu'il deffendra bien ce poste, il ne péche pas par ignorance, mais par la plus éffrénée ambition.]

Angleterre, t. 524, n° 14.

---

[1] *Papiers de Broglie*, aux Archives nationales (lettre imprimée dans le *Musée des Archives nationales*, p. 617 et 618). La Fayette paraît attribuer en grande partie à du Coudray le mauvais accueil que fit le Congrès aux officiers enrôlés par Deane. Le jeune major général avait entretenu le comte de Broglie dans une lettre ou dans des lettres antérieures à celle-ci, qui ne parvinrent pas ou qui n'ont pas été conservées. — Le *Musée des Archives* indique à tort la lettre du 23 octobre comme adressée au comte de Broglie. Il y est beaucoup question du comte, mais elle fut écrite à Boismartin, c'est très visible.

II

BEAUMARCHAIS À M. DE VERGENNES SUR UN EMPRUNT POUR LES AMÉRICAINS.

B
Monsieur le Comte

En supposant toujours que votre intention n'est pas que l'Amérique perisse ou se raccomode avec l'Angleterre, faute des secours qui lui sont indispensables pour se deffendre, si vous pouvés les lui procurer; en supposant aussi que mon travail et mon ministére n'ont pas céssé de vous etre agréables en cette partie; j'ai trouvé le moyen de soutenir les Américains, sans que vous soyés obligé de débourser des sommes considérables que vous n'avés point; mais de l'usage desquelles l'Amérique ne peut absolument se passer.

Si vous me regardés comme l'avocat importun de cette nation auprès du ministère de France, peut etre en ais je investi l'emploi comme une occupation aussi noble, qu'utile aux intérèts de mon paÿs. Mais comme je ne l'ai pas fait sans votre agrément secrèt; il faut bien aujourdui que vous m'ecoutiés, que vous m'aidiés mesme; si vous ne voulés pas laisser sans effèt un plan qui est sans danger.

Mr Deane est venu plusieurs fois traiter avec moi de cette grande affaire. Sa baze a lui, c'est que le Gouvernement doit servir de caution a l'emprumpt qu'ils feront. Mais tant que vous affecterés la neutralité, cela n'est pas possible.

Mon plan a moi, dont je ne vous donne ici que l'apercu, c'est. 1° de former moi mesme une société de négotians français et d'etrangers de plusieurs desquels j'ai déja les parolles.

2° De faire entrer dans la mise commune et pour ma portion, la masse de mes creances sur les Américains, et de faire partager d'avance a ma société les bénéfices de mes 1ers retours; a condition que chacun mettra dans l'affaire autant de fonds que je prouverai en avoir mis moi mesme.

3° Que tout ce qui poura etre utile a l'Amérique et se prendre en nature dans les magasins du Roi, sans nuire au service, me sera accordé sans difficulté, sous mon engagement de remettre en nature, ou de payer sous un terme semblable a celui que nous imposerons aux Américains.

4° Que vous me fournirés un moyen étranger aux Américains de donner a mon crédit actuel toute l'etendue dont j'aurais besoin pour etre chef de cette entreprise; ce qui est aussi facile que peu dispendieux.

5° Que vous me mettrés a mesme d'offrir a mes associés un attrait pour me les attacher. Mais comme celui qui se tire de l'espoir des bénéfices venant des Américains et par leurs retours a un caractére d'incertitude assés peu engageant; je vous en indiquerai quelqu'autre dont l'economique trésor royal n'aura pas a souffrir; mais qu'il m'est indispensable de mettre en avant, si je veux avoir un plein succès.

Voila Monsieur le Comte en peu de mots l'aperçu de mon opération qui n'est comme vous voyés, que de l'extention donnée adroitement a ce je fais depuis un an.

Avec tout cela, je ne me flatte pas de pretter aux Américains les deux millions sterlings qu'ils demandent; mais je leur pretterai bien 7 ou 8 millions de France; et filant le tems pour le reste, en faisant une navette non interrompue d'envois et de retours, nous pourons, en attendant les evenemens, fournir au moins l'etroit necessaire a cette brave nation, qu'il serait si absurde et si lache d'abandoñer quand elle brule de s'allier a nous.

Si vous ne reculés pas sur les choses que vous pouvés faire, sans vous compromettre; j'engage ma parole de réussir sur tout le reste.

Depuis 15 jours je suis abimé dans la méditation et les correspondances qu'exige cette affaire. Aujourdui je suis en etat de la traiter secretement avec vous et Mr de Maurepas, le soir que vous voudrés j'attendrai vos ordres.

Angleterre, t. 522, n° 53.

III

LETTRE DE GARNIER AU COMTE DE VERGENNES SUR DIVERSES ACCUSATIONS DES JOURNAUX ANGLAIS.

A Londres. Le 21 fevrier 1777.

Monseigneur,

J'ai beaucoup de grace à vous rendre d'avoir bien voulu m'avertir de ce qui vous est revenu sur ma partialité dans l'affaire d'Amerique. Quelle qu'elle puisse être, vous ne m'aurés pas reconnu au portrait qu'on vous a fait d'un insurgens à triple karat. Comme il faut que chacun soit de son païs, je laisse ce caractere au Sr Franklin.

C'est assés pour moi, Monseigneur, de sentir l'avantage d'être Français. A ce titre il est permis de faire des vœux pour les Americains, et je suis persuadé que ceux d'entre nous qui seront cités pour penser ainsi trouveront grace devant votre tribunal ainsi que devant celui de tout homme d'État.

Mes sentimens, Monseigneur, vous sont trop connus pour qu'il soit besoin de vous en renouveler ici la profession. Mais je me condamnerais moi-même si j'avais été capable de les divulguer en toute occasion. J'ose dire que vous rendés justice à ma circonspection en refusant toute créance à ce qui vous est revenu là dessus, car rien ne saurait être plus destitué de fondement. En scrutant ma memoire, je crois pouvoir assurer sur mon honneur que dans aucune circonstance je n'y ai donné lieu, et il serait autant contre mes principes que contre mon devoir d'en user autrement. Le sistème que j'ai toujours suivi dans ma place a été de donner un accès egal aux informations, avis et réflexions des deux partis. Je n'ai jamais eû d'autre regle de conduite sur cette affaire. Mais s'il peut, Monseigneur, vous être intéressant ou agréable de constater plus en détail la fausseté du raport qu'on vous a fait, je vous prie de me mettre à même de le faire complétement. J'ai tâché de servir le Roi avec autant de décence que de zèle. La satisfaction que Sa Majesté a daigné témoigner de ma conduite et l'honneur de votre bienveillance sont ma recompense. Elle m'est prétieuse et j'espere la conserver.

Je n'ai pas lieu d'être blessé de ce qui me revient ici du langage des ministres anglais sur mon compte, et j'ai toujours eû à me louer de leurs procedés. Il peut cependant se faire que quelques uns d'eux m'y croient depuis trop longtems et que ne pouvant ataquer ma conduite, ils me prêtent une liberté de langage qu'ils doivent suposer d'acord avec ma façon de penser, mais que j'aurais tort d'emploïer autre part que dans le sein de la confiance la plus intime. Si tel est leur desir, vous jugerés sans doute, Monseigneur, qu'il ne me convient ni d'y céder, ni de le combattre, et que je dois observer là dessus comme sur l'affaire d'Amerique une parfaite neutralité.

Quant à l'avis plus essentiel que la correspondance des insurgens passait par mon canal, et que c'étoit moi qui faisais remettre leurs lettres, je ne puis attribuer cette découverte à l'infidélité d'aucun domestique, aiant toujours reçû ou donné ces paquets moi-même de la main à la main, à l'exception de deux où trois lettres que vous m'aviés jadis fait l'honneur de me recommander adressées à Mr Lee que j'ai fait porter par un nommé Laurent, alors un de mes couriers, avec ordre de ne les délivrer qu'en main propre et d'en tirer un reçû. Comme il etait presque toujours à la campagne, il a falu y passer au moins dix fois pour chacune. Au surplus je n'ai jamais envoïé les lettres pour Mr Deane que sous votre couvert; et n'en ai jamais reçû qu'avec votre contreseing. Vous pensés bien, Monseigneur, que je n'ai parlé de cette correspondance à qui que ce soit qu'à M⁻ l'Ambassadeur. Le nom de M⁻ Deane etant fort connu, j'ai même toujours eû soin que ceux qui mettaient votre couvert aux paquets qui lui etaient destinés n'en vissent pas l'adresse. Mais tout le monde est imbû ici de l'idée que nous recevons en France les nouvelles d'Amerique de la premiere main, et qu'elles nous sont transmises à Londres. Il en est de même de beaucoup d'autres idées que la probabilité seule érige en assersions. Le tems viendra peut être où l'on s'en prendra plus amplement à nous de tous les malheurs de la guerre d'Amerique, car il ne convient pas aux ministres anglais d'en chercher la raison dans leurs propres erreurs ou dans les fausses informations d'après lesquelles ils se sont dirigés.

Je vous demande pardon, Monseigneur, de la longueur de cette lettre. S'il s'agissait de m'atribuer quelque mérite, elle aurait été plus courte; mais il m'est du moins essentiel d'ecarter jusqu'à l'ombre des démérites qu'on peut essaïer de me donner auprès de vous. Je ne joüe pas un rôle aussi passif, lorsque j'ai l'honneur de vous renouveler les témoignages de la reconnaissance et du respect avec lequel je suis

    Monseigneur
        Votre trés humble et trés obéissant serviteur

                                    GARNIER.

Angleterre, t. 521, n° 114.

IV

RAPPORT DE GÉRARD SUR LES POURPARLERS DE LA STATUE.

                                                        3 avril 1777.

Après avoir épuisé ce qui concerne l'histoire de M. le Mis de la Fayette, le Sr Deane me dit qu'il vouloit m'instruire de la suite de la négociation qu'un anonyme avoit entamée avec le Sr Carmichael et du commencement de laquelle le Docteur Franklin et lui avoient déjà rendu compte à M. le Cte de Vergennes. Le Sr Deane me protesta qu'il ne vouloit rien laisser ignorer au Gouvernement de ce qui se passoit et ne se conduire que par sa direction. En conséquence il me fit le récit suivant :

M. le Cte de Vergennes ayant jugé à propos qu'on continuât à se prêter aux conférences nocturnes qu'un inconnu anglais avoit proposées au Sr Carmichael, celui-ci se rendit de nouveau près de la statue de la place Vendôme avec l'instruction suggérée par ce ministre de témoigner que puisque l'Angleterre désiroit un accomodement, c'étoit à elle à en articuler la proposition et les conditions.

L'inconnu reprit avec plus de détails et de force que la première fois les discours qu'il avoit tenus, et qui se trouvoient entièrement semblables à ceux que le colonel Smith et Mr Vadel, liés intimement avec le Lord Germaine, avoient tenus à Douvres à un capitaine de navire américain. Il dit qu'il étoit honteux pour les Colonies de servir d'instrument vil et aveugle à la politique et à l'ambition de la France; que cette puissance en excitant leur résistance contre l'Angleterre n'avoit d'autre but que d'affoiblir l'Angleterre et ses colonies les unes par les autres, afin d'humilier l'une et de conquérir les autres. Il s'attacha à faire honte aux Américains et au S. Deane de leur erreur et de leur aveuglement. Jugez, lui dit-il, les intentions de la France et de l'Espagne par leur conduite; les secours qu'on vous donne sont on ne peut pas plus foibles ni plus insignifians; vous avez des conférences, on vous donne sans doute des espérances, mais il est certain qu'on ne fera jamais la guerre à l'Angleterre. Avez-vous jamais vu M. le C. de Maurepas, qui est le seul ministre dirigeant, et qui possède la confiance et le secret du roi de France, avez-vous la moindre assurance des vues et des sentimens de cette puissance et de l'Espagne? Soyez seur qu'on désire plutôt votre conquête par l'Angleterre que votre indépendance. Vous voyez donc clairement qu'on vous abandonnera : pourquoi donc ne pas adopter l'expédient honorable qui vous est présenté? Le gouvernement anglais est résolu de traiter avec vous à des conditions satisfaisantes; la dignité de la Couronne et celle du Parlement ne permettent pas de faire la première démarche; mais on ne désire que d'avoir une base quelconque et des ouvertures quelles qu'elles soyent, pour fonder une négociation qui sera bientôt terminée au contentement réciproque et qui operera une conciliation qui les mettra les uns et les autres en état de récupérer leurs pertes et de se venger de ceux qui ont fomenté leurs malheureuses divisions.

Le Sr Carmichael répondit que les députés n'étoient point autorisés à faire des propositions et qu'ils ne pouvoient pas en hasarder, attendu la forme du gouvernement et les dispositions des Colonies; que les bases qu'on demande se trouvent dans les pétitions qu'elles ont adressées au roi d'Angleterre, et dans leurs actes publics; mais que si l'on a des ouvertures à faire, le Sr Deane les transmettroit au Congrès. L'inconnu termina l'entretien en déclarant que ce seroit désormais le secrétaire de l'ambassadeur d'Angleterre qui suivroit cette affaire, et en effet il y a eu depuis une conférence avec lui, et hier soir on etoit convenu d'une seconde; on ignore encore le résultat de cette dernière.

ANNEXES DU CHAPITRE VI.

Ce secrétaire répeta dans sa première conférence des propos relatifs à la réconciliation entierement analogues à ceux du colonel Smith et du Sr Vadel et de l'inconnu de la place Vendôme, mais sans être aussi explicite sur les conséquences. Son but paroit également être de provoquer des ouvertures quelconques de la part des Colonies. Les discours de ces agens tendent tous à faire entendre que la reconnoissance de l'indépendance seroit la première condition de l'accomodement, et le Sr Deane est dans la persuasion qu'une expédition immédiate contre l'Amérique espagnole et les Îles françoises, par les forces combinées des Anglais et des Colonies seroit la seconde ainsi que Mrs Smith et Vadel l'ont dit positivement au capitaine de vaisseau américain et l'inconnu au Sr Carmichael.

Ce capitaine continue à voir le Sr Stoccant qui lui fait l'accueil le plus capable de le flatter. Cet homme simple, honnête mais bien intentionné en a la tête tournée et se croit destiné à être le pacificateur des deux nations. Le Sr Deane l'entretient dans cette illusion, en dirigeant toujours ses efforts vers le but d'obtenir des ouvertures plus positives et plus articulées. Ce capitaine assure que le colonel Smith n'etoit pas à Paris ces jours passés, parce qu'il l'auroit certainement vu; ainsi la conjecture que ce colonel étoit l'inconnu de la statue ne se trouve pas fondé, mais on a avis qu'il a dû ou qu'il doit arriver incessamment en France. Le docteur Bancroftt connu à l'ambassade de France en Angleterre et par les papiers publics, arrivant de Londres assure qu'il devait partir à peu près en même tems que lui. Au reste ce partisan zélé des Américains rapporte que la fermentation parmi le ministère anglois est très-grande, et le Sr Deane m'a dit qu'il s'imposoit silence à cet égard, parce qu'il ne vouloit pas, en débitant des conjectures et de simples probabilités, avoir l'air de chercher à irriter la France, dont il respectoit la politique, mais qu'il croyoit devoir aux faveurs et aux dispositions que les Colonies éprouvent de rendre un compte exact et fidèle des faits positifs et certains qui viennent à sa connoissance.

A Versailles, le 3 avril 1777.

GÉRARD.

CHAPITRE VII.

LE MARQUIS DE LA FAYETTE PART POUR L'AMÉRIQUE.

La Fayette est résolu à désobéir à la défense d'aller en Amérique; officiers du comte de Broglie qu'il fréquentait à Paris; son dessein arrêté de partir malgré les mauvaises nouvelles que l'on avait des *insurgents*. — Le comte appelle le marquis à Ruffec; on décide que celui-ci achètera un navire et emmènera Kalb et ses amis; fut-il initié aux vues de stathoudérat du comte de Broglie et déterminé par l'attrait d'être major général ? — Vérité probable des récits laissés par La Fayette; le frère de Boismartin achète à Bordeaux *la Victoire*; traité passé avec Deane pour l'enrôlement et pour les grades; pourquoi on laisse à ce traité la date du traité antérieurement conclu avec Kalb; clause particulière au marquis; fut-elle bien écrite à ce moment ? — Le marquis va à Londres chez l'ambassadeur son oncle; il revient ensuite à Paris; il en part pour Bordeaux le 16 mars avec Kalb. — Peu d'avancement des préparatifs de *la Victoire*; nécessité de l'enlever à la surveillance du port; actes d'embarquement des enrôlés; particularités de celui de La Fayette. — On descend à Pauillac; le marquis rejoint le lendemain; départ pour le Verdon et de là pour la baie de Saint-Sébastien; pourquoi l'on s'arrêtait si près et pourquoi le motif en échappait au baron de Kalb. — Étonnement de la maison de Noailles; comment La Fayette avait prévenu le duc d'Ayen; vive impression du public; contrariété présumée du Gouvernement; Silas Deane s'empresse de justifier auprès de M. de Vergennes sa participation à l'entreprise; comment on pouvait croire le ministre instruit par le comte de Broglie. — Persistance mise par le marquis à contredire l'assertion qu'il était parti malgré des défenses formelles; tentatives pour envoyer Pulawski en Amérique tout en prenant des mesures contre le passage d'autres officiers chez les *insurgents* et pour faire rentrer La Fayette. — Explications du duc de Noailles sur la conduite de son neveu; peu de sévérité de M. de Vergennes et de M. de Maurepas en lui répondant; ennuis que leur donnaient alors les libelles de Linguet; désaveu répété infligé d'ailleurs aux Français pris par les Anglais en Amérique. — On croit à Versailles que La Fayette a déféré aux ordres du roi et renoncé à son projet; manière différente au contraire dont il cherchait à l'effectuer; impatience de Kalb; sortie de Bordeaux à franc étrier; départ définitif pour l'Amérique; rôle que le comte de Mauroy avait peut-être rempli. — Comment les préoccupations sérieuses du Gouvernement étaient alors autre part; visite de Joseph II à Versailles; inquiétudes qu'en concevaient les conseillers du roi; mémoire de M. de Vergennes pour prémunir le monarque; politique de l'honnêteté sans conquêtes; la *Question sur les mesures à prendre pour se précautionner contre l'Angleterre*; importance secondaire qu'avait à côté de cela le départ de La Fayette; les improbations et les applaudissements. — Apparentes mesures du Gouvernement pour apaiser l'Angleterre; présages heureux que Franklin et Silas Deane montrent au Congrès; leur lettre recommandant La Fayette. — C'est bien le marquis et non Kalb qui emmenait l'expédition ; comment sa prééminence ne fut jamais trouvée pesante ; sa correspondance avec sa jeune femme ; ses sentiments politiques ; son amour de la gloire, idée qu'il y attachait ; son offre d'aller attaquer l'Angleterre dans l'Inde ; son souvenir pour la société de l'*Épée de bois* en touchant terre à Charlestown.

1777. Lorsque le baron de Kalb avait vu la mer fermée devant lui, à Nantes comme au Havre, et la dispersion de ses officiers sembler mettre fin à son entreprise, il était revenu à Paris, « attendre, dit son biographe, des circonstances meilleures ». Naturellement il retrouva Silas Deane. Il retrouva aussi les intimes qui suivaient sans bruit les projets du comte de Broglie afin d'y participer, le moment venu. Le jour même où l'Allemand était parti pour le Havre, le 8 décembre, Boismartin, répondant à un billet reçu le matin, donnait à celui-ci une sorte de bulletin de ce cercle d'amis. Sa lettre montre que le marquis de la Fayette était loin de regarder comme définitive l'interdiction opposée si vite à son élan. Noailles et Ségur, obligés de se soumettre, étaient demeurés « consternés » (c'est l'expression du dernier) de se voir arrêtés dans une expédition qui leur ouvrait des perspectives séduisantes ; La Fayette, libre, et à qui sa fortune donnait toutes les facilités, résolut de s'en aller sans eux. Dans un des trop courts mémoires qu'on a de lui, il raconte qu'en rhétorique il avait sacrifié un succès au plaisir de dépeindre comme le cheval parfait celui qui, « voyant la verge, renversait son cavalier ». Il décrivait là sa nature même. On peut dire qu'il venait d'apercevoir « la verge » et ne pensait qu'à la briser. Longtemps après il a tenu à affirmer encore qu'il décida de désobéir. S'est-il vanté en vue de la popularité qui l'entourait alors ? Les quelques documents qui nous restent de l'heure même ne permettent point de le penser. Dans ses fragments de mémoires il se montre parfaitement résolu tout de suite. Il n'y parle de l'incident que comme de « circonstances inutiles à rapporter ». Elles lui avaient appris, dit-il, « à n'attendre sur cet objet que des obstacles de sa famille », à agir désormais de lui-même ; partir malgré tout, sans regarder aux conséquences, devint son but dès ce moment. « Je comptai

« donc sur moi, a-t-il écrit, et osai prendre pour devise à mes armes
« ces mots : *Cur non,* afin qu'ils me servissent quelquefois d'encoura-
« gement et de réponse. » C'était la devise du maréchal de la Fayette.
Le jeune marquis la transportait sur son blason de branche cadette,
à la place du *vis sat contra fatum* qui y était inscrit précédemment[1]. Il
se croyait la fermeté qui maîtrise le destin et en appelait aux audaces
des marquisats. Les mois écoulés depuis sa confidence au comte de
Broglie n'étaient pas le temps d'école dont il avait profité le moins.

Le témoignage de Boismartin confirme ces dires du marquis.
Dans cette lettre du 8 décembre dont nous venons de parler, le secrétaire du comte mandait à Kalb :

Je me suis laissé gagner par MM. de Mauroy et de la Rozière pour dîner
avec eux. Le marquis de Lambert s'est entretenu longtemps avec moi, et j'ai
conversé à plusieurs reprises, pendant plus de trois heures, avec le marquis
de Lafayette. Vous l'avez vu lorsqu'il m'a quitté ce matin; je n'ai donc qu'à
vous entretenir de ce qui fut traité entre nous ce soir.

F. Kapp, ubi supra.

---

[1] Nous insérons ici, d'après un plat de reliure de la bibliothèque du marquis de la Fayette, ces armes telles qu'il se les fit alors. Elles se trouvent sur une plaquette in-4° appartenant à M. Paul Le Blanc : *Rapport à l'assemblée de l'administration provinciale de la Haute-Guienne, par M. Henry de Richeprey*. Ce rapport concerne l'année 1779.

1777.	Le marquis de Lambert, Mauroy, la Rozière : après Boismartin et Kalb, le comte de Broglie n'avait pas d'auxiliaires plus éprouvés. Mauroy était particulièrement estimé de lui, c'est pourquoi il avait dû être le second de Kalb sur *la Seine*. Les deux autres avaient pris une part active aux travaux de la diplomatie secrète. La Rozière, officier d'un réel mérite, après avoir été aux Indes avec La Caille, s'était trouvé avec le comte à Rosbach et à Bergen ; prisonnier de Frédéric II à Cassel, ce prince n'avait consenti que très tard à le rendre, sachant ce qu'il valait ; c'est lui qui avait fait, sur les côtes de la Grande-Bretagne, les relevés topographiques et toute l'étude de détail du plan d'invasion dressé pour Louis XV, et, dans cette mission périlleuse autant que délicate, on ne pouvait lui reprocher que la faute, dont les effets étaient à peine conjurés, de s'être lié à Londres avec le premier secrétaire de l'ambassade française, Éon de Beaumont, au point de lui avoir confié la garde de sa correspondance lorsqu'il crut devoir ne pas la conserver dans ses mains ; il avait été cause ainsi des inquiétudes auxquelles l'abus de confiance sur lequel Éon spécula donna lieu chez ce monarque, et de la disgrâce qui pesa par suite sans rémission sur le comte de Broglie dans l'esprit de Louis XVI.

La Fayette, bien que pris assez peu au sérieux, semble-t-il, quand il avait servi d'occasion ou de moyen, le premier jour, se tenait donc dans le milieu qu'inspiraient les visées ou les opinions du comte de Broglie, et il s'était trouvé un des derniers auprès de Kalb lors du départ de celui-ci pour le Havre, puisant à coup sûr plus d'impatience encore dans un entretien de la dernière heure. Sa conversation avec Boismartin avait roulé sur le dessein manqué et sur sa résolution de le reprendre. Il a été dit que le vicomte de Noailles avait fait demander au Gouvernement, par son beau-père, une commission d'officier pour les colonies anglaises. Il paraît que la réponse définitive venait d'être donnée, donnée par écrit, de manière qu'au besoin on pût la montrer à l'ambassade anglaise. Réponse négative, venant de M. de Maurepas lui-même. Avec plus de douceur de ton, elle reproduisait à peu près celle de M. de Vergennes à M. de Falquières; M. de Maurepas « ne savait rien de l'entrée d'officiers français au service des colonies anglaises; une démarche pareille serait un acte d'hostilité assurément contraire à la volonté du roi; le roi était du reste enchanté du témoignage que le vicomte de Noailles donnait de son zèle, mais celui-ci ne devait plus songer à aller en Amérique [1] ». Aussi Noailles renonçait-il décidément à ses vues. Mais les intentions de La Fayette étaient tout autres et Boismartin se plaisait à en informer le baron de Kalb :

> Notre jeune marquis n'est pas abattu pour cela; il a toujours la même envie de partir et se dispose à écrire à Ruffec pour en recevoir ses dernières instructions. Il envoie sa lettre seulement par la poste, cela laissera au marquis le temps suffisant pour réfléchir tranquillement, et au comte celui de formuler ses conseils. Je ne sais à quelle résolution s'arrêtera finalement Lafayette. M. de Noailles, ayant subitement abandonné son plan, travaillera probablement aussi pour faire renoncer le marquis à son entreprise, et sa famille le soutiendra dans ses efforts. J'aurai l'honneur de vous tenir au courant de tout ce qui se passe, si le temps le permet.
>
> F. Kapp, *ubi supra*, chap. v.

Dans une seconde lettre, le 14, Boismartin confirme ces détails sur le vicomte de Noailles et il annonce la résolution définitive du marquis : « M. de Maurepas, écrit-il, a renouvelé la défense faite au sujet du second gendre du duc d'Ayen, mais le marquis n'en est nullement découragé; il attend une réponse à la lettre qu'il m'a remise

---

[1] Boismartin tirait de là des augures très favorables pour l'expédition que Kalb était allé commencer : « Conformément à cette lettre « ministérielle (qui est juste comme elle doit « être quand on mentionne par écrit une chose « qui a été convenue verbalement), écrivait-il, « le vicomte de Noailles renonce à son plan. La « réponse de M. de Maurepas deviendra pro- « bablement publique, et sera communiquée « sans doute à lord Stormond; si cet ambassa- « deur et sa cour prennent cette réponse au sé- « rieux (je livre cela à votre jugement), on vous « laissera donc arriver tranquillement à Saint- « Domingue. »

1777. pour le comte et suivra le conseil qu'on lui donnera. C'est un excellent jeune homme, et il vous est sincèrement dévoué[1]. »

Tout semblait interdire de renouveler l'entreprise qui avait été sur le point de s'effectuer au Havre, à plus forte raison de reprendre le projet auquel le jeune marquis s'était complu, par soif d'action ou par instinct de renommée[2], et aussi par entraînement politique. Il n'était bruit que des défaites de Washington, de son armée réduite à 3,000 hommes par la désertion ou par le feu; l'Angleterre intimidait le gouvernement du roi; la mer était fermée aux vaisseaux des Américains comme à ceux d'Hortalès et Cie, les armateurs ne voulaient plus en livrer un seul et l'on disait que les Colonies avaient signé la paix avec la métropole. Le biographe de Kalb a le premier et seul, jusqu'à présent, fait connaître ou laissé entrevoir comment ce projet fut renoué et mené à fin. En présence d'évènements si contraires ou parce que le mirage s'était éloigné, le comte de Broglie abandonnait-il ses plans? Il n'eût guère été dans sa nature de le faire. L'ardeur du marquis dut plutôt exciter la sienne. Il est certain qu'il manda celui-ci à Ruffec avec Kalb. On les trouve bientôt réunis chez lui, où Boismartin est retourné. Au rapport sans doute exact de Kapp, le comte et Dubois furent d'avis que « sous aucun prétexte, et malgré les difficultés présentes, le voyage en Amérique ne devait être abandonné », ils conseillèrent même de l'exécuter sans retard et examinèrent avec Kalb et La Fayette les mesures à prendre. « Le résultat de leurs négociations, qui ne durèrent, du reste, que quelques jours, continue Kapp, fut que La Fayette se chargea d'acheter un navire, de le fréter, et de s'y embarquer en compagnie de Kalb et d'autres amis, pour aller directement en Amérique[3]. »

La résolution du marquis venait-elle de ce qu'il fut admis aux combinaisons concertées pour offrir aux États-Unis le stathoudérat du comte? Faut-il penser que, séduit par l'idée de se voir à vingt ans

---

[1] Kapp, *ubi supra*, chap. v. — [2] Le dernier mot est de Lamartine (*Histoire des Girondins*). — [3] Kapp, chap. vi.

un des généraux du futur état-major, il se hâta de lever les obstacles? On ne peut le dire. L'unique chose positive, c'est qu'il fit céder ces obstacles en prenant dans sa fortune le levier. S'il connut la mission de Kalb et s'y associa, il en a gardé le secret toute sa vie, et si l'on cherchait le motif de son silence dans le désir de ne pas diminuer le grand prestige acquis soudain à sa personne par la croyance que son élan avait entraîné tout le monde, il faudrait aussi remarquer que les autres confidents de ce secret ne l'auraient pas tous gardé comme lui. Directement ou à demi-mot, quelqu'un d'eux aurait démenti la prétention de La Fayette à la gloire d'avoir à lui seul porté la France au secours des colonies anglaises. Le biographe de Kalb a eu dans les mains la correspondance de famille de celui-ci, outre ses lettres au comte de Broglie, revenues d'ailleurs presque toutes au cabinet de M. de Vergennes; il ne peut point admettre que le baron, à cinquante ans, soldat éprouvé, brigadier du roi de France, ait été emmené en Amérique par La Fayette, capitaine encore enfant, sans services, et non La Fayette par lui; en historien imbu des prétentions modernes de sa nation, il est convaincu, qui plus est, que l'entreprise fut due à Kalb uniquement, à la propension de cet Allemand pour la liberté politique dont, à son avis, les Français par qui cette entreprise fut secondée ou faite ont absolument manqué; aurait-il perdu là l'occasion d'établir que le marquis mit en réalité, au concours décisif qu'il prêta, le prix d'être major général si jeune et qu'il savait aller coopérer tout uniment aux plans du comte de Broglie? Le baron de Kalb avait beaucoup d'avance dans l'esprit de Silas Deane; il serait sans doute écouté par lui s'il parlait de ce grade pour La Fayette, et sous ce rapport son appui pouvait n'être pas sans valeur. Mais l'âge entrait pour peu dans les considérations de l'Américain; celles qui tenaient à la personne du marquis avaient, on va le voir, assez de poids par elles-mêmes; l'intervention de Kalb ne dut pas en ajouter un bien sensible.

L'histoire peut se fier, nous semble-t-il, à la relation laissée par

1777.

378   LE MARQUIS DE LA FAYETTE

1777. La Fayette, relation fort succincte d'ailleurs. Il explique qu'il machina tout en secret avec Deane, ne voyant guère, pour plus de prudence, que le secrétaire de la légation, Carmichaël, mais aidé par de « discrets confidents, notamment par M. du Boismartin et par le comte de Broglie lui-même[1] ». Kalb était l'intermédiaire de ces confidents et ce fut probablement là tout son rôle. On se voyait hors de la demeure des envoyés, La Fayette l'indique. Demeure trop fréquentée, en effet, trop surveillée conséquemment par l'ambassade anglaise, pour que l'on pût y combiner sûrement des desseins dont la réussite exigerait plus que jamais qu'ils fussent cachés. Deane dit, de son côté, qu'il s'employa à ces nouveaux arrangements en dehors de ses collègues; semblant convenu entre eux, peut-être. On apprend en tout cas du biographe de Kalb que, le soir même où le marquis s'était chargé d'acheter un vaisseau, il avait été décidé qu'on aviserait à cela tout de suite, que l'on enverrait dans cette vue à Bordeaux le frère de Boismartin; celui-ci revenait d'y faire d'autres opérations et parut d'autant plus propre à celle-là. Juste au moment où le premier projet du comte était en préparation, ce frère, lieutenant d'infanterie à Port-au-Prince (le comte de Broglie l'appelle « le petit Dubois » dans sa lettre à Kalb du 11 décembre), était venu chercher en France des équipements et des armes pour son corps. C'est à Bordeaux qu'il avait fait ses achats et en avait pris livraison; il y conclut promptement marché pour un navire. Les armateurs[2] s'engagèrent à livrer au milieu de mars ce navire, qui s'appela *la Victoire*, pour 112,000 francs, dont La Fayette payerait un quart comptant, et les autres quarts dans les quinze mois qui devaient suivre[3].

---

[1] *Mémoires de ma main jusqu'en l'année 1780*, t. I des *Mémoires et Correspondances*. C'est à ce propos qu'il dit que « le cœur du comte de Broglie, après de vains efforts pour l'arrêter, le suivit avec une tendresse paternelle ».

[2] La maison *Reculez de Basmarins*, dit Kapp. C'était, en effet, une maison d'armements de Bordeaux : « *Reculez, P. Basmarin et Raimbaux*, armateurs vis-à-vis l'Intendance, lit-on « dans l'*Almanach du commerce, d'arts et métiers* « *pour la ville de Bordeaux et la province de* « *Gaienne.* » (1er volume, publié en 1781, p. 306. C'est le premier de la collection.)

[3] La Fayette a écrit qu'il appela le navire

Il était facile de convenir des grades, puisque Deane les avait déjà concédés. A la composition du nouvel état-major, on voit qu'une partie du précédent avait fait défection; il n'y a plus qu'un cadre de onze officiers partant avec La Fayette et Kalb, majors généraux[1], au lieu des quinze qui devaient suivre Kalb et Mauroy sur *la Seine*. On n'eut pas à changer la date du premier traité, mais à substituer seulement les enrôlés nouveaux aux anciens, en indiquant le jour où ils prendraient rang; c'est pourquoi le second traité est daté du 7 décembre 1776[2], comme le précédent, bien que l'on fût déjà en

la Victoire, pour faire de ce nom un présage; mais il n'y aurait rien d'impossible que cette dénomination fût déjà celle de ce petit bâtiment.

[1] Deux comme colonels, deux comme lieutenants-colonels, deux comme majors, trois comme capitaines, deux comme lieutenants.

[2] Voici ce traité tel qu'il est imprimé dans la *Diplomatic correspondence*, t. I, p. 96 à 100 :

LIST OF OFFICERS OF INFANTRY AND LIGHT TROOPS DESTINED TO SERVE IN THE ARMIES OF THE UNITED STATES OF NORTH AMERICA.

Names of officers.	Rank.	Commencement of their pay.
M. DE LA FAYETTE	major general	from the 7th december 1776.
Baron DE KALB	major general	7th november.
DELESSER	colonel	1st december.
DE VALFORT	colonel	1st december.
DE FAYOLS	lieutenant colonel	20th november.
DE FRANVAL	lieutenant colonel	1st december.
DUBOIS MARTIN	major	7th november.
DE GIMAT	major	1st december.
DE VRIGNY	captain	1st december.
DE BEDAULX CAPITAINE	captain	1st december.
DE LA COLOMBE	lieutenant	1st december.
CANDON	lieutenant	7th november.

The ranks and the pay, which the most honorable Congress shall affix to them to commence at the periods marked in the present list, have been agreed to by us the undersigned, Silas Deane, in quality of deputy of the American States general on the one part, the marquis de la Fayette and the baron de Kalb on the other part. Signed double at Paris this 7th of december, 1776.

SILAS DEANE.
The marquis DE LA FAYETTE.
DE KALB.

M. de Bedaulx était, parait-il, de ceux que du Coudray avait décidés à aller en Amérique;

février 1777. Deane, agissant tout seul, devait probablement reporter sa signature à un moment antérieur à celui où il avait appris l'arrivée de Franklin, puisque cette arrivée faisait cesser son premier rôle. Il signe en effet comme « député des États généraux américains », qui était son titre d'alors. D'autre part, Kalb, ainsi que les officiers compris dans le premier acte et qui restaient dans le nouveau, auraient tenu à reporter au jour de leur consentement la jouissance du grade pour lequel ils s'étaient enrôlés. La Fayette et Kalb, du reste, signèrent seuls le traité, qui porte la mention : « Fait en double. » Si l'on voulait une preuve, une présomption un peu fondée, tout au moins, que le marquis mena bien, comme il le dit, son affaire lui seul avec la légation américaine, on la trouverait dans un second acte qui lui est particulier et que le recueil des documents des États-Unis reproduit immédiatement après le premier. La Fayette y oblige l'Américain à motiver le grade élevé accordé à un gentilhomme si jeune; bien plus, il s'y réserve la faculté de quitter l'armée au premier appel de sa famille ou du roi. Inquiets au degré où l'étaient les commissaires de Passy en janvier 1777, menacés de rester désormais sans assistance, des offres comme celles que le marquis venait de rendre effectives légitimaient sans doute à leurs yeux une telle condition. Cette seconde partie de l'acte du 7 décembre, toutefois, ne fut-elle pas écrite au moment du départ seulement? Le jeune officier du régiment de Noailles, ayant eu le temps d'entendre des avis, de réfléchir à ce qu'il allait faire, aurait alors trouvé nécessaire de pré-

---

ou bien il eut avec ce dernier des rapports assez suivis pour que Beaumarchais crût devoir l'empêcher de partir, lors des embarquements au Havre. Le baron de Kalb, en effet, écrit à Silas Deane à son sujet, le 18 décembre : « M. Be-« daulx impatient de voir le docteur Franklin, « et voyant la lenteur de l'expédition ici, est allé « à Paris pour quelques jours. J'en suis fort « aise; vous éclaircirés mieux que personne les « soupçons que des gens mal intentionnés ont « élevés contre lui. Je pense qu'on l'a calomnié, « car j'ai suivi ici ses discours et ses liaisons, et « je n'ai rien trouvé dans sa conduite qui ne « prouve qu'il est un ami de l'Amérique. Ainsi « je pense qu'il seroit de toute injustice de de-« mander l'ordre particulier que M. de Beau-« marchais se propose d'obtenir pour que le « commissaire de la marine de ce port s'oppose « au départ de M. Bedaulx. » (*États-Unis*, t. 1, n° 98.)

ciser sa situation, et il était à même d'obtenir tout le prix que sa résolution valait? On serait porté par les termes mêmes de l'acte à penser que les choses eurent lieu ainsi, si l'on ne jugeait pas suffisantes les raisons que donne Silas Deane d'accepter ces stipulations tout de suite. La pièce est en deux parties; Deane y parle d'abord :

> Le désir que manifeste le marquis de la Fayette de prendre du service dans l'armée des États-Unis de l'Amérique du Nord et l'intérêt qu'il prend à la justice de leur cause le portent à souhaiter de se distinguer dans cette guerre et de s'y rendre aussi utile que possible; mais ne pensant pas pouvoir obtenir de sa famille la permission d'aller servir au delà des mers, dans un pays étranger, à moins que ce ne soit comme officier général, j'ai cru ne pas mieux agir pour mon pays et pour ceux de qui je tiens mon mandat qu'en lui garantissant, au nom du très honorable Congrès, le grade de major général. Je prie les États de le lui confirmer, de dresser et lui délivrer la commission nécessaire pour porter ce titre et prendre rang à compter de ce jour avec les officiers généraux du même ordre. Sa naissance élevée, ses alliances, les grandes dignités dont est revêtue sa famille à cette cour-ci, sa fortune considérable, sa valeur personnelle, sa réputation, sa nature généreuse et surtout l'attachement qu'il porte à la liberté de nos provinces justifieraient à eux seuls l'assurance que je lui donne, au nom des États-Unis, du grade de major général. En foi de quoi j'ai signé le présent acte ce 7 décembre 1776.
>
> SILAS DEANE.

Après quoi, La Fayette écrit de son côté :

> Sous les conditions exprimées ci-dessus, j'offre et promets de partir quand et comment M. Deane le jugera convenable pour servir les États-Unis avec tout le zèle possible, sans aucune pension ou indemnité particulière, me réservant la liberté de revenir en Europe quand ma famille ou mon roi me rappelleront.
>
> Fait à Paris, ce 7 décembre 1776.
>
> Le Marquis de la FAYETTE[1].

---

[1] *Diplomatic correspondence, ubi supra* : The « desire which the marquis de la Fayette « shows of serving among the troops of the « United States of North America, and the in- « terest which he takes in the justice of their « cause make him wish to distinguish himself

La Fayette a retracé très rapidement aussi les circonstances qui suivirent, c'est-à-dire comment, une fois tout conclu, il fit, avec son cousin le prince de Poix, une visite de trois semaines à Londres, chez son oncle de Noailles, afin de mieux dissimuler par son absence et par la fréquentation du monde l'expédition qu'il allait effectuer; comment, au retour, il ne vit personne de sa famille ou de ses amis, resta caché trois journées à Chaillot chez le baron de Kalb, puis, ayant pris congé des Américains, quitta Paris avec ce dernier pour rejoindre à Bordeaux ses officiers et son navire. Ces détails-là ont été vite connus; les nouvellistes les racontèrent, presque aussitôt, à peu près comme il les a retracés lui-même [1]. Mais les faits postérieurs à sa sortie de Paris n'ont pas eu une publicité semblable. Le biographe de Kalb, avant qui personne n'en avait parlé, nous apprend que les deux majors généraux partirent le soir du 16 mars. Ils étaient à Bordeaux le 19, La Fayette chez son autre oncle, le duc de Mouchy, intendant de Guyenne, cachant son projet comme à Londres sous les dehors d'une visite, et Kalb s'occupant des affaires du navire en armateur ordinaire. C'était non seulement un bâtiment qui avait été

« in this war, and to render himself as useful as he possibly can; but not thinking that he can obtain leave of his family to pass the seas, and serve in a foreign country, till he can go as a general officer, I have thought I could not better serve my country, and those who have intrusted me, than by granting to him in the name of the very honorable Congress the rank of major general, which I beg the States to confirm to him, to ratify and deliver to him the commission to hold and take rank, to count from this day, with the general officers of the same degree. His high birth, his alliances, the great dignities which his family holds at this court, his considerable estates in this realm, his personal merit, his reputation, his disinterestedness, and above all his zeal for the liberty of our provinces, are such as to induce me alone to promise him the rank of major general in the name of the United States. In witness of which I have signed the present, this 7th of december, 1776.

SILAS DEANE.

« On the conditions here explained I offer myself, and promise to depart when and how Mr Deane shall judge proper, to serve the United States with all possible zeal, without any pension or particular allowance, reserving to myself the liberty of returning to Europe when my family or my king shall recall me.

« Done at Paris this 7th december, 1776.

« The marquis DE LA FAYETTE. »

[1] L'*Espion anglais* parle notamment de son voyage à Londres presque littéralement comme lui. (Voir l'annexe II du présent chapitre.)

PART POUR L'AMÉRIQUE.   383

acheté, mais toute sa cargaison et avec elle le capitaine, un certain
Le Boursier. Les choses ne se trouvaient pas prêtes à bord. Le 20,
puis le 23, Kalb écrit à sa femme qu'il y a encore beaucoup à terminer; il redoute qu'après l'éclat qu'a dû produire la fuite de La
Fayette, la cour n'ait le temps d'empêcher le départ une fois de
plus[1]. La police maritime était d'ailleurs à craindre. Les prescriptions
envoyées dans les ports pour satisfaire l'Angleterre pouvaient n'être
qu'apparentes, elles n'existaient pas moins; si un agent de l'amirauté
les eût appliquées par hasard à *la Victoire*, même l'intention de ne
pas leur donner suite n'aurait pu empêcher que tout ne s'évanouît
en dévoilant qu'il s'agissait du marquis[2]. Il fallait donc aviser aux

1777.

---

[1] V. Kapp, *ubi supra*, chap. VI.

[2] On trouve la dépêche confidentielle suivante de M. de Sartine à l'ordonnateur (commissaire) dans la correspondance ministérielle de 1777 avec le port de Bordeaux (*Archives de la marine* de ce port) : « A Versailles, 8 mars « 1777. — *Pour vous seul.* — Je viens d'être « informé, M., qu'il devait s'armer à Bordeaux, « par actions, 2 navires français de 20 pièces « de canon chacun, pour l'Amérique anglaise. « Ces 2 navires, m'a-t-on dit, doivent se rendre « avec pavillon et équipage français à St Pierre « de Miquelon, ou à la hauteur de Miquelon, « d'où ils chercheront à gagner les ports de « l'Amérique pour y verser les munitions et les « divers effets dont ils sont chargés pour les « insurgents. Vous voudrez bien faire sans éclat « toutes les perquisitions nécessaires pour vous « assurer du fait; et dans le cas où vous seriez « parvenu à vous en procurer une connaissance certaine, vous préviendrez les armateurs « que cette expédition ne peut avoir lieu, et « que l'intention du Roi est qu'ils abandonnent « cette entreprise. Vous voudrez bien me rendre « compte le plus tôt qu'il vous sera possible « des informations que vous aurez prises à cet « égard et des démarches que vous aurez faites « en conséquence. — Je suis etc. — DE SARTINE. » — Le même jour, l'ordonnateur, M. de Lombard, écrivait au ministre, visiblement en réponse à des correspondances précédentes sur le même sujet : « ... A l'égard des « visites à faire à bord des navires étrangers « par les huissiers visiteurs, afin de prévenir « l'émigration des sujets du Roi, je suis persuadé que les officiers de l'amirauté veilleront « à ce qu'elles soient faites avec soin; mais je « dois, Mgr, vous observer à cet égard que ces « visites faites dans le port de Bordeaux n'apporteront aucun remède au mal qui peut « exister ; s'il est des sujets du Roi qui veuillent « émigrer par cette voie, ou s'engager comme « marins sur les navires étrangers; ils ne s'embarquent point dans le port de Bordeaux ; du « port à la sortie de la rivière, il y a 20 lieues; « dans cette étendue il y a plusieurs mouillages, « c'est à ceux de Pauillac ou du Verdon que les « émigrants vont joindre les navires; ils suivent « impunément de là leur destination sans l'inquiétude d'être arrêtés.

« Il serait possible d'y rémédier, le moyen « serait dispendieux, ce serait, Mgr, d'établir un « poste au Verdon, auquel serait préposé un « h^e de confiance qui avec une chaloupe armée

1777. derniers préparatifs pour échapper aux indiscrétions et aux maladresses. Dès le 21, les enrôlés prennent passage avec Kalb : d'abord Boismartin, Bedaulx, La Colombe et Candon; après eux, le même jour, Franval et Gimat; le 22, c'est le tour de Fayols, de Vrigny, de Valfort, de Lesser; le 24, celui de Capitaine et du chevalier du Buisson, ce dernier récemment venu se joindre à eux. La Fayette ne s'inscrit que le 22. Il donne uniquement son nom patronymique de Motier, suivi de la qualité de chevalier de Chavaniac, qu'il ne porta jamais, peut-être, que pour son voisinage, dans son enfance, et il ne figure qu'avec des serviteurs, en vue sans doute de mieux se dérober. Voici comment il signa et comment le capitaine Le Boursier rédigea l'acte sur le *Registre des passagers,* où l'on se contentait de l'à peu près dans les noms et où l'orthographe pouvait, paraît-il, être assez peu respectée [1] :

Jattes que Sr Gilbert du Mottie chevalier de Chavaillac age de 20 ans taille haute cheveux blond, Jean Simon Camu de la Villedieu en Franche Conté a la suite de M^r le chevalier age de 32 ans taille moyène cheveux blonds,

« visiterait tous les navires sortants de la ri« vière. Pour lors toutes fraudes tant sur les « navires français que sur les étrangers, seraient « arrêtées. » (*Archives de la marine* du port de Bordeaux : *Correspondance avec la cour,* année 1777, 8 mars.) — Nous avons fait de vains efforts pour trouver, aux archives de la marine ou aux archives départementales de Bordeaux, des traces du séjour du marquis de la Fayette dans cette ville. En dehors des pièces qui sont reproduites dans le présent chapitre, il n'a rien été découvert. Il est à présumer que les correspondances qu'il y eut à ce sujet furent toutes confidentielles, que le maréchal de Mouchy n'en a laissé subsister aucune et que la Marine n'en a pas reçu. Aux Affaires étrangères, où existent plusieurs lettres du duc de Mouchy à ces dates, celles qui pouvaient concerner le marquis ne se rencontrent plus. — Mes recherches ont été faites à Bordeaux en 1879; les archives départementales et celles de la ville étaient déjà parfaitement classées et inventoriées; les archives de la marine étaient partagées entre le commissariat, où elles se trouvaient bien en ordre, et le magasin des vivres de la marine; là régnait la confusion, et l'humidité altérait les pièces, sans parler d'autres causes de destruction.

[1] Nous transcrivons à l'annexe I du présent chapitre les actes d'embarquement de Kalb et des autres officiers; ils se suivent sans interruption dans le *Registre.* Il fallait, paraît-il, indiquer le lieu d'origine des embarqués; mais, à cet égard, on n'était pas difficile : c'est ainsi que Price, un Américain, qui partit sur *la Victoire,* est mentionné comme étant de Sauveterre, localité voisine de Bordeaux, Franval de la Réole et Gimat d'Agen.

Michel Moteau de Saclay pres Paris age de 27 ans taille moyenne cheveux blond a la meme suite, François Aman Rogé de Nantes, agé de 20 ans taille moyenne cheveux blonds a la suite de M. le baron de Caune, et Antoine Redon de Sarlat, age de 22 ans taille moyenne cheveux chatains, sont anciens catholiques lesquels desirent sembarquer sur la Victoire cap^e Lebourcier, pour aller au Cap ou ils vont pour affaires. A Bord^x le 22 mars 1777.

Gilbert du motier J. S. Camus.

Il fallait faire sortir du port *la Victoire,* pour la soustraire à la surveillance et la mettre au point de la rivière d'où, en une marée, elle pût atteindre la mer. Le 24, elle descendait à Pauillac. Le marquis l'y rejoignit le lendemain; on alla alors au Verdon et, le 26 à midi, elle les emportait tous à la baie de Saint-Sébastien, d'où seulement il entendait prendre la route d'Amérique. La correspondance presque quotidienne, à ce moment, du baron de Kalb avec sa femme a été très à propos conservée par son biographe. Elle forme les documents de ces détails, que La Fayette a négligés. Du Verdon, Kalb mande le matin du 26 :

Nous levons l'ancre par un temps superbe; je t'écrirai encore une fois avant mon arrivée en Amérique, parce que nous rentrerons dans un port européen et nous attendrons probablement à Saint-Sébastien le retour du courrier que nous avons envoyé à Paris.

Cet envoi d'un courrier à Paris est indiqué aussi dans les relations émanées du marquis. Il va donner lieu à des retards auxquels Kalb, en les regrettant, a attribué d'autres causes que la véritable. Ces causes ne doivent pas rester la version de l'histoire. Le 20, déjà, Kalb annonçait de Bordeaux l'expédition d'un courrier à la cour comme une chose concertée. Il en indiquait pour motif le besoin « d'être instruits de l'effet que produirait la nouvelle de leur départ et d'empêcher qu'on ne fît parvenir une défense d'embarquement ». On ne voit guère comment, s'étant mis si délibérément en route à Paris, une telle raison pouvait les arrêter maintenant, s'il n'en existait pas une plus sérieuse ou si celle-là ne cachait pas quelque chose que Kalb ne discernait point. Il n'avait pas les mêmes motifs de se préoccuper que son jeune camarade; c'est pourquoi l'explication des délais lui échappait. La Fayette, si léger que l'aient souvent dit ses détracteurs, paraît avoir envisagé sa position avec justesse et tenu à la couvrir. Ce qui semble se dégager des faits, c'est qu'il avait espéré partir avec l'autorisation du Gouvernement, grâce à l'appui de sa famille, dût-il forcer un peu l'assentiment de celle-ci en brusquant l'exécution. On va voir cette première conception échouer et le marquis en substituer aussitôt une autre. Il convient de retracer leurs péripéties respectives. Kapp a donné à cet égard des indications qui sont encore trop peu connues pour les omettre ici.

Ce n'est point au port de Saint-Sébastien mais à la petite baie voisine et cachée de Los Passajes que *la Victoire* avait relâché. En mettant à la voile à Pauillac, La Fayette était instruit déjà de l'émoi produit par son évasion de Paris. Le prince de Coigny, chargé par lui de le renseigner et d'agir, lui avait appris avec certitude que le duc d'Ayen était outré et s'employait à le faire revenir par ordre. Le marquis savait cela au moment d'aller à bord; « s'il n'avait pas été déjà dans le canot, écrivait son compagnon à Mme Kalb, le 6 avril, je crois qu'il serait retourné et, selon mon avis, il eût bien fait, mais il a voulu me demander conseil sur la démarche à faire. » L'ordre n'avait pas tardé, en effet. Le 29 mars, un courrier de Bordeaux l'apportait à Los Passajes même. C'était une promenade de dix mois en Italie, jusqu'en Sicile, un voyage d'exil par lettre de cachet, en compagnie de son beau-père[1]. Kalb est ici très précis dans sa correspondance conjugale. A l'insu de La Fayette, au moment même, il confirme ce

---

[1] Le marquis écrit à Mme de la Fayette, le 7 juin, encore en mer : « Cet exil prescrit jusqu'au « mois de janvier par le duc d'Ayen. »

qu'a rappelé celui-ci, avec une brièveté trop discrète, plusieurs années après. Kalb mande le 1ᵉʳ avril à la baronne :

> Nous n'avons pas besoin d'attendre ici le courrier de Paris, car on nous en a envoyé un de Bordeaux, qui est arrivé hier. Il apporte les ordres de la cour au marquis, lui enjoignant de se rendre à Toulon, et d'y attendre l'arrivée du duc d'Ayen et de la comtesse de Tessé, sa sœur, pour partir avec eux en Italie. De cette manière, il est revenu de son voyage en Amérique et de la guerre. A ce moment même, il part pour Bordeaux et de là il veut aller à Paris, si c'est possible, car il n'aime pas à aller en Italie. Je dois attendre maintenant le courrier que La Fayette m'enverra, ou de Bordeaux, s'il est obligé d'abandonner son voyage, après s'y être mieux instruit, auprès du commandant sur les ordres du roi, ou bien de Paris, si on l'autorise d'y aller, et s'il n'obtient pas l'assentiment du duc d'Ayen pour son voyage. Je viens de dîner avec le marquis à Saint-Sébastien d'où je l'ai vu partir. Je dois donc séjourner ici encore quelques jours. Je ne crois pas qu'il viendra me rejoindre et je lui ai conseillé de s'entendre avec l'armateur du vaisseau contre une perte de 20 à 25,000 francs.
>
> <div align="right">Kapp, <i>ubi supra</i>, chap. vi.</div>

Si le baron allemand avait eu alors les confidences du jeune homme, les sentiments qui se combattaient en celui-ci n'en éveillaient pas du tout chez lui de semblables. La passion juvénile de La Fayette pour la gloire; ses illusions d'enfant ardent désireux de se faire permettre formellement, par ses attaches, d'aller jouer un rôle qui serait déjà du lustre; la pensée qu'en commençant par agir il obligerait à l'approuver; la retenue de désobéir qui se joignait à son impatience, tout cela était d'un Français et d'un Français de la cour; mais c'était trop compliqué pour Kalb. Esprit positif, ayant une mission à remplir, ayant aussi des visées de carrière et un but que lui rendaient cher des goûts prononcés pour les jeux de la guerre[1], il se voyait près de manquer tout cela pour la seconde fois au moment

---

[1] C'est Kapp qui le dit.

1777. où il y touchait presque : il s'impatientait donc, uniquement; il avait « déconseillé La Fayette de s'entêter »; il l'avait « blâmé de cacher son départ à sa femme; jamais il ne l'eût laissé aller si loin si celui-ci lui eût confié à Paris ce qu'il lui a avoué depuis; La Fayette disait sans cesse que sa famille l'approuvait, que son beau-père même irait en Amérique avec Noailles[1] ». L'Allemand ne se doutait pas, évidemment, de la persistance dont le marquis était capable. A Paris et à Versailles, d'ailleurs, où l'on ne pouvait juger ce dernier que sur l'apparence, on n'en aurait pas eu l'idée davantage. On fut si surpris de sa tentative qu'on l'attribua aux motifs les plus imaginaires, et l'écho de ces interprétations est encore entendu parfois. Témoin de l'émoi et de l'irritation produits à l'hôtel de Noailles, Ségur a dit à ce sujet, bien que longtemps après : « Ce qui me frappa ce fut la surprise que

---

[1] Voici cette lettre à la baronne de Kalb. Celle-là et les autres que Kapp a transcrites constituent des documents à vrai dire français; il convient de les reprendre à l'Allemagne pour notre propre histoire : « Je me flattais « de recevoir hier au soir de Bordeaux des « nouvelles du marquis. Si ces nouvelles n'ar-« rivent pas aujourd'hui ou demain, je crains « que notre séjour ici ne soit de longue durée, « car il nous écrira seulement de Paris; en « effet, il est sûr que ni M. de Maurepas, ni « le duc d'Ayen ne lui donneront la permission « de nous rejoindre. Si le marquis ne s'est pas « entendu avec l'armateur, il est certain que ses « folies lui coûteront cher. Je dis folies, car sa « conduite était déraisonnable dès le moment « où il n'osait plus exécuter tranquillement son « entreprise et tenir tête aux menaces. La lettre « que le vicomte de Coigny lui adressa par « courrier à Bordeaux produisit chez lui ce « changement subit. S'il n'avait pas été déjà dans « le canot pour venir à bord de notre navire, « je crois que La Fayette serait retourné tout « de suite, et, selon mon avis, il eût bien fait. « Mais il a voulu venir me demander conseil « sur la démarche à faire, et je n'ai pas cru « devoir lui conseiller de tenir tête à son beau-« père ni de braver les ordres du roi. Au con-« traire, je lui ai recommandé une entière « soumission à sa famille et le maintien de ses « bonnes relations avec elle. Si le marquis ne « m'avait pas toujours dit qu'il avait l'approba-« tion du duc d'Ayen, je l'aurais déconseillé « d'aller si loin. Il me disait sans cesse que sa « famille approuvait ses plans, que son beau-« père même avait l'intention d'aller un jour en « Amérique avec son autre gendre, le vicomte « de Noailles; que Mme de la Fayette serait in-« formée de ses intentions par ses parents et « qu'elle les approuverait. Car je l'ai constam-« ment blâmé d'avoir voulu cacher son plan à « sa femme jusqu'après son départ. S'il m'avait « communiqué à Paris tout ce qu'il m'a dit de-« puis, je me serais opposé de toute ma force « contre ses plans. Maintenant l'affaire lui coû-« tera quelque argent. Mais si on lui dit qu'il « a fait une folie, il peut répondre qu'il l'a « commise pour des motifs honorables, et qu'il « peut regarder fièrement dans les yeux de tous « ceux qui pensent noblement. »

« témoigna la famille de La Fayette. Elle me parut d'autant plus plai-
« sante qu'elle m'apprit à quel point ses grands parents avaient jus-
« qu'alors mal jugé et mal connu son caractère. » La Fayette avait bien
informé le duc d'Ayen de son expédition par un pli daté de Londres,
et du 9 mars, mais qui ne partit, sa teneur même l'indique, que de
Bordeaux ou de la route; et s'il avait voulu dès ce jour-là poser devant
l'histoire, préparer un témoignage au sujet des sentiments auxquels
il cédait, il n'y aurait pas réussi mieux que par cette lettre, toute de
soumission respectueuse et qui respire la sincérité la plus naturelle :

Londres, 9 mars 1777.

Vous allez être étonné, mon cher papa, de ce que je vais vous mander; il
m'en a plus coûté que je ne puis vous l'exprimer pour ne pas vous consulter.
Mon respect, ma tendresse, ma confiance en vous doivent vous en assurer;
mais ma parole y était engagée, et vous ne m'auriez pas estimé si j'y avais
manqué; au lieu que la démarche que je fais vous donnera, j'espère, bonne
opinion au moins de ma bonne volonté. J'ai trouvé une occasion unique de
me distinguer et d'apprendre mon métier : je suis officier général dans l'armée
des États-Unis d'Amérique. Mon zèle pour leur cause et ma franchise ont
gagné leur confiance. De mon côté j'ai fait tout ce que j'ai pu pour eux, et
leurs intérêts me seront toujours plus chers que les miens. Enfin, mon cher
papa, dans ce moment je suis à Londres, attendant toujours des nouvelles de
mes amis; dès que j'en aurai je partirai d'ici et, sans m'arrêter à Paris, j'irai
m'embarquer sur un vaisseau que j'ai frété et qui m'appartient. Mes compagnons sont : M. le baron de Kalb, officier de la plus grande distinction, brigadier des armées du roi, et major-général au service des États-Unis, ainsi
que moi; et quelques officiers excellents qui veulent bien partager mes aven-
tures. Je suis au comble de ma joie d'avoir trouvé une si belle occasion de
faire quelque chose et de m'instruire. Je sais bien que je fais des sacrifices
énormes et qu'il m'en coûtera plus qu'à personne pour quitter ma famille, mes
amis, vous, mon cher papa, parce que je les aime plus tendrement qu'on n'a
jamais aimé. Mais ce voyage n'est pas long, on en fait tous les jours de plus
considérables pour son seul plaisir, et d'ailleurs j'espère en revenir plus digne
de tout ce qui aura la bonté de me regretter. Adieu, mon cher papa, j'espère

vous revoir bientôt, conservez-moi votre tendresse, j'ai bien envie de la mériter, et je la mérite déjà par celle que je sens pour vous, et le respect que conservera toute sa vie

Votre tendre fils,

LAFAYETTE.

J'arrive pour un instant à Paris, mon cher papa, ne prenant que le temps de vous dire adieu. Je voulais écrire à mon oncle et à Mme de Lusignem, mais je suis si pressé que je vous prie de vous charger de mes hommages.

Mémoires et Correspondances, t. I, p. 82.

Mais l'entreprise se trouva connue du public en même temps que la famille du marquis l'apprenait. Dans les dispositions à la guerre où se plaisaient les esprits, dans l'enthousiasme que ressentait la jeunesse, en toutes les classes, pour ces *insurgents* dont les efforts répondaient à la fois à l'antipathie contre l'Angleterre et aux séductions que présentait la liberté politique, ce fut un coup de théâtre. Les sentiments s'orientèrent soudain à son signal. A cet acte de témérité, les aspirations générales se reconnurent. Il enrôla tous les cœurs, comme La Fayette a dit que le sien avait été enrôlé du premier jour[1]. La maison de Noailles, sans parler du trouble jeté dans ses affections domestiques, dut nécessairement se faire croire inquiétée. Elle pouvait l'être d'ailleurs par les conséquences que pronostiquait plus d'un politique. Le Gouvernement, lui, se montra très impressionné. L'était-il? Voulait-il seulement le paraître? Sur cela, on n'est en situation de rien affirmer. En tout cas, fut-on autorisé à juger les ministres assez mécontents pour que Deane pensât, aussitôt, devoir défendre devant eux son entremise et couvrir l'honneur du marquis contre les commentaires qui se croisaient. Les explications ou les preuves données par lui n'ont pas été conservées toutes; celles dont on dispose laissent un peu voir qu'on n'était pas aussi ignorant de ce qui se

---

[1] « A la première connaissance de cette querelle, mon cœur fut enrôlé, et je ne songeai qu'à joindre mes drapeaux. » (*Mémoires de ma main*, etc., t. I, p. 9 des *Mémoires et Correspondances*.)

PART POUR L'AMÉRIQUE.   391

passait que l'on cherchait à le sembler[1]. Le 1ᵉʳ avril, dans cette con-   1777.
férence avec Gérard dont nous avons parlé, sur les intrigues par
lesquelles Franklin et Deane espéraient entraîner immédiatement la
cour, ce dernier explique tout d'abord longuement les faits au premier commis[2]; en rentrant chez lui, il lui écrit afin de les mieux
préciser. Nous traduisons à peu près textuellement :

> Monsieur,
> Vous avez ci-incluses deux lettres autographes du baron de Kalb, lesquelles
> je vous prie de présenter à Son Excellence le comte de Vergennes. Je m'en
> remets à la rectitude de ma conduite pour justifier ce que j'ai eu l'honneur
> de vous rapporter ce soir; quant aux faits, M. le comte de Broglie a reçu ce
> soir une lettre de M. le marquis de la Fayette qu'il communiquera. Je m'en
> rapporte à ce gentilhomme et veux avoir confiance dans la relation qu'il fera
> de cette affaire pour me justifier et, bien plus, me faire approuver puisque
> décider un très galant et aimable jeune gentilhomme à embrasser notre cause
> et à donner au monde l'exemple de sa bravoure native et héréditaire ne peut
> certainement pas m'être imputé à crime. Je n'ai rien à ajouter à ce que j'ai eu
> l'honneur de vous rapporter à ce sujet, si ce n'est que je me repose sur le
> comte de Broglie pour éclaircir soit les détails soit l'ensemble de ma conduite
> dans cette affaire; que mes collègues n'en ont eu nullement connaissance, pré-
> parée qu'elle a été en novembre dernier, longtemps avant leur arrivée, et que

---

[1] Les pièces qui avaient directement trait à la participation du Gouvernement dans les menées relatives à l'Amérique ont à peu près toutes disparu aux Affaires étrangères, à la Guerre, à la Marine, comme les copies d'ordres que du Coudray joignit à son *Compte rendu à l'honorable Congrès des États-Unis*. Il n'en reste aucune concernant le comte de Broglie, le baron de Kalb, La Fayette. Bien plus, dans les papiers privés de M. de Vergennes et dans ceux du cabinet du roi qui sont aux Archives nationales, il ne se trouve guère d'autres indications que celles qui ont été données indirectement dans les dépêches officielles ou dans des plis se rapportant soit à d'autres affaires, soit à la politique générale. Nous n'avons, croyons-nous, omis aucune des mentions présentées par ces documents-là.

[2] On a lu cette pièce à l'annexe IV du chapitre précédent : « Après avoir épuisé ce qui « concerne l'histoire de M. le Mⁱˢ de la Fayette, « le Sʳ Deane me dit qu'il vouloit m'instruire de « la suite de la négociation qu'un anonyme avoit « entamée avec le Sʳ Carmichael, » etc. Gérard parle de « l'histoire de M. de la Fayette » comme s'il s'agissait de quelque chose sur quoi l'on était depuis longtemps édifié et qu'il n'avait pas besoin d'entendre expliquer si longuement.

je ferai tout ce qui sera en mon pouvoir pour démontrer à qui que ce soit que ma conduite a été en cela absolument honorable[1].

Le lendemain matin, un second billet suit le premier, dont la remise n'a pu s'effectuer; il le confirme et y ajoute encore :

Monsieur,

J'envoyai l'incluse hier soir, quelques minutes après que vous aviez quitté Paris, je la fais donc porter en ce moment par mon exprès. Je ne peux que me sentir mal à l'aise jusqu'à ce que j'aie pleinement justifié ma conduite dans cette affaire et c'est pourquoi je me borne à vous demander de l'informer que je me repose sur lui pour montrer ces lettres, si c'est nécessaire, à Sa Majesté et à ses autres ministres [2].

Il semble donc assez probable que M. de Vergennes était tenu au courant ou qu'au moins il devait être informé par le comte de Broglie. Deux jours après, adressant directement au ministre le bulletin des

---

[1] Voici le texte anglais : « Sir, — You have inclosed two original letters from the Baron du Kalb, which please to present, to his Excellency the *Comte de Vergennes* and tell him, I refer to my uniform conduct to justify what I have had the honor of relating to you this evening; as to facts, Mons. Comte de Broglio has received this evening a letter from Mons. le *Marquis de Lafayette* which he will communicate. — I refer to that Nobleman, and am willing to rely on his relation of this affair, for my justification, more, for my approbation since to gain a most gallant and amiable young Nobleman, to espouse our cause, and to give to the world a specimen of his native and hereditary bravery, surely cannot be deemed criminal. I have nothing to add to what I have had the honor of relating to you personally on this subject, except that I rely on the Comte de Broglio to explain, any and every part of my conduct in this affair — that my colleagues have had no knowledge of it, as it was executed in november last long before their arrival, and that I shall do every thing in my power to satisfy every one, that my conduct has been of place so strictly honourable. —. I have the honor to be your most obed^t and very humble S. — S. Deane. — Ap^l 2^d 1777. » (*États-Unis*, t. 2, n° 89; reproduction originale.)

[2] « Sir. — I sent the inclosed last evening, a few minutes after you left Paris, and therefore now send my servant express with it. I cannot but feel uneasy untill I have fully vindicated my conduct in this affair; and therefore ask you, not only to inform him, that I rely upon him, to shew those letters, if necessary in my justification, to his Majesty and his other ministers. — I have the honor to remain with the utmost, Sir, your most obed^t and very hum. serv^t — Silas Deane. — Paris, 3 april 1777. » (*Ibid.*, n° 90.)

nouvelles que la légation venait de recevoir d'Amérique à la fin de février, Deane commençait son pli comme il suit :

Paris, 5 avril 1777.

Monsieur,

J'ai l'honneur de donner ici à Votre Excellence, comme je l'ai promis à M. Gérard, les copies de mes lettres relatives à M. de la Fayette, lesquelles vous agréeront, je pense. Je ne puis que dire que j'ai été très inquiet dans cette occasion, à cause de la délicatesse et de l'honneur du marquis, de voir se répandre des bruits préjudiciables dans l'un ou l'autre des deux pays. Aucun pays ne saurait avoir honte de lui et je suis certain qu'il prouvera un jour au monde que mon préjugé immédiat en sa faveur était bien fondé[1].

La Fayette n'a jamais vu émettre sans la réfuter l'assertion qu'il était parti « malgré l'opposition de son souverain ». Il a contredit cette assertion avancée dans ces termes mêmes par l'un des premiers biographes de Washington[2]. Il a tenu à indiquer comme plus exactes les versions de deux historiens de la révolution américaine qui le disaient positivement encouragé, tout au moins approuvé secrètement[3]. Peut-être était-il loin de déplaire à une partie du Gouvernement qu'un adolescent de si grande maison tentât cette entreprise. Ne la jugeait-on pas de nature à remuer toute la jeune noblesse, à fortifier par là à la cour l'opinion favorable à la guerre, et, pour quelques-uns, à faire redevenir possibles, au moment où l'on n'y comptait plus, les plans formés avec le comte de Broglie? on ne peut ni l'affirmer ni le nier. Le marquis a présenté les choses après coup de manière

---

[1] « To his Excellency Count de Vergennes. — « Paris 5th ap1 1777. — Sir, — I have the « honor of inclosing to your Excellency agree- « able to my promise to Mr Gerard copies of my « letters respecting Mons. La Fayette, which « I hope will be agreeable, and can only say, « I have felt much on the occasion, for the deli- « cate honor of the Marquiss, least some report « injurious to him should be spread, in either « country; — no country need be ashamed of « him, and I am sure he will one day justify « to the world, that my early prejudice in his « favor were well founded. » (*États-Unis*, t. 2, n° 93.)

[2] L'écrivain Marshall.

[3] Gordon et Ramsay. — Voir le *fragment* A de ses *Manuscrits*, dans le tome I des *Mémoires et Correspondances*, p. 67.

1777. à donner de la vraisemblance à cette supposition et il paraît avoir été un peu fondé à le faire[1]. Il écrira d'Amérique à M. de Maurepas personnellement, le 24 octobre : « Vous avez été ennuyé bien malgré « moi par la part qu'on vous fit prendre à mes premiers projets; » n'est-ce pas aux confidences dont le comte avait dû occuper M. de Vergennes qu'il fera ainsi allusion? Il dit plus loin : « Je suis venu ici sans « permission, j'y sers sans autre approbation que celle du silence[2]; » il ne semble pas improbable que ce ne fût là en effet le titre auquel on avait trouvé bon qu'il allât aux États-Unis. On tenait alors pour très important d'envoyer des officiers au Congrès. A la chambre des lords, en décembre, lord Cardiff dénonçait la France comme s'étant chargée de ce rôle dont il pronostiquait les dangers futurs. Dans le même temps où l'évasion de La Fayette causait tant de bruit, on cherchait à envoyer au service des *insurgents* Pulawski, à qui les évènements de Pologne avaient donné de la célébrité et à la fois enlevé toute existence; c'était Rulhière, un des auxiliaires politiques de M. de Vergennes, attaché aux archives de son ministère, qui était chargé de négocier cela avec Franklin. Abouchés le 1ᵉʳ mars, ils n'ont pas achevé le 12 avril. Ce jour-là, Rulhière rend réponse à quelqu'un qui pourrait bien être le comte de Chatellux, fort mêlé par entraînement à toutes ces manœuvres; il écrit qu'un mot de M. de Vergennes à Franklin lèvera les difficultés. Or le mot fut écrit ou une parole fut portée,

---

[1] « On jugera quel effet produisit à Versailles « la démarche éclatante d'un jeune homme mar- « quant par sa naissance et sa fortune, allié à « une des plus puissantes familles de la cour, « par qui le roi d'Angleterre et ses ministres « allaient se croire bravés et même moqués, et « dont le départ laisserait du doute sur la conni- « vence de l'ambassadeur. » (*Fragments extraits de divers manuscrits*, A, dans les *Mémoires et Correspondances*, t. I, p. 69.)

[2] *États-Unis*, t. 2. (Copie.) — Cette lettre, imprimée dans les *Mémoires et Correspondances*, y est indiquée comme adressée à M. de Vergennes. Elle se trouve en effet dans les pièces des Affaires étrangères. Mais ce fait constate uniquement qu'elle fut remise à ce ministre. La Fayette l'envoya à Boismartin par M. de Valfort, rentrant en France faute de pouvoir être employé aux États-Unis. Sa lettre d'envoi est celle dont nous avons parlé en note à la fin des annexes du précédent chapitre. Il y dit formellement que celle en question est destinée à M. de Maurepas, ajoutant, il est vrai, qu'il priait de la faire tenir à quelqu'un ayant qualité pour en prendre connaissance si M. de Maurepas avait disparu.

puisqu'en effet Pulawski ne tarda pas à s'embarquer; et cette correspondance a été retrouvée au milieu des papiers d'État, dans le cabinet des Affaires étrangères[1].

Quoi qu'il en soit, le Gouvernement agit ostensiblement, au sujet du gendre de la maison de Noailles, comme si sa politique était atteinte et son mécontentement indubitable. Un ordre est aussitôt signé par le roi, interdisant aux officiers de prendre du service aux colonies anglaises, et enjoignant « à ceux qui arriveraient dans les îles de l'Amé- « rique avec cette destination, notamment à M. le marquis de la « Fayette, d'en repartir sur-le-champ et de revenir en France ». Mais le ministre de la guerre, qui lance l'ordre, n'en adresse qu'une seule expédition au ministre de la marine, à qui appartenait l'exécution; et plutôt que de hâter cette exécution en se procurant chez lui les copies dont il avait besoin, ce dernier préfère écrire à son collègue qu'il en faudrait une pour chacune de nos trois îles, si l'on voulait être certain que les accidents de mer ou de navigation ne l'empêcheraient pas de parvenir, une aussi pour être transmise le plus tôt possible dans les ports d'où l'on expédiait des bâtiments pour l'Amérique[2]. Qui plus est, tenait-on bien à cet ordre? L'original manque aux archives de la Guerre. Cependant, de nouvelles instructions confidentielles étaient envoyées afin de faire surveiller les embarquements, d'arrêter les cargaisons de guerre des navires en partance[3]. On

---

[1] *États-Unis*, t. 2, n°⁸ 64 et 101.

[2] Archives du ministère de la marine : « Le « Ministre de la marine au prince de Mont- « barey. — Paris 2 avril 1777. — Vous ne « m'avez remis, M⁼ qu'une seule expédition « pour chacune des trois îles de l'Amérique, de « l'ordre du Roi qui enjoint à tous les officiers « de ses troupes de terre qui pourraient arri- « ver dans ces colonies et notamment à M. le « M¹ˢ de la Fayette, d'en repartir sur le champ « pour revenir en France, à moins qu'ils n'aient « une permission expresse de sa part de passer « à l'Amérique septentrionale. Comme on ne « peut répondre des évènements de la mer et « que d'ailleurs un bâtiment emploie quelque- « fois beaucoup moins de temps qu'un autre... « il conviendrait que vous voulussiez bien « m'adresser un duplicata et un triplicata de « ces ordres que je ferai porter par trois bâ- « timents différents pour assurer la prompte « arrivée d'une des trois expéditions dans les « colonies..... »

[3] Voici les instructions de Bordeaux : « Ver- « sailles, 13 avril 1777. — *Pour vous seul.* —

exprimait ou l'on simulait le désaveu de ces trames en raison de l'éclat qu'elles produisaient. Elles intéressaient naturellement notre ambassadeur à Londres, puisqu'il s'agissait de son neveu et que le séjour de celui-ci à l'ambassade pouvait faire penser qu'elle avait été complice. M. de Noailles est tout de suite très inquiet. Convaincu de la nécessité de se disculper, il écrit privément au comte de Maurepas :

A Londres le 8 avril 1777.

Ma surprise a été extrême, Monsieur le Comte, en apprénant hier par des lettres de Paris que M. de la Fayette étoit parti pour l'Amérique. Son âge heureusement peut excuser de grandes légeretés. C'est une consolation qui me reste dans le chagrin que me cause une démarche aussi inconsidérée. Il falloit que son projet fut bien formé avant de venir à Londres où il n'a gueres passé que 15 jours entre la fin de fevrier et le commencement de mars. Je souhaiterois aujourd hui qu'il m'eut montré des dispositions mêmes éloignées pour le voyage qu'il vient d'entreprendre. Il m'eut été facile de le ramener à la raison, en lui faisant mieux connoitre les principes d'honneur et d'émulation dont il a suivi le sentiment plutôt que la véritable direction.

« Je vous ai prévenu, M^r, par une autre de mes
« lettres que S. M. s'est déterminée à suspendre
« jusqu'à nouvel ordre les derniers armements
« qu'elle avait ordonnés dans ses ports : cette
« suspension a eu pour objet de procurer au
« commerce la facilité de faire ses armements,
« et particulièrement ceux du Grand Banc et de
« Terre Neuve, qui ne peuvent être arrêtés sans
« un préjudice considérable pour les armateurs
« dont les préparatifs et les mises dehors tom-
« beraient en pure perte pour eux. Mais vous
« devez être très attentif à empêcher que les
« armateurs n'abusent de cette facilité, et que
« sous l'apparence d'une expédition pour Terre
« Neuve ou le Grand Banc, ils ne chargent leurs
« navires de munitions de guerre ou autres
« effets destinés pour l'Amérique septentrio-
« nale. Vous vous assurerez de la nature du
« chargement de chaque navire et dans le cas

« où vous auriez connaissance que quelqu'un
« d'entr'eux serait chargé de denrées et muni-
« tions autres que celles qui sont nécessaires
« pour les expéditions de pêche, vous vous re-
« fuseriez à leur donner des équipages et vous
« m'en rendriez compte sur le champ. Je m'en
« remets à votre prudence sur la manière dont
« vous ferez les recherches nécessaires pour
« être exactement informé du chargement de
« chaque navire. Ces recherches doivent être
« faites de manière à ne pas gêner les opérations
« ordinaires du commerce; mais il est à propos
« que les armateurs soient instruits que les in-
« tentions du Roi sont qu'ils ne fassent leurs
« expéditions qu'avec les équipages ordinaires
« pour la pêche, et sans munitions étrangères
« à cet objet. — DE SARTINE. » (Archives de la marine de Bordeaux : *Correspondance ministérielle de 1777.*)

Il partit d'ici huit ou dix jours avant M. de Poix avec qui il étoit venu. Je le questionnai beaucoup sur son départ. Mais je m'estimai très heureux de ce qu'il m'avoit assuré que rien de fâcheux ne le rappelloit en France. Il s'est caché et de son compagnon de voyage, et de moi, et de tout le monde, cela me paroit démontré actuellement.

1777.

Sa présentation ici à la cour ne pouvoit lui servir qu'à remplir un devoir qu'il savoit que j'exigerois de sa part. Nous voyons que livré à ses propres idées il n'avoit pas senti à beaucoup près toutes les conséquences de ce qu'il alloit faire. J'avoue que s'il eut bien voulu ne pas venir à Londres prolonger son carnaval, j'aurois aujourd'hui un désagrément de moins. Je ne serois pas dans le cas de penser que j'ai eu l'honneur de le présenter au roi d'Angleterre un instant avant qu'il se portât à une démarche aussi étrange et aussi bisarre. Je ne doute pas que Sa Majesté Britannique ne rende à mon profond respect pour elle, et à l'envie que j'ai d'être agréable a sa personne autant que cela peut être utile à l'objet du service, toute la justice que je puis desirer. Pourquoi faut-il, Monsieur le Comte, qu'indépendamment des affaires politiques, il naisse journellement des incidens qui blesseroient davantage ma sensibilité, si je ne savois que vous daignés ainsi que Monsieur le comte de Vergennes informer exactement Sa Majesté des efforts de mon zele ? Continués, je vous en conjure, d'accorder le même intérêt à celui qui ne sauroit être plus pénétré que je le suis d'un dévouement sans bornes joint à la plus vive reconnoissance et à l'attachement le plus inviolable avec lesquels j'ai l'honneur d'être, Monsieur le Comte, votre etc.

Le Marquis de NOAILLES.

Angleterre, t. 522, f° 370. (Copie non numérotée.)

En redoutant ces interprétations embarrassantes, l'ambassadeur ne se trompait pas. Son neveu avait compté sur elles; il expliquera, longtemps après, qu'il n'avait pas craint « de compromettre la diplomatie de ce représentant du roi de France, de manière que le *maximum* d'effet favorable que son départ pouvait produire fût obtenu en Angleterre[1] ». Mais on ne voit pas le Gouvernement prendre les choses aussi

---

[1] *Fragment* A, dans les *Mémoires et Correspondances*, t. I, p. 67.

1777. gravement que le marquis de Noailles. MM. de Vergennes et de Maurepas étaient alors fort ennuyés, à Londres, par un polémiste de talent pernicieux autant que de moralité faible, Linguet, qui, sous l'égide de la liberté d'écrire existant dans la Grande-Bretagne, inaugurait contre leur administration les procédés de critique vénale dont les progrès n'ont guère cessé depuis. Pour faire acheter sa plume, Linguet publiait des libelles. L'ambassadeur avait beaucoup à y regarder. Sa correspondance, à ces dates, est remplie de détails relatifs à ce sujet. Le ministre en était plus occupé que du coup de tête de La Fayette, car il en écrit très activement; il était surtout plus occupé d'indices, pour lui très visibles, qui présageaient la guerre. « Je n'ai pas cru jusqu'à présent à la guerre, écrivait-il à M. de Noailles le 5 avril, dans un billet privé, mais je commence à craindre qu'elle ne vienne de ce que l'on est contraint de faire pour l'éviter. » Ce billet accompagnait une dépêche de Gérard ou de tout autre secrétaire sur les armements de l'Angleterre et sur le danger croissant d'un conflit; le ministre avait ajouté de sa main à la fin, sans autre explication :

C'est a regret Monsieur le Marquis, que je vous nomme M. le Mis de la Faiette. Son age peut justifier son equipé, jen suis reellement faché par l'interest que vous partagés avec M. le duc d'Ayen et aussi par ce que j'aprehende qu'etant arrêté par quelque batiment anglois il ne soit confondu, avec la foule d'avanturiers qui peuvent tomber entre leurs mains et traité avec la dureté qui n'est pas inconnue a cette nation.

Angleterre, t. 522, n° 95 (f° 352)[1].

---

[1] Voici le commencement de cette lettre : « L'augmentation dont vous me rendez compte « (il s'agit de l'accroissement du nombre des « vaisseaux anglais en armement) en nécessite « une de notre part. Elle ne sera pas fort con-« sidérable, mais ce qui marquera plus est la « suspension du départ de nos pêcheurs; si c'est « un coup pour notre commerce j'espère qu'il « frappera également sur les fonds publics. Je « n'ai pas cru jusqu'à présent à la guerre, mais « je commence à craindre qu'elle ne vienne de « ce que l'on est contraint de faire pour l'éviter. « S'il y a moyen de la conjurer nous ne le né-« gligerons pas. Nos dispositions sont toujours « les mêmes et aussi sincères, que celles de nos « voisins me paraissent suspectes. »

Le mauvais sort redouté pour le jeune gentilhomme, voilà donc ce qui émeut surtout le ministre. Par suite, M. de Noailles est tranquillisé. Le 11, lord Suffolk, avec un peu de malice, paraît vouloir aborder ce chapitre en lui disant que « les vents étaient très bons depuis plusieurs jours pour les transports de l'Angleterre en Amérique ». L'ambassadeur écrit qu'il « n'avait pu deviner si le lord voulait dire qu'en dépit de ce que ferait la France on n'abandonnerait pas, à Londres, le projet de réduire l'Amérique, ou s'il pensait l'amener à s'expliquer sur le départ pour l'armée américaine d'une personne qui le touchait de près »; et il ajoute qu'il est maintenant plus à son aise, ayant appris hier que M. de Banklay, maréchal de camp des armées du roi, était arrivé à Londres et qu'il devait avoir une audience de Sa Majesté Britannique pour lui demander la permission d'aller servir en qualité de volontaire sous le général Howe; « on serait mal venu, dit-il, à nous reprocher de la partialité lorsque nous avons à citer l'exemple d'un officier général qui se dévoue à toutes sortes de sacrifices pour épouser les intérêts de l'Angleterre dans une des querelles les plus sérieuses qui aient jamais existé pour elle. » Cette demande singulière de M. de Banklay, écartée d'ailleurs aussitôt par lord Germain, est restée unique. Elle arrive si bien à point qu'on la dirait combinée pour la circonstance [1]. Le comte de Maurepas répond le 15 au duc de Noailles; il n'est vraiment pas irrité. « L'équipée », sans doute, pouvait

[1] Le marquis de Noailles envoie le 23 mai copie de la lettre de lord Germain à M. le comte de Bancklay. Les termes en sont remarquablement courtois : « Pall Mall le 19 mai « 1777. — Monsieur, — J'ai rendu compte au « Roi de votre desir de servir dans les troupes « britanniques en Amerique. Sa Majesté est très « persuadée de votre zèle et de votre attache- « ment, et m'ordonne de vous exprimer de la « manière la plus forte qu'elle approuve la vo- « lonté que vous avez montrée en étant prêt à « vous distinguer à son service.

« La situation des affaires en Amerique et « l'espece de guerre qu'on y fait ne laisseroient « pas au commandant en chef la possibilité de « vous témoigner l'attention due à votre rang « et à votre merite personnel. Sa Majesté en « conséquence a mieux aimé perdre l'avantage « qu'elle auroit retiré de vos services, que de « vous exposer à rien qui pût vous être in- « commode ou désagréable. — Je suis avec « une grande vérité, — Monsieur — Votre « très humble et très obéissant serviteur. — « G. Germain. » (*Angleterre*, t. 523, n° 47.)

ce jour-là paraître conjurée et la mansuétude aller de soi; mais le ministre veut tout autant parler de Linguet[1], et, pour venir plus vite à ce sujet qui le tourmente, il se borne à dire à l'ambassadeur :

A Vers^lles le 15 avril 1777.

Je ne suis pas étonné, Monsieur le Marquis, que vous ayez été surpris de la resolution de M. le Mis de la Fayette et qu'il ait choisi son sejour à Londres

---

[1] La correspondance qui concerne Linguet est volumineuse. Il s'y trouve des éléments jusqu'ici peu connus, croyons-nous, sur sa personne et sur les procédés par lesquels la presse savait déjà se rendre lourde aux hommes publics. Linguet, que Beaumarchais présente comme ayant été rebuté mal à propos par le ministère, fondait ses attaques sur le sentiment public en faveur de la guerre contre l'Angleterre; il accusait violemment M. de Maurepas, M. de Vergennes, M. de Sartine de former un triumvirat néfaste pour l'honneur de la nation; c'était la dictée ou simplement l'écho de ce qu'on appelait « la faction Choiseul ». M. de Vergennes s'était fait abonner aux publications de ce pamphlétaire, sous le nom d'un des attachés de l'ambassade : « J'ai vû le pros- « pectus d'un journal que Linguet se propose « de publier a Londres. L'entrée n'en sera pas « libre ici, mais comme a quelques saillies près « sur moi et sur d'autres auxquelles je suis tres « indifferent pour ce qui peut me toucher, son « ouvrage pourra etre interressant; je vous prie « Monsieur le Marquis, de vouloir bien faire « souscrire pour moi sous un nom emprunté. La « souscription est de deux guinées, dont vous « feres état dans vos frais extraord^res; je vous « serai obligé de m envoier cet ouvrage par vos « courriers. » (*Angleterre*, t. 522, n° 51 *bis*.)
Pour ne citer ici que les deux documents à l'occasion desquels nous venons de nommer Linguet, on lit dans la lettre de M. de Vergennes du 5 avril : « J'ai reçu, Monsieur le Mar- « quis, la lettre que vous m'aves fait l honneur « de m ecrire le 28. du mois d^er et l exemplaire « du nouveau journal du s^r Linguet ouvrage « dans lequel il faut s attendre a trouver peu de « bonnes idées, mais beaucoup de malignité et « de venin. Il est en lieu ou il peut se livrer im- « punement a son caractere grace a l impunité « qui y regne et a l oubli dont on s y pique de « tous egards et de toute consideration. Bientost « l'Ang^re sera pour la France ce que la sentiné « est dans un vaisseau, le receptacle de toutes « les immondices. » Et M. de Maurepas terminait comme il suit sa réponse du 15 au marquis de Noailles : — « Je ne vous parle point « de votre frequent commerce avec L... je m'en « raporte à ce que M. le comte de Vergennes « vous mande à cet egard. Je crois que le me- « pris est la meilleure reponse qu'on puisse faire « à un chien enragé qui mord de tous côtés. Il « fera peut etre telle affaire dans le pays qu'il « habite, qui l'en fera chasser. — Vous con- « noissez, Monsieur le Marquis, l'attachemen « sincere et inviolable avec lequel j'ai l'hon- « neur d'etre, votre tres humble et tres obeissant « serviteur. — MAUREPAS. » — Peu auparavant, le 8 mars, Beaumarchais croyait cependant pouvoir écrire ce qui suit à M. de Vergennes (*Ibid.*, n° 21) : « ..... Et Linguet! autre « objet de sollicitude ! Peut-on pousser l'ai- « greur aussi loin ? ce n'est pourtant pas un « méchant homme. C'est un homme aigri et « surtout poussé a ce qu'il fait par l'intrigue. « — L'ouvrage qu'il prépare va donner du cha- « grin a Mr de Maurepas a vous du déplaisir, « a M^r d'Aiguillon le coup de la mort, et une

PART POUR L'AMÉRIQUE.   401

sous vos yeux pour prendre un parti aussi singulier. Vous savez à présent que tout est reparé et que par le plus grand hasard ce beau projet reste sans exécution. On ne vous soupçonnera surement pas d'etre complice ni confident et je crois qu'on vous rendra cette justice dans le pays ou vous êtes comme on vous la rend ici.

Angleterre, t. 522, n° 116 (f° 408).

M. de Vergennes, à qui M. de Noailles avait envoyé la copie de sa lettre du 8 au premier ministre, l'en remercie le 19 en lui disant : « Ce qui en faisait l'objet ne doit plus vous inquiéter[1]. » Il l'avait informé le 11, en effet, que M. de la Fayette avait été très heureusement rencontré à Saint-Sébastien, avait déféré aux ordres du roi et était rentré dans le royaume; « je pense qu'il accompagnera le duc d'Ayen en Italie, ajoutait-il; je vous en fais mon compliment, c'était une circonstance assez embarrassante dans votre position d'avoir votre neveu chez les insurgents. » Du reste on répudiait avec affectation toute solidarité dans les mésaventures des Français que leur ardeur avait conduits au service de ces *insurgents*. Le 4 avril, M. de Noailles avait transmis à Versailles une supplique de trois officiers partis des premiers : Gaiaut de Boisbertrand, Millin de la Brosse, l'ingénieur Wuibert, et celle de deux sergents. Prisonniers en Angleterre, ces Français se réclamaient de nous. M. de Vergennes répondait le 11, encore dans

---

« joie, un plaisir indicible à tous les enemis « de l'administration actuelle. Peut etre est-il « trop tard pour rémédier a cela. Peut etre est-« il encore possible de tout arrétter sans se « compromettre. Quelque soit votre opinion la « dessus; je vous offre, j'offre a M' de Maurepas « des efforts qui peut etre auront plus de poids « que ceux de l'autorité. Je l'aimais ce Linguet. Son eloquence me charmait. Il paraissait « faire assés de cas de la force et de l'honèsteté « de mon caractère. Voyés Monsieur le Comte, « voyés avec M. de Maurepas. Vous connaissés « ma discrétion; et j'en ai quelquefois ramené « de plus méchants. Il est affreux que des mi-« nistres aussi gens de bien soient vilipendés « par une plume aussi acérée. Il est douloureux « que la France soit privée d'un homme aussi « éloquent. C'est le plus vain et le plus irrascible « de tous les écrivains. Mais il est faible comme « un enfant devant un homme qui sait son se-« crèt. Voyès, tout ce qui est honèste, je le puis. « Je le dois a M' de Maurepas et a vous. Eh! Si « vous avés quelque confiance dans un attache-« ment qui me rendra plus fort de moitié, parlés. « Personne ne sera compromis si j'enchaine ce « tigre; et personne ne le sera, si mon zele et « mon eloquence ont manqué leur effet. »

[1] *Espagne*, t. 522, n° 124 (f° 452).

un billet privé, « qu'étant allés sans permission au service des Américains, le représentant du roi ne pouvait s'intéresser directement à leur sort, tout au plus leur rendre dans l'occasion des services d'humanité autant qu'il n'en serait pas compromis [1] ». Une nouvelle démarche du père de Wuibert et une seconde instance de M. de Noailles n'ont pas plus d'effet : « Le roi ne les ayant pas autorisés à prendre service chez les insurgents, ne peut en aucune manière les réclamer, » écrit une seconde fois le ministre, le 2 mai. Cette dureté apparente était un témoignage trop bon à montrer à l'Angleterre pour que le Gouvernement ne s'y tînt pas avec persistance. A une autre démarche que fera M. de Noailles le 4 juillet, M. de Vergennes opposera très haut les mêmes motifs : « Ils sont partis sans aveu, le Gouvernement ne peut rien pour eux; il n'est pas possible que l'ambassadeur intervienne; on ne peut que leur administrer quelques secours pécuniaires, » et c'est à quoi, en effet, on resta fixé [2].

On croyait donc que La Fayette avait « déféré aux ordres du roi ».

---

[1] Le ministre ajoutait : « A quelque titre que « l'Angleterre ait rendu les prisonniers il faut « lui en savoir gré quand bien même ce serait « par la crainte de nous aigrir. Ce sentiment « quoique peu flatteur en lui-même ne laisse « pas d'avoir son mérite de la part d'une puis-. « sance qui jusqu'ici ne s'en est pas montrée sus-« ceptible. » (*Angleterre*, t. 522, n° 111, f° 390.)

[2] « J'ai l honneur de vous renvoier, Monsieur « le Marquis, la lettre des prisonniers francois « detenus a bord du *Sandwich* que vous m aves « communiquée. Le Roi ne les aiant point au-« torisés a aller prendre service chez les insur-« gens ne peut en aucune maniere les reclamer « a moins que ce ne fut pour les punir. Il faut « donc les abandonner a la commiseration du « gouvernement anglois qui se lassera peut etre « de les garder en prison. » (*Ibid.*, t. 523, n° 3 *ter*; 2 mai 1777.)

« Je ne puis que plaindre les prisonniers « francois dont vous m'avés envoié la lettre. « Mais je ne vois pas qu il y ait lieu a aucune « demarche de notre part pour leur elargissem*t*. « Vous pouves bien si l occasion s en presente « leurs rendre de vous meme quelque bon of-« fice, mais il n est pas possible que vous par-« liés comme ambassadeur. Ces gens la ont dû « sentir a quoi ils s exposoient lorsqu ils ont été « joindre les insurgens. La France ne les avouant « pas ne sauroit les reclamer. » (*Ibid.*, n° 41 *bis*; 17 mai.)

« Je partage avec vous Monsieur le Marquis, « l'impression douloureuse que fait sur la bonté « de votre cœur la triste situation de ces mal-« heureux Francois q une ardeur inconsiderée « a precipités dans les fers des Anglois. Encore « si leur facheux exemple servoit de leçon a « d'autres, mais quoi qu on fasse et qu on dise on « ne peut en empecher de courrir journellement « la meme fortune. Ils trompent toutes nos pre-« cautions pour empecher cette emigration qui « sera inutile aux Americains et qui ne nous

PART POUR L'AMÉRIQUE. 403

Le baron de Kalb, à Los Passajes, s'attendait que, revenu à Bordeaux, son jeune compagnon suivrait ses avis et traiterait pour la rétrocession de *la Victoire*. L'Allemand, lui, projetait de mettre à la voile sous peu, au compte des premiers armateurs, pour ne pas perdre le moment de l'ouverture des hostilités en Amérique, ou bien de retourner demander place sur un des navires de Silas Deane. Mais le parti qu'il supposait voir adopter au marquis était loin de l'esprit de ce dernier. Une autre manière, au contraire, de réaliser son dessein l'occupait maintenant. Officier du roi, il ne voulait pas s'en aller sans une autorisation positive. Il voyait assez qu'il ne l'obtiendrait pas, mais la ressource lui restait, tout en sollicitant encore cette faveur, d'amener la cour à la lui laisser prendre ou à ne pas sévir s'il la prenait. On supplée à son silence en parlant ainsi; c'est à quoi, toutefois, il paraît s'être attaché : avoir « une espèce de oui du ministre », comme il le demandera plus tard, quand il pensera à l'expédition sur l'Inde anglaise dont nous donnions l'indication tout à l'heure[1]. Il n'a pas été plus explicite sur ces démarches que sur celles du commencement. Il dit qu'il envoya à Paris des lettres et des émissaires, ne désespérant pas de faire céder son beau-père et, par ce dernier ou par d'autres que le prince de Coigny devait remettre en mouvement, de faire consentir M. de Maurepas lui-même. Kalb écrit le 9 avril que, par un billet du 5, il lui mande de l'attendre encore, quoiqu'on lui ait tout refusé[2]. Enfin, dans une lettre du 12, le marquis insistait une fois de plus; il partait pour Marseille, mais

1777.

« fera peut etre connoitre deux que par nos « vices.

« Nous ne pouvons que plaindre les infor- « tunés Francois qui sont prisonniers des An- « glois, leur administrér quelques secours cha- « ritables; mais il n est pas possible que vous « fassiés aucun office pour leur procurér la li- « berté. Comme ils sont partis sans aveu leur « faute leurs est personnelle, et le Gouver- « nement ne peut rien pour eux. » (Angle-

terre, f° 436; lettre privée non numérotée; 12 juillet.)

[1] Lettre à Boismartin. (*Musée des Archives.*)
[2] « Les causes qui nous forcènt de relâcher « dans ce port subsistent toujours, car avant de « continuer notre voyage, nous sommes obligés « d'attendre la permission du marquis ou du « propriétaire du vaisseau. Je vois, dans une « lettre de MM. Rainbaux et Cie que le mar- « quis est arrivé à Bordeaux, le 3 avril; qu'il a

pensait toujours gagner le duc d'Ayen et priait de veiller sur le vaisseau qui restait à son compte[1]. Kalb, toutefois, continuant à peu compter sur le succès, ressentait plus d'impatience encore, quand, le 17, La Fayette, à franc étrier, arriva à Los Passajes, suivi du vicomte de Mauroy. Celui-ci avait repris sa qualité d'enrôlé, et, porteur d'une vive recommandation de Deane, assuré même de celle de Franklin et du comte de Broglie auprès de Washington, il avait rejoint le marquis à Bordeaux. Ensemble ils avaient trompé la police de son oncle, celle du lieutenant général, et étaient sortis définitivement de France[2]. Immédiatement Kalb écrit à sa femme :

A l'instant même, le marquis arrive et il partira dans quelques jours avec nous. Il a pris cette résolution sur l'assurance qu'on lui a donnée à Paris que le duc d'Ayen seul a demandé l'ordre du roi, qu'au contraire, tout le monde

« envoyé immédiatement un courrier à Paris, et « qu'il attend maintenant son retour. Ceci me « prouve qu'il n'abandonne qu'à contre-cœur « son plan et son vaisseau, et qu'il espère toujours obtenir le consentement de sa famille « et celui de M. de Maurepas. J'ai peu d'espoir « pour le succès. Je ne saurai que le 11 à quoi « m'en tenir, même si Lafayette reçoit tout de « suite une réponse de Paris. Ce long délai est « désespérant. J'arrive maintenant trop tard « pour l'ouverture des hostilités, et cela m'est « d'autant plus fâcheux, que Monsieur Deane « m'a offert, pour la traversée, une place dans « un de ses bâtiments. Si l'affaire traîne en longueur, je retournerai à Paris, ou je me rendrai à l'île de Ré, pour y attendre des nouvelles de Deane. »

[1] « A l'instant je reçois par la poste une « lettre du marquis, datée de Bordeaux, 5 avril. « Il me dit qu'on ne lui a pas permis de partir « et qu'il craint d'être obligé d'aller à Toulon. « Il attend à présent le retour de son courrier « envoyé à Paris, et il me communiquera la réponse espérée. » — Le 15 avril, Kalb ajoute :

« Dans la lettre du 12 de ce mois que j'ai reçue « du marquis, il me dit qu'il était sur le point « de partir pour Marseille, où il doit arriver « aujourd'hui, selon les ordres du roi. Il me « fait savoir que la cour traite son affaire avec « importance, mais qu'il ne désespère pas de « gagner le duc d'Ayen à sa cause, et qu'il espère encore pouvoir me rejoindre. Il me prie « donc de ne pas mettre sous voiles jusqu'à ce « que j'aie reçu une lettre de lui soit de Toulon, « soit d'un autre endroit. Si je dois attendre son « arrivée à Marseille, je me vois forcé de rester « ici encore jusqu'au 26. Il ressort de la lettre « de La Fayette que le vaisseau est toujours à « son compte. Il me prie de veiller à ses intérêts et de prendre soin que ses avances lui « rentrent le plus tôt possible. »

[2] Sur toutes ces circonstances on aurait été difficilement renseigné d'une manière plus inexacte que ne l'étaient les nouvellistes par qui Métra faisait alors rédiger la *Correspondance secrète*. Voici en effet, ce qu'on y lit (t. IV, p. 264 : lettre de Versailles du 2 avril 1777) : « Le mécontentement presque général de notre

PART POUR L'AMÉRIQUE. 405

approuvait son entreprise qu'on blâmait sévèrement son beau-père de lui avoir créé des difficultés, et que les ministres, interrogés sur leur véritable opinion à ce sujet, ont répondu qu'ils n'auraient fait mention de rien, sans les plaintes du duc d'Ayen. Nous sommes donc résolus à continuer notre route, à moins qu'il ne nous arrive encore un empêchement extraordinaire.

F. Kapp, ubi supra, chap. vɪ.

Mauroy, qui avait la confiance du comte de Broglie, était peut-être le porteur particulièrement choisi de ces encourageantes appréciations de la cour, ou d'assurances telles sur les suites qu'il n'y avait plus qu'à partir. C'est un détail à rechercher dans les documents qui pourront ultérieurement surgir. Il offrirait plus qu'une curiosité biographique; ce serait un témoignage topique des détours et des feintes employés, par le cabinet de Louis XVI ou par ceux qui le secondaient, pour aider les États-Unis et leur préparer la participation de la France sans donner à l'Angleterre le droit d'éclater. La lettre du 12, évidemment, avait été conçue dans l'espérance qu'on l'intercepterait et qu'elle détournerait la surveillance. La Fayette avait écrit à M. de Maurepas, à la fin, que le silence du cabinet, en présence de ses demandes, lui semblait un consentement tacite; il avait

---

« militaire, et les offres que les agens des Amé-
« ricains font ou font faire, engagent nombre
« de nos officiers à passer en Amérique avec
« congé, si on leur en accorde, et sans congé, si
« on le leur refuse. Le marquis de la Fayette,
« gendre du duc de Noailles, dégouté de l'inexé-
« cution de promesse du ministre pour son avan-
« cement, a pris le parti de faire armer en secret
« un navire à Bordeaux, sur lequel il s'est em-
« barqué avec cinquante autres officiers pour
« aller joindre Washington, laissant sa femme,
« jeune et jolie et fort riche et un enfant de
« quatre ans. Au moment de son départ d'ici,
« qu'il avait concerté avec M\ʳˢ Francklin et
« Dean, il avait confié son intention au duc de

« Coigny son ami, qui crut devoir en avertir la
« famille; elle a fait courir après le marquis,
« mais il était déjà en pleine mer, lorsque les
« ordres de l'arrêter sont arrivés. » — Il est vrai
que Métra imprime, six semaines après, cet
autre renseignement plus extraordinaire encore : « 26 mai 1777. — Le marquis de la
« Fayette et 4,000 Français sont, dit-on, sans
« mauvaise rencontre à Boston. » — On peut
juger, par ces exemples, de l'autorité historique à accorder à ce recueil. Nous donnons à
l'annexe III du présent chapitre la version con-
temporaine de l'Espion anglais sur le départ
du marquis, et celles que ce dernier a rédigées
lui-même.

déclaré la même chose au lieutenant-général, M. de Fumel, puis il avait cessé d'attendre. A l'explication dont Kalb se fait l'interprète, on juge de l'impulsion que les esprits avaient reçue de l'entreprise; et cette interprétation-là s'est retrouvée au même moment sous d'autres plumes que la sienne. La note de Jared Sparks a appris depuis à tout le monde comment les deux jeunes gens étaient sortis en poste par la route de Toulouse, avaient bientôt tourné sur celle d'Espagne, La Fayette à cheval, vêtu en courrier, Mauroy dans la chaise, et comment, reconnu à l'auberge de Saint-Jean-de-Luz, le marquis avait été près de se voir retenu encore. Le dimanche soir, 20 avril, il donna enfin le signal à *la Victoire* et lui fit mettre le cap droit aux côtes des États-Unis, malgré la résistance du capitaine, qui redoutait, pour les valeurs placées par lui dans la cargaison, les vents contraires et surtout les croisières ou les coureurs anglais. Les grandes vies comme les grandes choses ont des commencements où leur caractère se révèle et se marque par des traits que la suite ne dément plus.

Ce départ définitif aurait dû paraître très coupable à Versailles, puisqu'on avait si positivement paru l'interdire; cependant on ne s'exprime pas à son sujet avec plus de sévérité que la première fois. Les préoccupations sérieuses étaient autre part. On attendait la visite de Joseph II, et sa présence prochaine auprès de la reine inquiétait les conseillers du roi sur l'influence politique que le fils aventureux de Marie-Thérèse venait peut-être exercer. C'étaient, disaient-ils, « des hypothèses à envisager, et sur lesquelles il paraissait être de la fidélité des ministres d'éclairer la religion du roi ». Aussi, dans le temps même où Silas Deane insistait pour se disculper, où l'on suivait les pourparlers de la place Vendôme, où l'on se débattait contre le changement de manière d'être de M. de Floridablanca, qui menaçait nos rapports avec l'Espagne, M. de Vergennes rédigeait un mémoire pour garder désormais la France des ambitions et des séductions de l'Autriche. L'une des pièces les plus empreintes du sens d'État que le ministre ait écrites est certainement celle-là. Il y marquait la séparation positive de la politique de ses prédécesseurs, en face de l'Allemagne, d'avec celle qu'il allait instituer et qui consistait à établir la situation de notre pays, en Europe, sur les solides fondements de ses intérêts véritables et de la justice envers les autres États. Sans récriminer, pour parler comme lui, « contre un système que Sa Majesté avait trouvé établi et que sa sagesse lui avait fait approuver », il s'efforçait d'empêcher le roi de retourner à des liens dans lesquels « l'une des parties se croirait en droit de tout exiger de l'autre et nullement tenue à lui rien rendre ». Il montrait donc l'impossibilité de prendre l'engagement d'employer toutes ses forces à soutenir ces liens-là, puisque déjà un engagement pareil était pris dans le Pacte de famille; il faisait toucher du doigt qu'en définitive le point de mire serait l'écrasement de la Prusse, l'écrasement du parti protestant d'Allemagne avec elle, la disparition dès lors de toute digue contre la puissance de l'Autriche; le roi de Prusse pouvait s'étendre sans danger pour nous si ce n'était pas sur le Rhin, tandis que l'extension de l'Autriche nous menaçait de préjudices, et y consentir en échange de territoires, au prix des Pays-Bas, par exemple, ne serait pas seulement nous créer des voisinages hostiles là où nous n'en avions que d'amicaux, mais commettre de criantes injustices auxquelles une âme droite comme celle de Sa Majesté ne saurait s'arrêter. Développant là de nouveau la conception de la politique honnête et anticonquérante qu'il avait en quelque sorte donnée pour caractère au règne, il faisait appel à cette politique, chez le roi comme à la vertu que l'on savait être en lui souveraine. « Quand on réfléchit », écrivait-il :

Quand on réfléchit aux injustices criantes qu'il faudrait commettre, une âme honnête ne peut s'arreter sur ce projet. Celle de V. M. n'est pas disposée a un sentiment si revoltant, si la justice etoit exilée du reste de la terre, elle prendroit son azile dans le cœur de V. M.

La France constituée comme elle l'est, doit craindre les agrandissements bien plus que les ambitionner; plus d'etendue de territoire seroit un poids placé aux extrémités qui affoibliroit le centre. Elle a en elle-même tout ce qui constitue la puissance réelle, un sol fertile, des denrées précieuses dont les autres nations ne peuvent se passer, des habitans laborieux et industrieux, des sujets zélés et soumis, passionnés pour leur maître et pour leur patrie. La gloire des rois conquerans est le fleau de l'humanité, celle des rois bienfaisans en est la benediction. C'est celle-ci, Sire, qui doit etre le partage d'un roi de France, et plus particulierement celui de V. M^{te}, qui ne respire que pour le bonheur du genre humain. La France placée au centre de l'Europe a droit d'influer dans toutes les grandes affaires. Son roi, semblable à un juge supreme, peut considerer son trône comme un tribunal institué par la Providence pour faire respecter les droits et les proprietés des souvrains. Si en même temps que V. M. s'occupe avec tant d'assiduité à retablir l'ordre interieur de ses affaires domestiques, elle dirige sa politique à etablir l'opinion, que ni la soif d'envahir, ni la moindre vue d'ambition effleure son ame, et qu'elle ne veut que l'ordre et la justice, ses arrests seront respectés, son exemple fera plus que ses armes. La justice et la paix regneront partout, et l'Europe entiere aplaudira avec reconnoissance à ce bienfait qu'elle reconnoitra tenir de la sagesse, de la vertu et de la magnanimité de V. M.

12 avril 1777.

Arch. nat., K 164, n° 3. An. 1777, n° 3. (Minute de M. de Vergennes[1].)

Un autre sujet, plus instant encore, tenait un peu loin de l'esprit du secrétaire d'État les détails de « l'équipée » de *la Victoire*. Dans ces mêmes jours du commencement d'avril, la situation des deux Couronnes et de l'Angleterre était telle que M. de Vergennes voyait clairement approcher la guerre. Tout en s'efforçant de redresser les idées du nouveau premier ministre d'Espagne ou les inspirations auxquelles celui-ci se laissait aller, il demandait à fixer ensemble le plan que cette perspective commandait, à aviser aux suites que l'on devait y chercher ou qu'on devait en attendre. Dans une note écrite pour le conseil, le 5, il précisait et le programme à suivre et la conduite à

---

[1] On trouvera à l'annexe III du présent chapitre le texte entier de ce mémoire au roi.

tenir en conséquence. Soigneusement mise au net de sa main, cette note porte pour date, ainsi qu'on le voit ici, le mois de sa rédaction et le sommaire de ce qu'elle contient[1] :

Avril 1777.

Question sur les mesures à prendre pour se précautionner contre l'Angleterre.

Si l'on reflechit sur les termes de défiance ou les choses sont entre la France et l'Ang^{re} aux provocations multipliées que celle la recoit journellement de l'autre, ne doit on pas prevoir qu'une guerre ouverte en sera dans peu de mois la conséquence, et avisér des a present aux mesures qu'il convient de prendre pour la soutenir avec avantage? On ne se permet pas de rien proposér qui tende à prevenir les Anglois quoique ce seroit peut etre ce qu'il y auroit de mieux à faire.

Les pecheurs que nous avons en grand nombre a la mer nous rendant plus patiens que nous ne le serions si nous n'avions pas cet interest pretieux à soignér, ne seroit-il pas a propos si l'on pense qu'il y auroit trop d'inconvénient a detachér des vaisseaux et des fregates pour les recueillir et les ramenér; du moins d'envoyér sur le Grand Banc quelques corvettes pour veiller à ce qui s'y passe, les avertir de se tenir sur leurs gardes et de revenir le plus tost qu'ils pourront? Rappelons nous que ce fut dans le mois d'aoust 1755 que les premieres hostilités èclatèrent. Ne seroit il pas temps d'avisér aux mesures a prendre pour faire partir à la fin d'aoust ou au commencement de 7bre les troupes necessaires pour mettre dans un meilleur etat de deffense nos colonies en Amerique? On prie d'observer que si l'on ne se decide pas a cette mesure et qu'on ne puisse l'annoncér a l'Espagne comme definitivement assurée, il n'est guere possible de lui proposér le concert qu'il seroit instant de former et de l'engagér a y entrer.

Au moment ou les Anglois voudront commencér la guerre on doit s'attendre qu'ils viendront bloquér le port de Brest; quand nos armemens seroient plus avancés qu'ils ne le sont, il ne seroit peut etre pas prudent de risquer un

---

[1] Le dernier chiffre de la date se trouve surchargé de manière à laisser lire 1778 présque aussi bien que 1777. Mais en avril 1778 la situation était tout autre que celle à laquelle correspond cette pièce; le texte de la note lève d'ailleurs de lui-même tous les doutes sur sa date réelle; il se rapporte sans contestation possible aux faits de l'année 1777.

combat pour les chassér, mais ce qu ils peuvent avoir de vaisseaux prets n etant pas suffisant pour veiller partout, ne pourroit on pas augmenter leur embarras et les forcér a partager leurs forces; 1° en augmentant les notres dans la Mediterranée; 2do en invitant l Esp^e a en faire de meme dans ses ports; 3° en faisant passer la division de v^x que nous nous proposons d'avoir en Amerique et dans l Inde; 4° en tenant des troupes en asses grand nombre pretes a s avancér depuis Dunkerque jusqu'a Dieppe pour faire craindre un projet de descente en Ang^{re}?

Celui qui obligé a faire la guerre ne veut pas sortir de la deffensive, doit necessairement eprouvér des pertes; et lorsqu il en essuie il manque d'objets de compensation pour les tempérér. Si nous devons avoir la guerre il faut donc avoir un plan offensif tout pret. On croit qu'il seroit instant de s en occupér et par consequent de consultér ceux des officiers de marine sur l intelligence et la discrétion desquels on peut comptér.

Enfin ne pourroit on pas des apresent disposér celles de nos fregates qui ne sont pas necessaires a la suite des escadres de maniere a tombér sur le commerce anglois au moment ou les hostilités eclateront.

Espagne, t. 584, n° 45.

Le Gouvernement avait ainsi de graves raisons de n'être ému de la désobéissance de La Fayette que pour en éviter la responsabilité. La répudier allait de soi pour la forme, même la mal qualifier tout haut; la subordination militaire, les convenances de la cour en faisaient une nécessité; mais elle servait les vues de ce programme de « précautions contre l'Angleterre » et il ne semble pas douteux qu'on en éprouva fort peu de peine. C'est M. de Maurepas qui se chargea de prévenir le marquis de Noailles de l'inefficacité des défenses auxquelles il avait semblé si bien se fier. Il le lui manda fort tranquillement, le 28 avril, dans un autre billet tout privé dont Linguet encore est, au fond, le sujet principal :

Vous aurez appris, Monsieur le Marquis, l'inutile de nos précautions pour M. le marquis de la Fayette; M. le Maréchal, que j'eus l'honneur de voir hier, m'a paru tout aussi affligé que vous le serez sûrement. D'ailleurs toute votre maison n'a rien à se reprocher et le roy ne peut vous savoir mauvais gré des démarches d'un jeune homme à qui on a fait tourner la tête.

Angleterre, t. 522, n° 143, f° 452.

M. de Vergennes en parle à son tour à l'ambassadeur quatre jours après; c'est à la fin d'une autre lettre privée sur les conséquences à attendre dans le cas où les Colonies seraient soumises ou bien s'établiraient définitivement en nation nouvelle. Pour le ministre, le fait ne dépasse pas la mesure d'une affaire domestique. Le ministre se montre plutôt amusé par la déconvenue du représentant de l'Angleterre qu'embarrassé et mécontenté par ce dénouement :

Nous sommes dans de nouvelles inquietudes par raport a M. de la Faiette et il y'a de fortes aparances qu'apres s etre soumis aux ordres du Roi son effervescence l a rapellé a ses premieres idées. J en suis veritablement afligé pour vous et pour vos proches. Ses conseils sont bien coupables. Je ne puis vous dire si le Roi est informé de cette seconde equipée, je me garderai bien de lui en parlér. Le Lord Stormont en paroit de très mauvaise humeur, il a le talent de donnér beaucoup de valeur a de tres petites choses.

A Versailles le 2 may 1777.

Ibid., t. 523, n° 3 bis.

L'hôtel de Noailles, même, en avait pris son parti, dirait-on, le premier moment passé. Dès l'abord on y avait cru le jeune officier en mer pour tout de bon et l'on avait prié Gérard de lui faire tenir en Amérique, par l'intermédiaire de Silas Deane, des correspondances, des « paquets » qui contenaient sans doute des reproches, voire des ordres de rentrer, quoique probablement pas avec la pensée sérieuse qu'ils pussent aboutir[1]. Mais le public applaudissait unanimement. L'opinion des salons, comme celle des nouvellistes et des politiques, forçait les improbations à se taire et les résistances à se déjuger. Franklin et Deane étaient transportés par ce qu'ils entendaient ou

[1] Le duc d'Ayen redemande ces « paquets », au premier commis, le 11, en apprenant le retour du marquis à Bordeaux.

voyaient. A la lueur du feu que leur patriotisme y puisait, ils devinaient pour ainsi dire l'avenir, tandis que ces incidents avaient leur cours, et ils pouvaient mander au Congrès le 9 avril :

Toute l'Europe est pour nous. Nos articles de confédération, traduits et publiés ici, ont donné une apparence de consistance et de solidité aux États-Unis qui commence à les faire considérer beaucoup. Les constitutions particulières de la plupart des États, également traduites et publiées, sont matière à spéculation pour les politiques de l'Europe, et l'opinion générale est que si nous réussissons à établir notre liberté, une fois la paix assurée nous recevrons de l'Europe un immense accroissement de population et de richesse par le fait des familles qui viendront jouir de nos privilèges et apporteront leur fortune avec elles. La tyrannie est si générale dans le reste du monde que la perspective d'un asile en Amérique, pour ceux qui aiment la liberté, produit une satisfaction générale et que notre cause est regardée comme celle de l'humanité. Les esclaves aussi bien que les déshérités sont notre recrutement naturel. Nous travaillons pour la dignité et le bonheur du genre humain. Il est glorieux pour les Américains d'être appelés par la Providence à ce poste d'honneur.

Diplomatic correspondence, t. I, p. 278[1].

M. de Vergennes parlait d'*équipée;* on n'a pas une seule pièce permettant de dire si ce mot exprimait au vrai son sentiment. Un fait

---

[1] « All Europe is for us. Our articles of confederation, being by our means translated, and published here, have given an appearance of consistence and firmness to the American States and government, that begins to make them considerable. The separate constitutions of the several States are also translating and publishing here, which afford abundance of speculation to the politicians of Europe, and it is a very general opinion, that if we succeed in establishing our liberties, we shall, as soon as peace is restored, receive an immense addition of numbers and wealth from Europe, by the families who will come over to participate in our privileges, and bring their estates with them. Tyranny is so generally established in the rest of the world, that the prospect of an asylum in America, for those who love liberty, gives general joy, and our cause is esteemed the cause of all mankind. Slaves naturally become base, as well as wretched. We are fighting for the dignity and happiness of human nature. Glorious is it for the Americans, to be called by Providence to this post of honor. » (*Diplomatic correspondence*, t. I.) — Franklin personnellement écrit dans les mêmes termes à Samuel Cooper. (*The Works of Franklin*, t. VIII, p. 213.)

positif, c'est qu'aucun document émané de lui ne le montre donnant un concours quelconque à l'entreprise de La Fayette. En tout cas, elle rendit de nouveau le gouvernement du roi prodigue d'ordres que l'on pût montrer en vue de répondre aux plaintes de l'Angleterre, de prescriptions pour gêner un peu plus dans les ports les armements américains[1]. Franklin et Deane avaient alors laissé Arthur Lee aller en Prusse à la recherche d'un port où ils amèneraient et vendraient librement les prises de leurs corsaires, que la France les obligeait trop souvent à rembarquer. Réduits à imposer encore la patience au comité du Congrès, ils lui écrivaient que l'adoption du traité proposé par eux à Versailles arriverait, mais pas encore. Ils mandent, le 25 mai, que le gouvernement du roi « ne veut rien faire impliquant la reconnaissance de l'indépendance tant qu'il est en paix avec l'Angleterre, mais qu'il comprend tous les avantages du traité, qu'on peut lui donner le temps et ne pas le troubler par des importunités inutiles ». En attendant, *la Victoire* traversait l'Atlantique. Par l'effet de

[1] La circulaire suivante fut notamment envoyée : « Versailles le 17 mai 1777. — Le Roi a « été informé, M^r, qu'on prépare dans ses ports « l'armement de plusieurs navires qui doivent « être chargés partie en marchandises, partie « en munitions de guerre; que ces navires doi- « vent avoir à leur bord des Américains comme « passagers, lesquels doivent prendre à la mer « le commandement avec des patentes améri- « caines, pour pouvoir en cas de rencontre faire « des prises sur les sujets du roi d'Angleterre. « L'intention de S. M. n'étant point d'autori- « ser ces sortes d'armements, vous voudrez bien « faire toutes les perquisitions nécessaires, mais « avec la prudence convenable, afin d'être exac- « tement informé de toutes les opérations de « ce genre qui peuvent être projettées dans les « ports qui ressortissent de votre dép^t; et vous « donnerez vos ordres en conséquence aux offi- « ciers des classes établis dans les différents « quartiers qui en dépendent. Vous aurez soin « de m'instruire dans le plus grand détail de « tout ce qui peut avoir quelque rapport aux « affaires de la Nouvelle-Angleterre. Je vous « recommande la plus grande vigilance et la « plus grande exactitude sur cet article. Vous « serez très attentif à me donner avis de l'arrivée « des bâtiments de l'Amérique, des nouvelles « qu'ils auront rapportées, de la nature de leur « chargement, du nombre de leurs équipages, « je vous recommande aussi de m'instruire très « exactement et d'avance de tous les armements « qui se projetteront, soit directement, soit in- « directement, pour l'Amérique septentrionale, « et de ne rien laisser ignorer de tout ce qui « pourra venir à votre connaissance sur des ob- « jets dont il est important que je sois parfaite- « ment instruit. — Je suis très parfaitement, « M^r, votre très humble et très obéissant ser- « viteur. — DE SARTINE. » (Archives de la marine de Bordeaux; *Correspondance ministérielle*, année 1777, p. 29.)

hasards heureux, elle évitait et la rencontre des navires français dépêchés par Sartine et celle des croiseurs britanniques. Avec la satisfaction vive de voir l'élan imprimé à l'opinion par cette *équipée* qui attachait tous les regards sur leur pays, les deux députés, à cette date, annoncent au Congrès, comme une précieuse raison d'espérer avant peu une alliance complète, le départ du vaisseau de La Fayette. Leurs paroles seraient pour la mémoire de celui-ci un témoignage qui suppléerait tous les autres, si ces autres manquaient :

Le marquis de la Fayette, jeune gentilhomme de grands entourages de famille ici et de grande fortune, est parti pour l'Amérique sur un vaisseau à lui, accompagné par quelques officiers de distinction, afin de servir dans nos armées. Il est extrêmement aimé et les vœux de tout le monde le suivent; nous ne pouvons qu'espérer qu'il trouvera une réception qui lui rende le pays et son entreprise agréables. Ceux qui la censurent comme une légèreté de sa part applaudissent néanmoins à l'esprit qui l'anime et nous serions heureux que les prévenances et les respects qui lui seront montrés soient utiles à nos affaires ici en faisant plaisir non seulement à ses puissantes relations et à la cour, mais à toute la nation française. Il a laissé une jolie jeune femme et, pour l'amour d'elle particulièrement, nous espérons que sa bravoure et son ardent désir de se distinguer seront un peu retenus par la sagesse du général; de manière à ne pas permettre qu'il se hasarde trop, à moins que l'occasion ne l'exige.

Paris le 25 mai 1777.

B. FRANKLIN, SILAS DEANE.

Diplomatic correspondence, t. I, p. 295[1].

[1] « The Marquis de la Fayette, a young no-
« bleman of great family connexions here, and
« great wealth, is gone to America in a ship of
« his own, accompanied by some officers of dis-
« tinction, in order to serve in our armies. He
« is exceedingly beloved, and every body's good
« wishes attend him; we cannot but hope he may
« meet with such a reception as will make the
« country and his expedition agreeable to him.
« Those who censure it as imprudent in him do
« nevertheless applaud his spirit, and we are
« satisfied, that the civilities and respect, that
« may be shown him, will be serviceable to our
« affairs here, as pleasing not only to his power-
« ful relations, and to the court, but to the
« whole French nation. He has left a beautiful
« young wife, and for her sake particulary, we
« hope that his bravery and ardent desire to
« distinguish himself, will be a little restrained
« by the general's prudence, so as not to permit
« his being hazarded much, but on some im-
« portant occasion. B. FRANKLIN, SILAS DEANE. »

PART POUR L'AMÉRIQUE.   415

Le biographe de Kalb avait oublié ce pli des « plénipotentiaires », 1777.
quand il a pensé devoir à l'amour-propre de sa nation de ne point
accepter que le jeune marquis fût vraiment l'auteur et le chef de ce
départ pour l'Amérique et que Kalb n'y eût qu'un second rôle, comme
les mémoires de La Fayette et la note de Jared Sparks l'ont fait tenir
pour certain [1]. Évidemment c'est bien le marquis qui emmenait tout le
monde, comme ç'avait été Kalb quand il s'agissait du départ du Havre.
Toutefois, cet officier de vingt ans, et si ardent, avait innés la déférence
et l'attachement. Ni Kalb ni aucun de ses compagnons ne lui ont une
seule fois reproché sa prééminence : ils n'eurent à la sentir que par
l'appui qu'elle leur valut. Le chevalier du Buisson écrit à son frère, du
camp de Walley Forge le 28 janvier 1778 : « Je t'envoie deux gazettes
« anglaises qui parlent du marquis de la Fayette avec le plus grand
« éloge; il le mérite car il se conduit ici de manière à acquérir la plus
« brillante réputation [2]. » Mais ce ne sont pas uniquement les compagnons du marquis, c'est Washington, c'est l'armée américaine tout
entière, ce sont les commandants des forces françaises, plus tard, qui
seront séduits par la sincérité de sa nature, par l'intelligente chaleur et
la modestie de son dévouement. Une fois en plein Océan et n'ayant plus
que les vaisseaux anglais à craindre, bientôt dans le rude apprentissage
d'une guerre inégale et de privations, sa pensée le ramène au foyer d'affection qu'il a quitté. Des lettres remplies de tous les charmes des choses
du cœur expliquent à la jeune femme qui l'aima d'une passion accrue
sans cesse les raisons à l'empire desquelles il avait cédé et qui soute-
naient ses espérances. On croirait être chez Franklin ou écouter un des
parleurs recherchés des salons d'alors, en l'entendant lui dire, encore
en mer, après avoir imploré avec une grâce caressante le pardon d'une
faute pour le secret de laquelle il s'était refusé même un adieu caché :

Défenseur de cette liberté que j'idolâtre, libre moi-même plus que personne,
en venant comme ami offrir mes services à cette république si intéressante, je

[1] Kapp, chap. vi. — [2] Nous reproduisons cette lettre presque en entier à l'annexe II du présent
chapitre, comme le complément des versions qui concernent le départ du marquis.

n'y porte que ma franchise et ma bonne volonté, nulle ambition, nul intérêt particulier; en travaillant pour ma gloire, je travaille pour leur bonheur. J'espère qu'en ma faveur vous deviendrez une bonne américaine, c'est un sentiment fait pour les cœurs vertueux. Le bonheur de l'Amérique est intimement lié au bonheur de toute l'humanité; elle va devenir le respectable et sûr asile de la vertu, de l'honnêteté, de la tolérance, de l'égalité et d'une tranquille liberté.

Mémoires et Correspondances : lettre du 30 mai-7 juin 1777.

« En travaillant pour ma gloire » : plusieurs ont supposé La Fayette poussé à son entreprise par les suggestions secondaires que suscite cette passion de la gloire, autant du moins, sinon plus, que par les inspirations élevées. Il est certain que la recherche de la gloire n'a pas tenu dans sa vie une place minime. Lui-même n'a point dissimulé que sa nature l'y portait. « J'avoue à ma honte que c'est un moyen « trop assuré de m'éblouir [1], » écrira-t-il six mois après à Washington, à propos d'une circonstance où l'on avait pensé qu'il n'avait pas eu d'autre mobile. Il y revient à plusieurs reprises, dans les premiers temps de ses relations avec cet ami qui aurait pu être son père et qui le conseillera comme le plus affectionné des fils[2]. Mais ce mobile-là, si grand qu'on l'ait cru en lui, fut au fond le moindre, car il n'avait rien de son sens vulgaire. C'est la gloire vraie qu'il recherchait, non celle de vanité pure. Le 31 décembre de cette année 1777, il écrit à son « cher général », pour qui c'était déjà une joie intime de s'entendre appeler ainsi par cet officier si jeune :

Quel homme ne joint pas la pure ambition de la gloire à cette autre ambition d'avancement, de rang et de fortune? Pour moi, dans mon ardent amour pour elle, je ne supporte pas l'idée qu'un si noble sentiment soit mêlé à des sentiments peu élevés.

---

[1] Lettre du 30 novembre 1777.
[2] « Je sais bien mon cher général, que vous « ferez tout pour me procurer la seule chose « que j'ambitionne, la gloire » (19 février 1778); ailleurs encore : « Je ne puis maitriser la vivacité de mes sentiments dès que ma réputation « et ma gloire sont touchées; » il les appelle : « cette portion de mon bonheur sans laquelle « je ne puis vivre. » (Albany, 23 février 1778. — *Mémoires et Correspondances*, t. I.)

Voilà ce qu'il était réellement. Il courut en Amérique parce qu'il était cela. Il eut conscience, dès le premier moment, de ce qu'il a aimé et servi dans la révolution des colonies anglaises, il pensait déjà tout ce qu'il en dira plus tard. Fonder le pays de la liberté, c'est là qu'il chercha la gloire. En même temps, c'était à « venger sa patrie ». Un des premiers il prononcera ce mot. Le 23 octobre, ayant alors donné sa mesure à l'armée de Washington, impatient d'être plus utile et de porter des coups, tout plein encore d'idées puisées dans les conversations du comte de Broglie, il adressera à Versailles ce plan, dont nous parlions plus haut, d'une irruption sur l'Inde ou sur les comptoirs anglais, et pour cette entreprise il s'offrira dans ces termes :

1777.

Mon amour pour ma patrie m'a fait considérer avec plaisir sous combien de points de vue les chagrins de famille de l'Angleterre peuvent lui être avantageux..... Sans me donner des airs de prophète sur les affaires présentes, mais persuadé bonnement que nuire à l'Angleterre c'est servir (oserai-je dire c'est venger?) ma patrie, je crois cette idée faite pour mettre en activité les ressources quelconques de tout individu qui a l'honneur d'être Français..... Pour peu que je puisse réussir, la flamme du moindre établissement anglais, dût-elle fondre une partie de ma fortune, satisferait nos cœurs en échauffant nos espérances pour une occasion plus propice.

L'idéal des grands actes, leur chimère, si l'on veut, voilà ce qui inspirait le jeune marquis. Cette « gloire » dont il parlait, il la voyait là où l'antiquité l'avait placée, à dépasser les autres au service des choses de haute portée. Il n'était pas différent à l'époque de l'*Épée de bois*. De l'autre côté de l'Atlantique, au seuil de la vie d'action qu'il vient d'ouvrir devant lui, il a le souvenir de ce petit club de jeunes, comme d'un milieu où il se sentait heureux de s'être formé. En prenant terre à Charlestown, une de ses premières pensées est pour cette réunion d'amis. C'est sous l'invocation en quelque sorte des sentiments qu'elle avait fortifiés en lui qu'il commence cette campagne d'Amérique, si ardemment recherchée. A peine éveillé, après sa première nuit de repos sur ce vaste continent d'où il devait revenir à tout jamais célèbre, il écrit à Mme de la Fayette :

> Faites tous mes compliments à vos amis et aux miens. Ce que j'entends par mes amis, vous savez bien que c'est la chère société, société de la cour autrefois et qui, par le laps de temps, est devenue société de l'*Épée de bois*. Nous autres républicains nous trouvons qu'elle en vaut bien mieux.
>
> Lettre de Charlestown, du 19 juin 1777.

ANNEXES DU CHAPITRE VII.

I

ACTES D'EMBARQUEMENT DE KALB ET DES AUTRES COMPAGNONS DE LA FAYETTE
À BORD DE *LA VICTOIRE*.

J'atteste que Mr Jean baron de Kalb officier au service du roy de France agé de 50 ans, de haute taille cheveux chatains. Mr François Augustin Martin de Barbezieux agé de 32 ans, moyenne taille cheveux chatains; Mr Louis-Ange de la Colombe dupuy envellay[1], agé de 22 ans, de moyenne taille cheveux chatains : Mr Charles Bedoulx natif de Neufchatel en Suisse agé de 25 ans, de haute taille cheveux blonds. Et Mr Philippe Louis Candon natif de Versailles agé de 26 ans, de haute taille cheveux bruns, professent la religion catholique apostolique romaine et s'embarquent sur le navire la Victoire cap^{ne} Le Boursier pour aller à St Domingue où ils vont p. affaires.

Bord^x le 21 mars 1777.

Jatteste que le sieur Jacques Franval natif de La Reolle agé de 26 ans. Sr Louis Gimal d'Agen agé de 22 ans de moyenne taille, cheveux chatain et Leonard Price natif de Sauveterre agé de 22 ans, moyenne taille cheveux chatains, professent la

---

[1] Il faut lire : du Puy en Velay.

religion catholique apostolique romaine et sembarquent sur le navire la Victoire cap^ne Leboursier pour aller a St Domingue.

Bord^t le 21 mars 1777.

J'atteste que Mr Louis de Vregny natif de Strasbourg agé de 36 ans, taille haute, cheveux noirs. Mr Jean Pierre Rousseau de Fayols natif de Notre Dame prés Ruffet en Poitou, agé de 27 ans. Mr Guillaume de Lesserre d'Angoulême agé de 25 ans, de hautes taille cheveux chatains et Mr Charles Antoine de Valfort natif de Thionville generalité de Metz agé de 27 ans, de haute taille cheveux blonds, professent la religion catholique apostolique romaine et sembarquent sur le navire la Victoire capitaine Leboursier pour aller au Cap. Bord^t le 22 mars 1777.

Jatteste que Sr Jean Capitaine Ruffec en Angoumois, age de 38 ans taille moyenne cheveux noirs, M^r le chevalier Dubuisson de Moulin en Bouvarais age de 25 ans taille moyenne cheveux chateins et Jean et Loue Lepas de Ceran prés Rouen age de 18 ans taille moyenne cheveux blond, ancien catholique, lesquels desirent sembarquer sur le n^re la Victoire; capitaine Lebourcier p^r aller au Cap ou ils vont p^r affaires. A Bord^t le 24 mars 1777.

Registre des passagers du 19 janvier 1777 au 19 mai 1778, manuscrit in-4° sous parchemin, dans les PAPIERS DE L'AMIRAUTÉ DE GUIENNE, conservés au greffe du tribunal de commerce de Bordeaux.

ANNEXES DU CHAPITRE VII.

II

VERSIONS SUR LE DÉPART DE LA FAYETTE POUR L'AMÉRIQUE.

1. - EXTRAIT DE L'*ESPION ANGLAIS*,
OU CORRESPONDANCE SECRÈTE ENTRE MILORD TOUT YEUX ET MILORD TOUT OREILLES.

Paris 26 mai 1777.

..... Mais le départ du marquis de la Fayette me semble plus décisif que tant d'hostilités accumulées. Je vous en fais juge, Milord, et je vais rassembler sous vos yeux toutes les circonstances d'une anecdote aussi extraordinaire. Il faut d'abord vous bien instruire du personnage, de son caractère, de ses entours, de la manière dont il a été rappelé, emprisonné, dont il a été mis en liberté et en a profité pour suivre son premier projet. M. le marquis de la Fayette est un seigneur de distinction, dont le père fut tué à la bataille de Rosbach et laissa sa femme enceinte de cet enfant précieux; il a conséquemment environ 20 ans; il est marié depuis peu à la fille du duc d'Ayen[1], et la marquise est grosse d'environ 5 mois. Il était allé en Angleterre avec d'autres jeunes gens de qualité, et l'objet d'y voir son oncle le M." de Noailles, ambassadeur en cette cour, était un motif suffisant pour ne pas rendre son voyage suspect. Vraisemblablement il méditait déjà le dessein de passer en Amérique. Durant son séjour à Londres, il a étudié la langue; il a beaucoup vécu avec les membres de l'opposition et peut-être avez-vous eu occasion de le connaître. Quoi qu'il en soit, après avoir fait son traité avec les agens des insurgens, il a acheté chez nous même, une petite frégate qu'il a appelée *la Victoire*, il s'y est embarqué et au lieu de revenir en France, il a fait voile pour la côte d'Espagne, où il devait prendre des officiers dont il s'était assuré; mais, instruit à temps, le vicomte de Stormont n'a pas manqué de faire une réquisition à son sujet. Le ministère a dit ignorer absolument la démarche de ce jeune seigneur; il l'a improuvée sans tergiversation, et a paru se donner en conséquence tous les mouvemens nécessaires pour l'empêcher. On a envoyé à sa poursuite; et, comme on savait où il devait relâcher pour trouver d'autres camarades, qui, afin de mettre moins d'affectation dans leur passage, étaient allés s'embarquer à Saint-Sébastien, on l'a devancé. Ceux-ci ont été

---

[1] Fils aîné du maréchal de Noailles.

obligés de rétrograder¹, et le commandant de la place a notifié au marquis de la Fayette, au nom de S. M. Catholique, les ordres du roi de France de revenir. Remarquez bien ceci Milord : c'est à Bordeaux qu'on l'a ramené, où commande le maréchal de Mouchy, autre Noailles; il a été mis au Château-Trompette en punition de son évasion, sans agrément, sans passeport, quoiqu'au service, puisqu'il était capitaine de cavalerie : cela n'a pas été long ni ne méritait de l'être. On a répandu le bruit que le marquis allait voyager en Italie, avec la comtesse de Tessé, de sa famille encore. Cette fois il avait un passeport vague pour aller où il voudrait pendant un certain temps. Il en a profité mais ça a été pour se rendre définitivement en Amérique, où sans doute il est arrivé actuellement. Assurément y a-t-il jamais eu comédie plus maladroitement plus indécemment jouée? Je veux croire que le marquis de la Fayette, entraîné par une louable ambition, ait conçu de lui-même le hardi projet d'aller servir la cause des insurgens; il n'y a rien là d'extraordinaire; mais s'il est enflammé de l'ardeur de la gloire, il est en même tems très-jeune et d'un caractère modeste et timide; est-il vraisemblable qu'il ait osé ou pu l'exécuter sans que sa famille en ait eu connaissance? etc. (Suivent les motifs qui portaient à admettre le consentement tacite du roi au départ de La Fayette. — Extrait de l'*Espion anglais*, t. VI, p. 55 à 60.)

2. LETTRE DU MARQUIS À Mme DE LA FAYETTE.

A bord de *la Victoire*, ce 30 mai 1777.

C'est de bien loin que je vous écris, mon cher cœur, et à ce cruel éloignement je dois l'incertitude encore plus affreuse du temps où je pourrai savoir de vos nouvelles. J'espère cependant en avoir bientôt; parmi tant d'autres raisons qui me font désirer d'arriver, aucune ne me donne autant d'impatience que celle-là. Que de craintes, que de troubles, j'ai à joindre au chagrin déjà si vif de me séparer de tout ce que j'ai de plus cher! comment aurez-vous pris mon second départ? m'en aurez vous moins aimé? m'aurez-vous pardonné? aurez-vous songé que dans tous les cas il fallait être séparé de vous, errant en Italie, et traînant une vie sans gloire au milieu des personnes les plus opposées et à mes projets, et à ma façon de penser? Toutes ces réflexions ne m'ont pas empêché d'éprouver un mouvement affreux dans ces terribles momens qui me séparaient du rivage. Vos regrets, ceux de mes amis,

---

¹ Extrait d'une lettre de Bordeaux du 11 avril : « ... De jeunes et braves officiers, qui n'avaient consulté que leur courage pour aller au secours des insurgens, sont passés ici revenant de St-Sébastien où ils devaient s'embarquer. Des ordres du roi les ont rappelés dans leur patrie. »

Henriette, tout s'est représenté à mon ame d'une manière déchirante. C'est bien alors que je ne me trouvais plus d'excuse. Si vous saviez tout ce que j'ai souffert, les tristes journées que j'ai passées en fuyant tout ce que j'aime au monde? Joindrai-je à ce malheur celui d'apprendre que vous ne me pardonnez pas? en vérité, mon cœur, je serais trop à plaindre. Mais je ne vous parle pas de moi, de ma santé, et je sais que ces détails vous intéressent.

Je suis depuis ma dernière lettre dans le plus ennuyeux des pays; la mer est si triste, et nous nous attristons, je crois, mutuellement, elle et moi. Je devrais être arrivé, mais les vents m'ont cruellement contrarié; je ne me verrai pas avant huit ou dix jours à Charlestown. C'est là que je compte débarquer, et ce sera un grand plaisir pour moi. Une fois arrivé, j'aurai tous les jours l'espérance de recevoir des nouvelles de France; j'apprendrai tant de choses intéressantes et sur ce que je vais trouver, et surtout sur ce que j'ai laissé avec tant de regret! Pourvu que j'apprenne que vous vous portez bien, que vous m'aimez toujours, et qu'un certain nombre d'amis sont dans le même cas, je serai d'une philosophie parfaite sur tout le reste, de quelque espèce et de quelque pays qu'il puisse être. Mais aussi si mon cœur était attaqué dans un endroit bien sensible; si vous ne m'aimiez plus tant, je serais trop malheureux. Mais je ne dois pas le craindre, n'est-ce pas, mon cher cœur? — J'ai été bien malade dans les premiers temps de mon voyage, et j'aurais pu me donner la consolation des méchans qui est de souffrir en nombreuse compagnie. Je me suis traité à ma manière, et j'ai été plus tôt guéri que les autres; à présent je suis à peu près comme à terre. Une fois arrivé, je suis sûr d'avoir acquis l'assurance d'une santé parfaite pour bien long-temps. N'allez pas croire que je coure des dangers réels dans les occupations que je vais avoir. Le poste d'officier-général a toujours été regardé comme un brevet d'immortalité. C'est un service si différent de celui que j'aurais fait en France, comme colonel par exemple! Dans ce grade-là, on n'est que pour le conseil. Demandez-le à tous les officiers-généraux français, dont le nombre est d'autant plus grand qu'une fois arrivés-là, ils ne courent plus aucun risque, et par conséquent ne font pas place à d'autres comme dans les autres services. La preuve que je ne veux pas vous tromper, c'est que je vous avouerai qu'à présent nous courons quelques dangers, parce que nous risquons d'être attaqués par des vaisseaux anglais et que le mien n'est pas de force à se défendre. Mais une fois arrivé, je suis en sûreté parfaite. Vous voyez que je vous dis tout, mon cher cœur, ainsi ayez-y confiance et ne soyez pas inquiète sans sujet. Je ne vous ferai pas de journal de mon voyage; ici les jours se suivent, et, qui pis est, se ressemblent. Toujours le ciel, toujours l'eau; et puis le lendemain, c'est la même chose. En vérité, les gens qui font des volumes sur une traversée maritime doivent être de cruels bavards; car, moi, j'ai eu des vents contraires comme un autre; j'ai fait un très long voyage comme un autre; j'ai essuyé des orages; j'ai vu des vaisseaux, et ils étaient beaucoup plus intéressans pour moi que pour tout autre : eh bien! je n'ai rien remarqué qui valût la peine d'être écrit, ou qui ne l'eût été par tout le monde.

A présent parlons de choses plus importantes : parlons de vous, de la chère Henriette, de son frère ou de sa sœur. Henriette est si aimable qu'elle donne le goût des filles. Quel que soit notre nouvel enfant, je le recevrai avec une joie bien vive. Ne perdez pas un moment pour hâter mon bonheur en m'apprenant sa naissance. Je ne sais pas si c'est parce que je suis deux fois père, mais je me sens père plus que jamais. M. Deane et mon ami Carmichael vous fourniront des moyens; je suis bien sûr qu'ils ne négligeront rien pour me rendre heureux le plus tôt possible. Écrivez, envoyez même un homme sûr; un homme qui vous aurait vue me ferait tant de plaisir à interroger; Landrin par exemple..... Enfin comme vous le jugerez à propos. Vous ne connaissez pas mon sentiment aussi vif, aussi tendre qu'il est, si vous croyez pouvoir négliger quelque chose qui ait rapport à vous. Vous recevrez bien tard de mes nouvelles cette fois-ci; mais quand je serai établi, vous en aurez souvent et de bien plus fraîches. Il n'y a pas grande différence entre les lettres d'Amérique et les lettres de Sicile. Je vous avoue que j'ai furieusement cette Sicile sur le cœur. Je me suis cru si près de vous revoir. Mais brisons court à l'article Sicile. Adieu, mon cher cœur, je vous écrirai de Charlestown, je vous écrirai avant d'y arriver. Bonsoir pour aujourd'hui.

Ce 7 juin.

Je suis encore dans cette triste plaine, et c'est sans nulle comparaison ce qu'on peut faire de plus ennuyeux. Pour me consoler un peu, je pense à vous, à mes amis; je pense au plaisir de vous retrouver. Quel charmant moment quand j'arriverai, que je viendrai vous embrasser tout de suite sans être attendu! vous serez peut-être avec vos enfans. J'ai même à penser à cet heureux instant un plaisir délicieux; ne croyez pas qu'il soit éloigné, il me paraîtra bien long sûrement, mais dans le fait il ne sera pas aussi long que vous allez vous l'imaginer. Sans pouvoir décider ni le jour ou même le mois, sans voir par moi-même l'état des choses, cet exil prescrit jusqu'au mois de janvier par M. le duc d'Ayen me paraissait si immense que certainement je ne prendrai pas sur moi de m'en ordonner un bien long. Vous avouerez, mon cœur, que l'occupation et l'existence que je vais avoir sont bien différentes de celles qu'on me gardait dans ce futile voyage. Défenseur de cette liberté que j'idolâtre, libre moi-même plus que personne, en venant comme ami offrir mes services à cette république si intéressante, je n'y porte que ma franchise et ma bonne volonté, nulle ambition, nul intérêt particulier; en travaillant pour ma gloire, je travaille pour leur bonheur. J'espère qu'en ma faveur vous deviendrez bonne américaine, c'est un sentiment fait pour les cœurs vertueux. Le bonheur de l'Amérique est intimement lié au bonheur de toute l'humanité; elle va devenir le respectable et sûr asile de la vertu, de l'honnêteté, de la tolérance, de l'égalité et d'une tranquille liberté.

Nous avons de temps en temps de petites alertes, mais avec un peu d'adresse et de bonne fortune, je suis bien sûr de passer sans inconvénient. J'en serai d'autant plus charmé que je deviens tous les jours excessivement raisonnable......... On voit aujourd'hui plusieurs espèces d'oiseaux qui annoncent que nous ne sommes pas bien loin de la terre. L'espérance d'y arriver est bien douce; car la vie de ce pays-ci est bien ennuyeuse. Heureusement que ma bonne santé me permet de m'occuper un peu; je me partage entre les livres militaires et les livres anglais. J'ai fait quelques progrès dans cette langue qui va me devenir si nécessaire. Adieu, la nuit ne me permet pas de continuer, car j'ai interdit toute lumière dans mon vaisseau depuis quelques jours; voyez comme je suis prudent! Adieu donc, si mes doigts sont un peu conduits par mon cœur, je n'ai pas besoin d'y voir clair pour vous dire que je vous aime et que je vous aimerai toute ma vie.

3. EXTRAITS DES *MÉMOIRES DE MA MAIN JUSQU'À L'ANNÉE 1780*, ÉCRITS PAR LA FAYETTE EN 1783, ET DE LA NOTE DE JARED SPARKS INSÉRÉE À L'APPENDICE DU TOME V DES ÉCRITS DE WASHINGTON.

...... J'arrivai à Paris chez M. Kalb, me cachai trois jours à Chaillot, y vis les Américains et quelques amis et partis pour Bordeaux ou quelques retards inattendus m'arrêtèrent encore. J'en profitai pour envoyer à Paris, d'où les nouvelles ne furent pas encourageantes; mais comme mon courrier était suivi par celui du Gouvernement, il n'y avait pas un moment à perdre pour mettre à la voile et les ordres souverains ne me purent joindre qu'au Passage, port espagnol où l'on devait relâcher. Les lettres de ma famille étaient terribles et la lettre de cachet péremptoire : défense d'aller au continent americain sous peine de désobeissance; injonction d'aller à Marseille attendre de nouveaux ordres. Les conséquences de l'anathème, les lois de l'Etat, la puissance et la colère du Gouvernement ne manquaient pas de commentaires; mais la douleur et la grossesse d'une femme cherie, l'idée de ses parents et de ses amis, avaient plus de pouvoir sur M. de la Fayette. Son vaisseau ne pouvant plus être arrêté, il revint à Bordeaux justifier son entreprise, et par une déclaration à M. de Fumel, il prit sur lui seul les suites d'une évasion. La cour ne daignant pas se relâcher, il écrivit à M. de Maurepas que ce silence était un ordre tacite, et cette plaisanterie fut suivie de son départ. Après avoir pris la route de Marseille, il revint sur ses pas, et, travesti en courrier, il avait presque franchi les dangers, lorsqu'à Saint-Jean-de-Luz une jeune fille le reconnut; mais un signe la fit taire, et son adroite fidélité détourna les poursuites. C'est ainsi que M. de la Fayette rejoignit son bâtiment le 26 avril 1777 et le même jour, apres six mois de travaux et d'impatience, il mit à la voile pour le continent américain. (*Mémoires et Correspondances*, t. I, p. 13 à 15.[1])

. . . .

...... A Bordeaux, M. de la Fayette apprit que son départ était connu à Versailles, et l'ordre de l'arrêter en route pour l'atteindre. Après avoir conduit son vaisseau au port du Passage, il revint à Bordeaux et écrivit aux ministres, à sa famille, à ses amis. Parmi ceux-ci était M. de Coigny, à qui il envoya un homme de confiance, et qui l'avertit de ne concevoir aucun espoir de l'autorisation qu'il désirait. Feignant alors de se rendre à Marseille, où il avait ordre d'aller joindre son beau père, qui faisait le voyage d'Italie, il partit en chaise de poste avec un officier nommé Mauroy, qui désirait aller en Amérique [2]. A quelques lieues de Bordeaux il monta à cheval, déguisé en courrier, et courut devant la voiture, qui prit la route de Bayonne. Là ils restèrent deux ou trois heures, et pendant que Mauroy faisait quelques affaires indispensables, M. de la Fayette resta couché sur la paille de l'écurie. Ce fut la fille du maître de poste qui reconnut le faux courrier à Saint-Jean de Luz, pour l'avoir vu quand il revenait du port du Passage à Bordeaux. (Sparks, *ubi supra*.)

---

[1] M. de Fumel était commandant militaire à Bordeaux. — La Fayette a été mal servi par sa mémoire en disant qu'il mit à la voile le 26, jour même de son arrivée, ou bien 26 est une erreur de copie pour 20; si les lettres de Kalb sont exactes dans les dates, comme c'est probable, elles rendent positif que le marquis arriva à Los Passajes le 17 et que *la Victoire* mit à la voile le soir du 20.

[2] La Fayette oublie là que Mauroy avait été, avec Kalb, le chef de l'entreprise manquée du Havre.

III

MÉMOIRE DU COMTE DE VERGENNES SUR LA VISITE DE JOSEPH II À VERSAILLES.

AU ROI.

12 avril 1777.

Si le voiage de l'Empereur en France a un but politique, ce prince ne peut se proposer que deux objets : l'un d'engager Votre Majesté à reserer les liens de l'alliance qui subsiste entre elle et la maison d'Autriche, et l'autre de la disposer à consentir gratuitement ou moiennant certains équivalens aux vues d'agrandissement que l'Empereur peut former aux depens des Turcs.

Ce sont là les deux hipoteses qu'on peut envisager, et sur lesquelles il est de la fidelité des ministres de V. M^{té} d'eclairer sa relligion.

Par raport à la 1ere hipotese celle de resserrer les nœuds qui unissent V. M^{té} à la maison d'Autriche, on ne peut se dispenser de representer à V. M. que cette alliance bonne en elle-meme en ce qu'elle peut être consideree comme une plus grande sureté du maintien de la tranquilité generale, ne raporte à la France d'autre avantage que lui donneroit un traité de paix bien consolidé et executé de bonne foi. Il suffit, en effet, de jetter un coup d'œil sur la situation topographique des principales puissances de l'Europe pour reconnoitre qu'il n'en est aucune autre qui ait possibilité ou interest de faire la guerre à V. M. sur le continent. L'Angleterre, ennemie inveterée de cette monarchie, est insuffisante par elle-meme à cette entreprise; les Etats Generaux sont fort au dessous de la possibilité d'en concevoir le dessein; leur nullité est connue. Le roi de Prusse pourroit davantage, mais en deffiance contre la maison d'Autriche, qu'il ne peut regarder que comme un ennemi forcement reconcilié, il ne s'embarquera pas sans' etre provoqué, à envahir les possessions de V. M^{té}, qu'il ne pourroit conserver qu'au risque de decouvrir les siennes propres. D'ailleurs, il ne pourroit venir à V. M. sans enfraindre le territoire autrichien, car ce seroit une vision de suposer qu'il pourroit attaquer la France sur le haut Rhin.

On ne fait pas mention ici de l'Espagne et de la Sardaigne; ce n'est pas de ce côté là que la France doit redouter une guerre offensive. On ne peut donc établir l'utilité active de notre alliance avec Vienne, que sur la supposition d'une attaque possible du roi de Prusse contre la France dans les Pays Bas; mais l'injure seroit commune à la maison d'Autriche, et c'est dans ce cas seulement qu'elle est tenue de nous restituer les secours, que nous sommes engagés à lui donner même contre les Turcs, et que nous avons prodigués dans la dernière guerre.

Si V. M[té] examine la situation des differens états d'Autriche, elle verra du premier coup d'œil le peu de proportion des engagemens respectifs, et que les avantages en sont aussi saillans et aussi réels pour cette maison, qu'ils sont precaires et onereux pour V. M[té] puisqu'elle peut être entrainée dans une et plusieurs guerres pour la deffense de son allié, sans que celui-ci peut etre soit jamais dans le cas de la payer de reciprocité.

Je n'examinerai pas, Sire, si cette maison a toujours rempli avec fidelité les devoirs de son alliance avec V. M[té], si elle n'a pas plus tost cherché à en abuser pour affoiblir la consideration due à la couronne et l'opinion de la protection que V. M., à l'exemple de ses augustes ancetres, est disposée à accorder aux princes d'Allemagne pour les maintenir dans la possession de leurs justes droits.

Il ne peut etre question de recriminer contre un sisteme que V. M. a trouvé etabli, et que sa sagesse lui a fait aprouver, l'esprit de conqueste n'animant point la conduite de V. M. L'alliance de Vienne peut paroitre utile en ce que, faisant une sureté de plus à la conservation de la paix sur le continent, elle lui donne plus de moiens de veiller et de se mettre en mesures contre l'Angleterre, l'ennemi naturel et le plus inveteré de sa gloire et de la prosperité de son royaume.

Mais si cette alliance est interressante à conserver, elle veut être maintenue avec asses d'egalité, pour qu'un des alliés ne se croie pas en droit de tout exiger de l'autre, sans être tenu à lui rien rendre; c'est ce qui arriveroit immancablement, Sire, si V. M. prêtant l'oreille à des insinuations specieuses se portoit à donner plus d'extension au traité de 1756, ou, ce que la cour de Vienne a paru desirer singulierement, si V. M. prenoit l'engagement d'employer toutes ses forces au soutien de l'alliance.

Je dois avoir l'honneur de faire remarquer à V. M. qu'elle n'est plus en liberté de stipuler cette derniere clause, parce que le pacte famille en renferme l'obligation, et que deux engagemens de cette nature ne peuvent compatir ensemble.

Il est à considerer en second lieu, que soit que la cour de Vienne vous propose une augmentation de secours ou l'emploi de toutes vos forces, ce ne peut être que dans la vue de se preparer plus de moiens pour ecraser un jour le roi de Prusse, et avec lui le parti protestant en Allemagne. On objectera que les engagemens étant purement deffensifs, ils ne peuvent servir l'ambition de la maison imperiale, mais il est si facile de faire venir la guerre, sans etre materiellement l'agresseur, que V. M. s'y trouveroit entrainée contre ses interets, toutes les fois qu'il conviendroit à la politique autrichienne de le faire.

Le roi de Prusse, consideré relativement à la morale, peut ne pas paroitre fort interessant à menager, mais vu dans l'ordre politique, il importe à la France, peut être plus qu'à toute autre puissance, de le conserver tel qu'il est. Placé sur le flanc des états autrichiens, c'est la fraieur qu'en a la cour de Vienne qui l'a raprochée de la France; cette meme fraieur la retient encore dans nos liens, et l'y retiendra aussi longtemps que son motif subsistera. Detruisons la puissance du roi de Prusse, alors plus de digue contre l'ambition autrichienne, l'Allemagne, obligée à plier sous ses loix, lui ouvrira un acces facile vers nos frontieres, et que pourrions nous lui oposer, lorsque nous aurions sacrifié nos moiens et nos forces pour l'elever à un exces de puissance, que nous ne serions plus en etat de contrebalancer.

Quoique la maison d'Autriche soit plus redoutable pour la France que le roi de Prusse, je n'en concluerai pas qu'il ne faut pas veiller sur l'ambition de celui-ci. Toute acquisition qui lui donneroit plus de puissance sur le Rhin doit interresser la prevoyance de la France, mais en le limitant de ce coté, il faut empecher autant qu'il est possible, qu'il ne soit pas entamé sur l'Oder et sur l'Elbe. L'integrité de la puissance actuelle du roi de Prusse contribue encore à la sureté des etablissemens des princes de la maison de Bourbon en Italie.

Pour ce qui est de la seconde hipothese, savoir le consentement de V. M. soit gratuitement, soit au moien de certains equivalens à l'agrandissement de la maison d'Autriche aux depens des Turcs, j'ose representer tres-humblement à V. M. qu'il n'est point d'equivalent qui pourroit compenser le prejudice que causeroit à V. M. tout acroissement de puissance de cette maison; quand bien même elle cederoit à V. M. tous les Pays Bas et acquereroit des domaines dans une moindre proportion, la perte n'en seroit pas moins reelle, sans parler de celle de l'opinion, qui seroit de toutes la plus regretable. V. M^{té} ne pourroit posseder les Pays Bas, sans reveiller la jalousie des provinces unies, et sans les mettre entierement dans les brassieres de l'Angleterre, et de telle autre puissance qui jalouseroit celle de V. M. Le roi de Prusse lui-même, qui, dans l'etat actuel des choses, peut être consideré comme un allié naturel de la France, qu'elle retrouveroit immancablement, si le sisteme politique venoit à changer, le roi de Prusse ne pourroit plus etre envisagé sous ce point de vue; voisin par son duché de Clèves de l'acquisition que V. M. auroit faite, la deffiance se substitueroit infailliblement à la confiance, qui semble devoir unir les deux monarchies.

Si le malheur des circonstances forçoit jamais V. M. à entendre à un partage ses vues devroient se porter plus naturellement sur le haut Rhin. Les inconveniens politiques seroient infiniment moindres, et les avantages plus reels; mais quand on reflechit aux injustices criantes qu'il faudroit commettre, une ame honnete ne peut s'arreter sur ce projet. Celle de V. M. n'est pas disposée à un sentiment si revoltant, si la justice etoit exilée de la terre, elle prendroit son azile dans le cœur de V. M.

Les Pays Bas, dans les mains de la maison d'Autriche, ne sont point un objet d'inquietude et de jalousie pour V. M., ils sont plus tost une sureté de la conduite de cette maison envers V. M. et un moien de la contenir ou de la reprimer suivant le besoin. La France, constituée comme elle l'est, doit craindre les agrandissemens bien plus que les ambitionner; plus d'etendue de territoire seroit un poids placé aux extremités qui afoibliroit le centre. Elle a en elle-meme tout ce qui constitue la puissance reelle; un sol fertile, des denrées pretieuses, dont les autres nations ne peuvent se passer, des habitans laborieux et industrieux, des sujets zélés et soumis, passionnés pour leur maître et pour leur patrie. La gloire des rois conquèrans est le fleau de l'humanité, celle des rois bienfaisans en est la benediction. C'est celle-ci, Sire, qui doit être le partage d'un roi de France, et plus particulierement celui de V. M^{té}, qui ne respire que pour le bonheur du genre humain. La France placée au centre de l'Europe a droit d'influer dans toutes les grandes affaires. Son roi, semblable à un juge supreme, peut considerer son trône, comme un tribunal institué par la Providence pour faire respecter les droits et les proprietés des souvrains. Si en même temps que V. M. s'occupe avec tant d'assiduité à retablir l'ordre interieur de ses affaires domestiques, elle dirige sa politique à etablir l'opinion, que ni la soif d'envahir, ni la moindre vue d'ambition effleure son ame, et qu'elle ne veut que l'ordre et la justice, ses arrests seront respectés, son exemple fera plus que ses armes. La justice et la paix regneront partout, et l'Europe entiere aplaudira avec reconnoissance à ce bienfait qu'elle reconnoitra tenir de la sagesse, de la vertu et de la magnanimité de V. M.

Arch. nat., K 164, n° 3. An. 1777, n° 3. (Minute de M. de Vergennes.)

CHAPITRE VIII.

L'ESPAGNE DEVANT LA PERSPECTIVE D'UNE ALLIANCE AVEC LE CONGRÈS.

Changement de situation qui se constatait au commencement de 1777; dispositions différentes que l'Espagne en pouvait ressentir; alternative où les deux Couronnes allaient être placées; parti qu'avait pris la France d'entrer en accord avec les États-Unis. — Rappel du marquis d'Ossun; qualités désormais nécessaires à notre ambassadeur à Madrid; le comte de Montmorin est provisoirement désigné. — M. de Vergennes recherche les bonnes grâces du Pardo; son désir d'amener celui-ci à rapprocher la France et le Portugal; ses dépêches dans cette vue; propensions favorables montrées par M. de Floridablanca et par le roi. — Inclination moindre de ces derniers à envisager les points noirs du côté de l'Angleterre; leurs prétextes pour n'y pas regarder; comment M. de Floridablanca nous défendait cependant contre les récriminations de lord Grantham; craintes données à lord Stormont et au cabinet anglais par cette attitude de sa part. — Appréhension qu'avaient parallèlement l'Angleterre de voir ouvrir la guerre, et l'Espagne de s'y engager; pourquoi la France ne s'effrayait plus à l'idée de frapper un coup; causes qui l'avaient retenue après Long-Island; assurance qu'elle se sentait à cette heure. — Réconciliation possible des Colonies avec leur métropole; propositions de lord Chatham dans ce but à la chambre des lords et de l'Opposition à celle des communes; pressant désir du gouvernement de Versailles de convier l'Espagne, en conséquence, à s'entendre avec l'Amérique. — M. de Vergennes fait connaître à Ossun que les explications deviennent sérieuses avec l'Angleterre; il annonce la résolution du roi de garantir aux Américains la liberté de navigation; on enverra des forces aux Antilles pour soutenir au besoin la liberté de la mer; surexcitation de l'opinion à Londres contre nous. — Louis XVI approuve un mémoire exposant l'opportunité d'une alliance ouverte avec l'Amérique; envoi de ce mémoire au Pardo avec une lettre confidentielle de M. de Vergennes au premier ministre et un pli particulier pour Ossun. — Intérêt attaché au rapprochement du Portugal et de la France; soins que prend M. de Vergennes pour y rendre utile le marquis d'Ossun; son attention à captiver M. de Floridablanca; bon accueil que rencontrent d'ailleurs ses désirs. — La visite des navires en mer; les récriminations de l'Angleterre et les nôtres; avis de Beaumarchais; irritation du commerce anglais; par ordre exprès, lord Stormont soumet les griefs de sa cour; la réciprocité des procédés. — On renouvelle les prescriptions adressées aux amirautés et aux chambres de commerce; elles sont notifiées aux commissaires du Congrès, qui s'excusent d'en avoir été cause; copie en est envoyée à Ossun pour la cour d'Espagne. — Illusions de l'ambassadeur sur les dispositions de cette cour; vues différentes que celle-ci manifeste; le trésor du Mexique; réponse de M. de Floridablanca au mémoire du cabinet de Versailles; ses raisonnements dilatoires; il maintient son idée de tirer profit de l'Amérique en lui rendant de bons offices, au lieu de se lier à elle; persistance de son attitude, toutefois, avec lord Grantham. — M. de Vergennes craint de nous voir surpris par la guerre; son impatience d'arrêter un plan commun; faits nouveaux menaçant d'amener la rupture; nécessité de hâter le départ d'Ossun; Louis XVI annonce à son oncle la nomination du comte de Montmorin. — Lettre confidentielle de M. de Vergennes à l'ambassadeur sur les thèses de M. de Floridablanca; politique qu'elle cachait sous ses critiques et à laquelle on allait tâcher d'amener Madrid.

1777.   Les circonstances générales avaient sensiblement changé pendant les premiers mois de l'année 1777. Elles avaient changé, qui plus est, par suite d'évènements favorables à l'Espagne. D'abord, le Roi Très Fidèle était mort, la reine s'était presque aussitôt rapprochée de son frère et le marquis de Pombal avait cessé de gouverner le royaume; en second lieu, M. de Cevallos avait eu au Paraguay des succès rapides, jusqu'à enlever l'île Sainte-Catherine sur les garnisons portugaises, à la très vive humeur de l'Angleterre. On ne devait donc plus compter sur les mauvais procédés et l'ambition du ministre de Lisbonne pour pousser le roi Charles et sa cour aux résolutions belliqueuses, ni regarder comme l'indice des intentions du cabinet anglais à l'égard des deux cours l'attitude de ce cabinet dans les négociations. La perspective de la conquête du Portugal s'était par là même évanouie. On se trouvait uniquement en face de l'Angleterre obligée de faire la guerre à l'Amérique, et il s'agissait de savoir ce que définitivement on voulait : ou préparer enfin des échecs à la Grande-Bretagne pour abattre sa prééminence et dompter son esprit de domination, conséquemment s'allier avec les États-Unis et l'avouer; ou se replier dans l'état présent, accepter l'effacement et l'espèce de subordination politique dont, ensemble, on avait si patiemment cherché les moyens de sortir. La conduite pouvait être modifiée, dès lors, à Versailles, et la pensée paraître naturelle d'amener notre alliée à nous suivre en revenant aux dispositions dans lesquelles se trouvait le gouvernement du roi le 31 août précédent.

Aussi bien le parti avait-il été déjà pris par le gouvernement de Louis XVI d'entrer désormais en accord avec les États-Unis, tandis que le gouvernement de Madrid s'étudiait à trouver des motifs de s'en tenir éloigné. La note délibérée au mois d'avril sous le titre de :

Question sur les mesures à prendre pour se précautionner contre l'Angleterre, avait été le prélude de ce déplacement de la scène; depuis, le roi et ses conseillers regardaient comme très prochaine l'opportunité de donner à l'Amérique une assistance ouverte et ils allaient faire, on peut dire, le siège du Pardo pour décider le cabinet de Charles III à penser sur cela comme eux. Les incidents amenés par les débuts du comte de Floridablanca, toutefois, avaient achevé l'ambassadeur de France; son peu d'initiative, son manque d'indépendance d'esprit s'y étaient montrés trop flagrants. Pour représentant à Madrid, la France avait besoin maintenant de quelqu'un d'une sagacité avisée, de familiarisé avec les vues du moment et tiré du même milieu que le marquis de Noailles, autrement dit de quelqu'un d'étranger par les relations et par l'âge aux anciennes données. Le comte de Montmorin fut désigné. Il avait été élevé avec le roi, il en était particulièrement prisé et passait pour avoir de l'esprit, de l'application; il irait un certain temps comme en visite chez l'ambassadeur, « comme voyageur », écrit M. de Vergennes[1]; il s'initierait au caractère des personnes, à la manière de la cour, aux affaires; on ne l'accréditerait que lorsque Ossun indiquerait le moment opportun, et celui-ci viendrait prendre alors dans le Conseil du roi une retraite que le ministre, en l'annonçant à ce serviteur usé de la France, s'efforça de rendre aussi honorable et douce que des paroles écrites pouvaient le faire[2]; la dépêche qui apporta ces arrangements au marquis d'Ossun semblait dire que l'on avait besoin de son expérience à Versailles[3]. Cependant,

---

[1] Dépêche à Ossun, du 9 juin 1777. (*Espagne*, t. 584, n° 122.)

[2] Ossun avait pressenti ce dénouement. Dès le 6 avril, il avait demandé le grade de lieutenant-général à titre de récompense de vingt et un ans de services à l'armée et de vingt-quatre ans dans les ambassades, expliquant avec quelque droit que, deux fois seulement dans ces vingt-quatre années, il avait sollicité un congé et que la gravité des affaires n'avait pas permis de l'en laisser profiter une seule. Il ne se plaignit pas de la décision; il fit connaître seulement que, malgré une manière de vivre très ordinaire, il devait 80,000 livres à un banquier de Madrid. Le roi fut large, et l'ambassadeur considéra comme très honorable la compensation qu'on lui avait donnée. On peut voir à cet égard ses lettres des 16 et 30 juin, 24 et 28 juillet 1777.

[3] « ..... Il me sera bien intéressant, lui

1777. les choses ne purent s'effectuer ainsi que trois mois après; M. de Montmorin n'alla pas à Madrid avant septembre, de sorte qu'il n'y eut aucune interruption dans les affaires ni dans l'esprit suivant lequel on les traitait. Sans beaucoup y aider, au reste, la présence du marquis d'Ossun, un peu remis en haleine, ne nuisit peut-être pas aux négociations qui furent alors commencées.

Les explications échangées pendant le mois de mai avaient rétabli les sentiments entre les deux cabinets. Celui de Versailles mit aussitôt ses soins à rechercher les bonnes grâces de l'autre. La prise de Sainte-Catherine en offrait une occasion naturelle; il y avait si longtemps qu'on ne pouvait plus féliciter l'Espagne! Le nouveau ministre portait là avec plaisir une gloire qui appartenait à son prédécesseur, et il n'en coûterait pas du tout de complimenter sincèrement à son sujet le Roi Catholique et son gouvernement[1]. C'était d'ailleurs la manière

---

« écrit-il (9 juin), de pouvoir profiter de l'expé-
« rience que vous avez acquise d'une cour qui
« est le centre de notre véritable politique. L'es-
« time que le Roi Cque vous témoigne et la
« confiance que son ministere vous accorde ne
« nous permettent pas de douter que la re-
« solution de S. M. y sera aplaudie et recue
« comme une nouvelle preuve de son desir de
« rendre toujours plus étroits et plus inviolables
« les liens de son union avec le roi son oncle. »
— Ossun avait peu de patrimoine; son train à Madrid était à la hauteur de la grande situation que devait y tenir l'ambassade, sans qu'on pût lui reprocher ses dépenses. C'est alors qu'il répondit en exposant sa position, disant que, d'ailleurs, il se bornait à désirer « ne pas paraître avoir démérité » (16 juin). Après de nouvelles explications de Versailles, il se montra satisfait; non sans un petit moment d'amertume, cependant; il ne se retint pas d'écrire que M. de Montmorin serait vite au courant et qu'on pouvait l'accréditer tout de suite (23 juin).

[1] M. de Floridablanca mit d'ailleurs autant de dignité sobre que d'empressement à annoncer ce succès à Versailles; c'est à son ambassadeur auprès de cette cour qu'il le fait connaître d'abord, le chargeant d'en informer celle-ci puis le prince de Masserano. Sa dépêche, remise aussitôt par Aranda, fut traduite ainsi :
« *Lettre du comte de Florida-Blanca au comte
« d'Aranda.* — D'Aranguès le 29 mai 1777. —
« Lorsque le Roi eut arrêté de se procurer par
« ses armes une satisfaction convenable pour
« les insultes repetées des Portugais en Ame-
« rique, pendant le regne du roi D. Joseph
« premier contre le territoire, les troupes et le
« pavillon de l'Espagne et qu'il eut chargé
« D. Pedro de Cevallos du commandement de
« l'expédition ordonnée pour cet effet, Sa Ma-
« jesté se reposa entièrement sur ce général, sur
« ses talens militaires et sa sagesse du soin
« d'employer les forces de mer et de terre qui
« lui étoient confiées dans les lieux et de la
« manière qui lui paroitroient les plus conve-
« nables.

« D. Pedro de Cevallos faisant usage de ce

naturelle de tirer de la défaite des Portugais dans l'Amérique méridionale, et du changement de règne à Lisbonne, le profit qui pouvait nous en revenir. Le 9 juin, M. de Vergennes s'empresse d'exprimer à Ossun la satisfaction du roi « au glorieux évènement de Sainte-Catherine »; il espère que la cour de Portugal « sentira le prix des dispositions du roi d'Espagne et se prêtera à un arrangement amiable terminant les différends dans l'Amérique méridionale [1] ». Mais ce n'était qu'une ouverture à ce que le ministre méditait. Il visait au but plus haut de l'union des trois maisons, et il était pressé de le montrer. Un rapprochement entre la France et le Portugal par les bons offices de l'Espagne lui semblait une dette de cette dernière; « c'est par rapport à cette puissance seule que nos liens avec la cour de Lisbonne sont relâchés, » mandait-il à Ossun le 18 avril, en manifestant le vœu que le Roi Catholique, s'il ne recherchait pas notre médiation entre sa sœur et lui, nous procurât au moins « quelques avantages relativement à notre commerce en Portugal [2] ». Le 21, il dessine de la manière suivante à Ossun cet horizon nouveau et le désir qu'il avait d'en atteindre les lignes :

Je vous ai deja témoigné M. la part sensible que le Roi a prise a l heureux evenement qui a fait passer l isle de Ste Catherine sous les loix du Roi son

« pouvoir illimité s'est décidé à s'approcher de « l'isle Ste Catherine pour la reconnoitre et il a « résolu de commencer ses opérations par cette « conquête pour laver en partie l'outrage fait « aux armes du Roi, avant de reprendre les « vastes pays usurpés par la nation portugaise « dans cette partie du monde sur la Couronne « de Castille.

« La plus grande partie de nos vaisseaux a « mouillé le 20 février dans le port de S^{te} Ca-« therine, et le 26 cette isle étoit entièrement « en la possession de l'Espagne ainsi que V. Ex^{ce} « le verra dans la relation ci jointe.

« Je me sers de l'occasion d'un courier de

« l'ambassadeur d'Angleterre pour vous faire « savoir cette nouvelle sans délai et vous donner « avis que sous trois ou quatre jours je vous « expedierai un courier extraordinaire. Comme « le temps manque pour écrire au prince de « Masserano, je prie V. Ex^{ce} de lui communiquer « le contenu de cette lettre et de lui envoyer une « copie de la relation de ce qui s'est passé à « Ste Catherine.

« Toute la famille royale continue à jouir « d'une bonne santé. J'ai l'h^r etc. » (*Espagne*, t. 584, n° 95.)

[1] *Ibid.*, n° 121.
[2] *Ibid.*, n° 30.

oncle. Sa M^td en a eté d'autant plus satisfaite que cette conqueste reparant de la maniere la plus eclatante comme la plus juste l'offense a laquelle la mauvaise foi de M. le Mis de Pombal avoit exposé Sa M^té C^que, elle se trouvoit par la degagée du ressentiment que la dignité de sa Couronne lui imposoit, et libre de donner le cours le plus étendu a la magnanimité de ses sentimens et a sa tendre affection pour les Reines sa so'ur et sa niece. Celle ci loin de participér a l'injustice des procedés d un ministre arbitraire et ambitieux s est empressée en montant sur le trone de faire connoitre combien sa conduite lui etoit odieuse en l eloignant de ses conseils et des affaires.

 Les choses dans cet etat le Roi ne pouvoit recevoir une nouvelle plus agreable que celle que renferme votre dépêche du 11. de ce mois et qui nous a eté confirmée par M. le Cte d'Aranda. Sa M^td a apris avec la plus tendre satisfaction que le Roi son oncle condescendant aux instances de la Reine Tres Fidele avoit bien voulu donnér les mains a un armistice ou suspension d'armes sur le fondement du *statû quo* et que les ordres a expediér aux commandans respectifs avoient eté communiqués et echangés a cet effet.

 Je n espere pas M. que cette nouvelle soit recue plus agreablement a Londres que ne l'avoit eté celle de la prise de l isle de Ste Catherine. La sensation qu elle y a faite ne peut pas avoir echapé a M. le P^ce de Masseran, les ministres B^ques n'ont pas meme mis beaucoup de soins a dissimulér l humeur qu'ils en concevoient. Selon eux cette conqueste qui etoit une contravention formelle a des assurances données par M. le duc de Grimaldi que les armes espagnoles n'agiroient que sur le théatre meme de la dispute, deceloit les vues plus etendues que le Roi C^que pouvoit avoir contre le Brezil, puisque l'isle de Ste Catherine n'avoit jamais fait partie du terrain contentieux. C est sur ce ton que le Lord Stormond m'en a parlé dans la derniere conference; il etoit alors instruit de la façon de pensér de sa cour sur cet evenement. Vous jugés bien M. que je ne l'ai pas laissé sans reponse; il seroit par trop inepte d'etablir en principe q'un prince offensé dans un point devroit circonscrire sa vangeance dans le point meme sans pouvoir l etendre au dela. Cette doctrine etoit commode aux Anglois. Ils suposoient sans doute les Portugais dans un plus grand etat de forces qu il paroit qu ils ne le sont sur le Rio Grande, et on peut avec quelque fondement soupconnér qu ils auroient vû sans peine la querelle se prolongér dans cette partie, et nourrir l eloignement et l'animosité entre les cours d Espagne et de Lisbonne. Cette vûe est asses dans la politique de l'Ang^{re} dont l influence sur le Portugal ne peut etre qu en raison de la crainte qu'on y a de l Espagne. Ce differend une fois concilié il n en existe plus d asses considerables pour troubler la bonne intelligence entre les deux nations, et il est asses naturel de pensér que le souvrain actuel qui ne semble pas fort partial pour l'Ang^{re} et contre laquelle il peut avoir des griefs secrets, sera plus porté a se liér avec des souvrains avec lesquels il se glorifie d'avoir une origine commune. Vous n'ignorés pas M. que la maison de Portugal etablit sa descendance de celle de France. Nous avons des monumens qui justifient cette origine, et j'ai vu un tems (c etoit celui de D^n Jean V.) ou ce prince auroit tout fait p^r obtenir cette reconnoissance de la France et de l'Espagne.

Cet interest de gloriole mis a part que pourroit faire de mieux le Portugal, ses limites une fois bien constatées en Amerique co^e en Europe, et toute occasion de dispute etant retranchée que de se lier intimement sans exclusion cependant, avec deux puissances qui peuvent contribuer aussi essentiellement a sa tranquilité et par consequent a sa prosperité que la France et l Esp^e. Le Portugal par sa position doit plus craindre la guerre que la desirer. Elle ne peut jamais lui etre profitable. L amitié de ces deux puissances doit donc lui paroitre aussi interressante a acquerir que celle de l Ang^{re} a conservér. Il n est pas moins avantageux lorsqu'on n est point poussé par l esprit de conqueste, de se menagér les moiens de prevenir la guerre que de se reservér ceux de la soutenir. Ces deux vües n aiant rien d incompatible il seroit a desirér de pouvoir rendre le cabinet de Lisbonne susceptible de les combinér.

Je m'arrete volontiers quoique trop peut etre sur cet objet moins par la consideration des benefices mercantiles que nous pourrions partagér si nous etions admis a des faveurs de commerce equivalentes a celles dont les Anglois peuvent jouir qu'en raison de l'interest dont il seroit pour l Espagne comme pour nous d'afoiblir les liens politiques du Portugal avec la G^{de} Bretagne. Si le premier sentoit moins le besoin de la dependance, nous pourrions nous flatter la guerre arrivant que la neutralité des ports portugais seroit mieux observée; nous participerions aux facilités que nos ennemis pourroient y trouvér et ils n en disposeroient plus exclusivement comme dans la derniere guerre. Vous vous rapellerés M. combien la neutralité perfide de ce royaume nous fut funeste. Je ne puis que vous proposér M. ce point de vue et vous invitér a le discutér avec M. le Cte de Floride Blanche. Ce ministre éclairé et plus a portée de l objet saura rendre possible ce que je n'envisage encore que comme desirable. Je crois d autant plus instant de s'en occupér que quoique les ministres anglois tiennent toujours un langage asses pacifique nous avons des raisons de soupconnér que si leurs intentions ne sont pas entierem^t changées elles sont du moins tres vacillantes. Nous sommes informés de bonne source quoi que ce ne soit pas par le canal de notre ambassadeur qu il y a de la division dans le ministere B^{que}. Il s'y est formé un parti qui veut le deplacement de Lord North et qui cherche a l emportér par une revolution de sisteme. On ne peut pas jugér encore de quel coté se fixera la victoire mais le parti attaquant paroit gagner de la superiorité. Il est important que la cour d Esp^e en soit avertie. C est un devoir auquel notre amitié s'empresse de satisfaire en meme tems que nous la prions de menagér cette decouverte et de contribuér a l'eclaircir. Nous sommes les uns et les autres dans une situation a ne devoir rien brusquér; l Espagne attend une flotte dont elle ne doit pas compromettre la sureté, et nous avons pour notre part un grand nombre de matelots employés a la peche que nous ne voudrions pas perdre. Cela demande de la circonspection de l un et de l autre coté; nous faisons la guerre a lo'il et nous nous préparons sourdement et sans affectation a toutes les mesures que les circonstances pourront rendre necessaires.

Je vous prie d assurér M. le Cte de Floride Blanche de mon exactitude a ne lui laissér ignorér aucune des circonstances que nous pourrons decouvrir. Peut etre trouverons nous plus de lumieres dans la maniere dont le ministre B^{que} accueillera la proposition que ce ministre me marque avoir faite au Lord Grantham par forme d'insinuation pour convenir d un plan d instruction a donnér aux officiers de mer tendant a prevenir les incommodités et les excès qui ne deviennent que trop multipliés de la part des armemens anglois. Si les ministres de cette nation sont de bonne foi dans les assurances de paix qu ils renouvellent a tout propos ils doivent se pretér a un arrangement si analogue au but qu on se propose respectivem^t; si au contraire ils s'y refusent ou s'ils se montrent froids a y entrér, ce sera le cas de nous tenir pour avertis et d avisér aux mesures de sureté qu il conviendra de prendre. Vous voudres bien M. prevenir M. le Cte de Floride Blanche que loin de rien objectér contre l arrangement dont il a si heureusement fourni l idée, nous sommes tres disposés au contraire a y participér; j ecris meme aujourd hui a M. le Mis de Noailles pour l autorisér a se concertér et a agir conjointement avec M. le prince de Masseran sur cet objet si cet ambassadeur en est chargé.

A Versailles le 21 juin 1777.

Espagne, t. 584, n° 140.

Il s'agira donc, désormais, de détacher le Portugal de l'Angleterre, tout au moins de le faire concourir indirectement à la politique du Pacte de famille. Afin d'influer par les prévenances sur les dispositions de M. de Floridablanca, une lettre pour lui de M. de Vergennes était jointe au pli du 21 juin. Elle contenait déjà des invites concernant Lisbonne; mais, avant tout, elle portait sur les projets que l'on devait supposer à l'Angleterre [1]. Toutefois, cette question du Portugal offrait une matière neutre, en conséquence une diversion; il plut par suite à l'ambassadeur d'en parler au roi d'Espagne de préférence aux affaires d'Angleterre, et tout autant au premier ministre d'en être entretenu. Le 3 juillet, Ossun s'empresse de dire à M. de Vergennes que Charles III « pense comme lui, qu'il trouverait désirable à tous égards que la cour de Lisbonne s'affranchît de la dépendance de l'Angleterre et formât des liaisons assez étroites avec la France et l'Espagne ». M. de Floridablanca, lui, s'est expliqué avec réserve, mais l'ambassadeur « présume » qu'il ne négligera rien dans le cours de la négociation pour faire adopter les vues du roi par la cour portugaise [2]. Bientôt, Ossun est plus explicite; il a eu l'occasion de parler de nouveau à ce ministre de « l'idée d'affaiblir les liaisons du Portugal avec l'Angleterre et d'engager la Reine Très Fidèle à en former d'étroites avec la France et l'Espagne », et il assure que M. de Floridablanca « lui a paru en sentir l'avantage et désirer que la chose devienne possible [3] ». Cependant « l'idée » germait seulement chez M. de Vergennes.

---

[1] C'est du moins ce qui ressort de l'accusé de réception d'Ossun en date du 30 juin. (*Espagne*, t. 584, n° 148.)

[2] Rapport d'Ossun, du 3 juillet 1777. (*Ibid.*, n° 4.)

[3] Rapport du 7 juillet. (*Ibid.*, n° 17.)

1777. Elle se développait à mesure. Il y revient pour fournir l'ambassadeur de raisons et, en même temps, de considérations en vue de l'empêcher d'aller trop vite. C'est dans sa dépêche du 18. « Les principes, les lumières et l'honnêteté de M. le comte de Floride Blanche lui sont de sûrs garants, écrit-il, que l'intérêt de diminuer la dépendance où le Portugal a été jusqu'à présent de l'Angleterre ne lui échappe pas et qu'il s'en occupera sérieusement lorsque les circonstances l'y autoriseront; mais il serait prématuré et même dangereux de faire des démarches relatives à cet objet avant qu'un accommodement solide soit convenu entre les deux cours. Le soupçon et la défiance sont l'apanage de la faiblesse; le Portugal qui ne peut méconnaître la sienne s'imaginerait peut-être que nous ne cherchons qu'à le détacher d'un allié qu'il est accoutumé à regarder comme son égide, et dès lors devenir plus froid et plus circonspect à s'engager dans les mesures où il nous peut convenir de l'attirer. ».

Ce qui nous revient des dispositions de cette puissance nous donne lieu d'en augurer asses favorablement; le nouveau gouvernement sent la gène du joug etranger qu'il a porté trop longtems et les inconveniens du monopole de commerce qui en etoit la suite necessaire. Je puis vous confiér M. que M. de Sa s en est expliqué asses confidement avec notre ambassadeur et qu'il lui a developé a cette occasion des principes aussi sains que ceux de la precedente administration etoient compliqués je dirois presque absurdes. Il a remarqué que si l'apui de l'Ang^{re} etoit un relief pour le Portugal, ses secours venoient avec tant de lenteur, que le mal se trouvoit toujours tres avancé avant qu'on put y obviér. Le ministre portugais n'a pas eté moins expressif sur l abus d un commerce exclusif et a parfaitement bien saisi les avantages de la plus grande concurrence. Tout ce que nous desirons est qu elle s etablisse et que nos marchandises aient l'entrée dans ce pays la. Un avantage plus considerable selon moi seroit d obvier a ce que desormais en tems de guerre les ports du Portugal ne soient point a la disposition des Anglois, et que tout y soit egal pour nous comme pour eux, meme somme de facilités et de genes.

Nous ne sommes pas moins impatiens M. qu on peut l etre a Madrid de savoir la reponse que le Portugal aura faite au plan qui lui a eté proposé par l Esp°. Nos vo'ux sont d'autant plus vifs pour la reconciliation entre les deux puissances et pour que tout contribue a fortifier la plus étroite intelligence entre elles, que c est tres certainement ce qui peut arriver de plus desagreable a l Ang^re. Ses ministres quelque bonne contenance qu ils affectent ne peuvent dissimuler le deplaisir qu ils en eprouvent, en effet si le Portugal s'afranchit de leur influence en meme tems que leurs colonies d'Amerique font les plus grands efforts pour secouer leur domination c est perdre de tout coté sans aucune compensation presente. Celle qu on supose asses generalement qu ils se promettent de se procurer aux depens de la France ou de l'Esp° pourroit tres bien n etre q'une occasion a de nouvelles pertes au lieu de donner des avantages. Ce seroit au moins l occasion d une guerre plus longue et plus dispendieuse que la situation presente de l Ang^re ne semble devoir le comporter.

A Versailles le 18 juillet 1777.

Espagne, t. 585, n° 43.

Mais, actuellement, les points noirs du côté de Londres préoccupaient beaucoup plus M. de Vergennes que l'éventualité de relations amicales avec le Portugal. Cette éventualité n'était qu'un second plan. Or Charles III restait porté à éluder, au sujet de l'Angleterre. Il se reposait sur les dispositions de la Grande-Bretagne, qui lui semblaient sincèrement pacifiques[1], et sur les précautions déjà prises par lui, d'ailleurs[2]. Son ministre, d'autre part, avait particulièrement

---

[1] Rapport d'Ossun, du 5 juin. (*Espagne*, t. 584, n° 113.) «Je remarque M, que Sa M^té Cath^e commence à se persuader que les Anglois desirent sincèrement de maintenir la paix avec la France et l'Esp^e et que la crainte qu'ils pussent former inopinément dans la suite quelque entreprise en Amérique contre les possessions francoises ou espagnoles est fort diminué ici.»

[2] Rapport d'Ossun, du 3 juillet : «Le Roi Cath^e, Monsieur, ignoroit qu'il y eut de la division dans le ministere britannique et qu'il se fut formé un parti qui veut le deplacement de Mylord North et qui cherche a l'emporter par une revolution de sistème; ce monarque et son ministre pensent que si elle avoit lieu les consequences en seroient funestes pour le maintien de la paix et qu'il seroit dans tous les cas imprudent de se confier aux intentions pacifiques que le ministere britannique affecte de témoigner et aux assûrances réitérées qu'il donne à cet égard à la France et à l'Espagne. Dans ces circonstances Sa Majesté Catholique s'applaudit d'avoir pris des mesures qu'elle

peu d'inclination à voir les choses des mêmes yeux que la France, tout en se montrant fort raide à l'égard du gouvernement britannique. La manière naturelle d'amener M. de Floridablanca à s'expliquer était de lui demander le mot de son énigme, autrement dit ses idées personnelles sur une politique commune, sur « les moyens qu'il imaginerait pouvoir être employés, écrivait l'ambassadeur, afin que les deux Couronnes se missent à portée de concourir sans inconvénient à la conciliation des différends qui existent entre les Anglais et leurs colonies ». Sollicité par M. de Vergennes, Ossun essaye de nouveau de faire enfin parler le ministre espagnol; mais celui-ci cherche des prétextes pour ne pas répondre, celui, par exemple, « qu'il y a trop peu de secret à la cour de Versailles »; l'ambassadeur ne peut rien tirer de lui, sinon « qu'au moment où il y verra de la possibilité, il communiquera ses idées à M. de Vergennes[1] ». Évidemment, s'il ne

« croit suffisantes pour protéger la navigation
« de ses sujets aux Indes et pour rendre au
« moins fort douteux le succès des entreprises
« considérables que les Anglois pourroient être
« tentés d'y former. Ce prince verra avec beau-
« coup de satisfaction que la France prenne des
« mesures semblables néanmoins sans rien brus-
« quer et avec la circonspection que les circon-
« stances exigent. Le Roi Cath° est bien éloigné
« de vouloir la guerre, et son unique objet est
« que la France et l'Espagne se mettent en état
« de la soutenir avec vigueur si on les attaque. »
(*Espagne*, t. 585, n° 4.) — Rapport du 17 juillet :
« Ce monarque a considéré ensuite que si les
« Anglois pouvoient avoir le dessein secret de
« déclarer la guerre à la France et à l'Espagne,
« le bon état où ces deux puissances se mettoient
« devoit naturellement les contenir; qu'il avoit
« quarante quatre vaisseaux de ligne armés, qu'il
« pourroit en faire armer six de plus à la fin de
« cette année; que la France en avoit quarante
« armés ou en état de l'être, qu'elle pourroit en
« armer quelques autres dans cinq ou six mois,
« que ces forces réunies surpasseroient celles
« que l'Ang^{re} pourroit mettre en mer »; parce que
« quoi qu'elle eut peut-être un nombre égal de
« vaisseaux, elle manquoit de matelots pour les
« armer tous ensemble. » (*Ibid.*, n° 40.)

[1] Rapport du 7 juillet : « Comme j'ai conti-
« nué à raisoner sur cet objet et sur ce qui con-
« cerne le Portugal, il m'a avoué que le véri-
« table motif de sa reserve étoit la crainte que
« le secret ne fût pas bien gardé, qu'il avoit
« plus d'une preuve que tout transpiroit; il
« a cité la confidence qu'il m'avoit faite que
« quoique Sa M^{té} Catholique voulut eloigner la
« cour britannique de la negociation avec le
« Portugal elle n'auroit rien de caché pour la
« France; il m'a assuré que ce propos avoit
« été mandé exactement à Londres par le mi-
« nistre du roy de Prusse qui réside en France
« et que M. le prince de Masseran avoit pu se
« procurer une copie de la lettre que ce ministre
« avoit écrite a ce sujet. Enfin, M. le Cte de Flo-
« ride Blanche après avoir considéré combien le
« secret étoit nécessaire pour des affaires a fini

revenait pas aux dissidences passées, M. de Floridablanca se souvenait qu'elles avaient existé.

Fidèle, du reste, à ce qui était l'intérêt commun, dans le sens vague du mot, le premier ministre de Charles III nous défendait, avec une liberté rude et nullement disposée à faiblir, contre les récriminations de lord Grantham, qui nous accusait assez amèrement de nourrir le projet de rompre, de fournir des secours aux Colonies, de donner protection à leurs corsaires[1]. Ces façons brusques coïncidaient

« par me dire qu'il seroit resérvé a l'avenir « quoique à regret sur les choses au succès « desquelles le secret seroit essentiel, d'autant « plus qu'il savoit que le ministère britannique « avoit deja conçu de l'inquiétude et de la méfiance sur les dispositions politiques du Portugal à l'egard de l'Angleterre. » (*Espagne*, t. 585, n° 17.)

[1] Ossun écrit de Madrid le 14 juillet : « M^d « Grantham quittant le ton ministériel et après « avoir déclaré qu'il ne parloit pas au nom et « par ordre de sa cour, se plaignit amèrement « des procédés de la France relativement à sa « cour, des secours de toute espece, qu'elle fournissoit aux colonies angloises; il dit qu'il étoit « évident que la France avoit résolu de rompre « avec l'Ang^re et qu'il avouoit que s'il étoit dans « le ministère, il la préviendroit. M. le Cte de « Floride Blanche lui repondit qu'il ne falloit « pas ajouter foi légèrement à ce qui se disoit, « qu'il étoit naturel que les députés du Congrès « ameriquain qui sont en France débitassent de « fausses nouvelles à cet égard; que la France « ayant un commerce fort étendu, il étoit conséquent que ses négocians eussent des liaisons avec les colonies angloises, qu'ils leur « fournissent ce qu'ils desiroient, qu'il ne s'en « suivoit pas de la que ce fût par ordre du « Gouvernem^t; que si les commerçants esp^ls ne « les aidoient pas autant que les françois, c'étoit « par la seule raison que le commerce esp^l étoit « beaucoup moins étendu que le francois ; que « pour ce qui étoit du prétendu dessein formé « qu'il suposoit à la France de faire la guerre à « l'Ang^re, il pouvoit l'assurer du contraire et « qu'il étoit à portee de le savoir, n'étant pas « possible que le cabinet de Versailles, en eut « fait mistere a celui de Madrid, que l'on voyoit « au contraire que la France avoit fait en dernier lieu au sujet d'une prise qu'un armateur « ameriquain avoit conduit dans le port de Dunkerque et qu'il savoit de plus que nôtre cour « informée que des François prenoient en Amérique des patentes des colonies révoltées pour « faire la course avoit pris des mesures justes « pour arrêter de pareils abus.

« Que pour ce qui étoit de vivre en bonne « harmonie et d'ouvrir ses ports aux batimens « des Colonies, la France et l'Espagne le faisoient et le feroient; qu'ils observeroient une « entière neutralité ne voulant pas s'exposer à « voir les batimens de leur commerce enlevés « et pillés par les corsaires americains et que « l'Ang^re ne seroit pas fondée à s'en plaindre, « tandis qu'avec toutes ses forces elle ne pouvoit pas proteger son propre commerce. M. le « Cte de Floride Blanche a fini par dire qu'il « ne falloit pas precipiter son jugement sur les « bruits qui se repandoient et sur les choses « qu'on aprenoit; que le ministère d'Esp^e n'y « ajoutoit pas foi légèrement; qu'il lui etoit revenu d'assez bonne part que l'Ang^re sollicitoit

1777. avec des plaintes de très vieille date qu'il avait prescrit à M. de Masserano de rappeler à Londres[1], et elles laissaient supposer aux ministres du roi George que M. de Floridablanca était peu favorable à la paix. Lord Grantham, en annonçant à lord Weymouth la retraite du marquis de Grimaldi, lui avait écrit « qu'on remplacerait difficilement ce dernier par quelqu'un d'aussi dévoué à la France et d'aussi disposé à rendre les deux cours unies dans les mêmes choses et émues des mêmes griefs[2] »; or, à la fin d'avril, lord Stormont faisait confidentiellement part à l'ambassadeur de l'opinion bien opposée que l'on concevait du remplaçant, à cette heure, et il donnait surtout à l'appui l'insistance avec laquelle la cour de Madrid pressait la France d'envoyer des troupes à Saint-Domingue[3]. Lord Mansfield, quelques jours

« vivement le roi de Maroc de recommencer la « guerre avec l'Esp°, qu'il lui offroit même des « subsides considérables et de lui fournir l'ar-« tillerie et les munitions de guerre necessaires « pour assieger les présides d'Affrique et que « le roi d'Esp° sans mépriser cet avis et sans « negliger les mesures et prevoyances vouloit « approfondir cette nouvelle avant d'y donner « credit; qu'il désiroit sincèrement le maintien « de la paix, qu'il feroit toujours ce qui depen-« droit de lui pour la conserver, mais qu'on ne « devoit pas en conclure qu'il craignit la guerre « et qu'il ne fut pas sensible aux mauvais pro-« cédés. M^d Grantham, M. est resté un peu in-« terdit et il a soutenu qu'il n'avoit aucune con-« noissance de ce que M. le Cte de Floride Blanche « venoit de lui dire. » (Espagne, t. 525, n° 36.)

[1] Il s'agissait de délits commis en 1770 par des Anglais dans une des possessions espagnoles et que M. de Grimaldi n'avait pas regardés comme importants. M. de Floridablanca ne demandait rien moins que la peine de mort contre les auteurs, « dont on aurait eu peine à retrouver la trace, répondait-on assez justement, en supposant que les lois anglaises autorisassent de les poursuivre aussi gravement ».

[2] Grantham's papers, mss. 24, 174, f° 160, 7 novembre 1776.

[3] Ibid., f° 192. Lettre de lord Stormont, du 26 avril 1777. — Cette pièce donne raison à la résistance que M. de Vergennes opposait à cet envoi de forces, dans la pensée que la mesure en provoquerait une semblable de la part de l'Angleterre :

« Milord, je crois nécessaire de faire savoir « à Votre Seigneurie que je tiens, secrètement « de fort bonne source que M. Florida Blanca « a écrit à cette cour d'une manière qui donne « tout lieu de craindre qu'il ne soit loin d'être « aussi pacifique que son prédécesseur. A la vé-« rité, il n'avoue pas ouvertement un change-« ment de système, il ne dit pas qu'il désire « la guerre; mais, sous le vain prétexte des « desseins hostiles qu'il nous prête contre les « îles françaises et espagnoles d'Amérique, il « conseille des mesures qui tendent nécessai-« rement à compromettre la tranquillité pu-« blique. Il presse vivement la France d'envoyer « des troupes et des vaisseaux de ligne à Saint-« Domingue. Les principaux ministres du roi de « France, qui, j'en suis persuadé, sont réelle-« ment pacifiques, voient clairement la vérité

après, venait exprimer au prince de Masserano des inquiétudes pareilles, et lord Suffolk, « impatient d'ouvrir son cœur », disait-il, au rapport du marquis de Noailles[1], usait auprès de ce dernier des plus instants efforts pour le convaincre de la sincérité des sentiments britanniques; il en appelait « à sa droiture, à son expérience des affaires, des affaires de l'Angleterre particulièrement, pour dissiper d'injustes soupçons et faire valoir à sa cour toutes les raisons qui devaient la convaincre du désir qu'avait son pays de conserver la paix »; « au lieu de nous tenir sur la défensive les uns vis-à-vis des autres, nous devrions tous désarmer, » avait ajouté le familier de George III.

L'Angleterre, en effet, ne redoutait pas moins de voir la France et l'Espagne ouvrir en ce moment la guerre, qu'à Versailles on s'était jugé mal en état de la faire et que l'Espagne s'y montrait peu portée. Le gouvernement de George III dépensait autant d'efforts et de ruses diplomatiques à la retarder, en divisant ou en abusant les deux Couronnes, que d'impulsion et d'activité à se mettre en situation de la déclarer ou de la subir. Mais le ministère de Louis XVI ne s'effrayait plus à l'idée de frapper un coup, et les motifs que M. de Vergennes en donne au marquis de Noailles révèlent les raisons qui avaient causé le changement subit de ses dispositions après l'échec de Washington à Long-Island. La manière d'être dictée par la correspondance officielle contraignait parfois l'ambassadeur à se sentir embarrassé dans son rôle. Éprouvant le besoin de voir plus clair, il avait longuement exposé au ministre, dans une lettre privée, ses idées sur les conséquences à attendre de la situation créée à la Grande-Bretagne par la guerre d'Amérique ou à y rechercher[2]. M. de Vergennes lui répond,

---

« de ce que je leur ai dit et répété, à savoir « que, si une flotte française ou espagnole est « envoyée dans ces mers, une flotte anglaise « doit suivre, et suivra... Ces dispositions du « ministre espagnol sont bien regrettables, surtout au moment où il y avait lieu d'espérer « que les cours de Londres et de Paris étaient « sur le point de consentir à un désarmement « mutuel... »

[1] Lettre particulière à M. de Vergennes, du 9 mai. (*Angleterre*, t. 523, n° 18.)

[2] Lettre du 18 avril 1777. (*Ibid.*, t. 522, n° 121.) — Le marquis de Noailles aurait eu hâte de quitter Londres; apprenant qu'Ossun

privément aussi, le 2 mai. Sans lui laisser entrevoir aucun projet déterminé, il lui explique ainsi sa propre attitude, en même temps que l'attitude à laquelle il obligeait le représentant du roi :

> Je ne me dissimule pas Monsieur le Marquis, que votre conduite peut présentér un coté foible aux yeux de ceux qui ne peuvent ou ne veulent saisir l ensemble des affaires. S il etoit question d une justification je ne serois pas embarrassé d en faire une et tres solide, et de demontrér qu en bonne politique comme en justice on a tenû la seule route convenable. On a profité de la circonstance pour recréer une marine qui n existoit que nominalement; celle du Roi est aujourd hui en bon etat, et je me flatte que cet etablissement est pour tout son regne et au dela. Je vous ai informé en confidence Monsieur le Marquis, de ce qui se passoit ici, par ce que je ne vous laisserai jamais rien ignorér de ce qui pourra interressér votre mission.

Le secret du prompt abandon des propensions à la guerre si vivement affirmées après la déclaration d'indépendance, le secret principal, du moins, avait donc été dans la faiblesse de notre état maritime. La nature et les conditions qu'affecterait cette guerre étaient apparues soudain tout autres, après Long-Island, qu'au 31 août, où les Colonies semblaient assurées de triompher. Il faudrait supporter de dures campagnes de mer, qui auraient raison trop vite de la marine débile léguée par le précédent règne. Désormais, M. de Maurepas et M. de Vergennes vont souvent, l'un et l'autre, répondre par cette interprétation aux jugements que leur politique suggère. Tous deux s'en expliqueront ainsi avec le ministre du roi de Prusse leur exprimant, au nom de son maître, qu'ils avaient laissé perdre l'occasion. Du reste, même en écrivant dans l'intimité au marquis de Noailles, M. de

---

était rappelé de Madrid, il écrit directement à M. de Vergennes, en vue de remplacer son collègue à la cour d'Espagne. (6 juin; *Angleterre*, t. 523, n° 77.) Mais il avait été choisi en connaissance de cause et l'on ne penserait pas à le déplacer. M. de Vergennes lui répond aussitôt « qu'il sert trop bien le roi là où il est pour qu'il puisse s'agir de l'en tirer; qu'il serait assurément utile à Madrid, mais qu'on a besoin de lui à la place qu'il occupe, la plus intéressante en raison de sa délicatesse ». (14 juin; *ibid.*, non numérotée, f° 265.)

Vergennes lui voilait entièrement les vues actuelles du gouvernement du roi sur les affaires de l'Amérique. Il raisonnait sur les généralités que l'ambassadeur avait émises, notamment sur l'avenir réservé aux États d'Europe par l'établissement des États-Unis; sur l'autre terrain, il le suivait, tout simplement, par hasard pour ainsi dire, et comme question spéciale c'était de la question du désarmement qu'il l'entretenait. Il tenait à lui bien marquer qu'elle ne devait pas être un motif de discontinuer nos préparatifs :

Je pense absolument comme vous sur un desarmement; les conventions a cet egard ne pourroient etre egales depuis que l Ang^re a etabli par le fait quelle peut avoir 20 v^x de garde sans que pour cela on puisse en concevoir de l inquietude. S il y avoit lieu a negociation j estime qu il y auroit d excellentes observations a faire, la plus sure seroit de riposter par le fait, mais l amour de l économie fait quelques fois retrancher des depenses necessaires. Il seroit bien dangereux que cette consideration prevalut dans des occasions majeures.

A Versailles le 2 may 1777.

Angleterre, t. 523, n° 3 *bis*[1].

---

[1] Voici la première partie de cette lettre : « A Versaillés le 2 may 1777. — Je ne puis assés vous remerciér, Monsieur le Marquis, de la lettre particuliere que vous m avés fait l honneur de m ecrire le 18. du mois dernier et des judicieuses reflexions quelle renferme. On ne peut mieux discuter que vous le faites l'etat de la question qui s est elevée entre l Ang^re et ses colonies et les suites probables qu elle doit operér, quelque en soit la solution; je pense avec vous que les suites ne peuvent en etre avantageuses a l Ang^re dans la supposition la plus favorable, les colonies soumises; ce ne sera qu un ressort comprimé, qui reprendroit bien vite son elasticité si un poids superieur cessoit de l assujetir; la charge sera donc pesante pour la metropole. Si au contraire elles peuvent s assurér leur independance, l interest devenant la baze de leurs calculs et de leurs affections l Ang^re se verra necessairement privée de la plus g^de partie des benefices qu elle retiroit de leur commerce. Les choses considerées sous ce point de vue, il seroit au moins prematuré d emprunter d un avenir bien reculé des consequences allarmantes pour la sureté de nos possessions dans cet hemisphere. Si les provinces unies restent dans la constitution qu ils se sont donnée, elle semble exclusive de vûes de conqueste; d ailleurs tant qu il leur restera du terrain a defrichér et elles en ont encore pour longtems, on ne doit pas aprehendér qu elles cherchent a s etendre. D après cet aperçû nous pouvons voir la continuation de ce demeslé et en attendre l issue possible sans y prendre une part plus active que nous ne l avons encore fait. »

L'expression de ces idées recevait plus d'accent encore quinze jours après, dans un autre pli particulier où M. de Vergennes revenait sur l'opinion conçue à Londres du successeur de M. de Grimaldi.

Nous avions deja des indices des inquietudes que l on concoit en Ang^{re} des dispositions du nouveau ministre d Espagne, mais sans en connoitre le motif. Cest a vous, Monsieur le Marquis, que nous en devons le developement. Quoi qu il ne paroisse pas simple qu on reveille une affaire qui est censée finie depuis plusieurs années et qu on exige une satisfaction qu il n'est pas au pouvoir du ministere anglois de donner, je ne m en tiens pas moins assuré pour cela que M. le Cte de Floride Blanche est de bonne foi dans les principes pacifiques du Roi son maître, la franchise et l honneté de son caractere en font foi, mais je ne serai pas surpris qu il n emploie a leur soutien de tout autres moiens que ceux que son predecesseur avoit adoptés. D'après cela il peut paroitre tres problematique s il accueillera la proposition de desarmement que le Lord Suffolk a faite a M. le P^{ce} de Masseran et que le Lord Grantham sera probablement autorisé a renouvellér. Je vois tant de difficultés a establir le desarmement sur un pié equitable et de maniere a trouver un niveau de sureté que malgré l interest qu il peut y avoir a se soulagér d une depense pesante, j'estimerois que la paix ne sera bien assurée qu'a l'abri de nos fortes precautions. Nous devons nous attendre que les Anglois ne desarmeront que ce qu ils ne sont pas en etat d'armér. D'ailleurs quand nous n'aurons rien, nous ne devons pas nous attendre qu ils nous menagent et nous respectent. C est a M. le Mis de Noailles et non a l ambassadeur du Roi que je devoile ma façon de penser. Elle m est particuliere, mais elle sera subordonnée a celle que Sa Majté adoptera si cet objet prend assés de consistance pour devenir le sujet d une negociation.

A Versailles le 17 may 1777.

Angleterre, t. 523, n° 41 bis.

A cette heure, toutefois, la marine était refaite et le gouvernement de Louis XVI avait repris assurance. C'est pourquoi il n'entrait pas du tout dans son esprit de désarmer. Les craintes d'une réconciliation des Colonies avec leur métropole avaient d'ailleurs augmenté,

D'UNE ALLIANCE AVEC LE CONGRÈS.

à la suite des derniers débats du Parlement. Lord Chatham s'était fait porter à la Chambre haute et, sans entamer la majorité, mais non sans agir au fond très fortement par sa parole, il avait excité une fois de plus contre la France, par sa grande autorité et par une éloquence qui ne fut jamais dépassée, l'animosité qu'il portait à notre pays. Lord Chatham avait proposé une motion pour supplier Sa Majesté Britannique d'aviser aux moyens de s'entendre avec l'Amérique[1]. Les orateurs de l'Opposition après lui, lord Grafton, lord Schelburne surtout, avaient violemment dénoncé l'assistance prêtée à l'Amérique par la cour de Versailles, les relations de Franklin et de Deane avec le cabinet; ils avaient montré le Portugal entraîné désormais dans le Pacte de famille et ajoutant ses douze vaisseaux de ligne aux flottes de l'Espagne et aux nôtres. On craignit alors que lord North ne sortît du ministère et que les idées pacifiques n'en disparussent tout à fait avec lui. Par un autre billet privé, le 21 juin, M. de Vergennes demande à l'ambassadeur de se bien informer, dût-il dépenser quelque chose, sur cette « révolution de système » qui éloignerait le ministre regardé comme « l'ange de la paix ». On a d'ailleurs la mesure

---

[1] Le marquis de Noailles avait écrit à ce sujet, avec justesse : « A Londres le 6 juin 1777. « — L'apparition de milord Chatam au Parlement n'a fait sensation que pour le moment. Il ne s'en proposoit pas lui même apparemment une grande utilité. Mais il faut convenir qu'en cédant à l'amour propre et au plaisir de réveiller un instant en sa faveur l'attention de la nation, il a agi conséquemment aux principes qu'il a toujours eus depuis la naissance des troubles en Amérique. En 1775 il vint de même au Parlement, et proposa de rappeller toutes les troupes, et de remettre les choses sur le pied où elles étoient en 1766. Il ne demandoit rien qu'on ne put alors exécuter utilement. Quand il fait aujourd'hui une motion pour supplier Sa Majesté Britannique d'aviser aux moyens les plus efficaces de par- venir à une conciliation, sans indiquer quels seroient les moyens à employer, il semble ne viser qu'à protester de nouveau contre tout ce qui a été fait de contraire à son avis, et vouloir prendre de là occasion pour annoncer à la nation que forte ou foible, heureuse ou malheureuse par le sort de ses armes, elle doit finir par avoir une guerre étrangère, soit pour périr tout à fait et s'ensevelir sous les débris de son ancienne gloire, soit pour résister aux efforts de la France qui se déclareroit si les Américains étoient à la veille d'être soumis. Le cas de la réduction lui paroit sans doute chimérique, puisqu'il s'est permis de dire en montrant ses béquilles, qu'il vaudroit autant les envoyer que les troupes qu'on faisoit passer pour conquérir l'Amérique. » (Angleterre, t. 523, n° 44)

du sentiment de défiance que nous inspirait l'Angleterre, en le voyant donner à son représentant l'avis qui suit sur l'attention que ces informations méritaient :

> Les assurances les plus affirmatives ne sont quelques fois dans le pays que vous habités que des mots vuides de sens, ou qui en ont un tres oposé a ce qu ils semblent signifier. Nous ne pouvons pas oublier comment nous fumes decûs en 1755. Si nous avons eu l honneteté de ne pas vouloir profiter d un exemple aussi terrible nous devons etre sur nos gardes contre la recidive.
>
> A Versailles le 21 juin 1777.
>
> Espagne, t. 523, n° 114 bis[1].

Aussi, un mémoire établissant les raisons d'entrer dans l'intimité de l'Amérique venait-il d'être préparé pour le roi, en vue de convier le roi d'Espagne à faire de même. C'était le commencement d'un travail qui devait passer par plus d'une phase. Le ministre l'avait ouvert à vrai dire dans sa dépêche du 18 juillet sur le Portugal. Le terrain n'étant pas mouvant de ce côté, M. de Vergennes avait saisi là l'occasion. Il dépeignait dans cette dépêche le crédit de l'Angleterre comme fort atteint et son commerce comme paralysé; son impuissance à provoquer les deux Couronnes lui semblait évidente et celles-ci bien plus en état de frapper « si leur modération et leur justice n'étaient pas supérieures aux amorces de l'ambition et de la vengeance ». Il arrivait à dire qu'une chose improbable étant possible, « le désespoir » conduirait peut-être les ministres britanniques « à des partis extravagants » et que le roi ne voulait négliger aucune précaution pour rendre leurs efforts inutiles; cela l'amenait à indiquer des projets qu'il faudrait exécuter, à son avis, « à l'entrée de l'automne ». Or ces projets étaient assez étudiés pour qu'à l'heure même il pût en tracer

---

[1] Le ministre, en terminant, indiquait à M. de Noailles ce détail à surveiller : « Si les « Anglois inclinoient à changer de sisteme il « est vraisemblable qu ils se mettroient en me- « sure de deffense sur tous les points qui « l'exigent. Dans cette supposition la destina- « tion qu ils donneroient a leurs vaisseaux pour- « roit eclairér sur le fond de leurs intentions. « Vous voudrés donc bien y faire veiller aussi « soigneusement qu il sera possible. »

un exposé étendu, et assez réfléchis pour que des mesures préliminaires en eussent préparé déjà l'exécution. On est fixé à cet égard par un autre pli de la même date, où le roi est montré résolu à assurer aux Américains toute la liberté de navigation que comportera l'interprétation du droit des gens ou des traités, et décidé à imposer le respect de cette liberté au risque d'une agression de l'Angleterre. Le ministre fondait en cela l'opinion du cabinet sur une doctrine du commerce maritime dont il faisait un principe. Bien plus, il ajoutait qu'afin de garantir efficacement l'application de cette doctrine, des forces seraient dirigées sur nos possessions des Antilles et le concours de l'Espagne demandé à ce sujet, si le besoin venait à en être senti :

A Versailles le 18 juillet 1777.

Nos griefs, M. et ceux de l'Ang^{re} qui sont inevitables dans l'etat present des choses commencent a donnér lieu a des explications asses serieuses dont nous desirons d'autant plus que le Roi C^{que} et son ministere soient informés que nous sommes persuades qu'ils aplaudiront a la sureté de nos principes de conduite, a l'honneteté de nos procedes et a la sage fermeté de notre langage.

Le Roi fidele aux obligations des traités ne veut ni en agraver les devoirs ni les enfreindre, mais quelqu'attention qu'on y porte il n'est pas possible de prevenir toutes les contraventions; tout ce qu'on peut exigér de la justice de S. M^{té} est d'y porter remede lorsqu'elles sont constatées et c'est ce qu'elle n'a jamais refusé.

De toutes les plaintes qui nous ont eté deferées celles qui paroissent affectér le plus fortem^t l'Ang^{re} est le refuge que les corsaires américains prennent dans nos ports d'ou prenant ensuite leur point de depart ils arrivent promtement sur les cotes d'Ang^{re} ou ils se permettent toutes les violences que la guerre autorise. Vous pouves jugér M. combien l'orgeuil anglois est blessé de voir son sceptre maritime insulté sur ses propres cotes et dans ses rades.

Le Roi n'a jamais eté disposé a permettre ou a encouragér ces manœuvres; les traités exigent que les corsaires ne puissent sejournér dans nos ports ni y deposér encore moins y vendre leurs prises. Les ordres sont formels a cet egard, il a toujours èté enjoint a ses preposés de veillér a leur execution, de n accordér a ces corsaires que les secours de l humanité et enfin de les faire partir aussitôt que le vent et les autres circonstances pouvoient le permettre. Il est arrivé neanmoins que trois corsaires americains auxquels il avoit ete prescrit de vuider les differens ports ou ils etoient abordés, aiant formé une association se sont joints a la mer et aiant pris leur champ de bataille dans le canal de St George y ont pris ou detruit un asses grand nombre de batimens anglois. Cela ne nous regarderoit en rien si a la suite de cette expedition, chassés par des v^x de guerre anglois ils n etoient revenûs dans nos ports ou ils doivent avoir envoié ou amené quelqunes de leurs prises.

Ce retour tres propre a faire soupconnér une connivance, a excité de la fermentation en Ang^{re} et a donné lieu a une representation tres grave que l ambassad^r de cette nation me fit le 8 de ce mois de l ordre de sa cour. Je ne recapitulerai pas ici tout ce qu il me dit, vous en trouverés l extrait dans la reponse que le Roi m'a ordonné de lui faire et que je lui ai communiquée verbalement le 15. J en envoie une copie a M. le Mis de Noailles afin qu il puisse en faire lecture aux ministres anglois. Je ne veux pas prevoir ce que ceux ci feront en consequence et si satisfaits de la justice que nous leurs faisons, ils se porteront a nous la faire a leur tour. Le Roi co^e il est ecrit dans notre reponse et comme je l ai dit au vicomte de Stormond entend executér de bonne foi les traités et ne pretend point protegér ses sujets dans un commerce prohibé par les loix des nations. Nous ne pouvons pas exigér que nos negocians aient la route de l Amerique septentrionale ouverte et qu ils y exercent un commerce libre; mais nous ne pouvons pas consentir aussi que lorsque les marchandises americaines ont passé dans nos mains et sont devenûes par la un article de notre propriéte l Ang^{re} se croie fondée a arreter les batimens expediés de nos ports sous pretexte qu ils ont a bord de ces sortes de marchandises, voila sur quoi j ai principalement insisté avec l ambassad^r d'Ang^{re} sans qu il ait eu rien meme de plausible a m objectér et sur quoi M. le Mis de Noailles opinera avec encore plus d energie en presentant aux ministres anglois la liste et les preuves de nos griefs.

Je ne me flatte pas M. que notre negociation nous procure le redressement de nos justes griefs, ce seroit trop presumér des Anglois, mais il seroit dangereux de precipitér et de brusquér les choses. La flotte d'Espagne n est point rentrée et nos pecheurs sont a la mer. Il faut gagner le tems que tout cela arrive si les Anglois malgré la detresse de leurs affaires co^e on le supose veulent la guerre. Elle est telle dit on que si la fortune ne leurs procure pas des evenemens qu ils n osent presque plus espérér il ne restera bientost plus aux ministres que des partis de desespoir a prendre pour essaier de sauver leurs têtes.

Nous ne nous negligeons pas ici M. sur les moiens de nous trouvér prets a tout evenem^t. On fait toutes les dispositions p^r embarquér dans le courant de 7bre six bataillons, un corps d'artillerie de six cent hommes et deux cent dragons. Les bataillons seront mis au grand complet et on enverra le nombre de recrues necessaires pour completter sur le meme pié les six bataillons envoyés en 1775. Ils ont grandement besoin de nombreuses recrues sur tout ceux qui sont a St Domingue, nous avons avis d une epidemie qui nous y enleve un monde prodigieux. Par les dernieres nouvelles du Cap plus de 700 ho^{es} de la garnison etoient a l hopital et la mortalité etoit afreuse. Nous devons nous felicitér de n avoir pas envoié plus tost le secours qu il s agit d'y faire passér. Moitié du transport aux dragons près, sera pour la Martinique et pour la Guadeloupe et l autre pour St Domingue, le tout reuni a nos troupes coloniales fera un ensemble de 15 mille ho^{es} sans parlér des milices du pays; ainsi nous serons en mesure pour l offensive et p^r la deffensive.

Si l'epidemie continuoit a St Domingue et que nos troupes eussent besoin de quartiers de rafraichissement nous pourrions bien demander au roi d Espagne qui la deja offert de permettre qu il leurs en soit donné dans la partie qui lui est soumise laquelle est infiniment plus saine que la notre mais nous n en sommes pas la.

Je joins ici M. la copie d une lettre que j ai ecrite a Mrs Franklin et Deane pour les informér des ordres que le Roi n'a pu se dispensér de donner sur les representations de l Ang^{re} pour reprimer les corsaires americains. L Esp^e ne doit rien ignorér de ce que nous faisons.

J ai l h^r d etre avec un tres parfait att. M.

Espagne, t. 585, n° 44.

Rien n'aurait ressemblé davantage à l'annonce prochaine d'une alliance avec le Congrès et à la complète acceptation des conséquences qui pouvaient s'ensuivre. Ayant à répondre à Ossun, peu après, sur les négociations, intimes maintenant, de la cour de Madrid avec celle de Lisbonne, M. de Vergennes s'efforçait encore de mettre l'ambassadeur à même d'ouvrir les yeux au premier ministre d'Espagne relativement aux résolutions du roi[1]. « La réserve », écrivait-il :

La reserve dans laquelle M. le Cte de Floride Blanche s enveloppe vient d autant plus a contre tems que s il nous convient de prendre en consideration les aff^{ts} de l Amerique septentrionale nous sommes au moment ou il faut s'en occupér. La campagne est ouverte, mais bien tost elle finira et je doute quel qu en soit l evenement que les Anglois puissent et veulent en entreprendre une troisieme. C est donc a l epoque de l automne prochain que pourront commencér des negociations plus serieuses qu elles ne l ont encore eté. Ne seroit il pas a propos que les deux Couronnes eussent dans ce pays la a cette epoque chacune quelques personnes sages, sensées et discrètes qui sans caractere et sans mission ostensible pussent éclairér ce qui se passera, nous bien instruire des veritables dispositions et dans l occasion faire les insinuations que les circonstances et le raport des differens interets bien combinés pourront leurs inspirér.

Je vous prie M. de communiquér confidement ce point de vue a M. le Cte de Floride Blanche et de me faire savoir par une lettre separée le jugement qu il en portera. Ce ministre éclairé doit sentir qu au point ou sont les

---

[1] Tout d'abord M. de Vergennes prenait là une occasion naturelle, et il l'avait sans doute cherchée, de relever la raison d'insuffisante discrétion, de la part du cabinet de Versailles, sur laquelle M. de Floriblanca feignait d'appuyer sa froideur : « ..... Cepend^t j ai une « pierre de touche asses sure pour m assurér « s il y a des bavards parmi nous, et j ai la conso- « lation de voir que ceux qui cherchent le plus « a nous penetrer en sont reduits aux conjec- « tures. Nous ne pouvons pas empechèr qu'on « sache quand nous avons des conseils ou des « comittés extraord^r; tout ce qui est extérieur « se voit, mais on ne penetre pas avec la meme « facilité ce qui est interieur. M. le Cte de Flo- « ride Blanche peut se rapeller que nous sommes « depositaires de quelque secret jaloux, sans « qu il en ait rien transpiré. Ne lui laisses pas « ignorer je vous prie combien je suis sensible « a ce reproche; j en suis d autant plus affecté « que j ai la sureté qu il ne peut m'etre per- « sonnel. Mais s il veut etre rassuré vous pouves « lui donner ma parole que quand il voudra « nous confier quelque chose le Roi seul et M. le « Cte de Maurepas en seront instruits avec moi, « et dans ce cas je vous prie M. de ne l inserer « que dans des lettres separées qui ne seront « point lues au conseil. »

affaires de l'Amerique septentrionale l'Esp[e] n y a pas un interest inferieur a celui d'aucune autre puissance.

A Versailles le 22 juillet 1777.

Espagne, t. 585, n° 53.

Au reste, le bruit public et les propos, à Londres, étaient de plus en plus à la guerre. On accusait ouvertement la France. « On s'en prend à nous de tout le mal que font les armateurs américains au commerce de l'Angleterre, écrivait M. de Noailles; on dit qu'une guerre ouverte serait préférable à la paix insidieuse que nous prétendons maintenir en accordant toute protection aux Colonies révoltées; on parle généralement d'une commission dont M. Jenkinson aurait été chargé en France pour nous demander, de concert avec le lord Stormont, une explication précise de ce que nous voulons continuer de faire en faveur des Américains [1]. » Beaumarchais, peu auparavant, écrivait de son côté à M. de Vergennes, à propos d'une des nombreuses

---

[1] Rapport du 18 juillet. (*Angleterre*, t. 524, n° 10.) — M. de Vergennes, répondant à ce rapport, écrit en particulier à M. de Noailles, le 26 : « Je n ai point de connoissance que « M. de Jenkinson soit passé en France et s il « y est qu il soit chargé d'aucune commission. « Peut etre aurait il celle de remettre la tête du « lord Stormont; ce ne sera pas sa faute si nous « n avons pas la guerre, il s en explique asses « indiscretement pour que nous ne puissions « l ignorer; il n'a de moderation qu a l entrée « de mon cabinet. On dit qu il meure d'envie « d'aller en Ecosse y batir un chateau du fruit « de ses epargnes. Ce motif comme vous voies « merite bien qu on fasse tuer ou perir plusieurs « centaines de mille hommes et qu'on en ruine « peut etre un plus grand nombre. S il confie « ses vûes au . lord Mansfield je doute fort « qu il admire la sagesse de son cher neveu. » — Au commencement de sa lettre, il parle comme il suit de M. de Masserano, alors fort malade : « Je suis bien touché, Monsieur le « Marquis, de votre attention a me faire parta- « ger la joie que vous cause le meilleur etat de « la santé de M. le prince de Masseran. Nous « n'avons pas moins d interest que l Espagne a « faire des vœux pour sa conservation; il est « difficile de se conduire avec plus de zele, de « sagesse et de sureté qu il le fait dans une am- « bassade qui est sans contre dit pour les Es- « pagnols comme pour nous la plus epineuse. « D'ailleurs sa fermeté dans les principes de « l'union des deux Couronnes doivent nous le « recommander encore plus particulierement. « C est en Ang[re] specialement que cette union « doit se montrer dans toute son intimité; cette « representation est necessaire pour en imposer « a cette nation altiere que ses malheurs meme « ne peuvent flechir. Vous la peignés bien Mon- « sieur le Marquis dans les reflexions sages et « nerveuses que vous repandés dans vos lettres, « elles n'echapent ni a l attention ni a l appro- « bation du Roi, et soies sur que nous ne les « negligeons pas. » (*Ibid.*, n° 45 bis.)

affaires délicates qui naissaient de ses opérations et de ses embauchages : « O! s'ils faisaient la paix aujourdui avec l'Amérique comme « ils feraient la guerre demain contre la France! Il ne faut donc rien « négliger pour que cette paix ne se fasse a aucun prix. C'est ce que « vous savés mieux que moi. Mais peut on s empécher de toujours « dire un mot d'une chose dont on a la teste aussi pleine[1]. » Aussi bien le cabinet de Louis XVI n'attendait-il qu'un prochain courrier pour proposer nettement au cabinet de Madrid la politique d'action. Le 26, il expédiait au Pardo, revêtu de l'*approuvé* du roi, le mémoire dont nous parlions tout à l'heure, expliquant la convenance de s'associer positivement aux Colonies et, conséquemment, de s'engager contre l'Angleterre. A différer davantage, disait le ministre, on s'exposerait à voir bientôt cette nation ouvrir elle-même la guerre. Il avait joint à ce mémoire une lettre privée pour le ministre espagnol, et il adressait le tout au marquis d'Ossun dans un pli particulier que voici, lequel résumait et précisait les idées et les raisons développées par ce document :

> J ai l honneur de vous envoyér Monsieur, par le courrier l Epine une lettre et un memoire pour M. le comte de Floride Blanche que je vous prie de lui remettre. J en joins ici les copies pour que vous aiés connoissance du tout. Le Roi a trouvé bon que j adressasse le tout directement au ministre, afin que libre de formér tel avis qu il jugera le plus adapté a l etat des affaires et a la convenance de l Espagne et des deux Couronnes, il ne puisse croire que nous avons le plus leger dessein de prevenir son opinion et son jugement.
>
> Il ne seroit pas decent, Monsieur, que vous parussiés ignorér l'objet de cette expedition, vous vous en montreres instruit, mais vous ne cacheres pas a ce ministre qu il vous est singulierement recommandé de ne rien faire et de ne rien dire pour l inclinér vers un parti plus tost que vers l autre. Le Roi croit devoir a sa confiance dans la sagesse et dans la longue expérience du Roi son oncle de lui exposér franchement les circonstances telles qu il les apercoit ; Sa Majesté indique les partis qui se présentent, et elle attend de l amitié du

---
[1] Paris, le 19 août 1777. (*Angleterre,* t. 524, n° 14.)

D'UNE ALLIANCE AVEC LE CONGRÈS.

Roi Cq̃ue de fixér ses resolutions et son choix. Le Roi a fait preuve de son amour pour la paix, Sa M^te y raporte encore tous ses desirs; elle souhaite qu il soit possible de la conservér, mais c est une esperance a laquelle il paroit difficile de se livrér avec une sorte de fondement.

Peut être croira t'on en Espagne que l animosité des esprits en Ang^re n est dirigée que contre nous; je ne puis disconvenir que les insultes commises par quelques corsaires americains sortis de nos ports et qui y sont rentrés ont excité un cry de ressentiment, mais le parti que nous avons pris d en faire justice ainsi que vous l aurés vû par l expedition dont le courrier de M. le Cte d'Aranda a eté porteur peut avoir calmé cette sensation et en eloignér l effet, mais il en est une qui porte plus directement sur l Espagne et qui paroit affectér le ministere autant que l autre le peuple. Je n en sais pas bien certainement le motif, les agens de l'Ang^re que nous avons ici ne s en expliquant que confusement; ce qu ils articulent de plus expressif est qu après nous avoir cité l Espagne co^e un exemple digne d imitation pour ne point secourir les Americains ils pretendent aujourd hui qu elle va fort au dela de ce que nous avons fait ou nous voudrions faire. J entrevois aussi que l humeur porte sur l envoi des v^x espagnols qu ils suposent avoir passé en Amerique. Cette expedition doit d autant plus les humiliér que s ils veulent primér en Amerique ce ne peut etre qu en afoiblissant leur contenance en Europe. Ils ont 40. v^x sur le papier, mais tous a beaucoup près ne sont pas en etat de tenir la mer.

Quoique cette anecdote soit bonne a savoir, je vous prie de la reservér Monsieur, jusqu'a ce que M. le Cte de Floride Blanche ait formé son avis. Il est bien a desirér qu il le fasse avec quelque celerité. Le tems presse et les delais ne peuvent qu'etre redoutables.

Une consideration que je ne veux pas me permettre est que quelque parti que nous prenions, les deux Couronnes seront soumises l'année prochaine a toutes les depenses et les gênes de la guerre, sans que leurs forces assemblées a grands frais dans leurs ports augmentent pour cela en experience et en vigueur tandis que celles d'Ang^re se forment et s'aguerissent d'autant. Mais je me suis retranché tout ce qui pouvoit faire soupconnér une propension quelleconque d'autant je puis le dire que le Roi est parfaitement neutre. Ce n est pas qu il ne voye la tendance des affaires, mais il ne veut pas s en raportér a ses seules lumieres.

1777. Je vous serai obligé Monsieur, de me marquer confidemment la sensation que vous observerés. Ceci co^e vous pouvés pensér ne doit pas entrér dans vos depeches ordinaires, mais faire la matiere de lettres séparées.

J'ai l honneur d etre avec un tres parfait attachement Monsieur, votre tres humble et tres obeissant serviteur.

DE VERGENNES.

A Versailles le 26. juillet 1777.

Je vous prie Monsieur, lorsque vous m écrires sur l objet qui fait le sujet de cette lettre de mettre vos lettres sous double envelope, avec la precaution de mettre sur l interieure *pour vous seul* et de ne les pas numerotér.

Espagne, t. 585, n° 60.

Le mémoire porte la date du 23 juillet. C'est une pièce étendue qui rappelle à peu près, quant aux idées générales, les *Considérations* de 1776 et les propositions du 31 août, mais qui emprunte les raisons déterminantes aux circonstances nées depuis. Ses conclusions allaient, sans détour, à entrer désormais en alliance avec l'Amérique. « Par les moyens jusqu'ici pratiqués, expliquait le ministre du roi, on n'empêcherait pas la réconciliation des Colonies avec l'Angleterre; il avait été prudent de ne faire que ce qu'on avait fait jusqu'ici, mais cela ne suffirait plus; il fallait que l'assistance devînt assez effective pour assurer la séparation totale et forcer les Américains à la gratitude. Si justifiable que la conduite passée de l'Angleterre rendrait une assistance ouverte, cette assistance était incompatible avec la paix; au contraire, en se mettant bientôt dans un état de guerre avoué, on assurerait une longue et glorieuse paix. De toute manière la guerre était imminente; si la Grande-Bretagne, dans cette campagne-ci, ne réduisait pas l'Amérique, elle ferait avec elle un accommodement tel quel pour tomber plus fortement sur la France et l'Espagne; la magnanimité et la religion des deux monarques pouvaient répugner à profiter des circonstances où l'Angleterre se trouvait pour porter à son influence un coup mortel; mais l'intérêt est majeur, écrivait le ministre; en politique comme à la guerre il vaut mieux prévenir qu'être prévenu; peu de mois suffiront aux deux Couronnes pour être prêtes; si elles prennent le parti de venger leur gloire si souvent offensée, il est indispensable de déterminer une époque fixe et précise, car elles ont à prévenir l'Europe et, à la fois, à pourvoir à la prévoyance. L'Espagne, comme la France, souffre de violences commises, de dénis de justice outrageants; la mer n'est plus un patrimoine commun, les Anglais y exercent impérieusement une dictature universelle : le ressentiment sera-t-il muet et prendra-t-on le parti de dissimuler ce qu'on se trouve en état de punir? S'armer pour les Américains et les laisser désarmer serait inconséquent; leur réduction deviendrait une force formidable que les deux cours regretteraient pendant des siècles d'avoir permis à l'Angleterre de ressaisir. Ceux qui portent leurs vues au delà du possible voudraient faire envisager l'Amérique comme une puissance destinée à devenir considérable et devant, un jour, se rendre redoutable à ses bienfaiteurs; considérable, il n'y a pas à en disconvenir; formidable, c'est une terreur que sa constitution fédérative écarte; une fois rendues à elles-mêmes, les Colonies s'occuperont individuellement de leurs intérêts particuliers, et bien des années se passeront, pour ne pas dire des siècles, avant qu'elles aient une population surabondante. La politique, d'ailleurs, s'arrête à l'horizon visible; mettre l'Angleterre dans l'impossibilité de troubler plus longtemps l'ordre public, voilà la question du présent; ce qui importe donc, c'est de concerter un plan de conduite dans cette vue. Si les deux Couronnes optent pour la guerre, et il est difficile que ce ne soit point, ne conviendrait-il pas qu'accrédités avec le comité du Congrès par les députés qui résident en France, des émissaires pussent s'ouvrir à lui confidemment, le préparer à une étroite alliance offensive d'abord, défensive ensuite et perpétuelle, obligeant de part et d'autre à ne pas faire la paix séparément? Alliance précieuse, ne durât-elle que deux années. En résumé deux perspectives sont en vue : l'une, la guerre ardue d'abord, utile et solide ensuite; l'autre, plus riante, mais de conséquences effrayantes, la paix insidieuse sous laquelle reposent à cette heure la France et l'Espagne; et le moment est venu où il faut se résoudre : ou abandonner l'Amérique à elle-même, ou la secourir efficacement; les termes moyens afficheraient la faiblesse; janvier ou février prochain sera l'époque où les deux Couronnes n'auront plus qu'à regretter l'occasion perdue. Si l'on veut servir l'Amérique et s'en servir, nous voici au moment de l'avertir, au moment, en tout cas, si l'on ne veut rien faire, où l'honnêteté et l'humanité prescrivent qu'on le lui dise. Du secret, de la vigueur, et les deux Couronnes reprendront leur place après avoir fait rentrer l'Angleterre à celle d'où elle n'aurait jamais dû sortir. L'Espagne, d'ailleurs, grâce à sa sagesse, est libre maintenant du côté du Portugal; du côté de l'Europe, l'aspect est calme aussi; la guerre de mer ne s'étendra donc pas au continent. »

On le voit, c'était un nouveau point de départ et d'autres perspectives que dévoilait ce mémoire. Il « pourrait être rédigé avec plus d'ordre et de précision, écrivait le ministre, mais ne pourrait être plus vrai, et il s'agissait d'ailleurs moins de bien dire que de bien faire ». Ce qui serait « bien fait » y était exactement montré, nous semble-t-il. Il faut lire la pièce tout entière. M. de Vergennes avait marqué en tête, comme nous l'indiquons ici, la date à laquelle elle avait été délibérée et l'approbation du Roi :

Mémoire communiqué au Roi le 23. juillet 1777, et aprouvé le meme jour par Sa Majté.

23 juillet 1777.

Si l'on reflechit aux circonstances presentes, a l etat de guerre ou les colonies angloises de l Amerique sont contre leur metropole, a l independance, qu elles se sont arrogées et qu elles s efforcent de conservér; toute la discussion semble se reduire a deux questions simples que la France et l Esp^e ont un interest egal et instant d examiner et de resoudre.

D'UNE ALLIANCE AVEC LE CONGRÈS.

La premiere question est de savoir et de prononcér s il est indifferent pour les deux Couronnes que ces Colonies rentrent plus ou moins directement sous le joug de leur metropole ou qu'elles en restent afranchies? et de cette question resolue negativement suit cette autre; se flatte t on que des secours foibles et indirects administrés avec parcimonie et inquietude a ces memes colonies puissent suffire pour les faire persevérer avec succes dans l etat de resistance ou elles se sont mises et interressér asses leur reconnoissance pour que le moment de la paix et de la reconciliation arrivant, elles se refusent a toute espece d engagemens qui pourroient nuire a la France et a l Espagne, et les mettre dans l impuissance de former avec elles les liens q'un interest et une convenance reciproques semblent recommander? La premiere de ces questions se resout par une autre question seroit il d une bonne et saine politique de contribuér a fortifier son ennemi lorqu'on a en main le pouvoir et l occasion de l afoiblir? L Ang^{re} est incontestablement la rivale et l ennemie naturelle de l auguste maison de Bourbon de la France et de l Espagne. Maitresse de l Amerique septentrionale et des ressources immenses en tout genre qu elle peut y puiser elle seroit redoutable pour les possessions des deux Couronnes dans cette partie du globe; le tableau sera efraiant si l'on considere les efforts prodigieux que font l Amerique et l Ang^{re} l une contre l'autre et ce que pourroit leur reunion. Cela consideré pourroit on en conclurre qu il est indifferent pour la maison de Bourbon que les Colonies americaines rentrent sous la domination angloise ou s jdentifient tellem^t a elles qu elles fassent partie d un grand ensemble; c est assurement ce qu'aucune personne douée de bon sens quelque passive qu on la supose d ailleurs n'osera prononcér.

Si cette reunion de quelque maniere qu elle puisse s effectuér n est indifferente ni a la sureté, ni a la prosperité ajoutons ni a la gloire des deux Couronnes il suit par une consequence necessaire qu elles ne doivent rien negligér, rien omettre et rien epargnér pour l empechér. Qu on ne se flatte pas que les moiens emploiés jusqu'a ce jour pour atteindre a ce but puissent y conduire, il eut peut etre ete imprudent dans le commencem^t de la querelle de faire plus qu'on n'a fait : Les Americains petris de cette defiance aveugle si familiere aux Anglois dont ils sont les descendans, contre toutes les autres nations qui aspirent au partage du commerce se seroient peut etre imaginés ou que les Couronnes ne s interressoient a les tirér du joug de leur metropole que pour

1777.

1777. les faire passér sous le leur; ou bien se livrant a l indolence qui est dans le caractere de tout peuple dont le gouvernement n'a pas encore acquis asses de force, de ressort et de consideration pour imprimér de l activité aux individùs, se seroient ils endormis dans une profonde securité se reposans sur elles du soin de leur conservation et de leur déffense.

Il a été prudent dans le principe de n'administrér que des secours mediocres, clandestins et susceptibles d etre desavoüés lesquels pouvant suffire pour nourrir dans les Américains l espoir d'une assistance plus relevante et pour les affermir dans leurs principes de resistance; entretenoient l Ang^{re} dans l'orgueilleuse confiance que les deux puissances n'oseroient rompre avec elle; elle s en est fait un moien, ainsi que les actes de son Parlement en font foi, pour entrainér sa nation dans un precipice dont il est bien jnterressant de ne pas la laissér se tirér.

Mais ce qui etoit prudent et suffisant dans le commencement deviendroit insuffisant et pernicieux si la France et l Esp^e n adoptant pas une methode plus analogue a leur grandeur comme a leur interest, se contentoient d assister sourdement et d une maniere etroite les Americains. On ose dire qu il y auroit plus de dignité a les abandonnér tout a fait a eux memes que de continuér a les assistér d une maniere si jmparfaite et si foible. Ce seroit accréditér l opinion que les Anglois propagent avec soin que la politique de la France et de l Esp^e n est autre que de detruire l Ang^{re} par l Amerique et l Amerique par l Ang^{re} afin de les entrainér plus facilement toutes les deux; cette vue n est pas absolument asses chimerique pour ne pas trouvér quelque creance et elle l est trop pour qu'on imagine qu elle entre dans le sisteme des deux Couronnes. S il est demontré qu elles doivent soutenir les colonies de l Amerique et d une maniere asses effective pour assurér leur separation totale de la Grande Bretagne et pour interressér leur reconnoissance au point de faire reposér leur sureté eventuelle dans l apui des 2. Couronnes, il ne reste donc qu'a se determinér sur la maniere d effectuér cette assistance. La paix est incompatible avec une assistance ouverte; ce n est pas qu on ne put la legitimér en retorquant aux Anglois les principes qu'ils mettoient eux memes en avant lorsqu Elisabeth fournissoit patament des secours aux provinces unies soulevées contre l Espagne : recevoit leurs places en depost et pour sureté de leur fidelité co^e de ses avances tenoit dans leur sein un ambassadeur qui etoit tout a la fois un general d armées et le chef du Conseil. Les memoires du tems fourniroient suffisament de renseignemens pour justifiér la conduite presante en raprochant celle que les Anglois eux memes ont accreditée a l epoque dont il s agit.

S il repugne a la delicatesse des deux augustes souvrains d'allier une demarche aussi hostile que le seroit une administration publique et avoüée de secours dans le sein de la paix; on tranchera le mot, ils ne peuvent plus soignér un jnterest devenû d'autant plus pretieux que sa conservation fera le gage d une longue et glorieuse paix qu en se mettant et bien tost dans un etat ouvert de guerre. Ce seroit se faire illusion de se flattér qu on pourra la retardér encore longtems; c est le cri general en Ang^{re} que si cette campagne ne reduit pas les Americains il faut faire la moins mauvaise composition possible avec eux; en faire des alliés si on ne peut les avoir pour sujets et s aidér de leurs moiens pour retombér avec plus de force sur la France et l Espagne, se vangér des secours qu elles ont donnés a des rebelles et peut etre meme des vo'ux qu elles ont pu faire en secret pour eux. Il est un motif bien plus pressant encore pour l'Ang^{re} de vouloir la guerre; sans parlér de l interest que les ministres peuvent avoir de la provoquér pour soustraire leurs tetes a l indignation et a la vangeance publiques, c est celui du commerce. Ce commerce s il est libre echape a l Ang^{re}, la convenance le portera naturellement sur la France et sur l Esp^e sans autre effort que l avantage que les Americains trouveront a prendre de la premiere main et par consequent a meilleur marché, ce qu ils etoient forcés a rachetér de la seconde. Ce ne sera pas par des insinuations et par un etalage de sentimens pretendus patriotiques qu on les arrachera a cette pente; il faut donc les mettre en opposition avec les memes puissances pour lesquelles ils ont un attrait d'interest; en est il un moien plus effectif que la guerre? et l apas des richesses du Mexique, du Perou et des riches cargaisons de nos isles a sucre sera t il sans effet sur des ames deja familiarisées avec l amour du pillage et du butin et qui ne se croiront pas liées aux deux Couronnes par la reconnaissance. Cette considération est d un si grand poids qu il seroit inconcevable qu elle ne frapat ni les Anglois qui peuvent s en promettre de si grands avantages, ni les deux Couronnes qui ont des effets si desastreux a en craindre.

On sent qu il peut repugnér a la magnanimité et a la religion des deux monarques de prendre la circonstance la plus facheuse ou puisse se trouvér l Ang^re pour lui portér le coup si non mortel au phisique du moins a son influence et a sa consideration. Mais il s agit ici d un interest majeur; on ne peut gueres mettre en doute que l Ang^re ne desire de terminér la guerre civile pour en commencér une nouvelle contre les deux Couronnes. Sa conduite qu'on analisera bientost en fait une preuve a laquelle il seroit difficile de se refusér. S il est evident qu elle nourrit le dessein de la guerre, et qu elle en prépare les moyens attendra t'on qu elle ait pris tous ses avantages pour la commencer ou et quand bon lui semblera? que fortifiée des forces qu elle emploie contre l Amerique et de celles qu elle pourra s'y procurér elle ait triplé sa puissance maritime pour bravér et insultér celle des 2. Couronnes? C est un axiome recû en politique co^e a la guerre qu il vaut mieux prevenir que d etre prevenû. Les deux Couronnes sont dans cette heureuse situation a pouvoir prendre le parti que leur sagesse, leur gloire et la protection qu elles doivent a leurs sujets peuvent leurs conseillér. Il ne leurs faut que peu de mois pour mettre la dernière main a leurs preparatifs et a leur concert. La rentrée des pecheurs en France assurée : en Espagne celle de la flotte du Mexique si elle doit revenir cette année; rien ne peut plus alors faire obstacle a l execution du parti qu elles estimeront devoir prendre.

Si c est celui de vangér leur gloire si souvent offensée, il est indispensable de determinér une epoque fixe et precise, car ce n est pas seulement a l'Europe qu il faut avisér, il est des mesures de prevoiance a asseoir en Amerique et qui ne pourront etre que foibles et tardives si la resolution n est pas fixe et irrevocable; on y reviendra tout a l'heure et peut etre dira t on comment legitimér un parti de vigueur apres tant d assurances si precises de vouloir maintenir la paix; mais une des parties seule doit elle etre astreinte a la rigueur de son observance, tandis que l'autre s en afranchit arbitrairement ou n'en tient compte que pour en reclamér imperieusement les stipulations qui sont a son avantage? que chacune des deux puissances ouvre le livre de ses griefs; elle y trouvera des violences commises dans le sein de la paix; des denis de justice outrageans; des fraudes, des vexations, des usurpations et enfin toutes les especes d injustice que la depravation humaine peut enfanter : leur pavillon est il respecté? leur commerce est il libre? les batimens francois et espagnols ne sont ils pas soumis meme a l ouverture de leurs havres a des visites humiliantes, a des saisies odieuses et ensuite condamnés par des tribunaux avides a des confiscations sur des motifs les plus frivoles et les plus arbitraires? La grande mer n est meme plus un patrimoine commun; les Anglois y exercent imperieusement une dictature universelle qu ils pretendront bientost qu on reconnoisse a titre de droit comme ils se l arrogent par le fait. Quand l'injure et l'outrage sont portés a leur comble, qu il n'y a plus acces a la reparation et a la justice, le ressentiment sera t il muet, et prendra t'on le parti de dissimulér ce qu on seroit en etat de vangér?

Il n est pas que les deux puissances n'aient deféré de nombreuses plaintes a l Ang^{re} qu elles daignent consultér les reponses qu elles ont recûes; de froids désaveux; des promesses vagues de s informér et de redressér; des denegations formelles des faits les mieux constatés; de vaines exceptions, de frivoles recriminations. Jamais une reparation pas meme une excuse honnete. Tel est le caractere anglois il croit pouvoir tout exigér et ne rien rendre.

Peut etre la deduction de ces attentats sans nombre et de ces irrégularités sans frein ne persuaderoit pas quelques puissances qui accoutumées a rampér sous le joug de l Ang^{re} se consoleroient de leur petitesse si la France et l'Espagne participoient a leur humiliante posture. Mais qu'importe a celles ci le jugement que des gens partiaux pourroient porter si elles ont dans leur propre conscience la sureté d une justice irrépréhensible.

Il a ete dit que si on prenoit un parti il etoit indispensable de fixér une epoque certaine et irrévocable a son execution; la raison en est qu il est des mesures preparatoires qui demandent un certain tems. Il faut s assurér avant tout de la perseverance et de la cooperation des Americains; il seroit inconsequent de s armér pour eux et de les laissér desarmér; c est vraisemblablement le parti qu ils prendroient si denûés de l esperance d un secours mieux caracterisé que tout ce qu on a fait jusqu a present pour eux, on les abandonnoit a l impulsion des ofres a peu près satisfaisantes que les Anglois leurs feront infailliblement si le succes des armes ne repond pas a leurs esperances. Il est bon de faire observér ici que l inconvenient seroit egal si les Americains succomboient a la seduction ou a la terreur, et qu il y a meme cette difference tres remarquable que l engagement des deux puissances en leur faveur doit devenir plus instant en raison de l aparence qu ils pourroient etre subjugués. Leur reduction seroit une arme formidable entre les mains de l Ang^{re} dont la France et l'Esp⁰ regretteroient pend' des siecles de lui avoir permis de se ressaisir. Il ne manque pas de speculatifs qui portant leurs vûes au dela du possible voudroient faire envisager l'Amerique co⁰ une puissance redoutable un jour, meme a ses bienfaiteurs. Que par une succession progressive de tems elle puisse devenir asses considerable, c'est ce dont on ne disconviendra pas; mais qu'elle puisse devenir formidable c'est une terreur contre laquelle on se premunira, si on fait attention a la forme de constitution qu'elle s'est donnée et qui est exclusive de cette coalition qui formant un grand ensemble peut prendre un essor rapide et se rendre terrible a tout ce qui l'avoisinera. 13 provinces ont formé une confederation en se reservant a chacune leur administration interieure; il est donc a presumér qu'une fois qu'elles seront rendûes a elles memes et qu'elles jouiront de leur tranquilité elles s'occuperont individuellement de leur jnteret particulier sans un raport trop immediat a celui de la masse generale. Ors leurs jnterets ne sont pas plus uniformes que les climats sous lesquels elles respirent. Le Sud et le Nord different essentiellement; le premier foiblement peuplé la culture y étant abandonnée a des negres ne pouvant pas etre regi par un esprit d'agrandissement et de conqueste, le commerce doit etre son principe et sa fin; les colonies du Nord peuvent etre dirigées par des principes et des vues differents; un climat apre, un sol penible a feconder, une population abondante effet de la frugalité et du travail tout cela peut y porter l'esprit d'emigration et de conqueste; mais cet esprit sans les moiens ne peut etre qu'une inquietude vaine; d'ailleurs le Canada restant au pouvoir de l'Ang^re, cette frontiere seule suffiroit p^r occuper l'inquietude des colonies septentrionales qui ne pourront jamais être parfaitem' tranquilles sur les vues de ce voisin. Il y auroit beaucoup a deliberér, s'il conviendroit d'enlevér cette possession aux Anglois, mais ce n'est pas ici le lieu de s'en occupér.

Une derniere consideration est qu'il se passera encore bien des années pour ne pas dire des siecles avant que les nouveaux Angleterriens aient mis en valeur tous les terrains qui leurs restent a defricher, et par consequent qu'ils aient une population surabondante dont ils devroient se dechargér; avant qu'ils en soient a ce terme nos vices introduits par une communication plus intime, en auront retardé les accroissemens et les progrès. D'ailleurs la politique doit s'arretér ou l'horison la borne, elle s'egare lorsqu'elle va au dela. La question qui se presente se reduisant a savoir si l on doit profiter de la circonstance pour mettre l Ang^{re} dans l impossibilité de troublér l ordre public co^e elle l a fait lorsqu elle a crû y apercevoir l ombre d un jnterest propre; elle semble resolue par tout ce qui vient d etre successivement exposé, cela etabli, il reste a convenir du plan de conduite a formér avec les Americains. Paix ou guerre il est indispensable d'avoir parmi eux des gens eclairés qui rendent compte de ce qui s y passe; des dispositions plus ou moins prochaines a se preter a une conciliation ou a la refuser si elle ne leurs procure tout ce qu ils ont pretendù; et enfin de l inclination et de la propension du peuple, deux choses qui meritent attention ches un peuple nouveau. Mais les observateurs seront ils purement passifs, ou leurs donnera t on une certaine sphere d'activite? On supose qu ils seront gens sages et eprouvés.

Si les deux Couronnes sont determinées a la guerre co^e il paroit difficile qu elles n en prennent la resolution, ne conviendroit il pas que les emissaires qu on n acrediteroit pas directement mais qu on feroit acrediter par les deputés du Congrès qui resident en France fussent autorisés a s ouvrir confidemment avec les chefs principaux de ce meme Congrès qui forment le committé secret; a les prevenir de la disposition des deux Couronnes; a les inviter a y correspondre en autorisant de nouveau leurs deputés a entrér dans une negociation pour la formation d une etroite alliance laquelle offensive pour le cas de la guerre presente devroit se convertir en deffensive a la paix et etre rendue perpetuelle. On ne disconvient pas q une alliance obligeroit les 2. Couronnes a ne pouvoir faire la paix sans eux, mais la stipulation seroit reciproque, et quand elle ne devroit subsister de leur part q'un ou deux ans, l avantage seroit toujours tres considerable. L Ang^{re} aiant l Amerique p^r ennemie devroit y continuer les memes efforts a moins d y renoncér a jamais ce seroit donc une diversion tres avantageuse et qu on ne peut trop encouragér.

Si on supose que les Americains lassés d une guerre qui nuit a leur commerce et leur retranche toutes les jouissances agreables, se preteront enfin a la paix que l Ang^{re} leurs ofrira, on peut observér que leur interest doit rassurér contre la crainte que cette defection soit suivie d une trahison; le Canada dans les mains de l'Ang^{re} fera la sureté qu ils ne voudront pas rompre entierement avec deux puissances qui les auront si gratuitem^t obligés et payér leurs bienfaits par la plus noire des ingratitudes ; ils feront la paix par ce qu il ne sera vraisemblablement plus au pouvoir des chefs de continuér la guerre, mais ils observeront une exacte neutralité ; l azile de leurs ports sera ouvert aux batiments des deux Couronnes ; ils y trouveront sureté et protection. Ne pourroit on pas meme en se conduisant adroitement, en ne s opposant pas a la pente pour la paix si on la reconnoissoit invincible, leurs faire sentir que cette meme paix ne peut etre assurée et durable qu'autant qu elle sera garentie par les deux Couronnes, et que cette reserve est indispensable a faire. Elle formeroit dans le calme un lien qu il seroit tres possible de rendre indissoluble. Il est possible que la guerre tournant differement de ce qu il est permis d'espérér les deux Couronnes n en tirent pas tout l avantage qu elles pourroient s en promettre ; il sera toujours immense cepend^t si elles parviennent a rompre la chaine qui a attaché jusqu ici l Amerique a l Ang^{re}. Cet exposé pourroit etre redigé avec plus d ordre et de precision mais il ne pourroit etre plus vrai. Deux perspectives se presentent a la vûe, l'une laborieuse dans son principe mais dont le terme ofre un aspect utile et solide c est la guerre ; l autre au contraire plus riante dans ses aproches conduit a des consequences efraiantes, c est la paix insidieuse a l abri de laquelle la France et l Esp^e reposent dans la securité. Il s agit moins de bien dire que de bien faire : le moment est venû ou il est de toute necessité de prendre une resolution il faut ou abandonnér l Amerique a elle meme, ou la secourir courageusement et efficacement. Les termes moiens ne peuvent plus que compromettre et afoiblir la consideration en affichant la foiblesse. Janvier ou fevrier de 1778 est l epoque passée laquelle les deux Couronnes n'auront plus qu'a regrettér l occasion qu elles auront negligée. Il faut des apresent avertir l Amerique si on veut la servir et s en servir. Si au contraire on ne croit pas pouvoir rien faire d effectif p^r elle l'humanité et l honneteté exigent encore qu on le lui dise.

Du secret et de la vigueur les deux Couronnes se remettront a leur place et feront rentrer l Ang^{re} dans celle d ou elle n auroit jamais du sortir si on avoit toujours agi d apres des principes vrais et immuables.

Deux reflexions qui semblent d un grand poids. L Esp^e grace a la sagesse de ses mesures a fait cessér ses differens avec le Portugal ou du moins les a mis au point de ne devoir plus partagér son attention et ses efforts ; tandis que d une autre part l Europe se presente sous un aspect asses calme pour

D'UNE ALLIANCE AVEC LE CONGRÈS. 469

pouvoir faire presager que la guerre de mer ne s etendroit pas sur le continent. Le seul allié qu on puisse soupconner a l Ang^re est la Russie encore n'en a t on que des presomptions tres foibles, mais la Russie ne pourroit que l assistér de ses forces maritimes et tout au plus de quelques troupes pour couvrir l'electorat d Hanover qui ne sera ni menacé ni attaqué.

Espagne, t. 585, n° 56.

Le secrétaire d'État, en développant ces raisonnements, ne perdait pas de vue l'intérêt qu'il avait attaché à savoir l'Espagne et le Portugal définitivement près de se concilier. A ses yeux, c'était le premier fondement du concert qu'exigeait maintenant la politique. Les relations avec la cour de Lisbonne, par lui recherchées pour la France, ne devaient venir que comme conséquence. Il parle dans presque chacune des dépêches suivantes du prix qu'aurait l'accord définitif des deux cours voisines[1]. Le 26, il complète son courrier par un autre pli portant tout entier sur ce sujet, et il marque bien explicitement à Ossun, sous la forme d'un conseil qu'il lui demande, le but, les motifs, la mesure à se proposer dans un rapprochement avec Sa Majesté Très Fidèle; il insinue de nouveau à l'ambassadeur de disposer M. de Floridablanca personnellement à nous procurer ce résultat:

Le desir de se reconciliér sur des fondemens inaltérables paroit tenir si immediatement aux sentimens des deux monarques que nous nous flattons M. que les difficultés qui semblent arretér dans ce moment le progres de la negociation ne seront pas insolubles ni meme lentes a resoudre. Nous le souhaitons

1777.

---

[1] Dépêches des 1ᵉʳ, 4, 15 août notamment, puis des 24, 26, 29 septembre, et encore d'octobre et de novembre. — Le ministre commençait par ceci sa depêche du 15 août, qui avait surtout trait aux corsaires américains : « Nous avons a peu pres épuisé ce qu il y avoit « a dire relativement au Portugal et a la con- « venance de l attachér au sisteme des deux « Couronnes. La cour de Lisbonne y paroit bien « disposée; nous en jugeons ainsi par les demar- « ches que nous lui voions faire pour se recon- « cilier avec le Roi C^{que} et par les temoignages « de confiance qu elle commence a nous donner. « Mais c est a l Espagne a donner a cet ouvrage « le degré de perfection dont il est susceptible. « Il est lié necessairem^t a l arrangement des dif- « ferens qui ont mis les armes a la main des deux « puissances dans l Amerique meridionale, » et il continuait en donnant des conseils sur les bases d'un accord solide. (Espagne, t. 585, n° 116.)

d'autant plus vivement que nous ne nous dissimulons pas que les Anglois tenteront tout meme l impossible pour afoiblir la confiance que la Reine Tres Fidele paroit prendre dans l amitié et les bonnes intentions du Roi son oncle. Les ministres B^{ques} n ont pas meme le bon esprit de masquér leur jalousie, leur mauvaise volonté et leur depit. M. le Mis de Noailles me marque que l un d eux, c est le Lord Mansfield, que l on sait etre l'ame des conseils du roi d Ang^{re}, son vrai ministre dirigeant, n'a pû ş empechér de laschér au ministre de Portugal qu il sondoit sur l etat de la negociation, ces mots remarcables : *Vous seres oprimés.* L anecdote est d autant plus sure que c est de M. Pinto que notre ambassadeur la receuillie, elle caracterise suffisamment la disposition des esprits de ce ministere. Vous etes bien le maitre M. de confier cette particularité a M. le Cte de Floride Blanche si vous le jugés convenable.

Lorsque je vous ai parlé de la convenance dont il seroit pour les deux Couronnes de s attachér le Portugal et de formér avec cette Couronne les liens les plus etroits qu il seroit possible, il n a pas eté question de ma part de pretendre la portér a rompre ceux qui l unissent a l Ang^{re}. Rien assurement ne seroit moins bien vû, ce seroit substituer la defiance a la confiance qu il seroit question d etablir.

Quelque soient l intimité, la cordialité et la benevolence qui subsistent dans ce moment entre les souvrains d Esp^e et de Portugal, les deux nations ne peuvent etre respectivement l une a l autre des alliés naturels qui aient droit de compter dans tous les tems sur une disposition constante a se favorisér et a se preservér de tout danger. Le Portugal en raison de son inferiorité doit etre le plus circonspect a se pretér a une coalition qui le mettroit hors de toute mesure avec son ancien ami. Mais ces mesures ne sont point exclusives d'autres liaisons. Le Portugal est uni a l Ang^{re} par un traité d alliance purement deffensive, et c est en reconnoissance des secours qu il en attendoit qu il a reçû non pas le privilege d un commerce exclusif, mais la dispense d une ancienne pragmatique qui interdisoit l introduction de tout lainage etranger.

Nous jouissions de cette dispense M. lorsque la vocation de Philippe V au trône d Espagne changeant la nature de nos interets fit cessér ceux qui nous unissoient alors au Portugal. La guerre en fut la suite; la paix qui auroit du retablir les choses dans leur ordre primitif ne l a pas fait parce que nous n avons pas voulu confirmér des garenties qui quoique de droit naturel et en quelque sorte rapellées par les traités auroient pu nous mettre dans une sorte d'opposition avec les vûes et les interets de l Esp^e.

1777.

C est donc pour la cause sinon de celle ci du moins de la maison qui y regne que nous avons perdû et n avons pas recupéré les avantages de commerce qui nous etoient acquis en Portugal; on ne peut pas dire que nous en avons eté indemnisés par les concessions de l Espagne, notre etat n'y est certainement pas amelioré depuis la paix de Riswick; nous n'y demandons aucune faveur parceque nous savons ce a quoi les traités l engagent, mais ne devons nous pas espérér que l Espagne qui a quelqu interest a notre prosperité ne voudra pas traitér d'une maniere si exclusive avec le Portugal que nous ne devions en receuillir quelque fruit. Nous ne cherchons pas a engagér une negociation directe avec la cour de Lisbonne. La possibilité y est, mais nous ne voulons prendre aucune sorte d'engagement qui puisse faire presumér que dans aucun cas l interest de l Esp^e ne seroit pas le notre. La simple promesse de garentir l'accord qui pourra se faire entre les deux Couronnes donneroit d autant plus de faveur a nos propositions que les Portugais eclairés sont deja convaincûs de deux grandes verités l une que le Portugal a besoin d'amis pour la paix comme de deffenseurs p^r la guerre, parce qu il est plus avantageux d'eviter celle ci que de se reposer sur des secours toujours lents et tardifs pour la soutenir, et l autre que la concurrence generale est toute a l avantage de la nation qui doit apeller l industrie etrangere a son secours.

Il reste un point sur lequel je vous demande conseil. Il paroit suiv^t ce que vous nous marqués M. qu il est question de reglér les differens de limites entre l Esp^e et le Portugal sur la riviere des Amazones. Nous avons nous memes des difficultés dans cette partie avec les Portugais par raport à la Guyane. Le traité d Utrecht a fixé nos vraies limites a la riviere de Vincent Pinson, dite dans un seul endroit Oyapoc en designant que le Cap Nord resteroit aux Portugais. Nous avons pendant longtems oublié l existence de la Guyane, et lorsqu on s en est occupé ca eté de maniere a ne se procurer que des regrets. Les Portugais qui malgré leur exiguité voudroient couvrir le globe entier de leurs ailes, abusans du nom d'Oyapok pretendent rejetter bien loin derriere eux la riviere de Vincent Pinson et s avancer presqu'au tiers de notre territoire dans cette partie. Cette pretention comme vous pouves croire ne

1777. peut etre ni reconnue ni admise de notre part mais nous aimerions autant la terminér amiablem[t] que de laissér subsistér une occasion de querelles et de disputes. Elles naitront en foule a mesure que nos etablissemens se multiplieront et s etendront. Estimeriés vous M. que nous pourrions a la faveur de la negociation de l Esp[e] intervenir pour couper court a cette source de petites tracasseries. Raisonnés en confidement je vous prie avec M. le Cte de Floride Blanche, comme de vous meme et sans rien donnér par ecrit; voies ce qu il pense et ce qu il estime praticable. Ceci est une idée qui m est particuliere et dont je ne rendrai compte au Roi que lorsque vous m aures instruit de l opinion de ce ministre.

Je voudrois bien s il etoit possible par des prevenances et par des effusions d une confiance necessaire, le tirér de cette froide reserve dans laquelle il paroit vouloir s envelopér.

A Versailles le 26 juillet 1777.

Espagne, t. 586, n° 62.

Espérant, du reste, substituer à cette « froide réserve » la « confiance » justement jugée par lui « nécessaire », M. de Vergennes continuait ses prévenances envers le successeur de M. de Grimaldi. Le 1er août, à la suite de considérations réitérées sur les négociations de paix entre la reine Très Fidèle et l'Espagne, il écrivait à Ossun comme il suit, et sans craindre de s'exprimer sur le compte de lord Stormont avec une liberté qu'il n'aurait certainement pas prise quelques mois auparavant :

Vous voudrés bien M. temoignér a ce ministre toute notre sensibilité de la confidence qu il nous a faite de la conversation qu il a eue avec le Lord Grantham le 12 juillet et de la maniere dont il lui a repondû. Vous aurés vu par mes expeditions successives que nous etions a la meme epoque en explications avec l Ang[re] sur les differens griefs qui ont eté detaillés a M. le Cte de Floride Blanche. Le ministere B[que] paroit satisfait de l acceuil que nous avons fait a ses plaintes, et du redressement que nous y avons procuré; avec tout cela je pense que nous ferons bien de ne nous y fiér que mediocrement, et en prevenant autant qu il est possible toute occasion a de nouveaux recours, chose que j avoue tres difficile, les esprits etant prodigieusement echaufés p^r les insurgens et aigris contre les Anglois; de nous occupér avec la plus grande assiduité des mesures qui nous restent a prendre pour mettre nos possessions eloignées dans un bon etat de deffense. Vous savés M. ce qui a eté reglé a cet egard, on travaille maintenant a en accelérér l execution.

J avois soupçonné les Portugais ou plus tost M. de Pombal d etre l auteur de la guerre que le roi de Maroc avoit declaré a l Esp^e, mais je n avois pas imaginé que les Anglois eussent part a cette trame. De la maniere dont M. le Cte de Floride Blanche s en est expliqué avec le Lord Grantham, il faut croire que ce ministre a plus que des soupçons d une pratique aussi odieuse. Si le fait est prouvé, l avis est important et merite qu'on y donne la plus serieuse attention. Quel fond pourroit on faire sur les dispositions et les assurances d une puissance capable d une pareille atrocité.

Je ne dois pas vous laisser ignorer M. que l ambassadeur d Ang^{re} qui reside ici dont la tête paroit bien foible p^r les circonstances presentes travaille de son mieux a echaufér l esprit de celui qui est en Espagne pour qu il represente sous les couleurs les plus allarmantes les intentions et les demarches de cette puissance. Car il propose sa conduite avec nous p^r exemple a son confrere ne voulant pas dit il s exposér au meme desagrement qu eprouva le M^{al} de Mirepoix en 1755 qui fut si completement la dupe de sa confiance dans les assurances du ministere B^{que}.

Espagne, t. 586, n° 85.

1777.

Le marquis d'Ossun était allé au-devant des désirs du ministre. Le 4, n'ayant pas encore reçu ce pli du 1er août, il pouvait garantir les intentions favorables et du roi d'Espagne et de M. de Floridablanca à l'endroit de Lisbonne. Ce dernier avait même pris occasion d'un entretien récent avec lui pour racheter par des paroles flatteuses son reproche sur le défaut de secret en France; il était « affecté et mortifié, dit l'ambassadeur, de ce que M. de Vergennes pût seulement imaginer de voir là rien de personnel; il avait prié Ossun d'assurer le ministre de l'estime singulière dans laquelle il tenait ses lumières, l'étendue et la justesse de ses vues, la solidité de ses raisonnements, la sagesse et la prudence qui les accompagnent, témoignant le désir

1777.   le plus vif de mériter et d'obtenir son amitié et sa confiance; la réserve dans laquelle il paraissait vouloir s'envelopper sur les objets qui exigeraient un secret inviolable n'aura pas lieu à l'avenir[1] ».

Les explications avec l'Angleterre dont parlait ici M. de Vergennes étaient la suite des entretiens du marquis de Noailles avec lord Weymouth et lord Suffolk, sur la visite des navires par les croiseurs de la Grande-Bretagne. A la demande de concerter avec nous, de nous communiquer au moins les ordres donnés à la marine anglaise; à l'affirmation de ces principes que le droit de visite ne pouvait pas s'exercer arbitrairement sans ruiner le commerce, que si l'examen des papiers de bord constatant la destination des navires était licite, la visite ne devait s'effectuer que lorsque le navire se trouvait hors de sa ligne de route sans cause légitime, les ministres anglais avaient successivement répondu par des récriminations pures et simples, accusant nos bâtiments de verser la contrebande dans les colonies anglaises, accusant la tolérance ou la protection accordée dans nos ports aux Américains pour armer en course et à leurs corsaires pour s'y réfugier et vendre leurs prises, le grand tort porté déjà par là au commerce de la Grande-Bretagne, accusant les dissimulations continuelles de notre assistance sous des prétextes de ravitailler nos îles. Et pendant que l'ambassadeur avait à discuter tout cela à Londres, lord Stormont en occupait de son côté les Affaires étrangères. M. de Noailles avait rendu compte d'un premier entretien le 13 juin; on lui répondait le 21 en insistant sur la nécessité de fixer des règles précises pour contenir les officiers anglais; on opposait aux plaintes du cabinet britannique les instructions envoyées dans nos ports pour la rigoureuse application des mesures prescrites et l'impossibilité d'être informé pourtant de tous les cas[2]. L'Angleterre incriminait notamment, d'une manière très vive, les autorités de la Martinique. D'après

---

[1] A Saint-Ildefonse, le 4 août 1777. (*Espagne*, t. 585, n° 91.)

[2] Dépêche du 21 juin au marquis de Noailles et rapport de celui-ci, du 4 juillet. (*Angleterre*, t. 523, n°° 114 et 149.) Ces pièces sont reproduites à l'annexe I du présent chapitre.

lord Weymouth, les Américains armaient dans cette île ouvertement, favorisés par les personnages les plus notables. Les ordres du roi y avaient cependant été publiés avec quelque affectation, car à la date du 1ᵉʳ juillet Beaumarchais s'en lamentait auprès de M. de Vergennes dans deux billets successifs du même jour :

> Je viens de recevoir une nouvelle qui m'afflige bien autrement. J'ai beau lire; je ne puis croire que je ne rêve pas. Mʳ de Bouillé nouveau commandant a la Martinique a signifié aux commerçans, *qu'il est convenu entre la cour de France et celle d'Angleterre que les Anglais pouront fouiller et saisir sur les vaisseaux français venant de nos iles, toutes les denrées du continent d'Amerique qu'ils trouveront.*
> Tout le monde a reculé d'etonnement a cette nouvelle inouie, et moi mesme je suis dans la stupéfaction. De ce moment tout est fini, et les navires américains n'ont plus rien à voir dans nos parages. Donc voilà les Anglois etablis les douanniers exclusifs de l'Océan. Et personne n'est averti en France de cette convention meurtrière et déja beaucoup de fortunes sont altérées par de pareilles saisies, auxquelles personne ne se serait exposé, si l'on eu pu deviner qu'une pareille convention entre les deux Couronnes existait! Mais cela est si impossible que maintenant que je le lis, je ne puis encore le croire!
>
> *Angleterre*, t. 523, n° 143.

> Je suis bien dézolé de recevoir la confirmation de la facheuse annonce que Mʳ de Bouillé a faite a la Martinique en y arrivant. Il parait certain que la France a concedé a l'Angleterre, le droit d'arretter et de saisir tout vaisseau francais venant des iles, qui serait chargé de denrées du continent. Quelle detresse peut nous avoir portés a une pareille convention.
>
> *Ibid.*, n° 136 [1].

---

[1] Beaumarchais était ému du danger que les ordres en question faisaient courir à ses expéditions; il montrait les vaisseaux marchands des deux nations amenés bientôt à se canonner les uns les autres en pleine paix. Ses navires : *l'Amphitrite, le Mercure, le Marquis-de-la-Chalotais, l'Amélie*, étaient arrivés à bon port; il l'annonçait à M. de Vergennes. — On voit, par ce passage de sa seconde lettre, qui est datée « du 1ᵉʳ *après* midi », comment il s'y prenait pour braver la surveillance anglaise : « J'ap-« prens aussi par des lettres du *cap français* « du 18 mai que la cargaison de *l'Amélie* heu-« reusement arrivée en ce port, en est déja re-« partie, divisée sur plusieurs vaisseaux amé-« cains et bertudiens, achetés pour mon compte

476   L'ESPAGNE DEVANT LA PERSPECTIVE

1777.   Néanmoins, le sentiment public s'aigrissait à Londres. Les premiers succès remportés en Amérique paraissant ne s'être pas renouvelés et n'avoir rien terminé, faisaient redouter des revers; les corsaires traquaient le commerce maritime; les journaux parlaient de sommer le *Foreign office* de protéger ce commerce contre notre connivence; les fonds publics baissaient, rendant les emprunts moins faciles. Le 10 juillet, le marquis de Noailles avait jugé, au ton de lord Weymouth, devoir signaler à l'attention des ministres que le cabinet de Saint-James était très animé et que la situation lui semblait délicate[1]. Le navire *la Représaille*, sur lequel était arrivé Franklin et qui déjà avait donné lieu à des explications, s'était joint depuis à deux corsaires, avait enlevé avec leur concours, sur les côtes mêmes d'Angleterre, plusieurs navires, qu'ils avaient amenés à Lorient. Notre complicité paraissait donc évidente. Le 8 juillet, le cabinet de Versailles avait été saisi de ces faits par lord Stormont en vertu d'un ordre exprès de sa cour; cet ambassadeur avait déposé une note écrite du gouvernement

« à St Domingues. Les officiers qui etaient au « cap, en sont aussi partis sur la goëlette *la Ca-* « *therine* expédiée sans artillerie; mais seule- « ment avec une charge de cent bariques de « tafia, pour le port *de Dunkerque;* ce qui mit « ces officiers a l'abry de tout danger, en pas- « sant a Boston. »

Ces lettres avaient leur *post-scriptum*. Beaumarchais, en réclamant l'exécution des engagements pris avec lui, ne manquait guère de faire valoir les services qu'il rendait. Le premier des deux billets se terminait par ceci, qui témoignerait de la réalité des engagements sur lesquels la maison Hortales et Cie reposait, si le doute existait à leur sujet : « Ce n'est pas a vous « que je parlerai des funestes conséquences de « cette convention, on vous a lié les mains « pour la signer, s il est vrai que cela puisse « exister. Je suis au désespoir. J'ai fait mon paie- « ment du 30 hier, en vendant avec perte, tout « le papier que j'avais. Ce quart d'heure est tel-

« lement de rigueur, qu'un million arrivant le « lendemain ne saurait réparer le mal qu'a pro- « duit la veille le défaut de 30 m. L. seule- « ment. J'eus hier a payer 184,328[tt] de rigueur, « et 21,864[tt] 8' 4[d] restés en arriere de mon paye- « ment du 15 passé. Sur lequel je n'ai touché « que 200,000[tt] au lieu de 221,864-8-4. D'ici « au 15 juillet mon paiement rigoureux est de « 268,304-8-3. Donc il me manque pour celui « d'hier et le prochain 490,168-16-7 avec les « pertes de mes ressources en papier, pour mes « trois derniers paiemens qu il faut que je ré- « pare pour etre au cours net de mon affaire.

« Je vous prie donc de me faire passer un « mandat de 500,000[tt] aprés cela je me promé- « nerai, mais comme le lieu de ma promenade « n'est pas indiférent, j'aurai l'honneur d'en « conférer avec vous. »

[1] Rapport de Noailles, du 11 juillet. (*Angleterre*, t. 523, n° 171.) Voir l'annexe I, n° 3, du présent chapitre.

anglais. Les conseillers du roi trouvèrent qu'il était trop tôt pour se dévoiler et plus opportun, pour toute explication, de protester une fois de plus des sentiments pacifiques du monarque. On affirma donc de nouveau l'équité qui guidait le roi, la désapprobation qu'il donnait aux actes dont les corsaires américains avaient pu se rendre coupables, on affirma même tout cela avec empressement en y attachant la condition, toutefois, que ces sentiments seraient réciproques et que nos griefs recevraient satisfaction de la Grande-Bretagne. On assurait à Sa Majesté britannique que « des ordres étaient envoyés pour faire saisir ceux des corsaires que son ministère désignerait, s'ils se trouvaient dans nos ports, et pour interdire encore non seulement la vente de leurs prises, mais leur séjour même si les vents contraires ne les obligeaient pas à s'abriter; les officiers préposés seraient personnellement responsables de l'inexécution de ces mesures et l'on réduirait au seul commerce permis le commerce des Américains en France; mais le roi comptait que la cour britannique pratiquerait les mêmes principes, ferait justice des vexations dont nous n'avions que trop souvent à nous plaindre, ne permettrait pas qu'à la faveur de subtiles distinctions on arrêtât les navires, on confisquât leur cargaison, on maltraitât et emprisonnât leurs équipages sous prétexte qu'ils ont à bord des marchandises américaines ou prétendues être américaines ». A cet égard, M. de Vergennes, en communiquant au marquis de Noailles, le 19, les explications du roi, lui adressait des instructions qui le mettraient à même de débattre avantageusement avec le *Foreign office* et les faits allégués ou ceux qui se produiraient vraiment et, plus encore, les nombreux sujets de plaintes que nous donnaient les actes de la marine anglaise[1]. Toutes les minutes de ces pièces sont de la main du ministre. Il répondait à l'ambassadeur d'Angleterre :

J'ai rendû compte au Roi des differens objets de plainte que V. Ex^{ce} m'a deferés de l'ordre exprès de sa cour dans la conference de mardi dernier

---

[1] *Angleterre*, t. 524, n° 16. — Dépêche transcrite à l'annexe I, n° 4, de ce chapitre.

(n^a 8 juillet 1777) et notam^t des violences que certains corsaires americains lesquels sortis des ports de France avec injonction de n'y plus revenir, se sont permises sur les cotes d'Ang^{re} d où ils seroient venûs se refugier de nouveau en France.

J ai mis sous les yeux du Roi les considerations que V. Ex^{ce} m'a faites sur les procedés reprehensibles; les consequences qu elle en a tirées par raport a l integrité de la neutralité que nous professons : le deplaisir que le Roi votre maitre eprouve a la vue de circonstances capables de troublér et altérér la bonne intelligence entre les deux nations[1] et le desir qu il a qu on previenne de part et d'autre tout ce qui pourroit l interrompre.

Le Roi sensible aux assurances amicales que V. Ex^{ce} a eté autorisée a me renouveller dans cette occasion, m'ordonne de lui faire connoitre de la maniere la plus expresse que ses dispositions inalterables sont parfaitement analogues a celles de sa M^{te} B$\widetilde{que}$, et qu elle n'a rien plus a cœur que d'affermir et de perpetuér la paix, l amitié et la bonne intelligence qui subsistent entre leurs personnes royales et entre leurs sujets. Sa M^{te} bien eloignée d'aprouvér l usage que les corsaires ont pû se permettre de ses ports, ne veut tolerér et dissimulér rien qui seroit contraire a la neutralité qu elle a adoptée et elle se pretera d'autant plus volontiers a apliquér le remede convenable aux griefs dont on se plaint que le gouvernem^t B$\widetilde{que}$ est trop eclairé pour se deguiser que Sa M^{te} en se pretant a un acte de justice ne peut y etre determiné que par le sentiment d equité qui lui est naturel et aussi par celui de son amitie pour la personne du roi de la G^{de} Bretagne sans influence d'aucun autre motif.

Si sa M^{te} étoit[2] susceptible d'autres vûes, elle n'a meconnu ni les occasions ni les moiens de les faire valoir mais elle dedaigne toute autre gloire que celle qui est dûe aux bienfaiteurs de l humanité; et elle se livre d'autant plus confidement a ce sentiment magnanime que sa puissance est asses connue pour qu'on ne puisse en suspecter le motif[3].

C est d'apres cette conviction que le Roi me charge de declarér a V. Ex^{ce} que fidele a l'observation des traités que Sa M^{te} s attend[4] qui ne seront pas moins exactement observés de la part de l Ang^{re} elle ne permettra rien qui

---

[1] La copie porte : « royaumes. » — [2] La copie porte : « Si Sa M^{té} avait pu être. » — [3] La copie porte : « méconnaitre le principe. » — [4] La copie porte : « se promet. »

pourroit y deroger, et que sensible aux plaintes que vous aves eu commission de me portér contre les trois corsaires nommés la Represaille, le Lexington et le Dolphin lesquels après avoir eu injonction de sortir des ports de France pour n'y plus revenir y sont cependant rentrés malgré cette deffense, Sa M^{té} bien eloignée d'aprouvér cette navette[1] que les traités reprouve en est au contraire tres mecontente, et ne peut mieux en marquér son mecontentement qu'en ordonnant comme elle le fait de sequestrer les d^{ts} corsaires dans les ports ou ils peuvent etre de relasche pour y etre retenûs jusqu'a ce qu'on puisse avoir des suretés suffisantes qu'ils retourneront en droiture dans leur patrie sans infestér de nouveau les mers d'Europe.

Quant aux prises que les corsaires ou d'autres peuvent avoir amenés ou pourront amenér par la suite dans nos ports, les ordres sont renouvelles non seulement pour qu'on n'en permette pas la vente mais encore pour qu'on les fasse partir aussitost que le vent et les circonstances du tems pourront le permettre sans se préter a aucune des exceptions que la cupidité de vendeurs et des acheteurs est ingenieuse a formèr, et il est enjoint aux officiers preposés a cet effet d'y tenir severement la main sauf a en repondre en leur propre et privé nom. Il leurs est pareillement recommandé de veillér soigneusement a ce que les facilités de commerce dont les Americains jouissent dans les ports de France n'excedent pas celles d'un commerce permis. Si quelque sujet anglois se croit fondé a intentér une action personnelle contre quelq'uns des susd^s. corsaires, la voie des tribunaux leurs est ouverte; ici[2] co^e en Ang^{re}, la loi decide les affaires contentieuses, et jamais l'autorité. Pour ce qui est du Dolphin que V. Ex^{ce} pretend etre un batiment francois armé en France, avec l'equipage de la meme nation, et n'aiant q'un seul officier americain, l'examen le plus impartial en sera fait, et si la chose est effectivement telle qu'elle vous a été representée, il en sera fait justice. Les ordres ont ete adressés a Cherbourg pour y prendre connoissance de l'espece de l'armement qui y est entré de relasche que V. Ex^{ce} dit avoir eté fait a Breha et que l'on a mandé venir du Maryland, la verification pourra etre d'autant plus difficile a faire que V. Ex^{ce} n'ignore pas que le commandant de ce bateau a ete attiré par supercherie a bord d'un batiment anglois et que s'etant jetté a l'eau pour reparér

---

[1] La copie porte « cette conduite. » — [2] La copie porte : « en France co^e en Ang^{re}. »

1777. son erreur il a ete repris par un acte de violence qui a contenù la chaloupe du port qui l avoit conduit. Cette entreprise etant un attentat contraire au respect du au territoire de France et a sa neutralité, je ne puis me dispensér de reclamér le dit capitaine americain, et je prie V. Ex^cc de vouloir bien en faire l office le plus pressant a sa cour[1].

L'empressement du Roi a faire justice sur les griefs dont la legitimité est prouvée[2], l assurent que votre cour aportera de son coté la meme attention a faire cessér et reparér ceux dont nous n'avons que trop souvent a nous plaindre, et donnera des ordres plus precis pour faire cessér[3] les vexations auxquelles le commerce de ses sujets est sans cesse[4] exposé. Sa M^te n entend point les protegér dans un commerce contraire a l esprit et a la lettre des traités, mais elle ne peut consentir qu'a la faveur de frivoles distinctions on arrete et on confisque les navires, les cargaisons et les equipages sous pretexte qu ils ont a bord des denrées et marchandises qui sont ou qui peuvent etre du crû des Colonies de l Amerique septentrionale. Une pareille jurisprudence ne pourroit se concilièr ni avec la justice ni avec les assurances amicales que V. Ex^cc est chargée de renouveller. Soyons justes respectivement et nous serons amis.

Angleterre, t. 523, n° 189[5].

M. de Vergennes avait reproduit là ses conversations et ses explications avec Lord Stormont, dans l'ordre des griefs relevés par celui-ci.

---

[1] Ce paragraphe est modifié ainsi qu'il suit dans la copie : « A Breha en Bretagne des avis « preliminaires l'assurent bien formellement « americain, fait dans le Maryland avec un « equipage du pays. Nul doute qu'il ne fut « parti d'après l'injonction qui lui en fut faite « à son arrivée, si un batiment anglois n'avoit « réussi à attirer, par artifice, le capitaine ame-« ricain à son bord, d'où celui-ci s'étant jetté à « la mer a été repris avec violence par des gens « de l'equipage anglois, tandis que nombre « d'autres sans egard pour la forteresse du roi « sous la protection de laquelle le batiment ame-« ricain etoit mouillé, contenoient, en mena-« cant de faire feu, la chaloupe françoise qui se « mettoit en devoir de recueillir l'Américain. Il « suffit de denoncer à V. Ex. cet attentat si con-« traire au respect et à la neutralité du terri-« toire, pour esperer qu'il sera reparé de la ma-« niere la plus convenable aux egards mutuels « entre ces deux grandes puissances. »

[2] La copie porte : « peut se constater. »

[3] La copie porte : « pour arreter. »

[4] La copie porte : « fréquemment. »

[5] En tête de cette pièce, on lit : *Communiqué a l ambassad^r d Ang^re le 15 juillet 1777.* — Sous le numéro 164, il y en a une copie où se remarquent des différences que nous indiquons en note. Cette copie fut peut-être faite sur l'expédition.

En communiquant ces réponses à son ambassadeur, il n'entendait pas discuter les choses d'aussi près et paraître avoir eu tant d'humilité. C'était de plus haut qu'il envisageait avec lui la matière et qu'il voulait diriger ses entretiens à Londres :

Le Roi aiant pris en consideration les differens objets de réprésentation exposés en dernier lieu par M. l'ambassadeur d'Ang^{re} tendans a obvier a certains abus contraires a la teneur des traités et au maintien de la bonne intelligence qui règne entre les deux cours de France et d'Ang^{re}, Sa Maj^{té} a donné ordre de répondre, que son intention constante étant de maintenir la paix et l'amitié avec le roi de la G^{de} B^{gne} sur le fondement des traités qui les lient mutuellement, elle confirme ici toutes les assurances données en son nom le 15. juillet dernier par son ministre des Affaires etrangeres et depuis communiquées a Londres par son ambassadeur.

Si, sur une aussi grande etendue de cotes que celles qui bordent la France, on n'a pû prévenir quelques contraventions aux ordres qui avoient ete expediés, la promtitude avec la quelle on s'est empressé d'y remediér depose de la sinserité de ces memes assurances et de la bonne foi avec la quelle Sa M^{té} entend qu'elles soient loialement observées.

M. l'ambassadeur d'Ang^{re} doit en trouvér une preuve bien palpable dans la celerité avec la quelle on a expedié, a sa première requisition, des courriers à Bordeaux et Nantes avec les ordres qu'il a désirés, et dans les suites effectives qu'ils ont eues. Il est prévenû des ordres que Sa M^{té} a fait adressér de son propre mouvement a ses chambres de commerce a ses amirautés et par tout ou il convient pour enjoindre la plus etroite execution de ceux precedemment donnés soit pour empecher que les corsaires americains ne trouvent azile et faveur dans ses ports au dela de ce que les traités et les devoirs de l'humanité accordent, soit pour obvier aux deguisemens et aux fraudes qu'on met en usage pour masquér les prises qu'ils peuvent avoir faites a la mer, et en surprendre la vente dans les ports de France. Sa M^{té} croît avoir epuisé a cet egard tout ce que la prevoiance peut suggérér, cepend^t s'il y avoit d'autres precautions plus effectives dont elle ne se seroit pas avisée, Sa M^{té} ne refusera pas d'y entendre toutes fois qu'elles seront compatibles avec sa justice. C'est par une suite de ce sentiment que Sa M^{té} ne dissimule pas qu'elle ne peut se pretér a l insinuation de faire rendre sans examen les prises qui pourroient etre amenées dans ses ports; elle ne doit pas en soufrir la vente c est a quoi se raportent tous ses ordres, elle saura punir ceux qui y contre viendront, mais elle ne pourroit se portér a la condescendance a la quelle on semble l invitér sans entreprendre en quel que maniere sur les droits de la G^{de} Bretagne. C est a l Ang^{re} seule qu il apartient de qualifier les Americains et de prononcér sur leur sort, le Roi n'est point leur juge il est sans titre et sans interest a cet egard. Le Roi fidele observateur de ses traités avec l Añgre, jaloux de remplir envers elle les devoirs de l amitié et du bon voisinage ne peut negligér les interets de ses sujets et la sureté de leur commerce. Ce seroit cependant sacrifiér des objets aussi capitaux de se pretér a la demarche a laquelle on l'invite. Les Americains ne pouvant plus considerér la France que comme un ennemi declaré ne tarderoient pas a lui faire eprouvér par raport a son commerce les memes troubles et de plus grandes depredations encore qu'eprouve celui de la Grande Bretagne. Bien tost tout le commerce des Isles francoises deviendroit leur proie d'autant plus facile que la France pourroit a peine se flattér de le protegér et de l assurér en y transportant meme toutes ses forces maritimes, ce qu on ne pense pas qui conviendroit ni a la situation presente des affaires ni meme au ministere Bq̃ue.

Cette consideration si majeure donne lieu d esperér à S. M^{té} que le roi de la Grande Bg̃ne, la pesant dans la sagesse de ses conseils, n insistera pas sur un expedient qui loin d etre d'aucun avantage pour l Añgre nuiroit infiniment a la France et fourniroit en derniere analyse des moiens plus abondans aux Americains pour se maintenir dans leur resistance.

Le Roi croit remplir vis a vis du roi d'Añgre tout ce que sa justice et son amitié peuvent lui permettre dans les circonstances actuelles. Les ordres de Sa Mãjté sont connûs, et l on tiendra la main la plus severe a leur exacte execution, et Sa M^{té} est fondée a attendre en retour que le roi de la G^{de} Bretagne voudra bien donnér de son coté les ordres les plus precis pour qu il soit remedie aux differentes plaintes qui ont eté successivement portées et dont quelqunes sont deja d une date eloignée et pour prevenir et arretér les excès qui ne deviennent que trop frequens de la part des officiers de mer.

A Versailles le 19 juillet 1777.

Angleterre, t. 524, n° 17.

Dès le 13 juillet, en effet, on avait renouvelé les instructions précédemment transmises aux amirautés et notifiées aux chambres de commerce[1]. Le fait était porté à la connaissance de Franklin et de ses collègues le 16. M. de Vergennes lui-même avait écrit la lettre, et, afin de donner à la notification toute l'autorité possible, le roi avait revêtu de son *approuvé* la minute de son ministre. C'étaient comme des ordres nouveaux, car ils visaient en particulier les actes de *la Représaille* et de ses associées. Ils expulsaient de nos ports les prises que ces navires y avaient conduites; à la protection et au libre commerce dont on était d'ailleurs désireux d'assurer la jouissance aux navires américains, ils mettaient la formelle condition de se conformer strictement à nos traités avec le roi d'Angleterre. Franklin et

---

[1] Voici la notification qui fut faite aux ports de la Manche, et elle le fut aussi, sans doute, aux autres ports. L'original en est dans les mains d'un collectionneur, M. G. Bord, de Saint-Nazaire (Loire-Inférieure). — « A Versailles le « 13 juillet 1777. [Reçu a St Paul le 19 J^t]. — « A MM. les officiers de l'amirauté de Porbail « et Casterets à Briquebec par Vallogne. — « L'intention du Roy a toujours été, Messieurs, « d'observer les traités faits avec les puissances « etrangères et de tenir la main à leur exécu- « tion. C'est ce que Sa Majesté a fait connoître « par les ordres qu'elle a donnés differentes fois « dans les circonstances actuelles, lorsqu'il est « entré dans les ports de son royaume des bâti- « ments anglo-americains et des prises par eux « faittes. Cependant par les comptes qui luy ont « été rendus, elle a eu lieu de reconnoitre « qu'au lieu de se conformer relativement aux « dits bâtiments, aux ordres qu'elle a donnés « pour qu'ils ne séjournassent dans les ports de « sa domination que le temps permis par les « traités et par les ordonnances du royaume « rendues sur le fait de la marine, on a cher- « ché sous differentes formes à en éluder l'effet, « et les choses ont été poussées si loin à cet

« egard, que Sa Majesté vient de me prescrire « de donner les ordres les plus précis pour « qu'on ne souffre pas absolument dans ses « ports les armateurs américains au delà du « temps prescrit par les traités et par les or- « donnances et règlements.
« Son intention est aussi que les prises qu'ils « y auront amenées ne puissent non plus y sé- « journer davantage, et que jusqu'au moment « de leur sortie des ports, il soit veillé sur les- « dites prises de manière à evitter toutte vente « clandestine qui pourroit en être faitte.
« Sa Majesté m'a en outre chargé de renou- « veller les ordres qui ont déjà été donnés par « rapport à l'embarquement d'artillerie et autres « munitions de guerre sur les navires qui sortent « de ses ports, lequel ne doit jamais avoir lieu, « à moins qu'il ne soit bien constant qu'elles « soient destinées pour les colonies françoises.
« Les intentions de sa Majesté sont sur celà « si précises, que s'il passoit quelque chose de « contraire aux ordres que je vous donne de sa « part, je vous en rendrois personnellement « responsables.
« Je suis, Messieurs, votre affectionné servi- « teur. — DE SARTINE. »

Deane répondaient aussitôt par des excuses explicatives et par des engagements positifs; engagements convenus d'avance, évidemment, tout au moins d'une façon tacite. Lord Stormont recevait communication des deux pièces, la copie en etait expédiée à Ossun et la dépêche du ministre prescrivait à celui-ci de les faire lire à la cour d'Espagne[1].

Charles III était à Saint-Ildefonse. L'ambassadeur se sentit là mieux à même qu'ailleurs de faire de ses instructions l'usage qu'on lui avait indiqué. Après les premiers entretiens, il trouve, suivant son habitude, que le roi « paraît penser comme à Versailles »; ce monarque « a extrêmement applaudi à la sagesse, à la dignité du langage », etc. Mais, sous la paraphrase favorable de la dépêche du 18 juillet qu'il met dans la bouche du monarque, il était facile de deviner que, tout en voyant avec satisfaction envoyer des troupes à Saint-Domingue, tout en offrant même un concours empressé pour y rendre leur établissement plus salubre, la cour d'Espagne ne prenait pas la communication autrement que comme une matière à considérer, à débattre et sur laquelle elle tenait prête plus d'une objection :

A St Ildefonse le 28 juillet 1777.

Monsieur,

J'ai reçu la lettre que vous m'avés fait l'honneur de m'écrire le 18. de ce mois n° 43. Elle expose les griefs réciproques de la France et de l'Angleterre que l'etat présent des choses rend presque inevitables et qui ont donné lieu à des explications assez sérieuses entre les deux cours dont Sa Majesté desire que le Roi Catholique et son ministère soient informés. J'ai en conséquence, Monsieur, passé à M. le Cte de Floride Blanche une copie de votre dépêche avec celles des lettres que vous avés écrites à Mylord Stormond et au Docteur Francklin; j'ai aussi eu l'honneur de donner à Sa Majesté Catholique une idée

---

[1] Les Américains envoyèrent au Congrès la traduction de la lettre du cabinet de Versailles et leur réponse. Ces deux pièces sont imprimées dans la *Diplomatic correspondence*, t. I, p. 311 à 315. C'est pourquoi nous ne les reproduisons qu'à l'annexe II du présent chapitre, traduites du recueil américain. La minute du cabinet, datée du 16 juillet et portant au pied l'*approuvé* de Louis XVI, se trouve aux Affaires étrangères : *Angleterre*, t. 524, n° 6.

assez exacte du contenu de ces différentes pièces que son ministre mettra incessamment sous vos yeux. Ce monarque, Monsieur, a extrêmement applaudi aux principes de conduite de la France, à l'honêteté de ses procédés, à la sagesse et a la dignité de son langage; il pense comme le Roi que les souverains doivent être fidelles aux obligations des traités sans en agraver les devoirs et sans les enfreindre. Sa Majesté Catholique a fort approuvé les ordres rigoureux que le Roi a donnés pour prévenir l'usage abusif que les corsaires américains pourroient faire de l'azile légitime qui leur est assuré dans nos ports.

Le Roi Catholique, Monsieur, et M. le comte de Floride Blanche, quoique persuadés que l'Angleterre feroit dans l'état ou elle est, la démarche du monde la plus imprudente d'attaquer les deux Couronnes, conservent cependant une crainte, qui n'est peut être pas dénuée de fondement, que le ministère britannique ne prenne enfin ce parti et ce monarque a appris avec beaucoup de satisfaction que la France se disposoit à faire passer au commencement de l'automne prochain un renfort considérable de troupes dans ses colonies principalement à S‍t Domingue; le Roi Catholique considère combien le climat de la partie françoise de cette isle est funeste à la santé et à la vie de nos soldats, et m'a dit qu'il réitéreroit les ordres qu'il avoit déjà donnés aux commandants de la partie espagnole de recevoir nos troupes dans les parages de son gouvernement qui seroient réputés être les plus sains de leur faire fournir des comestibles autant que cela seroit possible en payant. Soyez persuadé, Monsieur, que je veillerai à ce que ces ordres soient expediés par le premier paquebot dans les termes les plus clairs et les plus précis.

On pense ici, Monsieur, absolument comme à Versailles sur l'importance dont il est pour les deux Couronnes de continuer à se préparer très sérieusement à pouvoir faire face a tous les évènements contingens et en même tems d'éviter une rupture même aux dépens d'une tolérence visible et désagréable jusques à ce que nos matelots employés à la pêche de la morue soient rentrés et que les fonds immenses que l'Espagne attend de la Vera Cruz soient arrivés.

Au reste, Monsieur, le Roi Catholique m'a fait l'honneur de me dire que si la guerre devenoit inévitable il seroit éssentiel que les deux Couronnes examinassent scrupuleusement combien de tems elles seroient en état de la soutenir, et qu'elles concertassent avec la plus grande précision les opérations qu'elles devroient exécuter afin de ne pas s'exposer après bien des dépenses et des combats à finir par une paix infructueuse ou désavantageuse.

J'ai l'honneur d'être avec autant d'attachement que de respect, Monsieur, votre très humble et très obéissant serviteur,

Espagne, t. 585, n° 67.

« Ne pas s'exposer, après bien des dépenses et des combats, à finir « par une paix infructueuse ou désavantageuse » : l'Espagne n'était pas près de sacrifier ce point de vue-là. Le 4 août, l'ambassadeur a fait connaître les dépêches des 22-26 juillet. Il en a même donné copie à M. de Floridablanca, ainsi que des lettres à lord Stormont et à Franklin. Les premières paroles échangées lui ont laissé encore concevoir des assurances très encourageantes. Confidentiellement, il écrit à M. de Vergennes[1] que « le roi d'Espagne, tout en désirant éviter la guerre, lui paraît ne pas la craindre, voyant le nombre de vaisseaux et de frégates qu'auront les deux Couronnes, et surtout si elles se déterminent et parviennent à former des liaisons étroites avec les colonies américaines révoltées »; le comte de Floridablanca, lui, « incline pour la guerre comme M. de Vergennes et ne trouve pas douteux qu'il vaut mieux prévenir que d'être prévenu »; toutefois, le premier ministre a immédiatement opposé une raison à l'idée d'envoyer des émissaires aux Colonies l'automne prochain[2]; au rapport d'Ossun, il ne s'éloignait pas de cette idée, mais il se préoccupait de ce que l'Angleterre connaîtrait inévitablement l'envoi très vite, et pourrait déclarer la guerre aux deux Couronnes avant la rentrée des vaisseaux qui rapportaient le trésor du Mexique; l'ambassadeur entrevoyait là « une circonstance qui influerait beaucoup sur le parti que Sa Majesté adopterait »; il

---

[1] A Saint-Ildefonse, le 4 août 1777. (*Espagne*, t. 585, n° 90.)

[2] Ossun, paraphrasant M. de Vergennes, dit de ces émissaires : « Quelques personnes « sages sensées et discrètes qui sans caractère « et sans mission ostensibles pussent eclairer « sur ce qui se passera, bien instruire les deux « cours des veritables dispositions des insur- « gens, et dans l'occasion faire les insinua- « tions que les circonstances et le raport des « differens intérêts combinés pourroient leur « inspirer. » (*Ibid.*)

D'UNE ALLIANCE AVEC LE CONGRÈS.

attendrait du reste d'être informé de ce parti avant de laisser le courrier reprendre la route de Versailles.

Le marquis d'Ossun était trompé là par ses impressions. Il est forcé d'ajouter à sa lettre un *post-scriptum* qui oblige à présager moins d'accord. Il a eu occasion de parler de nouveau à Sa Majesté Catholique et elle lui a dit qu'elle « n'avait pu examiner qu'en partie et superficiellement la dépêche au comte de Floridablanca; que la matière exigeait une mûre réflexion et qu'il voulait, en donnant son avis, exposer les raisons sur lesquelles il le fonderait ». « Je présume que je ne pourrai pas vous renvoyer Lépine de quelques jours, » ajoutait l'ambassadeur; il fut cependant en mesure de transmettre le 9 août l'avis raisonné de l'Espagne; M. de Floridablanca venait de lui en procurer la lecture. Le gouvernement du Pardo était trop décidé d'avance à attendre, pour avoir besoin de plus de temps. Il envoyait une expédition de cet avis raisonné au comte d'Aranda, et Ossun, dans un pli confidentiel, en faisait une analyse d'après laquelle le trésor du Mexique n'était pas moindre de 50 millions de piastres; on pensait, suivant les calculs, ne pas le voir arriver avant le mois de mai 1778, et l'ambassadeur avait cru reconnaître clairement que le désir de ne point compromettre une telle rentrée portait l'Espagne à éviter la rupture le plus longtemps possible. Du reste, il avait mis en œuvre les moyens qui lui étaient recommandés : « Ne rien faire et ne rien dire pour incliner le gouvernement espagnol à un parti plutôt qu'à l'autre, mais attirer l'esprit de M. de Floridablanca sur diverses considérations, sur divers détails propres à le déterminer[1]. »

---

[1] « J'ai eu l'honneur de vous informer, écrit « Ossun, que j'avais fait remettre sans aucun « delai à M. le C⁺ᵉ de Floride Blanche le pa- « quet qui lui étoit destiné; que je lui avois « témoigné que j'étois instruit de l'objet de « votre expédition, et qu'il m'étoit singulière- « ment recommandé de ne rien faire et de ne « rien dire pour incliner Sa Mᵗᵉ Cathᵉ et son mi- « nistère vers un parti plutôt que vers l'autre. « J'ai eu l'honneur de tenir le même langage à « ce monarque; il a daigné m'assurer qu'il étoit « tres flatté de la marque de confiance que le « Roi lui donnoit et qu'il examineroit les choses « avec la plus grande attention. Il a ajouté que « les interets des deux Couronnes étoient les « memes, et qu il desiroit bien sincerement de

En remettant à Ossun la copie du mémoire du cabinet et l'expédition que le courrier Lépine devait emporter au comte d'Aranda, le ministre de Charles III avait accompagné cette copie d'une lettre privée à l'adresse de M. de Vergennes. Il y affectait à la fois l'extrême déférence, l'intimité, la confusion d'avoir douté du secret de la part de Versailles. Il y résumait aussi les vues exposées par Sa Majesté Catholique et donnait assez à entendre qu'une fois de plus elles seraient inspirées par des intentions dilatoires [1]. Ossun disait très justement de ce

« rencontrer le mieux. Vous en jugerés, Monsieur, par la réponse de M. le Cte de Floride Blanche que vous trouverés ci-jointe. Il en envoye une copie à M. le Cte d'Aranda et il a bien voulu m'en faire la lecture. Vous remarquerés qu'il y developpe enfin ses idées sur le rôle utile que la France et l'Espagne pourroient peut être jouer dans l'accomodement éventuel de l'Angleterre avec ses Colonies.

« Je n'ai pas laissé ignorer, Monsieur, à M. le Cte de Floride Blanche que l'animosité des esprits en Angleterre n'étoit pas dirigée contre la France seule et que le ministere britannique paroissoit avoir un ressentiment vif contre l'Espagne, que vous n'en saviés pas bien certainement le motif, parce que les agens de cette puissance qui resident en France ne s'en expliquoient que confusement; que ce qu'ils articuloient de plus positif étoit qu'après avoir cité l'Espagne comme un exemple digne d'etre imité pour ne point secourir les Américains, elle alloit fort au delà de ce que la France avoit fait ou voudroit faire à cet égard ; que vous soupçonniés aussi que l'envoi de plusieurs vaisseaux espagnols en Amérique, que les Anglois regardent comme certain, pouvoit exciter leur mauvaise humeur ; que cette expédition devoit d'autant plus les humilier, que s'ils veulent primer en Amérique, ce ne peut etre qu'en afoiblissant leur contenance en Europe et que quoi qu'ils y ayent 40. vaisseaux sur le papier, tous, à beaucoup près, ne sont pas en état de tenir la mer.

« Je n'ai confié cette dernière anecdote a M. le Cte de Floride Blanche qu'après qu'il a eu formé son avis tel qu'il est enoncé dans la pièce ci-jointe ; mais elle vous fera connoitre qu'on est informé ici de l'état actuel de la marine angloise, soit en Europe soit en Amérique. — A St Ildefonse le 9 août 1777. » (*Espagne*, t. 585, n° 106.)

[1] Voici la lettre de M. de Floridablanca; M. de Vergennes, en la traduisant, y avait marqué d'un trait divers passages qui avaient attiré son attention; plusieurs dépêches suivantes sont remplies par lui de signes semblables : « De Ste Ildefonse le 8 aoust 1777. — V. E. verra par le mémoire que j'ai l'honn^r de joindre ici que le Roi correspond a la confiance qui lui a eté marquée en expliquant avec franchise et une veritable amitié sa maniere de penser touchant les circonstances actuelles. Mes idées ne pouvant etre differentes de celles du Roi mon maitre, V. E. trouvera qu'elles sont en substance les memes que celles qu'elle m'a indiquées par sa lettre. Il y a deja du tems que je pense ainsi et peut etre ne me serois je pas hazardé à m'expliquer par defiance de moi meme, si ma pensée ne se trouvoit apuyée sur les lumières superieures du Roi et sur le talent re-

mémoire que « M. de Floridablanca avait pris cette occasion d'expliquer enfin ses idées sur le rôle utile que la France et l'Espagne pourraient peut-être jouer dans l'accommodement éventuel de l'Angleterre avec ses colonies ». Le premier ministre entrait en matière par des flatteries à l'adresse du cabinet français et en précisant, d'une façon très nette d'ailleurs, les points à examiner et dont il s'agissait de convenir [1];

« connu de V. Ex^{ce}. Les colons doivent craindre « et les Anglois sans notre garentie et nous « memes s ils ne l'acceptent pas. Il ne doit pas « etre difficile de leurs persuader cette idée par « les moyens indiqués dans le memoire.

« L instruction des emissaires ne doit avoir « que deux objets, l un de nous instruire de « l etat de la guerre et du pays, du caractere et « de la disposition de ceux qui y ont la prin- « cipale influence, et de celle des naturels à « l egard de leurs chefs. L autre de fortifier le « systeme de ne pas s'accomoder sans notre ga- « rentie et de faire craindre du contraire toutes « les consequences tant de la metropole que de « la notre. Peut etre les deputés qui sont a Paris « seroient ils plus propres pour le second objet ; « et pour le premier il conviendroit que chaque « cour se servit de ses officiers sans bruit et sans « publicité.

« Ces deputes doivent concevoir combien de « difficulté il y auroit que nous autres engagés « dans une guerre puissions leurs fournir plus « de secours q'une diversion, attendu qu il y « auroit plus d obstacles à la mer pour faire « passer les secours, et moins d argent a leurs « donner en raison de nos plus fortes depenses. « On a fait la diversion sans en venir a une « rupture et on peut la continuer.

« Preparons nous a la guerre ; mais tachons « d'aveugler nos ennemis pour gagner tout le « tems que nous pourrons, et pour assurer le « retour de nos flotes des deux Ameriques. Si « nous veillons attentivement sur ce qui peut

« se passer dans les ports d'Ang^{re} et dans les « colonies, nous ne pouvons manquer de voir « a l avance les indices de quelque coup que « les Anglois voudroient frapér ; pour lors il ne « sera plus question d'attendre et l union de nos « escadres trompera les desseins de nos enne- « mis en les prevenant a l avance. On ne peut « faire une grande expedition sans de grands « préparatifs et ceux ci demandent du temps « et de l argent dont l Ang^{re} manque pour le « moment. Le plus à craindre est un coup de « main sur notre flotte parce qu il suffit pour « cela de forces maritimes et de la perfidie « angloise. Pour cela meme nous pensons ici « a l evitér. V. E. voit combien cela nous im- « porte a tous. Pour ce qui est du secret V. E. « doit croire que je n ai jamais douté de son « honneteté ni de celle des principaux membres « du conseil de Sa M. T. C. ; mais suivant la « constitution de votre cabinet, et la necessité « de beaucoup de mains subalternes, il est in- « evitable qu il y ait des risques. Laissons cela. « V. E. doit etre assurée que je lui suis verita- « blement attaché et que je desire les occasions « d accrediter le desir que j ai de la servir et de « lui complaire avec le plus grand empresse- « ment, » etc. (*Espagne*, t. 585, n° 99.)

[1] La traduction est de la main de M. de Vergennes. La pièce porte cet intitulé : *Traduction du memoire de la cour d'Espagne du 8 aoust 1776 servant de reponse à celui de la cour de France, envoyé le 26 juillet même année.* (*Ibid.*, n° 100.)

1777. il arrivait ensuite au fond, à ce qu'il appelait « le projet utile à nous autres et aux Colonies » :

Le mémoire présenté au Roi T. C. et communiqué a Sa M^{té} C^{que} pour formér de concert une resolution adaptée aux circonstances presentes, renferme des reflexions precieuses et tres en place; le zele et le talent de celui qui l'a redigé meritant la gratitude des deux cours par la vehemence et l energie avec lesquelles il s occupe de leur sureté et de leur gloire.

On etablit quelques questions dans ce memoire dont les solutions sont si claires qu elles peuvent passer pour des axiomes ou pour des principes incontestables. On ne doute pas et on ne peut doutér qu il ne convienne absolument aux cours de l'auguste maison de Bourbon, d'afoiblir autant qu il depend d elles la puissance de la Grande Bretagne, et de ne pas perdre pour cet effet l occasion presente de sa guerre civile.

Il n'y a pas plus de doute que la politique dicte pour cela même que les deux cours doivent empechér par tous les moiens possibles que les colonies americaines rentrent directement ou indirectement sous le joug de leur metropole, et l on ne peut pas plus raisonablement mettre en doute que pour empechér que cette reunion ne contienne des conditions ou des engagemens contraires aux interets et a la tranquilité de la France et de l Espagne il ne suffit pas de secours foibles administrés avec parcimonie et inquietude.

De ces antecedens que nous nommerons ici les axiomes de notre politique, l auteur du memoire en deduit la consequence qu il est necessaire de se resoudre a donnér des secours plus publics, plus utiles et plus effectifs aux Colonies moienant une guerre avec l Ang^{re} que nous ne pourrons evitér encore longtems : que l epoque de cette guerre doit etre fixe et permanente pour janvier ou fevrier de 1778, afin de prevenir les Anglois et empechér leur reunion avec les Colonies; pour cet effet de preparér une alliance offensive et deffensive avec elles, envoiant des a present des emissaires qui invitent les chefs principaux du Congrès a cette negociation, en les faisant autorisér et accréditer a cette fin par les députés du même Congrès qui resident en France.

Cette idée ne sauroit etre plus plausible ni de meilleure aparance; et a la verité le raisonnement et les calculs sur lesquels elle se fonde ont beaucoup de vraisemblance; mais comme on traite d un sujet du plus grand interest pour

D'UNE ALLIANCE AVEC LE CONGRÈS. 491

les deux monarchies, et des plus graves et des plus redoutables consequences si nous nous trompons dans la resolution et dans le moment de la prendre, on nous permettra de faire une courte analise des principaux fondemens de l'idée; de les comparér avec d'autres et de tirér de ces combinaisons une sureté morale de l avis que nous proposerons.

Des considérations ou objections diverses suivaient cette entrée en matière. Les considérations étaient celles qui avaient été déjà mises en avant avec notre ambassadeur : « Les pêcheurs de Terre-Neuve seront bien rentrés cette année, mais non la flotte du Roi Catholique; elle ne peut revenir avant le printemps prochain, de sorte que l'on ne saurait fixer à janvier ou février l'époque de la guerre. Nous courons ainsi, dit-on, le risque de voir les Colonies s'accorder avec l'Angleterre; mais on ne prouve point que si nous nous déclarons elles ne s'accorderont pas; ce sera au contraire pour l'Angleterre une raison de s'accommoder avec elles à tout prix; quels motifs auraient ces colonies de continuer à se battre avec notre appui, si elles recevaient l'indépendance qu'elles poursuivent? Le docteur Franklin pousse les maisons de Bourbon à la guerre parce qu'elle fournira le sûr moyen de forcer les Anglais à donner l'indépendance tout de suite[1]; nous rendrions tout uniment la Grande-Bretagne libre de se tourner contre nous en faisant sonner les premiers l'heure où elle s'y résoudra; actuellement ses ministres hésiteraient à prendre la responsabilité d'une attaque, ils nous devraient d'y être provoqués et de voir conséquemment toute la nation les soutenir. »

1777.

---

[1] « On conçoit a present pourquoi le docteur Francklin dans quelq'uns de ses ecrits se contente d une simple déclaration de guerre de la part des cours de Bourbon. Cette seule declaration, dit-il, assureroit l independance des Colonies, rendroit la guerre courte et la paix prochaine. Francklin sait bien q'une pareille declaration forceroit les Anglois a s'accomoder immediatement avec leurs colonies, et que celles ci ne se refuseroient pas a un concert en obtenant en echange leur independance. Les risques et les depenses des deux cours dans cette hipotese ne meritent pas l'attention de Franklin et de ses colegues.

« Il semble donc que si nous accelerons la guerre nous avancons les maux que nous craignons. »

1777.   Après ce chapitre des objections, le mémoire espagnol en venait à ce qu'il entendait que l'on fît. Précisant d'abord les choses à éviter, il expliquait « qu'il ne conviendrait ni d'attaquer à la fois toutes les forces navales de l'Angleterre en Amérique, ni d'opérer dans les Colonies un débarquement de troupes auxiliaires, ni de penser à une diversion sur les Îles Britanniques, ni d'essayer de prendre Minorque ou Gibraltar; cela n'aboutirait, suivant lui, qu'à forcer l'Angleterre à plus de dépenses et l'on obtenait déjà ce résultat rien qu'en donnant aux Colonies les secours que le mémoire de Versailles appelait « trop faibles », et qui étaient au contraire très grands par leurs effets; s'ils ne suffisaient point à s'assurer la gratitude des Colonies on ne la conquerrait pas davantage autrement. Le but à se proposer, c'était de faire désirer la garantie des deux cours, afin que celles-ci en tirassent des avantages palpables. La matière était difficile, sujette à des contingents, fondée sur des faits incertains, sur des conjectures, des vraisemblances; en conséquence il fallait convaincre dès maintenant les Colonies, par la voie de Franklin et de Deane, par celle aussi d'émissaires secrets que l'on enverrait aux chefs du Congrès, de l'inutilité pour elles d'un accommodement avec l'Angleterre si elles ne demandaient et n'obtenaient d'avoir la France et l'Espagne pour garantes; cette demande-là ferait tout de suite voir ce qu'elles avaient à espérer, l'Angleterre ne devant pas trouver de difficulté à l'admettre si elle voulait réellement tenir sa parole, et bien montrer qu'elle ne nourrissait que la pensée de les subjuguer après les avoir brouillées avec nous si elle essayait de les tenter par une alliance : »

On desire a la vue de ces reflexions de savoir quelle est notre facon de pensér pour atteindre au but de soutenir les Colonies, d'assurer leur independance, d'empechér leur accomodement avec l Ang^{re} et de prevenir la guerre que nos ennemis peuvent projettér. La matiere est difficile et sujette a des contingens, et par cela meme elle ne peut se resoudre que par une prudente probabilité fondée sur des faits certains, des conjectures et des vraisemblances.

Notre avis seroit et a toujours eté analogue a celui qui nous vient en quelque maniere indiqué par la cour de France, savoir qu il conviendroit de commencér des a present a persuader aux Colonies par la voie de leurs deputés Franklin et Deane et par celle des emissaires secrets qu'on auroit auprès des chefs du Congrès qu'aucun accomodement avec la metropole ne peut leurs etre utile et assuré s ils ne demandent et n obtiennent d elle par forme de preliminaire que tout traité quelconque devra etre garenti par la France et l'Espagne. Nous pourrons en outre assurer les deputés que nous ne garentissons rien contre la liberté et l avantage des Colonies, et quelles seront protegées a ces egards, sans dire plus pour le moment. Il semble qu il ne doit pas etre difficile de persuader aux Colonies l utilité et meme la necessité dont il est qu elles exigent une forte garentie pour s accomodér. La proposition que les colons en feroient a l Ang^{re} lorsqu elle les recherchera pour un accomodement, leurs decouvrira la bonne ou la mauvaise foi de la metropole, et si elle est dans la disposition d accomplir ou non les conditions du traité. Cette découverte seule est très importante pour les Colonies. Si l Ang^{re} vouloit accomplir religieusement le traité elle ne devroit pas avoir de difficulté qu il fut garenti. Entre toutes les puissances de l Europe on n en decouvre aucune dont la garentie pourroit tranquilisér les Colonies autant que celle des cours de France et d Espagne. Si le ministere anglois pour exclure la garentie et p^r aveuglér les Colonies les tentoit par un aliance contre nous, il faut persuadér a l avance aux deputés et aux chefs que ce seroit un piege pour les privér de notre abri et de notre protection, et pour les subjuguer facilement apres les avoir mis en inimitié avec nous. Il suffiroit que les Anglois nous communiquassent alors cette disposition des Colonies pour que nous les abandonnassions, que nous nous declarassions contre elles, et que nous nous accomodassions avec l Ang^{re} a qui il conviendra toujours plus de les assujetir que de faire la guerre a l Espagne et a la France.

On peut tres bien amplifier les autres suretés que les Colonies obtiendroient par cette garentie et les risques quelles courroient sans elle dans le cas d'un accomodement; si l on fait attention a la situation de ces memes Colonies environées de provinces angloises et au peu de stabilité du gouvernement B^{que} pour reputér inalterable un traité que la nation regardera toujours comme ignominieux.

1777. Ces craintes et leurs conséquences étant ainsi exposées aux Colonies, principalement « le risque de perdre notre appui si elles nous dégoûtent », il conviendrait de leur continuer les secours « possibles », de leur faire connaître « ceux qu'elles ont trouvés dans nos précautions, ceux qu'elles pourront encore recevoir des dispositions que nous prendrons pour empêcher qu'elles ne soient opprimées ». Nous continuerions à nous préparer pour une guerre, « comme on l'a fait jusqu'ici et comme on aurait pu le faire beaucoup plus pendant le temps que nous avons perdu, en mettant en état de défense les points d'Europe et d'Amérique comme on se l'est proposé »; mais il faudrait procéder en cela sans trop de célérité ni d'imprudence pour ne pas hâter la rupture, gagner le temps nécessaire au retour de nos forces de l'Amérique méridionale, de notre flotte, des matelots employés à la pêche, traiter les Anglais « avec justice et dignité comme on l'a fait dans la réponse donnée au lord Stormont », en évitant de leur fournir de justes motifs de plaintes et en nous plaignant avec fermeté, mais sans aigreur, de ceux qu'ils nous donnent eux-mêmes, « en sorte que ces plaintes, en se multipliant, prennent plus de consistance »; il faudrait laisser entendre aux Anglais que « loin de vouloir la guerre nous nous emploierions plutôt si nous le pouvions à une mediation, et concerter notre langage avec les colons ou leurs députés pour prévenir les manœuvres que la Grande-Bretagne pourrait vouloir faire avec eux ».

Finalement, et M. de Vergennes avait souligné cette partie du mémoire, « nous établirions un plan certain pour le cas de la guerre soit offensive soit défensive, un plan avec des idées et des projets spécifiques que l'on suivrait constamment, sauf à les changer si des circonstances principales le commandaient; nous conviendrions des campagnes à entreprendre selon les ressources et les fonds de chacun, parce qu'une fois l'épée tirée, il y aurait lieu de ne s'épouvanter ni de céder avant d'obtenir les fins que nous nous serions proposées; mais l'époque de cette guerre ne saurait être marquée d'avance. Arrivera-t-elle? Quand aurons-nous préparé tout ce qui nous manque? Quand les Anglais penseront-ils à se remuer? D'ici là il suffira de surveiller tous les mouvements afin d'être en état de prendre un parti sans retard. La chose est vraiment nécessaire; c'est une garantie pour les colons; solliciter leur alliance n'est ni décent, ni juste, ni utile; les députés du Congrès n'ont rien offert jusqu'ici qui mérite l'attention; il sera plus honnête et d'égale conséquence de proposer cette garantie, c'est-à-dire une protection attachant les colons par l'intérêt, ne leur ôtant pas la liberté de s'accommoder et leur évitant les pièges de la métropole. En agissant ainsi, dans tous les cas, nous prendrons au moins le temps « d'arranger nos affaires et de rédiger nos idées ». Nous ne craignons pas la guerre; l'Espagne a sacrifié une partie de ses intérêts pour s'y préparer en se prêtant, avec le Portugal, à une réconciliation peut-être prématurée; mais comme c'est un axiome qu'il vaut mieux prévenir la guerre que de la recevoir, c'en est un aussi qu'on ne doit pas l'entreprendre tant qu'on peut l'éviter, sans avoir pris toutes les mesures pour son principe, son progrès et sa fin, de façon à avoir la sûreté morale de réussir[1] ».

M. de Floridablanca voilait donc de nouveau le goût pour l'abstention, propre à l'Espagne, sous la raison qu'il ne convenait ni à l'une ni à l'autre cour de faire un traité avec les Américains, mais seulement de leur rendre de bons offices dont on tirerait un profit. On ne le retrouve pas moins tout aussi libre et net qu'auparavant dans ses entretiens avec l'ambassadeur d'Angleterre. Fort irrité, tandis qu'à Versailles on s'expliquait avec lui sur les corsaires, le gouvernement de George III envoie dire par lord Grantham au ministre de Madrid que « si les armes anglaises n'avaient pas des succès dans la campagne actuelle, le ministère se verrait forcé d'abandonner entièrement la guerre de terre et d'employer toutes ses forces maritimes à empêcher

---

[1] *Espagne*, t. 585, n° 100.

les insurgents de faire aucune espèce de commerce d'importation, même à la faveur des pavillons neutres ». M. de Floridablanca lui répond aussitôt que « ce serait déclarer la guerre à toutes les puissances maritimes, qu'elles ne souffriraient probablement pas qu'on troublât leur commerce et qu'on insultât leur pavillon contre le droit des gens ». L'ambassadeur n'en maintient pas moins, si soigneux fût-il d'être aimable, que « l'Angleterre n'aurait point d'autre parti à prendre[1] », en sorte que les dispositions à se battre souhaitées par les « plénipotentiaires », autrement dit la nécessité d'une guerre entre les trois cours étaient près de se manifester. Lord Grantham, toutefois, se montra un peu différent quelques jours après. La lettre du cabinet de Versailles en réponse à la note de lord Stormont ayant satisfait la cour de Londres, celle-ci s'avisa aussitôt de demander à l'Espagne de prescrire les mêmes mesures que la France à l'égard des corsaires. Cette fois, M. de Floridablanca, prenant sa revanche, réclama fermement la réciprocité, rappela d'anciens griefs de la marine espagnole jusqu'alors laissés sans suite; seulement, il pensait qu'on ne devait pas lui demander davantage[2].

M. de Vergennes, pendant ce temps, sentait marcher les faits. Le propos de lord Grantham n'avait paru rien à ses yeux. « La menace que ce propos exprime aurait de soi des conséquences trop immédiatement défavorables pour l'Angleterre, » écrit-il à Ossun. Pour lui le cabinet anglais arrivait au moment de prendre un parti et de ne pouvoir le prendre que « mauvais, désespéré ». C'est pourquoi il s'efforçait de hâter les résolutions de Madrid, bien qu'en ayant soin de ne pas paraître à la cour d'Espagne manquer de circonspection à l'égard de l'Angleterre. Il mandait donc à l'ambassadeur que les deux Couronnes ne pouvaient surveiller trop soigneusement des intentions et des vues nécessairement suspectes à cette heure; qu'à Versailles on usait attentivement d'une « modération prudente » pour éviter tout ce

---

[1] Rapport d'Ossun, du 21 juillet. (*Espagne*, t. 585, n° 50.) — [2] Rapport d'Ossun, du 11 août. (*Ibid.*, n° 116.)

qui conduirait à un engagement prématuré; que « dans l'étendue de
nos côtes », toutefois, avec « les dispositions très échauffées des esprits »,
l'exécution des ordres était forcément défectueuse et que toute notre
conduite avait beau être parfaitement conséquente aux explications
données, nos procédés d'honnêteté et de justice accrus journellement,
notre position vis-à-vis de l'Angleterre n'en était ni moins incertaine
ni moins critique[1].

Telle était la situation où se trouvait le gouvernement du roi pendant qu'il attendait de connaître le sentiment de Sa Majesté Catholique sur les dépêches des 22-26 juillet. Au moment où le courrier qui apportait la réponse de Charles III s'acheminait en France, le 13 août, le ministre manifestait à notre ambassadeur la crainte que l'on ne fût surpris tandis qu'on réfléchissait, et il lui marquait de nouveau la nécessité « d'un plan de conduite fixe et invariable jusqu'à de « nouvelles circonstances[2] ». Un fait qui pouvait tout précipiter venait de se produire, et le ministre se demandait si l'aigreur des plaintes serait calmée, à Londres, par les excuses que le roi était prêt à en exprimer. L'Américain Cunningham, dont on avait interné le navire à Dunkerque, s'était armé derechef, avait trouvé le moyen de sortir de ce port, avait fait des prises que les Anglais lui avaient enlevées ensuite, et seize Français comptaient dans son équipage prisonnier. Le ministère anglais « jetait les hauts cris », le roi était fort mécontent; on avait mis un des intéressés à la Bastille, on recherchait l'autre,

---

[1] Dépêche du 8 août : « Ce propos n est point « une idee nouvelle en Ang^rr »; elle a eté proposée en Parlement mais il est probable que « ceux qui en ont fait l ouverture avoient plus « tost le dessein d embarasser le ministere que « de le sortir du labirinthe dans lequel il s est « si maladroitement engagé. Car comme M. le « Cte de Floride Blanche l'a tres a propos remarqué, ce seroit se mettre dans un etat de « guerre avec toutes les puissances maritimes « de l'Europe. » (*Espagne*, t. 585, n° 95.)

[2] « Nous attendons M. la reponse au courrier que je vous ai expedié le 26. du mois « dernier et de connoitre a fond les sentimens « de Sa M^té C^que et de son ministere et les vues « sistematiques qui leurs paroitront preferables « pour y conformer notre sisteme et nos plans. « Je souhaite que la guerre ne nous previenne « pas dans cet intervalle, mais soit paix soit « guerre, il faut avoir un plan de conduite fixe « et invariable au moins jusqu a de nouvelles « circonstances. » (*Ibid.*, n° 116.)

498   L'ESPAGNE DEVANT LA PERSPECTIVE

1777. on s'interrogeait sur les conséquences possibles; M. de Vergennes ne se dissimulait pas qu'elles seraient peut-être fort sérieuses[1]. Comme le concours du marquis d'Ossun devenait visiblement moins efficace de jour en jour, sa correspondance plus vide chaque semaine, et que l'état des choses entre la France et l'Angleterre semblait ainsi s'aggraver, c'était le moment de relever tout à fait l'ambassadeur de ses fonctions. On fit connaître à Madrid la nomination de M. de Mont-

---

[1] Le ministre, qui avait déjà annoncé l'incident le 8 à Ossun, l'expose aussi dans cette dépêche du 13 : « Un nouvel incident ranime « les défiances. Vous avés entendu parler M. « d un certain corsaire americain nommé Cun-« ningham que nous fimes arreter il y a plu-« sieurs mois a Dunkerque et dont nous fimes « rendre les prises. Cet homme sorti de prison « a voulu prendre sa revanche et sous le nom « d un autre Americain a préparé un nouvel ar-« mement sous le masque d un contrebandier. « M. de Sartine aiant eu des soupçons de sa ve-« ritable destination avoit ordonné a l'amirauté « de Dunkerque d'y veiller et de n en pas per-« mettre la sortie. Ces gens la ont pris le parti « de vendre le batiment armé a un sujet anglois « nommé Richard Allen, et l'amirauté rassurée « par cette vente lui a donné ses expeditions « pour Bergh en Norvege avec la precaution « cepend^t de prendre une assurance et caution « du vendeur et de l'acheteur que ce batiment « ne feroit point la course et ne prendroit « aucun Francois à son bord. Le meme Cunnin-« gham s'y est embarqué et a peine à la mer il « a attaqué et pris plusieurs batimens anglois; « un entre autres et cetoit aparament le plus « riche a eté repris et sur 21. hommes que le « corsaire y avoit mis il s'est trouvé 16. mate-« lots francois.
« Ces circonstances combinées font jetter les « hauts cris aux ministres anglois qui croient y « voir une collusion de notre part. Loin qu elle « existe, le Roi qui est lui meme tres offensé « de tous ces procedés a fait mander le lieute-« nant de son amirauté p^r rendre compte de sa « conduite diametralement opposée aux ordres « qu il avoit reçûs, et a ordonnés que le ven-« deur et l acheteur qui se sont rendûs tous les « deux cautions que le batiment ne feroit point « la course seroient arretés. Deja le s^r Hodje « qui est le vendeur est a la Bastille, nous at-« tendons d aprendre de Dunkerque si l ache-« teur y aura eté trouvé. Tel est l etat au vrai de « cette affaire qui paroit exciter un ressentiment « bien vif en Angleterre, et dont je ne puis pas « encore determiner les consequences. Ce qui « peut avoir rendu l amirauté plus facile a per-« mettre la sortie de ce corsaire est vraisembla-« blement la crainte d un esclandre. Vous verrés, « M. par la copie ci-jointe d une lettre de M. de « Guichard alors commandant a Dunkerque, « l excès de l insolence angloise. Nous avons cru « prudent de la dissimuler et nous nous sommes « contentés d envoyer une fregate et une cor-« vette pour maintenir la police du port et de « la rade.
« L amirauté au reste peut tres bien ne pas « etre reprehensible de l embarquement des « François qui se sont trouvés a bord de la Re-« prise. Les matelots sont libres a Dunkerque, « la rade et la cote ne sont point deffendues, et « rien n est si facile que d embarquér du monde « a la voile et en pleine mer. » (*Espagne*, t. 585, n° 116.)

morin. Le roi annonça son protégé à son oncle par cette lettre de sa main :

Versailles, 14 aoust 1777.

Monsieur mon frere et oncle, les talents connus du marquis d'Ossun et les bontés de V. M^té pour lui m'ont engagé à l'apeller à mon conseil où je serai plus à portée de le consulter sur les interets de V. M. dont l'alliance m'est toujours chere. J'ai en meme tems nommé le comte de Montmorin, pour le remplacer, il m'a été attaché particulierement pendant quatre ans, et je suis sur qu'il fera tout ce qu'il pourra pour meriter ses bonnes graces. Je ne lui recommande rien tant que de plaire à V. M. et de maintenir scrupuleusement l'union qui regne si heureusement entre nos deux maisons. V. M. connoit la vive et sincere amitié, avec laquelle je suis, de Votre Majesté bon frère et neveu.

Arch. nat., K 164, n° 3, n° 4 de l'année 1777.

Avait-on pensé que le gouvernement de l'Espagne entrerait dans nos vues si vite? Ce n'est pas à croire. Lorsque la réponse du Pardo était arrivée, le ministre avait senti le besoin d'écrire tout de suite confidentiellement à Ossun sur les raisonnements du comte de Floridablanca. Ce nouveau pli laisse l'impression qu'à Versailles on ne comptait plus désormais sur la discussion, mais uniquement sur le poids des faits pour convertir notre alliée, et que si M. de Vergennes s'attachait à détailler les incidents, à mettre en évidence les suites qu'il y avait à en craindre, c'était dans la seule pensée d'entretenir de correspondances l'ambassade et de ne pas la laisser sans arguments. Il ne manifeste pas le moindre désappointement, aucune impatience; au contraire, il semble chercher à paraître satisfait. A la vérité, il ne parle pas au nom du cabinet; seulement, pas une des considérations de son collègue de Madrid ne tient debout, après les réfutations qu'il y oppose. Avec la même entente parfaite des questions qu'il avait si souvent montrée contre M. de Grimaldi, avec la vue claire et sensée de tous les côtés de cette grande affaire, de tous ses détours et de ses affluents, de ses conséquences rapprochées ou lointaines, il indique assez qu'elle est désormais regardée par le gouvernement du roi sous un jour bien différent de celui qui l'éclaire au Pardo :

A Versailles le 22 aoust 1777.

Je repons M. par cette depeche particuliere aux trois lettres secretes que vous m aves fait l honneur de m ecrire les 4. 9. et 9 aoust (*sic*), les deux dernieres m ont eté apportées par le courrier Lepine.

J ai mis le tout sous les yeux du Roi dans le particulier ainsi que la lettre et le memoire que M. le Cte de Floride Blanche m'a fait l honneur de m adressér, je n'y repondrai pas par cet ordinaire je me bornerai a vous faire M. quelques observations simples, mais avant tout le Roi vous charge expressément de témoignér au Roi son oncle combien il est touché de la confiance que Sa M^{té} C^{que} a bien voulu lui marquér dans cette occasion; vous l assurerés que ses principes et ses vues une fois developées vont faire la base de toute notre conduite vis a vis de l Ang^{re} et que nous la dirigerons avec asses de moderation, de sagesse et de justice pour suspendre et eloignér du moins si on ne peut l evitér l engagement qu il ne seroit pas de la convenance du Roi C^{que} de prendre avant le retour de sa flotte. Mais il est a savoir si les Anglois nous laisseront la liberté de suivre ce sisteme, leur desespoir comme leur orgeuil peut avancér l epoque que nous desirons avec tant de raison de reculér. Je vous prie M. de vouloir bien etre aupres de M. le Cte de Floride Blanche l interprete de toute la reconnoissance dont me penetrent la franchise et la netteté avec lesquelles il nous a exposé les circonstances de sa cour et le plan qu elles la mettent dans la necessité de se faire. C est ainsi que doivent toujours se parlér deux souvrains qui n aiant qu un meme interest ne sont ou plus tost ne doivent jamais etre dans le cas de s enveloper dans des reserves tristes presages d une deffiance qui ne pourroit jamais compatir avec leur maniere d etre. Assurés je vous prie a M. le Cte de Floride Blanche que ne faisant pas moins d estime de ses talens et de ses lumieres que de la droiture et de l honneté de son caractere il me trouvera toujours tres disposé a me raprocher de ses idées et de ses vues, et egalement empressé a entretenir le concert le plus intime et le plus parfait avec lui.

Nous admettons M. sans aucune sorte de restriction l hipotese du ministere espagnol, qu'avant de pensér a une rupture il faut assurér le retour de

D'UNE ALLIANCE AVEC LE CONGRÈS. 501

nos matelots pecheurs et celui de la flotte du Mexique. S il n en a pas eté fait mention dans le memoire qui vous a eté envoié le 26. de juillet dernier, c est que nos pecheurs doivent tous etre rentrés au plus tard dans le courant de 9bre et que nous suposions qu'a la meme epoque a peu près la flotte espagnole seroit rendue en Esp^c. Son retour devant etre encore fort eloigné nous accedons sans reserve a l idée qu il faut bien se gardér de rien faire qui pourroit servir de pretexte a l Ang^{re} pour l insultér et pour s en saisir. Mais comme ce pourroit bien n etre pas asses de ne pas lui donnér de pretextes et qu elle est tres capable de s en créer ne seroit il pas d une sage prevoiance de ne pas s exposér a la tentation de le faire. L Ang^{re} ne voudra pas encourir le reproche de la plus detestable piraterie pour un objet peu considerable, mais 50 millions de piastres en forment un si immense qu il pourroit bien triomphér de sa delicatesse et de ses scrupules. Cela suposé l Espagne ne pourroit elle pas divisér le trezor et le faire revenir par parcelles. Ceci est une simple reflexion dont vous ne ferés usage M. qu autant que vous le croirés convenable.

Une 2e observation. Notre sisteme present se dirigeant a evitér la guerre, nous ne pouvons donc aportér trop de circonspection dans toutes nos demarches pour ne pas la provoquér; des lors nous devons etre tres reservés par raport a tout ce qui pourroit excitér la deffiance et aigrir l inquietude des Anglois. D apres cette consideration nous pensons M. que le choix des emissaires que nous pourions faire passér en Amerique demande une singuliere attention de notre part. Il ne suffit plus que ce soient gens sages et accorts qui ne pretendent pas se donnér une importance diplomatique, il paroit prudent encore qu ils soient d un etat asses peu relevé pour que dans le cas ou ils seroient decouverts on ne puisse pas suposér ou qu ils ont leur mission de nous ou qu elle est d une certaine importance. Cette attention est d autant plus recommendable que nous avons tout a la fois a nous premunir contre la deffiance des Anglois et contre l interest que les Americains ont a l excitér. Il est certain que s ils avoient entre leurs mains des personnes a nous d un certain etat, ils ne negligeroient rien pour leurs donnér tout le relief qu on accorde a des representans. Ce point de vue pourra bien nous engagér a n envoier dans ce pays la qu un simple marchand, lequel ne paroissant occupé que de ses propres affaires de commerce et du soin de prendre des connoissances plus etendues dans ce genre, n en seroit peut etre que plus a portée de receuillir

1777.

les notions qu il nous seroit interressant d avoir sur l etat au vrai des affaires; le caractere des habitans et de leurs chefs; les principes et les affections qui les unissent ou les divisent, et enfin sur le plus ou moins de fond que l on peut faire sur un peuple dont nous ne pouvons encore determinér la consistance. On pourra le chargér de quelques insinuations indirectes et sommaires touchant la convenance dont il seroit pour l Amerique en se procurant l aveu de l Ang^{re} pour son independance de la faire reconnoitre et garentir par les puissances de l Europe les plus interressées a la protegér et a la soutenir, mais cette prevoyance doit etre presentée avec adresse et desinterressement pour ne pas effarouchér un peuple trop nouveau encore pour avoir des principes bien eclairés; il pourroit ne voir dans un conseil aussi salutaire qu'un obstacle de plus a la paix; celle ci ne nous le dissimulons pas, doit etre l objet de ses vo'ux co^e elle est le but de ses efforts.

On pourra tentér de rendre les deputés qui resident ici susceptibles de cette vûe, mais ce que nous savons de leurs opinions ne nous promet pas de la facilité. Prets a entrér dans les engagemens les plus etroits si les deux Couronnes veulent se portér a la guerre, ils paroissent bien determinés a declinér toute autre espece de liens politiques. Ils croient ou ils affectent de croire que l Amerique libre et pacifiée, n aura besoin d aucun autre apui pour se soutenir que l interest que toutes les puissances generalement trouveront a la participation de leur commerce; le tems et l experience leurs demontreront que le lien sera tres insuffisant contre un voisin qui ne perdra jamais l esperance de les rapellér a leur ancienne dependance, et les disposera vraisemblablement a en formér d autres plus solides, c est ce qu il faut cherchér a faire sentir a ces deputés mais avec dexterité; ils sont naturellem^t defians, et d ailleurs leur indiscretion que je ne crois pas tout a fait naturelle nous prescrit de grands menagemens dans les ouvertures qu on peut leurs faire. J ai eu plus d une occasion de m'apercevoir que leur art ne vise pas seulement a nous interressér a leur cause, mais encore a nous compromettre avec l Ang^{re}. Chacun fait son metier et si le leur est de tendre directement a tout ce qui peut tourner au profit de leur cause le notre est de ne pas nous laissér menér plus loin qu il ne nous convient d allér. C est d apres ce double point de vue que je regle ma conduite et mes insinuations avec eux; je leurs ferai jetter quelques propos de garentie, s'ils ne mordent pas a cette grape, j ai une autre idée que je vous prie de consultér avec M. le Cte de Floride Blanche, ce seroit de leurs faire entendre que ce ne seroit pas assés d'obtenir de l Ang^re l aveu de leur independance s il ne prennent en meme tems les moiens de la constater; et que l acte le plus positif d en etablir le libre et plein exercice seroit de procedér au moment meme de la signature de la paix a des traités d'amitié et de commerce avec les puissances les plus a portée et les plus interressées a leur liberté et a l augmentation de leur prosperité.

Je vous propose rapidement ces idées M. qui demanderoient a etre soigneusement digerées et sur les quelles nous nous entretiendrons probablem^t plus d une fois. Ce qui est plus instant est de raprochér notre sisteme de la donnée maintenant convenüe entre les deux cours, et pour cet effet d agir invariablement d après les principes consignés dans la reponse au Lord Stormont dont vous aves connoissance, nous nous y afermissons d'autant plus volontiers que suivant cet ambassadeur, M. le Cte de la Floride Blanche en a parlé fort avantageusement au Lord Grantham et a parù vouloir s'y conformer. En meme tems que suivant l expression de M. de Floride Blanche nous ferons justice exacte a l Ang^re et que nous la lui demanderons sans aigreur, nous ne negligerons aucune de nos mesures et de nos préparatifs pour nous trouver a tout evenement en etat le plus pressé, et de renforcer nos etablissements d'Amerique et d'y faire arrivér les troupes que nous y destinons. L Ang^re a d abord paru en concevoir une vive inquietude, mais une explication que j ai eue avec le Lord Stormont me donne lieu de croire qu elle est fort adoucie si elle n est pas entierement dissipée. Il m en a parlé le premier, je ne lui ai pas fait mistere que c etoit chose resolue. Pourquoi disoit il cette precaution dans les termes d intelligence et de paix où sont les deux nations. Ma reponse a eté simple. Nous ne doutons pas que vous ne partagiés nos soins et nos vo ux pour la durée de la paix; votre situation en fait meme la sureté. Mais vos papiers publics, vos pamphlets et nos propres discoureurs repetent a l envi que si vous ne pouvés regagnér votre Amerique, vous n'aves rien de mieux a faire que de tomber sur la notre; nous ne le soupconnons pas, mais nous devons a notre nation l aparance d une prevoiance soigneuse, peut etre seroit elle insuffisante si vous aviés les mauvais desseins qu on vous recommande, mais l administration se seroit mise a l abri du reproche d une coupable negligence et elle en seroit responsable si trop livrée a la securité elle etoit prise au depourvû. Au reste des troupes divisées dans plusieurs isles bien eloignées du theatre de la guerre ne peuvent faire aprehender une diversion. Mais la Jamaique en est voisine. Elle ne nous tente pas, et si dans ce moment vous me l offriés, je ne la refuserois pas parce que je ne puis parlér que par ordre, mais ne vous demanderois que 24. heures p^r prendre ceux du Roi et je suis bien assuré que je serois chargé de vous remercier d'une acquisition qui ne seroit pas meme specieuse.

Le Lord Stormont a fini par me demander si une flotte escorteroit les troupes, je lui ai repondu franchement qu il n'en est pas question et que des fregates seroient chargées de la police des differentes divisions; cette circonstance a paru le tranquiliser; nous ne nous engageons pas pour cela a ne pas envoier des escadres lorsquelles seront necessaires mais elles le semblent d'autant moins pour la sureté de nos troupes que la prise de quelques bataillons ne seroit pas d un asses grand avantage pour l Ang^{re} pour qu elle s'y porte par surprise. S il y avoit a en craindre une ce seroit plus tost au sujet de nos pecheurs, il faut espérer qu elle n aura pas lieu.

Espagne, t. 585, n° 137.

Sous cette critique déférente autant que supérieure des idées espagnoles, le ministre indiquait, c'est assez visible, les lignes déjà bien établies d'une politique à laquelle l'ambassadeur aurait à préparer la cour de Madrid. Cette politique avait alors été résolue, en effet, et, malgré les propensions contraires que le gouvernement de Charles III manifestait, on comptait la lui faire partager à cette heure. C'est à vrai dire pour la forme que M. de Vergennes démontrait le peu de poids à accorder, maintenant, aux observations de M. de Floridablanca. Le 23 août, c'est-à-dire le lendemain même de la lettre qu'on vient de lire, il avait été pris, dans un conseil intime chez le roi, un parti qui ne pouvait point n'avoir pas été l'objet d'un examen antérieur et se trouver tout à fait mûr et arrêté désormais. Le moment de dévoiler ce parti se présenta presque aussitôt, mais il semble que l'on était pressé de s'en ouvrir et qu'on désirait en avoir le prétexte.

ANNEXES DU CHAPITRE VIII.

I

PLAINTES RESPECTIVES DE L'ANGLETERRE ET DE LA FRANCE.

1. LE SECRÉTAIRE DES AFFAIRES ÉTRANGÈRES À M. LE MARQUIS DE NOAILLES.

A Versailles le 21 juin 1777.

J'ai reçu, M, la dépêche n° 45. que vous m'avez fait l'honneur de m ecrire le 13. de ce mois.

Le Roi et son conseil ont fort aprouvé, M. les explications dans lesquelles vous êtes entré avec M^d Weymouth au sujet de la visite de nos batimens, vous avez fait sonner clairement à ce ministre que les principes que sa cour suit sur cette matiére, sont non-seulement injustes en eux mêmes, mais, aussi qu ils peuvent entrainér les conséquences les plus dangereuses. En effet, si toutes les nations se permettoient en pleine-mer et d'après leur seul caprice la visite indéfinie de tous les bâtiments marchands, le commerce éprouveroit les inquiétudes les plus nuisibles, et se verroit bientôt exposé à la licence des visiteurs, et à tous les excès que ceux-cy croiroient pouvoir se permettre. Nous convenons du droit qu'ont les vaisseaux de guerre d'appeler à obéidience et de visiter les navires marchands; mais selon nous c'est abuser de ce droit que de l'exercer indistinctement dans tous les cas et dans toutes les rencontres; la sureté et la liberté du commerce veulent que l'on se borne à examiner les papiers qui constatent la véritable destination de ces navires, et que l'on ne s'en permette la visite que lorsqu'ils font une navigation suspecte, c'est-à-dire lorsqu'ils sont anoncés hors de la ligne de leur destination.

Pour justifier la violation de ces principes le Ld Weymouth prétend non-seulement que les négociants françois versent beaucoup de contrebande dans les colonies angloises, mais aussi que les Américains font des armements fréquents dans nos ports. Vous avez été informé dans le tems, M, des défenses qui ont été faites dans tous nos ports d'exporter des armes et des munitions de guerre pour les colonies américaines; nous avons tenu, autant qu'il a dépendu de nous, la main à l'observation de ces défenses; mais il est impossible d'empêcher toutes les exportations clandestines et masquées. La cour de Londres en fait elle-même une expérience journalière! Malgré la vigilance la plus rigoureuse, elle n'a pas encore pû contenir ses propres sujets, et elle peut se rapeller que jamais elle n'a empêché les batiments anglais de faire la contrebande sur nos côtes et principalement sur les côtes espagnoles, malgré les plaintes de la cour de Madrid; d'un autre côté le Roi ne peut ni ne veut ruiner le commerce de ses sujets en leur interdisant de vendre dans ses ports des objets qui ont été commerçables jusqu'a present : nous l'avons déclaré de bonne foi au ministre anglais dans le tems. Je sens qu il leur conviendroit que nous fermassions nos ports aux Américains, mais seroit-il prudent de provoquér et d attirer sur nous le ressentiment d un peuple qui n aiant rien a perdre avec nous trouveroit beaucoup a gagnér s il avoit un pretexte pour s emparér de nos batimens revenans de l'Amerique.

En rapellant toutes ces choses aux ministres anglais, vous les ramenerez, M, au principe que j'ai établi au commencement de cette depèche, savoir que la visite de nos batimens ne doit être faite que lorsqu ils sont, sans cause légitime, dans des parages éloignés de la ligne de leur direction : dans ces cas nous ne reclamerons ni contre la visite, ni contre la confiscation si les circonstances l'autorisent. Pour convaincre les ministres anglais combien nous desirons de faire cesser les discussions desagréables auxquelles cette matiére peut journellement donner lieu, nous leur proposons, à l'exemple de l'Espagne, de nous communiquer et de concerter avec nous les instructions à donner aux commandants des vaisseaux de S. M. B^{que} comme je ne doute pas que M. le P^{ce} de Masseran n'ait reçu de son côté des instructions relatives à cet objet, vous voudrez bien concerter avec luy les démarches qu'il conviendroit de faire pour porter le ministere anglais à adopter notre proposition. Dans plusieurs cas le ministere B^{que} a voulu colorér la nécessité de la visite de nos batimens du pretexte que les Americains pour se derobér a la poursuite des v^t anglois ont arboré le pavillon francois. Je ne conteste point ce fait qui est probable, mais l inspection des papiers de mer justifiant sufisament si le vaisseau est francois, la reconnaissance de ces memes papiers donne toute la certitude qu on peut desirér sans qu il soit necessaire de procedér a une visite plus rigoureuse.

Quant aux armements que le Lord Weymouth prétend que les Américains font dans nos ports, nous les empêchons lorsqu'ils parviennent à notre connoissance, et c'est ce que nous venons de faire par raport à ceux dont on doit être occupé dans le port de Marseille, mais il est impossible que nous soyons ponctüellement informés de tous ces armements; et il est d'autant plus naturel que M. le Ve de

ANNEXES DU CHAPITRE VIII.

Stormont en ait connoissance avant nous et plus exactement que nous, qu'il a des espions dans tous nos ports meme avec une affectation je dirois volontiers une inconsideration dont nous serions fondés a nous plaindre si nous avions quelqu'interet a masquér ce qui peut se faire chez nous. Mais le ministére B^{que} ne doit pas ajouter une foi aveugle à tous les raports que cet ambassadeur recoit de ses emissaires. Leurs raports sont le plus souvent tres infideles et quelques fois si vagues que le Lord Stormont en formant ses plaintes n a pû dans de certains cas me designer ni le lieu precis de la scene, ni le nom ni la qualité des acteurs. Les ordres sont precis dans nos ports de s oposér a tous armemens irreguliers; ils vont etre renouvellés avec force, mais le ministere anglois doit savoir par son experience que les gens qui cherchent a trompér savent asses bien prendre leurs mesures pour n'etre pas facilem^t decouverts.

Le lord Stormont m'a remis dans la derniere conference la liste de differens griefs qu il reproche a nos gens de la Martinique. Il m'en avoit parlé huit jours avant et sur son simple exposé les ordres avoient ete envoiés immediatement pour y porter remede. Pour plus d efficacité et pour en imposer a nos insulaires que l'esprit de rapine paroit avoir seduit on va prendre des mesures encore plus tranchantes et qui ne laisseront pas lieu à de fausses interpretations, c est ce que vous pouvés M. dire au Lord Weymouth, en l assurant que si la justice du Roi ne peut pas obvier a des ecarts surtout sur un theatre si eloigné elle sait les reprimér et les punir. Sa M^{té} fidele à la neutralité et aux dispositions pacifiques dont elle a donné l assurance au roi d'Ang^{re}, ne permettra pas que ses sujets y fassent rien de contraire, mais elle a droit de se promettre que Sa M^{té} B$\overline{que}$ animée des memes sentimens voudra bien de son coté remedier aux irregularites et aux excès qui ne sont que trop frequens de la part de ses officiers de mer.

Le Ld Stormont m'a parlé de quelques armements que font nos propres navigateurs. Je n'en ai pas eu connoissance precise, mais je ne lui ai pas dissimule que plusieurs de nos batimens qui sont en etat de s armer seraient dans la necessite de prendre cette precaution afin de se garantir contre les vexations qu'ils éprouvent de la part des croiseurs anglais : nous ne saurions les empêcher de pourvoir a leur sureté, elle est de droit naturel, l'Ang^{re} seule pourroit la prévenir en prescrivant à ses armateurs de respecter notre pavillon et notre commerce : c'est dans ce sens, M, que j'ay répondu à l'ambassadeur d'Ang^{re}, et je vous prie, M, d'y adapter les explications que vous pourrez être dans le cas de donner sur cet objet au ministère B^{que}. Cela n empêche pas cependant que je n'aie requis M. de Sartine de faire verifier dans les ports si les armemens n auroient pas un autre objet, et d'y mettre ordre autant que cela sera necessaire.

64.

Pour achever cette matiére, M, il me reste à répondre à l'observation que Ld Weymouth vous a faite sur la maniére dont nous faisons passer des munitions dans nos iles.

Ce ministre est dans l'erreur s'il pense que l'envoy ne s'en fait que par des vaisseaux de guerre; au moins les cinq huitiémes passent sur des bâtimens marchands; et cela est d'autant plus nécessaire, que nous n'envoyons que rarement des vaisseaux de ligne dans nos colonies, et que les fregâtes qui y croisent, ont trop d'encombrement par leurs propres armements et par les aprovisionements qu'exigent leurs longues stations, pour qu'on puisse y charger des munitions de guerre. Au reste, M, vous n'entrerez dans cette explication avec le Ld Weymouth, que pour rectifier ses idées, et nullement pour nous justifier : nous n'en avons pas besoin pour un objet qui dépend uniquement et absolument de la bonté et du bon plaisir de S. M^{té} ainsi que vous l'avez très-bien observé au ministre anglais.

Mais, M, en donnant au ministère anglais des solutions satisfaisantes sur tous les objets qui l'intéressent, il seroit tems qu'il imitât notre exemple en nous rendant enfin justice sur tous nos griefs, dont le volume augmente journellement. Vous voudrez bien, M, faire cette remarque au secretaire d'Etat en les luy rapellans, et vous lui ferez sentir en même tems, comme de vous-même, qu'en laissant plus longtems toutes nos plaintes sans décision, c'est nous inviter a en user de même à l'egard de celles qu'il nous déférera. Je n'ay pas d'instructions particuliéres à vous faire passer au sujet du bâtiment le Joli-Cœur conduit à New-York; il faudra attendre le raport que l'amirauté établie dans cette ville, fera des circonstances de la prise de ce bâtiment.

Nous venons d'être informés, M, par la voye d'un courier extraord^{re} expédié à M. le Cte d'Aranda que les cours de Madrid et de Lisbonne sont convenües d'un armistice; qu'elles ont déjà échangé leurs ordres respectifs pour la suspension des hostilités et qu'elles vont négocier sur le fond de leurs prétentions respectives. Cet événement dissipera les inquiétudes que la prise de l'ile Ste Catherine avoit données au ministère anglais, et le convaincra de plus en plus des dispositions pacifiques du roi d'Espagne et des principes de justice et d'équité qui dirigent ce monarque. En entretenant sur cet objet le Ld Weymouth je vous prie de lui dire de notre part que nous sommes persuadés qu'il voit avec une veritable satisfaction, la prochaine reconciliation des cours de Madrid et de Lisbonne, et qu'il s'aplaudit ainsi que nous du succès de nos vœux et de nos soins communs pour un ouvrage aussi désirable et aussi nécessaire pour le maintien de la tranquilité générale. L'accommodement dont le Roi C^{que} et la reine sa niéce vont s'occuper et qui, selon toutes les aparences, est prochain dispensera l'Ang^{re} de porter des regards inquiets sur le Portugal

ANNEXES DU CHAPITRE VIII. 509

et de craindre de ce côté une diversion qui auroit pû diminuer les moyens qu'elle employe pour la soumission de ses colonies : rien de plus heureux ne pouvoit arriver, dans ce moment cy pour la Grande-Bretagne.

Je vous prie d'examiner avec attention M. l impression que cette nouvelle fera sur le roi d'Ang^{re} et sur ses ministres; je ne crois pas que ce soit un evenement qui les satisfasse et les rejouisse.

Recevez mes remerciements, M, du tableau que vous m'avez envoyé des sommes votées par le Parlement pour le service de l'année courante, ainsi que des moyens pour y faire face : cette matiére est trop intéressante, pour que nous ne l'aprofondissions pas autant que la confusion que les Anglais affectent d'y mettre le permet. En comparant les etats des années précédentes avec ce dernier, on y voit une augmentation progressive de dépenses qui doit effrayer le ministere B^{que}, en ce qu'elle démontre, d'un côté, les efforts ruineux qu'exige une guerre dont il n'avoit point prévû les conséquences, et, de l'autre l épuisement des sources qui peuvent lui fournir les moyens de la soutenir : les effets que pourront produire ces vérités si la campagne qui va s'ouvrir est encore infructueuse, sont incalculables.

Angleterre, t. 523, n° 114.

2. LE MARQUIS DE NOAILLES AU COMTE DE VERGENNES.

A Londres le 4 juillet 1777.

J'ai recu, Monsieur le Comte, la lettre n° 35 que vous m'avés fait l'honneur de m'écrire le 28 du mois dernier.

J'ai vu hier Milord Suffolk à qui j'ai remis les deux pieces que j'avois depuis quinze jours sans avoir pu encore en faire usage. La première relative à des dommages causés à des pêcheurs de Calais par deux senauts anglois armés en guerre. La seconde faisant mention de la rencontre, sous l'ile de Groix du bâtiment françois le *St Jacques Bonaventure* avec le vaisseau de guerre anglois le *Monarque;* lequel vaisseau anglois étoit masqué, selon le même rapport, avec la flamme et le pavillon de France, et avoit tiré sur le bâtiment françois deux coups de canon, dont un étoit à boulet. Cette circonstance étoit la seule que je voulusse faire remarquer au Lord Suffolk : mais l'article du déguisement ne lui a point échappé, me disant de lui même qu'il n'y auroit rien de moins convenable à tous égards, que de prendre un pavillon étranger; qu'il étoit d'autant plus surpris d'une pareille dénonciation, qu'il connoissoit particulierement le capitaine du vaisseau le *Monarque*, et que c'étoit un des officiers dont il garantiroit plus volontiers la conduite. Je lui ai répondu que je lui présentois les choses telles qu'elles me venoient de ma cour : que pour prévenir des discussions plus sérieuses que celle-ci, dont l'objet heureusement n'avoit rien de grave, il falloit s'en tenir à l'exacte observation des traités pour ce qui concernoit la liberté de la navigation, incompatible avec la visite à laquelle les vaisseaux de guerre anglois sembleroient vouloir assujetir nos bâtimens marchands, lorsqu'ils les rencontreroient en pleine mer.

Milord Suffolk ne répondant pas directement à la chose, me dit avec vivacité que les excès que commettoient les Américains étoient à leur comble; que je devois savoir ce qui venoit de se passer; qu'un corsaire parti d'un de nos ports avoit été en course entre l'Irlande et l'Ecosse, et avoit enlevé plusieurs bâtimens marchands anglois qu'il avoit menés dans nos ports; que le commerce de ce pays-ci souffroit extrêmement de toutes ces pirateries, et s'en plaignoit très vivement.

Une seule explication, ai-je répliqué, serviroit de réponse à toutes les objections qu'on pourroit nous faire. On suppose que les Américains font des armemens dans nos ports, et qu'ils ont avec nous des relations de commerce.

A l'égard des armemens, j'ai assuré le secretaire d'Etat que ma cour persistoit toujours dans la résolution de n'en souffrir aucun; que toutes les fois qu'on lui feroit découvrir de semblables irrégularités, elles seroient promptement et séverement punies; que le Lord Stormont aiant communiqué dernierement à notre ministère ses inquiétudes sur certains armemens dont il avoit eu avis de Marseille, on avoit envoyé sur le champ des ordres pour faire justice, s'il y avoit lieu; que les mêmes précautions avoient été prises pour reprimer l'esprit de rapine auquel les habitans de nos îles pourroient se livrer, et que les mesures les plus actives avoient été employées, nommément contre nos insulaires de la Martinique, sur lesquels il étoit revenu différens sujets de plainte. J'ajoutai que ces procedés de notre part, après les défenses qui avoient été faites dans nos ports d'exporter des munitions de guerre aux colonies angloises, foisoient assés l'éloge de notre Gouvernement, pour qu'on put hésiter de rendre justice à ses intentions.

Quant aux intérêts légitimes du commerce qui amenent les Américains dans nos ports, j'ai observé à Milord Suffolk que l'Angleterre ne prétendoit pas sans doute nous demander des sacrifices dont elle ne seroit pas en état de nous dédommager; je lui ai ajouté que nos ports ne pourroient jamais être fermés aux Américains, le Roi ne pouvant ni ne voulant ruiner ses sujets en leur interdisant de vendre les objets qui ont été commerçables jusqu'à présent.

J'ai fini par dire à Milord Suffolk que nous continuyons de désirer sincerement la paix : mais que nous étions heureusement en situation de faire voir que la crainte des evenemens n'influoit sur aucune de nos démarches.

On ne supposera jamais, m'a-t-il répondu, le sentiment de la crainte à une aussi grande puissance que la France. Nous faisons également des vœux pour le maintien de la paix. Nous devons la souhaiter dans la position où nous nous trouvons aujourd'hui, et nous la souhaiterions pareillement dans toute autre circonstance. Je ne prétends pas révoquer en doute, Monsieur le Comte, la verité de ces sortes d'assûrances; mais fions nous principalement à l'impuissance où l'on sera de nous nuire.

Milord Suffolk m'a dit n'avoir rien appris depuis la nouvelle qu'on avoit eue de la convention des cours de Madrid et de Lisbonne pour la suspension des hostilités. Il m'a parlé de cet evenement avec des démonstrations de joye, et comme souhaitant l'affermissement de la paix entre ces deux puissances.

Angleterre, t. 523, n° 149.

3. LE MARQUIS DE NOAILLES AU COMTE DE VERGENNES.

À Londres le 11 juillet 1777.

Le mécontentement public augmentant ici de plus en plus, les esprits paroissant s'aigrir, à la vue des évenemens malheureux qui naissent journellement pour ce pays-ci de sa guerre en Amérique; son commerce souffrant beaucoup, et les plaintes des particuliers commençant à s'élever de différens côtés; les fonds publics inclinant continuellement à la baisse; tous ces objets réunis méritent sans doute de notre part l'attention la plus suivie, et exigent toutes les mesures d'une prévoyance aussi éclairée que celle qui nous gouverne. J'ai cru que dans de pareilles circonstances, aiant à parler au Lord Weymouth, je lui devois plus que jamais l'apologie de notre conduite, au milieu des embarras où se trouve l'Angleterre. J'avois prévu qu'il seroit question de la faveur qu'on suppose que nous accordons à toutes les entreprises des Américains. Voici le sens dans lequel j'ai parlé au Lord Weymouth.

Tout ce qui se doit de nation à nation, et tout ce que reclament les traités, est exactement observé de notre part. C'est sur ce principe adopté par ma cour, que celle de Londres sera toujours reçûe à faire les représentations qu'elle jugera convenables, et que nous serons disposés à les écouter. Le Lord Stormont, ai-je ajouté, a dernierement donné avis à notre ministère qu'il avoit lieu de soupçonner qu'il se faisoit à Marseille des armemens pour le compte des Américains, et on a ordonné sur le champ les informations qu'il pouvoit désirer pour empêcher ce désordre s'il existoit. Quelques habitans de la Martinique ont donné aussi des sujets de plaintes, et on a pris également les mesures nécessaires pour arrêter ces excès particuliers. J'ai répété au Lord Weymouth qu'il ne falloit donc plus insister sur les armemens que les Américains seroient soupçonnés de vouloir faire dans nos ports, parce que les intentions de ma cour étant parfaitement connues, on devoit se reposer sur les preuves qu'elle avoit déja données de sa fidelité à remplir ses engagemens. J'ai ajouté qu'à l'égard des opérations du commerce, nous ne faisions aucune distinction de nation, le royaume étant ouvert à quiconque vouloit y venir et y respecter les lois.

Milord Weymouth m'a repliqué que la cour de Londres ne se plaignoit pas de voir les Américains fréquenter nos ports, lorsqu'ils y étoient seulement amenés par les intérêts du commerce; que c'étoit à l'Angleterre à les arrêter dans leur passage; que par respect pour les côtes de France, un vaisseau de guerre anglois étant au moment de s'emparer d'un corsaire américain, l'avoit abandonné dans la crainte de s'approcher de trop près de la côte de St Malo; qu'il y avoit un exemple à citer de l'inéxécution des ordres relativement aux armemens des Américains; que le même batiment qui avoit mené M. Franklin en France, quoique ce bâtiment eut ordre de sortir de nos ports, s'étoit non seulement réparé, mais avoit fortifié son armement pour courir ensuite sur des bâtimens marchands anglois; qu'à la Martinique, on n'avoit gardé aucune espèce de ménagement; que l'étendard du Congrès y avoit été exposé publiquement; qu'on y faisoit ouvertement des recrues pour les Américains; qu'on y armoit en course avec des commissions du Congrès, et que les personnes les plus notables du lieu étoient les premières à favoriser de pareils excès, qui étoient d'une telle nature qu'ils ne pourroient pas se supporter longtems.

J'ai répondu au Lord Weymouth que je n'avois pas présent ce qu'il vouloit me dire du bâtiment qui avoit mené M. Franklin en France. Je lui ai exprimé de nouveau combien ma cour désapprouvoit ce qui avoit pu se passer d'irrégulier à la Martinique, le priant d'observer que les dispositions pacifiques de ma cour étoient d'autant plus sinceres, et que l'Angleterre pouvoit d'autant plus y compter, que le Roi mon maitre désiroit la paix, parce qu'il étoit de la bonté de son cœur de souhaiter le bonheur de ses sujets, et la tranquillité des autres Etats de l'Europe; mais qu'en même tems ces sentimens n'étoient accompagnés d'aucune crainte des evenemens.

Sur les autres objets dont nous nous sommes entretenus ensemble, il est convenu que pour la visite des bâtimens, il falloit s'en tenir à la représentation des lettres de mer.

J'ai trouvé l'occasion de lui confirmer que nous nous servions de bâtimens marchands pour transporter des munitions de guerre à nos iles; que nous y envoyons rarement des frégates, et que par l'encombrement de leurs propres armemens, et par les approvisionnemens qu'exigent leurs longues stations, elles ne pourroient pas suffire à tous les transports dont nos colonies auroient besoin.

J'ai fait quelques recherches, Monsieur le Comte, au sujet d'un avertissement, dont je joins ici la traduction, qui avoit paru la semaine dernière dans une des gazettes. Cet avertissement tendoit à soulever contre nous le commerce de ce pays-ci, demandant qu'il fut porté plainte à l'office du Lord Weymouth de toutes les prises angloises que les Américains conduiroient dans nos ports. Une semblable annonce ne pouvoit mériter attention, qu'autant qu'elle eut été ou arrêtée dans une assemblée de marchands ou insérée dans les papiers publics à l'instigation du Gouvernement.

Il paroit que c'est uniquement une tentative de quelques assûreurs, et l'on croit qu'il seroit absolument contre la dignité du Gouvernement d'employer de semblables moyens.

Angleterre, t. 523, n° 171.

Avertissement public dans les papiers anglais.

Les negocians, propriétaires ou assureurs de vaisseaux, observant que les François ont violé le droit des gens en permettant aux corsaires americains non seulement d'amener, mais de vendre dans leurs ports d'Europe et des Indes occidentales, des vaisseaux britanniques avec leur cargaison, et que l'on sait que plusieurs de ces corsaires appartiennent à des François et sont équipés par eux, considérant que la continuation de pareille pratique peut devenir ruineuse pour les intérêts de commerce de ce royaume, les propriétaires des vaisseaux qui ont été pris et vendus, ou qui peuvent l'être dans aucun des ports de France, ou des Indes occidentales sont priés instamment d'en envoyer les particularités au Lord Weymouth sécretaire d'Etat de S. M. pour le département du Sud, et aussi aux Lords de l'amirauté, afin que l'administration puisse être pleinement informée de l'étendue alarmante et des progrès d'un mal aussi destructif.

(Joint à la dépêche du 11 juillet 1777.)

Ibid., n° 174.

4. LE COMTE DE VERGENNES AU MARQUIS DE NOAILLES.

A Versailles le 19 juillet 1777.

J'ai mis dans les yeux du Roi M. la lettre n° 49 que vous m aves fait l'honneur de m ecrire le 11 de ce mois. Sa M^té en a entendu la lecture avec satisfaction et elle ne veut pas que vous ignoriés qu elle a donné la plus entiere aprobation a la noblesse, a la fermeté et a la sagesse de vos explications avec le Lord Weymouth. Il n etoit pas possible en effet de repoussér d une maniere plus convenable les griefs qui vous ont eté oposés les quels quoi que tres reels au fonds perdent cependant cette denomination lors qu on considere la justice que nous n avons jamais refusé d'en faire lors qu'ils nous ont eté déférés avec l autenticité necessaire. Mais les Anglois ne sentent vivement que ce qui les blesse ou les gene, et donnant a l amitié une extension qu ils seroient bien eloignés de lui accordér si d'autres etoient dans le cas d en reclamér les plus legers effets de leur part, ils semblent vouloir exigér que tous les ressorts du reste des gouvernemens de l Europe soient uniquement dirigés a prevenir tout ce qui pourroit tant soit peu les incommodér. Quel que soit M. le desir du Roi de donnér au roi de la G^{de} Bretagne des marques de sa constante amitié et de maintenir la bonne intelligence subsistante entre les deux royaumes sur le fondement des traités, nous pouvons bien promettre de reprimér ceux qui y contreviendront mais jamais d'obviér a ce qu il n'y soit contrevenû, encore moins de prevenir tous les ecarts que des étrangers peuvent faire hors de l'enceinte de notre territoire.

Cependant suivant ce que le Lord Weymouth vous a dit M. touchant les depredations du corsaire anglo-americain la Represaille, et ce que le Lord Stormond m'a representé d ordre de sa cour, il sembleroit qu on attache l'idée de connivance a tout ce que nous sommes hors de mesure d empechér. Vous en jugerez M. par le recit que je vais vous faire.

Le 8 de ce mois le Lord Stormond me fit part de l ordre exprès de sa cour des violences que trois corsaires nommés la Represaille, le Lexington et le Dolphin avoient commises dant le canal de St Georges et sur les cotes d'Ang^{re} et d'Irlande. Je ne chercherai pas a vous rendre la chaleur de ses expressions, elle etoit extreme; heureusement que dans le debut il m avoit prié de ne pas m arretér a ce qu elles pourroient avoir de malsonnant, convenant qu il pouvoit lui en echapér d'impropres, mais de ne m arreter qu au fond des choses. Cest le parti que je pris, je le laissai parlér autant qu il voulut et il fut fort long, et lors qu il eut fini je lui repartis froidement que tout ce qu il venoit de me dire etant de l ordre exprès de sa cour, il ne trouveroit pas mauvais sans doute que je remisse a m expliquér jusqu'à ce que j eusse pû prendre ceux du Roi mon maitre. Je lui ajoutai seulement que j etois en etat de l'assurér que Sa M^{té} ne variait point dans les dispositions que je lui avois si souvent exprimées et que j'etois encore autorisé à lui confirmér.

Cest ainsi que finit cette conference.

Le 15 j'ai communiqué verbalement a cet ambassadeur la reponse que le Roi m avoit ordonné de lui faire et sur la quelle meme je lui ai laissé prendre des notes.

J ai l honneur de vous en envoiér la copie M. l intention de Sa Maj^{té} etant que vous en fassiés lecture a celui des secretaires d Etat avec lequel vous aurés occasion de conférér et meme a tous les deux s ils paroissent le desirér.

Vous remarquerés M. que nous n avons point abusé des circonstances pour nous montér sur un ton d'arrogance qui n'est que trop familiér au pays que vous habités. Notre stile est simple, honnete et ferme le Roi n entend point justifiér des torts prouvés; Sa M^{té} craint d'autant moins de faire justice qu elle est dans son caractere, et que le Roi en regarde l exercice co^e un des plus beaux fleurons de sa Couronne et un des devoirs les plus sacrés de son Etat.

Le procedé des corsaires americains est intolerable par raport a nous et vous jugerés par la lettre que j'ai ecrite a MM. Francklin et Deane pour leurs faire connoitre les intentions du Roi, combien nous avons lieu d etre blessés de l abus que ces corsaires se sont permis de l azile de nos ports. Je vous prie de ne point communiquer cette lettre, c est pour votre instruction seule que je vous l envoie, si je l avois fait voir au Lord Stormond ou que vous la montrassiés aux ministres B$\widetilde{que}$s on pourroit regardér cette démarche co^e un complement de justification : nous n en sommes pas la.

Le parti que nous prenons de retenir ces memes corsaires jusqu'a ce que nous puissions avoir la sureté qu ils retourneront dans leur patrie sans infestér de nouveau les mers d Europe est toute la satisfaction qu il est possible de donnér. Sans doute qu on ne s est pas flatté a Londres ou que nous les livrerions ou que nous les forcerions a se laissér prendre; j espere qu on sera asses sage pour ne nous pas faire une semblable proposition. Le Lord Stormont m'a insinué mais avec beaucoup de precaution que la restitution des prises sembleroit un acte de justice; je ne lui ai laissé aucune esperance a cet egard; nous tiendrons soigneusement la main a ce qu elles ne soient pas vendûes dans nos ports et a ce qu elles soient expediées le plus promtem^t possible aux Amirautes qui doivent prononcér de leur sort, de meme a ce qu aucun capteur ou capture qui pourront desormais relaschér dans nos ports n'y soient soufferts et ne recoivent de secours que suivant l esprit des traités. C'est abusivement que le Lord Weymouth se recrie contre les reparations faites a la Represaille. Ce batiment avoit une voie d eau tres considerable, elle fut verifiée dans le tems et il lui fut permis de la reparér. En cela il n'y a rien de contraire aux traités.

Mais si nous sommes exacts a les remplir nous avons droit a la meme exactitude de la part de l Ang^{re}. Un contrat ne vaut qu autant que les deux contractans sont fideles a l observér.

Le ministere B$\widetilde{que}$ voudroit pallier les atteintes trop frequentes qu il permet qui y soient données en recriminant sur certaines expeditions veritablement de contrebande faites sous des noms francois dans l Amerique septentrionale. Si nous pretendions que de pareilles expeditions doivent etre protegées nous agirions contre l esprit et la lettre des traités qui ont désigné clairement l'espece et la nature des marchandises qui doivent etre reputées de contrebande. Ceux qui osent en porter en Amerique savent a quoi ils s exposent, et nous ne plaidrons pas pour eux s il leurs mesarrive. Ils ne prendroient pas de pareils chargemens observe le Lord Stormond, si on en prohiboit l'exportation en France et si on punissoit severement ceux des patrons qui donnent de fausses destinations a l'amirauté. On repond a cela que les munitions de guerre font partie du commerce permis co° toute autre marchandise lorsqu elles n ont pas une destination vers un pays en guerre avec un autre, et ce n'est que relativement aux nations belligerantes qu elles peuvent etre reputées de contrebande. De tout tems l exportation en a eté permise dans nos colonies, en Afrique et par tout ou le commerce en a pû portér. Sans cette facilité, nos fonderies et nos manufactures d armes seroient bien tost sans ouvrage et sans ouvriers, elles sont cependant interressantes a conservér.

Pour ce qui est des fausses destinations, je demande dans quel tems un contrebandier anglois qui va courrir les cotes d Esp^e en Amerique p^r y versér une cargaison a t il fait insérér sa veritable destination dans ses lettres de mer? ou a t il ete puni par les tribunaux d'amirauté pour avoir fait une fausse declaration? On est donc mal fondé a nous presentér co^e grief une pratique qu'on tolere et qu on encourage meme a Londres. D'ailleurs un cap^{ne} n'auroit il pas toujours la ressource d'affirmér q un coup de vent l a poussé dans le Nord, tandis qu il devoit tenir la route du Sud.

Allons plus loin M. nous ne pouvons nier que le commerce de l Amerique septentrionale nous est prohibé; soutenir que nous y avons droit ce seroit une reconnoissance tacite de l independance que les Americains se sont arrogée; ce seroit jugér le procès, et c est ce que nous ne voulons pas faire. Mais de ce que nous n'avons pas droit a ce commerce s en suit il qu'on ait celui d'arretér et de confiscuér nos batimens et leurs cargaisons par ce qu ils peuvent avoir dit ou l intention de le faire. On fonde ces soupcons qu on transforme bien vite dans des verités prouvées lors qu on leurs trouve abord quelques marchandises qui peuvent etre a l'usage des insurgens. Mais il n existe aucune espece de marchandise dont on ne puisse trouvér le debouché chez eux, ils se meublent, ils se vetissent, ils se nourrissent, enfin ils s accordent toutes les jouissances qui sont a leur portée. A partir de la tous nos batimens allans en Amerique seront donc sujets a confiscation.

Dans les uns on a trouvé dit on quelques balles de drap, dans d'autres du papier, dans tous du taffiat et du sirop et c est sur ces fondemens qu'on prononce des confiscations. Comment un malheureux marchand qui aura fait la fausse speculation d envoyer a St Domingue des lainages dans l espoir de les vendre avantageusement, n aura pas la liberté de les raportér en France s il reconnoit qu il s est mecompté ? un autre tentera de se defaire a Miquelon de quelques restes de marchandises ou il l echangera contre du poisson dont nos isles ne peuvent absolument se passér, et on interceptera un commerce de France a France sous une supposition frivole. Enfin on semble vouloir nous defendre d importer nos tafias et nos sirops en France attendu dit on qu ils n y sont pas admis tandis qu on en encourage l'importation par des primes et gratifications. J ebauche la matiere plus tost que je ne l aprofondis par ce que je parle a un ambassadeur eclairé et intelligent a qui il suffit d exposér les principes. Vous saures M. en tirér les consequences les plus justes et les mettre dans toute leur evidence. Quoi que je dise M. que le commerce de nos isles a Miquelon ne doit pas etre inquieté et interrompû sous le pretexte que nos batimens peuvent avoir quelques m^{dises} a l usage des colonies americaines, nous n entendons pas nous en autorisér pour reclamér tel batiment dont la composition de la cargaison annonceroit evidement une destination masquée; c est d'apres cette consideration que je vous prie de ne faire aucune mention d un batiment qui si je ne me trompe se nommoit la Seine, lequel doit avoir eté pris en allant de la Martinique a Miquelon. Son chargement suivant les notions que j en ai n etoit pas a l usage de cette isle et de ses habitans.

Le genre de vexation que je viens de vous detaillér M. n est pas le seul qui trouble et desole notre commerce. Il en est d une autre espece encore plus intolerable. Les amirautés d'Antigues, de la Dominique de la Jamaique et toutes les autres indistinctement declarent nos vaisseaux de bonne prise lorsqu ils y trouvent des marchandises qu ils peuvent suspectér etre du crû de l Amerique septentrionale quoique ces memes batimens sortent incontestablement de nos ports et qu on ne puisse par consequent leurs oposér de l avoir chargée eux memes dans les colonies anglo-americaines. Rien assurement ne peut etre plus injuste et plus vexatoire. Ou en sera le commerce en general si la marchandise ennemie ne perd pas cette qualification en changeant de main.

Comme les Anglois se sont bornés jusqu ici a etablir la chose par le fait sans s'embarrassér d en prouvér la legitimité il est difficile de pressentir les motifs sur lesquels ils fondent ce procedé etrange. Diront ils que leurs colonies n'aiant pas obtenû d eux la liberté d etendre leur commerce au dela des possessions angloises ils n ont pas le droit de trafiquér dans nos etablissemens. Cette raison seroit tres suffisante pour les interceptér si la guerre n en faisoit un droit. Mais veut on contestér au Roi celui d'ouvrir ses ports a qui bon lui semble et de l admettre au trafic; les Anglois eux memes auroient ils aplaudi l eté dernier a cette rigeur si au lieu de leurs ouvrir genereusement nos ports co° nous l avons fait nous leurs en avions fermé indistinctement l accès et refusé de les faire participér a notre modique subsistance. Une observation qui me semble d un grand poids. Les Anglois font des prises sur les Americains; les cargaisons se vendent a l encan; nos negocians concourrent aux achats qui s'en font dans les ports francs, et les memes marchandises qu'ils ont payées seront sujettes a confiscation de la part du vendeur. Je ne crois pas qu'on veuille avancer et soutenir un pareil paradoxe. Mais abstraction faite de cette consideration, il est reçû generalem' que la marchandise prend la qualité de son proprietaire, et qu'elle suit la condition de celui qui l'a acquise. D'ou il suit q'une denrée ou marchandise du crû de l'Amerique ne peut plus etre reputée americaine du moment ou elle a passé dans la possession d'une autre nation. S'il en etoit autrement l'Espagne auroit donc le droit d'arretér et de saisir tout batiment revenant de l'Amerique lors qu'elle trouveroit a bord des piastres, de la cochenille ou d'autres denrées de son crû. Ou en seroit le commerce anglois.

Bien plus la plus part de ces marchandises sur lesquelles les Anglois veulent exercer leurs rapines ne sont point exclusives a l'Amerique septentrionale. La Caroline ne produit pas seule de l'indigo. Nous tirons des bois de la Guyane, le Missipi nous en fournit; il vient de ces deux endroits du tabac, mais ce n'est pas ce qu'il importe de discutér; la question essentielle que le Roi vous recommande est la liberté de la navigation de ses sujets lors qu'ils n'excedent pas les regles connues et avouées par toutes les nations. Aussi peu disposée que Sa M^{té} l'est a soutenir ceux qui seront dans des contraventions ouvertes et declarées, autant se croit elle obligée de protegér efficacem' ceux de ses sujets qu'on molestera sous de vains pretextes, et par des saisies irregulieres. C'est pour quoi vous voudres bien M. engager les ministres anglois a s'expliquér franchem' sur les principes qu'ils se proposent d'admettre et de suivre, et comme nous ne doutons pas qu'ils ne soient conformes a la plus exacte equité vous les prieres de les faire connoitre d'une maniere si distincte a leurs officiers de mer et a leurs amirautés qu'il ne puisse plus y avoir lieu a des detentions et a des jugemens de la nature de ceux dont nous nous plaignons et contre lesquels nous reclamons.

Je joins ici M. une note qui m'a eté remise des bureaux de M. de Sartine au sujet de quelques captures dont nous avons connoissance. Tout n'y est pas et je suis faché d'avoir si peu de documens justificatifs a vous envoyer. Il n'y en a pas davantage a la Marine, mais il s'en trouvera asses au conseil des prises en Ang^{re} si on veut faire justice.

Un des objets qui demande le plus d'attention et la reparation la plus complette est l'attentat commis a Ste Lucie par une fregate angloise. La violation du territoire et l'insulte faite au batteau du Roi sont formelles et nous ne pensons pas que le ministere anglois veuille dissimulér un procedé aussi insoutenable. Vous voudres bien M. en demandér la justice que nous avons droit d'en attendre.

Le fait de Cherbourg ne peut etre aussi passé sous silence, quoi que l'officier

ANNEXES DU CHAPITRE VIII. 519

americain ait contribué lui meme a la surprise qui lui a eté faite et contre laquelle nous ne serions pas fondés a reclamér sans les demonstrations menacantes faites contre les gens du bateau qui l avoit conduit au bord anglois. J'en ai fait mention dans ma reponse au Lord Stormond vous voudrés bien suivre les erremens que vous y trouverés tracés.

J'oubliois de vous dire que tous les ordres annoncés dans cette reponse ont ete expediés le 12. dans tous les ports indistinctement.

Je n ai pas besoin de vous recommandér M. de mettre dans la discussion des differens objets que nous confions a votre zele, la douceur et l onction qui sont dans votre caractere et dans vos principes. Le Roi ne veut point provoquér la guerre, il se propose de la prevenir, et c est dans cette vûe qu il invite les Anglois a ecartér co^e il est disposé à le faire et co^e il l a deja fait en effet tant d incidens qui pourroient la rendre inevitable.

[Ce qui suit n'est plus de la main de M. de Vergennes.]

Je ne suis pas étonné, M., de la dénégation du cap^e du vaisseau de guerre anglais le Monarque, accusé d'avoir arboré le drapeau de France et d'avoir tiré à boulet sur un de nos batimens marchands; le 1er de ces faits ne pouvoit pas être avoüé par cet officier sans s'exposer au moins à une réprimande. Au surplus, je vous prie d'observer, M., que la plainte contre le vaisseau le Monarque ne concerne point l'Aimable Dorothée : Le cap^e de ce bâtiment, ainsi que vous pouvez le voir dans les pièces qui vous ont été addressées le 10. may d^r, nous a denoncé un brigantin sans pavillon ayant un guidon rouge, et qu il a nommé le Monarque. C'est le cap^e du navire led. Jacques Bonavanture qui a porté plainte contre le vaisseau de guerre appelé Monarque qui avait fait usage de notre pavillon. Je vous rapelle cette distinction, M., parcequ'elle pourra mettre le ministère anglais sur la voye de découvrir l'auteur de la violence commise a l'egard du navire l'Aimable Dorothée; le nom du cap^e anglais est Rubec ou Robec. Je n'ay pas de nouvelles reflexions à ajouter à celles que je vous ai deja transmises concernant l'usage de tirer à boulet pour premier avertissement : elles me paroissent si convaincantes que nous ne pouvons qu'être etonnés que le ministere B$\widetilde{que}$ s'obstine à s'y refuser : vous voudrez bien ne negliger aucune occasion pour les luy rapeler et pour le bien convaincre que nous ne reconnaîtrons jamais une methode aussi violente et aussi contraire aux usages de la mer reçues par les autres nations.

Angleterre, t. 524, n° 16.

II

NOTIFICATION FAITE AUX COMMISSAIRES DES ÉTATS-UNIS DES PRESCRIPTIONS ADRESSÉES AUX AMIRAUTÉS ET AUX CHAMBRES DE COMMERCE SUR LES CORSAIRES [1].

A Versailles, le 16 juillet 1777.

Messieurs,

Vous ne pouvez oublier que, dans la première conversation que j'ai eue avec chacun de vous, je vous ai assurés que vous trouveriez en France, en même temps que le respect pour vos personnes, toute la sécurité et les facilités de vivre que nous procurions aux étrangers, et que, relativement au commerce et à la navigation, nous vous accorderions toute la liberté compatible avec l'exacte observation de nos traités avec l'Angleterre, traités que les principes du Roi lui font un devoir de respecter religieusement. Pour prévenir toute espèce de doute à l'égard des vaisseaux qui peuvent participer aux privilèges que nous accordons dans nos ports aux nations amies, j'ai appelé votre attention sur l'article du traité qui nous interdit de permettre aux vaisseaux armés en course le libre accès de nos ports, à moins de nécessité pressante, et de même relativement au dépôt et la vente de leurs prises. Vous avez promis, Messieurs, de vous y conformer.

Après une explication aussi précise, nous ne pressâmes pas le départ du vaisseau *la Représaille*, qui avait amené M. Franklin en France, parce que nous étions assurés qu'il devait repartir avec un chargement de marchandises. Nous avions complètement perdu de vue ce navire et supposions qu'il se trouvait dans les mers d'Amérique, lorsque, à notre grande surprise, nous apprîmes qu'il était entré à Lorient après avoir fait plusieurs prises. Des ordres furent immédiatement donnés de le faire partir dans les vingt-quatre heures et de déférer ses prises aux seules amirautés compétentes pour juger de leur validité. Le capitaine Wickes se plaignit d'une voie d'eau. Après une visite d'officiers compétents, son allégation fut trouvée légale, admissible, on lui permit les réparations nécessaires, et on lui enjoignit de reprendre la mer.

---

[1] Les délégués s'étaient qualifiés de « plénipotentiaires » dans leurs premières lettres aux Affaires étrangères; mais ils n'ont été désignés par le Congrès que sous le titre de « commissaires » (*commissionners*); c'est le seul que leur a reconnu le gouvernement des États-Unis lors de l'impression de sa correspondance diplomatique.

Après ces avertissements répétés, dont on vous a fait connaître les motifs, nous n'avions aucune raison, Messieurs, d'attendre que ledit M. Wickes poursuivît sa croisière dans les mers d'Europe, et nous ne pourrions être que grandement surpris qu'après s'être joint aux vaisseaux armés en course *le Lexington* et *le Dolphin*, pour infester les côtes d'Angleterre, ils vînssent tous les trois chercher un refuge dans nos ports. Vous êtes, Messieurs, trop bien informés et trop pénétrants pour ne pas voir à quel point cette conduite porte atteinte à la dignité du Roi mon maître, en même temps combien elle blesse la neutralité que Sa Majesté professe. J'attends, en conséquence, de votre esprit de justice que vous soyez les premiers à condamner une conduite si contraire aux lois de l'hospitalité et des convenances. Le roi ne peut le dissimuler, et c'est par son commandement exprès que je vous informe, Messieurs, que des ordres ont été envoyés dans les ports où lesdits vaisseaux armés sont entrés, pour les faire séquestrer, et détenir jusqu'à ce qu'on ait obtenu des garanties suffisantes qu'ils retourneront directement dans leur pays et ne s'exposeront plus, par de nouveaux actes d'hostilité, à la nécessité de chercher asile dans nos ports.

A l'égard des prises qu'ils peuvent avoir faites, s'ils les ont amenées dans nos ports, ils ont l'ordre d'en partir immédiatement, et la même conduite sera observée vis-à-vis de toutes captures de toute nation quellecconque. Telles sont les obligations de nos traités, conformes à nos ordonnances maritimes, que le Roi ne peut éluder d'aucune manière. Il serait de haute convenance que vous fissiez connaître ces intentions partout où vous le jugerez le plus utile, afin que de nouveaux vaisseaux armés s'autorisant du mauvais exemple de ceux contre lesquels nous sommes obligés de sévir, ne s'exposent pas à leur tour aux mêmes embarras.

Ce que j'ai l'honneur de vous dire des dispositions du roi ne change rien, Messieurs, aux assurances que j'ai été autorisé à vous donner lors de votre arrivée, et que je vous renouvelle, touchant la sécurité de votre résidence et de celle de tous ceux de vos compatriotes qui voudraient vivre au milieu de nous, comme en ce qui concerne le commerce autorisé, qui trouvera chez nous toutes les facilités compatibles avec nos lois et nos usages.

J'ai l'honneur d'être, etc.

Approuvé.   DE VERGENNES.

2. LES COMMISSAIRES AU COMTE DE VERGENNES.

Paris le 17 juillet 1777.

Monsieur,

Nous sommes bien sensibles à la protection qui nous est accordée depuis notre résidence dans ce royaume, protection conforme aux gracieuses intentions de Sa Majesté, comme aux droits des gens; et c'est pour nous l'objet d'une grande contrariété qu'un vaisseau de guerre appartenant à l'Amérique fasse, par ignorance ou par inadvertance, quelque chose qui offense Sa Majesté le moins du monde.

Les capitaines Wickes, Nicholson et Johnson se sont excusés auprès de nous de leur retour en France, sur ce qu'ils avaient été chassés dans le canal et enfermés dans vos ports par des vaisseaux de guerre anglais, ce dont nous ne pouvons douter, le *Reprisal* en particulier ayant été obligé de jeter ses canons par dessus bord pour faciliter sa fuite.

Quelques jours avant d'être honorés de la lettre de Votre Excellence, nous leur avions dépêché par un courrier l'ordre le plus formel de partir pour l'Amérique, ce qu'ils se disposaient effectivement à faire, comme Votre Excellence le verra par la lettre ci-jointe, que nous venons de recevoir par le retour du même courrier. Nous communiquerons les ordres de Sa Majesté à nos amis résidant dans vos ports, et nous en informerons le Congrès, afin que nos vaisseaux de guerre soient prévenus des conséquences qui résulteraient d'une infraction à ces ordres. Nous ne doutons pas qu'ils ne soient rigoureusement respectés; et nous sommes prêts à donner à Votre Excellence toutes les garanties qu'elle jugera suffisantes et raisonnables qu'après s'être approvisionnés pour un aussi long voyage, ces vaisseaux partiront directement pour l'Amérique, sans faire d'autre croisière sur les côtes d'Angleterre. Nous recevons avec reconnaissance les assurances répétées de la protection que Sa Majesté veut bien nous continuer, à nous et à tous ceux de nos compatriotes qui peuvent résider en France, ainsi que les facilités accordées à notre commerce, dans cette conjoncture critique à laquelle se rattacheront toujours dans notre pays des souvenirs de gratitude et d'affection.

Nous avons l'honneur d'être, etc.

B. FRANKLIN,
SILAS DEANE.

3. ORDRES DIVERS ENVOYÉS AU PORT DE BORDEAUX.

Versailles, 30 juillet 1777.

Je suis informé, M., qu'il se fait à Bordeaux différents armements masqués qui doivent sortir avec pavillon français et arborer à la mer celui américain, et que beaucoup de bas officiers d'artillerie et d'autres y attendent cette occasion pour se rendre en Amérique. Vous voudrez bien, M., vous assurer de la vérité de ce rapport en y mettant toute l'adresse et toute la circonspection convenables, et m'informer de ce que vous aurez apris à ce sujet. Au surplus ma dernière lettre circulaire vous

ANNEXES DU CHAPITRE VIII. 523

aura tracé la conduite à tenir en pareille circonstance et vous aurez soin de vous y conformer très exactement. Je suis, etc,

DE SARTINE.

[De la main de M. de Sartine :]

Je vous le répète très sérieusement, les intentions du Roy sont formelles et vous vous compromettriés personnellement si vous ne vous y conformiés pas.

Archives de la marine à Bordeaux, *Correspondance ministérielle*, 1777.

A Versailles, le 31 août 1777.

L'intention du Roi, M., étant de s'assurer de la personne du s^r Mis de Beauvau, enseigne de vaisseau, embarqué sur la corvette *le Serin*, actuellement en station à St-Domingue, et cet officier pouvant repasser en France par un autre bâtiment, je joins ici les ordres de S. M. pour le faire arrêter et emprisonner s'il débarque à Bordeaux. Je vous recommande à cet égard la plus grande vigilance, et vous pourrez en cas de besoin demander main forte au gouverneur, lieutenant du Roi, au commandant en leur communiquant ma lettre et les ordres de S. M. Jusques là vous voudrez bien les tenir secrets, et me les renvoyer dans 6 mois, si vous n'avez pas eu occasion de les faire exécuter. Je suis, etc.

DE SARTINE.

Ibid.

[On lit en tête à la marge, de l'écriture de M. Lemoyne, commissaire général des ports et arsenaux : « M. le maréchal de Mouchy m'ayant informé que le « Mis de Beauvau était arrêté, j'ai renvoyé au ministre les ordres du Roy. » M. de Beauvau avait été arrêté au Havre.]

Fontainebleau, 24 octobre 1777.

[Lettre relative au navire américain *le Porsmouth*, qui a relâché en Gironde. On y lit le *post-scriptum* suivant, de la plume de M. de Sartine :]

Souvenés vous que les ordres de S. M. sont précis et que ce serait lui déplaire que de ne pas les exécuter ponctuellement conformément à ce que je vous ai écrit plusieurs fois.

Ibid.

CHAPITRE IX.

VERSAILLES, DÉCIDÉ, S'EFFORCE DE DÉCIDER MADRID.

Mouvement de l'armée anglaise par le Canada, sous le général Burgoyne; persuasion où l'on était à Londres qu'elle avait déjà pris Ticonderago et descendrait rapidement en Pensylvanie; ouvertures comminatoires faites en conséquence à Versailles; l'Anglais Forth. — Le cabinet de Versailles est convaincu que l'Angleterre cherche un prétexte pour commencer la guerre; réunion chez le roi; note qui y est arrêtée pour repousser comme des humiliations les ouvertures dont il s'agit; le ministre en donne connaissance au comte d'Aranda, à Ossun et en écrit personnellement à M. de Floridablanca. — Changement d'horizon déterminé par la note en question; la guerre avec l'Angleterre est désormais en perspective; la correspondance du ministre, en ce moment, retrace à elle seule l'histoire; obligation qui nous est imposée par la prise effective de Ticonderago de paraître très soucieux de la paix. — Comment la démarche de Forth visait à nous faire désavouer l'Amérique; afin d'ôter à celle-ci l'espoir d'être ouvertement soutenue, lord Stormont est chargé d'obtenir que les troupes destinées aux îles ne partent pas; formelle promesse de l'amitié de l'Angleterre offerte en échange; ferme dépêche informant Ossun du refus du roi; on écrit au marquis de Noailles dans le même sens. — Empressement de Charles III envers la France, devant les menaces de l'Angleterre; assurances qu'il nous soutiendra si nous venons à être attaqués; M. de Vergennes montre Louis XVI d'autant plus résolu; sa crainte de voir les vaisseaux anglais dans le golfe du Mexique; hypothèse d'un retour aux procédés de 1755; le ministre tâche en raison même de décider l'Espagne. — Le Pardo en garde contre l'intérêt qu'il voit aux Colonies de nous attirer à elles; réfutation de son opinion par M. de Vergennes; la forme adoucie de cette réponse ne laisse pas moins deviner que l'on juge utile à Versailles une prochaine alliance avec le Congrès. — Demandes des commissaires américains aux deux cours; impatience du comité du Congrès; efforts de ces derniers pour l'engager à attendre; peu de résultat qu'avait eu leur première tentative auprès du roi de Prusse; inefficacité d'une seconde, quoiqu'elle fût attribuée aux conseils de la France; la sagesse retenait Frédéric II mais ne retenait pas Versailles; irrécusable témoignage porté en faveur de la France par les rapports de la légation de Passy. — Nouveau pli confidentiel de M. de Vergennes pour presser le gouvernement de Madrid; les précautions que le ministre prend à cet effet encouragent d'autant plus M. de Floridablanca à la retenue; raideur de ce dernier, néanmoins, avec le représentant de l'Angleterre; l'Espagne fournirait de l'argent mais ne s'engagerait point; insistance d'Ossun; le Pardo délibère; ses conclusions dilatoires. — Vifs reproches de l'opinion publique aux ministres de Louis XVI sur leur inaction supposée; ils sont d'accord avec le roi cependant pour empêcher que la campagne actuelle des Américains ne soit la dernière; M. de Vergennes affirme que Louis XVI ne laissera pas les Américains sans secours; les « raisons de finance » et les « raisons politiques »; éloquente dépêche du ministre à Ossun en vue d'une alliance prochaine avec le Congrès. — A quels mobiles obéissait l'Espagne? son émissaire secret aux Colonies; motifs de se réserver qu'elle cherchait; ses navires et les corsaires américains; marchandage de M. de Floridablanca pour donner au Congrès les mêmes secours d'argent que la France; il s'engage pourtant à le faire devant M. de Montmorin, à la dernière audience d'Ossun. — Insignifiance marquée du vieil ambassadeur; ce qu'il avait obtenu, néanmoins, quant à la paix de l'Espagne avec les Barbaresques et quant au rapprochement entre la France et la cour de Lisbonne; comment M. de Floridablanca avait tourné court au sujet des Barbaresques et montré beaucoup d'empressement relativement au Portugal; témoignages d'affection et de regrets de la part de Charles III envers Ossun, qui quitte Madrid. — Instructions de M. de Vergennes au comte de Montmorin; on attendra désormais les propositions de l'Espagne; soin confié à l'ambassadeur de démêler à quoi M. de Floridablanca serait au fond porté; conviction que l'on a d'être réellement menacé par l'Angleterre et détermination où l'on est d'affronter ses menaces.

En Angleterre comme en France, les partisans des Colonies croyaient l'armée anglaise un peu en échec et, la voyant stationnaire depuis la prise de New-York, faisaient à son sujet d'assez inquiétants pronostics. Les forces britanniques, en réalité, avaient effectué un mouvement qui exigeait du temps. Elles devaient prendre les troupes du Congrès à revers par le Canada, tandis que Howe, avec la flotte, irait menacer Philadelphie et que son frère attaquerait Washington le long de la Delaware. Le gouvernement de George III comptait que le général Burgoyne, nommé au commandement de ces forces du Nord, pousserait rapidement devant lui les divisions américaines de Saint-Clair et de Gates, chargées de lui fermer la route. Le bruit public, à Londres, devança bientôt l'évènement que l'on espérait. Dès le commencement d'août, on était convaincu de la prise de Ticonderago sur Gates ainsi que des forts établis au sud du lac Champlain. On ne doutait pas que l'armée du roi ne descendît rapidement en Pensylvanie, de sorte que le cabinet de George III, resté jusque-là dans l'expectative, à tout prendre, vis-à-vis de Versailles, passa soudain à des façons moins réservées. Ses observations et ses plaintes avaient déjà un ton aigre, il essaya d'y ajouter des exigences positives. Ce fut d'abord par une voie indirecte. Pendant que M. de Vergennes écrivait à Ossun, le 22 août, un de ces Anglais prodigues de leurs conseils pacifiques, depuis un an, un certain M. Forth, qui paraissait être très considéré

1777.

chez lord Stormont et qui avait abordé M. de Maurepas plusieurs fois de la part des ministres britanniques, était arrivé soudain chez celui-ci, disant qu'il débarquait de Londres et apportant le tableau le moins rassurant de l'irritation de la cour de Saint-James. Tout en prétendant n'avoir mission de nous rien proposer, il indiquait que, sous peine de rompre la paix, cette cour entendait obliger le gouvernement de Versailles à faire rendre à leurs propriétaires les prises amenées dans nos ports par les Américains, à renouveler et à publier ouvertement, bien plus, les ordres envoyés aux amirautés au sujet des corsaires. L'émissaire devait rentrer à Londres le 26; c'était le dernier délai que le gouvernement britannique avait accordé à cet ami de la France pour rapporter une parole satisfaisante.

Comme les incidents de mer s'étaient multipliés chaque jour, au point de rendre l'état de paix près de devenir équivalent à un état de guerre, sauf que l'on pouvait élever des griefs et essayer d'en obtenir la juste réparation, les explications étaient à chaque occasion plus vives. On se sentit très impressionné, à Versailles, par cette démarche de l'Anglais Forth. M. de Vergennes et M. de Noailles ajoutaient alors presque à chacun de leurs plis officiels une lettre particulière dans laquelle ils parlaient plus librement. Le secrétaire d'État écrit le 23 août à l'ambassadeur, à titre privé :

> Vous etes peut etre tranquille Monsieur le Marquis, et le feu de la guerre est vraisemblablement pret a eclater et aura probablement fait son explosion avant que ma lettre vous parvienne. Nous attendons ce soir le Lord Stormont; quelques insinuations qui l ont precédé doivent nous faire presumér qu on ne veut q'un pretexte pour commencér les hostilités. Nous n'aurons pas a nous reprochér d avoir rien negligé pour epargnér cette calamité a l Europe; mais après avoir epuisé tout ce qui est de justice nous ne pouvons nous prêtér a ce qui n'est ni juste ni decent. Je ne m'explique pas davantage faute de tems, d'ailleurs je crains fort d'avoir le plaisir de vous voir plus tost que je n'aurois desiré. Je vous prie Monsieur le Marquis, de garder ce peu de mots pour vous seul, et de nous mandér tout ce que vous aprendrés du mouvement des

VERSAILLES, DÉCIDÉ, S'EFFORCE DE DÉCIDER MADRID.

ports. L escadre de Spithead ne tardera probablement plus a quitter cette rade et a venir s etablir devant Brest.

J ai l honneur d etre avec un sinsere et inviolable attachement Monsieur le Marquis, votre tres humble et tres obeissant serviteur.

Angleterre, t. 524, n° 114 *bis*.

On avait engagé lord Stormont, en effet, à venir le soir chez le comte de Maurepas recevoir la réponse. L'ambassadeur s'y donna l'apparence du diplomate le plus ignorant du monde au sujet de la prétendue mission de Forth; mais immédiatement on s'était concerté dans le cabinet du roi, et M. de Vergennes avait rédigé d'avance le procès-verbal, à vrai dire, de ce conseil intime; il avait apporté la note suivante, de sa main, repoussant comme une humiliation les ouvertures de l'Anglais. Les avis du ministre furent ceux du conseil et du roi; M. de Vergennes écrivit alors en tête de la minute cette mention : *Lû au Roi le 23 aoust 1777, M. le Cte de Maurepas et M. de Sartine presens, Sa $M^{té}$ en a aprouvé le contenû :*

On ne doit pas se dissimulér que les propositions recement insinuées par l Ang^{re} si elles sont adoptées prononcent en derniere analise l'abandon formel des Americains, et portent meme un caractere d hostilités déclarées contre eux.

Si le Roi consent a faire rendre sans examen aux proprietaires qui auront ete depouillés les prises que des corsaires americains pourront amener dans ses ports, c est les declarér eux et leur nation pirates et forbans, c est nous commettre avec eux pour eviter peut etre momentanement de nous compromettre avec les Anglois. C est facilitér a ceux ci les moiens de se reconciliér avec les autres, et imprimér dans le cœur des Americains une haine et un desir de vangeance que des siecles n'afoibliront peut etre pas.

Demandér au Roi de faire imprimer et publiér les ordres qu'il adressera a ses amirautés, c est lui proposér une chose insolite, et lui imposer une loi trop humiliante pour osér lui conseillér d'y souscrire.

Le besoin et le desir de la paix doivent exigér sans doute des sacrifices;

nous en devons pareillement a nos liaisons intimes avec l'Espagne. La circonstance de ses trezors encore arretés au Mexique, et qui ne pourroient en revenir sans fournir un risque evident d etre interceptés si la guerre s allume, forme une consideration d un interest si capital qu elle doit influér principalement et dans un degré eminent sur la resolution qu il s agit de prendre. On doit encore faire entrér dans la balance q'une partie des forces maritimes de l'Esp^e se trouve engagée dans l Amerique méridionale et qu il faut gagnér le tems de les en retirér.

Malgré l importance et la gravité de ces considerations il paroit bien difficile de se soumettre a des conditions aussi imperieuses que celles qu on exige, et l on est pleinement persuadé que si le tems permettoit de consultér le roi d'Esp^e Sa M^{té} C^{que} seroit tres empressée a le deconseillér.

Un grand Etat peut soufrir des pertes sans que sa consideration en soufre, mais elle est aneantie s il souscrit a des humiliations.

La paix etant preferable a la guerre quoique celle qu on pourra confirmér avec l'Ang^{re} ne sera que precaire, on pourroit proposér dans cette vûe, de renouvellér et de la maniere la plus explicite les ordres pour que les corsaires americains et leurs prises ne soient admis dans les ports de France que dans des cas absolument urgeans, qu il ne leurs soit permis d y sejournér qu'autant que l urgeance de ces memes besoins l exigera, qu il ne leurs soit fourni aucune autre provision et munition que les subsistances necessaires pour regagnér leurs ports.

Ces ordres donnés on pourroit si le Roi le permet en communiquer ministeriellement la teneur et la copie au ministere d'Ang^{re} en exigeant de sa part la communication de ceux qu il a donnés, ou qu il pourra donnér pour assurér la liberté et l'immunité de notre pavillon et de notre commerce et de celui de l'Espagne, et une assurance ministeriale qu il ne sera plus exposé aux memes troubles qu il l a eté jusqu a present.

Une assurance p^r la sureté des possessions des deux Couronnes, en Amerique semble aussi peu convenable qu'inutile, ce seroit nous lier les mains a ne pouvoir les mettre par nous meme en etat de deffense et placer dans la main de notre ennemi une verge toujours levée dont nous sentirions souvent le redoutable effet et chaque fois qu'il voudroit nous extorquer quelqu'injuste et nouvelle complaisance. Il est essentiel de conserver toute liberté à cet egard et d'en usér sans delay la dignité du Roi y est interressée, et ce n est pas le cas de regardér a l'epargne qu on feroit.

On peut accorder le renvoi des corsaires detenûs dans nos ports sans en fixer le terme pour que nous ne paroissions pas les livrér à leur ennemi. Si ces condescendances ne suffisent pas a l'Ang^{re} il ne doit plus y avoir a opter, et il seroit prudent a tout evenem^t de faire partir des aujourd hui des ordres secrets a tous nos commissaires dans les ports de ne pas expedier les batimens françois qui peuvent se preparér au depart, sous divers pretextes qu ils prolongeront pendant 15 jours.

D'envoier des batimens d avis a Terre Neuve, sur le grand banc, dans nos isles, et dans le Levant pour qu on y soit sur ses gardes, et qu on ne s expose pas temerairem^t a l incertitude des evenemens.

États-Unis, t. 2, n° 129.

Le comte d'Aranda était prévenu de l'incident, et l'on devait le mettre au courant de ce qui serait dit pour qu'il le rapportât sans retard à Madrid[1]. Aussitôt les entrevues finies, M. de Vergennes en fait connaître le détail au marquis d'Ossun, lui marque les impressions qu'on en a reçues, les dispositions qu'elles ont suggérées, trouve même le temps d'en écrire à M. de Floridablanca dans un billet privé. « Un grand Etat peut subir des pertes sans voir sa considéra- « tion atteinte, mais elle est détruite s'il se laisse abaisser; » ces paroles

---

[1] Le billet suivant, écrit par l'ambassadeur à M. de Vergennes, constate cette circonstance : « A Paris le 24 aoust 1777. — J'ose vous « prier M^r le Comte de vouloir bien me faire « l'amitié de m'envoyer une petite note des ar- « ticles proposés par Mr Forth a M^r le comte de « Maurepas, et dont hier au soir recevroit la « reponse Milord Stormond. Comme sur des « choses pareilles il ne faut pas changer le « moindre mot, ni alterer leur sens litteral, et « je n'ai pas pu retenir bien l'expression des de- « mandes, j'ai recours a V. E. pour meriter de « sa bonté la susdite note. Elle me servira pour « l'exactitude du factum, et avancer quelque « chose de ma depeche; laissant le reste a de- « main que je passerai selon que nous sommes « d'accord a Versailles, et Vos Excel^{ces} m'instrui- « ront du resultat de la reponse, et des me- « sures que Sa Majesté aura jugé convenables « dans le cas present.

« J'ai l'honneur de renouveller a V. E. les asu- « rances du parfait atachement avec le quel j'ai « l'honneur d'etre son tres humble et obeis^t serv^r. « ARANDA. — S. E. M^r le comte de Vergennes. » — Une dépêche de M. de Floridablanca, du 11 septembre, apprend que le comte d'Aranda avait, en effet, informé sa cour le 26 septembre même.

du secrétaire d'État avaient, en quelque sorte, dévoilé un horizon nouveau. Aussi sa lettre au premier ministre d'Espagne transportait-elle les préoccupations des deux cours sur un autre terrain que celui des éventualités possibles et discutables; elle les plaçait sur le terrain même de la guerre avec l'Angleterre. Elle tournait définitivement le feuillet sur les réponses dilatoires et les considérations évasives du cabinet de Madrid. Aucun récit n'exposerait aussi bien ces circonstances que les dépêches du ministre, aucun ne montrerait plus clairement les perspectives qui se trouvaient désormais ouvertes. La correspondance avec les ambassadeurs ou entre les deux cabinets écrit dans ce moment l'histoire à elle seule. Elle précise les faits et en donne tout au long les causes; elle en avoue presque le secret. M. de Vergennes mande le même jour à Ossun et au comte de Floridablanca, au premier d'abord :

A Versailles le 26 aoust 1777.

Je ne croiois pas M. vous parler un langage prophetique lorsqu'en vous informant de la disposition du Roi de calquér son sisteme vis a vis de l'Ang^{re} sur les circonstances que le Roi son oncle lui avoit confiées et sur les vûes que M. le Cte de Floride Blanche a si superieurem^{t} developées dans son memoire du 8. de ce mois, je vous ajoutois qu'il restoit a savoir si l'Ang^{re} nous en laisseroit la liberté et le tems. Ma lettre du 22 etoit a peine expediée, q'un emissaire anglois dont le gouvernement B^{que} s'est souvent servi auprès de M. le Cte de Maurepas arriva chez lui venant de Londres et lui fit part que les choses y etoient au plus haut degré de fermentation et la guerre immediate s'il ne trouvoit pas le moien de calmér l'humeur et l'agitation en donnant des suretés asses fortes et asses publiques pour justifier aux yeux de la nation la confiance que le ministere anglois pourroit mettre dans nos declarations et dans nos assurances. Ce langage avoit d'autant plus lieu de surprendre M. le comte de Maurepas qu'il n'est rien arrivé depuis notre reponse du 15 juillet qui puisse rendre suspectes nos intentions. Si l'amirauté de Dunkerque a laissé sortir Cunningham malgré la deffense qui en avoit eté faite, la preuve que c'est contre notre volonté se tire de la detention de son cautionataire qui est en

VERSAILLES, DÉCIDÉ, S'EFFORCE DE DÉCIDER MADRID. 531

prison, et de l apel du lieutenant general de cette amirauté qui se trouve presentement a la suite de la cour pour rendre compte de sa conduite. Quant a d autres griefs, le Lord Stormont n en a deféré aucun qu'on ne se soit empressé de redressér meme avec la plus grande célérité.

L emissaire n avoit pas ordre de rien proposér, cependant il fit entendre dans le cours de la negociation que si entre autres conditions moins interressantes on vouloit faire rendre aux proprietaires les batimens pris par les Americains qui seroient amenés dans nos ports, et si d une autre part on vouloit faire imprimér et publiér les ordres qui y ont eté envoiés et qui seroient renouvellés au sujet des corsaires, a ce prix la paix pourroit etre conservée.

M. le Cte de Maurepas comme vous pouves pensér M. ecouta sans repondre, mais comme l emissaire avoit ordre d etre de retour a Londres le 26. au plus tard, terme fatal de la resolution du conseil Bque, il fut convenû que le Lord Stormond se rendroit le lendemain soir chez le meme ministre p^r s expliquer avec lui.

La matiere aiant eté soigneusem^t discutée en présence du Roi il a parû que si nous adherions a de pareilles propositions, se seroit prononcér publiquem^t l abandon des Americains et se mettre meme dans un etat hostile vis a vis d eux. Le Roi ne pourroit en effet consentir a faire rendre les prises que leurs corsaires ameneroient dans nos ports sans les declarer eux et leur nation pirates et forbans. Ce seroit donc nous commettre avec eux pour evitér peut etre momentaném^t de nous compromettre avec les Anglois. Ce seroit faciliter a ceux ci les moiens de se reconcilier bientost avec les autres, et gravér dans le co'ur des Americains un sentiment de haine et de vengeance dont nous ne tarderions probablement pas a ressentir les plus tristes effets.

La proposition de faire imprimér et publiér les ordres du Roi a ses amirautes n a pas eté mieux acceuillie; la forme est trop insolite et la condition par trop humiliante pour y souscrire.

Nous avons pésé avec la plus grande maturité les circonstances que l'Espagne nous a confiées en dernier lieu, mais les considerations quoi que tres fortes qui en resultoient n ont pas parû contrebalancér l humiliation de souscrire a des conditions aussi imperieuses et aussi revoltantes, et nous nous sommes persuadés que si le tems nous permettoit de consultér le roi d'Espagne Sa M^{té} Cque n hesiteroit pas a nous le deconseillér. Un grand Etat peut soufrir des pertes sans que sa consideration en soit alteree, mais elle est ancantie s il se soumet a des humiliations.

Cependant pour n avoir rien a nous reprochér M. il a eté convenú que dans la conference que M. le Cte de Maurepas devoit avoir avec l ambassadeur d Ang^re il lui renouvelleroit de la maniere la plus explicite l intention ou est Sa M^té que les ordres donnés conformement a la reponse du 15. juillet dernier concernant les corsaires americains et les prises qu ils pourront amener dans nos ports aient tout leur effet et dans le cas ou M. le Cte de Maurepas reconnaitroit que le maintien de la paix ne tiendroit qu a la communication ministeriale de ces memes ordres, il etoit autorisé a la promettre pourvû que l Ang^re de son cote nous communicat dans la meme forme les ordres donnés a ses officiers de mer pour la liberté et l immunité de notre pavillon et de notre commerce et de celui de l Espagne.

M. le Cte de Maurepas et le Lord Stormont se sont vus dans la soirée du 23. Ce dernier n etoit venú disoit il qu'avec des oreilles, il etoit sans faculté et sans pouvoir. La conference a eté plus longue qu'interessante, aucun des deux ministres ne voulant etre le premier a s expliquer. Enfin l ambassad^r anglois a hazardé comme une idée heureuse la proposition de rendre sans examen toutes les prises que les Americains conduiroient dans nos ports. M. le Cte de Maurepas ne l'a ni discutée ni rejettée, il lui a observé seulement qu elle etoit si importante qu elle ne pouvoit etre trop murement pesée et il lui a proposé de la lui remettre par ecrit ce que l autre a decliné. Enfin après une heure et demie de conversation qui n'a rien produit on s est separé aussi peu avancé qu on l etoit en s assemblant.

Le Lord Stormont s etant rendú ensuite chez moi, notre conversation n a pas eté plus concluante; cependant j ai profité de quelques mots qu il m'a dit pour lui renouvellér les assurances anterieurement données et l intention du Roi pour qu'elles eussent tout leur effet. Je n ai pas dissimulé qu il etoit impossible qu il n arriva quelque contravention de la part de ceux qui sont chargés de l execution des ordres du Roi; mais qu elles ne pouvoient formér un grief fondé lors qu on s empressoit de les reprimér. Je lui ai rapellé a cette occasion que m aiant denoncé le 19. l armement en guerre de quatre batimens americains arrivés en marchands a Bordeaux, nous avions depeché le meme jour de sa connoissance un courrier extraord^e pour y mettre ordre.

Je lui ai observé encore que rien ne caracterisoit plus evidement la pureté des intentions du Roi dans les assurances qu il avoit données par mon organe a l Ang^re que la communication qu il en a fait faire au Roi son oncle. Le Lord Stormont ne pouvant rien objecter contre ces observations a fini cet objet de conversation en disant qu il etoit bien faché de l extreme fermentation qu il voioit dans son pays.

Il m'a denoncé ensuite l arrivée de quelques prises qu il dit entrées dans nos ports, et ses soupcons touchant des armemens qui s'y preparent, j ai acceuilli ses representations, je lui ai promis d en rendre compte et de faire expediér les ordres necessaires ce qui a deja eu lieu.

Nous voila comme vous voies M. entre la paix et la guerre mais tres voisins probablement de celle ci. L emissaire est reparti pour Londres dans la meme nuit qui a suivi la conference et co^e il n'a pas emporté la satisfaction qu il paroit qu il etoit venu quèter, il reste a voir le parti que le ministere anglois va prendre et s il sera aussi violent qu on nous le fait entrevoir.

Si nous ne prenions conseil que de la circonstance telle qu elle se presente, les ordres seroient deja partis pour faire partout les demonstrations les plus vigoureuses, mais quoique Sa M^té soit intimement persuadée qu il ne lui reste plus que des conseils de force a suivre, elle ne veut pas cependant avoir l'air de precipitér la rupture. Ses resolutions se sont bornées jusqu a ce moment a faire ordonnér la rentrée de ses batimens en croisiere sur ses cotes, afin qu ils ne puissent etre surpris; un embargo en Bretagne sur nos batimens marchands, et enfin l expedition de differens avisos a Terre Neuve pour en rapellér nos pecheurs et a nos isles de l Amerique pour qu on y soit de partout sur ses gardes. C est ainsi que nous allons gagnér quelques jours après lesquels il faudra bien etablir de nouvelles mesures pour l attaque comme pour la deffense.

Vous voudrés bien M. transmettre tous ces details au Roi C^que et a son ministere, je doute de pouvoir ecrire a M. le Cte de Floride Blanche, etant excessivement occupé, mais je me flatte que S. Ex^ce m'excusera d'autant plus facilement qu elle ne doute surement pas du regret que j ai de ne pouvoir dans une occasion aussi pp^ale pour l une et l autre Couronne recourrir directement a ses lumieres et a ses conseils.

Je ne dois pas omettre de vous dire que M. le Cte d Aranda a eu part a nos deliberations. Sans ordre de sa cour sur une circonstance qu il n etoit gueres possible de prevoir, il s est abstenu de nous indiquer les partis qu il pourroit estimér devoir etre préférés. Mais il s est montré satisfait des temperamens que nous avons cherché a prendre pour complaire aux desirs du Roi C^{que} sans nuire a la dignité du Roi notre maitre, depot sacré sur lequel aucun ministere ne peut et ne doit transiger.

Il seroit asses inutile de rechercher la cause de cette brusque sortie des Anglois, et si c est bien serieusement qu ils la font. L evenement ne tardera pas a nous eclairér et a nous instruire, jusque la il faut s armér de patience et de courage.

Espagne, t. 585, n° 154.

Le ministre mande au comte de Floridablanca :

A V^{lles} le 26 aoust 1777.

M.

J'ai reçû par le retour de mon courrier la lettre que V^{re} Ex^{ce} m'a fait l'honneur de m'ecrire le 8. de ce mois, et le memoire qu'Elle m'a adressé. M. le Mis d'Ossun aura informé V^{re} Ex^{ce} que le Roi qui s'en etoit fait rendre compte, sensible aux considérations que le Roi son oncle lui avoit fait exposer, s'etoit fixé au sisteme que V^{re} Ex^{ce} nous avoit tracé. S. M. m'avoit meme commandé de former un plan relatif de conduite qu'elle se proposoit de consulter avec S. M. Cath^{c}. J'avois à peine commencé à ébaucher ce travail, qu'un nouvel ordre de choses est survenû, qui exige d'autres soins. V^{re} Ex^{ce} sera informée par M. le comte d'Aranda et par M. le Mis d'Ossun des circonstances inattendues qui nous menacent. C'est lorsque nous raportons tout au maintien de la paix, que nous multiplions, je ne dirai pas les actes de justice, mais ceux de faveur pour la conserver, c'est dans ce point là précisément que les Anglois nous annoncent qu'elle ne peut durer, si nous ne souscrivons pas a des conditions honteuses et revoltantes. Je laisse à l'ame élevée de V^{re} Ex^{ce} de juger de l'impression que de pareilles insinuations ont faite sur ceux de ses ministres que le Roi a daigné admettre a en déliberer. L'avis a été unanime, pour n'y point entendre; cependant ne voulant point avoir a nous reprocher d'avoir précipité une rupture qui n'est pas encore faite, nous nous y sommes refusés sans aigreur et sans aucune demonstration de ressentiment, nous nous sommes tenus à nos assurances ci devant données que, suivant le raport meme de Lord Stormont, V^{re} Ex^{ce} a adoptées comme une base de justice et de convenance, nous avons renouvellé la promesse de tenir la main à leur fidele execution. C'étoit tout ce qu'il etoit possible de dire et de faire; maintenant il ne reste plus d'autre parti que de se resigner aux evenements, en prenant toutes les précautions de sagesse, pour eviter, s il est possible, que le premier coup n'en soit pas trop sensible.

Je regrette bien, M. que l'eloignement rende nos consultations lentes et tardives, je sens l'avantage qu il y auroit pour moi en particulier de pouvoir autoriser mon avis de ses conseils. Je marcherois alors avec bien plus d'assurance et de confiance dans des opinions que je saurois conformer aux sentimens de V^{re} Ex^{ce}.

J'ai l'honneur d'etre avec un très parfait attachement M. de V. E. le très humble etc.

Espagne, t. 585, n° 155.

En complétant ce courrier, tout de sa main, par un autre pli qui exprimait de nouveau la satisfaction du roi à voir les cours d'Espagne et de Portugal réconciliées tout à fait, et réconciliées sans l'intervention de l'Angleterre[1], le ministre donnait à Ossun cette note, plus intime encore :

Vous seres bien surpris M. apres la maniere dont l ambassad^r d Ang^{re} s est expliqué tant avec M. le Cte de Floride Blanche qu'avec vous touchant les assurances que nous avons données a sa cour et dont elle a parû satisfaite, de nous voir menacés d un changement total de scene sans que rien de nouveau ait prepare cette etrange revolution. Si les ministres anglois l operent on peut soupconner qu ils regardent leurs affaires de l Amerique comme desesperées, cepend^t ils repandent avec plus d affectation que de fondement la prise de Ticonderago. Il faut attendre la confirmation de cette nouvelle qui seroit bien importante pour eux. Ce qui paroit de plus certain, est que les Jerseys sont

---

[1] Il écrivait à cet égard : « Vous aves tres prudement fait M. de vous refuser a satisfaire la curiosité de Lord Grantham sur l etat de cette negociation ; l ignorance ou il vous a parû etre de son progrès prouve que la confiance entre le Portugal et l Ang^{re} doit etre bien diminuée. Il faut espérer qu elle ne se retablira pas au moins de longtems. »

evacûés avec quelque perte de la part des Anglois, que le G¹ Howe etoit embarqué le 6. juillet avec un corps qu on evalue a 17ᵐ ho^{es} mais le secret de sa destination ne perçoit pas. On supose qu il devoit se rendre dans la baye de Cheasepeak pour prendre Philadelphie a revers.

Espagne, t. 585, n° 153.

Le « changement de scène » dont le ministre nous trouvait menacés le préoccupait en effet beaucoup. Écrivant le 16 août au marquis de Noailles, M. de Vergennes avait encore des impressions par lesquelles il était relativement tranquillisé. Il lui écrivait, dans le cours d'une dépêche officielle :

Quoique l humeur que les ministres anglois ne prennent aucun soin de dissimuler laisse peu d espoir M. qu ils veulent etre accessibles a la solidite et a la justice des raisons que nous avons a oposer a leurs injustes preventions, il ne faut pas pour cela rien negligér pour les eclairér et pour les ramenér a des sentimens plus conformes a l honneteté de nos procedés. La bienfaisance du Roi est interressée a contribuér de tout son pouvoir a detournér s il est possible le fleau et les calamités de la guerre. Sa M^{té} ne craint pas de compromettre sa dignité en s occupant d un soin aussi respectable.

Angleterre, t. 524, n° 91.

Le 30, le secrétaire d'État était déjà loin de cette demi-quiétude. Dans un billet privé à l'ambassadeur, à qui manquaient désormais les conseils et l'appui du prince de Masserano, alors très malade, bien près de mourir, et ayant quitté l'ambassade, il lui disait :

Vous verrés Monsieur, par les depeches de ce jour l'incertitude de notre position vis avis la cour ou vous etes, et ce que l on peut en presumér. Nous touchons de bien près je pense a la grande epoque que nous avons souvent prevûe ou le ministere anglois desesperant de soumettre complettement les Americains, obligé a leurs faire de grands sacrifices pour conservér l'assurance d un lien de dependance, cherchera a dirigér les passions de la nation vers un objet plus propre a l'enflamér et quel autre pourroit-ce etre que la France et l Espagne. Souvent il est plus expedient de prevenir que d etre prevenû;

mais tant de considerations s oposent a ce parti qu il faut se determinér a attendre de pié ferme l orage, en prenant avec prudence toutes les precautions qui peuvent en rendre l explosion moins rude. Veillés je vous prie, Monsieur, sur tout ce qui se passe autour de vous, je sens combien il est facheux que dans un moment aussi interressant vous soiés privé du concours de M. le P^{ce} de Masseran. Son long sejour en Ang^{re} et les habitudes qu il y a contractées doivent lui avoir donné plus de facilité pour penetrér dans le secret des intentions que vous ne pouvés en avoir.

Angleterre, t. 524, n° 143 bis.

Mais, le 2 septembre, on connaissait avec certitude l'abandon de Ticonderago par les Américains; on savait que l'Angleterre considérait bien comme un succès la chute de cette petite place et avait la persuasion que c'était le point de départ d'autres avantages prochains. M. de Vergennes tient d'autant plus, alors, à ne point laisser croire à Madrid que le gouvernement du roi ne s'efforce point de satisfaire aux plaintes du cabinet de Londres. Il n'annonce pas seulement d'une façon positive à Ossun l'échec des Américains, il lui envoie aussitôt, pour les communiquer, les circulaires écrites aux chambres de commerce et aux amirautés sur l'entrée des prises américaines et sur leur vente dans nos ports[1]. Or les menaces apportées par l'Anglais Forth

---

[1] « J ai l honneur de joindre ici M. les lettres « circulaires qui ont eté ecrites de l ordre du « Roi a nos chambres de commerce et aux amirautes p^r empechér la vente et l achat des prises « qu on introduit dans nos ports sous differens « deguisemens. Vous voudres bien les communiquer a M. le Cte de Floride Blanche. Le Roi desire que le Roi son oncle et son ministere aient « connoissance de toutes ses demarches et de ses « soins p^r arretér le cours des abus que Sa M^{té} est « bien determinée a ne pas tolerér. » (*Espagne, t. 586, n° 9.*) Le Gouvernement était d'ailleurs convaincu d'avoir ainsi satisfait pleinement le cabinet anglais. M. de Vergennes écrit privément à M. de Noailles le 6 septembre : « Le « Roi donne à l'Ang^{re}, M., tant de preuves de « sa justice de son impartialité et de ses vœux « pour le maintien de la paix, qu'il faudroit que « les ministres anglais s'aveuglassent volontairement pour avoir encore de la méfiance à notre « égard. Rien n'étoit plus propre, M., à achever « de détruire celle qui pouvoit leur rester encore, que l énumération que vous avez faite « à M^d Suffolk des différentes dispositions que « le Roi a faites dans ses ports relativement aux « corsaires insurgents; la réponse de ce secrétaire d'Etat nous autorise à croire qu'il est « pleinement convaincu de la pureté des intentions de S. M^{té}. Je suis persuadé d'avance, M., « que vous ne négligerez rien pour l'entretenir

1777. n'avaient été qu'une manœuvre des ministres de George III. Ils pensaient relever leur crédit dans le Parlement et dans la nation en montrant qu'ils pouvaient nous imposer le désaveu de nos dispositions pour l'Amérique, si animées en apparence. Le cabinet britannique émettait un emprunt et il avait eu en vue d'y réussir[1]; M. de Noailles explique cela au reçu de la lettre du 30 août, et d'autres renseignements viennent bientôt confirmer les siens. Nos moyens d'informations en Angleterre étaient devenus si restreints qu'abuser à ce point le cabinet de Versailles y restait facile. Qu'une manœuvre pure et simple pût être étayée de cette manière sur une positive menace de guerre, c'était la preuve certaine de la gravité du moment. Le succès obtenu encouragea le gouvernement britannique à essayer d'une autre démarche dont le résultat, s'il était heureux, enlèverait aux Américains toute espérance de se voir soutenir par nous. Cette fois, il envoya l'ambassadeur lui-même. Il fallait s'y prendre autrement, en

« dans cette façon de penser et pour y amener « ses collègues, et afin de vous mettre d'autant « mieux en état d'y réussir, je vais vous commu-« niquer plusieurs faits récents arrivés dans nos « ports. » (*Angleterre*, t. 524, n° 169.)

[1] Au sujet de cette démarche de l'Anglais Forth, nous reproduisons à l'annexe I du présent chapitre la lettre de M. de Noailles, ainsi que quelques autres. M. de Vergennes, après coup, s'informe de ce personnage avec un empressement qui atteste assez sa contrariété d'avoir été joué. A la fin de sa lettre du 30 novembre, déjà, il mandait à l'ambassadeur : « Je « vous serai obligé de me marquer en confidence « ce que vous pourres savoir touchant M. Forth « qui a été alternativem[t] un ange de paix et de « guerre. Je n ai jamais parlé avec lui quoi que « je l aie vû deux fois a dîner chez moi a la suite « de son ambassadeur. Il est fort debauché, cela « n'avoit pas empeché qu il n eut entrée dans « des sociétés pour les quelles il n est pas fait. « Mais l anglomanie est a un tel point dans ce « pays ci, qu'il n'y a plus rien de bien dans tous « les genres que ce qui nous vient d'Ang[re]. »
— Forth venait directement du cabinet de George III, tout au moins de celui de lord Mansfield. M. de Goltz, écrivant à son souverain le 18 septembre, appelle cet émissaire « un « étourdi de premier ordre ». (Circourt, *ubi supra.*) — M. de Circourt a laissé imprimer *Farth;* c'est une erreur; la signature, dans les lettres du personnage qui se trouvent aux Affaires étrangères, est *Forth*, très lisiblement (Parker Forth, Nathl Forth). En parlant de cet Anglais au roi de Prusse, M. de Goltz écrit : « Il fait souvent « des courses rapides en Angleterre et il est « soupçonné qu'il est parfois chargé d'objets « politiques soit par l'ambassadeur, soit, à son « insu, par les membres de l'administration « anglaise. » Le 21, Goltz indique cependant que Forth a tout l'esprit nécessaire pour comprendre que le ton de gaieté est celui qui plaît à M. de Maurepas et qu'il réussit par là avec ce ministre.

VERSAILLES, DÉCIDÉ, S'EFFORCE DE DÉCIDER MADRID.

se plaçant sur le terrain diplomatique, qu'il n'avait dû le faire par un personnage masqué; lord Stormont vint donc demander successivement à M. de Maurepas et à M. de Vergennes, le 2 septembre, que la France n'expédiât pas les troupes destinées aux îles; il offrait en échange de déclarer d'une façon solennelle, au nom de son souverain, que l'Angleterre voulait essentiellement la paix, l'amitié et s'abstiendrait d'aucun dessein contre nos possessions. M. de Vergennes, le lendemain, informe longuement Ossun de cette démarche et des suites qu'elle a eues; le 6, il en avise sommairement le marquis de Noailles. Seulement, les impressions changent, en présence de cette ouverture officielle. Le roi ne veut nullement se laisser croire intimidé; il ne s'abaissera pas à souscrire à ce qu'on lui demande et le ministre l'exprime avec fermeté à son représentant à Madrid :

A Versailles le 5 7bre 1777.

J ai recû M. la lettre n° 93. que vous m'avés fait l honneur de m ecrire le 21. du mois dernier.

Les derniers evenemens de l Amerique relevant les espérances du ministere B^{que} soit pour soumettre les Colonies soit pour convenir avec elles d un accomodement plus honorable, il paroit moins incliner vers le parti desesperé auquel nous avons du craindre que la crise des circonstances ne l amena. Vous en jugeres M. par les details que je dois vous transmettre.

Le 2. jour de la conference ministeriale, j eus la visite du Vic^{te} de Stormont. Il la commenca par la recapitulation de tous les anciens griefs; les insolences des corsaires americains; les faveurs et les secours de toute espece qu ils recoivent dans nos ports, les facilités qu on leurs donne ou qu ils surprennent pour la vente de leurs prises, ces trois points firent le partage de la premiere partie de son discours qui fut asses long; je le laissai aller d'autant plus volontiers que j avois reponse a tout. En effet les ordres circulaires expediés a nos chambres de commerce et a nos amirautés dont vous aves connoissance M. et qui n'avoient point eté requis : deux prises de la flotte de la Jamaique amenées dans la Loire sous le deguisement de batimens venans de St Eustache et dechargées par surprise, dont les marchandises et les casques ont été sequestrés et arrêtés, quelques canons et des munitions de guerre retirées d un navire americain a Bordeaux, c etoient la des faits qui justifioient de la precision de nos ordres et de la severité de leur execution. S ils n ont pas interressé la reconnoissance de l ambassad^r anglois, ils ont du moins borné ses plaintes.

Cet article épuisé il est passé a un autre qu il paroit que sa cour a singulierement a co'ur. Il sortoit de chez M. le comte de Maurepas ou il avoit epuisé toute son eloquence pour l amenér a pensér qu aussi desireuses que le sont la France et l Ang^{re} de maintenir une bonne intelligence, elles devoient eviter toute mesure qui caracteriseroit de la defiance. Un envoi de troupes dans nos isles dans les conjonctures presentes en etoit un simptome qui ne pouvoit pas plus echaper au public qu'au ministere B^{que} et qui mettroit celui ci dans la necessité de se premunir de son coté en envoiant des v^x dans ses isles pour leur sureté. Le Lord Stormont ne gagnant rien sur M. le Cte de Maurepas vint a lui dire qu il avoit un pouvoir du Roi son maitre mais dont il ne devoit faire usage qu avec son conseil et son approbation. Il etoit autorisé si nous consentions a ne pas faire partir nos troupes a demandér une audiance au Roi dans laquelle en presence de son conseil et de toute autre personne que Sa M^{té} voudroit y admettre, il donneroit l assurance royale que S. M. B^{que} uniquem^t occupée de maintenir la paix et l amitié avec la France et avec toutes les puissances ne formoit aucune vue qui put tendre a nous causer aucune inquietude et que si de notre coté etions disposés a conserver la paix sur le fond^t des traités, Sa d^e M^{té} B^{que} assuroit de la maniere la plus sainte et la plus solemnelle qu elle n'avoit aucun dessein ni sur nos isles, ni sur aucune autre de nos possessions.

Le Lord Stormont en me faisant part de cette conversation avoit l'air de ne vouloir pas tout me dire, il me fallut meme de l art pour lui arrachér tout son secret. Comme j ignorois alors ce que M. le Cte de Maurepas pouvoit lui avoir dit et pouvoit penser de cette declaration qui au premier coup d'o'il me parut captieuse et illusoire, je pris le parti de lui donnér un crochet qui nous laissoit toute la latitude pour nous resoudre avec toute la maturité necessaire. Je lui repondis simplem^t que je ne pourrois m'expliquér sur le merite de l expedient qu il proposoit qu après avoir pris les ordres du Roi, mais que je devois le prevenir que s il y avoit lieu a en deliberér ce ne pourroit etre sans le concours de l'Esp^e; que independament de l union d'interets qui existe entre

VERSAILLES, DÉCIDÉ, S'EFFORCE DE DÉCIDER MADRID.

les deux monarchies le Roi pourroit d autant moins se dispensér de consultér le Roi son oncle que cette precaution lui avoit eté inspirée et recommandée par Sa M^{té} C^{que}. Mais dit le Lord Stormont, vos troupes partiront en attendant. Non, lui repartis-je nous sommes de bonne foi et je vous promets que si nous prenons un delai pour vous repondre nous l etendrons au depart de nos troupes. Ainsi finit cette premiere conference avec des assurances reciproques de paix et d amitié.

M. le Cte de Maurepas que je vis dans la meme journée n avoit pas apretié different de moi l expedient proposé par la cour d'Ang^{re} et le Roi auquel nous en rendimes compte le lendemain a jugé qu il etoit inacceptable et nous a ordonné de nous en expliquer dans ce sens. C est ce qui a eu lieu hier; je ne vous ferai pas le recit d une conversation qui n a eté en grande partie que la repetition de tout ce qui a eté dit dans vingt conferences. Ce que j'ai remarqué sensiblement est le regret de Lord Stormont de ne pouvoir nous extorquér une complaisance qui auroit donné a sa cour un avantage sur nous dont elle auroit certainement abusé. Je n ai meme pu a cette occasion me refusér de relevér mais en badinant un propos tenū dans la derniere session du Parlem^t qu il suffisoit de nous parler ferme pour que nous nous rendissions. J ai adouci cette remarque critique, et notre refus d entrer dans l expedient proposé en lui faisant voir combien peu doit paroitre offensif l envoi d un corps mediocre de troupes qu on cantonne dans 4. isles et qui n est point etayé d une force maritime imposante. Je lui ai renouvellé toutes les assurances possibles de paix, je lui ai fait voir que dans l etat present des choses elle etoit le veritable element de la France de l Esp^e et de l Ang^{re} puisque la guerre qui pourroit s allumer seroit sans objet. Nous ne voulons tous lui ai je dit que conservér ce que nous avons, rien ne doit donc nous portér a nous querellér. Mais l Ang^{re} ne pourra se dispenser d envoier des v^x..... Nos troupes n iront pas les cherchér, et si vos v^t restent dans leurs limites, s ils n entreprennent pas sur nos parages, s ils ne troublent pas notre commerce, ce que je vous prie de recommandér, la paix ne sera point alterée..... Mais l Esp^e qui vous a conseillé cet envoi de troupes peut et doit avoir des vues..... Une grande; le maintien de la paix. Vous la voulés nous a t'elle dit, mettez vous en mesure qu elle ne puisse etre troublée. Telle est la prevoyance des deux Couronnes et l objet commun de leurs soins.

C est sur ces termes que nous nous sommes separés fort amicalement de Lord Stormont qui a du expedier encore hier son courrier a sa cour.

Vous voudrez bien communiquer confidement a M. le Cte de Floride Blanche tout le contenu de cette depeche, j espere qu il y remarquera notre attention scrupuleuse a nous collér au sisteme que le Roi C^{que} nous a proposé, nous allions avec soin cette sage moderation qu il nous a recommandée avec la noble fermeté dont un grand Etat ne doit jamais se departir.

J oubliois que le Lord Stormont m'a dit que M. le Cte de Floride Blanche avoit souvent fait entendre au Lord Grantham qu il avoit un expedient sur pour tout arrangér, et pour prevenir toute mesintelligence. Je lui ai repondu qu il seroit d un interest commun de le priér de nous le communiquér pour l'adoptér s il peut conduire a une fin aussi salutaire.

Les Anglois ne peuvent plus dissimulér l inquiétude et le deplaisir que leur cause l incertitude ou ils sont, sur ce qui se passe entre l Esp^e et le Portugal. Ils s attendent a la defection la plus complette de la part de ce dernier allié.

J ai lh^r d etre avec un tres parfait att. M.

P. S. Je vous prie M. de recommander a M. le Cte de Floride Blanche de vouloir bien ne pas parlér au Lord Grantham de la proposition de l audiance.

Espagne, t. 586, n° 21.

M. de Vergennes informe de ces dispositions le marquis de Noailles le lendemain, mais en substance seulement, par une simple dépêche du secrétariat, et en recommandant à l'ambassadeur de ne faire usage de ses indications qu'avec lord North, si celui-ci en parle le premier; quant aux autres ministres, il se bornera, s'ils lui en fournissent l'occasion, « à établir sans affectation les principes qui dirigent les résolutions de Sa Majesté et ne parlera en rien des insinuations de milord Stormont et de Forth [1] ». On tenait évidemment pour essentiel de ne pas donner à entrevoir le moindre émoi au cabinet de Londres. Le ministre disait que ce cabinet avait trouvé, sans doute, matière à s'adoucir dans les circonstances ou dans des considérations survenues depuis la démarche de Forth, puisque lord Stormont s'était

[1] *Angleterre*, t. 524, n° 169.

placé sur un autre terrain que ce dernier. Cependant il ne voulait pas que l'ambassadeur, lui, restât trop sous l'impression de sa lettre du 30 août; ce courrier était accompagné d'un billet privé atténuant comme il suit l'effet produit au premier moment :

A Versailles le 6 7bre 1777.

Je repons Monsieur le Marquis, a la lettre particuliere que vous m avés fait l honneur de m ecrire le 29 du mois dernier. Je vous avois peut etre donné l allarme trop chaude, mais il y avoit raison pour le faire, et j'aurois eté trop afligé si la mine avoit eclaté sous vos piés sans que vous l eussiés eventée. Vous calculies d'après les probabilités les plus raisonables, et moi je vous informois d'après des faits que je devois regardér comme certains quoi que ma conviction interieure ne fut pas entiere. Mais comme il n est pas plus sans exemple de voir des conseils que des individus tombér dans l erreur, il y avoit bien moins d inconvenient a prendre pour vrai ce dont on nous menacoit qu'a n en tenir aucun compte. Ce grand mouvement paroit si non entierement calmé du moins fort rallenti, et il y' a lieu de jugér qu on ne l'avoit affecté que pour arrachér de notre amour pour la paix une complaisance qui a mon propre jugement n'auroit pû etre que tres humiliante. Le Roi aime la paix, toutes ses vûes tendent a la maintenir, mais sans prejudice de sa dignité. Le Roi se prete avec plaisir a remplir vis avis de l Ang^{re} tous les devoirs de la justice et de l amitié, mais elle y repondroit mal si elle pretendoit nous bornér sur des precautions qui ne peuvent annoncér le plus leger dessein offensif. Sa M^{té} en envoyant des troupes dans ses possessions en Amerique n'a d'autre vûe que d en assurer la sureté interieure et exterieure. Quand ses commandans seront en force ils auront plus de moiens de tenir les habitans dans la subordination et d'arretér les abus de tout genre aux quels ils ne sont que trop portés. Vous verrés Monsieur le Marquis, par les differens ordres qui sont emanés du propre mouvement du Roi, les soins que l on prend pour ecartér de nos ports les corsaires americains et empechér la vente de leurs prises. C est porter l attention aussi loin qu il est possible et si l'on n est pas content de nos procedés il faudra renoncér a jamais contenter une nation trop difficile. Vous voudrés bien Monsieur conformement aux instructions que renferment mes depeches, mettre a profit les occasions qui se presenteront naturellement pour faire remarquér aux ministres anglois les egards de l amitié du Roi pour S. M. B^{que} et notre attention pour l execution des traités.

Le Lord Stormont nous a annoncés que si nos troupes partoient p^r l Amerique sa cour ne pourroit se dispensér d y envoier des vaisseaux, et d'augmentér en consequence ses armemens. Chacun est maitre de faire chez lui ce que bon lui semble, nous n'avons jamais demandé compte aux Anglois du nombre de leurs armemens, et comme tres certainement nos troupes n'iront pas au devant de leurs vaisseaux, il n'y aura certainement pas lieu a des rixes si ceux ci restans dans leurs parages n entreprennent point de genér et de molestér notre commerce. C est sur quoi j'ai insisté avec le Lord Stormont en le priant d en faire la recommandation a sa cour.

J ai l honneur d etre avec un tres parfait att. M.

DE VERGENNES.

Angleterre, t. 524, n° 169 *bis*.

Cependant, l'heure de raisonner avec l'Espagne sur des hypothèses était passée, aux yeux du cabinet de Louis XVI, et celle de se concerter pour agir était urgente. Les explications minutieuses dans lesquelles le ministre entrait avec le marquis d'Ossun en sont une attestation positive. On ne va plus perdre une occasion d'attirer le cabinet de Madrid à la conviction que l'on éprouve. Avec une attention suivie, quoique avec toute la prudence possible, on s'efforce d'amener le gouvernement de Charles III à la même persuasion que nous et, par suite, aux préludes d'une résolution prochaine. Fatigué, ses bureaux aussi, du travail forcé des derniers mois, M. de Vergennes, avant de reprendre la correspondance officielle, attendra de voir l'effet produit au Pardo par les plis du 26 août; il met ces vacances passagères à profit pour sa correspondance privée. La cour est à Choisy; lui, tranquille pour quelques jours à Paris, donne congé à tout le monde : « Nous faisons à l'anglaise », mande-t-il en particulier au marquis de Noailles, par allusion aux habitudes de villégiature des ministres britanniques dans la belle saison. Noailles lui avait envoyé des informations sur Forth; en lui en accusant réception, M. de Vergennes explique, avec une

VERSAILLES, DÉCIDÉ, S'EFFORCE DE DÉCIDER MADRID.

intimité que n'avaient pu comporter ses dépêches, les mesures édictées par le roi pour apaiser l'Angleterre au sujet des corsaires et pour interdire ou permettre la vente de leurs prises[1]. Quant à notre ambassadeur à Madrid, il le remet en haleine sur le grand sujet de nos rapports avec l'Angleterre. Il lui détaille de nouveau les motifs propres à convaincre l'Espagne des désirs de paix qui inspirent le roi; c'est une allure nécessaire avec elle, on le voit clairement; néanmoins il ne se retient pas de dire que « les Anglais n'ont point changé de conduite en changeant de ton, que leurs vexations envers les marchands sont bien fréquentes, bien oppressives, et que, malgré les belles assurances qu'ils donnent, on ne voit éclore aucun acte de justice ». Pour légitimer sa critique, toutefois, et mettre nos procédés à leur prix, il ajoute : « Nous y allons plus franchement, nos ordres pour le renvoi des corsaires commencent à s'exécuter; si nous pouvons parvenir à les éloigner de nos côtes, nous pourrons espérer que les Anglais sentant l'intérêt qu'ils ont à la paix, feront autant de leur côté que nous faisons du nôtre pour la conserver[2]. »

Ossun avait donné sommairement, le 4 septembre, une idée des dispositions du roi d'Espagne et de ses ministres, en présence des propositions de Forth et de l'attitude de lord Stormont; cette idée était bien plus propre à encourager les conseillers de Louis XVI. Le monarque, écrivait-il, « a jugé que, quelque chose qui pût en arriver, la France ne devait point condescendre aux deux propositions qui lui ont été faites, parce qu'elle ne le pouvait pas sans blesser sa dignité et

---

[1] Lettre privée du 13 septembre; M. de Vergennes s'y explique aussi sur le compte de Forth : « Nous faisons a l'angloise. Le Roi est a « Choisi pour quelques jours, moi je suis a Pa-« ris et mes bureaux prennent quelques jours « de vacance qu'ils ont bien merité par un tra-« vail forcé depuis plusieurs mois.

« Je vous fais tous mes remercimens Monsieur « le Marquis, des eclaircissemens que vous avés « bien voulu me procurér sur la personne que « j'avois designée, ils fixent non pas le degré de « confiance que je puis y prendre, mais celle « que l'on peut mettre dans ses assertions; quoi « qu'il ne soit pas sans mission je pense qu'on « ne peut le recevoir avec trop de precaution, « c'est un de ces instrumens qu'on jette en « avant avec facilité par ce qu'on les desavoue « sans peine. » (*Angleterre*, t. 524, n° 188 *bis*.)

[2] A Paris, le 12 septembre 1777. (*Espagne*, t. 586, n° 48.)

1777. manquer à la justice et sans s'attirer l'inimitié des colonies révoltées; les ministres en ont délibéré en comité et M. de Floridablanca attend les ordres du roi pour charger le comte d'Aranda d'exprimer à la cour de France l'opinion du cabinet[1] ». Quatre jours après, notre ambassadeur était à même de parler plus officiellement. Le courrier pour le comte d'Aranda se trouvant près de partir, il était en mesure d'informer d'avance M. de Vergennes de ce qui suit :

> Le premier point que Sa M^{té} Cath^e a décidé très positivement, et dont elle m'a chargé d'assûrer de sa part le Roi est que si les Anglois attaquent la France elle entrera immédiatement en guerre avec cette puissance. Ce monarque et son ministère ont entièrement aprouvé les mesures que la France avoit prises, et se proposoit de prendre pour se mettre en etat de faire face a tous les evènemens possibles.
>
> Il a ordonné de son coté qu'on armât cinq ou six vaisseaux de ligne de plus . . . .
>
> L'on va aussi rassembler des troupes a Cadiz et en Galice pour donner de l'inquietude aux Anglois. L'on expédiera, sans délai, des avisos aux Indes pour que les commandants espagnols s'y tiennent préparés à tous les evenements et fort attentifs aux démarches des Anglois.
>
> <div style="text-align:right"><i>Espagne</i>, t. 586, n° 33.</div>

Le gouvernement de Versailles n'aurait pu mieux concevoir ou mieux combiner ces incidents, s'il les avait imaginés et provoqués en vue de déplacer, désormais, le fond de ses entretiens avec l'Espagne et de juger de ce qu'il avait à attendre d'elle pour le moment. Il savait maintenant que l'honneur de la maison de Bourbon conservait un grand empire sur Charles III; il lui suffisait d'agir en conséquence. Avait-il outré les perspectives en faveur du parti vers lequel il tendait? ce n'est pas à penser; il croyait certainement à la possibilité d'une agression subite de l'Angleterre. En tout cas, il trouva utile, aussitôt l'avis donné par Ossun, de montrer à l'ambassadeur le roi comme non

---

[1] *Espagne*, t. 586, n° 19.

VERSAILLES, DÉCIDÉ, S'EFFORCE DE DÉCIDER MADRID. 547

moins prêt que son oncle à soutenir la dignité et le rang de sa Couronne. « C'est tout de suite, mande-t-il dans un autre pli de sa main, c'est sans rechercher aucun conseil, de lui-même, dût la paix en être perdue, que le monarque a décidé de rejeter des avances tenues par lui pour humiliantes; nos troupes partiront pour les îles malgré les efforts de l'Angleterre pour nous en dissuader; avant le 15 octobre tout sera à la mer, sous l'escorte de quelques frégates seulement; l'attitude des Anglais nous fixera alors sur ce que nous avons à prévoir, mais nous ne serons pas sortis du système des précautions, cher à l'Espagne : »

1777.

J ai recû M. les trois lettres n° 99 a 101 que vous m avés fait l honneur de m ecrire le 4 de ce mois.

Toutes les miennes subsequentes a celle du 26 aoust vous ont informé exactement de notre situation vis a vis de l'Ang^{re} et de tout ce que nous avons fait pour eviter de l aigrir. Nous sommes allés aussi loin que la justice le vouloit et que la decence le permettoit, mais arrivés a ce point nous avons elevé un mur d'airain contre toutes les propositions et les insinuations qu'on a voulu nous faire, et nous y resterons invariablement collés. Il n est que trop aparent M que l'objet du ministère anglois etoit en nous intimidant de nous compromettre ouvertement d'une part avec les Americains ce qui auroit pû servir ses vûes pour faciliter une conciliation, et de l autre de nous rallentir sur les precautions que nous sommes dans le cas de prendre pour la sureté de nos possessions en Amerique. Il seroit inutile de reprendre ici tout ce qui s est passé a ce sujet, vous en aves ete instruit avec le plus grand detail, mais ce que je ne puis me dispenser de vous dire et ce que je vous dis avec consolation est que le Roi n'a pas eu besoin de prendre les avis de ceux dont il daigne entendre les conseils pour rejetter des ouvertures qui ne pouvoient que blesser sa gloire. Sa M^{té} n'a point hesité sur la resolution qui lui convenoit de prendre et quoi que la paix lui paroisse preferable a la guerre, et qu elle desire sinserement de pouvoir conserver celle la, ce ne sera jamais au prejudice de sa dignité et de la consideration a laquelle sa puissance et plus encore sa conduite lui donne des droits assurés.

Quoi qu'aient pû faire les ministres anglois pour nous dissuader de l'envoi de nos troupes en Amerique, leur depart est decidé, et si les vents ne s'y oposent pas la premiere division fera voile de la Garonne dans le courrant de la semaine prochaine, les autres divisions suivront de près et il y a lieu d'esperér que le tout sera a la mer avant le 15 8bre. Elles passeront sous une simple escorte de fregates; si on leurs en donnoit une plus forte, les Anglois auroient raison de soupçonnér que le convoy auroit une toute autre destination que celle que nous annonçons. Vraisemblablement ils augmenteront le nombre de leurs armemens dans leurs isles; s'ils le font dans une proportion discrete et si leurs vaisseaux contens de gardér leurs parages n'entreprennent point de genér et de molester notre commerce il n'y aura rien a dire; dans le cas contraire il faudra bien pour lors prendre les mesures les plus adaptées a notre tranquilité et a notre sureté.

Les choses dans cet etat nous nous trouvons tout naturellement dans les erremens du sistême convenû avec l'Espagne. Nous tiendrons soigneusement la main a prévenir tout ce qui pourroit nous en ecartér. Vous aves connoissance M. de toutes les precautions qui ont ete prises a cet effet, il ne paroit gueres possible de les portér plus loin, ce qu'il importe est d'en assurér la solide execution.

A Versailles le 19 7bre 1777.

Espagne, t. 586, n° 67.

Le ministre tient le même langage au marquis de Noailles, afin que celui-ci s'en explique semblablement avec lord Suffolk et avec ses collègues. Il le lui tient en écrivant officiellement, il le confirme dans ses lettres particulières. La démarche de Forth reste pour lui un symptôme. Son secrétariat mandait le 20 septembre à l'ambassadeur qu'il y avait «une seule manière raisonnable d'interpréter le silence gardé par lord Suffolk sur les explications relatives à l'envoi de quelques troupes dans nos colonies, c'est que ce secrétaire d'Etat sentait la solidité des raisons qui avaient déterminé cet envoi, et avait jugé plus prudent de se taire que de faire des objections vagues, mal fondées et surtout inutiles». Il faudra voir comment s'expliquera à ce sujet le lord Weymouth, ajoutait la dépêche, qui continuait ainsi :

Mais quel que soit le jugement que ce ministre portera de notre conduite, il n'y operera aucun changement, et vous voudrez bien, M., s'il vous entretient

VERSAILLES, DÉCIDÉ, S'EFFORCE DE DÉCIDER MADRID.

sur cet objet, lui ôter toute espérance à cet égard, en vous renfermant toutesfois dans les motifs preponderants qui ont determiné et fixé invariablement la resolution de S. M^{té} et en évitant avec soin toute insinuation et tout propos qui pourroient faire suspecter la pureté et la droiture de nos vües et de nos intentions pacifiques. Vous pourrez aussi sans inconvenient dire, comme de vous-même, au Ld Weymouth, que, si les vents sont favorables, le premier convoy de nos troupes partira dans le courant de la semaine prochaine : cette confidence volontaire prouvera à ce ministre que nous ne couvrons point nos actions du voile du mistère, et que notre marche est aussi franche que les motifs qui la dirigent sont légitimes.

Angleterre, t. 524, n° 196.

Ce que le ministre, dans une lettre particulière, complète comme il suit :

Notre position presente vis avis de l'Ang^{re} ne peut donner lieu Monsieur le Marquis, a des reflexions bien actives mais elle peut fournir des sujets importans d'observation. En analisant la conduite antecedente du ministere anglois et ses propos en quelque maniere provocans, on peut en inférér qu'il ne sent pas intimement l'intérest qu'il doit avoir a la conservation de la paix et des lors on peut la regardér comme precaire. Je ne me permets pas de me livrér a toutes les consequences qui peuvent naitre de ces premisses, une prevoiance trop etendue peut paroitre tenir de la pusillanimité, mais peut on cavér trop fort avec une nation qui ne se pique de considérér que son interest bien ou mal entendû. Je ne puis trop vous exorter Monsieur le Marquis, a veillér soigneusement autour de vous; ce ne sera pas le langage du ministere qui vous eclairera sur ses veritables dispositions, mais il a des entours, il a une adherence, il doit s'en servir pour preparér la nation au but vers le quel il peut se proposér de la conduire, c'est donc en suivant l'ordre et le progrès des sensations dont on cherche a rendre le public susceptible que vous pourres arrivér au secret qu'on voudra vous derobér. Il est des touches aux quelles on pretend qu'il est facile de distinguér et ce qui est de l'opposition et ce qui est l'ouvrage du ministere.

Ibid., n° 196 *bis*.

On se remettait donc aux écoutes du côté de Londres. Mais en même temps on ne voulait pas s'intimider. Lord Stormont ayant dit confidentiellement à M. de Maurepas, le 27 septembre, qu'en raison des forces que nous envoyions dans nos îles sa cour se précautionnait de six vaisseaux de plus, le vieux ministre lui répond simplement que « chacun est libre chez soi et que les déclarations pacifiques du roi George nous laissaient toute confiance[1] ». Mais on va tâcher de regarder dans le jeu. M. de Vergennes le recommande avec instance au marquis de Noailles : « S'il est un gouvernement », lui écrit-il privément le 8 octobre,

> S il est un gouvernement qui demande a etre suivi de près, c est celui auprès duquel vous residés; l interest particulier y exerce plus qu ailleurs son empire, et quoi qu'on y parle sans cesse de celui de la nation il s en faut bien et que ceux qui la gouvernent et que ceux qui pretendent la gouverner s'en occupent. De la une perplexité inevitable lors qu il est question de pénétrer ses vues. Comment establir un calcul meme de probabilité ou il n'y a point de plan fixe et arreté. Toute la conduite du ministere anglois depuis quelques années prouve evidement qu il n'agit pas d'apres des données immuables; toujours primé par les circonstances, souvent entrainé par des erreurs il semble attendre du hazard la decision d une question qui n est pas la moins importante de celles qui se sont présentées dans le cours de ce siecle. Quand un gouvernement ne va pour ainsi dire que par saut et par bon, il n est pas rare qu'il donne dans des ecarts; assurément le moins probable de tous seroit qu il pensa a nous faire la guerre; cependant il importe d y veiller et de tres près. Il peut se trouver des gens qui penseroient que la plus grande confusion est le remede au plus grand desordre.
>
> Angleterre, t. 525, n° 24 bis.

Par-dessus tout on redoutait l'apparition des forces anglaises dans le golfe du Mexique. Cela eût été pris comme l'indice de projets arrêtés contre nos possessions. M. de Vergennes disait bien que, après les protestations réitérées du cabinet de Londres, il ne voulait pas

---
[1] Dépêche au marquis de Noailles. (*Angleterre*, t. 525, n° 10.)

supposer des moyens imités de ceux de 1755 : « Ils ne sont pas dans le caractère du roi d'Angleterre, écrivait-il; je me croirais sacrilège si je lui prêtais d'aussi perfides détours; » il n'appréhendait pas moins de voir renouveler ces procédés et c'est pourquoi il s'efforçait de décider l'Espagne.

Le succinct résumé par lequel Ossun avait fait connaître les impressions de la cour de Madrid à propos de la démarche de Forth ne pouvait pas tenir lieu d'une réponse de la part de cette cour. Il n'avait pas échappé au gouvernement de Charles III que celui de Versailles l'appelait réellement à pratiquer une conduite commune nouvelle et qu'il fallait s'expliquer. Aussi, presque en même temps qu'arrivait le pli d'Ossun, le comte d'Aranda avait-il été mis en situation de communiquer un mémoire de M. de Floridablanca, et ce mémoire-là ne portait plus trace des vues antérieures du premier ministre. M. de Floridablanca, cette fois, se plaçait bien au point de vue actuel. A la vérité, il parlait au nom du cabinet, non plus au sien; mais il essayait uniquement de révoquer en doute que, dans la position où se trouvait l'Angleterre, on pût lui supposer l'intention d'attaquer les deux Couronnes. En conséquence, il voulait nous tenir en garde contre la propension où les Colonies lui paraissaient être, naturellement, de nous attirer dans leurs affaires; il abandonnait d'ailleurs à M. de Vergennes seul le soin des communications avec leurs représentants en Europe. Le secrétaire d'État effectua, suivant son habitude, la traduction des parties de cette pièce qu'il jugea essentielles; en souligna les passages notables et se hâta de la réfuter. Il lui importait, en effet, de développer des considérations plus étudiées qu'il n'avait pu le faire encore. Il s'y prit bien dans le ton qui plaisait à la cour d'Espagne; il réfutait en paraissant approuver, insinuant les raisons contraires plutôt qu'il ne les posait. Au risque même d'encourager cette cour à se rejeter en arrière, il battait un peu en retraite. La démarche de Forth ne lui semblait plus qu'un essai hasardé par le cabinet anglais, pouvant être désavoué au besoin, et il allait jusqu'à dire que tout d'abord ce jugement n'avait point échappé au gouvernement du roi, ce qui n'était pas tout à fait vrai, puisque le ministre avait exprimé sur l'heure le même sentiment au marquis de Noailles qu'à l'ambassadeur à Madrid. Après la lecture du pli, toutefois, M. de Floridablanca n'avait pas à douter que l'on ne vît, à Versailles, plus de motifs de s'allier prochainement avec l'Amérique que de sacrifier quoi que ce fût à l'Angleterre pour assurer la paix. M. de Vergennes avait écrit :

A Versailles le 26 7bre 1777.

La lettre n° 103. M. que vous m'avés fait l'honneur de m'ecrire le 8. de ce mois rend compte de la sensation qu'ont faite sur le roi d'Esp^e et sur son ministere les insinuations moitié menacantes et moitié amicales q'un emissaire anglois avoit eté chargé de faire a M. le Cte de Maurepas, et les propos que le Lord Stormont avoit tenus en consequence a ce ministre d'Etat et a moi : du jugement que Sa M^{té} C$\widetilde{\text{que}}$ et son conseil en ont porté : des assurances affirmatives que vous avés eté requis de nous passer, et enfin des mesures qu'on se disposoit a prendre a tout evenement.

M. le Cte d'Aranda m'a remis de son coté l'extrait d'une lettre de M. le Cte de Floride Blanche du meme mois par laquelle ce ministre d'Etat le charge de nous communiquer les sages et judicieuses reflexions que les circonstances lui ont fait naitre et de nous confirmer toutes les assurances satisfaisantes que vous aves eté autorise a nous transmettre. Je joins ici M. pour votre direction copie de la traduction de cet extrait.

Avant d'entrer dans les explications que l'importance de la matiere peut exiger de notre part, je dois vous dire, M. que l'intention du Roi est que vous profities de la premiere occasion que vous aures d'aprocher du Roi son oncle pour lui rendre dans toute son energie la tendre et vive reconnoissance qu'inspirent a Sa Majesté les dispositions si amicales et si genereuses que Sa M^{té} C$\widetilde{\text{que}}$ lui a manifestées dans cette critique occasion; vous voudres bien assurer ce prince du retour empressé du Roi dans toutes celles ou il pourra donner au Roi son oncle des preuves de son zele, de son tendre interest et de son attachement inviolable a sa personne et aux principes qui unissent si etroitement les deux monarchies.

VERSAILLES, DÉCIDÉ, S'EFFORCE DE DÉCIDER MADRID.

Vous voudrez bien aussi exprimer a M. le Cte de Floride Blanche combien nous nous tenons obligés de la franchise et de la cordialité avec lesquelles il nous fait part de ses avis; assurés le aussi je vous prie que nous n'attachons pas moins de prix aux sentimens personnels qu'il nous temoigne qu'a la justesse de ses principes et a la profondeur de ses reflexions.

Ce ministre a superieurement jugé la bale M., en ne regardant point comme serieuse la demarche asses etrange des Anglois aupres de M. le Cte de Maurepas. La voie detournée dont ils s'etoient servis indiquoit asses qu'ils vouloient se reservér la liberté de la desavoüer si cela leurs convenoit. Ce jugement ne nous avoit pas echapé; mais reflechissant q'un gouvernement qui s'est precipité de gaieté de co'ur dans une guerre civile etoit tres capable de commettre une erreur tout aussi capitale, nous avons pensé comme M. le Cte de Floride Blanche que le moindre inconvenient etoit de mettre les choses au pis et de se disposér en consequence. De la les mesures preparatoires dont vous aves eu connoissance dans le tems M., les affaires aiant repris depuis un aspect plus tranquille; nos croisieres qui avoient eté levées ont eté reprises; nous avons rendu au commerce l'activité que nous lui avions retranchée; a cela pres nos autres mesures subsistent; nos troupes pour l'Amerique s'embarquent, celles la arrivées a leur destination et nos pecheurs rentrés nous nous trouverons plus a notre aise vis a vis des Anglois. Nous n'en abuserons pas pour nous relascher des actes de justice auxquels les traités leurs donnent droit de notre part çe que nous leurs avons promis; l'intention du Roi est d'executér avec fidelité ses engagemens; mais il ne peut etre que tres interressant d'etre en mesure de faire sentir aux Anglois que la reciprocité n'est pas moins pour eux une convenance q'un devoir.

Je vous prie M. de dire a M. le Cte de Floride Blanche que fermes sur les principes du sisteme que le Roi C$\widetilde{que}$ a parû preferér nous y raportons toutes nos dispositions et toutes nos vues, et qu'il peut etre certain que nous ne nous en écarterons en rien. Ce sera donc desormais aux Anglois a jugér si la guerre leurs est plus avantageuse que la paix. Dans mon opinion privée nous risquons d'autant moins a donnér toute preference a celle ci que nous avons manqué le moment ou en portant un coup sensible a l'Ang^{re} nous aurions assuré le succes de la revolution de l'Amerique et acquis aux yeux de cette nation le merite d'avoir cooperé a sa liberté. D'ailleurs les efforts dispendieux que l'Ang^{re} continue et qu'elle pourra etre forcee d'etendre a l'année prochaine l'epuisent tandis que ceux que font les deux Couronnes ajoutent visiblement a la consistance de leurs forces.

Les choses considerées sous ce point de vue toute notre attention doit se concentrér dans l'interest que nous avons a captivér la confiance des Americains sans egarér entierement celle des Anglois; ce n'est pas une tache aisée; ceux ci qui n'ignorent pas ce qui nous convient de faire ont les yeux bien ouverts sur nous; ils ont d'autant plus de moiens pour suivre nos demarches qu'ils ont des partisans meme dans le Congrès de l'Amerique qui ne leurs laissent rien ignorer de ce qui s'y passe. Les Americains d'une autre part qui ont compté assés légèrement sur une diversion secourable de la part des deux Couronnes sont moins disposés a la confiance en raison du peu de probabilité des esperances qu'ils s'etoient plu a formér. Ces gens la ne voient et ne sentent que leur interest et croient que tout autre doit s'y subordonnér. Il faut s'attendre M. que cette facon de voir et de jugér ne facilitera pas les accès aux emissaires que nous nous proposons de leur envoier, et c'est une raison de plus pour ne pas faire choix de gens trop voians et pour circonscrire l'objet de leur commission et leurs instructions avec assés de soins pour qu'ils ne puissent ni commettre des abus ni en occasionnér. Je vois avec bien de la satisfaction M., que M. le Cte de Floride Blanche pense comme moi a cet egard.

Je ne puis etre que tres sensible a la confiance que ce ministre veut bien me marquér en desirant que je me charge seul des insinuations a faire par le canal des deputés americains qui se trouvent à Paris. J'ai bien peur que leurs oreilles ne se trouvent fermées a toutes les verités que nous voudrions leurs inculquér. Ils commencent a etre fort degoutés ou ils affectent de l'etre de la faveur trop marquée qu'ils nous suposent pour l'Ang^{re}, ils ont trop d'interest a se refusér a l'evidence de la justice de nos motifs pour nous attendre qu'ils s'y pretent ou qu'ils veulent paroitre s'y pretér. En eliminant les corsaires de nos ports en y empechant la vente des prises nous leurs interceptons la ressource la plus assurée qu'ils avoient pour fournir aux besoins de leur patrie. Le produit des ventes des cargaisons alimentoit leur credit, et leurs donnoit le moyen de l'etendre. Le Congres ne peut y supleér par des remises, il manque essentiellement d'argent et s'il pouvoit s'en procurér, il ne pourroit en faire un meilleur emploi que pour retirér partie de son papier monnoie et par la redonnér de la valeur au reste. Je sais que ses deputés ont commission de chercher un emprunt de deux millions sterlings; quand bien meme nous pourrions le permettre ce qui n est absolument pas possible, il ne reussiroit pas. Le placement n est pas asses solide. Mais ce n est pas de quoi il s agit il n est pas de la dignité de deux grandes puissances de pretér mais il peut etre de leur grandeur de donnér dans une proportion convenable. Nous voulons respèctivement conservér la paix, mais nous ne voulons pas egarér la confiance des Americains et les alienér tout a fait. Je ne vois q'un seul moien p^r conciliér ces deux objets, c est de compensér les rigeurs dont nous ne pouvons nous dispensér par des liberalités et de les enchainér par des largesses. Nous leurs interdisons la vente de leurs prises; nous ne voulons pas soufrir qu ils excedent dans nos ports les bornes du commerce permis. Ne seroit il pas politique de leurs donnér les moiens de se pourvoir ailleurs de ce que nous refusons de les fournir et ce qui est necessaire a leur resistance. Vous savés M. ce que nous avons fait pour eux pend^t le cours de cette année. Nos avances quoique considerables n'ont pas suffi a tous leurs besoins, ils en ont de grands a satisfaire. Nous aprochons d une autre année, si elle est marquée par la continuation de la guerre c est assurement ce qui pourroit arrivér de plus heureux aux deux Couronnes. Priés M. le Cte de Floride Blanche de prendre en consideration ce point de vue, et de pésér dans sa sagesse et dans son experience si quelques millions ne seroient pas une depense d'o'conomie. Ceci M. n est encore q'une idée qui m est particuliere, je ne m en suis point ouvert au Roi, parce qu elle aura infiniment plus de poids lorsque je la presenterai autorisée du sufrage du Roi C^{que} et de son ministere.

Vous voudres bien me repondre sur ce point de consultation par une lettre separée.

Toutes pacifiques que soient les aparances nous desirons bien sincerement que les ordres du Roi C^{que} puissent parvenir a la Vera Cruz a tems de prevenir l envoi dans une seule masse des richesses immenses que la flotte doit raportér. J ai peine a me rassurér sur la convoitise des Anglois.

J ai l h^r d etre avec un tres parfait att. M. etc.

Espagne, t. 586, n° 83.

1777. La manœuvre passagère de la démarche de Forth avait ainsi procuré au gouvernement de Louis XVI l'occasion et le moyen de donner cours à une tentative de concert effectif. Les faits accélérèrent presque aussitôt cette tentative. Au moment où l'on terminait l'expédition de la dépêche qui précède, M. de Vergennes et l'ambassadeur d'Espagne recevaient de la légation américaine un mémoire étendu, demandant définitivement à l'une et à l'autre cour, à défaut de leur alliance ouverte, de l'argent et les moyens de continuer la guerre sans elles. Devenu *Comité des Affaires étrangères*, le *Comité de correspondance secrète* du Congrès était trop excité par les difficultés et par la lutte pour ne pas éprouver beaucoup d'impatience, placé qu'il se trouvait trop loin de ses délégués et ne voyant arriver qu'assez inexactement leurs dépêches[1]. Il pressait ceux-ci d'obtenir une diversion de la France et de l'Espagne, ne pouvant prendre une juste idée des ménagements qui s'imposaient. Ces délégués écrivaient encore ensemble, le 8 septembre, que « rien n'était changé dans les résolutions à l'égard de l'Amérique, que les mêmes causes par eux expliquées déjà retenaient les deux cours, mais que les dispositions n'étaient pas moins favorables, l'irritation de l'Angleterre, d'autre part, moins vive en présence des pertes qu'éprouvait son commerce, de sorte que la guerre entre elle et les deux Couronnes ne devait pas paraître moins probable qu'auparavant ». Ils s'étaient adressés déjà sans beaucoup de résultat au roi de Prusse. On a vu qu'à la demande d'Arthur Lee, de laisser aux navires américains libre entrée et libre commerce dans ses États, Frédéric II, prudemment, avait fait répondre, après réflexion, sans consentir ni refuser, et ajourné à plus tard une faveur jugée par lui intempestive[2]. C'était le 24 avril. Le 1er mai, les trois commissaires signant « Commissaires plénipotentiaires des Provinces-Unies de l'Amérique »,

---

[1] Une grande partie des plis échangés entre la légation et le Congrès étaient détruits par les porteurs quand ils se voyaient près d'être pris par les croisières anglaises; il le dit à ses mandants. Ce n'était pas la moindre des causes qui empêchaient le Comité de se rendre compte de la situation.

[2] Voir *supra*, p. 345.

s'adressaient ensemble officiellement aux mêmes fins à M. de Goltz, et celui-ci se croyait fondé à mander au roi que cette démarche avait lieu « avec le consentement et peut-être uniquement par le conseil de la cour de France[1] ». Ils ajoutaient là à leurs premières demandes celle d'avoir à Berlin un représentant du Congrès. Frédéric, on le verra, faisait, à cette date, des avances suivies au cabinet de Versailles. Leur démarche actuelle lui était indiquée comme encouragée par ce cabinet, elle aurait dû trouver le prince bien disposé, et c'est pour cela que son ministre à Paris lui dévoilait cette origine. Le roi de Prusse n'avait pourtant pas tenu la seconde tentative pour plus opportune que la première. « Les Colonies se précipitent trop dans leurs « propositions pour en faire l'objet d'une négociation formelle, écrit-il « le 6 mai à son ministre des Affaires étrangères, chargé de donner la « réponse; leurs affaires sont encore dans une trop grande crise; aussi « longtemps que leur indépendance n'est pas plus affermie qu'elle ne « l'est à cette heure, tout commerce immédiat et sous mon pavillon me « paraît trop périlleux et sujet à trop d'inconvénients pour en courir « les risques. » Mais, cette fois aussi, il voulait ne les point « effarou-« cher » par un refus absolu; il renvoie à les accueillir au moment où, sachant qui l'emporterait d'eux ou de l'Angleterre, il s'en trouverait moins compromis[2]. Il mande le 12 à M. de Goltz qu'il recevra bien un envoyé, qu'il souhaiterait même beaucoup d'entendre ses propositions, mais que ce serait sans caractère public, ne pouvant agir autrement à moins de « heurter de front l'Angleterre et se brouiller ouvertement avec elle ». Le 23 juin, Arthur Lee apporte néanmoins à Berlin un projet de traité comme s'il n'eût pas douté de le voir admettre; le roi écrit à Maltzan, à Londres, qu'il n'est point entré en négociations avec l'envoyé, et au ministre de la guerre de garder la plus grande réserve avec celui-ci, « n'étant pas d'humeur, pour favoriser l'Amérique, à se brouiller avec l'Angleterre »; le même jour, il

---

[1] Circourt, *ubi supra*. — [2] *Ibid.*, lettre du 6 mai.

1777. demande à Goltz de lui faire savoir « le jugement des gens sensés en France sur le sort des Américains [1] ».

C'était sans doute de la politique sage, et l'on ne peut être surpris que Frédéric II ne signât point déjà, avec les Américains, le traité de commerce que la France elle-même n'avait pas encore consenti à conclure. Mais à Versailles aussi, on avait toutes les raisons pour attacher beaucoup de prix à la sagesse; on lui en attachait trop, même, aux yeux de l'opinion; on n'en agissait pas moins, presque ouvertement, et l'on faisait un peu agir l'Espagne avec soi. Franklin et ses collègues le reconnaissaient assurément tout haut, car ils le mandaient au Congrès. Leurs rapports demeureront les témoins irrécusables de notre concours, à ces dates où d'autres puissances dont, en Amérique, la participation a été vantée depuis comme très efficace, moralement au moins à défaut d'avoir pu être réelle, ne pensaient qu'à se réserver, dans la crainte du ressentiment de l'Angleterre [2]. La politique suivie par nous en faveur de ce pays restera attestée à l'histoire par ces rapports des commissaires de Passy. Ils disent ce que la France faisait pour les États-Unis quand personne en Europe ne pensait encore à les aider. Franklin nous avait qualifiés de « nation intri-

[1] Conférez les lettres de Maltzan des 3, 7 et 17 juillet. (Circourt, *ubi supra*.)

[2] C'est M. Bancroft, nous l'avons dit, qui a découvert la participation prétendue de l'Allemagne. L'Allemagne protestante est devenue sous sa plume (chap. II et III du tome X), par une sorte de descendance mystique à laquelle participent tous les grands Allemands depuis Luther, l'ancêtre et l'auteur véritable des États-Unis. Il s'est tant efforcé d'excuser Frédéric II de ce qu'il n'a pas fait, qu'il semble convaincu que ce prince a souhaité de pouvoir le faire. Dans un chapitre suivant, il est vrai, M. Bancroft a préparé un autre terrain de récrimination contre la France, et ses disciples paraissent s'y cantonner maintenant. A ses yeux, elle a déserté ses premières dispositions le jour où, l'Espagne marchant décidément avec elle, elle l'a soutenue pour limiter l'extension des Colonies à la ligne du Mississipi du côté de l'Ouest. Les écrivains d'histoire de ce moment-ci, en Amérique, ne contestent pas nos services de 1776 à 1779, mais ils considèrent leur pays comme dégagé de la gratitude par l'appui que nous aurions prêté aux projets espagnols pour resserrer la nation nouvelle dans les bornes des treize anciennes colonies. Leur reconnaissance est par suite pour l'Angleterre qui déjoua ces projets, et pour le roi de Prusse qui ne les servit pas. On peut voir à cet égard un fascicule récent de M. John Jay : *The Peace Negociations of 1782 and 1783*, composé pour le soixante-dix-neuvième anniversaire de la Société historique de New-York. (Fascicule in-8°; New-York, 1884.)

gante» à l'époque où il essayait de susciter contre nous la vieille animosité de l'Angleterre, pour amener celle-ci à accéder aux demandes des Colonies; à présent il fallait bien nous louer. Le 8 septembre, les commissaires écrivent au *Comité des Affaires étrangères* :

> Cette cour continue la même conduite qu'elle a toujours tenue depuis notre arrivée. Vis-à-vis de l'Angleterre, elle professe la résolution d'observer tous les traités, et la prouve en restituant les prises amenées trop ouvertement dans les ports français, en emprisonnant toutes les personnes qu'on surprend à s'occuper d'armer en France des vaisseaux contre l'Angleterre, en avertissant fréquemment de partir les vaisseaux américains, et donnant des ordres répétés contre l'exportation des munitions de guerre. A notre égard elle professe secrètement une réelle amitié, souhaite le succès à notre cause, ferme les yeux sur les secours que nous obtenons ici, pourvu qu'elle le puisse sans donner des sujets trop déclarés de plainte à l'Angleterre, nous fournit en secret une aide très efficace, et continue à se préparer à la guerre. Combien de temps ces deux rôles pourront-ils être joués à la fois et lequel prédominera à la fin, c'est ce qu'on peut se demander. Comme le véritable intérêt de la France est de nous empêcher d'être annexés à l'Angleterre, de façon que la puissance anglaise puisse être diminuée et le commerce français étendu, nous inclinons à croire que c'est vis-à-vis de nous qu'on est sincère, d'autant que le penchant unanime de la nation est manifestement en notre faveur; le fait de n'avoir pas encore commencé la guerre est expliqué par diverses raisons. Les traités qui subsistent entre les puissances de l'Europe, par lesquels elles sont obligées à aider ceux qui sont attaqués de préférence à ceux qui attaquent, ce qui est supposé faire quelque différence; l'insuffisance des préparatifs, l'éloignement des marins français dans leurs pêcheries et dans les Indes occidentales, le trésor attendu de la Nouvelle-Espagne avec le sucre des îles, tout cela, dit-on, a contribué à contenir le désir national d'une rupture avec l'Angleterre, rupture qui pourrait amoindrir sa puissance importune, accroître l'importance et la force de la France, et donner quelque satisfaction aux injures reçues lors du commencement déloyal de la dernière guerre.
>
> L'Angleterre aussi est exaspérée en voyant son commerce perdu passant à la France, la faveur que nos vaisseaux armés ont rencontrée ici, la détresse

où son commerce rèstant (est réduit) par nos croiseurs, jusque sur ses propres côtes; et cependant elle semble redouter de commencer une guerre contre ce pays et l'Espagne réunis, tandis qu'elle nous a déjà sur les bras. Dans une pareille situation, un accident fera probablement éclater la guerre plus vite qu'on ne le désire des deux côtés. En attendant, ce délai peut avoir pour nous ce bon résultat, que, récoltant toute la moisson du butin fait sur le commerce anglais (butin) qu'autrement la France et l'Espagne partageraient avec nous, notre puissance navale naissante trouve ainsi une nourriture assez abondante pour avoir grandi et devoir grandir en force d'une façon merveilleuse.

. . . .

Passy le 8 septembre 1777.

Diplomatic correspondence, t. I, p. 319.

Ils écrivent de nouveau le 7 octobre, en répondant à une suite de dépêches du Congrès de mai, juin et juillet, qui venaient de leur arriver ensemble : « Nous sommes aussi de votre sentiment en ce qui concerne les intérêts de la France et de l'Espagne relativement à notre indépendance; nous sommes persuadés qu'elles les voient aussi bien que nous, bien que des circonstances particulières les engagent pour le moment à différer les mesures qui sont propres à les assurer; elles continuent à tenir la même conduite que nous avons décrite dans notre dernière lettre, emportée par Wickes et Johnson, et dont nous envoyons une copie avec ceci, puisque Johnson ayant malheureusement été pris, a noyé ses dépêches[1]. » C'était pour céder aux nouvelles

---

[1] « Nous avons derniérement présenté aux « deux cours un mémoire pressant, exposant les « difficultés de notre situation et demandant que, « si elles ne pouvaient immédiatement faire une « diversion en notre faveur, elles fournissent « des subsides suffisants pour nous mettre en « état de continuer la guerre ou nous aidassent « de leurs conseils et de leur influence pour « conclure une paix avantageuse. Actuellement, « nous demandons, pour nous mettre à même « de remplir vos instructions, environ huit mil- « lions de livres. Des courriers, nous le savons, « ont été dépêchés à Madrid avec ce mémoire, « à la fois par l'ambassadeur d'Espagne et par « le ministre d'ici; et l'on désire que nous « attendions avec patience la réponse, attendu « que les deux cours doivent agir de concert. « En attendant, elles nous donnent de nou- « velles assurances de leur bon vouloir pour « notre cause, et nous venons de recevoir une « quatrième somme de cinq cent mille livres. « Mais on nous recommande continuellement

VERSAILLES, DÉCIDÉ, S'EFFORCE DE DÉCIDER MADRID. 561

instances du Comité que la légation, trouvant l'heure propice, avait adressé le 26 septembre, à l'une et à l'autre cour en même temps, un mémoire tendant d'abord à un nouveau secours de 8 millions de livres, puis à ce qu'on leur procurât l'achat de quelques vaisseaux de ligne[1]. A la date de leur pli du 7 octobre, ils savaient ce mémoire expédié à Madrid et par M. de Vergennes et par le comte d'Aranda. En effet, comme si le secrétaire d'État eût attendu ce nouveau factum des « plénipotentiaires », il en avait ordonné tout de suite une copie pour Ossun, et l'ambassadeur était chargé, par un pli privé, non seulement de la porter au comte de Floridablanca, mais de savoir confidentiellement de celui-ci l'opinion que Charles III et ses ministres auraient de ces demandes.

Ce pli constitue une autre étude sur la conduite que les deux cours devraient suivre maintenant. Le ministre y indique clairement qu'en principe, désormais, le roi est décidé en faveur de l'Amérique; le monarque s'occupe de se fixer sur la manière d'agir, toutefois il ne résoudra rien avant de connaître le sentiment et les intentions de son oncle. Évidemment on pensait alors, autant qu'on le désirait, amener Madrid à s'unir comme nous avec le Congrès.

A Versailles le 3 8bre 1777.

Lorsque je vous parlois M. dans ma depeche du 26. du mois dernier cottée 1ere de la convenance de donner des secours secrets aux Americains et que

---

« de garder sur les secours qui nous sont, ou
« peuvent nous être donnés, un profond secret,
« même à l'égard du Congrès, où l'on soup-
« çonne que l'Angleterre a des intelligences, et
« l'on désire qu'elle ne puisse avoir de preuves
« certaines à produire contre la France devant
« les autres puissances de l'Europe. La nécessité
« pressante où vous êtes d'être informés du vé-
« ritable état de vos affaires nous oblige à nous
« soustraire à cette injonction; mais nous sup-
« plions qu'on prenne bien garde que rien de

« tout cela ne transpire, non plus que les assu-
« rances que nous avons reçues que jamais on
« ne nous sommerait de rembourser ce qui nous
« a été donné déjà, soit en argent, soit en mu-
« nitions de guerre. Le grand désir ici semble
« être que l'Angleterre porte le premier coup,
« sans pouvoir en donner à ses alliés de bonne
« raison. » (*Diplomatic corr.*, t. I, p. 332.)

[1] *États-Unis*, t. 2, n° 145; texte anglais, signé des trois commissaires et daté de « Passy, « ce 25e de septembre ».

je vous priois de sonder M. le Cte de Floride Blanche et de savoir quelle pouvoit etre la façon de pensér et les dispositions du Roi C^{que} a cet egard, je n avois point encore recu le memoire des deputés americains que je joins ici. Le meme a eté remis a M. le Cte d'Aranda qui a du l envoier a sa cour par le courrier qu il a expedié le 27.

Je ne discuterai pas cet ecrit, la sagacité de M. le Cte de Floride Blanche en saisira facilement toute la valeur et les consequences, il y verra les deputés américains consternés et peut etre aigris des actes de rigueur dont nous n'avons pû nous dispensér et qu ils ont provoqués eux-memes en abusant trop a decouvert de notre tolerance malgré les avis qu on ne cessoit de leurs donnér; il y verra dis je ces memes deputés ne cherchér peut etre qu'a s autorisér d un refus de secours de notre part pour nouér une negociation de reconciliation avec leur mere patrie.

Si on pouvoit avoir la sureté qu en administrant ces secours la negociation n auroit lieu ni en Europe ni en Amerique je crois que M. le Cte de Floride Blanche n'auroit pas de peine a resondre la question qui se présente a la deliberation des deux Couronnes, car s il est interressant pour elles de faire prolongér une guerre qui forcant leur ennemi commun a des depenses extraord^{es} tres considerables, afoiblit et epuise ses ressources, il suit par une consequence tres naturelle que les moiens qu elles pourront aproprier a cette vûe en les suposant meme asses dispendieux seront cependant une veritable economie; si en prolongeant cette guerre, notre ennemi est asses afoibli pour ne pouvoir de longtems songer a troublér le repos des autres nations, les deux monarchies y auront gagné un etat de tranquilité et de stabilité qui compensera avec usure les depenses qu elles auront pû y sacrifier.

Je sens M. combien cette premiere sureté est difficile a acquerir. Elle ne pourroit reposer que sur les assurances d un gouvernement qui n a pas encore acquis asses de consistance pour que sa volonté determine invinciblement celle du peuple qu il regit. Nous pouvons croire que les moderateurs de l Amerique, ceux qui l ont portée a secoüer le joug de l Ang^{re} ne se determineront qu'a la derniere extremité a se raprochér de la mere patrie; ils auroient tout à perdre et a craindre, mais qui peut repondre que le peuple fatigué de ses disgraces et de son mal etre qui n'a d'autre interest que celui de vivre ne forcera pas la main a ses administrateurs pour une pacification. Il ne vient point de nouvelles depuis la prise de Ticonderago, et nous ne pouvons savoir l impression plus ou moins forte que cet evenement tres principal peut avoir faite sur les esprits. Nous ignorons aussi complettement quelle peut etre la destination du G¹ Howe.

Si cette reflexion a droit de nous frapér M. il en est une autre qui ne doit pas vous echapér, c est que si nous nous refusons a fournir aux Americains des secours secrets et dans une proportion convenable, le deffaut de moiens les necessitera a la paix et a subir la loi qu il plaira a l Ang^{re} de leurs imposér. Si celle ci instruite par son experience et par ses malheurs a la sagesse de ne leurs en prescrire que de moderées; si contente d une aparance de suprematie elle se les attache bien plus comme des alliés que comme des sujets conquis, l Amerique septentrionale sera aux ordres et a la disposition de l Ang^{re} qui y trouvera dans toutes les querelles qu elle pourra avoir avec les deux monarchies les facilités les plus grandes et les moiens les plus etendûs soit qu elle veuille des a present ou par la suite entreprendre sur elles. Je pourrois M. donnér plus d etendue a ces considerations, mais rien n echapera a la prevoiance de M. le Cte de Floride Blanche. Nous nous trouvons M. dans une singuliere alternative; si nous nous pretons aux demandes des Americains nous n'avons aucune sureté reelle qu ils ne se porteront pas a la paix, mais si nous nous refusons il y a aparence que nous les y contraindrons; cette derniere probabilité paroissant la mieux fondée elle semble devoir etre victorieuse; et il est bien difficile dans les grandes affaires de ne pas donnér quelque chose au hazard, surtout lorsqu'on ne peut formér ses resolutions que sur des conjectures.

Ces reflexions qui ont eté exposées au Roi, ont parû meriter son attention, mais avant de prendre une determination fixe Sa M^{té} a jugé devoir attendre ce que le Roi son oncle voudroit bien lui faire connoitre de sa facon de pensér; elle m'a autorisé en attendant a faire entendre aux Americains qu elle ne s eloigneroit pas de leurs continuer un secours pecuniaire proportionné a ses facultés, mais qu elle ne pourroit prononcér sur la quotité que lorsqu elle seroit informée des intentions de S. M. Cq͠ue.

Je debatterai comme de raison l etat qui est annexé a la suite de leur memoire et qui me paroit prodigieusement enflé; l art^e des 8 vaisseaux de ligne qu ils voudroient se procurér en Europe est une chimere que nous ne pouvons et ne devons pas admettre, et s il y avoit possibilité a l effectuer et que nous eussions les moiens d'y fournir nous nous assurerions de ces memes vaisseaux pour augmenter notre marine. Il est bien d autres articles susceptibles d observation.

Le tout bien examiné il semble q un secours de six millions si les deux Couronnes vouloient en prendre la charge seroit suffisant pour faire face a leurs besoins les plus reels. Le Roi ne s eloignera pas si le Roi son oncle est disposé a partagér cette charge a en prendre trois pour son compte. La condition qu il estimeroit devoir imposér pour ce secours purement gratuit, seroit 1° le secret le plus profond de la part des deputés, meme avec promesse de laissér ignorér au Congrès la source dont emaneroient ces liberalités. 2do l'engagement sacré que les deputés n'entreront dans aucune negociation p^r la paix a notre inscû et sans notre aveu. 3° que le payement de ce secours secret sera fait par quartier, et cessera au moment meme ou l on aprendroit que les Etats Unis seroient en negociation p^r la paix. Cette clause semble de droit, mais elle est d'autant plus essentielle a enoncér qu il pourroit arrivér que les Americains pressés par les besoins de la situation de leur pays donneroient des delegations sur cet assignat et que le banquier qui est l intermediaire entre eux et nous venant a les acceptér, la paix arrivant ou devroit manquér a ses engagemens ce qui le forceroit a en ebruitér la cause, ou reviendroit sur nous pour des indemnités qu il seroit difficile de lui refusér faute d avoir pris des precautions suffisantes.

Vous voudrés bien M. faire part de tout ceci a M. le Cte de Floride Blanche et le priér de vouloir bien nous communiquer confidement les veritables intentions du Roi son maitre ainsi que sa facon de pensér personnelle. Je lui serai obligé en mon particulier de vouloir bien me suggerér les precautions qu il estimera les plus convenables, enfin tout ce qu il croira propre a nous guidér dans ces circonstances veritablement difficiles et peut etre critiques.

Quand je parle de conditions a exigér des deputés americains, il ne peut etre question d'aucun acte reciproque par ecrit, le tems n est pas encore venù ou on pourra leurs engagér des signatures.

La proposition de faire ou de permettre un emprunt de 2. millions sterlings ne semble pas pouvoir convenir a la dignité et a la politique des deux Couronnes. Tout ce qui est ostensible doit s evitér.

Je dois vous observér M., que jusqu a ce moment nous avons beaucoup donné non seulement en argent mais en effets de valeur co° artillerie et munitions de guerre; ce n est pas ici le lieu d en faire l enumeration; mais une circonstance decisive pour les 2. Couronnes et encore plus pour l Espagne est l interest de la sureté de leurs possessions en Amerique l etendue immense de celles de l Espagne, et la difficulté de les garder toutes egalement semble ajouter quelque chose a l interest que nous partageons avec elle pour prevenir s il est possible que l Amerique ne retombe sous le joug de l Ang^{re}.

J ai l honneur d etre avec un tres parfait attachem^t M. V. etc.

Espagne, t. 586, n° 194.

Le cabinet de Louis XVI montrait donc ouvertement, à cette heure, comme étant aù-dessus des sacrifices déjà supportés et au-dessus de ceux qu'elles pourraient accepter encore, l'intérêt qu'avaient les deux Couronnes à empêcher la réunion à nouveau des Colonies à l'Angleterre, et il multipliait les moyens de convaincre le chef du cabinet de Madrid dans la crainte de le trouver froid. Pour amener l'Espagne à faire un pas de plus au-devant des Américains, toutefois, il eût peut-être fallu moins d'égards et de précautions; la correspondance de M. de Vergennes en était au contraire remplie. Écrivant à Ossun, une semaine après, à propos de félicitations que les réponses adressées à lord Stormont sur le départ des forces françaises pour Saint-Domingue lui valaient de la part de Charles III, il lui disait qu'il « ne pouvait qu'être très flatté et très reconnaissant de l'approbation que le Roi Catholique voulait bien donner à la manière dont il s'était expliqué; qu'il eût été bien dangereux à son avis de se prêter aux assurances auxquelles était autorisé l'ambassadeur anglais, dans quelque esprit d'ailleurs qu'elles fussent proposées; que c'était une maxime devenue triviale à force d'être ancienne que la seule manière solide d'être avec les Anglais et de pouvoir compter sur leur bonne foi est de se montrer à eux en mesure de ne pas les craindre et même de s'en faire respecter », et il ajoutait : « C'est à quoi doit infiniment contribuer la parfaite union des deux

Couronnes et les bonnes et sages précautions qu'elles prennent pour fortifier l'état de leur marine; nous ne perdons pas de vue ce dernier objet; vous pouvez bien assurer que, de notre part, il n'arrivera rien qui pourrait faire présumer que l'union périclite; nous ferons même tout ce qui est en notre pouvoir pour bien convaincre les Anglais qu'elle est indissoluble[1]. » Ce langage était sans doute propre à animer l'Espagne; mais en la mettant si bien à même de réfléchir, en affichant tant de respect pour l'opinion de son oncle de la part du roi, on plaçait M. de Floridablanca sur la pente, naturelle à son pays, vers les avis timorés et la préférence pour l'abstention.

Comme antérieurement, le successeur de M. de Grimaldi restait très libre et presque raide avec lord Grantham. L'ambassadeur anglais était devenu tout à coup un peu haut et menaçant, à propos de corsaires américains sous pavillon espagnol, à propos de Cunningham en particulier, qui séjournait au port de la Corogne. Or M. de Floridablanca s'était, avant tout, nettement déclaré d'accord avec nous sur les ordres donnés à cet égard, puis, après s'être plaint que l'Angleterre réclamât sans cesse et ne satisfît sur rien, il s'était exprimé sans ambages sur l'aveuglement d'une politique qui la mènerait à l'écrasement; il avait été jusqu'à dire, laissant l'ambassadeur « interdit », que, sincèrement désireuse de vivre en bonne harmonie, l'Espagne, après tout, « ne craignait pas la guerre et ne se laisserait ni endormir ni surprendre[2] ». A quelques jours de là, le 9 octobre, ayant repris sa

---

[1] *Espagne*, t. 586, n° 105.

[2] Ossun rendait compte comme il suit de l'entretien : « A St Ildefonse le 22 7bre 1777.
« — Monsieur, — J'ai eû l'honneur de vous « informer que Md Grantham a eû avant hier « une conference avec M. le comte de Floride « Blanche qui n'a pas été aussi aimable qu'à « l'ordinaire; cet ambassadeur a commencé par « se plaindre avec assez de hauteur de ce que le « corsaire americain Cunningham etoit encore « à la Corogne et de ce que les corsaires ameri- « cains prenoient le pavillon espagnol, il a dit « qu il voyoit bien qu il étoit inutile qu il fit des « representations, puisqu'elles ne servoient et « ne serviroient de rien, que l'Angleterre ne « pouvoit pas se dispenser de faire visiter tous « les vaisseaux espagnols et de prendre des me- « sures pour prévenir les torts qu'on lui occa- « sionnoit. M. de Floride Blanche lui a repondu « que l'Espagne avoit donné dans ses ports « les mêmes ordres que la France dans les « siens, que S. M. Cathe ne vouloit pas s'attirer

manière affable pour parler des inquiétudes de son gouvernement au sujet des renforts que la France expédiait aux îles, l'ambassadeur laissait entrevoir que cela amènerait l'Angleterre à en envoyer aussi et disait « qu'il faudrait supposer que la tête eut tourné au ministère britannique et à toute sa nation pour croire que, dans les circonstances présentes ils voulussent faire la guerre aux deux Couronnes »; à quoi le comte de Floridablanca avait répondu, à demi sérieusement, « qu'il y avait tant de fous dans le monde qu'il était prudent de se précautionner contre les folies », mais avait ajouté qu'au surplus « il ne pouvait que lui répéter que les armements de l'Angleterre seraient la mesure de ceux de l'Espagne, que si les Anglais envoyaient ultérieurement des forces maritimes en Amérique, l'Espagne en enverrait aussi, et que le ministère britannique devait avoir la même confiance dans les dispositions de la France et de l'Espagne que celles-ci dans

« l'inimitié des Anglo-Americains, mais qu'elle « rempliroit toujours avec exactitude a l'égard « de la Grande Bretagne les obligations que lui « imposent les traités, qu'au surplus il etoit « surpris que le ministre britannique se plai-« gnit que la cour de Madrid se refusoit à ses « representations, tandis qu'il ne lui donnoit au-« cune satisfaction par raport a differens griefs « dont elle s'étoit plainte, pas meme de reponse; « que si l'Angleterre prenoit des mesures, l'Es-« pagne en prendroit de son coté, enfin que « pour maintenir l'amitié et la bonne harmonie « il falloit que les bons procedés fussent reci-« proques. M^d Grantham a repliqué qu'il n'avoit « pas pretendu faire des menaces, qu'il n'avoit « pas un pareil ordre de sa cour, et qu'il avoit « parlé sur le ton de confiance et d'une fran-« chise amicale. Alors M. le comte de Floride « Blanche lui a dit qu'il devoit croire qu'il s'etoit « expliqué dans le meme sens et que pour lui « en donner une preuve, il le prioit de consi-« derer qu'il paroissoit que les Anglois se con-« duisoient depuis quelque tems, comme s'ils « avoient un bandeau sur les yeux, qu'ils s'etoient « mis imprudemment dans le cas de perdre leurs « colonies et le commerce considerable qu ils « faisoient avec elles, et qu'il ne leur restoit « qu'une chose a faire pour s'ecraser entiere-« ment, c'etoit de perdre le commerce immense « qu'ils faisoient avec la monarchie espagnole. « Que sans se donner de grands soins et sans « emploïer, pour ainsi dire, d'autres moïens le « Roi Cath^e feroit bien du mal a l'Ang^{re} par la « seule privation de ce commerce qui il passe-« roit a d autres puissances et particulierement « a la France tandis que dans l'etat actuel des « choses il etoit constant que si la France profi-« toit pour un, l'Angleterre profitoit pour trois; « enfin M. le Cte de Floride Blanche a terminé la « conversation en assurant à My^d Grantham que « Sa M^{te} Cath^e desiroit tres sincerement de vivre « en paix et en bonne harmonie avec l'Angle-« terre, mais qu'elle ne craignoit pas la guerre « et qu'elle ne se laisseroit ni endormir ni sur-« prendre et cet ambassadeur s'est retiré avec « l'air assez interdit. » (*Espagne*, t. 586, n° 77.)

568 VERSAILLES, DÉCIDÉ, S'EFFORCE DE DÉCIDER MADRID.

les siennes, y étant bien accréditée par la conduite des deux Couronnes qui n'auraient pas attendu jusqu'à ce moment à profiter de l'embarras où se trouvait la Grande-Bretagne, si elles avaient eu le projet de lui déclarer la guerre [1] ».

Quoi qu'il en soit, à laisser tant de latitude à l'Espagne, à croire utile de ne l'attirer que par gradation, à s'efforcer de paraître d'accord en tout avec elle, le cabinet de Versailles produisait un résultat différent de celui qu'il cherchait. Donner au premier ministre, comme il le faisait [2], la pensée que la démarche de l'Anglais Forth n'avait pas été sérieuse, n'était évidemment point une manière de le décider. Aussi le gouvernement de Charles III se renferme-t-il dans la réserve, à mesure que le ministre de Versailles tâche de l'en tirer. Ossun, de plus en plus facile à illusionner, se rend l'interprète empressé de cette retenue du cabinet du Pardo. Le 6 octobre, la dépêche du 26 septembre à peine lue, il se croit en droit de mander que l'on est d'accord parce qu'on reconnaît à Madrid, comme à Versailles, qu'il faut « mettre les choses au pis » et se garder plus que jamais; il explique que « l'on agira ensemble comme par le passé et que lorsque nos troupes seront débarquées aux îles, nos pêcheurs rentrés et le trésor de l'Espagne arrivé de la Vera-Cruz, on fera la guerre si l'on y est obligé ». C'était ce qui lui paraissait constituer l'accord. Il a soin de redire, d'ailleurs, que si la France avait été attaquée, l'Espagne aurait tout de suite engagé la guerre, mais qu'autre chose étaient des liaisons avec les Américains; que l'on sentait toute l'importance de captiver leur confiance; que si découragés semblassent-ils, toutefois, M. de Vergennes les convaincrait certainement à lui seul : « Ils ont fait demander par le comte d'Aranda des facilités pour un emprunt de 2 millions

---

[1] *Espagne*, t. 586, n° 115.

[2] Ossun le 6 octobre fait connaître la satisfaction qu'a exprimée ce ministre d'avoir tout de suite présumé un caractère douteux à la démarche de l'Anglais. C'est en accusant réception de la dépêche de M. de Vergennes, du 26 septembre; il écrit : « Il y a vû avec bien de la « satisfaction que vous pensez qu'il a jugé su- « perieurement la bale en ne regardant pas « comme serieuse la demarche asses etrange « du ministere Brit^{que} auprès de M. le comte « de Maurepas. » (*Ibid.*, n° 111.)

sterling, ajoutait-il; on pense ici qu'il appartient aux deux Couronnes de donner, non de prêter; s'ils doivent continuer la guerre la campagne prochaine, M. de Floridablanca engagera le roi son maître à voir ce qu'il sera à propos de faire à cet égard[1]. » Après l'arrivée du mémoire de la légation de Passy, notre ambassadeur ne tarde pas à être mieux fixé sur les intentions. Elles sont un peu différentes, par des raisons qu'il s'empresse de résumer en ceci, que « l'expédition d'Alger et celle de Buenos-Ayres ont coûté plus de 35 millions de livres, absorbé les réserves et que le monarque ne déterminera pas ce qu'il veut donner avant l'arrivée de 3 millions de piastres qui sont la part du Trésor dans la cargaison attendue du Mexique[2] ». Du reste, il transmet bientôt officiellement la réponse du cabinet de Charles III, et cette réponse n'est que la paraphrase de ce qu'il a tout d'abord annoncé. Dans un billet privé qui accompagne son pli, il expose qu'il « n'a pu engager cette cour à rien promettre, qu'elle est cependant disposée à donner 3 millions de livres en argent ou en munitions, mais pas du tout à fixer des époques et des quotités de payement; que M. de Floridablanca, obstiné d'abord sur ce point, avait à la fin consenti à porter la question devant le cabinet, à libeller l'opinion qui y serait émise et lui en avait remis l'exposé[3]. »

Cet exposé précisait le sujet avec beaucoup d'étude et de netteté, mais concluait avec une insignifiance complète. Il résumait l'objet des demandes et leurs motifs; il analysait les raisons d'y accéder indiquées par M. de Vergennes, celles de les écarter qu'avait le cabinet de Madrid, et, partant après cela de ce thème, commode, que les Américains étaient trop lancés pour ne pas aller jusqu'au bout, il expliquait que l'Espagne avait déjà beaucoup donné, comme la France; qu'elle s'était imposé et s'imposait encore, directement et indirectement, des sacrifices pesants; qu'elle s'exposait à la colère de la Grande-Bretagne; il aboutissait à une énumération d'avis négatifs, de conseils

---

[1] *Espagne*, t. 586, n° 111. — [2] *Ibid.*, du 9 octobre, n° 115. — [3] *Ibid.*, n°ˢ 132 et 138.

dilatoires, de promesses subordonnées au secret, aux précautions, à la préoccupation extrême de ne pas indisposer l'Angleterre. Voici les conclusions de son mémoire, que l'ambassadeur avait traduit lui-même pour l'envoyer à Versailles[1] :

> Le Roi Catholique est persuadé que tant que l'union subsistera entre les provinces de l'Amerique, elles ne prêteront l'oreille a aucun arrangement qui n'ait pour base l'indépendance, à moins que les armes britanniques ne fissent des progrès assez rapides pour les soumettre toutes, et c'est ce que nous ne pouvons éviter; heureusement cette crainte est encore très éloignée, à en juger par l'état de la campagne actuelle, et dans ces circonstances l'avis de Sa Majesté et de son ministère est que la politique des deux cours doit se réduire aux points suivants :
>
> 1° Faire connoitre aux députés les dépenses énormes dans lesquelles les deux puissances se sont engagées pour leur patrie et le fruit qu'elles en recueillent dès à présent.
>
> 2° Les encourager par de bonnes espérances et par des secours prompts et effectifs proportionnés aux facultés des deux cours, mais sans déterminer une somme fixe, quoique nous ne trouvions point de difficulté à ce que les deux Couronnes leur donnent la somme entière de six millions de livres tournois, pourvû qu'on nous donne du tems et que nous voyons que cela est necessaire pour la continuation des campagnes.
>
> 3° Leur recommander la prudence et la circonspection dans leurs discours et dans leur conduite, et leur représenter le danger de tout perdre par leur indiscrétion, dans la supposition qu'ils ne peuvent pas comprendre les motifs de la conduite des deux cours.
>
> 4° Leur faire connoitre combien il importe à leurs colonies plus qu'à nous de ne conclure aucun traité (quelque avantageux qu'il leur paroisse) dont la solidité ne soit fondée sur la protection et la garantie des deux Couronnes, ou sans un traité posterieur d'alliance avec elles.
>
> 5° Dissiper leur méfiance et leur faire voir combien il leur importe de ne pas nous en donner, à cause des recours auxquels leur perfidie pourroit nous

---

[1] Nous insérons les développements du mémoire à l'annexe II du présent chapitre.

obliger, et leur ajouter que la guerre dans laquelle ils voudroient peut-être nous engager à contretems pourroit leur être plus nuisible par la diversion de nos forces pour notre propre defense.

Les deux cours doivent aussi ôter pour le présent au cabinet anglois tout motif de plainte et faire en sorte de l'endormir et de le tranquiliser toutes les fois qu'on le pourra sans inconvénient particulier, mais sans cesser pour cela de se conduire avec dignité et fermeté dans les occasions qui l'exigeront, l'excessive condescendance ne faisant que rendre plus importune cette nation altière qui ne se montre jamais sensible aux procédés de l'amitié et de la moderation.

Enfin il paroît indispensable que chacune des deux puissances s'occupe avec la plus grande chaleur des préparatifs militaires et des mesures déja convenues, principalement de celles qui tendent à mettre leurs propres possessions en sureté. C'est tout ce que le ministère espagnol peut dire pour répondre à la confiance particulière dont Sa Majesté Tres Chretienne l'honore.

A l'Escurial le 17 8bre 1777.

Signé : LE COMTE DE FLORIDE BLANCHE.

Espagne, t. 586, n° 125.

Ainsi, le gouvernement du roi s'était plié à tout ce qu'avait souhaité l'Espagne, s'était ingénié à la prévenir, à la ménager, et elle ramenait d'une année en arrière la politique des deux cours. C'était presque se dérober. Mais le cabinet trouvait maintenant opportun d'agir, non plus de discuter. De tous côtés il s'entendait accuser de n'avoir pas eu la sagacité ou la résolution de saisir l'heure, d'avoir perdu volontairement cette « occasion, dont parlait M. de Vergennes en 1776, que les siècles ne reproduiraient peut-être plus ». Les adversaires du ministre à la cour le criaient autour du roi, les libellistes le répétaient au public avec véhémence, les représentants des autres cours jugeaient de même; M. de Goltz, à qui Frédéric II avait plusieurs fois écrit que la France laissait passer le moment favorable[1], informait son souverain,

---

[1] Voir notamment, *ubi supra*, ses lettres des 31 décembre 1776, 2 février, 8 et 11 septembre, 16 octobre 1777.

comme de choses positives, que cette politique craintive avait lassé le roi, altéré son humeur; que la reine lui remettait des notes du maréchal de Maillebois et du comte d'Estaing jetant le blâme sur les ministres. Les premiers à savoir le peu que valaient ces commérages, ces ministres étaient décidés, en réalité, et le roi autant qu'eux, à empêcher que la campagne actuelle de l'Angleterre contre ses colonies ne fût la dernière. Il ne paraît point qu'ils crussent avoir désormais besoin, pour cela, de succès de la part des troupes du Congrès, ou qu'ils comptassent en voir survenir. M. de Vergennes exprime des regrets de l'abandon de Ticonderago aux Anglais par l'armée américaine, la crainte que cet abandon ne soit suivi d'autres; il se demande même si, finalement, les Américains l'emporteront. On n'avait d'informations que par Londres, pas assez dès lors pour en tirer des pronostics, mais on ne considérait plus comme une nécessité d'en pouvoir faire d'heureux. On ne visait qu'à prolonger une lutte regardée comme très défavorable aux finances et au crédit de l'Angleterre et très avantageuse, conséquemment, en vue d'une autre lutte dont on ne doutait plus d'avoir à courir les dangers, mais dont on oserait affronter les chances[1]. Tout en appuyant sur les ménagements que

---

[1] M. de Vergennes écrit à Ossun le 2 septembre : « Nous avons reçu de Londres les « details et les suites de l abandon de Ticonde- « rago. Les insurgens se sont portés au fort « Edouard a la tête de la riviere du Nord autre- « ment de Hudson. Reste a savoir s ils y tien- « dront mieux qu'a Ticonderago c'est le coup « de partie, a moins que le general Burgoyne, « marchant par sa gauche ne veuille penetrer « dans la Nouvelle Ang^{rre}. Ce projet ne seroit « pas exemt des plus grandes difficultés. Nous « n avons pas au reste un mot de l Ang^{rre} qui « nous eclaire sur les dispositions sistematiques « de ce pays la. » (*Espagne*, t. 586, n° 9.) Et le 19 il mande aussi, dans une dépêche dont nous avons transcrit plus haut une partie : « Les deux Couronnes n etant pas disposées a « faire la guerre pour assurer l independance « de l Amerique, leur politique seroit pleine- « ment satisfaite si elles pouvoient inspirer assés « de confiance aux chefs de ce peuple pour les « amener a sentir qu ils ne pourront faire etat « de leur liberté qu'autant qu ils pourront etre « assurés de leur amitié et de leur garentie. « Mais c est un vrai probleme aujourd huy s ils « pourront conserver cette liberté p^r laquelle ils « sont armés, pris a revers par l armée angloise « du Canada tandis que le gen^l Howe l'attaque « de front, ont ils la force, l ensemble et la « direction necessaires p^r resister a cet orage. « Nous sommes ici sans nouvelles de ce qui « se passe dans cette region et hors de portée « de faire des combinaisons tant soit peu pro- « bables. » (*Ibid.*, n° 67.)

nous imposent notre situation propre et nos liens avec l'Espagne, le ministre ne cache, dans sa correspondance, ni la lassitude que l'on ressent de ces ménagements, à Versailles, ni le désir que l'on éprouve d'y échapper enfin par une attitude ouverte. Il écrit à Ossun le 17 octobre, à propos des entretiens récents de lord Grantham avec M. de Floridablanca :

J ai recû M. les lettres n° 107 a 109 que vous m aves fait l honneur de m ecrire les 22. 25 29 du mois d^{er}.

Nous voyons M. par le compte que vous rendes de la conversation du Lord Grantham avec M. le Cte de Floride Blanche que le ton des ambassadeurs d'Ang^{re} est a peu près le meme par tout arrogant et presomptueux. Enflés de leurs anciens succès ils se croient les maitres de la terre, et que toutes les puissances sont faites pour déférer a leurs volontés et à leurs caprices. La maniere dont M. le Cte de Floride Blanche a repoussé l'attaque de l'ambassadeur anglois doit le guerir de cette presomption, elle fait autant d honneur a la fermeté du ministre espagnol qu elle a dû etre humiliante pour son interlocuteur puis qu il a du recourrir après ses paroles et en modifiér le sens. Nous n'avons pas des argumens aussi pressans que l Esp^e a opposér à l'Ang^{re}. Celle ci n'a rien a perdre avec nous, aussi sommes nous dans le cas d ûser de plus de patiance, la mienne est parfois a de rudes epreuves et j avoue qu elle m'echaperoit si je ne me rapellois a tout instant que les circonstances des deux Couronnes exigent qu elles ne precipitent pas leur resolution. Il faut esperer que cette contrainte aura un terme, nous le voions pour ce qui nous concerne assés imminent. Nos troupes sont a la mer du 9. de ce mois, elles sont parties par un vent asses favorable pour nous faire esperer qu elles ne seront pas dans le cas de relaschér quand meme elles eprouveroient des vents contraires au large, et nos matelots pecheurs rentrent journellement et selon les aparances, seront tous de retour vers le commencement du mois prochain. Il est probable que le retour des flottes d'Espagne est bien plus éloigné. Celle de M. de Cevallos tardera meme tres considerablement si les ordres de retour ne lui sont envoies que lorsque le traité avec le Portugal aura recu sa derniere sanction.

Si je desire la fin de la contrainte dans laquelle les deux Couronnes se

trouvent ce n est pas dans des vues de guerre, je la crois toujours bonne a
eviter et si nous sommes asses heureux pour que les affaires de l Amerique se
balancant dans la fin de cette campagne obligent les Anglois a en faire une
quatrieme nous ne devons pas leurs envier la satisfaction de se detruire par
eux memes, mais je voudrois bien voir les deux monarchies dans une situation
asses favorable pour circonscrire les Anglois dans les bornes de la justice. S ils
ne reclamoient que l execution des traités nous la leurs devons, c est une dette
que nous ne pouvons refuser d'acquitter, mais ils vont plus loin et voudroient
nous extorquer des complaisances qui nous comprometant avec les Americains leurs serviroient de moiens pour accelerer la reconciliation; en un mot
que nous fissions ce qu ils n'osent pas faire eux memes, que nous traitions ces
memes Americains co^e des rebelles et des pirates. C est la precisement la matiere d un procès dans lequel nous sommes sans interest comme partie et dont
nous ne pouvons et ne devons en aucune maniere nous rendre les juges.

A Font^{e}bleau le 17 8bre 1777.

Espagne, t. 586, n° 128 [1].

Aussi le gouvernement du roi était-il préparé à répondre aux raisonnements dilatoires du cabinet de Madrid. Il ne voilera plus les
résolutions. Le roi, il l'annonce ouvertement, ne laissera point les
Américains sans secours. On ne fait, du reste, aucun reproche à l'Espagne; on voudrait la voir plus décidée, voilà tout : « C'est se tromper, mande le ministre, de croire que les Américains ne pourront pas
se lasser; on a trop souvent démontré le danger qu'il y a dès lors pour
les deux Couronnes à ne point détourner d'eux le découragement et
il n'est ni dans les principes ni dans les vues du roi de les y livrer.
Les moyens qu'il a indiqués sont ceux qui se trouvent en son pou-

---

[1] A quoi Ossun, qui ne devait pas guérir d'être porté à s'abuser, répondait comme il suit, le 31 octobre : « Je ne reponds pas, « Monsieur, à la premiere partie de votre dé- « pêche, relative à la conduite arrogante des « Anglois, à la rude epreuve où elle met sou- « vent votre patience, au desir extreme que « vous avez de voir bientôt les deux Couronnes « en etat de ne plus se prescrire une con- « trainte qui est encore necessaire, sans nean- « moins desirer la guerre; j'ai communiqué « votre facon de penser à M. le Cte de Floride « Blanche et je puis vous dire que la sienne « est absolument la meme. »

voir, il voudrait en avoir davantage à leur service; » en raison de l'hésitation de l'Espagne, le monarque se retient encore de dire dans quelle proportion il veut donner ses secours; il parlera prochainement; qu'Ossun, en attendant, insinue encore à M. de Floridablanca les considérations de nature à le toucher; qu'il mette ce ministre en garde contre « les raisons de finance, ennemies naturelles des raisons de politique »; la force de celles-ci leur assure toujours la victoire; « il s'agit de la cause éventuelle de l'humanité; si nous parvenons à faire user les Anglais dans la guerre qu'ils ont si follement entreprise, nous assurons aux deux monarchies une longue paix; une dépense de quelques millions serait donc la plus judicieuse économie ». Il faut entendre parler lui-même l'organe du cabinet du roi, avec la chaleur, avec l'éloquence de ses sentiments, désormais rendus à toute leur liberté :

A Font°bleau le 31 8bre 1777.

Le courrier que vous m avés renvoye M. m a remis les depeches n° 117 et 118. que vous m avés fait l honneur de m ecrire le 18. de ce mois. J ai depuis reçû par la poste ordinaire les n° 113 et 116.

Votre lettre du 9. en nous peignant la diversité d'avis qui regnoit dans le conseil d'Espagne touchant l assistance pecuniaire a donnér aux Americains, nous avoit preparé a la reponse que M. le Cte de Floride Blanche vient de nous faire passér par votre canal, mais nous n en sommes pas moins dans le cas de déplorér que les circonstances presentes de l Esp^e et ses embarras a la suite des depenses forcées auxquelles elle a eté tenûe depuis 2 ans ne lui permettent pas de se decidér affirmativement.

Nous sommes tres sensibles a l opinion que la cour d Espagne veut bien avoir de la sagacité et des lumieres du conseil du Roi, c est un sufrage que nous chercherons a justifiér, mais qui ne rend pas la tache qu elle nous impose moins penible et moins difficile. Elle veut que nous fassions par le ressort de la simple persuasion ce qu elle ne se dissimule pas elle meme qui ne pourroit etre que fort incertain a l aide des plus grands moiens. En effet si ceux que nous mettrions avec une sorte d'abondance dans la main des deputés americains ne lui paroissent pas une caution suffisante de la perseverance et de

1777. l attachement de leurs commettans, comment se flattér que nous les rendrons plus susceptibles de nos vûes et de l'attachement qu il seroit interessant de leurs inspirér lors que au lieu de secours effectifs nous ne leurs donnerons que des esperances eloignées dont l effet tardif equivaudra a un refus et que nous leurs presenterons comme secours des armemens passifs a leur egard, quoique dispendieux pour les deux Couronnes. S'ils obligent l Ang^{re} a une augmentation considerable de depense ils ne ralentissent pas le moindre de ses efforts contre l'Amerique.

Le memoire de l Espagne convient d une grande et importante vérité. Il etablit qu il est d'un interest majeur pour la France et pour l'Espagne que les Colonies demeurent indépendantes, ou au moins que leur guerre contre la metropole se prolonge asses pour afoiblir et usér les forces des deux athletes.

Ce principe posé il ne s agit plus que d'y raportér les moiens. Nous pourrions nous abusér si nous pensions que cette vaste machine ne peut plus s arretér dans son mouvement. Si l'amour de la liberté a fait naitre l entousiasme dont nous avons vû ce peuple enivré dans le principe, ses moderateurs et ses chefs ont eu besoin de beaucoup d art et meme d'artifice pour le soutenir et l'encouragér. Un de leurs ressorts les plus effectifs a eté de representér la France et l Espagne comme engagées au soutien de leur cause pretes a se declarér incessament. Si cette assertion gratuite a fait illusion pendant un tems, elle ne peut plus se soutenir maintenant que notre immobilité la dementie et que la sorte de rigeur dont nous sommes obligés d'usér pour reprimer l'abus que leurs corsaires faisoient de nos ports et de notre protection doit leurs faire jugér que l interest que nous paroissions prendre a leur cause est considerablem^t afoibli s il en existe encore quelque vestige. Rien n'est communement plus injuste que l interest particulier lorsqu il se voit froissé, et dans les democraties c est le cri de ce meme interest qui determine ordinairement la multitude. Si a ce premier signe d abandon se joint le denument des choses les plus indispensables pour la deffense, telles que le vetement et l armement des troupes comment ne pas aprehendér que le decouragement succede a l'entousiasme et que les chefs subjugués par la force du besoin public ne soient entrainés dans les resolutions qu ils redoutent et doivent le plus redoutér. Je ne m'apesantirai pas M. sur ces considerations et leurs consequences, elles ont eté si souvent discutées et debatues que la repetition ne pourroit que paroitre oiseuse. Ne nous dissimulons pas cepend^t que le mal etre est le plus grand obstacle a l union d une nation comme d une societé, et que ce sera bien contre notre gré et notre intention servir la cause de l Ang^{re} si nous abandonnons l Amerique a la rigeur de ses besoins.

Je ne concluerai pas M. que nous devons les satisfaire tous, la charge seroit par trop pesante, et vous pouves avoir remarqué dans mon expedition du 3 de ce mois que nous nous sommes fixés a ce qui nous a parû le plus indispensable. Le Roi desireroit que ses finances lui permissent de donner plus d etendue a ses liberalités, mais les depenses extraord^{es} et tres considerables dans lesquelles le retablissement accéléré de sa marine l engage prescrivent des bornes a sa munificence; nous ne nous reposons pas sur ce qui a deja eté fait, il reste encore beaucoup a faire pour porter notre marine au point ou elle doit etre, ce sera probablement l occupation de l'année prochaine.

Sa M^{té} ne s'etant pas encore decidée d apres la reponse que vous nous aves communiquée, je ne manquerai pas de vous instruire M. de la resolution du Roi aussitost qu il en aura pris une, mais comme il n est ni dans ses principes ni dans ses vûes de livrér les Americains au decouragement, j estime qu il sera a propos que vous continuies a insister auprès de M le Cte de Floride Blanche par voie d insinuation mais sans lui donnér copie de cette lettre, sur la convenance dont il est p^r l'Esp^e bien plus encore que pour la France d'aider autant qu il sera possible a prevenir les partis facheux auxquels cette nation decouragée pourroit se portér si elle se croioit abandonnée; faites lui considerer que l hiver est la seule saison favorable pour lui porter avec moins de risque les secours les plus urgeans dont elle peut avoir besoin; qu il seroit dangereux de se reposér uniquement sur les secours que le commerce peut lui donnér; les efforts que celui ci fait n ont pour motif et pour but que son profit particulier toujours trop extreme pour tenir lieu d un secours gratuit. Il est encore bon d'observér que le Congrès est d autant moins a portée de profitér de cette ressource que ne faisant allér la machine qu'a l aide du papier monnoye deja trop decrié, il n a point en main les matieres des echanges pour s aidér des secours du commerce. Representés enfin a M. le Cte de Floride Blanche que partout la finance est le contradicteur naturel de la politique, mais que la force des raisons victorieuses de celle ci lui assure communement le triomphe. Ajoutes que je le prie de ne pas se laisser refroidir par les obstacles. C'est la cause eventuelle de l humanité que nous plaidons; si nous reussissons a faire usér les Anglois dans la poursuite de la guerre qu ils ont si follement entreprise nous assurons aux deux monarchies une longue et glorieuse paix. Ce seroit bien le cas ou une depense de quelques millions seroit la plus sage et la plus judicieuse des economies.

Vous voudres bien au reste assurer M. le Cte de Floride Blanche que nous sommes parfaitement d'accord avec lui sur les mesures de circonspection et de prudence qu il nous recommande, que quoique nous fassions avec les Americains nous veillerons a ce qu ils ne puissent en abuser et nous compromettre, et que nos dons si nous leurs en faisons seront a terme avec la condition de les discontinuer du moment ou il y aura lieu a une negociation pour la paix.

Espagne, t. 586, n° 166.

Quelles idées; quels mobiles portaient la cour d'Espagne à cette retenue tenace? on le discerne imparfaitement. Charles III, qui s'était si vite montré prêt à se battre pour l'honneur de la maison de Bourbon, avait-il peur d'engager son royaume, le jugeant trop faible à cette heure? M. de Floridablanca voulait-il se créer avec l'Amérique une politique à lui, ou ne suivre qu'une politique dont les visées seraient assurées d'avance? Tout au moins ne tenait-il pas à paraître trouver que la direction partait trop de la France, que les informations, les plans venaient toujours de Versailles, ne laissant pas d'initiative au cabinet de Madrid et entravant sa liberté? Les autres ministres se guidaient sans doute sur ce qu'ils voyaient ou supposaient et se rabattaient sur l'intérêt de la paix, les finances de l'État, toutes les raisons banales qui sont le domaine des politiques secondaires. En tout cas, lorsque le premier ministre acceptait que chacune des deux cours envoyât quelqu'un aux colonies anglaises, il avait déjà pris les devants; il y avait expédié un commissaire « pour donner des nouvelles vraies de ce qui s'y passerait, écrit Ossun, des notions sur les vues et les dispositions du Congrès et des habitants ». M. de Floridablanca ne méconnaissait donc point qu'il y eût quelque chose à entreprendre. Le 20 octobre, il annonçait à Ossun que cet émissaire était déjà en Amérique[1]. Mais, en attendant, il cherchait dans des incidents de mer fortuits des motifs de résister. Une émotion éprouvée par le roi en aurait présenté un tout naturel; or cette émotion s'était produite. Les corsaires américains avaient capturé des navires espagnols. Ils en avaient pris aussi d'autres nations, des français même. Nous ne tirions pas grief de ces détails, qui échappaient forcément à la prévoyance. Mais à Madrid c'est tout de suite une grosse affaire. Le comte d'Aranda s'en plaint, Charles III fait suspendre le payement aux Américains d'une des sommes antérieurement promises, M. de Floridablanca y puise une raison majeure de ne pas céder à Ossun quand l'ambassadeur s'efforce de le persuader que l'Espagne doit donner dans la même proportion que la France. Autour de Louis XVI et de sa part, toutefois, le parti était pris de ne plus contredire l'Espagne. M. de Vergennes informe Ossun, le 7 novembre, du montant des secours que le monarque a décidé de fournir au Congrès; il le lui annonce en parlant comme il suit de l'envoi de l'émissaire espagnol aux Colonies :

L Espagne pouvant compter sur la personne qu elle a fait passer dans les colonies angloises ses informations et ses raports ne pourront etre que tres interressans. J'espere qu elle voudra bien nous faire part de ce qu elle recevra de cette partie; nous serons nous meme attentifs a l informér de tout ce que nous en aprendrons. Nous n'y avons encore personne, parce que rien n est plus difficile que de trouver des gens veritablement propres a cette commission.

---

[1] L'ambassadeur mande effectivement ce jour-là au secrétaire d'État : « Ce ministre, M. « m'a confié qu'il devoit y avoir a présent un « commissaire de sa cour dans les colonies « angloises parti des possessions espagnoles « en Amérique nommé Edouard, que c'étoit un « negociant qui avoit eté autresfois dans ces « memes colonies pour raison de commerce, « qu'il reunissoit toutes les qualités qu'on pou- « voit désirer pour remplir avec prudence et « dextérité la commission dont il etoit chargé « et qu'il y avoit aparence que d'ici a deux ou « trois mois il donneroit des nouvelles vrayes « de ce qui se passeroit la bas, et des notions « sur les vües et les dispositions du Congrès et « des habitans de ces colonies. Le nom d'Edouard « m'a d'abord fait juger que cet emissaire etoit « au moins Irlandois, mais M. le Cte de Floride « Blanche m'a dit qu'il etoit Espagnol. » (*Espagne*, t. 586, n° 139.)

Nous ne manquons pas de gens zelés, mais la pluspart visent a l importance, et ne sont pas doüés de toute la discretion qu'une pareille mission exige. Nous avons enfin trouvé un homme que je crois propre a la chose et que nous ne tarderons pas a expediér par la voie de St Domingue.

Je me suis reservé M. de vous instruire de la resolution que le roi prendroit en consequence de la demande de secours de la part des Americains; Sa M^{té} s est determinée a leurs faire payér dans le courrant de l année prochaine une somme de 3 millions de nos livres en quatre termes egaux. Je ne repeterai pas ici les conditions attachées a cette liberalité, elles se trouvent deja enoncées dans la correspondance respective.

A Fontainebleau le 7 9bre 1777.

Espagne, t. 587, n° 17.

Cependant, le sens politique de M. de Floridablanca lui faisait reconnaître en lui-même l'obligation pour l'Espagne d'agir comme la France. Le 12 novembre, il en était déjà venu à l'opinion qu'en effet il convenait de prêter assistance aux Américains; seulement, il ne voulait donner « que peu, en nourrissant leurs espérances[1] ». Trois jours après, il tâchait de sembler plus décidé; il avouait qu'il fallait donner par sommes successives et disait à Ossun qu'il insisterait en conséquence auprès du roi, à la condition, il est vrai, que « le ministre des finances n'y mettrait pas des obstacles insurmontables[2] ». C'était en recevant l'ambassadeur presque pour la dernière fois que le premier ministre lui tenait ce langage. Le comte de Montmorin y assistait; arrivé à Madrid au milieu de septembre[3], il participait depuis lors aux entretiens; le marquis d'Ossun avait, à cet égard, soigneusement répondu aux désirs de Versailles[4]. Le 10 novembre, celui-ci avait remis

---

[1] *Espagne*, t. 587, n° 27.

[2] Rapport d'Ossun, du 17 novembre. (*Ibid.*, n° 32.)

[3] M. de Vergennes écrivait à Ossun le 12 septembre : « M. le Cte de Montmorin m'a écrit de « Bordeaux le 6 de ce mois. Il devoit en partir « le 8 pour Bayonne et St Ildefonse ou je compte « qu'il sera avant ma lettre. Je vous prie de lui « faire mes complimens et de vouloir bien agréer « les assurances de sincere et inviolable attache- « ment avec lequel j ai l h^r d'etre, etc. » (*Ibid.*, t. 586, n° 48.)

[4] L'ambassadeur était pleinement en droit d'écrire à cet égard le 18 octobre au ministre : « J'ai communiqué, Monsieur, toute vôtre expe- « dition à M. le comte de Montmorin; il a assisté

VERSAILLES, DÉCIDÉ, S'EFFORCE DE DÉCIDER MADRID. 581

son service[1], et pris la route de France le 25. Ce n'avait pas été sans une vive impression chez Charles III. Le roi, écrit M. de Montmorin, « était touché par la pensée qu'il disait un adieu éternel à ce représentant de la cour de France, devenu pour lui un ami grâce à la longue durée de son séjour[2] ».

La politique ne pouvait regretter Ossun. Ses facultés, à toute époque ordinaires, étaient très affaiblies maintenant par l'âge et la surdité[3]. Dans les négociations dont l'Amérique faisait le fond depuis deux années, son insuffisance s'était montrée de bonne heure; la clarté d'exposition que son secrétariat savait donner souvent à sa correspondance n'en dissimulait pas le vide[4]. A la fin, elle n'était plus que reproduction ou paraphrase. Le marquis d'Ossun n'avait pas moins conduit cette grande affaire de l'Amérique jusqu'au bout de sa première phase; elle entrait dans une phase différente au moment où il partait. Il ne s'en allait pas, non plus, sans avoir à peu près achevé les deux autres négociations considérées par son gouvernement comme

1777.

« à mes conversations avec M. de Floride
« Blanche, et depuis qu'il est ici, j'en use de
« même pour les affaires dont je suis chargé.
« Je travaille à le mettre au fait de la cour, du
« caractère des personnes en place, et de ce qui
« peut concourir au bien du service de Sa Ma-
« jesté avec le même zèle et la même sincérité
« que s'il etoit mon frère ou mon fils. Au reste
« les bons procédés entre nous sont égaux, et
« j'espère que nous nous separerons avec une
« estime reciproque.
« Permettés, Monsieur, que je vous renou-
« velle l'assurance que vous pouvés sans incon-
« vénient me mettre promptement en état de
« quitter cette cour. » (*Espagne*, t. 586, n° 132.)

[1] Rapport d'Ossun, du 19 novembre 1777. (*Ibid.*, t. 587, n° 23.)

[2] M. de Montmorin mande à cet égard le 27 : « M. le marquis d'Ossun est parti mardi 25. Il « laisse ici les regrets et les amis que lui ont « attiré l'honêteté de son cœur et dix huit ans « de séjour; sa séparation d'avec le roi d'Es-
« pagne a été touchante; ce prince n'a pu, sans
« émotion, dire un adieu vraisemblablement
« éternel, à un ami de 25 ans : ce sont ses
« termes. » (*Ibid.*, t. 587, n° 61.)

[3] Le représentant du roi de Prusse à Paris écrivait à son souverain, au sujet du remplacement de l'ambassadeur : « Dans quelques mois « d'ici le Cte d'Ossun demandera son rappel et
« entrera au conseil pour que cela n'ait pas l'air
« d'une disgrâce. Cet homme est absolument
« une non-valeur; borné de tout temps, une sur-
« dité depuis quelques années le rend presque
« imbécile. » (Paris 24 août 1777. Circourt, *ubi supra*.)

[4] Il avait pour secrétaire un M. d'Olhaberriague, Gascon comme lui ou Basque, qui fut désigné pour le consulat de Santander; mais son ambassade était bien montée en commis qui lui avaient été fort utiles, M. Bourgoing, notamment, qui fut secrétaire du comte de Montmorin.

des accessoires nécessaires : la fixation des rapports de l'Espagne avec Alger et le rétablissement de liens bienveillants de la part du Portugal vis-à-vis de la France. Au sujet d'Alger, le gouvernement de Charles III avait tourné court, après la retraite de M. de Grimaldi. Dès la fin de mai, M. de Vergennes apprenait du comte d'Aranda que « S. M. Catholique, sensible à la bonne volonté de la France, préférait l'état de guerre à celui de paix avec les Barbaresques ». Le ministre avait alors recommandé le silence à son ambassadeur, ne pensant plus à « désirer pour la cour de Madrid autre chose que ce qu'elle voulait elle-même[1] ». Bientôt on s'était expliqué à cet égard des deux parts. Dans une lettre particulière, le 23 août, avec un peu de véhémence, il en convient, et non sans des récriminations semblant accuser la France d'avoir introduit dans la Méditerranée des marines rivales au détriment de son pays, M. de Floridablanca exposait longuement au ministre français que l'intérêt de l'Espagne était de réduire les régences barbaresques à demander la paix à force de croisières contre leur contrebande de guerre, non de la rechercher auprès d'elles; que ces régences restaient le lieu où l'Angleterre jetait des armes, des munitions, des provisions navales, même des soldats destinés à servir contre la monarchie; qu'en vue de l'avantage commun, afin de favoriser la marine espagnole et de la rendre libre pour combattre avec la marine française, il n'y avait qu'à bien déterminer ce qui serait ou non regardé comme contrebande de guerre sous le pavillon français[2]. A quoi M. de Vergennes répondait, directement aussi,

---

[1] Dépêche du ministre, du 21 juin 1777 (*Espagne*, t. 584, n° 140) et rapport d'Ossun, du 15. (*Ibid.*, n° 113.)

[2] *Espagne*, t. 585, n° 139; traduction de la main de M. de Vergennes. Le ministre avait souligné les dernières lignes. On y lit ce qui suit : « Les pirateries de ces regences et spe- « cialement des Algeriens se sont toujours ac- « crues pend' nos guerres avec l Ang^{re}, ces bar- « bares se fiant a l abri des escadres angloises « et a la plus grande difficulté que nos bati- « mens avoient de croiser, de la une division « considerable de nos forces et de nos depenses « devant destiner une grande partie de celles ci « aux batimens legers propres a la course, de « maniere que si en tems de paix nous main- « tenons trois escadres de chebecs, deux de ga- « liotes et quelques fregates contre ces pirates « nous devons augmenter cette dépense dans « un cas de rupture avec les Anglois. »

le 24 septembre, que « les ordres donnés aux commandants espagnols en croisière suffisaient au roi; que, loin de jalouser l'Espagne dans la Méditerranée, celui-ci s'était offert de contribuer à faire cesser les déprédations dont cette nation souffrait de la part des Barbaresques et nous comme elle; qu'à défaut des sentiments respectifs des deux monarques notre système politique nous en eût fait un précepte; que quelque étendues que fussent ses côtes, la France ne pouvait prétendre à jouir exclusivement de la mer, mais si fait à resserrer la jouissance que voulait s'en arroger l'Angleterre, et que l'un des moyens était de borner la navigation de cette puissance dans la Méditerranée; que cela nous avait conduits à ne jamais user de notre influence sur les régences barbaresques pour contrarier les traités passés entre celles-ci et des puissances secondaires avec lesquelles nous avions peu de rapports; à plus forte raison ne devions-nous pas penser à agir différemment pour l'Espagne; le Roi Catholique voulait s'en fier à ses seules mesures pour amener Alger à lui demander la paix, nous ne pouvions que lui souhaiter de réussir ». Avec la fermeté la plus courtoise, M. de Vergennes opposait ainsi qu'il suit la droiture d'intention du gouvernement français aux allusions indirectes que le comte de Floridablanca avait paru rechercher :

Nous avions proposé le moien que nous jugions le plus propre a faire cesser les incommodités sans cesse renaissantes de la part d'Alger, le Roi votre maitre en a jugé différemment, S. M. C^{que} ne veut s en raportér qu a ses seules mesures du soin d amenér cette regence a lui demander la paix, nous ne pouvons faire que des vo'ux pour le succes de son genereux dessein. Si nous avons demandé des explications ce n etoit pas dans la vue de le contrariér, et de favorisér un commerce que V. Ex^{ce} qualifie de miserable que je nommerois odieux s il existoit. Mais independament que le transport des munitions de

« On peut dire que ces forces considerables « sont perdues quant a l effet de s en servir « contre l Ang^{re} et la France ne peut voir tran- « quillement qu on afoiblisse un bon allié pour la « miserable et fausse politique de q$\bar{q}$ues personnes » de peu de talens qui peuvent entrevoir l avantage « du commerce francois dans la ruine de celui « d Esp^e dans la Mediterranée. »

guerre de France en Barbarie est rigoureusement deffendu et surveillé, nos ports de la Mediterranée ne sont pas suffisament fournis en munitions navales pour qu elles soient un objet de speculation p^r nos negocians; ce n est pas la aussi ce qui excite nos craintes, mais il arrive souvent que les Turcs voulant envoier aux regences differentes munitions forcent nos batimens marchands sans que la reclamation de l ambassadeur et des consuls puisse l empecher. C est une vérité de fait dont je puis deposér parce que j en ai fait plus d une fois l experience.

V. Ex^{ce} voit par les depredations des Algeriens qu il n est pas sans inconvenient de se compromettre avec eux. Ces gens la n ont rien a perdre et tout a gagner dans une guerre que nous aurions avec eux. Notre commerce et notre navigation en Levant leurs procureroient des prises faciles et nombreuses qui compenseroient et bien au dela la perte de quelques corsaires qu on pourroit leurs enlever. Si nos pertes pouvoient tourner a l avantage de l Esp^e nous serions dans le cas de les moins regretter, mais le jour que nous nous brouillerons avec Alger les Anglois toujours attentifs a profitér de nos fautes s empareront du privilege de la comp^{ie} d'Affrique qu ils travaillent depuis longtems a nous enlevér; maitres de cette importante plus que riche branche de commerce ils auront un aliment de navigation qui leurs donnera l avantage et la superiorité dans la Mediterranée qu il est d un interest commun de ne pas leurs laisser prendre.

Je n entre dans cette discussion, M. que pour ne vous laisser rien a desirér touchant les motifs qui nous obligent a des menagemens envers Alger; croies qu ils sont souvent penibles mais s ils exigent quelques sacrifices de notre part ce ne seront jamais de ceux qui pourroient portér le plus leger prejudice a l'Espagne. Nous tiendrons soigneusement la main a ce que nos negocians et nos marins ne se permettent aucun abus dont il y auroit lieu de se plaindre et si cela arrivoit ils seroient severement punis, mais je prie V. Ex^{ce} de faire recommander aux commandans espagnols d executér les ordres de S. M. C^{que} avec le meme esprit de justice et d'impartialité qui les a dictés.

24 7bre 1777.

Espagne, t. 586, n° 80.

Les choses devaient en rester là relativement aux régences et à Alger, à part quelques tiraillements dans l'exécution. Du côté du

VERSAILLES, DÉCIDÉ, S'EFFORCE DE DÉCIDER MADRID.

Portugal, elles avaient eu un meilleur résultat. M. de Vergennes s'y était d'ailleurs attentivement employé. Sans cesse en éveil sur l'intérêt de l'Angleterre à empêcher l'accord entre Lisbonne et Madrid, sur les intrigues qu'elle menait dans cette vue, il les dévoilait et les raisonnait minutieusement avec l'ambassadeur pour le guider dans ses entretiens[1]. Le 22 août, les deux cours n'avaient plus qu'à s'entendre sur des objets secondaires. Mieux inspiré à cet égard que dans la question de l'Amérique, et malgré l'obligation où il était de ne procéder que peu à peu, à cause des défiances suscitées par l'Angleterre dans le sein même du cabinet portugais[2], M. de Floridablanca s'était montré sans cesse favorable aux désirs de la France. M. de Vergennes exprime bien le regret que les convenances des deux parties les eussent empêchées de nous demander d'intervenir dans leur accord, mais il s'en fiait, non à tort, à l'amitié de Charles III et à l'intérêt du Portugal pour nous voir rendre par ce pays les facilités de commerce que nous y avions perdues[3]. Aussi complimentait-il en toute sincérité le ministre espagnol, lors des premières signatures de la paix[4], et, chargeant Ossun d'en féliciter officiellement le roi, il reconnaissait très sincèrement la nécessité de ne point « brusquer les avantages que nous pouvions nous promettre de l'intelligence heureusement établie entre les deux cours[5] ». Bientôt un des ministres portugais confiait au marquis de Blosset, notre ambassadeur, que sa cour ferait

1777.

---

[1] Dépêches à Ossun, des 1 et 15 août, notamment. (*Espagne*, t. 585, n°ˢ 85 et 116.) Dans une dépêche du 8 août (*Ibid.*, n° 95) sur d'autres sujets, il s'empresse de mander accessoirement à l'ambassadeur : « Je vais m occuper « du redressement des art.ˢ de la convention « de 1774 qui ont besoin d explication et de « reforme, et j y travaillerai avec d'autant plus « de plaisir que c est avec bien du regret que « j ai du signer une convention qui m'a tou- « jours paru tres nuisible a la liberté du com- « merce. Ce sera le cas de convenir de la valeur « du mot *Especes*. »

[2] Il l'explique lui-même au début de son pli privé sur Alger, que nous analysions tout à l'heure.

[3] Dépêche du 29 août. (*Ibid.*, n° 160.)

[4] Lettre particulière du 24 septembre au comte de Floridablanca : « Ce succès sera à « jamais un monument glorieux de la magna- « nimité du Roi, v. maitre et de votre sagesse, « de votre prevoiance éclairée et de votre habi- « leté. » (*Ibid.*, t. 586, n° 80.)

[5] Dépêches à Ossun, des 19 et 26 septembre. (*Ibid.*, n°ˢ 67 et 84.) « La cour de Lisbonne, « écrivait-il dans cette dernière, a regardé trop

avec celles de Versailles et de Madrid un traité tout aussi vite qu'elle venait de conclure la paix, si celles-ci ne demandaient rien de contraire aux engagements politiques et commerciaux de son pays avec la Grande-Bretagne. L'insinuation semblait réaliser nos espérances; le gouvernement de Louis XVI se retient néanmoins. Son représentant à Lisbonne entretiendra les bonnes dispositions qui lui ont été montrées, mais ne donnera pas ouverture à une négociation; le roi ne veut rien entamer à cet égard que de concert avec son oncle. Déjà le ministre avait développé à Ossun toutes les considérations que la proposition suggérait; à la veille de partir, le vieil ambassadeur, accompagné du comte de Montmorin, avait pu les présenter à M. de Floridablanca et, ainsi, former le premier anneau du lien qui devait bientôt rattacher les trois cours. Il en informait le 31 octobre le ministre, qui, dans une de ses premières dépêches au comte de Montmorin, approuvait avec empressement ce qui s'était dit[1].

Au moment où tous les différends des deux cours de Madrid et de Lisbonne furent enfin réglés[2], la reine de Portugal vint voir son frère. L'ambassadeur d'Angleterre prétendit avoir le pas sur celui de la France, lors de l'audience de cette souveraine; mais l'amitié que Charles III portait au marquis d'Ossun lui évita de subir une compétition qui aurait paru l'amoindrir; le monarque le présenta à l'heure même de l'arrivée de la reine à la cour, honorant une dernière fois

« longtems l Ang^{re} comme un egide dont elle
« ne pouvoit pas se passer pour espérer qu elle
« veuille et puisse s en separer : le lui faire en-
« trevoir ce seroit l effaroucher. Mais lorsqu elle
« s eclairera sur sa position elle sentira que for-
« tifiée de l alliance de l Esp^e et de l amitié de
« la France, loin d avoir a craindre les ressenti-
« mens de l Ang^{re} elle en eprouvera au contraire
« plus de menagemens et d egards. D'ailleurs il
« ne doit jamais etre question de separer entie-
« rem^t le Portugal de l Ang^{re} et d exclurre celle ci
« du commerce de ce royaume, ce que nous
« demandons est qu il ne soit pas exclusif et

« l interest du Portugal bien entendu est de
« nous l accorder. »

[1] Nous reproduisons ces pièces à l'annexe III du présent chapitre. Elles complètent celles qui ont été transcrites en partie sur ce sujet dans le cours du chapitre précédent, p. 435 et suiv.

[2] C'est fini avant le 7 septembre; à cette date, M. de Vergennes écrit de Fontainebleau à Ossun que le secrétaire de l'ambassade d'Espagne vient de lui communiquer le traité qui terminait tout, le traité relatif aux limites respectives des deux cours dans l'Amérique méridionale. (*Espagne*, t. 587, n° 18.)

par cette attention particulière les longs services du représentant de la France[1]. M. de Vergennes mandait le 7 à ce dernier : « Les affaires entre l'Espagne et le Portugal ayant abouti à une heureuse conclusion, M. le comte de Florideblanche ne penserait-il pas qu'il est temps de travailler à rendre l'intelligence et le concert communs aux trois puissances? » Ce fut, en effet, ce qui eut lieu. Le marquis d'Ossun terminait donc sa carrière à Madrid avec l'honneur d'avoir conduit heureusement, jusqu'au seuil de sa phase essentielle, cette négociation que le gouvernement de son souverain tenait pour un des fondements de sa politique.

La susceptibilité du roi d'Espagne au sujet des dommages causés par les corsaires américains eût été un grave obstacle aux demandes de Franklin et de ses collègues. M. de Vergennes avait immédiatement pressé la légation d'apaiser par des supplications et des réparations une irritation qui eût enrayé ses efforts. Il avait obtenu d'elle les démarches nécessaires[2]. Mais il ne s'occupera plus, désormais, de

---

[1] Félicitant l'ambassadeur de cet « expédient » du roi, le 10 novembre M. de Vergennes ajoute : « Je vous avoue que ce n'est jamais sans surprise que j'entens parlér d'une pretention qui est on ne sauroit plus moderne et je me flatte que les Anglois se contenteront de l'enoncér vaguement sans jamais entreprendre de la realisér. »

[2] La lettre d'excuses des commissaires porte la date du 27 novembre, elle est signée d'eux trois. (États-Unis, t. 2, n° 142.) Tous les états maritimes se plaignaient alors des corsaires américains; la légation le mande au comité le 30 novembre en grand détail; le roi de Prusse joindra bientôt ses récriminations à celles de la Hollande et de l'Espagne. La légation insiste pour que le Congrès répare dans toute la mesure légitime les dommages causés; elle reconnaît que « l'affaire espagnole a eu de très mauvais effets »; elle a fait tout ce qui était en son pouvoir pour prévenir de tels accidents à l'avenir, etc. (Passy, 30 novembre 1777, Diplom. corresp., t. I, p. 343.) M. de Vergennes, le 7 novembre, avait écrit là-dessus à Ossun : « Autant les deputes americains se montrent reconnoissans de ce nouveau temoignage de la bonté du Roi, autant sont ils consternés de l'avis que je leurs ai donné qu'ils ont encouru l'indignation de Sa M^té C^que. Vous aurés sans doute entendu parlér de la prise qu'a fait un de leurs corsaires du navire francois Le Fortuné qui alloit de Londres a Cadix qu'il a envoyé en Amerique. La plus grande partie de sa cargaison etant pour le compte des marchands espagnols, le Roi C^que sensible a leurs justes plaintes pretend non seulement la reparation de cette offense, ce qui est tres en regle, mais meme vouloir suspendre ses bienfaits jusqu'à ce que la satisfaction soit assurée. C'est du moins ce que j'infere d'une lettre de M. le Cte de Floride Blanche du 23 8bre a M. le Cte d'Aranda qui m'a été communiquée.

« Si les deputés americains deferent au conseil que je leurs ai fait donner ils ne tarderont

réitérer au successeur d'Ossun les raisonnements de ses dépêches précédentes. Le 3 décembre, il accuse réception des derniers rapports de l'ambassade et, changeant le terrain, il explique à Montmorin qu'il « appartient à l'Espagne de proposer les vues, à l'avenir, puisqu'elle nous a avertis des considérations qui la dominent ». Seulement, il ne renonce pas à signaler au cabinet de Charles III les circonstances propres à frapper son esprit. Il s'empresse d'emprunter aux débats de l'adresse dans le Parlement anglais l'occasion de marquer, plus vivement qu'il ne l'avait fait encore, la pensée qu'a le gouvernement du roi d'être réellement menacé par l'Angleterre, et sa résolution définitivement prise d'affronter ces menaces, contre lesquelles l'opinion en France, écrit-il, est « unanime »; il ajoute qu'« elles indignent les plus calmes; les représentants étrangers ne peuvent s'étonner assez qu'on les émette; c'est un oracle fatal; ayons-le bien gravé devant nos yeux et préparons-nous ». Il prescrit à l'ambassadeur de présenter au comte de Floridablanca le tableau qu'il vient de peindre, afin de démêler, à l'impression de ce ministre, ce qu'au fond, le cas échéant, il serait porté à concerter :

A Versailles le 3 x^{bre} 1777.

J ai recu M. les cinq lettres de M. le Mis d'Ossun n° 126 a 130. des 13 et 17 du mois dernier. Je vais parcourir les articles qui peuvent demander explication de notre part.

Nous voyons avec satisfaction que M. le Cte de Floride Blanche revient a

« pas a faire toutes les soumissions convenables « p^r flechir le ressentiment du Roi C^{que} et ils ne « perdront pas un seul instant a prendre les « mesures les plus sures pour faire reparer le « prejudice causé aux sujets espagnols. Ils ont « un si grand interest a ne pas mecontenter les « deux Couronnes et a ne pas se priver de leur « protection qu on peut croire que leur zele ne « sera ni equivoque ni infructueux; mais comme « les effets n en peuvent etre ni immediats ni « meme bien prochains il seroit bien a desirer « que le ministere d Esp^e considerant que ce « qui est arrivé est la faute d un simple particulier, n en rendit pas responsable la generalité de la nation et ne lui retranchat pas des « a present des secours dont le besoin est imminent. C est ce que je vous prie M. de vouloir bien representer avec votre sagesse ordinaire à M. le Cte de Floride Blanche. Vous « sentirés de vous meme que c est matiere a « conversation et non occasion d'office. » (*Espagne*, t. 587, n° 17.)

notre facon de pensér sur la necessité des secours pecuniaires a donnér aux Americains et que la somme de 3 millions de livres a laquelle nous nous sommes fixés ne lui paroit pas exorbitante. Sa conviction bien etablie nous nous confions dans la force de son raisonnement pour triomphér des obstacles que la parcimonie financiere peut lui oposér, et pour flechir le ressentiment que le Roi C^{que} peut encore conservér de l'acte de piraterie q'un corsaire americain a commis au prejudice des marchands espagnols. Les soumissions que les deputés americains doivent avoir faites et les assurances qu ils ont données de faire reparér ce grief en auront j'espere etouffé le sentiment et ranimé les heureuses dispositions de Sa M^{té} C^{que} p^r protegér la cause americaine.

Si nous pouvions meconnoitre un seul instant M. l interest que nous avons a nourrir et a prolongér les troubles de l Amerique, les Anglois nous en aviseroient eux memes. Si le courrier de l Europe qui s'imprime en françois a Londres est connu a Madrid, faites vous representér la feuille n° 54. du 21. au 25. nov^{bre}. Vous y trouverés M. le commencement des debats que la harangue du roi d Ang^{re} a excités. Je ne m'arreterai pas au discours du Lord Chatham quoique tres remarcable; mais le plus digne de toute notre attention est celui du Lord Sandwich. Ce Lord membre du conseil veut bien donnér quelques legers eloges a nos intentions, il convient meme asses franchement que dans l etat present des choses ce seroit folie de proposér la guerre contre la maison de Bourbon mais bientost se livrant a toute l arrogance angloise il ajoute. *Le tems viendra peut etre ou l on pourra obtenir de la France et de l'Esp^e une reparation complette des insultes que nous pourrions avoir recúes.*

Voila donc le salaire de nos complaisances et de nos bons procedés! On nous epargne dans ce moment parce qu on ne peut pas faire mieux, mais le tems viendra ou l indignation prendra la place de la dissimulation et pour tout dire ou on se vangera de notre temerité d'avoir osé réedifier notre marine.

Si le fatal oracle echapé au Lord Sandwich qui nous explique si bien les dispositions secretes du conseil B^{que} ne nous sert pas d'avis et de conseil je ne vois plus rien qui puisse nous eclairér. Je remarque avec plaisir M. que les gens les plus phlegmatiques ici en sont profondement blessés et vivement indignés, il n est pas jusqu'aux ministres etrangers qui ne peuvent en cacher leur etonnement. Il seroit bien interressant de savoir quelle en sera la sensation a la cour d Esp^e. Gravons ce fatal oracle en caractere ineffacables non pour precipitér nos resolutions mais pour nous tenir en etat d en prendre une lorsque nos circonstances respectives nous y inviteront. Tachons de n etre ni prevenûs ni surpris, cela pourra nous arriver cependant si nous attendons que les differens de l Amerique soient assoupis ou conciliés de quelque maniere que ce puisse etre. Ce sera pour lors que nos regrets seront aussi vains que tardifs.

Voiés M. a presentér ce tableau a M. le Cte de Floride Blanche avec dextérité et suivés sans affectation l impression qu il peut lui faire. Il s agit moins de lui proposér un parti et de l'y determinér que de demeslér le but vers lequel il seroit disposé a se porter de lui meme. Nous ne sommes plus dans le cas de rien proposér a l Esp^e, nous sommes enchainés par les considerations qu elle nous a confiées, c est desormais d elle que nous devons attendre le mouvement plus tost que de vouloir lui donnér, mais il seroit desirable de penetrér a l avance ce qu elle peut se proposér de faire lorsqu elle sera libre des entraves qui ont forcé sa circonspection. Ne nous confions pas si absolument M. sur le langage pacifique du roi d Ang^{re} que nous ne soions prets a tout evenement. Le stile entortillé de sa harangue peut tres bien n etre q'un leure pour nous endormir et pour se menagér la facilité de nous surprendre. Si on disseque son discours on trouve qu il peut tres bien ne pas dire ce qu il paroit dire et l'on se fortifie dans ce soupcon en admettant comme commentaire le discours du Lord Sandwich. Ce qui ne l afoiblit pas est la disposition des croisieres des Anglois. Nous avons avis de huit vaisseaux dans le golphe de Biscaye. S ils y sont dans l intention de saisir ceux de nos batimens qu ils jugeront destinés pour l Amerique septentrionale quoique expediés pour nos isles, ils doivent sentir que nous ne pouvons consentir a l exercice d un pouvoir aussi injurieux. Nous ne pretendons pas soutenir que le commerce avec les colonies angloises doit etre libre, mais nous ne conviendrons jamais que parce qu il est prohibé on puisse a toute sorte de distance et meme dans nos parages d Europe arretér et saisir des batimens parce qu ils auront a bord des marchandises qui peuvent etre propres a ce commerce prohibé. Si les Anglois veulent introduire ce nouveau genre de vexation, il faut en conclurre qu ils veulent forcer la guerre, c est ce dont nous ne tarderons probablement pas a etre eclaircis.

Espagne, t. 587, n° 71.

ANNEXES DU CHAPITRE IX.

I

SUR LA DÉMARCHE FAITE PAR L'ANGLAIS FORTH.

1. EXTRAIT D'UNE LETTRE DE M. LE COMTE DE FLORIDE BLANCHE, COMMUNIQUÉ PAR M. LE COMTE D'ARANDA. 7bre 1777.

M. le Cte de Floride Blanche repondant par sa lettre n° 2. au compte que l'ambassad^r (Cte d'Aranda) lui avoit rendu le 26 aoust des propositions de M. Forth et des precautions que la cour de Paris songeoit a prendre ecrit de St Ildefonse en datte du 11 7bre 1777 [1].

Aiant examiné tous les antecedens, j en ai instruit immediatement le Roi. Sa M^{té} les a entendûs avec la plus grande attention et y a fait les reflexions les plus convenables. Sa M^{té} juge que quelques demonstrations que fassent les ministres anglois, ils ne peuvent vouloir sincerement une nouvelle guerre dans les circonstances critiques ou ils se trouvent: Jusqu a present ils n'ont pas soumis leurs colons et nous ne voions pas ceux ci asses abatus ou en asses mauvais etat pour devoir souscrire a tout prix a une reconciliation. Si l Ang^{re} rompoit donc ouvertement avec deux puissances aussi respectable que la France et l Esp^e ce seroit augmentér notablement ses risques sans des esperances bien fondées d un bon dedomagement.

En faisant attention a cette consideration tres essentielle et a la maniere etrange avec laquelle la cour de Londres a fait ses insinuations, S. M. juge qu elle peut avoir eu deux fins : la premiere de se faire un titre de cette demarche moitié amicale et moitié menaçante pour la citer comme une espece de déclaration quand elle trouvera indispensable pour derniere ressource de commencér les hostilités et la 2me de couvrir en tout tems le ministere vis a vis la nation en presentant la d^e notification

---

[1] Ce préambule est de la main de M. de Vergennes.

comme un temoignage de la vigeur avec laquelle il a toujours agi avec les puissances de la maison de Bourbon.

Mais quelque soit le veritable dessein de la cour B$\widetilde{\text{que}}$, la prudence et la propre sureté exigent que de notre part nous mettions les choses au pire et que nous prenions en conséquence nos mesures. Aussi Sa M^{té} a trouvé tres en place les ordres donnés en France pour la rentrée des vaisseaux de guerre qui croisoient, pour le retour des matelots de Terre Neuve, pour l embarquement effectif des bataillons destinés p^r les isles, pour l emplacement d un bon corps de troupes le long des cotes qui font face a l Ang^{re} et finalement pour pressér les autres preparatifs dans tous les departemens.

Quoique nous n aions pas observé la plus petite nouveauté de la part de l ambassadeur d Ang^{roj} et que nous ne puissions soupconnér qu il ait ordre de son gouvernement de faire ici une demarche semblable a celle de l emissaire secret en France, le Roi notre maitre juge tres correspondant a l amitié intime qui l unit avec le Roi son neveu d adapter ses dispositions a celles de la cour de France en ce qui peut convenir aux interets de toutes deux. Dans cette vue on armera quelques vaisseaux de ligne de plus : on reunira a l escadre de Cadix ceux qui croisoient, on fera aprocher des troupes de nos departemens, et l on pressera l envoi des munitions qui manquent dans quelques parages de l Amerique, sans cessér de s occupér d autres objets interieurs afin que les forces de cette monarchie se trouvent pretes a tout evenement.

J ai dit au commencement de cette lettre que j entrerois dans l examen du memoire de la France servant de reponse au notre touchant l envoi d emissaires aux Colonies avant l epoque d une rupture, et sur les mesures qui doivent etre prises a l avance d un commun accord. Je vais l executer et je m arreterai uniquem^t aux points qui ont donné lieu a quelque difference d avis.

Le ministre de France a la bonté de se montrér tres satisfait tant du sisteme que nous avons adopté ici que de la franchise et de la clareté avec lesquelles nous avons expliqué nos idées. En 1er lieu nous nous sommes vûs arrierés par la casualité que notre flotte du Mexique, ni nos forces de Buenos Aires ne sont pas revenues independament d autres motifs que nous avons exposés. Et pour ce qui regarde le 2e V. E. peut les en remercier au nom de Sa M^{té} en les assurant qu ils eprouveront toujours la meme bonne foi et cordialité.

Nous aprecions les reflexions du Cte de Vergennes touchant le moindre risque qu il y auroit a ne pas faire revenir en une seule fois les capitaux de l Amerique parce que divisés ils tenteroient moins l avarice angloise et ne feroient pas un objet pour commencér la rupture. On a fait ces considerations il y a deja du tems et on a pris et on prendra les mesures selon le tems et les circonstances.

ANNEXES DU CHAPITRE IX. 593

Les reflexions de cette cour touchant l envoi d emissaires secrets aux colonies Americaines et la classe des sujets qu on doit y destinér paroissent egalement solides; nous devons agir avec asses de circonspection pour ne pas aigrir le ministere B^{que}, pour ne pas précipiter la guerre et pour ne pas nous exposér d un autre coté a ce que les colons abusans de nos complaisances, ne puissent tirér un avantage ostensible d avoir pres d eux ces deputés. En cela le Roi notre maitre se conforme entierem^t a l avis de la cour de France et on cherchera ici a trouver une personne ou des personnes propres a cet objet.

Pour ce qui concerne le manege avec les députés residens a Paris, le Roi croit qu il convient que le Cte de Vergennes s en charge seul, nous informant par le canal de V. Ex^{ce} pour notre gouvernement de tout ce qu il decouvrira. C est ainsi qu on pourra leurs insinuer naturellement tout ce qui pourra conduire a faire connoitre aux Colonies l apui et la protection dont elles ont besoin si reellement elles aspirent a etablir par quelque traité avec leur metropole leur independance sur un pié durable; et plus particulierement celles qu indique le memoire francois que pour constater la même independance ils doivent faire lorsqu on la reconnoitra des traités d amitié et de commerce avec les puissances qui peuvent s interressér le plus a leur conservation et a leur prosperité.

Par raport a l admission et au traitement des corsaires americains dans nos ports on a envoié des ordres circulaires de la teneur de ceux expediés par le ministere de France, et le Lord Grantham ne s en est pas montré moins satisfait que de la ponctualité avec laquelle ils l'executent.

Nous demeurons d'accord sur tous les points principaux et sur une attention reciproque a observer assiduement les demarches et les dispositions de l Ang^{re} pour regler nos demarches ulterieures sur les variations qu on observera. Je n ai rien de plus a vous dire si ce n'est que les reponses du Cte de Vergennes aux demandes et aux insinuations du Lord Stormont ont paru fort prudentes et fort decentes.

Espagne, t. 586, n° 46.

2. LE MARQUIS DE NOAILLES AU COMTE DE VERGENNES.

A Londres le 5 septembre 1777.

J'ai l'honneur, Monsieur le Comte, de répondre à la dépêche particuliere que vous m'avés adressée, et je n'oublierai point qu'elle est pour moi seul. Vos intentions à ce dernier égard seront exactement remplies. Je voudrois sur tout le reste pouvoir vous satisfaire également. Mais la situation actuelle des choses se présente ici sous un aspect si différent de ce qu'on auroit lieu de le présumer d'après ce que vous avés eu la bonté de me marquer avec autant de confiance que de détails, qu'il me seroit difficile pour ne pas dire impossible, de démeler exactement la verité.

D'un côté M. Forth arrive à Versailles, est admis dans le cabinet de M. le comte de Maurepas. Il lui peint l'extrême fermentation qui regne dans ce pays-ci, lui représente en quelque sorte le Roi son maitre et les ministres anglois comme ne pouvant plus contenir la nation pour le maintien de la paix, et le tout dans la vue de faire asquiescer à deux propositions qui lui paroissent être les seuls moiens de tranquilliser les esprits, quand elles ne doivent produire qu'un effet absolument contraire : savoir de faire rendre les bâtimens pris par les Américains et conduits dans nos ports, et en outre de faire publier et afficher les ordres que nous avons donnés au sujet des corsaires de cette même nation.

D'un autre côté le même M. Forth vient de rendre compte ici de sa mission, et le lendemain de son arrivée, il n'est bruit dans cette ville que des nouvelles extrêmement satisfaisantes qu'on avoit reçues de la France. On auguroit bien désormais de la durée de la paix avec nous. On avoit des espérances mieux fondées que jamais de réduire les Américains, parce qu'il étoit actuellement évident qu'ils ne trouveroient aucune assistance de notre part. Ces discours généralement répétés par gens de tout rang et de toute classe ont fait ce que n'avoient pu produire les derniers avantages remportés par l'armée du Canada. Les fonds publics ont haussé, et une sorte de sérénité s'est montrée sur tous les visages.

Les observations que je ferois, Monsieur le Comte, deviendroient inutiles. Vous voyés les détours de la politique la plus insidieuse, qui regarderoit avec raison comme son plus beau triomphe de nous compromettre vis à vis des Américains. Obligée de renoncer a jetter la division parmi des peuples fermement unis pour la cause de leur liberté, elle n'a plus qu'une ressource à employer qui est de porter ces mêmes peuples au désespoir, en nous engageant à exercer contre eux des actes de rigueur, tels que celui de rendre nous mêmes à leurs ennemis les prises qu'ils auroient faites sur eux.

Quant aux eclaircissemens que vous me demandés, Monsieur le Comte, pour savoir jusqu'où s'étend la consistance politique de M. Forth, j'ai bien peu de moyens pour pénétrer un pareil mistere. Voici pourtant les informations que je tiens d'une personne assés véridique. Cette même personne m'aiant dit que dans le moment présent cette cour-ci mettoit beaucoup d'activité dans ses négociations avec la mienne, elle m'ajouta qu'il seroit possible que le Lord Stormont ne fut pas chargé de traiter les objets les plus importans : qu'à la verité il y avoit telles circonstances où les personnes revetues d'un caractere public devoient laisser ouvrir des voies qu'il ne leur convenoit pas de tenter, avant d'être assurées du chemin qu'elles pourroient y faire sans nuire à leur dignité ou même aux affaires, vu la publicité qu'elles avoient dès qu'elles passoient entre leurs mains. Je demandai alors quels étoient les agents secrets qu'on put croire vraiment accrédités de la part du gouvernement britannique; on me nomma M. Forth, en me citant les particularités suivantes. On me dit qu'il ne cessoit d'être successivement ou à Londres ou à Versailles : que ses voyages quoi que très fréquens étoient aisément dérobés à la connoissance du public, s'embarquant à Dieppe pour venir débarquer à *Brighthelinston*, et suivant la même direction pour repasser en France. On assure qu'il est venu ici du 25 au 27 du mois dernier, et que ce voyage a été conduit plus mystérieusement que les autres, le batteau n'aiant mis à terre à Brighthelinston que deux hommes, et aiant eu ordre de retourner sur le champ au lieu d'où il étoit parti. On m'a également rapporté, qu'environ quinze jours auparavant, époque de l'avant dernier voyage de M. Forth, il avoit été à Richmond où il avoit eu une audience du Roi de plus d'une heure; qu'il avoit dû passer ensuite à la campagne du Lord Mansfield, et repartir immédiatement après pour la France. On me l'a d'ailleurs dépeint comme un homme assés bien venu chés nous, et très propre à se charger de commissions qu'on puisse désavouer en cas de non succès.

Je sens, Monsieur le Comte, combien la circonstance est extrêmement pressante, et je vous prie de croire que je n'épargnerai aucuns soins pour vous donner tous les renseignemens qu'il sera en mon pouvoir de vous procurer.

J'ai l'honneur d'être avec le plus sincere et le plus inviolable attachement, Monsieur le Comte, votre très humble et très obéissant serviteur.

Angleterre, t. 524, n° 166.

3. LE MARQUIS DE NOAILLES AU COMTE DE VERGENNES. (PARTICULIÈRE.)

A Londres le 5 7bre 1777.

Ma position est bien singuliere, Monsieur le Comte, ne pouvant jouir d'aucune tranquillité, quoique entouré de gens qui paroissent fort rassurés. Voici ce que contenoit une lettre que j'ai lue ce matin. « La complaisance qu'a la cour de France de
« ne pas souffrir les corsaires americains dans ses ports d'Europe et des Indes occi-
« dentales, donne un degré de force au credit public, et le ministere britannique
« fonde ses plus grandes esperances de la reduction de ses colonies sur l'attente où
« il est qu'elles ne seront pas soutenues par les puissances de l'Europe et surtout par
« la maison de Bourbon. »

Je n'ajouterai rien, Monsieur le Comte, aux détails que je vous ai donnés au sujet de M. Forth, si ce n'est que la personne qui m'a assuré savoir qu'il avoit eu a Richmond une longue audience du roi d'Angleterre, pourroit s'être trompée; le Lord George Germain occupant depuis un mois une maison de campagne dans ce voisinage, il seroit possible que ce fut chès ce ministre que M. Forth se fut rendu. Comme ce particulier paroit devenir un personnage, les yeux se fixeront necessairement sur lui, et il sera plus aisé des lors de decouvrir ce qui peut le regarder plus particulierement. Je ne doute pas que M. le Cte de Maurepas n'àit sur M. Forth la même idée que vous, Monsieur le Comte. C'est ce qui m'a empeché d'avoir l'honneur de lui ecrire dans cette circonstance.

Angleterre, t. 524, n° 167.

4. LE MARQUIS DE NOAILLES AU COMTE DE VERGENNES.

A Londres le 12 septembre 1777.

J'ai vu, Monsieur le Comte, par la lettre sans n° que vous m'avés fait l'honneur de m'écrire le 6 de ce mois, que nous avions lieu d'être plus tranquilles pour le moment sur les dispositions de la cour de Londres, et que sans y donner une confiance aveugle nous prenions toutes les mesures qui étoient nécessaires pour n'être surpris par aucun evenement. Il me semble qu'il n'y avoit que du désavantage pour le Lord Stormont à reprendre l'ancien chapitre des griefs, et qu'il auroit pu préparer autrement l'explication à laquelle il vouloit venir relativement à l'envoi de troupes dans nos îles.

Vous connoissés trop bien ce pays-ci, Monsieur le Comte, pour que le Lord Stormont réussit à vous faire regarder comme une véritable sureté la proposition qu'il vous a faite, savoir que si nous consentions à ne point faire partir de troupes, Sa Majesté Britannique assureroit de la manière la plus solennelle qu'elle n'avoit aucun dessein ni sur nos îles ni sur aucune autre de nos possessions. Ce sentiment peut être dans le cœur du roi d'Angleterre. Je crois les intentions de ce prince infiniment pures et respectables. Ses vœux particuliers paroissent même correspondre à ceux du Roi notre maitre pour tout ce qui peut maintenir la tranquillité. Mais les nouvelles assûrances qu'en donneroit aujourd'hui le roi d'Angleterre n'en seroient pas des garants assés certains pour que nous pussions nous y reposer entierement, et nous voir à l'abri de toute espéce de crainte.

J'ai eu occasion, Monsieur le Comte, de vous rapporter un propos qui peut retrouver ici sa place.

Le Lord Sandwich étant sécrétaire d'Etat, il y a quelques années, et ne sachant comment répondre aux objections que lui faisoit dans une affaire un ministre etranger, laissa échapper une grande vérité en disant, qu'il n'étoit permis qu'à des novices de compter sur les promesses qu'on faisoit ici. Il cita l'exemple de Georges Ier qui avoit promis par écrit au roi Philippe V de lui rendre Gibraltar, quoique cette place soit restée au pouvoir des Anglois.

J'ai entendu dire plus d'une fois, Monsieur le Comte, depuis que je suis ici, que la politique de la France marquoit la plus grande supériorité de lumières, par la conduite que nous tenions vis-à-vis de l'Angleterre dans les circonstances actuelles. On ne nous accusera ni de chercher à provoquer la guerre, ni de vouloir l'éviter par des condescendances déplacées. L'Angleterre est en guerre avec une partie de ses sujets. Nous avons l'air de l'ignorer et nous n'entrons point dans la querelle. Nous n'avons avec les Américains que les relations que le commerce nous donne avec toutes les nations qui fréquentent nos ports. Nous ne favorisons point d'ailleurs leur résistance, et nous ne laissons à la cour de Londres aucune plainte légitime à former. Nous ne voyons dans nos traités avec elle que ce qui peut lui être avantageux. Quand nous éprouverions la plus parfaite réciprocité sur le redressement des griefs qui nous touchent personnellement, nous n'aurions pas plus d'attention à satisfaire cette puissance sur tout ce qu'elle seroit en droit d'exiger de notre part. Nous ne craignons pas de passer les bornes, tant qu'il n'est question que de procédés et de menagemens qu'il nous paroit honnête de garder. Mais il est un terme où nous savons nous arrêter. Nous montrons une fermeté sage et éclairée, dès que l'Angleterre nous demande plus qu'il ne seroit juste et décent d'accorder. Tous les intérêts se trouvent donc conciliés. Nous conservons cette réputation intacte qui ne fait pas moins la gloire des Etats que celle des particuliers. Nous évitons en même tems d'aliéner l'affection d'un peuple naissant qui venant à se séparer de l'Angleterre ne peut un jour qu'augmenter dans la balance politique de l'Europe notre considération et nos richesses. Nous prouvons enfin à cette cour-ci que nous ne cessons d'avoir les yeux ouverts sur tout ce qu'elle pourroit entreprendre, et que nous ne redoutons ni sa jalousie ni les injustices que ce sentiment est capable de lui faire commettre contre nous à tout instant. Il ne me reste rien à dire, si ce n'est pour me féliciter avec vous, Monsieur le Comte, de vivre sous le regne d'un maitre qui ne connoit sa puissance que pour la faire respecter de ses rivaux, et servir au bonheur de ses sujets.

J'ai l'honneur d'être avec le plus sincere et le plus inviolable attachement, Monsieur le Comte, votre très humble et très obéissant serviteur.

Angleterre, t. 524, n° 186.

5. M. GRAND AU COMTE DE VERGENNES.

24 7bre 1777.

Monseigneur.

Mr Dean m'a rendu aujourd'hui tout ce que le docteur Bencroft a rapporté d'interrèssant de son sèjour à Londres, où il a vècu comme auparavant dans l'intimité des membres de l'oposition.

Le ministère anglois a trouvé le moyen de calmer les èsprits, de soutenir les fonds qui avoient baissé de 4 pour cent, et de gagner du tems en paroissant se prêter aux vues du parti qui lui est oposé. Il a dit, vous voulés la paix; nous la voulons aussi, mais nous la ferons nous mêmes; nous promettons de mettre sous les yeux du Parlement à sa rentrée un plan d'accomodement et de reconciliation avec les Americains qu'ils ne scauroient refuser, et pour vous prouver la sincerité de nos intentions, nous chargerons trois des principaux membres de l'oposition des pouvoirs nècèssaires pour aller traitter et conclurre la paix en Amerique. Ces trois membres dèja dèsignés sont le general Conway, le colonel Barré et Mr Walpoole; d'après cet arrangement tout est resté tranquille et il n'est plus question de changement dans le ministerre.

Mais il s'agit de lever huit millions sterlings dans un moment où l'on a été obligé d'accorder un tèrme pour le dernier payement de la souscription de l'année passée dont l'emprunt n'a pû encore se remplir.

J'attache plus d'importance à ces nouvelles que les amis de Passy et j'aurois eu l'honneur de vous voir ce soir, pour vous en rendre compte si le mauvais ètat de mes yeux me l'avoit permis.

Angleterre, t. 524, n° 201.

II

RÉPONSES DE L'ESPAGNE AUX DEMANDES DES COMMISSAIRES AMÉRICAINS.

Traduction d'un mémoire remis par M. le comte de Floride Blanche à M. le marquis d'Ossun le 17 8bre 1777.

Dans le mois de septembre dernier les députés des provinces unies de l'Amérique residens à Paris presentèrent au ministère de Sa Majesté Très Chretienne un mémoire dont ils remirent le double a M. le comte d'Aranda.

ANNEXES DU CHAPITRE IX.

L'objet de ce mémoire est de peindre avec les couleurs les plus vives la sçituation critique où se trouvent actuellement les Colonies, fatiguées des efforts et des dépenses qu'elles ont déja faites et presque dans l'impossibilité de continuer sans un secours très prompt et très efficace.

Ils insinuent les grands avantages que trouveroient les Couronnes d'Espagne et de France à se déclarer ouvertement en faveur des Americains; mais considerant que nos souverains pourroient avoir de justes raisons de penser autrement, les dits députés se bornent a exposer leurs besoins actuels les plus pressans et les moyens qu'ils jugent les plus propres a y satisfaire.

D'après le calcul du prix des divers effets que les Américains leur demandent pour l'habillement et pour l'armement de leurs troupes, pour l'artillerie et autres objets nécessaires, en y joignant le découvert où ils se trouvent pour des achats antérieurs dont ils n'ont pu exécuter les payemens à cause de l'obstacle qu'y a mis la marine britannique en empêchant le retour des frets destinés à leur acquittement, ils se seroient déterminés à chercher a emprunter les sommes dont ils avoient besoin au moyen de certaines précautions usitées en pareil cas : mais dans le doute où ils sont que cette idée puisse avoir son effet, accablés du poids de toutes les obligations qu ils ont contractées et craignant de se trouver compromis vis a vis de leurs propres compatriotes par le défaut des secours considérables qu'ils leur avoient fait esperer, ils ont recours a la générosité des deux rois d'Espagne et de France, esperant que dans des circonstances aussi critiques, ils leur fourniront de manière ou d'autre des secours suffisans pour les mettre en état de continuer la guerre avec vigueur, et d'inutiliser les fraix énormes dans lesquels l'Angleterre se voit engagée pour les soumettre. Les députés ne manquent pas d'ajouter à leur demande la reflexion qu'indépendemment de la nécessité absoluë ou sont les Americains d'être secourus, le refus qu'on leur feroit de l'assistance qu'ils sollicitent suffiroit pour les décourager et leur faire prendre le parti précipité d'un accomodement quelconque avec la metropole, vu sur tout les restrictions et les contradictions que leurs armateurs ont éprouvé dans ces derniers tems dans les ports d'Espagne et de France.

Les députés touchent légèrement le point de l'utilité que nous retirerions dès à présent et à l'avenir d'un commerce direct avec leurs provinces, et de la facilité qu'elles acquereroient de pouvoir rembourser peu d'années après la paix et l'etablissement de leur indépendance les avances qu'on leur feroit aujourdhui, et ils concluent en sollicitant formellement de nouveaux et puissants secours qu'ils font monter à la somme de deux millions de livres sterlings, fut-ce a titre de prêt, et sous l'obligation de payer les interets qu'ils offrent; ils demandent aussi a être informés des veritables intentions de Leurs Majestés Catholique et Très Chretienne, afin que l'influence des deux monarques et les conseils qu'ils leur donneront comme bons alliés puisse servir de boussolle au Congrès dans les mesures ultérieures qu'il aura a prendre.

M. le comte de Vergennes dans son expedition à M. le marquis d'Ossun du 3. octobre dernier, prend en consideration le contenu du memoire des députés americains.

Il n'échape pas à la pénêtration de ce ministre que ces emissaires pourroient avoir l'idée de se servir du refus que nous leur ferions comme d'un pretexte pour entamer une negociation avec l'Angleterre, et il en conclut que si nous pouvions nous assurer d'éloigner l'ouverture de cette negociation, soit en Europe, soit en Amérique au moyen des secours qu'ils demandent, il n'y auroit point à héziter dans le choix du parti que nous devrions préférer, puisque quelles que fussent les dépenses que ces secours nous occasionneroient, nous devrions les regarder comme de peu de considération, comparées au grand objet de prolonger la guerre civile actuelle et d'affoiblir de plus en plus le pouvoir de la Grande Bretagne; mais comme nous ne pouvons point compter sur cette certitude, et qu'il est plus tôt à craindre qu'il n'y ait entre les colons bien des partisans de la réconciliation avec la métropole, les uns par un excès de pusillanimité et les autres par l'affection qu'ils conservent pour le gouvernement anglois, M. le Cte de Vergennes se borne à une réflexion très importante; quelles que soient, dit ce ministre, les intentions des colons, le défaut de moyens de soutenir leur entreprise les contraindra a consentir a un accomodement si effectivement nous leur refusons l'assistance secrete et efficace dont ils ont besoin et qu'ils nous ont demandée : alors l'Angleterre désabusée par les malheurs qu'elle vient d'éprouver se contenteroit peut être d'imposer à ses sujets rebelles une loi très douce, ou elle se borneroit à s'en faire des alliés utiles dans la vûe de se servir dans les occasions de leurs forces et de leur appui pour de grandes entreprises, qui sûrément ne pourroient etre que très prejudiciables a l'Espagne et à la France; et en supposant les colons entierement affoiblis et manquant de moyens, on doit présumer qu'ils ne se réfuseroient à aucun des partis avantageux que leur offriroit la metropole. M. le comte de Vergennes ajoute que toutes ces considerations et plusieurs autres qui en résultent ont été mises sous les yeux du Roi Très Chretien; mais que ce monarque, vû l'importance de la matière, n'a pas voulu prendre une détermination avant d'avoir consulté le Roi son oncle; que cependant pour ne pas décourager les députés, Sa Majesté Très Chretienne avoit ordonné qu'on leur fit entendre qu'ils recevroient quelques secours pécuniaires proportionnés aux facultés de la dite cour, dans les circonstances presentes.

A l'égard de l'insinuation faite par les emissaires de fournir aux colons quelques vaisseaux de guerre, la France a vû dans l'instant que ce moyen n'etoit ni praticable ni décent pour les deux Couronnes; et tout bien pezé et bien refléchi, le ministère de Sa Majesté Très Chretienne incline a accorder aux Américains un secours de six millions de livres tournois (dont chacune des deux Couronnes fournira la moitié) à certaines conditions auxquelles ils s'obligeroient en reconnoissance de ce don gratuit, comme, par exemple, qu'ils garderont un secret inviolable sur l'obtention de ce subside, même vis à vis du Congrès; que les députés s'engageront à n'entamer aucune négociation sans le consentement et l'approbation des deux cours; et que la remise des six millions se fera en divers termes, lesquels seront suspendus du moment qu'on saura que les Etats Unis auront commencé a traiter d'accomodement: Cette dernière est absolument indispensable pour obvier à bien des inconvénients.

La cour de France voulant agir de concert avec Sa Majesté Catholique desire savoir la façon de penser de ce monarque sur cet exposé, et M. le comte de Vergennes termine sa dépêche en disant qu'on ne doit rien stipuler par écrit avec les députés ni leur permettre l'émprunt de deux millions de livres sterlings, et que sans faire mention des secours efficaces que la France a fournis jusqu'à présent en argent et en effets, elle doit regarder la conjoncture actuelle comme très décisive pour les deux puissances et peut etre plus pour l'Espagne, à cause de la proximité et de l'étendue de ses vastes possessions en Amérique.

On a résumé en substance l'exposé des députés américains et les reflexions de la cour de France, afin de pouvoir présenter avec plus de clarté l'opinion du Roi Catholique et de son ministère sur cet objet.

Il est incontestable que la durée de la guerre de l'Amerique seroit très utile aux deux Couronnes, et il est aussi indubitable que tous leurs efforts et leurs vûes doivent tendre à la faire prolonger.

Il en resulte nécessairement qu'elles doivent soutenir les colons, soit par des secours en argent et en effets propres pour leur guerre actuelle, soit par des avis prudens sur la manière de se conduire, soit aussi par une certaine fermeté de la part des deux cours en Europe qui en impose à l'ennemi commun.

Convaincus de la verité de ce principe les deux cours ont jusqu'à présent accordé une protection ouverte dans leurs ports aux Américains, elles leur ont envoyé des secours de toute espèce et fait divers préparatifs qui ont contenu une grande partie du pouvoir britannique et empêché qu'il ne fondit avec la réunion de ses forces sur les Colonies; c'est ce qu'il paroit que les députés n'ont pas assez senti; et qu'ils ne donnent pas leur juste valeur aux efforts que l'Espagne a faits en faveur de leur païs.

Dans l'année 1776. la cour de France se détermina a leur donner un secours secret en argent, et nous en fournimes la moitié qui se montoit a deux millions de reaux; ce moyen fut adopté comme étant le plus prudent.

Il est sorti successivement de Bilbao divers navires chargés d'effets destinés pour les Colonies; nous leur avons fourni quelques sommes en lettres de change et fait faire par la voye de nos colonies de l'Amérique d'autres remises; il nous seroit difficile d'évaluer la somme de nos liberalités à cause des differentes mains et des differens lieux par où elles ont passé, sans que nous ayons de compte arrêté, les considérant comme un don généreux; mais nous pouvons assurer que les secours que nous leur avons deja fournis sont très considerables.

Les secours en effet consistant presque tous en productions étrangères, doivent etre réputés argent effectif, au lieu que ceux que la France a donnés quoique peut être d'un plus grand prix ont procuré un bénéfice à ses propres vassaux, qui ont vendu les effets qu'elle a fournis aux Americains. Si l'on fait mention ici de cette difference, c'est pour prouver que ces secours ont plus couté à l'Espagne et qu'il nous est plus impossible de leur donner l'espèce de suite que nous desirerions.

Il est encore un point plus essentiel qu'il paroît que les députés n'ont pas assez considéré; c'est le grand armement maritime que nous laissons subsister depuis deux ans et qui a toujours été en augmentant; c'est pour les Colonies un secours d'autant plus efficace et d'autant plus puissant, que dans le cas d'une guerre déclarée il ne sauroit être aussi considerable, puisqu'alors nous serions obligés de distribuer nos forces maritimes selon que l'exigeroit notre propre défense, pendant qu'aujourd'hui menaçant exclusivement l'Angleterre elles defendent les Americains.

Que le cabinet britannique dise de bonne foi pourquoi, outre les dépenses dans lesquelles il se voyoit engagé, il a fait les fraix enormes d'armer tant de vaisseaux de ligne et pourquoi il maintient dans ses ports toutes ces forces dont il ne fait aucun usage : il dira sûrement que c'est pour se tenir en état de s'opposer aux entreprises que pourroient faire les escadres espagnoles et françoises, d'où les Americains doivent conclure, s'ils connoissent leurs véritables interêts, que ces escadres sont pour eux un plus grand appui, par la distraction des armes angloises qu'elles occasionnent, que ne seroit le subside de deux ou trois millions en objets qui arriveroient tard ou qui seroient interceptés en chemin.

Il y aura au mois de novembre prochain à Cadiz 20. vaisseaux de ligne disposés pour telle destination qu'on voudra leur donner. Il y en a 9. avec un assez grand nombre de fregattes à la Vera Cruz et aux isles du Vent. Les forces du général Cevallos ont deja rempli leur mission et pourront être employées selon les occurrences; de sorte qu'aujourd hui l'Espagne, quoique en pleine paix, a 113. vaisseaux de toutes grandeurs complettement armés, et de plus quelques uns en état de l'être à l'instant.

L'Angleterre qui ne l'ignore pas s'abstient d'employer contre les colons la plus saine partie de ses forces navales.

Tout ce qu'on vient de dire tend à convaincre que dans ces circonstances, l'Espagne ne peut pas se priver des sommes demandées par les députés, et qu'eux même ne doivent pas honnêtement parlant, éxiger un aussi grand sacrifice, surtout vû le danger imminent d'une guerre que nous serons obligés de soutenir pour leur cause. Ce n'est pas pour cela que nous veuillons nous refuser absolument à leur continuer des secours proportionnés à nos facultés; nous leur en donnerons encore par les voyes dont nous avons déjà usé, et ils éprouveront immédiatement l'effet de nos dispositions favorables.

Ce principe posé, il reste a éxaminer les autres points sur lesquels roule la dépêche de M. le Cte de Vergennes, pour pouvoir manifester avec la même clarté l'aspect sous lequel on voit ici cette affaire.

Les mêmes considérations de prudence qui font penser au ministère de Sa Majesté Très Chretienne qu'il ne faut rien stipuler par écrit avec les députés, doivent le tenir en garde contre l'abus qu'ils pourroient faire des conventions même verbales qu'on fera avec eux et contre leur défaut de fidélité a remplir les conditions auxquelles ils se soumettront. Il faut dans la conduite de notre générosité envers eux, comme dans un jeu de renvi, faire les conjectures les plus prudentes sur les différentes chances de perte ou de gain, et éviter de faire avec de telles gens des conventions trop difficiles à remplir ou trop combinées. Le Congrès desavoüera ses emissaires toutes les fois qu'il y sera interessé et ceux-ci trouveront toujours mille subterfuges pour éluder leurs engagemens; notre interêt nous prescrit le secret et la prudence pendant que le leur éxige qu'ils se vantent de l'appui et de la protection qu'ils trouvent chez nous; nous ne l'avons déja que trop éprouvé.

Il faut néanmoins les encourager, les aider et ne pas leur témoigner notre juste méfiance; mais cette affaire devant se traiter principalement à Paris, nous nous reposons entièrement sur la sagacité et les lumières que nous avons heureusement reconnües dans le ministere de Sa Majesté Très Chretienne.

. . . .

Espagne, t. 586, n° 125.

[La suite de cette pièce a été transcrite à la page 570 du présent chapitre.]

III

SUR LES NÉGOCIATIONS CONCERNANT NOS RAPPORTS AVEC LE PORTUGAL.

1. LE COMTE DE VERGENNES AU MARQUIS D'OSSUN.

A Versailles le 19 7bre 1777.

....

C'est une bien bonne nouvelle M. que celle que vous nous donnes de la fin des difficultés qui avoient retardé le progrès de la negociation entre l Espagne et le Portugal et qu il ne s agit plus que de mettre les instrumens au net pour procedér a la signature des actes. Le ministere anglois n'aprendra pas cet evenement avec la meme satisfaction qu il nous cause ici, il en seroit bien plus vivement affecté s il etoit instruit de la clause secrete de la garentie mutuelle; c est une pierre d'attente placée avec bien de la prevoyance et sur la quelle il sera possible d elever avec le tems un edifice politique aussi glorieux qu'utile a la maison de Bourbon. Mais cela demande de la sagesse et de la patiance comme M. le Cte de Floride Blanche le remarque tres judicieusement. Assures le je vous prie M. que nous nous conformons ici a sa facon de pensér et que quelqu'interest que nous aions a nous voir reintegrés dans les avantages de commerce que le Portugal nous a retranchés, nous ne presserons point la mesure pour nous y retablir, et que nous concerterons volontiers avec lui les demarches a faire pour y parvenir.

Espagne, t. 586, n° 67.

2. LE COMTE DE VERGENNES AU MARQUIS D'OSSUN.

A Fontainebleau le 17 8bre 1777.

....

M. de Blosset doit vous avoir instruit M. d une conversation qu il a eue avec M. de Saa dans laquelle ce ministre lui a donné a entendre que si les cours de Versailles et de Madrid vouloient contractér avec celle de Lisbonne une alliance a des conditions qui ne seroient pas directement contraires aux engagemens politiques et mercantiles du Portugal avec la G^{de} Bretagne, il presumoit que cette negociation ne seroit ni plus longue ni plus epineuse que celle de la pacification actuelle entre l Esp^e et le Portugal.

Quoique cette insinuation semble bien directe au but que nous nous proposons nous ne nous pressons pas cependant de la relevér et d'y repondre, nous nous contentons de recommandér a M. de Blosset d'entretenir le ministre portugais dans les bonnes dispositions qu il lui a fait remarquér sans lui rien prescrire d'ailleurs qui pourroit donnér ouverture a une negociation, le Roi ne voulant rien entamer a cet egard que de concert et conjointement avec le Roi son oncle.

S'il ne s agissoit que de concilier les engagemens existans entre le Portugal et l'Ang^{re} avec ceux qu il pourroit prendre avec nous, la difficulté ne seroit pas longue a levér. Nous ne voulons pas sans doute et il n'est pas meme de notre interest de faire du Portugal une puissance active qui figure pour ou contre dans les demeslés que nous pourrions avoir avec l Ang^{re} ou avec toute autre puissance maritime. En faisant justice a sa situation il doit et nous devons le considerér comme une auberge ou tout le monde doit être recû a des conditions egales. La neutralité doit donc etre son role. Dans cette hypotese son traité meme avec l Ang^{re} fixe le nombre des vaisseaux de cette nation qui peuvent avoir azile dans ses ports et les genres de facilité qu ils peuvent y trouvér; cette condition n etant pas exclusive, la parité peut s etablir a notre egard sans que les Anglois soient fondés a s en plaindre; le Portugal sera neutre pour eux comme pour nous et nous userons en commun des avantages de la neutralité. Il en est de meme par raport au commerce. Le roi de Portugal en afranchissant les lainages d'Ang^{re} de la rigeur d une ancienne pragmatique toujours subsistante, a si peu rendu cet afranchissement exclusif que les Hollandois en jouissent pareillem^{t} et que nous en jouissions nous meme a l epoque de 1703. La cour de Lisbonne n etant sous la loi d'aucune restriction peut sans qu il en resulte aucun grief nous reintégrér les avantages dont elle nous a privés qu en haine de nos liaisons avec l Esp^{e}.

La difficulté la plus reelle que j entrevois et qui est particuliere entre nous et l'Esp^{e} est la garentie qu'emporte necessairement toute alliance et les consequences qu'on peut en déduire; c est aussi le point sur lequel je vous prie de consultér murement avec M. le Cte de Floride Blanche.

On peut dire que le premier apercû presente une possibilité quelconque ou la France et l Espagne se trouveroient par la force de cet engagement quoique formé conjointem^{t} dans une opposition d interest et de mesures. En effet si l un ou l autre se croioit dans le cas d agir hostilement contre le Portugal, celui ci reclamant l'effet de la garentie stipulée quel parti prendroit l'autre? Preteroit elle son secours?

Cette consideration n'a pas aparament été saisie en Esp^{e} lorsqu'on a concerté l acte de garentie reciproque, ou plus tost on s est dit que toute garentie n emporte pas indispensablement la necessité d une assistance effective, car on ne peut pas avoir argumenté avec fondement de l impossibilité ou nous sommes d'avoir des demeslés avec le Portugal. Nous en avons de tres reels avec cette puissance pour nos etablissemens en Afrique, et si notre moderation et notre patience n etoient pas a toute epreuve ils auroient pû prendre une tournure d'autant plus serieuse que depuis près de deux ans que nous avons deferé nos griefs et nos plaintes a la cour de Lisbonne nous n avons meme encore pû en recevoir une reponse. Nous pouvons encore avoir des contestations avec elle par raport a nos frontieres de la Guyane ou l on pretend qu elle a empieté.

Si l Esp^e a pû quoiqu'implicitement garentir le Portugal contre nous, elle devroit d autant moins s'opposer a ce que nous nous y associons, qu'autrement nous en aurions la charge et l inconvenient sans en partagér le benefice.

Si cette garentie operoit une guerre, il est hors de doute que suiv^t le Pacte de famille nous devrions y prendre part. Voila donc la garentie implicite dont nous sommes chargés; que risqueroit on a la rendre explicite. Le fort doit toujours emporter le foible, et la partie forte par raport a nous sera certainement l Espagne.

Voies M. ce que pensent a cet egard le Roi C^{que} et son ministre eclairé. S ils jugent qu on ne doit pas negliger l insinuation de M. de Saa et que M. le Mis de Blosset doit la suivre, le Roi vous autorise d ecrire a cet ambassadeur pour l inviter a reprendre cet objet avec le ministre portugais et l engagér a nous confiér ses vues et ses conditions. Vous voudres bien dans ce cas m envoier la copie de votre lettre a M. de Blosset pour que je lui confirme les instructions qu il aura reçûes de votre part et que je les etende si cela est necessaire.

L ambassad^r de Portugal m'a fait part du desir qu'auroit sa cour de traiter avec celle ci de l afranchissement du droit d aubaine, j ai pris les ordres du Roi et Sa M^{té} m'a commandé de lui repondre qu elle etoit tres disposée d entrer dans cette negociation et de donnér a Leurs Majestés Portugaises dans cette occasion comme dans toute autre des marques de son empressement et de sa parfaite amitié.

Espagne, t. 586, n° 128.

3. LE MARQUIS D'OSSUN À M. LE COMTE DE VERGENNES.

A l'Escurial le 31 8bre 1777.

Monsieur,

J'ai reçu la lettre que vous m'avez fait l'honneur de m'ecrire le 17. de ce mois n. 64. Il y a environ six semaines que M. le Mis de Blosset m'a informé d'une conversation qu'il avoit eue avec M. de Sa dans laquelle il avoit amené ce ministre à convenir qu'il seroit avantageux au Portugal de faire une alliance deffensive avec la France et de faire jouir notre commerce des memes avantages qui sont accordés exclusivem* aux Anglois. J ai communiqué dans le tems à M. le Cte de Floride Blanche ce que m'avoit mandé M. de Blosset; l'Espagne n'avoit pas encore conclu son traité, et le ministre espagnol se borna a témoigner de la satisfaction des dispositions ou M. de Sa paroissoit être, et a me dire qu'il falloit aller doucement pour ne pas allarmer le ministère de Lisbonne, qui craignoit extremement les Anglois, le conduire par dégrés a se detacher de cette puissance et a se lier avec la France et l'Espagne que c'etoit le but principal que se proposoit S. M. C. et ce qui la determinoit à faire des sacrifices dans l'arrangement des limites pour lequel on negocioit; M. de Floride Blanche ajouta que le plus grand secret etoit necessaire pour le succès de nos vûes communes, parce qu'une partie du ministere portugais etoit extremement attaché au maintien de l'ancien sisteme et entierement devoué aux Anglois.

A present, Monsieur, que le traité préliminaire de l'Esp^e est signé et ratiffié, qu'il contient une clause secrète de garantie entre les deux puissances et que M. de Sa se montre assez disposé à concourrir aux desirs de la France, vous m'avez ordonné de les developer à S. M. C. et a son ministre, vous m'avez prescrit de savoir ce qu'ils pensent à cet égard, et votre dépêche contient les reflexions les plus solides et les raisons les plus frapantes qu'on puisse presenter, celle des consequences que pourroit avoir la garantie reciproque convenue entre l'Espagne et le Portugal, est digne de la plus grande attention, c est aussi le point sur lequel vous m'ordonnez de consulter murement avec M. le Cte de Floride Blanche. Je me rendis hier au soir, Monsieur, avec M. le comte de Montmorin chez ce ministre, nous lui exposames ce que contient votre dépêche; il fut, entr autre chose, frapé des conséquences possibles de la garantie et après une conférence très amiable d'une heure et demie il nous dit que nous étions parfaitement d'accord sur la convenance de former une alliance défensive entre la France l'Espagne et le Portugal, sur ce que les deux Couronnes obtinssent dans ce royaume un traitement égal par raport au commerce à celui dont les Anglois y joüissent, sur la nécessité d obvier aux inconveniens qui pourroient resulter de la garantie convenue entre l Espagne et le Portugal, sur ce que nous ne devions pas prétendre que la cour de Lisbonne manquât aux engagemens qu'elle a contractés avec l'Angleterre; enfin sur le secret entier qu'exigeoit cette négociation. M. le Cte de Floride Blanche ne montra des doutes que sur la façon dont il convenoit de la suivre; il nous dit qu'il avoit lié une correspondance directe et de confiance avec M. de Sa, qu'il lui avoit déja parlé de l'alliance et de la garantie de la France que ce ministre paroissoit y incliner, qu'il pourroit préalablement s'en expliquer clairement et positivement et concerter avec lui la forme à suivre pour traiter cette affaire; il observa qu'il étoit essentiel pour le succès d'en dérober entierement la connoissance aux Anglois, soit à cause du parti qu'ils conservent dans le ministère de Lisbonne soit parce qu'il s'en falloit bien que le roi de Portugal aimât la France et qu'il avoit assez de crédit sur l'esprit de la Reine sa femme; il considera aussi que le Roi Cath⁹ seroit à portée de s'assurer du suffrage de la Reine sa sœur pendant le séjour qu'elle doit faire ici. Telles furent, Monsieur, les premières idées que nous montra le comte de Floride Blanche. Je dis les premieres parce qu'il se reserva de prendre les ordres du Roi son maitre et de nous donner dans trois jours une réponse positive; ce n'est que d'après cette réponse que je pourrai juger si je dois executer l'ordre conditionel que vous m'avez donné d'écrire à M. le Mis de Blosset, et dans quels termes je devrai le faire; si je suis dans ce cas je ne manquerai pas de vous envoyer immédiatement une copie de ma lettre à cet amb^eur afin que vous puissiez lui confirmer ce que je lui aurai mandé, le reformer ou l'etendre.

Au reste, Monsieur, je n'ai pas omis d'assûrer à M. le comte de Floride Blanche que Sa M^té ne vouloit rien entamer à l'égard de la négociation dont il s'agit que de concert et conjointement avec le Roi son oncle; j'ai aussi dit à ce ministre que l'ambassadeur de Portugal vous avoit fait part du desir qu'auroit sa cour de traiter avec la notre de l'affranchissement du droit d'aubaine, et que vous lui aviez repondu par ordre du Roi que S. M. etoit tres disposée d'entrer dans cette negociation et de donner à Leurs M^tés Portugaises en cette occasion comme en toute autre, des marques de son empressement et de sa parfaite amitié.

Espagne, t. 586, n° 164.

4. LE COMTE DE VERGENNES AU COMTE DE MONTMORIN.

A Versailles le 21 9bre 1777.

M. le comte d'Aranda devant expedier la semaine prochaine a sa cour son courrier ordinaire du mois je me reserve M. de profiter de cette occasion pour vous parler avec quelque detail des objets qui peuvent demander explication de notre part.

En attendant je ne dois pas vous laisser ignorer que Sa M^té a donné la plus entiere aprobation a la maniere dont vous et M. le Mis d'Ossun vous etes expliqués avec M. le Cte de Floride Blanche touchant l alliance a faire avec le Portugal, et aux sages et judicieuses observations que ce ministre éclairé vous a faites. Le Roi est dans le principe que si la negociation peut s etablir ce doit etre conjointem^t de la part des deux Couronnes, en sorte que les jaloux de leur union perdent a jamais l espoir de separér en quoi que ce soit leur interest. Le Roi a vû avec plaisir que M. le comte de Floride Blanche se soit décidé a ecrire directem^t a M. de Sa pour le sondér sur le projet qui nous occupe. Il sera prudent d attendre sa reponse avant de rien communiquér de cette demarche a M. le Mis de Blosset. Suivant les derniers avis de cet ambassad' les dispositions de ce ministre se soutiennent favorablement, mais pour les rendre utiles et effectives elles doivent etre menagées avec le plus grand secret. J espere qu il n echapera pas de notre part.

Espagne, t. 587, n° 43.

5. LE COMTE DE VERGENNES AU COMTE DE MONTMORIN.

A Versailles le 3 décembre 1777.

. . . .

La reponse que M. de Sa a faite a M. le Cte de Floride Blanche touchant l admission de la France dans l alliance qui se traite entre l Esp^e et le Portugal n est pas aussi expressive que celle que ce ministre avoit faite a M. le Mis de Blosset et qu il lui a confirmée avant le depart pour Villa Viciosa. Les Portugais auroient ils la finesse de ne vouloir traiter séparément qu'avec l une ou l autre puissance dans la vûe de mettre quelque dissonance dans la communauté d interets formée par le Pacte de famille? Je ne les en accuse pas, mais s ils en sont capables, nous ne pouvons trop soigneusement nous mettre les uns et les autres en garde contre ce piege. Je m en raporte a cet egard a ce que je vous ai mandé M. par ma depeche du 23 nov^{bre} dont un courrier de M. le comte d Aranda a eté porteur, vous y verrés que les engagemens que je propose de faire contractér au Portugal ne sont pas de nature a l effaroucher puisqu ils tendent au contraire a conservér toute l integrité de son alliance avec l Ang^{re}. Il serait a souhaiter que la cour de Lisbonne put avoir indirectem^t connoissance de nos principes et de nos vûes.

Ibid., n° 71.

CHAPITRE X.

LA CAPITULATION DE SARATOGA DÉTERMINE LE ROI.

M. de Vergennes et les commissaires de Passy; pourquoi Beaumarchais n'était plus l'intermédiaire habituel avec ces derniers; défaveur qu'il encourait; elle n'empêchait cependant ni de suivre ni peut-être de rechercher ses avis; accent qu'il met à se plaindre de se voir remplacé par le banquier Grand. — Les Grand; Le Roy ou Leray de Chaumont; celui-ci procure un négociant, M. Holker fils, comme mandataire aux États-Unis, pour satisfaire probablement M. de Maurepas; premières instructions de ce mandataire. — Poursuite des négociations, néanmoins, avec Franklin et ses collègues; plaintes et pensées injustes que les lenteurs portent ceux-ci à exprimer au Congrès; impressions meilleures bientôt causées par les circonstances. — Bruits défavorables sur les opérations militaires des Anglais; reddition de Burgoyne à Saratoga; grand effet produit en Amérique et à Versailles; perplexité manifestée par M. de Vergennes entre la crainte du ressentiment possible de l'Angleterre et celle de la froideur des Américains; il pense que le moment de la crise est venu; conduite différente à avoir à Madrid et à Londres. — Accord du Gouvernement avec le comte d'Aranda pour se préparer à l'action et s'assurer du Congrès; bases de pourparlers avec la légation de Passy, écrites par M. de Vergennes sous la dictée du roi; noble simplicité de cette pièce. — Instructions nouvelles remises à Leray de Chaumont pour Holker, en vue d'aviser les commissaires des dispositions dans lesquelles on se trouve; raisons devant porter ces derniers à des démarches plus actives; ils rappellent immédiatement la demande d'un traité, déposée par eux depuis un an, et sollicitent une assistance en vaisseaux de guerre pour empêcher les Américains de faiblir devant l'Angleterre. — Dépêches informant la cour de Madrid du pas en avant que l'on vient de faire; précautions extrêmes prises pour dire au roi d'Espagne que le roi de France ne stipulera rien de personnel et attend que son oncle formule ses désirs; il n'est pas moins évident que M. de Vergennes va conférer immédiatement avec la légation; pli confidentiel indiquant l'idée positive de traiter. — Mouvement de l'opinion en faveur de la guerre; le ministre mande à Montmorin de prendre pour devise : *Maintenant ou jamais*, et d'obtenir « le mot » de l'Espagne; propensions à engager la France même toute seule; devoir que s'en faisait M. de Vergennes. — Le cabinet anglais et les bills pour la réconciliation de l'Amérique; tentatives de ce cabinet en vue de séduire les commissaires; instances de Beaumarchais afin que l'on reconnaisse l'indépendance avant l'Angleterre; opinion conforme des politiques; le comte de Broglie et le duc de Lauzun. — Déception du comte de Broglie en Amérique; sa continuelle préoccupation du relèvement de la France; il envoie au roi son plan de descente en Angleterre, mis au point des données actuelles; hauteur respectueuse de sa lettre au monarque. — Les deux mémoires qui constituent ce plan; justification qu'ils présentent de la politique du ministère; Lauzun nous regarde comme attaqués par

LA CAPITULATION DE SARATOGA DÉTERMINE LE ROI. 611

l'Angleterre si nous traitons avec l'Amérique; le comte voit la guerre très défavorable si nous n'avons pas déjà traité. — Efforts presque suppliants des émissaires de l'Angleterre auprès de la légation; sûreté des sentiments de celle-ci et de ceux du Congrès; Gérard porte à Passy l'annonce que le roi reconnait les États-Unis et est prêt à signer un traité avec eux; page mémorable pour notre histoire adressée en conséquence au Congrès par les commissaires. — Grandes précautions que prend de nouveau M. de Vergennes pour faire connaître cet état des choses à l'Espagne; peu d'inclination qu'avait cependant le gouvernement du roi à s'arrêter aux objections pouvant venir de ce pays.

Les rapports étaient redevenus fréquents entre le gouvernement du roi et les commissaires du Congrès. Tâchant de raviver à propos leurs espérances et dirigeant indirectement leurs démarches, M. de Vergennes les laissait se plaindre de l'irrésolution de la France et les gardait à portée de sa main. C'est avec Silas Deane et Franklin que les relations se suivaient; le premier en restait la cheville ouvrière; Franklin présidait, à vrai dire; quant à Arthur Lee, on le tenait en dehors le plus possible, son ambition envieuse et brouillonne rendant fâcheux de l'employer, et ses procédés insidieux l'ayant déjà mis assez mal avec ses deux collègues pour que Franklin ne tardât guère à lui déclarer la médiocre estime dans laquelle il le tenait[1]. Mais entre le ministre et les Américains, d'autres intermédiaires habituels que Beaumarchais agissaient maintenant. Parfois c'était en même temps que ce dernier, mais c'était aussi sans lui. Franklin n'avait jamais bien accueilli Roderique Hortalès. Barbeu Dubourg y était sans doute pour quelque chose, mais il y avait également cette raison que tout paraissait trop cher aux Américains; les risques que présentaient leurs affaires en étaient cause, et dès lors ils s'étaient volontiers laissé persuader, et de plus en plus, que Beaumarchais devait les servir pour rien; ils se croyaient abusés par lui quand il fallait payer son entremise. Le « Barbier de Séville » passait d'ailleurs aux yeux de trop de monde comme ayant de grands profits, pour qu'il ne se trouvât pas, au fur et à mesure, beaucoup de gens intéressés à lui nuire. Il

1777.

---

[1] Dans des lettres du 1ᵉʳ et du 4 avril 1778, Franklin exprime à Lee, et le motive avec sévérité, le peu de bien qu'il pensait de lui. (*Works of Franklin*, t. VIII, p. 257.)

importait aussi trop aux Anglais de le gêner, et leur ambassade devait souffler le feu. Toujours est-il qu'à cette heure Franklin contestait ouvertement les opérations d'Hortalès et s'efforçait de l'éconduire.

Il faut dire que Beaumarchais avait enchevêtré ses affaires de tant d'intrigues afin de les faire réussir et de tant de complications pour les étendre; il mettait tant de promptitude à se mêler de tout, partout, à s'offrir pour tout; les infidélités, le trop de zèle ou la maladresse de plusieurs de ses agents avaient donné lieu à tant d'ennuis, que le traitant et l'agent politique étaient, en lui, décriés l'un par l'autre. M. de Maurepas se gardait de lui, et M. de Vergennes dans une certaine mesure. Il continue à écrire souvent à ce dernier, mais c'est visiblement un peu pour l'apparence, pour tâcher de ne pas avoir l'air sans crédit. D'où pouvait bien venir cette chute de sa situation; pourquoi ses lettres n'étaient-elles plus provoquées ou attendues comme en 1776, et pourquoi continuait-on néanmoins à se servir de ses avis? C'est un détail que les esprits curieux pourront se plaire à éclaircir. Non seulement Beaumarchais apporte toujours au cabinet ses informations et les offices de l'active police qu'il s'est créée; il s'y empresse même, et au moment où on lui bat le plus froid on s'approprie ses conseils. La formule en reste saisissante; aussi utilise-t-on ses aperçus politiques presque dans les termes où il les exprime, quelquefois même textuellement. A la fin d'octobre, il avait été admis à discuter avec M. de Maurepas et M. de Vergennes le parti à prendre définitivement sur les propositions d'alliance des commissaires américains; trois mois plus tard, au moment où le roi va signer le traité, il est visible que le secrétaire d'État lui a demandé le résumé de leur discussion, et la notification faite bientôt à Londres de la résolution du roi de France n'est que la substance, à vrai dire, de cette pièce politique, l'une des plus solides, des plus précises, des plus appropriées qu'il ait écrites [1].

[1] Il s'agit là d'un mémoire que l'on trouvera plus loin, et que l'auteur de *Beaumarchais et son temps* a publié sous le titre de *Mémoire particulier pour les ministres du roi et manifeste pour l'État*, d'après un manuscrit portant la date du 26 octobre, voisine sans doute de l'entretien qui

LA CAPITULATION DE SARATOGA DÉTERMINE LE ROI.   613

Beaumarchais passé ainsi à l'arrière-plan, les communications avec les envoyés de l'Amérique s'opéraient principalement par des banquiers de Paris tenant à la fois maison à Amsterdam, MM. Grand, chez qui les affaires des Américains aboutissaient, du reste, ainsi que beaucoup de celles d'Hortalès. Ce dernier avait aidé, semble-t-il, à mettre les Grand, ou en tout cas l'un d'eux, sur ce pied intime; du moins on voit par ses lettres que le même attachement aux intérêts de l'Amérique l'unissait à eux ou les liait avec lui. Toutefois, les derniers jours de décembre, Beaumarchais est remplacé par Grand, de Paris, dans la remise effective à la légation de Passy du nouveau million que venait d'allouer le roi; la disgrâce ainsi dévoilée, patente, est un coup pour lui; elle l'émeut et il met de l'accent à le dire : « Je suis « éconduit; j'ai perdu le fruit des plus nobles et incroyables travaux « par les soins mêmes qui mènent les autres à la gloire; je m'en suis « douté plus d'une fois aux choses étranges qui m'ont frappé les yeux « dans la conduite des Américains avec moi. Misérable prudence humaine, tu ne peux sauver personne quand l'intrigue s'acharne à « nous perdre [1]; » et il donne après cela des explications vraiment en rapport, il faut le reconnaître, avec les conditions dans lesquelles on avait concerté et combiné ses opérations. Quant au banquier Grand,

1777.

---

y donna naissance. C'est cependant le 22 janvier seulement que Beaumarchais envoie cette pièce à M. de Vergennes. Il venait de la composer, sa lettre d'envoi, reproduite à l'annexe II du présent chapitre, l'indique. Si les motifs qu'eurent les ministres de tenir Beaumarchais éloigné et de se servir de lui néanmoins restent énigmatiques, ses lettres attestent que M. de Vergennes ne l'abandonna pas et donna à ses opérations l'appui auquel il s'était engagé lors de la formation de sa maison de commerce. A plusieurs reprises Beaumarchais lui en témoigne sa gratitude avec effusion. Le 15 février, notamment, il lui écrit comme venant d'être sauvé par lui de la faillite. (*Angleterre*, t. 528, n° 158.) On peut lire cette lettre à l'annexe II, où nous donnons, dans leur entier ou en fragment, une suite de sa correspondance à ces dates. Les services rendus par Beaumarchais durent avoir beaucoup de prix, car ils lui ont valu des inimitiés qui ne sont pas éteintes à cette heure même. Un livre vient encore de paraître à l'étranger pour jeter sur lui le discrédit, sinon davantage. (Ant. Bettelheim, *Beaumarchais, Eine Biographie*; Francfort-sur-le-Mein, Litterarische Anstalt, 1886.)

[1] *Ibid.*, n° 2; lettre à M. de Vergennes, du 1ᵉʳ janvier 1778. La partie qui contient ces explications est reproduite aussi à l'annexe II de ce chapitre.

entre autres circonstances de son intervention, le cabinet lui avait fait acheter au mois d'octobre, pour le compte du roi, une frégate de construction nouvelle dont la légation avait commandé l'exécution en Hollande à un ingénieur français, mais qu'elle ne pouvait payer faute de ressources et qu'elle n'aurait guère eu moyen d'armer ni d'équiper utilement, en présence des restrictions que les traités avec l'Angleterre imposaient aux nations maritimes [1]. Les derniers jours de novembre, également, Grand négocie pour le ministre, avec Franklin et ses collègues, les termes d'une démarche qu'ils allaient avoir à faire [2], celle, pensons-nous, par suite de laquelle la solution attendue par eux se produisit peu après.

Un autre auxiliaire du premier moment, Le Roy ou Leray de

---

[1] Le 30 novembre, la légation informe de cette affaire de frégate le comité, à qui elle donne les explications suivantes : « Elle est très « grande, capable de porter trente canons de 24 « sur un seul pont, et on suppose qu'elle égale « un vaisseau de ligne. Mais les difficultés in- « finies que nous trouvons à armer et à équiper « un pareil vaisseau dans n'importe quel port « neutre, sous les restrictions des traités, en « même temps que le manque de subsides de « votre part, nous ont engagés à le vendre au « roi, qui, par une forte pension offerte à notre « officier, l'a décidé à rester à son service, et « qui nous rembourse ce que nous avions dé- « pensé pour cette frégate. » (*Diplomatic correspondence*, t. I, p. 340.) La lettre suivante à M. Grand constate l'achat par le ministre de la marine. Nous devons cette pièce à l'obligeance de M. Bord, de Saint-Nazaire : — « A Fontaine- « bleau ce 8 octobre 1777; à Mr Grand ban- « quier rue Montmartre Paris. — Je vous an- « nonce, Monsieur, que le Roi, sur le compte « que je lui en ai rendu, s'est déterminé à faire « l'acquisition de la frégate que vous avez fait « construire pour votre compte à Amsterdam. « Vous pouvez regarder cette affaire comme ter- « minée et donner vos ordres en conséquence « à vos commissaires de Hollande. — Quant « au nom du bâtiment, je vous ferai savoir in- « cessamment celui qu'il aura plu à Sa Majesté « de lui donner. — Je suis très parfaitement, « Monsieur, entièrement à vous. — De Sar- « tine. »

[2] M. Grand écrit à M. de Vergennes : « Mon- « sieur le Comte, — J'ay l'h^r de vous accom- « pagner cy joint une note pareille à celle que « je viens de remettre à M. le comte d'Aranda, « à laquelle on n'a fait que retrancher la pro- « position que vous n'avez pas goutée, voicy « aussi la traduction de la commission qui y « est attachée et qui semble avoir tout prévu. « — Je joins pareillement ici la traduction du « projet de lettre à écrire par les députés si « elle est à votre approbation. — J'attends vos « ordres, M. le Comte, pour me rendre auprès « de vous au sujet de l'opération dont vous « m'aviez fait la grace de me prévenir à Fon- « tainebleau, je vous demande celle d'y ajouter « les sentiments respectueux...... — Grand. « — Paris le 24 novembre. » (*États-Unis*, t. 2, n° 144.) C'est de l'opération de la frégate qu'il s'agit, semble-t-il, dans le dernier paragraphe.

Chaumont, avait pris et remplissait maintenant beaucoup de rôles [1]. Fort engagé dans les opérations de commerce auxquelles la guerre de l'Amérique donnait lieu depuis un an, il s'était trouvé à portée de servir aux rapports de la légation avec le cabinet de Versailles. Il l'avait pu d'autant mieux que, depuis l'arrivée de Franklin, celle-ci occupait à Passy une maison à lui. M. de Sartine l'avait procuré à M. de Vergennes, et aux dates où nous en sommes le ministre usait très habituellement de lui. Cherchant à envoyer aux Etats-Unis, comme M. de Floridablanca, quelqu'un d'apte à bien regarder et même à négocier, mais qui fût simplement un commerçant faisant des affaires, il demande ce quelqu'un à Leray de Chaumont. On douterait aisément que cet envoi fut jugé nécessaire par le secrétaire d'État des affaires étrangères; le bruit qu'il aurait lieu n'en devint pas moins général; le public crut un moment, et le ministre de Frédéric II le mande à ce prince, que l'émissaire serait Beaumarchais, donné bien à tort, alors, pour le « garçon-major de M. Franklin [2] ». Ce fut au contraire un M. Holker fils, intéressé, il nous semble, avec Chaumont. La mission dont on le chargeait semblerait indiquer que l'on ne se sentait pas près de traiter à Versailles même. Il aurait à « regarder aux dispositions du Congrès et de ses chefs, à celles des congrès provinciaux, à leurs ressources en argent, en troupes de terre, en marine, au mouvement commercial que pourraient offrir leurs ports; il s'enquerrait du traitement que trouverait, de la part des États-Unis, une nation prête à soutenir leur cause; il nous renseignerait enfin, aussi précisément que possible, sur la situation vraie des Anglais ».

1777.

---

[1] Nous avons écrit précédemment « Le Roy « de Chaumont »; c'est l'orthographe de la *Diplomatic correspondence* et de diverses pièces, notamment de celles qui sont émanées en 1776 de Franklin et de Dubourg. Les pièces postérieures (*États-Unis*, t. 3) portent Le Rey ou Leray de Chaumont, et la signature du personnage paraîtrait commander d'écrire Leray; les annotations du secrétariat des Affaires étrangères, en marge des pièces, portent au contraire Le Rey ou Lerey, dénomination de langue romane dont la traduction en orthographe moderne serait Le Roi ou Leroi.

[2] Le 6 février, M. de Goltz envoyait à Frédéric II un bulletin de nouvelles où le « Barbier de Séville » était qualifié de cette manière.

Le 25 novembre, on remettait à Leray de Chaumont, dans une note pure et simple, sans authenticité, verbale à proprement dire, les instructions destinées à ce mandataire; la responsabilité lui en appartiendrait ainsi personnellement. Bien plus, cette note était en deçà des dispositions que l'on connaissait aux commissaires de Passy. Être sûr que les États-Unis n'écouteraient aucune proposition de l'Angleterre, ni pour la paix ni pour une union nouvelle, quoi que son gouvernement abandonnât, quoi qu'il offrît, c'était là, semble-t-il, le dernier point qui arrêtât avant de se lier tout à fait avec eux. Mais il paraît que M. de Maurepas inclinait, lui, à ne pas tenir les assurances de la légation pour suffisantes ou à ne point les croire assez autorisées[1]. Le chef du cabinet pouvait se trouver dérouté, en effet, d'avoir affaire au gouvernement d'une assemblée, à un peuple sans chef, sans monarque. La mission d'Holker ne répondait-elle pas aux désirs particuliers de ce ministre? En tout cas, cette mission devait consister à « éloigner les principaux du Congrès de faire la paix avec la métropole autrement que sur le pied de l'indépendance absolue et sous la condition que d'autres nations seraient garantes de cette paix, sans cela trop facile à rompre de la part de cette métropole, restée maîtresse du Canada, de la Floride, de la Nouvelle-Écosse[2] ».

En attendant, toutefois, les négociations se poursuivaient avec Franklin et ses collègues. Ils avaient hâte de les voir aboutir. Ils se représentaient comme sollicités de plus en plus par l'Angleterre et bien près de lui céder. Beaumarchais vient encore en aide à cette manœuvre; en envoyant à M. de Vergennes tout un bulletin de nouvelles d'Amérique, il cherche à l'effrayer par l'annonce que deux cents voiles anglaises ont été rencontrées dans les parages de la Martinique, « voguant au sud malgré le vent contraire », c'est-à-dire courant vers le golfe du

---

[1] Beaumarchais, dans le mémoire envoyé par lui aux deux ministres le 22 janvier 1778, attribue effectivement cette crainte au chef du cabinet. (*France*, t. 410, n° 20.)

[2] *Instruction verbale donnée à M. Holker* le 25 novembre 1777. (*États-Unis*, t. 2, n°ˢ 144 et 144 *bis*; minute ou copie de la main de Gérard.)

LA CAPITULATION DE SARATOGA DÉTERMINE LE ROI. 617

Mexique; après quoi il a soin de rappeler tout de suite au ministre que « la légation a tous les pouvoirs pour traiter même avec l'Angleterre », mais que Franklin « doit partir ou rester sur une réponse actuellement attendue » et que « cette réponse est certainement celle de la France »; Beaumarchais, qui soutient ses dispositions, dit-il, ajoute : « Il faudrait que les paroles pussent venir du secrétariat d'État lui-même; malheureusement il n'est pas libre de les donner[1]. » Évidemment le chef du cabinet, le roi par suite, étaient censés empêcher M. de Vergennes d'aller aussi vite qu'il l'eût souhaité. Cependant les garanties essentielles à obtenir des États-Unis et les gages qu'ils voudraient avoir de notre constance étaient l'objet d'échanges réitérés de pourparlers et d'écrits. Que fallait-il pour convaincre l'Amérique de la solide amitié de la France et de l'Espagne; quelle condition mettrait-elle à des engagements, de la part de ces dernières, l'empêchant sûrement de ne pas poursuivre son indépendance et de redevenir colonies anglaises? on s'enquérait de tout cela avec avidité. Il reste

---

[1] « Monsieur le Comte. — J'ai l'honneur « de vous envoyer les nouvelles d'Amérique. « Les plus fraiches dépêchées par le Congrès « ont été jettées a la mer. Il n y a d'interessant « que les nouvelles qui confirment vos soupçons « et les miens, sur le golphe de Mexique; mais « il faut que je le répéte; cela est impossible « ou le conseil du roi d'Angleterre est devenu « fou.

« J'oubliai l'autre soir de vous dire que nos « députés ont un pouvoir général de traiter avec « toutes les puissances europennes sans en ex-« cepter l'Angleterre. On m'a dit ce matin que « M' Franklin n'attendait qu'une réponse pour « se décider a partir ou a rester icy. Cela me « confirme que les Anglais les font presser de « traiter avec eux : mais d'ou attend-il cette « reponse? Ce ne peut etre de Londres, il n'est « pas homme à nous faire une perfidie. Je l'ai « vu ce matin fort pensif et M' Deane m'a dit « qu il etait tres affligé de la mort de *Johnson* « et de la perte du Lexington; mais que ce qui « le tourmentait le plus, etait l'irrésolution sur « ce qu'il doit faire d'après une réponse qu'il « attend; M. Franklin m'a beaucoup questionné « sur vos dispositions, et moi conciliateur eter-« nel je soutiens le courage par l'espoir, et je le « traite, comme les députés traitent le Congrès, « et comme celui cy traite le peuple americain. « C'est une chaine d'esperance dont je tiens le « 1ᵉʳ chainon; je voudrais bien que ce fut vous; « elle serait plus solide. Mais pendant que le « vent emporte mes paroles, les votres sont d'un « si grand poids que je sens bien que vous n'en « pouvés guerre donner.

« Je vous rends graces des assurances que vous « voules bien me donner de votre bienveillance « vous savés combien elle m'est précieuse. Voulés « vous bien communiquer les nouvelles a M' de « Maurepas. » (*Angleterre*, t. 525, n° 19.)

peu de traces de ce travail de la dernière heure, mais l'existence en est bien constatée¹.

C'est dans le même temps que Franklin et ses collègues rédigeaient leur rapport au Congrès sur les prises intempestives reprochées aux corsaires de leur nation. Ils y déploraient notre lenteur à nous résoudre. Un peu aigris par les difficultés qu'ils trouvaient à négocier ces prises contre monnaie, à payer dès lors le matériel expédié par eux, ils mandaient encore que « les deux cours éviteraient la guerre

---

¹ On trouve la pièce suivante dans le volume *États-Unis*, t. 2, n° 177. Elle porte pour tout intitulé la date : 1777, sans autre indication. En haut, à droite, on lit la mention : *De la main de M. de Givors.*

« 1ʳᵉ question. Qu'est-il nécessaire de faire « pour donner aux députés américains, une « satisfaction suffisante pour les encourager à « n'écouter aucune proposition de l'Angleterre « pour une nouvelle connexion avec ce pays?

« Réponse. Les commissionaires ont pro- « posé depuis longtems un traité d'amitié et de « commerce qui n'est point encore conclu. La « conclusion immédiate de ce traité fera cesser « l'incertitude où ils sont à cet égard, et leur « donnera une telle confiance dans l'amitié de la « France, qu'ils rejetteront avec fermeté toutes « les propositions qui leur ont été faites pour « la paix par l'Angleterre, lesquelles n'ont pas « pour base l'entière liberté et l'indépendance de « l'Amérique, tant en matière de gouvernement « que de commerce.

« 2ᵉ question. Qu'est-il nécessaire de faire im- « médiatement pour satisfaire le Congrès et les « peuples de l'Amérique, relativement à l'uti- « lité et à la certitude de l'amitié de la France « et de l'Espagne, en assurant leur indépen- « dance de manière à les engager également à « rejetter toute proposition de la part de l'An- « gleterre pour la paix, qui seroit inconciliable « avec l'indépendance.

« Réponse. — Les commissionaires pensent « qu'un engagement immédiat de la part de « ces deux royaumes, pour la garantie des pos- « sessions actuelles du Congrès en Amérique, « ainsi que de celles qu'il pourra acquérir sur « le continent pendant la guerre et une guerre « contre l'Angleterre, ou des secours pécuniaires « fournis au Congrès, si cette guerre n'a pas « lieu, afin de la mettre en état de la soute- « nir de son coté, jusqu'à ce qu'il puisse parve- « nir à faire une paix seure; et jusqu'à ce que « tout ce que les Anglois possèdent maintenant « sur le continent sera conquis, ce qui sera né- « cessaire tant pour affoiblir cette puissance que « pour assurer les pecheries des Etats Unis et « de leurs alliés, et qu'un traité conclu dans « cet esprit soit directement communiqué au « Congrès.

« Si la France et l'Espagne, ou l'une de ces « deux cours vouloit comme auxiliaire nous four- « nir une flotte de six ou huit vaisseaux de ligne, « ou un plus grand nombre, cela donnera au « Congrès et aux peuples de l'Amérique la per- « spective la plus certaine d'une fin prompte et « favorable de la guerre à leur entière satisfac- « tion et les empêchera d'entendre à aucun « accomodement à conditions au dessous d'une « independance absolue. » — Dans le volume *États-Unis*, t. 3, les pièces numérotées 4 et 8 sont des réponses en anglais à la première question, de la main de Deane et de celle de Franklin.

tant qu'elles ne seraient pas forcées à s'y résoudre, qu'elles ne leur fourniraient ouvertement ni troupes ni vaisseaux »; ils se laissaient aller même à essayer déjà de dispenser l'Amérique de la gratitude en l'enorgueillissant de la pensée que sa virilité seule et sa bravoure seraient les agents de sa délivrance[1]. Ils ne pouvaient, pourtant, ne pas

[1] Ce rapport est pour la France un autre titre à recueillir, titre spontanément écrit, dans le moment même, par les Américains de la première génération. On aurait assurément bien surpris ceux-ci en pronostiquant devant eux le rôle dont, quatre-vingt-dix ans après, l'Allemagne serait gratifiée et glorifiée par leurs successeurs, dans l'établissement des États-Unis. Nous traduisons mot à mot : « Nous envoyons ci-« joints les papiers que nous avons reçus et les « réponses que nous avons données au sujet de « ces captures, et nous demandons notamment « que, si après enquête loyale les allégations sont « reconnues vraies, prompte justice soit rendue « et restitution faite aux réclamants, étant de « la dernière importance pour nos affaires en « Europe que nous nous lavions des accusations « de nos ennemis, qui nous représentent par-« tout comme des pirates et s'efforcent d'exciter « tout le monde contre nous.

« L'affaire espagnole a eu déjà de très mau-« vais effets dans cette cour, comme nous l'ap-« prenons par le retour du courrier mentionné « dans notre dernière lettre. Nous avons, par « des lettres à nos correspondants dans les dif-« férents ports, lettres dont nous vous envoyons « ci-jointe une copie, fait tout ce qui était en « notre pouvoir pour prévenir de pareils acci-« dents à l'avenir. Les puissances maritimes de « l'Europe s'embarrassent elles-mêmes, et nous « avec elles, par le double rôle que leur poli-« tique les oblige à jouer; étant de cœur nos « amies, et nous souhaitant le succès, elles vou-« draient nous permettre tout usage de leurs « ports compatible avec leurs traités, ou ce que « nous pouvons en faire sans donner des sujets « déclarés de plainte à l'Angleterre; et, étant « si difficile de garder nos vaisseaux armés en « course sous ces restrictions, nous examinons « s'il ne vaudrait pas mieux empêcher de croiser « sur leurs côtes et d'y amener les prises, jusqu'à « ce qu'éclate une guerre ouverte, qui, quoique « en aucune manière certaine, semble redou-« tée des deux côtés d'un instant à l'autre; té-« moin, entre autres circonstances, le rappel des « bateaux de pêche par la France, et le der-« nier discours du roi d'Angleterre. En consé-« quence de cette conduite gênée, nos prises ne « peuvent être vendues publiquement; ce dont « les acheteurs profitent pour faire baisser les « prix et quelquefois les cours d'amirauté sont « obligées de saisir ces prises, en vertu d'ordres « de la cour obtenus par l'ambassadeur d'An-« gleterre. Nos compatriotes, naturellement, se « plaignent de ce traitement peu amical; et « comme nous ne devons pas contredire la cour « dans les apparences qu'elle semble disposée « à donner à l'Angleterre, nous ne pouvons « détromper les nôtres en leur faisant connaître « les services essentiels que notre cause reçoit « continuellement de ce pays, et nous craignons « que le ressentiment de ces pratiques qui sem-« blent désobligeantes n'engage quelques-uns « à des représailles et n'occasionne par là une « foule de désagréments...... Le discours « du roi d'Angleterre tonne contre ces deux « royaumes aussi bien que contre nous. Il affiche « à la fois la grosse résolution de continuer « cette guerre et d'en faire deux autres si on « lui en donne l'occasion. On comprend qu'il « trouvera difficilement des hommes et de l'ar-« gent pour une autre campagne, en outre de

620 LA CAPITULATION DE SARATOGA DÉTERMINE LE ROI.

1777. reconnaître et ne point louer ce que nous faisions pour eux. Les évènements se précipitaient et d'autres sentiments succèdent bientôt aux impressions injustes. M. de Vergennes n'avait pas achevé sa dépêche du 3 décembre, où le parti décidé de nouer l'alliance et de l'avouer était bien visible, que la nouvelle de la capitulation de Burgoyne à Saratoga arrivait à la légation. Depuis un mois, les interprétations les plus naturelles des informations arrivées d'Amérique à Londres, le silence que gardait le cabinet de Saint-James, le langage des journaux anglais, faisaient présager une issue fatale au grand mouvement tournant du Canada. Les bulletins victorieux que lord Stormont multipliait à Versailles n'y détournaient pas de penser qu'en effet le résultat était contraire aux Anglais; M. de Vergennes le disait au marquis de Noailles le 25 octobre[1] et le mandait de même à Ossun le 10 novembre. Les journaux de Londres prenaient leur revanche en parlant d'un grand succès probable de Howe sur Washington[2]; on ne

« celle qu'il a déjà sur les bras, et tout le « monde voit que ce n'est pas faute de le vou- « loir qu'il laisse impunie l'assistance journelle- « ment connue qui nous est fournie par ses voi- « sins. Ceux-ci néanmoins, nous avons lieu de le « penser, ne commenceront pas la guerre tant « qu'ils pourront l'éviter, et ne nous fourniront « pas ouvertement des secours en vaisseaux et « en troupes. Il nous est vraiment à peine permis « de savoir qu'on nous fournit de l'aide, mais « on nous laisse imaginer, si cela nous plaît, que « les canons, les armes, etc., que nous avons « reçus et envoyés, sont des effets du bon vou- « loir et de la générosité privés. Nous n'avons « pas moins les plus fortes raisons de nous fier « à ce que la même générosité continuera; et « cela assure à l'Amérique la gloire de mener « à bout sa délivrance par sa propre énergie et « sa seule vaillance, desquelles, avec l'aide de « Dieu, nous vous conseillons d'aviser surtout à « la faire dépendre. » (*Diplomatic correspondence*, t. I, p. 343.)

[1] Lettre particulière. (*Angleterre*, t. 525, n° 77 *bis*.) — « Le silence du gouvernement « anglois sur l'etat des affaires en Amerique ne « les feroit pas jugér bonnes si le Lord Stor- « mond ne nous rassuroit par toutes sortes de « nouvelles qu'il tient aussi certaines que s il les « tenoit du ministere. Burgoyne maitre d'Al- « bany y a eté joint par Clinton, le G¹ Schwiler « avec son corps de 1500 hommes a mis bas les « armes et s est rendû. Le colonel S¹ Leger s est « emparé du fort Stanwick a la tete des Mo- « wauvks et est maitre de son cours jusqu a la « riviere d'Hudson. Howe a remonté le Susq- « weanah, a debarqué dans le comté de Lan- « caster, a soumis la ville de ce nom ou sont les « magazins de Wasingthon. Il est bon Monsieur « le Marquis, que je vous aprenne les nouvelles « du pays que vous habités. Mais ce ne sont « la que des on dit et de purs bavardages dont « vous faites le cas qu'ils méritent. »

[2] *Espagne*, t. 587, n° 24, de Fontainebleau, 10 novembre 1777.

LA CAPITULATION DE SARATOGA DÉTERMINE LE ROI. 621

tardait pas à apprendre que le succès avait bien eu lieu; c'était la petite bataille de la Brandywine; mais le ministre, en raisonnant ce qu'on en écrivait, trouvait l'affaire « peu considérable et d'arrière-garde » et attribuait à l'autre, au contraire, toute la portée qu'elle avait véritablement[1].

L'abandon de Ticonderago avait bien servi Gates, en attirant à Saratoga les six ou huit mille hommes qui restaient au général anglais, de près du double que celui-ci comptait au début. Enfermé bientôt dans un cercle d'insurgés qui le harcelaient et écartaient de lui les vivres, ce corps d'armée avait dû se rendre prisonnier, et, au lieu que ce fût lui qui descendît en Pensylvanie, c'était Gates qui pourrait envoyer des renforts sur la Delaware. Considérable dans les Colonies, l'émotion produite par cet évènement retentit au sein du Gouvernement et chez le roi lui-même autant qu'à la légation de Passy. « On « m'assure, écrit le comte de Goltz à son souverain[2], qu'à commencer « par Sa Majesté Très Chrétienne même, la joie a été des plus sen- « sibles sur toutes les physionomies. » A cette nouvelle, en effet, les hésitations cessent. « Elles décident la victoire », écrit, le lendemain M. de Sartine à M. de Vergennes, après une conversation avec M. de Maurepas. La légation apporte immédiatement aux Affaires étrangères

---

[1] Il écrit au marquis de Noailles, le 7 novembre, en particulier encore : « . . . . . La nou- « velle d un echec que le general Burgoyne « auroit recû se soutient sans qu'on puisse la « regardér comme certaine, ce sont des raports « de capitaines americains qui ne meritent pas « ordinairement beaucoup de confiance. Si le « General avoit fait des progrès qui assurassent « le succès de son expedition il en auroit fait « passér lavis par toute voie, et il est probable « qu on en seroit informé en Ang⁽ʳᵉ⁾. Peut etre « n es ce pas se tromper que de regardér cette « expedition comme manquée. Je ne porterai « pas le meme jugement de celle du general « Howe si les nouvelles que M. l ambassadeur « d'Ang⁽ʳᵉ⁾ m'a données hier se confirment. Il m'a « dit que des lettres de New Yorck annoncent « que le 11 7ᵇʳᵉ l armée du Gen¹ Wasington a « eté batue et defaite a Chester. Cependant une « circonstance pourroit faire penser que l affaire « n'a pas eté bien considerable et meme que « ce n a eté q une affaire d'arriere garde, s il « est vrai que l'armée ennemie a fait ferme de « l autre coté de la riviere. J attens vos pre- « mieres lettres M. le Marquis pour fixér ma « croiance. » (*Angleterre*, t. 525, n° 120 *bis*.)

[2] Lettre du 7 décembre 1777. (Circourt, *ubi supra*.)

la dépêche du comité[1], et ce même lendemain, 5 décembre, la traduction en est envoyée à M. de Montmorin par le ministre. On avait aussitôt accepté les hypothèses les plus favorables. Il n'y aurait rien que de naturel à voir le comte d'Aranda s'enflammer[2], mais M. de Vergennes, autant que lui, cède à l'entraînement. Il voit déjà Howe coupé de sa flotte, capitulant à Philadelphie comme Burgoyne à Saratoga, et les États-Unis libres dorénavant. La guerre, dès lors, n'est plus douteuse pour lui. Elle lui apparaît inévitable, prochaine, et il redoute de nous trouver pris entre le ressentiment de l'Angleterre à cause du peu que nous avions fait pour les rebelles, et l'indifférence de ceux-ci pour les avoir si faiblement soutenus : « Voilà de grands sujets à méditation et à réflexion, écrit-il à Montmorin, tant pour le présent que pour l'avenir. J'avoue que les miennes ne sont rien moins que riantes, parce que je vois approcher le moment fatal que

---

[1] Leur lettre est en original et en traduction. (*États-Unis*, t. 2, n°ˢ 148 et 149.) Celle que leur avait écrite le comité du Congrès se trouve au tome I de la *Diplomatic correspondence*.

[2] Il répond le 7 à M. de Vergennes, qui lui a fait part de la prise de Philadelphie annoncée avec empressement par lord Stormont, le lendemain de celle de Burgoyne : « Mais d'ici a « huit jours nous aurons bien a rire quand leurs « nouvellistes metront en parallele l occupation « d'une ville ouverte avec des pertes egales, et « engagement de la soutenir contre Wasingh- « ton dans le voisinage; et un' armée de 6 mil « hommes atrapés sans perte d'un seul ameri- « cain, qui degage les Insurgents de ce coté la « pour se rendre tous vis a vis de Philadelphie. « Peut etre que cette ville sera le tombeau « de ses conquerans; et s'ils ne sont pas assez « heureux, pour s'ouvrir la communication par « la riviere Delaware ils sont perdus, surtout « l'hiver s'aprochant, et ayant 20 lieues inter- « mediaires de leur position a leur flotte dans « la baye de Chesepeak. « Le general Howe s'aura fait honneur sans « doute avec la prise de Philadelphie, puisqu'ef- « fectivement il a reussi ; peut etre que si Bour- « goyne avoit percé comme on se promettoit, « elle auroit pu avoir des suites avantageuses, « mais *rebus sic stantibus* je conçois que preci- « sement l honeur du general portera le coup « mortel aux interets de la Couronne; et que les « Americains n'en pouvoient souhaiter mieux « que de l'avoir presentement de ce coté la. Je « voudrois bien Mʳ Howe plus en liberté pour « que la commedie ne finit pas si tot, au con- « traire qu'elle durat jusqu'a l'heure de notre « souper preparé. Les Americains soulages ne « seront pas si raisonnables que nous les vou- « drions; ils feront bien de leur coté, parce que « chacun doit viser a ses interets; et s'ils pre- « sentissent que leur embarras peut rejaillir sur « nous autres ils se feront les dificiles sur plu- « sieurs articles qu'ils nous auroient accordé a « bras ouverts dans des moments pressants. — « A Paris le 7 décembre 1777. » (*Espagne*, t. 587, n° 90. — Original.)

LA CAPITULATION DE SARATOGA DÉTERMINE LE ROI.

j'ai toujours regardé comme celui de la crise[1]. » La joie visible avec laquelle lord Stormont, le même jour, était venu confirmer le succès de Howe sur Washington à Brandywine, augmentait encore l'animation un peu perplexe du gouvernement du roi. Le 13 décembre, M. de Vergennes écrit en particulier au marquis de Noailles :

> Je ne doute pas, Monsieur le Marquis, que les nouvelles du Lord Howe si long tems attendues n'aient causé en Ang^{re} une joie proportionnée a leur importance. Le ministere y aura trouvé de nouveaux motifs de confiance et d orgeuil. Le Lord Stormont toujours moderé s est empressé de me faire partagér sa modeste satisfaction, il m'a ecrit un billet tres affectueux auquel il a joint un exemplaire de la gazette extraord^e du 2 de ce mois. Je l ai remercié convenablement de cette attention a laquelle j'aurois pû correspondre en lui envoyant la capitulation du general Burgoyne, mais j'aime mieux la lui laissér aprendre par d'autres. Les Americains ont perdu Philadelphie et pris une armée, cette compensation peut leurs paroitre d'autant plus interressante que suiv^t les nouvelles d'Amérique les Anglois pourroient bien encore perdre leur seconde armée; en effet si la flotte ne peut pas remontér et bien tost a

---

[1] A Versailles le 5 x^{bre} 1777 : « Les deputes « du Congres qui resident en France ont recû « hier des depeches de leurs commettans avec « des nouvelles fort agreables pour eux, elles « ont eté aportées par un aviso de Boston arrivé « a Nantes en 30 jours.

« L'armée de Burgoyne a mis bas les armes. « Vous verres les conditions auxquelles elle s est « rendue dans la traduction ci jointe de la ca- « pitulation signée par les generaux respectifs. « Burgoyne avoit au moment de la reduction « 5752 hommes effectifs et il resulte d un re- « levé qui paroit asses exact que j ai vû que cette « belle equipée a couté a l Angleterre dans cette « partie seulem^t 9203 ho^{es}, et 37 pieces d ar- « tillerie, sans parler de tout ce qu on pourra « prendre encore dans le depost qui etoit sur le « lac George, et a Ticonderago qui pourra avoir « de la peine a se soutenir ensuite de la des- « truction de tous les bateaux et autres batimens « que les Anglois avoient construits pour cette « expedition.

« Au depart du courrier le general Gates etoit « occupé a faire partir des renforts pour le ge- « neral Vasington qui etoit pres de Philadel- « phie avec son armée. Le general Howe etoit « en possession de cette ville depuis le 24. sep- « tembre mais comme il n avoit point de com- « munication avec sa flotte on esperoit qu il « seroit bientost contraint de se soumettre aux « memes conditions que le general Burgoyne. « Cet evenement semble tres possible et j avoue « que je ne le verrai pas sans inquietude; car « il en résultera que nous aurons tout le deme- « rite auprès de l Angleterre du peu que nous « aurons fait en faveur des Americains et tres « peu de reconnoissance a attendre de ceux ci « pour avoir si foiblement contribué a l eta- « blissement de leur independance. » (*Espagne*, t. 587, n° 87.)

Philadelphie M. Howe pourroit bien se trouvér dans une souricière dont il ne se tireroit pas aisement. Suiv^t les avis venus a nos deputés le general Gates faisoit filer de forts detachemens de son armée pour se joindre à Wasington. On le voit, des milices partout et l avanture de Burgoyne doit faire un grand encouragement pour les partisans de la liberté. Tout ceci semble nous aprochér du moment de la crise que j ai toujours prévû; M. Garnier vous répétera Monsieur le Marquis ce que je lui ai dit a ce sujet avant son depart. C est le moment de receuillir toute notre attention pour demeslér les resolutions qu on pensera a prendre ou vous etes. Ce que je vois dans les papiers publics du langage, meme des ministres, annonce que leur orgeuil n est pas disposé a flatter notre amour propre, il cherchent plustost a l irritér ce qui est asses mal adroit si leur parti n est pas encore pris de ne plus observer de mesures.

A Versailles le 6 x^{bre} 1777.

Angleterre, t. 526, n° 59 *bis*.

Cette lettre du secrétaire d'État est traduite en dépêche officielle par Gérard quelques jours après[1]. Du côté de Londres il ne fallait plus, en effet, qu'écouter et regarder, maintenant; mais à Madrid il fallait tâcher de convaincre d'une manière définitive. Les conseillers du roi s'étaient cherchés aussitôt. Le comte d'Aranda avait été appelé déjà au conseil pour l'examen des conjonctures qui s'offraient[2]; rappelé de nouveau, les conséquences avaient été scrutées, raisonnées, pesées avec lui. La politique élémentaire commandait de penser que l'intérêt de l'Angleterre serait de traiter avec les États-Unis; dès lors on apercevait plus clairement le danger de la voir chercher bientôt des compensations à ses pertes dans les possessions de la maison de Bourbon. Mais c'était aussi une politique naturelle que de vouloir, à cette heure, « achever, comme on disait, les disgrâces et l'abaissement de

---

[1] Dépêche au marquis de Noailles, du 13 décembre 1777. (*Angleterre*, t. 526, n° 84.)

[2] C'est ce qui résulte du billet de M. de Sartine, tout à l'heure indiqué, et ce billet prouve, il semble, qu'il avait fallu quelques efforts pour déterminer le roi : « Je serois curieux d'avoir un « extrait des nouvelles d'hier, nous en avons « causé longtems hier au soir Mr de Maurepas « et moi; elles decident la victoire mais le parti « que nous avons a prendre merite les plus se- « rieuses reflexions; M^r d'Aranda sera bon a « entendre, il me paroit en effet que sa der- « niere conversation a fait impression. » (*Ibid.*, n° 49.)

LA CAPITULATION DE SARATOGA DÉTERMINE LE ROI. 625

cette puissance », en empêchant les Américains d'accepter des conditions de paix qui ne leur donneraient pas la complète indépendance et la liberté de porter leur commerce en France ou en Espagne aussi bien qu'en Grande-Bretagne. Il pouvait dès lors sembler urgent de se fixer au parti de les soutenir par une alliance positive. Aussi, n'ayant pas encore clos sa dépêche à notre ambassadeur à Madrid, M. de Vergennes y ajoutait-il immédiatement ces lignes, qui faisaient assez apercevoir la résolution d'affronter la rupture :

P. S. Depuis cette lettre ecrite nous avons eu M. le Cte de Maurepas et moi une conversation avec M. le Cte d'Aranda, nos reflexions ont abouti a un meme point, savoir qu'il n'y a pas un instant a perdre; non pour precipiter l'action, mais pour s'y préparer et pour cet effet de travailler dès a present a nous fortiffier du concours d'un ami qui peut etre utile, si nous nous l'attachons, et dangereux si nous le negligeons. Je vous en dirai incessamment plus, j'ai besoin de quelque tems et de quelques notions pour mettre en ordre mes idées.

Cet « ami », dont l'attache semblait maintenant précieuse, était le congrès des États-Unis. Avec M. de Maurepas, chez le monarque, les conditions nécessaires pour essayer de se l'assurer furent étudiées sans tarder. M. de Vergennes y rédigea « sous la dictée du roi » les données sur lesquelles une conférence immédiate avec les commissaires pouvait avoir lieu; puis, sur une feuille du petit papier bleuté, doré sur tranche, qui servait à la correspondance privée de Louis XVI, le ministre transcrivit au net cette pièce. En apposant au bas son « approuvé », le souverain y ajouta la date, ce qu'il ne faisait pas d'habitude; cette date devait être celle du relèvement de la France. On avait déterminé comme il suit les explications à porter aux Américains, les dispositions à leur montrer et les gages à réclamer d'eux :

Sa M^{té} a ordonné qu'on feroit entendre aux deputés americains residens en France que des considerations relatives a la situation particuliere de ses affaires et meme a la position des aff^{es} publiques n'avoient pas permis jusqu'a present d'accedér aux ouvertures qu ils se disoient autorisés a faire, et de leurs donnér et a leur nation des marques publiques et caracterisées de l interest dont Sa M^té a toujours eté prevenûe pour leur cause, mais que les circonstances semblant aujourd hui plus favorables a l etablissement d une intelligence etroite entre sa Couronne et les Provinces Unies de l'Amerique septentrionale Sa M^té ne s eloignera pas d entendre aux propositions que les députés peuvent avoir a lui faire, de les examinér et de se pretér autant que l etat des choses peut le permettre a leurs donnér et aux Etats-Unis des marques de son affection et de son interest, mais plus Sa M^té est disposée a donnér des temoignages de ses sentimens plus elle a lieu d attendre de la prudence et de la sagesse des deputés qu ils se preteront aux motifs de reserve qui ne permettent pas encore a Sa M^té de reconnoitre et de declarér publiquement leur independance. Sa M^té unie par les liens les plus intimes et les plus etroits avec le roi d Esp^e ne veut prendre aucun engagement qui ne soit commun a ce prince et qui ne doive s executér de concert avec lui, c est pourquoi Sa M^té en déclarant qu'elle est disposée a entrér dans les ouvertures qui pourront lui etre faites pour une negociation se reserve expressement de ne rien conclurre que conjointement avec le Roi son oncle, s en raportant aux epoques que Sa M^té C^que indiquera comme le terme convenable pour se declarér publiquement.

On espere que M^rs les Deputés sentiront l importance de renfermér dans le plus profond secret les dispositions qu'on leurs communique confidement, et s ils ne peuvent se dispensér d en rendre compte a leurs commettans on attend de leur sagesse qu ils ne se confieront qu'au president du Congrès en lui faisant sentir la necessité et la convenance d'un secret inviolable.

approuvé le 6 Décembre 1777.

Angleterre, t. 526, n° 60.

La légation était déjà prévenue. Trois jours auparavant, Leray de Chaumont avait annoncé le départ de Holker. Celui-ci se mettait en route par Dunkerque pour chercher à s'embarquer; il séjournerait un peu dans cette ville, de sorte que des indications supplémentaires l'y trouveraient si l'on avait besoin de le rejoindre[1]. Il paraît pro-

---

[1] Lettre au comte de Vergennes, du 2 décembre. (*Angleterre*, t. 526, n° 37.)

bable que M. de Vergennes prit là le moyen d'aviser tout de suite les commissaires que l'on souhaitait d'ouvrir avec eux les pourparlers décisifs. Ce désir, confié à Leray de Chaumont, pouvait effectivement être connu très vite à Passy. Comme la pensée qu'il faudrait peut-être aller jusqu'au Congrès et l'amener à autoriser les conférences était très supposable, il convenait d'ajouter aux premières instructions de Holker la mission spéciale d'agir dans cette vue; M. de Vergennes rédigea donc pour ce dernier une instruction nouvelle, reproduisant en substance les motifs que donnait la note royale pour n'avoir pas fourni plus tôt à l'Amérique « des preuves effectives des dispositions favorables de la maison de Bourbon »; il y disait sans détour qu'en présence de l'effet politique résultant des succès de l'armée américaine pour les auteurs de la déclaration d'indépendance, on attendait d'eux des propositions; que l'on réservait à celles qui seraient faites ces « preuves effectives », et qu'aucune condition n'y serait mise dont les États-Unis, à aucune époque ultérieure, eussent à éprouver un regret. Gérard dicta, le 7, à Chaumont[1] cette instruction supplémentaire; mais la lecture de son dernier paragraphe permet d'assurer que l'on pensait voir le résultat venir d'un fait plus prochain, non de l'autre côté de l'Océan[2]. « Cet état de choses », avait écrit le ministre,

Cet etat de choses doit devenir desormais la baze de l'intelligence plus caracterisée et plus developée avec les puissances de l'Europe dont les dispositions et les interests ont toujours tendus a favoriser la cause americaine; le moment ou elles peuvent prendre confiance dans la solidité du gouvernement americain est celuy ou elles pouront estre portées *à des demarches plus actives* et *à un concert plus direct;* elles ne peuvent qu'attendre les propositions que les circonstances dicteront aux Colonies Unies, mais celles cy peuvent estre d'avance persuadées qu'elles n'exigeront aucunes conditions qui puissent

---

[1] C'est ainsi que M. Leray de Chaumont se désigne dans ses lettres, en parlant de lui.

[2] Le fait est constaté en haut de la pièce, à droite, de la main de Gérard, ainsi qu'il suit : « Dicté par moi à M. Le Ray de Chaumont « p' M. Holker. »

628   LA CAPITULATION DE SARATOGA DÉTERMINE LE ROI.

en quelque tems que ce soit contrarier leurs vues et leurs interests. Si le Congrès juge à propos d'adresser des instructions à ses commissionaires en France on a tout lieu d'estre persuadé qu'ils ne tarderont pas à recevoir des preuves effectives des dispositions favorables des cours de la maison de Bourbon; et, si les deputés actuels sont suffisament autorisés pour prévenir de nouveaux ordres du Congrès on présume que leurs démarches auront le mesme succès[1].

Il était dans les données de ce moment que le but cherché ne se fît pas attendre. Aussi le lendemain 8, une lettre de la légation, adressée « à S. E. M. le comte de Vergennes », venait-elle rappeler l'offre, par elle déposée depuis un an, d'un traité de commerce et d'amitié et la demande d'une assistance en vaisseaux de guerre. Elle exposait l'urgence d'en conférer de nouveau et de conclure enfin sur tout cela. Elle motivait cette urgence sur la nécessité de prévenir des résolutions regrettables de la part de l'Amérique, forcément restée ignorante des secours généreux de la France et de l'Espagne, et sur l'utilité d'ouvrir aux trois nations l'ère de prospérité qui devait résulter de leur alliance définitive; langage tellement ressemblant à celui

---

[1] La pièce est écrite par M. de Vergennes; elle ne porte d'autre intitulé que cette mention à gauche : HOLKER. En tête, au milieu, il y a, sur deux lignes, 7 x^{bre} 1777. Voici les paragraphes qui précèdent celui ci-dessus transcrit : « L'incertitude qui a regné jusqu'icy dans « les affaires des Colonies Unies n'à pas per- « mis aux puissances européennes d'avoir une « opinion arrestée sur la concistance de leur « association et sur la solidité de leur sisteme « d'indépendance; un mouvement populaire, la « division parmy les chefs, les intrigues et les « efforts des Torries, l'inaction des Quakers, « enfin quelques evenements malheureux pou- « voient renverser cet edifice elevé à la haste « et les puissances qui auroient épousé la cause « des Colonies se seroient trouvées compro- « mises et exposées à des dangers personels « sans aucune utilité pour les Américains.

« C'est sans doute cet état des choses qui a « eté la cause principale de la reserve avec la- « quelle les cours de France et d'Espagne se « sont livrées aux sentiments de l'interest qui « leur etoit commun avec les Colonies pour « l'abaissement et l'affaiblissement de l'Angle- « terre.

« Les derniers succès des armes americaines « semblent presenter une nouvelle perspective : « on y considere moins l'avantage qui peut ré- « sulter de victoires plus ou moins complettes « ou plus ou moins promptes que l'effet poli- « tique qui doit en resulter pour consolider le « crédit des chefs américains qui ont operé la « declaration de l'independance et pour reunir « l'esprit et le cœur de tous les peuples de cette « contrée dans le sisteme qui peut seul assurer « leur bonheur d'une maniere complette et du- « rable c'est à dire d'une independance absolue. »

de la note royale et des dernières instructions de Holker, que la lettre dont le ministre, comme nous l'indiquions plus haut, avait revu les termes ou précisé le sens par l'intermédiaire de Grand, pourrait être celle-là même. M. de Vergennes en envoie aussitôt à notre ambassadeur en Espagne la traduction suivante :

A S. E. M. le comte de Vergennes.

Les commissaires du Congrès des Etats-Unis de l'Amérique demandent la permission de representer a V. E. qu'ils ont remis entre ses mains, il y a environ un an, les propositions du Congrès pour un traité de commerce et d'amitié avec ce royaume; en demandant (outre différentes autres propositions contenues dans des mémoires subsequents) l aide de vaisseaux de guerre, et offrant l engagement de joindre les forces des d^{ts} Etats-Unis avec celles de la France et de l'Espagne pour agir contre les domaines de la Grande Bretagne, et de ne faire la paix que conjointement avec ces deux cours dans le cas où la Grande Bretagne leur declareroit la guerre. Mais ces ouvertures sont demeurées jusqu'a present sans reponse déterminée, et craignant que la continuation de cet état d'incertitude relativement à ces memes ouvertures, jointe aux raports qui se repandront bientôt en Amerique du traitem^t rigoureux que nos vaisseaux armés ont éprouvés dans les ports de ces deux royaumes, ne donne de l'avantage a nos ennemis en faisant de mauvaises impressions sur l esprit de notre peuple, lequel, vû le secret qui nous est imposé, ne sauroit être informé des secours essentiels qui nous ont eté offerts si généreusement mais secretement, les commissaires concoivent que dans les circonstances presentes l'accomplissem^t du traité en question, dans le moment actuel, produiroit le plus heureux effet en établissant le crédit des Etats-Unis au dehors, et en donnant plus d'energie à leurs résolutions intérieures, en même tems que cela décourageroit et diminueroit leurs ennemis interieurs et confirmeroit leurs amis, qui autrement pourroient chanceler.

Les commissaires sont en outre d'opinion que l'assistance en vaisseaux qu'ils ont demandée, seroit dans cette conjoncture employée avec le plus grand avantage en Amérique, ce qu'ils pourroient expliquer plus particulierement, si l on vouloit bien leur accorder une conférence.

Ils prient en consequence très instamment V. E. de reprendre toutes ces

1777. affaires en considération et de leur indiquer un jour ou ils pourront en conférer avec elle.

Ils prient en meme tems V. E. de presenter au Roi leur reconnoissance pour le secours additionel de trois millions qu'il lui a plû de leur promettre si gracieusement, et que Sa M^té peut etre assûrée que tous les engagements qu'ils pourront prendre au nom des Etats-Unis, en vertu des pleins pouvoirs dont ils sont munis, seront remplis avec la bonne foi la plus ponctuelle par le Congrès, lequel persuadé que leurs intérets sont les memes, et que l'accroissement du commerce, de la prospérité et de la force de la France et de l'Espagne doit être une des conséquences du succès des Etats-Unis, ne souhaitent rien tant, après l'etablissement de leur propre liberté, qu'une union ferme et éternelle avec ces deux nations.

as a firm and everlasting Union with this Nations.

Passy, Dec. 8. 1777

B. Franklin
Silas Deane
Arthur Lee

Espagne, t. 587, n° 92. (Traduction[1].)

Il importait de retracer sans retard au gouvernement de Charles III les résolutions auxquelles cette rapide succession de faits avait porté le roi, et d'informer ce gouvernement de l'attitude que l'on venait de prendre avec les délégués de l'Amérique. Il fallait surtout lui donner des raisons qui le convainquissent jusqu'à l'amener aux mêmes impres-

---

[1] L'original est de la main de Franklin, croyons-nous. (*États-Unis*, t. 2, n° 152.)

sions, à s'engager dans les mêmes voies. C'est en avisant à ces soins, le 11 décembre, que M. de Vergennes adressait à Montmorin la lettre des commissaires de l'Amérique. La minute de la dépêche est de sa main, est-il nécessaire de le dire? A l'appui de ses explications, il envoyait la copie d'un pli reçu, par Franklin, de l'un des membres du comité du Congrès, qui présageait la réconciliation avec la métropole en raison du peu de concours trouvé sur le continent par les États-Unis et des entraves mises dans les ports à leurs opérations navales. Tout ce courrier était, d'ailleurs, enveloppé dans une lettre particulière, qui prévenait intimement l'ambassadeur du changement de langage rendu désormais obligé par cette marche en avant. Au récit que celui-ci venait de faire de son audience chez le roi[1] et du soin qu'il avait pris de représenter au monarque l'obligation pressante de fournir des secours aux Colonies, le ministre répondait que « rien n'était mieux et plus à propos, mais que ce qui était bon alors pouvait être insuffisant aujourd'hui ». « Nous sommes au point de la crise, écrivait-il, du moins nous le croyons ici. L'expédition dont ce courrier est porteur traite cet objet dans le plus grand détail. Nous désirons que l'Espagne y fasse toutes les reflexions que la circonstance exige et qu'elle nous donne une prompte solution[2]. » Toutefois, on sollicitait la « solution » avec la même déférence déjà témoignée au roi d'Espagne; on demandait à ce prince de décider en dernier ressort; « le roi de France, expliquait M. de Vergennes, n'a rien à stipuler pour son royaume, rien, dès lors, à faire garantir; il se fie absolument aux principes, à l'honnêteté des commissaires; il n'a pas seulement voulu ne point lier l'Espagne, ne pas lui laisser déterminer ce qu'elle désire, il s'en remet au jugement de son oncle pour préciser la mesure et fixer le mode de l'action des deux Couronnes. Lui, et les dépositaires de sa confiance avec lui, attendent sur cela les vues du Roi Catholique; ils sont décidés uniquement sur la question préliminaire, à savoir que le moment

[1] Rapport de Montmorin, du 27 novembre. (*Espagne*, t. 587, n° 61.) — [2] « A Versailles le 12 x^{bre} 1777. » (*Ibid.*, n° 100.)

est venu de s'allier à l'Amérique avec le concours et la sanction de l'Espagne. »

A Versailles le 11 x^{bre} 1777.

Ma lettre du 5. de ce mois M. vous a fait pressentir les sollicitudes que nous causoit la reduction de l'armée du gen^l Burgoyne qui a eté forcée a mettre bas les armes, cet evenement quoique tres heureux en ce qu'il humilie l'orgeuil anglois peut cependant produire des suites qui confonderoient notre prevoiance. En effet si les Anglois eclairés par leurs disgraces sont asses sages pour cedér a la necessité, et pour renoncer au projet fastueux de vouloir conquerir le continent de l'Amerique septentrionale, qu'avons nous a oposér pour empecher les Americains de se pretér a une reconciliation? Nous sommes sans mesures, sans liaisons et sans moiens avec ceux ci. Ne nous y trompons pas M. la puissance qui reconnoitra la premiere l'independance des Americains sera celle qui receuillera tout le fruit de cette guerre.

Nous pourrions nous abusér si nous nous flattions que l'ivresse des succes du G^l Howe dont le ministere B^{que} vient de publier la relation sera asses forte pour detournér les esprits reflechissans de la vüe de l'abime sur le bord duquel l'Ang^{re} se trouve et pour les empechér de saisir le seul moien qui reste pour lui evitér d'y tomber. C'est sans aucun doute ce qu'il pourroit arriver de mieux pour nous, mais en suposant le prestige et le delire a ce degré, je craindrois encore que leur influence ne fut que passagere, et que bientost de nouveaux revers ne fissent tomber le voile de l'illusion.

En admettant comme vrai tout ce qu'on a publié des progrès de l'armée de Howe sa position n'en est pas pour cela plus assurée; elle n'est pas arrivée ou elle est sans avoir essuié de grandes pertes par la fatigue, la maladie et par le feu de l'ennemi, elle n'a nul moien prompt de reparation a sa portée. Le general Wasington est dans une position toute differente ses recrues le joignent facilement et journellement, il ne peut tarder a etre renforcé par une partie de l'armée du Nord, et s'il sait usér de tous ses moiens, il pourroit bien resserrér aussi etroitement M. Howe dans Philadelphie, que le G^l Burgoyne l'etoit lorsqu'il a eté réduit a capitulér. Cette perspective si on l'envisage plus ou moins prochaine doit d'autant plus excitér la prevoiance des deux Couronnes que la possibilité de cet evenement ne pouvant pas plus echapér a l'attention des Anglois qu'a la notre doit afoiblir notablement si elle n'eteint pas entie-

LA CAPITULATION DE SARATOGA DÉTERMINE LE ROI. 633

rement l esperance de subjuguér desormais l Amerique par la force de leurs armes et par consequent les portér a renoncér a cette ruineuse entreprise. Deja ils doivent etre convaincûs d'une part que les forces qu ils y ont consacrées sont insuffisantes et qu il leurs en faudroit de bien plus considérables qu ils ne pourroient se procurér par eux memes et par leurs amis; et de l autre que l espoir qu ils ont pû fondér sur la division et sur le partage d'affection des peuples est absolument illusoire.

Les choses considerées sous ce point de vue quel parti plus sage pourroit prendre l Ang^{re} que d essaier de regagner comme amis ceux quelle desespere de ravoir pour sujets. Elle peut avoir a cet egard de grands avantages sur nous, si nous ne la gagnons pas de vitesse. La premiere question que nous nous sommes faite M. a la vue de ces circonstances a eté : laisserons nous les Anglois se ré-amalgamer avec l Amerique sans avoir pris aucune mesure pour en partagér du moins l affection et pour l attacher a nous par quelque lien d'interest et pouvons nous nous flattér que notre passive indifference dans cette importante conjoncture obligera asses les Anglois pour faire la sureté de la paix. Cette question vûe sous toutes ses faces il a parû que quelque parti que nous prenions nous eviterons difficilement la guerre avec l Ang^{re}, ce n est pas ce que nous pouvons avoir fait en faveur de l'Amerique qui la blesse le plus grievement, c est le retablissement de la marine des deux Couronnes. Hors si la guerre doit etre le resultat necessaire de la crise presente, n est il pas plus expedient de l'hazardér avec les Americains pour amis que les aiant pour ennemis. Nous avons encore balancé la possibilité que ces memes Americains quoiqu'unis avec nous pourroient se detachér et pretér l'oreille a l ofre que la mere patrie pourroit leurs faire d une independance indefinie; mais nous ne pensons pas que leur defection dans cette hipotese auroit des consequences aussi facheuses qu'un abandon total de notre part. Ils ne voudroient surement pas souillér leur separation par des actes de perfidie et tournér leurs armes contre les bienfaiteurs qui les auroient aidés a s assurer cette liberté pour laquelle ils combattent avec tant d opiniatreté. L Amerique ne seroit plus a la verité q'un allié passif a notre egard et si elle ne nous faisoit pas de bien au moins s interdiroit elle de nous faire du mal et nous partagerions avec l Ang^{re} les effets de sa neutralité et l azile de ses ports. Le contraire pourroit arriver si ces memes Americains se trouvoient dans la necessité d'acheter par

1777.

des complaisances la liberté et la paix qui sont le but de leurs efforts; libres de toute obligation envers les deux Couronnes ils pourroient bien allér plus loin q'un interest naturel ne leurs conseilleroit, et toutes nos reflexions pour se concilier des amis qui les garentissent a l'avenir pourroient bien echoüér contre l'entousiasme d'une premiere jouissance. Ne perdons pas de vue que leurs peuples sont en curée, que la mer est couverte de leurs corsaires; ce tableau a eté esquiscé dans un memoire remis l'eté dernier a la cour d'Espagne, je m'y refere.

Je ne puis mieux etayér ces reflexions M., qu'en vous communiquant une lettre d'un homme principal des Etats-Unis adressée a M. Francklin, elle vaut a elle seule un traité de politique. Elle n'a pas servi a fixér notre opinion celle ci etoit deja toute decidée lorsque nous avons eu connoissance de cet ecrit, mais elle nous a affermis dans l'idée ou nous etions que nous n'avons pas de tems a perdre pour nous assurér des Americains. J'espere que nous sommes encore a tems si nous saisissons le moment, mais ne le negligeons pas, et ne presumons pas que la démarche que leurs deputés viennent de faire auprès de nous par l'envoi du memoire au 8 x^{bre} dont je joins ici la traduction n'indique que le besoin qu'ils croient avoir de notre alliance.

Je suis instruit M. par des personnes qui ont part a leur confiance qu'ils visent peut etre moins a tirér de nous une resolution q'une reponse qui les eclaire sur le parti qu'ils doivent prendre. Les dernieres lettres qu'ils ont recûes du Congrès leur reprochent asses durement leur inertie et l'incertitude ou ils laissent leurs commettans sur les dispositions effectives des deux Couronnes, on les presse de s'expliquer cathégoriquement. Il importe au Congrès de savoir avec precision et certitude jusqu'ou il peut compter sur l'interest et sur l'assistance de la maison de Bourbon. Les plus moderés en desesperent asses ouvertement tandis que ceux qui conservent encore dans leur co'eur un germe d'affection pour l'Ang^{re} repandent hautement que toute la politique de la France et de l'Esp^e est de consumer l'Ang^{re} par l'Amerique et l'Amerique par l'Ang^{re}.

Quoique l'etat present des choses semble nous recommander plus d'activité et d'empressement, je m'etudierai cepend^t M. dans la conference que je dois avoir demain avec les deputés americains a compassér mon langage de maniere a nourrir leurs esperances sans cepend^t nous engagér au dela de

LA CAPITULATION DE SARATOGA DÉTERMINE LE ROI.   635

ce qui est raisonable. Je ne puis vous mettre plus certainement au fait de la maniere dont je m expliquerai avec eux, qu en transcrivant ici l instruction que j'ai ecrite sous la dictée du Roi.

Sa Majesté a ordonné que l'on serait entendu.....................
....

[Ici se trouvent écrites les résolutions du roi qui ont été transcrites plus haut.]

Je ne doute pas M. que le Roi C^{que} et son sage ministre ne reconnoissent dans le prononcé de cette instruction l extreme circonspection du Roi et son attention scrupuleuse a ne rien dire et à ne rien faire qui puisse froissér son concert intime avec le Roi son oncle. Il est instant de ranimér les deputés americains qui ne peuvent etre que decouragés par les rigeurs dont nous avons dû usér dans ces derniers tems contre leurs corsaires et par les gênes que nous avons mises a leur commerce que nous allons relachér successivement. Il convient aussi de raffermir leurs commettans et par eux leurs peuples qui sont vraisemblablem^t aussi mecontens que surpris de notre silence et de notre indifference; nous ne pouvons pas espérér qu ils nous tiennent compte de nos secours clandestins puis que nous avons toujours fait une clause rigoureuse du secret. Le Roi en pourvoiant a ces objets de prevoiance en a rempli un bien plus cher a son co'ur en remettant au jugement du Roi son oncle la decision de toute cette grande affaire. Le moment est instant et il n'y en a plus a perdre. Je compte asses sur la probité, sur l honneteté et sur les principes de nos deputés americains pour croire qu ils se preteront au delai que nous exigeons pour recevoir les reponses de l Esp^e et meme s ils en ont l occasion qu ils sauront faire valoir les dispositions un peu plus favorables que nous leurs temoignons. Mais tout est presentement dans la main du roi d Esp^e et tout ce qui nous reste a desirér est que Sà M^{té} C^{que} veuille bien nous faire connoitre ses dernières intentions.

Vous voudrès bien M. communiquér cette lettre et les pieces qui y sont jointes a M. le Cte de Floride Blanche et le priér en votre nom et au mien d'y faire ses observations et toutes les reflexions dont il jugera la matiere susceptible, il connoit le prix que nous attachons a tout ce qui nous vient de sa part, ce que nous demandons est une decision et si le conseil d Esp^e est aussi convaincù que nous le sommes ici que le moment de prendre un parti est

1777.

venû il sera tres important qu il envoie a M. le comte d'Aranda les instructions necessaires sur le fond et sur la forme. Les epoques de l Esp^e seront les notres. Une que nous ne perdons pas de vûe mais qu elle seule connoit avec précision est celle de la rentrée de sa flotte du Mexique qu il me tarde bien de savoir rendue a Cadix, car je vous avoue que je ne suis pas sans inquietude sur une surprise que les Anglois pourroient tenter.

Je ne parle pas ici M. des stipulations a faire avec les Americains si nous traitons avec eux, nous n avons rien a leurs demandér pour notre compte qui puisse les embarasser, la garentie de nos isles et de nos possessions dans l Amerique occidentale et la liberté reciproque du commerce en se conformant aux reglemens etablis dans les lieux ou on abordera. L Esp^e peut avoir plus d'objets a arranger et ses stipulations de commerce peuvent differ des notres : tout cela est matiere a discussion lorsque la question preliminaire sera decidée. Elle l est de notre part. Le Roi et les depositaires de sa confiance la plus intime sont convaincus que le moment est venû de prendre des liaisons avec les Provinces Unies de l Amerique mais nous ne voulons operér qu'avec le concours et la sanction du roi d Esp^r. Vous pouvés au reste assurér M. le Cte de Floride Blanche que nous ne négligerons aucune précaution pour la sureté du secret, et que la reconnoissance de l independance americaine si elle doit eclorre n aura lieu qu'a l epoque qui conviendra aux interets de S. M. C.

Espagne, t. 587, n° 99.

C'était marquer beaucoup de confiance à l'Espagne, trop même; mais il était clair que, presque aussitôt cette dépêche fermée, M. de Vergennes allait conférer avec la légation. Immédiatement, en effet, il reçoit les commissaires. Le lendemain, 13 décembre, il informe son ambassadeur de l'entretien qu'il a eu avec eux et, afin que Montmorin puisse utilement agir sur le gouvernement de Charles III, il lui en détaille et en raisonne aussitôt les conséquences. Deux lettres privées successives accompagnaient ce dernier pli : la seconde, peu importante, était motivée par des nouvelles survenues d'Angleterre; mais la première prescrivait de communiquer au ministre d'Espagne le pli du 11 en original, sauf à lui en fournir des copies après s'il les demandait. Cette lettre donnait à l'ambassadeur des raisons plus confidentielles. Elle le félicitait de son début à la cour de Londres, en tirait des présages favorables pour le Gouvernement, et le ministre ajoutait que la crise dans laquelle ce début s'effectuait avait « de quoi l'illustrer, même toute sa carrière », ne devant pas se reproduire souvent et nous ménageant « un long repos » si l'issue en était heureuse. Évidemment le parti du cabinet était bien arrêté[1]. La dépêche est la page toute faite et vraiment officielle des annales de ce moment :

A Versailles le 13 x^{bre} 1777.

Le compte que j ai a vous rendre, M. de ma conference d hier avec les deputés americains ne sera pas fort etendû. Je ne m'arreterai qu'aux resultats qui peuvent vous donnér et a l Esp^e une notion distincte de leurs dispositions ou plus tost de celles de leurs commettans.

Le memoire qu ils m'ont remis en dernier lieu M. et qui est sous vos yeux sembloit me preparér a de nouvelles propositions. Je les ai invités a s expliquér. Ils se sont bornés a me rapellér celles qu ils nous ont faites successivement dont la copie a eté envoyée dans le tems a Madrid et que vous deves retrouver dans les papiers de M. le Mis d'Ossun; ils y ont joint l assurance que de quelque nature que fussent les engagemens que nous pourrions prendre avec eux, nous devions comptér sur la bonne foi du Congrès, ajoutant asses honnetement que si notre silence ne l avoit pas decouragé les evenemens heureux qui lui arrivent n alteroient point le desir de meriter l amitié et l interest de la France et de l Esp^e.

C est alors que suiv^t l esprit de l instruction raportée dans ma depeche du 11, je leurs ai exposé meme avec aparence de succès les raisons qui n'ont pas du permettre jusqu'a present aux deux Couronnes d adherér a leurs premieres ouvertures; je leurs ai representé que n etant pas eux meme bien assurés de la consistance de leur Gouvernement ils ne devoient pas etre surpris que d autres puissances ne se fussent pas pressées de se declarer ouvertement

---

[1] *Espagne*, t. 587, n°^{s} 101 et 102. — Un pli officiel du 12 décembre donnait du reste à l'ambassadeur un témoignage formel du roi et de son gouvernement sur les bonnes impressions que l'on ressentait à son sujet, à la suite de ses premiers rapports. (*Ibid.*, n° 100.)

pour eux; je leurs ai observé que cette consideration n avoit pas empeché qu on leurs donnat des facilités et des secours secrets et qu on continua a leurs en fournir. De la sans entrér dans la discussion de leurs propositions je leurs ai rapellé ce que je leur avois dit dans d'autres occasions que la France et l Esp^e aiant un sisteme commun il n etoit pas possible qu elles traitassent et agissent independament l une de l autre. Je ne suis pas disconvenù que l aspect des nouvelles circonstances pouvoit faire du changement dans les combinaisons mais j ai conclù que quelque put etre la facon de penser particuliere du Roi il ne pouvoit entendre a une negociation qu'autant que le Roi son oncle voudroit y entrér. Je crois M. n avoir rien omis de ce qu il y avoit a dire pour leurs faire sentir la convenance de ce concert meme pour l interest de l Amerique et j ai a me loüer de la sensibilité qu ils m'ont marquée pour ma franchise. Enfin nous sommes convenùs que toute chose resteroit en suspens jusqu'a l'arrivée de la reponse de Madrid qu ils desirent qui soit promte.

Cet acte ministerial rempli nous sommes entrés en conversation plus libre sous la foi mutuelle que tout ce que nous dirions ne tireroit a aucune consequence. Leur premier vo'u etoit d'abord de se bornér a un simple traité d amitié et de commerce; ils pensoient ou ils affectoient de pensér que cet engagement si innocent en lui meme ne pouvoit-ni compromettre les deux Couronnes ni les entrainér dans la guerre. Ce sophisme etoit trop facile a detruire pour l'avoir laissé subsistér, je les ai ramené aux veritables suites que cet engagement produiroit infailliblement, et voulant dissipér toute illusion ou tergiversation, je ne leurs ai pas dissimulé que si nous devions traitér il falloit que ce fut de bonne foi et sur de telles bases de justice que nos liaisons eussent toute la solidité dont des institutions humaines peuvent etre susceptibles, leurs promettant que de notre part il ne leurs seroit jamais rien proposé qui pourroit blessér leur interest fondamental. Donnant ensuite plus d etendue a mes reflexions j ai remarqué qu ils se trompoient s ils se flattoient q une paix isolée avec l Ang^re pourroit etre solide, que tant que cette puissance conserveroit un pié sur le continent dont il paroissoit asses difficile de la bannir, il ne falloit pas s attendre a une tranquilité exemte de nuages, qu elle ne se raprocheroit d eux que pour semér la division, fomenter le mecontentem^t et mettre le trouble dans leur repub^e naissante, enfin la detruire par sa propre discorde.

Ce tableau n'a pas parû nouveau a nos deputés et j'ai pû reconnoitre que leurs principes et leurs vo'ux sont s ils le peuvent de ne pas laissér un pouce de terrain aux Anglois sur le continent. J ai pris occasion de cette découverte pour leurs demandér cela suposé quel lot ils pretendoient nous donnér dans la peche. J'ai pu jugér qu ils sont disposés a satisfaire les deux Couronnes a cet egard. Nous sommes entrés aussi en quelqu'explication sur le commerce avec nos isles qui est couché dans leurs propositions d une maniere qui nous deviendroit tres prejudiciable, je leurs ai representé que pour ce qui nous concerne nous ne pourrions les y admettre que sous les restrictions d usage, et que par raport a l Esp^e je ne prevoiois pas qu elle put et voulut le leurs permettre a quelque titre que ce fût. Ils se sont excusés tant bien que mal d avoir avancé cette condition allegans qu ils la regardoient comme un vice d elocution de la part de celui qui avoit redigé leurs instructions, et qu ils suposoient qu on n avoit voulu parlér que des isles que nous pourrions prendre sur les Anglois et dont ils nous offroient la garentie. Ils nous ont renouvellé a cette occasion l offre de la garentie des possessions des deux Couronnes en Amerique, ils se sont meme montrés disposés a prendre du coté de l Esp^e toutes les mesures les plus sures pour que dans aucun tems il ne puisse s elever de difficulté sur les limites respectives.

Si je puis jugér des dispositions de l'Amerique par le langage des deputés je me crois fondé a pensér qu'on y prefereroit une coalition avec les deux Couronnes a une reconciliation avec l Ang^{re}, mais ils font entendre asses distinctement que s ils n'ont bientost un apui aussi respectable a presenter ils pourroient bien etre entrainés par le peuple dans des mesures avec la puissance dont ils doivent le plus redouter la connexité.

La conference a fini par un engagement mutuel d un secret inviolable, les deputés aiant promis de ne rendre compte qu'hipotetiquement de nos dispositions a ceux de leurs chefs dont ils sont le plus assurés et de ne leurs dire precisement que ce qui est necessaire pour les encouragér et pour les affermir.

M. l ambassadeur d Esp^e qui etoit prevenù de la conference que je devois avoir s etant rencontré chez moi au moment ou je venois de me separér des Americains je l ai informé dans le plus grand detail de tout ce qui venoit de se passér le priant de vouloir bien en instruire sa cour. Cela ne doit pas empecher M. que vous n en fassies part vous meme a M. le Cte de Floride Blanche et que vous ne le lui donniés meme par ecrit s il le desire.

Les vents d est qui regnent retardans l arrivée des paquets bots d Ang^re je n ai recû qu hier M. les lettres du 5. Je crois devoir vous communiquér celle que m ecrit M. le Mis de Noailles. Il est bien important que le Roi C$\widetilde{\text{que}}$ et M. le Cte de Floride Blanche prennent dans la plus serieuse consideration les details qu elle renferme.

Vous y verres M. la motion faite par M. le duc de Richemond apuyée par le Lord Chatam qui n'a ete nullement deffendue dans la Chambre haute; elle n'a pas trouvé la meme facilité dans celle des Communes ou le Lord North l'a retournée avec une adresse qui fait honneur a son genie. Le parti de l'opposition proposoit la paix avec des restrictions qui soumettroient l Amerique a l acte de navigation. Lord North franchit le pas, il veut proposer la paix, l'amitié, le commerce et la confraternité, c est ainsi qu il s en explique, opposér un pacte de famille a un pacte de famille, il veut en meme tems se faire decernér des subsides illimités; deja 60^m matelots sont votés. Quel sera l emploi de tout cela? L aplication n est pas difficile a faire. La Chambre haute a apointé le 2 fevrier pour reprendre cette matiere en consideration, si la Chambre basse prend les memes latitudes nous pourrons esperér de n etre pas prevenûs, mais si le ministre qui a eu le courage de formér la proposition se croit assés assuré de sa superiorité dans le Parlement pour entamér la negociation en Amerique, comment se flattér que les lueurs d esperance que j ai fait luire hier aux yeux des deputés americains contrebalanceront des offres aussi réelles et aussi seduisantes. Je ne vous dissimulerai pas M. que l evenement me fait tremblér et que je regrette bien amerement qu il s ecoulera au moins 20. jours avant que nous ne puissions portér le moindre adoucissement a une circonstance aussi pressante. Si nous ne consultions que la force d un interest aussi instant peut etre devrions nous tranchér le no'ud de la difficulté le Roi dut il rester seul chargé de l evenement, mais Sa M^té sait faire cedér cet interest quoi que tres capital a celui de ne rien faire qui puisse etablir l opinion de la plus legere dissonance dans sa tendre intimité et dans son union inviolable avec le Roi son oncle. Penetrée de la plus entiere confiance dans les lumieres, la profonde sagesse et l experience eclairée de ce prince elle est bien persuadée que s il n y a pas eu moien de parér aux inconvenients possibles d'un retard necessaire, Sa M^td C^que ne le prolongera pas, et que reflechissant sur le parti que des circonstances imperieuses paroissent exigér, elle ne perdra pas un moment a le prendre et a nous inviter a le suivre.

Dans l'attente ou l on est en Espagne de l arrivée de la flotte du Mexique, il ne peut pas etre question d une declaration ouverte et publique, mais on peut dire le mot a l oreille des Americains, arranger dans le secret les stipulations de l alliance a conclurre et enfin ne la laissér eclatér qu a l epoque fixée pour agir. Voila M. ce que je vous prie d'exposér a la consideration de M. le Cte de Floride-Blanche. Si nous nous resumons nous ne pouvons meconnoitre que soit que nous nous lions avec les Americains soit que nous les abandonnions a eux memes nous n eviterons pas la guerre avec l Ang^re que peut etre nous sommes encore a tems de nous attachér ces memes Americains, mais que si nous les negligeons si nous les necessitons a entendre aux propositions seduisantes de la mere patrie nous rendrons a celle ci toute la force dont il n eut tenù qu'a nous qu elle fut privée; que cette force retombant sur nous ajoutera un poids a celles de l Ang^re trop superieur pour que nous le contrebalancions. Voyons ce que les Americains seuls bouclés par les flottes angloises font sur la mer contre leurs ennemis pour jugér de ce qu ils pourroient contre nous s ils avoient l apui de ces memes flottes; et concluons qu il n'y a plus un moment a perdre pour nous decidér au seul parti que l interest des deux monarchies reclame, et que la justice et la raison invoquent.

Je croirois manquér a Sa M^td C^que et a son sage ministere si j imaginois que cet aperçù denué de toute autre reflexion ne leurs feroit pas la plus forte impression. Les Anglois sont sur le bord du precipice; nous y sommes nous memes; nous avons encore un leger soutien pour nous empechér d'y tombér, ne le laissons pas echapér de nos mains. Il est possible M. quelque diligence que nous fassions que les Anglois nous previennent en Amerique, mais il est possible aussi que nos assurances et nos demonstrations de bonne volonté y parviennent a tems de contrebalancer leurs ofres captieuses. Quand nous ne gagnerions que de prolongér la negociation des Anglois et de la faire trainér pend^t la campagne prochaine ce seroit toujours recueillir un salaire de nos efforts puisque nous les consumerions d'autant.

Nous attendrons d'autant plus impatiament M. le retour de ce courrier que le parti du Roi est bien pris et qu il n attend plus que la sanction du Roi son oncle. S il la donne je crois que la premiere demarche sera d engagér les deputés a expediér au chef president du Congrès pour lui donner connoissance avec la reserve que lEsp^e pourra desirér de la disposition effective des deux Couronnes.

J ai lh^r. d etre avec un sincere et inviolable att.

Espagne, t. 587, n° 101.

L'effet produit sur l'opinion par la nouvelle de Saratoga était considérable. Les commissaires américains comparent la satisfaction publique dont ils sont témoins à celle qui aurait salué « une victoire remportée par des troupes françaises sur des ennemis de la France ». Ils ne peuvent s'empêcher d'y reconnaître la preuve flagrante des sentiments et de l'élan de la nation pour la cause des États-Unis. L'entraînement causé par le départ de La Fayette s'était aussitôt renouvelé. « Le mouvement que les nouvelles d'Amérique impriment à toutes les « têtes oisives de ce pays est inconcevable, écrit Beaumarchais à M. de « Vergennes le 7 décembre; les Anglais des cafés et des spectacles « ne savent plus où se fourrer[1]. » Plus qu'auparavant encore on accablait le cabinet des reproches de pusillanimité ou de faiblesse. Les excitations, les conseils lui affluaient de tous les horizons du monde politique et aucun n'était dans un autre sens que celui d'une guerre prochaine contre l'Angleterre et en vue d'aider aux mesures qu'elle allait exiger. De tous côtés s'adressait au roi le concours des antipathies publiques, celui des craintes que l'on avait à l'égard de ce pays, celui des services qu'on aurait voulu rendre ou des conceptions qu'ils suggéraient. Aussi bien, le traité avec l'Amérique était décidé. M. de Vergennes aurait-il sans cela écrit officiellement à son ambassadeur à Madrid : « Peut-être devrions-nous trancher le nœud de la difficulté, le roi dut-il rester seul chargé de l'évènement? » Des deux lettres privées qui suivaient sa dépêche du 13, la première, du matin,

[1] *Angleterre*, t. 525, n° 17.

LA CAPITULATION DE SARATOGA DÉTERMINE LE ROI. 643

disait à l'ambassadeur de « prendre pour devise et de la faire adopter : *Aut nunc aut nunquam* », à présent ou plus du tout; « les évènements, portait-elle, ont marché plus vite que l'on ne pouvait s'y attendre; le temps perdu, s'il y en a, n'est pas tout à fait de notre faute, mais il n'y en a plus à perdre; l'Espagne n'a qu'à dire son mot, le bon mot, et nous préviendrons, nous croiserons du moins les Anglais; mais si, contre toute attente, nous dédaignons ou nous négligeons cette conjoncture, la plus intéressante que le ciel pouvait nous présenter, les reproches de la génération présente et ceux de la postérité accuseront à jamais notre coupable indifférence : »

1777.

A V^lles le 13 x^bre 1777.

J'ai recu, M. le Cte la lettre particulière que vous m'avez fait l'honneur de m'ecrire le 27 du mois d^er, et c'est avec le sentiment de l'amitié et de l attachement que je vous fais mon compliment sur les heureuses espérances que nous fondons sur votre début. Voici de quoi l'illustrer et même toute votre carrière, car une crise pareille à celle-cy ne doit pas se reproduire souvent, et si nous en sortons heureusement, j'espère que nous aurons un long repos.

Vous sentirez M. le Cte que mon expedition de ce jour, je veux dire les dépeches des 11. et 13. et tout ce qui les accompagne, doivent être communiquées en original au ministre, sauf a lui en faire delivrer des copies s'il le desire.

Je ne rappellerai ici ni les aperçus ni les reflexions que vous y trouverez épars, je ne suis pas inquiet que vous ne saisissiez supérieurement l'ensemble des choses, et que vous n'ajoutiez à la force qu elles presentent si naturellement. Il est cependant quelques considérations que je n'ay pas voulu y inserer, que je vous ai reservées, et que vous vous approprierez si elles vous paroissent en valoir la peine. La première est que l intérêt de l'Espagne dans cette circonstance est au moins décuple du notre; nos iles sont peu faites pour tenter la cupidité des Anglois; ils en ont eux mêmes assez; il leur faut des trésors, et ce n'est que dans le continent qu'ils se recueillent. Cela posé, il est facile d'aprécier d'une part l'avantage infini pour l Espagne de la séparation absolüe de la nouvelle et de l'ancienne Angleterre, et la sûreté et la tranquilité que lui procureroit la garantie de la premiere, et de l'autre les inquietudes et les dangers sans cesse renaissants dont la menaceroit toute coalition politique trop étroite entre les deux peuples. Une 2me reflexion peut porter sur de nouveaux avantages que l'Espagne peut se procurer. Peut etre regrette t'elle la perte de la Floride, qui donne un accès trop facile dans le golphe du Mexique, et verroit elle cette province avec autant de peine dans les mains des Etats Unis de l'Amérique que dans celles de l'Ang^{rre}? Je ne sais pas ce que les Americains peuvent penser à cet égard, je ne me suis pas mis sur la voye de m'en instruire; mais il est naturel de suposer qu'ils ne doivent pas tenir fortement a une chose qu'ils ne possèdent pas encore, qui ne semble pas même d'une importance majeure pour eux. Ils sont trop jeunes encore pour avoir des vües ambitieuses pour s'ouvrir un commerce interlope. Sans manufactures propres a la consommation des Indes occidentales, ils ne peuvent pas aspirer a porter leurs denrées dans des contrées qui seroient en etat de leur en fournir.

Une 3e reflexion qui semble une conséquence naturelle des précédentes est que l'intérêt de séparer les colonies angloises de leur metropole et d'empêcher qu'elles ne se reidentifient jamais de quelque manière que ce puisse être, est si principal que quand on devroit l'acheter au prix d'une guerre un peu desavantageuse, si les deux Couronnes obtenoient cette séparation, il semble qu'elles ne devroient avoir aucun regret à cette guerre quel qu'en fût l'évènement.

Le Roi notre maitre est bien persuadé M. de ces vérités, elles sont si imprimées dans son ame, que quoiqu exemte de cette ambition crüelle qui fait le malheur des Etats, n'ayant aucune vüe quelconque de conquête, S. M^{té} n'hesiteroit pas a se déclarer ouvertement et a primer les Anglois, si son extreme delicatesse et son tendre attachement pour le Roi son oncle ne faisoient céder son intérêt senti à la déférence qu'elle professe dans son cœur pour ce prince, dont elle admire les lumières, et revère l'expérience.

Prenez pour devise, M. le C. et faites la adopter où vous êtes : *Aut nunc aut nunquam*. Les évènements nous ont surpris, ils ont marché plus rapidement que l'on ne pouvoit s'y attendre. Le tems perdu, s'il y en a, n'est pas tout a fait notre faute; mais il n'y en a plus à perdre. J'aime a me flatter que tout est encore entier, et que si l'Espagne veut bien nous dire son mot et le bon mot, nous préviendrons les Anglois, ou du moins les croiserons, si contre toute attente nous dédaignons ou nous negligeons la plus intéressante conjoncture que le ciel pouvoit nous presenter, les reproches de la génération presente et ceux de la posterité accuseront a jamais notre coupable indifférence.

Espagne, t. 587, n° 103.

Le secrétaire d'État aurait-il pu indiquer avec plus d'évidence une résolution prise, à moins de la notifier expressément? L'autre lettre avait été écrite le soir, en raison de nouvelles pronostiquant, avec toute l'apparence de la certitude, l'arrivée prochaine de lord Chatham au ministère et l'ouverture de pourparlers directs de la part du cabinet de Londres avec la légation de Passy[1]. Que faire si ces pourparlers tentaient les agents de l'Amérique, et quel équivalent leur donner si nous les dissuadions de s'y abandonner? Plus positivement encore le ministre révélait, dans cette lettre, les dispositions du roi à « franchir le fossé », dès lors à s'engager tout seul. Il ne voulait pas penser que si le roi faisait cela, l'Espagne ne le suivrait point. On sent qu'il appréhende de la voir reculer, il s'attache à multiplier les arguments par avance. Il couvre avec soin le monarque : « c'est moi seul qui raisonne », dit-il; et comme s'il tenait à laisser le témoignage de ce qu'en lui, ministre au second rang, l'homme d'État concevait et poursuivait, il ajoute : « c'est ma prévoyance personnelle que je vous confie..... Je suis placé en sentinelle pour observer ce qui se passe au dehors, et je dois être le premier à apercevoir les objets et à en avertir[2] »; mais il ne peut être douteux qu'il parlait pour le gouvernement lui-même.

---

[1] Espagne, t. 587, n° 103.

[2] « V^{lles} 13 x^{bre} au soir 1777. — Toute mon « expedition etoit prete M. et ma lettre part^{ere} « ecrite lorsqu'on m'en communique une d Ang^{re} « et d une main bien sure. Tout ce que ren-« ferme la depeche de M. de Noailles est la « verité meme et vous pouvés y faire fond, co^e « si vous avies assisté vous meme a l assemblée « des 2. chambres. Voici quelque chose de plus. « Le roi d'Ang^{re} a deja un fil de negociation « etabli avec le Lord Chatam. Celui ci se pre-« tera t il a une coalition avec une partie de « l ancien ministere, ou voudra t il co^e on dit « faire maison nette? Quoi qu il arrive, s il « rentre il sera le maitre et son insatiable avi-« dité de gloire ne lui fera pas negliger les « moiens qu il aura sous la main pour humilier « s il se peut les deux Couronnes. D une autre « part le Lord Germaine qui se trouve a bout « de voie, en but au ressentiment du parti qu il

646 LA CAPITULATION DE SARATOGA DÉTERMINE LE ROI.

1777. La correspondance de notre représentant à Londres avait fait connaître, en effet, qu'après la consternation générale, après l'émoi, les harangues, les propositions véhémentes produites dans le public anglais et dans le Parlement par la capitulation de Burgoyne, le cabinet de Saint-James en était rapidement venu à annoncer un bill pour offrir à l'Amérique un accommodement sur le pied d'une indépendance presque complète[1]. « Il faut abandonner les premières prétentions », avait dit lord North aux Communes, s'appropriant hardiment dans cet ordre d'idées, étendant même, peut-être pour voir plus certainement renverser son ministère, a-t-on supposé, les projets tout d'abord proposés par l'opposition et qu'il avait combattus; « il y a des occasions où la politique est un guide plus sûr que les maximes de droit et de justice. » En conséquence, des ordres et des commissaires spéciaux allaient être envoyés aux Colonies. La joie de l'évènement de Burgoyne avait ramené Beaumarchais à Passy, malgré des griefs amers qu'il manifestait en ce moment contre les commissaires. Il avait conduit chez eux, le 4, le courrier même du Congrès[2], il avait pris part aux entretiens

---

« a quitté et a la rage de la nation envoye dit « on ici son secretaire pour traiter avec les « Americains. Si ses ofres sont precises; si ceux « qui les recevront on la bonne foi de nous « demandér conseil et resolution, que leurs re- « pondrons nous, et si nous les dissuadons « d entendre que leurs donnerons nous pour « equivalent? Ne seroit ce pas le cas de fran- « chir le fossé et de prendre l engagement? Je « ne dis pas que nous le ferons. C est moi seul « qui raisonne dans ce moment. Mais si pressés « par l'exigeance des circonstances nous le fai- « sions, l Esp^e n aprecieroit elle pas la nécessité « dont nous aurions subi la loy? Si ce cas ar- « rivoit nous aurions egard aux delays indis- « pensables qu elle a droit d exiger, et tres cer- « tainem^t elle n auroit pas a se plaindre de nous. « Pesés M. cette position; preparés y; taches « de la rendre sensible. S il est necessaire vous

« pouvés communiquer mes lettres part^{eres}. C est « ma prevoyance personnelle que je vous confie; « je suis placé en sentinelle p^r observér ce qui « se passe au dehors, et je dois etre le premier « a apercevoir les objets et a én avertir. » (*Espagne*, t. 587, n° 102.)

[1] Rapports des 5 décembre (*Angleterre*, t. 526, n° 57), 12 décembre (*ibid.*, n° 76), 19 décembre (*ibid.*, n° 108).

[2] Lettre au comte de Vergennes, du 5 décembre. (*Angleterre*, t. 526, n° 50.) C'est une lettre dictée, Beaumarchais ayant eu de fortes meurtrissures en revenant de Passy en voiture avec Grand, qui, lui, avait été relevé l'épaule cassée : « Hier matin je fus à Passy avec un « courrier qui arrivait du Congrès et j'y passai « la matinée à me réconforter le cœur par les « excellentes nouvelles dont vous avez reçu « l'annonce au même instant. » Il raconte l'acci-

LA CAPITULATION DE SARATOGA DÉTERMINE LE ROI. 647

et, assurément, fait parler pour redire. Il écrivait au ministre, le 11, qu'entre les deux nations anglaise et française, « la première qui reconnaîtrait l'indépendance de l'Amérique en recueillerait seule tous les fruits, pendant que cette indépendance serait certainement funeste à celle qui aurait laissé prendre les devants à sa rivale »; « ce mot renferme tout, ajoutait-il, et ce moment accomplit tout[1] ». Des avis certains, arrivés presque en même temps, étaient venus fortifier cette manière de voir. Le 15, M. de Vergennes apprenait qu'un émissaire, on disait même un secrétaire de lord Germain, avait paru chez Silas Deane et qu'un courrier extraordinaire était parti de Londres pour l'Amérique. Beaumarchais, instruit encore le premier, comme presque toujours, en dépit de ses adversaires, dépêchait au ministre un exprès pour cette nouvelle. Il avait fait suivre l'émissaire dès son arrivée, renseignait sur ce qu'avait déjà effectué celui-ci, sur sa demeure[2]. Mettant tout de suite l'information à profit, le ministre fait aboucher Gérard avec Deane. L'Américain ne cache pas les choses au premier commis et, comme il manifeste des exigences auxquelles celui-ci ne pouvait répondre, M. de Vergennes, avisé, lui écrit tout de suite de revoir Silas Deane et de faire luire à ses yeux, comme presque consenti d'avance, tout ce qui pourra retenir la légation dans le giron de la France[3]. En même temps il mande à Montmorin ce qui se passe, afin

---

dent, non sans tâcher de s'en faire comme un motif de plus pour espérer que M. de Vergennes lèvera la disgrâce dont M. de Maurepas a frappé ses affaires et ses intérêts.

[1] Lettre du 11 décembre. (*Angleterre*, t. 526, n° 69.)

[2] Nous reproduisons à l'annexe II du présent chapitre les lettres de Beaumarchais que nous venons de citer.

[3] « Je n'ai encore aucune notion, Monsieur, « de la conférence d'hier, j'en suis surpris, « j'aprens cepend¹ de Paris qu'elle a eu lieu, « que M. Deane et l'inconnu ont dîné et sont « restés ensemble jusqu'à 7 h^res du soir. L'in-« connu loge à l'hotel du Bain royal rue de « Richelieu. Je vais le faire suivre. Je ne soup-« conne pas qu il y ait de la reticence de la « part de l'ami, mais a tout evenement ne juge-« riez vous pas a propos Monsieur de le voir, « et d essayer de tirer de lui de quoi il peut « etre question. Vous pourrez parler de la dis-« position ou nous sommes de donner la facilité « demandée pour le passage des expeditions. « Quand on parle a un homme sage il ne faut « pas beaucoup lui dire. Vous connaissez nos « principes et nos vues. Je me flatte aussi que « vous connoissez la sincerité des sentimens « qui m attachent a vous Monsieur pour la vie.

648   LA CAPITULATION DE SARATOGA DÉTERMINE LE ROI.

1777. de ne pas le laisser ignorer au Pardo. C'est dans une dépêche du 15, où il vise surtout à occuper le cabinet de Madrid des complications dont la guerre, qui semble probable entre la Russie et les Turcs, menacerait l'Europe; le ministre ouvre et ferme cette dépêche par le sujet autrement instant et aigu des efforts de l'Angleterre auprès de l'Amérique, mais termine son pli par ceci [1] :

P. S. La conférence dont j'ai eu l'honneur de vous faire mention, M., a eu lieu le 14. Elle n a pas été bien explicite; l'inconnu vouloit qu'on lui pro-

« — 15 x^{bre} au soir. » (*États-Unis*, t. 2, n° 154, main de Vergennes.) Les renseignements de cette lettre sont exactement ceux que Beaumarchais avait donnés au ministre. — Il résulte d'un billet de Deane à Gérard (16 décembre, *ibid.*, n°^{s} 156 et 157) que l'Américain était allé chez ce dernier sans le trouver; il se met à sa disposition pour se rencontrer avec M. Grand « chez M. Roy Chaumont ». Un autre billet de M. de Vergennes, pour Gérard aussi, sans date de jour, mais qui paraît avoir été écrit le lendemain, indique que l'on devait se trouver chez le ministre et que la fatigue a obligé ce dernier à se faire remplacer par Gérard : « Dé-« cembre 1777. — A Monsieur Gérard. — « Mr Deane et M. Grand sont ici, Monsieur, je « ne suis pas asses fort pour les voir ce soir, « ma tete est d une foiblesse extreme. Ils ont « des choses bien interressantes a nous com-« muniquer. Aies agreable de les entendre et « de les encourager autant que nous pouvons. « Il n est pas possible de promettre absolu-« ment, mais vous pouvés les mettre sur le « chemin de se donner a eux-memes la pro-« messe. — Bonsoir, Monsieur, — à 10^h. » (*Ibid.*, n° 175.)

[1] Le commencement de cette dépêche portait : « Les avis que nous continuons a rece-« voir d'Ang^{re} M, n annoncent pas que la sensa-« tion qu'a fait la disgrace du general Burgoyne « soit et moins vive et moins profonde. L ai-« greur des partis paroit a son plus haut pe-« riode, ils ne s accordent que sur la nécessité « de se reconcilier sans plus de delai avec les « Colonies sans cependant s entendre sur les « moiens. Suiv^t des informations que l on a ici « le ministere doit avoir expedié des ordres en « Amerique pour y entamer une negociation; « une chose plus certaine est qu il a des emis-« saires a Paris pour essaier de traiter avec les « deputés de cette nation. J en ai vù la preuve « ecrite dans une lettre adressée au s^r Deane « l un d eux pour lui demander une entrevue « tres secrete. C est a ce deputé lui meme que « je dois cette confidence, et co^e il est de tous « le plus décidé a ne vouloir point de coali-« tion avec l Ang^{re} s il peut en esperer une avec « les deux Couronnes et qu il est d ailleurs par-« faitement honnete, je compte sur la parole « qu il m a donnée de m informer dans le plus « grand detail de tout ce qu il recueillera. Je « serai exact a vous en instruire M. ainsi que « des reflexions qui pourront en etre la conse-« quence.

« Au reste la chaleur des esprits paroit se « diriger entierement contre nous, on se per-« met dans les debats des deux chambres des « propos insultans et menacans contre nous « et ce qui est remarquable est que les plus ar-« dens sont les partisans de la cour. Peut etre « comptent ils par cette diversion, détourner « l animadversion de la nation de dessus la tête

LA CAPITULATION DE SARATOGA DÉTERMINE LE ROI.   649

posât des moyens de conciliation; apres bien des refus il a fait entendre qu on etoit disposé à tout accorder à l'independance près, que le ministere ne pourroit consentir sans risquer ses places. Tout a été mis en œuvre, promesses, seduction, menaces. Ce qu on a recüeilli de plus positif est, que des instructions ont été envoyées aux freres Howe pour entamer une negociation en Amerique. Une proposition formelle est de se réunir cordialement et de tomber sur la France et sur l Espagne. Je vous donne de courts resultats M. d'une conference qui a duré plus de 6 heures. Il doit y en avoir une 2me aujourd huy, dans laquelle l'inconnu a fait entendre qu'il pourroit s expliquer plus distinctement. On ne negligera rien pour l'engager, s'il est possible, a donner ses propositions par écrit. Cet emissaire est envoyé par le Ld North lui meme. Je ne puis vous en dire davantage. Les reflexions a faire ne vous echapperont pas plus qu'a M. le Cte de Floride Blanche; le moment est bien instant, et je tremble que nous ne soyons prevenus.

A Versailles le 15 x^{bre} 1777.

Espagne, t. 587, n° 105.

En dehors du Gouvernement, les politiques étaient dans le même courant de pressentiments et d'impatience. Le moment de s'engager ne leur semblait pas moins pressant, pour le gouvernement du roi, qu'aux commissaires de l'Amérique l'urgence d'un accord final. A cette date exactement, le 17 décembre, le représentant des secrètes menées qui avaient un moment occupé le dernier règne, le comte de Broglie, si écarté, pour ne pas dire rejeté, qu'il fût des choses d'État, faisait remettre au roi, avec des considérations étudiées sur les circonstances présentes, le plan détaillé de l'agression qu'il avait jadis préparée contre l'Angleterre. De même le duc de Lauzun, qui ne s'était guère abstenu d'opposition contre M. de Vergennes au début, mais que les bons offices, le désir aussi d'une ambassade avaient ramené depuis[1] et aux

---

« des ministres, mais quelqu en soit le motif « l effet en sera toujours le meme, car que nous « importe que la guerre vienne par le Lord « North ou par le Lord Chatam si elle est un « resultat necessaire, et il semble difficile de « ne pas l'envisager sous ce point de vue..... »

[1] M. de Vergennes avait laissé Lauzun nourrir l'espérance de se voir envoyer auprès de l'une

avis de qui ses anciennes relations dans le cercle de la reine à Paris et dans le monde de la cour à Londres pouvaient donner de l'intérêt, le duc de Lauzun, se trouvant en Angleterre, adressait spontanément à M. de Maurepas les informations et les réflexions que suggérait la reddition de Burgoyne « à qui s'inspirait, disait-il, de la gloire du roi et de l'attachement à son pays, bien qu'étant le particulier le moins éclairé ». Le comte de Broglie savait maintenant à quoi s'en tenir sur ses rêves d'Amérique. La plupart des passagers de *la Victoire* avaient vu le traité passé avec Silas Deane désavoué par le Congrès et étaient revenus en France. Kalb, déçu, incertain, nous le dirons plus tard, s'il ne se rembarquerait pas, avait rendu M. de Valfort porteur d'une lettre qui désabusait le comte. Avec son expérience des Anglais d'Amérique, le baron allemand aurait pu donner le premier jour à son ancien supérieur l'avis suivant, qui terminait sa lettre :

> Si je repars pour l'Europe, c'est en grande partie parce qu'il y a impossibilité de faire réussir le grand projet dont je me suis occupé avec tant de plaisir. M. de Valfort vous dira que la proposition n'est pas faisable, qu'on la regarderait comme une injustice criante contre Washington et un attentat contre l'honneur du pays[1].

Mais à l'évènement de Saratoga, le comte de Broglie avait jugé la guerre imminente et son rôle lui avait paru se rouvrir. Dans l'ostracisme de son commandement de Metz ou dans l'isolement de sa terre de Ruffec, il vivait sur le souvenir des trames qu'il avait étudiées contre l'Angleterre et des mesures de défense ou des projets d'attaque combinés par lui pour Louis XV. Déjà, en février 1776, supposant le

---

des petites cours d'Europe, tout en lui donnant à penser que le roi avait des préventions à son sujet. Lorsque la nomination de M. de Montmorin à Madrid devint certaine, Lauzun se hâta de demander directement au secrétaire d'État Varsovie, qui avait été, paraît-il, l'ambition du nouvel ambassadeur d'Espagne et semblait se trouver libre. Il écrit pour cela de Vaucouleurs le 3 juillet 1777 à M. de Vergennes, dans les termes du plus complet dévouement. (*Angleterre*, t. 523, n° 146.)

[1] *États-Unis*, t. 2, n° 132. — Cette lettre est du 24 septembre 1777. F. Kapp (*Vie de Kalb*, chap. VII) en a extrait mais enjolivé ce passage.

LA CAPITULATION DE SARATOGA DÉTERMINE LE ROI. 651

comte de Saint-Germain désireux d'aviser aux moyens de garantir les côtes, il avait mis ce ministre au courant des reconnaissances effectuées par les officiers de choix qui lui avaient été attachés pour les faire[1]. Depuis, tout en suivant ses illusions de stathoudérat transatlantique et de duché-pairie en France, il avait approprié aux circonstances et rendu prêt pour l'exécution, pensait-il, son ancien plan de descente dans la Grande-Bretagne. Au milieu du mouvement produit à Versailles par la capitulation de Burgoyne, il adresse ce plan à Louis XVI. Ce n'est pas sans laisser apercevoir respectueusement, sous le sentiment intime de sa valeur propre, la blessure du serviteur méconnu. « Quand la politique du royaume invite tous les bons citoyens à spéculer et à réfléchir, écrivait-il dans sa lettre d'envoi, sorte de préface ou de mémoire d'exposition retraçant l'historique et les lignes principales du travail[2], ceux qui sont attachés au roi et à l'État par la reconnaissance et par de longs services tiennent particulièrement ce droit de leurs lumières et de leur expérience. » Il prenait donc la liberté « de présenter à Sa Majesté ses spéculations politiques et militaires sur les affaires présentes ». Il rappelait que malgré l'affaissement public causé par la paix de 1763, il avait proposé au feu roi d'édifier dans tous les détails ce plan de guerre contre l'Angleterre; il indiquait les idées sur lesquelles il reposait et retraçait la préparation qu'il en avait conduite. Il ajoutait que la crainte avait retenu le souverain d'avouer ces projets, d'en exécuter même les dispositions les plus simples, rendu ainsi tout non avenu, mais que dans la situation présente, maintenant que le roi connaissait sa participation à la politique personnelle de son aïeul, il n'hésitait pas à lui apporter son travail, remanié, appliqué aux possibilités actuelles, et à le déposer entre ses mains « comme un gage de son attachement à son service et à sa personne, ne lui en demandant d'autre prix que de daigner le lire

1777.

---

[1] Il écrivit à cette fin à M. de Saint-Germain, et sa lettre contient une note détaillée. (Voir à l'annexe I de ce chapitre.)

[2] Il avait, en effet, donné à cette lettre d'envoi l'intitulé de *Mémoire d'exposition*, comme nous le qualifions ici.

652   LA CAPITULATION DE SARATOGA DÉTERMINE LE ROI.

avec attention ». Il ne se retenait pas, toutefois, de montrer sa fierté de ses services passés; et il terminait par ceci :

> Sa Majesté doit voir suffisemment par la conduite que le comte de Broglie tient constament depuis son avènement au trône, qu'il ne cherche ni à s'approcher des affaires ni à solliciter la confiance. Mais il s'agit aujourd'hui d'un interet majeur, de celui de l'Etat et de la gloire du Pays. Dans cette crise le comte Broglie croirait son silence coupable et il a regardé le travail suivant comme une dette envers sa conscience et envers son maître.

Archives de la Marine, Mémoires et Projets, B⁴ 297, n° 131[1].

Le « travail » du comte se composait de deux mémoires, l'un « politique », sur la situation actuelle de la France et de l'Angleterre; il nous intéresse ici plus particulièrement; l'autre « militaire[2] ». Les vues

---

[1] Ce sont les copies seulement des pièces remises par le comte de Broglie qui se trouvent dans ce volume; copies remaniées, peut-être, car les minutes, depuis la saisie qui en avait été effectuée lors de l'examen de la conduite du comte dans la *Correspondance secrète*, avaient passé déjà par beaucoup de mains et passèrent alors par beaucoup d'autres. Les originaux remis à Louis XVI le 17 décembre portaient pour intitulé général : *Plan de guerre contre l'Angleterre, rédigé par les ordres du feu roy dans les années 1763, 64, 65 et 1766 par M. le Cte de Broglie, refondu et adapté aux circonstances actuelles pour être mis sous les yeux de S. Maj. à qui il a été envoyé le 17 décemb. 1777.* — La lettre de février 1776 au comte de Saint-Germain, et la lettre au roi, du 17 décembre 1777, renseignent ensemble l'histoire succinctement, mais avec exactitude, sur ces préparations secrètes d'une agression contre la Grande-Bretagne par Louis XV.

[2] *Mémoire militaire, ou développement du plan général des opérations deffensives et offensives contre l'Angleterre.* Dans l'original, ce mémoire présentait une suite de chapitres et de paragraphes, sous les rubriques suivantes : 1° Disposition générale pour ce qui concerne la France; 2° Dispositions générales relatives à l'Espagne. — Dispositions et opérations offensives en cas de guerre. — Exécution de la descente en Angleterre : Derniers préparatifs; composition et disposition ultérieure de l'armée de débarquement; dispositions de mer; débarquement; guerre dans le pays : 1re, 2e, 3e, 4e, 5e, 6e, 7e, 8e marche. — Diversion opérée par l'Espagne : Diversion en Écosse. — Tableau de la situation actuelle de nos forces de terre et projet successif d'augmentation : infanterie, cavalerie, artillerie. Des entreprises simultanées sur Gibraltar, la Jamaïque, les Grandes Indes, Mâhon, chacune étudiée à part et en détail, étaient comprises dans les opérations offensives.

Les copies qui sont contenues dans le registre des archives de la Marine B⁴ 297, offrent trois fascicules principaux sous cette rubrique générale : *Suite de mémoires du comte de Broglie au roi Louis XVI contre l'Angleterre*, etc.; le premier intitulé, comme nous venons de le dire : *Mémoire d'exposition*; un autre : *Premier mé-*

LA CAPITULATION DE SARATOGA DÉTERMINE LE ROI. 653

qui avaient présidé à la conduite du gouvernement du roi, depuis que le soulèvement des colonies anglaises était devenu un fait européen, n'ont trouvé dans aucun écrit contemporain une justification pareille à celle que présente la première de ces deux pièces. L'étendue et la portée de l'évènement en lui-même, le nouvel ordre d'intérêts et de nécessités qui en résultait, l'inévitabilité de la guerre, l'obligation où l'on était, bien plus, d'aller au-devant d'elle pour obéir à la tradition politique de la France et pour la raviver, toutes les considérations que l'on sent sous les lignes dans les dépêches de M. de Vergennes mais qui ne pouvaient pas s'y trouver écrites, sont là évidentes, palpables, se font lire tout au long[1]. C'est peu après, le 5 janvier, que le duc de Lauzun adresse une première lettre. Il apprécie les conséquences du fait de Saratoga sous les inspirations du monde qu'il voyait à Londres, avec les idées du milieu dans lequel il vivait en France, et il est loin de méconnaître dans ce fait un évènement « intéressant le reste de l'Europe autant que l'Angleterre ». Cette dernière puissance est, à ses yeux, à bout de moyens pour une nouvelle campagne dans les conditions des deux premières, dès lors elle est poussée inévitablement, à bref délai, sur les possessions de la maison de Bourbon. Il croit qu'elle les attaquera d'autant plus tôt si, comme le bruit en court, la France s'est déjà liée avec le Congrès par un traité de commerce et d'amitié; il montre les dangers qu'il suppose devoir venir alors du continent et il ouvre à leur sujet des avis[2]. Le comte de Broglie, au contraire, ne doute point que les Anglais ne se jettent sur

1777.

---

moire politique sur la situation de la France et de l'Angleterre; le troisième : *Mémoire général sur les mesures militaires que peut prendre la France, soit par elle-même, soit de concert avec l'Espagne, relativement à la position respective de ces deux puissances envers la Grande-Bretagne*; ce dernier formé des paragraphes suivants : Dispositions générales pour ce qui concerne la France; dispositions générales pour ce qui concerne l'Espagne; dispositions générales de la France; dispositions générales de l'Espagne; préparatifs généraux.

[1] Le mémoire, après un court préambule, est formé de deux paragraphes, sous les titres de *Situation et intérêts de l'Angleterre*, *Situation et intérêts de la France*. A l'annexe I du présent chapitre nous reproduisons les parties principales de ce document et nous analysons le reste.

[2] Lauzun voyait l'Angleterre forte de l'appui de la Russie et de la Prusse, à qui il importait,

nous sans prétexte, pour l'utilité seule qu'ils y verront; mais éclairé par un tout autre sens d'État, il espère que le traité avec le Congrès est fait, parce que ce sera enlever à nos ennemis l'arme dangereuse de mettre l'Amérique dans leur jeu par un accommodement immédiat. Il ne croyait pas absolument à l'efficacité de cette alliance; il expose en conséquence les perspectives et les espérances qui détermineront les Anglais à engager la guerre malgré tout et il ne se fie qu'à un plan offensif pour en sortir avec avantage; c'est pourquoi il met au jour pour le roi son projet de 1766; il l'a refondu, complété en vue du moment, et le juge « de nature non seulement à en imposer assez aux Anglais pour les empêcher de songer à des conquêtes, mais même à les faire trembler à leur tour ».

Le traité avec les Américains était à vrai dire conclu, au moment où le comte de Broglie démontrait ainsi l'urgence qu'il y aurait de l'avoir signé et, en tout cas, la nécessité d'y mettre le sceau tout de suite. A la Chambre des communes, lord Shelburne avait cru pouvoir en affirmer l'existence et ce n'était pas sans raison. L'opinion anglaise était si exaltée, à cette heure, que la principale feuille politique d'alors, le *Courrier de l'Europe,* ne craignait pas d'outrer, en le rapportant, le langage très vif pourtant de l'orateur contre la France[1]. Nous n'étions pas sans nous garder contre l'accord qui aurait pu inter-

pensait-il, que la France, engagée dans une guerre considérable, ne pût soutenir la Turquie ; l'Autriche serait du même côté. Pour obvier au danger, il indiquait de promettre à la Russie notre neutralité à Constantinople, peut-être un établissement dans la Méditerranée, par exemple une partie de la Corse, attendu que l'Angleterre lui donnerait un jour Minorque. Pourquoi, dès lors, la France ne se ferait-elle pas médiatrice entre l'Angleterre et les États-Unis? Elle trouverait dans ce rôle le moyen de remettre ses établissements de l'Inde à peu près au même point qu'auparavant. —

On ne pouvait pas se trouver plus en dehors du courant. C'était la politique du comte de Guines. Évidemment elle n'avait pas disparu avec celui-ci. Non seulement Lauzun s'en faisait encore l'écho, ce qui n'avait rien que de naturel; mais M. de Floridablanca l'avait crue assez forte; c'est celle qu'il avait d'abord essayé d'opposer à celle de M. de Vergennes et du cabinet français.

[1] Le duc de Noailles explique dans une dépêche que les paroles prêtées à cette occasion au noble lord ont été retranchées du procès-verbal des débats, quand on l'a publié.

LA CAPITULATION DE SARATOGA DÉTERMINE LE ROI. 655

venir entre les commissaires de l'Amérique quoiqu'ils demandassent
l'appui ouvert des deux Couronnes, et les porteurs des offres anglaises.
Ces commissaires avaient tant parlé d'un accommodement et tant de
fois essayé d'en faire peur! Entre pays de même origine et auparavant
si unis contre la France et l'Espagne, la réconciliation paraissait naturelle : les doutes étaient dès lors légitimes et les précautions justifiées.
Le 23 décembre, le marquis de Noailles, informant M. de Vergennes
qu'un envoyé de Franklin était à Londres sous l'apparence d'obtenir pour les prisonniers de guerre une amélioration des traitements
qu'ils supportaient, écrivait au ministre à titre privé : « Vous êtes à
portée de savoir, Monsieur le Comte, si cette démarche du docteur
Franklin est un pretexte pour entrer en correspondance avec le ministere anglois, ou si elle ne doit être regardée que comme une reclamation des plus justes[1]. » Du reste, les émissaires par l'entremise
desquels le gouvernement de George III tentait de séduire la légation
étaient vraiment munis des moyens d'y réussir. Un extrait, probablement fait par M. de Vergennes sur des notes remises à Silas Deane,
atteste que le cabinet de Londres ne ménageait ni les perspectives
brillantes ni les prières. Que répondrait l'Amérique si, du conseil privé
même, on la suppliait de choisir entre l'inimitié implacable et une
amitié protectrice? Que dirait-elle si on la conjurait de revenir à qui
ne souhaitait que d'embrasser des frères autrefois affectionnés et de
sauver aux yeux de l'Europe, aux conditions qu'elle voudrait, l'honneur d'une grande nation[2]? C'est sur ce ton de prière, c'est au nom

1777.

---

[1] *Angleterre*, t. 526, n° 120, en *post-scriptum*.
[2] *États-Unis*, t. 2, n° 168; pièce de la main de M. de Vergennes; elle porte en haut la date 1777, simplement, et au-dessous, à gauche, pour tout intitulé : *Extrait* : « Laissés nous su- « posér pour un moment que cet ami auroit par « quelques moiens surnaturels obtenu l'entrée « du cabinet. Suposons de plus qu il vous « demanda si vous etes absolument et posi- « tivement déterminés a tout evenement de « n'entendre a aucuns termes d'accomodement. « Quelle sera votre reponse? Suposons encore « que nous serions inclinés à reconnoitre notre « extreme follie de nous querellér avec un bon « enfant; que nous desirerions sinserement de « l'embrassér avec une affection maternelle; que « nous reconnoitrions qu il a l'age et l'intelli- « gence suffisans pour jugér et pour voir pour « lui-meme; que nous ne desirerions rien plus « ardement q une reconciliation cordiale et que

d'un patriotisme hier encore commun, qu'à cette heure de mauvaise fortune l'Angleterre implorait un rapprochement grâce auquel elle aurait aussitôt récupéré la liberté de ses forces. Pas un document, toutefois, ne laisse entrevoir chez les commissaires la pensée, même lointaine, d'entendre à ces appels de la métropole répudiée. Dès novembre, le Congrès se l'était interdite par un vote formel dont ses représentants sur le continent avaient remis le texte à Versailles[1]. Ces représentants comme cette assemblée n'étaient pas seulement devenus des ennemis irréductibles pour cette métropole; une sorte d'enthousiasme de loyauté écartait absolument d'eux l'idée de manquer de foi aux cours de France et d'Espagne. Ce sentiment n'interdisait pas le biais de laisser poindre la réconciliation comme une menace suspendue sur ces cours; toutefois, la correspondance privée de Franklin, à cette date décisive, dément avec éloquence les suppositions que l'on

« toutes nos demandes se terminent finalement « a la seule ambition d etre son protecteur. « Suposons dis je que ce langage vous fut tenù « par le conseil privé quelle sera votre re- « ponse? Une inimitié absolue et implacable « avec nous est elle plus desirable q'une amitié « sur des termes surs, équitables et avanta- « geux ? Notre contenance et notre protection « ne sont elles d'aucune valeur ? Est il incom- « patible avec vos idées de sauver l'honneur « d une grande nation ? Supposons que nous re- « connoitrions que c est la tout sur quoi nous « contestons presentement; suposé que nous « vous dirions faites vous memes vos propres « conditions, mais sauvés votre honneur aux « yeux de l'Europe. Suposé que nous vous di- « rions reservés nous une supremacie nominale « et nous accederons a un traité de commerce « aussi avantageux reciproquement qu il seroit « possible d'imaginer; qu elle sera votre ré- « ponse? Sera t elle de nature a encourager votre « ami de se rencontrer avec vous a Calais pour « raisonner sur la matière? Si un pareil rendes

« vous vous etoit proposé que reponderiés « vous ? »

[1] « Résolu que le Congres rejetteroit toutes « propositions du roi de la Grande Bretagne, « ou aucun de ses commissaires de faire un « traité entre lui et les États-Unis, inconsis- « tant avec l'indépendance de ces mêmes Etats, « ou aucun des traités ou alliances qu'on peut « faire dans la suite sous leur autorité. — Si- « gné : HENRY LAURENS président. — Témoin : « CHARLES THOMSON secrétaire. » (*États-Unis*, t. 2, n° 141; traduction, sous l'intitulé de *Résolution des États-Unis de l'Amérique assemblés en Congrès le 22 9bre 1777*, avec une autre décision semblable par laquelle l'assemblée niait absolument l'existence d'aucun traité passé avec les commissaires du roi de la Grande-Bretagne, « comme les insidieux ennemis des États Unis » s'étaient efforcés de le faire croire, et autorisant « les commissaires de ces États dans les différentes cours de l'Europe à le faire savoir à ces cours ». Les copies, en anglais, se trouvent *ibid.*, n°s 139 et 140.)

n'était pas sans émettre, dans le cabinet de M. de Vergennes comme à l'ambassade de Londres[1].

Au reste, tout était éclairci lorsque le ministre, dans l'espérance d'ouvrir davantage les yeux au comte de Floridablanca, écrivait le *post-scriptum* de sa lettre du 15 décembre à Montmorin. On allait serrer définitivement le nœud. Le 17, Gérard se rendait à Passy par ordre du roi, et apprenait aux commissaires que Sa Majesté avait décidé de reconnaître les États-Unis, de signer avec eux un traité d'amitié et de commerce, et que, pour en envoyer plus vite et plus sûrement la nouvelle en Amérique, une frégate recevrait la mission de l'y porter. Les commissaires annoncent ce grand évènement au Congrès le lendemain. Leur rapport est une page que l'histoire de notre pays doit conserver. Ni de plus nobles mobiles ni une notion plus haute des liens entre nations n'ont présidé, en aucun temps, à des conditions d'alliance, à un accord de peuple à peuple. On dirait de la politique spéculative et ce fut de la politique réelle, suivie jusqu'au bout, accomplie. Franklin retrace au Congrès, avec une simplicité mâle qui semble les grandir encore, ces propositions du gouvernement du roi, tout imprégnées des conceptions d'honnêteté, de justice, d'humanité au sens supérieur du mot, dont la philosophie avait alors fait la trame même des choses pour les esprits cultivés. Nous traduisons ici presque mot à mot la lettre que signèrent avec lui ses collègues :

Paris, le 18 décembre 1777.

Messieurs,

Depuis notre dernière, du 30 novembre, dont nous vous envoyons ci-jointe une copie, nous avons reçu vos dépêches du 6 octobre datées de Yorktown. Elles nous sont arrivées par un packet de Boston, qui a apporté la grande nouvelle de la défaite et de la capitulation de Burgoyne, nouvelle qui a manifestement

---

[1] M. de Vergennes pouvait bien être mis sur ses gardes par les craintes que Beaumarchais cherchait à lui inspirer à ce sujet, et qu'il voyait partagées par notre représentant en Angleterre; mais aucune de ses dépêches n'indique qu'il les éprouvât. Il répond au contraire le 27 décembre à la lettre de Noailles, du 23, d'une manière tout opposée.

causé aux Français une joie aussi générale que s'il s'était agi d'une victoire de leurs propres troupes sur leurs propres ennemis, si universels, ardents et sincères sont le bon vouloir et l'attachement de cette nation pour nous et pour notre cause.

Nous avons saisi cette occasion de presser les ministres, par un court mémoire, de conclure le traité proposé, qui est resté si longtemps sous leur examen et qui a été différé de jour en jour. Une conférence eut lieu, par suite, le vendredi 12 du courant, dans laquelle diverses difficultés furent indiquées et résolues, diverses explications demandées et fournies de manière à satisfaire. Comme le concours de l'Espagne est nécessaire, on nous dit qu'un courrier partirait le lendemain pour l'obtenir, ce qu'on nous a assurés depuis avoir été fait, et la réponse était attendue dans trois semaines.

Comme nous avions signalé au ministère l'importance qu'il y avait, dans l'hypothèse probable où l'Angleterre ferait quelque proposition de paix, à ce que le Congrès fût informé explicitement de ce qui pouvait être attendu de la France et de l'Espagne, M. Gérard, un des secrétaires, vint hier nous informer, par ordre du roi, qu'après avoir envisagé au long et complètement en conseil nos affaires et nos propositions, il fut décidé et que Sa Majesté avait résolu de reconnaître notre indépendance et de faire avec nous un traité d'amitié et de commerce; que, dans ce traité, il ne serait pas pris avantage de notre situation présente pour obtenir de nous des conditions que, dans un autre, il ne nous conviendrait point d'accepter, Sa Majesté désirant que ce traité, une fois conclu, soit durable et que notre commune amitié subsiste à jamais, ce qu'on ne pourrait espérer si chaque nation ne trouvait pas son intérêt dans la continuation aussi bien que dans les premiers moments de ce traité. C'était en conséquence son intention que les termes en fussent tels que nous pourrions y consentir de bon gré si notre établissement existait depuis longtemps, était dans la plénitude de sa force et de sa puissance, de sorte que nous puissions l'approuver de même lorsque ce temps sera venu. Que Sa Majesté était bien arrêtée à la résolution non seulement de reconnaître notre indépendance, mais de la soutenir par tous les moyens en son pouvoir. Qu'en agissant ainsi elle se trouverait probablement engagée bientôt dans la guerre, avec tous les frais, risques et dommages qui en découlent habituellement; que, cependant, elle ne rechercherait de ce chef aucune compensation

LA CAPITULATION DE SARATOGA DÉTERMINE LE ROI. 659

de notre part ni ne prétendrait pas à agir ainsi uniquement pour l'amour de nous puisque, en dehors de son réel bon vouloir pour nous et pour notre cause, l'intérêt de la France était manifestement que la puissance de l'Angleterre fût amoindrie par notre séparation d'avec elle. Il se garderait d'insister bien plus pour que, engagés pour notre compte dans une guerre avec l'Angleterre, nous ne fassions pas une paix séparée; il voulait nous voir la pleine liberté de traiter pour nous-mêmes, en quelque moment que de bonnes, d'avantageuses conditions, nous soient proposées. L'unique condition réclamée, imposée serait que, dans aucune paix à conclure avec l'Angleterre, nous ne puissions renoncer à notre indépendance et revenir sous la domination du gouvernement anglais. Que, dès le retour du courrier d'Espagne apportant le concours attendu, il serait procédé à la conclusion de l'affaire; et que nous pouvions donner au Congrès les assurances les plus formelles sur tout cela dans nos dépêches en garantissant seulement de garder sur le tout le plus profond secret, pour le moment, parce que l'Espagne avait trois raisons pour ne pas se déclarer immédiatement : la flotte portant ses galions (her money fleet) n'était pas encore rentrée, son armée et sa flotte du Brésil non plus, et sa paix avec le Portugal pas encore tout à fait complète; mais ces trois obstacles seraient probablement bientôt levés.

Nous répondimes que, dans ce qui nous avait été communiqué, nous reconnaissions et admirions également la magnanimité du roi et sa sagesse; qu'il nous trouverait alliés fidèles et sûrs et que nous souhaitions, avec Sa Majesté, que l'amitié entre les deux nations pût être éternelle. Et, comme nous faisions observer que les républiques sont généralement fidèles à leurs engagements, par exemple les cantons suisses, le secrétaire remarqua que la France n'avait pas été moins fidèle à leur égard, deux cents ans étant passés depuis que la première alliance pour cinquante ans avait été conclue, laquelle avait été renouvelée à chaque période; et telle avait été la constante loyauté à leur égard qu'on avait vu, lors du dernier renouvellement, les cantons protestants renoncer à leurs anciens préjugés et à leurs soupçons et se joindre sans hésiter aux autres pour signer le traité dont nous vous envoyons ci-jointe une copie.

Il y a quelque temps que nous avons obtenu la promesse d'un secours additionnel de trois millions de livres, que nous recevrons en janvier. L'Espagne, nous dit-on, nous donnera une somme égale; mais, ne trouvant pas convenable de nous la faire remettre ici, elle se propose de l'envoyer, en espèces, de la Havane au Congrès. Ce que nous recevons ici nous servira à nous débarrasser de nos dettes. Nos vaisseaux chargés de munitions ont été retardés par diverses raisons, notamment par la crainte de tomber aux mains des croiseurs anglais, qui fourmillent dans la baie et dans le canal. A la fin, il a été résolu qu'ils navigueraient de conserve, puisqu'ils sont tous pourvus pour la défense, et nous avons obtenu un vaisseau du roi pour les convoyer hors du canal et, nous l'espérons, jusqu'en Amérique. Ils emporteront, suivant notre estimation, environ soixante mille livres sterling, et mettront à la voile dans quelques jours.

De même, en considération de la perte fréquente de nos dépêches dans ces derniers temps, et de l'importance de la présente, nous avons demandé et obtenu une frégate pour la porter.

Ces faveurs extraordinaires, qui sont de nature à provoquer l'Angleterre, sont des marques de la sincérité de cette cour, et semblent exiger les remerciements du Congrès..

B. FRANKLIN. SILAS DEANE. ARTHUR LEE.

Diplomatic correspondence, t. I, p. 355 et suiv.

De plusieurs jours encore, on ne pouvait savoir l'effet qu'avait produit à Madrid la révélation dont notre ambassadeur était chargé par les dépêches du 13 et du 15 novembre. La résolution autrement décisive que l'on venait de prendre devait cependant y être annoncée sans retard. M. de Vergennes remplit cet objet par un courrier spécial, le 19. Aux précautions de son exposé on sent qu'il éprouvait un peu de gêne à dire que la France s'était portée si en avant sans avoir attendu de connaître la mesure dans laquelle l'Espagne voudrait ou pourrait la suivre. C'est seulement à la fin de son pli, après avoir longuement raconté les conférences de la légation avec les émissaires de Londres, et ajouté des motifs tirés de particularités personnelles, qu'il fait part de la résolution du gouvernement du Roi. Faire part est trop dire; il tâche plutôt de la laisser deviner comme une conclusion naturelle, l'atténuant d'ailleurs de manière qu'elle paraisse bornée à s'enquérir uniquement de l'opinion du Congrès sur nos ouvertures. S'il tenait alors Beaumarchais un peu éloigné, il dédaignait assez peu ses avis pour emprunter les raisons politiques aux lettres du « Barbier de Séville »; c'est presque dans les termes mêmes employés par celui-ci qu'il invoque la nécessité de reconnaître les premiers l'indépendance des États-Unis, afin de nous assurer leur appui dans un conflit inévitable à ses yeux [1] :

A Versailles le 19 x^{bre} 1777.

J ai recu M. les trois lettres que vous m'avés fait l honneur de m ecrire le 4. de ce mois et les differentes pieces qui y etoient jointes.

Je n ajouterai rien a ce que renferme ma depeche du 15. touchant les demeslés subsistans entre les Turcs et les Russes et les suites qu on doit en aprehender. Je souhaite plus que je n espere M. que la démarche dont je vous ai informé produise un effet salutaire. A tout evenement c'est un acte d humanité et de bienfaisance qui ne peut etre qu'honorable lors meme qu'il n'est pas couronné de succès.

Vous aves M. le resultat de la premiere conference de M. Deane avec un emissaire anglois. Ils se sont revûs depuis et meme tres longuement, et ils ne se sont pas mieux entendûs que dans la premiere entrevue. L Anglois vouloit toujours q'une dependance quelconque servit de baze a la negociation, l autre soutenoit au contraire que sans une independance absolue et *inconditionnelle* il etoit inutile de traitér.

Aucun ne voulant quittér son retranchement l Anglois a proposé comme moien conciliatoire une suspension d'armes immediate qui maintiendroit chacune des parties dans l etat ou elles se trouveroient au moment de sa publication, et a la faveur de laquelle on pourroit trouvér plus facilement des expediens propres a reunir les deux peuples et a faire leur bonheur commun. M. Deane n a point donné dans ce piege, il a parfaitement senti q'un armistice dans les circonstances presentes ne seroit q'un moien entre les mains des Anglois pour semer la defiance et le trouble entre les Etats Unis et leurs faire perdre tout l avantage qu ils ont acquis par la force de leurs armes. Il a

---

[1] Voir les lettres de Beaumarchais, à l'annexe II de ce chapitre.

demandé a l'Anglois comment il concilioit la proposition d'un armistice avec la dependance a laquelle il pretendoit rapellér l'Amerique, puis que cet acte seul emporteroit l'idée d'une souvraineté qui constateroit l'independance. L'Anglois a reparti que s'agissant d'une guerre civile on pouvoit bien convenir d'en suspendre les calamités sans pour cela attribuér a l'une des parties un droit qu'elle n'auroit pas. Mais qu'il y avoit les plus justes motifs d'esperér que si l'on pouvoit deposér respectivement l'aigreur dont on est prevenù de part et d'autre bien tost on parviendroit a l'heureuse reconciliation qui est l'objet de tous les vo'ux de l'Ang^{re} et a ne faire des deux peuples q'un seul et meme peuple. C'est alors que l'emissaire anglois a deployé toute son eloquence pour engagér M. Deane et par lui M. Franklin a se rendre les auteurs d'une o'uvre aussi meritoire. Promesses, seduction et menaces rien n'a eté oublié. Il auroit voulu engagér l'un des deux deputés a se rendre en Ang^{re} sur la foi d'un sauf conduit, mais voiant que cette insinuation ne prennoit pas, il a proposé Bruges ou Gand co^e un lieu tiers plus propre a y faire fructifier la negociation. Il a offert si l'un des deux deputés vouloit s'y rendre qu'il y seroit rencôntré par des personnes du plus haut étage qui seroient de bonnes cautions de ce dont on pourroit convenir.

M. Deane s'etant constamment deffendù d'entendre a aucune proposition et de se pretér a aucune demarche qui ne porteroit pas sur une independance *inconditionnelle*, et l'emissaire n'aiant pas des facultés aussi etendues, il s'est reservé de s'expliquér de nouveau dans quelques jours devant disoit il recevoir des lettres d'Ang^{re} qui pourroient lui permettre un langage plus affirmatif.

Je vous epargne M. les episodes qui n'ont pas toujours eté a l'avantage et a la gloire des deux Couronnes, nous en savons heureusement assés des dispositions de l'Ang^{re} pour supléer meme a ce qu'elle auroit la prudence de vouloir nous cachér.

M. Deane est persuadé que si les ofres que M^{ds} Howe sont autorisés a faire aux Etats Unis de l'Amerique ne sont pas plus etendues et plus satisfaisantes que les paroles qui lui ont eté portées, que le Congres ne les admettra pas.

Je regarde comme un bonheur tout particulier et comme l'effet de l'heureuse etoile de la maison de Bourbon que le ministere anglois dans l'ivresse de ses esperances plus tost que de ses succès se soit circonscrit assés par les actes qu'il a fait passér au Parlement pour n'avoir pas la faculté d'accordér

LA CAPITULATION DE SARATOGA DÉTERMINE LE ROI. 663

cette independance qu il sent bien qu il sera forcé a lacher. Nous verrons jusqu ou il est disposé a allér dans les plans de paix et de guerre que le Lord North a annoncé devoir soumettre a la consideration du Parlement a sa rentrée fixée au 20. janvier.

1777.

Les deputés americains sentans l urgeante necessité d instruire leurs commettans de nos dispositions particulieres, des ouvertures qui leurs ont eté faites de la part du ministere anglois et de les premunir contre la seduction de celles qui leurs seront faites par MM. Howe prennent le parti d expedier demain un courrier au Congrès.

Comme un batiment americain ou marchand ne seroit pas exemt de risques, le Roi fait partir une de ses fregates qui sous pretexte d'aller a Miquelon se rendra directement a Boston ou dans quelqu'autre port de la Nouvelle Ang^{re} ou elle debarquera ses passagers. Sa mission aparente sera de reclamér nos matelots dont on pretend qu il y a bon nombre dans cette contrée. Ceci comme vous deves sentir exige le plus profond secret, vous voudres bien ne le confiér qu'au Roi C^{que} et a M. le Cte de Floride Blanche.

Le ministere anglois doit etre bien pressé de la paix, il ne se borne pas a la solliciter par ses propres instrumens il en cherche meme dans notre nation. J ai eu hier entre les mains une lettre d un membre du Parlement tres attaché au parti de la cour ecrite a un Francois de ma connoissance et intimement lié avec les Americains. Il lui rapelle des insinuations qu il lui avoit faites l eté dernier pour l engager a contribuer par son influence auprès de Mrs Francklin et Deane au retablissement de la paix, il le presse de s'y emploier et il lui indique des voies sures pour suivre la correspondance. Consulté par le Francois sur ce qu il devoit repondre, il m'a paru qu il ne devoit pas refuser la correspondance, mais qu il falloit la dirigér avec assés d'adresse pour tacher de penetrer toujours plus avant dans les intentions et dans les vûes du ministere B^{que}. Nous en voions cependant assés pour savoir a quoi nous en tenir a cet egard et nous resoudre en consequence. Ne perdons pas de yûe seulement que celui qui reconnoitra le premier l independance des Colonies sera celui qui retirera le plus pretieux avantage de ce conflit. Tout depend de la celerité d une bonne et promte resolution.

J ai l honneur d etre avec un sincere et inviolable attachement M.

Espagne, t. 587, n° 112.

Mais il fallait présenter au Pardo des arguments de plus de poids que ceux de cette dépêche. Elle ne pouvait être qu'un préliminaire. Déjà produites ou montrées de loin, ses considérations avaient eu trop peu d'effet. Les émissaires de Londres se succédaient à Passy. Intéressée à ce qu'on le sût, la légation divulguait aussitôt à qui pouvait les rapporter leurs entretiens ou les instances dont elle était l'objet. L'agent Bancroft lui ayant été envoyé sous le prétexte de fuir devant une poursuite criminelle, une lettre qu'il était censé avoir reçue d'un adversaire du ministère anglais fut présentée à M. de Vergennes. Les appréciations qu'elle contenait sur la situation politique mirent le ministre à même de compléter le tableau qu'il venait d'ébaucher pour M. de Montmorin. Le 27, il reprend la démarche déjà commencée par lui le 19; il ne cache plus à l'ambassadeur la résolution du roi et en parle presque comme s'il en avait non seulement parlé déjà, mais s'il l'avait concertée avec l'Espagne :

A Versailles le 27 x^{bre} 1777.

J ai recû M. la lettre n° 137. que vous m avés fait l honneur de m ecrire le 8. de ce mois.

Rien n est plus solide que la maniere dont vous envisagés la situation presente de l Ang^{re} et les extremités auxquelles elle peut conduire d un moment a l autre le ministere actuel. Jusqu ici nous avons eté respectivem^t asses convaincus q un changement de ministres nous ameneroit la guerre et que ceux ci nous la feroient comme moien de s autoriser a faire de plus grands sacrifices aux Americains. Peut etre n'avons nous pas assés pesé la possibilité ou le ministere present n'auroit lui meme que ce moien pour se tirér des embarras extremes ou son imprudence et son orgeuil l ont precipité. Mon expedition du 13. de ce mois et celles qui l'ont suivie ont du vous convaincre M. et par vous la cour d Espagne qu il ne neglige pas ce moien ; la seule difference qu il paroit admettre est qu il voudroit que la paix avec l Amerique preceda la guerre qu il se prepare a nous faire afin sans doute de tombér sur nous avec toutes les forces des deux continents réunis.

Si nous pouvions conservér le plus leger doute a cet egard nous trouverions une preuve plus complette de ce sisteme dans la lettre ci jointe ecrite de Londres au doct' Bancroft qu'on sait etre dans la plus intime liaison avec les deputés americains, il a eté obligé de fuir d Ang^re accusé quoiqu'a tort d'avoir eu part a l incendie de Porsmouth.

On ne peut soupconner cette lettre de supposition; elle ne dit rien que le Lord North n'ait fait pressentir dans les dernieres assemblées du Parlement; que l emissaire qu il a ici n'ait proposé aux Americains d une maniere bien plus explicite et qui ne soit confirmé par toutes les notions publiques et particulieres que nous recevons.

Le but de l Ang^re n etant plus equivoque notre resolution ne semble devoir plus l etre, car la question que nous avons a resoudre est de savoir s il nous est plus expedient d avoir la guerre contre l Ang^re et l Amerique reunies qu avec l Amerique pour nous contre l Ang^re.

On peut objectér que celle ci n offrant pas une independance absolue et voulant se reservér avec une souvraineté nominale des prerogatives telles q'un meme etat de paix, de guerre et de commerce etc. la negociation ne doit etre ni promte ni facile. Cela devroit etre si le gouvernement de l Amerique avoit plus de consistance et de solidité que nous ne pouvons encore lui en suposér; mais le peuple soufre, il est privé de beaucoup de jouissances non seulement agreables mais meme de plusieurs jouissances necessaires; la querelle dans laquelle il est engagé lorsqu il ne s agira plus que d'un point d honneur, pourra bien ne lui plus paroitre que la querelle de ses chefs et lui devenir indifferente et odieuse. L Ang^re a des apas a presentér. Les Americains nous proposent de conquerir les isles angloises et de leurs y accordér un commerce libre. Si *vice versá* les Anglois font la meme proposition, ne sera t elle pas ecoutée, sera t elle rejettée? Sur tout s ils ont la prudence de se charger de prendre sur eux la depense des efforts qu ils demanderont. Enfin si nous permetions que la negociation s entame entre les deux peuples ne devons nous pas craindre une division qui ne seroit gueres moins fatale q'une reconciliation.

On ecriroit des volumes si on se livroit a l abondance des reflexions qui naissent du sujet. La sagacité de M. le Cte de Floride Blanche les saisira beaucoup mieux que je ne pourrois les lui exposér, et ira bien plus loin que je ne pourrois allér. Ce que je me borne a remarquér M. est que le tems des reflexions est passé et qu il en reste a peine pour se resoudre. Le moment est decisif, nous pouvons encore gagnér de vitesse les Anglois mais si nous depassons l epoque du 20 janvier sans avoir pris nos suretés le ministere B^{que} autorisé par une sanction parlementaire pourra nous couper les voies et ne nous laissér que le regret inutile d avoir perdu de gaieté de co'ur la plus heureuse circonstance que la providence ait jamais offerte a la maison de Bourbon. Nous sommes excusables de n'avoir pas prevû que les evenemens militaires nous presseroient la mesure bien plus qu il n etoit naturel de le suposer, mais rien ne nous justifieroit si voiant aussi a decouvert la tendance à la paix et le resultat qu elle doit produire nous nous endormions dans une trompeuse securité et laissions echapér la seule occasion qui se presentera peut etre dans le cours de bien des siecles de remettre l Ang^{re} a sa veritable place.

Ou est pourra t on me dire la sureté que cette guerre nous sera heureuse ? Je repons d'abord; est elle de choix ou de necessité. Si elle est de la derniere espece, comme tout en fait la demonstration il faut donc s y soumettre avec resignation et courage. Mais supposons qu elle soit malheureuse ce qui est bien problematique. Si l independance de l Amerique en est la consequence, si cette independance est absolue; si elle ne produit pas un pacte de fraternité qui reidentifieroit les deux peuples et n en feroient plus q'un, les deux Couronnes n'auront elles pas infiniment gagné d avoir procuré une separation aussi considerable et diminué d autant la puissance de leur ennemi inveteré.

Mais pourquoi verrions nous si fort en noir. L Ang^{re} au dire meme du Ld Sandwich a 35 v^x de ligne prets et avec quelqu'effort pourroit en mettre 42. Voila donc tout ce qu elle peut avoir pour veillér a la sureté de la Manche, observér notre flotte de Brest, celles de l Esp^c au Ferrol et a Cadix, proteger ses etablissemens et son commerce dans la Mediterranée et pourvoir a la deffense de ses isles en Amerique. Elle ne doit pas faire elle meme grand etat des forces maritimes qu elle peut avoir dans l Amerique septentrionale, elles sont si vielles de carennes, les equipages si afoiblis et si delabrés qu elles ne' pourroient meme pretér le coté a des forces inferieures. Tout cela co^e vous voiés M. n est pas fait pour decouragér les deux Couronnes si elles savent bien prendre leur tems et frapér a propos.

Nous attendons avec bien de l empressement le courriér que je vous ai expedié le 13. de ce mois. Nous nourrissons en attendant les deputés americains d esperances eloignées, jusqu a ce moment ils paroissent y avoir la plus

LA CAPITULATION DE SARATOGA DÉTERMINE LE ROI.

entiere confiance, mais elle disparoitroit bien vite, si nous ne la justifions par des effets solides.

Notre public qui voit la necessité de ce traité le croit fait et y applaudit tout haut. Le Lord Stormond qui receuille avec avidité les bruits populaires a saisi celui la et est venu m en parlér; tout ce qu il m'a dit etant faux et absurde je lui en ai fait voir l ineptie sans m engager dans aucune assurance.

J ai l h^r d etre avec un sincere et inviolable att. M.

Espagne, t. 587, n° 135.

Du reste, une copie de la prétendue lettre au « docteur Bancroft » avait été remise au comte d'Aranda par le ministre. Celui-ci ne doutait point que l'ambassadeur ne la recommandât à sa cour. Aranda, effectivement, faisait savoir tout de suite qu'il se garderait d'y manquer[1]. Il ne se donnait pas pour sûr, toutefois, de l'assentiment de l'Espagne. Mais le gouvernement du roi s'arrêterait-il, maintenant, devant l'hésitation du Pardo? A cette date du 27, un premier courrier de Montmorin avait déjà franchi la frontière. Les impressions dont il apportait l'exposé étaient médiocrement favorables. Ni leur effet ni celui des courriers suivants, plus clairement négatifs encore, ne devaient ébranler, dans le gouvernement de Louis XVI, le parti désormais bien réfléchi et voulu de s'allier avec les États-Unis.

---

[1] « Paris le 27 décembre 1777. — Je vous « remercie infiniment M^r le Comte de la copie « de la letre que vous m'envoyez ecrite de « Londres au docteur Bencroff. J'espere que « vous ne croyez pas precher a un converti; « vous scavez l'uniformité de notre façon de « penser : A Dieu plaise que ma cour par une « suite des preuves de l'orage qui nous menace « puisse etre convaincue. Je lui enverrai la sus- « ditte letre de Londres; je joindrai mes obser- « vations et je respecterai ses volontés et senti- « ments. » (*Espagne,* t. 587, n° 136.)

ANNEXES DU CHAPITRE X.

I

MÉMOIRES DU COMTE DE BROGLIE SUR LA SITUATION DE LA FRANCE
ET DE L'ANGLETERRE.

1. COPIE D'UNE LETTRE DE M. LE COMTE DE BROGLIE
À M. LE COMTE DE SAINT-GERMAIN [1].

A Paris le 10 fevrier 1776.

Ayant oui dire dans le monde, M. le Comte, que vous aviés envie de vous occuper de différents points importants pour la défense de nos côtes, je crois qu'il est de mon devoir de vous prévenir que les rapports particuliers que feu S. M. m'avoit ordonné d'avoir avec elle pendant vingt trois ans m'avoient mis dans le cas de faire depuis la paix ce travail pour S. M. et que je l'avois ensuite communiqué a M. le duc de Choiseul qui l'avoit approuvé.

J'y avois employé quatre officiers de beaucoup de mérite et d'intelligence qui ont fait toutes les reconnoissances de nos côtes depuis Dunkerque jusqu'à Bayonne et qui ont tous les plans et mémoires qui y ont rapport dont ils m'ont remis les doubles. Je joins ici M. le Comte une notte qui poura vous en donner une premiere idée. J'ignore ce qui a empêché qu'on ne mit dans le tems en éxécution les projets qui avoient été indiqués et presque convenus. Les points de St Valéry, Abbeville et Diepe avoient été reconnus par M. de Béville, ceux du Havre de Cherbourg et de La Hougue en Normandie par M. de Menil Durant, ceux de Brest L'Orient et St Malo par M. de la Roziere, enfin ceux de Noirmoutiers, Rochefort Bordeaux et Bayonne. Tous ces points me paroissant dignes de la plus grande attention particulierement ceux de St Valery du Havre de Brest et de Rochefort, je désirerois fort que les soins que je me suis donné pendant plusieurs années pour rassembler ces

---

[1] On lit à la marge de cette copie : « Nota : Cette lettre a été écrite pour instruire M. le Cte de
« St Germain du travail sur l'Ang^{re} et des reconnoissances faites en conséquences sur nos côtes. »

connoissances pussent être de quelque utilité au service du Roy et faciliter le succès de quelques unes de vos vues. Je serai toujours très flatté d'y contribuer et je crois pouvoir egalement vous repondre du zele de mes cooperateurs qui se rendroient a vos ordres des que vous le jugerés a propos.

J'ay l'honneur d'être etc.

Notte.

Le 10 fevrier 1776.

Entre tous les objets dont le comte de Broglie a cherché a s'occuper depuis la paix pendant le tems qu'il n'a pas été employé par les ministres au service du Roy, celui de bien connoitre la position ou la France restoit a l'epoque du traitté du 10 fevrier 1763. lui parut mériter principalement son attention.

Moins allarmé que ne l'étoit le public des suites de ce traité de paix, il crut entrevoir qu'il restoit encore à ce royaume des ressources suffisantes pour ne pas craindre une nouvelle guerre si les succès recents de l'ennemi augmentoient ses prétentions au point de ne pouvoir être tolérées.

Il conçut un projet d'offensive sur les Anglois qu'on put éxécuter au besoin. M. de la Roziere officier de mérite et d'une capacité reconnue pendant la guerre resté sans occupation a la paix fut choisi par le comte de Broglie pour l'employ dangereux d'en aller verifier la possibilité sur les lieux mêmes et son travail conduit avec autant de sagesse que d'intelligence ne permit plus d'en douter.

Restoit a examiner nos moyens pour éxécuter ce projet. La reconnoissance des côtes de France fut resolue, et suivie par ce même officier d'après une ample instruction sur tous les points de laquelle il eut ordre de se procurer le plus de détails possibles.

Depuis Dunkerque jusqu'a Antibes l'état de nos ports militaires ou marchands, leur commerce, l'étendüe de leur navigation, le nombre et la capacité de leurs batimens de mer, leurs communications avec l'interieur des terres, les ressources dont ils peuvent être pour la déffensive et l'offensive en temps de guerre, la possibilité d'y rassembler des munitions et des subsistances, les travaux a faire pour leur sureté et celle des côtes dans tous leurs points attaquables, tous ces objets recommandés par l'instruction furent examinés observés avec une attention peu commune et des notions interessantes furent le fruit de ce travail.

Archives de la Marine, B⁴ 297, n° 12.

2. MÉMOIRES DU COMTE DE BROGLIE AU ROI LOUIS XVI.

Mémoire d'exposition [1].

Quand la crise politique du royaume invite tous les bons citoyens à spéculer et à reflechir, il en est aux quels ce droit semble être plus particulierement dévolu, et pour les quels il est même un devoir. Tels sont ceux qui attachés au Roy et à l'Etat par la reconnoissance et par de longs services ont acquis quelques lumieres par leur expérience. Encouragé par cette situation le Cte de Broglie prend la liberté de présenter a Sa Majesté ses spéculations politiques et militaires sur les affaires présentes.

Sa Majesté n'ignore pas que le feu Roy a daigné honorer le comte de Broglie d'une confiance intime pendant près de 23 ans, qu'elle l'avoit chargé d'un travail particulier et que ce travail qui embrassoit toutes les parties de la politique, et dont les rameaux s'étendoient dans toute l'Europe avoit mis sous les yeux et dans les mains du comte de Broglie les affaires les plus considerables et les plus secretes. Parmi les divers grands objets confiés au comte de Broglie pendant la durée de sa correspondance avec le feu Roy un des plus importants a été la préparation d'un plan de guerre contre l'Angleterre combiné dans toutes ses branches et sous tous ses rapports.

Ce fut dès 1763 même, c'est à dire presqu'au moment de la paix que le Cte de Broglie quoiqu'alors enveloppé dans la disgrace du marechal son frère proposa au feu Roy de préparer ce grand travail. Ce ne fut point par esprit d'ambition et dans le projet de faire rompre une paix dont le royaume avoit besoin pour reparer ses pertes; il connoissoit trop bien les principes de modération et de bonne foi de feüe Sa Majesté; il étoit lui même trop pénétré de ces principes, pour lui avoir jamais présenté des projets qui y fussent contraires; mais il sçavoit que le Roy gardoit dans son cœur l'ancien souvenir des injures de l'Angleterre. La paix même venoit de manifester la prétention de cette puissance à l'empire exclusif de toutes les mers, et dans l'éxécution des articles de cette paix elle se conduisoit avec une hauteur qui ne déceloit que trop son plan d'humilier la France et de l'attaquer de nouveau toutes les fois qu'elle chercheroit à relever sa marine. Jamais donc il n'avoit été plus prudent de songer à la guerre en faisant la paix. L'experience de deux guerres de mer malheureuses et la sagacité du jugement du feu Roy lui avoient démontré que tous nos revers avoient pour principale cause d'avoir toujours été prévenus par les An-

---

[1] Dans le volume des archives de la Marine, la copie que nous reproduisons ici est placée sous ce titre général : *Suite de mémoires du Comte de Broglie au Roi Louis XVI contre l'Angleterre et communication faite au Roi des travaux pour une descente en Angleterre.*

glois, et de ne leur avoir jamais opposé de plan : il ne fût donc nécessaire que de mettre sous ses yeux le parallelle des moyens de la France et de ceux de l'Angleterre, pour lui faire sentir l'énorme supériorité de ces premiers quand on sçauroit les préparer et les employer, et l'avantage que la France devoit avoir à attaquer cette dernière corps à corps, au lieu de se consumer en expéditions lointaines et morcellées. Ces conséquences lui firent embrasser avec ardeur le projet d'une descente en Angleterre, comme le premier coup qu'il falloit frapper au commencement d'une nouvelle guerre, le seul qui pourroit éffacer les regrèts de la paix qu'on venoit de conclurre et remettre les deux Couronnes à la place et dans le rang que leur puissance leur assignoit en Europe.

Le travail agreé par le feu Roy fut accompli à travers tous les obstacles qui résultoient d'abord de sa difficulté intrinseque, et ensuitte du profond secret au quel il étoit assujetti, car le ministére même n'en avoit point connoissance. Il fut fait avec autant d'activité que de soins, et non comme se font trop souvent tous les travaux de cette espèce dans le cabinet et sur des spéculations vagues et incertaines, mais sur les lieux et appuyé par les calculs démonstratifs. D'habiles officiers furent envoyés en Angleterre : ils reconnûrent la possibilité de la descente, les points de débarquement, les moyens de subsistance, les marches, les camps, les positions, enfin toutes les opérations possibles jusqu'au dela de Londres. Ensuitte on calcula, on combina sur nos côtes même tous les moyens que nous avions pour éxécuter ce projet; les lieux où devoient se rassembler les troupes, les ports où il convenoit de les embarquer, la quantité de batimens que chacun d'eux pouvoit fournir, les agrèts qu'il falloit préparer en artillerie, en munitions, en vivres, le nombre et l'espece de troupes nécessaires, tout enfin jusqu'au calcul des saisons, des vents, des marées entra dans ce plan qu'on accompagna dans le même temps des cartes, tableaux de dépense, et autres pieces propres à donner à la possibilité du succès le dernier dégré de probabilité.

Le travail du comte de Broglie ne se borna pas à ces spéculations : il lia cette expédition avec d'autres projets de diversion a éxécuter en même temps tant par nous que par l'Espagne : il indiqua les mesures secrettes et insensibles qu'il falloit prendre pendant la paix pour se mettre en état de frapper inopinement ce grand coup en commençant la guerre. Il prôposa de s'y preparer au dehors par un plan de politique qui sappoit peu à peu le crédit des Anglois dans le Nord et auprès des grandes puissances du continent. Enfin la révolution qu'éprouve aujourdhui l'Angleterre par la revolte de ses colonies et la guerre qui doit vraisemblablement s'ensuivre entre la France et elle, fûrent indiquées comme le moment où ce grand projet pourroit s'éxécuter.

672   ANNEXES DU CHAPITRE X.

Tel fut le travail immense remis par le Cte de Broglie entre les mains du feu Roy. Ce prince n'en a pas tiré le parti dont il étoit susceptible : il auroit falu qu'il eût dicté en conséquence à ses ministres les mesures qu'il y avoit à prendre, soit en les initiant à son secret, comme le Cte de Broglie a souvent pris la liberté de l'en presser, soit en dirigeant lui même ces mesures, sans leur en communiquer le but. Mais d'une part il voulut leur cacher jusqu'aux traces de ce travail et de l'autre sa sagacité qui lui faisoit en toute occasion appercevoir les meilleurs partis, n'étoit malheureusement pas, si on ose le dire, accompagnée du caractere qui les éxécute; ainsi aucune des mesures préparatoires indiquées par le Cte de Broglie ne fut prise. Amas de matériaux, de munitions, d'artillerie, concert prémédité avec l'Espagne, négociations au dehors tout est resté non avenu. La marine même qui devoit être la première base du projet est demeurée dans la léthargie et ce n'est que depuis le règne de Sa Majesté qu'on s'est occuppé d'elle avec suitte et avec succès.

La mort du feu Roy ayant révelé le mistére de sa correspondance avec le Cte de Broglie, ainsi que du travail dont il l'avoit chargé, et les nuages actuels entre la France et l'Angleterre pouvant réaliser d'un moment à l'autre la guerre que l'objet de ce travail étoit de prévoir et de préparer, le Cte de Broglie a cru devoir se livrer à un nouvel éxamen de cet ancien plan avec toute l'attention dont son zêle et son expérience peuvent le rendre capable; et c'est cet ancien travail éxaminé, refondu, appliqué dans le plus grand détail aux possibilités actuelles qu'il prend la liberté de mettre sous les yeux de Sa Majesté.

Ce travail est donc aujourdhui divisé dans les deux mémoires suivants.

Le premier a pour objet le developpement de la situation politique actuelle de la France et de l'Angleterre relativement au grand évenement de l'Amérique et de la conséquence presque inévitable qu'il faut en tirer d'une guerre prochaine entre ces deux puissances.

Le second renferme un plan des dispositions militaires qui sont à prendre dans les différents cas que pourroient amener les evenements, soit pour se preparer à soutenir la guerre, si l'Angleterre l'entreprend la premiére, soit pour la prevenir si ce parti devient nécessaire. On a adapté à la disposition offensive qui est discutée dans ce second mémoire le grand projet d'invasion en Angleterre dressé par ordre du feu Roy. On y expôse ensuitte la situation actuelle de nos moyens, tant en troupes qu'en agrets militaires, la disposition qu'on seroit forcé de leur assigner relativement aux divers plans de guerre qu'on peut former, l'insufisance qui resulte de cette distribution comparée avec notre pied d'armement actuel, la nécessité urgente d'y pourvoir et les moyens qui paroissent devoir être pris pour y parvenir.

Une partie des idées qui sont développées dans ce second mémoire et nottamment celui qui a rapport à une expédition en Angleterre pourra n'être point étrangére à Sa Majesté, le travail du Cte de Broglie ayant depuis la mort du feu Roy passé dans ses mains, dans celles de ses ministres et malheureusement dans plusieurs autres. On est même sûr que différentes personnes en ont fait des extraits pour tâcher de se l'approprier; mais la pénétration de Sa Majesté lui fera facilement sentir la différence qu'il y a entre des travaux subreptices, tronqués, altérés, faits sans connoissance des choses et des lieux, avec un travail complet, lié dans toutes ses branches, accompagné de toutes les preuves originales et de toutes les cartes qui ont été remises à Sa Majesté, en un mot avec un travail résumé alors entre les officiers qui ont été employés aux reconnoissances et à sa confection, et le Cte de Broglie auteur du projet et récemment adapté avec la plus grande reflexion aux circonstances actuelles.

Enfin le Cte de Broglie dépôse la totalité de ce travail entre les mains du Roy, comme un gage de son attachement à son service et à sa personne, et il ne lui en demande d'autre prix que de daigner le lire avec attention. Sa Majesté doit voir suffisamment par la conduitte que le Cte de Broglie tient constamment depuis son avenement au thrône, qu'il ne cherche ni à s'approcher des affaires, ni à solliciter la confiance. Mais il s'agit aujourd'hui d'un interêt majeur, de celui de l'Etat et de la gloire du Roy. Dans cette grande crise le Cte de Broglie croiroit son silence coupable et il a regardé le travail suivant comme une dette envers sa conscience et envers son maître.

Archives de la Marine, B[4] 297, n° 13.

3. PREMIER MÉMOIRE POLITIQUE SUR LA SITUATION DE LA FRANCE ET DE L'ANGLETERRE.

Jamais il n'y a eu de plus grand évenement, tant pour le fond que pour les suites, que la querelle de l'Angleterre avec ses colonies. En effet ce n'est point icy une affaire d'intrigue ou d'ambition, une jalousie précaire, une discussion du moment; c'est une révolution absolüe; c'est un continent qui va se séparer de l'autre et au milieu de cette grande secousse, c'est un nouvel ordre d'interêts et de convenances qui va naitre. En attendant que cet évenement influe sur toute l'Europe, il met actuellement l'Angleterre et la France dans la crise la plus délicate et la plus difficile où se soient jamais trouvé deux nations voisines et rivales.

Le résultat plus que vraisemblable de cette crise sera une guerre entre ces deux puissances. Déjà même elle est presque sourdement engagée et elle s'engagera ainsi chaque jour d'avantage jusquà ce qu'elle éclate, à moins qu'il n'arrive des evenemens qui ne sont prèsque pas possibles puis que toutes les circonstances topographiques et politiques se réunissent pour inviter les deux gouvernemens à une rupture prochaine.

On va commencer par examiner icy la situation et les interêts de l'Angleterre ; c'est elle qui est le plus essentiellement et le plus activement dans la crise ; cette crise n'est pour nous qu'eventuelle et de spèculation : notre situation et nos interêts seront l'objet de la seconde partie de ce mémoire. En parlant des interêts de la France relativement aux circonstances actuelles, c'est y comprendre l'Espagne, puisque la politique et la cause de ces deux cours sont communes.

Situation et interêts de l'Angleterre.

On reviendra le moins qu'on le pourra sur le passé ; c'est de l'état présent des affaires qu'il faut partir mais il est des bases essentielles à rappeller, car sans principes on ne fait que penser et parler au hazard.

L'Angleterre ne peut pas se passer de colonies, car sans colonies pas de commerce sans commerce point de marine, et sans marine l'Angleterre n'est plus en Europe qu'une puissance de troisieme ordre.

Par la défection de ses colonies du continent de l'Amérique, l'Angleterre se trouve réduite à ses possessions dans les Antilles, à son vaste etablissement d'Asie et à ses comptoirs d'Affrique. Toutes ces colonies réunies ne suffisent pas pour alimenter sa navigation et par consequent sa puissance maritime, ce qui doit être son premier objet. Ses isles à sucre sont très inferieures aux nôtres. Son ètablissement d'Asie est une source immense de richesses pour elle, mais son commerce n'y consiste qu'en denrées de luxe, ne fournit point de débouché à ses manufactures nationales et ne se fait qu'avec un petit nombre de vaisseaux et de matelots. Il en est de même de ses possessions d'Affrique : elles ne lui sont d'aucune ressource pour sa marine, et le commerce de nègres qu'elle y fait, n'a de prix pour elle qu'autant qu'elle aura d'immenses plantations à cultiver dans les mers de l'Amérique.

C'est ce besoin urgent, d'avoir de grandes colonies qui dépendent de la métropole, qui consomment ses manufactures et qui lui entretiennent une pepinière immense de matelots, qui a jusqu'a présent si aveuglement obstiné le gouvernement anglois à remetre les insurgens sous le joug. C'est ce besoin senti par toute la nation, qui est le principe des èfforts extraordinaires qu'elle fait aujourd'hui, et de l'esprit d'animosité qui, au parti de l'opposition près, y règne contre ses colonies revoltées.

Si la passion laissoit le sens froid de reflechir, le gouvernement anglois eut, avant tout, examiné de quelle nature étoit ses colonies du continent de l'Amerique. Il eut vû qu'il n'en étoit pas d'elles comme des autres colonies européennes, des Antilles par exemple, où un petit nombre de blancs amolis et énervés, domine sur un grand nombre de noirs, et a sans cesse besoin de la protection des troupes etrangeres, où le pays ne produisant que des denrées de luxe, est dans la dépendance absolüe de l'Europe pour toutes les nécessités de la vie. A de telles colonies, il faut nècessairement des protecteurs et des maitres, et le jour qui les en détacheroit seroit l'epoque de leur ruine. Les colonies angloises du continent de l'Amérique sont dans des circonstances absolument differentes : elles sont agricoles et peuplées en plus grande partie d'hommes libres ; elles abondent de toutes les denrées de premier besoin, et elles en ont beaucoup d'autres qui mettent la metropole dans leur dépendance si celle cy, à son tour, les fait dépendre d'elle par ses manufactures, c'est au moyen des loix forcées et prohibitives dont elles s'affranchiront en reprenant leur liberté en elevant des manufactures de même genre dont elles ont les matières premières dans leur sein et en ouvrant leurs ports à toutes les nations. De pareilles colonies sont donc évidemment dèstinées à former un jour un Etat indépendant de l'Europe, et la nature des choses maitrisant toujours à la longue les èvenemens, il faut que tot ou tard cette destinée s'accomplisse.

Cette consequence devoit donc faire la base de la politique de l'Angleterre : elle devoit sentir que l'indépendance de ses colonies du continent de l'Amérique, etoit une révolution inévitable, que par adresse ou par force, elle pourroit la suspendre, la retarder de quelques années, mais qu'il arriveroit un moment où aucune combinaison humaine n'y pourroit mettre obstacle. De là toute sa politique devoit tendre à se procurer des etablissemens qui la dèdommageassent de la perte de cet immense continent. Elle ne pouvoit se procurer ce dèdommagement qu'en attaquant la maison de Bourbon et en enlevant les Antilles.

Par la conquête des Antilles, elle s'assûroit la domination de cette partie des mers du nouveau monde, elle aqueroit la propriété èxclusive de plusieurs denrées que le luxe nous a rendu nècessàires, comme les Hollandois ont celle des epiceries ; elle s'ouvroit pour ses manufactures un debouché prèsque plus abondant et plus sûr que celui de ses anciennes colonies : elle gagnoit enfin des etablissemens qu'elle ne pouvoit plus perdre, qu'elle gardoit avec le seul secours de ses flotes, et sans être obligée d'y entretenir de dispendieuses garnisons.

Rien n'etoit plus facile aux Anglois que de fraper ce grand coup l'année dernière ; nous leur avions fourni des prétextes pour justifier une guerre commencée sans aucun prèliminaire de dèclaration ; notre commerce etoit dans la securité ; notre marine qui, depuis deux ans, a fait d'immenses progrès, etoit dans l'engourdissement ; nos colonies n'etoient point en etat de défense ; les six bataillons de renfort qu'on y a envoyés depuis n'y etoient point arrivés; les troupes angloises en Amerique etoient au nombre de 50 000 hommes, force immense dans ses contrées et plus que suffisante pour toutes les conquêtes à faire sur la maison de Bourbon. Leurs armes n'avoient essuyé aucun grand echec, et le Congrès moins fier eut pû ecouter des propositions d'accommodement; enfin, soit que l'Angleterre s'accomodat avec ses colonies, soit qu'elle prit le parti de se borner vis à vis d'elles à une guerre maritime, jamais elle n'avoit eu d'occasion plus brillante et plus heureuse de reparer ses pertes. Par une suite de cette destinée qui depuis trois ans nous favorise d'une maniere si remarquable, cet orage s'est détourné de nous. Les généraux des Anglois se sont encore plus mal conduits que leurs ministres, et de tout côté le partage de nos rivaux n'a été que fautes et malheurs.

Mais le terme de leur aveuglement doit être enfin arrivé. Ils doivent voir que le parti de l'Amerique est profondément arrêté; que ce n'est point un soulevement partiel ameuté par quelques ambitieux, mais une confederation unanime de toutes les provinces fondée sur la connoissance reflechie de leur position et de leurs interêts; qu'ainsi même dans la supposition qu'ils ne peuvent plus raisonnablement former de les vaincre et de leur dicter une paix passagere, ils ne les reduiroient pas et que la perte inévitable de ces riches possessions ne seroit différée que de quelques années.

Si ces reflexions n'ouvrent pas suffisament les yeux du ministere anglois, le calcul des moyens qu'il faudroit pour entreprendre une 4ᵉ campagne en Amerique, achevera de les éclairer.

[Le comte expliquait après cela, par des raisons toutes militaires, qu'il allait être impossible à la Grande-Bretagne de continuer la guerre à terre, qu'elle avait la seule ressource de la guerre maritime, des incursions ou de la dévastation des côtes, des blocus de ports; que cette guerre-là exigerait 20,000 hommes à New-York, au Canada, etc., un grand nombre de frégates; que les Américains, maîtres de tout le plat pays, n'expulseraient pas moins bientôt ses troupes et que l'unique parti résidait dans la réconciliation, si nous ne la prévenions pas à cet égard par un traité; mais qu'il ne saurait y avoir réconciliation sans l'indépendance entière; que l'on croyait l'honneur anglais engagé à ne pas la donner; que faire *un pacte de famille avec les Américains,* comme l'avait dit lord Chatham à la tribune, nous montrant par avance le plan de son futur ministère, n'était pas si facile; qu'*on ne devient pas frère quand on a été maître*, suivant le mot de Franklin; que l'Amérique voulant exister par elle-même et être une république ouverte à toutes les nations, elle ne ferait même pas

l'or et des humiliations. Les isles de France et de Bourbon sont sans troupes, sans places, sans artillerie, sans munitions; quatre vaisseaux anglois partis d'Europe avec un embarquement de 2 000 soldats européens et de 3 à 4 000 cypayes qu'ils prendront à Madras et dans leurs autres possessions, peuvent nous enlever nos faibles établissemens dans ces contrées et nous fermer sans retour les mers d'Asie, et ce qui nous reste dans le continent de cette partie du monde. Une simple sommation suffira pour nous en dépouiller.

Voilà ce qu'avec beaucoup de probabilités de succès, l'Angleterre peut entreprendre contre nous. Les colonies espagnoles leur offrent encore plus de prise. Excepté la Havanne, dont la cour de Madrid s'est fort occupée, elles sont presque toutes sans défense et l'exemple des Philippines s'y renouvellera partout.

[Le mémoire passait ensuite en revue les espérances que la possession d'une marine considérable permettait à l'Angleterre de concevoir de ses opérations navales; il détaillait celles par lesquelles, à l'appréciation du comte de Broglie, elle pouvait nous les rendre funestes et démontrait qu'on lui supposait gratuitement la pénurie des moyens; elle trouvait difficilement des matelots dans le moment actuel, mais une fois le commerce tout à fait suspendu, la guerre actuelle ralentie, l'embargo décrété, la presse hâtée encore, l'appas de la course, celui de primes ou de récompenses doubles, triples des nôtres attirant chez eux les matelots danois, suédois, hollandais, français même, elle pourrait, par l'invasion générale de toutes les mers dans les saisons de partance, nous enlever comme en 1755 tout ce que nous avions de bâtiments marchands dehors et faire voir alors si sa marine manquerait de bras; renonçant à sa guerre contre l'Amérique, elle trouverait dans les bâtiments de transport et de convoi 25,000 matelots qu'elle y tient depuis quatre ans et devenus les équipages les plus aguerris et les plus formidables du monde! Le mémoire expliquait qu'il en serait des troupes de terre comme des matelots; avec l'argent qui paye 25,000 Allemands, l'Angleterre en soudoierait le double pour se battre en Europe, une fois la guerre d'Amérique abandonnée. L'épuisement de ses finances n'est pas plus réel que le manque de matelots et de soldats; l'Angleterre emprunte comme elle veut, tous les étrangers portent encore leurs fonds avec confiance chez elle. Avant d'exposer la situation et les intérêts de la France, le comte de Broglie résumait comme il suit les développements que nous venons de condenser:]

un traité de commerce exclusif; qu'ainsi tout ramenait l'Angleterre à se dédommager sur la maison de Bourbon de la perte de ses colonies, et que bien que ce parti fût moins réalisable à cette heure que l'année dernière, il s'imposait cependant; que, dans cette situation, l'orgueil national s'abritant derrière la nécessité patriotique, l'on reconnaîtrait l'indépendance; que nous avions peut-être prévenu déjà ce traité par le nôtre, qu'il était à désirer que cela fût, mais que l'Angleterre nous attaquerait d'autant plus, par esprit de vengeance et de passion, et par l'intérêt qu'elle avait à ne pas laisser à l'alliance le temps de se fortifier, de se concerter et à arrêter les progrès de notre marine.]

Nous avons aujourd'hui 50 vaisseaux, dans un an nous en aurons 60. Dans deux ans une marine de rechange remplira nos arsenaux et nos magasins. Elle doit craindre les mêmes progrès de la part de l'Espagne, la même politique devant l'engager à faire les mêmes efforts. Ce qui depuis un siècle est l'objet de sa jalousie et de son inquiétude, ce qui lui a fait faire la guerre de 1755, ce qui fait en effet sa destinée parce que son rôle de grande puissance n'est attaché qu'à sa supériorité maritime, pourroit-il tout à coup cesser de l'occuper?

[Examinant alors les forces que nous pouvions opposer dans les Antilles, le comte de Broglie ne voyait que douze faibles bataillons, quelques troupes coloniales « mal soudées et sans expérience de la guerre », des fortifications ébauchées, peut-être mal armées, des colons énervés par la mollesse, qui ont été sacrifiés et à qui on a tenté souvent de faire entrevoir qu'ils seraient mieux sous une puissance prépondérante sur mer; il en concluait que si les Anglais couvraient leurs desseins jusqu'au dernier jour, faisant passer seulement 7,000 ou 8,000 hommes à Howe et en jetaient par là impunément 25,000 sur nos îles, nous ne saurions la nouvelle qu'une fois le coup porté. Il écrivait à cet égard :]

Rappelons nous ce qu'ils ont fait à la Havanne et à la Martinique avec 14 mille hommes de troupes de débarquement et 17 ou 18 vaisseaux. Nos isles etoient alors aussi garnies de troupes qu'aujourd'hui; St Domingue l'etoit même d'avantage; l'Espagne avoit une flote de 12 vaisseaux dans le port de la Havanne et nous, une escadre de 8 vaisseaux à St Domingue. Plus exposées encore sont nos colonies d'Asie. Pondichery est ouvert et sans défense. Nos comptoirs sur toutes les côtes de l'Inde, ne subsistent que par leur permission, et nous y achetons leurs rebuts qu'au poids de

L'espece de guerre que l'Angleterre soutient aujourd hui en Amerique, lui est impossible à continuer; elle consumme ses trésors et ses forces et ne peut jamais lui en procurer un dédommagement proportionné et durable. Celle que l'Angleterre lui substituera en attaquant la maison de Bourbon ne lui sera gueres plus dispendieuse; et si la fortune lui est favorable, surtout si nous ne prenions aucun moyen pour en prèvenir ou du moins en arrêter les progrès, elle lui offrira des moyens de reparer toutes ses pertes. Donc dépense pour dépense, hazard pour hazard, elle doit évidemment préferer l'une à l'autre.

Quelque démontré que soit cet interêt, il est cependant dans l'ordre des possibilités que le ministere anglois n'eprouvant point de rèvolution et continuant d'être frappé de l'esprit d'orgueil et de vertige, prenne des rèsolutions qui y soient tout à fait opposées, tout semble annoncer que cela ne sera pas; mais la chance éxiste, et dans cette situation, il peut être de la prudence de tendre encore ce piége à l'aveuglement des Anglois et d'en mettre l'èvenement pour nous. C'est ce qu'on va examiner en discutant à son tour la situation et les interêts de la France dans les circonstances présentes.

Situation et interêts de la France.

Avoir prouvé que l'Angleterre ne peut se relever qu'en faisant la guerre, c'est avoir déja prèsque suffisament demontré l'interêt que la France auroit de profiter de la dètresse de l'Angleterre pour achever de l'accabler. Car entre deux nations rivales, ce qui relève l'une, doit necessairement abaisser l'autre. Jamais la comparaison des contrepoids n'a pu s'apliquer d'une manière plus vraye. L'Angleterre a besoin de la guerre avec la France pour reparer ses pertes. La France en a besoin pour prèvenir les siennes. Pour l'une, c'est une guerre de dédommagement; pour l'autre, c'est une guerre de conservation. Independament de ce dernier motif, la France a d'anciennes injures à venger; elle a sa considération à recouvrer, la gloire de ses armes à relever; elle a à reprendre sur l'Angleterre la superiorité que la nature lui a si evidemment destinée.

Voila l'interêt simple et évident qui depuis deux ans frappe les yeux de toute la France et qui éleve parmi une partie de ses speculateurs le vœu d'attaquer l'Angleterre. Mais il peut être bien des circonstances et des reflexions qui compliquent la question aux yeux du Gouvernement et qui le forcent d'embrasser une autre politique. Les administrateurs ont leurs secrets, et juger leur conduite sur ce qui est apparent, est une prècipitation souvent indiscrete et injuste.

Ainsi on conviendra que la paix est un bien si grand et si réel pour une nation, si nécessaire particulièrement à la France dans l'etat d'epuisement où sont ses finances, epuisement que malheureusement 16 ans de paix n'ont fait qu'augmenter, qu'il est simple, qu'il est même sage que le desir de sa conservation fasse la base du sistême politique du Gouvernement.

D'ailleurs les gens qui, depuis deux ans, votent pour la guerre sans reflexion et sans examen, ne savent pas sans doute que la marine n'existoit pas il y a trois ans; qu'on manquoit de bois, d'agrez de toute espece, qu'il a fallu tout créer, tout reparer, tout ordonner. La guerre dans cet etat de penurie etoit donc une chose impossible, et quand la politique l'eut encore plus evidemment dictée, il eut été dangereux de l'entreprendre.

Les fautes des Anglois ont heureusement concouru à nous donner le loisir et les moyens de sortir de l'etat de foiblesse ou etoit cette branche de nos forces; elle commence à devenir plus respectable; nos arsenaux, nos magazins, nos chantiers se garnissent, et si l'Angleterre fait la faute de nous donner encore une année de repos, la consistance de la marine francoise sera devenüe réelle. Voila donc une raison décisive pour n'avoir pas été et n'etre pas encore les aggresseurs. Les Anglois peuvent contre toutes les aparences faire cette faute. Ils peuvent y joindre la faute énorme de s'engager dans une 4ᵉ campagne en Amerique. Cette chance, quoiqu'unique, quoiqu'invraisemblable, nous seroit trop avantageuse pour, dans l'état actuel des choses, chercher à la perdre*.

A l'egard des Insurgens, la question se reduit à cette alternative ou notre traité avec eux est fait, ou il ne l'est pas. Si notre traité est fait, si, pour cela, notre ministere a saisi habilement le moment et profité du besoin que les Insurgens peuvent avoir eu de nous, le grand avantage que nous en retirerons, sera d'avoir prévenu les Anglois et de leur avoir ôté toute possibilité d'accommodement avec eux : car il ne faut pas d'ailleurs infiniment compter sur leurs secours dans la guerre entre l'Angleterre et nous. Ils ont leurs playes à fermer et leur gouvernement à consolider.

Si notre traité avec eux n'est pas fait, il est à craindre que les Anglois ne nous previennent. C'est un problème difficile à resoudre ; si le Congrès doit préférer la paix avec l'Angleterre, son independance etant reconnüe par la metropole, à toute espece d'alliance avec nous. Par la paix avec l'Angleterre, l'Amerique aquiert le calme, l'abondance, le retour de son commerce. Alliée avec nous et prenant par

---

* Ce mémoire etoit fait quand on a été instruit du changement de langage du Lord North dans la Chambre des Communes et des bills conciliatoires passés pour entrer en propositions d'accommodement avec les Colonies. Ces dispositions rendent sans doute la 4ᵉ campagne des Anglois en Amerique encore moins aparente, mais elles ne font que donner plus de poids à tous les raisonnements qui tendent à faire sentir la nécessité de se préparer également à une guerre d'abord défensive et ensuite offensive contre l'Angleterre.

conséquent part à notre guerre avec l'Angleterre, elle continüe d'etre dans une agitation fatiguante et dangereuse; elle peut devenir en proye à des factions intestines, la prolongation des maux de la guerre, les interêts personnels en opposition avec l'interet général, devant nécessairement faire des mècontens dans le pays. L'alliance de la France etoit de la plus grande utilité l'année derniere : ils ne connoissoient pas encore leurs forces, ils étoient ménacés par une armée formidable; aujourdhui cette armée est prèsque dètruite : l'Angleterre n'est pas en etat de la renouveller. Cette impossibilité doit être aussi bien démontrée aux Insurgens qu'a nous. Qu'ont ils donc besoin aujourd hui d'un traité positif avec la France? La nature des choses qui nous fait ennemis nècessaires de l'Angleterre, ne suffit elle pas pour les assûrer de nos dispositions envers cette puissance, et par une consequence naturelle du plus grand desir de notre part de concourir èfficacement à tout ce qui pourra leur être avantageux.

On a mis en avant la possibilité d'un traité de commerce comme la base et le grand objet de notre alliance avec les Insurgens : mais ce traité seroit illusoire et de nul éffet pour les deux parties contractantes. Il seroit de nul éffet pour l'avenir, car l'interet des Etats Unis de l'Amerique n'est pas plus disposé à accorder des conditions de commerce privilegiées et exclusives à la France qu'à l'Angleterre. Ils rèclameroient contre elles au premier moment de calme et d'affermissement de leur puissance et en reviendroient à la politique saine et bien entendüe qui leur est dictée par leurs lumieres, de commerce avec toute l'Europe et d'ouvrir leurs ports à toutes les nations. Ce traité pourroit être aussi de nul effet pour le moment, si nos flotes ne sont pas superieures, car alors la guerre arrivant entre l'Angleterre et nous, le commerce que feroient les Insurgens avec nous ne pourroit avoir lieu qu'avec beaucoup d'embarras et de dangers.

Telle est donc la crise actuelle que, quelques combinaisons que l'on puisse faire, il paroit évident que la guerre seule peut et doit la terminer. Il s'agit pour l'Angleterre de perir ou de se relever, et pour la maison de Bourbon, de conserver ses colonies ou d'être reduite à ses possessions de notre continent.

Dans cette position que doivent donc faire la France et l'Espagne? Attendre sans doute puisque la passion qui a jusqu'icy aveuglé le ministere anglois, peut, en l'acharnant à la guerre d'Amerique, mieux que nous même, combatre pour nous, mais en même tems elles doivent se préparer à la guerre, redoubler d'activité et d'efforts, s'y préparer non par un plan de défensive etroit et borné, mais par un grand plan offensif qui, à la première hostilité de l'Angleterre, puisse l'empêcher d'envahir nos colonies et la faire trembler pour ses foyers. C'est la discussion de ces grands préparatifs et de ce grand plan qui va faire l'objet du mémoire suivant.

On finira celui cy en observant que tout ce qui y est traité relativement à la position actuelle de l'Angleterre, à celle des Insurgens et à la notre, doit être regardé comme susceptible de modifications, même de changemens, puisque ce n'est que sur des connoissances générales qu'on a pu en tracer le tableau. On croit cependant que les principales bases ne s'eloignent pas beaucoup de la verité, et qu'en les adoptant pour réelles, on n'a pas couru le risque de s'egarer.

Archives de la Marine, B⁴ 297, n° 15.

II

DIVERSES LETTRES DE BEAUMARCHAIS À M. DE VERGENNES.

Monsieur le Comte[1].

Dieu m'a puni hier de n'avoir pas suivi votre conseil d'avant-hier; je ne me croyais pas assez malade de la chute que les chevaux échappés qui m'ont renversé dans le passage de la Chappelle, en sortant de chez M⁻ de Maurepas, m'ont fait faire, pour me tirer du sang et des forces dans un moment où j'en ai tant besoin. Hier matin je fus à Passy avec un courrier qui arrivait du Congrès et j'y passai la matinée à me réconforter le cœur par les excellentes nouvelles dont vous avez reçu l'annonce au même instant. Je revenais à Paris, menant M⁻ Grand, dans une voiture légère avec un postillon et deux chevaux. L'étourderie de mon postillon ayant fait monter une roue de cette voiture sur de grosses pierres, dans Paris, nous avons été versés si avantageusement que M⁻ Grand en a l'épaule cassée : la violence de la chute m'a fait sur le champ venir à grands flots le sang par le nez et par la bouche. Un morceau des glaces brisées sur nous m'a percé le bras droit. On m'a saigné du pied promptement, et j'ai eu les vertébres du col presque cassées. Le negre qui me suivait est éreinté.

Me voila donc gisant, mais plus malade d'esprit que de corps, ce n'est pas mon postillon qui me tue, c'est M⁻ de Maurepas. Cependant les charmantes nouvelles de l'Amérique répandent un baume sur ma blessure, et je ne sais quel Dieu me dit à l'oreille que le Roi ne voudra pas que des événemens si propices à l'Amérique soient troublés par une desertion totale des vrais amis que cette cause s'est fait en France.

[1] Lettre dictée.

ANNEXES DU CHAPITRE X. 683

Je suis la voix qui crie pour eux du fond de mon lit *De profundis clamavi ad te, Domine, Domine, exaudi orationem meam.*

Quoique vous ayez reçu hier la Gazette de Boston, je vous envoye l'extrait des nouvelles que j'ai fait moi-même et que je veux faire passer sur le champ au courrier de l'Europe. Il est bien juste que je leur rende en Angleterre par mes phrases tous les coups de poignards que leur ambassadeur me donne ici par les siennes.

Je vous salue, vous respecte et vous chéris, et vais signer, si je puis, avec mon bras blessé les assurances du dévouement inviolable avec lequel je suis Monsieur le Comte votre trés humble et trés obeissant serviteur.

CARON DE BEAUMARCHAIS.

A Paris ce 5 x^{bre} 1777.

J'espère de votre bonté que vous communiquerez le détail cy joint des nouvelles à M^r le comte de Maurepas et si l'un de vous n'approuvait pas qu'il partît je ne l'enverrais point; je crache encore du sang quoique je n'aye point de fièvre.

Angleterre, t. 526, n° 50.

Monsieur le Comte.

Votre honorable et tant douce bienveillance me console de tout : en vous rendant grace des conseils que vous voulez bien me donner, je puis vous assurer que je n'ai pas été trop loin en vivacité dans la lettre dont je vous ai envoyé copie. Je ne puis m'expliquer par écrit; mais vous serez beaucoup plus surpris que moi, parce que vous connaissez moins les gens dont il est question, quand je vous rendrai compte de tout ce qui s'est passé à ce sujet. J'ai toujours mis une grande différence entre l'honnête député Deane avec qui j'ai traité et l'insidieux politique Lee et le silencieux docteur Franklin. Le mouvement que les nouvelles d'Amérique impriment à toutes les têtes oisives de ce païs est inconcevable; les Anglois des caffés et des spectacles ne savent plus où se fourrer; mais tout cela n'est pas à beaucoup près aussi curieux que le train qui va se faire à Londres au choc de ces différentes nouvelles, j'en attens le détail avec un plaisir égal à tous les chagrins qu'ils ont cherché à me donner. Je vous rends grace de l'intérêt que vous voulez bien prendre à ma santé. Je me leve aujourdhui pour la premiere fois; et demain, malgré les contusions, les douleurs et la faiblesse, je recommencerai à vaquer à mes affaires du dehors.

Recevez avec votre bonté ordinaire les assurances du très respectueux dévouement avec lequel je suis Monsieur le Comte votre très humble et très obeissant serviteur.

CARON DE BEAUMARCHAIS.

A Paris ce 7 x^{bre} 1777.

Ibid., n° 17.

ANNEXES DU CHAPITRE X.

M. le Comte de Vergennes pour
etre s il lui plait communiquée a
M. le Cte de Maurepas.

Jeudi 11 x^bre 1777.

Monsieur le Comte.

Quoi que j'aye beaucoup de difficulté a me servir de mon bras droit; si faut il bien m'efforcer a m'en aider, pour vous prévenir que j'ai recu hier au soir des nouvelles tres particuliéres de Londres. Tout y est dans une telle fermentation depuis la nouvelle Burgoine, que la crise où le Roi trompé, l'audacieux ministere, et le plus corrompu des Parlemens doivent ceder aux cris de la nation en fureur parait arrivée. On se pellotonne et toutes les opérations du ministere sont hautement desavouées; l'opposition triomphe et les conseils secrèts se multiplient. L'Irlande est prete a remuer, si vous dites un mot en secret. Quel est le véritable sens moral de cette crise? C'est qu'entre les deux nations, anglaise et française, la premiere qui reconnaitra l'indépendance de l'Amérique en recœuillera seule tous les fruits, pendant que cette indépendance sera certainement funeste a celle qui aura laissé prendre les devants a sa rivale. Ce mot renferme tout; et ce moment accomplit tout. Quant aux détails si, malgré les douleurs et les grimaces, mon pauvre corps moulu peut soutenir le brouétage et si vous avés le tems et la volonté de me recevoir aujourdui ou plutot demain, mon postillon a ordre d'attendre les votres.

Je vous renouvelle avec le mesme devoûment Monsieur le Comte les assurances du tres profond respect du pauvre versé et renversé.

BEAUMARCHAIS.

Angleterre, t. 526, n° 69.

J'ai cru devoir expédier un postillon pour la nouvelle suivante.

Paris ce lundi 15 x^bre 1777.

Monsieur le Comte.

Aujourdui ce n'est pas pour moi que je vous donne la peine de me lire; mais pour vous instruire qu'a l instant ou un courrier extraordinaire est parti de St James pour l'Amérique avec ordre de forcer de voiles, il est passé en France un Anglais qui y est arrivé il y a deux jours. A son arrivée a Paris il a écrit a Mr Deane pour lui demander un rendez vous secret, et hier matin cet Anglais s'est rendu a la maison de Mr Deane a Paris. Celui ci y est arrivé de Passi. Ils ont conféré long tems, diné secretement ensemble et sur les 7 heures du soir, le valet de Mr Deane est sorti pour voir si personne n'observait; il a vu un fiacre a 30 pas de la maison; il l'a interrogé c était justement la voiture de votre vedette; mais le fiacre ayant reçu ordre de dire qu il attendait 2 dames, le valet est rentré. Alors l'Anglois est sorti a pié.

Le fiacre la suivi; il est entré dans divers caffés, a rôdé comme un homme a qui la ville est familiere, a été par la rue de Richelieu jusqu'au boulevard s'y est promené pour s'assurer qu il n était pas suivi, et est enfin revenu a l hotel du Bain royal rue de Richelieu, par une infinité de détours. L espion, par une autre ruse, s'est assuré que ce mystérieux Anglois y loge. Je pense que c'est M. *Smith* secretaire du Lord Germain. Car je sais de bonne part que Mr *Heinson* l'attendait hier au soir avec un autre. Mais comme Heinson est un bavard, il y a apparence que l'Anglais aura voulu faire son affaire avant de donner avis a Heinson de son arrivée.

Je vous préviens encore que je viens d ecrire un mot a M^r Le Noir, pour le prier de mettre des gens aux trousses de ce mysterieux Anglois. Mr Deane a demandé ce matin a quelqu'un s il avoit entendu dire qu il fut arrivé quelqu'Anglois important ; on me l'est venu demander. J'ai repondu que je l'ignorais.

Voila bien du mystere!..............................

Angleterre, t. 526, n° 90.

B

Paris ce 17 x^{bre} 1777.

Monsieur le Comte.

Le mystérieux Anglais s'apelle Mr *Wintweth*. Il est parent du marquis *de Rokingham;* ami particulier du Lord Suffolk; employé par tous les ministres dans les choses difficiles; tenant autant a l'opposition qu'au royalisme : c'est a dire, prêt a vivre a deux rateliers. Sa commission est de découvrir a quel point la France en est avec l'Amérique et de tâter la députation pour savoir, par leur adhézion ou éloignement, quel est leur espoir ou leur crainte de votre coté. Soit qu il n'ait pas eté assés content de Mr Deane, soit qu il veuille habilement sonder plus d'un terrain, il cherche un logement a l hotel de Vauban ou demeurent le capitaine *Nicolson* et Mr Carmikael.

Ce Mr Wintweth parle français comme vous et mieux que moi. C'est un des hommes les plus adroits de l'Angleterre. Il fit déja l'an passé des efforts a Paris pour le mesme objet.

Je sais aussi que deux Américains dont Carmikael est l'un partent ces jours cy pour l'Amérique avec des dépéches tres importantes. C'est bien la ce qui vous instruirait! Mais comment les avoir ou seulement les voir? Le voudriés vous bien fort? Jetterait on quelqu'argent par la fenestre pour ce coup important? Vous voyés Monsieur le Comte que le zele de la maison du Seigneur me dévore. Mais ne m'écrivés rien la dessus. Arrangés seulement avec Mr de Sartine une entrevue pour demain ou après demain au soir, dont vous voudrés bien m'instruire en reponse par votre courrier de demain matin.

On dit qu il y a eu une sedition a Londres, ou beaucoup de gens ont perdu la vie; mais je n'en ai aucune nouvelle directe. On ajoute qu'on crié *tollé* sur le ministere et *guerre* contre la France. Ce qui veut dire en bon Anglais *paix* avec l'Amérique. Le moment me parait suprême, et je vous prie de m'entendre la dessus. Eh! l'Irlande! sur laquelle vous n'avés jamais répondu un mot. Je dis comme M^r d Arenda, Diou il est Bourbon. Il n y a que les Bourbons qui ne veulent pas etre Bourbon!

Je vous salue, vous respecte, vous chéris et vous assure de mon plus respectueux dévoûement.

Angleterre, t. 526, n° 96.

B

Paris ce 19 x^{bre} 1777.

Monsieur le Comte.

J'ai senti hier au soir la douce influence de vos bontés. Si je n'ai pas obtenu ce que je demandais, au moins ai-je pu juger au ton doux de ces prohibitions qu'elles etaient moins contre moi que forcées par les événemens et les paroles données. Perdre beaucoup d'argent est un grand mal quand on n'en a guerre; mais porter en son cœur le mortel chagrin de déplaire quand on fait de son mieux et du mieux de la chose est un etat qui me trouble le sang et qui me tue! Recevés Monsieur le Comte les plus vifs témoignages de ma reconnaissance.

Mr de Maurepas me dit hier deux mots sur le prince Ferdinand de Prusse. S'il avait la moindre inquiétude qu'on ne réussit auprès de lui, je lui offre quand il en sera besoin de détourner ce coup. J'en sais le moyen infaillible.

Ibid., n° 101.

Monsieur le Comte.

Paris ce 1er janvier 1778.

. . . .

Ainsi la paix avec l'Amérique parait absolument résolue voila ce que l'on m'écrit tres expressément et c'est a la suite du nouvel agent d'Angleterre que m'arrivent ces notions.

Quant a moi, l'on m'apprend par la mesme voie que le ministére de France a fait remettre aux Américains ici des secours en argent par Mrs Grand. Que les ministres anglais le savent de bon lieu et que je suis éconduit ce qui dit-on ne fache personne en Angleterre, je le crois.

Donc j'ai perdu le fruit des plus nobles et incroyables travaux par les soins mesme qui mènent les autres a la gloire.

Je m'en suis douté plus d'une fois aux choses étranges qui m'ont frappé les yeux dans la conduite des Américains avec moi. Misérable prudence humaine! tu ne peux sauver personne quand l'intrigue s'acharne a nous perdre!

Monsieur le Comte. Vous etes un des hommes sur l'equité duquel j'ai toujours le plus compté. Vous n'avés pas mesme refusé quelquefois de l'estime et de la bienveillance a mon zèle actif. Avant que je perisse comme négotiant je demande a etre pleinement justifié comme agent et négotiateur. Je demande a rendre mes comptes afin qu il soit bien prouvé que nul n'aurait pu faire autant avec aussi peu de moyens et a travers tant de contrariétés.

Il est certain que cet eté M^r le Cte de Maurepas me permit d'acheter et d'envoyer des fusils en Amérique et me promit que lorsqu ils seraient partis, il me les ferait rembourser en argent ou remettre en nature, parcequ il craignait alors l'indiscretion de ce qui tenait a M^r de St Germain. Je les ai achétés fait partir et donné en paiement mes effets qui vont écheoir et cependant M^r le Cte de Maurepas semble avoir oublié sa promesse. Cet article et l achat et chargement de mon vaisseau de Rochefort m'arrièrent de plus de *800. m. £.*

Par l'incroyable retenue de mon vaisseau dans le port, chacun me regarde comme perdu et tout le monde me demande son argent. Cependant prèt a périr faute de pouvoir partir et payer la teste ne m'échape point encore : Vous en avés pu juger par l'ouvrage froid et raisonné que je vous ai remis samedi. Mais j'avoue que je suis au bout de mon courage et de mes forces, par l'assurance que je reçois d'Angleterre que Mrs *Grand* se sont emparés d'une confiance que j'avais cru tant méritée.

Cela me flétrit le cœur. J'ai rempli le plus épineux des devoirs; il faut que je prouve que je l'ai bien rempli; et c'est en rendant mes comptes que cette vérité doit éclatter.

Après cela s il faut déposer mon billan aux consuls et m'enfuir que Dieu me conduise! Il sera bien prouvé alors que le Roi a perdu un bon serviteur, mais les evenemens ni les hommes n'auront eu le pouvoir dè me deshonorer.

Mais laissons cela pour aujourdhui. Un agent arrivé d'Angleterre est bien plus important que la perte ou le soutien d'un particulier comme moi. Je viens d'en prévenir M^r Le Noir.

Soyés heureux, Monsieur le Comte, et cette année et toutes les autres. Personne ne merite mieux que vous de l'etre et personne aussi ne le souhaite aussi veritablement que

BEAUMARCHAIS.

Angleterre, t. 527, n° 2.

Paris, ce 22 j^{er} 1778.

Monsieur le Comte.

Ce douloureux mémoire [le *Mémoire particulier pour les ministres du Roi*] qu'en tout autre tems et sur toute autre matière j'aurais fait en deux heures; il m'a fallu huit jours pour l'écrire; tant ma teste s'est trouvée prise par l'affreux embarras des objets qu'il contient et sur lesquels j'y réclame votre justice en invoquant votre mémoire.

J'ai mesme eu le chagrin pendant quatre jours de croire qu'il etait devenu inutile par le retard, et je l'avais abandonné, pour travailler à mon billan consulaire. Un tour de force m'a remis sur pié pour 12 ou 15 jours. Mais, grand Dieu! est ce la vivre? Plus je fais bonne mine et plus mon tourment intérieur s'accroit. Je me suis bien examiné, je n'ai pas le plus léger tort, et en feuilletant mes papiers pour assurer mon etat, j'ai été effrayé de tout ce qu'il m'a fallu vaincre depuis 2 ans pour arriver ou je suis. Si je dois être secouru, vous ne pouvés trop tôt le faire et trop secrettement : car les lettres de change sont comme la mort elles n'attendent personne. Surtout M. Neker ne doit pas en être instruit, j'en sais trop la dessus pour ne pas insister sur le secret à son égard. Si je ne dois pas l'être, *amen*. J'ai fait ce que j'ai du et au dela de ce que j'ai pu.

J'aprens par des nouvelles sures que mes deux vaisseaux de Marseilles sont certainement à. Charlestovn. Ainsi malgré la France et l'Angleterre, voila encore 66 canons, 22 mortiers, des bombes et boulets en proportion, 80 milliers de poudre, des draps, des ferblancs, 25 milliers de souffre, *et mes pauvres fusils qui ne me sont pas rentrés;* tout cela est pourtant en Amérique par mon travail infatigable, et j'ai du tromper tout le monde avec des peines incroyables, pour faire ces envois secrettement.

Ah! Monsieur le Comte! c'est mon billan qui montrera quel homme actif vous avés laissé perdre et deshonorer, si vous souffrés que cet affreux malheur s'accomplisse.

Je n'ai pas le courage de vous parler Angleterre; car en vérité je meurs de chagrin!

France, t. 410, n° 20 *bis*.

B

Paris ce 15 fev^{er} 1778.

Monsieur le Comte.

Vous avés paru prendre un intérêt trop obligeant a mon affreuse situation pour que je vous laisse ignorer un moment la joie excessive que je ressens depuis hier.

Hier matin les dents serrées de fureur d'etre sans nouvelles j'attendais le moment de fermer ma caisse en refusant de faire mon fort paiement du 15 qui tombant aujourd hui dimanche etait exigible hier 14.

Lisés, Monsieur le Comte, lisés je vous en supplie ce que j'ai recu a deux heures, ce que j'ai répondu ce matin, voyés toute ma joie elle est excessive. Je ne suis plus exposé au deshoneur d'une faillite que malgré tous mes efforts je n'aurais jamais pu justifier sans une indiscretion involontaire et funeste. M^r le Comte de Maurepas me reçut lundi comme un corsaire anglais qui aurait manqué de respect a notre pavillon. Je ne dis mot, j'aurais eu trop a dire. Je me retirai la mort dans le cœur. Non que je crusse les intérets de l'Amérique abandonnés; je sais trop bien qu ils ne le sont pas! le secret profond que je me suis imposé depuis deux mois, depuis le depart du frere de Mr Deane, embarqué secretement a Bordeaux et porteur..... Mais ceci sera la matiere d une autre lettre. Il est juste que M^r le comte de Maurepas soit instruit par moi mesme que si la crainte du plus affreux malheur m'a rendu solliciteur pressant, je ne suis pas un homme sans vertu, ce sera la plus forte preuve que je puisse offrir de la résignation avec la quelle je sais supporter l'eloignement et le mépris de ceux qui m'ont protégé..... Ah! Dieux! Mais je suis encore une fois sauvé. Je vous rends un million de graces de tous les efforts que vous avés faits en ma faveur.

Je n'ai pas cru avoir besoin d'attendre la réponse ni de Mr de Sartines ni de Mr de Maurepas sur mon vaisseau ni sur mon remboursement des fusils pour répondre comme je viens de le faire a mon agent en Hollande.

Si vous ne désaprouvés pas trop le style de ma réponse Monsieur le Comte, renvoyés la moi avec la lettre de mon agent après les avoir lues, afin que je fasse partir mon courrier.

Pendant mes embarras, je me suis bien gardé de vous faire l'aveu que je savais tout, que j'avais tout vu, tout lu, et que l'ignorance ou l on me croyait n'etait pas le seul garant d'une discrétion et d'une fidélité faites pour vous plaire puisqu elles portent sur les bazes les plus solides dont un honeste homme puisse s honorer.

Jamais je n'oublierai les efforts genereux que vous avés tenté pour me sauver de ma perte.

Angleterre, t. 528, n° 158.

CHAPITRE XI.

LOUIS XVI FAIT ALLIANCE AVEC LES ÉTATS-UNIS.

Le comte de Montmorin, ambassadeur à Madrid; ses impressions d'arrivée; il communique les dépêches des 11 et 13 décembre. — Promptitude inattendue de la réponse du premier ministre et du roi; ils ne consentent à donner pour les Américains que de l'argent, et à peu près à la considération personnelle de l'ambassadeur; objections formulées par M. de Floridablanca; Aranda est chargé de les exposer à Versailles; rapport officiel et rapport particulier de M. de Montmorin. — Causes réelles qui retenaient l'Espagne; peu d'intérêt accordé par son ministre à l'unique objet d'abaisser la Grande-Bretagne; parti arrêté de Versailles, toutefois, de convaincre notre alliée sans se dépiter ni se lasser. — Tentatives réitérées du ministère anglais pour séduire la légation de Passy; hâte d'en finir ressentie en conséquence par le cabinet; peu de craintes sérieuses qu'il concevait des préoccupations motivées par l'état des choses; confiance attachée à la parole de Franklin. — Assurance puisée dans le rétablissement de la marine et la bonne situation que nous avions retrouvée sur le continent; recherche que le roi de Prusse avait continué à faire de nous; envoi du marquis de Jaucourt à ses revues; désir d'autant plus vif, chez Frédéric II, de nouer des relations intimes; il arrive à tarir les recrutements de troupes allemandes opérés par l'Angleterre; peu d'intention qu'il avait par là de rendre service aux États-Unis; pourquoi il laissa Arthur Lee faire des opérations en Prusse à la fin de 1777; propensions que lui marque alors Versailles. — Le gouvernement de Louis XVI trouve opportun d'inviter formellement la cour d'Espagne à une commune alliance avec les États-Unis; lettre et mémoire du roi à son oncle, annonçant le projet de traiter à cet effet avec les commissaires de Passy; dépêche explicative de M. de Vergennes et lettre particulière par laquelle il informe l'ambassadeur que le roi lui-même a décidé ses ministres, « donné le courage à tous ». — Questions posées par le cabinet du Pardo en réponse au courrier du 8 janvier; comment M. de Vergennes y satisfait immédiatement; offre de dix vaisseaux pour assurer le retour des flottes de l'Espagne; persistance dans les principes de désintéressement antérieurement posés. — Activité des armements en Angleterre; l'imminence de la guerre s'accroît; pensée qu'a le cabinet de Londres de voir la France occupée sur le continent par la mort de l'électeur de Bavière; inébranlable idée dans laquelle on était, à Versailles, de suivre la politique tracée dès l'abord au sujet de l'Autriche et de subordonner toutes les questions à celle d'abaisser l'Angleterre. — Résolution définitive; le 4 février, on reçoit de Madrid le refus des dix vaisseaux proposés et l'annonce que l'Espagne ne s'associera pas au traité avec les États-Unis; le 6, M. de Vergennes écrit à l'ambassadeur que le traité sera signé le soir; correspondance échangée à ce sujet. — Gratitude et admiration exprimées par la légation de Passy en transmettant au Congrès la nouvelle de la conclusion du traité. — Grands actes et petits ministères; le lustre prétendu et

LOUIS XVI FAIT ALLIANCE AVEC LES ÉTATS-UNIS. 691

la virilité ; à quoi aurait abouti Louis XVI s'il avait recherché, pour son gouvernement, ce qu'on eût alors appelé du lustre; indifférence des politiques de l'époque de Louis XV pour les évènements qui s'accomplissaient.

Personne n'a dû reprocher au successeur du marquis de Grimaldi de n'être comme ce dernier qu'un écho. Il s'est montré très empressé d'initiative, au contraire, et en quête d'impressions personnelles. On n'a cependant pas affaire, avec lui, à quelqu'un d'une portée bien grande. Il disserte verbeusement sur ses impressions. Les intentions de ses entretiens, leurs résultats, ce qu'il a dit, entendu, répliqué, on trouve amplement tout cela dans sa correspondance. On y sent la marque d'un esprit zélé qui a les précautions et la docilité nécessaires, l'éducation de son emploi, une honnêteté parfaite; mais rien n'annonce des moyens de s'élever plus haut. L'effet que la cour de Madrid produit sur lui est un détail à retenir de son entrée en charge. Ce jeune gentilhomme est de sa génération, comme ceux de *l'Épée de bois*, et les conséquences du rétablissement de l'inquisition le frappent tout de suite. Il signale là, dès l'abord, un obstacle considérable « au progrès des lumières de toute espèce », dont le pays où il est lui semble manquer. M. de Vergennes, deux ans auparavant, avait un jour interrogé Ossun sur l'empire que cette institution paraissait reprendre. Habitué à l'air dans lequel il vivait, l'ambassadeur ne s'était pour ainsi dire pas aperçu de la recrudescence. M. de Montmorin, lui, la discerne immédiatement, et en la dévoilant il pense remplir son devoir même. La différence entre les deux hommes comme entre les deux nations s'atteste par là. C'est dans un vaste rapport confidentiel sur les personnes et sur le caractère de la cour de Madrid que l'ambassadeur donne ainsi la réponse évitée par son prédécesseur; l'auteur de ce retour de pouvoir du tribunal catholique était le confesseur du roi, expliquait-il, « un moine espagnol dans toute l'etendue du terme, ignorant et fanatique, mais intriguant et ambitieux [1] ».

1777.

---

[1] L'ambassadeur s'étend là-dessus comme il suit : « Le confesseur, qui a rendu à ce tri- « bunal la vie qu'on se flattoit qu'il avoit « perdüe, est un moine espagnol dans toute

Les plis de Versailles du 11 et du 13 décembre avaient été reçus à l'ambassade le 19 seulement; celui du 14 n'y arriva pas avant le 27. M. de Montmorin ayant communiqué les premiers à M. de Floridablanca aussitôt leur cachet rompu, il s'en était suivi entre eux une conversation de deux heures. L'ambassadeur avait donné copie des dépêches; il s'efforcerait, disait-il, d'abréger les délais, sans oser cependant espérer de voir la cour de Madrid dans nos vues[1]. Mais Charles III répondit très vite, comme il l'avait fait d'autres fois. Dans son rapport confidentiel, Montmorin avait expliqué qu'en définitive il ne se trouvait, après ce monarque, que deux hommes en Espagne, M. de Floridablanca et M. de Galvès[2], qu'aucune action d'ensemble, toutefois,

« l'etendue du terme, ignorant et fanatique, « mais intriguant et ambitieux. Il a un grand « ascendant sur l'esprit de Sa Majesté Catho- « lique et il est à craindre que cet ascendant « n'augmente avec le tems. Il cherche a inte- « resser la conscience du Roi dans toutes les « affaires, et par là à les ramener à lui. Un fait « qu'on m'a assuré en est une preuve. Dans la « querelle qui s'éleva entre l'Espagne et le Por- « tugal lorsqu'il fallut enfin prendre un parti, « le Roi le consulta; le confesseur dit que « n'ayant aucune connoissance de ce qui s'étoit « passé il ne pouvoit avoir un avis; M. le mar- « quis de Grimaldi alors ministre fut obligé de « lui faire le rapport de toute cette affaire, et « heureusement il trouva que la conscience du « Roi lui permettoit de faire ce que l'honneur « et l'avantage de la Couronne exigeoit : au « reste malgré l'empire qu'il a sur le Roi, on « assure que ce prince n'a pour lui nulle affec- « tion, on en donne pour preuve qu'il ne peut « obtenir les choses qu'il desire le plus. Il vou- « loit être patriarche, ce qui revient à la charge « de grand aumônier en France, et le Roi s'y « est constamment refusé, il en a été de même « de plusieurs autres choses qu'il a desiré ar- « demment; son credit se borne à la distribu- « tion des bénéfices, et a tous les objets dans « lesquels le Roi Catholique croit sa conscience « intéressée. Il est à craindre que ces objets ne « se multiplient a mesure que ce prince avan- « cera en âge. » (24 décembre; *Espagne*, t. 587, n° 132.)

[1] Il fait connaître tout aussitôt cela le 22, par la poste ordinaire. (*Ibid.*, n° 121.) — « A Madrid le 22 x^{bre} 1777. — Monsieur, — « J'ai reçu samedi 19. au matin par le cou- « rier L'Epine, les depeches n° 5. 6. et 7. que « vous m'avés fait l'honneur de m'écrire les 11. « et 13. de ce mois. Je n ai pas perdu de tems « à les communiquer à M. le comte de Floride « Blanche..... Tout cela, Monsieur, prend « un peu de tems; je sens combien il est pre- « cieux dans les circonstances, et je vous assure « que je n'épargne rien pour qu'on n'en perde « pas. Je me trouverai bien heureux si je puis « vous annoncer que la cour d'Espagne s'est « décidée comme vous pouvez le desirer; mais « je vous avouerai que j'ai à cet egard plus de « crainte que d'espérance. »

[2] M. de Galvès, qui appartenait au barreau de Madrid, avait été l'avocat de l'ambassade de France avant de devenir ministre; par une rencontre assez curieuse, M. de Floridablanca,

LOUIS XVI FAIT ALLIANCE AVEC LES ÉTATS-UNIS.

n'existait dans le Gouvernement, qu'il ne se tenait jamais de conseil de ministres ou de comité en présence du roi, que chaque ministre travaillait avec celui-ci, sauf à consulter auparavant ses collègues s'il en sentait le besoin, ou à dire qu'il avait pris leur avis. Il n'est pas probable que le premier ministre eut, cette fois, besoin de s'appuyer de l'opinion d'aucun d'eux. En tout cas, M. de Montmorin, le lendemain même de la communication des dépêches, pouvait informer M. de Vergennes en grand détail; bien plus, son courrier emportait l'exposé des résolutions du roi pour le comte d'Aranda, chargé de les présenter officiellement à Versailles. Après des entretiens répétés avec M. de Floridablanca et une conversation personnelle avec Sa Majesté Catholique, notre ambassadeur n'avait rien obtenu pour les États-Unis sinon de l'argent, et on le donnait presque à sa seule considération personnelle : une somme de 765,000 livres à compter à peu près tout de suite[1].

---

avocat aussi, s'était montré désireux de nous avoir pour clients lorsque M. de Galvès entra dans le gouvernement de Charles III. (*Espagne*, t. 587, n° 132.)

[1] Sur ce qu'il avait appris du premier ministre et sur ce qu'il avait jugé déjà par lui-même, il s'était fait de ce dernier un portrait dont il put vérifier les traits dans ces entretiens : « M. de Floride Blanche, écrivait-il dans « le meme rapport particulier indiqué tout à « l'heure, est entré dans le ministere ayant a « vaincre les préventions les plus fortes de la « part du prince des Asturies; à la maniere dont « il en est traité aujourd'hui il paroit qu'il les « a dissipées en grande partie. Ce ministre est « froid et reservé; il pousse la reserve, même « de son aveu, quelque fois plus loin qu'il ne « faudroit, mais il a cru ne pas pouvoir en « mettre trop dans sa conduite et ses discours, « pour remonter un peu la considération du « ministère que l'indiscrétion et même le ba- « vardage de M. de Grimaldi avoit entièrement « detruite; il y a réussi, et il jouit en effet « presque généralement de l'estime et de la « consideration qui lui sont dües a beaucoup « de titres. On lui reproche cependant de la « lenteur et de l'indécision. Ces deux défauts « tiennent, je crois, au peu de connoissance « qu'il avoit des affaires dont il est chargé au- « jourd'hui et à sa santé qui ne lui permet pas « un travail suivi. Au reste il est entier dans « son sentiment, on voit qu'il souffre avec peine « la contradiction, même la discussion, il sort « assés facilement du froid que son abord an- « nonce, et il faut bien s'observer lorsqu'on « n'est pas de son avis. Comme il ne s'ouvre « pas volontiers, il me seroit difficile de juger « si ses vües sont etendües et susceptibles d'une « certaine élévation. Le parti qu'il prendra dans « la crise présente donnera la solution de ce « problème. Ce qu'il y a de certain c'est que si « on le laisse une fois prendre de l'ascendant « sur soi, il est difficile de le secoüer. Je n'ai « rien vu en lui jusqu'à present qui puisse me

Dans les dispositions où elle s'était montrée devant la simple hypothèse de l'alliance, comment l'Espagne aurait-elle consenti si vite à y entrer? Une fois de plus, en outre, grâce au comte d'Aranda, elle avait le prétexte d'un froissement d'amour-propre pour demeurer en arrière. Croyant qu'il déciderait d'autant mieux son gouvernement, Aranda, juste au moment où l'on prenait à Versailles beaucoup de soins pour écarter les motifs à ces prétextes-là, écrivait au premier ministre, en voyant les commissaires américains sortir de chez M. de Vergennes, que l'entente était réellement faite avec eux et un traité déjà convenu. Dans les idées du ministre espagnol, traiter avec le Congrès équivalait à déclarer la guerre. La riche flotte de la Vera-Cruz lui avait donc aussitôt paru en péril, à la merci des escadres anglaises en plein Océan sans qu'on fût prêt à y obvier, et de même celle de Buenos-Ayres, insuffisamment pourvue, disait-il, contre des attaques possibles. M. de Montmorin avait trouvé ce ministre outré de ce que le sentiment de son souverain eût été tenu pour si peu qu'on ne l'avait pas même demandé, et que la situation du royaume fût ainsi sacrifiée sans ménagement. Pour toute réponse il opposa des griefs avec une aigreur sensible; il se rejeta sur le refus qu'avait fait la France d'envoyer des forces à Saint-Domingue, nous reprocha d'avoir détruit par là des plans qu'avait alors formés l'Espagne et par lesquels les deux Couronnes se fussent vues certaines d'abaisser la Grande-Bretagne. M. de Montmorin, après beaucoup de raisonnements, n'arriva qu'à affaiblir un peu cette colère de premier moment et à mettre plus de calme dans l'esprit du roi; c'est pourquoi Charles III avait offert les 765,000 livres.

La réponse qu'Aranda devait lire à Versailles était la traduction en langage diplomatique de ces entretiens de l'ambassadeur. Elle ne chan-

« faire douter de ses principes relativement au
« Pacte de famille, je le crois même trop éclairé
« pour n'en pas sentir tous les avantages, du
« moins c'est toujours sur ce ton qu'il m'a parlé,

« et il se pique de desirer autant la prosperité
« de la France que celle de l'Espagne. Son cre-
« dit me paroît entier pour sa partie, sur l'esprit
« du Roi son maitre. »

geait pas grand'chose à l'attitude antérieurement prise par le Pardo ni aux raisons prétextées pour cette attitude[1]. Le premier ministre avait d'ailleurs libellé en quelques lignes les conclusions du cabinet, dans un billet d'envoi où il cherchait à effacer l'humeur manifestée au premier abord. M. de Montmorin envoyait la traduction de ce résumé[2] avec le rapport qui suit, document essentiel, on va le voir, de nos négociations avec l'Espagne en ce moment :

Monsieur,
A Madrid le 23 x^{bre} 1777.

J'ai l'honneur de vous envoyer la résolution de Sa Majesté Catholique sur l'objet des deux dépêches n° 5. et 7. que vous m'avez fait l'honneur de m'écrire et que le courrier l'Epine m'a remises le samedi 19. au matin. Il n'a pas tenu a moi que cette résolution ne fut conforme au parti pour lequel le roi notre maitre s'étoit déterminé. Je crois, Monsieur, n'avoir rien négligé pour y parvenir et j'espère que vous voudrez bien ne pas juger mon zèle sur ses effets. Le même courrier est chargé d'un paquet pour M. le comte d'Aranda qui

---

[1] La traduction de cette pièce se trouve à l'annexe III du présent chapitre.

[2] Voici cette traduction : « Monsieur, — J'ai « communiqué au Roi tout ce dont Votre Ex« cellence m'a entretenu dans sa derniere con« férence ainsi que tout le résultat des memoires « et dépêches qu'elle a reçues de sa cour relative« ment à notre situation politique avec les An« glois et les Américains.

« Ces actes ayant été examinés par Sa Majesté « avec la plus scrupuleuse attention, ils ont pro« duit dans son ame une reconnoissance pro« portionnée à la tendre affection qu'il porte au « Roi Très Chretien son neveu et à la défé« rence qu'il lui doit. Et quant a l'objet de la « dite expédition le Roi pour le présent s'est « décidé :

« 1. A donner en argent des secours abon« dants aux Colons sous la condition expresse « d'un secret inviolable.

« 2. A leur offrir sa protection pour les cir-
« constances où ils pourroient en avoir besoin, « pourvu qu'ils se conduisent avec fidelité et « précaution.

« 3. Enfin à veiller attentivement sur l'ascen« dant que pourroient prendre à Londres les « différents partis, specialement en ce qui con« cerne la continuation ou la cessation de la « guerre contre les Americains et les change« ments qui pourroient se préparer dans le mi« nistere anglois; objets sur lesquels on écrit « amplement à M. le comte d'Aranda, en le « chargeant de communiquer le tout au minis« tere de Sa Majesté Tres Chretienne.

« Je donne en même tems cet avis en peu « de mots à Votre Excellence et j'y joins ma « depêche pour le dit ambassadeur en me di« sant avec les sentiments d'une considera« tion distinguée — de Votre Excellence — le « très humble et très obéissant serviteur, — Le « Cte DE FLORIDE BLANCHE. » (*Espagne*, t. 587, n° 126.)

contient d'une maniere beaucoup plus detaillée la resolution de S. M. C. et les motifs qui la lui ont fait prendre. Cet ambassadeur a ordre de vous les communiquer.

Je vais avoir l'honneur de vous rendre compte, Monsieur, des conférences que j'ai eues avec M. le comte de Floride Blanche et même avec S. M. C. Les details dans lesquels j'entrerai serviront peut être a jetter plus de jour sur le veritable système de cette cour.

M. le comte de Floride Blanche me donna rendez vous à huit heures du soir le même jour de l'arrivée du courrier. En arrivant chez lui je le trouvai prévenu sur ce que j'avois à lui dire par la dépêche de M. le comte d'Aranda. Cet ambassadeur lui avoit rendu compte de ce que vous lui aviez confié lorsqu'il se trouva chez vous au moment ou les députés américains en sortoient. Par la maniere dont il s'étoit expliqué il avoit donné a entendre a M. de Floride Blanche que la négociation étoit déja entamée et que les députés étoient admis à traiter. Je ne voulus pas détruire cette erreur dans le moment et j'en profitai pour voir l'effet qui résulteroit de cette démarche si les circonstances vous y avoient forcé depuis le départ du courrier. Sans convenir de ce que M. d'Aranda avoit mandé je laissai parler M. de Floride Blanche sans l'interrompre. Je remarquai, Monsieur, que la persuasion où il etoit donnoit assés d'aigreur à ses discours. Il trouvoit qu'on avoit eu peu d'égards à la situation de l'Espagne, qu'il avoit detaillée dans son mémoire du mois d'aout. Traiter avec les Américains ou déclarer la guerre étoit une seule et même chose. La flotte de la Vera Cruz étoit vraisemblablement en chemin et, par une demarche si importante et qui n'avoit pas eté concertée, se trouvoit exposée et pour ainsi dire livrée à la merci des Anglois. L'escadre de Buenos Ayres qui n'étoit prévenue de rien étoit dans le même cas; en un mot on se trouvoit pris au dépourvu pour avoir agi avec trop de precipitation. Son feu un peu calmé par cette explosion je pris la parole et après lui avoir fait quelques reproches sur la promtitude avec laquelle il nous jugeoit, je lui dis: vous serez bien étonné lorsque vous saurez que loin d'avoir rien entamé avec les deputés americains, malgré l'urgence des circonstances qui peut être auroit permis et même exigé de prendre un parti, malgré la persuasion où est le roi mon maitre que celui qu'il propose est le meilleur et le plus adapté à la situation des deux Couronnes, vous serez bien etonné, dis-je, lorsque vous saurez que le Roi mon maitre attend encore, pour se decider, l'aveu du Roi son oncle. Il sent tout le prix du tems et tout le danger de perdre un moment qui ne se retrouvera plus; mais tant qu'il y a une lueur d'espérance rien ne peut balancer dans son esprit la déférence qu'il a pour le Roi Catholique. Cette réponse Monsieur, etonna un peu M. de Floride Blanche. Nous entrâmes pour lors en matiere. Je commençai avant de donner communication de vos dépêches par établir de mon mieux l'état de la question. Je trouvai M. de Floride Blanche fort sur la négative. J'eus à essuyer, Monsieur, à cette occasion toute la récrimination de ce qui s'étoit passé relativement à l'envoi de troupes et de vaisseaux de ligne que l'Espagne désiroit à St Domingue. Tout étant prêt alors pour la guerre la France ne l'étoit pas et par complaisance pour elle on changea toutes les mesures qu'on avoit prises, on abandonna le plan qu'on avoit adopté. A cela je repondis que ce n'étoit pas le moment de recriminer mais d'agir, que je pourrois facilement justifier ma cour, si nous avions le tems, mais que je lui avois demandé un rendez-vous pour parler du parti qu'il y avoit à prendre relativement aux circonstances présentes; ensuite je lui représentai combien nous avions à craindre que les Anglois sentant l'impossibilité de soumettre leurs colonies ne prissent enfin le parti de s'accomoder avec elles et que l'effet de cette union ne fût de tourner contre nous mêmes des armes dont nous aurions pu nous servir avec avantage, ou du moins que nous pouvions rendre inutiles à nos ennemis. Après avoir parlé quelque tems sur cette matiere, je lus, Monsieur, vos deux dépêches d'un bout à l'autre en m'arrêtant de tems en tems pour expliquer ce que je croyois qui n'étoit pas bien entendu. Cette lecture faite nous recommençâmes à discuter plus froidement. Je ne pouvois certainement rien ajouter à ce que contenoient vos dépêches. La matiere y est traitée avec autant de force que de clarté. Je me contentai de présenter le mieux que je pus ce que l'Espagne surtout avoit à craindre d'une coalition de l'Angleterre avec ses colonies, combien la sûreté de ses possessions de l'Amérique meridionale y étoit interessée, enfin je tâchai de n'oublier rien de ce que je crus propre à persuader. Je parlai même de la Floride comme d'un objet que l'Espagne pourroit peut être recouvrer et que les Anglo-Americains verroient sans peine entre ses mains. J'ajoutai que je ne croyois pas impossible d'entrer en négociation avec les colonies angloises et que le secret en fut gardé; qu'il ne s'agissoit en ce moment que de dire aux deputés que l'on consentoit d'y entrer; qu'il seroit facile de faire trainer les stipulations tout le tems que l'Espagne jugeroit convenable, en établissant pour premiere condition que toute négociation seroit rompue au moment ou elle deviendroit publique; qu'enfin il n'étoit peut être pas impossible en ne donnant aucun écrit, de se reserver la facilité de tout nier si l'indiscretion des députés nous compromettoit. A tout cela, Monsieur, voici ce que M. de Floride Blanche me répondit : « Notre flotte est peut-être à présent en chemin; « nous ne pouvons faire contre les Anglois d'acte plus formellement hostile « que celui de traiter avec leurs colonies et de reconnoître leur indépendance. « Si notre flotte venoit à être prise par les Anglois ce seroit un moyen de plus « dans leurs mains et de moins dans les nôtres qui nous mettroit absolument « hors d'état de soutenir la guerre, d'ailleurs je ne peux pas me persuader que « les circonstances soient aussi pressantes qu'on le pense en France. Les dé- « putés américains jouent leur jeu. Leur but a toujours été de nous compro- « mettre avec les Anglois. Quelques précautions qu'on prenne pour que le se- « cret soit gardé les députés américains ont trop d'intérêt à le divulguer pour « qu'il ne soit pas éventé; enfin je ne crois pas l'accomodement de la métro- « pole avec ses colonies si facile; il se passera bien du tems avant qu'ils aient « pu s'entendre. Le ministere actuel n'osera jamais prendre sur lui l'odieux « d'accorder l'indépendance, et si le ministère change nous aurons le tems de « prendre nos précautions. » Ici j'interrompis M. de Floride Blanche et je lui dis que personne n'ignoroit que le parti de l'opposition entretenoit des relations avec les Américains; que peut-être existoit-il un plan d'accomodement et qu'il n'y auroit plus qu'à l'effectuer au moment où des membres de l'opposition le deviendroient du ministere. Cette raison me parut lui faire impression; mais il persista à me dire qu'il croyoit impossible que cet accomodement se fît si promptement; qu'il s'ecouleroit plus de quatre ans avant qu'il pût avoir lieu. Il finit par me dire: « Je ne sais comment tout ceci tournera. Je crois « bien que nous serons forcés à la guerre. Si cela arrive nous ne serons pas « les premiers a vouloir la paix » et il ajouta avec une sorte d'émotion et répéta plusieurs fois « *Avant de la demander il faudra vendre jusqu'à sa dernière che-* « *mise* »; je répondis sur le ton de la plaisanterie que j'esperois que ce seroit les Anglois qui vendroient les leurs et que je croyois même que nous ne les acheterions pas cher, parce que la guerre dans laquelle ils étoient engagés

LOUIS XVI FAIT ALLIANCE AVEC LES ÉTATS-UNIS.

les avoit déja bien usées. Je ne voulus cependant pas laisser tomber l'espèce de reproche indirect qui portoit sur ce qui s'étoit passé dans la derniere guerre, et j'ajoutai que je le croyois trop éclairé et trop juste pour ne pas sentir toute la différence qui se trouvoit entre les circonstances présentes et celles de la derniere guerre, que tout devoit lui prouver à quel point il pouvoit compter sur la confiance et la déférence de S. M. pour le Roi son oncle. Telle fut à peu près, Monsieur, ma premiere conversation avec M. de Floride Blanche. Elle finit d'une maniere beaucoup plus calme qu'elle n'avoit commencé; et nous nous séparâmes très bien ensemble en nous demandant pardon de part et d'autre de la chaleur que nous pouvions avoir mise dans nos discours. M. de Floride Blanche me dit qu'il rendroit compte au Roi son maitre de ce que je lui avois dit et me demanda copie de vos dépêches que je lui remis selon vos ordres avec les pièces qui y étoient jointes.

Le lendemain le Roi Catholique me parla le premier de ce qui avoit fait la matiere de ma conversation avec son ministre. Il voulut bien entrer dans quelques détails avec moi. Je crois qu'il avoit été effrayé par la dépêche de M. d'Aranda dont M^r le comte de Floride Blanche lui avoit rendu compte la veille avant notre entretien; et il étoit fort soulagé de savoir qu'il n'y avoit encore rien de fait; de maniere que S. M. C. me parla beaucoup de sa reconnoissance pour le Roi son neveu et me parut très sensible à la marque de déférence qu'elle en recevoit. J'eus l'honneur de lui dire que c'étoit en effet la plus grande preuve que le Roi mon maitre pût lui donner de son extrème confiance et du desir qu'il avoit d'attendre son aveu pour tout ce qu'il feroit. J'ajoutai qu'il n'hésitoit pas sur le parti qu'il y avoit à prendre; qu'il ne doutoit ni de la bonté ni de la necessité de celui qu'il proposoit et que je serois bien affligé si j'étois obligé d'annoncer qu'il n'avoit pas été adopté ici. Le Roi Catholique me dit qu'il falloit tout peser et considerer bien mûrement; qu'il avoit donné ordre qu'on assemblât les ministres en qui il avoit le plus de confiance et qu'il se decideroit d'après leur avis qu'il se feroit rapporter. Je parlai pendant assez longtems. S. M. C. m'écouta fort attentivement et voulut bien même entrer en discussion avec moi; mais je vis que je ne gagnois rien.

L'assemblée des ministres a eu lieu hier au soir. M. de Floride Blanche a travaillé ce soir avec le Roi et j'ai été chercher chez lui à huit heures la réponse que j'attendois. Il m'a lu la dépêche qu'il écrivoit à M. d'Aranda et nous avons encore causé pendant plus de deux heures. Comme notre conversation a roulé sur les mêmes points elle a été à peu près la même que celle dont j'ai eu l'honneur de vous rendre compte. L'envoi de troupes et de vaisseaux de ligne à St Domingue est encore revenu sur le tapis. On ne digere pas ici que la France n'y ait pas consenti. Je suis entré en détails sur cette affaire et si je n'ai pas persuadé, j'ai du moins mis au point de ne plus répondre. Mr de Floride Blanche m'a dit qu'il avoit alors un plan de guerre qui auroit ecrasé les Anglois. Je lui ai repondu que je ne doutois pas qu'il ne fut excellent, mais qu'il ne nous l'avoit pas confié et que le système adopté par les deux Couronnes etant dans ce tems-là d'éloigner autant qu'il étoit possible le moment de la guerre, il n'étoit pas étonnant que n'étant pas dans sa confidence vous vous fussiez refusé à tout ce qui paroissoit tendre à la déterminer. Il m'a répondu qu'il arrivoit alors, qu'il ne connoissoit ni M. de Maurepas ni vous, Monsieur, qu'aujourd hui il agiroit avec moins de réserve. Je l'y ai fort exhorté et je puis vous dire, Monsieur, avec autant de vérité que de plaisir qu'il m'y a paru très disposé. Le reproche de manque de secret est aussi venu souvent, mais cependant il est convenu que ce reproche n'avoit à présent aucun fondement. Comme la confiance avoit paru s'établir entre nous et que notre conversation étoit devenue fort amicale je lui demandai qu'elle étoit l'époque qu'il fixoit pour traiter avec les Américains. Il me répondit qu'il l'ignoroit absolument, qu'il croyoit que le Roi y avoit de la répugnance et qu'on ne faisoit pas aisément changer d'avis un Roi de 62 ans qui avoit la tête remplie de *Don Quichotisme :* ce sont ses propres paroles. Tant pis, lui dis-je, car cette qualité très estimable dans la société quand elle n'est pas poussée trop loin peut être quelquefois bien dangereuse sur le trône. Je lui demandai quel étoit donc le parti que S. M. C. comptoit prendre lorsque la flotte du Mexique seroit rentrée, il me répondit qu'on demanderoit avec fermeté et très-haut le redressement des griefs qui se multiplioient tous les jours; que de notre côté nous tiendrions le même langage et que le refuser à l'une des deux Couronnes ce seroit le refuser à toutes les deux; je lui dis : « Mais si la guerre en résulte « et que nous ne veuillons pas reconnoitre l'indépendance des Américains, « croyez vous qu'ils soient des alliés bien fidèles et bien utiles. » Il me repondit à cela que leur intérêt les attacheroit à nous forcément. Ceci fit encore la matiere d'un asses long dialogue dans lequel il ne me fut pas difficile de prouver que ce plan etoit impossible à suivre. Il finit par trouver que je n'avois pas tort; mais il repeta qu'il seroit difficile de faire revenir le Roi; qu'au reste on verroit selon les circonstances, mais qu'il falloit du tems et de l'adresse pour engager le Roi Catholique a abandonner son sentiment. De tout ce que je viens d'avoir l'honneur de vous dire, Monsieur, il me semble qu'on peut conclure que si les circonstances vous ont forcé la main sur le parti à prendre avec les députés du Congrès on aura ici beaucoup d'humeur, mais cependant on suivra ce qui aura été resolu en France. Soyez bien sûr, Monsieur, que de quelque maniere que la France soit entrainée dans la guerre l'Espagne suivra. On est persuadé ici que tous les malheurs de la derniere guerre ne vinrent que de ce que le Roi Catholique ne pût se declarer que lorsque nous étions deja écrasés; mais si nous entrainons l'Espagne malgré elle ce sera ouvrir la voie a tous les reproches et doubler les difficultés qui ne s'éleveront que trop lorsqu'il s'agira de concerter et de combiner les opérations.

Vous verrez, Monsieur, dans la dépêche adressée à M. d'Aranda qu'au lieu de consentir à traiter avec les Américains on se determine enfin à fixer les sommes qu'on leur destine; et elles sont plus considérables qu'elles n'ont encore été. Quand j'ai vu qu'il étoit impossible de gagner le point important j'ai insisté sur les secours pécuniaires. Je souhaite que vous puissiez, Monsieur, vous servir avec succès de ce moyen pour empêcher les députés du Congrès de prêter l'oreille aux propositions des Anglois. L'Espagne leur donnera d'ici à un mois 750,000 livres de notre monnoie et au bout de six mois 15,000,000 ʰ.

Vous verrez aussi, Monsieur, dans la même depêche à M. d'Aranda, les mêmes reproches (mais seulement indiqués) qui sont revenus si souvent dans les conversations dont j'ai eu l'honneur de vous rendre compte.

Je joins ici la traduction de la lettre par laquelle M. de Floride Blanche me notifie la résolution du Roi Catholique.

Il ne me reste rien à ajouter à cette lettre, Monsieur, que l'expression du regret de n'avoir pas mieux reussi. Si le zèle avoit suffi j'ose me flatter que j'aurois eu a vous rendre une réponse plus satisfaisante.

J'ai l'honneur d'etre, etc.

Le Cᵗᵉ de MONTMORIN.

Espagne, t. 587, n° 125.

Un pli particulier, qui accompagnait ces deux pièces, fournit des indications qu'il faut noter. Malgré le regret de n'avoir pas mieux réussi, l'ambassadeur se louait du premier ministre. « Nullement accoutumé à la discussion », ce dernier « avait bien voulu y entrer », et leurs deux conversations avaient « duré plus de cinq heures ». M. de Montmorin, afin de faire prendre à M. de Vergennes une exacte idée de l'opinion de M. de Floridablanca, rapportait cette explication de celui-ci, que « sur la foi des notions reçues depuis son retour en Espagne, il croyait la France hors d'état d'agir avant trois années au moins, avait pris ses mesures en conséquence et ne pouvait les changer en trois mois ». Toutefois, une autre raison de se réserver semblait à l'ambassadeur tout aussi positive, et la correspondance du marquis d'Ossun l'avait parfois laissé entrevoir : c'était « la faiblesse de l'Espagne ». Montmorin pensait que la connaissance acquise de cette faiblesse influait sérieusement sur « l'espèce de timidité » montrée à cette heure par le premier ministre; « lorsqu'il connaissait moins son pays il était plus hardi », ajoutait l'ambassadeur, qui avait, lui, « des doutes fondés sur l'état brillant qu'on présentait de la marine espagnole[1] ». Quoi qu'il en soit, le gouvernement de Charles III en restait à son ancien thème : l'Angleterre ne consentirait jamais à l'indépendance des Colonies; lord Chatham lui-même reculerait à la proposer au Parlement, parce qu'elle soulèverait la nation; les Américains n'étaient donc pas près de se réconcilier, rien ne pressait et il fallait attendre d'avoir vu rentrer les flottes, celle de la Vera-Cruz surtout, chargée de richesses. Des considérations secondaires, appuyées de récriminations que l'on aurait eu lieu de croire éteintes, étaient enroulées autour de ces redites. Avec un complément qu'il va y apporter tout à l'heure,

---

[1] Il prend des informations à cet égard et il en reparlera. (Lettre du 24 décembre 1777; *Espagne*, t. 587, n° 129.) — Nous n'avons pas reproduit, dans le cours du présent ouvrage, les rapports soit de Madrid soit de Londres relatifs à la marine ou à l'état militaire; mais ces rapports furent très multipliés de la part de chacune des deux ambassades; ils tiennent beaucoup de place dans les registres des Affaires étrangères.

M. de Floridablanca s'était formé là un système politique qu'il comptait ne pas laisser entamer de sitôt. Ce complément consistait à manifester des ambitions pour l'Espagne et à tâcher de lui en ménager les avantages. Le 28, Montmorin lui communique la dépêche du 14; le premier ministre répond encore par les mêmes raisonnements, précisés seulement avec plus de netteté[1]. Il les reprend de nouveau le 4 janvier, et, cette fois, en commençant à montrer le désir de ne pas faire la guerre pour rien si l'on vient à l'ouvrir : « Votre cour veut traiter avec les Américains, dit-il au milieu de brusqueries de langage et d'impatiences qui vont lui devenir habituelles; la guerre en résultera et elle n'a ni objet en la commençant ni plan pour la faire. »

Sous cette forme indirecte, M. de Floridablanca prenait position pour l'Espagne. A ses yeux, ce n'était pas un « objet », que « l'abaissement des Anglais ». Cet objet-là, l'unique de la cour de France, M. de Montmorin ne peut le lui faire trouver « assez intéressant pour être regardé par les deux cours comme principal »; un mémoire sera prochainement transmis à Aranda afin d'exposer le plan du cabinet espagnol[2]. Or, à Versailles, on n'était pas moins fixé au thème contraire. On l'était aussi à la volonté d'amener pied à pied, sans se dépiter ni se lasser, le gouvernement de Madrid à partager les mêmes vues. A la date de la dernière dépêche de M. de Vergennes, les tentatives du cabinet anglais sur les amis de la légation de Passy ou sur elle devenaient plus formelles. Le 18 décembre, Leray de Chaumont avait informé le ministre qu'un M. Mayne, membre du Parlement, avec qui il était en grandes relations d'affaires, venait à Paris essayer de négocier la paix par son intermédiaire[3]. D'autre part, la rentrée

---

[1] Rapport de M. de Montmorin, du 29 décembre. (*Espagne*, t. 587, n° 140.)

[2] *Id.*, du 5 janvier 1778. (*Ibid.*, t. 588, n° 1.)

[3] « Paris ce 18 x^bre 1777; — Monseigneur, « — J'ay l'honneur de mettre sous vos yeux « une lettre qu'on vient de m'apporter de M. R. « Mayne membre du parlement d'Angleterre « avec qui j'ay fait et fais encore de grandes « affaires, il me proposa l'été dernier, de m'oc- « cuper de la pais avec l'Amerique auprès de

du Parlement était très prochaine; les projets conciliatoires de l'Amérique, annoncés pour ce moment par lord North, pouvaient aggraver le danger; les conseillers du roi souhaitaient donc vivement d'en finir. M. de Vergennes écrit en particulier le 20 à M. de Noailles qu'il « ne s'est même pas donné la satisfaction de jouir de la confusion de lord Stormont en lui parlant de la reddition de Burgoyne », tant la situation lui paraît sérieuse; « la circonstance présente exige mieux que des plaisanteries, dit-il; dans la détresse où se trouve le ministère britannique, tout moyen doit lui être bon pour sortir de passe[1]. » Se gardant d'ailleurs de rien laisser voir à notre représentant à Londres de ce qu'il traitait avec Montmorin, il lui recommande la vigilance la plus attentive comme seule de mise; « des ordres de réconciliation « doivent avoir été envoyés très récemment à M. Howe, lui marque-« t-il, et j'ai des indices qu'on a des pourparlers avec les députés qui « résident ici. » Il revient là-dessus dans chacune de ses dépêches en ce moment, dans chaque lettre particulière dont il les fait suivre, et de même M. de Maurepas dans celles qu'il écrit à l'ambassadeur[2].

« M. Franklin, j'en parlay alors à M. de Sar-« tines parce que rien ne m'avait encore apro-« ché de vous, Monseigneur, aujourd'huy que « cela devient plus serieux, ayez la bonté, Mon-« seigneur, de me prescrire ma reponce. Si ce « n'etoit qu'une affaire particuliere, je scaurois « m'en tirer, mais l'interest de ma patrie, ma « fidelité au Roy, mon respect pour vous, me « deffendent de prendre sur moy cette reponce. « Je suis avec respect, Monseigneur, votre tres « humble et tres obeissant serviteur. — LERAY « DE CHAUMONT. — Il faut qu'ils ne sachent a « quel saint se vouer pour me tenter. Dans « tous les cas, Monseigneur, je vous prie que « M. Mayne ne soit pas compromis, l'interest « de son païs l'aveugle. » (Angleterre, t. 525, n° 97.) — A cette lettre, Chaumont avait joint celle de M. Mayne, et M. de Vergennes en avait fait la copie. (Ibid., n° 97 bis.)

[1] Ibid., t. 526, n° 110 bis: « J ai recù, Mon-« sieur le Marquis, la lettre particuliere dont « vous m avés honoré le 12. de ce mois. Le Lord « Stormond ne se plaindra pas que j aie voulu « jouir de l embarras qu'a dû lui causer la « catastrophe du general Burgoyne, j aurois « bien pu cependant prendre cette legere van-« geance du ton affirmatif avec lequel il veut « souvent nous faire croire les choses les moins « croiables. Il a bien du rougir s il s est rapellé « les assertions audacieuses qu il avoit faite peu « de tems avant contre ces laches d'insurgens. « Mais ce n est pas de petis moiens qu il faut « user. La circonstance presente exige mieux que « des plaisanteries, elle demande de votre part « et de la notre la vigilance la plus suivie. »

[2] Le 1er janvier, répondant aux hommages de l'ambassadeur, ce ministre, dont la main pouvait à peine signer, maintenant, avait dicté

LOUIS XVI FAIT ALLIANCE AVEC LES ÉTATS-UNIS.

M. de Vergennes avait engagé Chaumont à pousser jusqu'au bout, pour y trouver des lumières, l'affaire que le député Mayne pensait pouvoir engager avec lui[1]. Elle ne paraît pas être allée loin, une autre sur laquelle le cabinet de Saint-James avait quelques motifs de compter davantage ayant pris cours peu de jours après. Le 1er janvier, en effet, Grand, Chaumont et Beaumarchais préviennent chacun en même temps M. de Vergennes de l'arrivée à Paris d'un M. Hutton, chef des frères Moraves d'Amérique et d'Europe, ami de Franklin de vieille date, reçu fréquemment par le roi et la reine d'Angleterre. Tous les trois regardaient comme d'autant plus dangereuses les

à son adresse un billet (*Angleterre*, t. 528, n° 2 *bis*) où l'on trouve ceci : « Nous voila arrivés à la crise; nous avons besoin surtout d'être exactement informés; le moment exige plus d'attention que jamais; je n'entre pas avec vous dans des détails; vous les connoissez et en sentez l'importance aussi bien que moy.
« Rien n'egale la confiance que j'ai dans vos lumières et le desir que j'ay de les faire valoir auprès du Roy. C'est une suite des sentimens que je vous ai voués et à tout ce qui vous appartient et avec lesquels j'ai l'honneur d'être, Monsieur le Marquis, votre très humble et très obeissant serviteur. »

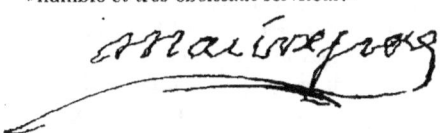

[1] q V^{lles} le 18 x^{bre} 1777. — Je vous remercie Monsieur, de la communication que vous aves bien voulu me donner de la lettre de M. R. Mayne, et je puis vous assurer que votre confidence ne compromettra jamais votre ami. « M. de Sartine m'avoit fait part dans le tems des ouvertures que le meme vous avoit faites, on pouvoit les regardér alors co° le vœu d'un galant homme plustost que co° l'expression des sentimens du ministere. Aujourd huy que

« des circonstances veritablement critiques font « disparoitre l illusion il est asses vraisemblable « que cette 2de recherche peut avoir une origine plus illustre et dans cette supposition je « penserois qu il ne conviendroit ni de la decliner ni de la rejetter, mais que vous pourries vous expliquér M. que ne vous etant « mais proposé de prendre un role dans d'aussi « g^{des} affaires vous ne vous etiés pas arrêté a ses « premieres insinuations que vous aviés considerées comme dictées par son humanité et « par sa confiance personnelle en vous, mais « que s il persiste a vous regardér co° un instrument propre a une aussi g^{de} œuvre, il faudroit qu il vous fît connoitre les dispositions « de ceux qui peuvent seuls en dictér les conditions pour que vous eussiés une regle bien « sure p^r dirigér votre langage et votre conduite. Vous saures brodér ce canneva qui ne « peut vous engagér plus que vous ne voudrés « l etre; je pense aureste qu il convient de repondre par la voie indiquée de M. Fullerton, « cette precaution pourra excitér la confiance. « Peut etre par cette voie nous procurerons « nous plus de lumieres sur ce que le gouvernem^t B^{que} peut se proposer. Il multiplie tant « de ressorts pour penetrér dans nos secrets « que nous sommes excusables de cherchér a « lire dans les siens. » (*Ibid.*, t. 526, n° 97 *ter*.)

tentatives de cet envoyé-là sur la légation[1]. Le Morave, en effet, voit Franklin immédiatement, seul à seul, et ils doivent se retrouver le lendemain de la même manière. M. de Vergennes venait de recevoir le courrier apportant la réponse du Pardo; il écrit tout de suite à M. de Montmorin qu'il va prendre sur elle les ordres du roi; mais il charge l'ambassadeur de faire connaître aussitôt à Madrid ces détails, s'abstenant de les accompagner d'aucune réflexion; « M. le comte de Floride-Blanche est trop éclairé, ajoute-t-il, pour ne point faire de lui-même toutes celles qu'ils présentent et pour n'en point sentir tout le poids[2]. » Peu après arrivait un second mémoire de Lauzun, adressé, celui-là, au comte de Maurepas. Dans le pli d'envoi, Lauzun confirmait toutes les suppositions du cabinet, à savoir que le gouvernement anglais ne reculerait devant aucun sacrifice propre à désarmer les États-Unis, afin de se jeter sur la maison de Bourbon. Ses impressions provenaient de milieux où la politique était affaire de personnes, où l'on considérait qu'il s'agissait par-dessus tout de renverser

---

[1] On trouvera ces avis à l'annexe II du présent chapitre. — C'est dans cette lettre du 1ᵉʳ janvier que Beaumarchais s'exprimait, avec l'émotion que l'on a vue, sur son évincement par Grand dans la confiance des ministres.

[2] « A Versailles le 2 janvʳ 1778. — M. le « Cᵗᵉ de Montmorin. — Le courier L'Epine M, « de retour ici le 31. du mois dʳ m'a remis l éx- « pédition dont vous l'aviez chargé le 24. et j ai « depuis reçù par la poste ordʳᵉ les lettres dont « vous m avés honoré le 18. du meme mois.
« Je n'ai pas encore pû prendre les ordres « du Roi sur la reponse de l'Espagne, ainsi je « ne suis pas en état de vous faire connoitre la « détermination de S. Mᵗᵉ. Mais en attendant « que je vous transmette le resultat de nos médi- « tations, je crois devoir vous informer que la « cour de Londres redouble d'activité et d'in- « stances auprès des députés américains. Il vient « d'arriver de sa par un chef Morave nommé « Hutton, homme de genie, ami intime de « M. Franklin, et fort estimé du roi d'Angʳᵉ. Ce « nouvel emissaire avant de partir de Londres, « a eu un entretien secret de plus d'une heure « avec S. M. Bqᵘᵉ; depuis son arrivée il a eu « avec son ami une première conférence qui a « duré plus de deux heures, et il doit en avoir « une seconde demain : le seul docteur Franc- « klin y a assisté ; ses collègues ni sont pas ap- « pellés. Ce n'est point par les Américains, que « je suis instruits de ces faits ils me sont par- « venus par une voye indirecte sur la fidélité « de laquelle je puis compter. Je vous prie M, « de communiquer tous ces faits à M. le Cᵗᵉ de « Floride-Blanche; je m abstiens de les accom- « pagner d'aucune reflexion; ce ministre est « trop éclairé pour ne point faire de lui-même « toutes celles qu'ils presentent, et pour n'en « point sentir tout le poids. » (*Espagne*, t. 588, n° 12.)

lord North, de ramener Chatham ou son parti, et l'on y tenait les bills de réconciliation pour une manœuvre rapprochant ceux-ci du pouvoir en mettant leur programme dans la bouche de leurs adversaires eux-mêmes. Aujourd'hui très partisan de la conduite de notre cabinet, il trouvait que le moment était opportun « d'abaisser une nation aussi imprudente qu'elle est insolente, en l'attaquant chez elle lorsqu'elle disperse dans tout le monde des forces à peine suffisantes à sa sûreté ». Il n'écrivait pas moins : « Je dois me borner à dire que « si milord Chatam rentre dans le ministère la semaine prochaine, « ou il déclarera la guerre a la France, ou par la révocation immédiate « de tous les actes contraires aux Américains il obligera la France à « déclarer la guerre à l'Angleterre avant que les propositions de paix « soient parvenues en Amérique[1]. »

On était attentif à ces informations et l'on y attachait du prix, mais pour ne pas se voir surprendre une autre fois comme en 1755 et parce qu'elles donnaient des arguments auprès de l'Espagne, nullement parce que l'on en concevait des craintes. La loyauté de Franklin ne laissait aucun doute, et sa correspondance a prouvé depuis que l'on ne se trompait point à n'en pas concevoir, quoique plus d'un s'attachât à suspecter ses intentions et ses actes[2]. Il écartait au premier pas ces porteurs de paix plus ou moins autorisés, son ami le Morave comme les autres, prenant, au contraire, occasion de leurs démarches pour

---

[1]. Londres le 21 février 1778. (États-Unis, t. 3, n° 35.)

[2] M. de Noailles signalait notamment, comme pouvant cacher des projets de nature à indiquer ou à préparer l'accord avec l'Angleterre, un message de l'Américain à M. Hartley, à Londres, en vue d'obtenir du cabinet de George III une amélioration de traitement pour les prisonniers de guerre. (Angleterre, t. 526, n° 120.) A quoi M. de Vergennes répondait que Franklin n'avait pas besoin de s'adresser pour cela à Londres, qu'assez d'Anglais venaient lui offrir de traiter à Paris (ibid., n° 131 bis) : « J'ignore si M. Francklin a en- « voyé un emissaire a Londres pour y traiter « en faveur des prisonniers ou pour tel autre « objet, mais je suis asses instruit pour vous « assurér que s il a le desir et meme la deman- « geaison de negocier il n'a pas besoin de se « deplacér, les instrumens et les moiens ne lui « manquent pas, le ministere Bque a soin de « l en pourvoir. »

1778. rejeter la responsabilité des évènements sur l'Angleterre, dans un langage ému qui accusera à tout jamais le gouvernement de George III[1].
D'autre part, la reconstitution des forces navales donnait aux conseillers du roi le sentiment que la France pouvait maintenant se mesurer de nouveau avec la Grande-Bretagne; ils ne s'inquiétaient que des précautions à prendre. Les relations acquises au sein de l'Europe justifiaient dans leur for intérieur l'assurance qu'ils éprouvaient. Nul motif contraire à des liens de bienveillance avec nous ne subsistait, à cette heure, dans les États du continent, aucun même de nature à nous empêcher de nouer des relations intimes. Telle était en particulier notre situation du côté de la Prusse, qui avait désormais un grand poids en Allemagne et sur le Nord, sans que rien cependant eût affaibli notre alliance à Vienne. Frédéric II, dans le cours de l'année 1777, avait de plus en plus accusé les dispositions favorables qu'on l'a vu manifester l'année précédente. Nous avions pour représentant à sa cour, depuis la paix, le marquis de Pons, agent assez ordinaire qui s'était naturellement donné pour loi de se montrer le satellite de notre ambassadeur à la cour impériale; il n'aurait cru aucune alliance supérieure pour nous à celle de Vienne et ne s'appliquait qu'à paraître convenable à Berlin, s'y considérant comme en terrain ennemi. Ses efforts dans cette vue et un esprit mesuré ne l'y faisaient pas moins trouver à sa place[2], quoique le roi n'eût pas en lui assez de confiance pour s'ouvrir sur aucun projet. M. de Vergennes, qui remettait à son secrétariat le soin de rédiger la correspondance avec le marquis de Pons, nulle

---

[1] Il faut voir à cet égard *The Works of Franklin*, t. VIII, p. 222, 330 et suiv.; ce point y est particulièrement éclairci par les lettres à Hutton, à Hartley et à d'autres.

[2] On l'appréciait justement à cause de ces qualités négatives. Le prince de Prusse disait de lui à Rulhière, lors d'un voyage confidentiel de celui-ci à Berlin à l'automne précédent : « C'est un homme d'un esprit fort sage, d'une « conduite excellente, et on ne pouvait pas « faire un meilleur choix dans les conjonctures « où se trouve ici un ministre de France. » (*Rapport de Rulhière à M. de Vergennes sur son voyage*, 15 octobre 1776; Berlin, t. 194, f° 79.) Frédéric II, néanmoins, trouvait M. de Pons très borné et trop attentif, en tout cas, à regarder du côté de Vienne; il ne voulut rien entamer avec lui.

négociation sérieuse ne l'ayant porté à la faire lui-même, lui écrit à la fin d'août, une des premières fois de sa main[1] : « Je ne dois pas vous laisser ignorer, Monsieur, que depuis quelques mois le roi de Prusse nous prévient par des cajolleries auxquelles nous n'étions pas accoutumés[2]. » Cette sorte de rapprochement de Frédéric II était cependant de date antérieure. Nous parlerons ultérieurement des motifs qui avaient porté et qui amenèrent les deux cours à se rechercher graduellement; il suffit de dire ici qu'après des prévenances et sur les demandes réitérées de Frédéric, un officier particulièrement estimé de M. de Maurepas et de M. de Vergennes, le marquis de Jaucourt, avait été envoyé aux manœuvres d'été de l'armée prussienne, avait échangé avec le roi des conversations intimes au sujet des éventualités qui pouvaient se produire en raison des ambitions de l'Autriche[3], et que celui-ci en était devenu plus impatient encore d'établir une intimité véritable. Non seulement la guerre lui paraissait prochaine entre la France et l'Angleterre, mais il souhaitait qu'elle s'engageât, pour nous lier davantage à lui. Il ne pouvait répéter assez à M. de Goltz et au comte de Maltzan que par pusillanimité nous perdions l'occasion propice contre l'Angleterre[4]. Il s'était évertué à gêner les recrutements de troupes effectués par celle-ci en Allemagne, avait vite reconnu qu'à Versailles on attacherait le plus grand prix à les voir cesser, et ne tarda pas à les rendre impossibles; au milieu de septembre, M. de Maurepas en exprimait sa gratitude à M. de Goltz[5], et à la fin de décembre Frédéric pouvait

1778.

---

[1] La première dépêche au marquis de Pons dont la minute soit de M. de Vergennes est du 7 juillet.

[2] A Versailles le 26 août 1777. (*Berlin*, t. 194, n° 65.)

[3] On peut voir à cet égard, dans Circourt, les lettres du roi à Goltz des 10 et 17 avril, 8 et 12 mai, 7 et 23 juin, 29 et 31 août, 25 septembre et 3 novembre 1777.

[4] *Ibid.*, lettres des 11 et 26 juin, 31 juillet, 7, 27 et 29 août, 8 septembre à Goltz, et même date à Maltzan, 11 et 25 septembre, 23 et 30 octobre.

[5] *Ibid.*, lettre de Goltz au roi, du 14 septembre. Il a dit à M. de Maurepas que les soins de la cour de Londres pour trouver de nouveaux renforts en Allemagne avaient été inutiles, qu'ainsi elle serait réduite aux seules troupes hanovriennes; « ce ministre, écrit-il, « me témoigna la plus grande sensibilité sur « cette nouvelle marque de confiance..... et « me pria de vous assurer, Sire, combien il en

écrire à son ministre qu'il les avait définitivement taris[1], satisfait d'avoir porté ce coup au gouvernement anglais. Par les conséquences, c'était rendre un assez grand service aux États-Unis, mais un service nullement à leur intention ou pour eux, dû au seul profit, qu'il recherchait, de nous avoir de son côté contre Vienne en nous faisant apprécier l'avantage de nous rapprocher tout à fait de lui; il ne leur aurait même été utile en rien de plus, dans cette année 1777, si, l'un des derniers jours de juin, le ministre Elliot, qui représentait l'Angleterre auprès de lui, n'avait fait forcer la chambre d'Arthur Lee et voler ses papiers pour y saisir les traces des expéditions d'approvisionnements de guerre que celui-ci tâchait de nouer à Berlin[2]. Cet acte blessa fort le roi qui envisagea dès lors avec moins de froideur et laissa plus aisément se continuer les opérations de l'Américain.

Mais les circonstances des derniers mois de l'année, en augmentant

« sentait tout le prix. Le comte de Vergennes « m'en a dit autant dans une conversation que « j'eus peu après avec lui..... »

[1] Voir dans Circourt les lettres du roi à Goltz, des 1ᵉʳ, 4 et 22 décembre. Dans la première il fait annoncer qu'il a refusé non seulement au marquis d'Auspach, mais au prince de Zerbst le passage de leurs recrues et de leurs troupes par ses États. Dans la seconde il dit que l'Angleterre n'obtiendra absolument plus de troupes subsidiaires; que le Danemark ne lui fournira « ni pied ni planche contre les Colonies, ou, pour parler sans figure, ni troupes ni vaisseaux ». Dans la troisième, il confirme encore tout cela; et aussi dans une lettre du même jour à Maltzan.

[2] Le roi en parle à Goltz dans une lettre du 28 juin. (*Ibid.*) M. de Pons en écrit également le 5 juillet à M. de Vergennes, qui qualifie le fait comme méritant « la plus forte indignation ». Frédéric II avait ordonné une enquête; elle fut arrêtée par l'aveu d'Elliot qui reconnut avoir fait faire le coup. M. de Vergennes écrivait là-dessus au marquis de Pons le 20 juillet : « J ai « reçù, M. la lettre n° 276 que vous m aves fait « l honneur de m ecrire le 5 de ce mois.

« L evenement dont vous y rendes compte « est digne de la sensation qu il a excitée, celle « de la plus forte indignation, soit qu on consi-« dere l action en elle meme, ou relativement « a celui qui en a ete le promoteur. Qu un mi-« nistre public se permette de faire crocheter « un secretaire pour en tirer des connoissances « qu il croit important d'acquerir, c est un at-« tentat que le secret et le succès ne justifie-« roient pas. Cependant M. Elliot etant avoüé « le promoteur de l enlevement avec efraction « des papiers des Americains qui se trouvent a « Berlin le roi de Prusse ne pouvoit prendre « d'autre parti que celui d'arreter le cours d une « procedure qui devenoit de ce moment sans « objet, mais je ne doute pas M. que Sa Mᵗᵉ « Prussienne n'en ait fait des plaintes a la cour « de Londres qui ne peut lui refuser une satis-« faction egalement complete et autentique.

« Il est asses naturel M. que ces Americains

LOUIS XVI FAIT ALLIANCE AVEC LES ÉTATS-UNIS. 711

chez le roi de Prusse les appréhensions à l'égard de l'influence autrichienne, avaient accru sa fièvre d'union politique avec nous. A la fin de septembre, à propos des menaces de la Russie contre Constantinople, il indiquait à Goltz que l'intérêt de la Prusse et le nôtre étaient semblables; huit jours plus tard, il mettait en avant des vues d'alliance de la France, de lui et de Catherine II; il y revenait dans des plis successifs, et son ministre en avait glissé l'idée dans l'esprit des conseillers du roi[1]. Par suite, on commençait, à Versailles, à faire fond sur ses dispositions. A la date des premières réponses de M. de Floridablanca concernant la proposition de traiter définitivement avec le Congrès, il était visible que M. de Maurepas et M. de Vergennes agréaient les flatteries par lesquelles M. de Goltz s'efforçait de servir son souverain auprès d'eux; ils expliquaient avec complaisance à cet agent que la pusillanimité dont on gratifiait le gouvernement de Louis XVI avait simplement dissimulé les soins apportés par son administration à rétablir sa marine et lui en avait donné le temps; que sans la prolongation d'une situation indécise l'Angleterre n'aurait pas toléré ce travail; et M. de Maurepas ne craignait pas d'autoriser plus d'une interprétation, de la part du ministre de Berlin, en lui disant que les évènements « dicteraient à cette heure la conduite de la France[2] ». Les

1778.

« aient cherché a resilier les marchés qu ils
« avoient passés pour differentes especes de mar-
« chandises; le secret de leur correspondance
« éventé rien ne doit etre plus facile desormais
« que d'intercepter les envois qu ils pourront
« faire a des adresses masquées. Si ce debouché
« qui commencoit a s ouvrir manque a l indus-
« trie prussienne je pense que le roi de Prusse
« n en sera pas moins affecté que de l insulte
« resultante de l audacieuse entreprise du mi-
« nistre anglois. »

[1] Lettres de Goltz, des 22 septembre et 16 octobre, 20 novembre, 1 et 4 décembre. (Circourt, *ubi supra*.)

[2] Dans une lettre du 4, Goltz écrivait : « Le

« comte de Maurepas me dit confidemment...
« qu'il avait fallu saisir ce moment pour se
« donner une marine ici et en Espagne et que,
« sans guerre, l'Angleterre ne l'aurait jamais
« souffert, » et il mandait au roi de Prusse le 7 :
« Il répéta ce qu'il m'avait dit précédemment,
« que le rétablissement de la marine de France
« et d'Espagne lui paraissait le plus grand
« avantage qu'on avait tiré de cette époque et
« que les évènements devaient prescrire la con-
« duite ultérieure. Je crus devoir le caresser,
« comme toujours, par des assurances de l'ap-
« plaudissement dont Votre Majesté honorait la
« conduite publique du comte de Maurepas,
« et répéter aussi que Votre Majesté se plairait

derniers jours d'octobre, le marquis de Pons avait été mis en congé; son remplacement momentané par le premier secrétaire, le chevalier de Gaussens, allait faciliter les échanges de vues. Sandoz-Rollin, un instant chargé de l'intérim de Goltz, écrivait à Frédéric le 24 juillet que, « malgré sa crainte de la guerre, la France était résolue à se défendre; que, pour être rassurée, elle avait besoin de la bonne intelligence du roi de Prusse, qui pouvait maintenir le repos en Allemagne pendant une guerre maritime et faire rentrer les troupes prêtées par divers princes à l'Angleterre[1] ». C'est bien dans cette pensée-là que les conseillers du roi avaient envoyé M. de Jaucourt aux manœuvres de l'armée prussienne. Lorsque M. de Maurepas parlait des « évènements qui commanderaient désormais les actes de la France », ces évènements pouvaient être assez entrevus déjà pour exciter le désir d'étendre encore la « bonne intelligence » commencée. La mort de l'électeur de Bavière en procura l'occasion les premiers jours de 1778.

Les relations avec le continent ne donnant ainsi que des raisons d'aller en avant, les objections du premier ministre d'Espagne contre les engagements à nouer à Passy ne pouvaient plus arrêter le gouvernement du roi. Il fut donc uniquement question, de sa part, d'exposer directement au cabinet de Madrid les motifs de nous suivre, qui, jusqu'à ce moment, n'avaient été qu'indiqués, pour ainsi dire. On s'était borné aux entretiens de l'ambassadeur à leur sujet, on avisa à les appuyer d'une démarche formelle. Le 7 janvier, chez M. de Maurepas retenu par la goutte, le roi, en conseil, approuva de sa main un mémoire rédigé par M. de Vergennes à cette fin, et le lendemain, 8, le courrier Lépine emportait cette pièce à Madrid avec une lettre autographe de Louis XVI. Le roi développait directement à son oncle et les raisons qui le décidaient, et l'espoir, auquel il se plaisait, de

---

« dans tous les avantages que la France pour- « rait gagner dans une prochaine crise. Il ré- « pliqua qu'il avait écouté cette répétition avec « la plus grande satisfaction et qu'il se ferait « toujours un soin bien cher de cultiver de plus « en plus les bonnes dispositions entre les deux « cours. »

[1] Voir dans Circourt, *ubi supra*.

LOUIS XVI FAIT ALLIANCE AVEC LES ÉTATS-UNIS.   713

voir ajouter à leur poids celui de son expérience et de son sens politique. La dépêche d'envoi à notre ambassadeur expliquait et fortifiait le mémoire de considérations déterminantes. Indépendamment de cela, M. de Vergennes, qui avait fait toutes les minutes, y compris la copie conservée de la lettre du roi, portait à la connaissance du comte de Montmorin, dans un pli personnel, les détails intimes de la résolution du cabinet. On avait pensé que les impressions l'avaient emporté à Madrid, qu'en y parlant d'une manière prudente on ramènerait la réflexion; on continuait donc à suivre le système de précautions extrêmes déjà employé pour ne point surmener l'esprit de Charles III et de son ministre. Afin de dévoiler seulement le moins possible le point où l'on en était, le roi exposait à son oncle qu'il avait jugé opportun de « commencer à traiter » avec les Américains, en raison des propositions présentées par eux, et le mémoire de son gouvernement donnait pour positives, d'abord l'opportunité de traiter d'une certaine manière, puis l'obligation où ce gouvernement se trouverait, peut-être, de contracter des engagements avant d'avoir eu l'aveu de l'Espagne. Le roi avait écrit :

Monsieur mon frere et oncle.

Le desir sincere que j'ai de maintenir la veritable harmonie, la concordance et unité de sisteme, qui doit toujours en imposer à nos ennemis, m'engage à exposer à Votre Majesté ma façon de penser sur la situation presente des affaires. L'Angleterre, notre ennemie commune et inveterée, est engagée, depuis trois ans, dans une guerre avec ses colonies d'Amerique; nous sommes convenus de concert de ne pas nous en mesler, et regardant toujours les deux parties *sous le nom d'anglois,* nous avons rendu le commerce de nos etats libre à celle qui y trouvoit le mieux son compte. De cette maniere, l'Amerique s'est pourvue d'armes et de munitions dont elle manquoit. Je ne parle pas des secours d'argent et autres, que nous leurs avons donnés, le tout étant passé sur le compte du commerce. L'Angleterre a pris de l'humeur de ces secours, et ne nous a pas laissé ignorer qu'elle s'en vengeroit tost ou tard, elle a meme deja saisi indument plusieurs de nos batimens de commerce, dont nous sollicitons en vain la restitution. Nous n'avons pas perdu de tems de notre coté, nous avons fortifié nos colonies les plus exposées, et mis sur un pié respectable nos marines, ce qui a contribué à augmenter la mauvaise humeur de l'Angleterre. C'etoit là où en etoient les affaires au mois de 9bre dernier; la destruction de l'armée de Burgoine, et l'état trés resseré où est celle de Howe ont changé totalement leur face. L'Amerique est triomphante et l'Angleterre abatue, mais pourtant avec une grande force en marine qui est encore entière, et avec l'esperance de s'allier utilement avec leurs colonies; l'impossibilité étant demontrée de les subjuguer par la force. Tous les partis en conviennent : lord North lui-même a promis en plein Parlement un plan de pacification pour la première session, et ils y travaillent fortement de tous les cotés. Ainsi, il nous est egal que ce ministere-ci soit en place ou un autre; par des moiens differens ils s'unissent à s'allier avec l'Amérique, et n'oublient pas nos mauvais offices. Ils tomberont avec autant de force sur nous que si la guerre civile n'avoit pas existé. Cela posé, et les griefs que nous avons contre l'Angleterre étans notoires, aprés avoir pris l'avis de mon conseil et notament du marquis d'Ossun, j'ai pensé qu'il étoit juste et nécessaire, aiant avisé aux propositions que font les insurgens de commencer à traiter avec eux pour empecher leur reunion à la metropole. J'expose ma façon de penser à V. M., j'ai ordonné qu'on lui communiqua un memoire, où les raisons sont plus detaillées, je desire bien vivement qu'elles aient son aprobation, connoissant le poids de son experience et de sa droiture. V. M. ne doute pas de la vive et sincere amitié avec laquelle je suis Monsieur mon frere et oncle.

Versailles le 8 janvier 1778.

Arch. nat., K 164, n° 3; année 1778, n° 1. (Copie.)

Le mémoire avait l'apparence de répondre aux observations du cabinet de Madrid datées du 23 novembre; en réalité, il traitait la question pour elle-même. Il prenait son point de départ dans le doute que le ministère espagnol maintînt ses raisonnements devant la connaissance des circonstances et des incidents survenus depuis, c'est-à-dire devant la capitulation de Burgoyne, devant la conviction qu'avait acquise l'Angleterre, en conséquence, de ne pouvoir soumettre ses colonies par les armes, devant les efforts qu'elle effectuait sous les yeux du roi pour se réconcilier avec elles et qu'elle portait déjà sur les lieux mêmes avec l'autorité du Parlement, ce qui les rendrait bien plus à redouter. Le point d'arrivée était que le roi allait traiter avec les députés de l'Amérique, traiter pour lui et pour le roi d'Espagne si celui-ci le voulait, ou traiter en réservant pour son oncle le temps de formuler des stipulations personnelles, mais traiter, en définitive, quoiqu'il lui coûtât d'agir seul, parce qu'il y avait une grande urgence à le faire. Cette conclusion, toutefois, ne venait qu'après un enchaînement de raisons où elle se trouvait noyée dans des considérations réitérées de déférence, de la part du roi personnellement, et de nécessité politique. On tâchait de retarder l'expression dernière afin de ne pas heurter le gouvernement espagnol, et, au fond, l'on se montrait décidé d'une façon très ferme. « A cette heure, exposait le ministre, on se bornerait inutilement à donner des secours d'argent, comme M. de Floridablanca l'indiquait, il serait périlleux d'offrir une médiation, parce que l'Angleterre la tiendrait pour injurieuse si elle tendait à l'indépendance absolue, et les Colonies funeste si cet objet n'en formait pas la base; le ministère actuel de George III était aussi disposé à nous attaquer, une fois assuré d'avoir l'Amérique avec lui, que pourrait l'être un ministère Chatham; les violences et les déprédations journalières dont le commerce des deux Couronnes se trouvait victime de la part des Anglais faisaient au roi une obligation étroite de se garantir d'une surprise trop aisée à prévoir et, dès lors, une loi de lier à lui les *insurgents* avant que les Anglais se les attachassent. Ils étaient maintenant une puissance constituée avec laquelle on pouvait négocier; tous les princes de tous les temps et de tous les pays avaient agi de même dans les cas analogues, les Anglais du temps d'Élisabeth notamment avec les Flandres contre l'Espagne; et les Anglais d'à présent n'allaient-ils pas conclure une convention au sujet de la capitulation de Burgoyne, ce qui équivalait à reconnaître la souveraineté des États-Unis? Il s'agirait d'ailleurs de traiter en deux actes séparés : l'un, un contrat général de paix, d'amitié et de commerce; l'autre, des stipulations pour le cas où la guerre naîtrait du premier engagement, et ces stipulations auraient pour but de garantir à eux l'indépendance, à nous nos possessions actuelles en Amérique à tout jamais. Le roi de France s'empresserait d'obtenir les mêmes conditions pour son oncle si celui-ci voulait entrer immédiatement dans le concert; au cas contraire, il ferait respecter les délais que demanderait l'Espagne; mais il voyait le danger si imminent que le moindre retard amènerait de grands maux; c'était déjà son avis le 13 décembre et il avait chargé son ambassadeur de le dire; depuis, les faits en avaient accru l'urgence; il était très peiné de se déterminer sans l'aveu préalable du roi d'Espagne, mais, plus rapproché du théâtre des évènements, sa place le rendait comme responsable aux deux nations des malheurs à naître de sa négligence ou de son hésitation. L'instant était unique, ménagé à la maison de Bourbon par la Providence, semblait-il; il croyait donc servir les vues communes en usant de tous les moyens à sa portée pour empêcher les députés américains de fournir au ministère anglais le terrain de négociation que celui-ci cherchait; pour arrêter efficacement la marche de la politique anglaise il aurait peut-être signé un des deux actes, peut-être tous les deux; du moins ne se permettrait-il que l'indispensable; il attendrait même, s'il était possible, la réponse définitive de Madrid; il avait pensé d'abord à signer sous la réserve de l'acceptation de l'Espagne, mais le secret serait-il gardé et les effets de sa divulgation sur l'irritation de l'Angleterre, redoutés par M. de Floridablanca, ne se produiraient-ils pas immédiatement? Autant que possible, en tout cas, on différerait de rien divulguer, et si, du reste, le roi signait le traité sachant que son oncle veut retarder le sien, ne pourvoirait-il pas suffisamment à la future accession de l'Espagne en la réservant par un acte à part et caché? Sa Majesté, portait le mémoire en terminant, a ordonné d'exposer franchement et en confiance ces réflexions à son oncle; il y verra la répugnance avec laquelle elle se porte, sans son consentement préalable, à une démarche pourtant indispensable; mais sa conviction est si forte que si elle consultait uniquement son intérêt politique elle courrait seule le hasard de la guerre plutôt que de laisser échapper la conjoncture présente. S'il reste un moyen praticable d'éviter la guerre, c'est de montrer à l'Angleterre une union des forces, des vues et des principes qui lui fasse sentir son impuissance. »

1778.

La dépêche par laquelle M. de Vergennes donnait mission à son ambassadeur de remettre ce mémoire au gouvernement de Charles III le complétait par une interprétation intime. Le ministre y montrait comme bien plus urgente encore, aux yeux du roi, l'obligation d'agir sans son oncle, émettait même la crainte que la résolution ne fût tardive en présence des instances dont les députés américains étaient l'objet; il se demandait s'il pourrait, lui, « survivre au dégoût et à la honte de signer leur passeport pour Londres »; à ma place, écrivait-il, voyant les objets de près, M. de Floridablanca jugerait comme moi; il se plaint à tort que nous soyons entrés en négociation avec eux sans le roi d'Espagne : il n'y a encore que des assurances générales, comme avant le 13 décembre dernier; le public croit l'alliance faite parce qu'elle répond à ses désirs, voilà tout, mais rien n'a été divulgué. Que la guerre, en tout cas, naisse ou non de là, elle naîtra de toute manière; l'insolence des Anglais est montée aux derniers points; leur marine sillonne nos côtes, saisit les navires français, est en surveillance devant nos ports; nous avons fait sortir des vaisseaux « pour balayer cette vermine »; un accident peut donc déterminer la guerre; ne vaut-il pas mieux que cela ne soit pas sans que nous ayons les Américains pour nous?

Voici, à la suite, et cette dernière dépêche et le mémoire du cabinet :

M. le Cte de Montmorin par l'Epine.

A Versailles le 8 janvier 1778.

Le memoire M. que j ai l honneur de vous adressér de l ordre exprés du Roi repond a l expedition que vous m aves fait passér par le courrier l Epine et a la lettre de M. le Cte de Floride Blanche que M. le comte d'Aranda m'a communiquée.

Ce n est point M. pour faire prevaloir notre sentiment en opposition a celui de la cour d Esp^e, ni pour contredire son opinion que le memoire a eté redigé; nous aurions plus tost desiré que les circonstances se trouvant telles qu'on a crû pouvoir les envisagér a Madrid nous fussions en liberté de deférér a l avis de cette cour. Notre choix auroit ete bien tost fait, car independament de la confiance entiere du Roi dans les lumieres dans la sagesse et dans l experience du Roi son oncle, qui lui fera toujours préférér son opinion a la sienne, nous ne sommes pas moins desireux ici que l on peut l etre en Espagne d'evitér un engagement dont l evenement en le suposant meme heureux ne peut etre que pesant.

Les sentimens et les principes du Roi sont suffisament connûs pour n'avoir pas besoin d'apologie; on sait que la moderation et la justice font l'essence de son sisteme; c est un témoignage que l Europe lui rend; et si Sa M^{té} insiste pour disposér le Roi son oncle a partagér sa prevoiance, c est parce qu elle croit voir avec la certitude de l evidence un dangér tres imminent pour les deux Couronnes si nous negligeons de profitér d un moment dont nous pouvons *peut etre* encore disposér.

Je dis peut etre, car dans l instant ou je vous ecris, M. je n'oserois pas vous répondre que les negociations de l Ang^{re} avec nos deputés, n'ont pas fait des progrès que nous pourrons n etre plus les maitres d'arrêter. Je transcris ici un tres petit billet que j ai reçû cette nuit, d une personne tres sure qui est dans l intimité des Americains; qui vit habituellem^t avec eux puisqu ils logent dans sa maison; qui n'est de rien dans notre politique et sur la foi duquel j'ai toute raison de comptér. Voici ce qu'il me mande:

« Je suis tres certain qu'on negocie vivement, je vois bien de l empressement « a ecoutér les propositions et j'ai peur. »

Cet avis me fait un impression d'autant plus profonde M. que depuis l arrivée de ce chef morave dont j ai eu l honneur de vous instruire; la confiance des deputés paroit s etre retirée; ils ne nous ont donné aucune connoissance ni de l'arrivée de cet emissaire ni des frequentes conferences qu ils ont eûes et qu ils continuent d'avoir avec lui. Le seul message que j'aie reçû de leur part a eté pour savoir si le courrier expedié en Espagne etoit de retour.

LOUIS XVI FAIT ALLIANCE AVEC LES ÉTATS-UNIS.

Quelle humiliation ne seroit ce pas pour les deux Couronnes et pour nous plus particulierement, si aiant pû nous attachér les Americains nous avions a nous reprochér de les avoir rendûs a l'Ang^{re}. Je tremble cepend^t que nous n aions le degout, et je ne sais si je pourrois survivre a la honte de signér le passeport que les deputés devroient me demandér pour passér a Londres.

Je ne m'arreterai pas M. sur toutes les cruelles consequences dont un pareil evenement seroit suivi; elles ne peuvent echapér a la sagacité et a la profonde experience du Roi Cq̃ue et d un ministre aussi eclairé que M. le Cte de Floride Blanche. Nous ne nous flatterons pas sans doute que les Anglois nous tiendroient compte d une erreur aussi capitale; c est alors que le mepris aigrissant leur ressentiment ils ne donneroient plus de bornes a leur vangeance.

L incertitude ou nous sommes dans le moment actuel sur les veritables dispositions des deputés americains, fait tombér le reproche que M. le Cte de Floride Blanche a paru vous faire que nous etions entrés en negociation avec eux sans la participation du Roi son maitre. Vous pouves assurér ce ministre que l affaire est encore au meme point ou elle l etoit avant mon expedition du 13. x^{bre} dernier, sans qu il y ait eu de notre part plus que des assurances generales de bonne volonté. S il etoit possible M. de restér encore sur ces termes, nous n hesiterions pas a le faire il en coute plus au cœur du Roi que je ne puis vous l exprimér pour se décidér seul; mais l interest des deux monarchies autant que celui propre de la France ne doit pas permettre a Sa M^{té} de demeurér dans une inaction qui ne pourroit etre que funeste aux deux Couronnes.

Ce n est pas seulement en Europe que la politique angloise s'occupe a reconciliér les Americains, elle n est surement pas moins active sur le theatre meme de la querelle. Je sens que le mot d independance absolue, coutera infiniment a prononcér a l orgueil Bq̃ue; mais ou est la sureté que les Colonies fatiguées d une guerre cruelle; pressées par des besoins de premiere nécessité qu elles ne peuvent satisfaire n entendront pas a des conditions mitigées, qui ne donnant a l Ang^{re} q un vain simulacre, leur laisseroit toute l essence de la souvraineté ? Ne peut il pas arrivér aussi que l Ang^{re} qui sent a tous egards la necessité de la paix moins peut etre en raison de son epuisement que par la lassitude de son peuple qui ne voit pas sans horreur la continuation de

1778.

1778. cette guerre civile, ne se determine a adoptér pour alliés ceux qu elle ne peut plus reduire au nombre de ses sujets. Cette coalition faite, de quelque maniere qu elle s'opere quel en sera le resultat pour l Esp^e comme pour nous, et pouvons nous raisonablem^t espérér que l'Ang^{re} contente de ce leger avantage rapelle immediatement en Europe la masse de forces qui lui reste en Amerique et qu elle ne tardera probablement pas a augmentér; qu elle desarme et ne veuille que jouir des douceurs d une paix si cherement achetée lorsqu elle voit des objets de compensation a sa portée? Ne nous faisons pas illusion. Lorsque deux nations en guerre ont un besoin reciproque de la paix elles tombent bientost et facilement d'accord des conditions. Le memoire indique la marche graduelle que nous nous proposons de tenir si les evenemens ne nous forcent pas la main et ne prenent pas notre marche. Vous seres informé regulierem^t M. de toutes nos demarches, de leurs progrès et de leurs succès.

Je crois que tout est compassé de maniere a rendre bien sensible au Roi C$\widetilde{\text{que}}$ la delicatesse du Roi son neveu et a lui prouvér que s il est essentiellement occupé de ne pas perdre une circonstance veritablem^t heureuse et meme unique pour les deux monarchies, il ne l est pas moins de manifestér ses justes menagemens pour le Roi son oncle, et le soin qu il a de se raprochér le plus qu il peut de sa façon de pensér lorsqu il ne croit pas pouvoir s'y collér invariablement. Je vous ai a plus d une fois deja dit M. que je souhaiterois que M. le Cte de Floride Blanche fut a ma place; voiant de plus près les objets, je suis bien persuadé qu il n en porteroit pas un jugement different du notre. L idée où ce ministre paroit etre que nous deferons trop aux surprises que les Americains peuvent nous faire, seroit bonne si nous n avions pas des moiens de comparaison. Nous en avons ici et a Londres et nous n'en négligeons aucun pour atteindre a ce degré de verité qui fait la sûreté des affaires. Nous voions jusqu'a l evidence que les Anglois veulent a tout prix regagnér les Americains qu ils ne peuvent conquérir et qu ils craignent par dessus tout que nous les prevenions. Que pourroit on faire de mieux en politique, que ce que notre ennemi redoute que nous fassions!

Notre public qui desire singulierement cette alliance s est empressé de la croire faite et de la divulguér. Ce n est pas co^e vous voies M. la revelation d un secret; les Anglois trompés par le bruit soupconnent le traité fait et

LOUIS XVI FAIT ALLIANCE AVEC LES ÉTATS-UNIS. 721

montrent la plus grande anxieté; ils font meme jouér tous les ressorts de la prodigue corruption pour decouvrir ce qui en est; leur ambassadeur a eu l imprudence de m'en parler; la chose etant aussi fausse que sa question etoit inepte, je n ai pû etre embarrassé a lui repondre.

Je connois comme M. le Cte de Floride Blanche toute la difficulté d'empechér un secret de cette consequence de transpirér, tous les yeux etant pour ainsi dire ouverts sur nos moindres demarches; nous ne negligerons rien M. pour parér a cet inconvenient autant qu il sera possible; mais je vous observerai que ma defiance a cet egard portera moins sur les Americains que sur bien d'autres personnes qui ont la manie de vouloir tout savoir. Ceux la pouvoient avoir un interest a amplifiér l idée du notre lorsque nous n'en prenions q'un foible a leur cause, et que nous ne montrions aucune disposition a nous liér avec eux, mais il me semble que cette disposition une fois bien assurée et bien constatée, ils partagent l interest que nous avons a ne point l ebruitér jusqu'a ce qu elle soit bien consolidée et que les mesures soient prises de part et d'autre avec asses de sureté pour la rendre aussi utile qu elle semble devoir l etre.

Nous ne nous dissimulons pas M. que tout engagement quelconque de notre part avec l Amerique pourra devenir un sujet de guerre; mais dans l'intime persuation ou nous devons etre que quelque parti que nous prennions soit de faire un traité soit de ne le pas faire, nous ne l eviterons pas un peu plus tost ou un peu plus tard, la question se reduit donc a ceci, vaut il mieux avoir la guerre aiant l Amerique pour nous ou au moins neutre, que d'avoir la guerre avec l'Amerique reunie a l'Ang{re}? et j'ajouterai M. que nous craignons bien que cette guerre que nous desirerions de retardér si nous ne pouvons l evitér n'eclate plus tost que nous ne le voudrions. L insolence des Anglois est montée a un point qui est insoutenable. Ils commencent a saisir nos navires qui reviennent de notre Amerique sous le pretexte qu ils ont des denrées du crû de l Amerique septentrionale comme si une denrée qui a changé de proprieté pouvoit conservér une qualité ennemie. Une foule de fregates et de corsaires bouclent nos ports, s etablissent dans nos rades et dans nos havres avec autant d'audace qu ils pourroient le faire dans ceux de l'Ang{re}, et annoncent avec impudence qu ils sont la pour epiér nos batimens et s emparér de tous ceux sur lesquels ils trouveront des marchandises propres au

1778.

commerce des Colonies unies. Il n est absolument pas possible que le Roi abandonne a la cupidité de cette injuste nation le commerce de son royaume et la fortune de ses sujets. S. M. a donné ordre de faire sortir des vaisseaux pour balayér cette vermine et veiller jusqu'a une certaine distance des cotes a la sureté des batimens francois qui pourront mettre en mer; les Anglois ne tarderont pas sans doute a faire sortir de leur coté des vaux de force pour soutenir leurs injustes desseins, et il pourra arriver quelque rencontre qui etablira la guerre par le fait. Les vaux du Roi ne commenceront pas, mais s'ils sont insultés, si a leur vûe on veut fouillér notre pavillon, ils repousseront la force par la force, et il n'est absolument pas possible que le Roi se refuse a une mesure conservatoire que la dignité de sa Couronne n'exige pas moins que la sureté et la liberté de son commerce. Il est facheux que dans des circonstances aussi critiques, on soit encore incertain sur l'epoque du retour de la flotte du Mexique. Je ne me permets aucune question a ce sujet, je serois meme bien faché de partagér le secret que l'Esp^c observe a cet egard, et qu'elle ne peut rendre trop exclusif; mais si j'osois j'insisterois pour qu'elle en retarde le retour si la chose est encore possible ou pour qu'elle prit les mesures les plus fortes pour assurér son passage, si elle est effectivem^t en route. Je puis etre dans l'erreur, mais il me semble qu'il est d'usage qu'elle fasse echelle aux Canaries.

Espagne, t. 588, n° 9.

Lû au Roi le 7. janv^r 1778. et envoyé en Espagne le lendemain.

Lorsque la cour d'Espagne a repondu le 23. décembre dernier aux dépèches de M. le Cte de Vergennes du 13 du même mois, elle n'étoit point encore instruite de plusieurs évenemens importans survenus depuis le départ de cette d^{ere} lettre. On a fait part successivement des principaux de ces événemens; d'autres sont encore plus recens. On croit devoir en resumer ici le tableau, afin d'avoir une base fixe et solide pour examiner, dans l'intimité de la confiance etablie entre les deux souverains, si les supositions les principes et les resolutions énoncées dans la lettre de M. le Cte de Floride Blanche sont encore aplicables à l'état actuel des choses et si les changemens survenus dans les affaires n'exigent pas pour l'honneur et pour l'intérêt des deux Couronnes des mesures plus appropriées à la conjoncture. Cet examen devant être nécessairement long, en ne considérant que son importance, on tâchera de l'abréger en évitant la repetition de tous les points qui ont été ci devant déterminés ou aprofondis dans la correspondance des deux ministres.

1778.

Jusqu'à l'époque de la capitulation de l'armée de Burgoyne, on étoit fondé à croire qu'un autre ministère pourroit d'un côté faire seul la paix avec les Colonies à des conditions aprochantes de l'independance, et de l'autre déclarer la guerre aux deux Couronnes. Il est notoire que le Lord Chatam et son parti vouloient tendre à une paix honorable et utile avec les Colonies par une guerre heureuse contre la France. Le Lord North suivoit un sistème opposé; mais telle a été la revolution operée par les embarras de faire une quatrième campagne, et par le désespoir de subjuguer les Colonies, et telle a été la dexterité du Lord North, à profiter des démarches mal assurées de ses antagonistes qu'il n'a pas hésité de renchérir sur eux et de déclarer qu'il faudroit peut être abandonner l'acte de navigation, et ne plus consulter désormais que les règles d'une sage politique; ce ministre se trouve donc en mesure de remplir la promesse qu'il a faite de remettre, au choix du Parlement, un plan de guerre et un plan de paix, en donnant, à tout événement, tout le dévelopement possible aux forces et aux ressources de la Grande Bretagne.

Pour juger de l'emploi que le gouvernement britannique se propose de faire de ces forces; il faloit tâcher de pénétrer si ses projets ulterieurs vis à vis des Colonies en exigeoient le dévelopement; or il est constant qu'il est resolu de leur accorder une indépendance réelle, et qu'il ne demande qu'une démarche quelconque de la part des députés pour fonder sa proposition au Parlement et une menace legere pour sauver la dignité de la Couronne. Il pourra même se passer de toute ouverture si les députés persistent à s'y refuser. La disposition des esprits est telle qu'il est également en mesure d'executer son projet surtout en attribuant à notre influence la résistance des députés. Il proposera pour preliminaire un armistice fondé sur le regret de verser le sang de ses freres. Déja il invite les députés à passer à Londres et leur fait envisager des dedomagemens certains dans une coalition contre la France et l'Espagne. Le ministère et le roi d'Ang^{re} lui-même tentent les derniers efforts pour séduire les députés américains. En tout cas ils comptent qu'en faisant passer ces offres en Amérique, l'apas des douceurs de la paix immédiate, et l'apui des amis secrets de la Couronne la feront adopter avec transport. Les emissaires du ministére anglois n'hésitent même pas de nous faire entendre que l'on se portera à l'indépendance absolue, s'il le faut, pourvû sans doute qu'elle soit suivie d'une coalition.

Ce sont là des faits dont une grande partie se passe sous nos yeux, dont les particularités seroient trop longues à détailler ici, mais dont le Roi a la certitude. Dans cette position il dépend des députés américains d'entamer une négociation quelconque, laquelle conduira certainement à une conciliation. Le premier pas sera un armistice auquel l'Ang^{re} ajoutera l'engagement de ne point augmenter ses forces en Amerique. Par ce moïen elle fera concevoir au Congrès que tout l'avantage sera pour les Etats Unis, en leur donnant le tems d'affermir leur Gouvernement et d'augmenter leurs ressources, et cet armistice deviendra le gage des dispositions de l'Angleterre à traiter sur un pied égal et satisfaisant.

Si cette puissance parvient à l'un de ces deux buts, quel usage croit on qu'elle fera de la masse de forces que les efforts du Gouvernement et le fanatisme des peuples mettent sur pied et qui lui deviendra inutile contre l'Amerique. Ses projets sont maintenant à découvert; les secours fournis par les deux Couronnes aux Insurgens et ceux qu'on est resolu de leur fournir encore paroitront un pretexte sufisant pour les attaquer. Quand ce motif n'existeroit pas et quand les Couronnes se voüeroient a la neutralité la plus rigoureuse, le retablissement de leur marine est aux yeux des Anglois un grief impardonable, et ce n'est pas d'aujourd'hui qu'on sait qu'ils ont resolu de tenter de la détruire dès qu'ils seront libres de tourner leurs forces contre nous.

Quel moment plus favorable pourroient ils choisir que celui ou des forces formidables les mettent en état d'avoir sur nous l'avantage de la surprise et lorsqu'ils peuvent après avoir craint pendant trois ans que les Américains ne se joignent à nous pour leur faire la guerre, se flatter de leur concours contre nous. Il sufira en effet à l'Ang^{re} de conserver New York afin de servir de point d'apui pour ses expéditions contre nos possessions, qu'on lui fournisse des vivres en payant, et que les corsaires insurgens affamés et courageux désolent notre commerce. On les entrainera aisement plus loin par l'apas des richesses de la nouvelle Espagne capables de soulager les deux Etats du fardeau de leurs dettes. La navigation exclusive du Mississipi qui rendroit la possession du Mexique precaire sera seule un apas puissant pour les Colonies, et elles se porteront à tout entreprendre parce qu'elles n'auront rien à redouter sur leur continent de la vengeance des deux Couronnes.

Il ne faut pas se dissimuler que ce tableau se realiseroit sur le champ si les Anglois pouvoient se resoudre a reconnoitre une indépendance absolüe; heureusement ils tiennent encore à des modalités qu'ils croient essentielles à leur dignité et peut être à leur politique. C est ce qui nous laisse le tems de detourner cette coalition funeste; la cour d'Espagne observe avec raison que le moindre avis de notre union avec les Colonies précipiteroit cette révolution c'est précisément ce motif qui paroit nécessiter une union telle que cette revolution arrivant les Colonies se trouvent engagées avec nous et ne soient plus libres de se joindre à nos ennemis.

Le ministere espagnol qui ne connoissoit pas l'ensemble de ces faits et des conséquences plus que probables qui viennent d'être exposés a pensé qu'on pourroit remplir les objets de précaution que la circonstance exigeoit à ses yeux. 1° En continuant des secours pécuniaires aux Insurgens. 2° En leur offrant la protection des deux Couronnes pour un accommodement et la garantie de leur traité futur et 3° En surveillant les mouvemens qui surviendroient dans le ministère anglois. On discutera succintement ces trois points.

1° Des secours pécuniaires modiques et même considérables ne sufisent plus pour arrêter l'impulsion forte et accelerée que le parti ministerial et antiministerial s'efforcent à l'envi de donner à l'ouvrage de la reconciliation. Ces secours n'étoient propres qu'à entretenir les espérances des Insurgens, mais le tems des espérances est passé lorsque le but auquel ils cherchent d'atteindre vient s'offrir à eux.

2° La médiation des deux Couronnes sera d'un côté inutile pour les Insurgens, puisqu'il est évident que l'Angleterre la rejettera, et de l'autre côté dangereuse pour nous, puisqu'on ne peut dissimuler que l'Ang^{re} ne la regardat comme une insulte, et ne se déterminat à la vengeance ce qui feroit arriver la guerre par le moïen même qu'on emploïeroit pour l'éviter.

D'ailleurs sur quelle base établiroit-on cette médiation. Seroit-ce sur celle d'une indépendance absolüe, ou d'une indépendance mitigée? Le premier parti seroit une véritable déclaration de guerre; le second compromettroit également l'honneur et l'intérêt des deux Couronnes, si elles se rendoient l'instrument d'un commencement de coalition qui conduiroit bientôt à l'union la plus dangereuse. En un mot la médiation projetée devient aussi inutile qu'impraticable puisque l'Angleterre offre aux Colonies tout ce que nous pourrions obtenir de plus avantageux en leur faveur.

L'offre seule de nos bons offices entraineroit à peu près les mêmes inconveniens, et deviendroit au moins un vehicule pour accelerer et précipiter la reconciliation sans diminuer et en augmentant au contraire nos dangers, car les Colonies seroient convaincues qu'elles n'ont rien à attendre des deux Couronnes et l'Ang.re dissimuleroit son injure jusqu'à ce qu'elle auroit assuré sa vengeance, et cet état d'incertitude auroit pour les deux Couronnes tous les inconveniens d'une guerre ouverte sans presenter aucun de ses avantages.

Quant à l'idée d'enchainer les Américains par la promesse de notre garantie, on ose croire qu'elle ne paroitra pas praticable quand on aura pesé les considérations suivantes.

Si l'on traite sans notre entremise, les Anglois rejetteront notre garantie comme injurieuse, et les Insurgens comme inutile puisque l'expérience leur aura apris à ne jamais compter sur l'apui des deux Couronnes.

Nous sommes instruits qu'il y a un parti nombreux en Amérique qui cherche à établir pour base du sistème politique des nouveaux Etats de ne contracter aucun engagement avec les puissances européennes. Le docteur Francklin lui même professe ce dogme. La nécessité seule n'a pas permis de l'établir, mais dès qu'elle cessera d'exister les Insurgens qui auront établi leur indépendance sans notre apui croiront n'en avoir pas besoin pour la maintenir. Alors nous nous trouverons sans lien avec eux, exposés à leur avidité et peut-être à leur ressentiment.

On ne peut plus espérer de nourir la confiance des deputés par des discours vagues, il leur faut des faits positifs et des assurances effectives capables de contrebalancer les offres articulées de l'Angleterre. En leur offrant la protection des deux Couronnes de la maniere énoncée dans la lettre de M. le C.te de Floride Blanche ils en exigeroient l'assurance par écrit; mais quand ils ne l'exigeroient pas, la crainte que l'Espagne temoigne sur la difficulté de garder le secret n'existeroit pas moins avec tous les dangers qu'elle envisage.

Telle est en effet la position actuelle des choses, que les démarches les plus mitigées produiront les mêmes dangers que les resolutions les plus décisives. On est fondé à en conclure que d'après les resultats même de la cour d'Espagne, ce n'est pas ce danger impossible à éviter dés qu'on agit, qui doit diriger le choix des mesures que les circonstances exigent.

1778.

On passe au 3ᵉ resultat de la cour d'Espagne qui paroit indiquer qu'elle ne meconnoit pas les sujets d'inquiétude que les intentions de l'Angleterre nous donnent, mais qu'elle ne croïoit ce danger imminent qu'autant que des personnages connus pour vouloir la guerre prendroient le timon des affaires en Angleterre. Mais ce doute qui paroit avoir contribué le plus à suspendre les resolutions de l'Espagne, se trouve déja parfaitement éclairci; il est désormais constant que le Lord North est autant et plus en mesure que les Lords Chatham ou Shelburne de nous faire déclarer la guerre, et que la différence entre les deux partis est uniquement que les chefs de l'oposition veulent arriver par la guerre contre nous à la paix avec l'Amérique et que le ministère actuel veut assûrer la paix avec les Colonies avant de nous attaquer. Ces deux sistêmes produiront les mêmes effets quant à nous dès que l'armistice ou la reconnoissance de l'indépendance auront été effectuées.

En presumant d'après cette analise, des intentions et des sentimens de Sa Mᵗᵉ Catholique, le Roi son neveu est autorisé à croire qu'elle sentira aussi bien que lui même la force des circonstances et ce que l'intérêt de leurs peuples et l'honneur de leurs Couronnes leur dicteroient si elles etoient libres de toute considération genante.

Il paroit en effet que la providence a marqué cette époque pour l'humiliation d'une puissance orgueilleuse, injuste et avide qui ne cônnut jamais d'autre loi que celle de son intérêt. Quoique les Rois ne soïent peut-être pas assujettis, lorsqu'il s'agit du salut de leurs peuples, aux règles d'une morale aussi rigide que les particuliers dans leurs actions privées, cependant des motifs multipliés et puissans rendroient juste la guerre que les deux Couronnes déclareroient immédiatement à l'Angleterre. L'injustice et les entreprises habituelles qu'elles éprouvent de sa part dans les quatre parties du monde suffiroient pour les justifier. Les violences et les déprédations multipliées que leur commerce éprouve contre la foi des traités et contre la loi commune des nations, et dont leurs instances et leur longanimité n'ont pu obtenir la reparation ni la cessation, rendroit cette guerre légitime devant Dieu et devant les hommes.

Le Roi persuadé depuis longtems de ces verités en renfermoit le sentiment amer dans son cœur; mais la certitude que Sa M^{té} a maintenant des projets hostiles de son ennemi naturel en operant un nouveau dégré de conviction semble exiger qu'on prenne le seul moïen de se garantir d'une surprise aussi honteuse que domageable et d'autant plus inexcusable qu'elle auroit été prévüe.

Cependant sa pensée ne se porte pas à une guerre immédiate, elle conservera le désir de l'éviter lors même qu'elle ne le croira plus possible; elle ne se refusera pas non plus dans le cas où la resolution eventuelle de la déclarer ou de la prevenir seroit adoptée par le Roi son oncle, de se preter aux démarches préparatoires que la delicatesse commune aux deux souverains pourra leur dicter, dans la persuasion que celles qu'on proposera n'auront pas l'inconvenient de faire passer du côté de l'Angleterre des avantages que nous tenons aujourd'hui dans nos mains.

C'est dans cet esprit que Sa M^{té} croit qu'il devient indispensable de lier les Insurgens de manière à ne pas craindre une guerre combinée entre eux et les Anglois. Les députés américains se montrent autorisés et disposés à contracter des engagemens analogues à ce point de vüe.

On ne presume pas que les deux passages de la lettre de M. le Cte de Floride Blanche ou il est parlé de *justice* et d'*honêteté* tendent a jetter des doutes sur la légitimité de ces liaisons.

Sa M^{té} Catholique et son min^{ere} sont trop eclairés pour ne pas voir comme nous que les Etats-Unis sont dans le fait indépendans. Ils ont en main tout ce qui constitue la puissance souveraine. Notre reconnoissance n'ajoutera rien à la realité de cette possession. Nous ne l'articulerons pas même positivement mais nous traiterons avec les Etats qui tiennent le pouvoir souverain pour en modifier l'exercice à l'avantage de nos peuples, à l'exemple, si l'on veut, des princes de tous les siécles et de tous les païs, qui ont traité avec les usurpateurs de plus d'un trône, sans s'ériger en juges de la validité de leur titre.

S'il pouvoit rester quelque doute, à cet égard, ils seront bientôt dissipés, si le Roi Catholique veut bien se faire representer les déclarations et les manifestes que la reine Elizabeth a donnés à l'occasion du secours qu'elle fournissoit aux rebelles de Flandres lors même qu'ils n'avoient point encore secoué le joug de l'Espagne.

1778.

On ajoutera que l'exemple même de l'Angleterre nous autorise puisqu'elle reconnoit la validité de la capitulation militaire de l'armée de Burgoyne, et qu'elle se dispose à conclure une convention d'armistice et qu'elle offre un traité qui portera la reconnoissance tout au moins palliée de l'indépendance.

On ajoutera encore que les propres maximes des Anglois attestés à différentes époques de leur histoire et discutées à l'occasion de la querelle actuelle n attribuent pas a leur couronne la propriété positive qui constitue l'essence des monarchies espagnole et françoise.

Cette digression peut paroitre superflüe; mais dans une matière aussi importante et dans une conjoncture aussi pressante, on croit pouvoir se livrer à des discussions superflues plustôt que de laisser rien d'essentiel en arriere.

Le traité que nous penserions devoir conclure avec les députés americains consisteroit essentiellement dans deux actes dont l'un ne contiendroit que les clauses générales de paix d'amitié et de commerce, et le second contiendroit les clauses éventuelles relatives à la guerre qui pourroit resulter de ces premiers engagemens. On stipuleroit positivement dans le 2^d que le but de l'alliance est de procurér une indépendance absolue et illimitée aux Etats-Unis; qu'ils ne pourront pas faire la paix sans notre consentement préalable et sans corroborer leur accommodement par notre garantie, et les puissances contractantes se garantiront mutuellement et pour toujours leurs possessions respectives en Amérique.

La convenance et l'utilité presente et future de ces stipulations n'a pas besoin de commentaire. Le ministère espagnol sentira particulierement que les possessions de Sa M^{té} Catholique dans cette partie du monde seroient desormais à l'abri de toute attaque soit de la part de l'Angleterre, soit de la part des Colonies devenues indépendantes qu'on ne peut pas soupconner de vouloir souiller leur première demarche politique par une perfidie.

Si l'Espagne se déterminoit à intervenir immédiatement dans la négociation, le Roi concourroit a faire stipuler en sa faveur tels autres avantages qu elle pourroit desirér et que les circonstances permettroient d'obtenir. Mais Sa M^{té} respecte les resolutions du Roi son oncle, et elle se gardera bien de combatre les motifs particuliers des delais que M. le Cte de Floride Blanche indique et qui sont fondés sur l'arrivée des tresors de la nouvelle Espagne, et sur le retour des forces emploiées dans le rio de la Plata. Le Roi se borne à désirer vivement que le Roi son oncle soit promtement délivré de cette double sollicitude, que les ressources sur lesquelles son ministère a paru compter pour assûrer le retour des flotes en cas de besoin, et dont il s'est avec raison reservé le secret puissent être emploiées fructueusement, et que les événemens qui, depuis un mois, se précipitent au delà de toute attente permettent de se livrer à des calculs quelconques.

Sa Majesté n'insistera donc pas sur une resolution immédiate de l'Espagne quelque désirable qu'elle soit; mais elle voit le danger si imminent, et le remède si prêt à échaper de ses mains qu'elle se trouve forcée par des circonstances impérieuses, à prendre sur elle de prévenir des maux que le moindre délai rendroit aussi certains qu'irréparables. Elle prévoïoit, des l'époque de l'expédition extraord.^{re} du 13. décembre, la position où elle se trouve et son ambassadeur en a prévenu le ministère espagnol, qui n'a pas porté le même jugement qu'elle sur les vües et les démarches de l'Ang^{re}. Differens faits qu'on a successivement communiqués à la cour d'Espagne n'ont que trop justifié la prevoyance du Roi et les événemens qui se sont accelerés au delà de sa propre attente ne lui permettent plus de subordonner sa détermination à l'aveu du Roi son oncle que Sa Majesté espéroit recevoir par le retour de son courrier. L'époque fatale du 20. de ce mois jour fixé pour la rentrée du Parlement d'Angleterre et qui sera suivie de près par la proposition annoncée par le Lord North est si prochaine qu'elle ne laisse plus la possibilité d'une expédition à Madrid ni de la reception des resolutions ultérieures de S. M. Catholique. Le Roi est très peiné de se voir forcé de se déterminer sans l'aveu positif et préalable du Roi son oncle; sa déférence et son amitié et sa confiance en feroient autant une loi que l'intérêt indivisible des deux monarchies, mais se trouvant placé près du théâtre des évenemens Sa Majesté est également responsable aux deux nations, des événemens malheureux qui resulteroient de sa négligence et de sa timidité à saisir l'instant unique que la providence semble avoir menagé à la maison de Bourbon pour abatre l'orgueil de son ennemi, et pour fonder avec les Etats-Unis une liaison permanente dont l'utilité seroit, à tous égards, incalculable.

La cour de France ne pourroit pas même se soustraire aux reproches de

LOUIS XVI FAIT ALLIANCE AVEC LES ÉTATS-UNIS. 731

l'Espagne, en se prévalant du sistème délatoire énoncé dans sa dernière reponse. Il paroit en effet qu'il n'est fondé que sur des presomptions, dont l'inexistence est manifestement demontrée; telle est surtout l'opinion que la reconnoissance de l'Ang^{re} exigera un très long tems. Nous avons la conviction qu'elle peut s'opérer d'un instant à l'autre si les députés veulent s'y preter, et que nous ne pourrons plus arrêter la marche de la négociation si elle est une fois entamée. Déja les députés nous demandent avec impatience et anxieté si le courier envoïé en Espagne est de retour, et un des moïens les plus adroits et les plus dangereux que les Anglois emploïent auprès d'eux est de chercher à les persuader, par notre conduite passée et par la supposition de nos dispositions intérieures qu'ils n'auront, dans aucun cas, de l'apui à se promettre de notre part.

Le Roi considerant une circonstance aussi critique avec toute la maturité que son importance exige croit entrer dans les vües du Roi son oncle en se déterminant à employer tous les moïens qui sont en son pouvoir pour empecher les députés américains de fournir au min^{ere} anglois la base de négociation qu'il désire si ardemment, et pour les mettre en état de prévenir l'impression que pourroient produire en Amérique des ouvertures semblables que la cour de Londres y fera immanquablement porter dés qu'elle se sera munie de la sanction du Parlement, et qu'elle a peut etre deja fait preceder de l'offre d'un armistice que le roi d'Angleterre est le maitre d'accorder en vertu de sa prerogative et d'après le vœu unanime de tous les partis qui ont divisé jusquici le Parlement britannique. Le sistème de précautions et de preparatifs, adopté et suivi de concert jusqu'a present par les deux Rois n'a jamais eu ni pu avoir d'autre motif que la défiance des intentions de l'Ang^{re} ni d'autre but que de nous garantir du danger en le prevenant lorsqu'il existeroit. Ce moment prévu est arrivé et il faut maintenant se disposer immédiatement a recueillir le fruit de cette prevoïance.

Afin d'en menager les moïens aux deux Couronnes, le Roi va s'occuper du soin d'arrêter efficacement la marche de la politique angloise. Sa Majesté ignore encore jusqu'à quel point les ouvertures de l'Angleterre pourront porter les prétentions des députés américains, mais elle ne peut se dispenser de prévenir le Roi son oncle qu'elle prévoit qu'il sera peut etre indispensable de signer un acte quelconque ou même les deux traités dont la substance est indiquée ci dessus, mais Sa M^té Catholique doit être assurée que le Roi ne se permettra que ce qui sera absolument jugé indispensable pour remplir le but indiqué par la conjoncture et pour empêcher que nos démarches loin de produire leur effet ne deviennent entre les mains des députés un moïen de plus pour accelerer leur accommodement et de nous exposer ainsi à devenir en même tems le jouet de cette nouvelle puissance et la victime de notre ancien ennemi. C est pour concilier la delicatesse de ses menagemens que le Roi son oncle avec l urgeance de la circonstance que le Roi veut qu'en entamant des a présent la negociation avec les deputés americains sur les bazes exposées ci dessus, on n epargne aucun effort pour en retardér s il est possible la conclusion et la signature jusqu'a l'arrivée de la reponse definitive de Sa M^té C^que qu on espere qu on voudra bien faire passér par le retour du couriér.

La première pensée du Roi étoit de signer les traités dont il s'agit, en faisant dépendre leur validité de l'acceptation de l'Espagne. Sa Majesté auroit ainsi rempli l'exigence du moment en laissant la décision definitive au jugement du Roi son oncle; cette méthode eut satisfait le cœur de Sa Majesté et rempli toute l'étendue des procédés délicats qu'elle veut constamment observer; mais en considérant les apréhensions que M. le Cte de Floride Blanche témoigne relativement au secret à garder et aux perils qui pourroient resulter pour les flotes espagnoles de la moindre indiscretion, Sa Majesté a pensé devoir chercher un autre moïen de concilier ces differentes considérations. Quoiqu'elle n'aye point lieu de se défier de la fidélité scrupuleuse des députés americains et qu'elle croye que leur intérêt sera de garder le silence lorsqu'ils auront des assùrances positives de nos dispositions favorables, Sa Majesté prendra néanmoins le parti de les laisser dans l'erreur relativement aux dispositions de l'Espagne et elle prendra d'ailleurs les précautions les plus prudentes pour conserver le secret de ce qui se passera et pour differer, autant qu'il se pourra, l'éclat que nos engagemens causeront, afin d'attendre, s'il se peut, que les flotes espagnoles soïent rentrées; au reste on peut présumer avec assez de vraisemblance que les Anglois n'attaqueront pas ces flotes, tant qu'ils conserveront l'espoir de voir l'Espagne neutre et lorsqu'ils auront perdu celui d'associer les Etats-Unis à leurs projets envahisseurs.

Au surplus dans le cas ou le Roi se verroit forcé de signér seul le traité, et ou l'Espagne voudroit differér le sien Sa M^té pense qu elle pourvoira suffisa-

LOUIS XVI FAIT ALLIANCE AVEC LES ÉTATS-UNIS. 733

ment à la participation future de l'Espagne en stipulant, par un acte séparé et secret, que les engagemens du traité seront communs à cette Couronne dans le tems quelconque où elle jugera à propos d'y acceder. Cette clause pourra être presentée comme la preuve d'un défaut de concert entre les deux cours et de l'inutilité de nos efforts pour entrainer l'Espagne dans nos mesures, et comme le palliatif de notre mesintelligence plustôt que comme une base essentielle posée du consentement de l'Espagne. Cette erreur pourra induire l'Angleterre, si le secret de cette negociation perce, comme M. le Cte de Floride Blanche le craint, à croire que notre parti n'est pas pris, et l'empêchera de precipiter ses mesures.

Telles sont les refléxions que le Roi a ordonné d'exposer avec franchise et confiance au Roi son oncle. Sa M^{té} ne peut avoir aucune inquiétude sur le jugement que ce prince juste et éclairé portera tant sur le fond que sur la forme. Sa M^{té} Cath. se convaincra aisement de la repugnance extrème avec laquelle le Roi se porte à une démarche quoique démontrée indispensable sans son aveu préalable, mais Sa M^{té} n'hésite pas, pour exprimer le dégré de sa conviction, de confier à l'amitié du Roi son oncle que si elle consultoit son intérêt politique plustôt que sa tendre amitié et sa confiance personnelle pour lui, elle se détermineroit à courir seule le hazard d'une guerre contre l'Ang^{re} plustôt que de laisser échaper la conjoncture unique qui fait l'objet des refléxions exposées dans ce memoire.

On se permettra d'ajouter ici que s'il reste un moïen possible d'éviter la guerre, c'est de montrer à l'Angleterre une masse de forces reunies et une identité de vües et de principes qui en lui faisant sentir son impuissance, la disposera à souscrire aux conditions que la modération et l'équité des deux Rois proposeront. En tout cas tout concourt à persuader que la guerre qui paroit inévitable dans toutes les supositions possibles ne sera ni longue ni perilleuse, et que la gloire que les deux monarques en recueilleront égalera les avantages inestimables que procurera à leurs peuples l'abaissement d'une puissance turbulente, injuste et impérieuse qui troubloit sans cesse leur tranquilité ainsi que leur commerce.

Au surplus la nécessité imperieuse de la conjoncture pouvant seule déterminer le Roi à faire un pas important sans l'aveu préalable du Roi son oncle, Sa Majesté se promèt bien de le convaincre dans la suite de cette affaire de la déférence et de la confiance entiere qu'elle a dans ses lumieres et son experience comme dans son amitié, et elle ne fera aucune démarche ulterieure sans avoir son attache préalable.

On apportera de plus en plus la plus grande exactitude à communiquer à l'Espagne tout ce qui pourra meriter son attention.

APPROUVÉ.

Espagne, t. 588, n° 10.

Mais c'est dans la lettre personnelle du ministre à Montmorin que réside la vérité sur la résolution de Louis XVI, sur sa portée, sur son sens, sur les motifs ou l'inspiration qui l'avaient dictée. Quel fut le rôle du roi et quelle part eurent ses conseillers dans cet acte dont les suites devaient paraître si graves et qui en eut de capitales? Le fait date d'hier pour l'histoire; on n'en a pas moins posé déjà cette question comme s'il s'agissait d'obscurités anciennes et elle n'est point encore tranchée. Le pli du secrétaire d'État ne laisse pas subsister un doute. Tout le travail intérieur du Gouvernement y est relaté. L'étude qui eut lieu, l'examen auquel on se livra, la manière dont la détermination fut prise, ce pli apprend exactement tout cela. On a cru à l'absence de volonté propre chez Louis XVI, à la passivité de son caractère, à un empire dominant que ses ministres auraient exercé sur son esprit, et plusieurs continuent à y croire. Ce billet privé, de l'heure même, détruit cette opinion-là. « Ce n'est point l'influence de ses ministres qui a décidé le roi, écrit M. de Vergennes, c'est l'évidence des faits, c'est la certitude morale du péril; il n'est aucun d'eux qui ne répugnât à suivre un tel parti avant d'avoir eu l'attache de l'Espagne, et, pour lui, il en est resté malade : le roi a donné le courage à tous. Le marquis d'Ossun est arrivé juste à ce moment; il a vu tout peser et discuter; l'affaire a été examinée entre eux deux d'abord, avec M. de Maurepas ensuite, puis portée au roi; Sa Majesté l'a gardée, l'a examinée; la goutte ayant empêché le premier ministre, le monarque s'est rendu chez lui où la matière a été remise sur le tapis, étudiée de nouveau; sur le fond, on a été unanime. Sa Majesté Catholique trouve juste ce qui est juste aux yeux de Dieu et des hommes, elle nous jugera favorablement. » Le secrétaire d'État entendait répondre par là au billet du 24 décembre, dans lequel l'ambassadeur lui rendait personnellement compte de la communication qu'il avait donnée des premières dépêches, et au rapport confidentiel de celui-ci sur les personnes et sur les choses de la cour d'Espagne; il détaillait les secrets de la délibération royale afin d'effacer, chez M. de Florida-blanca, la pensée que tout était convenu d'avance avec les députés américains. L'histoire peut mesurer ici l'intérêt qu'attachait le gouvernement de Louis XVI à l'union avec l'Espagne pour s'engager définitivement contre l'Angleterre. M. de Vergennes avait écrit à M. de Montmorin ainsi qu'il suit :

A Versailles le 8 janv^r 1778.

Je réponds, M. le Cte à la lettre particuliére que vous m'avez fait l'honneur de m ecrire le 24. du mois d^r. Soyez tranquile sur l impression qu'a faite votre exped^{on} de la même datte le Roi l a lüe avec attention, et y a aplaudi; M. de Maurepas n'en a pas été moins satisfait; vous ne vous defiez pas sans doute de mon jugement, tout ce que je puis vous dire c'est que mon amitié n'a rien eu à faire pour vous. Il est fâcheux sans doute que vous n'ayez pas eu le succès que nous avions lieu de nous promettre; mais l'inconvénient est pour la chose bien plus que pour vous; car vous avez fait preuve complette de sagesse, de prévoyance et d'habileté. Je suis tenté de croire que M. le Cte de Floride-Blanche, trop préoccupé que nous nous étions décidés seuls à traiter et conclure avec les Américains avant même d'avoir consulté l'Espagne, et soupçonnant même la négociation très-avancée, a donné à son humeur plus qu'à ses réflexions dans sa lettre à M. le Cte d'Aranda comme dans sa négociation avec nous. S'il est parti de cette supposition, elle doit-être détruite par tout ce qui a suivi, ainsi que par l'exped^{on} presente. L'affaire est encore à entamer : mais comme ce n'est pas nous qui voulons et qui agissons, et que ce sont les circonstances qui nous dictent impérieusement la loi, la journée de demain ne se passera pas sans que je fasse instruire les Américains de nos dispositions, et que je tâche de pénétrer les leurs. Nous pallierons de notre mieux celles de l'Espagne, afin de lui reserver toutes les latitudes qui pourront lui convenir; nous n'osons pas nous expliquer affirmativement à cet égard dans la crainte de blesser sa délicatesse; mais le Roi connoit trop bien la sûreté des sentimens du Roi son oncle, pour en inférer le plus leger afoiblissement quelque parti que S. M. C. juge convenable de prendre. Nous desirons, M. le Cte, que ce prince et ce ministère nous rendent autant de justice que nous leur en rendons, et bientôt tout combat d'amour-propre et de défiance disparoîtra. Nous sommes bien éloignés de vouloir primer, et, entre nous soit dit, nous nous serions volontiers amalgamés à l'opinion rassûrante de l'Espagne, si nous avions crû pouvoir le faire en sûreté de conscience; mais pouvons-nous trahir son intérêt et le nôtre, et nous soumettre avec une entiére connoissance de cause à tant de funestes conséquences qui nous menacent? Croyez, M. le Cte, qu'il n'en a pas peu couté au Roi pour le décider à la marche que nous proposons. Ce n'est point l'influence de ses ministres qui l'ont décidé; l'évidence des faits, la certitude morale du danger et sa conviction l'ont seuls entrainé : je pourrois dire avec vérité que S. M^{té} nous a donné le courage à tous; car il n'étoit aucun de ceux qu'elle daigne admettre à sa confiance particulière, qui en convenant de la necessité et de l'utilité du parti, ne se sentit une veritable repugnance à prendre ce parti avant d'avoir l'attache de l'Espagne; j'en ai plus soufert en mon particulier que tout autre, et j'en suis encore trés-affecté, je puis même dire malade. Mais toute reflexion faite, ce qui est juste aux yeux de Dieu et des hommes, l'est trés-certainement à ceux de S. M. C., et j'espère que ce prince nous jugera favorablement lorsqu'il aura pézé les raisons exposées dans le mémoire et la dépêche que vous recevrez par ce courier, et dont vous voudrez bien remettre les copies.

Si nous sommes dans l'erreur, M. le Cte ce n'est pas sans avoir fait ce qui étoit humainement possible pour éviter d'y tomber. M. le Mis d'Ossun qui est arrivé trés-à propos, peut dire avec quel soin cette affaire a été pezée et discutée. Nous l'avons d'abord digérée ensemble, ensuite avec M. le Cte de Maurepas; le Roi, aprés cela, a entendu mon raport particulier, a gardé les piéces, a examiné le pour et le contre. M. le Cte de Maurepas ayant eu dans ces entrefaites une attaque de goute, S. M^{té} s'est rendu hier chez lui, M. d'Ossun et moi nous y sommes trouvés. La matiére a été reprise de nouveau en consideraõn elle a été longuement débattüe; l'opinion sur le fond a été constam-

LOUIS XVI FAIT ALLIANCE AVEC LES ÉTATS-UNIS. 737

ment uniforme, il n'y a eu de différence que sur quelques modalités, je vous fais ce détail, quoique peu intéressant, parcequ'il vous fournira des moyens, je desire, victorieux pour convaincre le roi d'Espagne, que la nécessité seule a pu nous induire à ce parti unilateral. Je souhaite que M. le Cte de Floride Blanche en soit également convaincu; il me connaitroît mal s'il me prenoit pour un de ces ministres tranchants qui prétendent que leur opinion doit être décisive. Je n'ai point cette présomption; ma confiance dans mes lumiéres est bornée; je cherche en tout le vray, parce que c'est en lui que j'estime que réside le vray bien. Celui de ma patrie m'est cher; je n'ai pas moins de passion pour celui de l'Espagne; contribüer à l'un et à l'autre c'est toute mon ambition.

J'ai peine à me persuader, M. le Cte que l'insufisance des moyens de l'Espagne ait pu afoiblir l'opinion de M. le Cte de Floride Blanche. Cette puissance est entiére; elle a un crédit encore intact, et si elle vouloit lever cent millions par voye d'emprunt, je suis persuadé qu'elle les trouveroit en Hollande en trés peu de tems. Je sais les ofres qui lui ont été faites, et qu'on a eu bien du regret qu'elle n'ait pas acceptées. Peut être seroit il trés politique d'y revenir; si l'Espagne ouvroit un emprunt en concurrence de celui que l'Ang{re} devra faire, je suis persuadé que la premiére enleveroit tout, que personne en Hollande et en Suisse ne voudroit placer sur l'autre.

J'aurois pu, M. le Cte oposer recrimination à recrimination, me plaindre qu'on nous reproche de n'avoir pas envoyé au printems dernier nos troupes en Amérique, parce que, nous dit on à present, on auroit porté à l'ennemi un coup victorieux, tandis qu'on ne nous proposoit àlors qu'une simple mesure défensive. Nous n'adhérames pas parce que la saison brûlante auroit dévoré nos troupes, tandis qu'elles seules faisoient la sûreté de nos Colonies. Depuis ces troupes ont passé, et doivent être arrivées. Mais comment expliquer une entreprise hardie à laquelle nous devions concourir sans être ni consultés ni prévenus? Cette reflexion pourra vous servir si l'on remet le même grief sur le tapis; mais ne laissez jamais apercevoir qu'elle vous a été suggèrée. Nos raisons sont assez bonnes et assez pressantes pour que nous n'employons point d'autres armes dans la discussion presente. L'Espagne ne peut y resister qu'en niant les faits! ce sera un sourd volontaire, et il n'y a point de remède à ce genre de surdité.

1778

738   LOUIS XVI FAIT ALLIANCE AVEC LES ÉTATS-UNIS.

1778.   Et, dans un billet séparé :

On nous reproche à Madrid de ne point savoir garder le secret; y est-il mieux observé? Il y a à Paris des lettres particulières d'Espagne tout fraichement arrivées qui disent en termes très-exprès, que l'Espagne a rejeté la proposition que nous lui avons faite de s'unir avec les Américains, parcequ'elle craint pour ses gallères. Si cette indiscretion transpire et se repand, je tâcherai d'en tirer parti pour mieux couvrir notre secret.

Espagne, t. 588, n° 11.

Le ministre avait sans doute à cœur de marquer une différence de lui au comte de Floridablanca, en disant que ce dernier « le connaîtrait mal s'il le prenait pour un de ces ministres tranchants prétendant imposer leur opinion ». Nul n'aurait donné plus de preuves que le secrétaire d'État des affaires étrangères à l'encontre d'un pareil jugement, si son collègue de Madrid l'eût sérieusement porté. Insister sur les raisons, itérativement, dans le vif désir et dans la pensée de convaincre, était son caractère, non de parler comme un impérieux. Ce courrier du 8 janvier ne lui semble pas suffisant. Sur une lettre particulière de Montmorin, du 29 décembre, il revient dans un pli confidentiel, le 16 janvier, et dans une dépêche, le 23, aux motifs d'hésitation ou de doute qui pourraient subsister à Madrid, tâchant encore de les dissiper ou de les résoudre, de faire toucher au doigt le péril dont nous menace l'Angleterre, de rendre flagrante la nécessité d'empêcher qu'elle ne conquière les commissaires de Passy. Il ne s'arrête que « dans la crainte de se répéter après des démonstrations si étendues », espérant que Montmorin saura bien convaincre qu'il faut absolument suivre les voies indiquées, et il se résume ainsi : « J'ai apris
« d'un grand maitre feu M. le gardes des sceaux Chauvelin que toute
« la science de la politique se concentroit dans les deux mots *prévoir*
« et *prevenir*. C'est le moment ou jamais d'en faire l'aplication[1]. »

---

[1] *Espagne*, t. 588, n°ˢ 23 et 46. — Nous transcrivons à l'annexe IV du présent chapitre ce pli confidentiel du 16 janvier. Le ministre écrivait dans la dépêche du 23 janvier : « Je

LOUIS XVI FAIT ALLIANCE AVEC LES ÉTATS-UNIS. 739

On sentait, à Madrid, qu'il faudrait céder et l'on cherchait à en retarder le moment. On se mit à interroger, à feindre de vouloir être beaucoup plus renseigné avant de se rendre. Juste à cette date du 8 janvier, le comte de Montmorin venait de recevoir et de communiquer les dépêches de Versailles du 27 décembre. Son entretien n'avait abouti qu'à des redites, qu'à ramener les objections précédentes; néanmoins, il croyait aux vagues assurances par lui conçues ou qui lui avaient été données sur l'union avec nous, en fin de compte. Le sens politique, en effet, ne laissait guère l'esprit s'arrêter à supposer une autre conduite pour l'Espagne. Le premier ministre lui avait annoncé à la hâte, le roi partant pour le Pardo, un courrier prochain qui porterait au comte d'Aranda les réponses et les plans du cabinet[1].

1778.

« ne disconviendrai pas M. que l'arrangement « des Colonies avec leur mére patrie n est pas « l'affaire d un jour et qu aussi longtems que « l'Ang{re} n'articulera pas l independance la paix « n'aura pas lieu, mais il est bien difficile aussi « de disconvenir qu'au moment ou cette puis- « sance se determinera a prononcer le mot « pour lequel elle doit avoir sans doute une « grande repugnance, tout accès nous sera fer- « mé auprès des Colonies car l'ofre d une liai- « son tardive avec nous ne devra plus contreba- « lancer dans l esprit de ce peuple l entousiasme « d une jouissance pour l obtention de laquelle « il a fait les plus grands sacrifices. Le 1er pas « fait, bientost les anciennes liaisons se retabli- « ront et l Ang{re} sans être tenùe aux charges de « l Amerique en retirera les moiens de toute « espece les plus abondans. Nous n ignorons pas « d'ailleurs la proposition deja faite aux Ameri- « cains et peut etre bientost va t elle recevoir « la sanction parlementaire pour autoriser le « cabinet de Londres a traiter sur le fondement « d une souvraineté nominale qui reserveroit « aux Americains tous les attributs d une inde- « pendance reelle c est ce que nous confirment « nos derniers avis d'Ang{re} seroit-il prudent de « se flatter que ce peuple se voiant maitre de « son commerce et de ses loix hazardat la conti- « nuation des calamités de la guerre pr un simu- « lacre vuide de sens et de realité. Cet objet a « été discuté avec tant d etendue dans mon ex- « pedition du 8. de ce mois que je ne pourrois « que me répeter ; ce que je me permettrai d'a- « jouter est que j ai apris d un grand maitre « feu M. le gardes des sceaux Chauvelin que « toute la science de la politique se concentroit « dans les deux mots *prévoir* et *prevenir*. C est « le moment ou jamais d'en faire l aplication. »

[1] *Espagne*, t. 588, n° 15 : « Je ne dois ce- « pendant pas omettre de vous dire, M., que « M. le comte de Floride Blanche m'a paru « craindre que les bruits publics qui couroient « sur notre intelligence avec les Américains, « ne nous précipitassent dans une guerre qu'il « regarderoit comme prématurée, surtout re- « lativement aux circonstances ou se trouve « l'Espagne. Mais il m'a renouvellé les assu- « rances qu'il m'avoit déja données, et pre- « cédemment à M. le marquis d'Ossun, que « quelque chose qui arrivat, l'Espagne seroit « étroitement unie avec la France, et suivroit le « même sort. On expédiera dans les premiers

93.

Ce courrier partait effectivement le 13, mais chargé tout simplement d'une suite de doutes, de questions, de points à éclaircir au préalable. Fallait-il essayer de négocier avec l'Angleterre ou la laisser s'engager davantage? Les délégués actuels des colons avaient-ils toutes les instructions nécessaires pour traiter ? N'importait-il pas d'attendre les informations des émissaires qu'avait chacune des deux Couronnes aux Colonies? Quelles mesures seraient à prendre si la guerre se déclarait pendant ce temps?. A quel parti s'arrêter pour mettre à l'abri d'un coup de main la flotte et les forces espagnoles revenant de l'Amérique, et préserver les îles ou les places des deux Couronnes dans ce pays ? Le traité resterait actuellement secret, mais dans quel délai et à quelle époque le rendrait-on public? Quels seraient le fond, la forme, les conditions de ce traité et les avantages qu'il réserverait à l'Espagne? Quel plan chacun suivrait-il pour les opérations militaires; quels secours, quelles diversions devraient y donner les Colonies? Quel nombre de campagnes sera-t-il prudent à chacun de faire? La France est-elle en état de suffire aux éventualités pouvant naître du côté de l'empire ottoman, du côté de la Bavière, exposée qu'elle va se voir aux efforts de l'Angleterre pour l'attirer dans les affaires du continent? Et si l'Espagne avait une paix désavantageuse à faire, après la perte de quelques possessions, quelle serait sa position? Quelles démarches y aurait-il utilité à tenter auprès d'autres puissances, d'autres princes, du roi de Prusse en particulier, pour les porter à reconnaître aussi l'indépendance des Colonies? Au total, seize chefs d'informations à étudier, à résoudre par avance, toute une instruction à recommencer en commun relativement à ce sujet, scruté déjà sous tant d'aspects[1].

« jours de la semaine prochaine un courier à
« M. le comte d'Aranda. Ce courier sera porteur
« du plan dont j'ai eu l'honneur de vous parler
« dans ma derniere depêche; la santé de M. le
« comte de Floride Blanche n'étant pas très
« bonne dans ce moment, je ne sais s'il lui
« donnera toute l'étendüe qu'il m'avoit annon-
« cée. Je profiterai de cette occasion, M., pour
« répondre plus en détail à la dépêche dont je ne
« fais aujourd'hui que vous accuser la reception. »

[1] *Espagne*, t. 588, n° 21 : « *Expédition du 13 janvier 1778, remise par M. l'amb. d'Esp^e le 21 meme mois.* » On trouvera cette pièce à l'annexe III.

LOUIS XVI FAIT ALLIANCE AVEC LES ÉTATS-UNIS.

M. de Vergennes répond à tout cela sur le moment, en quelque sorte. C'est le 23 qu'il reçoit du comte d'Aranda les lettres de son ambassadeur et la copie des interrogations de la cour d'Espagne; il écrit aussitôt par la poste à Montmorin, et nous transcrivions tout à l'heure en note les observations que sa lettre portait à ce dernier. Il disait, à la fin, « qu'il aurait bien désiré voir le sage et judicieux ministre, au lieu de se borner à proposer ses questions et ses doutes, en donner les solutions, mais que, puisque sa modestie avait voulu décerner ce soin au cabinet de Versailles, il allait y satisfaire avec clarté et avec toute la précision comportée par les circonstances présentes[1] »; infatigable, en effet, il répond question par question, ne se bornant pas à paraphraser les raisons déjà données, les explications antérieures, mais satisfaisant par le menu à toutes les demandes, détaillant le texte des actes qui constitueront le traité et dont il joint des copies[2], énumérant les forces françaises, indiquant les précautions militaires et maritimes déjà prises ou que l'on va prendre bientôt, celles dont le roi était prêt à assister l'Espagne, les facilités qu'on réservera, en tout cas, à cette puissance pour accéder au traité, indiquant aussi les avantages propres qu'elle ferait bien d'ambitionner : Gibraltar, Mahon, le golfe du Mexique, la baie de Honduras, la côte de Campêche, enfin lui offrant dix vaisseaux de ligne à Cadix pour assurer le retour de ses flottes encore en mer. Tout était alors bien étudié et préparé. Un projet d'opérations navales[3], de la main du

---

[1] Lettre de M. de Vergennes au comte de Montmorin. (*Espagne*, t. 588, n° 46.)

[2] Trois actes constituaient ce traité, expliquait le ministre : « Un traité de commerce, « dans la forme la plus simple, sans condition « exclusive, accessible à tout le monde; un pro- « jet d'alliance pour le cas où l'Angleterre dé- « clarerait la guerre à cause de ce traité même, « chacune des parties devant agir alors suivant « son intérêt, s'interdisant seulement de faire « paix ou trêve sans l'autre; un acte secret, « réservant à l'Espagne et l'heure d'accéder « à ces conventions et la latitude de stipuler « ce qu'elle jugera à propos et les conditions « qu'elle jugera convenir à sa situation et à son « intérêt. »

[3] « Janvier 1778; *Mémoire sur les opérations auxquelles on pourrait employer nos forces navales contre l'Angleterre.* » (*Ibid.*, n° 78.) — Ce projet d'opérations était sans doute écrit pour le roi et ne dut pas être envoyé à l'ambassadeur à Madrid.

ministre aussi, se trouve joint à ce nouveau mémoire. Les entretiens d'où devait sortir le *Mémoire particulier pour les ministres du roi*, demandé à Beaumarchais sur le parti définitif à adopter au sujet de l'Amérique et dont il a été parlé plus haut, avaient eu lieu déjà. Trois solutions y avaient été examinées : celle d'attendre encore, de voir, avant d'agir, à quels ministres la rentrée du Parlement obligerait George III à recourir; celle d'accepter tout de suite le traité proposé par les Américains, d'y écrire des engagements secrets en vue d'avantages positifs à poursuivre ultérieurement avec leur appui, et d'envoyer immédiatement quelqu'un obtenir le formel assentiment du Congrès à ces conventions; celle de déclarer au contraire tout de suite à l'Angleterre et à l'Europe que, par délicatesse et par égards, le roi était resté jusqu'ici spectateur passif entre la Grande-Bretagne et l'Amérique, mais qu'aujourd'hui, nombre d'esprits dans le Parlement même et dans la nation anglaise trouvant nécessaire de reconnaître l'indépendance des Colonies, il ne sortait pas de la neutralité par lui observée en tenant ces colonies pour libres, désormais, quant à leur commerce avec la France, à celui de la France avec elles, et que les intérêts de ses peuples n'ayant que trop souffert de l'abus fait de la situation par l'Angleterre pour violenter les navires, exercer sur la mer des exactions intolérables, risquer de jeter la mésintelligence dans nos rapports avec les Américains, à qui elle nous obligeait à imposer, dans nos ports mêmes, des mesures préjudiciables, il offrait ses bons offices aux deux nations belligérantes, toutefois ne supporterait plus aucune insulte à son pavillon et se mettrait en devoir de repousser la force par la force. M. de Maurepas éprouvait des hésitations; l'étendue ignorée des pouvoirs de la légation de Passy, l'incertitude du consentement du Congrès, la mobilité possible d'une assemblée dont la majorité était la seule loi, lui faisaient craindre que nous n'eussions à regretter, trop tard, une démarche dont, naturellement, l'Angleterre serait exaspérée. Beaumarchais avait su très bien combattre tout cela, l'écarter par des raisons ou des

LOUIS XVI FAIT ALLIANCE AVEC LES ÉTATS-UNIS.

considérations qui n'eussent pas été déplacées dans la bouche d'un ministre, et maintenant il n'en restait rien[1]. M. de Vergennes était libre de répondre à l'Espagne en levant tous les doutes qu'elle avait soulevés. Il les résolvait donc, et sans rien abandonner, cependant, des principes de désintéressement posés dès le début au nom de la France. « Si le roi n'avait à écouter que ses seules convenances, écrivait-il notamment au sujet des opérations à déterminer par avance entre les deux cours, ce plan serait simple et facile, Sa Majesté ne désirant pas de plus grands avantages que d'assurer, par la séparation des Colonies de leur métropole, l'affaiblissement de l'ennemi le plus invétéré de sa Couronne, de celle de l'Espagne et de toute la maison de Bourbon; ni l'expulsion du commissaire anglais résidant à Dunkerque, ni un peu moins de gêne dans la pêche de Terre-Neuve, ni le recouvrement des petites îles de la Dominique et de la Grenade, n'étaient des objets assez saillants pour inviter à la guerre, et c'étaient pourtant les seuls que le roi proposerait après une guerre, heureuse. » Sur la question du ministère espagnol touchant la restitution ou la compensation des frais qui allaient nous grever, il répondait « que l'on n'avait pas cru pouvoir former des répétitions en indemnité des dépenses, parce qu'il n'avait jamais été dans l'usage de la France de faire de semblables déclarations; que les Américains seraient d'ailleurs ses auxiliaires plutôt que la France le leur; que l'Espagne semblait avoir assez à gagner à se faire dans les Américains des voisins tranquilles, ne devant jamais devenir ambitieux ni conquérants, au lieu des Anglais, ennemis avides et implacables, toujours occupés, en paix comme en guerre, à étendre leurs usurpations ». Le 28 décembre, M. de Vergennes lisait au roi ces explications nouvelles, minutieusement travaillées pour porter la lumière; le 30, le monarque les revêtait de son approbation et on les expédiait à Madrid accompagnées d'une dépêche pour notre ambassadeur qui rendait

[1] Nous donnerons cette pièce au chapitre suivant, en raison de la date où elle fut remise à M. de Vergennes et qui paraît, nous l'avons dit, être celle où elle fut écrite : 22 janvier 1778.

1778.

744   LOUIS XVI FAIT ALLIANCE AVEC LES ÉTATS-UNIS.

1778. bien évident le caractère définitif des résolutions que le courrier du 8 avait emportées[1].

Les décisions du gouvernement de Louis XVI devaient, en effet, rester inébranlables. Quoique le ministre rentrât si largement dans la discussion, rien n'était suspendu à leur sujet. Ce qui se passait en Angleterre semblait en faire une loi de plus en plus. Les constructions de navires avaient pris dans ce pays une activité extrême; on précipitait les armements, on levait les milices, on parlait de former des camps. Notre ambassadeur écrivait que « tout cela ne pouvait être destiné pour l'Amérique »; à quoi le ministre lui répondait qu'il pensait de même, et il lui recommandait encore de se tenir informé, de pénétrer les intentions secrètes et de ne pas craindre d'y employer de l'argent[2]. Du silence gardé avec lui par lord Stormont depuis quelque temps, M. de Vergennes préjugeait l'approche de la tempête. Il écrivait à M. de Noailles, dans un billet privé, qu'à Paris « les Anglais pariaient vingt contre un pour la guerre le mois suivant », et déjà il le mettait à la recherche des moyens de nous conserver, quand il rentrerait en France, « un fil de correspondance[3] »

---

[1] *Espagne*, t. 588, n° 60. — Nous ne pouvons mieux faire que de reproduire ici ces correspondances du 13 au 30 janvier. Elles sont des documents précieux de la patiente négociation du gouvernement de Louis XVI en vue d'avoir le concours de l'Espagne. Elles auraient trop allongé le récit; on les trouvera à l'annexe III du présent chapitre.

[2] Dépêche du 17 janvier. (*Angleterre*, t. 528, n° 66.) — « Quoique le Roi soit sûr de votre « zèle et de votre activité, il ne croit pas moins « devoir vous recommander de nouveau toute « la vigilance que les conjonctures paroissent « exiger. N'epargnez point les couriers lorsque « les avis qui pourront vous parvenir seront de « nature à nous être transmis avec célérité : il est « des cas où le plus léger retard peut etre d'un « préjudice irréparable. » (Minute de Gérard.)

[3] Lettre du 17 janvier. — « Nous comptons « sur votre exactitude Monsieur le Marquis, a « nous instruire exactement et promtement de « tout ce qui parviendra d interessant a votre « connoissance. La scene va devenir vive et peut « etre les momens tres critiques. L'ambassa-« deur d'Ang^{re} garde avec moi un silence qu'on « peut comparer au calme qui est assés volon-« tiers lavant coureur d une grande tempeste ; « et l on veut que des Anglois qui se trouvent « a Paris et qui se croient bien instruits, aient « fait un pary de 20. contre un que la guerre « seroit déclarée avant le 2. fevrier. Quel moien « ce cas arrivant pour conserver un fil de cor-« respondance dans le pays que vous quitteriés ? « Auries vous quelq un d asses sur pour la lui « confier en lui procurant une protection etran-« gere ? » (*Ibid.*, t. 528, n° 66 *bis*.)

LOUIS XVI FAIT ALLIANCE AVEC LES ÉTATS-UNIS.

par l'intermédiaire d'un des représentants de l'Europe à Londres. De fait, le premier grondement de l'orage n'allait guère tarder. L'électeur de Bavière venait de mourir. Le cabinet de Saint-James, qui ne pouvait douter des préoccupations dont l'état des choses entre la Turquie et Catherine II était pour nous la source, espéra tout aussitôt voir surgir en Allemagne des embarras qui nous gêneraient directement. Comptant que les prétentions de la cour de Vienne allaient forcément nous attirer, il jeta lord Stormont sur les Affaires étrangères. L'ambassadeur vint questionner M. de Vergennes, au premier abord sur nos armements, mais l'instant d'après sur les bruits de notre traité avec l'Amérique, et l'impérieuse hauteur qu'il apporta dans l'entretien n'était déjà plus dans le ton de la paix[1]. Le gouvernement du roi n'avait plus à se fixer sur la conduite que les ambitions de l'Autriche pourraient exiger de sa part. Il était préparé à suivre les principes posés par lui le jour où M. de Breteuil avait pris la place du prince de Rohan à l'ambassade de Vienne. Le 17 janvier, prévoyant bien que l'Angleterre nous attendait à la mort de l'électeur, M. de Vergennes faisait écrire officiellement au marquis de Noailles, en lui recommandant, il est vrai, de garder la chose pour lui et de laisser croire, au contraire, que l'évènement de Bavière comme les affaires de la Turquie nous inquiétaient grandement, que, «sans savoir quelle nature de complications en surviendraient, car la cour impériale n'avait encore rien dévoilé, le roi ne se laisserait point détourner du premier objet de sa politique pour en poursuivre un secondaire; que l'Angleterre était notre première ennemie; que les autres n'avaient jamais eu de force et d'énergie que par elle et que l'ambassadeur pouvait aisément tirer les conséquences de cette vérité[2]». Et, dans le billet particulier dont nous

---

[1] A l'annexe IV du présent chapitre on trouvera la dépêche du ministre au sujet de cette démarche. Il en avait fait préparer la minute par Gérard et l'avait revue et complétée ensuite.

[2] Même dépêche n° 66, tout à l'heure citée (minute de Gérard) : — «Rien n'est plus naturel, M., que le désir des Anglais de nous voir des embarras sur le continent, et nous

venons de parler, le ministre donnait à l'ambassadeur une expression plus nette encore des idées du cabinet sur la portée de l'alliance avec l'Autriche, sur le plan que les éventualités prescrivaient, à cette heure, et que l'on entendait suivre. « La mort de l'électeur », écrivait-il :

> La mort de l'Electeur de Baviere est un evenement qui eut excité nos regrets dans tous les tems mais qui ne doit pas les rendre plus vifs dans celui ci ou graces à Dieu nous sommes dans cet etat de liberté si convenable pour ne se pas laissér distraire de ses vrais interets. Je n'ai pas de peine a croire qu'on nous verroit avec plaisir a Londres nous engoufrér dans les affaires d'Allemagne, vouloir disposér de gré ou de force de cette riche succession. Nous avons trop souvent fait des guerres pour des interets qui n'etoient pas les notres, et je n'estime pas que nous soions de sitost accessibles a cette tentation, d'ailleurs on peut prevoir qu'elle ne se presentera pas dans l'occurence presente. Tout annonce que les cours de Vienne et Palatine cherchent a s'entendre amiablement sur leurs droits respectifs. Alliés de l'une, en bonne intelligence avec l'autre, enfin amis de l'humanité, nous faisons des vœux pour que rien ne trouble la tranquilité de l'Europe. Je ne me flatte pas Monsieur le Marquis, qu'on les partage ou vous etes. Votre dernier raport et les nouvelles particulières qu'on recoit font craindre l'explosion tres prochaine d'un orage. Nous ne le provoquerons pas quoique trop souvent provoqués, mais nous l'attendrons avec fermeté et constance.
>
> A Versailles le 17 janvier 1778.

Angleterre, t. 528, n° 66 *bis*.

« sommes persuadés qu'ils se flattent que les « évènements qui suivront la mort de l'Electeur « de Baviére, le réalisera. Nous ne saurions pré- « voir encore de quelle nature seront ces évé- « nements, parce que la cour de Vienne n'a « encore développé ni ses vües ni ses préten- « tions. Mais je puis vous confier que le Roi « ne se laissera point détourner du premier ob- « jet qui intéresse sa politique pour en pour- « suivre un autre qui ne sauroit être regardé « que comme secondaire : l'Ang^{re} comme vous « le remarquez très-bien, est notre premier « ennemi, et les autres n'ont jamais eu de force « et d'énergie que par elle : vous tirerez facile- « ment les conséquences qui découlent de cette « vérité.

« Au reste, M., ces réflexions sont pour « vous seul, et non-seulement vous n'aurez au- « cun usage à en faire, mais vous vous atta- « cherez au contraire cependant sans aucune « affectation et sans entrer dans aucun détail « à persuader aux Anglais que l'affaire de la

LOUIS XVI FAIT ALLIANCE AVEC LES ÉTATS-UNIS. 747

Chaque courrier d'Angleterre faisait apparaître un peu plus l'imminence d'une agression. Elle était déjà évidente un mois auparavant pour notre ambassade. Le 16 janvier, Garnier l'écrivait de Londres très formellement au ministre dans un pli privé[1]; il indiquait que l'Angleterre était en réalité en guerre à notre égard sous l'apparence de la paix, il laissait apercevoir comme possible que nous eussions intérêt à « arrêter sous quelque prétexte les paquebots de Calais pour quelques jours ». Notre marine, en effet, était l'objet de poursuites ou d'enlèvements qui n'auraient été ni plus audacieux ni plus violents dans l'état de guerre lui-même. Le 2 février, M. de Sartine croyait devoir réclamer que l'on mît l'embargo sur les bâtiments anglais dans nos ports et que des convois fussent donnés au commerce pour user de représailles; il montrait Brest menacé, demandait des troupes pour défendre la rade[2]. Aussi n'entendait-on plus s'arrêter aux résistances du gouvernement de Charles III et attendre. Par déférence et afin de savoir si les démonstrations minutieuses du dernier courrier ne faisaient pas revenir la cour d'Espagne de ses répugnances, on avait suspendu l'entente définitive avec les commissaires de l'Amérique; mais même décidément opposée, cette cour resterait à présent impuissante à retenir le roi. Dès l'arrivée du courrier du 8 janvier, M. de Montmorin

1778.

« succession de Baviere est un objet important
« pour la politique du Roi, et qu'elle demande
« et fixe toute son attention, de même que la
« discussion qui subsiste entre les Russes et la
« Porte Ottomane. »

[1] « Vous aurés vû, Monseigneur, par la der-
« niere expédition, ce que l'on pense ici de la
« proximité de la guerre, et que l'opinion de
« Mr l'Ambassadeur est parfaitement analogue
« à la vôtre. Je ne me flatte pas que nous puis-
« sions atteindre le mois de juillet sans hosti-
« lités, et je ne serais pas surpris qu'elles com-
« mencassent beaucoup plutôt, non que je croïe
« encore les ministres déterminés à nous ata-
« quer autrement qu'en détail comme ils le font

« impunément par leurs insultes et leurs depré-
« dations journalières, mais parcequ'ils se con-
« duisent de maniere à nécessiter les hostilités,
« et à nous obliger, pour ainsi dire, forts ou
« faibles à les ataquer. Il en résultera au moins
« l'avantage de n'être pas prévenu par quelque
« coup perfide, et il est d'une grande impor-
« tance de l'éviter, si l'on veut précipiter la
« banqueroute de l'Angleterre, et faire de cette
« guerre-ci la plus courte que nous aïons jamais
« soutenue contre cette puissance magique dont
« le talisman commence à tomber. » (Angleterre,
t. 528, n° 60.)

[2] Billet de M. de Sartine à M. de Vergennes.
(Ibid., n° 114.)

a fait part au comte de Floridablanca de son contenu, et à Sa Majesté Catholique le lendemain. Chez le premier s'est révélée une blessure profonde; la déception du politique dont ni les habiletés ni les efforts n'ont pu empêcher la France de passer outre a été aussitôt visible, il tremblait d'amour-propre trompé, il avait peine à trouver ses paroles; chez le roi la froideur a été marquée. Le 4 février, l'annonce que l'Espagne nous laisserait seuls parvient à Versailles dans une narration prolixe des audiences de Montmorin; le 6, en lui en accusant réception, le ministre l'informe que les traités seront signés le soir même. Laissons parler ici successivement les acteurs de ces circonstances solennelles : le ministre de Charles III, notre ambassadeur, le ministre de Louis XVI. A la suite de ses conversations et des entretiens de son souverain avec Montmorin, le comte de Floridablanca est redevenu maître de ses esprits. Par le courrier de notre ambassade, il informe le comte d'Aranda que le roi se fait une règle de l'abstention, en présence d'un parti que son allié avait, dit-il, pris d'avance. A elle seule, la brièveté de ses paroles révèle le froissement. Voici la traduction de sa dépêche par M. de Vergennes :

M^r le Cte de Floride Blanche à M^r le Cte d'Aranda.

(Expédition du 27 janvier 1778.)

Monsieur,

En accusant à V. Ex^{ce} le 19 du courant la reception de la lettre n° 1210. qu'elle m'avoit écrite le 8. du même mois par un courier françois, je lui ai mandé que j'avois profité d'un de mes jours de travail hebdomadaire avec le Roi pour informer Sa M^{té} du contenu de la dépêche de Votre Ex^{ce}, et de ce que Mr de Montmorin m'avoit communiqué de son côté.

V. Ex^{ce}, d'après la lecture que M^r le Cte de Vergennes lui avoit faite des dépêches qu'il envoyoit à cet ambassadeur sur l'objet dont il est question, en a résumé la substance : elles tendent à prouvér la nécessité de s'assurer incessamment des colonies et de prévenir leur reconciliation avec l'Angleterre. Cette opinion a pour fondement les nouvelles que le ministère de France reçoit fréquemment de Londres et les avis qu'il a sur les efforts et les instances

le plus pressantes que tout les émissaires secrets du cabinet britannique pour 1778.
gagner les députés amériquains par les propositions le plus flatteuses pour
eux et pour leurs colonies, ce qui ne permet point aux ministres du Roi Très
Chrêtien de douter que la reconciliation avec les Amériquains ne soit devenue
le vœu général de tous les partis en Angleterre, l'entreprise d'une nouvelle
campagne y etant regardée comme presque impossible. Lesdits ministres prévoyent qu'on finira par faire aux députés de telles offres, qu'ils ne pourroient
les rejetter sans manquer aux véritables intèrets de leur patrie et à la confiance
que ces provinces ont en eux. Dans ces circonstances la cour de Versailles a
pensé de son côté qu'il convenoit à sa gloire, à la bonne politique et aux intes
rèts les plus essentiels de la monarchie françoise de gagner de vitesse l'activité
du cabinet britannique, et de né point laisser échaper une occasion aussi favorable (et qui ne se présentera plus jamais) de convertir en avantages immenses
pour la maison de Bourbon les mêmes moyens dont les Anglois avoient imaginé pouvoir se servir pour sa ruine.

Telle est la substance des dépèches que le Cte de Montmorin a reçues et qui
contiennent quantité de reflexions et de raisonnemens dont l'objèt est d'annoncer l'unanimité des principes de tous les partis à Londres, et la nécessité
indispensable où se trouve le cabinet britannique, dans la position critique où
il est actuellement, de se lier étroitement avec les Colonies. La cour de France
nous avertit surtout que, se trouvant plus à portée du théatre des négociations et d'être journellement instruite de leurs progrès et de la tournure
qu'elles prennent, elle voit les choses dans un état si urgent qu'il ne lui paroit pas possible d'attendre nôtre réponse; mais que son premier soin sera de
s'arranger avec les Colonies de manière que l'Espagne puisse n'entrer dans le
traité que lorsqu'elle aura moins de risques à courir.

J'ai, ainsi que je le devois, rendu un compte exact de tout au Roi, et Sa M^{té}
a mûrement reflechi sur le contenu desdites dépèches; mais comme on n'en
peut inférer jusqu'à présent, ainsi que de diverses autres combinaisons qu'on
a pu faire ici, si non que la cour de France a déja fait un arrangement : et
comme aussi nous ignorons d'un autre côté le détail des traités, des propositions et des articles qui ont été stipulés; dans cette incertitude Sa M^{té} croit ne
pouvoir prendre aucun parti avec la sureté et le succès convenables, sans être
plus exactement informée.

Par ces justes considérations, le Roi, après avoir entendu les avis de ses ministres, m'ordonne de dire à V. Ex^{cc} que Sa M^{té}, avant de se déterminer à un parti, desire savoir s'il y a déja un ou plusieurs traités de signés ou arrêtés substanciellement avec les Colonies ou avec leurs députés, les conventions, les promesses ou les articles qu'ils renferment, et les réserves qui y sont stipulées en faveur de l'Espagne.

V. Ex^{cc} sentira aisément, ainsi que le ministère de Versailles, combien toute détermination de nôtre part, qui n'auroit point pour base des notions plus positives, seroit avanturée, et je finis en assurant à V. Ex^{cc} que toutes nos vues se dirigent à nous précautionner contre les dangers dont nous nous voyons environnés. Leur réunion dans ce moment ressemble à une fatalité, et le remède n'en sera pas aisé à trouver si nous ne nous conduisons avec la plus grande circonspection; ainsi nous ne serons ni prodigues des moyens de nous en délivrer, ni négligens sur les préparatifs que nous devons faire avec chaleur, à tout évènement pour nôtre propre défense

J'ai l'honneur d'etre etc.

Au Pardo le 27. janvier 1778.

P. S. Sa M^{té} comptoit ecrire au Roi Très Chrétien; mais ne l'ayant pas pu ajourd'hui, elle le fera dans une autre occasion.

Espagne, t. 588, n° 54.

Le rapport du comte de Montmorin sur ses audiences et ses entretiens avec le premier ministre ou avec le roi, est daté du lendemain 28. On y voit dans tout le jour possible les sentiments, les contrariétés, les intérêts qui dominaient la cour d'Espagne :

A Madrid le 28 janvier 1778.

Monsieur,

Le lendemain de l'arrivée de votre courrier, j'ai été au Pardo communiquer à M. le comte de Floride Blanche l'expédition qu'il m'avoit remise. Quoique j'eusse amené par quelques préliminaires la chose principale dont j'avois a lui faire part, je vous rendrois difficilement les differentes impressions que lui fit la lecture de votre dépêche; tous les sentimens dont il étoit affecté se peignoient sur son visage et dans ses gestes; je le voyois qui faisoit inutilement des efforts sur lui même pour se contraindre. Il trembloit de tout son corps, et il avoit toutes les peines du monde a s'exprimer; d'après cet état qui n'est en aucune manière éxagérée, vous pouvés juger, Monsieur, que le premier choc fut vif. Quand après quelques instans M. de Floride Blanche fut un peu calmé, je lui dis que j'avois ordre de lui laisser copie de votre dépêche et du mémoire qui y étoit joint, qu'il éxamineroit à loisir les raisons qui y étoient consignées, que j'espérois qu'après les avoir pezées il les trouveroit victorieuses, qu'il se convaincroit que les circonstances étoient telles qu'elles ne vous avoient pas laissé le choix sur le parti qu'il y avoit a prendre; j'ajoutai que j'espérois sur tout qu'il reconnoitroit dans toute la conduite du Roi, son extrême délicatesse a observer les ménagemens qu'il doit au Roi son oncle et ses efforts pour se rapprocher de sa façon de penser lorsqu'il ne croyoit pas pouvoir l'adopter entièrement : ce n'étoit pas le moment de discuter le fond de l'affaire, il ne s'agissoit que d'empêcher autant qu'il étoit possible l'aigreur et le mécontentement que je sentois prêt à resulter de tout ceci. Je dis à M. de Floride Blanche que j'avois une lettre du Roi pour Sa Majesté Catholique, mais que je n'avois pas voulu la remettre avant de l'avoir mis à portée de prévenir le Roi son maitre de l'état des choses, d'autant que j'avois lieu de croire qu'il en étoit question dans cette lettre. M. de Floride Blanche après m'avoir dit qu'il feroit ce que je desirois ajouta, « vous « croyés que les circonstances actuelles sont les plus heureuses pour les deux « Couronnes, et moi je les regarde comme les plus fatales pour l'Espagne; ce « jour me paroitroit le plus beau de ma vie si Sa Majesté Catholique me per- « mettoit de me retirer, et d'aller finir mes jours tranquilement; M. d'Aranda « est de votre avis, il a contribué pour beaucoup à vous faire adopter la dé- « termination à laquelle vous vous étes décidé. Eh bien qu'il vienne prendre « ma place, je la lui céderai de grand cœur, mais il est vrai que le Roi mon « maitre n'y consentira jamais. » Je lui répondis que ce n'étoit pas quand la mer étoit agitée que le pilote abandonnoit son vaisseau, que nous le verrions prendre un parti de cette espèce avec une peine extrême, mais qu'au surplus j'étois bien persuadé que quand il éxamineroit la situation des affaires il la trouveroit moins affligeante qu'il ne la voyait dans ce moment. Cette première conversation ne fut pas longue. Le lendemain je remis la lettre du Roi à Sa Majesté Catholique. Il me fut aisé de voir qu'elle étoit au fait de tout, et

1778.

je m'aperçus qu'elle étoit vivement affectée. Je crus devoir entrer en matière, mais généralement, et je n'appuyai que sur l'urgence des circonstances, je dis que la preuve la plus forte qu'elles avoient fait imperieusement la loi étoit le parti que le Roi avoit pris; je fis valoir autant que je pus la tendresse du Roi pour le Roi son oncle, le regret dont il étoit pénétré de s'être trouvé forcé à prendre une résolution si importante sans avoir son aveu. Vous m'aviés fourni, Monsieur, un bon texte, j'en proffitai de mon mieux. Sa Majesté Catholique m'écouta très patiemment, et me dit ces propres paroles. « Le Roi
« mon neveu peut compter dans toutes les occasions sur toute mon amitié, et
« toute ma tendresse, je serai toujours bon allié et bon ami, mais les circon-
« stances dans lesquelles je me trouve sont très facheuses. J'ai bien des choses
« a prévoir, et bien des points à garder. » Je lui répondis qu'elle avoit pu voir par les pièces dont j'avois laissé copie à M. de Floride Blanche avec quel soin on avoit veillé en France sur les interets de l'Espagne, et combien on avoit évité de la compromettre. Sa Majesté Catholique finit par me dire « Nous ver-
« rons, je consulterai tous mes ministres, mais croyés moi, M. l'Ambassadeur,
« les circonstances sont bien critiques, et il faut bien de la prudence. Il n'en
« est pas de l'Espagne comme de la France. »

Je me rendis chez M. de Floride Blanche, nous entrames un peu plus en détail, il me dit que jamais les possessions de l'Espagne n'avoient été dans un plus grand danger, que les Anglois en connoissoient tous les points foibles et ne manqueroient pas de les attaquer; je le trouvai dans une inquiétude et dans un tourment qui me firent veritablement de la peine sous toute sorte de raport; je ne pus cependant m'empêcher de lui dire qu'il étoit étonnant que depuis le tems qu'on devoit se regarder comme étant à la veille de la guerre, on eut pris si peu de précautions pour défendre les points d'Amérique qui pouvoient tenter la cupidité des Anglois; il me répondit qu'on avoit fait ce qu'on avoit pu, mais que quand on avoit des possessions aussi immenses que l'Espagne, il étoit impossible de subvenir aux fraix qu'elles éxigeroient s'il falloit les pourvoir en tems de paix comme en tems de guerre, il ajouta que d'ailleurs il n'y avoit gueres de moyens de défense contre un corps de 24. mille hommes que les Anglois pouvoient porter sur la Havane, ou Porto Rico en rassemblant toutes les forces qu'ils avoient dans l'Amérique septentrionale. Je lui représentai que je ne croyois pas que les forces que les Anglois avoient

LOUIS XVI FAIT ALLIANCE AVEC LES ÉTATS-UNIS.

1778.

dans cette partie fussent fort à craindre, que des troupes mal nourries épuisées par les fatigues de la derniere campagne et qui auroient éprouvé les rigueurs de l'hyver, ne seroient gueres propres a tenter une expédition considérable; que d'ailleurs il falloit supposer que les Anglois laisseroient les Américains absolument libres, et ne craindroient pas le mal qu'ils en pourroient éprouver. J'ajoutai que quant à la position des possessions espagnoles il ne m'appartenoit pas d'en parler et qu'il devoit la connoitre mieux que moi, mais que cependant je devois croire que puisqu'il ne craignoit pas la guerre au commencement de l'année derniere, il devoit moins la craindre à présent ayant eu un an de plus pour s'y préparer; il n'y avoit pas de trop bonnes raisons a répondre à cet argument, aussi M. de Floride Blanche me dit il qu'on étoit préparé alors à la guerre, mais que voyant que la France n'étoit pas en état de la soutenir, on avoit été forcé de changer de mesures; la réplique étoit facile, si la France ne pouvoit alors soutenir la guerre, c'étoit une raison de plus pour l'Espagne de forcer de moyens pour se mettre en état de défense. Il reparla encore de l'envoi de troupes et de vaisseaux qu'avoit sollicité l'Espagne pour St Domingue, je répondis que s'il avoit eu lieu, loin d'être plus avancés nous serions aujourd'hui plus reculés que nous le sommes, puisque les troupes que nous avions envoyées alors seroient en partie détruites par la mortalité qui regnoit à St Domingue, et que notre escadre fatiguée et affoiblie auroit besoin d'être relevée. Tout ceci ne nous menoit à rien, et je voulois savoir à quoi on se resoudroit. M. de Floride Blanche me dit qu'il ne pouvoit me rien apprendre à cet égard, et qu'il falloit attendre que sa Majesté Catholique se fut décidée d'après le résultat de l'avis de ceux de ses ministres qu'elle vouloit consulter. Toute la semaine s'est passée en conferences des ministres entre eux et du Roi Catholique avec M. de Floride Blanche. J'ai vu ce ministre plusieurs fois pendant cet intervale, son humeur qui se laissoit appercevoir évidemment dans les premiers jours s'étoit concentrée, mais elle n'en existoit pas moins, et je la voyois percer à chaque instant. Je crois au reste, Monsieur, que son amour propre blessé de ce qu'on a pris en France une résolution contraire à son avis, y contribüe autant que la crainte des événements. Enfin dimanche 25, jour fixé pour me communiquer la résolution de sa Majesté Catholique, je me suis rendu chez M. le comte de Floride Blanche; il me dit qu'elle étoit contenüe dans la dépêche qu'il écrivoit à M. d'Aranda, et qu'elle me seroit lüe, sous differents pretextes il a éludé de me la lire lui même et en a chargé son premier commis; comme je voulois savoir à peu près de quoi il étoit question, je l'ai pressé de me communiquer les points principaux, il m'a dit que la résolution du Roi Catholique étoit fort simple, qu'il ne se décidoit à rien dans ce moment, et qu'il attendroit que la cour de France l'eut informé du parti définitif qu'elle avoit pris, qu'il ne doutoit pas que nous n'eussions traité avec les Insurgens, et qu'ainsi il falloit savoir à quelles conditions, avant de s'en mêler. Je lui ai représenté qu'il n'avoit pas apparament fait attention que vous disiés dans votre mémoire qu'on n'épargneroit rien pour retarder la conclusion de la négociation jusqu'a ce qu'on sçut la réponse définitive de l'Espagne qu'on espéroit recevoir par le retour du courier; que la question que l'on faisoit étoit loin de ressembler à une réponse définitive. M. de Floride Blanche m'a dit que sa Majesté Catholique n'en feroit pas d'autre qu'elle n'eut eu des éclaircissemens ultérieurs sur ce qui s'étoit passé à Versailles avec les députés des Américains. Je ne pouvois faire partir votre courier que le lundi 26; la poste arrive le mardi matin; j'ai cru, Monsieur, pouvoir differer son départ d'un jour, afin de communiquer à M. de Floride Blanche ce que vous me ferés l'honneur de me mander, s'il y a quelque chose de terminé, et vous faire passer tout de suite sa réponse si votre nouvelle dépêche peut le déterminer a en donner une plus positive. Il résulte de tout ceci, Monsieur, que sûrement l'Espagne ne se joindra pas à nous dans ce moment pour traiter avec les Insurgens, mais si la guerre est le résultat de notre traité, quand même elle ne le voudroit pas elle seroit bien obligée d'y prendre part, les Anglois ne lui laisseront sûrement pas la possibilité d'adopter la neutralité, les possessions espagnoles en Amérique leur offrent une proye trop attrayante pour qu'ils n'essayent pas de réparer leurs pertes en en saisissant quelques lambeaux; l'Espagne, même en refusant de traiter comme nous avec les Américains sera donc la première exposée aux coups des Anglois; ce calcul est si simple que je ne conçois pas l'obstination du ministère de sa Majesté Catholique à ne pas s'assurer des Insurgens. Je n'ai pas voulu dans ce moment faire trop valoir cette considération, de peur d'aggraver nos prétendus torts aux yeux des ministres espagnols, et dans le fait s'il étoit possible que les Anglois fussent assez aveuglés pour croire à la neutralité de l'Espagne, il me semble qu'il ne pourroit en résulter un mal pour nous, car cette puissance offre tant de prise à l'ennemi que je crains bien que nous n'ayons plus de difficultés à la défendre que de secours a en tirer. D'ailleurs j'avoue que j'ai bien peu de confiance dans ses moyens, il y a à la verité, soit à Cadiz, soit dans les differents parages d'Amérique 40 vaisseaux de ligne armés, mais comment le sont-ils? et par qui sont-ils commandés? il passe pour constant que le vaisseau le St Augustin qui a été pris par les Portugais s'est rendu presque sans combat, on en apporte une preuve qui me paroît sans replique, il n'a eu que cinq hommes tués.

Il y avoit à la Havanne un officier de merite bon militaire, et homme de tête, on l'en a retiré il y a un an pour y placer un vieilard infirme, sans talents, et qui mande lui même qu'il est hors d'état de pouvoir rendre les services qu'on attend de lui. Si toutes les précautions de l'Espagne sont prises dans ce genre, on doit trembler au moment d'entreprendre une guerre conjointement avec elle.

Au reste, Monsieur, j'ai cru que l'objet que je devois avoir le plus en vüe dans les circonstances actuelles étoit de calmer l'humeur et l'aigreur qui pouvoient résulter du parti auquel le Roi a été forcé; j'ai travaillé de mon mieux auprès de sa Majesté Catholique, et auprès de son ministre, je ne saurois me flatter d'avoir entièrement reussi; tous les raisonnemens échouënt contre l'amour propre offensé, et l'Espagne accoutumée à faire adopter son avis dans presque toutes les circonstances, ne voit pas sans humeur que le Roi tient au sien, et le suit; cependant je ne suis pas mécontent de l'état ou sont les choses dans ce moment, il est beaucoup meilleur que le premier moment ne le promettoit. Sa Majesté Catholique et M. de Floride Blanche sont fort aigris contre M. d'Aranda; on est persuadé qu'il vous a poussé autant qu'il a pu au parti que le Roi a pris, lorsque l'on me l'a donné à entendre, ma réponse a été simple, le Roi ne se décide que d'après les raisons, et les circonstances, et le détail dans lequel vous entrés, Monsieur, dans le mémoire que j'ai communiqué à M. de Floride Blanche prouve assez combien sa Majesté a déliberé murement avant de se déterminer. D'ailleurs ce n'est pas d'aujourd'hui que la tendance de M. d'Aranda est vers la guerre, on sait s'il vous a déterminé dans le tems où il étoit possible de l'éviter, cette raison seule suffiroit pour prouver le peu d'influence de son opinion particuliere.

J'ai reçu, Monsieur, la dépêche n° 15. dont vous m'avés honoré le 16. de ce mois; j'en ai communiqué le contenu à M. le comte de Floride Blanche; il n'a rien changé à la résolution de sa Majesté Catholique. Ainsi, Monsieur, je n'ai rien a ajouter à cette lettre; les choses sont absolument dans le même état. On attendra ici pour prendre un parti la conclusion de notre traité avec les Insurgens, des éclaircissemens sur les conditions auxquelles nous aurons traité, et sur les moyens que nous aurons menagés à l'Espagne pour y intervenir. On veut aussi voir ce qui se passera en Angleterre à la rentrée du Parlement. Je ne puis vous dissimuler, Monsieur, qu'on persiste à être très faché que les choses ayent été portées si loin à Versailles; votre mémoire, malgré la force des raisons qui y sont exposées, n'a point converti, on est persuadé que les circonstances n'étoient pas aussi pressantes que vous l'avés cru, et si nous avons la guerre, ce qui paroit à peu près inévitable, on ne manquera pas de l'attribuer à notre négociation avec les Insurgens, et à la prétendüe publicité que nous y avons mis. On n'est pas étonné que les Américains se fassent valoir; recherchés par deux puissances comme la France et l'Angleterre il n'est pas étonnant qu'ils soient enorgueillis de leur position. J'ai répondu qu'il étoit assez simple que les Américains prévenus par l'Angleterre se rendissent difficiles, et que le prix auquel ils vouloient faire rechercher leur alliance, étoit le fruit de nos retardemens a traiter avec eux; cette réponse, quoique simple, et tirée de la position même des affaires n'a pas paru juste, et chacun est resté dans son avis. M. le comte de Floride Blanche croit qu'avant de se porter à quelques démarches hostiles, l'Angleterre proposera à la cour de France de s'expliquer cathégoriquement sur ses intentions, et qu'elle fera même quelques tentatives pour obtenir une neutralité telle qu'elle peut la desirer. Je lui ai demandé quelle seroit à votre place sa réponse dans ce cas; il m'a dit qu'elle dépendroit de l'état de la négociation avec les Américains, que comme il ignoroit où elle en seroit alors il ne pouvoit avoir aucun avis la dessus. Au reste, Monsieur, M. le comte de Floride Blanche a terminé cette derniere conversation, qui n'a gueres été qu'une répétition des précédentes, par me dire que quelque chose qui arrivat, Sa Majesté pouvoit être assurée de trouver dans le Roi Catholique un bon parent et un allié fidelle à tous ses engagemens; il a ajouté que si nous avions la guerre comme tout l'annonçoit, il croyoit qu'il faudroit que les deux Couronnes combinassent leurs opérations de manière qu'elles pussent se servir réciproquement, mais qu'on devroit éviter avec le plus grand soin la jonction des forces, qu'il ne pourroit en résulter que de mauvais effets; vous sentés, Monsieur, que je n'ai pu qu'applaudir à cette façon de penser que je crois très fondée, et que je sais d'ailleurs s'accorder parfaitement avec la votre.

On attend avec impatience la réponse que vous ferés, Monsieur, à la dépêche que M. le comte d'Aranda a eu ordre de vous communiquer, et dans laquelle M. le comte de Floride Blanche expose dans 16. articles les événements qu'il prévoit pouvoir arriver, et sur lesquels il propose ses vües, et vous demande les votres. Il seroit inutile que j'entrasse en détail sur cette dépêche, vous y aurés vraisemblablement répondu lorsque celle-ci vous parviendra.

On est encore dans l'incertitude relativement au départ de la flotte de la Verra-Cruz; il paroit cependant plus que probable qu'il n'aura lieu que dans les premiers jours de fevrier; le dernier paquebot courier a porté la nouvelle qu'on avoit publié le ban qui indique la clôture des registres pour le 12. janvier. Si, comme il y a toute apparence, on ne change rien à cette disposition, la flotte arrivera à la Havanne dans les premiers jours de mars, elle y séjournera ce mois pour laisser passer les vents terribles qui régnent dans ces parages à cette époque, et ne pourra entrer à Cadiz que dans les premiers jours du mois de juin, qui selon le cours naturel des événements sera le moment le plus critique. La seule chose qui jette un peu d'incertitude sur cette marche ce sont les ordres qui ont dû arriver au mois de septembre et qui étoient précis pour presser le départ de la flotte, mais il est bien vraisemblable que, tous les arrangemens pris, M. Ulloa qui persistoit dans son avis, n'en aura pas changé et suivra son idée; d'ailleurs au départ du courier paquebot, il n'y avoit pas encore la moitié des marchandises de vendües, et le trésor dont cette flotte est chargée, de 50. millions de piastres à quoi on le faisoit monter, est réduit à 24. ou 25. mais c'est encore bien assez.

On n'attend que dans le mois de juillet les vaisseaux qui reviennent de Buenos-Aires, ils sont au nombre de 9. vaisseaux de ligne et 8. frégattes.

J'ai l'honneur d'être avec respect, Monsieur, votre très humble et très obéissant serviteur.

Le Cte de MONTMORIN.

Espagne, t. 588, n° 58.

1778.

Dans le blanc de tête de cette dépêche M. de Vergennes avait écrit : *Rec. par l Epine le 4 fevrier,* et au-dessous : *Rep. le 6.* On était trop préparé, à Versailles, pour avoir besoin de plus de délai. Voici comment le ministre faisait connaître à son représentant la sanction donnée enfin à sa politique de persistance patiente et patriotique :

A Versailles le 6. février 1778.

L Epine qui est arrivé le 4. de ce mois m'a remis M. votre expedition du 28. du mois dernier ainsi que les lettres particulieres dont vous m'avés honoré; jai recû encore le meme jour par la poste ordinaire votre lettre du 22. n° 7.

Nous etions preparés aux traits d'humeur que vous avés recueillis M, et dont vous nous rendés compte; nous les avions prevûs et rien ne prouve mieux la force de notre conviction et consequement la necessite ou nous nous sommes vûs d'allér de l avant que notre perseverance dans une opinion qui ne se concilioit pas avec celle de la cour d Espagne et que nous aurions desiré que des circonstances moins imperieuses nous eussent permis de faire cedér a celle du roi d Esp^e et de son ministere. Vous connoissés M. la confiance entiere du Roi dans la sagesse et dans l experience du Roi son oncle, je vous ai entretenû plus d une fois de ma haute estime et de mon admiration pour la sagacité, les talens superieurs et les qualités eminentes du cœur et de l esprit de M. le Cte de Floride Blanche. M. le Cte de Maurepas partage ces sentimens; mais quelque soit notre disposition a la déférence pouvions nous et devions nous faire cedér l evidence qui nous pressoit a une complaisance que l Esp^e auroit eu droit et raison de nous reprochér si elle avoit produit les consequences dangereuses dont elle est susceptible. Peut etre en aurions nous courû le hazard, si l Esp^e nous confiant sa situation avec la meme franchise que nous lui avons decouvert la notre lorsque nous n avons pû nous rendre a ses instances, nous avoit permis d entrevoir les embarras qu elle eprouve et que nous etions bien loin de soupconnér. Comment imaginér en effet que cette puissance s etoit negligée sur les precautions tandis qu elle ne cessoit de nous les recommandér et de nous invitér a agir.

On revient toujours a recriminér sur ce que nous n avons pâs envoié l année derniere des troupes a St Domingue a l Espagne qu on nous indiquoit,

LOUIS XVI. FAIT ALLIANCE AVEC LES ÉTATS-UNIS. 759

observés M que c etoit a l ouverture du printems. Nous sèrions reprehensibles
si on nous avoit confié un projet quelconque, mais dans l ignorance ou on a
voulû nous tenir a cet egard, doit on s'etonnér que nous nous soions deffen-
dus d effectuér cette mesure dans une saison ou elle auroit ete manifestement
inutile et desastreuse, et que nous l'aions remise a un tems plus convenable,
ce qui a eu lieu; toutes nos troupes sont arrivées saines et sauves a leurs differentes destinations. Au reste il ne doit pas etre question M. de revenir sur le
passé vous devés meme eviter soigneusement de le rapellér. Une union aussi
intime que celle des deux monarques et des deux monarchies doit toujours
etre exemte de discussions ameres et ce n est pas de notre coté que nous voulons qu elles s'elevent.

 Je vois avec peine que le Roi C$\widetilde{\text{que}}$ et son ministre semblent rendre responsable M. le Cte d'Aranda de notre perseverance dans notre façon de pensér
et meme de nous l'avoir inspirée. Vous aves remarqué tres a propos M. que
nous avons scû lui resistér, lorsque les circonstances ne nous ont pas parû justifiér ses principes et ses vûes, mais je trahirois la verité si je ne vous assurois
dans l occasion presente que cet ambassadeur a porté la reserve si loin que
meme il s est refusé a aplaudir devant nous a notre façon de pensér quoique
je la croie tres identique avec la sienne; il a recû toutes nos communications
confidentielles du ton le plus passif et si je le connoissois moins je dirois du
ton le plus insouciant.

 L expedition que je vous ai adressée M. par le courriér de M. le Cte d'Aranda
parti le 31. du mois dernier repondant autant qu il etoit necessaire a toutes
les questions que M. le Cte de Floride Blanche nous avoit fait communiquér,
c est de l Esp^e que nous devons desormais attendre des solutions. Nous desirerions M. pouvoir remettre jusque là la consommation de nos arrangemens
avec les Americains, nous l avons retardée jusqu'au retour de votre courrier
pour voir si l Esp^e ne reviendroit pas de sa premiere repugnance. Nous sommes
trop avancés pour reculér a moins de vouloir rompre toute negociation ce
qui seroit aussi facheux que mal-adroit. Tout etant d'accord et les Americains
s etant pretés à acceptér le fond et la forme de nos actes, ils seront signés ce
soir. Vous voudrés bien le dire au Roi C$\widetilde{\text{que}}$ et a son ministre avec tous les
menagemens que vous trouverés necessaires, car quoi qu ils s'y attendent, la
nouvelle n en sera pas pour cela plus agreable. Au reste ma derniere depeche

1778.

vous donne tous les moiens de vous pretér aux latitudes que l Esp^e croira devoir prendre. Nous ne nous permettrons pas de la pressér plus qu elle ne voudra l etre. Nous avons prevenû les desirs du Roi C$\widetilde{q}$ue en lui ofrant dix v^x qui iront s'incorporér a son escadre de Cadix p^r assurér le retour de ses flottes, et nous devons esperér qu'on voudra bien y reconnoitre le sentiment d'amitié et d'interest qui nous dirige. Une reflexion simple, la flotte du Mexique qu'on annoncoit co^e une des plus riches qui fut encore revenû du nouveau monde le sera infiniment moins qu on ne le comptoit. La plus grande partie des marchandises se trouvant invendues; ors quelle est la cause de cette vente arrierée si non la contrebande enorme des Anglois. Quel plus grand interest pour l Espagne que de les eloignér de ses côtes!

Les Anglois nous ont fait a differens tems bien des insinuations captieuses mais jusqu'a present ils ne nous ont pas articulé la proposition d une neutralité, et je doute fort qu ils nous la fassent a moins que nous ne considerions comme une tendance a assurér la neutralite le droit qu ils s arrogent d'arretér et de saisir nos batimens a la sortie de nos ports. Ils viennent d en conduire un en Ang^{re} avec des expeditions que l on dit en bonne regle p^r St Domingue. Nous attendons des eclaircissemens sur la nature de sa cargaison pour nous determinér sur le parti a prendre. Quelque chose de plus serieux est l avis indirect que nous avons d une g^{de} expedition qui se prepare en Ang^{re}, laquelle sous pretexte d'etre dirigée pour l Amerique menaceroit quelque partie de nos cotes. Nous y avons l œil et j espere que nous serons a tems d'y parér. Déjà les ordres sont donnés pour se mettre en mesure par tout. Je souhaite M. que M. le Cte de Floride Blanche ne se laisse pas amusér par les deceptions angloises, il passe de frequens courriers anglois pour l Esp^e qui ne prennent pas la route de Calais et de Paris, ils suivent dit on celle de Dieppe, de la Normandie et de la Bretagne, vous etes a portée M. de verifiér ce qui en est; mais priés M. le Cte de Floride Blanche de ne pas oubliér que jamais le langage de l Ang^{re} n'a eté uniforme vis a vis de la France et de l Esp^e, sa sagacité saisira bien tost la raison de cette difference.

Je me reserve M. de repondre par une autre occasion a la lettre ou il est mention des affaires avec le Portugal, elles meritent qu on y pense. En attendant remercies bien affectueusement M. le Cte de Floride Blanche de la note confidentielle qu il vous a remise et assurés le d un secret inviolable de notre

LOUIS XVI FAIT ALLIANCE AVEC LES ÉTATS-UNIS.

part. Ce seroit avec bien du regret que je verrois cette negociation en ce qui nous concerne sortir de ses mains, il faut voir d'ailleurs ce qui viendra de Salvaterra.

Le Roi vient d'ordonnér d'augmenter son escadre de Brest de 6. v^x, elle se trouvera ainsi portée au nombre de 18 v^x. Le suplement a y ajouter aura lieu successivement.

Espagne, t. 588, n° 97.

Le 6 février 1778, les ministres de Louis XVI signaient, en effet, avec Franklin et Deane, les traités si impatiemment attendus par le Congrès. Les deux commissaires l'annoncent ensemble le 8 au président de l'assemblée américaine. Dans un autre pli, huit jours plus tard, la légation au complet en envoie officiellement le texte au *Comité des Affaires étrangères*, et l'expression spontanée de ses sentiments ne permet pas de douter d'une sincérité que tout leur commandait d'ailleurs. C'est du plus grand cœur qu'elle félicite ses concitoyens (*congratulate most heartily*) d'un évènement destiné, écrit-elle, « à imprimer à leurs Etats une consistance qui assure leur crédit, indique leur alliance aux autres puissances de l'Europe, renverse les espérances de leurs ennemis au dedans, au dehors, et fortifie leurs amis par toute sorte d'avantages [1] ». L'adhésion de l'Espagne à ces traités était réservée pour le jour où elle se verrait en disposition ou à même de s'y associer; la cour de Versailles restait ainsi soigneusement fidèle à ses promesses envers Charles III. Pour ce qui est de Franklin et Deane personnellement, ils retrouvent, en portant immédiatement ce résultat heureux à la connaissance du président du Congrès, la même expression de gratitude pour la France, d'admiration pour la droiture et le désintéressement du roi, dont ils avaient écrit le témoignage le lendemain du message apporté par Gérard à Passy, un mois auparavant. A quelque point de vue que viennent à se placer, en ce temps-ci ou

---

[1] *Diplomatic correspondence*, t. I, p. 364 : « B. Franklin, Silas Deane, Arthur Lee au Comité « des Affaires étrangères, Passy 16° fevrier 1778. »

dans l'avenir, les historiens de l'Amérique, ces manifestations de reconnaissance ne pourront être effacées ou ne paraîtront n'avoir été que le résultat d'une illusion passagère ou d'une déférence de forme :

Au président du Congrès.

Passy, 8ᵐᵉ février 1778.

Monsieur,

Nous avons aujourd'hui la grande satisfaction de vous annoncer, à vous et au Congrès, que les traités avec la France sont enfin conclus et signés. Le premier est un traité d'amitié et de commerce, tout à fait sur le plan de celui préparé dans le Congrès*; l'autre est un traité d'alliance, dans lequel il est stipulé qu'au cas où l'Angleterre déclarerait la guerre à la France ou occasionnerait une guerre en cherchant à entraver son commerce avec nous, nous ferions cause commune avec elle et unirions nos forces, nos conseils, etc. Le grand objet de ce traité est déclaré de tendre à « établir la liberté, la souveraineté et l'indépendance, absolues et illimitées, des États-Unis, en matière de gouvernement aussi bien que de commerce », et cela nous est garanti par la France, ensemble tous les pays que nous possédons ou, que nous posséderons à la fin de la guerre; en retour de quoi les États garantissent à la France toutes ses possessions en Amérique: Nous n'ajoutons pas plus de détails, attendu que vous aurez bientôt le tout par un envoi plus sûr, une frégate étant désignée pour porter nos dépêches. Nous vous disons seulement, et cela avec grand plaisir, que, dans tout le cours de cette affaire, nous avons rencontré chez cette cour le plus grand dévouement (*cordiality*), qu'on n'a ni pris ni cherché à prendre avantage de nos difficultés présentes pour obtenir de nous des conditions désavantageuses; mais telles ont été la magnanimité et la bonté du Roi qu'il n'a rien proposé que nous ne pussions accepter de bon cœur dans un état de prospérité complète et de puissance reconnue. Le principe posé à la base du traité étant, comme il est dit dans le préambule, « l'égalité et la réciprocité les plus parfaites », les privilèges commerciaux et autres sont mutuels, et aucun n'est accordé à la France que nous ne soyons libres d'accorder à toute autre nation.

---

* Ce *plan de traité*, avec l'ensemble des instructions données aux commissaires à son sujet, se trouve dans le *Journal secret du Congrès*, vol. VII, p. 7.

LOUIS XVI FAIT ALLIANCE AVEC LES ÉTATS-UNIS.

Au total, nous avons pleine raison d'être satisfaits de la bonne volonté de la cour et de la nation en général; nous espérons en conséquence voir le Congrès la cultiver par tous les moyens qui peuvent fonder l'union et la rendre permanente. L'Espagne étant en retard, il existe une clause séparée et secrète, en vertu de laquelle elle doit être reçue dans l'alliance, si elle le demande, ce qui n'est pas douteux. Quand nous signalons la bonne volonté de cette nation à notre égard, nous pouvons ajouter celle de toute l'Europe, qui, ayant été offensée par l'orgueil et l'insolence de l'Angleterre, désire voir sa puissance amoindrie; et tous ceux qui en ont reçu des injures sont, par un des articles, conviés à notre alliance. Les préparatifs de guerre sont menés avec une immense activité, et la guerre est attendue bientôt.

B. FRANKLIN. SILAS DEANE.
Diplomatic correspondence, t. I, p. 364.

Ainsi s'engageait enfin de nouveau, contre l'Angleterre, la partie désastreusement perdue en 1763 et sous le coup de laquelle, depuis, la France était restée courbée. Cet acte considérable avait été décidé par un roi très ordinaire, dans la chambre de malade d'un vieillard en qui ses contemporains n'ont vu que des qualités frivoles, sur le rapport d'un ministre de petite naissance, presque obscur, et devant un ou deux autres secrétaires d'État plutôt assistants qu'appelés pour leur avis. Anomalie apparente, mais non la première de ce genre que l'histoire ait vu se produire. Lorsque, au cours de la vie des nations, l'impuissance arrive, inhérente aux choses en quelque sorte, résultant des faits, il importe peu que ceux à qui il est devenu cher de la faire cesser soient secondaires, s'ils possèdent le moral capable de rendre la virilité. Au sein du cabinet de Louis XVI, qui semble infime par rapport à l'éclat que d'autres avaient eu, ou à côté du ministère du roi George, dans lequel de grandes situations et de vrais talents étaient au service d'une opiniâtreté fatale, l'amour de leur pays chez deux hommes de la génération précédente, et chez le roi la conscience des sentiments qui animaient la sienne, furent la force supérieure au lustre qu'on ne voyait pas. Si, du reste, en dehors de Choiseul, dont il ne voulut point et qui montra bientôt une sénilité précoce, le roi avait recherché, pour son gouvernement, les personnalités à qui la cour eût reconnu du lustre, qu'eût-il trouvé sinon des doublures du ministère d'Aiguillon? Ce qui se passait à ce moment, et qui intéressait tant l'avenir, a laissé la masse des politiques qui dataient de Louis XV assez inattentive ou indifférente non pour qu'aucun d'eux n'y prît pas des occasions de dénigrement ou d'opposition, mais pour que pas un ne se soit donné la peine d'en transmettre à l'histoire un récit ou une critique, un blâme raisonné ou un éloge.

ANNEXES DU CHAPITRE XI.

I

OBJECTIONS DU GOUVERNEMENT DE CHARLES III.

TRADUCTION DE LA LETTRE DE M. LE COMTE DE FLORIDE BLANCHE
À M. LE COMTE D'ARANDA.

De Madrid le 23 x^{bre} 1777.

M.

J ai rendù compte au Roi de la lettre de V. E. du 13 de ce mois, de celle de D^n François Escarano qui l'accompagnoit et de tous les autres memoires ecrits et papiers que V. E. m'a remis et qui m'ont ete delivrés par l'ambassadeur de France avec deux depeches de sa cour et une lettre confidentielle du Cte de Vergennes.

Je puis assurér V. E. que Sa M^{té} s'est fait instruire du tout avec la plus scrupuleuse exactitude et dans la plus grande etendue, et apres avoir entendu ses ministres et les personnes de sa plus grande confiance, elle m'a ordonné de prevenir V. E. qu elle rende graces en son nom royal au Roi T. C. son neveu cheri, de la consideration, de la sincere intimité et de la deference cordiale qu'il a montrées au Roi son oncle dans les presentes circonstances critiques; et qu elle l assure qu il trouvera les memes sentimens dans S. M. et la correspondance la plus fidele, la plus constante et la plus tendre.

Le Roi veut aussi que V. Ex^{ce} fasse connoitre a ce ministere et specialem^t a M^{rs} les C^{tes} de Maurepas et de Vergennes toute la gratitude que lui inspirent leur zele et leur conduite pour le Roi leur maitre et la confiance qu ils ont et qu ils inspirent aussi au notre. C est p^r quoi sa M^{té} a voulu et veut que je vous explique avec toute franchise sa maniere de pensér et que V. E. la communique sans reserve aux susd^{ts} ministres; les desirs de S. M. ne sont pas de disputér et de faire prevaloir son opinion mais d executer ce qui paroitra de plus assuré et de plus conforme au bien et a la gloire des deux monarchies.

Cela suposé je dirai a V. E. que durant le sejour a St Ildefons Sa M^{té} a expliqué sa situation et ses intentions touchant la conduite qu on auroit a tenir avec les deputés des colonies insurgentes. L arrivée de notre flotte de la Nouvelle Espagne et le retour de nos forces de terre et de mer de Buenos Ayres ont eté et sont deux objets d'inquietude dont on ne peut faire abstraction. *Toute demarche un peu vive que nous pourrions faire avec les deputés, pourroit servir de pretexte a nos ennemis pour tombér a l improviste avec toutes ses forces maritimes sur ces deux grands objets pour l Esp^e et alors elle se trouveroit dans l'impuissance ou souvrainement affoiblie pour faire la guerre;* sujette aux caprices de ses ennemis; devenue l'ignominie du monde; et la nation angloise enorgeuillie et prete a facilitér a son Gouvernement les secours qu il demanderoit a la vue d'un coup aussi brillant*.

Si lors qu'au commencement de l année on pensa a placér une escadre de 12 v^x de ligne a St Domingue et un certain nombre de troupes francoises, la France s'y etoit pretée, on se proposoit dans le cas ou on auroit du se ressentir contre les Anglois, d arretér et de retenir dans l interieur de la Nouvelle Espagne les capitaux de la flotte, et de nous servir de nos forces de Buenos Ayres dans une autre partie de l Amerique.

Il ne s agit pas de reconvenir la France sur l'opinion qu elle forma alors et que nous avons respectée. Mais nous desirons nous disculpér de l embarras ou nous nous trouvons par le parti separé qu elle a suivi, *d ou il resulté que notre flotte et nos forces de Buenos Ayres doivent revenir en Europe, sans que nous memes nous sachions le tems ou elles arriveront ni que nous puissions leur donnér une autre destination.*

On dit que le pas a faire avec les deputés americains sera secret et qu on fixera l epoque de notre declaration a l epoque qui nous conviendra. Il faut ne pas connoitre le grand interest que les Colonies ont de publiér nos promesses et nos dispositions pour se fiér a leur secret. Dans la copie de la lettre que l ambassad^r de France m'a remise et qu'on supose ecrite au docteur Francklin de Boston le 24 8bre son auteur se contente a ce qu'a deffaut d une alliance avec les deux Couronnes ou d un secours d'argent, *les Colonies fassent tout ce qui dependra d elles pour faire croire qu elles prennent part avec les Americains dans cette guerre.* J ai dit qu on supose ecrite parce que les dernieres feuilles de cette lettre ne sont pas du meme stile que les premieres et tres analogues au stile du docteur Francklin et de l'auteur des memoires qu on lui a attribués. C est pour cela que tout ce qu on a fait jusqu a present avec ces députés a eté scû des Anglois. L envie de nous mesler dans leur guerre et de donner de la vigeur aux foibles de leur nation a engagé leurs chefs a repandre sous main beaucoup plus d esperances en nous et plus de dispositions que nous n en avons

---

* Rechercher dans la correspondance la datte précise de la demande de l Esp^e de l'envoy d une escadre et d un corps de troupes francoises à St Domingue.

pour eux. Et si les deputés et leurs correspondans ont eté secrets, nous devons craindre que les Anglois ont trouvé des moiens de savoir tout ce qui se passe et qu ils n en manqueront pas desormais. Les dernieres conferences du ministere de France avec les deputés suffisent seules pour que l Ang^{ro} redouble de vigilance et de maneje pour etre instruite de tout, etant comme elle l est accoutumée a y reussir.

On repliquera que le moment est critique et que si nous le perdons nous aurons la guerre avec l augmentation de puissance que donnera a nos ennemis une alliance avec les Americains. Le Roi connoit l importance du moment mais cette crainte prevûe ne lui a pas causé la moindre surprise. Pour cela S. M. a eté constante dans ses mesures et elle n a pas perdu de tems a envoier des emissaires aux Colonies et de preparér d autres moiens pour faire evanouir les coups de ses ennemis et leurs negociations. Cette vigilance de S. M. a eté accompagnée d une grande circonspection pour ne pas se laissér seduire par les mano'uvres des parties belligerantes qui veulent préférer leur interest au notre. Ainsi en consequence de la franchise promise, le Roi dit qu il ne peut pour le present se persuadér que le moment soit plus urgent et plus instant qu il ne l etoit il y a quatre mois et que pour cela il faut considerér l etat et les dispositions des Americains et celui de la nation angloise en observant celle ci suivant l objet et le mouvement de ses differens partis.

Si tout ce que les Americains nous disent est vrai, ils se trouvent maintenant dans une situation tres avantageuse. Quand le Congrès ecrivit dernierement a ses deputés a Paris le pressant pour obtenir quelque declaration, il ignoroit l heureux succès de ses troupes contre le general Burgoyne; ainsi il n est point etrange que Vashington aiant abandonné Philadelphie et aiant eté repoussé le Congrès reclama des secours effectifs. Les evenemens posterieurs ont retabli precisement la vigeur et les esperances des Americains; et quoi qu ils insisteront toujours pour que nous nous declarions et que nous nous meslions de leur guerre comme ils l ont fait dès le commencement il n y a pas a craindre que dans ce moment ils perdent courage, se soumettent a la metropole *ni s accomodent sans la condition d une liberté absolue et d autres tres avantageuses.*

On nous dira, c est ce qu on craint de la part des Anglois, savoir qu ils accordent tout ce que les Americains demanderont pourvû qu ils fassent une alliance avec eux, et opposent comme l expliquent les partisans de l opposition un pacte de famille a un autre pacte de famille.

Cette idée est apuyée par les differentes questions agitées non seulement par les partisans de l opposition mais aussi par le Lord North et d autres individus du ministere anglois et du parti de la cour. A cela se joint l anecdote d'une negociation commencée entre S. M. B$\widetilde{que}$ et le Lord Chatam, dans laquelle on conjecture qu il est question d'un changement de ministere et d une grande tempeste contre la maison de Bourbon.

Le Roi a fait les plus serieuses reflexions sur tous ces objets et apres l avoir combiné avec l etat des choses et toutes leurs circonstances il persiste dans l avis que seulement notre conduite et nos mouvemens sont capables d accelerér l ajustement et l accomodement anglois, a la condition d une liberté absolue que pretendent les Colonies. Si nous sommes reservés et circonspects S. M{té} dit qu on ne peut sans un tems infini et sans beaucoup de difficultés combinér les interets des Anglois et des Americains et particulierem{t} dans leurs gouvernemens libres ou mixtes, remplis en tout d embarras. Mais si par nos maneges actuels ou par d autres publicités nous donnons pretexte pour que le ministere anglois actuel ou futur sauve par les aparances de la necessité ou *de notre perfidie,* l honneur national, le cas pourra arrivér de reduire l orgeuil anglois a demandér la paix a ses colonies a toutes conditions.

Sa M{té} comprend que dans le premier mouvement de la disgrace arrivée a Burgoyne, l etourdissem{t} a emporté cette fiere nation dans les expressions et dans les questions qu on nous raporte et qu on nous ecrit. Mais le Roi reflechit aussi que le moment d une commotion extraordinaire passé et les esprits calmés ils penseront murement s il leurs convient de se livrér des a present au parti honteux de demandér la paix a leurs sujets rebelles sans autre avantage pour la metropole que d en faire des alliés pour allumér une nouvelle guerre contre la maison de Bourbon et continuér les exactions, les taxes, les depenses et les calamités des Americains et des Anglois. Reste a savoir si quand la metropole penseroit de cette maniere il lui seroit facile d introduire entierement ses idées dans les peuples des Colonies et dans leurs têtes pleines de peines et d animosité, pour que cela se fit en peu de jours.

Il est vrai que Francklin et les autres deputés diront qu on les presse, qu on leur offre des partis et qu il faut se decidér dans le moment. On doit croire aussi que la cour de Londres fait par ses emissaires tous les efforts possibles pour seduire les Colons et leurs chefs comme elle l a deja fait avant. Mais pour cela meme il faut une grande sagacité pour ne pas nous fascinér et nous mettre au bord du précipice d une guerre prématurée de laquelle quelque coup fatal doit retomber sur l Espagne qui est celle qui a le plus a perdre dans les circonstances actuelles.

Il reste a resoudre. Que devons nous faire et quel parti prendrons nous? La cour de France incline a faire un traité d'alliance et de commerce avec les Colonies se reservant de le rendre public a l epoque qui nous conviendra. Au moins on nous dit que nous ofrions de faire ce traité et que nous prenions tems pendant la negociation pour ce qui nous conviendra.

Le Roi entend que faire le traité ou l ofrir est le meme pour son point d honneur royal et que c est la meme chose pour nous exposér a un coup de represailles de la part de nos ennemis sans declaration de guerre aussitost qu il transpirera que nous negocions, co° on doit croire que cela arrivera.

Un traité qui reconnoitroit l independance de ceux que la cour de Londres regarde comme des sujets rebelles seroit reputé comme le plus grand acte d offense et d hostilité pour en prendre aussi tost satisfaction par la voye de fait.

Cette persuasion est celle qui oblige a chercher un moien analogue qui nous donne autant qu'il est possible du tems et nous assure prudemment des Colonies.

S. M. trouve encore des considerations relatives a sa dignité royale et a celle des deux Couronnes p^r anticipér la reconnoissance de l independance et un traite d alliance avec les insurgens sans faire precedér d'autres circonstances et d'autres formalités. Les protestations et declarations d'amitié faites à la cour de Londres, que le ministere de France a provoquées dans un autre tems repugnent egalement trop a la facon delicate et honnete de penser du Roi pour qu il soit inconsequent : tandis qu il n'aura pas de preuves plus claires qu on medite une attaque formelle, contre ses domaines ses droits et ses prerogatives.

Mais le Roi observant que dans la lettre citée de Boston qu on supose ecrite au docteur Francklin, les clameurs par lesquelles elle se termine se dirigent principalement a demandér de l argent Sa M^{té} reduit son avis a ce qu on dise aux deputés qu on les secourera abondament autant que le permettra la force de la Couronne, en leurs en envoiant apres un mois avec peu de difference une bonne quantité, et une bien plus forte après *six mois*. Pour l instruction de V. Ex^{ce} dont elle fera un usage oportun, la premiere liberalité ne sera pas moindre de trois millions de reaux (750,000^{tt}) aussitost que le navire le St Julien que nous attendons sera arrivé, et peut etre la seconde excedera t elle six millions d'abord après l arrivée de la flotte, sans nous bornér a cela selon que les circonstances le permettront, pourvû qu on nous donne du tems et que les deputés et leurs principaux nous gardent secret et fidelité.

Que Sa M^{té} ne seroit pas eloignée d entrér en negociation avec les Colonies dont elle plaint le sort si de grands motifs exterieurs et interieurs de politique, justice et honneteté, ne l empechoient de se preter aujourd hui aux propositions des deputés; mais qu en echange si les Colonies veulent pour le present se servir de la protection du Roi dans quelque cas ou elle seroit necessaire pour obtenir un ajustement honorable ou pour assurér celui qu elles feroient par elles memes Sa M^{té} s'y pretera avec le plus grand effort et de tout son pouvoir : dans la supposition qu elles communiqueront toutes les demarches qu elles feront a cette fin, elles et leurs deputés; et toutes celles qui pourront egalement leurs etre faites de la part de la metropole, sans s'exposer au ressentiment du Roi si on decouvroit quelque manege caché ou quelque duplicité dans la negociation.

Que ces explications reservées devront se faire avec la plus grande circonspection en etablissant quelque moien de s'entendre avec les deputés sans qu'il y paroisse et sans donner de motifs aux discours et a la malice de tant de gens qui nous observent qu'on charge a Londres nos ministres d'etre fort attentifs a observér et a nous avertir non seulement des mesures que l'on prendra pour continuér ou non la guerre avec les Colonies, mais aussi ce qu'ils decouvriront touchant le changement du ministere.

Que nos ministres tiennent en ce point dans un tems et d'une maniere opportuns un langage uniforme pour insinuer combien nos cours peuvent varier dans l'opinion amicale ou elles ont eté pour la cour de Londres si elles voient qu'on pense a mettre a la tête des affaires des personnes notoirement ennemies de la maison de Bourbon, et remplies de maximes contraires a la tranquilité publique.

Et que D^n Francois Escarano a qui S. M. B^{que} a nombré le desir que le Roi envoia pour successeur du prince de Masseran une personne pacifique cherche l'occasion de faire entendre la necessité qu'il y ait en echange a la cour de Londres un ministere pacifique et impartial.

Ce sont la les objets principaux de la resolution de S. M. qui desire qu'on attende a voir le parti que l'Ang^{re} prendra dans ces mois pour observér avec la plus grande clareté et nous decidér sans embarras. Sa M^{té} seroit fachée que son avis arriva tard et qu'une acceleration inattendue nous mit avant le tems dans des engagemens funestes et nous obligea a des recours violents et extraord^{es}.

Quoiqu'on ait communiqué ici la substance de cette resolution a l'ambassadeur de S. M. T. C. on ne lui a point remis copie de cette depeche dans la supposition que V. E. la donnera au ministere.

Je termine cette lettre en assurant V. E. que le Roi demeure dans la ferme idée qu'a toute sorte de titres et de raisons on doit continuer en Espagne et en France les preparatifs et toutes les dispositions actives meditées et convenûes anterieurement pour nous trouver prets a tout evenement.

Espagne, t. 587, n° 127. (Copie et traduction de M. de Vergennes.)

II

AVIS DES DÉMARCHES DU CABINET DE LONDRES POUR SÉDUIRE LA LÉGATION DE PASSY.

1. GRAND À M. LE COMTE DE VERGENNES.

Monseigneur

La lettre dont vous m'avés honoré le 3o m'a ouvert les yeux sur une ruze dont je ne me doutois pas; j'avoue mon imbecillité, mais heureusement son auteur n'en a retiré aucun avantage.

M⁺ Hutton chef des moraves d'Amerique et d'Europe agé de soixante et dix ans parti vendredi de Londres arriva hier après midi chez mon frère, où il se reclama de moi qui l'ai beaucoup connu en Suisse il y a dix huit ans. Il nous dit qu'il venoit èxprès pour voir son ancien èt intime ami le docteur Franklin, qui s'y rendit dans la soirée. Leur entrevue fut aussi cordiale que tendre, et leur conversation fort animée pendant deux heures.

Cet homme voit beaucoup le Roy et la Reyne, dont il est èstimé comme de tous ceux qui le connoissent, par une suitte de ses vertus et de sa probité reconnues. Si c'est un nouvel emissaire, je le regarde comme plus dangereux que tout autre par une suite de son mèrite, de la confiance qu'il inspire et de ses anciennes liaisons. Il me dit rondement dans la conversation qu'il avoit eu une confèrence tête à tête d'une heure avec le Roy, que ce prince qu'il adore ne rèspiroit que la paix, qu'il en avoit donné une preuve en mettant fin à la derniere guerre aussitôt qu'il l'avoit pu et que pour terminer celle cy, il ètoit disposé à accorder aux Amèricains tout ce qu'ils pourroient demander èxcepté le mot d'*indèpendance*.

Il m'ajouta que quand la maison de Bourbon auroit sacrifié vint millions sterlins pour faire casser la tête des Anglois par des Anglois mêmes, le ministère n'auroit pas pû mieux la servir, qu'il ètoit tems de mettre fin à cette boucherie et de prèvenir la ruine entière des deux peuples.

Je suivrai de concert avec M⁺ Dean qui partage mes doutes, les dèmarches de cet honnête homme pour vous en rendre compte, en attendant je rèste fort tranquille sur la probité et la fidelité du docteur dont j'èspère qu'il ne fera pas un prosèlite.

Mon frère rèunit les vœux aux miens pour vôtre conservation si nècèssaire au bonheur du royaume et à celui des individus qui comme nous sont assez heureux pour en connoitre le prix et avoir part à vos bontés que nous nous efforçons toujours de mèriter.

Je suis avec un proffond rèspect Monseigneur, votre très humble et très obèissant serviteur.

GRAND.

Le 1ᵉʳ de 1778.

Angleterre, t. 528, n° 1.

2. CHAUMONT À M. LE COMTE DE VERGENNES.

M. Huton chef morave d'un genie superieur et d'unne probité a toutte epreuve, cheri du roy d'Angleterre et de ses ministres est venu hier a Paris pour y conferer avec son ancien et intime ami le docteur Franklin. A la premiere entrevue on a parlé de pacification et on a pris jour a samedy prochain pour se revoir. Le loyal M. Franklin ne voudra peut estre pas compromettre son ami avec la cour d'Angleterre et gardera le tacet peut estre sur sa mission. Mais je crois pouvoir assurer Monseigneur le comte de Vergennes qu'il n'y a rien a redouter de M. Franklin tant qu'il croira que sa patrie ne peut estre asservie.

Chaumont suplie Monseigneur le comte de Vergennes de luy garder le secret sur l'avis en question, parcequ'il n'a pas cru devoir demander la permission a Monsieur Franklin de l'informer.

Ce 1ᵉʳ janvier 1778.

Ibid., n° 3. (Écriture de Chaumont; la date est de la main de M. de Vergennes.)

3. BEAUMARCHAIS À M. LE COMTE DE VERGENNES.

Paris ce 1ᵉʳ janvier 1778.

Monsieur le Comte.

Je me hâte de vous apprendre qu'un nouvel exprès envoyé par Lord North est arrivé hier a Paris. On ne l'a pas perdu de vue depuis son départ de Londres. Il a ordre d'ebranler la députation a quelque prix que ce soit. Peut etre mesme est il porteur du sauf conduit du Roi dont je vous ai parlé! On le croit du moins.

C'est le cas ou jamais de crier *tu dors Brutus*. Mais je suis bien sur que vous ne dormés pas : de votre coté vous voyés que je ne veille pas mal non plus.

Soyés certain aussi que les ministres anglais ne contiennent le ressentiment universel qu'en assurant tous leurs amis, qu'ils travaillent sincérement a la paix de l'Amérique et qu'il vaut autant pour la nation qu'ils la fassent que les Lords Chatam et etc., etc.

Le roi d'Angleterre a promis au Lord Germaines de sacrifier Burgoine et de le soutenir; mais le peuple et l'opposition soutiendront ce dernier, et son arrivée et la rentrée décideront tout, si tout n a pas eté déja décidé avant ce moment.

Ainsi la paix avec l'Amérique parait absolument résolue voila ce que l'on m'écrit tres expressement et c'est a la suite du nouvel agent d'Angleterre que m'arrivent ces notions...

[La suite de cette lettre est employée par Beaumarchais à exprimer ses regrets de se voir supplanté par Grand dans les rapports de confiance avec la légation du Congrès et à justifier avec émotion les actes dont on faisait alors de graves griefs contre lui. Nous avons transcrit cette partie à l'annexe II du précédent chapitre.]

Angleterre, t. 528, n° 2.

III

NEGOCIATIONS EN VUE D'AVOIR LE CONCOURS DE L'ESPAGNE.

1. LE COMTE DE VERGENNES AU COMTE DE MONTMORIN.

(Lettre secrete.)

A Versailles le 16. janvier 1778.

J ai recû M. la lettre n° 142. que vous m avés fait l honneur de m ecrire le 29. du mois dernier et votre lettre particuliere de meme datte.

Nous ne nous eloignons pas de l opinion ou est M. le comte de Floride Blanche que les ministres anglois ne se porteront pas facilement et sans une necessité urgeante a prononcér l independance absolue des Americains, mais dans l impuissance presque phisique ou ils sont de la leurs arrachér ne pouvant pas se dissimulér que tous leurs efforts quelques considerables qu ils puissent etre seront desormais insuffisans pour rapellér a la soumission ce peuple bien determiné a la leurs refusér, ne peut on et ne doit on pas prevoir q'un ministere quelconque bien convaincû qu il ne lui reste plus et a l Etat d autre voie de salut pour prevenir les plus grands malheurs, ne se resoude quoiqu avec repugnance a reconnoitre l independance politique des Americains pour formér avec eux une coalition politique, dont le resultat ne pourroit etre indifferent aux deux Couronnes et leurs seroit meme tres redoutable.

Je ne reprendrai pas ici, M, une matiere qui a eté en quelque sorte epuisée dans les precedentes expeditions; on objectera peut etre que nos raisonnemens ne portent que sur des conjectures et que celles ci sont sujettes a erreur. Mais quand ces conjectures sont eclairées par les faits elles prennent la place de la certitude. Je vous ai informé successivem^t M. de toutes les insinuations orales et par ecrit dont nous avons eu connoissance qui ont été faites aux deputés americains; le but de l Ang^{re} y etoit sensible, la reunion proposée menacoit plus ou moins immediatement, mais toujours tres ouvertement les deux Couronnes. La tendance du ministere anglois a la guerre contre nous s'est manifestée du moment ou il a vû ses esperances renversées par la capitulation de Burgoyne. Cette tendance n'a rien perdû de sa force, elle semble meme en acquerir chaque jour, et si M. d Escarano donne a sa cour les memes avis que nous recevons de M. le Mis de Noailles il n'est gueres possible que nous nous flattions encore de conserver longuem^t la paix. Je vois les choses a un tel point de crise que je ne compromettrois pas pour sa durée d ici au 1er fevrier.

Ce n est surement pas p^r menacér l'Amerique qu'on dispose tout ce qui est necessaire pour faire camper 20^m hommes de milice, qu'on augmente et qu on presse l armement des plus gros v^x. Si nous manquions de lumieres sur les veritables dispositions de la cour de Londres, voici une decouverte qui expliquera ce qu elles pourroient avoir encore de douteux.

Vous aures probablem^t entendu parler M. d un certain anglois nommé M. Forth; il etoit ici l agent secret et meme l espion des Lords North et Mansfield; il s'etoit procuré des accés chez M. le Cte de Maurepas. Il est reparti depuis quelques jours sous pretexte d'affaires personnelles; mais il a eu l indiscretion dans une orgie qui a precedé son depart ou suivant sa louable coutume il s etoit enivré, de communiquér a un de ses compagnons de debauche deux lettres du Lord North. Par la premiere le ministre l'invite a revenir sans autre explication; par la seconde il le presse de revenir et lui dit qu il a besoin de lui pour convaincre les incredules (sans doute le Lord Mansfield) et s exprime sur notre compte d une maniere tres leste et la plus convaincante d un parti pris. Vous pouves comptér M. sur la verité de cette anecdote.

Les choses dans cet etat, il est facheux que notre negociation avec les Americains n'ait encore pris aucune consistance, il seroit bien cruel qu ils nous echapassent, ces gens la se montrent infiniment plus difficiles et plus moroses que nous ne devions le croire. Leur premier mot lorsque je les ai fait sondér et ils ne l ont pas encore tout a fait retracté a eté qu il n'y avoit q une guerre immediate qui put leurs faire prendre l engagement de ne faire aucun arrangem^t avec leur metropole sans notre aveu. Je ne puis pas vous dire si nous les trouverons plus faciles par la suite; pressés par les raisonnemens qui leurs ont eté faits ils ont parû se raprochér un peu de nos principes et de nos vues. Ils ont moins insisté sur une declaration actuelle, ils ont meme laissé entendre qu on pourroit la compensér par une stipulation de subsides. Tout cela est encore bien dans le vague et nous ne pourrons juger certainement de leurs veritables intentions que d'après leurs remarques sur les projets a la redaction desquels je travaille. Ce dont vous devés etre assuré M. et que je vous prie de certifiér est que nous ne nous ecartons point de la marche sage et graduelle qui a fait l objet de mon expedition du 8. de ce mois.

Nous partageons ici bien veritablem^t M.^{r} l incertitude et meme l inquietude que l on eprouve en Espagne au sujet de la flotte du Mexique. Il devroit paroitre incroiable que M. d Ulloa malgré la precision de ses ordres eut osé prendre sur lui d en retardér le depart de quatre mois. Mais le vaisseau le St Jullien qui doit precedér cette flotte n etant pas encore arrivé, il n est que trop aparent que le command^t espagnol n'en aura voulu faire qu'a sa tête. Si on etoit encore a tems de la contremandér il n'y auroit peut etre pas a hesitér. Du moins la cour d'Espagne ne doit negligér aucune des plus fortes precautions pour sa sureté. Les Anglois ne sont pas asses en forces de l Amerique aux Canaries pour pouvoir entreprendre sur cette flotte, c est donc sur ce dernier point que doit se portér la vigilance et les precautions de la cour d Esp^e.

J ai l honneur d etre avec un sinsere et fidele att. M.

Espagne, t. 588, n° 23.

2. M. LE COMTE DE FLORIDE BLANCHE À M. LE COMTE D'ARANDA.

Traduction.

(Expedition du 13. janvier 1778), remise par M. l ambassadeur d'Espagne le 21. meme mois.

Monsieur,

Dans l'expédition du 23. x^{bre} dernier que j'adressai à V. Ex^{ce} par l'extraordinaire que dépècha l'ambassadeur de France à sa cour, j'exposai très au long la façon de penser du Roi, pour que, sans abandonner ni indisposer les colons américains, nous pussions gagner du tems, savoir le parti que prendroit l'Angleterre, voir plus clair dans ses projets et nous décider sans précipitation.

Par les nouvelles postérieures et par celles que V. Ex^{ce} m'a communiquées dans sa dernière lettre du 28. du même mois de décembre nous voyons que le ministère et le Parlement d'Angleterre se sont aussi donné le tems de la reflexion, et qu'en attendant, les dispositions et les tentatives qu'ils font pour s'arranger avec leurs colonies, roulent sur l'article présupposé de sauver la souveraineté de la métropole et la sureté de la navigation, et qu'ils adoucissent leurs prétentions par l'aménité et même l'ambiguité de leur langage.

V. Ex^ce fait dans la même lettre un raport exact des manœuvres des deux partis de la cour et de l'opposition découvertes par le docteur Beneroff, et tendantes à charger trois membres du parti de l'opposition de former un plan d'accommodement avec les Américains : ces avis s'accordent avec ceux qui nous sont parvenus directement de Londres, et par lesquels nous avons appris que le ministère actuel rassuré sur sa stabilité par la parole de Sa M^té Brit^e, veut adroitement compromettre les dits trois membres de l'opposition par un projet d'accommodement dont l'inutilité détrompe la nation et la porte à s'engager dans une autre campagne, que ce monarque desire de faire encore pour tenter le sort des armes.

Cependant, comme Sa M^té veut mettre à profit le tems qu'elle est d'avis que nous prennions pour être prets à tout évènement, et que nous touchons à l'époque, fixée par la cour de Londres au 2. fevrier pour l'examen du parti qu'il lui conviendra de prendre, Sa M^té a jugé indispensable que j'eusse, par l'entremise de V. Ex^ce, quelques explications avec le ministère de Versailles, afin que, dans tous les cas résultans de la situation critique, ou pourroit se trouver l'Angleterre, nous procédions d'un commun accord et d'après un plan formé et concerté d'avance sur les moyens les plus efficaces et les préparatifs nécessaires pour assurer le succès de nos vues. Attendu la multiplicité des cas qui peuvent survenir et des mesures que nous avons à prendre plus ou moins urgentes, ou possibles, Sa M^té m'ordonne d'exposer ici franchement et sans dissimulation nos idées, nos vues et nos craintes. Cette franchise est une suite de l'étroite amitié et de l'union qui regnent entre les deux cours, et de la confiance mutuelle avec laquelle elles doivent se communiquer leurs desseins, leur situation et leurs moyens. Quoiqu'il ne soit pas possible de tout faire ni de remedier à tout, la prévoyance et la confiance reciproque ne sauroient nuire.

1° Partant de la supposition qu'il n'y aura point de changement dans le ministère anglois actuel et qu'il pense à faire une autre campagne contre les colonies de l'Amérique, nous devons examiner de concert s'il convient de prévenir l'exécution de ce projet par des négociations et des démarches qui l'en détournent, ou si au contraire il est plus convenable et plus prudent de le laisser s'engager de nouveau et de nous borner à soutenir les colons en leur donnant sécretement des secours et en leur offrant uniquement de ne pas les abandonner, à condition qu'ils ne nous donneront pas des motifs fondés de soupçonner qu'ils traitent, à notre insu, de s'arranger et de s'unir avec nos ennemis contre nous.

2° Dans madite lettre du 23. x^bre je fesois mention du cas où le ministère britannique venant à changer, il y entreroit des personnages ennemis de l'Espagne et de la France de la part desquels nous serions fondés à soupçonner des vues hostiles, soit par leur caractère, soit par l'expérience du passé, soit par les mesures qu'on leur voit prendre : alors il conviendroit aussi de concerter entre nous, après nous être expliqués avec la cour de Londres, s'il est à propos de commencer ou de poursuivre avec chaleur nos démarches pour un accord avec les Colonies.

3° Dans le cas dont il s'agit, il faudroit, avant de s'arranger avec les colons, que leurs députés résidans à Paris eussent reçu les éclaircissemens et les instructions qu'ils ont demandé aux chefs du Congrès, àfin de ne pas nous exposer à traiter avec des gens qui n'auroient ni les lumières, ni le caractère ni les facultés compétentes, relativement à l'état actuel des Colonies, et c'est sur quoi nous desirerions savoir si nous aurions longtems à attendre les eclaircissemens nécessaires, ou si lesdits députés résidans à Paris ont déja envoyé des propositions formelles au Congrès.

4° Il doit aussi entrer en considération si, indépendamment de ce que nous venons de dire, la bonne politique exigeroit aussi que nous attendissions, à moins que la nécessité des circonstances ne s'y opposât, les avis des émissaires que nous avons dans les Colonies, afin d'avoir par nous même une connoissance moralement certaine de l'etat des choses dans ces provinces, de l'opinion que nous devons avoir de leur fidélité et de leurs forces, relativement aux négociations qu'elles auront entamé avec leur métropole, des partis et des propensions qui y prévalent, de l'intérêt et des avantages qu'elles en attendent.

5° Comme il est possible que la guerre se déclare pendant cette négociation, soit parce que les Anglois pénétreront ou soupçonneront nos dispositions, soit pour d'autres motifs, il est juste et nécessaire de concerter les précautions et un plan d'opérations défensives ou offensives contre toute hostilité anticipée de la part de nos ennemis, et comme nous avons lieu de craindre que le cas dont il s'agit n'arrive, et que nous devons en éviter autant que nous pourrons les suites facheuses, nous attendons d'etre eclairés sur les justes mesures à prendre dès à présent.

6° La sureté du retour de la flotte et des forces de terre et de mer qui viennent de Buenos Aires devant être comprise dans nos objets de défense, il paroit nécessaire de prendre un parti qui nous mette à l'abri d'un coup fatal de la part de l'Angleterre, et, s'il s'agit pour cela de faire sortir des escadres plus fortes que les escadres angloises, il faudroit que les deux cours convinssent du nombre de vaisseaux que chacune devroit fournir, du tems et du lieu, et qu'elles combinassent et reglassent de concert leurs opérations, ou qu'elles prissent, si elles l'aimoient mieux, le parti de distraire et d'occuper nos ennemis de manière à les mettre dans l'impossibilité de partager en même tems leur attention entre se défendre et nous attaquer.

7° Il est d'autres objets principaux que nous devons incessamment mettre à l'abri de toute invasion; tels sont les îles de St Domingue, de la Martinique, de Puerto-Rico, la place de la Havanne et la côte de la province de Caracas, sans parler à présent de plusieurs autres points auxquels les Anglois pourroient penser : il convient donc de se mettre d'accord et de savoir sans aucun délai comment et avec quelles forces de mer ou de terre nous pourvoirons à la sureté de ces différens postes, si nous y employerons celles que nous avons en Amérique, ou si nous en enverrons d'Europe. Il faut convenir des dispositions qu'il y a à faire, sans perdre de temps ni abandonner les projets indiqués dans l'article précédent, et sans jamais perdre de vue le cas possible où l'Angleterre voudroit se servir des troupes et des vaisseaux de guerre qu'elle a dans les colonies américaines pour entreprendre d'envahir quelqu'une de nos possessions avant que l'avis ne nous en soit parvenu. Cette crainte fondée nous met dans la nécessité de prendre d'avance et très promptement des précautions de prévoyance actives et vigoureuses.

8° Mais, si nous avions le tems de conclure un traité avec les colons et que, sous la foi du secrèt, on pût y stipuler l'époque où il pourra etre déclaré ou publié, cette époque doit nécessairement être fixée des à présent et calculée avec prudence sur le tems qui devra être employé à prendre et effectuer toutes les mesures et précautions convenables pour assurer le retour de la flotte et de l'expédition de Buenos-Aires et pour la défense des îles et des postes importans espagnols et françois en Amérique. Nous ne comptons point sur la rentrée, dans nos ports, de la flotte ni des forces maritimes, que nous avons dans l'Amérique méridionale, avant le mois de juillet; mais nous communiquerons les avis que nous recevrons successivement à cet égard par les couriers des Indes.

9° Conséquemment il sera indispensable de concerter et de dresser un plan sur le fond et sur la forme du traité à faire avec les colons et sur la nature de cette alliance; de convenir si elle sera purement défensive, ou si elle sera aussi offensive; s'il sera plus convenable et plus décent de la nommer alliance de protection et que les Couronnes protectrices s'engagent à ne pas les abandonner jusqu'à ce que leur independance soit reconnue : il faudra stipuler les secours determinés ou indeterminés qu'ils devront donner ou recevoir, les avantages que l'Espagne devra retirer de cette alliance ou la compensation de ses frais ou dommages, dans la supposition que sa situation, ses relations et ses traités la mettent hors de mesure de pouvoir faire aucun commerce utile avec les colons.

10° Il n'est pas moins nécessaire de prevoir, pour l'epoque de la publication du traité, ce que nous aurons à faire et de déterminer un plan d'opérations militaires qui également utile aux deux nations soutienne et augmente, s'il est possible la gloire de leurs armes. La France pourra indiquer les objets qu'elle se propose, pour les combiner avec les nôtres et former graduellement l'échèle des opérations. L'interruption ou l'extension du commerce anglois peuvent être un objet de la plus grande importance pour la France; il lui suffit de rompre avec l'Angleterre, pour en recueillir un avantage qu'elle s'assure pour toute la durée de la guerre. Pour nous, nous ne retirons aucune utilité de l'interruption du commerce de nos ennemis, le nôtre ne pouvant jamais entrer en concurrence pour les avantages avec celui de l'Angleterre ni même avec celui de la France. La conquête des îles angloises ou la plus grande sureté et liberté de la pêche de Terre Neuve peuvent aussi entrer dans les vues de la France : l'Espagne ne peut avoir d'autre objet utile que de recouvrer les usurpations honteuses pour elle de Gibraltar et de Minorque, et de chasser du golphe du Mexique, de la baye d'Honduras et de la côte de Campeche des voisins qui l'incommodent infiniment. Il faut donc décider de concert par où nous commencerons, s'il conviendra que nous agissions séparés ou unis, et favoriser réciproquement le succès de nos entreprises par les diversions qu'elles opèreront; pour cela, il faudra aussi convenir de la quotité de forces que chacune des deux puissances devra employer, du tems et du moment où elles devront agir.

11° Comme ce plan ne peut s'exécuter dans ses différentes parties sans les secours que les colons seront en état de nous donner, ne fût ce que des secours de diversion de forces, il convient de prendre en considération s'il faut leur confier, ou non, le détail individuel de nos idées, de savoir ce que nous devons expressément exiger d'eux, pour qu'ils concourent à nos succès et d'apprécier le danger qu'il peut y avoir à communiquer franchement nos vues le plus secrètes à des gens qui ont autant de raports de patriotisme, de parenté et même d'intérêt avec la Grande Bretagne.

12° Il convient aussi aux deux cours de calculer avec prudence le nombre de campagnes que chacune sera en état de faire, et de se concerter, tant sur ce point, que sur les efforts respectifs qu'elles devront faire pour remplir leurs engagemens : sans cela il ne leur seroit pas facile de faire heureusement la guerre eventuelle.

13° Par une suite de tout ce que nous venons d'établir, il sera juste que nous sachions si, dans le cas d'une rupture entre les Russes et les Turcs, et que les premiers, par leurs propres forces, ou aidés d'autres puissances, entreprennent la conquête de la plus grande partie de l'empire Ottoman, spécialement en Europe, la France croit être en etat de suffire à tout, sans abandonner la guerre dans laquelle nous nous serions engagés contre l'Angleterre. Cette prévision nous est nécessaire pour nous mettre à l'abri de la contingence des evénemens qui obligeroient l'Espagne de faire, après la perte de quelques unes de ses possessions, une paix desavantageuse et honteuse, ce que nous espérons qu'une puissance telle que la France, sur l'amitié et l'alliance de laquelle nous comptons et nous compterons toujours, ne permettra jamais.

14° C'est avec la même prévoyance que nous envisagons l'événement de la succession de la Bavière ou autres incidens du continent de l'Allemagne ou de la Flandre, qui obligeroient la France à prendre part aux troubles qui y surviendroient, conformément aux insinuations que nous fit en quelque manière à ce sujet le ministère de Versailles, le mois d'avril dernier; il sera à propos que les deux puissances alliées conviennent positivement de la conduite qu'elles devront tenir, ce cas arrivant, pour ne pas courir le risque de faire à contre tems une paix desavantageuse avec les Anglois.

15° Comme il est indubitable que l'Angleterre ne négligera aucun moyen de distraire la France du côté du continent, on desire savoir s'il conviendroit de faire des démarches auprès de quelques autres puissances, ou de sonder les Hollandois, qui paroissent mécontens de l'Angleterre; ne fût ce que pour nous procurer des ressources contre les revers contingens, en suscitant de nouveaux ennemis à la Grande Bretagne.

16° Enfin c'est dans la même vue que nous desirerions savoir s'il seroit à propos d'engager d'autres princes à reconnoitre l'indépendance des Colonies, si non par des actes formels, au moins par des démonstrations et des faits qui pussent servir de motifs d'induction, et si l'on pourroit profiter, pour faire quelques démarches auprès du roi de Prusse, de la circonstance où le cabinet britannique est mécontent du refus que ce monarque à fait de laisser passer par le Rhin des recrues pour l'Angleterre; ou si ces démarches seroient incompatibles avec d'autres raports ou d'autres égards auxquels la cour de Versailles se croye obligée.

Nous manifesterions nôtre opinion sur tous ces points si nous n'etions arrêtés par la méfiance où nous sommes de nos propres lumières; c'est ce qui nous fait recourir à celles de Sa Majesté Très Chrêtienne et de son ministère, afin que nous puissions procéder de concert et d'un commun accord dans la circonstance la plus importante où puissent se trouver les deux monarchies, par les grandes conséquences qui doivent en résultér, et qui peuvent être le plus utiles ou le plus fatales.

J'ai l'honneur d'etre etc.

Espagne, t. 588, n° 21.

3. **PROJET DE REPONSES A FAIRE AUX DIFFÉRENTES QUESTIONS DE L'ESPAGNE.**

(Lue au roi et approuvé par Sa Majesté le 28. janvier 1778.)

La 1ere question a été discutée avec tant d etendue dans le memoire envoyé a Madrid le 8. de ce mois qu il ne reste rien a y ajouter si ce n est que la negociation a detournér entre l Ang^{re} et l Amerique ne pouvoit se prevenir que par une negociation immediate entre les Colonies qui les attache a la France et a l Esp⁰ et qu on auroit plus eté a tems de s'y oposér si l Ang^re avoit fait goûter ses insinuations aux deputés ou au Congrès, ce qu on ne pourroit savoir que lorsque le coup seroit porté. On s est convaincû que des secours pecuniaires n auroient point ete suffisans pour s assurér des Colonies quoi qu il soit tres important de ne pas les discontinuér jusqu'a ce qu on ait des raisons fondées de les faire cessér.

2de Il a ete egalement observé dans le memoire deja cité que nous n avons pas moins a craindre et peut etre plus a craindre le ministere anglois actuel que celui qui pretend lui succedér; les preuves possibles en ont ete administrées; mais l objet de l'un et l'autre ministere etant la reconciliation, si on ne la prevenoit pas, la paix lorsqu on commenceroit a la croire possible pourroit etre avancée a un point qu il ne seroit plus possible d'en arretér le progrès. Qui sait si un principe quelconque de negociation ne nous mettroit pas tout a fait hors de mesure. La juste defiance que les deux Couronnes ont lieu de concevoir des intentions des deux partis en Ang^re paraissant devoir exclure toute demarche confidentielle a la cour de Londres, il semble qu il ne seroit pas sans inconvenient d en hazardér d'aucune espece avant de s etre assuré des Colonies. Ce sera le moment alors mais pas plus tost de communiquér les engagemens qu on pourra avoir formes.

3° question. Les deputés americains ont depeché a leurs commettans un courrier qui a ete transporté par une fregate francoise non pour leurs demandér des instructions et des pouvoirs dont ils ont eté munis lorsqu ils ont ete envoiés en France, mais pour les premunir contre les propositions que les Anglois pourroient faire au Congres en l assurant qu ils ont beaucoup a esperér des dispositions favorables de la maison de Bourbon.

Quant a leurs pouvoirs ils paroissent en bonne regle, et redigés comme tous les actes de ce genre, la seule difference qu on y observe est qu ils ne sont revetus que du sceau du president du Congrès. Les Etats Unis l aiant autorisé a aposér le sien a tous les actes de souvraineté jusqu'a ce qu ils soient convenus entre eux d un sceau general.

4° Si l on avoit sureté que pendant que nous temporiserons la reconciliation ne fera aucun progrès entre les Americains et les Anglois, il seroit sans doute tres prudent d'attendre non seulement les raports qui pourront nous venir de nos emissaires, tout imparfaits qu il est probable qu ils seront, puis qu ils se trouvent en Amerique sans qualite et sans mission propres a inspirér la confiance et par consequent a s attirér celle des principaux personnages de l Etat; mais encore un plus grand developement des evenemens ulterieurs; mais il a ete representé a differentes reprises le dangér qu il y auroit eû a laissér echapér un moment qui une fois perdû ne se seroit plus retrouvé. Entre deux inconveniens possibles a prévoir, celui d anticipér le moment paroit bien moins dangereux que celui de le manquér.

5° On peut on doit meme s attendre a la guerre un peu plus tost ou un peu plus tard avec l Ang^{re} toute sa conduite et ses mesures y tendent evidement, d'ailleurs n est elle pas dans un etat habituel de guerre contre les deux Couronnes par les insultes et les hostilités qu elle ne cesse de répetér et que l Esp^e ne soufre certainem^t pas moins impatiament que la France. C est dans cette prevoyance que deja les ordres ont été donnes a Toulon pour y armér 10. v^x de ligne de 74. et de 64. canons, que de nombreuses levées de matelots sont ordonnées le long des cotes de l Ocean pour rearmér a Brest l'escadre de 12. v^x de ligne qui sera successivem^t portée au printems, jusqu a 25. sans compter plus de 40. fregates et nombre de batimens inferieurs qu on travaille deja a equiper afin de pouvoir rendre aux Anglois a la premiere hostilité marquée le mal qu ils voudront nous faire.

L intention du Roi le cas arrivant est de faire saisir et arrétér tous les batimens anglois qui pourront se trouvér dans ses ports. Sa M^{te} se flatte que le Roi son oncle voudra bien en faire autant de son coté.

Nos isles sont pourvûes pour leur deffense au dela de ce que les commandans ont demandé. Independament des forces maritimes la France aura encore des corps de troupes sur les cotes de Flandres et de Picardie, de Normandie et de Bretagne, les dispositions sont deja faites a cet egard et par un mouvement simple les troupes se trouveront a leur place. On ne parle pas de l emploi des autres v^x de ligne qui peuvent encore rester a Brest et a Toulon au nombre de 12. a 13 et qui seront considerablement augmentés dans le cours de cette année par les nouvelles constructions et les radoubs ordonnés parce qu ils serviront ou a des expeditions particulieres ou a des remplacemens qui pourroient devenir necessaires.

Quant a la destination a donnér aux forces navales de la France, il n est gueres possible de la fixér jusqu'a ce que les objets soient mieux eclaircis. Le plan de guerre devant etre different si nous avons les Americains pour nous ou s ils sont neutres, ou contre nous, on ne pourra le formér que lorsque la negociation sera consommée.

6° Le Roi ne peut qu aplaudir a la sage et judicieuse prevoyance du Roi son oncle pour la sureté du retour de sa flotte du Mexique et de celle de Buenos Aires. C est pour concourrir a une vue aussi salutaire que S. M. a ordonné l'armement de 10 v^x de ligne a Toulon qu elle fait pressér et qu elle offre d'envoier a Cadix lorsque la cour d Esp^e le lui demandera pour y etre a ses ordres et contribuer a la rentrée et sureté des d^{es} flottes suivant que Sa M^{te} C$\widetilde{que}$ le trouvera a propos. Cette mission remplie lesd^t v^x de Toulon passeront de Cadix a Brest pour l incorporér a ce departem^t. Il paroit peu probable au reste quelques soient les vues des Anglois pour troublér le retour de ces flottes qu ils osent detachér des forces asses considerables pour le tentér. Ce sera beaucoup s ils commencent la guerre avec 5o. v^t bien armés et ce sera avec cette force qu ils devront couvrir leur isle menacée par notre flotte de Brest et par nos demonstrations de terre et pourvoir a la sureté de toutes leurs possessions eloignées.

7e Le Roi a pourvû a la sureté de ses isles de la Martinique, de la Guadeloupe et de St Domingue au desir de ses commandans, S. M^{te} ne pourroit pas dans le moment y augmentér le nombre de ses troupes sans acroitre la difficulté de les faire subsistér et la consommation souvent enorme en hommes qui se fait principalement dans cette derniere isle. Mais il y á bien peu d'aparance que les Anglois puissent rien entreprendre contre les domaines de la France et de l'Esp^e en Amerique tant que durera leur guerre avec les Colonies et c est ce qui rend bien interressant pour les deux Couronnes de s assurér de ces memes Colonies de maniere qu elles ne puissent faire la paix avec l Ang^{re} sans leur participation et sans leur aveu.

Si les deux Couronnes unies aux Americains les Anglois osoient en haine de ces liaisons leurs declarér la guerre, la maniere la plus simple de protegér et de couvrir leur Amerique seroit que l une d'elles fit passér une escadre sur les cotes de l Amerique septentrionale pour y observér et contenir les forces angloises pendant que l autre en enverroit une dans le golphe du Mexique qui agiroit suiv^t les circonstances.

Ce plan ne portant jusqu'a present que sur une donnée incertaine, on se contente de l indiquér sans lui donnér tout le developement dont il seroit susceptible.

8e question. S il y a jamais un moment favorable pour formér une liaison avec le Congres, c est assurement celui ou selon la regle des plus solides probabilités il n'a pas encore preté l oreille aux deceptions de l Ang^{re} mais comment se flattér qu il n'y entendra pas lorsque de la part des deux Couronnes il n'aura que des esperances vagues et des epoques incertaines et eloignées. Il ne faut pas s'y trompér, les succès des Americains ont excedé leurs esperances, comme ils ont anticipé notre prevoyance et confondù celle des Anglois, mais la reduction de Burgoyne et les progrès retardés du Genl Howe ne diminuent point les calamités interieures dont le peuple americain est travaillé : il manque de beaucoup de genres et d'articles essentiels aux besoins phisiques de l humanité, comment attendre de sa constance que privé d une quantité de choses de premiere necessité telles par exemple que le vetement, il fermera l oreille aux amorces de l Ang^{re} lorsqu il croira pouvoir conciliér la liberté dont il est idolatre avec les jouissances dont il manque et qu il reclame.

L Esp^e desireroit et avec beaucoup de raison qu on put remettre l engagem^t a prendre avec l Amerique jusqu'a ce qu on eut respectivement pourvû a toutes les sages precautions qu elle conseille et specialement jusqu'a la rentrée effectuée de ses flottes du Mexique et de Buenos Aires; rien ne seroit sans doute plus desirable si des circonstances imperieuses ne prescrivoient pas une marche plus accelerée. Laissera-t on aux Anglois le tems de deployér tout l'effort de leur seduction en Amerique et sera t'on a tems d'en arreter le cours et d en intercepter l effet lorsqu'on en aura laissé germér les premieres semences. C est au principe qu il faut s oposér, et il n'y a q'une liaison de la maison de Bourbon qui puisse faire manquér celle que les Anglois s efforcent de renoüér. La cour de Madrid sembleroit desirér de pouvoir transigér dans le secret; il ne faut pas compter qu il puisse etre gardé, il faut s attendre au contraire que si les Anglois ne le penetrent pas en Europe il ne leurs echapera qu autant de tems qu il leurs en faudra pour qu il leurs revienne d'Amerique. Mais si les circonstances de l Esp^e ne lui conseillent pas dans ce moment ci de s'associer a la negociation elle peut sans meme s en expliquér se réservér dans le secret de ses conseils l epoque ou il lui conviendra d'y intervenir. Le grand point, le point veritablement essentiel est de prevenir a tout prix la reunion des Colonies avec leur meré patrie. Plus l Ang^{re} aura d'ennemis moins elle sera redoutable; la prevoyance des deux Couronnes doit donc se dirigér principalement a mettre les plus puissantes entraves a la reconciliation de l Ang^{re} et de l Amerique et au retablissem^t de toute coalition dont elles ne seroient pas elles memes le veritable centre, et il n en est pas d'autre q'un traité.

9e question. On ne peut mieux repondre a cette question qu'en mettant sous les yeux de la cour d Espagne les projets de trois actes que celle de France a formés et communiqués aux deputés americains pour entrér en negociation avec eux sur le fondement de leurs propositions.

Le premier de ces actes est un traite de commerce redigé de la maniere la plus simple, la France ne s'y fait adjuger aucun avantage que toutes les nations commerçantes ne puissent partagér avec elle; pas un seul mot qui tende a l exclusive; tout y est redigé suivant l esprit de la plus parfaite equité, et de la convenance la plus generale. Le 2^d acte est un projet d'alliance eventuelle qui n aura d effet que dans le cas ou l Ang^{re} en haine du 1er traité declareroit ou feroit la guerre a la France; si on veut bien en examinér avec impartialité toutes les stipulations, on se refusera difficilem^t a la conviction qu il n est gueres possible de mettre moins au jeu. Chacune des deux parties agira pour son interest co^e elle le trouvera a propos sans autre obligation reciproque que de ne pouvoir faire paix ou treve independament l'une de l autre; et l etat de la garantie dattera de l etat ou l on se trouvera a la paix ou au moment de la rupture. Le 3e acte qui doit etre le plus secret reserve a l Esp^e la liberté de conclure un traité semblable avec les Colonies lorsqu elle jugera a propos de le faire et d'y stipulér les conditions qu elle estimera convenir a sa situation et a son interest.

On n'a pas crû pouvoir formér des repetitions en indemnité des depenses que l engagement dont il est question pourra occasionnér parce qu il n'a jamais eté dans l usage de la France de faire de semblables reclamations : et que d'ailleurs suiv^t la tournure qu il a eté necessaire de donnér au traité les Americains seront plus tost les auxiliaires de la France que la France ne sera le leur. L Esp^e peut avoir des principes differens a cet egard, mais si elle veut bien considerér la difference extreme dont il est pour elle d avoir pour voisins et limitrophes de ses immenses possessions, dans les Americains un peuple tranquille et qui par sa constitution meme ne semble pouvoir jamais devenir ambitieux et conquerant, ou les Anglois ennemis avides et implacables, toujours occupés en paix co^e en guerre a etendre leurs usurpations, elle sentira sans doute que la mise qu elle pourra faire dans cette occasion pour substituer un voisinage paisible a un voisinage inquietant est une économie et le plus grand avantage qu elle puisse se promettre. Il ne semble pas aussi que le commerce de ces colonies au moins de quelqu'unes soit un objet de peu de valeur pour l Esp^e elle n'a pas besoin sans doute des tabacs de la Virginie et des indigos de la Caroline; mais les bleds des provinces du centre, le poisson salé de l'Amerique du nord, les bois de construction les goudrons etc. peuvent lui convenir d'autant mieux qu elle les paiera avec des huiles, des fruits des vins, et meme des laines dont les contrées ne peuvent se passér; elles pourront avec le tems, supléer aux manufactures d Europe, mais l apreté de leur climat s oposera toujours a ce qu elles y naturalisent les denrées pretieuses que l Esp^e produit.

10e question. Il a deja eté observé ci devant qu il n est pas possible d etablir un plan fixe d'operations militaires avant d en avoir arreté un politique, et d etre assuré des Americains. L incertitude qui a regné a cet egard s est oposée jusqu a present a la confection du plan qu on demande; si le Roi le formoit d'après ses seules convenances, il seroit simple et facile Sa M^{te} ne desirant pas de plus grands avantages que d'assurér par la separation des Colonies de leur metropole l afoiblissement de l ennemi le plus invetéré de sa Couronne, de celle d Esp^e et de toute la maison de Bourbon. Ni l'expulsion du commissaire anglois resident a Dunkerque, ni un peu moins de gêne dans la peche de Terre Neuve, ni enfin le recouvrement des petites isles de la Dominique et de la Grenade ne sont pas des objets asses saillans pour invitêr a la guerre. Voila cepend^t les p̃paux objets que le Roi se proposeroit a la suite d une guerre heureuse. Mais les avantages qui interresseront toujours le plus Sa M^{te} seront ceux qui contribueront le plus efficacement a la satisfaction personnelle du Roi son oncle et a la gloire de sa Couronne. Tout etant commun entre les monarques le bien comme le mal, le Roi envisagera toujours comme la perspective la plus riante et la plus heureuse pour lui le retour dans les mains du Roi son oncle des places importantes de Gibraltar et de Mahon, et l expulsion des Anglois du golphe du Mexique, de la baye d'Honduras et de la cote de Campeche, et Sa M^{té} sera toujours disposée a y concourrir par les diversions qui pourront tendre a favorisér des vûes aussi louables, mais elle n estime pas qu il puisse convenir de combinér les forces des deux Couronnes et de les faire agir ensemble si ce n est momentanement et dans le cas seulement d'une necessité urgente.

Le roi d Esp^{e} paroissant avoir les projets les plus actifs, le Roi attend de son amitié qu il voudra bien lui communiquér ses vues pour leur execution et lui faire connoitre comment il lui sera plus convenable qu on les seconde de ce coté ci, Sa M^{té} etant tres disposée a'y concourrir autant que les circonstances du moment pourront le permettre. Une seule observation qu on ne croit pas devoir omettre est que faire agir les forces de France et d Esp^{e} a une trop grande proximité ce sera donnér aux Anglois tout l avantage d une bonne deffensive; c est en les forçant a se divisér qu on parviendra plus facilem^{t} a les reduire.

11e question. Dans la supposition que les deux Couronnes se proposeroient de faire concourir les Americains a l execution de leurs projets par des diversions ou par des prestations de secours, on pense que rien ne seroit plus dangereux que de leur confiér prematurem^{t} des vûes qu on auroit interest a tenir secretes; il n en est pas du gouvernem^{t} republicain co^{e} du monarchique ou les affaires majeures se concentrent dans peu de personnes. Dans les etats populaires chaque individu croit avoir droit a la connoissance des misteres d Etat; les deputés preposés a les gérér en doivent compte a leurs gouvernemens respectifs, ceux là aux villes et aux communes dont emanent leurs pouvoirs, et il n'existe point de secret dans de pareils gouvernemens. Il sera donc toujours tres prudent de ne dire aux Américains ou a leurs agens que ce dont il sera indispensable de les instruire, et au moment meme ou leur coopération sera absolument necessaire.

12e. 13e. 14e. Ce que l on peut dire de la part de la France relativement au nombre de campagnes qu elle sera en etat de faire est que tant que la guerre ne sera que maritime, elle sera beaucoup plus facile a suportér que l etat present d'observation lequel tres dispendieux par les travaux immenses qu'on a dû faire depuis deux ans dans la marine et qu on suit encore, a dû et doit se prendre entierement sur les revenûs de paix. La France a des ressources toutes determinées pour la guerre qui en equipareroient tres certainement la depense tant qu elle se concentrera sur la mer, et rien ne peut annoncér qu elle gagne le continent a moins de suposér ce qui est contre toute probabilité morale que la maison d'Autriche reveillée par ses anciennes jalousies abandonneroit l'alliance du Roi pour rentrér dans celle des Anglois. Rien assurément ne doit nous preparér a ce trait d'ingratitude et de perfidie apres ce que la France a fait aux depens meme de son interest pour cette maison. Cette possibilité seule exceptée, Sa M^{te} est bien decidée quoi qu il arrive a ne point perdre de vûe l interest principal de dirigér toute sa prevoiance et tous ses efforts contre l Ang^{re}, persuadée que si cette puissance qui depuis près d un siecle a ete le foyér des grandes guerres etoit remise dans de justes bornes la tranquilité publique en recevroit une plus grande consistence. Du reste la querelle des Turcs et des Russes sans cessér d occuper la prevoyance de Sa M^{te} ne la detournera pas de son veritable objet. On ne dit rien par raport a l'incident de Baviere dans lequel le Roi ne s'est jamais proposé d'intervenir, et qu on a lieu de croire terminé, les cours de Vienne et palatine s etant accordées sur le partage de cette succession sans qu on sache encore de quelle maniere.

15e question. Il vient d etre dit qu'a moins de suposér une defection de la maison d'Autriche la France n'a pas lieu de craindre une guerre sur le continent, aucune autre puissance n etant en situation de la lui faire. Cela suposé toute demarche directe ou indirecte auprès de quelque cour que ce seroit deceleroit une inquietude et une crainte qui ne pourroit que decouvrir le but secret des deux Couronnes et leurs preparér des obstacles. Peut etre seroit il convenable d exceptér les Hollandois de la classe generale moins par la consideration de notre interest que par celui qu ils ont a veillér a la sureté de leur navigation et de leur commerce qui ne sont pas moins exposés que les notres a la violence et a l opression angloise. On remarque sensiblement que leur affection pour l Ang^{re} diminue notablement, les gens sensés parmi eux ne cachent pas qu ils regarderoient l accomodement de l Ang^{re} avec ses colonies co^e le plus grands des maux, q'une soumission forcée leurs paroitroit moins redoutable; s ils se rassurent c est dans la confiance que nous saurons prevenir la reconciliation nos amis prevoient que nous aurons des insultes et des hostilités a essuiér de l Ang^{re} ils nous invitent a les repoussér mais ils desirent que nous ne soions pas les premiers a declarér la guerre, et ils repondent que la declaration n'aiant pas lieu leur repub^e ne se laissera surement pas entrainér. Co^e ils paroissent avoir de l inquietude pour leur commerce le Roi a fait ordonnér a son chargé d'affaires a La Haye de sondér mais comme de lui meme ceux avec lesquels il correspond sur la convenance d une convention pour la sureté reciproque de la navigation et la liberté du commerce nous verrons si cette idée pourra germér, peut etre seroit-il plus facile de les déterminér a une alliance deffensive, mais dans les termes ou nous sommes avec la maison d'Autriche et eux avec l Ang^{re} il ne peut en etre question.

16e question. Il semble qu il sera suffisam^t tems d agir par des insinuations et des bons offices aupres des cours avec lesquelles les deux Couronnes ont le plus de correspondance pour les portér a reconnoitre l independance des Colonies lorsque la France et l Esp^e auront elles meme franchi le pas. Jusque là tout ce qu elles pourroient faire et dire seroit probablement sans effet s il n etoit autorisé par leur exemple. On peut croire que le roi de Prusse ne sera pas le dernier à le suivre quoi q'une des puissances les moins commerçantes, mais son peu d'affection pour les Anglois, l aigreur meme qu il temoigne contre eux, l y determineroit vraisemblablement. On ne doit pas se flatter que la cour de Vienne y soit facile, quoique notre alliée, elle conserve les plus grands menagemens p^r la Grande Bretagne. Apres avoir repondu autant que l etat encore incertain des affaires a pù le permettre aux differentes questions proposées dans la depeche que M. le Cte d'Aranda a eté chargé de communiquér; on ne peut s empechér de manifestér ici le plus sensible regret, que le ministere espagnol au lieu de nous confier ses doutes ne se soit pas plus tost attaché a les eclaircir; et a nous en donnér les solutions, ce n est pas un compliment, mais ses lumieres sont prisées ici et desirées : le Roi penetré de la plus veritable confiance dans la sagesse, la prevoyance, et la longue experience du Roi son oncle, cherchera toujours a raprochér son opinion de la sienne lorsqu elles pourront differér. Si on a bien pris l esprit de l ecrit auquel on vient de repondre ; l opinion est la meme quant au fond, toute la difference roule sur ce que la circonstance paroit moins urgente a Madrid qu on ne la juge a Versailles. Cette difference provient naturellement de ce que l objet étant vû de plus loin en Espagne et peut etre sous moins de raports la sensation en est moins forte. Ici nous le voyons plus a decouvert, c est sous nos yeux que se font les maneges des Anglois et probablement ils ne sont que la repetition de ceux qu'on pratique auprès du Congrès et des provinces d'Amérique. Mais suposons que la France par sa prevoyance anticipe une epoque qu elle auroit pû reculer peut etre de quelques mois, l'inconvenient seroit bien moindre cepend^t que celui de manquer un moment pretieux que peut etre elle ne retrouveroit plus. Or s il faut optér entre deux inconveniens la prudence n'invite t elle pas a préférér celui qui presente le moins de danger, et l on ne peut se dissimulér que s il faut avoir la guerre avec les Anglois, malheur que toute leur outrageante conduite ne nous fait que trop prevoir depuis longtems, il vaut mieux la risquér pour avoir les Americains pour alliés et pour amis que de nous exposer par de nouveaux delais a les rendre indifferens et peut etre contraires a notre cause.

Espagne, t. 588, n° 60.

4. LE COMTE DE VERGENNES AU COMTE DE MONTMORIN.

A Versailles le 30 janvier 1778.

J ai l honneur de vous envoiér M. la traduction de la lettre de M. le comte de Floride Blanche que M. le Cte d'Aranda a eté chargé de nous communiquér, et notre reponse aux differentes questions qu elle renferme. J'en remets une copie a M. l ambassad^r d Esp^e qui la fera sans doute passér a sa cour.

Nous aurions voulu M. rendre nos reponses plus explicites pour repondre mieux a l attente et a la confiance de M. le Cte de Floride Blanche, mais nous ne pouvons nous expliquér que d'apres l incertitude des données, d'ailleurs vous deves faire remarquer que nous ne nous envelopons pas dans des reticences ni sur nos propres vûes ni sur nos dispositions a concourir au succès de celles de l Espagne autant que cela peut dependre de nous. J espere que l offre que nous faisons de joindre dix de nos vaisseaux de Toulon a l escadre qu on prepare a Cadix pour contribuér a la sureté de la rentrée des flottes qu on attend ne pourra qu'etre agreable a Sa M^te C^que et a son ministere, mais il auroit pû etre plus avantageux a la cause commune, au moment ou un nouvel ordre de circonstances a pû nous faire prevoir la nécessité d'accelerér nos mesures, qu'on eut envoyé a tout evenement des ordres pour retenir dans le golphe la flotte du Mexique et pour y faire arrivér celle qui doit revenir de la Plata. Ces deux forces reunies avant que les Anglois eussent pu en concevoir le soupçon, auroient assuré a l Espagne la supériorité la plus decisive.

Il ne doit plus etre question M. de parlér de ce que l'on auroit pû faire ; c est du point ou nous nous trouvons qu il faut partir ; l Espagne seule pouvant le connoitre avec certitude, c est donc a elle a fixér et a eclairér nos deliberations et nos resolutions. La plus importante et la plus instante a prendre est sans difficulté d'assurér le retour des d^es flottes. La chose ne doit pas paroitre difficile encore moins impossible. Quelque fortement armés qu on puisse supposér les Anglois, il n est pas possible qu ils soient en grosses masses partout. Donnons leurs 60 v^x de ligne bien armés, c est je crois cavér au plus fort. De leur aveu ils doivent relevér la plus part des vaisseaux qui ont servi jusqu'a present dans l Amerique septentrionale ; il faudra encore prendre sur le nombre ceux qu ils destineront a la deffense et protection de leurs isles du Vent et sous le Vent. Si pour les differens objets ils n affectent que 15. v^x il ne leurs en restera que 45. pour l Europe, et c est avec ce nombre qu ils devront veillér a la deffense interieure de la Manche et sur les desseins de notre flotte de Brest laquelle etant de 25. v^x n en exigera certainement pas un moindre nombre pour l observér. Ces differens objets remplis ce qui restera de libre ne sera certainement pas suffisant pour allér tentér avec succès une entreprise contre les flottes espagnoles et les convoys qu'on peut leurs destinér. On peut ajoutér a ce tableau que les Anglois n ont pas a beaucoup près les 6o. v⁺ que nous leurs donnons, ils peuvent bien les dire en commission et meme un plus grand nombre, mais la difficulté est de les armér. Les matelots commencent a devenir rares.

Une chose dont je dois vous prevenir M. afin que vous soiés pret a repondre si on vous en fait la question, est que dans le cas ou le roi d'Espagne acceptera les 10. v⁺ de Toulon que nous proposons, cette escadre si elle se combine avec l escadre espagnole, sera incontestablement aux ordres de l officier que S. M. C$\widetilde{que}$ designera p^r commander ses forces.

Dans le cas ou l on ne croiroit pas en Esp^e avoir besoin de cette force auxiliaire, il seroit tres a propos que nous en fussions instruits afin de ne pas la laissér inutile dans la rade de Toulon.

Le Roi auroit desiré bien cordialem^t M. de pouvoir se pretér aux delais que le Roi son oncle proposa pour entamér la negociation avec les deputés de l Amerique, mais en considerant le prix du tems, et le dangér irréparable pour les deux Cóuronnes si on le perdoit, le Roi a crû devoir a l interest de l Esp^e comme au sien, de ne pas negligér la seule circonstance dont il est peut etre encore possible de disposér pour mettre la plus forte entrave a la reconciliation de deux peuples, dont la reunion, a quelque condition qu elle se fit, s il etoit sans liens anterieurs de notre part, seroit sans contredit un coup fatal pour l Espagne comme pour la France. Nous concevons parfaitement Monsieur, les raisons qui determinent l Esp^e a des delays; loin de les contredire nous l invitons au contraire a prendre toutes ses habitudes suivant sa plus grande convenance, et c est sur quoi vous ne pouvés trop insister. La bonne position ou elle est et sa contenance fortement armée doivent en imposér a l Ang^{re} et la rendre plus circonspecte a pressér des explications dont elle pourroit craindre le denoument. Ainsi s il convient a la cour de Madrid de s envelopér dans des incertitudes il y a lieu de croire que le Gouvernement B$\widetilde{que}$ loin de les faire cessér contribuera plus tost a les entretenir par ce qu il croira, quoi qu'abusivement, qu elles pourront lui fournir les moiens d'afoiblir l intimité de nos liens et peut etre de les rompre. Il est dans la nature humaine de croire facilement ce qu'on desire le plus ardement, et il n est pas douteux que ce ne soit la le vœu le plus cher des Anglois.

Les actes joints aux reponses aux questions de M. le Cte de Floride Blanche vous feront connoitre comme a ce ministre les bazes de notre negociation entamée avec les Americains. Si on les lit sans prevention, on n'y remarquera rien, qui caracterise un esprit cupide, occupé a attirér a lui tous les avantages possibles. Nous n en exigerons aucun des Americains qu ils ne puissent rendre communs s ils le revelent a tous les peuples de l Europe meme a l Ang^re lorsqu ils feront la paix avec elle. Rien n est plus vrai ni plus constant comme il est dit dans notre reponse, que l avantage le plus pretieux que le Roi se propose dans la conjoncture présente est l afoiblissement de la seule puissance dont les deux Couronnes doivent redoutér l inquietude et l ambition; et Sa M^te renonceroit volontiers a tout autre avantage pourvû que cet objet rempli, le Roi son oncle soit satisfait sur ceux qui peuvent interressér sa convenance.

Il me reste a vous informér M. du progrès de notre negociation et de son etat present. Elle n'a pas marché aussi rapidement que nous devions l'attendre de la simplicité de nos conditions et de l interest que les Americains ont a acquerir un ami puissant. Je vous ai mandé que d'abord les deputés s etoient montrés froids et reservés et qu ils avoient commencé par establir la guerre immediate comme baze de toute liaison. Comme ils avoient parû se relachér a cet egard, nous leurs fismes communiquer le 18. nos projets. La discussion fut vive et longue enfin ils la terminerent par prendre du tems pour y faire leurs observations. Ils n ont pas voulû agir a la legere, car ce n'est qu après dix jours de reflexion qu ils nous ont donné leur reponse. Ils sont d'accord de tous les points a quelque difference près extremement legeres. Le seul sur lequel ils se sont montrés recalcitrans est sur l alliance qu ils auroient voulu actuelle au lieu d'eventuelle, mais ils leurs a eté repondu d un ton si ferme qu insister sur un changement de cette nature ce serait rompre toute negociation qu ils ont pris le parti de se desistér. Tout etant convenû a quelques modalités près tres indifferentes il ne reste plus qu'a mettre les actes au net et ils pourront etre signés dans les premiers jours de fevrier.

Si l Esp^e etoit dans la disposition d entrér en negociation, le 5. Lee qui a seul des pouvoirs pour traitér avec elle, n hesiteroit pas a s'y transportér; mais cela doit dependre de sa convenance, peut etre seroit il expedient que M. le Cte d Aranda fut chargé de traiter; cela seroit moins sujet a etre remarqué.

Notre traité fait nous ne negligerons aucune precaution pour en conservér le secret; nous comptons sur la discretion des deputes, mais nous n'avons pas la meme confiance dans celle de leurs commettans, et nous sommes bien convaincûs que le traité sera a peine arrivé en Amerique qu il y deviendra public; ainsi dans la supposition que le secret en sera relligieusem^t gardé en Europe, il faut s attendre qu on en aura la connoissance par l Amerique entre la fin d'avril et le commencement de may. Si la guerre n'a point encore eclatté a cette epoque le roi se propose de faire communiquér alors son traité de commerce a l'Ang^re, avec une exposition simple des motifs qui l'y ont determiné. Ce sera a cette puissance a jugér du parti qu'elle trouvera le plus convenable de prendre.

L ambassadeur d'Ang^re toujours inquiet de pénétrer si nous negocions avec les Americains me pousse de questions indiscretes, je pourrois meme dire impertinentes, jusqu'a present je l ai econduit avec douceur et honnetete me contentant de lui faire sentir qu il excede ce que son ministere permet. S il continue l habitude de me fatiguér de ses questions, je pourrai bien lui repondre de maniere qu il perdra la tentation d y revenir. Nous attendons des nouvelles d'Ang^re pour etre informés des operations du Parlement depuis sa rentrée. Les dernieres sont du 20 et ne disent rien. Les vents de nord qui regnent depuis quelque tems contrarient l'arrivée des courriers.

J ai l h^r d etre avec un sinsere et parfait attachement. M.

Espagne, t. 588, n° 76.

IV

QUESTIONS DE LORD STORMONT SUR NOS LIENS AVEC L'AMÉRIQUE.

LE COMTE DE VERGENNES AU MARQUIS DE NOAILLES.

A Versailles le 24 janvier 1778.

Je crois, M., ne point devoir vous laisser ignorer un entretien inopiné que j'eus avant-hier avec M. le Vte de Stormont. Cet ambassad^r s'est presenté chez moi sans m'avoir prévenu, et me dit qu étant dans le cas d'expédier un courier à sa cour, il av^t jugé devoir auparavant prendre des éclaircissements sur les armémments prodigieux que nous faisions dans nos ports, armémments qui, selon lui avoient eté déterminés en dernier lieu dans le conseil de S. M^té. Je me bornai à répondre à M^r le Vte de Stormont que j'ignorois parfaitement cette disposition, que cependant, en qualité de membre du conseil, je devrois en être instruit si la matière y eût été discutée; que tout ce que je savois etoit que l'on faisoit des levées de matelots, parceque nous étions dans l'usage de relever nos équipages. De là M^r l'ambassadeur d'Ang^re passa aux affaires d'Amérique, et m'obscrva d'un ton fort sérieux que le public et toute l'Europe étoit dans la persuasion que nous négocions un traité avec les Américains, soit que ceux-cy l'eussent proposé, soit que nous eussions fait nous mêmes des $\widetilde{pp}^{ons}$ au Congrès; M. le Vte de Stormont me pressa de luy dire ce qui en étoit et il me demanda ce qu'il avoit à mander à cet égard à sa cour. Je me bornai à répondre à une interpellañon aussi extraord^re que le public s'amusoit à former des conjectures et à forger des nouvelles, et qu'il ne m étoit possible ni de les empêcher ni de les prévenir. Mais, me répliqua le Ld Stormont, quand je vous en parlois ci-devant vous me repondiez franchement que non, et presentement vous gardez le silence; sans doute que *la sincérité* de votre caractère ne vous permet point de trahir la vérité; or vous avez vous même rempli les fonctions d'ambassadeur, vous en connoissez les devoirs, ainsi vous devez sentir quelles conséquences je dois tirer d'un pareil silence, et quel compte j'ai à rendre à ma cour. Je répondis à cette nouvelle instance que lorsque le Ld. Stormont parloit en plaisanterie au Cte de Vergennes d'un traité avec les Américains, le Cte de Vergennes pouvoit lui répondre sur le même ton et avec franchise; mais que des le moment que l'ambassadeur se montroit, je n'avois autre chose à lui observer sinon que lorsque le Roi m a fait l honneur de me nommer son ministre des Affaires étrangeres, je me suis fait une loi inviolable de ne jamais faire de réponse ministérielle sans avoir pris préalablement les ordres de S. M^{té} que c'étoit là tout ce que j'avois à dire à l'ambassadeur d'Ang^{re}, et qu'il pouvoit ajouter cette observation aux reflexions qu il trouveroit bon de faire lui meme.

Le Ld Stormont ne jugea pas à propos de pousser plus loin ce colloque; il se retira, à ce que je pus juger, fort mécontent de moi, et se rendit chez M. le Cte de Maurepas dont il força la porte : ce ministre s'etoit excusé de le voir, parcequ'il est incommodé de la goute depuis environ trois semaines.

J'ay crû d abord, M., vous instruire de tout ce détail parcequ'il est possible que les ministres anglois vous parlent du raport que le Ld Stormont n'aura point manqué de faire, et qu'il est nécessaire que vous soyez en état de les ramener à la vérité dans le cas, ou, ce qui n'est que trop probable, cet ambassadeur ait ou altéré ou exagéré les faits. Mais je dois vous observer en même tems, M, que vous n'avez aucunement à rechercher les ministres anglais sur cet objet, et que s'ils ne vous en entretiennent pas les premiers, vous n'aurez rien à leur dire; si vous les préveniez, ils prendroient votre démarche ou comme une excuse ou comme un indice de crainte ou de foiblesse; et nous devons éviter soigneusement l'un et l'autre.

Cepend^t co^e ils sont dans l'usage de nous prevenir lors qu ils augmentent leurs v^x en commission, espèce de confidence que nous scavons apretiér, vous pouvés dire a celui des secretaires d Etat que vous aurés occasion de voir, que nous n avons pour le present d'autre augmentation dans nos armemens que celui de 4 v^x dans la Mediterrannée.

Mad^e la Ctesse d'Artois est très heureusement accouchée vers midi d un prince qui a eté nommé M. le duc de Berry.

Angleterre, t. 528, n° 83.

CHAPITRE XII.

RUPTURE ENTRE LA FRANCE ET L'ANGLETERRE.

On continue de raisonner avec Madrid, mais les regards sont tournés du côté de l'Angleterre; ambitions de l'Espagne et amour-propre blessé de son premier ministre; motifs donnés par M. de Floridablanca pour expliquer la retenue de sa cour. — Appréhensions de M. de Vergennes de nous voir surprendre; son insistance pour qu'on ne laisse pas l'Angleterre nous devancer en Amérique; ses dispositions en faveur des visées de l'Espagne; son parti arrêté pour un complet désintéressement de la part de la France. — Urgence de savoir si nous marcherions en commun ou si nous serions seuls; hostilités de la marine anglaise; refus systématique du cabinet de Londres de satisfaire à nos griefs; indices visibles de la guerre à date prochaine. — La correspondance avec notre ambassade d'Angleterre à cette heure; résolution qui s'y manifeste et peu de crainte qu'elle montre en face des éventualités; la présentation des bills conciliatoires au Parlement décide le roi à avouer tout haut les engagements qu'il a contractés avec l'Amérique. — M. de Maurepas croit ces bills non sincères; opinion contraire de M. de Vergennes; utilité qu'il attachait à faire arriver en Amérique le bruit de notre traité, à défaut de l'acte lui-même; lettre du 6 mars chargeant Montmorin d'avertir « détournément » Madrid de la notification imminente de ce traité. — Circonstances favorables présentées pour cela par le continent; raisons qui déterminaient le roi. — Dépêche officielle et lettre particulière du ministre envoyant à M. de Montmorin la déclaration de l'alliance; elle explique le but du gouvernement du roi et la conduite qu'il compte suivre dans les affaires de l'Allemagne; lettre du roi à son oncle. — Dépêche officielle apportant la déclaration royale au marquis de Noailles et lettre particulière à cet ambassadeur; calme fermeté de cette déclaration; prescriptions à remplir pour sa remise; surprise et enthousiasme de l'ambassadeur en la recevant. — Promptitude de la résolution du cabinet anglais et rapidité de ses ordres; dispositions immédiatement prises par lord Stormont; sa lettre annonçant à Versailles son départ; comment lord Weymouth congédie le marquis de Noailles, et M. de Vergennes l'ambassadeur d'Angleterre. — Conseil des ministres du 18 mars; exposé qu'y présente M. de Vergennes; l'expulsion du commissaire anglais à Dunkerque est ordonnée; effet produit à Londres par cette mesure; elle déclarait la guerre, à vrai dire. — Comment le ministre réalisait ainsi les aspirations patriotiques qui avaient sans résultat animé le duc de Choiseul; éloges à lui adressés par Garnier et Noailles; pourquoi l'histoire peut les répéter après eux. — Peu de recherche de M. de Vergennes pour les flatteries, comparativement au soin d'assurer son œuvre; désintéressement et justice inscrits par lui comme devise nouvelle sur le drapeau de la France; appel fondé qu'il fait aux autres nations de combattre avec nous pour la liberté des mers.

1778.   Ce sont les actes pouvant survenir du côté de l'Angleterre ou à son sujet qui concentrent maintenant l'intérêt. Entre Versailles et l'Espagne la correspondance va rester active. Le gouvernement du roi tenait trop à voir l'union devenir effective avec celui de Madrid, pour cesser les soins propres à se l'associer tout à fait. Le ministre continue donc à expliquer les causes et le but de la signature du traité, à fortifier les motifs qu'il en a donnés, à offrir à l'Espagne de prendre part à ce traité et à lui rendre facile de le faire; l'ambassadeur cherche à découvrir le fond de la pensée de M. de Floridablanca et du gouvernement Catholique, à indiquer ou à pronostiquer leurs visées; mais ce sont les ports anglais et les gestes du gouvernement de George III qui attirent surtout les regards.

Des rapports de M. de Montmorin, du 2, du 5, du 9, du 16 février, font graduellement ressortir que des ambitions inspirent au gouvernement de Madrid son attitude. L'ambassadeur est porté à ne point douter que ce gouvernement ne sente bien la nécessité de marcher avec nous, que bientôt même il ne le juge utile et n'en recherche l'avantage; M. de Floridablanca lui paraît pénétré de cette idée, « penser qu'il faut écarter le passé et partir du point où l'on se trouve, être prêt dès lors à se concerter aussi intimement que l'utilité des deux Couronnes le commande ». Il a écrit cela le 2; il en reparle le 5, c'est-à-dire après que l'interrogatoire dont le comte d'Aranda doit saisir le cabinet de Versailles est parti. « On nous blâme, mande-t-il alors, de la hâte avec laquelle nous avons signé les traités; on dit que nous avons eu peur de laisser échapper les Américains et tout simplement avancé le moment de la guerre lorsqu'il pouvait être reculé, mais qu'il ne faut pas moins s'apprêter à la recevoir; le ministre espagnol n'a de crainte que pour les vaisseaux de la Vera-Cruz et pour la flotte qui est en mer. » A quelle époque Charles III se déterminera-t-il à entrer dans l'alliance, l'ambassadeur ne le voit pas; mais « l'Espagne a trop d'intérêt, suivant lui, à s'assurer des Américains avant que la guerre ne soit ouverte et ne leur fasse demander un prix plus haut de cette alliance, pour qu'elle ne s'y décide point ». Seulement, il entrevoit à ce pays un but caché. D'après une parole du ministre du

1778. Pardo, il juge que la Floride et un établissement à Terre-Neuve sont deux points que l'Espagne va vouloir se ménager; «M. le comte de « Floride Blanche me disait dernierement », écrit-il :

> M. le Cte de Floride Blanche me disoit dernierement qu'il aimeroit mieux qu'on eut cedé la moitié de l'Amerique que la Floride; en effet il ne peut rien sortir du golphe du Mexique, sans presque raser les côtes de cette province. Quant à un etablissement a Terre Neuve, je crois qu'il souffriroit bien des difficultés; vous pouvez etre sûr, Monsieur, que ces deux points formeront la baze des demandes de l'Espagne, si elle entre en négociation avec les Américains. J'ai cru devoir vous en prévenir, afin que vous en fassiez l'usage que vous croirez convenable. Au reste cela ne m'a pas été dit clairement, encore moins ministerialement.
>
> Espagne, t. 588, n° 80.

Le comte de Montmorin marque davantage encore cette manière de voir le 9. Il mande en particulier au ministre : « L'Espagne refuse les dix vaisseaux offerts pour protéger son commerce; notre traité déplaît, ayant tenu trop peu de compte du premier ministre, mais aussi par la modération de ses clauses; on projetait de faire acheter son alliance, d'exiger des avantages, notre exemple ôte l'espoir d'y réussir. » Du reste, M. de Floridablanca n'a rien témoigné de ces visées; il s'est borné aux mêmes prétextes que précédemment, et à émettre des doutes en plus, toutefois, sur la réalité de notre état maritime à Toulon, d'où il prétendait avoir des informations certaines[1]. L'ambassadeur annonce officiellement ce refus des dix vaisseaux dans son rapport du 16. M. de Floridablanca en a donné pour motifs que les circonstances ne paraissent pas commander d'accepter une telle aide et que l'intention de Sa Majesté Catholique est d'ailleurs d'éviter la guerre le plus longtemps possible. Ce n'a pas été sans répéter, cependant, que nous faisons courir de grands risques à l'Espagne et qu'elle doit se préparer activement à se défendre; ce n'a pas été non plus sans ajouter quelques

---

[1] *Espagne*, t. 588, n° 98.

autres raisons de pure défaite, telles que de considérer comme fort problématique l'adhésion du Congrès à nos traités, en présence des propositions plus immédiates que fera l'Angleterre; d'ailleurs, l'avis a été émis dans le cabinet qu'il fallait se garder de notre offre, parce qu'elle cachait des visées de contrebande sur les richesses dont la flotte est chargée [1]. Le 26 février, un nouveau rapport étendu précise un peu plus tout cela et le complète : « L'amour-propre de M. de Floridablanca est blessé sensiblement de ce qu'on est allé en avant malgré tous les raisonnements présentés par lui; il est convaincu que l'on ne fera rien en France de ce qu'il propose, ce qui se passe depuis son arrivée le lui prouve; l'ambassadeur a essayé en vain de lui persuader le contraire, il a gagné peu de terrain; l'humeur est passée, mais la blessure de l'amour-propre saignera plus d'un jour. »

Or le 16 février le ministre espagnol avait lu les réponses du cabinet de Versailles à ses questions. Il les avait trouvées « froides ». Montmorin revient sur ce sujet avec lui le 26 et voit alors clairement que

---

[1] Le comte de Montmorin écrit le 16 février à M. de Vergennes : « Monsieur, — Sa Majesté « Catholique m'a chargé expressement de té- « moigner au Roi combien elle étoit sensible à « l'offre de Sa Majesté de dix vaisseaux de ligne « pour assurer le retour de la flotte de la Vera- « Cruz. M. le comte de Floride Blanche m'a « confirmé de la part du Roi son maitre les « mêmes sentimens qu'il avoit eu la bonté de « me marquer lui même.

« M. le comte de Floride Blanche m'a dit « qu'il ne pouvoit dans ce moment, ni accepter « ni refuser ce secours, parce que les affaires « n'avoient pas pris une tournure assez décidée « pour savoir s'il seroit nécessaire ou non; que « l'intention de Sa Majesté Catholique étoit « d'éviter la guerre autant qu'il seroit possible; « que son gout, et les circonstances dans les- « quelles se trouvoit l'Espagne la portoit éga- « lement a desirer le maintien de la paix. D'ail- « leurs l'époque du retour de la flotte est en- « core incertain, ce ne sera que par l'arrivée « du premier courier maritime, ou même du « second, qu'on pourra avoir des nouvelles po- « sitives de ce qui la concerne, et il seroit pré- « maturé de prendre des mesures pour sa ren- « trée avant de savoir précisément l'époque de « son départ. M. le comte de Floride Blanche « m'a ajouté, Monsieur, qu'il croyoit que les « forces que l'Espagne avoit à Cadiz seroient « plus que suffisantes pour protéger la flotte « aux atérages, et que si on étoit dans le cas « d'avoir besoin de quelque secours il pensoit « qu'une diversion qui attireroit l'attention des « Anglois d'un autre côté rempliroit mieux « l'objet qu'on se proposoit que la réunion en « masse des forces des deux puissances. Ainsi, « Monsieur, les vaisseaux qu'on destinoit à cet « usage peuvent être regardés comme libres. » (*Espagne*, t. 588, n° 112.)

l'Espagne voudrait quelque chose de plus solide qu'un simple résultat moral. Pour M. de Floridablanca, l'idée de s'en tenir à ce résultat-là, chez les ministres de Versailles, vient de ce que les moyens ou la volonté de « coopérer à satisfaire son allié manquent à la France »; il n'a d'ailleurs qu'une très mince opinion de nos forces; le comte d'Aranda a fait un voyage dans nos ports, a dit en avoir rapporté et en a transmis des impressions fort bonnes, mais n'était-ce pas l'effet d'une retenue commandée par la déférence ou une suite des propensions personnelles de cet ambassadeur à la guerre? L'on est donc d'autant plus tiède à Madrid; « les Espagnols sont un peu comme les enfants, on ne peut les émouvoir qu'en présentant des objets brillants à leurs yeux et ils ne sont pas en état de sentir les avantages solides qui doivent résulter des voies sages et modérées que le roi a adoptées [1]. » Il n'y a du reste nulle aigreur chez M. de Floridablanca; au contraire, il prodigue les témoignages d'attachement; « il sent bien l'utilité de l'union; il pense, seulement, que l'Espagne est dans des circonstances critiques, exigeant la conservation de la paix le plus longtemps possible; par suite, il trouve notre action prématurée; mais il reconnaît que nous ne pouvions suivre un avis différent d'une manière plus en rapport avec l'union et l'amitié regnant entre les deux cours. » Il n'est pas moins raide qu'avant avec lord Grantham, qui vient le questionner sur le bruit d'un traité passé entre la France et le Congrès et se plaindre une fois de plus des préparatifs des cours de France et d'Espagne. Le premier ministre, dit Montmorin, a pressenti dans cet entretien une démarche ultérieure plus formelle qu'il a voulu arrêter d'avance [2].

---

[1] *Espagne*, t. 588, n° 125. — Le comte d'Aranda n'avait pas manqué de faire connaître les impressions de son voyage à M. de Vergennes à mesure de ses étapes. Il y a de nombreuses lettres de lui à ce sujet dans les registres des Affaires étrangères.

[2] M. de Montmorin, qui rapporte longuement l'entretien, écrit : « M. le comte de Flo-« ride Blanche lui dit que quant à tout ce « qui concernoit l'alliance inaltérable des deux « Couronnes leur confiance reciproque étoit « entière, mais que cette confiance ne s'éten-« doit pas à ce qui les regardoit individuelle-« ment. L'ambassadeur parla des grands pré-

RUPTURE ENTRE LA FRANCE ET L'ANGLETERRE. 799

Toutefois, les faits marchaient, pendant cette prolongation sans effet des entretiens des deux cours. Afin de protéger d'importants convois américains prêts à partir, contre les vaisseaux anglais et même contre l'escadre de l'amiral Keppel, que l'on supposait en mer ou près de s'y mettre, on avait envoyé M. de la Motte-Piquet en croisière devant nos côtes de l'Ouest. Le 16 février, M. de Vergennes, écrivant à Montmorin sur ses appréciations du 2, ne lui cachait pas la crainte que soudain les hostilités ne s'ouvrissent sur ces côtes. Il mandait à cet égard à notre ambassadeur en Espagne : « Je serai agréablement surpris si le convoi qui doit être dehors maintenant sort des caps sans qu'il y ait des coups de canon tirés[1]. » A la même

« paratifs qui se faisoient en France et en Es-
« pagne; M. le comte de Floride Blanche lui
« répondit qu'on les continueroit certainement
« en Espagne jusqu'à ce que l'Angleterre eut
« donné des sûretés valables qu'elle ne trou-
« bleroit pas la paix. Mylord Grantham fit de
« grandes protestations du desir que le minis-
« tère anglois avoit de la maintenir, M. de Flo-
« ride Blanche répondit qu'il le croyoit, mais
« que le ministère pouvoit changer, et que
« même le ministère actuel restant en place,
« la constitution angloise étoit telle que contre
« son vœu il pouvoit être entrainé à la guerre,
« qu'en un mot l'Espagne ne seroit pas prise au
« dépourvu, et qu'on y continueroit les arme-
« mens avec vigueur jusqu'à ce qu'on fut par-
« venu a pouvoir opposer à l'Angleterre des
« forces égales aux siennes. Le ministre espa-
« gnol demanda à l'ambassadeur si c'étoit par
« ordre de sa cour qu'il lui parloit, et sur la
« réponse négative de celui-ci la conversation
« fut terminée. M. le comte de Floride Blanche
« m'a dit, Monsieur, que c'étoit la premiere
« fois depuis six semaines que Mylord Grantham
« l'eut entretenu sur les affaires présentes, il
« croit que cette conversation n'est que prépa-
« ratoire et s'attend incessamment à une autre
« dans laquelle l'ambassadeur s'expliquera plus

« clairement. — A Madrid le 26 février 1778. »
(*Espagne*, t. 588, n° 135.)

[1] « Je vois avec satisfaction que le ministere
« espagnol s eclaire sur les intentions des An-
« glois dans les armemens qu ils augmentent et
« qu ils accelerent avec une rapidite si incroyable
« qu elle ne permet gueres de douter qu ils
« n aient un projet. Nous avons quelques indices
« qu il peut menacér Brest, mais nous esperons
« que les precautions deja prises et celles qui
« sont ordonnees et qui s executent avec ardeur
« rendront cette entreprise facheuse pour les
« Anglois s ils n'ont pas la prudence de s en
« desistér. Je suis plus inquiet pour M. de la
« Mothe Piquet qui est a la mer avec plusieurs v^x
« pour favorisér le decapement de differens na-
« vires chargés p^r le compte des Americains et
« qui leurs portent diverses especes de mar-
« chandises de tout genre dont ils ont un be-
« soin instant. J ignore la composition de leurs
« cargaisons, mais je soupconne qu ils doivent
« avoir beaucoup de munitions navales, espece
« de marchandises qui au terme des traités
« n est point reputée contrebande. Quoi qu il
« en soit je serai agréablement surpris si le
« convoy qui doit etre dehors maintenant sort
« des caps sans qu il y'ait des coups de canon
« de tirés. » (*Ibid.*, n° 113.)

heure, du reste, en envoyant le texte des traités au Comité des affaires étrangères du Congrès, la légation de Passy ne cachait pas l'espoir qu'elle avait de voir ce fait se produire[1]. Le ministre ne perdait point l'occasion de fournir à Montmorin des arguments de plus. A sa lettre, il joignait des avis d'Amérique qui annonçaient l'ouverture, par le ministère anglais, de négociations avec les États-Unis, « parfaitement analogues, écrivait-il, à celles faites à leurs députés à Versailles et qu'à Madrid on croyait forgées à plaisir »; il fallait « se tenir pour dit qu'à Londres on était bien convaincu de l'impuissance de réduire les Américains par les armes et craindre que le gouvernement britannique bien conseillé ne nous prévînt pour reconnaître l'indépendance ». A propos des vues supposées à l'Espagne par l'ambassadeur, il ajoutait :

Si vous voules bien relire M. tout ce que j ai eu l honneur de vous ecrire depuis le commencement de x^{bre} dernier vous y observerés que nous avons eté audevant des convenances que nous sentions que l Esp^e pouvoit stipulér dans un engagement avec les Americains. Nous lui avons parlé nommément de la recuperation de la Floride et si je ne me trompe d un droit a Terre Neuve. Mais ce qui pouvoit etre facile dans un tems peut l etre moins dans un autre, et si la guerre previent la negociation, les Americains pourront etre moins traitables qu ils ne l auroient eté si on s'y etoit pris plus tost. Vous n avés aucun usage M. a faire de cette reflexion.

Espagne, t. 588, n° 113.

Les informations données le 16 par Montmorin avaient un peu surpris le cabinet de Versailles. M. de Vergennes y répond immédiatement, le 23, en laissant percer son étonnement et non sans remar-

---

[1] La légation écrivait à ce sujet : « Notre « petite flotte si longtemps retenue dans la ri- « vière de Nantes par les croisières anglaises « de Belle Ile est sur le point de partir sous « la conduite d'une escadre française. Comme « les Anglois sont assez forts dans la baie, il « est probable que leur attaque et la défense « française de nos navires seront le prélude « d'une déclaration des deux parts. » (Les commissaires au Comité des Affaires étrangères, Passy, 16 février 1778. — *Diplomatic correspondence*, t. I, p. 366.)

quer, à propos des idées que l'on avait à Madrid sur notre marine de Toulon, combien les deux Couronnes « se jugeraient respectivement sur de bien fausses opinions en suivant le rapport de certains écrivains qui croient que le grand mérite est de tout dépriser ». A défaut d'avoir la valeur de nos équipages de Brest, dit le ministre, nos vaisseaux de Toulon sont sans contredit « au pair de ce qu'il y a de meilleur en Europe[1] ». Mais, reprenant la question des visées que pouvait nourrir l'Espagne à part elle, et des vues qui avaient présidé à notre conduite, le ministre écrit à l'ambassadeur :

L Esp^c peut condamner la moderation qui a presidé a la redaction de nos traités, mais si elle ne nous avoit pas eté inspirée par nos propres principes, la position ou nous a mis le refus de l Esp^c de concourir a la negociation, nous en auroit fait une necessité. Obligés de changer tout notre projet que pouvions nous exiger de ceux avec qui nous contractions lorsque nous ne leurs ofrions qu une alliance purement eventuelle. Au reste quand elle eut eté actuelle, le Roi n'auroit pas pretendu pour cela des conditions plus etendues, le seul avantage qui auroit pû l interressér auroit eté de contribuér a ceux du Roi son oncle., nous l avons dit et répété; la disposition est encore la meme

---

[1] Lettre de M. de Vergennes à M. de Montmorin, du 23 février : « J ai recû, M. les lettres « n° 12. et 13. que vous m'avés fait l honneur « de m ecrire les 5. et 9. de ce mois. La pre- « miere de ces lettres donnoit bien plus d es- « poir que n'en presente la seconde de voir « l Esp^e se raprochér incessament de notre avis. « Ce seroit cepend^t le plus grand des malheurs « si l humeur predominoit lorsque les circon- « stances necessitent la plus grande reunion « de conseil et d'efforts. L Esp^e nous a reproché « jusqu ici d'avoir precipité une negociation « qu elle jugeoit qu'on pouvoit reculér sans in- « convenient, Dieu veuille qu elle ne soit ni « elle ni nous dans le cas de nous reprochér « de n avoir pas accéléré autant qu il sembloit « necessaire la confection d'un traité dont le « salut commun dependoit, Le lord North qui « a différé jusqu'au 17. de ce mois la propo- « sition qu il avoit annoncée pour le 2. vient « de justifiér de la maniere la plus complette « notre prevoyance et les representations que « nous n'avons cessé de faire a notre allié. J'y « reviendrai a la suite de cette lettre. Si la cour « d'Esp^e croit que l'Ang^{re} ne l'englobera pas « dans la guerre au moment meme ou elle nous « attaquera, elle est bien fondée a refusér l es- « cadre auxiliaire que nous lui ofrons pour « concourir autant qu il est en nous a assurér le « retour de ses flottes. Vous n'avés aucune in- « stance a faire M. pour qu elle soit agreé, mais « comme les circonstances peuvent devenir d un « moment a l autre plus urgentes, il sera tres « interressant de savoir à quoi nous en tenir, car « si cette escadre est inutile a l Esp^e elle peut nous « devenir tres utile. » (*Espagne*, t. 588, n° 123.)

de la part de Sa M^to, mais je n'ose pas me promettre que les circonstances y soient egalement favorables.

Espagne, t. 588, n° 123.

Cette dépêche avait un autre objet, toutefois, et celui-là principal. Le Parlement avait été saisi par lord North du projet de pacification des Colonies, et l'on parlait d'un armistice qui leur serait offert pour traiter de la paix. M. de Vergennes annonçait à Montmorin cette nouvelle, tout récemment reçue du marquis de Noailles. Pour impressionner d'autant plus la cour de Madrid à cette occasion, il manifestait une vive inquiétude de l'effet qu'elle produirait sur le Congrès, sur les intrigues et les moyens de corruption qu'employerait Howe; peut-être avec succès, pour opérer dans les esprits une « révolution soudaine ». Complication de plus, les vents retenaient au port la frégate qui devait porter en Amérique les signatures échangées avec Passy, et les affaires de l'Allemagne venaient de prendre leur gravité, l'Autriche ayant affiché par une voie de fait ses vues sur la Bavière. La dépêche montrait avec complaisance à Montmorin le cabinet de Versailles accablé sous les préoccupations : « Si au lieu d'assurances pures et simples, en janvier, nous avions envoyé un bon traité nous serions moins perplexes, mais pourquoi regarder à ce qu'on aurait dû faire et qui n'est pas fait; c'est le présent qu'il faut voir. » Le ministre pressait en conséquence son ambassadeur d'obtenir un résultat, de provoquer les confidences du gouvernement du Pardo[1].

---

[1] « Je suis bien moins flatté de voir notre « justification aussi complettement etablie qu'al-« larmé de l impression que pourra faire en « Amerique un changement aussi surprenant « de principes et de conduite. Nous ne devons « pas douter que le Lord North n'y ait fait pre-« parér les Americains par ses emissaires et ses « creatures. Si le Congres n etoit composé que « de gens honnetes et desinteressés on pourroit « esperér que devoilant bientost le piege caché « sous les propositions angloises il ne les rejettât « avec indignation; mais nous avons avis d une « expedition de 500. mille guinées pour preparér « et facilitér la negociation; c en est bien assés « pour tournér la tete a plus d un chef et ne « peut on pas craindre que la perspective de la « paix et l ofre d un armistice immediat n ope-« rent la revolution la plus soudaine dans l es-« prit du peuple. Ce qui me desole est que la « contrarieté des vents retarde l expedition de « la fregate qui doit portér nos actes, et tant « que nous ne les saurons pas ratifiér nous ne

Et dans le fait il était opportun de se sentir enfin fixé. Marcherait-on en commun, ou bien la France aurait-elle à s'engager seule? c'était le moment de le savoir. Eût-on été en hostilités ouvertes, notre commerce, les vaisseaux du roi, même, ne se seraient pas vus l'objet de plus d'agressions ou d'actes injustifiables de la part des navires anglais. Non seulement aucune satisfaction ne venait éteindre le moindre des griefs portés depuis longtemps au *Foreign office* par notre ambassade; lord Suffolk les éludait tous avec une amabilité qui ne cachait pas toujours entièrement la menace, et lord Weymouth feignait de n'avoir rien entendu ou ne répondait pas. Pendant ce temps, le cabinet favorisait les violences hostiles. Insuffisamment préparé pour la guerre véritable[1], il ne s'essayait pas moins à l'établir en fait; comme l'avait écrit Garnier précédemment, il tentait de la faire naître d'une manière fortuite et de paraître attaqué. Il se tenait prêt à fondre sur les convois rassemblés à Brest; « on les prendra, on les prendra », avait dit à leur sujet lord Mansfied, les derniers jours de janvier, à Escarano qui

« pouvons etre exemts d'inquietude. Si au lieu « de depeches de simples assurances en janvier « nous avions envoié un bon traité nous serions « moins perplexes, mais il s agit moins de s ape- « santir sur ce qu'on auroit dû faire et qu'on « n'a pas fait, que d'aviser et sans perte de tems « a ce qu il y'a a faire. Nous sommes bien em- « pressés de savoir ce que le Roi C͞qūe et son « ministere peuvent se proposer dans cette cir- « constance veritablement critique, ne negligés « rien M. pour engager M. le Cte de Floride « Blanche a s expliquer confidement sur ce que « sa prévoyance peut lui suggérer dans l'occu- « rence presente; nous recevrons avec autant « de plaisir et de sensibilité ses lumieres et ses « conseils que nous serons empressés a lui com- « muniquer nos pensées les plus intimes. Nous « sommes si ecrasés par la complication sans « exemple des objets qui occupent l attention « du conseil du Roi que nous n avons encore « pu deliberér sur celui ci quoiqu il soit le seul « qui nous affecte veritablem^t et que nous re- « gardons comme notre unique affaire; mais il « est une attention de bienseance que nous ne « pouvons refusér aux autres affaires et surtout « a celles d'Allemagne auxquelles nous tenons « necessairement dans notre qualité de garant « de la paix de Westphalie. Le Roi ne se dissi- « mule pas que l occupation d une grande par- « tie de la Baviere est une lezion pour son inte- « rest, mais Sa M^{te} determinée a la soufrir veut « se conduire cepend^t de maniere a ce que sa « consideration ne puisse en soufrir. Ce peu de « mots vous donne la clef de notre sisteme « relativement aux conjonctures presentes de « l Allemagne. » (*Espagne*, t. 588, n° 123.)

[1] C'est du moins ce que M. de Vergennes pensait encore au milieu de février. (Lettre au marquis de Noailles, du 21 février. — *Angleterre*, t. 528, n° 186 *bis*.)

gérait l'ambassade espagnole à Londres depuis la mort du prince de Masserano[1]. Peu après, lord Suffolk, dans un de ses entretiens avec M. de Noailles, manifestait la pensée « qu'on ne tarderait pas à se trouver en présence[2] ». Depuis des mois, déjà, il n'y avait plus, entre les deux gouvernements, d'autres rapports que des contestations sur les affaires de mer; les dépêches officielles tournaient toutes dans un même cercle de réclamations touchant les navires visités ou violentés, les décisions des amirautés ou leurs dénis de justice; cercle sans issue. Le ministre laissait à peu près à son secrétariat la rédaction de la correspondance, se bornant à revoir les minutes et à y ajouter parfois. L'intérêt des communications avec l'ambassadeur et des siennes avec Versailles était maintenant dans des lettres personnelles. Ce sont elles qui expliquent la situation, à cette heure, ou plutôt donnent à deviner la pensée, car elles ne contiennent plus grand'chose. On n'est occupé qu'à ne pas se voir surprendre par l'Angleterre. Son procédé de 1755

---

[1] M. d'Escarano était chargé de faire savoir au roi George III personnellement, de la part de son souverain, que l'on souhaitait à Madrid le maintien du cabinet de lord North. A cet égard, il semblait beaucoup trop empressé au gré de Versailles. Il avait naturellement abordé pour cela lord Mansfield. Celui-ci avait répondu que « le sort du ministère dépendait de la France et de l'Espagne, qu'elles le chasseraient si elles prenaient parti pour les Colonies ». Noailles, qui en rend compte, explique que lord Mansfield ajouta : « Avez-vous des « lettres de Paris? Vous mande-t'on qu'on y « parle de guerre continuellement et que la na-« tion semble y être portée generalement; » à quoi Montmorin ajoute : « M. le Ch. d'Esca-« rano lui repliqua qu'il n'avoit point de nou-« velles particulieres de France, mais que jusqu'à « présent quels que fussent les propos publics, « rien ne devoit donner plus de mefiance qu'au-« paravant par rapport aux dispositions pa-« cifiques des deux cours; qu'on croiroit au « ton sur lequel le Lord Mansfield s'exprimoit, « qu'il craignoit la tentative d'une invasion pro-« chaine en Angleterre. — Non pas pour cette « année, reprit sur le champ le Lord Mansfield « mais pour l'autre je ne repons de rien. Au « reste ce qu'il y a de bien certain est qu'il part « sans cesse de France des munitions de guerre « et des approvisionnemens de toute espece pour « les Americains. On prépare actuellement de « grands envois, qui doivent même être escor-« tés par quelques fregates; mais on les prendra, « on les prendra, a-t'il repeté deux fois de « suite. » (Lettre du marquis de Noailles à M. de Vergennes, du 3 février 1778. — *Angleterre*, t. 528, n° 117.)

[2] Aussi M. de Vergennes, dans le pli du 21 février cité tout à l'heure, écrivait-il à M. de Noailles : « Ce que le Lord Suffolk vous a dit « qu'on ne tarderait pas a se trouver en pre-« sence s'accorde merveilleusement avec le pro-« pos du Lord Mansfield à M. d'Escarano. C'est « le cas de se tenir prêt à tout. »

ne paraît pas à tous les yeux impossible à renouveler; on fait donc part des indices que l'on a, et c'est à stimuler des deux côtés la vigilance que tendent presque toutes ces lettres. M. de Vergennes avait mandé le 7 février à Noailles : « Nous ne négligeons aucune des mesures qui peuvent nous mettre à l'abri d'un coup de surprise, nous les prenons même assez ouvertement pour qu'on ne se méprenne pas à leur objet[1]; » le 21, répondant à l'ambassadeur, qui avait parlé de l'extrême difficulté pour lui de découvrir où, comment, quand les Anglais frapperaient le coup qu'on les supposait méditer, il lui dit, tout en lui marquant qu'on peut « en juger par approximation à la nature des préparatifs », que pour des tentatives sur notre continent il est maintenant sans inquiétude : « s'ils ont eu des vues sur Brest les mesures sont assez bien prises pour les y faire renoncer, ou pour les en faire repentir s'ils y persistent. »

Évidemment une situation pareille ne pouvait se prolonger sans

[1] *Angleterre*, t. 528, n° 139 *bis*. — Le 14, M. de Vergennes revient avec l'ambassadeur sur la commission un peu singulière dont le chevalier d'Escarano avait été chargé auprès de George III. Il félicite Noailles d'une note que cette commission lui avait donné l'idée de remettre au chargé d'affaires espagnol; appréciant confidentiellement la démarche de Madrid, il lui écrit : « Il seroit a souhaiter que « l'Espagne en sentit la necessite, et que plus « fixe dans sa defiance naturelle, elle ne crut « pas pouvoir remediér par des complimens a « la crise des circonstances. On incline a pen- « ser a Madrid que la conservation du minis- « tere actuel est le gage de la durée de la paix; « je puis me tromper, mais je suis d'opinion « Monsieur, que nous avons autant et peut etre « plus a craindre la guerre avec le ministere « actuel qu avec tout autre qui le remplaceroit « si la revolution etoit complette. En effet celui « la devant etre bien convaincu que la reduc- « tion des Colonies est desormais la chose im- « possible pour l'Ang{{re}} et aiant a justifiér ses « erreurs et ses bevûes, les partis les plus ex- « tremes deviennent en quelque sorte sa seule « ressource; au lieu qu'un autre ministère n'e- « tant point responsable des antecedens pourroit « voir plus froidement la situation presente des « affaires, et en cedant a la necessité, s occupér « a procurér a l Ang{{re}} un repos qui doit lui etre « necessaire. Je dois laissér a M. d Escarano le « soin d'apretiér sa conversation avec le L{{d}} Mans- « field, mais en l analisant on n'y remarque pas « beaucoup de sinserité et de franchise. Je vois « dans le langage de ce ministre et dans tout « le procedé de ses collegues la meme marche « qu'on tint en 1755 pour nous decevoir. Ce- « pend{{t}} on doit croire qu il n'a pas masqué son « opinion lors qu il a assuré le chargé des af- « faires d Espagne qu on prendroit les vaisseaux « designés pour l Amerique sous le convoy de « nos fregates. » (*Ibid.*, n° 157 *bis*.)

rupture; mais on se sentait solide et l'on allait devant soi. Le ton même des dépêches ministérielles fait reconnaître combien peu le gouvernement du roi est influencé par la crainte des éventualités. Le 21 février, la satisfaction du roi, à propos du langage tenu par le marquis de Noailles chez lord Suffolk, est transmise à l'ambassadeur dans ces termes :

> Le Roi a fort aprouvé, M., les observations que vous avez faites au Ld Suffolk, au sujet de la conduite que la cour de Londres tient à notre égard. Il paroît que ce ministre en a senti la force et la justesse; j'en juge ainsi par son embarras et par sa réponse. Mais il semble que le ministere anglais ait pris décidement le parti de mépriser tous les principes et même toutes les bienséances en mettant dans l'oubli nos plaintes les plus justes, et en prétendant justifier ses procédés par la nécessité des circonstances. Le fait est en lui-même un deni de justice formel, et l'excuse enveloppe une prepotence dont ordinairement les grandes puissances s'abstiennent entr'elles. Vous pourrez, M., insinuer cette reflexion au Ld Suffolk s'il vous en fournit l'occasion, mais avec les nüances convenables, vous lui feres sentir en même tems que le droit des gens, les traités et surtout la dignité de la Couronne de France ne sauroient dépendre des circonstances ou peut se trouver la Grande-Bretagne; qu'un pareil langage n'est tollérable que dans la bouche d'un prince puissant vis à vis d'un P^{ce} foiblé, et que la France n'est pas encore reduite au point de devoir l'entendre de la part de la cour de Londres.
>
> A V^{lles} le 21 fev^r 1778.
>
> *Angleterre*, t. 528, n° 186.

Or ce n'est pas M. de Vergennes, c'est son secrétariat qui parle là, exprimant couramment ce que le ministre n'aurait pu dire qu'à titre confidentiel, il n'y avait pas encore longtemps. Il s'en fallait donc de bien peu pour rompre. Le signal fut donné par la présentation des bills conciliatoires au Parlement, l'un rapportant les taxations qui avaient soulevé l'Amérique, l'autre autorisant le roi à déléguer au Congrès des commissaires qui auraient pleins pouvoirs pour offrir la paix, faire cesser les hostilités, révoquer les mesures prises et débattre ou accepter les conditions d'un accord. Lord North avait déposé ces bills le 17 ; Noailles dépêchait le 19 un courrier pour en porter le texte à Versailles. M. de Maurepas hésitait encore à croire que George III en arrivât là. Les allées et venues de l'envoyé Forth avaient été dernièrement fréquentes. Le 14, notamment, il était tombé à Paris. Ses conversations avec le premier ministre avaient d'abord visé à abuser celui-ci, comme précédemment, sur les intentions du cabinet anglais envers la France et l'Espagne; mais, aussitôt le bill présenté, ç'avait été à lui donner le change sur la portée des offres dont le cabinet demandait la sanction, et à ce dernier égard lord Stormont lui avait aussitôt prêté aide. M. de Vergennes, lui, nullement dupe, mandait au marquis de Noailles le 28, en le remerciant de la rapidité de ses informations : « Il ne faut pas être fort habile pour démêler le but de ce langage si contradictoire à ce qui se passe; chacun joue son jeu, le mieux qu'il peut; le nôtre, s'il est possible, est de ne pas nous laisser abuser[1]. » Mais M. de Maurepas avait peine à admettre la sincérité des propositions de lord North; il supposait « quelque intrigue inconnue » qui écarterait le projet[2]. Bien convaincu, néanmoins, que l'Angleterre

---

[1] *Angleterre*, t. 528, n° 113 *bis*.

[2] Il écrivait à l'ambassadeur en particulier, au même moment : « Il est vrai, Monsieur « le Marquis, que quelque preparés que nous « dussions etre par ce que vous nous aviez « mandé cy devant, on ne pouvoit pas s'attendre à une revolution aussi prompte de la « part du ministere d'Angleterre. J'ai cependant « quelques soupçons qu'il y a encore la dessous « quelque intrigue qui nous est inconnüe et « que la proposition du Lord North recevra encore des contradictions par lesquelles on espere le dégouter. D'ailleurs j'ai peine a croire « que les insurgens donnent dans un piege « aussi grossier que celui de la suspension « d'armes qu'on leur propose. Quant à nous je « ne doute nullement de la volonté de nous « faire la guerre malgré toutes les assurances « contraires que ne cesse de me donner « M. Forth dont il n'est pas que vous n'ayez ouï « parler plus d'une fois. Je l'ecoute parce que je « ne puis m'en dispenser; mais je lui réponds « peu ou point et je ne me flatte pas cependant « que cela l'empêche de me faire parler; mais « vous savez d'avance la foy que vous devez « y ajouter. Vous sentez aisement, Monsieur « le Marquis, combien il nous est interessant « dans ce moment cy d'etre informé des mouvemens du Parlement, des nouvelles des « ports et de celles de l'Amerique, je suis sur « que votre vigilance ne vous laissera rien a « desirer la dessus. C'est le seul point d'où « doivent partir nos combinaisons et nos résolutions. On ne peut rien ajouter à la fidelité « de l'attachement avec lequel j'ai l'honneur « d'etre, Monsieur le Marquis, votre tres humble

voulait nous faire la guerre, il pensait, pour se tranquilliser, que les Colonies « ne donneraient pas dans un piège aussi grossier que celui d'une suspension d'armes[1] ».

Au reste, ces correspondances directes avec notre ambassadeur à Londres semblent écrites pour ne lui rien dire, ou pour que le silence ne lui laissât pas deviner les préoccupations auxquelles on obéissait réellement. La vérité était que, au risque de voir cesser immédiatement la paix, le gouvernement du roi cherchait l'heure exacte de se dévoiler, en d'autres termes d'avouer tout haut les engagements contractés avec les délégués de l'Amérique. Cette heure-là lui semblait être celle où il y aurait urgence à faire parvenir aux États-Unis le bruit au moins de nos traités, en attendant qu'ils y arrivassent eux-mêmes. Si ce n'était plus au cadran du Pardo que l'on avait à regarder, encore fallait-il s'y accorder un peu. Puisque l'on ne doutait point que la force des choses n'obligeât l'Espagne à nous suivre tôt ou tard, contre son gré même, il importait, en prenant tout à fait l'avance, de l'avertir et de lui indiquer le chemin pour nous rejoindre. Le 6 mars, M. de Vergennes laisse pressentir à M. de Montmorin que cette heure

---

« et tres obeissant serviteur. — MAUREPAS. » — (*Angleterre*, t. 528, n° 213 *ter*. — Lettre sans date.)

[1] Le marquis de Noailles avait écrit à M. de Vergennes le 3 février au sujet de Forth : « Il « seroit difficile, Monsieur le Comte, de pou- « voir compter les pas du messager ou de l'a- « gent principal de l'ambassade d'Angleterre à « Paris, continuellement entre cette capitale et « Londres. Je veux dire M. Forth. J'ai appris par « hazard qu'après être resté ici huit ou dix jours, « il étoit reparti samedi dernier pour la France, « et que la veille de son depart il avoit eu un « long entretien avec le Lord North. Cette sourde « mission vous est assès connue, Monsieur le « Comte, et vous en faites le cas qu'elle merite. » (*Ibid.*, n° 117.) — La lettre de M. de Maurepas atteste que le chef du cabinet n'avait, néanmoins, aucune illusion sur cet émissaire. M. de Vergennes en parlait du reste comme il suit, le 14, c'est-à-dire peu après la nouvelle arrivée de cet agent de George III à Paris, en répondant au marquis de Noailles : « J ai recû, « Monsieur le Marquis, la lettre particuliere « que vous m'avés fait l honneur de m ecrire le « 3 de ce mois. L'arrivée de M. Forth l avoit « precedée. J'ignore quel peut etre le sujet de « ce voyage, je suis tenté de croire que l es- « pionage est le veritable objet; jusqu ici ce « noble agent ne s est annoncé chargé d'aucune « commission. Il a cependant vû M. le Cie de « Maurepas, mais il n'a eté question de rien « de serieux. Au reste des propositions par un « pareil canal ne seront jamais a mon avis que « des deceptions contre lesquelles nous ne pou- « vons trop nous prémunir. » (*Ibid.*, n° 157 *bis*.)

RUPTURE ENTRE LA FRANCE ET L'ANGLETERRE. 809

décisive est prochaine; il lui donne mission « d'en prévenir détournément Madrid ». Le moment était bien tel qu'on eût pu le souhaiter. Il nous permettait de rester à peu près maîtres de ce qui se passerait sur le continent. L'Autriche venait d'envahir une partie de la Bavière; si, dans l'impossibilité où l'Angleterre se trouvait maintenant d'intervenir, la France n'autorisait pas la cour de Vienne à compter sur son appui; bien plus, si elle ne se montrait pas contraire aux intérêts de la Prusse, elle serait libre de faire échec aux ambitions de son ancienne alliée, et, ayant Frédéric II de son côté, d'arrêter par lui la Russie dans ses vues sur Constantinople, d'isoler même l'Angleterre de la Hollande, assez maltraitée par le cabinet de George III pour ne plus supporter qu'avec une impatience manifeste les hauteurs dont il usait. Les dix vaisseaux offerts à l'Espagne servent de prétexte à M. de Vergennes. Sous l'apparence de demander, à leur sujet, une réponse plus catégorique, « parce que nous allions peut être avoir besoin d'eux », il montre à son ambassadeur les hostilités déjà flagrantes, le roi près de se voir contraint par « l'intérêt de sa dignité et de sa justice » et par « l'impatience de la nation, qui accuse sa modération de faiblesse », à céder à son ressentiment contre les mauvais traitements de la Grande-Bretagne. Il lui signale le danger que la guerre n'éclate, notre flotte étant maintenant en mer avec l'ordre de ne pas attaquer, mais de ne rien souffrir contre les droits du pavillon[1]; il lui marque la crainte que nos traités n'arrivent au Congrès trop tard pour contre-balancer

---

[1] Le ministre écrit là-dessus à Noailles, le lendemain 7 : « Je concois Monsieur le Marquis, toute la difficulté que vous deves eprouver pour etre informé avec exactitude des veritables stations des vaisseaux anglois qu'on fait sortir. Il y a bien de l aparance que les 5 partis en dernier lieu de Portsmouth sont dans le golphe ou ils attendent M. de la Motte Piquet, si leur intention est de l attaquér, il est probable que les premiers coups de canon sont tirés, l officier francois aiant mis en mer avec sa petite escadre le 25 ou 26 fevrier, ainsi nous ne tarderons pas a savoir a quoi nous en tenir. Si la partie n est pas trop inegale je me flatte que nos gens s'y feront honneur, nos marins temoignent de la volonté et de l emulation. Il me semble que les Anglois choisiroient mal leur tems pour rompre; les coups de canon qu'on tirera en Europe retentiront en Amerique et n y faciliteront pas les negociations. » (*Angleterre*, t. 529, n° 18 *bis*.)

les avantages que vont proposer les deux Howe; il appuie sur l'intérêt pressant qu'il y aurait, dès lors, à publier ces traités pour gêner le cabinet anglais dans les emprunts qu'il négocie et pour raffermir en Amérique les esprits ébranlés par nos procédés antérieurs; finalement, le ministre donne mission à l'ambassadeur de préparer comme de lui-même le gouvernement du Pardo à recevoir l'annonce d'une déclaration positive du roi à la cour de Londres :

A Versailles le 6 mars 1778.

J ai recû, M. la lettre n° 14 que vous m avés fait l h^r de m ecrire le 16. du mois dernier.

J ai rendu compte au Roi de la sensibilité que le Roi son oncle vous a exprimée a l occasion de l ofre que S. M. lui a faite d une escadre pour contribuér s il est necessaire a la sureté du retour de la flotte du Mexique. Le Roi qui est vivement touché de ce temoignage de la justice que le Roi son oncle rend a la pureté de ses sentimens, vous charge M. de l'en remercier, et de l assurér qu en toute occasion Sa M^{té} se pretera avec le zele le plus soutenû a tout ce qui pourra l'interressér.

Quoi qu il paroisse M. par ce que M. le Cte de Floride Blanche vous a dit que l intention du Roi C^{que} n'est point de profitér de l'ofre de cette escadre, nous aurions besoin cependant de quelque chose de mieux articulé. Le moment aproche ou nous pourrons donnér a cette escadre une destination aussi necessaire qu'interressante soit pour couvrir nos possessions soit pour attaquér celles de nos ennemis, si comme tout le fait présagér la resolution de l'Ang^{re} est de forcér la guerre par les hostilités les plus manifestes et par les insultes les plus multipliées; celles ci le sont deja a un tel point que si le vœu de la paix n etoit pas aussi profondement gravé dans le cœur du Roi notre maitre qu il l'est dans celui du Roi C^{que}, Sa M^{té} n'auroit pû refusér a l interest de sa dignité et de sa justice de laissér eclatér tout son ressentiment. Je sais que les Espagnols n'ont pas des griefs moins justes et moins nombreux contre les Anglois, mais notre nation moins patiente que celle la, s en prend au Gouvernement et ne craint pas d inculpér de foiblesse la moderation qu il a montrée jusqu ici. Quoi que nous soyons bien resolus de ne nous en departir que le plus tard que nous pourrons et que nous ne voulions pas precipitér un engagement que l Esp^e desire d eloignér si on ne peut l evitér, il peut arrivér cepend^t que les evenemens pressent la mesure. M. de la Motte Piquet est a la mer depuis huit jours; les Anglois se sont asses expliqués a son sujet pour que nous devions nous attendre a tout; il a ordre de n etre point l agresseur, mais il ne doit rien permettre et soufrir qui seroit contraire aux droits du pavillon et a sa dignité. S il y'a un engagement, ce sera probablement par l Esp^e que nous en aurons le premier avis.

Nos dernieres nouvelles d'Ang^{re} ne parlant que des debats qu'excitent les nouveaux bills qu il est question de faire passer en loi, le ministere se prete avec docilité aux additions et aux corrections que l opposition propose. Quoi que les bills ne soient pas explicites sur l independance ils y ont une tendance si directe qu il n est gueres possible de douter qu on finira par l accordér lorsque le Gouvernement reconnoitra que sans le prealable il n est point de reconciliation a esperér. On nous a reproché en Esp^e que notre prévoyance et nos mesures etoient prematurées, je crains bien plus tost qu elles n aient eté tardives. Si vous lisés le courrier de l Europe vous verrés M dans celui du 27. du mois dernier que les freres Howe dès la fin de 9bre avoient fait des ouvertures tres avantageuses au Congrès; celui ci ne les a pas admises, mais pouvons nous comptér sur sa perseverance s il n a pas la sureté d une protection efficace. Je donnerois beaucoup pour que nos traités fussent deja en Amerique, mais il se passera necessairem^t quelque tems encore avant qu ils y arrivent. La ligne que nous avons a parcourir pour nous y rendre est bien plus longue que celle que les Anglois tiennent; la mer est libre pour eux tandis qu elle est herissée pour nous des plus grandes difficultés. J evite de m'engager M. dans des reflexions qui pourroient faire croire que j abonde dans mon sens, mais on ne connoit le plus souvent le prix du tems que lorsqu'on est dans le cas de regrettér de l avoir perdû.

Si le motif du refus de notre escadre porte sur la crainte que nous ne l aions offerte que pour extraire en contrebande les trezors de la flotte, il faut admirér la sagacité des ministres espagnols. Bon Dieu peut on se permettre de pareils raisonnemens; ils ne peuvent etre imaginés que pour s affranchir de la juste reconnoissance a laquelle nous aurions quelque raison de pretendre; un particulier peut etre soupçonné de vouloir faire la contrebande, mais en imputér le dessein a un gouvernement et surtout dans une occasion aussi majeure c est portér trop loin la defiance. L interest d empecher la coalition entre l Ang^re et les colonies est si pressant, que peut etre seroit il d une bonne politique de donnér des a present la plus grande publicité a notre traite avec ces memes Colonies. Le ministere anglois met tant de soin a en etouffér meme le soupcon qu on doit croire qu il est intimement convaincû que la certitude qu'on en acquerreroit seroit un obstacle a la levée des secours pecuniaires qu il cherche a se procurér; ceci est une idée encore indigeste de ma part, mais a laquelle il seroit peut etre a propos que vous prepariés mais co^e de vous meme seulement le ministere espagnol. Vous pourriés lui faire entendre que ce ne seroit pas la voye la plus longue pour en faire parvenir la connoissance en Amerique pour raffermir les esprits s ils pouvoient etre ebranlés par les propositions insidieuses des Anglois, et par l espece d'abandon que des procedés anterieurs un peu severes de notre part ont pû leurs faire presumér.

J ai remis a M. le Cte d'Aranda les copies signées de nos actes et je joins ici M. celle du traité de commerce qui avoit ete omise dans une precedente expedition.

J ai l h^r d etre avec un sinsere et inviolable att. M.

Angleterre, t. 588, n° 135.

La résolution que donnait à présager cette lettre était déjà prise. Pendant que M. de Vergennes avertissait ainsi le comte de Montmorin, le roi écrivait à son oncle. Il écrivait qu'il venait de se décider à notifier au gouvernement britannique le traité passé avec les États-Unis. Le 7 mars, en effet, le projet de déclaration avait été délibéré et le monarque l'avait approuvé de sa main. Le ministre s'était alors donné le temps, seulement, de dresser la dépêche qui accompagnerait la missive royale et qui, en prévision des explications dans lesquelles l'ambassadeur à Londres se trouverait sans doute obligé d'entrer, justifierait l'acte du Gouvernement. Le 10 mars, ces pièces partaient pour l'Espagne; en même temps partait pour l'Angleterre le pli destiné à y porter l'acte du cabinet. Ces pièces sont indistinctement toutes sous la même date. Comme le secrétaire d'État l'avait déjà fait en annonçant le traité lui-même, il ajoutait aux deux courriers des lettres personnelles précisant davantage les intentions et déterminant l'attitude que M. de Montmorin et M. de Noailles avaient à prendre, chacun en raison de la cour où il se trouvait. Ainsi que nous l'avons remarqué pour d'autres documents antérieurs, ceux-ci, à leur tour, sont de l'histoire tout écrite. Il ne faut point les analyser et il n'est pas besoin de les éclaircir : ils disent tout par eux-mêmes. La dépêche adressée à notre ambassadeur de Madrid contient uniquement l'explication des motifs qui ont décidé le roi; elle va au-devant des objections du Pardo et ne semble que continuer les raisonnements des dépêches précédentes :

1778.

A Versailles le 10 mars 1778.

Le Roi m ordonne M. de vous adressér la copie ci jointe de la declaration que son ambassadeur en Ang^{re} và etre chargé de faire au ministere B$\widetilde{que}$. Sa M^{te} auroit bien désiré pouvoir se menagér le tems de concertér cette demarche avec le Roi son oncle, mais elle est persuadé que lorsque Sa M^{te} C$\widetilde{que}$ aura bien voulû prendre en consideration les circonstances dans lesquelles nous nous trouvons elle sentira que ce seroit compromettre la dignité de la Couronne de France et par consequent l interest des deux monarchies de continuér a faire une cachoterie d une chose qui cesse d etre un mistere. Rien n est mieux prouvé par la precision avec laquelle un membre de l opposition a fixé en dernier lieu la datte de la signature de notre traité avec les Americains. Ce motif s il avoit eté isolé n auroit pas eté cepend^t suffisant pour fixér dans ce moment ci le parti que le Roi vient de prendre; mais l affectation du ministere B$\widetilde{que}$ a mettre en doute la confection et l existance d un traité quelconque entre la France et les Etats Unis de l Amerique indique suffisament qu il est bien convaincu qu il auroit autant a perdre que nous a gagnér a arrachér le voile leger qui gaze notre intelligence avec les Americains. La marche la plus sure en politique etant de faire ce que notre ennemi craint le plus que nous fassions, nous devions d'autant moins hesitér a supléer a ce qu il n'ose ou ne veut pas faire que la reticence du Lord North et de ses collegues dans cette occasion ne peut avoir que deux motifs; l'un de remontér et de soutenir le credit public et de facilitér le budget qui doit etre presentement ouvert, afin de rendre moins onereux le nouvel emprunt deja tres dispendieux et de se faire plus facilement des fonds abondans. L autre de metamorphosér notre silence dans un acte de foiblesse et de s en faire un argument auprès des Americains pour leurs faire sentir le peu de fonds qu ils doivent faire sur une puissance la quelle toujours contenüe par la crainte qu elle a du ressentiment de l Ang^{re} n'ose pas meme avouér les engagemens qu elle a pris avec eux. Ni nous, ni l Espagne ne pouvons avoir oublié et ne devons jamais oubliér, M l abus injurieux et insultant que le ministere anglois a fait de quelques actes de complaisance auxquels nous nous sommes respectivement prètés autant par un sentiment de justice que par egard pour ces perfides voisins. Ces actes qui ont jetté une espece de decouragement en Amerique ou l'on s est crû abandonné par deux Couronnes dont on attendoit tout apuy et protection, doivent etre soigneusement rapellés et commentés dans l instruction dont les commissaires anglois chargés de la pacification seront porteurs. Il y auroit des volumes a ecrire si on vouloit recapitulér toutes les souplesses et les fourberies que les Anglois ont employées et ne discontinuent pas pour jettér une zizanie profonde entre nous et les Americains et pour oposér une digue insurmontable a l union mutuelle que la nature semble avoir preparée entre les Couronnes de France et d Espagne et cette nation.

On observera peut etre M. que notre declaration a l Ang^{re} avancera l epoque d une guerre qu'on a desiré de reculér, il y auroit beaucoup a dire pour et contre cette hipotese, mais en adoptant l'affirmative quelle en sera la consequence ? Les Anglois commenceront la guerre avant que d'avoir toutes leurs mesures pretes pour la faire avec une superiorité decidée. Ils la feront donc avec moins d'avantage que si nous leurs laissons tout le tems dont ils peuvent encore avoir besoin pour s'y préparér et surtout si nous leurs laissons celui de fascinér les Americains et de profitér du decouragement ou un abandon supposé de notre part et le denuement de beaucoup de choses d'un usage indispensable, tels que le sel et les vetemens peuvent les avoir jettés. Un des grands avantages de notre demarche M. et peut etre le plus pretieux est de faire arrivér en Amerique par la voye nullement suspecte des papiers publics de l Ang^{re} et beaucoup plus tost que nous ne le pourrions par nos propres moiens, la nouvelle de la conclusion du traité !

Mais comment suposér que nous avancerons l epoque de la guerre, lorsque nous savons a n en pouvoir douter et que les ministres anglois interpellés en plein Parlement n'osent pas en disconvenir, que les ordres donnés a ceux de leurs vaisseaux partis en dernier lieu pour le golphe de Biscaye, sont de nature que les hostilités ne peuvent plus etre prevenûs. C est ce que le Lord Bristol a dit en face au Lord Sandwich sans que celui ci ait pû ou voulu repliquér. Si la guerre doit eclater par une hostilité premeditée, n est il pas plus honorable que la declaration de notre traité la precede, que d'attendre pour l'avoüér que nous soions insultés; ce seroit jouér le role de gens qu il a fallu forcér dans leurs retranchemens pour en arrachér l'aveu; ce role seroit trop pusillanime pour que le Roi puisse s en chargér sans l exposér a un blame que le Roi son oncle verroit surement avec le plus grand deplaisir.

Il est encore a considerér M. que notre declaration arrivant en Ang^{re} au moment ou les bills p^r travaillér a la reconciliation viennent de recevoir la sanction parlementaire et ou l on est occupé a redigér l instruction des commissaires elle doit procurér le plus grand effet puisqu elle rend insuffisants tous les adoucissemens et les mesures dont on se promettoit les plus heureux effets; on pourra opposér que par la nous mettons l Ang^{re} dans la necessité de ne plus hésitér a reconnoitre l independance de l Amerique, cela peut etre, mais nous conservons sur elle l'avantage de l'avoir primée dans cette reconnoissance et par consequent d etre les auteurs de sa liberté et de son existance politique, deux objets qui doivent nous assurér au moins pour quelque tems l'affection et la reconnoissance de l'Amerique.

S il etoit question de justifiér le fond de notre demarche je pourrois encore empruntér des motifs du sentiment ou etoit M. le Cte de Floride Blanche il y'a plusieurs mois que les deux Couronnes pourroient s expliquér en Ang^{re} sur la protection qu elles etoient disposées a accordér aux Etats Unis. Cette idée excellente en elle meme puis qu elle est assortie a la dignité des deux augustes monarques ne pouvoit etre cependant praticable qu'autant que nous aurions ete assurés que les Colonies ne nous desavoueroient pas; cela exigeoit donc un engagement preliminaire. Il est formé de notre part, et c est sa revelation que nous faisons a l'Ang^{re} sans y mettre plus que la fermeté que la position presente des affaires exige.

On a souvent pensé q'une explication precise et cathegorique avec l Ang^{re} contribueroit plus au maintien de la paix que toutes les complaisances dont on pourroit se parér a son egard. Je puis me trompér dans mon opinion, mais je ne suis pas ebloui par cette flatteuse perspective; je pense au contraire que quelque parti que nous prennions, de moderation, de force ou meme de foiblesse, nous ne pouvons plus evitér la guerre. Ce ne seront ni nos engagemens avec l Amerique ni les secours que nous pouvons lui avoir donnés qui nous la procureront; c est la deroute de Burgoyne qui l'a preparée et decidée. Le ministere anglois a senti au moment meme ou cet evenement a eclatté que la continuation de la guerre pour soumettre les Americains devenoit impossible, mais pour detournér l'animadversion de sa nation de dessus sa mauvaise conduite, il nous a destinés des lors a etre les objets de la haine nationale et de sa vengeance particuliere. Je crois bien qu il la suspendroit volontiers pour peu de tems jusqu'a ce qu il eut celui de terminér avec les Etats Unis et de les reliér de quelque manière que ce puisse etre avec leur metropole soit comme protegés, soit co^e des amis naturels; pourvû toutefois que nous consentions a devorér dans le silence les afronts multipliés, les violences et les oppressions sans nombre que nous essuyons journellement; mais independam^t que ce sisteme passif et honteux ne peut etre celui d une grande puissance, fermerons nous les yeux a l interest majeur que nous avons d empechér et de prévenir une reconciliation et une coalition entre l Ang^{rc} et l Amerique qui uniroit ces deux nations dans un meme sisteme de paix et de guerre. Le moment est instant, si nous ne nous montrons pas a decouvert l Amerique sans espoir d'aucune coopération ni assistance pretera l oreille aux amorces quoique trompeuses de l'Angleterre. La premiere impression faite, tous moyens meme les plus decidés et les plus forts pourroient etre insuffisans pour la detruire et peut etre p^r l affoiblir. C est ce que j'ai représenté hier a M. le comte d'Aranda que j avois prié de se rendre chez moi. Je lui ai fait lire notre projet de declaration, et je lui ai dit substantiellement les raisons qui en determinoient la necessité. Cet ambassadeur n a point voulu entrér dans la discussion de fond, il s est borné a m observér qu il seroit a desirér qu elle se fit avec l aveu de sa cour. Je ne lui ai pas dissimulé que cette consideration n'avoit pas frapé moins le Roi et son ministere, qu elle seule vivement avoit pû faire hesiter dans la deliberation puisq une foule de motifs plus pressans les uns que les autres se reunit pour en demontrér l'urgeance et l utilité. Mais que ne s agissant pas moins que de risquér le tout pour le tout,

RUPTURE ENTRE LA FRANCE ET L'ANGLETERRE. 817

de laisser l Amerique retourner dans les brassieres de l Ang^{re} lorsqu elle ne demande qu'à s en separér, l'instance du remede a apliquér sembloit faire la justification du parti que le Roi prendroit dans cette occasion de s en chargér unilateralement sans la participation du Roi son oncle. Je lui ai ajouté q'une demarche qui pouvoit etre d un grand effet au moment présent, deviendroit inutile et illusoire si on laissoit echapér un intervalle d environ 3. semaines qu'exige l allér et le retour d un courrier envoyé a Madrid. Que ce seroit donnér le tems au Lord North de se procurér facilem^t les fonds necessaires pour une campagne vigoureuse, et de faire sur les Americains des progrès que nous pourrions regrettér mais vainement de n'avoir pas cherché a arretér.

Une derniere consideration M. l Esp^e n'a pris jusqu'a present aucune part a notre negociation avec l Amerique; la declaration que nous faisons nous etant particuliere elle ne ressere point les latitudes qu elle a jugé devoir prendre avant de se decidér a aucun parti, et elle lui laisse la plus entiere liberté de ne prendre conseil que de ses convenances. Dans l etat respectable ou elle se montre il est a croire que l Ang^{re} sera trop interressée a ne pas violér son silence pour la forcér a s expliquér plus tost qu elle ne le voudra. Relisés bien notre declaration nous y parlons toujours au personnel, et il n'y a pas un mot qui implique l'Espagne. Notre circonspection n est pas moins caracterisée dans la lettre que j'ecris a M. le Mis de Noailles*; le Roi veut que M. d Escarano soit instruit meme avant les ministres d Ang^{re} de la demarche qu il ordonne a son ambassadeur, mais co^e le chargé d'affaires d Esp^e pourroit croire eu egard a l union intime et etroite des 2. Couronnes que la negociation et la declaration sont le resultat de leur concert, Sa M^{te} veut qu il soit informé du veritable etat des choses afin qu il ne se permette aucune demarche ni aucun propos qui ne seroient pas parfaitement analogues aux intentions du Roi son oncle.

En meme tems que M. le Mis de Noailles fera sa declaration a Londres, on fera avancér un bon nombre de troupes pour garnir la cote depuis Dunkerque jusqu'à Cherbourg. Les subsistances y sont deja preparées et l on fait filér tout ce qui sera necessaire a la formation de deux camps au sud et au nord

1778.

---
* J en joins ici la copie.

de la Manche. On fera successivem¹ suiv¹ le besoin les demonstrations tendantes a accreditér l opinion d un projet de descente en Ang^re.

Il sera bien necessaire M. que vous nous fassiés savoir affirmativement par le retour de ce courrier que le Roi C^que n accepte point l escadre de Toulon que le Roi son neveu lui avoit offerte, nous pouvons avoir une destination importante a lui donnér, comme il ne peut y avoir encore rien d'arrêté a cet egard, je vous prie d'observér et de faire observér a M. le Cte de Floride Blanche que le mois d'avril est ordinairem¹ le plus favorable pour debouquér de la Mediterranée dans l Ocean, les vents d est etant alors dominans.

M. l ambassad^r d'Esp^e paroit craindre que sa cour ne lui impute d etre l auteur ou l instigateur de la declaration a faire a l Ang^re il est possible qu elle ne contrarie point ses idées et ses principes, mais je dois a la verité de dire qu il ne m en avoit pas sonné le mot, et qu il ne s en doutoit pas lorsque je lui en ai fait voir hier le projet.

Espagne, t. 588, n° 142.

C'est la lettre privée de M. de Vergennes à Montmorin qui contenait celle du roi. Là seulement le ministre faisait connaître l'esprit et les dispositions dans lesquelles le monarque avait écrit à son oncle; là étaient données les vraies raisons, les considérations d'intérêt national et celles de politique extérieure qui imposaient comme un devoir de ne plus tenir compte de l'humeur de l'Espagne. Le secrétaire d'État y marque déjà à l'ambassadeur la position que la France se réservera désormais dans les affaires de l'Allemagne, et une fois de plus il se plaît à témoigner de la fermeté avec laquelle Louis XVI a envisagé les conjonctures et résolu de se porter en avant :

A Versailles le 10 mars 1778.

Je crains bien, M. le Comte, que l'expedition de ce jour ne soit pas plus agreable a la cour où vous êtes, que celles qui se sont succedées, depuis quelques mois. Je connois l'allure espagnole et l'empire des préventions, on ne voudra pas malgré l'evidence des faits, qui ont justifié nos pronostics, convenir qu'on s'est trompé et revenir sur ses pas. Pour nous, nous ne tenons point à nos opinions par amour propre, et nous ne demanderions pas mieux que d'en changer, car nous n'aimons pas plus la guerre qu'on ne l'aime en Espagne; mais pouvons nous trahir un interêt capital, et ce qui est plus facheux la gloire de la Couronne. C'est le sentiment profond de cet interet qui nous arrache le sacrifice de celui que nous pourrions prendre aux conjonctures presentes de l'Allemagne. Nous ne voyons pas sans déplaisir et sans inquietude notre cher allié s'emparer de la meilleure partie de la Baviere, prendre une position véritablement menaçante, je dirois presqu'hostile vis à vis de nous, en s'emparant du cours du Danube; malgré cela nous dissimulons, nous nous refusons aux instances du roi de Prusse qui voudroit bien se combiner avec nous, nous le laissons meme dans l'incertitude si nous regarderions une guerre de sa part dans la conjoncture presente, comme le cas de l'alliance; mais nous sommes plus explicites à Vienne, nous n'y dissimulons pas que tout ce que nous pourrions faire, seroit de garder la neutralité, et nous y sommes bien déterminés. En voila assez, M. le Comte, pour vous donner une idée substancielle de notre position relativement aux affaires d'Allemagne; vous en direz ce que vous croirez nécéssaire à M. le comte de Floride Blanche; j'estime cependant que vous ferez bien de ne vous ouvrir qu'avec mesure; j'ai la preuve que plus d'un secret perce en Espagne il est beaucoup mieux gardé icy.

Je reviens à la declaration qui fait l'objet de mon expedition. Je ne reprendrai pas les raisons deja alleguées dans ma dépêche pour en justiffier l'urgeance et la necessité. Voicy cependant une objection qu'on peut nous faire, et qui n'echapera pas à la sagacité de M. de Floride Blanche. On dira, mais pourquoi avoüer un traité qui n'est pas ratiffié et qui peut ne pas l'etre? Nous repondons que cette considération est précisément ce qui nous determine. Non seulement l'existance du traité est à peu près certaine, mais les stipulations ne peuvent plus rester screttes du moment qu'elles arriveront en Amerique. Or quand il ne seroit pas ratiffié, il n'en seroit pas moins public, et ne vaut-il pas mieux nous autoriser par un aveu franc à faire retomber tout le blame en resultant sur la mauvaise foi des Americains, que nous n'avons pas dû présumer, que d'avoir l'air d'avoir douté nous memes de la solidité de notre ouvrage.

Je joins icy, M. le Comte, une lettre du Roi au Roi son oncle, relative à la demarche presente, je l'ai lue avec une satisfaction particuliere, elle respire tous les sentimens qui doivent interresser Sa M^té Cath^e. Le Roi s'y develope avec une energie dont j'avois la conviction particuliére, mais dont il est à désirer que l'opinion s'etablisse et s'etende. Pour tout dire la fermeté de S. M. est au niveau de sa justice. J'ai bien de la consolation dans le travail de la voir saisir toujours les plus justes consequences et s'arrêter aux meilleurs partis.

Vous ne pouvez, M. le Comte, vous faire une idée de l'excès de mes occupations, aussi ma santé en est bien fatiguée. Cependant je n'eprouve d'autre souffrance que des tiraillemens de nerf et un deffaut d'appetit, je n'ai jamais brillé à cet égard.

Je n'ecris point à M. le comte de Floride Blanche par egard pour ses occupations, et aussi faute de tems; mais j'espere que vous voudrez bien y supléer et l'assurer qu'il a en moi le serviteur le plus fidele et le plus inviolablement attaché à sa personne, à sa vertu et à son merite.

M. d'Aranda est tout déconfit de notre déclaration, il s'attend que sa cour lui en fera un grief, et qu'elle l'accusera de l'avoir provoquée, rien n'est moins fondé, et meme depuis quelque temps il semble s'éloigner autant des affaires qu'il les recherchoit precedemment.

Ne doutez jamais, je vous prie, de la sincerité du tendre et inviolable attachement avec lequel, etc.

P. S. Au moment où le courrier que je vous envoye montera à cheval, celui pour l'Ang^re partira.

Espagne, t. 588, n° 143.

Voici la lettre du roi, d'après la copie trouvée dans les papiers de M. de Vergennes :

Copie de la lettre du Roi au roi d'Espagne le 9 mars 1778.

Monsieur mon frere et oncle. L'etroite amitié, l'union intime, et la confiance reciproque qui regne si heureusement entre nos maisons, m'engage à lui faire part moi-meme de la resolution que j'ai prise. S. M. n'ignore pas les raisons prépondérantes qui m'ont engagé à faire un traité d'amitié et de commerce avec les Etats Unis de l'Amerique étant dans l'intime persuasion[1] qui nous en reviendroit, en afoiblissant l'Angleterre d'une partie considerable de ses forces, sachant d'ailleurs qu'elle travailloit à se raccomoder avec ses colonies. Ce que j'avois prevu vient d'arriver. L'Angleterre a mis au jour ses projets pour se reconcilier avec l'Amerique, la nation y aplaudit, et il ne manque que le consentement de la derniere pour la reunion, qui, sous quelque forme que ce soit, ne peut que nous etre nuisible. J'espere que les mesures que j'ai prises traverseront les mesures de l'Angleterre, mais si d'une part la coalition avec les Etats Unis est utile, il ne l'est pas moins de soutenir la dignité et l honneur de la Couronne, c'est ce qui m'a engagé à faire faire à Londres la déclaration que mon ambassadeur a ordre de communiquer à V. M. Elle ne peut que soutenir le courage de l'Amerique et reprimer l'audace de l'Angleterre qui ne cache pas ses vues hostiles et prochaines. Ces raisons majeures et le secret qui commence à s'echaper m'ont fait penser qu'il n'y avoit pas à differer de se montrer avec la dignité et la force qui convient. J'aurais bien désiré d'avoir l'avis de V. M. qui m'est bien pretieux dans mes determinations, mais les circonstances ne m'ont pas permis de l'attendre. J'ai fait informer du tout le comte d'Aranda et le chevalier d'Escarano pour leur instruction, et j'ai ordonné au comte de Montmorin de communiquer à V. M. plus en detail les raisons qui m'ont determiné, et les mesures que j'ai prises en consequence. Je desire qu'elles aient son aprobation, qui leur ajoutera un nouveau poids. V. M. connoit la vive et sincere amitié avec laquelle je suis Monsieur mon frere et oncle de Votre Majesté bon frere et neveu.

A Versailles le 9 mars 1778.

Arch. nat., K 164, n° 3. Année 1778, n° 2. (Copie.)

À l'égard de l'ambassade de Londres, il n'avait pas été besoin de recourir à tant de soins. Fatigué par l'excès des préoccupations et du travail, M. de Vergennes avait dicté à Gérard ou confié à sa rédaction la dépêche qui devait apporter la déclaration royale au marquis de Noailles. Quelques corrections de sa main, seulement, se lisent sur la minute, et cette dépêche n'a trait qu'à la manière dont l'ambassadeur

[1] Il manque là : «de l'avantage» ou «de l'utilité»; erreur de copie, sans doute.

devra exécuter les ordres du roi. Mais dans un billet privé du même jour, après un premier alinéa relatif aux moyens à rechercher ou à prendre pour nous procurer des informations d'Angleterre un peu sûres, au cas où la guerre forcerait M. de Noailles à rentrer subitement en France, le ministre lui mande :

L expedition que j ai l honneur de vous adressér, Monsieur le Marquis, n'a pas besoin de commentaire, vos lumieres, votre sagesse et votre fermeté supléeront d'ailleurs a ce que je pourrois ne pas dire. Il est interressant que le ministere anglois si attentif jusqu apresent a rendre problematique l existance d un traite entre nous et l'Amerique, ne cherche pas a ensevelir dans le silence notre declaration; un de nos principaux motifs est, suposé que nos batimens d'expedition soient retardés ou interceptés, de faire arrivér en Amerique la sureté de l existence du traité par la voie nullement suspecte de l Ang^{re}. L analise que nous en faisons dans la declaration est exacte, nos engagemens sont simples, ils ne sont offensifs pour personne; nous n avons voulu nous procurér aucun avantage de commerce que d'autres nations pourroient jalousér, et que les Americains meme pourroient se reprochér par la suite des tems de nous avoir accordés. Nous serons toujours traités chez eux sur le pié de la nation la plus favorisee et eux de meme en France.

S il est interressant Monsieur le Marquis, que notre declaration perce, il n est pas moins important que vous ne vous compromettiés pas et qu on ne puisse vous reprochér une publicité affectée dont le ministere s'autoriseroit peut etre pour vous faire faire une insulte. J espere de quelque maniere qu il prenne la declaration qu il observera a votre egard les menagemens dûs a votre personne et a votre caractere. Nous en userons de meme ici avec le Lord Stormond, mais il n aura pas de passeports jusqu'a ce que nous sachions comment les choses se sont passées.

Nous n avons point de nouvelles de M. de la Motte-Piquet depuis qu il est en mer, on ne peut encore rien conclurre de son silence. Je serois tranquille si j avois sureté que deux vaisseaux de Rochefort l ont joint; se trouvant au nombre de 7. je me flatterois qu il feroit face a l escadre angloise quoi que superieure.

A Versailles le 10 mars 1778.

Angleterre, t. 529, n° 36 *bis*.

Que le fait d'un traité de commerce et d'amitié conclu avec les États-Unis devînt de notoriété publique en Europe et produisît, contre l'Angleterre, l'effet moral qu'on avait lieu d'en attendre sur le continent; que la nouvelle au moins en parvînt en Amérique par toutes les voies extérieures possibles, si le texte envoyé à la ratification du Congrès y arrivait tardivement ou n'y arrivait pas du tout, voilà donc à quoi visait principalement le gouvernement du roi. Avec brièveté et avec beaucoup de calme, la déclaration de la France, très formelle pourtant, reproduisait, à vrai dire, celle que Beaumarchais proposait aux ministres le 22 janvier précédent[1]. Elle justifiait le traité par ceci, d'abord, que les États-Unis avaient vraiment établi l'indépendance par eux annoncée dans l'acte du 4 juillet 1776 et qu'en conséquence ils constituaient un État; en second lieu par la considération qu'ils gardaient la pleine liberté de conclure des traités sur le même pied avec toutes les autres nations. Par suite, elle réclamait de l'Angleterre les dispositions et les mesures propres à assurer au roi les avantages qu'il se promettait, et elle ajoutait très simplement, mais avec netteté, qu'il s'était concerté avec les États-Unis pour se garantir des actes contraires. Ce document avait été daté de Londres. Il nous paraît être de la plume de M. de Vergennes le fils; la main du ministre, seulement, avait écrit la date du jour, 13 mars; on supposait sans doute qu'il serait porté au gouvernement de George III ce jour-là. Sous la ligne et presque sans intervalle, comme pour n'y permettre aucune addition, Louis XVI avait mis son approuvé, en prenant soin de l'indiquer du moment même de la délibération, du 7 mars. Voici cette déclaration, telle que l'ambassadeur la remit à lord Weymouth:

7 mars 1778.

L'ambassadeur soussigné a reçu de Sa Majesté Très Chrétienne l'ordre exprès de remettre à la cour de Londres la déclaration suivante:

Les Etats Unis de l'Amérique septentrionale, qui sont en pleine possession

---

[1] Voir, à l'annexe II du présent chapitre, le texte du mémoire de Beaumarchais.

de l'indépendance prononcée par leur acte du 4. juillet 1776., ayant fait proposer au Roi de consolider par une convention formelle les liaisons qui ont commencé à s'établir entre les deux nations, les plenipotentiaires respectifs ont signé un traité d'amitié et de commerce, destiné à servir de base à la bonne correspondance mutuelle.

Sa Majesté étant résolüe de cultiver la bonne intelligence subsistante entre la France et la Grande Bretagne, par tous les moyens compatibles avec sa dignité, et avec le bien de ses sujets, croit devoir faire part de cette démarche a la cour de Londres, et lui déclarer en même tems que les parties contractantes ont eu l'attention de ne stipuler aucun avantage exclusif en faveur de la nation françoise, et que les Etats Unis ont conservé la liberté de traiter avec toutes[1] les nations quelconques sur le même pied d'egalité et de réciprocité.

En faisant cette communication à la cour de Londres, le Roi est dans la ferme persuasion qu'elle y trouvera de nouvelles preuves des dispositions constantes et sincères de Sa Majesté pour la paix, et que Sa Majesté Britannique, animée des mêmes sentiments, évitera de son côté tout ce qui pourroit altérer la bonne harmonie, et qu'elle prendra particulierement des mesures efficaces pour empêcher que le commerce des sujets de Sa Majesté avec les Etats Unis de l'Amerique septentrionale ne soit troublé, et pour faire observer à cet égard les usages reçus entre les nations commerçantes et les règles qui peuvent être censées subsistantes entre les Couronnes de France et de Grande Bretagne.

Dans cette juste confiance, l'ambassadeur soussigné pourroit croire superflu de prevenir le ministere britannique que le Roi son maître etant déterminé a proteger efficacement la liberté legitime du commerce de ses sujets, et de soutenir l'honneur de son pavillon, Sa Majesté a pris en conséquence des mesures éventuelles, de concert avec les Etats Unis de l'Amerique septentrionale.

A Londres ce 13 mars 1778.

approuvé le 7 mars 1778.

Angleterre, t. 529, n° 19.

---

[1] Ce mot est en surcharge, de la main de M. de Vergennes.

Le délai nécessaire au courrier de Versailles avait été calculé exactement. Ce courrier arriva à l'ambassade le vendredi, 13 mars, à 1 heure du matin. La dépêche d'envoi prescrivait à M. de Noailles de faire d'abord connaître la déclaration au chevalier d'Escarano, en l'avertissant que l'urgence n'avait pas permis de se concerter avec sa cour, que cette cour n'avait dès lors pris part en aucune manière au traité et qu'il pouvait régler sa manière d'être à l'égard du gouvernement britannique en raison de cette confidence. Après cela, l'ambassadeur devait demander tout de suite une conférence à lord Weymouth, déposer la déclaration dans ses mains, mais ne pas accepter d'entrer avec ce secrétaire d'État dans une explication quelconque; il serait libre de la communiquer le lendemain, discrètement, à qui il jugerait bon, même de la répandre dans le public, sous la condition de n'en pas donner de copie. On avait supposé que le bill de conciliation serait déjà adopté à la chambre des lords, approuvé par le roi, mais que la démarche de l'ambassadeur en troublerait beaucoup l'effet; c'était visiblement là un des résultats cherchés[1]. La dépêche était ainsi conçue :

A Versailles le 10 mars 1778.

Le Roi s'etant déterminé, M., à signer un traité d'amitié et de commerce avec les 13 Etats-Unis de l'Amérique septentrionale, S. M. a crû qu'il étoit de sa dignité d'en faire part à la cour de Londres et de lui donner par là une nouvelle preuve de la franchise dont elle fait profession; elle m'a chargé en conséquence de vous envoyer le projet (au 7 mars) de déclaration que vous trouverez ci joint. L intention du Roi est que vous la remettiez sans aucun retard au Ld Weymouth dans une conférence que vous lui demanderez à cet effet.

---

[1] Une autre dépêche de la main de Gérard, comprise dans ce courrier, commençait en effet ainsi : « Il est à présumer que les bills concilia- « toires ont été adoptés à la Chambre des Pairs, « et que le Roi n'aura pas tardé à y donner sa « sanction. Mais la démarche que vous avez ordre « de faire changera probablement l'objet des « délibérations de la cour et du Parlement : « elle dérangera surtout le plan de finance du « Ld. North; car on ne sauroit douter que la « baisse des fonds ne continüe et même n aug- « mente : les embarras qui pourront resulter « de là sont dificiles à calculer et plus dificiles « encore à éviter. » (*Angleterre*, t. 529, n° 30.)

Nous ne saurions nous dissimuler la vive impression que cette démarche ainsi que son objet feront sur l'esprit de ce secretaire d'Etat, et il est possible qu'elle fasse son explosion dans votre conférence; mais le Roi vous recommande, M., de vous abstenir de tout commentaire et de toute reflexion sur le contenu de la déclaration, et que vous vous borniez à dire au Ld. Weymouth s'il vous presse par des questions, que vous n'avez reçu d'autre ordre que celuy d'en faire la remise, que vous n'êtes nullement instruit des circonstances qui ont précédé et accompagné le traité en question non-plus que de sa datte, et que vous ne savez des motifs qui ont déterminé S. M^{té} à l'accepter que ce qui en est dit dans la déclaration même.

Avant de voir le Ld. Weymouth il sera nécessaire, M., que vous communiquiez la déclaration à M. Escarano; vous le préviendrez en même tems 1° que la remise de cette pièce, devenüe instante par les conjonctures, n'a pû être concertée avec sa cour. 2° que S. M^{té} C. jusqu'a present n'a pris part, ni directement ni indirectement au traité. Cette information sera nécessaire à M. d'Escarano, parce qu'elle devra diriger son langage dans le cas où les ministres anglais l'entretiendroient sur la matiére dont il est question. Vous pourrez prévenir en même tems ce chargé d'affaires qu'il ne doit nullement s'occuper à faire l'apologie de notre traité, et que selon nous il fera prudemment d'attendre que sa cour luy prescrive le langage qu'il lui conviendra de tenir dans cette occurrence; cependant rien ne l'empêchera d'avoüer qu'il n'a aucune connoissance de la part que le Roi C^{que} peut avoir eüe à notre négociation; que ni le ministère de Madrid ni M. le Cte d'Aranda ne lui en ont parlé, et que l'ambassadeur du Roi, qu'il a interrogé, n'a pû dissiper son ignorance à cet égard. Si cependant on faisoit de trop vives instances à M. d'Escarano, il pourra finir par dire qu'il est dans l'ignorance sur les faits qui peuvent concerner sa cour.

Au surplus, M., l'intention du Roi est que vous gardiez le silence vis-à-vis du public sur cette déclaration le jour que vous en ferez la remise; mais rien ne devra vous empêcher de la communiquer confidentiellement dez le lendemain; de la faire répandre sans affectation mais sans en donner de copies formelles[1].

Nous prévoyons la surprise et l'effervescence qu'elle occasionnera; mais nous

---

[1] Cette dernière restriction est de l'écriture de M. de Vergennes.

ne nous permettons point de suposer que l'on osera violer votre caractère et votre sûreté; en tout cas le Roi s'en raporte entièrement à votre prudence sur la conduite qu'il vous conviendroit de tenir dans une pareille conjoncture : vous pouvez être assûré, à tout evenement, que le Ld. Stormont ne recevra de passeport pour quitter la France qu'après que nous serons informés de la conduite qu'on aura tenüe à votre égard.

Angleterre, t. 529, n° 29.

Ni le marquis de Noailles ni Garnier n'espéraient avoir sitôt cette mission à remplir. Elle les comble de joie et d'enthousiasme. Le jour même, à 4 heures, l'ambassadeur se fait recevoir par lord Weymouth, et le surlendemain 15, il renvoie le courrier à Versailles avec le compte rendu de sa conférence. Lord Weymouth a été vivement ému; le marquis de Noailles, pour le dire avec toute l'autorité possible, écrit personnellement l'expédition de son rapport. Il y donne comme il suit les détails de l'audience :

J'ai recu, Monsieur le Comte, par la voie de votre courier extraordinaire arrivé ici le vendredi 13 à une heure du matin, la lettre n° 10 que vous m'avés fait l'honneur de m'ecrire en date du 10 de ce mois, et la declaration qui y etoit jointe. Je me suis préparé à remplir le plus promptement qu'il seroit possible les ordres du Roi et j'ai taché de les executer de la maniere la plus conforme aux instructions que vous aviés eu la bonté de me donner à cet effet..

Aiant ecrit au secretaire d'Etat pour lui demander une conférence, il m'a marqué qu'il m'attendoit à son office à quatre heures du soir le vendredi. Je m'y suis rendu, et j'ai lieu de croire, à juger dès le premier abord, qu'il n'etoit nullement préparé à une pareille explication. Je lui ai lu la declaration à laquelle je n'avois eu autre chose à ajouter que ma signature. J'aurois pu mettre des intervalles entre chaque mot parce qu'il n'y en a aucun qui ne porte coup; tout y est noblement, grandement tracé, tout y marque enfin la resolution prise dans le conseil de Sa Majesté de ne plus laisser à la volonté arbitraire de la cour de Londres ce qui est du à l'honneur du pavillon du Roi, et à la liberté du commerce entre la France et les 13 Etats Unis de l'Amerique

1778. septentrionale. Ma lecture finie le Lord Weymouth a pris la declaration, et presque les larmes aux yeux d'attendrissement ou de colère, il s'est contenté de me dire que je ne pouvois pas exiger qu'il me fît une reponse avant de savoir les intentions du Roi son maitre. Je lui repliquai que les ordres dont j'etois chargé se trouvoient entierement remplis du moment que je lui avois lu ladite declaration.

A Londres le 15 mars 1778.

Angleterre, t. 529, n° 54.

L'ambassadeur relatait aussi sa conversation avec le chevalier d'Escarano. Celui-ci était trop imbu du principe de l'union des deux Couronnes, pour ne pas souhaiter, en lui-même, de voir sa cour plus décidée qu'elle ne se montrait encore et pour n'en point manifester le désir. Quoique ce fût un pli officiel, notre représentant ne se retenait pas d'exprimer, en terminant, son admiration pour la politique qui portait à la puissance anglaise le coup dont la génération à laquelle il appartenait était impatiente d'entendre retentir le bruit[1]. Le pli arrivait le 20 à Versailles. Mais le gouvernement de George III avait rapidement pris sa résolution. Le 16 au matin, à Paris, lord Stormont expédiait sa correspondance ordinaire pour Londres, lorsque l'amiral Rodney, de passage en France, lui apporta les bruits du Palais-Royal d'après lesquels le marquis de Noailles aurait notifié la déclaration de guerre de la France à la Grande-Bretagne. A 1 heure, le courrier de l'ambassade arrivait de Calais, en avance de près d'une demi-journée.

---

[1] L'ambassadeur écrivait notamment à M. de Vergennes : « Quel moment plus interessant « pour nous, Monsieur le Comte ? Sous Henri IV, « un des Rois les plus chers à la France, sont les « grandes epoques qui ont determiné l'etablisse- « ment des Provinces-Unies, lesquelles n'etoient « pas un des plus grands demembremens des « Etats soumis à la puissance alors notre rivale, « aujourd'hui notre amie. Mais dès les premieres « années du regne du Roi notre maitre on aura « vu naitre, s'accroitre et presque à la fois se « consommer la revolution la plus surprenante. « C'est une vaste partie du nouveau monde qui « sous l'influence des vertus non moins coura- « geuses que bienfaisantes de Sa Majesté prend « une existence personnelle, en diminuant celle « de l'Angleterre, et en offrant à notre com- « merce l'echange de tous ses avantages. Cette « epoque acheve de prouver que rien ne doit « distinguer l'amour des François pour le nom « de Henri IV et pour le nom du Roi notre « maitre. »

Le représentant de George III, après avoir lu ses plis, pourvut sans désemparer à diverses dispositions, et le soir, à 9 heures, il faisait partir en poste pour Versailles, avec la lettre suivante adressée au comte de Vergennes, un exprès à qui il disait qu'il n'y aurait pas de réponse[1] :

A Paris ce lundi 16 mars 1778.

Monsieur

J ai l'honneur d'informer V^{re} Ex^{ce} que je viens de recevoir les ordres de ma cour de partir de Paris et de me rendre d'abord a Londres. Je vous prie Monsieur le Comte de vouloir bien faire expedier les passeports necessaires tant pour moi même que pour ma suite et pour la libre sortie de tous mes effets quelconques.

Je saisis la derniere occasion qui se presentera de renouveller a V^{re} Excellence les assurances du parfait attachement avec lequel j ai l honneur d'etre Monsieur de V^{re} Excellence tres humble et tres obeissant serviteur.

STORMONT.

S. Ex^{ce} M. le Cte de Vergennes.

Angleterre, t. 529, n° 60.

Les dispositions prises par lord Stormont dans l'après-midi le mettaient en mesure de quitter son hôtel et la France le jour même. Le samedi 14, en effet, le cabinet anglais avait comme instantanément répondu à l'acte de Versailles, et son courrier était passé de Douvres à Calais en moins de deux heures trois quarts. M. de Noailles jugeait la réponse « difficile à faire », pensant que George III serait surtout désireux, en l'écrivant, de se ménager les États-Unis. En attendant cette réponse, il « évitait de paraître en public », dit-il. Mais, dès le matin du 17, lord Weymouth envoyait son sous-secrétaire d'État, le chevalier de Porten, prévenir l'ambassadeur du rappel de lord Stormont; le soir, lord North et lui portaient aux Communes et à la chambre des lords un message donnant connaissance de la déclaration du roi

---

[1] Ces diverses circonstances sont relatées dans un rapport du lieutenant de police Lenoir. A titre de curiosité nous reproduisons cette pièce à l'annexe I du présent chapitre.

de France. « Le lord North, mande M. de Noailles, a représenté cette déclaration comme offrant un caractère d'attaque et d'insulte, le second l'a qualifiée de très étrange. Elle doit être lue aujourd'hui aux deux Chambres, que le roi d'Angleterre a voulu consulter avant de procéder à une déclaration de guerre formelle. Les adresses du Parlement ne pourront être présentées que demain et la déclaration de guerre suivra apparemment de très près[1]. » Lord Weymouth avait chargé son sous-secrétaire d'État de l'excuser auprès de M. de Noailles comme empêché par ses obligations au Parlement de venir lui-même; tout en tâchant ainsi de se faire un titre de la manière dont il avertissait l'ambassadeur, il pensait que celui-ci demanderait ses passeports sur-le-champ. Le marquis de Noailles ne devait pas et ne voulut point paraître avoir pu supposer le rappel du représentant de l'Angleterre à Versailles; il répondit qu'il ne partirait que sur un ordre de sa cour[2]. M. de Vergennes, lui, avait immédiatement écrit à lord Stormont qu'il ne saurait lui délivrer ses passeports avant que l'heure permît de prendre les instructions du roi[3]. Réponse de pure forme; en réalité,

---

[1] Lettre particulière du marquis de Noailles au comte de Vergennes, du 17 mars. (*Angleterre*, t. 529, n° 66.)

[2] Même lettre particulière du 17 mars : « Je « n'ai plus, Monsieur le Comte, que les ordres « du Roi à attendre pour partir. M. le Chev. « Porten sous secrétaire d'Etat sort de chès moi « envoyé par le Lord Weymouth, pour me dire « que ce ministre desirant de me donner une « marque personnelle de son attention avoit « voulu me prevenir que Sa Majesté Britannique « avoit rappellé le Lord Stormont, m'ajoutant « que le Lord Weymouth auroit souhaité pou- « voir se rendre chès moi si les affaires du Par- « lement lui en avoient laissé le moment. J'ai « repondu à M. le Chev. Porten, que j'allois « rendre compte au plutôt à ma cour de ce qu'il « me disoit être une attention personnelle du « Lord Weymouth : qu'il connoissoit les usages « et qu'il voudroit bien croire que je ne parti- « rois pas sans en avoir recu l'ordre formel du « Roi mon maitre. Je finis par le prier de pré- « venir Milord Weymouth que je ne tarderois « pas à lui demander les passeports qui me se- « roient nécessaires pour mon retour en France. « Outre que le devoir m'oblige de me conduire « de la sorte, rien ne me semble plus conve- « nable que de paroitre n'avoir point prévu le « rappel de Milord Stormont, et de montrer « jusqu'au dernier instant que c'est l'Angle- « terre qui a précipité le terme. » (*Ibid.*)

[3] « Versailles le 17 mars 1778 à 10 h $\frac{1}{2}$ du « soir. — M^d — Je recois dans ce moment la « lettre dont V. Ex^{ce} m'a honoré pour me pre- « venir de l ordre qu'elle vient de recevoir de sa « cour de partir de Paris, et elle me demande « en consequence les passeports qui lui sont « necessaires pour sa personne sa suite et ses

le roi avait été instruit aussitôt de ce qui se passait. Autant que le ministre, il avait ressenti le procédé du gouvernement anglais, et l'ordre avait été dicté sur l'heure, pour Noailles, de se retirer immédiatement de Londres, comme lord Stormont, sans prendre congé. En même temps, le ministre annonçait à ce dernier ses passeports, en lui indiquant de façon très claire l'impossibilité où il était de le recevoir. On mandait ce qui suit à M. de Noailles :

A Versailles le 17 mars 1778.

M. le Vte de Stormont vient de m'informér, M., qu'il a reçu l'ordre de sa cour de se retirér, et il me demande en conséquence ses passeports pour retourner en Ang^{re}. Nous ne saurions douter que cette détermination subite ne soit l'effet de la déclaration que vous avez été chargé de faire au ministère anglais, et nous comprenons ce qu'elle doit signifier. D'après cela le Roi a jugé, M., qu'il ne convenoit point à sa dignité que vous demeuriez plus long tems à Londres, et S. M^{té} vous ordonne en conséquence de vous retirér sur le champ et sans prendre congé avec toutes les personnes attachées à l'ambassade. Je vous prie de me mandér sans aucun délai les dispositions que vous aurez faites pour la prompte exécution des ordres du Roi, et comment les choses se seront passées à votre égard lorsque vous aurez demandé vos passeports au ministere anglais : vous voudrez bien, M., motiver la demande que vous en ferez sur celle qu'a fait ici l'ambassad^r d'Ang^{re}.

P. S. Si vous pouviez M. le Marquis laissér quelqu'un peu aparent, mais assez intelligent, afin, sous prétexte de veiller a vos interets domestiques, d'observer ce qui passe ; cela seroit bien desirable.

Ne doutez pas M. le Marquis de l'empressement avec lequel je vous renouvellerai mon très parfait attachement.

Le lord Stormont recevra ce soir ses passeports.

« effets. Quelqu'empressement que j'aie de con- « courir en toute occasion a ce qui peut etre « agreable a V. E. l heure avancée ne me per- « mettant pas d'informér le Roi de sa demande, « j espere qu'elle voudra bien agréer que je « differe de la satisfaire jusqu a ce que j'aie pû « prendre les ordres de S. M. — J ai l h^r d etre « avec un tres parfait attachement, etc. — M. le « vicomte de Stormont. » (*Angleterre*, t. 529, n° 63.)

Je vous envoye copie de la lettre du Lord Stormont elle pourra vous servir de modele.

Angleterre, t. 529, n° 67.

On écrivait en même temps « à S. E. M. le vicomte de Stormont » :

A Versailles le 17 mars 1778.

Monsieur,

J'ai mis sous les yeux du Roi la lettre par laquelle V. E. m'a fait part de l'ordre qu'elle a reçu de sa cour de se retirer, et m'a demandé en conseq^{cc} des passeports pour elle et sa suite; Sa M^{té} m'a ordonné de les faire expédier, et V. E. les trouvera ci-joint. Je ne pourrai M., vous addresser que demain celui de franchise pour vos effets, parcequ'il doit être revetu du visa du directeur général des finances.

Le prompt départ de V. E. me privant de l avantage de la voir, je m'empresse de profiter de cette derniére occasion pour luy renouveller les sentiments du très-parfait attachement que je luy ai voué et avec lequel j'ai l'honneur d être M. de V. E.

Angleterre, t. 529, n° 69[1].

Le lendemain 18, les ministres se réunissaient en conseil. Ils entendaient de la bouche de M. de Vergennes l'exposé, « le précis », des circonstances et des motifs qui, depuis l'arrivée des premières ouvertures du Congrès, avaient successivement amené le gouvernement du roi au traité passé « entre la France et les treize États-Unis de l'Amérique septentrionale ». C'était un résumé officiel, la constatation gouvernementale, en quelque sorte, des détails que nous avons vu se dérouler successivement : l'expectative dans laquelle on avait dû se tenir, en présence des appels et des offres, jusqu'à l'évènement de Saratoga; la nécessité croissante qui s'était produite ensuite de prendre les devants sur les efforts de réconciliation déployés par l'Angleterre, tout en gardant le secret; l'urgente nécessité, enfin, d'avouer ouverte-

---

[1] Cette pièce et la précédente paraissent être de la main du premier commis. Il n'y aurait rien que d'assez admissible à dire qu'elles furent des copies faites immédiatement par Gérard, à mesure que le ministre écrivait lui-même les deux lettres.

ment le traité, le roi ayant sa flotte en mer et son intention de ne pas souffrir d'insultes dans l'accomplissement de son ouvrage étant désormais bien ferme[1]. La façon dont l'Angleterre avait retiré son ambassadeur appelait une représaille : ce fut l'expulsion du commissaire anglais de Dunkerque. Le conseil du 18 eut probablement pour but principal de faire édicter cette mesure par le cabinet. Un ordre du ministre de la guerre, le prince de Montbarrey, fut expédié le lendemain au marin qui commandait à Dunkerque, pour qu'il eût à mettre fin immédiatement aux fonctions du représentant de notre humiliation passée. Sous beaucoup d'égards pour la personne, l'ordre marquait avec une intention positive la volonté du gouvernement du roi :

M. de Chaulieu, commandant à Dunkerque.

Versailles le 19 mars 1778.

Le depart de M. l'ambassadeur d'Angleterre sans prendre congé, et le rapel de M. le marquis de Noailles de Londres determinent le Roy à ne plus vouloir souffrir de commissaire anglois à Dunkerque. J ai l honneur de vous envoyer en consequence l'ordre formel de lui signifier tout de suite les intentions de Sa Majesté afin qu il s y conforme en cessant toute fonction dans le moment meme.

Mais comme les procedés et l'honneteté du Sr Frazer qui remplit l'employ de commissaire anglois à Dunkerque ont eté mis plusieurs fois sous les yeux de Sa Majesté, elle desire, Monsieur, que vous le traitiez avec tous les égards possibles et que vous lui en disiez les raisons. J espere que vous m accuserez la reception de cette lettre et l execution de ce qu elle contient afin que je puisse en rendre compte au Roy.

Le P[ce] de MONTBAREY.

Angleterre, t. 529, n° 81. (Copie.)

A la même heure, du reste, lord Weymouth envoyait les passeports du marquis de Noailles[2]. On discutera plus tard avec Madrid,

---

[1] Ce précis est reproduit à l'annexe II du présent chapitre.

[2] «St James, le 19e mars 1778. — Monsieur, «J'ai l'honneur d'envoier à Votre Excellence

et Madrid avec Londres, qui, de la France ou de l'Angleterre, avait tiré le premier coup de canon; de laquelle des deux que ce premier coup soit parti, il n'y a pas à rechercher si ce fut la Grande-Bretagne ou nous qui déclarâmes la guerre. Expulser le surveillant qui avait été rivé à Calais, en 1763, comme la figuration vivante de nos défaites, cela disait assez que nous brisions le traité de Paris et, dès lors, que nous rompions la paix. Les choses, sans doute, peut-être le caractère du cabinet, commandèrent de le dire de cette manière indirecte. Si ce n'était pas, proprement, dénoncer la guerre, c'était le faire d'une manière virtuelle. L'acte produisit à Londres une sensation considérable, dans le public un effet que Garnier appelle « une consternation générale », dans le Gouvernement celui, assurément très louable pour les Anglais, de provoquer les plus rapides et les plus vigoureuses mesures de presse maritime et d'armements. Mais les Français d'alors surent avec non moins de raison le plus grand gré à M. de Vergennes d'avoir ainsi réalisé les patriotiques aspirations du cabinet de Louis XVI; on a vu comment lui surtout les avait apportées dans ce fauteuil des Affaires étrangères, où le duc de Choiseul s'était vainement dépensé à donner un corps aux siennes. L'année précédente, quand on en était à préparer la rupture et à en étudier le moment, Garnier était venu à Versailles, appelé par le ministre pour fournir de ces indications dernières qui ne peuvent pas être demandées à la correspondance. Retourné à Londres après avoir été admis à reconnaître de près par là les idées, les vues, les directions, sachant maintenant ce qui était prévu pour la France dans la supposition de la paix entre le cabinet de Saint-James et les États-Unis, il avait écrit à M. de Vergennes, le 16 janvier : « Vous êtes destiné à recevoir les louanges de la pos-
« térité et non à encourir le reproche de ne l'avoir pas débarrassée
« [la France], du moins pour longtemps, de la puissance la plus op-

« les passeports qu'elle desire.. Je prie Votre « Excellence de recevoir les assurances de la « considération la plus distinguée avec laquelle « j'ai l'honneur d'etre Monsieur. — De Votre « Excellence. — Le très humble, etc. — Wey- « mouth. » (*Angleterre*, t. 529, n° 85.)

« pressive lorsqu'il vous était si facile de le faire¹. » Cependant Garnier se trouvait « pris au dépourvu » le 15 mars, aussi bien que l'Angleterre, disait-il, de n'avoir pas deviné la déclaration du roi. L'histoire a de justes raisons de récuser, pour les politiques, les éloges qui viennent de leurs auxiliaires; mais il ne nous semble pas qu'elle doive désavouer aujourd'hui l'admiration émue dont le premier secrétaire de l'ambassade et le marquis de Noailles envoyèrent alors l'expression au secrétaire d'État des affaires étrangères. « Je ne tarderai pas », s'empresse d'écrire Garnier :

> Je ne tarderai pas, à ce que j'espere, à me rendre auprès de vous, Monseigneur, pour vous féliciter d'avoir assuré à la France la prosperité d'un siécle de paix par une année de guerre. Cette nation est reconnaissante et ne peut manquer de sentir le prix de ce que fait son souverain pour sa gloire et pour son avantage. J'ai lu avec admiration la majestueuse déclaration du Roi. Quoiqu'elle cause ici une consternation générale, tous les partis avouent que cette conduite est sublime pour le fond, pour la forme et pour le choix du moment.
>
> *Angleterre*, t. 529, n° 51.

Et le marquis de Noailles, avec un peu plus d'emphase ou avec plus de désir d'en montrer :

> J'ai peine à me retrouver, Monsieur le Comte, au milieu de tout ce que j'aurois à vous exprimer dans ce moment ci. Le voila donc arrivé à sa perfection

1778.

---

¹ *Angleterre*, t. 528, n° 60. — C'est à propos de la résolution du ministère de lord North de réconcilier les Colonies au prix même de l'indépendance presque entière, que Garnier s'exprimait ainsi. Ces paroles étaient amenées par celles-ci : « Pour que S. M. B. fasse la paix avec « l'Amerique sur le seul pied praticable sans « doute, celui de l'independance, pour que cette « paix soit accompagnée d'une union féderative « il lui faut peut être un autre Parlement mais « il lui faut certainement un autre ministere. « Ce double evenement, quoique sans doute « rejetté fort loin par le veu de ce prince, peut « avoir lieu d'un moment à l'autre. Il ne faut « qu'une nouvelle calamité pour l'amener. Mais « comme il a été prevû en France où l'on en « sent toutes les consequences, il me siérait « mal d'imaginer qu'on n'eut pas pris toutes « les précautions nécessaires pour en empêcher « l'effet. »

ce grand et mémorable ouvrage fruit de vos longues meditations, et conduit avec une superiorité de lumieres qui ne promettent qu'une suite d'evenemens glorieux pour la France. Personne ne me disputera d'être du nombre des plus zelés admirateurs de votre ministere. Qui mieux que moi sentoit l'oppression où nous tenoit ce pays ci; qui mieux que moi sent le prix des mesures que vient de prendre la justice du Roi soutenue de vos heureux conseils. C'est une triste et deplorable extremité que celle à laquelle l'Angleterre nous a reduits. Mais il faut esperer que le fleau qui va affliger l'humanité ne sera qu'un mal passager suivi d'un bien durable, en assurant une paix solide, et en rendant à notre nation sa premiere énergie.

Angleterre, t. 529, n° 52.

Forme outrée, donnée à des sentiments légitimes; mais les dévoués collaborateurs de M. de Vergennes ne lui disaient là rien dont le fond ne survive et ne puisse être répété de lui après eux. Il n'en était pas, d'ailleurs, il paraît n'en avoir jamais été à rechercher leurs flatteries. Assurer son œuvre l'occupait bien davantage. Leur découvrir de plus en plus le but du gouvernement du roi et les moyens d'atteindre ce but, c'est à cela qu'il s'attachait. On le voit n'en point laisser passer l'occasion, même dans cette crise des circonstances. Le 17 mars encore, en pleine urgence des décisions et des ordres, il ne veut pas que Montmorin puisse se trouver sans réponse devant les raisonnements dilatoires qu'on renouvellera peut-être au Pardo ou devant l'attitude que l'on viendrait à y prendre. De l'entretien entre lord Grantham et M. de Floridablanca, relaté par l'ambassadeur le 26 février, il avait semblé résulter qu'en lisant notre traité le cabinet de Londres s'irriterait, surtout, de ce que nous aurions sans doute imposé à l'Amérique d'exclure les autres nations de son commerce. Dans la presse de ce moment et bien qu'en supportant tout le poids, M. de Vergennes tient à redresser une fois de plus cette fausse notion de sa politique et à remettre devant l'esprit de son subordonné les principes, la conception, les visées qu'il avait encouragés ou suscités et qu'il faisait poursuivre. « Si l'inquiétude du ministère anglois », mande-t-il à son ambassadeur à Madrid :

1778.

> Si l inquietude du ministere anglois ne porte que sur la crainte que nous n aions fait contractér a l Amerique des engagemens exclusifs de commerce, il en doit deja etre pleinement desabusé. La declaration que M. le Mis de Noailles a dû lui faire et dont j ai eu l honneur de vous envoyér la copie M. avec mon expedition du 10. de ce mois dissipe tous les doutes et previent toute ambiguité à cet egard. La reflexion que M. le Cte de Floride Blanche a faite a ce sujet a l ambassadeur d Ang^{re} est on ne peut plus juste et plus solide; cependant malgré la répugnance qu'il est naturel de suposér aux Etats Unis de l'Amerique pour tout ce qui pourroit donner des entraves a leur commerce, il n en est pas moins vrai qu ils etoient disposés à s'y soumettre et leurs deputés autorisés à nous accordér les privileges exclusifs que nous aurions exigés; nous ne l ignorions pas; mais le roi a voulu faire un ouvrage solide qui passa à la posterité, et qui donnat à ses conventions avec ces Etats toute la solidité et la durée dont les transactions humaines sont susceptibles. Revoiés M. ma conversation avec les deputés du 6 x^{bre} dernier, vous y trouveres la clef des principes sur lesquels S. M^{té} a voulu que la negociation fut entamée et suivie. Nous ne nous flattons pas pour cela M. que les Anglois verront avec moins de dépit, de jalousie et de ressentiment nos liens avec les Etats Unis de l Amerique, mais les autres nations, celles surtout qui ont un commerce a soignér aplaudiront surement a notre moderation, et c est la sensation qu il importe d'excitér. C'est dans cette vûe que le chargé d'affaires du Roi en Hollande a ordre de faire part confidentiellement aux Etats generaux de l existence d un traité qui leurs laisse toute faculté d'y participér s'ils le jugent a propos; la meme communication se fera successivement à toutes les cours qui ont des interets de commerce.
>
> A Versailles le 17 mars 1778.
>
> *Espagne*, t. 588, n° 150.

Ce n'était pas assez, pour M. de Vergennes, de nous remettre debout par la déclaration royale et par elle d'ouvrir un autre théâtre aux évènements; il inscrivait encore, comme une devise nouvelle sur le drapeau de la France, cette pensée, qu'il avait inspirée au gouvernement du roi, de ne rien demander que de désintéressé et de juste à nos alliés du Nouveau Monde. Il les avait gardés en cela contre eux-mêmes afin d'avoir leur amitié pour une durée sans borne, engagés par un pacte ouvert où toutes les nations pourraient prendre place; c'est pourquoi il se sentait le droit de convier maintenant toutes les nations à devenir, avec nous, les adversaires de la Grande-Bretagne au nom de la liberté des mers.

ANNEXES DU CHAPITRE XII.

I

DÉPART DE LORD STORMONT.

M. LENOIR À M. LE COMTE DE VERGENNES.

Monsieur,

J'ai l'honneur de vous envoier un raport que j ai cru ne devoir pas differer de mettre sous vos yeux.

Je suis avec respect, Monsieur, votre tres humble et tres obeissant serviteur.

LENOIR.

Le 17 mars 1778.

Mardy 17 mars 1778.

Le 16. après l'assemblée M. l'Ambassadeur a été chés Mad^e Dudeffend et chés Mad^e d'Invau, et a rentré chés lui de bonne heure pour travailler.

Ce matin 17. il a continué son travail jusqu'a 10 heures, et a pris sa leçon d'armes.

Il a envoyé des depeches chés M. Hobart qui doit partir aujourd'huy pour Londres avec ordre d'en raporter un reçû, mais il n'étoit ny chés lui ny chés Mad^{elle} Grandy sa maitresse, ils etoient ensemble a la petite maison de la petite Pologne et on a rapporté les depeches.

L'admiral Rodney est venu et a resté une heure avec M. l'Ambassadeur; en passant il a dit a quelqu'un en anglais, que tout le Palais Royal disoit que la France avoit déclaré la guerre aux Anglois et que M. le Mis de Noailles l'avoit notifié à Londres mais qu'il esperoit que c'étoit un faux bruit.

M. Hobart est venu a midy pour prendre le paquet mais comme vraisemblablement l'admiral Rodney avoit porté quelques nouvelles, M. l'Ambassadeur a écrit une autre lettre qu'il a fait copier par son secretaire et M. Hobart est venu prendre ses depeches a une heure. A une heure precise M. Hobard y etant encore, le courier ordinaire de Calais est arrivé. Depuis la derniere paix il n y a pas eu d'exemple qu'il soit arrivé de si bonne heure. Le plutôt a été dans le cœur de l été a six heures du soir. Il dit que le paquet est arrivé samedy a huit heures du soir à Douvres, que le paquebot étoit tout prêt et a fait le passage en moins de deux heures trois quarts et le courier a quitté Calais a minuit.

M. Fullerton est venu auquel M. l'Ambassadeur a montré un pasage sur une feuille de quatre pages.

M. Forth est venu et a fait attendre sa maitresse une heure dans son carrosse dans la rue. Les chevaux de M. l'Ambassadeur etoient mis pendant ce tems la pour aller au faubourg St Antoine chés le s^r Hericourt.

M. l'Ambassadeur à fait dire a M. Jones qu'il auroit besoin de lui après le diner. Après le diner Mrs Jones et Riddel ont écrit dans le cabinet de M. l Ambassadeur.

A 9 heures du soir il a depeché un courier vraisemblablement pour Londres, et a la même heure il a envoyé un exprés en poste a Versailles avec une lettre pour M. le Cte de Vergennes, disant qu'il n y auroit pas de reponse, cet exprés a été chargé aussy de raporter des robes a Mad^e l'Ambassadrice qu elle avoit laissée chés Mad^e La Marck et de payer quelque chose chés une marchande de modes.

Quoique M. l'Ambassadeur n'attendoit pas de reponse le ministre en a fait remettre une que l'exprés n'a rapporté que ce matin ayant d'autres affaires à Versailles. Les chevaux de louage etoient commandés pour mener M. l Ambassadeur a Versailles mais il les a fait contremander ce matin.

M. l Ambassadeur a donné ordre qu'on emballe son argenterie et le reste. Il a fait rendre la livrée a ses gens a ecrit a M. Garvey son commissionnaire a Rohan, la cuisine cessera jeudy au soir. Il a donné beaucoup d'autres ordres. Il avoit fait inviter depuis dimanche une douzaine d'Anglais pour diner jeudy prochain et aujourd'huy, il a envoyé des billets que les circonstances du tems ne lui permettoient pas d'avoir le plaisir de les voir.

Finalement M. l'Ambassadeur et Mad^e l'Ambassadrice partent vendredy prochain sans prendre congé, on vuide toutes les armoires et on emballe à force.

Angleterre, t. 529, n° 64.

ANNEXES DU CHAPITRE XII.

II

MÉMOIRE PARTICULIER POUR LES MINISTRES DU ROI[1].

Dans l'état de crize ou sont montés les évènemens, dans la certitude ou nous sommes que le peuple anglais demande à grands cris et sans pudeur la guerre contre nous; qu'il fait à son Roi des offres de toute nature à cet effet; comme de lever à l'instant la milice nationale et d'en faire les fonds; comme de fournir volontairement par chaque *Shire* ou Comté une certaine quantité de soldats et de matelots pourvu qu'ils soient employés contre l'Espagne et la France. Que nous reste t'il à faire?

Trois partis sont encore à notre choix. Le premier ne vaut rien. Le second serait le plus sûr. Le troisième est le plus noble. Mais une juste combinaison du 3ᵉ et du second parti peut rendre à l'instant le roi de France la première puissance du monde connu.

Le premier parti qui ne vaut rien, absolument rien, est de continuer à faire ce que nous faisons, ou plutôt ce que nous ne faisons pas; de rester plus longtems passifs auprès de la turbulente activité de nos voisins, de nous obstiner à ne prendre aucun parti, et d'attendre encore l'évènement sans agir : Parceque, d'ici au 2 février prochain, ou le ministère anglais sera changé, et les lords Chatam et Shelburn à qui l'on a proposé, au 1ᵉʳ, la place de Lord Germaine, au 2ᵉ celle de Lord Suffolk, à condition d'abandonner le parti des *Wigts* et qui l'ont refusé, peuvent changer d'avis et feindre un moment de devenir *Torris* pour s'emparer des affaires. Or, si ce mal nous arrive, y a t'il un seul homme instruit qui doute qu'au 1ᵉʳ moment ils ne signent d'une main à tout prix, la paix de l'Amérique, et de l'autre l'ordre exprès d'attaquer nos vaisseaux et de tomber sur nos possessions; ce qui nous mettrait à la fois sur les bras les Anglais et les Américains. Ou bien, malgré les cris de la nation et le trouble des affaires; malgré l'indignation qui va bientot résulter contre l'administration des aveux des généraux Burgoine et Howe *qu'ils n'ont été que les serviles instrumens d'un ministre inexpert et despote,* le ministère actuel se soutiendra. Mais comme tous sentent également la nécessité de faire cesser une guerre aussi funeste à l'Angleterre et que le ministere actuel ne peut plus espérer de donner le change sur ses fautes passées, mais seulement de les couvrir en flattant la nation

[1] La lettre d'envoi, en date du 22 janvier 1778, a été imprimée à l'annexe II du chapitre x. Le mémoire est autographe; dans le titre, il y a un point après PARTICULIER.

de l'espoir prochain de réparer ses pertes à nos dépens, il ne faut pas douter que, de l'agitation actuelle des esprits, et de tous les grands et petits Conseils qui se tiennent à Londres, il ne résulte au moins une suspension d'armes avec l'Amérique, pour prendre en considération les griefs du continent, et laisser respirer un moment l'Angleterre. Mais ce 1er pas vers la paix une fois fait, soyons bien certains qu'il sera trop tard pour la France de se déclarer en faveur de l'Amérique. Peut être mesme alors le chef de la députation américaine sera t'il déjà passé à Londres; et la guerre avec nous commencée sans nul avis ainsi que la dernière.

Peut être avant que nous ayons pu sauver nos vaisseaux marchands des 1ers efforts de la rage anglaise, en aura t'elle dévoré les cinq sixièmes! Au moins est il certain que depuis deux mois il est sorti plusieurs vaisseaux de guerre anglais sous prétexte de croiser dans la Manche; mais avec des ordres et des destinations tellement inconnues que personne en Europe ne sait encore ou ils ont établi leur croisière.

Qui sait mesme si les derniers paquets envoyés par le Gouvernement en Amérique, ne sont pas déjà les porteurs de quelque suspension d'armes et de quelque plan de pacification, dont bien des gens croyent qu'on ne verra la déclaration qu'à l'instant ou l'on pourra supputer à Londres que les paquets sont arrivés? Eh! si malheureusement on y laissait entrevoir la possibilité de l'indépendance pour 1re condition; est il seulement douteux que la seconde ne fut l'engagement formel de se réunir contre nous avec l'Angleterre? Alors, devenus la risée de l'Europe entière, la guerre la plus funeste et la banqueroute de l'Amérique à tous nos négotiants seraient le digne prix de la lenteur que nous aurions eue à nous déclarer.

Le plus mauvais de tous les partis est donc de rester aujourd'hui sans en prendre aucun, de ne rien entamer avec l'Amérique et d'attendre que les Anglais nous en ferment toutes les voies; ce qui ne peut manquer d'arriver avant très peu de tems.

Le second parti que je regarde comme le plus sûr serait d'accepter publiquement le *traité d'alliance* proposé depuis plus d'un an par l'Amérique; *avec la franchise de la pêche au grand banc, la garantie mutuelle des possessions des puissances contractantes, la promesse positive de secours réciproques ou de diversion en cas d'attaque d'un côté ou de continuation d'hostilités de l'autre; le tout accompagné d'un plan secret pour s'emparer des Iles anglaises, avec engagement sacré entre les trois puissances Américaine Espagnole et Francaise de fixer ensuite impérieusement un méridien aux Anglais sur l'Océan entre l'Europe et l'Amérique passé lequel tous leurs vaisseaux seraient déclarés de bonne prise en paix comme en guerre. Ces turbulens voisins n'ayant plus rien à prétendre au nouveau continent.*

Il faut avouer qu'aussitôt que les Anglais apprendront qu'ils n'ont plus d'espoir de traiter avec un paÿs qui aura traité avec nous, ils nous feront à l'instant la guerre

ANNEXES DU CHAPITRE XII. 843

à outrance, en nous déclarant agresseurs contre eux par ce traité mesme. Mais guerre pour guerre, comme elle est inévitable aujourd'hui, les Américains, les Espagnols et les Francais réunis sont plus que suffisans pour abaisser les fumées de cette altière nation, si elle est assés effrénée pour oser nous attaquer alors.

Une autre objection s'élève; elle est du plus grand poids, et je dois d'autant moins éluder d'y répondre que M. le Cte de Maurepas lui mesme est l'objecteur. Il est à craindre, dit ce ministre, que les députés de l'Amérique n'ayent pas des pouvoirs assés étendus, ou assés solides pour qu'on puisse en sureté traiter avec eux une aussi grande affaire; ou que leurs divers intérêts cachés n'en divulguent le secret avant sa conclusion; ou que le Congrès (dont les membres peuvent varier à chaque instant) ébranlé par la corruption ou l'intrigue anglaise, ne refuse de ratifier le traité ou s'il le ratifie, que la nation elle mesme entrainée vers l'Angleterre par la conformité de religion, de langage, de constitution et de mœurs et surtout par le secret plaisir de se voir l'égale et de marcher de pair avec l'orgueilleuse marâtre qui affecta si longtemps de la dominer, que cette nation, dis-je ne trouve bientôt le moyen d'éluder les conditions de ce pacte. Alors il ne resterait au Roi que des alliés équivoques, un traité douteux, balancé par une guerre sanglante et certaine.

A cela je répons : qu'une sagesse aussi consommée, en pézant les risques et les avantages; n'a certainement pas manqué d'apercevoir que, dans un parti forcé par les évènemens, il est raisonnable de laisser quelque chose à la fortune, en la captivant de son mieux, par toutes les précautions que la prudence humaine peut employer dans une affaire aussi majeure; et ces précautions je me réserve de les indiquer, quand j'aurai exposé le 3e parti qui me parait convenir au roi de France en cette conjoncture délicate.

Ce troisième parti, le plus noble de tous, et dont les suites peuvent remplir l'objet du second parti; mais sans commettre en rien la dignité du Roi ni la foi qu'il croit devoir aux traités subsistans, serait qu'on déclarat aux Anglais dans un bon manifeste, qu'on notifierait aussi à tous les potentats de l'Europe :

Que le roi de France, après avoir, longtems par délicatesse et par égards pour l'Angleterre, demeuré spectateur passif et tranquile de la guerre existante entre les Anglais et les Américains, au grand domage et détriment du commerce de France; instruit autant par les débats du Parlement d'Angleterre que par les succès des armes Américaines; que, malgré les puissans efforts des Anglais pendant trois campagnes successives, la force des évènemens arrache enfin l'Amérique au joug de l'Angleterre; qu'instruit aussi que les meilleurs esprits de la nation anglaise s'accordent à penser et à dire tout haut dans les deux Chambres, qu'il faut à l'instant reconnaitre les Américains indépendans, et traiter avec eux comme avec des amis, sur le pié de l'égalité : que quelques uns mesme ont été jusqu'a rechercher si, dans cette querelle entre deux parties du même empire, l'ancienne Angleterre n'était pas plutôt rebelle à la Constitution commune, que la nouvelle : qu'au milieu de ces débats et par les lumières qu'on acquiert à chaque instant, on est forcé de douter si les préparatifs de la nouvelle campagne sont dirigés de bonne foi contre l'Amérique, ou destinés contre tel autre paÿs qu'il pourait convenir à l'Angleterre d'inquiéter.

Que le Roi sachant trop certainement que les Anglais, sous prétexte de visiter les vaisseaux de commerce de France et d'examiner ses relations avec le continent d'Amérique, insultent, vexent, tourmentent les négocians ses sujets, sans nul respect pour le pavillon français ni pour l'azile sacré de l'atterage des côtes francaises; qu'ils prennent occasion de leur querelle particulière, pour exercer une douane injuste et véxatoire sur tous les peuples à qui l'Océan était libre : Que Sa Majesté voit avec peine, en cet état de souffrance et d'anxiété, plus facheux pour ses sujets que la guerre ouverte, les négotians français depuis longtemps victimes de ses ménagemens pour l'Angleterre, et le commerce maritime de ses Etats, languir sous la gène et les prohibitions politiques, d'une part, et de l'autre sous la très dure inquisition des Anglais contre toutes ses entreprises. Que ces mesmes égards pour l'Angleterre ayant porté Sa Majesté, malgré son état de puissance neutre jusqu'à inquiéter les armateurs américains sur la nature de leur azile en ses ports, et celle des vaisseaux qu'ils y ont conduits; cette austérité qui sème la mésintelligence entre des peuples amis a déjà fait naitre à quelques corsaires américains le facheux projet de s'emparer de plusieurs vaisseaux français. Que la France a deja souffert de ces nouvelles entreprises, dont les répresailles et les ressentimens accumulés peuvent mettre un tel desordre dans les idées, qu'on ne pourra bientôt plus distinguer les amis des ennemis; ni savoir quel peuple est en guerre ou en paix avec nous. Que d'ailleurs Sa Majesté peut craindre avec raison que la réunion possible, et présumée prochaine de deux nations aussi belliqueuses, ne tourne contre ses intérêts, parce que les Américains, qui n'ont cessé de solliciter ouvertement les secours et l'alliance de la France, outrés de n'avoir pu les obtenir, peuvent unir ce ressentiment à l'inquiétude naturelle des Anglais, de façon qu'il en résulte une guerre commune de ces deux nations, contre la France; guerre d'autant plus facheuse pour cette dernière que son Roi ne la lui aurait attirée que par ses égards constans pour l'Angleterre et son respect religieux pour les traités subsistans : Que dans cet état d'incertitude et d'agitation Sa Majesté obligée par les circonstances de prendre à l'instant un parti, préferera toujours, au gré de son cœur et de sa dignité, le plus noble et le plus désintéressé de tous.

Qu'ainsi, sans vouloir déclarer la guerre à l'Angleterre, encore moins la lui faire

ANNEXES DU CHAPITRE XII. 845

sans la déclarer, comme l'usage s'en est trop odieusement établi dans ce siècle; sans vouloir mesme entamer aucun traité préjudiciable aux intérêts de la cour de Londres; mais ayant seulement égard aux souffrances et aux justes représentations de ses fidelles sujets qui font le commerce maritime; Sa Majesté se contente aujourd'hui, par une suite de la neutralité qu'elle a toujours gardée, de *déclarer qu'elle tient les Américains pour indépendans, et veut désormais les regarder comme tels relativement au commerce d'eux avec la France et de la France avec eux.*

Qu'elle permet indistinctement à tous ses sujets d'aller négotier dans tous les ports de l'Amérique comme ils vont dans ceux de l'Angleterre; d'y échanger les productions des manufactures françaises contre les denrées de ces climats, en concurrence avec tous les négotians de l'Europe qui y portent en foule les productions de leurs paÿs. Car si Sa Majesté croit devoir des égards à ses voisins en guerre; elle croit aussi sa justice intéressée à ne pas laisser souffrir plus longtems, en pleine paix, des privations et des interdictions à ses sujets, qu'aucun souverain de l'Europe ne parait imposer aux siens. Qu'en continuant d'ouvrir ses ports aux Américains, comme par le passé, Sa Majesté n'entend pas priver les Anglais du droit de s'y fournir en concurrence de ces mesmes productions françaises, dont le commerce est libre à toutes les nations qui ne nous font point la guerre. Que par cette conduite moderée envers tout le monde, Sa Majesté croit rendre à chacun ce qu'on a droit d'espérer de sa justice et de sa générosité. Que dans la vue de faire éclater de plus en plus les sentimens désintéressés qui l'animent Sa Majesté propose aux deux nations belligérantes ses bons offices pour accommoder, s'il se peut, leurs différens.

Déclarant au surplus Sa Majesté, qu'elle n'entend géner l'Angleterre ni l'Amérique sur l'acceptation de ses bons offices ni se tenir offensée des refus de l'une ou de l'autre; mais que si l'une de ces deux nations, enflée par ses succès, ou aigrie par ses pertes, apporte le moindre obstacle au plus libre commerce avec sa rivale, a la première hostilité, contre ses vaisseaux de guerre, ou marchands français Sa Majesté se croira dégagée de tous égards envers cette nation injuste, et contractera sans scrupule avec l'autre a de telles conditions que celle-ci profite exclusivement de tous les avantages de son alliance et de son commerce. Déclare au surplus Sa Majesté qu'elle se mettra sur le champ en devoir de repousser par la force, l'insulte faite à son pavillon.

Tel est à peu près le manifeste que je propose au Conseil du Roi. Bien est il vrai que cet écrit, ne faisant qu'étendre les droits de la neutralité française et mettre une égalité parfaite entre les contendans, peut irriter les Anglais sans satisfaire les Américains. S'en tenir à ce point, est peut être laisser encore à l'Angleterre le pouvoir de nous prévenir et d'offrir à l'Amérique cette mesme indépendance au prix d'un traité d'union très offensif contre nous.

Or, dans ce cahos d'évènemens, dans ce choc universel de tant d'intérêts qui se croisent, les Américains ne préfereront ils pas ceux qui leur offrent l'indépendance avec un traité d'union, à ceux qui se contenteront d'avouer qu'ils ont eu le courage et le succès de se rendre libres? J'oserais donc en me rangeant de l'avis de M. le Cte de Vergennes, proposer de réunir, au troisième parti les conditions secrettes du second.

C'est-à-dire, qu'a l'instant ou je déclarerais l'Amérique indépendante, j'entamerais secrettement un traité d'alliance avec elle. Et comme c'est ici l'instant de répondre à l'objection de M. le Cte de Maurepas, et de le guérir de son inquiétude sur la division d'intérêts des députés, ou du peu de consistance de leurs pouvoirs pour me procurer toutes les sûretés dont un pareil évènement est susceptible, je ne concluerais point ce traité en France avec la députation; mais je ferais partir en secret un agent fidelle qui sous le prétexte d'aller simplement regler les droits de commerce des deux nations, serait spécialement chargé d'accomplir avec le Congrès, les conditions particulières de ce traité qui ne ferait que s'entamer en Europe et seulement pour contenir la députation. J'avoue que pour enchainer les esprits en Amérique, y bien balancer les efforts de la corruption et de l'intrigue anglaise, y stipuler convenablement les intérêts de la France et consolider au gré de notre administration tous les points capitaux d'un pareil traité, je dois supposer que, laissant de coté tous les motifs de cour, nos ministres se rendront très difficiles sur le choix de leur agent secret. Car il faut que la confiance en son zèle en sa capacité fixe seule les bornes de ses pouvoirs, dans un tel éloignement du cabinet, et dans des circonstances aussi difficiles.

Mais cet agent bien choisi, ce voyage promptement fait, ces pouvoirs habilement confiés; si l'on fait donner par écrit aux députés du Congrès en France, leur engagement de ne rien entamer avec les Anglais, jusqu'aux 1res nouvelles de l'agent français en Amérique; on peut compter avoir trouvé le seul topique aux maux que M. de Maurepas appréhende.

A l'instant donc ou je déclarerais l'indépendance, ou je me ferais donner l'engagement de la députation, ou je ferais partir mon agent pour l'Amérique, je commencerais par garnir les côtes de l'Océan de 60 à 80 mille hommes, et je ferais prendre à ma marine l'air et le ton le plus formidable, afin que les Anglais ne pussent pas douter que c'est tout de bon que j'ai pris mon parti.

Pendant ce tems je ferais l'impossible pour arracher le Portugal à l'asservissement des Anglais: quand je devrais l'incorporer au pacte de la maison de Bourbon.

Je ferais exciter en Turquie la guerre avec les Russes, afin d'occuper vers l'Orient ceux que les Anglais voudraient bien attirer à l'Occident. Ou si je ne croyais rien pouvoir sur les Turcs, je ferais flatter secrettement l'empereur et la Russie de ne pas m'opposer au démembrement de la Turquie, sauf quelques dédomagemens vers la Flandre autrichienne. Tous moyens étant bons, pourvu qu'il en résulte l'isolation des Anglais et l'indifférence des Russes pour leurs intérêts.

Enfin si pour conserver l'air du respect des traités, je ne faisais pas rétablir Dunkerque, dont l'état actuel est la honte éternelle de la France; je ferais commencer au moins un port sur l'Océan, tel et si près des Anglais, qu'ils pussent regarder le projet de les contenir comme un dessein irrévocablement arretté.

Je cimenterais, sous toutes les formes, ma liaison avec l'Amérique dont la garantie aujourd'hui peut seule nous conserver nos colonies. Et comme les intérêts de ce peuple nouveau ne peuvent jamais croiser les nôtres, je ferais autant de fond sur ses engagements que je me défierais de tout engagement forcé de l'Angleterre, et je ne négligerais plus jamais une seule occasion de tenir dans l'abaissement ce perfide et fougueux voisin qui, après nous avoir tant outragé, fait éclater dans sa rage aujourdui plus de haine contre nous, que de ressentimens contre les Américains qui leur ont enlevé les trois quarts de leur empire.

Mais craignons de passer a délibérer le seul instant qui reste pour agir, et qu'a force d'user le tems a toujours dire: *Il est trop tôt*, nous ne soyons obligés de nous écrier bientôt avec douleur: *O! Ciel! il est trop tard*.

CARON DE BEAUMARCHAIS.

France, t. 410, n° 20.

III

CONSEIL DE CABINET DU 18 MARS.

PRÉCIS DES FAITS RELATIFS AU TRAITÉ D'AMITIÉ ET DE COMMERCE
CONCLU ENTRE LA FRANCE ET LES 13 ÉTATS-UNIS DE L'AMÉRIQUE SEPTENTRIONALE.

(Lû au Conseil le mercredy 18 mars.)

A peine les députés du Congrès furent-ils arrivés en France, qu'ils proposèrent au Roi de se lier avec les Etats-Unis par un traité d'alliance et de commerce. Mais Sa M^{té} jugea alors que l'époque de cette union, dont elle sentoit tout l'avantage, n'etoit pas encore arrivée, et qu'en l'anticipant on détourneroit probablement les

Anglois du plan qu'ils suivoient pour soumettre leurs Colonies, et on les exciteroit à tourner leurs forces contre la France dans un moment où sa marine étoit, pour ainsi dire, encore au néant.

Les choses étoient dans cet état lors du désastre arrivé au général Bourgoyne au mois de 8bre d^r.

Cet événement non-seulement donna l'essort au sentiment qui avoit porté les Américains vers l'indépendance, mais il convainquit aussi le Roi qu'ils étoient en état comme en volonté de la soutenir.

Dans cette position S. M^{té} jugea qu'il étoit tems de se raprocher davantage des députés américains de leur articuler d'une maniére précise l'intérêt qu'elle prenoit à leur cause, et d'ecouter les ouvertures qu'ils avoient faites dès le mois de janvier 1777.

De son côté la cour de Londres, consternée par la défaite du g^{nal} Burgoyne, ouvrit enfin les yeux sur les obstacles invincibles que devoit rencontrer son projet de subjuguer les Colonies, et dès ce moment le ministère et l'oppō͞n comme de concert, ne vîrent plus de salut pour la Grande-Bretagne que dans une prompte réconciliation avec les Américains.

Pendant que cette idée fermentoit dans le parti de l'opposition, le ministère s'occupoit sérieusement, sous-main, des moyens de la réaliser; il s'efforça pour cet effet de lier une négociation secrete à Paris avec les députés du Congrès; il leur fit faire les instances les plus pressantes et les offres les plus séduisantes. Les ministres anglais qui sentoient parfaitement bien et ce que notre intérêt exigeoit de nous et le mal que nous ferions à l'Ang^{re} en le suivant, cherchêrent en même tems, tantôt par des caresses, tantôt par des menaces, à nous éloigner des Américains, et à s'assûrer de notre parfaite indiference sur leur sort.

Les offres qu'ils firent aux députés américains, renfermoient deux points : 1° des avantages qui equivaloient à l'indépendance, 2do une coalition contre la France et contre l'Espagne.

Le conseil du Roi peut se rapeller que dans la dernière session du Parlement d'Ang^{re}, le Ld Chatham parla de la reconciliation comme d'une chose non-seulement nécessaire mais même trés-urgente, et que le Ld North, en aprouvant cette idée, rencherit sur son antagoniste, en disant que dans les conjonctures où se trouvoit la Grande-Bretagne, il ne falloit prendre conseil que de la seule politique : ce premier Lord de la trésorerie avoit alors des émissaires secrets à Paris, et il se flattoit qu'à la rentrée du Parlement, qui eut lieu le 21 janv^r d^r il pourroît apuyer son plan conciliatoire par des ouvertures formelles faîtes par les députés du Congrès.

Cette position delicate, dont le Roi étoit parfaitement instruit, lui présentoit deux alternatives : l'une de s'assûrer des Américains par un traité, l'autre de les voir re-

tourner vers leur mere patrie : un instant de délai ou même d'indécision pouvoit et devoit même opèrer cette revolution.

Le Roi, frappé de cette vérité, commença par faire assûrer positivement le Congrès, dès la fin de x^{bre} d^r de sa protection et de son appuy, il entra en même tems en négociation avec les députés, et le 6 fev^r on signa avec eux un traité d'amitié et de commerce.

Ce traité a été jusqu'a present tenu dans le secret avec le plus grand soin : 1° parce qu'il importoit de tenir la cour de Londres dans l'incertitude, et de l'engager a entreprendre une 4e campagne contre les Américains. 2do parce qu'il importoit au Roi de gagner du tems autant qu'il seroit possible, afin de pouvoir d'autant mieux s'occuper de ses préparatifs maritimes, préparatifs devenus d'autant plus nécessaires, que l'on devoit s'attendre à tout le choc du ressentîment qu'inspireroient aux Anglois nos liaisons avec la Colonie.

Mais les événements qui s'accumulent et surtout les efforts incroyables que faît la cour de Londres d'un coté pour arracher un accommodement quelconque à l'Amérique, et de l'autre pour être puissamment armée, ont déterminé le Roi a communiquer à la cour de Londres elle-même, les engagements qu'il a pris avec les Etats-Unis : en les célant plus longtems, le silence de S. M^{té} auroit été taxé de foiblesse et de pusillanimité.

Une autre raison qui a porté le Roi à cette démarche, c'est qu'il importoit à S. M^{té} de rompre d'une manière tranchante toutes les mesures conciliatoires du Parlement d'Ang^{re} et de mettre des entraves aux emprunts que le ministere est au moment d'ouvrir pour se procurer les fonds considérables dont il a besoin pour le service de cette année. Enfin le Roi est autorisé de croire que la cour de Londres a donné à ses vaisseaux qui croisent dans le golfe de Gascogne, l'ordre d'attaquer l'escadre commandée par le Sr de la Motte-Piquet; cette circonstance a porté le Roi à penser qu'il ne seroit point de sa dignité de n'avoüer ses liaisons avec l'Amérique qu'après avoir été insulté et provoqué par les Anglais, et qu'il lui convenoit au contraire de manifester avec franchise et avec fermeté, tandis qu'il est encore libre, l'intention où il est de maintenir son ouvrage.

Angleterre, t. 529, n° 76. (Copie.)

FIN DU TOME DEUXIÈME.

TABLE DES CHAPITRES.

CHAPITRE PREMIER.
LA FRANCE ET L'ANGLETERRE S'EFFORCENT DE S'ABUSER.

Pages.

Rôle incommode de notre nouvel ambassadeur à Londres; divergence de ses idées avec celles du ministre en ce moment; intérêt qui en résulte pour l'histoire. — Fond que l'on faisait sur le marquis de Noailles; instructions pacifiques qu'il avait; sous quel jour le ministre lui présente les propositions envoyées à Madrid le 31 août; raisons d'être de «l'expectative vigilante». — Les ministres anglais font des prévenances, blâment M. de Pombal et excusent leurs armements par ceux de la France et de l'Espagne; M. de Vergennes est d'autant plus convaincu que l'Angleterre n'a pas d'intentions hostiles; son admiration pour la facilité qu'elle trouve à s'armer. — Habileté du cabinet britannique à justifier ses préparatifs et à nous intimider des nôtres; assurances de M. de Vergennes à lord Stormont; ce ministre et M. de Maurepas engagent chacun M. de Noailles à moins suspecter l'Angleterre; même note donnée au marquis d'Ossun; retraite de M. de Grimaldi. — Comment la réponse du cabinet de Versailles aux propositions de Madrid avait déjà rendu difficile la position de ce ministre; le refus de satisfaction définitivement opposé par le Portugal la rend intenable; le comte de Floridablanca est nommé pour continuer la même politique; danger que cette politique ne fût différente; justes regrets de M. de Vergennes à la retraite de M. de Grimaldi. — Les efforts de l'Angleterre pour nous abuser avoués par lord Stormont à lord Grantham; on dévoile en même temps à Ossun les armements qu'a faits le roi; dispositions confiantes manifestées néanmoins à Londres; moindre importance attachée maintenant aux défaites de Washington... 1

Annexe. — Appréciations de l'ambassadeur et du ministre sur les intentions de l'Angleterre... 41

CHAPITRE II.
TRAVAIL EN FAVEUR DE L'AMÉRIQUE. — LE STATHOUDÉRAT DU COMTE DE BROGLIE.

Rapports quotidiens du gouvernement de Louis XVI avec l'envoyé de l'Amérique et activité des opérations de celui-ci, dans l'automne de 1776; instructions écrites par le roi pour le commandant de la petite escadre de Brest : elle fera respecter le pavillon de Sa Majesté, même par les armes. — Continuation de nos bons offices à l'Espagne à l'égard des Barbaresques et de Constantinople; on entame avec le comte d'Aranda les négociations de la paix avec Alger. — Beaumarchais est remis en mouvement par la prise de New-York; ses instances pour expédier des artilleurs en Amérique; trop peu de secret de ses mouvements; connaissance qu'on en avait à Londres; retards qui y étaient apportés pour tromper l'ambassade anglaise; son rôle dans les menées politiques. — Du Coudray; antécédents de cet officier; ses manœuvres afin de paraître un personnage principal; elles dévoilent les départs préparés au Havre; il prend enfin la mer sur *l'Amphitrite*; ordre qui cloue les autres vaisseaux au port. — Projet plus sérieux que cet ordre fait échouer; Deane et le baron de Kalb; mission réelle de ce dernier; il fait engager le vicomte de Mauroy et lui comme majors généraux dans l'armée des États-Unis, avec quinze officiers du comte de Broglie. — Kalb savait-il pourquoi il agissait et pour qui? Comment il en est instruit par Boismartin, secrétaire du comte; Deane en accueille la confidence; départ pour le Havre où *la Seine* attendait les enrôlés. — Effet de l'arrivée de Franklin; Kalb envoie à son intention un exposé à Deane, tendant à faire demander au roi, comme généralissime des États-Unis, un personnage qui était le comte de Broglie. — Comment, de sa terre de Ruffec, le comte suivait ces combinaisons; à quelle heure il voulait donner à Kalb les instructions nécessaires; mémoire de celui-ci à Franklin paraphrasant par avance les instructions du comte. — Le comte de Broglie avait-il l'assentiment du gouvernement du roi? peu d'attention que Franklin paraît avoir accordé à ses démarches; efforts inutiles de Kalb pour prendre la mer; dispersion de ses officiers. — L'Angleterre travaille à affaiblir le lien des deux Couronnes; lord Suffolk et, peu après, lord Mansfield parlent au prince de Masserano du désir qu'elle a de la paix; « les folies » de M. de Pombal sont ouvertement sacrifiées; démarches analogues de lord Grantham à Madrid et de lord Stormont à Versailles. — Réserve de M. de Vergennes; sincérité qu'il se montre porté à reconnaître à l'Angleterre; son désir, en même temps, de rouvrir avec la cour d'Espagne le concert interrompu; dépêche à Ossun sur l'intention, manifestée par les Anglais, d'autoriser la course contre les navires américains. — Comment le ministre fait savoir à Madrid et à Londres l'arrivée de Franklin en France; dispositions dans lesquelles se trouvait, au fond, le gouvernement du roi.................................... 50

ANNEXES. — I. Mémoire du roi pour servir d'instruction particulière au sieur comte Duchaffault, chef d'escadre des armées navales. — II. Les interventions de Beaumarchais. 85

CHAPITRE III.

FRANKLIN À PARIS.

Tableau de l'Europe fait par Silas Deane à ses commettants; le « docteur Franklin », Deane et Jefferson sont nommés par suite commissaires près la cour de Versailles; Arthur Lee remplace ce dernier, qui n'accepte pas. — Franklin débarque à Auray, le 4 décembre; prises amenées par son navire; il s'annonce à Barbeu Dubourg, à Deane, et charge celui-ci d'appeler Lee à Paris. — Effet produit sur les esprits par l'arrivée du « docteur »; rapprochée du départ de Beaumarchais pour le Havre, elle suscite une foule de conjectures; inquiétudes de l'ambassadeur et du cabinet britanniques; elles sont

TABLE DES CHAPITRES. 853

d'autant plus justifiées que Deane, de son seul mouvement, venait de remettre à Versailles le projet de la reconnaissance des États-Unis par la France et d'un traité de commerce avec eux. — Mauvais propos répandus pour amoindrir Franklin; crainte que lord Stormont éprouve néanmoins de son influence; propension générale à la guerre contre l'Angleterre, en même temps qu'un langage rassurant dans la bouche des ministres constatés par cet ambassadeur. — Le cabinet de Londres se prépare à voir cesser la paix ou à la rompre; méfiance du prince de Masserano; l'ambassadeur engage le marquis de Noailles à nous recommander la prévoyance; bruits de résolutions hostiles à notre égard et de pleins pouvoirs confiés à Howe pour traiter à cette fin avec les Colonies. — Soins de M. de Vergennes pour écarter les prétextes; motif de plus que leur donne l'enthousiasme des Anglais à l'annonce des succès de leurs troupes. — Persistance du sentiment de M. de Noailles sur l'Angleterre; n'avait-il pas la mission confidentielle de grossir le péril? il fait connaître directement ses appréciations au roi; intérêt qu'y prennent MM. de Maurepas et de Vergennes; réponse qu'ils y font. — Assurances conçues par Franklin sur les dispositions de la France; ses collègues et lui, se disant «plénipotentiaires du Congrès», demandent à voir M. de Vergennes; le ministre les reçoit en secret à Paris après en avoir avisé le comte d'Aranda. — Dans quelle vue cet ambassadeur était ainsi mis en tiers; dépêche informant Ossun; incommodité du moment pour avouer à l'Espagne les relations que nous entretenions avec l'Amérique. — Les commissaires sollicitent une audience officielle; comment M. de Vergennes l'élude; lettre et mémoire à l'appui de leurs demandes. — Alternative que présentaient les affaires de l'Amérique, plan arrêté pour répondre aux commissaires; Gérard chargé de le faire verbalement; précautions avec lesquelles on en informe le gouvernement de Madrid; remerciements de Franklin et de ses collègues. — Prudence commandée par les insinuations de désarmement, par la fin probable du roi de Portugal et du pouvoir de M. de Pombal, par l'inconnu politique que présentait le changement de premier ministre en Espagne; conseils de M. de Grimaldi à Charles III et que ce monarque accueille. — Tension de nos rapports avec l'Angleterre; procédés de ses officiers de mer pour la visite des navires; ses projets d'autoriser la course et de délivrer des lettres de marque; première assise posée déjà par M. de Vergennes d'une ligue de l'Europe contre la domination de l'Océan par la Grande-Bretagne. — Circonstances compliquées dans lesquelles se voyait le cabinet de Versailles.......................... 98
ANNEXES. — I. Arrivée de Franklin. — II. Demandes des «plénipotentiaires» du Congrès. 135

CHAPITRE IV.

LE TESTAMENT POLITIQUE DU MARQUIS DE GRIMALDI.

Lord Grantham présente à Madrid l'offre de désarmer de concert avec la France; M. de Grimaldi essaye d'en prendre occasion pour nous laisser seuls en face de l'Angleterre; il fait faire cette ouverture par le marquis d'Ossun. — Réponse du gouvernement du roi; dépêche à notre ambassadeur pour en appeler de nouveau aux données de la politique commune. — Lord Suffolk porte la même proposition au prince de Masserano; appréciation qu'en fait celui-ci; comment d'avance M. de Vergennes avait percé à jour cette manœuvre; nouvelles raisons de défiance qu'en tirent les représentants de la France et de l'Espagne à Londres. — M. de Grimaldi laisse tomber l'affaire; l'intérêt qu'ont les deux cours à affaiblir l'Angleterre est d'autant plus affirmé par M. de Vergennes; Ossun informe le ministre que ses considérations ont ramené le Roi Catholique. — M. de Vergennes fait remettre à Madrid le plan, déjà communiqué au comte d'Aranda, d'un nouveau concert entre les deux cours en vue d'une action commune; erreur du marquis d'Ossun en prévoyant des délais pour la réponse; il peut mander cinq jours après qu'on pense à Madrid comme à Versailles; pourquoi l'on différera d'envoyer cette réponse par l'ambassadeur. — Exaltation du comte d'Aranda à l'arrivée de Franklin; ses relations avec Arthur Lee; persuasion dans laquelle il jette ce dernier d'aller plus vite avec l'Espagne que ses collègues avec la France; réfutation caustique qu'il envoie des raisons de rester en paix données par M. de Vergennes; il est d'avis de traiter immédiatement avec les Américains. — Effet que cet avis devait produire autour du Roi Catholique; crainte qu'inspirait l'ambassadeur à ce monarque; trouble où ses assertions jetaient son gouvernement; désir de ne pas lui répondre, cependant, de façon à lui faire quitter l'ambassade; M. de Grimaldi expose à Ossun la manière de voir du cabinet; il n'en instruira pas encore son représentant à Versailles. — Accord apparent avec l'Espagne et divergences réelles; dangers allégués par elle pour demander à la France d'avoir une escadre plus forte à Brest, une moindre à Toulon et une demi-escadre avec 12,000 hommes à Saint-Domingue. — Esprit qui préside à la réponse de Versailles; moyen terme inacceptable indiqué par Ossun; raisons que M. de Vergennes emprunte aux ambitions supposées de l'impératrice Catherine pour ne pas adhérer à dégarnir Toulon. — Pourquoi il était plus facile de s'entendre sur la conduite à suivre avec les Américains; fermeté de M. de Grimaldi à cet égard dans sa dépêche au comte d'Aranda et identité de ses vues avec celles de la cour de France; confidences d'Ossun; M. de Vergennes approuve la dépêche; sentiment de ce ministre sur l'idée que l'on pourrait songer à faire disparaître l'Angleterre. — Arthur Lee est mis par le comte d'Aranda sur la route de Madrid; comment les instructions des «plénipotentiaires» paraissaient indiquer ce voyage et comment il ne pouvait pas déplaire à Versailles; vive contrariété qu'il excite à la cour d'Espagne; on envoie à Lee l'ordre d'attendre Grimaldi à la frontière. — M. de Floridablanca débarque à Antibes; nouveaux pronostics favorables d'Ossun à son sujet; M. de Grimaldi, qui l'a désigné, lui remettra un mémoire sur les affaires et sur la cour. — Adversaires qu'allait trouver le nouveau ministre; circonstances dont il serait forcé de tenir compte; comment les rapports entre Madrid et Versailles pouvaient en être un peu dérangés... 144

ANNEXES. — I. Sur les propositions de désarmement. — II. Mémoire du comte d'Aranda pour l'alliance immédiate avec l'Amérique. — III. Mémoire de l'Espagne servant de réponse à celui remis par M. le comte de Vergennes à M. le comte d'Aranda le 3 janvier 1777... 201

CHAPITRE V.

LES DÉBUTS DU COMTE DE FLORIDABLANCA.

Pages.

Bonne impression que le nouveau premier ministre cherche à donner de ses vues et résumé qu'en envoie le marquis d'Ossun; en même temps, M. de Vergennes fait demander au comte de Floridablanca son sentiment sur les propositions de désarmement; jugement du ministre sur l'Angleterre. — D'accord avec nous quant aux précautions militaires contre le Portugal, M. de Floridablanca ne tient pas moins que M. de Grimaldi à nous faire envoyer des forces à Saint-Domingue; nécessité où il était de satisfaire en cela le parti pris du roi; instructions adressées au comte d'Aranda; leur manière dégagée à l'égard de la France. — Inquiétude qu'avait eue cet ambassadeur dans ces entrefaites; comment il avait amené M. de Vergennes à exposer de nouveau son opinion sur la conduite à suivre quant à l'Amérique et sur la question de Saint-Domingue; note du 11 mars à ce sujet; réponse préparée d'avance aux raisonnements de l'Espagne. — Examen fait de nouveau, par M. de Vergennes, des points qui sont essentiels dans la politique des deux cours; celui-ci indique la note du 11 mars comme exprimant la façon de penser du roi; volumineux courrier du 22. — Préoccupations du ministre au sujet des entreprises possibles de la Russie contre les Turcs; utilité dont la Turquie lui paraissait être pour la France; il y voit l'Angleterre intéressée de même; son regret de l'impossibilité pour les deux cours d'en conférer maintenant avec cette puissance. — Sentiments exprimés par le ministre à l'égard du comte de Floridablanca et ferme confirmation qu'il fait confidentiellement à Ossun de la politique du gouvernement du roi. — Notre ambassadeur est abusé par la bonne situation du nouveau premier ministre; désir qu'il a de se voiler les désaccords à lui-même; mobilité de ses appréciations. — M. de Vergennes fait informer dans l'intimité M. de Floridablanca que l'Angleterre a présenté à Versailles des ouvertures de désarmement et que le cabinet se croit obligé d'y réfléchir; était-ce une manœuvre? exposé de la situation de la France; loyal et digne langage du ministre en la dépeignant; son opinion sur le passage de Turgot au contrôle général. — Réponse privée et réponse officielle du ministre espagnol au courrier du 22 mars; cachet sarcastique qu'elle présente; elle est plutôt faite pour le comte d'Aranda et son parti; désir qu'elle indique d'intervenir entre les Colonies et l'Angleterre pour être payé de cette intervention par des territoires; l'ambassadeur devra insister par ordre du roi pour l'envoi de forces françaises à Saint-Domingue. — Démarche de lord Stormont auprès du cabinet de Versailles; ses plaintes sur l'accueil que nous faisons aux délégués de l'Amérique; son éloge de l'Espagne, supposée avoir refusé de recevoir Arthur Lee; ce qui s'était passé au sujet de ce dernier de la part de M. de Grimaldi et de la part du roi. — M. de Vergennes est persuadé que le ministère espagnol s'est vanté de n'avoir pas laissé entrer Lee; lettre particulière à Ossun pour s'en plaindre; mauvaises impressions qui en résultent; prudente réponse faite néanmoins au comte d'Aranda sur les idées du cabinet de Madrid; belle page du ministre touchant la guerre et l'esprit de conquête; moyen de conserver la paix que l'on préfère à Versailles; dépêche non moins saillante indiquant à Ossun les préparatifs et les forces du roi. — Deux rapports de notre ambassadeur éclaircissent enfin les nuages; la dépêche sur les ouvertures de désarmement a ramené le roi d'Espagne et M. de Floridablanca; explications du premier ministre sur l'affaire d'Arthur Lee; satisfaction éprouvée par Charles III des réponses faites à lord Stormont; il enverra plus de vaisseaux et plus de troupes aux Antilles; comment et pourquoi M. de Vergennes essaie de l'en faire détourner maintenant; la cause des dissidences et des aigreurs est imputée de part et d'autre à Aranda. — Ossun et M. de Floridablanca également confus; mauvaises excuses données pour celui-ci; que le comte de Floridablanca avait bien eu la pensée de faire rechercher la médiation des deux Couronnes par l'Angleterre pour en obtenir des avantages. — Blessure faite par M. de Vergennes en écartant ce plan et conséquences que l'on verra s'ensuivre; excellents sentiments témoignés néanmoins par le ministre de Versailles pour son collègue de Madrid.................................... 226

ANNEXES. — I. Sur l'envoi de forces françaises à Saint-Domingue. — II. Entreprises possibles de la Russie contre les Turcs................................... 297

CHAPITRE VI.
DÉMARCHES ET MANOEUVRES DES COMMISSAIRES AMÉRICAINS.

Étonnement du marquis de Noailles au tableau que M. de Vergennes avait fait de l'attitude de Franklin; rôle que le public pensait voir prendre au «docteur»; opinion de ce dernier sur les sentiments de la cour de France; il redonne cours aux opérations interrompues par les contre-ordres. — Perplexité où la fausse situation de Beaumarchais jetait les délégués de l'Amérique : efforts de celui-ci pour la faire cesser et de la légation pour agir sur M. de Vergennes; comment les retards ne venaient pas de Beaumarchais seul, mais des précautions par lesquelles on voulait assurer le secret. — Les navires retenus au Havre et à Nantes; rentrée de l'*Amphitrite* à Lorient; du Coudray et ses menées; Beaumarchais reçoit de nouveau la liberté d'agir; départ de l'artillerie promise, de dix navires d'Hortalès et Cie et même de l'*Amphitrite*. — Recherche dont Franklin était l'objet à Paris; comment il se laisse arracher les moyens de favoriser l'intrigue de du Coudray; sa ferme confiance dans la victoire de son pays ravive celle de ses collègues en l'absence de nouvelles de Philadelphie; ce qu'ils font dès que leurs courriers arrivent. — Habileté de la légation à tirer parti de l'éventualité de la réconciliation de l'Angleterre avec ses colonies et d'une attaque contre les deux Couronnes; mémoire de Deane à M. de Vergennes et de Franklin au comte d'Aranda pour décider les deux cours à conclure une alliance et la cour d'Espagne à recevoir Franklin. — Empressement du comte d'Aranda; Deane demande de nouveau des canons, des vaisseaux, une diversion contre l'Angleterre; M. de Vergennes combat l'idée de faire la guerre pour le compte de l'Amérique. — L'Angleterre instruite de ce qui se passe; rapports tendus des deux cabinets; celui de Saint-James refuse de s'expliquer. — Le bill sur les lettres de marque; plis peu rassurants de M. de Noailles; il est revenu tout à fait à son sentiment de défiance; MM. de Maurepas et de Vergennes sont près de le partager; comment ce dernier précise les idées à cet égard; précautions pour éviter des plaintes qui seraient fondées; la question des prises américaines dans les ports français. — Les com-

TABLE DES CHAPITRES. 857

missaires américains et lord Stormont travaillent simultanément à faire croire que la réconciliation entre l'Angleterre et les Colonies est prochaine; utilité que M. de Vergennes tâchait de tirer de ces manœuvres à Versailles et à Madrid; pourparlers sous la statue de la place Vendôme; efforts pour dégoûter les Américains de rien attendre des deux cours et leur laisser tout espérer de l'Angleterre; dépêche préparée, de l'avis du roi et de M. de Maurepas, afin d'influencer l'Espagne. — Pourquoi on n'expédie pas cette dépêche; les journaux de Londres; Garnier obligé de se défendre devant le ministre contre les bruits et les imputations dont il était l'objet. — Poids acquis de jour en jour par la légation du Congrès; relations commencées par elle avec le roi de Prusse; moyens qu'elle avait pris pour assurer sa correspondance avec l'Amérique; appui que Beaumarchais lui prêtait. — Il paraît probable que M. de Vergennes s'était servi de ce dernier pour porter le comte d'Aranda à pousser la cour de Madrid vers l'Amérique; les commissaires sont persuadés que la rupture avec l'Angleterre approche; leurs efforts afin d'y aider; Deane reprend à cette fin le projet du marquis de la Fayette............. 305

ANNEXES. — I. Du Coudray et ses intrigues. — II. Beaumarchais à M. de Vergennes sur un emprunt pour les Américains. — III. Lettre de Garnier au comte de Vergennes sur diverses accusations des journaux anglais. — IV. Rapport de Gérard sur les pourparlers de la statue.. 353

CHAPITRE VII.

LE MARQUIS DE LA FAYETTE PART POUR L'AMÉRIQUE.

La Fayette est résolu à désobéir à la défense d'aller en Amérique; officiers du comte de Broglie qu'il fréquentait à Paris; son dessein arrêté de partir malgré les mauvaises nouvelles que l'on avait des *insurgents*. — Le comte appelle le marquis à Ruffec; on décide que celui-ci achètera un navire et emmènera Kalb et ses amis; fut-il initié aux vues de stathoudérat du comte de Broglie et déterminé par l'attrait d'être major général? — Vérité probable des récits laissés par La Fayette; le frère de Boismartin achète à Bordeaux *la Victoire*; traité passé avec Deane pour l'enrôlement et pour les grades; pourquoi on laisse à ce traité la date du traité antérieurement conclu avec Kalb; clause particulière au marquis; fut-elle bien écrite à ce moment? — Le marquis va à Londres chez l'ambassadeur son oncle; il revient ensuite à Paris; il en part pour Bordeaux le 16 mars avec Kalb. — Peu d'avancement des préparatifs de *la Victoire*; nécessité de l'enlever à la surveillance du port; actes d'embarquement des enrôlés; particularités de celui de La Fayette. — On descend à Pauillac; le marquis rejoint le lendemain; départ pour le Verdon et de là pour la baie de Saint-Sébastien; pourquoi l'on s'arrêtait si près et pourquoi le motif en échappait au baron de Kalb. — Étonnement de la maison de Noailles; comment La Fayette avait prévenu le duc d'Ayen; vive impression du public; contrariété présumée du Gouvernement; Silas Deane s'empresse de justifier auprès de M. de Vergennes sa participation à l'entreprise; comment on pouvait croire le ministre instruit par le comte de Broglie. — Persistance mise par le marquis à contredire l'assertion qu'il était parti malgré des défenses formelles; tentatives pour envoyer Pulawski en Amérique tout en prenant des mesures contre le passage d'autres officiers chez les *insurgents* et pour faire rentrer La Fayette. — Explications du duc de Noailles sur la conduite de son neveu; peu de sévérité de M. de Vergennes et de M. de Maurepas en lui répondant; ennuis que leur donnaient alors les libelles de Linguet; désaveu répété infligé d'ailleurs aux Français pris par les Anglais en Amérique. — On croit à Versailles que La Fayette a déféré aux ordres du roi et renoncé à son projet; manière différente au contraire dont il cherchait à l'effectuer; impatience de Kalb; sortie de Bordeaux à franc étrier; départ définitif pour l'Amérique; rôle que le comte de Mauroy avait peut-être rempli. — Comment les préoccupations sérieuses du Gouvernement étaient alors autre part; visite de Joseph II à Versailles; inquiétudes qu'en concevaient les conseillers du roi; mémoire de M. de Vergennes pour prémunir le monarque; politique de l'honnêteté sans conquêtes; la *Question sur les mesures à prendre pour se précautionner contre l'Angleterre*; importance secondaire qu'avait à côté de cela le départ de La Fayette; les improbations et les applaudissements. — Apparentes mesures du Gouvernement pour apaiser l'Angleterre; présages heureux que Franklin et Silas Deane montrent au Congrès; leur lettre recommandant La Fayette. — C'est bien le marquis et non Kalb qui emmenait l'expédition; comment sa prééminence ne fut jamais trouvée pesante; sa correspondance avec sa jeune femme; ses sentiments politiques; son amour de la gloire, idée qu'il y attachait; son offre d'aller attaquer l'Angleterre dans l'Inde; son souvenir pour la société de l'*Épée de bois* en touchant terre à Charlestown.......... 371

ANNEXES. — I. Actes d'embarquement de Kalb et des autres compagnons de La Fayette à bord de *la Victoire*. — II. Versions sur le départ de La Fayette pour l'Amérique. — III. Mémoire du comte de Vergennes sur la visite de Joseph II à Versailles........... 419

CHAPITRE VIII.

L'ESPAGNE DEVANT LA PERSPECTIVE D'UNE ALLIANCE AVEC LE CONGRÈS.

Changement de situation qui se constatait au commencement de 1777; dispositions différentes que l'Espagne en pouvait ressentir; alternative où les deux Couronnes allaient être placées; parti qu'avait pris la France d'entrer en accord avec les États-Unis. — Rappel du marquis d'Ossun; qualités désormais nécessaires à notre ambassadeur à Madrid; le comte de Montmorin est provisoirement désigné. — M. de Vergennes recherche les bonnes grâces du Pardo; son désir d'amener celui-ci à rapprocher la France et le Portugal; ses dépêches allant dans cette vue; propensions favorables montrées par M. de Floridablanca et par le roi. — Inclination moindre de ces derniers à envisager les points noirs du côté de l'Angleterre; leurs prétextes pour n'y pas regarder; comment M. de Floridablanca nous défendait cependant contre les récriminations de lord Grantham; craintes données à lord Stormont et au cabinet anglais par cette attitude de sa part. — Appréhension qu'avaient parallèlement l'Angleterre de voir ouvrir la guerre, et l'Espagne de s'y engager; pourquoi la France ne s'effrayait plus à l'idée de frapper un coup; causes qui l'avaient retenue après Long-Island; assurance qu'elle se sentait à cette heure. — Réconciliation possible des Colonies avec leur métropole; propositions de lord Chatham dans ce but à la chambre des lords et de l'Opposition à celle des communes; pressant désir du gouvernement de Versailles de convier l'Espagne, en conséquence, à

TABLE DES CHAPITRES. 859

s'entendre avec l'Amérique. — M. de Vergennes fait connaître à Ossun que les explications deviennent sérieuses avec l'Angleterre; il annonce la résolution du roi de garantir aux Américains la liberté de navigation; on enverra des forces aux Antilles pour soutenir au besoin la liberté de la mer; surexcitation de l'opinion à Londres contre nous. — Louis XVI approuve un mémoire exposant l'opportunité d'une alliance ouverte avec l'Amérique; envoi de ce mémoire au Pardo avec une lettre confidentielle de M. de Vergennes au premier ministre et un pli particulier pour Ossun. — Intérêt attaché au rapprochement du Portugal et de la France; soins que prend M. de Vergennes pour y rendre utile le marquis d'Ossun; son attention à captiver M. de Floridablanca; bon accueil que rencontrent d'ailleurs ses désirs. — La visite des navires en mer; les récriminations de l'Angleterre et les nôtres; avis de Beaumarchais; irritation du commerce anglais; par ordre exprès, lord Stormont soumet les griefs de sa cour; la réciprocité des procédés. — On renouvelle les prescriptions adressées aux amirautés et aux chambres de commerce; elles sont notifiées aux commissaires du Congrès, qui s'excusent d'en avoir été cause; copie en est envoyée à Ossun pour la cour d'Espagne. — Illusions de l'ambassadeur sur les dispositions de cette cour; vues différentes que celle-ci manifeste; le trésor du Mexique; réponse de M. de Floridablanca au mémoire du cabinet de Versailles; ses raisonnements dilatoires; il maintient son idée de tirer profit de l'Amérique en lui rendant de bons offices, au lieu de se lier à elle; persistance de son attitude, toutefois, avec lord Grantham. — M. de Vergennes craint de nous voir surpris par la guerre; son impatience d'arrêter un plan commun; faits nouveaux menaçant d'amener la rupture; nécessité de hâter le départ d'Ossun; Louis XVI annonce à son oncle la nomination du comte de Montmorin. — Lettre confidentielle de M. de Vergennes à l'ambassadeur sur les thèses de M. de Floridablanca; politique qu'elle cachait sous ses critiques et à laquelle on allait tâcher d'amener Madrid.. 431

ANNEXES. — I. Plaintes respectives de l'Angleterre et de la France. — II. Notification faite aux commissaires des États-Unis des prescriptions adressées aux amirautés et aux chambres de commerce sur les corsaires... 505

CHAPITRE IX.
VERSAILLES, DÉCIDÉ, S'EFFORCE DE DÉCIDER MADRID.

Mouvement de l'armée anglaise par le Canada, sous le général Burgoyne; persuasion où l'on était à Londres qu'elle avait déjà pris Ticonderago et descendrait rapidement en Pensylvanie; ouvertures comminatoires faites en conséquence à Versailles; l'Anglais Forth. — Le cabinet de Versailles est convaincu que l'Angleterre cherche un prétexte pour commencer la guerre; réunion chez le roi; note qui y est arrêtée pour repousser comme des humiliations les ouvertures dont il s'agit; le ministre en donne connaissance au comte d'Aranda, à Ossun et en écrit personnellement à M. de Floridablanca. — Changement d'horizon déterminé par la note en question; la guerre avec l'Angleterre est désormais en perspective; la correspondance du ministre, en ce moment, retrace à elle seule l'histoire; obligation qui nous est imposée par la prise effective de Ticonderago de paraître très soucieux de la paix. — Comment la démarche de Forth visait à nous faire

860 TABLE DES CHAPITRES.

Pages.

désavouer l'Amérique; afin d'ôter à celle-ci l'espoir d'être ouvertement soutenue, lord Stormont est chargé d'obtenir que les troupes destinées aux îles ne partent pas; formelle promesse de l'amitié de l'Angleterre offerte en échange; ferme dépêche informant Ossun du refus du roi; on écrit au marquis de Noailles dans le même sens. — Empressement de Charles III envers la France, devant les menaces de l'Angleterre; assurances qu'il nous soutiendra si nous venons à être attaqués; M. de Vergennes montre Louis XVI d'autant plus résolu; sa crainte de voir les vaisseaux anglais dans le golfe du Mexique; hypothèse d'un retour aux procédés de 1755; le ministre tâche en raison même de décider l'Espagne. — Le Pardo en garde contre l'intérêt qu'il voit aux Colonies de nous attirer à elles; réfutation de son opinion par M. de Vergennes; la forme adoucie de cette réponse ne laisse pas moins deviner que l'on juge utile à Versailles une prochaine alliance avec le Congrès. — Demandes des commissaires américains aux deux cours; impatience du comité du Congrès; efforts de ces derniers pour l'engager à attendre; peu de résultat qu'avait eu leur première tentative auprès du roi de Prusse; inefficacité d'une seconde, quoiqu'elle fût attribuée aux conseils de la France; la sagesse retenait Frédéric II mais ne retenait pas Versailles; irrécusable témoignage porté en faveur de la France par les rapports de la légation de Passy. — Nouveau pli confidentiel de M. de Vergennes pour presser le gouvernement de Madrid; les précautions que le ministre prend à cet effet encouragent d'autant plus M. de Floridablanca à la retenue; raideur de ce dernier, néanmoins, avec le représentant de l'Angleterre; l'Espagne fournirait de l'argent mais ne s'engagerait point; insistance d'Ossun; le Pardo délibère; ses conclusions dilatoires. — Vifs reproches de l'opinion publique aux ministres de Louis XVI sur leur inaction supposée; ils sont d'accord avec le roi cependant pour empêcher que la campagne actuelle des Américains ne soit la dernière; M. de Vergennes affirme que Louis XVI ne laissera pas les Américains sans secours; les « raisons de finance » et les « raisons politiques »; éloquente dépêche du ministre à Ossun en vue d'une alliance prochaine avec le Congrès. — A quels mobiles obéissait l'Espagne? son émissaire secret aux Colonies; motifs de se réserver qu'elle cherchait; ses navires et les corsaires américains; marchandage de M. de Floridablanca pour donner au Congrès les mêmes secours d'argent que la France; il s'engage pourtant à le faire devant M. de Montmorin, à la dernière audience d'Ossun. — Insignifiance marquée du vieil ambassadeur; ce qu'il avait obtenu, néanmoins, quant à la paix de l'Espagne avec les Barbaresques et quant au rapprochement entre la France et la cour de Lisbonne; comment M. de Floridablanca avait tourné court au sujet des Barbaresques et montré beaucoup d'empressement relativement au Portugal; témoignages d'affection et de regrets de la part de Charles III envers Ossun, qui quitte Madrid. — Instructions de M. de Vergennes au comte de Montmorin; on attendra désormais les propositions de l'Espagne; soin confié à l'ambassadeur de démêler à quoi M. de Floridablanca serait au fond porté; conviction que l'on a d'être réellement menacé par l'Angleterre et détermination où l'on est d'affronter ses menaces... 524

ANNEXES. — I. Sur la démarche faite par l'Anglais Forth. — II. Réponses de l'Espagne aux demandes des commissaires américains. — III. Sur les négociations concernant nos rapports avec le Portugal.. 591

TABLE DES CHAPITRES. 861

CHAPITRE X.
LA CAPITULATION DE SARATOGA DÉTERMINE LE ROI.

Pages.

M. de Vergennes et les commissaires de Passy; pourquoi Beaumarchais n'était plus l'intermédiaire habituel avec ces derniers; défaveur qu'il encourait; elle n'empêchait cependant ni de suivre ni peut-être de rechercher ses avis; accent qu'il met à se plaindre de se voir remplacé par le banquier Grand. — Les Grand; Le Roy ou Leray de Chaumont; celui-ci procure un négociant, M. Holker fils, comme mandataire aux États-Unis, pour satisfaire probablement M. de Maurepas; premières instructions de ce mandataire. — Poursuite des négociations, néanmoins, avec Franklin et ses collègues; plaintes et pensées injustes que les lenteurs portent ceux-ci à exprimer au Congrès; impressions meilleures bientôt causées par les circonstances. — Bruits défavorables sur les opérations militaires des Anglais; reddition de Burgoyne à Saratoga; grand effet produit en Amérique et à Versailles; perplexité manifestée par M. de Vergennes entre la crainte du ressentiment possible de l'Angleterre et celle de la froideur des Américains; il pense que le moment de la crise est venu; conduite différente à avoir à Madrid et à Londres. — Accord du Gouvernement avec le comte d'Aranda pour se préparer à l'action et s'assurer du Congrès; bases de pourparlers avec la légation de Passy, écrites par M. de Vergennes sous la dictée du roi; noble simplicité de cette pièce. — Instructions nouvelles remises à Leray de Chaumont pour Holker, en vue d'aviser les commissaires des dispositions dans lesquelles on se trouve; raisons devant porter ces derniers à des démarches plus actives; ils rappellent immédiatement la demande d'un traité, déposée par eux depuis un an, et sollicitent une assistance en vaisseaux de guerre pour empêcher les Américains de faiblir devant l'Angleterre. — Dépêches informant la cour de Madrid du pas en avant que l'on vient de faire; précautions extrêmes prises pour dire au roi d'Espagne que le roi de France ne stipulera rien de personnel et attend que son oncle formule ses désirs; il n'est pas moins évident que M. de Vergennes va conférer immédiatement avec la légation; pli confidentiel indiquant l'idée positive de traiter. — Mouvement de l'opinion en faveur de la guerre; le ministre mande à Montmorin de prendre pour devise : *Maintenant ou jamais*, et d'obtenir « le mot » de l'Espagne; propensions à engager la France même toute seule; devoir que s'en faisait M. de Vergennes. — Le cabinet anglais et les bills pour la réconciliation de l'Amérique; tentatives de ce cabinet en vue de séduire les commissaires; instances de Beaumarchais afin que l'on reconnaisse l'indépendance avant l'Angleterre; opinion conforme des politiques; le comte de Broglie et le duc de Lauzun. — Déception du comte de Broglie en Amérique; sa continuelle préoccupation du relèvement de la France; il envoie au roi son plan de descente en Angleterre, mis au point des données actuelles; hauteur respectueuse de sa lettre au monarque. — Les deux mémoires qui constituent ce plan; justification qu'ils présentent de la politique du ministère; Lauzun nous regarde comme attaqués par l'Angleterre si nous traitons avec l'Amérique; le comte voit la guerre très défavorable si nous n'avons pas déjà traité. — Efforts presque suppliants des émissaires de l'Angleterre auprès de la légation; sûreté des sentiments de celle-ci et de ceux du

Congrès; Gérard porte à Passy l'annonce que le roi reconnaît les États-Unis et est prêt à signer un traité avec eux; page mémorable pour notre histoire adressée en conséquence au Congrès par les commissaires. — Grandes précautions que prend de nouveau M. de Vergennes pour faire connaître cet état des choses à l'Espagne; peu d'inclination qu'avait cependant le gouvernement du roi à s'arrêter aux objections pouvant venir de ce pays... 610

ANNEXES. — I. Mémoires du comte de Broglie sur la situation de la France et de l'Angleterre. — II. Diverses lettres de Beaumarchais à M. de Vergennes................. 668

CHAPITRE XI.

LOUIS XVI FAIT ALLIANCE AVEC LES ÉTATS-UNIS.

Le comte de Montmorin, ambassadeur à Madrid; ses impressions d'arrivée; il communique les dépêches des 11 et 13 décembre. — Promptitude inattendue de la réponse du premier ministre et du roi; ils ne consentent à donner pour les Américains que de l'argent, et à peu près à la considération personnelle de l'ambassadeur; objections formulées par M. de Floridablanca; Aranda est chargé de les exposer à Versailles; rapport officiel et rapport particulier de M. de Montmorin. — Causes réelles qui retenaient l'Espagne; peu d'intérêt accordé par son ministre à l'unique objet d'abaisser la Grande-Bretagne; parti arrêté de Versailles, toutefois, de convaincre notre alliée sans se dépiter ni se lasser. — Tentatives réitérées du ministère anglais pour séduire la légation de Passy; hâte d'en finir ressentie en conséquence par le cabinet; peu de craintes sérieuses qu'il concevait des préoccupations motivées par l'état des choses; confiance attachée à la parole de Franklin. — Assurance puisée dans le rétablissement de la marine et la bonne situation que nous avions retrouvée sur le continent; recherche que le roi de Prusse avait continué à faire de nous; envoi du marquis de Jaucourt à ses revues; désir d'autant plus vif, chez Frédéric II, de nouer des relations intimes; il arrive à tarir les recrutements de troupes allemandes opérés par l'Angleterre; peu d'intention qu'il avait par là de rendre service aux États-Unis; pourquoi il laissa Arthur Lee faire des opérations en Prusse à la fin de 1777; propensions que lui marque alors Versailles. — Le gouvernement de Louis XVI trouve opportun d'inviter formellement la cour d'Espagne à une commune alliance avec les États-Unis; lettre et mémoire du roi à son oncle, annonçant le projet de traiter à cet effet avec les commissaires de Passy; dépêche explicative de M. de Vergennes et lettre particulière par laquelle il informe l'ambassadeur que le roi lui-même a décidé ses ministres, « donné le courage à tous ». — Questions posées par le cabinet du Pardo en réponse au courrier du 8 janvier; comment M. de Vergennes y satisfait immédiatement; offre de dix vaisseaux pour assurer le retour des flottes de l'Espagne; persistance dans les principes de désintéressement antérieurement posés. — Activité des armements en Angleterre; l'imminence de la guerre s'accroît; pensée qu'a le cabinet de Londres de voir la France occupée sur le continent par la mort de l'électeur de Bavière; inébranlable idée dans laquelle on était, à Versailles, de suivre la politique tracée dès l'abord au sujet de l'Autriche et de subordonner toutes les questions à celle d'abaisser l'Angleterre. — Ré-

TABLE DES CHAPITRES.   863
Pages.

solution définitive; le 4 février, on reçoit de Madrid le refus des dix vaisseaux proposés et l'annonce que l'Espagne ne s'associera pas au traité avec les États-Unis; le 6, M. de Vergennes écrit à l'ambassadeur que le traité sera signé le soir; correspondance échangée à ce sujet. — Gratitude et admiration exprimées par la légation de Passy en transmettant au Congrès la nouvelle de la conclusion du traité. — Grands actes et petits ministères; le lustre prétendu et la virilité; à quoi aurait abouti Louis XVI s'il avait recherché, pour son gouvernement, ce qu'on eût alors appelé du lustre; indifférence des politiques de l'époque de Louis XV pour les évènements qui s'accomplissaient. 690

Annexes. — I. Objections du gouvernement de Charles III. — II. Avis des démarches du cabinet de Londres pour séduire la légation de Passy. — III. Négociations en vue d'avoir le concours de l'Espagne. — IV. Questions de lord Stormont sur nos liens avec l'Amérique... 765

CHAPITRE XII.

RUPTURE ENTRE LA FRANCE ET L'ANGLETERRE.

On continue de raisonner avec Madrid, mais les regards sont tournés du côté de l'Angleterre; ambitions de l'Espagne et amour-propre blessé de son premier ministre; motifs donnés par M. de Floridablanca pour expliquer la retenue de sa cour. — Appréhensions de M. de Vergennes de nous voir surprendre; son insistance pour qu'on ne laisse pas l'Angleterre nous devancer en Amérique; ses dispositions en faveur des visées de l'Espagne; son parti arrêté pour un complet désintéressement de la part de la France. — Urgence de savoir si nous marcherions en commun ou si nous serions seuls; hostilités de la marine anglaise; refus systématique du cabinet de Londres de satisfaire à nos griefs; indices visibles de la guerre à date prochaine. — La correspondance avec notre ambassade d'Angleterre à cette heure; résolution qui s'y manifeste et peu de crainte qu'elle montre en face des éventualités; la présentation des bills conciliatoires au Parlement décide le roi à avouer tout haut les engagements qu'il a contractés avec l'Amérique. — M. de Maurepas croit ces bills non sincères; opinion contraire de M. de Vergennes; utilité qu'il attachait à faire arriver en Amérique le bruit de notre traité, à défaut de l'acte lui-même; lettre du 6 mars chargeant Montmorin d'avertir « détournément » Madrid de la notification imminente de ce traité. — Circonstances favorables présentées pour cela par le continent; raisons qui déterminaient le roi. — Dépêche officielle et lettre particulière du ministre envoyant à M. de Montmorin la déclaration de l'alliance; elle explique le but du gouvernement du roi et la conduite qu'il compte suivre dans les affaires de l'Allemagne; lettre du roi à son oncle. — Dépêche officielle apportant la déclaration royale au marquis de Noailles et lettre particulière à cet ambassadeur; calme fermeté de cette déclaration; prescriptions à remplir pour sa remise; surprise et enthousiasme de l'ambassadeur en la recevant. — Promptitude de la résolution du cabinet anglais et rapidité de ses ordres; dispositions immédiatement prises par lord Stormont; sa lettre annonçant à Versailles son départ; comment lord Weymouth congédie le marquis de Noailles, et M. de Vergennes l'ambassadeur d'Angleterre. — Conseil des ministres du 18 mars; exposé qu'y présente

M. de Vergennes; l'expulsion du commissaire anglais à Dunkerque est ordonnée; effet produit à Londres par cette mesure; elle déclarait la guerre, à vrai dire. — Comment le ministre réalisait ainsi lés aspirations patriotiques qui avaient sans résultat animé le duc de Choiseul; éloges à luï adressés par Garnier et Noailles; pourquoi l'histoire peut les répéter après eux. — Peu de recherche de M. de Vergennes pour les flatteries, comparativement au soin d'assurer son œuvre; désintéressement et justice inscrits par lui comme devise nouvelle sur le drapeau de la France; appel fondé qu'il fait aux autres nations de combattre avec nous pour la liberté des mers.................. 794

ANNEXES. — I. Départ de lord Stormont. — II. Mémoire particulier pour les ministres du roi. — III. Conseil de cabinet du 18 mars............................. 839

FIN DE LA TABLE DU TOME DEUXIÈME.

www.ingramcontent.com/pod-product-compliance
Lightning Source LLC
Chambersburg PA
CBHW070858300426
44113CB00008B/879